UPSSSC

उत्तर प्रदेश अधीनस्थ सेवा चयन आयोग

वन रक्षक एवं वन्य जीव रक्षक

(सामान्य चयन)

प्रतियोगितात्मक परीक्षा-2019

आकाश श्रीवास्तव

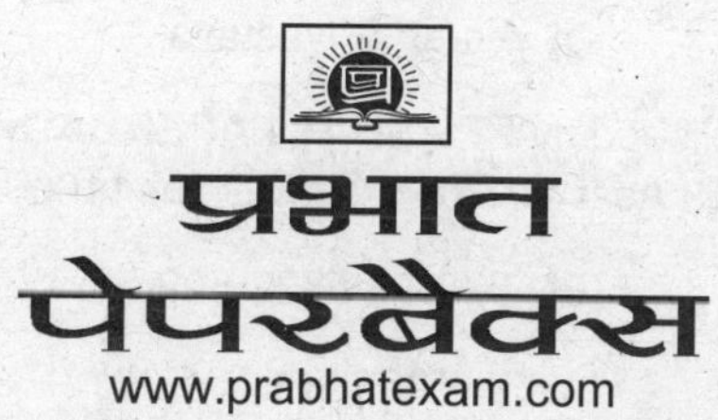

प्रभात
पेपरबैक्स
www.prabhatexam.com

प्रकाशक

प्रभात पेपरबैक्स

4/19 आसफ अली रोड, नई दिल्ली-110002

फोन : 23289555 • 23289666 • 23289777 • हेल्पलाइन/ 7827007777

इ-मेल : prabhatbooks@gmail.com ❖ वेब ठिकाना : www.prabhatexam.com

संस्करण

प्रथम, 2019

मूल्य

दो सौ पैंसठ रुपए

अ.मा.पु.स. 978-93-5322-599-5

मुद्रक

नक्षत्र आर्ट, दिल्ली

★

UPSSSC VAN RAKSHAK EVAM VANYA JEEV RAKSHAK
by Akash Srivastava

Published by **PRABHAT PAPERBACKS**
4/19 Asaf Ali Road, New Delhi-110002

ISBN 978-93-5322-599-5

₹265.00

अधिसूचना

उत्तर प्रदेश अधीनस्थ सेवा चयन आयोग, लखनऊ
विज्ञापन संख्या: 05-परीक्षा/2019
वन रक्षक एवं वन्य जीव रक्षक (सामान्य चयन) प्रतियोगितात्मक परीक्षा-2019

ऑनलाइन आवेदन/रजिस्ट्रेशन प्रारम्भ होने की तिथि 18-07-2019

ऑनलाइन शुल्क जमा करना प्रारम्भ होने की तिथि 18-07-2019

परीक्षा हेतु रजिस्ट्रेशन/ऑनलाइन शुल्क/आवेदन सबमिट करने की अंतिम तिथि 08-08-2019

आवेदन में संशोधन की अंतिम तिथि 16-08-2019

विशेष कथनः उपरोक्त विज्ञापन के सापेक्ष आवेदन व फीस जमा करने की अंतिम तिथि 08-08-2019 तक है। इस तिथि के बाद कोई आवेदन/फीस स्वीकार नहीं होगी। आवेदक अपने आवेदन का प्रिंटआउट तब तक नहीं निकाल सकेगा जब तक कि उसकी फीस का समायोजन बैंक द्वारा नहीं कर दिया जाता। अतः अभ्यर्थी द्वारा बैंक से शुल्क समायोजन 08-08-2019 तक अथवा उससे एक सप्ताह के अन्दर अर्थात 16-08-2019 तक अनिवार्य रूप से करा लिया जाए। इस अवधि में अभ्यर्थी अपने आवेदन पत्र में (Registered Mobile Number, Email, कैटेगरी को छोड़कर) संशोधन भी कर सकता है।

उत्तर प्रदेश अधीनस्थ सेवा चयन आयोग, लखनऊ के विज्ञापन संख्या 05-परीक्षा/2019 द्वारा विज्ञापित वन रक्षक एव वन्य जीव रक्षक (सामान्य चयन) प्रतियोगितात्मक परीक्षा-2019 के अंतर्गत उत्तर प्रदेश राज्य के अंतर्गत प्रधान मुख्य वन संरक्षक और विभागध्यक्ष, उत्तर प्रदेश के नियंत्रणाधीन वन रक्षक एवं वन्य जीव रक्षक के क्रमशः 596 एवं 59 पदों वेतन बैण्ड-5200 से 20200, ग्रेड पे-1900 से सदृश्य वेतन बैण्ड मैट्रिक्स लेवल-02 में रिक्त कुल 655 पदों, जिनका अनारक्षित व आरक्षित श्रेणीवार रिक्त पदों का विवरण आगे बिंदु-03 की सारणी-01 में दिया गया है, पर ऑफलाइन/ऑनलाइन लिखित परीक्षा के माध्यम से चयन हेतु भारत के नागरिकों से ऑनलाइन आवेदन आमंत्रित किये जाते हैं। उक्त दोनों पदों के लिए अभ्यर्थी को केवल एक ही आावेदन सबमिट करना है।

ऑनलाइन आवेदन करने वाले अभ्यर्थियों के लिए आवश्यक सूचना-इस विज्ञापन के अंतर्गत आवेदन करने हेतु ऑनलाइन आवेदन पद्धति (online application system) लागू है। अन्य किसी माध्यम से प्रेषित आवेदन स्वीकार नहीं किया जाएगा। अभ्यर्थी ऑनलाइन आवेदन ही करें। ऑनलाइन आवेदन करने हेतु अभ्यर्थी कृपया नीचे दी गई प्रक्रिया का अनुपालन सुनिश्चित करें-

(अ) आवेदन पत्र भरने की प्रक्रिया

आवेदन पत्र भरने की प्रक्रिया को निम्नलिखित पाँच भागों में विभक्त किया गया है-

1. कैंडिडेट रजिस्ट्रेशन
2. फोटो तथा हस्ताक्षर अपलोड
3. फार्म के शेष विवरण का भरा जाना
4. फीस का भुगतान तथा एप्लीकेशन फार्म सबमिशन
5. फार्म का प्रिन्टआउट लेना

नोट-अभ्यर्थी आवेदन पत्र भरने के लिए उपरोक्त वर्णित समस्त प्रक्रियाएँ एक बार में ही पूर्ण कर सकता है।

अभ्यर्थी द्वारा आयोग की वेबसाइट http://upsssc.gov.in पर ''ऑल नोटीफिकेशन/एडवरटिजमेंट डिटेल्स'' (all notification/advertisement details) पर क्लिक करने पर ऑनलाइन एडवरटिजमेंट स्वतः प्रदर्शित होगा। अभ्यर्थी उक्त विज्ञापन को सावधानीपूर्वक पढ़ें और भली-भाँति समझ लें कि वे विज्ञापित पदों हेतु वांछित योग्यता एवं पद हेतु विहित शारीरिक स्वस्थता व न्यूनतम शारीरिक मानक तथा निर्धारित आयु सीमा (18 से 40 वर्ष) के अंतर्गत आते हैं। तदोपरांत ही आवेदन पत्र भरने की प्रक्रिया प्रारम्भ करें User Instruction में अभ्यर्थियों को ऑनलाइन आवेदन भरने से संबंधित दिशा-निर्देश दिए गए हैं। अतः लिखित अभ्यर्थी आवेदन भरने हेतु निम्न User Instruction अवश्य पढ़ें।

उपर्युक्त प्रस्तर-1 से संबंधित विभाग में रिक्त वन रक्षक एवं वन्य जीव रक्षक के कुल 655 रिक्त पदों का विभाग द्वारा प्रेषित अधियाचन में दी गई सूचना के आधार पर पदवार एवं श्रेणीवार विवरण निम्नवत है–

				पदों की संख्या					
विभाग का नाम	**पदनाम**	**वेतन बैन्ड/ वेतनमान ग्रेड पे**	**01 जुलाई, 2019 को आयु (न्यूनतम अधिकतम) वर्षों में।**	**अनारक्षित**	**अनुसूचित जाति**	**अनुसूचित जनजाति**	**अन्य पिछड़ा वर्ग**	**कुल पद**	**स्थायी/ अस्थायी**
कार्यालय प्रधान मुख्य वन संरक्षक और विभागाध्यक्ष उ.प्र. लखनऊ	वन रक्षक	5200-20200 ग्रेड पे-1900/ के सापेक्ष पे मैट्रिक्स लेवल-2	18-40	370	83	11	132	566	स्थायी
	वन्य जीव रक्षक			45	10	02	02	59	स्थायी
कुल पद								**655**	

अनिवार्य अर्हता (शैक्षिक)–उपर्युक्त सारणी-1 में उल्लिखित वन रक्षक एवं वन्य जीव रक्षक के रिक्त पदों पर भर्ती के लिए अभ्यर्थी को निम्नलिखित अनिवार्य अर्हताएं (शैक्षिक व अन्य) तथा अधिमानी अर्हताएं आवेदन की अंतिम तिथि तक धारित करना अपरिहार्य है–

1. अनिवार्य अर्हता (शैक्षिक)–माध्यमिक शिक्षा परिषद, उत्तर प्रदेश की इंटरमीडिएट परीक्षा या सरकार द्वारा उसके समकक्ष मान्यता प्राप्त, कोई परीक्षा अवश्य उत्तीर्ण कर ली हो।

2. अधिमानी अर्हता–अन्य बातों के समान होने पर ऐसे अभ्यर्थी को सीधी भर्ती के मामले में अधिमान दिया जाएगा। जिसने,

(1) प्रादेशिक सेना में न्यूनतम दो वर्ष की अवधि तक सेवा की हो या,

(2) राष्ट्रीय कैडेट कोर का ''बी'' प्रमाण-पत्र प्राप्त किया हो अथवा,

(3) केन्द्र या राज्य सरकार द्वारा मान्यता प्राप्त किसी संस्था से कम्प्यूटर एप्लीकेशन में प्रमाण-पत्र प्राप्त किया हो या,

(4) किसी खेल में राज्य का प्रतिनिधित्व किया हो।

1. आयु सीमा–वन रक्षक एवं वन्य जीव रक्षक के प्रश्नगत सभी पदों पर भर्ती हेतु आयु गणना की निर्णायक तिथि 01 जुलाई, 2019 है। उक्त तिथि 01 जुलाई, 2019 को अभ्यर्थी ने 18 वर्ष की आयु प्राप्त कर ली हो और 40 वर्ष से अधिक आयु प्राप्त न की हो अर्थात अभ्यर्थी का जन्म 02 जुलाई, 1979 से पूर्व तथा 01 जुलाई, 2001 के बाद न हुआ हो।

2. उत्तर प्रदेश के अनुसूचित जाति, अनुसूचित जनजाति, अन्य पिछड़ा वर्ग और ऐसी अन्य श्रेणी के अभ्यर्थियों की दशा में उच्चतर आयु सीमा उतने वर्ष अधिक होगी जितनी सरकार द्वारा विनिर्दिष्ट हो। शासनादेश दिनांक 28.11.1985 के अनुसार वर्गीकृत खेलों के कुशल खिलाड़ियों को अधिकतम आयु में 05 वर्ष की छूट अनुमन्य होगी।

3. भूतपूर्व सैनिकों के लिए अधिकतम आयु सीमा में 03 वर्ष की छूट 01 जुलाई, 2019 को इस शर्त के साथ अनुमन्य होगी कि उनकी सम्पूर्ण सेवावधि को उनकी वास्तविक आयु में से घटाकर, परिणामस्वरूप शेष आयु निर्धारित आयु से 03 वर्ष से अधिक न हो। भूतपूर्व सैनिक श्रेणी हेतु आरक्षित पदों के सापेक्ष आवेदन करने एवं आरक्षण का दावा करनें वाले भूतपूर्व सैनिकों को कार्मिक अनुभाग-2 उत्तर प्रदेश शासन के शासनादेश संख्या-17/1/82-कार्मिक-2, दिनांक 03 अक्टूबर, 1990 में विहित **''भूतपूर्व सैनिकों की परिभाषा''** के अंतर्गत परिभाषित होना आवश्यक है और ऐसे अभ्यर्थियों को आवेदन की अंतिम तिथि का सेना से कार्यमुक्त होना अनिवार्य है।

विषय-सूची

UPSSSC
विधान भवन रक्षक एवं वनरक्षक परीक्षा, 2018
सॉल्व्ड पेपर
(तिथि: 02-12-2018)
(प्रथम पाली)

हिन्दी परिज्ञान एवं लेखन योग्यता

1. यदि सभी राज्य सरकारों को कोई एक सरकारी पत्र भेजा गया हो, तो उसे क्या कहते हैं?-
(a) सूचना (b) परिपत्र
(c) आज्ञा पत्र (d) अधिसूचना

2. अधिसूचना का प्रयोग किस क्षेत्र में नहीं किया जाता?
(a) नियम (b) आदेश
(c) कर्त्तव्य (d) अधिकार

3. उद्देश्य में कर्त्ता के साथ और क्या रहता है?
(a) कर्त्ता-विस्तार (b) कर्त्ता-पूरक
(c) कर्त्ता-विधेय (d) विधेय-पूरक

4. जो शब्द वाक्यांशों, वाक्य तथा शब्दों को जोड़ते हैं, उन्हें क्या कहते हैं?
(a) व्याधिकरण (b) सम्बन्धिकरण
(c) समानाधिकरण (d) समुच्च्यबोधक

5. भाव वाच्य छाँटिए-
(a) दादाजी के द्वारा अनिल को डाँटा गया
(b) तोते से उड़ा नहीं गया
(c) अशोक ने आइसक्रीम खाई
(d) चोर पकड़ा गया

6. दो प्राणियों तथा वस्तुओं के बीच तुलना की जाती है तो क्रिया किस रूप में दिखाई पड़ती है?
(a) मूलावस्था (b) पूर्ववस्था
(c) उत्तरावस्था (d) उत्तमावस्था

7. मुझे बताओ तो तुम्हारा जन्म कब और कहाँ हुआ। वाक्य का भेद बताइए-
(a) सरल वाक्य
(b) आश्रित वाक्य
(c) संयुक्त वाक्य
(d) मिश्र वाक्य

8. शुद्ध वाक्य छाँटिए-
(a) कई रेलवे के कर्मचारियों की गिरफ्तारी हुई
(b) इस समय आपकी अवस्था चालीस वर्ष की है
(c) हम तो अवश्य ही जाएँगे
(d) मैं हल करने की तलाश में हूँ

9. सर्प, मेढ़क, सिंह, घोड़ा, वानर, हाथी आदि को समझाने वाला शब्द है-
(a) पशु (b) शिव
(c) हरि (d) कपिश

10. कौन-सी प्राचीन भाषा नहीं है?
(a) अपभ्रंश (b) पंजाबी
(c) प्राकृत (d) संस्कृत

11. अनिश्चयवाचक सर्वनाम का अपादान कारक में बहुवचन रूप होगा-
(a) किसी से (b) किन से
(c) किन्हीं से (d) किन को

12. पुल्लिंग वाचक शब्द छाँटिए-
(a) कैमरा (b) पायल
(c) प्लेट (d) तलवार

13. पाहुना का पर्यायवाची होगा-
(a) कृषक (b) जंबुक
(c) आगंतुक (d) आदित्य

14. इनमें से किस में निर उपसर्ग नहीं है?
(a) निःशेष (b) निर्देश
(c) निर्बल (d) निर्वाह

15. शुद्ध वाक्य छाँटिए-
(a) मुझसे यह काम संभव नहीं हो सकता।
(b) वह बिल्कुल बात करना नहीं चाहती थी।
(c) मैं आपकी भक्ति करता हूँ।
(d) बाघ और बकरी एक घाट पानी पीती हैं।

16. समीप, छोटा तथा गौण के अर्थ में कौन-सा उपसर्ग आता है?
(a) उर् (b) उत्
(c) उव् (d) उप्

17. कुंदन का पर्यायवाची होगा -
(a) हेम (b) दुश्मन
(c) मतंग (d) स्वजन

18. Drowning man catches a straw का अर्थ है-
(a) डूबने वालों को तिनका सहारा देता है
(b) डूबने वालों को भगवान बचाता है
(c) डूबते को तिनके का सहारा
(d) डूबने वाला खुद को बचाने को संघर्ष करता है

19. कौन-सा अधिकरण तत्पुरुष समास का नहीं है।
(a) पुरुषोत्तम (b) देशाटन
(c) कुलश्रेष्ठ (d) धर्मभ्रष्ट

20. शुद्ध वाक्य छाँटिए-
(a) तुम इसका दाम देने जाओ
(b) उसका संतान अच्छा है
(c) मुझे आपका काम बहुत पसंद है
(d) बेफजूल बात मत करो

21. पंजाब में हिन्दी का प्रचार किसने किया?
(a) सदलमिश्र
(b) श्रद्धाराम फुल्लोरी
(c) लल्लू लाल
(d) राजा राम मोहन राय

22. सफलता न मिलने पर दुःखी होना को क्या कहते हैं?
(a) क्षोभ (b) दया
(c) दुःख (d) कृपा

23. धूसर का पर्यायवाची होगा -
(a) खनक (b) सदन
(c) बेसर (d) गजवदन

24. खाने की इच्छा है-
(a) विभूक्षा (b) बुभुक्षा
(c) वीभुक्षा (d) भूभूक्षा

25. स्पर्श व्यंजन, कण्ठ्य ध्वनि, अघोष और महाप्राण ध्वनि है-
(a) क (b) ग
(c) ख (d) घ

26. दन्त्योष्ठ्य ध्वनि कौन-सी है?
(a) व (b) फ
(c) य (d) र

27. जब एक ही ध्वनि का द्वित्व हो जाए, तब वह क्या कहलाता है?
(a) संयुक्त ध्वनियाँ
(b) युग्मक ध्वनियाँ
(c) संपृक्त ध्वनियाँ
(d) पारस्परिक ध्वनियाँ

28. ई + आ = या। किस संधि में इस प्रकार का परिवर्तन होता है?
(a) गुण संधि (b) अयादि संधि
(c) यण संधि (d) वृद्धि संधि

29. देवनागरी लिपि का सर्वप्रथम प्रयोग कहाँ हुआ था?
(a) पाणिनि कृत अष्टाध्यायी में
(b) अपभ्रंश साहित्य में
(c) अमीर खुसरो की पुस्तकों में
(d) जयभट्ट के शिलालेख में

30. बुरे अर्थ में प्रयुक्त होने वाला बद उपसर्ग किस भाषा का है?
(a) संस्कृत (b) अंग्रेजी
(c) उर्दू-फारसी (d) हिन्दी

31. आहट, आवट, आस आदि किस प्रकार के तद्धित प्रत्यय है?
(a) कर्तृवाच्य (b) कर्मवाच्य
(c) भाववाचक (d) संबंध वाचक

32. अपादान कारक, उत्तम पुरुष, बहुवचन रूप होगा-
(a) मुझसे (b) हमसे
(c) मुझको (d) हमको

33. दाँत काटी रोटी का अर्थ क्या है?
(a) गहरी दोस्ती (b) प्रतिवाद करना
(c) गहरी दुश्मनी (d) पीछे पड़ना

34. सख्यभाव मिश्रित अनुराग को कहा जाता है-
(a) प्रणय (b) श्रद्धा
(c) प्रेम (d) सम्मान

35. सोना का पर्यायवाची है-
(a) पत्रग (b) ललित
(c) चित्ताकर्षक (d) जातरूप

36. शुद्ध वर्तनी वाला शब्द छाँटिए-
(a) परिक्षा (b) मुमूर्षु
(c) मूमुर्षू (d) परीखा

37. पयोधि का संधि विच्छेद होगा-
(a) पय: + धि (b) पय: + दक्षि
(c) पय: + उदधि (d) पय: + दधी

38. कंठतालव्य कौन-सा है-
(a) उ, ऊ (b) र, ष
(c) ए, ऐ (d) अ, आ

39. कौन-सी बोली बिहारी की नहीं है?
(a) भोजपुरी (b) मगही
(c) जयपुरी (d) मैथिली

40. अन्यपुरुष, एकवचन, सर्वनाम का संप्रदान कारक बहुवचन रूप होगा-
(a) उससे (b) उनके
(c) उनसे (d) उन्हें

41. अर्चना <u>अत्यंत</u> सुन्दर है। रेखांकित पदों का भेद बताइए-
(a) विशेषण (b) प्रविशेषण
(c) विशेष्य-विशेषण (d) सविशेषण

42. हथियाना, चिकनाना किस प्रकार की क्रिया है?
(a) नामधातु क्रिया (b) प्रेरणार्थक क्रिया
(c) यौगिक क्रिया (d) संयुक्त क्रिया

43. कौन-सा वाक्य आसन्न भूतकाल में है?
(a) तू आता तो मैं जाता
(b) मोहन आया, सीता गयी
(c) वह आया था
(d) मैंने आम खाया है

44. तत्सम शब्द है-
(a) चत्वारि (b) अढ़ाई
(c) मोर (d) बैन

45. कौन-सा फारसी शब्द नहीं है-
(a) मलीदा (b) पैमाना
(c) इस्तीफा (d) तनख्वाह

46. पंकज, जलज, आदि किस प्रकार के शब्द हैं?
(a) रुढ़ (b) यौगिक
(c) योगरूढ़ (d) मिश्रित

47. समास के पदों को अलग करने को क्या कहा जाता है?
(a) विच्छेद (b) बदलाव
(c) विग्रह (d) विभक्ति

48. कौन-सा पद विकृत नहीं होता?
(a) संज्ञा (b) अव्यय
(c) विशेषण (d) क्रिया

49. शुद्ध वाक्य छाँटिए-
(a) हम तो अवश्य ही जाएँगे।
(b) यह कहना आपकी भूल है।
(c) मुझसे यह काम संभव नहीं हो सकता।
(d) शास्त्रीजी की मृत्यु से हमें बड़ा दु:ख हुआ।

50. माँ का लड़का कहाँ गया? उद्देश्य का विस्तार भेद लिखिए।
(a) विशेषण
(b) सार्वनामिक विशेषण
(c) संबंध कारक
(d) वाक्यांश

51. बाप का संबंधवाचक संज्ञा रूप होगा-
(a) बापा (b) बापती
(c) बपौता (d) बपौती

52. अर्थ के आधार पर संबंधवाचक अव्यय को कितने भाग में विभक्त किया जाता है?
(a) 13 (b) 12
(c) 14 (d) 15

53. कौन-सा संयुक्त क्रिया का भेद नहीं है?
(a) अवकाशबोधक (b) निश्चयबोधक
(c) नित्यताबोधक (d) नामबोधक

54. Grass on other side always looks greener इसका हिन्दी अर्थ है-
(a) दूर के ढोल सुहावने लगते हैं।
(b) पेड़ धरती को सुंदर बनाते हैं।
(c) परिवर्तन प्रकृति का नियम है।
(d) जीवन मात्र ही संघर्ष पूर्ण है।

55. अनिश्चयवाचक सर्वनाम का करण कारक बहुवचन रूप होगा-

(a) किन्हीं को (b) किन्हीं की
(c) किन्हीं से (d) किन्हीं का

56. कौन-सा सर्वनाम का भेद नहीं है?

(a) पुरुषवाचक (b) गुणवाचक
(c) निजवाचक (d) प्रश्नवाचक

57. पद परिचय को क्या नहीं कहा जाता है?

(a) पद संगठन (b) पद निर्देश
(c) पदान्वय (d) पद निर्णय

58. वाक्य में जिस शब्द से क्रिया के संबंध का बोध होता है, उसे क्या कहते हैं?

(a) संबंध कारक (b) अपादान कारक
(c) करण कारक (d) संप्रदान कारक

59. Hiring of accommodation on proposed terms not approved. इसका हिन्दी अनुवाद होगा।

(a) किराए पर स्थान का अनुमोदन नहीं मिला।
(b) प्रस्तावित शता X पर स्थान किराए पर लेने का अनुमोदन नहीं मिला।
(c) प्रस्ताव शर्त में स्थान किराए का नहीं मिला।
(d) प्रस्तावित शता X पर स्थान किराए पर अनुमोदन नहीं मिला।

60. Gopal ought to be ashamed of himself for such conduct. इसका हिन्दी अनुवाद होगा–

(a) गोपाल को अपने आचरण पर स्वयं लज्जित होना चाहिए।
(b) गोपाल को अपना आचरण पर लज्जा करता है।
(c) गोपाल को स्वयं अपने आचरण पर लज्जित होना पड़ा।
(d) गोपाल को अपने इस आचरण पर स्वयं लज्जित होना चाहिए।

61. उनके द्वारा अपना काम अब तक समाप्त नहीं किया गया है। अंग्रेजी में अनुवाद होगा।

(a) By them their work has yet not been finished.
(b) Their work has not yet been finished by them.
(c) Their work has not been finished yet.
(d) Their works have not yet been completed by them

निर्देश (प्र. सं. 62-64): अनुशासन जीवन की प्रत्येक स्थिति में आवश्यक है। अनुशासन सैनिक जीवन की आत्मा है। परिवार में सद्भाव बनाए रखने के लिए इसकी आवश्यकता पहले है। समाज और राष्ट्र में शांति और सद्भावपूर्ण संबंध बनाए रखने के लिए इसकी आवश्यकता भी है। ईश्वर की सृष्टि में यदि अनुशासन नहीं है। तो अराजकता फैल जाएगी और यह विश्व तुरंत अस्त- व्यस्त हो जाएगा।

62. अनुशासन क्यों आवश्यक है?

(a) सद्भाव और शांति के लिए
(b) परिवार में सद्भाव और समाज तथा राष्ट्र में शांति और सद्भावपूर्ण संबंध बनाए रखने के लिए
(c) सैनिक जीवन को स्वस्थ बनाने के लिए
(d) स्थिति को कायम रखने के लिए

63. अनुशासन किसकी आत्मा है?

(a) सैनिक जीवन की
(b) हर व्यक्ति की
(c) ईश्वर की
(d) राष्ट्र और समाज की

64. विश्व के अस्त-व्यस्त होने का कारण है-

(a) अनुशासन होना
(b) अनुशासन न होना
(c) अराजकता फैलना
(d) सद्भाव न रहना

65. पास ही पास शब्द में किस प्रकार की द्विरुक्ति हुई है?

(a) क्रियाविशेषण
(b) विभक्तियुक्त शब्द की
(c) विशेषण शब्द की
(d) सर्वनाम शब्द की

66. यदि आपको अपने मित्र को पत्र लिखना पड़े तो संबोधन में लिखेंगे -

(a) आदरणीय मित्र! (b) पूजनीय मित्र!
(c) प्रिय मित्र! (d) महोदय!

67. कौन-सा कथन असत्य/गलत है -

(a) अर्द्धशासकीय पत्र मित्रतापूर्ण भाषा में लिखा जाता है
(b) संबोधन के लिए 'प्रिय' लिखा जाता है
(c) स्वनिर्देश के लिए 'आपका सद्भावी' (सिसेयरली) लिखा जाता है
(d) इसमें भेजने वाला हस्ताक्षर करके पद का उल्लेख भी करता है

68. सभी राज्य सरकारों को भेजा जाने वाला सरकारी पत्र कहलाता है।

(a) अनुस्मारक (b) अधिसूचना
(c) परिपत्र (d) कार्यालय आदेश

69. निम्नलिखित में से कौन-सी बोली उत्तर प्रदेश की नहीं है?

(a) कन्नौजी (b) ब्रजभाषा
(c) खड़ीबोली (d) जयपुरी

70. सभी महाप्राण वर्णों वाला वर्ग है -

(a) ख छ ठ (b) ध च ड
(c) म श ध (d) य द ध

71. सभी स्पर्श व्यंजन कौन-से वर्ग में हैं?

(a) क र ल ह (b) य श द र
(c) क च प द (d) ह श र ब

72. 'अत्युक्ति' शब्द में संधि है -

(a) दीर्घ (b) गुण
(c) यण (d) अयादि

73. 'बोलोचित' शब्द का संधिविच्छेद होगा-

(a) बोलो + चित (b) बाल + उचित
(c) बाला + चित (d) बा + लोचित

74. 'प्रत्याशा' शब्द में उपसर्ग है-

(a) अ (b) प्र
(c) प्रति (d) प्रत्या

75. 'औपचारिक' शब्द में प्रत्यय लगा है-

(a) अ (b) क
(c) इक (d) ईक

76. 'नीलाम्बर' शब्द में कौन-सा समास है?

(a) तत्पुरुष (b) द्वंद्व
(c) अव्ययीभाव (d) कर्मधारय

77. निम्नलिखित में से तत्सम शब्द कौन-सा है?

(a) शिखा (b) चंदा
(c) रात (d) बात

78. पशु चर रहे हैं। रेखांकित पद है-

(a) व्यक्ति वाचक संज्ञा
(b) जाति वाचक संज्ञा
(c) भाववाचक संज्ञा
(d) द्रव्यवाचक संज्ञा

79. यह मकान मेरे भाई का है। रेखांकित पद है-

(a) संज्ञा
(b) संकेतवाचक सर्वनाम विशेषण
(c) विशेषण
(d) क्रिया विशेषण

80. हम ताजमहल देखने जाएँगे। रेखांकित पद है-

(a) निजवाचक सर्वनाम
(b) पुरुषवाचक सर्वनाम
(c) निश्चय वाचक सर्वनाम
(d) अनिश्चय वाचक सर्वनाम

सामान्य ज्ञान

81. दिल्ली में अलाउद्दीन खिलजी के शासनकाल की अवधि क्या थी?

(a) 1296 से 1316 (b) 1286 से 1316
(c) 1303 से 1334 (d) 1410 से 1437

82. कितनी प्रतिशत भारतीय जनसंख्या की आजीविका का प्राथमिक स्रोत कृषि है?

(a) 54 प्रतिशत (b) 58 प्रतिशत
(c) 62 प्रतिशत (d) 66 प्रतिशत

83. भारतीय संसद में मंत्रिमण्डल के विरुद्ध अविश्वास प्रस्ताव पेश करने के लिए न्यूनतम.............सांसदों के समर्थन की आवश्यकता होती है।

(a) 100 (b) 25
(c) 75 (d) 50

84. निम्नलिखित में से किस संस्था ने भारत और फ्रांस के बीच स्टार्टअप हेतु निवेश सुविधा और सहयोग को बढ़ा देने के लिए बिजनेस फ्रांस के साथ समझौता ज्ञापन (एमओयू) पर हस्ताक्षर किए?

(a) इंडिया लाइव (b) इन्वेस्ट इंडिया
(c) इंडिया पिचर्स (d) कॉरपोरेट इंडिया

85. पाल साम्राज्य भारत के किस हिस्से से संबंधित है?

(a) पश्चिमी (b) पूर्वी
(c) दक्षिणी (d) उत्तरी

86. 2017-18 के दौरान भारत में खाद्यान्न उत्पादन की अनुमानित मात्रा कितनी है?

(a) 27,95,10,000 टन
(b) 28,45,10,000 टन
(c) 28,95,10,000 टन
(d) 29,45,10,000 टन

87. कर्नाटक के वर्तमान राज्यपाल कौन हैं?

(a) किरण बेदी
(b) वजुभाई रुधभाई वाला
(c) केसरी नाथ त्रिपाठी
(d) कल्याण सिंह

88. 2017 में भारत ने पायदान की तुलना में 2018 में वैश्विक नवोत्थान सूचकांक (ग्लोबल इनोवेशल इन्डेक्स) में कितने पायदान की प्रगति की है?

(a) 1 (b) 2
(c) 3 (d) 4

89. केंद्रीय पेट्रोलियम और प्राकृतिक गैस मंत्रालय ने हाल ही में..........को.........की परिभाषा में शामिल करने के लिए पेट्रोलियम और प्राकृतिक गैस नियम 1959 में संशोधन किया।

(a) कोयला; पेट्रोलियम
(b) शैल; पेट्रोलियम
(c) हीलियम; प्राकृतिक गैस
(d) हाइड्रोजन; प्राकृतिक गैस

90. 'Undo' फंक्शन का कीबोर्ड शॉर्टकट क्या है?

(a) Ctrl + Z (b) Ctrl + V
(c) Ctrl + C (d) Ctrl + U

91. खिज्र खान निम्नलिखित में से किस राजवंश से संबंधित था?

(a) गुलाम वंश (b) खिलजी वंश
(c) सैय्यद वंश (d) शाह वंश

92. 2017-18 में विश्व में फल उत्पादन में भारत का कौन-सा स्थान है?

(a) पहला (b) दूसरा
(c) तीसरा (d) चौथा

93. ग्रीनलैंड कहाँ स्थित है?

(a) दक्षिण प्रशांत
(b) हिंद महासागर
(c) कैरैबियन सागर
(d) उत्तरी अटलांटिक

94. भगोड़ा आर्थिक अपराधी विधेयक 2018, जिसका उद्देश्य देश में भागने वाले आर्थिक अपराधियों द्वारा, आपराधिक अभियोजन पक्ष से बचने के अभ्यास को रोकना है, राष्ट्रपति द्वारा........... को लागू किए गए अध्यादेश को प्रतिस्थापित करेगा।

(a) फरवरी 2016 (b) अप्रैल 2018
(c) जून 2018 (d) दिसंबर 2017

95. ....ने घोषणा की है कि उसने कैंसर विरोधी दवाओं सहित भारतीय दवाओं पर टैरिफ (आयात शुल्क) को कम करने पर भारत के साथ समझौता किया है।

(a) जापान (b) दक्षिण कोरिया
(c) फ्रांस (d) चीन

96. पृथ्वी ओवरशूट दिवस 2018 कब था?

(a) 15 मई (b) 1 अगस्त
(c) 21 जुलाई (d) 1 जून

97. 12 वीं शताब्दी के आरंभ में दिल्ली पर किसका शासन था?

(a) तोमर वंश (b) खिलजी वंश
(c) सैयद वंश (d) तुगलक वंश

98. भारत सरकार का लक्ष्य 2018-19 में प्रधानमंत्री फसल बीमा योजना के तहत सकल फसल क्षेत्र का.................प्रतिशत संरक्षित करना है।

(a) पचास (b) साठ
(c) सत्तर (d) अस्सी

99. निम्नलिखित में से कौन-सा उच्चतम पर्वत शिखर गैर एशियाई है?

(a) किलिमंजारो पर्वत
(b) एन्ब्रुस पर्वत
(c) मैकिनली पर्वत
(d) अकोंकागुआ पर्वत

100. भ्रष्टाचार निरोधक (संशोधन) विधेयक, 2018 भ्रष्टाचार निरोधक अधिनियम (पीसीए)..........के विभिन्न प्रावधानों में संशोधन करता है।

(a) 1971 (b) 1988
(c) 1994 (d) 2003

101. ग्लोबल फुटप्रिंट नेटवर्क की स्थापना किस वर्ष हुई थी?

(a) 1991 (b) 1971
(c) 2003 (d) 2010

102. जुलाई 2018 में प्रधानमंत्री नरेंद्र मोदी और रवांडा के राष्ट्रपति पाउल कागमे के बीच प्रतिनिधित्व स्तरीय वार्ता के बाद कितने समझौतों पर हस्ताक्षर किए गए थे?

(a) 4 (b) 8
(c) 12 (d) 16

103. निम्नलिखित में से कौन-सा कम्प्यूटर का डेटाबेस सॉफ्टवेयर नहीं है?

(a) एमएस एक्सेस
(b) फॉक्सप्रो
(c) ऑराकल
(d) एमएस वर्ड

104. प्रधानमंत्री कृषि सिंचाई योजना में भारत सरकार द्वारा कितनी राशि का निवेश किया गया है?

(a) ₹ 20000 करोड़ (b) ₹ 30000 करोड़
(c) ₹ 40000 करोड़ (d) ₹ 50000 करोड़

105. निम्नलिखित में से............को छोड़ कर सभी खरीफ फसलें हैं।

(a) मक्का (b) रागी
(c) बाजरा (d) गेहूँ

106. संसद ने स्टेट बैंक ऑफ इंडिया के साथ ....सहायक बैंकों को मर्ज करने के लिए स्टेट बैंक (निरस्त और संशोधन) विधेयक 2017 पारित किया है।

(a) 4 (b) 6
(c) 2 (d) 8

107. रवांडा सरकार के गिरिका कार्यक्रम के हिस्से के रूप में प्रधानमंत्री नरेंद्र मोदी ने रवेरू गाँव के ग्रामीणों को कितनी गायों का उपहार दिया?

(a) 50 (b) 150
(c) 200 (d) 300

108. निम्नलिखित में से कौन ओपोन सोर्स सॉफ्टवेयर नहीं है?

(a) लाइनेक्स
(b) माइक्रोसॉफ्ट ऑफिस
(c) मोजिला फायरफॉक्स
(d) एंड्रायड

109. निम्नलिखित में कौन-सा दुनिया में सबसे ज्यादा ऊँचाई वाला झरना है?

(a) मुटराजी (b) मोंगे
(c) टुगेला (d) एंजिल

110. मुहम्मद गोरी किस वर्ष पृथ्वीराज तृतीय से पराजित हुआ था?

(a) 1471 (b) 1191
(c) 1391 (d) 1061

111. अडंमान और निकोबार तथा लक्ष्यद्वीप समेत भारत की कुल तटीय रेखा की लम्बाई लगभग................है।

(a) 6,500 किमी (b) 4,200 किमी
(c) 7,500 किमी (d) 9,200 किमी

112. भारत पर तैमूर ने किस वर्ष आक्रमण किया था?

(a) 1294 (b) 1417
(c) 1213 (d) 1398

113. निम्न में से किसे हिंद महासागर के सबसे गहरे बिंदु के रूप में जाना जाता है?

(a) मेरियाना ट्रेंच
(b) सुंडा ट्रेंच
(c) प्यूर्टो रिको ट्रेंच
(d) साउथ सैंडविच ट्रेंच

114. बौद्धों के लिए उत्तर प्रदेश में स्थित सारनाथ क्यों महत्वपूर्ण है?

(a) भगवान बुद्ध ने सारनाथ में ज्ञान प्राप्त किया था
(b) भगवान बुद्ध का जन्म सारनाथ में हुआ था
(c) भगवान बुद्ध का सारनाथ में महापरिनिर्वाण (देहांत) हुआ था
(d) ज्ञान प्राप्त करने के बाद, भगवान बुद्ध ने सारनाथ में अपना पहला उपदेश दिया था

115. अवध के निम्नलिखित में से किस नवाब ने लखनऊ में बड़ा इमामबाड़ा बनवाया?

(a) असफ-उद-दौला
(b) आसिफ जाह मिर्जा
(c) शूजा-उद-दौला
(d) यामिन-उद-दौला

116. प्रसिद्ध संगीतकार उस्ताद बिस्मिल्लाह खान किस संगीत वाद्य यंत्र से संबंधित थे?

(a) तबला (b) बांसुरी
(c) सितार (d) शहनाई

117. अलीगढ़ मुस्लिम विश्वविद्यालय की स्थापना किसने की?

(a) सैयद अहमद खान
(b) मोहम्मद अली जौहर
(c) मुहम्मद इकबाल
(d) सैयद अमीर अली

118. प्रागैतिहासिक काल की चित्रकारी वाली प्रसिद्ध पंचमुखी गुफाएँ निम्नलिखित में से किस जिले में स्थित हैं?

(a) मिर्जापुर (b) वाराणसी
(c) सोनभद्र (d) चंदौली

119. निम्नलिखित में से कौन-सा स्थान काँच की चूड़ियों और काँच से बनी वस्तुओं के उत्पादन के लिए जाना जाता है?

(a) फर्रुखाबाद (b) फिरोजाबाद
(c) फतेहपुर (d) फैजाबाद

120. 2011 की जनगणना के अनुसार उत्तर प्रदेश की कितनी प्रतिशत आबादी ग्रामीण श्रेत्रों में रहती है?

(a) 62.73% (b) 67.73%
(c) 72.73% (d) 77.73%

121. निम्नलिखित में से कौन-सा नृत्य उत्तर प्रदेश से संबंधित नहीं है?

(a) चरकुला (b) कठपुतली नाच
(c) मयूर नृत्य (d) रास लीला

122. गोस्वामी तुलसीदास द्वारा लिखे गए रामचरितमानस का सबसे लंबा कांड (अध्याय) कौन-सा है?

(a) बालकांड (b) अयोध्याकांड
(c) उत्तरकांड (d) लंकाकांड

123. 'बीजक' पुस्तक के लेखक कौन हैं?

(a) रविदास (b) सूरदास
(c) कबीर दास (d) विद्यापति

124. हिन्दी नाटक 'अंधेर नगरी' के रचयिता कौन है?

(a) मुंशी प्रेमचंद्र (b) भारतेंदु हरिश्चंद्र
(c) मुद्राराक्षस (d) धर्मवीर भारती

125. कवयित्री महादेवी वर्मा का जन्म किस शहर में हुआ था?

(a) आजमगढ़ (b) चित्रकूट
(c) कन्नौज (d) फर्रुखाबाद

126. वायरस एक ऐसा प्रोग्राम है जिसे कंप्यूटर के सामान्य कामकाज में हस्तक्षेप करने के लिए बनाया गया है। इनमें से कौन-सा वायरस का एक प्रकार नहीं है?

(a) बूट सेक्टर वायरस
(b) सिस्टम वायरस
(c) फाइल वायरस
(d) डिस्क वायरस

127. इनमें से कौन-सा विकल्प सही ढंग से मेल नहीं खाता है।

(a) 1333-इब्न बतूता भारत पहुँचा
(b) 1506-गुरु नानक का जन्म
(c) 1290-मार्को पोला ने भारत का दौरा किया।
(d) 1498-वास्को डी गामा कालीकट में आए

128. इनमें से किस महाद्वीप में सवाना घास के मैदान नहीं है।

(a) अफ्रीका (b) यूरोप
(c) अमेरिका (d) ऑस्ट्रेलिया

129. इनमें से किस भारतीय राज्य में 100 मिलियन से अधिक आबादी नहीं है।

(a) उत्तर प्रदेश (b) महाराष्ट्र
(c) बिहार (d) पश्चिम बंगाल

130. विटामिन 'डी' की कमियों की बढ़ती घटनाओं खासकर युवा लोगों में, का समाधान करने के लिए खाद्य सुरक्षा और मानक प्राधिकरण ने एनसीईआरटी एनडीएमसी और उत्तरी एमसीडी स्कूलों के सहयोग से एक अनूठी पहल शुरू की है। इस पहल को क्या कहा जाता है?
(a) उन्नत भारत अभियान
(b) स्वयं
(c) संबल
(d) परियोजना धूप

सामान्य बुद्धि परीक्षण

131. उस आकृति का चयन करें जिसमें प्रश्न आकृति निहित है।

(a)  (b) 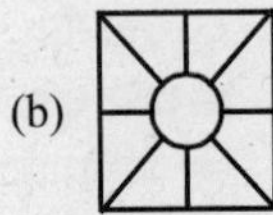

(c) 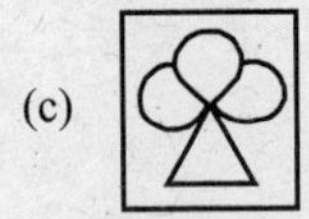 (d) 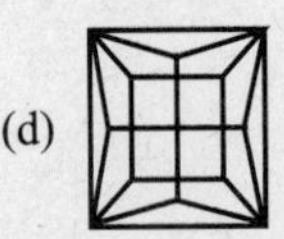

132. उस विकल्प को चुनें जो कि अन्य तीनों में अलग है।

(a) 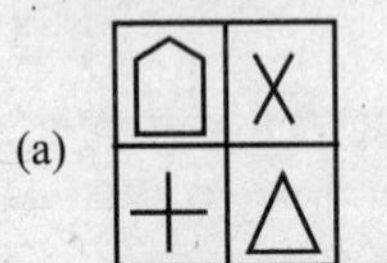 (b) 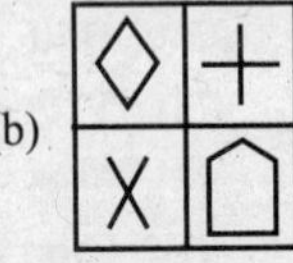

(c) 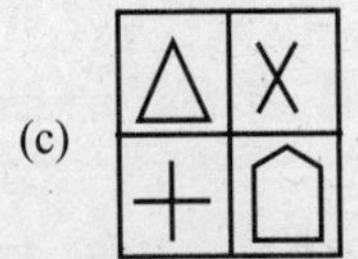 (d) 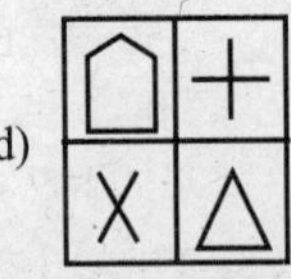

133. नीचे दी गई आकृतियों के समान पैटर्न का पालन करने वाले विकल्प का चयन करें।

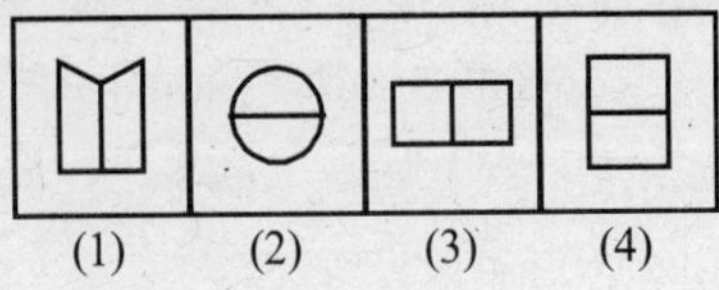

(a) 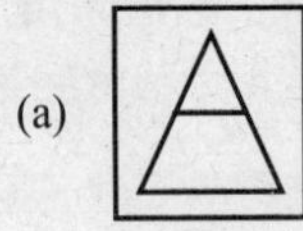 (b) 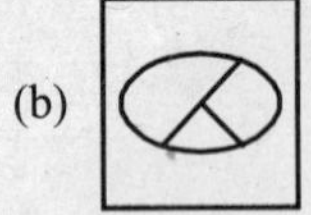

(c) 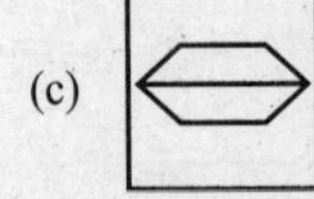 (d) 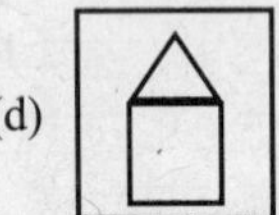

134. उस विकल्प का चयन करें जो आकृति 3 से उसी प्रकार संबंधित है जिस प्रकार आकृति 2 आकृति 1 से संबंधित है।

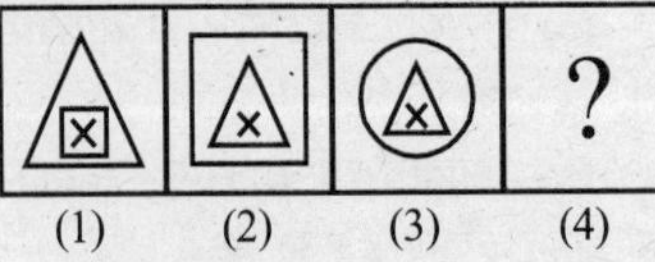

(a) 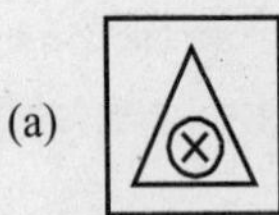 (b) 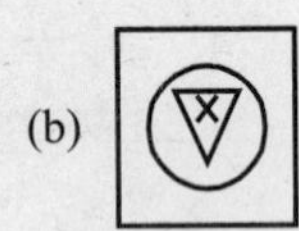

(c) 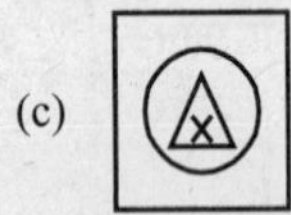 (d) 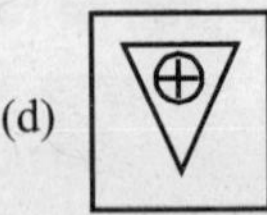

135. उस विकल्प का चयन करें जो आकृति 3 से उसी प्रकार संबंधित है जिस प्रकार आकृति 2 आकृति 1 से संबंधित है।

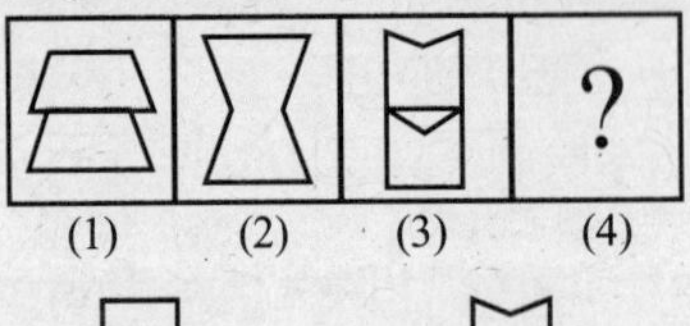

(a) 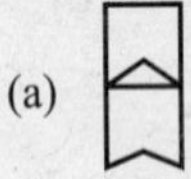 (b) 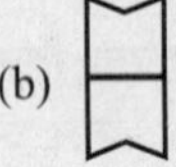

(c) 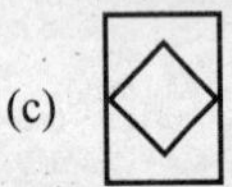 (d) 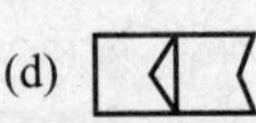

136. उस वेन आरेख का चयन करें जो नीचे दिए गए वर्गों को सही ढंग से दर्शाता है।
अविवाहित व्यक्ति, बिजनेस लीडर, पुरुष

(a)  (b) 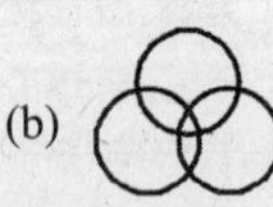

(c)  (d) 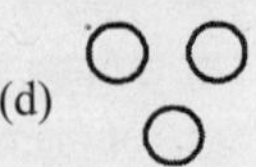

137. नीचे दी गई आकृति में त्रिभुज शाकाहारी उत्पादों को दर्शाता है, आयत चॉकलेट को दर्शाता है और वृत्त भारत में उत्पादित उत्पाद को दर्शाता है। भारत द्वारा निर्मित शाकाहारी चॉकलेट का प्रतिनिधित्व करने वाले अक्षर का चयन करें।

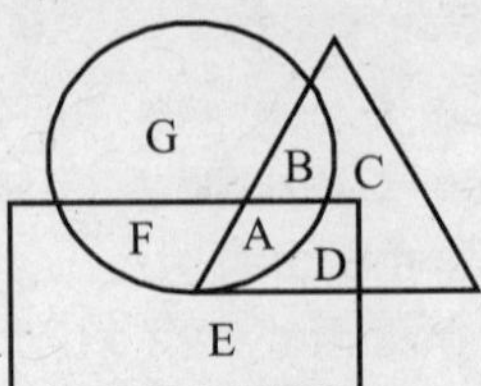

(a) A (b) B
(c) C (d) D

138. नीचे दिया गया वेन आरेख एक स्पोर्ट्स क्लब के सदस्यों और उनके द्वारा खेले जाने वाले खेलों की संख्या दिखाता है। त्रिभुज बिलियड्र्स खिलाड़ियों को दर्शाता है आयत स्क्वैश खिलाड़ियों को दर्शाता है और वृत्त गोल्फ खिलाड़ियों को दर्शाता है। सभी खिलाड़ियों की कुल संख्या क्या है?

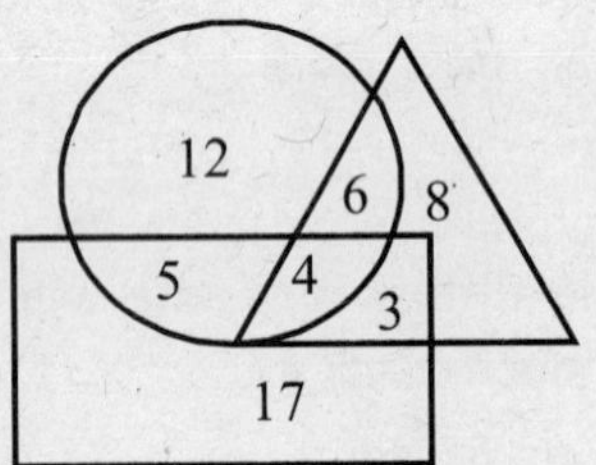

(a) 51 (b) 55
(c) 59 (d) 37

139. दिए गए चित्र में त्रिभुजों की कुल संख्या कितनी है?

(a) 7 (b) 9
(c) 13 (d) 15

140. निम्नलिखित आकृति का सही जल प्रतिबिम्ब का चयन करें।

(a) 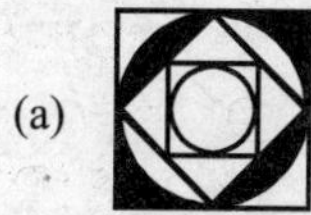 (b) 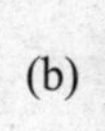 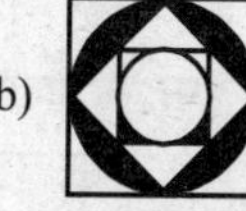

(c)  (d) 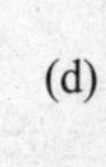 

141. शशिकला लंबी दौड़ के लिए अपने घर से निकलती है। वह अपने घर से शुरु करती है और उत्तर दिशा में 4 किमी. दौड़ती है। फिर, वह दाईं ओर मुड़ती है और 3 किमी दौड़ती है, फिर वह बाएं मुड़ती है और 3 किमी दौड़ती है। अंत में, वह दाईं ओर मुड़ती है, 3 किमी दौड़ती है और स्टेडियम में रुकती है। शशिकला के घर के संबंध में स्टेडियम किस दिशा में स्थित है?

(a) उत्तर-पश्चिम (b) दक्षिण-पूर्व
(c) उत्तर-पूर्व (d) दक्षिण-पश्चिम

142. शशिकला लंबी दौड़ के लिए अपने घर से निकलती है। वह अपने घर से शुरु करती है और उत्तर दिशा में 4 किमी दौड़ती है। फिर, वह दाईं ओर मुड़ती है और 3 किमी दौड़ती है। फिर, वह बाएँ मुड़ती है और 4 किमी की दूरी तय करने के लिए दौड़ती है। अंत में, वह दाईं ओर मुड़ती है, 3 किमी दौड़ती है और स्टेडियम में रुकती है। स्टेडियम और शशिकला के घर के बीच सबसे कम दूरी क्या है?

(a) 7 किमी (b) 10 किमी
(c) 12 किमी (d) 11.5 किमी

143. एक पासे की दो स्थितियाँ नीचे दिखाई गई हैं। कौन-सी संख्या 5 के विपरीत दिशा में दिखाई देगी?

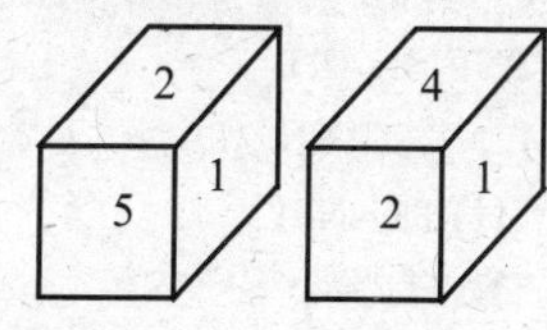

(a) 2 (b) 3
(c) 6 (d) 4

144. दिए गए कथन प्रश्न को और उसके बाद दो निष्कर्ष तर्कों I और II को पढ़ें। दिए गए तर्कों पर विचार करे और निर्धारित करें कि उनमें से कौन-सा मजबूत है।

प्रश्न-

क्या विजयंत का प्रबंधन प्रशिक्षु के रूप में लिमिटेड में सम्मिलित होना चाहिए?

तर्क-

I. हाँ। विजयंत को तुरंत नौकरी की जरूरत है और यह उसकी योग्यता और अनुभव के अनुसार सबसे अच्छा काम है।

II. नहीं। इस काम में अधिक यात्रा करनी होती है।

(a) केवल तर्क I मजबूत है
(b) केवल तर्क II मजबूत है
(c) न तो तर्क I और न ही II मजबूत है
(d) दोनों तर्क मजबूत हैं

145. इस प्रश्न में एक कथन के बाद दो निष्कर्ष I और II दिए गए हैं। यह मानते हुए कि कथन में दी गई सभी जानकारी सही है, दिए गए निष्कर्षों पर विचार करें और यह तय करें कि उनमें से कौन-सा तर्कसंगत और निश्चित रूप से दिए गए कथन का पालन करता है?

कथन -

कपिल ने मूनी टीवी पर 'प्राइम न्यूज विद कपिल' शो में अपनी भूमिका के लिए सर्वश्रेष्ठ समाचार एंकर पुरस्कार जीता।

निष्कर्ष -

I. कपिल एक टीवी समाचार एंकर है।

II. कपिल ने लगातार दूसरी बार यह पुरस्कार जीता है।

(a) केवल निष्कर्ष I पालन करता है
(b) केवल निष्कर्ष II पालन करता है
(c) न तो निष्कर्ष I और न ही II पालन करता है
(d) या तो निष्कर्ष I या II पालन करता है

146. इस प्रश्न में कथन के बाद धारणा I और II दी गयी है। कथन और धारणा का विश्लेषण करें और कथन में अंतर्निहित धारणा का चयन करें -

कथन -

नशीत ने अपनी वर्दी पहनी, अपनी बंदूक को भर दिया और अपनी चालक संचालित आधिकारिक कार में काम के लिए निकल गया।

धारणा-

I. नशीत सशस्त्र सेना में एक अधिकारी है।

II. नशीत जयपुर के राजभवन में तैनात एक सैन्य कमांडो है।

(a) केवल धारणा I निहित है
(b) केवल धारणा II निहित है
(c) न तो धारणा I और न ही II निहित है
(d) दोनों धारणाएँ निहित है

147. इस प्रश्न में कथन के बाद धारणा I और II दी गयी है। कथन और धारणा का विश्लेषण करें और कथन में अंतर्निहित धारणा का चयन करें–

कथन-

शुभ्रा एक महत्वपूर्ण बैठक से निकल गई और अपने बेटे को लेने के लिए चली गई क्योंकि, उसे तेज बुखार था।

धारणा-

I. शुभ्रा एक एकल माता है।

II. शुभ्रा एक कामकाजी माता है।

(a) केवल धारणा I निहित है
(b) केवल धारणा II निहित है
(c) या तो धारणा I या II निहित है
(d) दोनों धारणाएँ निहित है

148. इस प्रश्न में कथन के बाद धारणा I और II दी गयी है। कथन और धारणा का विश्लेषण करें और कथन में अंतर्निहित धारणा का चयन करें–

कथन -

निर्देशक के एक लिखित आश्वासन देने के बाद कि कहानी ने किसी भी ऐतिहासिक तथ्यों को विकृत नहीं किया था फिल्म रिलीज हुई थी।

धारणा -

I. फिल्म कुछ ऐतिहासिक तथ्यों पर आधारित है।

II. किसी विशेष समुदाय से जुड़े नेताओं ने रिलीज होने वाली फिल्म का विरोध किया।

(a) केवल धारणा I निहित है
(b) केवल धारणा II निहित है
(c) न तो धारणा I और न II ही निहित है
(d) दोनों धारणाएँ निहित हैं

149. दिए गए प्रश्न के बाद तर्क I और II दिए गए हैं। तर्कों पर विचार करें और निर्धारित करें कि उनमें से कौन सा मजबूत है।

प्रश्न-

क्या गणेश को एक नई मोटरसाइकिल खरीदनी चाहिए।

तर्क

I. हाँ। गणेश की पुरानी मोटरसाइकिल, जिसे वह पिछले 15 सालों से अपने कार्यालय जाने के लिए उपयोग कर रहा है, उसे उस मोटरसाइकिल से आने-जाने में अक्सर परेशानी हो रही है।

II. नहीं। नई मोटरसाइकिल प्रदूषण की मौजूदा समस्याओं को बढ़ा देगी।

(a) केवल तर्क I मजबूत है
(b) केवल तर्क II मजबूत है
(c) न तो तर्क I और न ही II मजबूत है
(d) दोनों तर्क मजबूत हैं

150. इस प्रश्न में, दो कथन A और B दिए गए हैं, जिसके बाद दो निष्कर्ष I और II दिए गए हैं। आपको दोनों कथनों को सही मानना होगा, भले ही वे आमतौर पर ज्ञात तथ्यों से भिन्न ही हों। निष्कर्ष पढ़ें और फिर तय करें कि दिए गए निष्कर्षों में से कौन-सा निष्कर्ष तार्किक रूप से और निश्चित रूप से दिए गए कथनों का पालन करता है?

कथन -

A. सभी पत्तियां छाल हैं।

B. सभी छाल बीज हैं।

निष्कर्ष-

I. कुछ छाल पत्तियाँ हैं।

II. कुछ बीज पत्तियाँ हैं।

(a) केवल निष्कर्ष I पालन करता है
(b) केवल निष्कर्ष II पालन करता है
(c) दोनों निष्कर्ष पालन करते हैं
(d) कोई निष्कर्ष पालन नहीं करता

151. इस प्रश्न में, दो कथन A और B दिए गए हैं, जिसके बाद दो निष्कर्ष I और II दिए गए हैं। आपको दोनों कथनों को सही मानना होगा, भले ही वे आमतौर पर ज्ञात तथ्यों से भिन्न हों। निष्कर्ष पढ़ें और फिर तय करें कि दिए गए निष्कर्षों में से कौन-सा निष्कर्ष तार्किक रूप से और निश्चित रूप से दिए गए कथनों का पालन करता है?

कथन-

A. सभी जूते मोजे हैं।

B. सभी मोजे शर्ट हैं।

निष्कर्ष-

I. कुछ मोजे जूते हैं

II. कुछ शर्ट जूते हैं।

(a) केवल निष्कर्ष I पालन करता है
(b) केवल निष्कर्ष II पालन करता है
(c) दोनों निष्कर्ष पालन करते हैं
(d) न तो निष्कर्ष I न ही II पालन करता है

152. उस विकल्प का चयन करे जो रिक्त स्थान को सही ढंग से भरेगा और दी गई शृंखला को पूरा करेगा।

llmn–oppq–rstt–vvw–ny

(a) n, q, v, w (b) m, p, v, w
(c) n, r, u, x (d) m, r, v, n

153. किसी कूटभाषा में ANNOUNCE को BMONVMDD के रूप में लिखा जाता है। उसी भाषा में SURPRISE को कैसे लिखा जाएगा?

(a) TVSRSJTF
(b) TTSOSHTD
(c) RTQOQHRD
(d) STQOSJRD

154. दिए गए शब्द के अक्षरों का उपयोग करके कौन- सा शब्द नहीं बनाया जा सकता है। शब्द में प्रत्येक अक्षर जितनी बार प्रयोग हुआ है उतनी ही बार नए शब्द में प्रयोग होगा?

FRATERNAL

(a) NARRATE
(b) ERRATA
(c) FATHER
(d) RENTAL

155. किसी कूट भाषा में Sweet Corn Soup को 'Pam Bam Nam'; Sweet Corn Starch को 'Pam Bam Lam'; और Corn Starch shop को 'Bam Lam Kam' के रूप में लिखा जाता है। उसी कूट भाषा में, Sweet Corn Shop को कैसे लिखा जाएगा?

(a) Bam Kam Nam
(b) Pam Bam Kam
(c) Lam Bam Kam
(d) Pam Bam Sam

156. उस शब्द युग्म को चुनें जो अन्य तीन युग्म से अलग हैं–

(a) लंबा : उच्च
(b) क्रूर : दयालु
(c) कठिन : मुलायम
(d) हल्का : भारी

157. ममता के पिता रमन की एक बहन है, कोमल जिसके बेटे, लोकेश की बहन का नाम दीपा है। रमन की माँ का दीपा के पिता से क्या संबंध है?

(a) बहन (b) सास
(c) माँ (d) ननद

158. एक लड़की का परिचय देते हुए बिपिन ने कहा'' वह मेरे पिता की बहन की माँ के इकलौते बेटे की बेटी है।'' बिपिन का उस लड़की से क्या संबंध है?

(a) चचेरा भाई (b) भाई
(c) चाचा (d) भतीजा

159. एक निश्चित कूट भाषा में 'CHEMIST' को 'BIDNHTS' के रूप में लिखा जाता है। उसी कूट भाषा में 'CONSULT' को कैसे लिखा जायेगा?

(a) TLUSNOC (b) DPOTVMU
(c) BNMRTKS (d) BPMTTMS

160. अंग्रेजी शब्दकोश में निम्नलिखित में से कौन-सा शब्द तीसरे स्थान पर आएगा?

(a) लोक प्रसिद्ध
(b) प्राकृतिक
(c) राष्ट्रीय
(d) काल्पनिक

161. किसी कूटभाषा में MAGNIFIER को FIERIMAGN के रूप में लिखा जाता है। उसी भाषा में TRANSIENT को कैसे लिखा जाएगा?

(a) TNEISNART
(b) IENTSTRAN
(c) ENTTRANSI
(d) TNEITRANS

162. किसी कूटभाषा में HEAD को 1356, HIRE को 1423 और RIDE को 2463 के रूप में लिखा जाता है। उसी कूटभाषा में DARE को कैसे लिखा जाएगा?

(a) 6523 (b) 1465
(c) 3241 (d) 4561

163. उस विकल्प का चयन करें जो तीसरे शब्द से उसी प्रकार संबंधित है जिस प्रकार दूसरा शब्द पहले शब्द से संबंधित है।
10 : 105 : : 18 : ?
(a) 315 (b) 324
(c) 333 (d) 162

164. दिए गए शब्द के अक्षरों का उपयोग करके कौन- सा शब्द बनाया जा सकता है। शब्द में प्रत्येक अक्षर जितनी बार प्रयोग हुआ है उतनी ही बार नए शब्द में प्रयोग होगा?
INSTRUMENTALIST
(a) INSTRUCT (b) TALISMAN
(c) ENTRUST (d) METRE

165. उस विकल्प का चयन करें जो तीसरे शब्द से उसी प्रकार संबंधित है जिस प्रकार दूसरा शब्द पहले शब्द से संबंधित है–
6 : 180 : : 5 : ?
(a) 25 (b) 125
(c) 120 (d) 150

166. उस विकल्प का चयन करें जो तीसरे शब्द से उसी प्रकार संबंधित है जिस प्रकार दूसरा शब्द पहले शब्द से संबंधित है–
23 : 69 : : 27 : ?
(a) 91 (b) 81
(c) 72 (d) 89

167. नीचे दिए गए व्यंजक का नाम क्या होगा यदि चिह्न '÷'को '–' के साथ बदला जाता है और LHS में संख्या '5' को संख्या '4' के साथ बदला जाता है?
(120 – 4) ÷ 5 = ?
(a) 20 (b) 28
(c) 6 (d) 23.2

निर्देश (प्रश्न 168 से 174 तक)-नीचे दी गई जानकारी को ध्यान से पढ़ें और नीचे दिए गए प्रश्नों के उत्तर दें।

एक हाउसिंग सोसायटी में, 200 परिवार हैं। इन परिवारों में से 70 के पास एक कार है लेकिन कोई बाइक नहीं है, 50 परिवारों के पास एक बाइक और एक कार है; और 65 परिवारों के पास केवल एक बाइक है। शेष परिवारों के पास न तो एक कार है न ही बाइक है।

168. हाउसिंग सोसायटी में कुल कितनी बाइक हैं?
(a) 50 (b) 115
(c) 65 (d) 125

169. उन परिवारों के बीच का अनुपात क्या है जिनके पास केवल एक वाहन है और जिनके पास कोई वाहन नहीं है?
(a) 9 : 2 (b) 11 : 2
(c) 9 : 1 (d) 12 : 1

170. सोसायटी में कितनी कारें अधिक हैं?
(a) दोनों बराबर संख्या में हैं
(b) 20
(c) 15
(d) 5

171. कितने परिवारों के पास कम से कम एक वाहन है?
(a) 185
(b) 135
(c) 165
(d) निर्धारित नहीं किया जा सकता है।

निर्देश (प्रश्न संख्या 172 से 175 तक)-दिया गया वेन आरेख एक हाई स्कूल के छात्रों के पसंदीदा विषयों को दिखाता है। आयत भौतिक, वृत्त, अंग्रेजी और त्रिभुज गणित को दर्शाता है। आरेख का अध्ययन करें और दिए गए सवालों के जवाब दें।

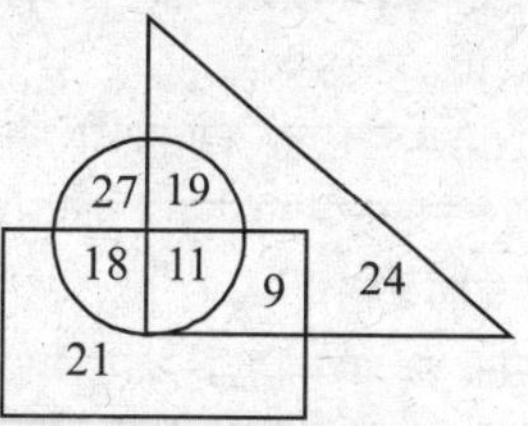

172. कितने छात्र सभी तीन विषयों को पसंद करते हैं?
(a) 19 (b) 30
(c) 11 (d) 18

173. कितने विद्यार्थी भौतिकी और गणित दोनों पसंद करते हैं, लेकिन अंग्रेजी नहीं?
(a) 11 (b) 18
(c) 9 (d) 21

174. कितने छात्र दिए गए विषयों में से केवल एक ही पसंद करते हैं?
(a) 48 (b) 45
(c) 81 (d) 72

175. कितने विद्यार्थी दिए गए विषयों में से कम से कम दो विषय पसंद करते हैं?
(a) 63 (b) 57
(c) 46 (d) 35

176. छः- इमारत L, M, N, X, Y और Z एक वृत्त में केन्द्र की ओर हैं। प्रत्येक इमारत दूसरे के बिल्कुल विपरीत है। बिल्डिंग X बिल्डिंग M या बिल्डिंग Z के ठीक बगल में नहीं है। बिल्डिंग M का निर्माण बिल्डिंग Y के ठीक दाईं ओर हुआ है। बिल्डिंग N बिल्डिंग M के ठीक विपरीत है। बिल्डिंग L जोकि बिल्डिंग X के ठीक विपरीत है, के ठीक दाईं ओर बिल्डिंग Z है। कौन-सी बिल्डिंग Z के ठीक दाईं ओर स्थित है?
(a) M (b) L
(c) X (d) N

177. दिए गए शब्द के अक्षरों का उपयोग करके कौन-सा शब्द नहीं बनाया जा सकता है। शब्द में प्रत्येक अक्षर जितनी बार प्रयोग हुआ है उतनी बार नए शब्द में प्रयोग होगा?
FORMIDABLE
(a) FEABLE
(b) MARBLE
(c) FRAMED
(d) BROMIDE

178. किसी निश्चित कोड भाषा में 'CATCH' को 31835 'MATCH' को '61835' और 'MINUTE' को '624987' के रूप में लिखा जाता है। तो उसी भाषा में 'TEACH' को कैसे लिखा जाएगा?
(a) 78135
(b) 75813
(c) 87513
(d) 87135

179. समान युग्म खोजें-
लेखक : किताब : :?
(a) दर्जी : सुई
(b) चिकित्सक : मरीज
(c) बढ़ई : फर्नीचर
(d) ज्वेलर : सोना

180. लड़कों की एक पंक्ति में, सचिन बाएँ से ग्यारहवें स्थान पर है और राज दाएँ से सातवें स्थान पर है। अगर वे अपने स्थान का आदान-प्रदान करते हैं, तो सचिन बाईं ओर से सोलहवें स्थान पर हो जाता है। पंक्ति में कितने लड़के हैं?
(a) 21 (b) 22
(c) 23 (d) 24

उत्तर व्याख्या सहित

1. (b) अधिकारियों आदि को सूचनार्थ भेजा जाने वाला अधिकारिक पत्र परिपत्र कहलाता है।

सूचना (Information) पद का अर्थ-सूचित करना, कहना, समाचार, बताई गई बात आदि से होता है।

आज्ञा पत्र का अर्थ आदेश पत्र होता है

अधिसूचना का अर्थ विशेष सूचना या विज्ञप्ति होता है।

2. (c)

3. (a) उद्देश्य में कर्त्ता के साथ, कर्त्ता-विस्तार का प्रयोग करते हैं।

4. (d)

5. (b) कर्मवाच्य-दादा जी के द्वारा अनिल को डाँटा गया।

कर्तृवाच्य–अशोक ने आइसक्रीम खाई। चोर पकड़ा गया

भाववाच्य–तोते से उड़ा नहीं गया।

वाच्य तीन प्रकार के होते हैं–

1. कर्तृवाच्य–जिस वाक्य में क्रिया कर्त्ता के अनुसार प्रयुक्त होती है।

2. कर्मवाच्य–वाक्य में क्रिया कर्म के अनुसार प्रयुक्त होती है।

3. भाववाच्य–वाक्य में क्रिया कर्त्ता अथवा कर्म के अनुसार प्रयुक्त न हो, बल्कि वाक्य के भाव के अनुसार प्रयुक्त होती है।

6. (c)

7. (d) रचना के आधार पर वाक्य तीन प्रकार के होते हैं।

1. सरल/साधारण वाक्य–मोहन पढ़ता है।

2. संयुक्त वाक्य–वह खाना खाया और बाजार चला गया।

3. मिश्र वाक्य–मुझे बताओं तो तुम्हारा जन्म कब और कहाँ हुआ था।

मिश्र वाक्य में एक प्रधान उपवाक्य और अन्य आश्रित उपवाक्य आपस में कि, जो, क्योंकि, जैसा, वैसा, जब, तब, यद्यपि, तथापि, तो, आदि से जुड़े होते हैं। जबकि संयुक्त वाक्य में दो सरल वाक्य आपस में योजक शब्दों और, तथा, अतः, इसलिए, अथवा, किन्तु पर, या से जुड़े होते हैं।

8. (b)

9. (c) सर्प, मेंढ़क, सिंह, घोड़ा, वानर, हाथी आदि को समझाने वाला शब्द **हरि** है। 'हरि' अनेकार्थक शब्द है।

10. (b)

11. (c) 'किन्हीं से' अनिश्चयवाचक सर्वनाम का अपादान कारक में बहुवचन रूप होगा। जबकि किसी से, किन से अनिश्चवाचक सर्वनाम का अपादन कारक में एकवचन रूप होगा।

12. (a)

13. (c) पाहुना का पर्यायवाची 'आगंतुक' होगा इसके अन्य पर्यायवाची–अतिथि, पाहुन, अभ्यागत, मेहमान आदि है।

कृषक के पर्यायवाची–भूमिपुत्र, हलधर, खेतिहार, अन्नदाता, किसान, कृषिजीवी, हलवाह

जंबुक के पर्यायवाची–शृगाल, सियार, गीदड़

आदित्य के पर्यायवाची–दिनकर, दिवाकर, भानु, भास्कर, दिनेश आदि।

14. (a)

15. (b) 'वह बिल्कुल बात करना नहीं चाहती थी।' शुद्ध वाक्य है। अन्य विकल्प अशुद्ध हैं, जिनका शुद्ध वाक्य होगा–

मुझसे यह काम नहीं हो सकता।

बाघ और बकरी एक घाट पर पानी पीते हैं।

16. (d)

17. (a) कुन्दन का पर्यायवाची हेम होगा।

कन्दन के अन्य पर्यायवाची शब्द–सोना, स्वर्ण, कंचन, कनक, हेम।

दुश्मन का पर्यायवाची–अरि, विपक्षी, दुश्मन, बैरी, शत्रु

मतंग का पर्यायवाची–गज, हाथी, कुंभी, मदकल

वजन का पर्यायवाची–स्नेही, सुहृदय, साथी, दोस्त

18. (c)

19. (d) धर्मभ्रष्ट में अपादान तत्पुरुष समास होगा। जिसका समास विग्रह-'धर्म से भ्रष्ट' होता है, जबकि अन्य विकल्प अधिकरण तत्पुरुष समास के उदाहरण हैं।

20. (c)

21. (b) पंजाब में हिन्दी का प्रचार श्रद्धाराम फुल्लौरी ने किया। सदलमिश्र, लल्लू लाल ये दोनों हिन्दी गद्य के चार प्रमुख स्तम्भों (इंशा अल्ला खाँ, सदल मिश्र, मुंशी सदासुख लाल, लल्लू लाल) में से एक हैं। राजा राम मोहन राय को भारतीय पुनर्जागरण का अग्रदूत और आधुनिक भारत का जनक कहा जाता है।

22. (a)

23. (c) **धूसर** का पर्यायवाची–बेसर, खर, गर्दभ, रासभ, वैशाखनंदन, गधा आदि।

खनक का पर्यायवाची–दस्यु, तस्कर, रजनीचर, साहसिक, मोषक, कुम्भिल आदि।

सदन का पर्यायवाची–भवन, आलय, निकेतन, शाला, कुटी आदि।

गजवदन का पर्यायवाची–मोदकप्रिय मूषकवाहन, भवानीनन्दन आदि।

24. (b)

25. (c) स्पर्श व्यंजन, कण्ठय ध्वनि, अघोष और महाप्राण ध्वनि है–ख।

स्पर्श व्यंजन– क, ख, ग, घ, ड.

कठण्य ध्वनि–क, ख, ग, ध

अघोष–क, ख (प्रत्येक वर्ग का पहला, दूसरा व्यंजन और य, र, ल, व)

महाप्राण–ख, घ (प्रत्येक वर्ग का दूसरा, चौथा व्यंजन)

26. (a)

27. (b) जब एक ही ध्वनि का द्वित्व हो जाए तब वह युग्मक ध्वनियाँ कहलाती हैं।

28. (c)

29. (d) देवनागरी लिपि का सर्वप्रथम प्रयोग जयभट्ट के शिलालेख में हुआ था।

30. (c)

31. (c) आहट, आवट, आस आदि भाववाचक तद्धित प्रत्यय हैं। इनमें निर्मित शब्द–

कड़वा + आहट = कड़वाहट

आम + आवट = अमावट

मीठा + आस = मिठास

32. (b)

33. (a) दाँत काटी रोटी का अर्थ है–गहरी दोस्ती।

34. (a)

35. (d) सोना का पर्यायवाची जातरूप है। ललित का पर्यायवाची–रुचिर, चारु, रम्य, रमणीय।

पत्रग का पर्यायवाची–नाग, भुजंग, फणी, अहि, उरग।

36. (b)

37. (a) पयोधि का सन्धि विच्छेद पयः+धि होगा।

यहाँ विसर्ग सन्धि है। यदि विसर्ग के पहले 'अ' आये और उसके बाद वर्ग का तृतीय, चतुर्थ, पंचम वर्ण हो या 'य', 'र', 'ल', 'व', 'ह' हो तो विसर्ग का 'उ' हो जाता है और यह 'उ' पूर्ववर्ती 'अ' से मिलकर गुणसन्धि द्वारा 'ओ' हो जाता है।

जैसे– पयः+धन = पयोधन,

तपः+बल = तपोबल

38. (c)

39. (c) जयपुरी बोली, बिहारी उपभाषा की बोली नहीं है। यह राजस्थानी उपभाषा की बोली है। इसका विकास शौरसेनी अपभ्रंश से हुआ है। जबकि भोजपुरी, मगही, मैथिली, बिहारी उपभाषा की बोलियाँ हैं। बिहारी का विकास मागधी अपभ्रंश से हुआ है।

40. (d)

41. (b) 'अर्चना <u>अत्यंत</u> सुन्दर है।' में रेखांकित पद प्रविशेषण है। प्रविशेषण–जो शब्द विशेषण शब्दों की विशेषता बताता है, उसे प्रविशेषण कहते हैं।

42. (a)

43. (d) मैनें आम खाया है–वाक्य आसन्न भूतकाल में है। इस काल में क्रिया के व्यापार की समाप्ति की निकटता स्पष्ट होती हैं अन्य विकल्प–मोहन आया, सीता गयी–सामान्य भूतकाल, वह आया था–पूर्ण भूतकाल, तू आता तो मैं जाता–हेतुहेतुमद् भूतकाल

44. (a)

45. (c) इस्तीफा फारसी शब्द नहीं है बल्कि यह एक अरबी शब्द है। अन्य शब्द मलीदा, पैमाना, तनख्वाह फारसी शब्द है। कुछ अन्य महत्वपूर्णअरबी शब्द–इज्जत, इमारत, आदमी, किताब, इनाम, औरत, तकिया, जालिम, गरब, मौसम, मशहूर, वारिस, हैजा, हमला आदि।

46. (c)

47. (c) समाज के पदों को अलग करने को विग्रह कहा जाता है। वर्णो के मेल को सन्धि तथा अलगाव को विच्छेद कहते हैं। शब्द के रुपान्तिरित अंग को विभक्ति कहते हैं। विभक्ति चिह्न को परसर्ग कहते हैं।

48. (b)

49. (d) 'शास्त्री जी की मृत्यु से हमें बड़ा दुःख हुआ।' शुद्ध वाक्य है। अन्य विकल्प अशुद्ध है जिनका शुद्ध रूप होगा–

1. हम अवश्य जाएंगे।
2. यह आप की भूल है।

50. (c)

51. (d) बाप का सम्बन्धवाचक संज्ञा बपौती है।

52. (a)

53. (d) नामबोधक संयुक्त क्रिया का भेद नहीं है। अन्य अवकाशबोधक, निश्चयबोधक, नित्यताबोधक संयुक्त क्रिया के भेद हैं।

54. (a)

55. (c) अनिश्चियवाचक सर्वनाम का करण कारक बहुवचन रूप 'किन्हीं से' होगा।

56. (b)

57. (a) पद परिचय को पद संगठन नहीं कहा जाता है। अन्य विकल्प पद निर्देश, पदान्वय, पद निर्णय कहा जाता है।

58. (c)

59. (b) Hiring of accommodation on proposed terms not approved इसका हिन्दी अनुवाद होगा–प्रस्तावित शता X पर स्थान किराए पर लेने का अनुमोदन नहीं मिला।

60. (a)

61. (b) 'उनके द्वारा अपना काम अब तक समाप्त नहीं किया गया है।' का अंग्रेजी में अनुवाद होगा–Their work has not yet been finished by them.

62. (b)

63. (a) अनुशासन सैनिक जीवन की आत्मा है। अन्य विकल्प असंगत है।

64. (b)

65. (b) पास ही पास शब्द में विभक्तियुक्त शब्द की द्विरुक्ति हुई है।

66. (c)

67. (d) इसमें भेजने वाला हस्ताक्षर करके पद का उल्लेख भी करता है। यह कथन गलत है। इसका शुद्ध रूप होगा–इसमें भेजने वाले का हस्ताक्षर भी है। अन्य विकल्प सत्य/सही हैं।

68. (c)

69. (d) जयपुरी उत्तर प्रदेश की बोली नहीं है। जयपुरी बोली का प्रयोग पूर्वी राजस्थान के क्षेत्रों में होता है। इसीलिए इसे पूर्वी राजस्थानी भी कहते हैं। ब्रजभाषा मथुरा, अलीगढ़, आगरा में बोली जाती है। कन्नोजी कन्नौज, फर्रूखाबाद, हरदोई, शाहजहाँपुर के क्षेत्रों में बोली जाती हैं। खड़ी बोली मेरठ, बिजनौर, मुजफ्फरनगर के क्षेत्रों में बोली जाती है।

70. (a)

71. (c) क, च, प द सभी स्पर्शी व्यंजन हैं। अन्य विकल्प के राशी वर्ण रगर्श व्यंजन नहीं हैं।

72. (c)

73. (b) 'बालोचित' शब्द का संधिविच्छेद 'बाल + उचित' होगा। यहाँ गुण सन्धि है। इसके नियमानुसार यदि 'अ' या 'आ' के बाद 'इ या ई, उ या ऊ और 'ऋ' स्वर आये तो दोनों मिलकर क्रमश 'ए', 'ओ' और 'अर्' हो जाते हैं।

जैसे– नव + ऊढ़ा = नवोढ़ा

महा + ईश = महेश

नोट–आयोग ने बोलोचित शब्द दिया है जबकि सही शब्द बालोचित होगा।

74. (c)

75. (c) 'औपचारिक' शब्द में इक प्रत्यय लगा है। उपचार+इक = औपचारिक। अन्य प्रत्यय अ, क, ईक असंगत हैं।

76. (d)

77. (a) 'शिखा' तत्सम शब्द है। अन्य शब्द तद्भव है।

78. (b)

79. (b) <u>यह</u> मकान मेरे भाई का है। रेखांकित पद संकेतवाचक सर्वनाम विशेषण है। अन्य विकल्प असंगत हैं।

80. (b)

81. (a) दिल्ली में अलाउद्दीन खिलजी के शासन काल की अवधि 1296-1316 ई. तक थी। उसका साम्राज्य अफगानिस्तान से लेकर उत्तर मध्य भारत तक फैला था। अलाउद्दीन खिलजी दिल्ली सल्तनत के खिलजी वंश का दूसरा शासक था। अलाउद्दीन खिलजी के प्रमुख विजय अभियान–

1. गुजरात विजय – 1298 ई.
2. जैसलमेर विजय – 1299 ई.
3. रणथम्भौर विजय – 1301 ई.
4. चित्तौड़ आक्रमण – 1303 ई.

82. (a)

83. (d) भारतीय संसद में मंत्रिमंडल के विरुद्ध अविश्वास प्रस्ताव पेश करने के लिए न्यूनतम 50 सांसदों के समर्थन की आवश्यकता होती है। ध्यातव्य है कि संविधान में अविश्वास प्रस्ताव का कोई उल्लेख नहीं किया गया है। किन्तु संविधान के अनुच्छेद -118 के तहत प्रत्येक सदन को अपनी प्रक्रिया नियम बनाने का अधिकार है। अतः लोकसभा के नियम 198 के तहत प्रावधान किया गया है कि कोई भी सदस्य लोकसभा अध्यक्ष को मंत्रिमण्डल (सरकार) के विरुद्ध अविश्वास प्रस्ताव का नोटिस दे सकता है।

84. (b)

85. (b) पाल साम्राज्य का विस्तार भारत के 'पूर्वी' हिस्से में था। पाल साम्राज्य मध्यकालीन भारत का एक महत्त्वपूर्ण राजवंश था जो कि 750-1174 ईसवीं तक चला। इस साम्राज्य की स्थापना गोपाल ने की थी। इस वंश की राजधानी मुंगेर थी। पाल

वंश का सबसे महान शासक धर्मपाल था जिसने विक्रमशिला विश्वविद्यालय की स्थापना की।

86. (a)

87. (b) कर्नाटक के वर्तमान राज्यपाल 'वजुभाई रुधभाई वाला' है। अन्य राज्यों के राज्यपाल

पश्चिम बंगाल – केशरी नाथ त्रिपाठी

राजस्थान – कल्याण सिंह

तमिलनाडु – बनवारी लाल पुरोहित

छत्तीसगढ़ – आनन्दी बेन पटेल

88. (c)

89. (b) केन्द्रीय पेट्रोलियम व प्राकृतिक गैस मंत्रालय ने शेल को पेट्रोलियम में शामिल करने के लिए पेट्रोलियम व नेचुरल गैस नियम 1959 में संशोधन किया है। अब पेट्रोलियम की नयी परिभाषा में प्राकृतिक हाइड्रोकार्बन, चाहे वे प्राकृतिक गैस अथवा तरल के रूप में हो, ठोस रूप अथवा दोनों का मिश्रण हो, को शामिल किया गया है।

90. (a)

91. (c) खिज्र खां, दिल्ली सल्तनत के सैय्यद वंश (1414-1451 ई.) का संस्थापक था। इसने मंगोल आक्रमणकारी तैमूर को सहयोग प्रदान किया था। बदले में तैमूर ने इसे लाहौर, मुल्तान और दिपालपुर की सूबेदारी सौंपी। ध्यातव्य है कि खिज्र खां ने सुल्तान की उपाधि धारण नहीं की बल्कि वह 'रैयत-ए-आला' की उपाधि से ही सन्तुष्ट रहा।

92. (b)

93. (d) ग्रीनलैण्ड दुनिया का सबसे बड़ा द्वीप है और यह उत्तर अमेरिका और यूरोप के बीच उत्तरी अटलांटिक महासागर में स्थित है।

94. (b)

95. (d) चीन ने यह घोषणा की है कि उसमें कैंसर विरोधी दवाओं सहित भारतीय दवाओं पर टैरिफ (आयात शुल्क) को कम करने पर भारत के साथ समझौता किया है।

96. (b)

97. (a) 12 वीं शताब्दी के आरम्भ में दिल्ली पर तोमर वंश का शासन था। अनंगपाल दिल्ली के तोमर वंश के संस्थापक थे।

98. (a)

99. (d) एशिया से बाहर विश्व का सबसे ऊँचा पर्वत शिखर अकोंकागुआ पर्वत अर्जेन्टीना में स्थित है।

100. (b)

101. (c) ग्लोबल फुटप्रिंट नेटवर्क की स्थापना 2003 में हुई थी। 2003 में ग्लोबल फुटप्रिंट मूल रूप से संयुक्त राज्य अमेरिका, बेलिज्यम और स्विट्जरलैण्ड में स्थित एक स्वतन्त्र थिंक टैंक है। इसका मुख्यालय ऑकलैण्ड (कैलिफोर्निया) में स्थित है। ग्लोबल फुटप्रिंट नेटवर्क पर्यायवरणीय पदचिह्न और जैव-क्षमता सहित सिथरता को आगे बढ़ाने के लिए उपकरण विकसित करता है और बढ़ावा देता है।

102. (b)

103. (d) एमएस वर्ड कम्प्यूटर का डेटाबेस सॉफ्टवेयर नहीं है। यह एक ग्राफिकल वर्ड प्रोसेसिंग प्रोग्राम है, जो उपयोगकर्त्ता टाइप कर सकते हैं जबकि एमएस एक्सेस, फॉक्सप्रो, ऑराकल तीनों एक कम्प्यूटर का डेटाबेस सॉफ्टवेयर है।

104. (d)

105. (d) वर्षा ऋतु की फसलों को खरीफ कहा जाता है इन्हें मई से जुलाई के बीच बोया जाता है एवं सितम्बर, अक्टूबर में काटा जाता हैं अन्य खरीफ फसल मक्का, बाजरा, कपास, जूट, मूंगफली, सोयाबीन, धान आदि हैं जबकि गेहूँ रबी की फसल है, जो अक्टूबर-नवम्बर में बोयी जाती है एवं मार्च-अप्रैल में काटी जाती है। इसकी अन्य प्रमुख फसलें चना, मटर, सरसों, अलसी, तम्बाकू आदि हैं।

106. (b)

107. (c) प्रधानमंत्री नरेन्द्र मोदी ने रवांडा सरकार के गिरिका कार्यक्रम के तहत ग्रामीणों को 200 गायों का उपहार दिया, जिनके पास अभी तक गाय नहीं है। रवांडा के राष्ट्रपति पाउल कागमें की उपस्थिति में, ग्रामीणों को सौंपने के लिए कार्य रबेरु गाँव में आयोजित किया गया था।

108. (b)

109. (d) दुनिया में सबसे ज्यादा ऊँचाई वाला झरना 'एंजिल झरना' है। जिसकी ऊँचाई 979 मीटर (3217 फिट) है यह झरना वेनेजुऐला में स्थित है।

110. (b)

111. (c) अंडमान और निकोबार तथा लक्ष्यद्वीप समेत की तटीय रेखाओं सहित भारत की तटरेखा की लम्बाई 7517 किमी. है। भारतीय मुख्य भूमि की तटरेखा की लम्बाई 6100 किमी. है। भारतीय मुख्य भूमि की तटरेखा पश्चिम में अरब सागर, पूर्व में बंगाल की खाड़ी और दक्षिण में हिन्द महासागर से घिरा हुआ है। भारत की लम्बी तट रेखा कांडला, मुम्बई, न्हावाशेवा, मैंगलोर, कोचीन, चेन्नई, तुतीकोरिन, विशाखपत्तनम तथा पारादीप जैसे कई प्रमुख बंदरगाहों के साथ बिखरी है। भारत में सबसे लम्बी तटरेखा गुजरात के साथ लगती है।

112. (d)

113. (b) हिन्द महासागर का सबसे गहरा गर्त (बिन्दु) डाएमेंटिना गर्त (8,407 मी.) है। इसके पश्चात् सुण्डा गर्त (7,450 मी.) है। अत: विकल्पों के अनुसार (b) सही उत्तर होगा। ध्यातव्य है कि मेरियाना गर्त (11,034 मी.) प्रशान्त महासागर एवं विश्व का सबसे गहरा गर्त है।

114. (d)

115. (a) बड़ा इमामबाड़ा वर्ष 1784 में अवध के चौथे नवाब असफ-उद-दौला के द्वारा बनवाया गया था। यह 1784 ई. में हुए एक बड़े अकाल के लिए राहत परियोजना के एक हिस्से के रूप में बनाया गया था। लखनऊ का बड़ा इमामबाड़ा इस जगह के सबसे प्रसिद्ध स्मारकों में से एक है।

116. (d)

117. (a) अलीगढ़ मुस्लिम विश्वविद्यालय की स्थापना सर सैयद अहमद खान ने 1875 ई. में मोहम्मद एंग्लो-ओरिएंटल कॉलेज के रूप में स्थापित किया गया था। मोहम्मद एंग्लो-ओरिएंटल कॉलेज 1920 में अलीगढ़ मुस्लिम विश्वविद्यालय बन गया

118. (c)

119. (b) फिरोजाबाद एक औद्योगिक शहर है जो काँच की चूड़ियाँ और काँच से बनी वस्तुओं के उत्पादन के लिए जाना जाता है।

120. (d)

121. (b) कठपुतली नृत्य उत्तर प्रदेश से सम्बन्धित नहीं है। कठपुतली नृत्य राजस्थान के सबसे लोकप्रिय प्रदर्शन कलाओं में से एक है। यह एक पारम्परिक लोक नृत्य, कुशल कठपुतली द्वारा किया जाता है जबकि चरकुला, मयूर नृत्य तथा रास लीला नृत्य उत्तर प्रदेश के सबसे लोकप्रिय नृत्य है।

122. (a)

123. (c)

लेखक		रचनाएँ
कबीरदास	–	बीजक
सूरदास	–	सूरसागर, सूरसारावली, साहित्य लहरी, नल दमयन्ती
विद्यावती	–	कीर्तिलता, कीर्तिपताका, पुरुष परीक्षा, भू-परिक्रमा

124. (b)

125. (d) कवयित्री महादेवी वर्मा का जन्म 26 मार्च, 1907 ई. में फर्रूखाबाद, उत्तर प्रदेश के सम्पन्न परिवार में हुआ था। इन्हें "आधुनिक मीरा" के रूप में भी जाना जाता है। यह छायावाद की एक प्रमुख कवयित्री थीं। इनकी प्रमुख रचनाएँ गिल्लू, अतीत के चलचित्र, मेरा परिवार, दीपशिखा, नीरजा, नीहार आदि हैं।

126. (d)

127. (b) गुरू नानक देव का जन्म 1469 ई. में शेखपुरा जिले के एक गाँव तलवंडी, लाहौर में हुआ था। अत: विकल्प (b) सही ढंग से मेल नहीं खाता है।

128. (b)

129. (d) भारतीय राज्य में 100 मिलियन से कम आबादी वाला राज्य पश्चिम बंगाल है। 2011 की जनगणनानुसार पश्चिम बंगाल की आबादी 91.2 मिलियन है, जबकि उत्तर प्रदेश, महाराष्ट्र तथा बिहार ये तीनों राज्य 100 मिलियन से अधिक आबादी वाले राज्य हैं।

130. (d)

131. (c) उत्तर आकृति (c) में दी गई प्रश्न आकृति निहित है।

132. (b) उत्तर विकल्प (b) अन्य तीनों से भिन्न है।

133. (c) जिस प्रकार प्रश्न में दी गई सभी आकृतियाँ बराबर-बराबर दो भागों में विभाजित होती है। उसी प्रकार उत्तर आकृति (c) भी दो बराबर भागों में विभाजित होती है।

134. (d) **135.** (c)

136. (b) सर्वाधिक उचित वेन आरेख निम्नवत् है:

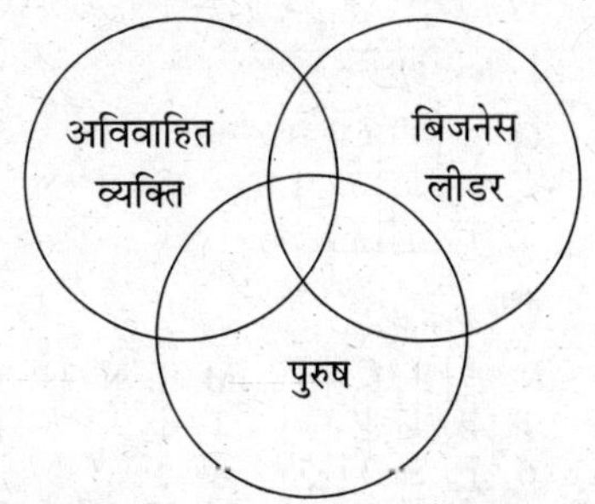

अर्थात्–

कुछ पुरुष अविवाहित हो सकते हैं,

कुछ अविवाहित, बिजनेस लीडर हो सकते हैं।

कुछ पुरुष, बिजनेस लीडर हो सकते हैं।

कुछ अविवाहित 'पुरुष' बिजनेस लीडर हो सकते हैं।

137. (a) प्रश्न के अनुसार हम एक ऐसे अक्षर का चयन करेंगे, जो तीनों ज्यामितीय आकृतियों में उभयनिष्ठ हो। अत: ऐसा अक्षर A है।

138. (b) सभी खिलाड़ियों की संख्या

$= (12 + 8 + 17 + 5 + 6 + 4 + 3) = 55$

139. (c) दिए गए चित्र में त्रिभुजों की संख्या निम्नवत् है:

एक घटक वाले त्रिभुजों की संख्या = 7

दो घटक वाले त्रिभुजों की संख्या = 2

तीन घटक वाले त्रिभुजों की संख्या = 4

$\therefore$ कुल घटक वाले त्रिभुजों की संख्या

$= (7 + 2 + 4) = 13$

140. (a)

141. (c) शशिकला के चलने का क्रम निम्नवत् है:

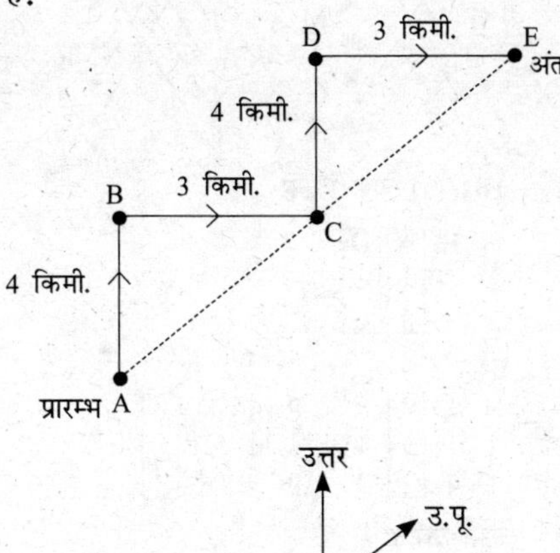

उत्तर
उ.पू.
पश्चिम
पूर्व
द.प.
दक्षिण

स्पष्ट है, शशिकला प्रारम्भिक स्थान से उत्तर-पूर्व दिशा में चल रही है।

142. (b) प्रश्न 141 के चित्र से,

स्टेडियम से शशिकला के घर की न्यूनतम दूरी $= (AC + CE)$

$\therefore$ समकोण त्रिभुज ABC में,

$AC = \sqrt{AB^2 + BC^2} = \sqrt{(4)^2 + (3)^2}$

$= \sqrt{16 + 9} = \sqrt{25}$

$\therefore$ AC = 5 किमी.

पुन: समकोण त्रिभुज CDE में,

$CE = \sqrt{DC^2 + DE^2} = \sqrt{(4)^2 + (3)^2}$

$= \sqrt{16+9} = \sqrt{25} = \sqrt{5}$ किमी.

$\therefore$ अभीष्ट दूरी $= (AC + CE) = (5 + 5)$ किमी.

= 10 किमी.

143. (d) यदि किसी पासे की दी गई स्थितियों में संख्याएँ उभयनिष्ठ हो तो वे कभी भी एक-दूसरे के विपरीत फलकों पर नहीं हो सकती।

अत: 5 के विपरीत फलक पर संख्या 4 होगी।

144. (a) दिए गए चयन के अनुसार, केवल तर्क I मजबूत है।

145. (a) कथन के अनुसार, केवल निष्कर्ष I अनुसरण करता है। कपिल ने मूनीं टीवी पर 'प्राइम न्यूज विद कपिल' शो के लिए सर्वश्रेष्ठ समाचार एंकर का पुरस्कार जीता। अर्थात् इससे यह स्पष्ट है, कि कपिल एक टी.वी. समाचार एंकर है। जबकि निष्कर्ष II कथन के अनुसार गलत है।

146. (a) दिए गए कथन के अनुसार केवल धारणा I निहित है।

147. (b) कथन के अनुसार केवल धारणा II निहित है।

148. (a) **149.** (a)

150. (c) कथनानुसार

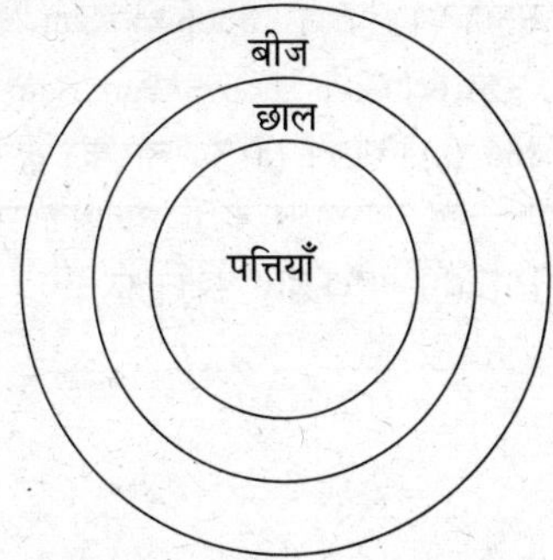

अत: दोनों निष्कर्ष I व II पालन करते हैं।

151. (c) कथनानुसार

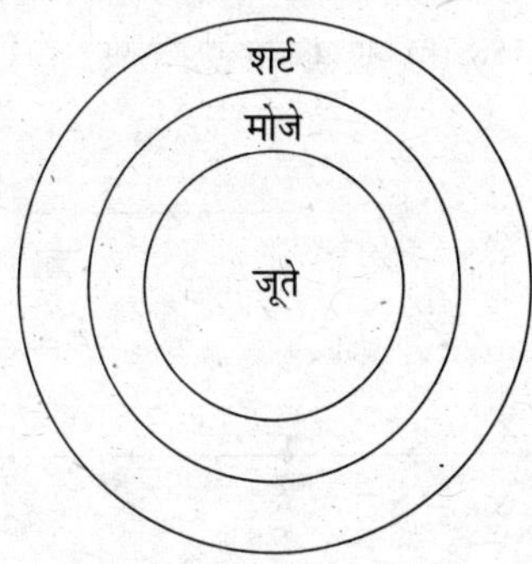

अत: दोनों निष्कर्ष I व II कथन के अनुसार सत्य हैं।

152. (c) दी गई छोटे अक्षरों की श्रृंखला निम्नवत् है:

l l m / n [n] o / p p q / [r] r s / t t [u] / v v w / [x] x y

अत: लुप्त अक्षर समूह = n r u x

153. (b) जिस प्रकार, उसी प्रकार,

जिस प्रकार	उसी प्रकार
$A \xrightarrow{+1} B$	$S \xrightarrow{+1} T$
$N \xrightarrow{-1} M$	$U \xrightarrow{-1} T$
$N \xrightarrow{+1} O$	$R \xrightarrow{+1} S$
$O \xrightarrow{-1} N$	$P \xrightarrow{-1} O$
$U \xrightarrow{+1} V$	$R \xrightarrow{+1} S$
$N \xrightarrow{-1} M$	$I \xrightarrow{-1} H$
$C \xrightarrow{+1} D$	$S \xrightarrow{+1} T$
$E \xrightarrow{-1} D$	$E \xrightarrow{-1} D$

154. (c) दिए गए शब्द का प्रयोग करके 'FATHER' शब्द नहीं बनाया जा सकता है, क्योंकि मूलशब्द में अक्षर H नहीं है।

155. (b)

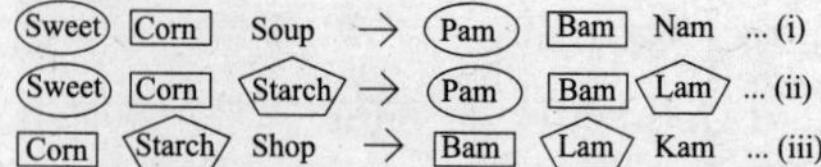

समीकरण (i) व (ii) से, Sweet ⇒ Pam

समीकरण (i), (ii) व (iii) से, Corn ⇒ Bam

समीकरण (iii) से, Shop ⇒ Kam

∴ Sweet Corn Shop ⇒ Pam Bam Kam

156. (a) विकल्प (a) को छोड़कर अन्य सभी में दोनों शब्द एक-दूसरे के विपरीतार्थक शब्द है।

157. (b) आरेख द्वारा दर्शाने पर–

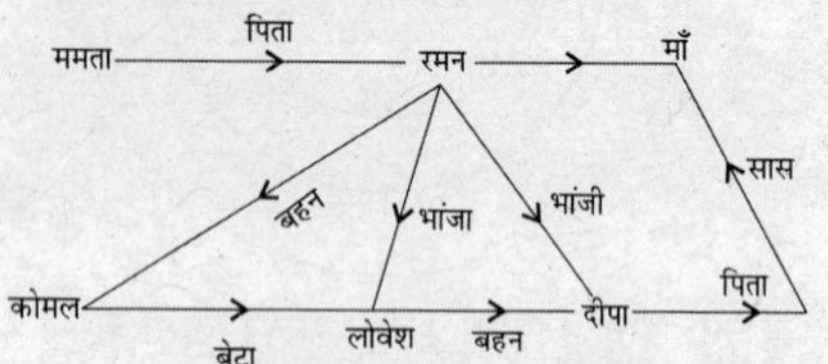

अत: रमन की माँ दीपा के पिता की सास है।

158. (b) आरेख द्वारा दर्शाने पर

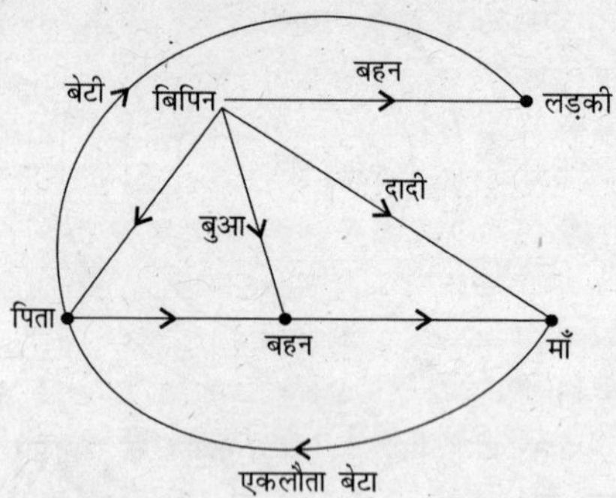

स्पष्ट है, वह लड़की, बिपिन की बहन है।

159. (d) जिस प्रकार,

$C \xrightarrow{-1} B$
$H \xrightarrow{+1} I$
$E \xrightarrow{-1} D$
$M \xrightarrow{+1} N$
$I \xrightarrow{-1} H$
$S \xrightarrow{+1} T$
$T \xrightarrow{-1} S$

उसी प्रकार,

$C \xrightarrow{-1} B$
$O \xrightarrow{+1} P$
$N \xrightarrow{-1} M$
$S \xrightarrow{+1} T$
$U \xrightarrow{-1} T$
$L \xrightarrow{+1} M$
$T \xrightarrow{-1} S$

160. (d)

161. (b)

जिस प्रकार, उसी प्रकार,

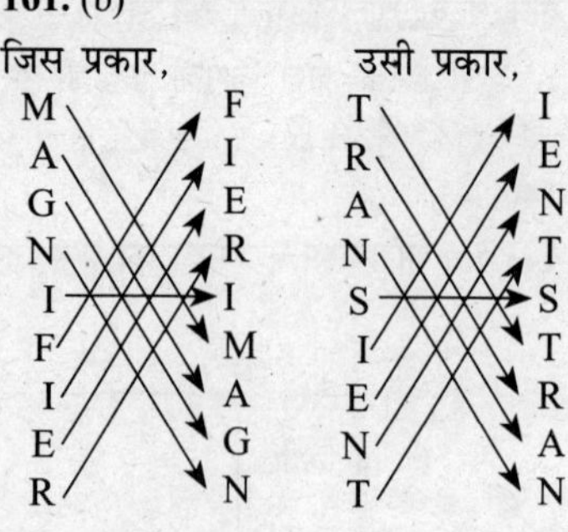

162. (a) जिस प्रकार,

H E A D
↓ ↓ ↓ ↓
1 3 5 6

तथा

H I R E   R I D E
↓ ↓ ↓ ↓   ↓ ↓ ↓ ↓
1 4 2 3   2 4 6 3

उसी प्रकार,

D A R E
↓ ↓ ↓ ↓
6 5 2 3

163. (c) जिस प्रकार,

$10 \rightarrow (10)^2 + \frac{10}{5}$

$= (100 + 5) = 105$

उसी प्रकार,

$18 \rightarrow (18)^2 + \frac{18}{2}$

$= (324 + 9) = \boxed{333}$

164. (c)

165. (d) जिस प्रकार,

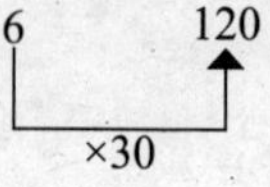

उसी प्रकार,

5 → 150 (×30)

166. (b) जिस प्रकार,

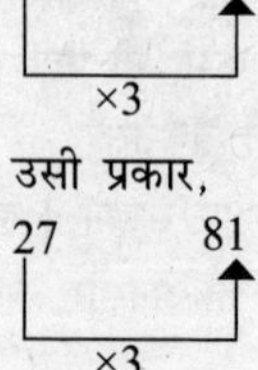

167. (a) व्यंजक = (120 – 4) ÷ 5

प्रश्नानुसार चिन्ह परिवर्तित करने पर

= (120 ÷ 5) –4

$= \frac{120}{5} - 4 = (24 - 4) = 20$

168. (b) **169.** (c) **170.** (d) **171.** (a)

172. (c) तीनों विषय पसंद करने वाले छात्रों की संख्या = तीनों ज्यामितीय आकृतियों में उभयनिष्ठ संख्या = 11

173. (c) अभीष्ट संख्या = त्रिकोण और आयत में उभयनिष्ठ संख्या = 9

174. (d) एक ही विषय पसंद करने वाले छात्रों की संख्या = (21 + 24 + 27) = 72

175. (b) कम से कम दो विषय पसंद करने वाले छात्रों की संख्या = (18 + 19 + 9 + 11) = 57

176. (d)

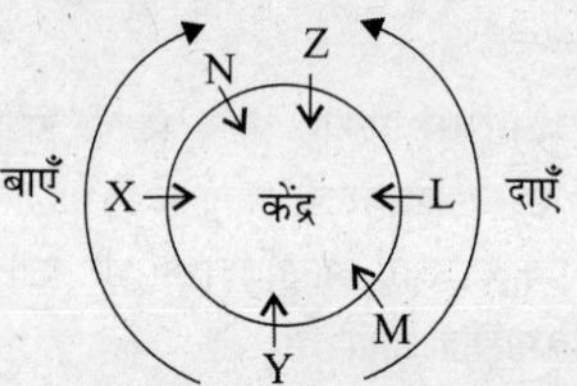

अत: स्पष्ट है, Z के ठीक दाएँ N है।

177. (a)

178. (d) जिस प्रकार,

C A T C H
↓ ↓ ↓ ↓ ↓
3 1 8 3 5

तथा

M A T C H   M I N U T E
↓ ↓ ↓ ↓ ↓   ↓ ↓ ↓ ↓ ↓ ↓
6 1 8 3 5   6 2 4 9 8 7

उसी प्रकार,

T E A C H
↓ ↓ ↓ ↓ ↓
8 7 1 3 5

179. (c)

180. (b)

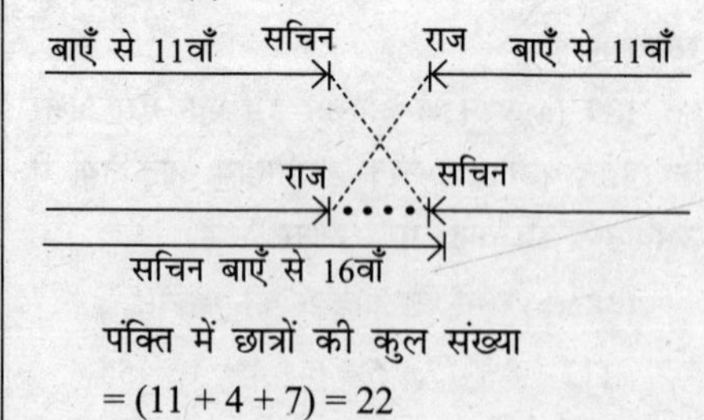

पंक्ति में छात्रों की कुल संख्या

= (11 + 4 + 7) = 22

❑❑❑

UPSSSC
विधान भवन रक्षक एवं वनरक्षक परीक्षा, 2018
सॉल्व्ड पेपर
(तिथि: 02-12-2018)
(द्वितीय पाली)

हिन्दी परिज्ञान एवं लेखन योग्यता

1. 'ऋतु' का अर्थ है–
(a) सत्य (b) इत्र
(c) रूप (d) कृत

2. 'शोक करना' के लिए मुहावरा है–
(a) सिर भारी होना
(b) सिर चढ़ाना
(c) सिर पीटना
(d) सिर पर सवार होना

3. 'भुर्जा' का संधि-विच्छेद होगा–
(a) भूज + र्आ (b) भु + ऊर्जा
(c) भू + ऊर्जा (d) भुज + र्ा

4. वचनामृत समस्तपद का विग्रह होगा–
(a) अमृत रूपी वचन
(b) वचन और अमृत
(c) अमृत जैसी वाणी
(d) वचन रूपी अमृत

5. हींग लगे न फिटकरी रंग भी चोखा - लोकोक्ति का अर्थ–
(a) बहुत खर्च खराब काम
(b) बिना खर्च अच्छा काम
(c) खर्च कम काम अच्छा
(d) न काम न खर्च

6. 'बिना पलक झपकाए' के लिए एक शब्द है–
(a) निष्पलक (b) निस्पृह
(c) निर्निमेष (d) निर्विकार

7. अर्द्ध विवृत स्वर है–
(a) ऊ (b) ऐ
(c) आ (d) ए

8. 'प्रज्ञाचक्षु' के लिए वाक्यांश–
(a) चक्षु ही जिसकी प्रज्ञा हो
(b) बुद्धि जिसका नेत्र हो
(c) प्रज्ञा और चक्षु जिसके समान हो
(d) बुद्धि और ज्ञान होने वाली प्रज्ञा

9. शुद्ध वाक्य है–
(a) गाय के पूँछ होती है
(b) उसकी बेटी हुई
(c) गोपाल को लड़का हुआ
(d) मर्द की दाढ़ी होती है।

10. वह आयी हो तो मेरी चिट्टी उसे दे देना। कौन-सा काल है?
(a) संदिग्ध वर्तमान
(b) संभाव्य वर्तमान
(c) तात्कालिक वर्तमान
(d) सामान्य वर्तमान

11. स्त्रीलिंग शब्द अलग कीजिए–
(a) हुलास (b) हरकत
(c) हमला (d) हवाला

12. सभी चिट्ठियाँ डाक से भेजी गई। इनमें कर्ता है–
(a) डाक (b) भेजी गई
(c) सभी (d) चिट्ठियाँ

13. विसर्ग संधि है–
(a) निष्कर्म (b) संयोग
(c) सदैव (d) गिरीश

14. 'दुर्गा' का पर्यायवाची है–
(a) भारत (b) श्री
(c) धात्री (d) ज्योत्स्ना

15. संज्ञा की द्विरुक्ति हो तो उनके बीच कौन-सा चिन्ह रहता है?
(a) अवतरण (b) योजक
(c) कोष्ठक (d) निर्देशक

16. श्याम को पुस्तक पढ़नी है। यह किस वाच्य में है?
(a) भाव वाच्य
(b) कर्तृ वाच्य
(c) कर्तृ और कर्म वाच्य
(d) कर्म वाच्य

17. कुजगह फोड़ा और ससुर वैद्य-कहावत का अर्थ है–
(a) दोनों में दोष
(b) मरीज वैद्य में संपर्क
(c) दोनों का त्याग
(d) धर्म संकट की स्थिति

18. अचूक विशेषण के साथ उपयुक्त संज्ञा है:
(a) चोट (b) नेत्र
(c) निशाना (d) जवाब

19. क्रियार्थक संज्ञा सदा किस रूप में रहती है?
(a) बहुवचन पुल्लिंग
(b) एकवचन पुल्लिंग
(c) एकवचन स्त्रीलिंग
(d) बहुवचन स्त्रीलिंग

20. दुकाल में कैसा उपसर्ग हैं?
(a) उर्दू (b) फारसी
(c) हिन्दी (d) अरबी

21. देशज शब्द छाँटिए–
(a) तारीख (b) डिबिया
(c) सूरज (d) जनम

22. कौन-सा व्यंजन संधि नहीं है?
(a) उद्धरण (b) तद्धित
(c) वारजाल (d) रसायन

23. 'स्तुत्य' का विलोम है–
(a) व्हास (b) हास
(c) हेय (d) हानि

24. खगेश का पर्यायवाची है–
(a) वासुदेव (b) वाक्
(c) वैनतेय (d) विध्

25. जिनकी ध्वनि केवल मुख से निकलती है, वे हैं–
(a) वृत्ताकार स्वर
(b) संवृत्त स्वर
(c) अनुनासिक स्वर
(d) निम्नुनासिक स्वर

26. 'दृग' का वर्ण-विच्छेद है–
(a) द् + ऋ + ग् + अ
(b) द् + र + उ + ग
(c) द् + ऋ + ग
(d) द् + र + अ + उ + ग + अ

27. अशुद्ध शब्द है–
(a) अनसूया (b) ऐनक
(c) सन्कट (d) संशय

28. 'लश्कर में ऊँट बदनाम' का अर्थ है–
(a) गुणवान का बदनाम
(b) ऊँट का सदा एकरस
(c) मोल-ताल कर बदनाम होता
(d) दोष किसी का पर नाम किसी और का

29. सही वर्तनी वाला शब्द है–
(a) सूहद (b) शुश्रूषा
(c) श्पर्धा (d) शसीम

30. भविष्यत काल की क्रिया को बहुवचन बनाने में 'ए' पर क्या होता है?
(a) ` / ` (b) चंद्रबिंदु/अनुस्वार
(c) ें, ों (d) अनुस्वार/चंद्रबिंदु

31. स्त्रीलिंग शब्द है–
(a) सलाद (b) सनक
(c) सारस (d) सलाम

32. अयादि संधि है–
(a) उत् + योग (b) तथा + एव
(c) अप् + ज (d) नौ + इक

33. अव्ययीभाव समास का उदाहरण है–
(a) पल - पल (b) अन्न - जल
(c) अंत - अनंत (d) धर्मा - धर्म

34. विशेषण बताइए–
(a) क्षम्य (b) फेन
(c) शिक्षा (d) भ्रम

35. ब उपसर्ग किसमें है?
(a) बदबू (b) बदौलत
(c) बदनाम (d) बदहजमी

36. विदेशज शब्द है–
(a) चश्मा (b) जूता
(c) जीभ (d) वायु

37. निम्नलिखित शब्दों में से तद्भव शब्द को पहचानिए–
(a) नासिका (b) बच्चा
(c) ग्रीष्म (d) लक्ष्मी

38. चिर/चीर का अर्थ क्या है–
(a) नया/पुराना (b) किला/कास
(c) पुराना/कपड़ा (d) चर/अचर

39. ''प्राणदा'' के लिए अनेक शब्द है–
(a) प्राण रहने का मंत्र
(b) जीवन देने वाली दवा
(c) जीवन चाहने वाली राह
(d) प्राण रहने का अभ्यास

40. मिश्र वाक्य है–
(a) उसने अपना घर लुटा दिया
(b) सूरज उगने पर कुहासा फट गया
(c) उसके पास जो कुछ था, वह खो गया
(d) उसका सब कुछ खो गया।

41. सड़के चौड़ी बनाई गईं। इसमें चौड़ी क्या है?
(a) सहायक कर्ता (b) पूरक
(c) मुख्य क्रिया (d) पूरक कर्ता

42. वह क्यों नहीं आया? इसलिए कि वह बीमार था। यहाँ 'कि' से क्या बोध होता है?
(a) अथवा (b) जोड़ने का
(c) कारण (d) और

43. मध्यकालीन भारतीय आर्यभाषा काल–
(a) 500 ई. पूर्व से 1000 ई. तक
(b) 1000 ई. से 21 वीं तक
(c) 1500 ई. पूर्व से 500 ई. पूर्व तक
(d) 500 ई. से 1000 ई. तक

44. अंतस्थ और ऊष्म वर्ण कितने हैं?
(a) 6 (b) 8
(c) 9 (d) 7

45. मतैक्य किस संधि का उदाहरण है?
(a) गुण संधि (b) यण संधि
(c) वृद्धि संधि (d) व्यंजन संधि

46. भील का स्त्रीलिंग है–
(a) भालू (b) भीलनी
(c) भिलीनी (d) भालना

47. धातु के अंत में जोड़े जाने वाले प्रत्यय हैं–
(a) क्रिया द्योतक प्रत्यय
(b) कृत प्रत्यय
(c) तद्धित प्रत्यय
(d) भाव द्योतक प्रत्यय

48. जयपुरी का स्थानीय नाम है–
(a) दाशार्णी (b) बागड़ी
(c) ढूँढाडी (d) कुर्माज्वल

49. 'र' का विवरण है–
(a) वर्त्स्य, लुंठित, सघोष, अल्पप्राण व्यंजन
(b) वर्त्स्य, पार्शिवक, सघोष, महाप्राण व्यंजन
(c) वर्त्स्य, संघर्षी, अघोष अल्पप्राण व्यंजन
(d) वर्त्स्य, स्पर्श, सघोष, महाप्राण व्यंजन।

50. उसने एक मुकदमा दायर किया। अंग्रेजी का अनुवाद होगा–
(a) He made a cases in the court
(b) He field a suit
(c) He filed a cases against him
(d) He filed a giut with him.

51. ग्रामीण लोग यहाँ अधिकतर निरक्षर हैं। अंग्रेजी में होगा–
(a) Vilagersare illiterate
(b) Maximum are illiterate in this village
(c) The villagers here mostly are illiterate.
(d) The villagers here are mostly illiterate

52. The teacher was a man of fearless spirit. हिन्दी में होगा–
(a) शिक्षक एक साहसी आत्मा थे।
(b) शिक्षक एक डरने वाले आदमी नहीं थे।
(c) शिक्षक निर्भीक व्यक्ति थे।
(d) शिक्षक किसी भूत-प्रेत को डरते नहीं थे।

53. The magistrate ordered an enquity. हिन्दी में होगा–
(a) जाँच के उद्देश्य में मजिस्ट्रेट का आदेश आया।
(b) मजिस्ट्रेट ने जाँच के लिए आदेश दिया।
(c) एक पूछताछ के लिए मजिस्ट्रेट आदेश दिए।
(d) मजिस्ट्रेट जाँच के लिए आदेश दिए।

54. लेखक को क्या बोध हुआ?
(a) ज्ञान की तीव्र इच्छा
(b) सौन्दर्य शक्ति
(c) अनुकूल की तरह
(d) ज्ञान शक्ति

55. लेखक को क्या जरूरत थी?
(a) जीने की जिन्दगी
(b) दल-दल की जिन्दगी
(c) मुक्ति की जिन्दगी
(d) जिन्दगी की तब्दीली

56. गख होने की बात क्या है?
(a) चेतन शक्ति
(b) मुक्त हृदय दान
(c) भक्ति सौन्दर्य
(d) स्वानुकूल जिन्दगी।

57. मेरी इच्छा है–
(a) जिन्दगी अच्छी तरह जीना
(b) जिन्दगी के जीने का आदेश प्राप्त करना
(c) दल-दल को पार कर जाना
(d) दूसरी राह पर पहुँचना

58. निम्नलिखित में सकर्मक क्रिया छाँटिए–
(a) चलना (b) सोना
(c) मुस्कुराना (d) लिखना

59. कौन-सा शब्द अंधकार का पर्यायवाची नहीं है?
(a) तम (b) अँधेरा
(c) अमावस्या (d) तिमिर

60. सही अर्थवाला शब्द-युग्म कौन-सा है?
(a) आकर-आकार = खान-आकृति
(b) कुल-कुल = वंश-शीतल
(c) निर्जर-निर्झर = शून्य-झरना
(d) शर-सर = बाण-भला आदमी

61. 'जो कम खर्च करता हो।' इस वाक्यांश के लिए एक शब्द होगा।
(a) कंजूस (b) लोभी
(c) मितव्ययी (d) मक्खीचूस

62. शुद्ध शब्द कौन-सा है?
(a) चिन्ह (b) कृप्या
(c) दवाईयाँ (d) निर्भर

63. निम्नलिखित में से कर्ता कारक वाला वाक्य छाँटिए–
(a) मोहन को जाना है।
(b) शीला को रोटी खिलाओ।
(c) शाम को मत आना।
(d) विमा को पुस्तक दे दो।

64. निम्नलिखित में से पुल्लिंग शब्द छाँटिए–
(a) चाहत (b) रंगत
(c) मेहनत (d) आहार

65. 'पति' शब्द का अविभक्तिक बहुवचन होता है–
(a) पतियों (b) पत्तीयों
(c) पति (d) पतिएँ

66. निम्नलिखित में से निर्देशक चिन्ह कौन-सा है?
(a) ? (b))
(c) ' (d) -

67. 'सदा एक समान' रहने पर लोकोक्ति प्रयुक्त होती है–
(a) साँच को आँच नहीं
(b) सावन हरे न भादो सूखे
(c) भागते चोर की लंगोटी ही सही
(d) सहज पे सो मीठा होय।

68. शास्त्रप्रवीण महाविद्यालय में पीतांबर धारण करने आते हैं।
उस वाक्य में तत्पुरुष समास कौन-से शब्द पद में है?
(a) शास्त्रप्रवीण (b) महाविद्यालय
(c) पीतांबर (d) धारण करके

69. Angenda is sent here with...........के लिए हिन्दी में होगा–
(a) कार्यसूची साथ भेजी जा रही है
(b) तद्नुसार सूचित करें
(c) सूची नीचे रखी है
(d) कार्यसूची संलग्न कीजिए।

70. As mentioned There in.............के लिए हिन्दी में होगा–
(a) जैसा कि उसमें उल्लेख किया गया है।
(b) यथोक्त विषय
(c) जैसा कि बताया जा चुका है।
(d) समेकित रिपोर्ट प्रस्तुत की जाए।

71. काकल्य वर्ण कौन-सा है?
(a) य (b) स
(c) ह (d) ण

72. 'य' का उच्चारण स्थान है–
(a) ओष्ठय (b) दाँत
(c) मूर्धा (d) तालु

73. उपसर्ग बताइए– अतींद्रिय
(a) अति (b) अतो
(c) अ (d) अत

74. अध्याहार का अर्थ है–
(a) वाक्य में आधा अर्थ प्रकट होना।
(b) वाक्य में किसी अंग का लोप हो जाना।
(c) वाक्य में कर्ता और कर्म का जुड़ जाना।
(d) वाक्य में संपर्क छिन्न हो जाना।

75. एक ही विधेय हो जिसमें–
(a) मिश्र वाक्य
(b) कर्मपूरक वाक्य
(c) सरल वाक्य
(d) संयुक्त वाक्य

76. कौन-सा स्त्रीलिंग शब्द है?
(a) छाछ (b) तिल
(c) काढ़ा (d) टेसू

77. कौन-सा समुच्चयबोधक अव्यय नहीं है?
(a) अर्थात् (b) अतएव
(c) अथवा (d) आजन्म

78. कृताकृत का समास है–
(a) तत्पुरुष (b) अव्ययीभाव
(c) कर्मधारय (d) द्विगु

79. तद्भव शब्द है–
(a) सुर्ख (b) शत
(c) ढाई (d) भक्त

80. स्त्री शब्द का विशेषण है–
(a) स्त्री (b) स्त्रीय
(c) स्तैण (d) स्त्रैण

सामान्य ज्ञान

81. कम्प्यूटर तथा टाइपराइटर के लिए इस्तेमाल की जाने वाली की बोर्ड की QWERTY शैली/विधि का आविष्कार किसने किया?
(a) माइकल ब्लूमबर्ग
(b) विलियम सिंगरली
(c) एडवर्ड रोजवाटर
(d) क्रिस्टोफर लैथम शोल्स

82. बुद्ध ने अपना पहला उपदेश कहाँ दिया था?
(a) कुशीनगर (b) सारनाथ
(c) अयोध्या (d) वाराणसी

83. आगरा की सबसे प्रसिद्ध मिठाई कौन-सी है?
(a) बालुशाही (b) गाजर का हलवा
(c) पेठा (d) मालपुआ

84. कुंभ मेला और अर्ध कुंभ क्रमशः प्रत्येक. ....वर्ष लगते हैं।
(a) बारहें और छठें
(b) दसवें और पाँचवें
(c) आठवें और चौथे
(d) छठे और तीसरे

85. निम्न में से किस शहर में कुंभ मेला लगता है?
(a) वाराणसी (b) इलाहाबाद
(c) बनारस (d) अयोध्या

86. उत्तर प्रदेश के चरकुला नृत्य में महिला अपने सिर पर क्या रखकर नृत्य करती है?
(a) पानी से भरा मिट्टी का बर्तन
(b) दूध से भरा मिट्टी का बर्तन
(c) तेल के दीपक
(d) चार मिट्टी के बर्तन

87. उत्तर प्रदेश में कुल कितने जिले हैं?
(a) 72 (b) 75
(c) 78 (d) 77

88. अलीगढ़................के लिए प्रसिद्ध है।
(a) मिठाइयों
(b) चूड़ियों
(c) काँच की वस्तुओं
(d) तालों

89. हस्तशिल्प के अंतर्गत आने वाली चिकनकारी का कार्य मुख्य रूप से कहाँ किया जाता है?

(a) हापुड़ (b) कानपुर
(c) लखनऊ (d) मथुरा

90. उत्तर प्रदेश के कौन-से मुख्यमंत्री गोरखपुर मठ के अध्यक्ष भी हैं/थे?

(a) संपूर्णानंद
(b) गोविंद वल्लभ पंत
(c) बनारसी दास
(d) योगी आदित्यनाथ

91. उत्तर प्रदेश लोक सेवा न्यायाधिकरण किस वर्ष स्थापित हुआ था?

(a) 1974 (b) 1976
(c) 1980 (d) 1984

92. असहयोग आंदोलन कब वापस ले लिया गया?

(a) फरवरी, 1922 (b) मार्च, 1926
(c) मई, 1929 (d) सितंबर, 1925

93. किस स्वतंत्रता सेनानी को 'लोकमान्य' की मानद उपाधि दी गयी?

(a) लाला लाजपत राय
(b) दादाभाई नौरोजी
(c) बाल गंगाधर तिलक
(d) राजेन्द्र प्रसाद

94. महात्मा गांधी ने किस आंदोलन के लिए 'करो या मरो' नारा दिया था?

(a) असहयोग आंदोलन
(b) भारत छोड़ो आंदोलन
(c) सविनय अवज्ञा आंदोलन
(d) खिलाफत आंदोलन

95. महात्मा गांधी भाप से चलने वाले जहाज एस.एस. सफारी द्वारा दक्षिण अफ्रीका के..............पहुँचे थे।

(a) जोहान्सबर्ग (b) केप टाउन
(c) डरबन (d) पोर्ट एलिजाबेथ

96. रवीन्द्रनाथ टैगोर ने किस नरसंहार के विरोध में नाइटहुड की उपाधि लौटा दी?

(a) जलियाँवाला बाग नरसंहार
(b) खिलाफत आंदोलन
(c) सैनिक विद्रोह
(d) असहयोग आंदोलन

97. गांधीजी ने जून 1904 में डरबन के बाहर ....बस्ती नामक एक सामुदायिक क्रियाशील भट्ट की स्थापना की।

(a) रस्किन (b) नटाल
(c) प्रिटोरिया (d) फोनिक्स

98. प्रसिद्ध पीर पंजाल रेलवे सुरंग कहाँ स्थित है?

(a) झारखंड
(b) जम्मू और कश्मीर
(c) महाराष्ट्र
(d) मिजोरम

99. भारत की सीमाएँ कितने देशों में लगती हैं?

(a) चार (b) पाँच
(c) सात (d) नौ

100. महनसर, डूंगरपुर, चुरु, नारलाई शहर भारत के किस राज्य में हैं?

(a) उत्तर प्रदेश (b) मध्य प्रदेश
(c) राजस्थान (d) उत्तरांचल

101. त्रिपुरा अपने उत्तर, दक्षिण और पश्चिम में................से घिरा हुआ है।

(a) म्यांमार (b) चीन
(c) थाईलैण्ड (d) बांग्लादेश

102. ढलाई और उनाकोटी...............राज्य के जिले हैं–

(a) मिजोरम (b) असम
(c) त्रिपुरा (d) नागालैंड

103. पोर्ट ब्लेयर..............की राजधानी है।

(a) अंडमान और निकोबार द्वीप समूह
(b) दादरा और नगर हवेली
(c) पुदुचेरी
(d) लक्षद्वीप

104. मोरमुगांव बंदरगाह भारत के किस राज्य में है?

(a) गुजरात (b) ओडिशा
(c) महाराष्ट्र (d) गोवा

105. भारतीय संविधान का कौन-सा अनुच्छेद अनुसूचित क्षेत्रों और जनजातीय क्षेत्रों के प्रशासन से संबंधित है?

(a) अनुच्छेद 214 (b) अनुच्छेद 240
(c) अनुच्छेद 244 (d) अनुच्छेद 248

106. भारतीय संविधान का कौन-सा अनुच्छेद यह कहता है कि प्रधानमंत्री की नियुक्ति राष्ट्रपति द्वारा की जाएगी?

(a) अनुच्छेद 81 (1)
(b) अनुच्छेद 59 (1)
(c) अनुच्छेद 75 (1)
(d) अनुच्छेद 80 (1)

107. लोकसभा में सदस्यों द्वारा निजी विधेयक पेश करने की सूचना अवधि क्या है?

(a) एक माह (b) तीन माह
(c) पाँच माह (d) छह माह

108. कौन-सा मौलिक अधिकार अल्पसंख्यकों के हितों के संरक्षण की बात करता है?

(a) शिक्षा का अधिकार
(b) शोषण के विरुद्ध अधिकार
(c) संवैधानिक उपचारों का अधिकार
(d) सांस्कृतिक और शैक्षिक अधिकार

109. 'मेक इन इंडिया' कार्यक्रम कितने क्षेत्रों पर संकेन्द्रित है?

(a) 15 (b) 21
(c) 25 (d) 28

110. कायाकल्प और शहरी परिवर्तन के लिए अटल मिशन (AMRUT) किस मंत्रालय के अधीन है?

(a) आवास और शहरी मामले
(b) मानव संसाधन विकास
(c) स्वास्थ्य और परिवार कल्याण
(d) गृह मंत्रालय

111. कोयंबटूर को 'दक्षिण भारत का मैनचेस्टर' क्यों कहा जाता है?

(a) इसके ऑटोमोबाइल उद्योग के कारण
(b) इसके कपास उद्योग के कारण
(c) इसके जूता उद्योग के कारण
(d) इसके रबर उद्योग के कारण

112. 'स्टार्टअप इंडिया' योजना उन संस्थाओं पर लागू होती है जिनके पिछले वर्ष का वार्षिक कारोबार..............से अधिक नहीं होता है।

(a) 1 करोड़ (b) 10 करोड़
(c) 15 करोड़ (d) 25 करोड़

113. विज्ञान भवन, नई दिल्ली में प्रधानमंत्री मोदी द्वारा औपचारिक रूप से 'मेक इन इंडिया' पहल की शुरुआत कब हुई थी?

(a) 15 अगस्त, 2014
(b) 25 सितम्बर, 2014
(c) 02 अक्टूबर, 2014
(d) 14 नवम्बर, 2014

114. विश्व जूनियर एथलेटिक्स में स्वर्ण जीतने वाली पहली भारतीय महिला कौन है?
(a) हिमा दास (b) हीना सिद्धू
(c) दूती चन्द (d) सीमा पूनिया

115. भगोड़ा आर्थिक अपराधी विधेयक 2018 (The Fugitive Economic Offenders Bill 2018) किस मूल्य से ऊपर के मामलों पर लागू होता है?
(a) 75 करोड़ (b) 100 करोड़
(c) 150 करोड़ (d) 200 करोड़

116. एक ऐतिहासिक पहल करते हुए राज्यसभा ने अंतर-संसदीय वार्ता को बढ़ावा देने के लिए 2018 में किस देश के साथ एक समझौता ज्ञापन (MoU) पर हस्ताक्षर किए?
(a) मोरक्को (b) बेलारुस
(c) रवांडा (d) जाम्बिया

117. वाणिज्य और उद्योग मंत्री सुरेश प्रभु ने लापता/परित्यक्त बच्चों का पता लगाने और उन पर निगरानी रखने के लिए भारत में एक मोबाइल एप लाँच किया है। इसे...................कहा जाता है।
(a) ReUnite (b) Rejoin
(c) ReConnect (d) MeetUp

118. 2018 में किस देश ने फीफा विश्व कप खिताब जीता?
(a) अर्जेंटीना (b) ब्राजील
(c) क्रोएशिआ (d) फ्रांस

119. कृषि विपणन की आधारभूत संरचना (AMI) कब से प्रभावी हुआ?
(a) दिसम्बर 2013 (b) मार्च 2014
(c) अप्रैल 2014 (d) जुलाई 2014

120. सरकार द्वारा ई-रकम (e-RaKAM) नामक एक नया प्लेटफार्म किस उद्देश्य के लिए शुरु किया गया है?
(a) कृषि बीज खरीदने के लिए
(b) कृषि उत्पाद बेचने के लिए
(c) मिट्टी की गुणवत्ता में सुधार लाने के लिए
(d) किसान कर्ज वितरित करने के लिए

121. मृदा स्वास्थ्य कार्ड (SHC) से भारत के किसानों को उनके खेत में मिट्टी के....... मानदंडों की जानकारी मिलेगी?
(a) पाँच (b) बारह
(c) दस (d) चौदह

122. किसानों को लाभ पहुँचाने के लिए प्रधानमंत्री..............बीमा योजना शुरु की गई थी?
(a) बाढ़ (b) किसान
(c) फसल (d) खाद्य फसल

123. खरीफ फसलों के लिए किस तरह के मौसम की आवश्यकता होती है?
(a) गर्म और नम
(b) गर्म और शुष्क
(c) ठंडा और नम
(d) ठंडा और शुष्क

124. निम्नलिखित में से कौन कभी भी उत्तर प्रदेश का राज्यपाल नहीं रहा है?
(a) एन. डी. तिवारी
(b) मोतीलाल बोहरा
(c) वी. वी. गिरी
(d) रोमेश भंडारी

125. राम नाईक ने वर्ष..............में उत्तर प्रदेश के राज्यपाल के रूप में शपथ ली।
(a) 2014 (b) 2015
(c) 1979 (d) 2013

126. भारतीय जनता पार्टी की स्थापना वर्ष... ....में की गई थी।
(a) 1977 (b) 1978
(c) 1979 (d) 1980

127. भारत के मुख्य निर्वाचन आयुक्त की सेवानिवृत्त की आयु............वर्ष है।
(a) 60 (b) 65
(c) 67 (d) 70

128. Microsoft Windows, MacOS X और Linux ये सभी..............के उदाहरण हैं।
(a) लैपटॉप ब्रांड
(b) ऑपरेटिंग सिस्टम
(c) मदरबोर्ड के प्रकार
(d) सेन्टर प्रोसेसिंग यूनिट (CPU)

129. कौन-सा कम्प्यूटर पेरिफेरल आपको भौतिक छवि या दस्तावेज की प्रतिलिपि बनाने और उसे डिजिटल छवि के रूप में अपने कम्प्यूटर पर सहेजने की सुविधा प्रदान करता है?
(a) मॉडेम (b) प्रिंटर
(c) स्कैनर (d) USB ड्राइव

130. माउस, डिस्प्ले, साउण्ड, नेटवर्क और कीबोर्ड की सेटिंग्स को माइक्रोसॉफ्ट विंडोज के किस सेक्शन में बदला जा सकता है?
(a) ब्राउजर (b) कंट्रोल पैनल
(c) ऑफिस टूल्स (d) एक्सेसरीज

सामान्य बुद्धि परीक्षण

131. निम्नलिखित में उस विकल्प का चयन करें जो नीचे आकृति में दिए गए प्रतिरूप (पैटर्न) का अनुसरण करता है और उसके अत्यधिक समान है।

132. नीचे दी गई कौन-सी विकल्प आकृति 3 से उसी प्रकार संबंधित है जैसे कि आकृति 2, आकृति 1 से संबंधित है।

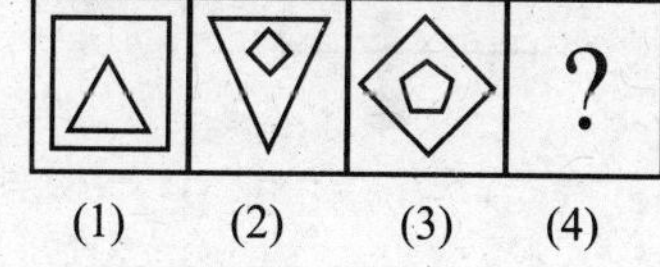

(a) 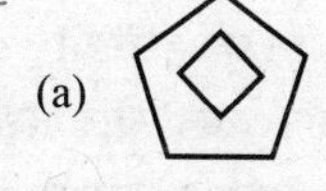 (b) 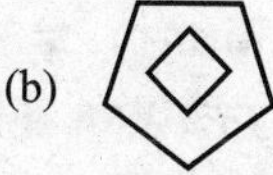

(c) 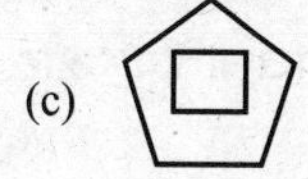 (d) 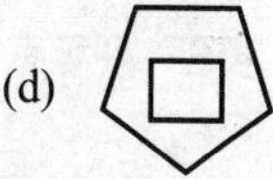

133. नीचे दी गई कौन-सी विकल्प आकृति 3 से उसी प्रकार संबंधित है जैसे कि आकृति 2, आकृति 1 से संबंधित है।

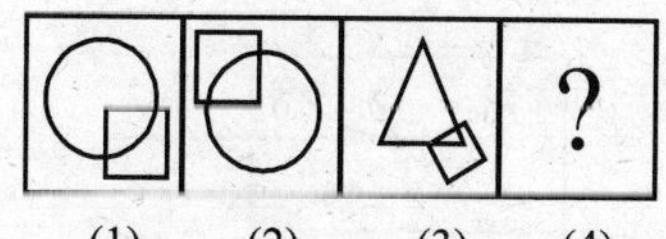

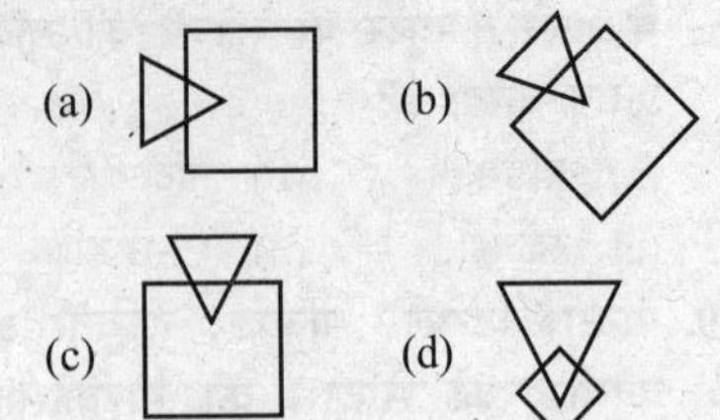

134. नीचे दिए गए विकल्पों में उस वेन रेखाचित्र का चयन करें जो नीचे दी गई श्रेणियों के बीच संबंध का सही रूप में प्रतिनिधित्व करता है।

उपकरण, हथौड़ा, चिमटा

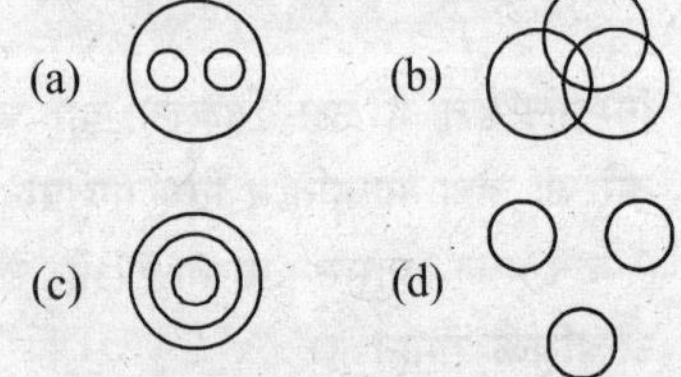

135. नीचे दी गई आकृति में त्रिकोण कार के मालिकों, आयत स्कूटर के मालिकों और वृत्त साईकिल के मालिकों को प्रतिनिधित्व करते हैं।

इनमें से उस अक्षर का चयन करें जो उन लोगों का प्रतिनिधित्व करता है जिनके पास कार के साथ-साथ स्कूटर है, लेकिन साईकिल नहीं है।

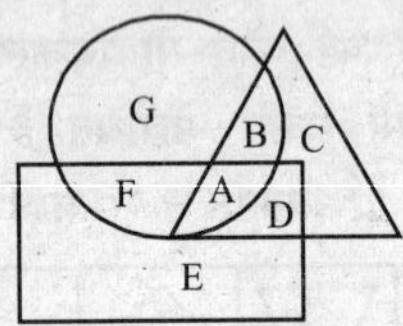

(a) A (b) B
(c) C (d) D

136. नीचे दिया गया वेन रेखाचित्र एक विद्यालय के छात्रों की संख्या और उनके द्वारा खेले जाने वाले खेल दर्शाता है। त्रिकोण बास्केट बॉल के खिलाड़ियों आयत शतरंज के खिलाड़ियों और वृत्त कबड्डी के खिलाड़ियों का प्रतिनिधित्व करते हैं। कितने छात्र ठीक-ठीक दो खेल खेलते हैं?

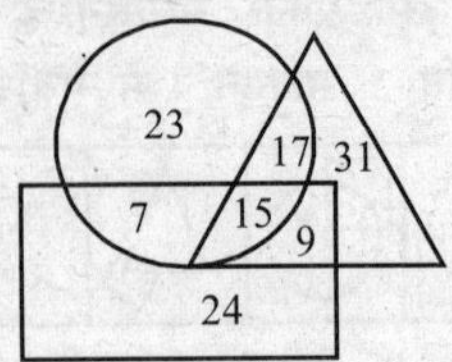

(a) 30 (b) 33
(c) 35 (d) 48

137. नीचे दी गई आकृति में कितने त्रिकोण हैं?

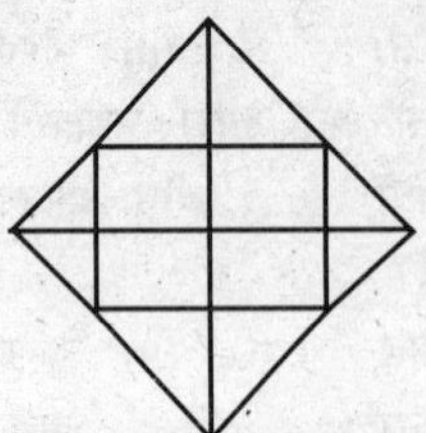

(a) 36 (b) 32
(c) 24 (d) 40

138. कागज की शीट (नीचे दर्शायी गई) के एक तरफ 1 से 6 तक संख्या लिखी गई है, जो दूसरी तरफ से कोरी (ब्लैंक) है। यह शीट मोड़कर पासा (डाईस) बनाई जाती है, जिसमें बाहर की तरफ ये संख्याएं रहती हैं।

नीचे दिया गया कौन-सा विकल्प इस घन (क्यूब) का ठीक तरह से प्रतिनिधित्व करता है?

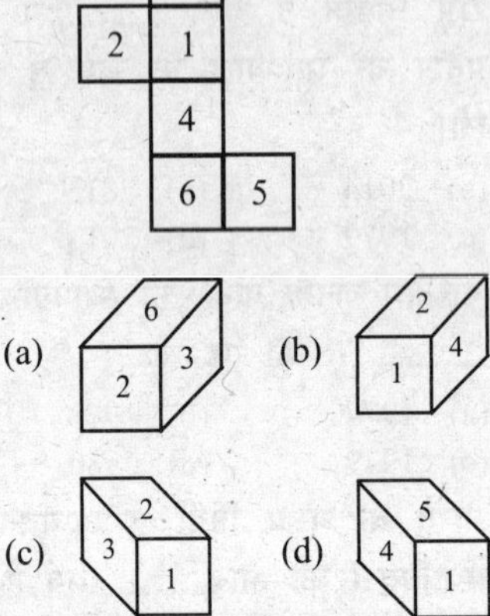

139. सुमन अपने घर से अपने मित्र के घर जाती है। वह पूर्व दिशा की ओर 5 मीटर पैदल चलती है। उसके बाद वह दायें मुड़कर 5 मीटर चलती है। फिर वह 90° घड़ी चलने की दिशा में (क्लॉक-वाइज) मुड़कर 5 मीटर चलती है। अन्त में वह बायें मुड़ती है अपने मित्र के घर पहुँचने के लिए 5 मीटर चलती है। सुमन के घर और उसके मित्र के घर के बीच की न्यूनतम दूरी कितनी है?

(a) 5 मीटर (b) 10 मीटर
(c) 15 मीटर (d) 20 मीटर

140. नवीन और उत्सवी दोनों अपने विद्यालय जाने के लिए, एक-साथ निकलते हैं। वे दोनों उत्तर की ओर पैदल चलना शुरू करते हैं। 500 मीटर चलने के बाद वे दाएँ मुड़ते हैं और 300 मीटर चलकर ट्रैफिक सिग्नल पर पहुँचते हैं। वहां से नवीन दाएँ मुड़ता है और अपने विद्यालय पहुँचने के लिए 300 मीटर सीधा चलता है; और उत्सवी बाएँ मुड़ती है एवं 500 मीटर सीधा चलती है, फिर दायें मुड़ती है 600 मीटर और चलकर अपने विद्यालय पहुँचती है। इन दो विद्यालयों के बीच न्यूनतम दूरी कितनी हैं?

(a) 850 मीटर (b) 1.25 किमी.
(c) 1 किमी. (d) 700 मीटर

141. एक राजनैतिक नेता M से आशा है, कि वह पिछले चुनाव में प्राप्त मतों (वोट) से इस (चालू) चुनाव में न्यूनतम 30 प्रतिशत अधिक मत प्राप्त करेगा। पिछले चुनाव में उसने 700 मत प्राप्त किए थे। जबकि उसके विरोधी S ने 900 वोट प्राप्त किए थे। इस चुनाव में मतों की कुल संख्या पिछले चुनाव के बराबर है। नीचे दिए गए विकल्पों में कौन -सा निष्कर्ष उपर्युक्त विवरण से तार्किक रूप से एवं निश्चित रूप से मेल खाता है?

(a) इस चुनाव में M, S से 220 मत अधिक प्राप्त करेगा।
(b) इन दोनों नेताओं में मतों का अंतर कम हो गया है।
(c) इस चुनाव में S, M से 210 मत कम प्राप्त करेगा।
(d) M पिछले चुनाव से 220 मत अधिक प्राप्त करेगा।

142. वस्तुओं पर छूट देने वाली एक दुकान प्रत्येक वस्तु ₹ 99 में बेचती है।

दुकानदार प्रत्येक वस्तु के लागत मूल्य पर 98 प्रतिशत लाभ कमाता है।

नीचे दिए गए विकल्पों में कौन-सा निष्कर्ष उपर्युक्त विवरण से तार्किक रूप से एवं निश्चित रूप से मेल खाता है?

(a) प्रति वस्तु लाभ प्रत्येक वस्तु के लागत मूल्य से अधिक है।

(b) प्रत्येक वस्तु पर लाभ ₹ 51 है।

(c) प्रत्येक वस्तु का लागत मूल्य ₹ 50 है।

(d) प्रत्येक वस्तु का लाभ प्रत्येक वस्तु के लागत मूल्य के बराबर है।

143. भारत सरकार ने सभी प्रदूषण फैलाने वाले उद्योगों को ग्रामीण क्षेत्रों में स्थानांतरित करने की बजाय और आसपास के गांवों में लोगों के जीवन को खतरे में डालने की बजाय उन्हें बंद करने का निर्णय लिया है। नीचे दिये गए विकल्पों में कौन-सा निष्कर्ष उपर्युक्त विवरण से तार्किक एवं निश्चित रूप से मेल खाता है?

(a) सरकार उद्योगों की आवश्यकताओं के प्रति उदासीन है।

(b) सरकार ग्रामीण क्षेत्रों में रहने वाले लोगों के स्वास्थ्य एवं जीवन के प्रति संवेदनशील है।

(c) सरकार ने यह निर्णय उच्चतम न्यायालय को प्रभावित करने के लिए लिया है।

(d) सरकार 50 करोड़ ग्रामीण किसानों एवं शिल्पकारों की भारी संख्या के सुधार के लिए कुछ नहीं कर रही है।

144. नीचे दिए गए विवरण का अनुसरण I एवं II करते हैं। इनमें से कौन-सा/से तर्क उक्त विवरण के साथ अधिक मजबूती से सम्बन्धित है/हैं।

कथन–

क्या सरकार को कोयला खदानें निजी कम्पनियों को आवंटित करनी चाहिए?

तर्क–

I. हाँ, कई बड़े औद्योगिक घरानों ने कोयला ब्लॉक खरीदने के प्रस्ताव भेजे हैं।

II. नहीं, केवल कुछ औद्योगिक घराने कोयला खदानों की नीलामी जीत लेंगे।

(a) केवल तर्क I मजबूत है

(b) केवल तर्क II मजबूत है

(c) न तो तर्क I न ही तर्क II मजबूत है

(d) दोनों तर्क मजबूत हैं

145. नीचे दिए गए विवरण का अनुसरण दो तर्क करते हैं। इनमें से कौन-सा/से तर्क उक्त विवरण के साथ अधिक मजबूती से सम्बन्धित है/हैं।

कथन–

क्या शुभम को एक वर्ष के लिए विदेशी काम को स्वीकार करना चाहिए?

तर्क–

I. हाँ, वह वहाँ अधिक धन कमा सकता है।

II. नहीं, शुभम के बूढ़े माँ-बाप प्रायः बीमार रहते हैं और उसकी पत्नी भी गर्भावस्था की नाजुक स्थिति में है।

(a) केवल तर्क I मजबूत है

(b) केवल तर्क II मजबूत है

(c) न तो तर्क I न ही तर्क II मजबूत है

(d) दोनों तर्क मजबूत हैं

146. रूढ़िवादी परम्पराओं को ठेंगा दिखाते हुए पूजा 40 वर्ष की आयु में शांति एवं संघर्ष पर अध्ययन की उच्च शिक्षा के लिए यूनाइटेड स्टेट्स गई। उपर्युक्त विवरण में अन्तर्निहित धारणा का चयन करें।

(a) पूजा ने यूनाइटेड स्टेट्स में पारिवारिक जीवन का विस्तार किया

(b) पूजा पढ़ाई में विशेषकर अन्तर्राष्ट्रीय सम्बन्ध एवं कूटनीति में अच्छी है

(c) पूजा ने प्रमाणित किया है, कि उम्र पक्के इरादे वाले व्यक्ति की राह में बाधा नहीं बन सकती है

(d) पूजा ने शांति अध्ययन में पी.एच.डी. करने के लिए छात्रवृत्ति एवं शुल्क (फीस) में छूट प्राप्त की।

147. नीचे दिए गए विकल्पों में से तीसरे पद से सम्बन्धित विकल्प उसी प्रकार चुनें जैसा कि दूसरा पद पहले पद से सम्बन्धित है।

ऑस्ट्रेलिया– कंगारु–: न्यूजीलैंड–?

(a) कीवी

(b) शुतुरमुर्ग

(c) एमु

(d) पेंग्विन (न उड़ पाने वाली चिड़िया)

148. जावेद का भाई उस्मान मरीयम विवाहित है, जिसकी सास शहीन की इकलौती बेटी है। शहीन के बेटे दानिश का जावेद से क्या सम्बन्ध है?

(a) भाई (b) भतीजा

(c) जीजा या साला (d) बेटा

149. एक कोड भाषा में 'DISASTER' को 'EKTCTVFT' के रूप में लिखा जाता है। उस भाषा में 'ANAMALY' को कैसे लिखा जाएगा?

(a) BOBSBMZ (b) BPCNCMZ

(c) BPBOBNZ (d) BPCOBNA

150. केवल नीचे दिए गए शब्द में, जितनी बार शब्द में कोई अक्षर आया है, उतनी बार अक्षरों का प्रयोग करते हुए दिए गए उत्तर विकल्पों में से कौन-सा शब्द नहीं बनाया जा सकता है?

SCINTILLATING

(a) GALLANT (b) STING

(c) LASTING (d) SCANT

151. एक कोड भाषा में 'SYSTEM' को 'TZTSDL' के रूप में लिखा जाता है। उस भाषा में 'SCALAR' को कैसे लिखा जाएगा?

(a) TDBMBS (b) TDZSMB

(c) TDBKZQ (d) RBZKZQ

152. नीचे दिए गए विकल्पों में से तीसरे पद से सम्बन्धित विकल्प उसी प्रकार चुनें जैसा कि दूसरा पद पहले पद से सम्बन्धित है।

नृत्य– चाल–: संगीत–?

(a) नोट्स (b) वाद्ययन्त्र

(c) गीत (d) रिकॉर्डिंग

153. नीचे कुछ अक्षर दिए गए हैं और प्रत्येक अक्षर एक संख्या से जुड़ा हुआ है। उत्तर में दी गई संख्याओं के मेल (कंबिनेशन) का चयन करें जिनमें तदनुसार व्यवस्थित किए गए अक्षरों से एक सार्थक शब्द बनेगा।

S	R	D	H	A	I
1	2	3	4	5	6

(a) 3, 6, 2, 4, 6, 1 (b) 1, 2, 6, 3, 4, 5

(c) 2, 6, 1, 4, 5, 3 (d) 2, 5, 3, 6, 1, 4

154. जेन्नी का भाई कैथ वनीशा का पिता है। बिल सैली का बेटा है, जिसकी इकलौती बहन पॉल से विवाहित है। कैथ ने सैली से ठीक 30 साल पहले विवाह किया था। बिल का जेन्नी से क्या सम्बन्ध है?

(a) मामा (b) भतीजा
(c) ममेरा भाई (d) जीजा या साला

155. एक निश्चित कोड भाषा में 'PRODUCE' को 'ORPDECU' के रूप में लिखा जाता है। उस भाषा में 'ORPDECU' के रूप में लिखा जाता है। उस भाषा में 'FRAGILE' को कैसे लिखा जाएगा?

(a) ELIGARF (b) ARFGILE
(c) ARFGELI (d) AFRGLEI

156. अंग्रेजी शब्द में निम्नलिखित में से कौन-सा शब्द तीसरा होगा?

(a) प्रणयशील (b) मैत्रीपूर्ण
(c) सुख सुविधा (d) सुशील

157. नीचे कुछ अक्षर दिए गए हैं और प्रत्येक अक्षर को संख्या में टैग किया गया है। संख्याओं के संयोजन का चयन करें ताकि तदनुसार व्यवस्थित अक्षर एक सार्थक शब्द बन जाएंगे।

M	R	F	E	A	R
1	2	3	4	5	6

(a) 1, 4, 2, 3, 5, 6 (b) 6, 4, 3, 5, 2, 1
(c) 2, 6, 1, 4, 5, 3 (d) 3, 5, 2, 1, 4, 6

158. एक निश्चित कोड भाषा में 'TRAVEL' को 'UQBUFK' के रूप में लिखा जाता है। उस भाषा में 'JOURNEY' को कैसे लिखा जाएगा?

(a) IPVSMFX (b) KNTMFX
(c) KNVQODZ (d) IPVSODZ

159. उस विकल्प का चयन करें जिसका तीसरे शब्द से वही सम्बन्ध है, जैसा कि दूसरे शब्द से पहले का है।

1012 : 121 :: 1416 : ?

(a) 200 (b) 225
(c) 196 (d) 256

160. विकल्प को चुनें जो कि अन्य तीनों से अलग है।

(a) CDEFG (b) MNOPQ
(c) GHLJK (d) RSTUV

161. शेष तीनों से अलग संख्या युग्म चुनें।

(a) 11 : 120 (b) 13 : 168
(c) 15 : 256 (d) 18 : 323

162. यदि '×' का अर्थ '–', '+' का अर्थ '÷', '–' का अर्थ '×' और '÷' का अर्थ '+' है, तो उसका मान ज्ञात करें।

7 × 28 + 7 ÷ 31 – 4 ÷ 11 = ?

(a) 138 (b) 127
(c) 110 (d) 166

163. यदि '$' 'जोड़' का प्रतीक है, '@' का अर्थ है 'घटाव', '#', 'गुणा' के लिए है, और © 'डिवीजन' का प्रतीक है, फिर हल करें।

75 © 5 $ 20 @ 12 # 3

(a) 69 (b) –1
(c) –39 (d) 39

164. नीचे दिए गए परिचालनों, चिन्हों और संख्याओं के परस्पर बदलने के बाद सही समीकरण का चयन करें।

दिए गए बदलाव
चिन्ह '×' और '+'
संख्या 7 और 6

(a) 24 + 7 × 6 = 66
(b) 24 + 7 × 6 = 174
(c) 24 + 6 × 7 = 151
(d) 24 × 6 + 7 = 66

निर्देश (प्र. 165-167) : शिवा कार्पोरेशन में प्रोजेक्ट मैनेजर के रूप में उम्मीदवार का चयन करने के लिए नियमों को पढ़े और नीचे दिए गए प्रश्नों का उत्तर दें।

A. मानव संसाधन प्रमुख के साथ साक्षात्कार के लिए चयनित एक उम्मीदवार को चाहिए–

1. पूर्णांक में कम से कम 60 प्रतिशत अंकों के साथ मानव संसाधन प्रबंधन, कार्मिक प्रबंधन या संचालन प्रबंधन में विशेषज्ञता के साथ प्रबंधन में स्नातक या स्नातकोत्तर-डिप्लोमा धारक होना चाहिए।
2. 01.04.1990 से 31.03.1996 के बीच पैदा होना चाहिए।
3. सहयोगी स्तर पर कम से कम 3 वर्षों का पूर्णकालिक कार्य अनुभव और कम से कम 1 वर्ष का पर्यवेक्षी स्तर पर अनुभव हो।

B. निम्नलिखित उपवाद बनाए जाएंगे। यदि कोई उम्मीदवार है–

1. रक्षा श्रेणी से सम्बन्धित लोगों को ऊपरी आयु सीमा में 3 साल तक की छूट दी जाएगी।
2. जिसने स्नातक या स्नातकोत्तर-डिप्लोमा में 60 प्रतिशत से कम लेकिन 50 प्रतिशत से अधिक अंक अर्जित किया है, लेकिन पर्यवेक्षक के रूप में 3 वर्षों से अधिक का अनुभव है, ऐसे उम्मीदवार की अनुशंसा ऑपरेशन हेड के लिए की जाएगी।
3. जिनका कुल अनुभव 3 साल से कम है, लेकिन पर्यवेक्षी अनुभव 2 वर्ष से अधिक है, ऐसे उम्मीदवार का अनुशंसा संचालक के लिए की जाएगी।

165. नमन मानव संसाधन और कार्मिक प्रबंधन में 81% अंकों के साथ स्नातकोत्तर हैं। उन्होंने 4 वर्षों तक प्रबन्धन प्रशिक्षु के रूप में काम करने के बाद 2 साल तक एक श्रम पर्यवेक्षक के रूप में काम किया है। उनका जन्म 27 मार्च 1991 को सैनिक परिवार में हुआ था। इस उम्मीदवार के बारे में क्या निर्णय लिया जाना चाहिए?

(a) उन्हें कम्पनी के सीईओ के साथ साक्षात्कार के लिए संक्षिप्त सूची में नामांकित किया जाएगा
(b) एचआर हेड के साथ साक्षात्कार के लिए उन्हें संक्षिप्त सूची में नामांकित किया जाएगा
(c) ऑपरेशन हेड के साथ साक्षात्कार के लिए उन्हें संक्षिप्त सूची में नामांकित किया जाएगा
(d) उन्हें रक्षा कोटा के तहत आयु में छूट दी जाएगी और श्रम कल्याण अधिकारी के साथ साक्षात्कार के लिए अनुशंसा की जाएगी

166. गुरुवायूर ने बीपीओ फर्म के साथ 8 साल तक एक प्रबंधक के रूप में काम किया है। वह अनारक्षित श्रेणी से सम्बन्धित हैं और 1989 में पैदा हुए थे। उन्होंने स्नातकोत्तर में 63 प्रतिशत अंक प्राप्त किया है। उनकी पदोन्नति

16 महीने पहले पर्यवेक्षक के रूप में की गई। इस उम्मीदवार के बारे में क्या निर्णय लिया जाना चाहिए?

(a) एचआर हेड के साथ साक्षात्कार के लिए उन्हें संक्षिप्त सूची में नामांकित किया जाएगा

(b) ऑपरेशन हेड के साथ साक्षात्कार के लिए उन्हें संक्षिप्त सूची में नामांकित किया जाएगा

(c) श्रम कल्याण अधिकारी के साथ साक्षात्कार के लिए उनकी अनुशंसा की जाएगी

(d) उन्हें रिजेक्ट कर दिया जाएगा क्योंकि वह एक महत्वपूर्ण मानदंड को पूरा नहीं कर पाए

167. 02.03.1992 को जन्मी श्रेष्ठा ने कार्मिक प्रबंधन में पीजी डिप्लोमा कोर्स में 73 प्रतिशत अंक प्राप्त किया है। उन्हें FMCG कम्पनी में पहली नौकरी मिली। Ace में 6 महीने के लिए प्रबंधन प्रशिक्षु के रूप में काम करने के बाद कम्पनी नियमावली के अनुसार उन्हें सेल्स सुपरवाइजर के रूप में स्थायी किया गया, उस पद पर वह पिछले 25 महीनों से हैं। इस उम्मीदवार के बारे में क्या निर्णय लिया जाना चाहिए।

(a) परियोजना संचालक के साथ साक्षात्कार के लिए उन्हें संक्षिप्त सूची में नामांकित किया जाएगा

(b) एचआर हेड के साथ साक्षात्कार के लिए उन्हें संक्षिप्त सूची में नामांकित किया जाएगा

(c) ऑपरेशन प्रमुख के साथ साक्षात्कार के लिए उन्हें संक्षिप्त सूची में नामांकित किया जाएगा

(d) उन्हें रिजेक्ट कर दिया जाएगा क्योंकि वह एक महत्वपूर्ण मानदंड को पूरा नहीं कर सकी

168. दिए गए प्रश्न को पढ़ें और निर्णय लें कि प्रश्न का उत्तर देने के लिए निम्नलिखित में कौन सा विकल्प अतिरिक्त रूप में आवश्यक है?

प्रश्न–

छह दोस्त सिनेमा हॉल में स्क्रीन के सामने सीधी पंक्ति में बैठे हैं। अभय एक छोर पर बैठा है विनय न तो दीपक और न ही गौतम के बगल में बैठा है। केल्विन गौतम के ठीक बगल में बैठा है। अभय विनय के ठीक दाईं ओर बैठा है। विनय के ठीक दाईं ओर कौन बैठा है?

(a) केल्विन और गौरव एक साथ बैठे हैं

(b) गौरव किनारे के सीट पर बैठा है

(c) अभय के पास केवल एक लोग बैठे हैं

(d) केल्विन 5वें स्थान पर बैठा है

169. दिए गए प्रश्न को पढ़े और निर्णय लें कि प्रश्न का उत्तर देने के लिए निम्नलिखित में कौन-सा विकल्प अतिरिक्त रूप से आवश्यक है?

प्रश्न–

स्कूल के छात्रों को फाइनल परीक्षा का परिणाम प्राप्त हुआ। सभी छात्रों ने परीक्षा उत्तीर्ण की और सभी ने अच्छी रैंक प्राप्त की। भावना ने 5वीं रैंक प्राप्त की और 2 लड़कियों ने उससे ज्यादा और 7 लड़कों ने उनसे कम अंक प्राप्त किये थे। कक्षा में छात्रों की कुल संख्या क्या है?

(a) 6 लड़कियों ने भावना से कम अंक प्राप्त किए थे

(b) कक्षा में कुल 9 लड़के हैं

(c) 2 लड़कों ने भावना से अधिक अंक प्राप्त किए थे

(d) उसकी तुलना में कई लड़कों ने भावना से कम अंक प्राप्त किए हैं

170. दो कथन, चिह्नित I और II के बाद, नीचे एक प्रश्न दिया गया है।

यह बताएं कि प्रश्न का उत्तर देने के लिए कौन-सा कथन आवश्यक/सही है।

प्रश्न–

कूटभाषा में 'is' के लिए कोड क्या है?

कथन–

I. कूटभाषा में, 'nikfe pa' का अर्थ 'गेंद लाल है'।

II. उसी कोड भाषा में, 'Pa ne min' का अर्थ है 'यह सुन्दर हैं।'

(a) प्रश्न का उत्तर देने के लिए केवल कथन I में आँकड़ा सही है

(b) प्रश्न का उत्तर देने के लिए केवल कथन II में आँकड़ा सही है

(c) या तो केवल I या केवल II में कथन में आँकड़ा प्रश्न का उत्तर देने के लिए सही है

(d) प्रश्न का उत्तर देने के लिए I और II दोनों कथनों में आँकड़ा आवश्यक है

171. विकल्प में दिए गए अनुमान चुनें, जो तर्कसंगत रूप से दिए गए कथन से लिए जा सकते हैं।

कथन–

सभी इतिहासकार गायक हैं।

सभी गायक संगीतकार हैं।

कोई अभिनेता संगीतकार नहीं है।

अनुमान–

(a) कोई इतिहासकार संगीतकार नहीं है

(b) सभी गायक अभिनेता हैं

(c) कुछ अभिनेता गायक हैं

(d) कोई अभिनेता इतिहासकार नहीं हैं

172. उस विकल्प का चयन करें जिसका तीसरे शब्द से वही सम्बन्ध है, जैसा कि दूसरे शब्द से पहले का है।

NQVK : OPWJ :: CGUW : ?

(a) DHVX (b) DFVV

(c) EGWY (d) BDTW

173. यदि कल के बाद का दिन गुरुवार है, तो कल से दो दिन पहले यह दिन क्या था?

(a) मंगलवार (b) शुक्रवार

(c) शनिवार (d) रविवार

174. उसका चयन करें जो अन्य तीन विकल्पों से अलग है।

(a) दर्जी– सुई

(b) लेखक– किताब

(c) बढ़ई– फर्नीचर

(d) मोची– जूते

175. उस विकल्प का चयन करें जो दिए गए श्रृंखला को सही ढंग से पूरा करेगा।

1, 2, 6, 15, 31, ?, 92

(a) 48 (b) 56

(c) 64 (d) 72

176. एक निश्चित भाषा में C को 5 और CEAT को 37 लिखा जाता है, तो CHINA को क्या लिखा जाएगा–

(a) 56 (b) 64
(c) 45 (d) 42

177. निम्नलिखित तालिका इसकी शुरुआत के बाद के वर्षों में कम्पनी द्वारा निर्मित एलसीडी टीवी की बिक्री को दर्शाता है। पिछले कुछ वर्षों में कम्पनी बेची गई एलसीडी टीवी के विभिन्न साइज की संख्या (हजारों में संख्याएं) बेचे जाने वाले 50" और 70" की एलसीडी टीवी की कुल संख्या के बीच क्या अन्तर है?

वर्ष	एलसीडी का आकार, इंचों में						
	40"	50"	55"	60"	65"	70"	75
2012	32	24	11	26	11	8	7
2013	43	35	34	38	13	11	6
2014	54	46	46	47	11	12	8
2015	45	53	51	39	21	18	11
2016	56	42	49	42	24	14	14
2017	47	38	54	55	31	21	16

(a) 111
(b) 98
(c) 154
(d) 125

178. दो निष्कर्षों के बाद नीचे दिए गए कथन को पढ़ें और यह बताएं कि कौन-सा पूर्वानुमान कथन में निहित हैं।

बयान:

"what if" की तुलना में "oops" सही होगा।

मान्यताओं–

I. कोशिश करने के बजाय असफल होना बेहतर है।

II. यदि आप असफल हो जाते हैं, तो आपको अनुभव मिलेगा

(a) केवल धारणा I निहित है
(b) केवल धारणा II निहित है
(c) या तो धारणा I या II अन्तर्निहित है
(d) धारणाएं I और II दोनों अन्तर्निहित हैं

179. निम्नलिखित में उस विकल्प का चयन करें जो अन्य तीनों से भिन्न हैं।

(a)  (b) 

(c) 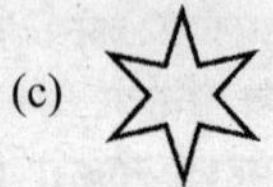 (d) 

180. निम्नलिखित में उस विकल्प का चयन करें जो अन्य तीनों से भिन्न है।

(a) (b)

(c) (d)

उत्तर व्याख्या सहित

1. (a) 'ऋतु' शब्द का अर्थ 'सत्य' होता है। प्रश्न में 'ऋतु' शब्द दिया गया है, जिसका संगत अर्थ किसी भी विकल्प में निहित नहीं है।

शब्द 'ऋतु' का अर्थ 'मौसम' होता है। आयोग के उत्तर के अनुसार शब्द 'ऋतु' के स्थान पर 'ऋतु' शब्द होना चाहिए जिसका अर्थ 'सत्य', 'मोक्ष' तथा 'यथार्थ' होता है। 'ऋतु' शब्द का विलोम 'अनृत' होता है।

शब्द		अर्थ
1. ऋद्ध	–	समृद्ध
2. ऋद्धि	–	समृद्धि, धन
3. ऋकथ	–	धन, जायदाद
4. ऋषीक	–	ऋषि पुत्र

2. (a)

3. (c) 'भृर्जा' का सन्धि विच्छेद 'भू + ऊर्जा' होगा। यह दीर्घ स्वर सन्धि का उदाहरण है। जब समान स्वर मिलते हैं, तो उनका दीर्घीकरण हो जाता है। दीर्घ स्वर सन्धि के अन्य उदाहरण हैं–

विद्या + आलय = विद्यालय,
हिम + आलय = हिमालय
महा + आत्मा = महात्मा,
नदी + ईश = नदीश आदि।

4. (b)

5. (b) "हींग लगे न फिटकरी रंग भी चोखा" इस लोकोक्ति का अर्थ है–बिना खर्च अच्छा काम। शेष विकल्प इसके अर्थ के सम्बन्ध में असंगत हैं।

6. (a)

7. (b) मुखद्वार के खुलने के आधार पर स्वर चार प्रकार के होते हैं, जो इस प्रकार हैं–

विवृत्त–जिन स्वरों के उच्चारण में मुख द्वार पूरा खुलता है; जैसे–आ

अर्धविवृत्त–जिन स्वरों के उच्चारण में मुखद्वार आधा खुलता है; जैसे–अ, ऐ, ओ, औ।

अर्ध संवृत्त–जिन स्वरों के उच्चारण में मुखद्वार आधार न्द रहता है; जैसे–ए, ओ।

संवृत्त–जिन स्वरों के उच्चारण में मुख द्वार लगभग बन्द रहता है, जैसे–इ, ई, उ, ऊ।

8. (a)

9. (a) "गाय के पूँछ होती है।" वाक्य शुद्ध है। शेष वाक्यों का शुद्ध रूप इस प्रकार है–

अशुद्ध वाक्य		शुद्ध वाक्य
1. 'उसकी बेटी हुई।'	–	उसकी बेटी हुई।
2. 'मर्द को दाड़ी होती है।'	–	मर्द को दाढ़ी होती है।
3. 'गोपाल को लड़का हुआ।'	–	गोपाल के लड़का हुआ।

10. (d)

11. (b) 'हरकत' स्त्रीलिंग शब्द है। वाक्य प्रयोग देखें–तुम्हारी हरकत अच्छी नहीं लगती है। शेष सभी पुल्लिंग शब्द है।

12. (d)

13. (a) विसर्ग सन्धि का उदाहरण है–निष्कर्म। निष्कर्म का संधि विच्छेद है–निः+कर्म। शेष दिए हुए शब्दों का संधि विच्छेद इस प्रकार है–

संयोग = सम् + योग (व्यंजन संधि)
सदैव = सदा + एव (वृद्धि स्वर संधि)
गिरीश = गिरि + ईश (दीर्घ स्वर संधि)

14. (c)

15. (b) संज्ञा की द्विरुक्ति होने पर उनके मध्य 'योजक चिह्न' का प्रयोग किया जाता है। अन्य विकल्पों में से, **'अवतरण चिह्न'** का प्रयोग किसी वाक्य में किसी विशेष शब्द पर बल देने के लिए अथवा किसी और के द्वारा कहे हुए या लिखे हुए कथनों को ज्यों का त्यों लिखने के लिये, **'कोष्ठक चिह्न'** का प्रयोग किसी शब्दों को स्पष्ट करने तथा कुछ विशेष जानकारी प्रदान करने के लिये और **'निर्देशक चिह्न'** का प्रयोग विषय, विवाद सम्बन्धी

प्रत्येक शीर्षक के आगे, उदाहरण के पश्चात तथा कथोपकथन के नाम के आगे किया जाता है।

16. (d)

17. (a) 'कुजगह फोड़ा और ससुर वैद्य' कहावत का अर्थ 'धर्म संकट' की स्थिति है।

18. (d)

19. (b) जब क्रिया संज्ञा की तरह व्यवहार में आती हो तो ऐसी क्रिया को क्रियार्थक संज्ञा कहते हैं। यह सदैव एकवचन पुल्लिंग में रहती है। उदाहरण 'टहलना स्वास्थ्य के लिये अच्छा है।' यहाँ 'टहलना' क्रियार्थक संज्ञा है।

20. (b)

21. (b) उत्पत्ति/स्रोत/इतिहास के आधार पर शब्द चार प्रकार के होते हैं।

1. तत्सम – संस्कृत से लिये गये शब्द–अग्नि, वायु, सूर्य

2. तद्भव – संस्कृत से लिये गये शब्द का विकृत शब्द–आग, हवा, सूरज

3. देशज – वे शब्द जिनकी उत्पत्ति का पता न हो–डिबिया, लोटा, ठेठ

4. विदेशी–विदेशी भाषाओं से लिये गये शब्द–अफसर, अजब, दरोगा

22. (d)

23. (c) 'स्तुत्य' का विलोम शब्द 'हेय' है। 'ह्रास' का विलोम 'रुदन' तथा 'हानि' का विलोम 'लाभ होता है।'

24. (c)

25. (d) जिनकी ध्वनि केवल मुख से निकलती है वे निरनुनासिक स्वर हैं। अनुनासिक स्वरों जैसे–इ, ई, उ, ऊ के उच्चारण में वायु/ध्वनि मुख के साथ-साथ नाक से भी निकलती हैं। वृत्ताकार स्वर ऐसे स्वर हैं, जिनके उच्चारण में होठों का आकार गोल हो जाता है। जैसे–उ, ऊ, ओ, औ, ऑ। संवृत्त स्वर के उच्चारण में मुख द्वार लगभग बन्द रहता है।

26. (a)

27. (c) उपर्युक्त विकल्पों में से वर्तनी की दृष्टि से अशुद्ध शब्द 'संन्कट' है, इसका शुद्ध 'संकट' होगा। अन्य विकल्प अनसूया, ऐनक, संशय वर्तनी की दृष्टि से शुद्ध हैं।

28. (d)

29. (b) उपर्युक्त विकल्पों में से 'सुश्रूषा' शुद्ध वर्तनी वाला शब्द है। सूहद की शुद्ध वर्तनी -सुहृद, श्पर्धा की शुद्ध वर्तनी–स्पर्धा तथा शसीम की शुद्ध वर्तनी–समीम है।

30. (b)

31. (b) उपर्युक्त विकल्पों में से स्त्रीलिंग शब्द सनक है। शेष शब्द पुल्लिंग के अन्तर्गत आते हैं।

32. (d)

33. (a) विकल्प 'पल-पल' अव्ययीभाव समास का उदाहरण है। अन्न-जल में द्वन्द्व समास, अंत-अनंत तथा धर्मा-धर्म में वैकल्पिक द्वन्द्व समास है।

34. (a)

35. (b) दिये शब्दों में से 'बदौलत' शब्द में 'ब' उपसर्ग है, शेष शब्दों में 'बद' उपसर्ग का प्रयोग हुआ है जोकि उर्दू का उपसर्ग है।

36. (a)

37. (b) उपर्युक्त विकल्पों में से 'बच्चा' तद्भव शब्द है, इसका तत्सम रूप 'वत्स' होगा। शेष शब्द तत्सम हैं।

38. (c)

39. (b) 'प्राणदा' शब्द 'जीवन देने वाली दवा' के लिये एक शब्द है।

40. (c)

41. (b) 'सड़के चौड़ी बनाई गईं।' इस वाक्य में 'चौड़ी' पूरक शब्द है। पूरक शब्द ऐसे शब्द होते हैं, जो वाक्य में प्रयुक्त होकर वाक्य के अर्थ को पूर्णता प्रदान करते हैं। जिन शब्दों से किसी कार्य का करना या होना व्यक्त हो उन्हें क्रिया कहते हैं, इन्हीं को वाक्य में मुख्य क्रिया भी कहते हैं जैसे–रोना, खाना, पढ़ना इत्यादि।

42. (c)

43. (a) मध्यकालीन भारतीय आर्यभाषा का काल 500 ई. पूर्व से 1000 ई. तक है। भारतीय आर्यभाषा का कालक्रम की दृष्टि से विभाजन निम्नवत है–

(1) प्राचीन भारतीय आर्यभाषा–2000 ई. पू. से 500 ई. पू.

(a) वैदिक संस्कृत–2000 ई. पू. से 800 ई. पू. तक

(b) लौकिक संस्कृत–800 ई. पू. से 500 ई. पू. तक

(2) मध्यकालीन भारतीय आर्यभाषा 500 ई. पू. से 1000 ई. पू. तक

(a) पालि–500 ई. पू. से 1 ई. तक

(b) प्राकृत–1 ई. से. 500 ई. तक

(c) अपभ्रंश–500 ई. से 1000 ई. से अब तक

इन्हीं आर्यभाषाओं के उत्तरोत्तर विकास से आधुनिक हिन्दी की उत्पत्ति हुई है।

44. (b)

45. (c) 'मतैक्य' शब्द वृद्धि संधि का उदाहरण है। इसका संधि विच्छेद 'मत + ऐक्य' होगा। यदि 'अ' या 'आ' के बाद 'ए' या 'ऐ' आये, तो दोनों के स्थान पर 'ऐ' तथा 'ओ' या 'औ' आये तो दोनों के स्थान पर 'औ' हो जाता है। वृद्धि संधि के अन्य उदाहरण हैं– एक+ एक – एकैक, सदा + एव – सदैव, महा + औषध – महौषध, महा+ ऐश्वर्य – महैश्वर्य

गुण सन्धि के उदाहरण–

देव + इन्द्र –देवेन्द्र, चन्द्र + उदय – चन्द्रोदय, महा + उत्सव – महोत्सव, गंगा + ऊर्मि – गंगोर्मि, महा + ऋषि – महर्षि

यण संधि के उदाहरण–

यद्यपि – यदि + अपि, गुर्वोदन – गुरू + ओदन, अत्यावश्यक – अति + आवश्यक

व्यंजन संधि के उदाहरण–

दिक् + गज – दिग्गज, वाक् + मय – वाड्.मय, उत् + लास – उल्लास

46. (b)

47. (b) धातु के अंत में जोड़े जाने वाले प्रत्ययों को कृत प्रत्यय या कृदन्त प्रत्यय कहते हैं। शब्दों के बाद जो अक्षर या अक्षर समूह लगाया जाता है, उसे प्रत्यय कहते हैं। ये दो प्रकार के होते हैं–

(1) कृत प्रत्यय, (2) तद्धित प्रत्यय

क्रिया या धातु के अन्त में लगने वाला प्रत्यय कृत् प्रत्यय कहलाता है तथा संज्ञा, सर्वनाम और विशेषण के अन्त में लगने वाले प्रत्यय तद्धित प्रत्यय कहे जाते हैं। कृत प्रत्यय इस प्रकार हैं–

अ, अन्त, आवत, औती, की, गी, ती, सार, वैया, हार, ओड़ा, इयल, इया आदि। कुछ तद्धित प्रत्यय इस प्रकार हैं–ल, वन, उल, ईय, चित, ठ, ठन, ऐल, सरा, वंत, हर , हला इत्यादि।

क्रिया द्योतक प्रत्यय कृत प्रत्यय का एक भेद है। ये ऐसे प्रत्यय हैं जिनसे क्रियाओं के समान ही भूत या वर्तमानकाल के वाचक विशेषण या अव्यय बनते हैं। ता और आ इसी प्रकार के प्रत्यय हैं।

48. (c)

49. (a) 'र' वर्ण का विवरण है–वर्त्स्य, लुंठित, सघोष, अल्पप्राण व्यंजन।

50. (b)

51. (d) 'ग्रामीण लोग यहाँ अधिकतर निरक्षर हैं' वाक्य का अंग्रेजी अनुवाद 'The villagers here are mostly illiterate.' होगा।

52. (c)

53. (b) 'The magistrate ordered an enquity.' का हिन्दी रूपान्तर 'मजिस्ट्रेट ने जॉन के लिये आदेश दिया' होगा।

54. (*)

55. (*) गद्यांश न छपने की वजह से आयोग ने इस प्रश्न को हटा दिया।

56. (*)

57. (*) गद्यांश न छपने की वजह से आयोग ने इस प्रश्न को हटा दिया।

58. (d)

59. (c) उपर्युक्त विकल्पों में से 'अमावस्या' अंधकार का पर्यायवाची शब्द नहीं हैं। अन्य विकल्प अंधकार के पर्यायवाची शब्द हैं। अंधकार का पर्यायवाची–अंधेरा, तम, तिमिर, अंधियारा, तमस आदि।

60. (a)

61. (c) 'जो कम खर्च करता हो' इस वाक्यांश के लिये एक शब्द 'मितव्ययी' होगा। कंजूस ऐसे व्यक्ति को कहा जाता है, जो पास में धन होने पर भी अपनी आवश्यकताओं की पूर्ति के लिये उसका उपयोग न करता हो। लालच या लोभ की इच्छा रखने वाला व्यक्ति 'लोभी' कहलाता है। मक्खीचूस शब्द अत्यधिक कंजूस व्यक्ति के लिये प्रयुक्त किया जाता है।

62. (d)

63. (a) उपर्युक्त विकल्पों में से 'मोहन को जाना है' वाक्य कर्ता कारक वाला है। शेष वाक्य कर्मकारक वाले हैं।

64. (d)

65. (c) 'पति' शब्द का अविभक्तिक बहुवचन 'प्रति' ही होता है। शेष विकल्प असंगत हैं।

66. (d)

67. (b) 'सदा एक समान' रहने पर 'सावन हरे न भादों सूखे' लोकोक्ति प्रयुक्त होगी। विकल्प की अन्य लोकोक्तियों का अर्थ इस प्रकार है–

साँच को आँच नहीं–सच्चे आदमी को कोई खतरा नहीं।

सहज पके सो मीठा होय–आराम से किया गया कार्य सुखकर होता है।

'भागते चोर की लंगोटी सही' लोकोक्ति का सही रूप 'भागते भूत की लंगोटी भली' है जिसका अर्थ है–कुछ न मिलने से जो मिल जाय वही अच्छा।

68. (a)

69. (a) 'Angenda is sent here with ....' के लिये उपयुक्त हिन्दी वाक्य 'कार्यसूची साथ भेजी जा रही है' होगा।

70. (a)

71. (c) उपर्युक्त विकल्पों में 'ह' काकल्य ध्वनि है। जिन व्यंजन ध्वनियों के उच्चारक में मुखगुहा खुली रहती है और वायु बन्द कंठ को खोलकर झटके से बाहर निकलती है उसे काकल्य व्यंजन ध्वनि कहते हैं। 'य' अन्तस्थ व्यंजन है, इसका उच्चारण स्थान तालु है। इसे अर्धस्वर भी कहते हैं। 'स' ऊष्म व्यंजन है, इसका उच्चारण स्थान दंत है। ण, ट वर्ग का पंचम अक्षर है, जिसका उच्चारण स्थान मूर्धा है।

72. (d)

73. (a) 'अंतीद्रिय' शब्द में 'अति' उपसर्ग है। अति उपसर्ग संस्कृत भाषा का उपसर्ग है, जिसका अर्थ है 'अधिक', 'ऊपर, 'उसपार'। अति उपसर्ग से निर्मित अन्य शब्द इस प्रकार है।–अतिकाल, अतिरिक्त, अतिशय, अत्यन्त, अत्याचार, अत्युक्ति, अतिव्याप्ति, अतिक्रमण इत्यादि।

74. (c)

75. (c) एक ही विधेय वाले वाक्य को सरल वाक्य कहते हैं। सरल वाक्यों में एक ही कर्ता, एक ही क्रिया व एक ही उद्देश्य होता है उदाहरण–बिजली चमकती है। पानी बरसा।

मिश्र वाक्य–जिस वाक्य में एक साधारण वाक्य के अतिरिक्त उसके अधीन कोई दूसरा अगवाक्य/उपवाक्य हो, मिश्र वाक्य कहलाता है। उदाहरण–उसने कहा कि मैं निर्दोष हूँ।

संयुक्त वाक्य–जिस वाक्य में साधारण या मिश्र वाक्यों का योग संयोजक अवयवों द्वारा होता है, उसे संयुक्त वाक्य कहते हैं। उदाहरण–सूर्योदय हुआ और कुहासा जाता रहा।

76. (a)

77. (d) उपर्युक्त विकल्पों में से 'आजन्म' शब्द समुच्चयबोधक नहीं हैं। शेष शब्द 'अर्थात्' 'अतएव', 'अथवा' समुच्चयबोधक अव्यय हैं। समुच्चयबोधक ऐसे पद/अव्यय होते हैं, जो दो या दो से अधिक वाक्यों या पदों को परस्पर जोड़ते हैं। इनके 2 भेद हैं–

(1) समानधिकरण समुच्चयबोधक

(2) व्यधिकरण समुच्चयबोधक

कुछ समुच्चयबोधक पद इस प्रकार हैं–और, व, एवं, तथा, या, वा, किंवा, कि, किन्तु, लेकिन, वरन्, बल्कि, इसलिये, जोकि, मानो, अतः इत्यादि।

78. (c)

79. (c) उपर्युक्त विकल्पों में से 'ढ़ाई' शब्द तद्भव हैं, इसका तत्सम रूप है–'अर्धतृतीय'। शेष विकल्पों में से 'सुख' फारसी भाषा का शब्द है। 'भक्त' तथा 'शत' तत्सम शब्द हैं, जिनका तद्भव रूप क्रमशः 'भगत' तथा 'सौ' है।

80. (d)

81. (d) QWERTY शैली की-बोर्ड पर वर्णों की व्यवस्था को 1868 में क्रिस्टोफर लैथम शोल्स द्वारा बनाया गया था।

82. (b)

83. (c) पेठा आगरा की सबसे मशहूर मिठाई है, जो भारत भर में विख्यात है। आगरा शहर की स्थापना लोदी वंश के शासक सिकन्दर लोदी द्वारा सोलहवीं शताब्दी में की गयी थी। आगरा का ताजमहल तथा आगरा का किलो यूनेस्को की विश्व विरासत सूची में शामिल है।

84. (a)

85. (b) इलाहाबाद (प्रयागराज) में कुंभ मेला लगता है। यहाँ गंगा, यमुना तथा अदृश्य सरस्वती नदी का त्रिवेणी संगम है। प्रयागराज के अलावा अन्य 3 स्थानों हरिद्वार, उज्जैन तथा नासिक में भी कुंभ मेले का आयोजन किया जाता है।

86. (c)

87. (b) उत्तर प्रदेश में कुल 75 जिले तथा 18 मंडल हैं। लखनऊ इसकी राजधानी है। उत्तर प्रदेश के मुख्यमंत्री योगी आदित्यनाथ तथा राज्यपाल राम नाईक हैं।

88. (d)

89. (c) चिकनकारी लखनऊ की प्रसिद्ध कढ़ाई, जो वस्त्रों पर की जाती है। प्रसिद्ध पश्मीना की शाल कश्मीर में बनाई जाती है। सुजनी कढ़ाई बिहार की है तथा जामदानी साड़ी बंगाली क्षेत्रों में बनाई जाती है।

90. (d)

91. (b) उत्तर प्रदेश लोक सेवा न्यायाधिकरण 16 फरवरी 1976 को स्थापित किया गया था। 1976 का अधिनियम समय-समय पर संशोधित किया गया।

92. (a)

93. (c) बाल गंगाधर तिलक (23 जुलाई 1856 -1 अगस्त 1920) केशव गंगाधर तिलक के रूप में पैदा हुए। वह एक भारतीय राष्ट्रवादी पत्रकार, शिक्षक, सामाजिक सुधारक तथा स्वतन्त्रता सेनानी थे। उन्हें लोकमान्य के मानद उपाधि से भी सम्मानित किया गया। तिलक ने मराठा तथा केसरी नामक समाचारपत्र भी निकाला था। इनके ऊपर दो बार राजद्रोह (IPC की धारा 124A) का मुकदमा लगा था। तिलक 'स्वराज' (आत्म-शासन) के पहले और सबसे मजबूत समर्थकों में से एक थे।

94. (b)

95. (e) महात्मा गांधी 1893 में भाप से चलने वाले जहाज एस. एस. सफारी द्वारा दक्षिण अफ्रीका के डरबन पहुँचे थे। वह दक्षिण अफ्रीकी भारतीय समुदाय के नेता बने। द.अ. में अहिंसक आन्दोलन में उनकी भागीदारी रही।

96. (a)

97. (d) 1904 में महात्मा गांधी जी द्वारा फोनिक्स बस्ती नामक एक सामुदायिक क्रियाशील मठ की स्थापना की। यह दक्षिणी अफ्रीका के डरबन शहर में अवस्थित था।

98. (b)

99. (c) भारत की सीमाएं कुल 7 देशों से लगती हैं। जिनसे भारत अपनी सीमाओं को साझा करता है। भारत के 7 पड़ोसी देश म्यांमार, बांग्लादेश, भूटान, नेपाल, चीन, अफगानिस्तान, तथा पाकिस्तान।

100. (c)

101. (d) त्रिपुरा अपने उत्तर, दक्षिण और पश्चिम तीनों ओर से बांग्लादेश से घिरा हुआ है। भारत और बांग्लादेश के बीच की सीमा 4096 किमी. है, जो भारत की सबसे लम्बी अन्तर्राष्ट्रीय सीमा है।

102. (c)

103. (a) पोर्ट ब्लेयर अंडमान निकोबार द्वीप समूह की राजधानी है। पोर्ट ब्लेयर संघ शासित प्रदेश

अंडमान और निकोबार द्वीप समूह की राजधानी है। यह दक्षिण अंडमान द्वीप के पूर्वी तट पर स्थित है।

104. (d)

105. (c) भारतीय संविधान का अनुच्छेद 244 अनुसूचित क्षेत्रों और जनजातीय क्षेत्रों के प्रशासन से सम्बन्धित है। भारतीय संविधान की 5वीं अनुसूची के प्रावधान असम, मेघालय, त्रिपुरा और मिजोरम राज्यों के अलावा किसी भी राज्य में अनुसूचित क्षेत्रों और अनुसूचित जनजातियों के प्रशासन और नियन्त्रण पर लागू होते हैं।

106. (c)

107. (a) लोकसभा में निजी सदस्यों द्वारा विधेयक पेश करने की सूचना अवधि एक माह होती है, जबकि सरकारी सदस्यों को विधेयक पेश करने की सूचना अवधि सात दिन होती है।

यदि एक मंत्री द्वारा एक बिल पेश किया जाता है, तो उसे सरकारी बिल या सार्वजनिक बिल कहा जाता है और यदि किसी मंत्री से इतर अन्य सदस्य (विधेयक) द्वारा बिल पेश किया जाता है, तो इसे निजी विधेयक कहा जाता है।

108. (d)

109. (c) 'मेक इन इंडिया' कार्यक्रम अर्थव्यवस्था के 25 क्षेत्रों को कवर करता है। यह योजना भारत सरकार द्वारा भारत में अपने उत्पादों का निर्माण करने के लिए प्रोत्साहित करने के लिए 25 सितम्बर 2014 को शुरु की गई थी। इस योजना का एकमात्र उद्देश्य भारत को वैश्विक विनिर्माण केन्द्र में परिवर्तित करना है।

110. (a)

111. (b) दक्षिण भारत का मैनचेस्टर कोयम्बटूर को कहा जाता है क्योंकि यह कपास उद्योग के लिए प्रसिद्ध है। अहमदाबाद को भारत का मैनचेस्टर कहा जाता है।

112. (d)

113. (b) प्रधानमंत्री नरेन्द्र मोदी द्वारा औपचारिक रूप से 'मेक इन इंडिया' पहल की शुरुआत 25 सितम्बर 2214 को की गई थी। इस योजना का एकमात्र उद्देश्य भारत को वैश्विक विनिर्माण केन्द्र में परिवर्तित करना है। 'Make in India' योजना 25 क्षेत्रों को कवर करती है।

114. (a)

115. (b) यह विधेयक किसी व्यक्ति को एक भगोड़ा आर्थिक अपराधी (FEO) के रूप में घोषित करने की अनुमति देता है यदि–

(i) किसी भी निर्दिष्ट अपराध के लिए उसके खिलाफ एक गिरफ्तारी वारंट जारी किया गया है जहाँ मूल्य 100 करोड़ रुपये से अधिक का मामला है।

(ii) उसने देश छोड़ दिया हो और आने से इन्कार कर दिया हो।

116. (c)

117. (a) वाणिज्य और उद्योग मंत्री सुरेश प्रभु ने भारत में लापता और पत्यिक्त बच्चों का पता लगाने के लिए तथा उन पर निगरानी रखने के लिए एक मोबाइल एप्लिकेशन-रीयूनाइट (ReUnite) लाँच किया। यह ऐप बहुउद्देशीय है, जहाँ परिजन और नागरिक बच्चों की तस्वीरे अपलोड कर सकते हैं और नाम, जन्म चिन्ह, पता, पुलिस स्टेशन को रिपोर्ट, लापता बच्चों की खोज और पहचान जैसे विस्तृत विवरण प्रदान कर सकते हैं। गैर-सरकारी संगठन बचपन बचाओ आन्दोलन और कैपेगिनी ने इस एप को विकसित किया है।

118. (d)

119. (c) 1 अप्रैल 2014 को कृषि विपणन योजना के लिए एकीकृत योजना के 'कृषि विपणन की आधारभूत संरचना (AMI) पूँजी निवेश सब्सिडी उप-योजना में शामिल किया गया। इस योजना के अन्तर्गत किसानों की विभिन्न आवश्यकताओं को पूरा करने के लिए किया गया है।

120. (b)

121. (b) मृदा स्वास्थ्य कार्ड (SHC) से भारत के किसानों को उनके खेतों में मिट्टी के 12 मापदण्डों अर्थात् N.P.K. (मैक्रो-पोषक तत्व) के सम्बन्ध में जानकारी मिलेगी। इसके आधार पर SHC कृषि के लिए आवश्यक उर्वरक सिफारिश भी करेगी।

122. (c)

123. (a) खरीफ फसलों के लिए गर्म और नम (जुलाई से अक्टूबर) तरह के मौसम की आवश्यकता होती है। उदाहरण–चावल, मक्का, बाजरा, रागी, सोयाबीन, मूंगफली तथा कपास। ये सभी खरीफ प्रकार की फसलें हैं।

124. (a)

125. (a) 22 जुलाई, 2014 को राम-नाईक ने लखनऊ में उत्तर प्रदेश के 27वें राज्यपाल के रूप में शपथ ली। वह महाराष्ट्र के पूर्व केन्द्रीय मंत्री और भारतीय जनता पार्टी (BJP) के नेता हैं।

126. (d)

127. (b) भारत के मुख्य निर्वाचन आयुक्त के कार्यकाल को संसद के 1991 के अधिनियम द्वारा निर्धारित किया जाता है। वे छह साल की अवधि तक या 65 वर्ष की आयु जो भी पहले हो तक पद धारण करते हैं। भारत के मुख्य निर्वाचन आयुक्त की सेवानिवृत्ति की आयु 65 वर्ष निर्धारित की गई है।

128. (b)

129. (c) स्कैनर एक ऐसा उपकरण है, जो कम्प्यूटर पेरिफेरल भौतिक छवि या दस्तावेज की प्रतिलिपि बनाने और उसे डिजिटल छवि के रूप में अपने कम्प्यूटर पर सहेजने की सुविधा प्रदान करता है।

130. (b)

131. (c) दी गई प्रश्न आकृति उत्तर आकृति (c) के समान है।

132. (d) **133.** (b)

134. (a) सर्वाधिक उचित वेन आरेख निम्नवत् है–

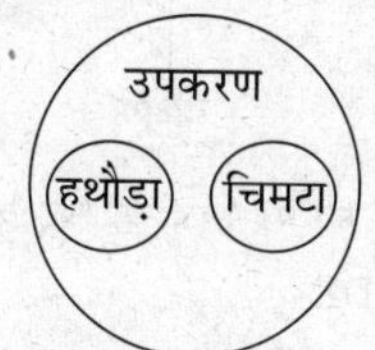

हथौड़ा और चिमटा दोनों उपकरण हैं।

135. (d) ऐसा अक्षर जो त्रिकोण और आयत दोनों में उभयनिष्ठ हों।

अत: ऐसे लोग जिनके पास कार के साथ-साथ स्कूटर = D

136. (b) दो खेल खेलने वाले छात्रों की संख्या = (9 + 7 + 17) = 33

137. (a) दी गई आकृति में त्रिभुजों की संख्या निम्नवत् हैं–

एक घटक वाले त्रिभुजों की संख्या = 16

दो घटक वाले त्रिभुजों की संख्या = 16

चार घटक वाले त्रिभुजों की संख्या = 4

∴ कुल त्रिभुजों की संख्या

= (16 + 16 + 4) = 36

138. (a)

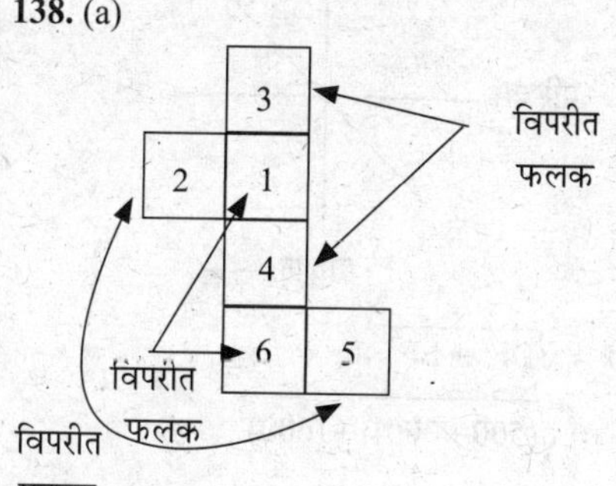

अत: उत्तर आकृति (a) सम्भव है।

139. (b) सुमन के चलने का क्रम निम्नवत् है–

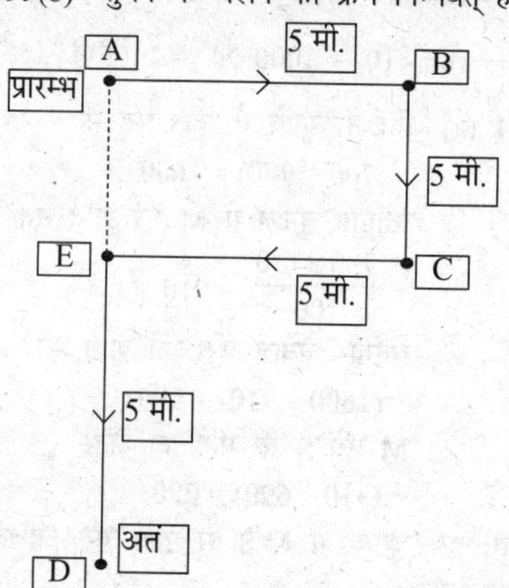

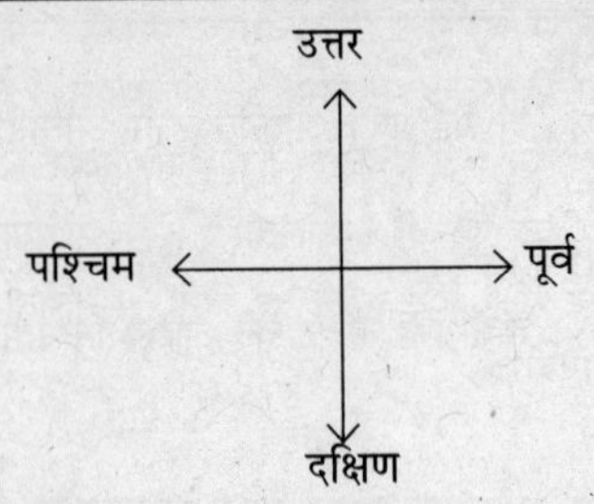

अत: सुमन के घर से मित्र के घर की दूरी
AD = (AE + DE)
= (5 + 5) मी. = 10मी.

140. (c)

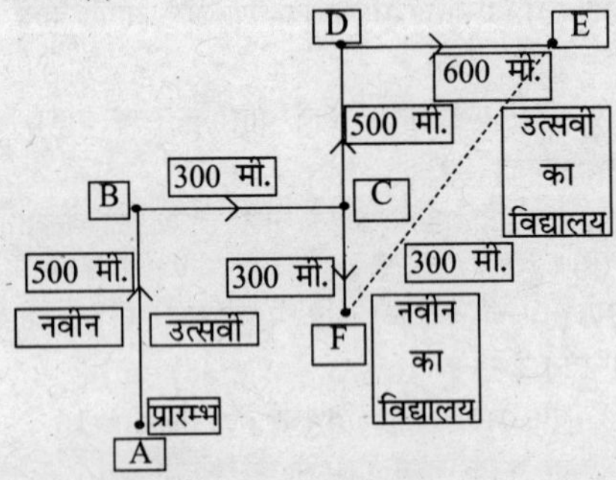

दोनों विद्यालयों के बीच की न्यूनतम दूरी

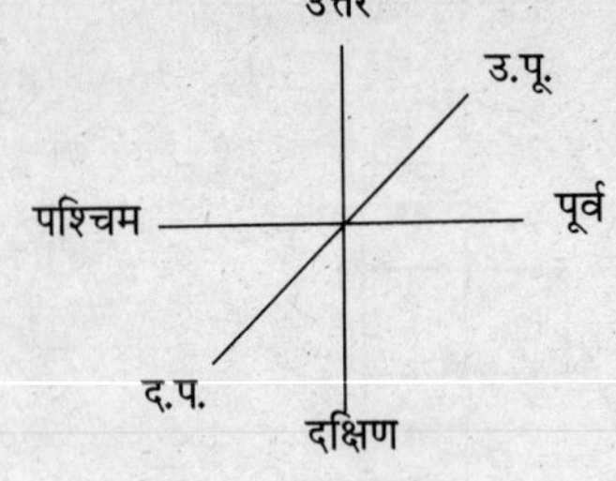

$EF = \sqrt{DF^2 + EF^2}$

$= \sqrt{(500+300)^2 + (600)^2}$

$= \sqrt{(800)^2 + (600)^2}$

$= 100\sqrt{64+36}$

$= 100 \times 10$ = 1000 मी. = 1 किमी.

141. (a) पिछले चुनाव में कुल पड़े मत
= (700 + 900) = 1600
वर्तमान चुनाव में M को प्राप्त मत
$= \frac{700 \times 130}{100} = 910$
वर्तमान चुनाव में S को प्राप्त मत
= (1600 – 910) = 690
M एवं S के मतों का अंतर
= (910 – 690) = 220

अत: इस चुनाव में M,S से 220 मत अधिक प्राप्त करेगा।

142. (c) माना प्रत्येक वस्तु का लागत मूल्य = ₹ x

तब, वस्तु का विक्रय मूल्य $= \frac{198}{100} \times x$

$\Rightarrow \quad 99 = \frac{198}{100} \times x$

$\Rightarrow \quad x = \frac{99 \times 100}{198}$ = ₹ 50

143. (b)

144. (c) कथन के अनुसार दोनों तर्क I व II कमजोर प्रतीत होते हैं।

145. (b) कथनानुसार केवल तर्क II मजबूत है।

146. (c)

147. (a) जिस प्रकार आस्ट्रेलिया का राष्ट्रीय पशु कंगारु है। उसी प्रकार न्यूजीलैण्ड का राष्ट्रीय पक्षी कीवी है।

148. (b) आरेख द्वारा दर्शाने पर:

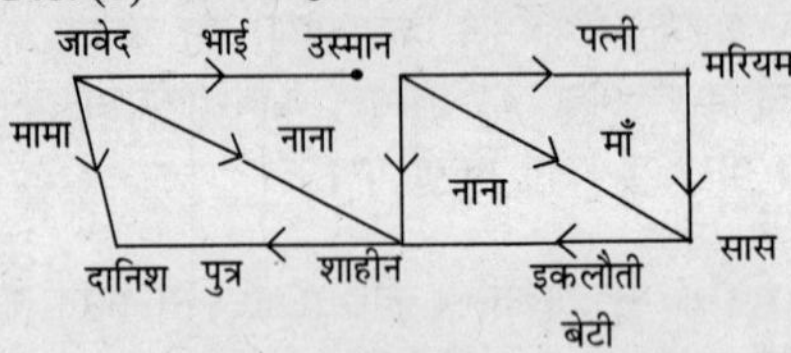

अत: स्पष्ट है, जावेद, दानिश का भतीजा है।

149. (c)

जिस प्रकार	उसी प्रकार
$D \xrightarrow{+1} E$	$A \xrightarrow{+1} B$
$I \xrightarrow{+2} K$	$N \xrightarrow{+2} P$
$S \xrightarrow{+1} T$	$A \xrightarrow{+1} B$
$A \xrightarrow{+2} C$	$M \xrightarrow{+2} O$
$S \xrightarrow{+1} T$	$A \xrightarrow{+1} B$
$T \xrightarrow{+2} V$	$L \xrightarrow{+2} N$
$E \xrightarrow{+1} F$	$Y \xrightarrow{+1} Z$
$R \xrightarrow{+2} T$	

150. (a) दिए गए शब्द का प्रयोग करके GALLANT शब्द नहीं बनाया जा सकता है, क्योंकि मूलशब्द में अक्षर A केवल एक बार प्रयुक्त हुआ है।

151. (c)

जिस प्रकार	उसी प्रकार
$S \xrightarrow{+1} T$	$S \xrightarrow{+1} T$
$Y \xrightarrow{+1} Z$	$C \xrightarrow{+1} D$
$S \xrightarrow{+1} T$	$A \xrightarrow{+1} B$
$T \xrightarrow{-1} S$	$L \xrightarrow{-1} K$
$E \xrightarrow{-1} D$	$A \xrightarrow{-1} Z$
$M \xrightarrow{-1} L$	$R \xrightarrow{-1} Q$

152. (a) **153.** (d)

154. (b) आरेख द्वारा दर्शाने पर–

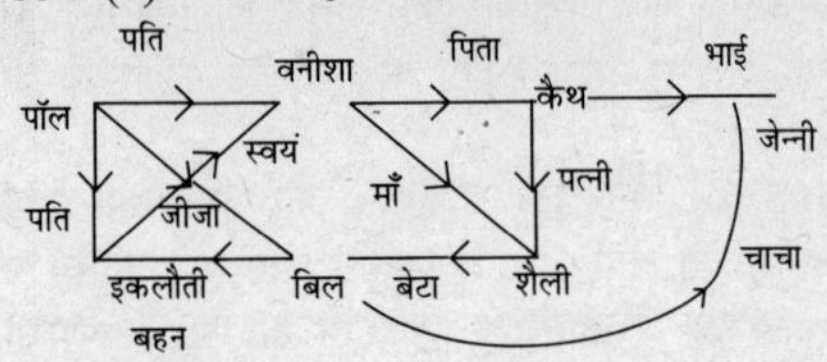

अत: जेन्नी, बिल का चाचा है तथा बिल, जेन्नी का भतीजा है।

155. (c)

जिस प्रकार		उसी प्रकार	
P	O	F	A
R	R	R	R
O	P	A	F
D	D	G	G
U	E	I	E
C	C	L	L
E	U	E	I

156. (b) **157.** (d)

158. (c)

जिस प्रकार	उसी प्रकार
$T \xrightarrow{+1} U$	$J \xrightarrow{+1} K$
$R \xrightarrow{-1} Q$	$O \xrightarrow{-1} N$
$A \xrightarrow{+1} B$	$U \xrightarrow{+1} V$
$V \xrightarrow{-1} U$	$R \xrightarrow{-1} Q$
$E \xrightarrow{+1} F$	$N \xrightarrow{+1} O$
$L \xrightarrow{-1} K$	$E \xrightarrow{-1} D$
	$Y \xrightarrow{+1} Z$

159. (b) जिस प्रकार
$1012 \rightarrow (10 \times 12) + 1 \Rightarrow (120 + 1) = 121$
उसी प्रकार
$1416 \rightarrow (10 \times 16) + 1 \Rightarrow (224 + 1) = 225$

160. (d)

161. (c)

$(11)^2 \Rightarrow (121 - 1) = 120$
$(13)^2 \Rightarrow (169 - 1) = 168$
$(15)^2 \Rightarrow (225 - 1) = 224 \neq 256$
$(18)^2 \Rightarrow (324 - 1) = 323$

अत: विकल्प (c) अन्य तीनों से भिन्न है।

162. (a)

$x \Rightarrow -$	$+ \Rightarrow \div$
$- \Rightarrow \times$	$\div \Rightarrow +$

(प्रश्न पर आधारित)

व्यंजक $= 7 \times 28 + 7 \div 31 - 4 \div 11$
$= 7 - 28 \div 7 + 31 \times 4 + 11$

$= 7 - \frac{28}{7} + 124 + 11$

$= 7 - 4 + 124 + 11$

$= 18 + 120 = 138$

163. (b)

$ ⇒ +	@ ⇒ −
# ⇒ ×	© ⇒ ÷

प्रश्न पर आधारित

व्यंजक = 75© 5 $ 20 @ 12 # 3

$= 75 \div 5 + 20 - 12 \times 3$

$= 15 + 20 - 36$

$= 35 - 36 = -1$

164. (d) विकल्प (d) के प्रयोग से,

$24 \times 6 + 7 = 66$

$\Rightarrow 24 + 6 \times 7 = 66$

$\Rightarrow 24 + 42 = 66$

$\Rightarrow 66 = 66$

165. (b) **166.** (d) **167.** (d)

168. (b) बैठने का क्रम निम्नवत् है–

गौरव दीपक गौतम कैल्विन विनय अभय

बायाँ दायाँ

स्पष्ट है, विकल्प (b) सत्य है। गौरव किनारे पर बैठा है।

169. (d)

170. (d) nik fe [pa] → गेंद लाल [हैं] ...(i)

[Pa] ne min → यह सुंदर [हैं] ...(ii)

अतः समीकरण (i) व (ii) से Pa → है

अतः दोनों कथन I व II प्रश्न का उत्तर देने के लिए पर्याप्त हैं।

171. (d) कथनानुसार

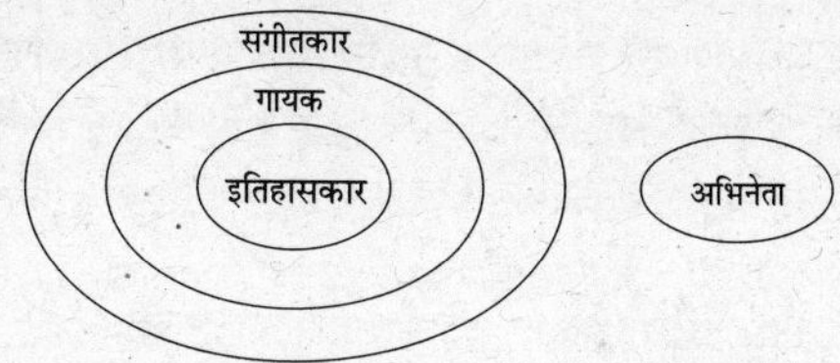

अतः अनुमान कोई अभिनेता इतिहासकार नहीं है सत्य है।

172. (b) जिस प्रकार

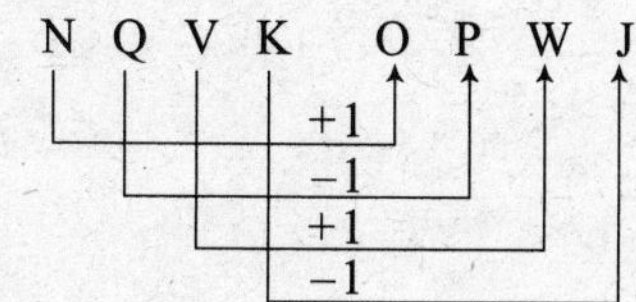

उसी प्रकार

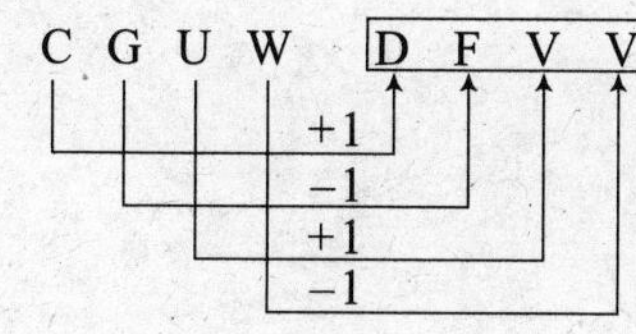

173. (c) कल के बाद का दिन = गुरुवार

∴ कल का दिन = (गुरुवार–1) = बुधवार

आज का दिन = (बुधवार–1) = मंगलवार

∴ बीते कल का दिन = (मंगलवार –1) = सोमवार

∴ बीते कल से 2 दिन पहले का दिन = (सोमवार –2) = शनिवार

174. (a)

175. (b) दी गई शृंखला का पैटर्न निम्नवत् है-

1 2 6 15 31 [56] 92

$+(1)^2$ $+(2)^2$ $+(3)^2$ $+(4)^2$ $+(5)^2$ $+(6)^2$

176. (c) जिस प्रकार C = 5 (अंग्रेजी वर्णमाला में C का क्रमांक) + 2

∴ CEAT $\Rightarrow (5 + 7 + 3 + 22) = 37$

उसी प्रकार

∴ CHINA $\Rightarrow (5 + 10 + 11 + 16 + 3) = 45$

177. (c) सभी वर्षों को मिलाकर 50" LCD वाली टी.वी. की संख्या

$= (24 + 35 + 46 + 53 + 42 + 38) = 238$

सभी वर्षों को मिलाकर 70" LCD वाली टी.वी. की संख्या

$= (8 + 11 + 12 + 18 + 14 + 21) = 84$

∴ अभीष्ट अंतर $= (238 - 84) = 154$

178. (d) **179.** (d)

180. (b) विकल्प (b) में दिया गया चित्र अन्य तीनों से भिन्न है, क्योंकि इसमें एक ही डिजाइन का प्रयोग दो बार हो रहा है।

❑❑❑

नोट–प्रश्न संख्या 54 से 57 आयोग द्वारा निरस्त किए गए हैं।

उत्तर प्रदेश सामान्य ज्ञान

उत्तर प्रदेश : एक संक्षिप्त अवलोकन

प्रदेश के 18 मण्डल एवं सम्बद्ध जिले

मण्डल	जिलों की संख्या	सम्बद्ध जिले
कानपुर	6	कानपुर नगर, कानपुर देहात, इटावा, फर्रूखाबाद, कन्नौज व औरैया
फैजाबाद	5	फैजाबाद, सुल्तानपुर, बाराबंकी, अमेठी व अम्बेडकर नगर
आगरा	4	आगरा, मथुरा, फिरोजाबाद व मैनपुरी
गोरखपुर	4	गोरखपुर, महाराजगंज, देवरिया व कुशीनगर
बरेली	4	बरेली, बदायूँ, शाहजहाँपुर व पीलीभीत
चित्रकूट धाम (मुख्यालय बांदा)	4	चित्रकूट, बाँदा, हमीरपुर व महोबा
आजमगढ़	3	आजमगढ़, मऊ, बलिया
सहारनपुर	3	सहारनपुर, मुजफ्फरनगर व शामली
लखनऊ	6	लखनऊ, उन्नाव, रायबरेली, सीतापुर, हरदोई व लखीमपुर खीरी
मेरठ	6	मेरठ, गाजियाबाद, बुलंदशहर, गौतमबुद्ध नगर, बागपत व हापुड़
अलीगढ़	4	अलीगढ़, एटा, हाथरस व कासगंज
वाराणसी	4	वाराणसी, जौनपुर, गाजीपुर व चन्दौली
देवीपाटन (मुख्या. गोंडा)	4	गोंडा, बलरामपुर, श्रावस्ती व बहराइच
मुरादबाद	5	मुरादाबाद, रामपुर, बिजनौर, अमरोहा व संभल
इलाहाबाद	4	इलाहाबाद, प्रतापगढ़, फतेहपुर, कौशाम्बी
मीरजापुर	3	मीरजापुर, सोनभद्र व भदोही
बस्ती	3	बस्ती, सिद्धार्थनगर व संत कबीरनगर
झाँसी	3	झाँसी, ललितपुर व जालौन

कुछ नवसृजित जिले, सृजन तिथि व मूल जिले

1. अम्बेडकरनगर (29.9.1995) — फैजाबाद से
2. हाथरस (3.5.1997) — अलीगढ़ व मथुरा से
3. चन्दौली (25.5.1997) — वाराणसी से
4. कुशीनगर (13.5.1994) — देवरिया से
5. भदोही (20.6.1994) — वाराणसी से
6. गौ.बु.न. (15.9.1997) — गाजिया. व बुलन्द. से
7. औरैया (18.9.1997) — इटावा से
8. हापुड़ (28.9.2011) — गाजियाबाद से
9. अमेठी (5 जुलाई, 2013) — रायबरेली व सुल्तानपुर से
10. महोबा (11.2.1995) — हमीरपुर से
11. कौशाम्बी (4.4.1997) — इलाहाबाद से
12. अमरोहा (28.4.1997) — मुरादाबाद से
13. चित्रकूट (6.5.1997) — बांदा से
14. बलरामपुर (25.5.1997) — गोण्डा से
15. श्रावस्ती (25.5.1997) — बहराइच से
16. सं. कबीर नगर (5.9.1997) — बस्ती व सिद्धार्थ नगर से
17. कन्नौज (18.9.1997) — फर्रुखाबाद से
18. कासगंज (17.4.2008) — एटा से
19. संभल (28.9.2011) — मुरादाबाद व बदायूँ से
20. शामली (28.9.2011) — मुजफ्फर नगर से

शासनिक-प्रशासनिक संक्षिप्तिकी

प्रदेश का नाम – 1836 से उत्तर-पश्चिम प्रान्त
– 1877 से आगरा एवं अवध का संयुक्त प्रान्त
– 1937 से केवल संयुक्त प्रान्त
– 26 जनवरी, 1950 से उ. प्र.

प्रदेश की राजधानी – 1836 से आगरा
– 1858 से इलाहाबाद
– 1921 से लखनऊ (आंशिक)
– 1935 से लखनऊ (पूर्णत:)

राज्य का पुनर्गठन – 1 नवम्बर, 1956 को

राज्य का विभाजन – 9 नवम्बर 2000 (13 जिलों को काटकर उत्तराखण्ड बना)

राज्यकीय भाषा – 1947 से हिन्दी I तथा 1989 से उर्दू II

राजकीय पशु – बारहसिंगा

राजकीय पक्षी – सारस अथवा क्रौंच

राजकीय वृक्ष – अशोक

राजकीय पुष्प – पलाश (4 जनवरी 2011 से)

राजकीय खेल – हॉकी

राजकीय चिन्ह – 1 वृत्त में 2 मछली, 1 तीर-धनुष, (यह चिन्ह 1938 में स्वीकृत हुआ)

राष्ट्रीय राजधानी क्षेत्र (एन. सी. आर.) में सम्मिलित उ. प्र. के जिले – 6 (मेरठ, गाजियाबाद, गौ.बु.न. बुलन्दशहर, हापुड़ व बागपत)

राज्य विधानमण्डल – द्विसदनात्मक

राज्य विधानसभा का प्रथम गठन – जुलाई, 1937

वर्तमान में विधान सभा सदस्यों की कुल संख्या – 404 (403 निर्वाचित + 1 मनोनित एंग्लो इण्डियन)

सर्वाधिक विधानसभा सीटों वाला जिला	–	इलाहाबाद (12 सीट)
सबसे कम विधान सभा सीटों वाले जिले	–	श्रावस्ती/महोबा/चित्रकूट (2-2 सीटें)
विधान परिषद् का गठन किया गया	–	1937 में (1937 से अनवरत)
वर्तमान में विधान परिषद् सदस्यों की संख्या	–	100
प्रदेश में लोक सभा सीटों की संख्या	–	80
मतदाताओं की संख्या की दृष्टि से सबसे बड़ा व सबसे छोटा संसदीय क्षेत्र	–	गाजियाबाद
प्रदेश में राज्य सभा सीटों की संख्या	–	31
उच्च न्यायालय	–	इलाहाबाद (खण्डपीठ- लखनऊ)
आर्थिक अपराधों के लिए विशेष न्यायालय	–	लखनऊ, आगरा, मेरठ, वाराणसी व बरेली में
सबसे बड़े सम्भाग (मण्डल)	–	कानपुर, लखनऊ व मेरठ (6-6 जिले)
सबसे छोटे सम्भाग (मण्डल)	–	मीरजापुर, आजमगढ़, बस्ती, झाँसी व सहारनपुर (3-3 जिले)
ब्लाकों की संख्या	–	821 (उ. प्र. 2014)
नगर निकायों वाले कुल नगर	–	630 (उ. प्र. 2014)
नगर निकाय (निगमें)	–	13 (नवीनतम–सहारनपुर, सितम्बर 2009 में सृजित)
नगर निकाय (पालिका परिषदें)	–	194
नगर निकाय (नगर पंचायतें)	–	423
जिला पंचायतें	–	75 (उ. प्र. 2014)
क्षेत्र पंचायतें	–	821 (उ. प्र. 2014)
न्याय पंचायतें	–	8,135 (उ. प्र. 2014)
कुल आबाद ग्राम	–	97,914 (उ. प्र. 2014)
प्रथम बार राष्ट्रपति शासन	–	25.2.1968 से 25.2.1969 तक
अब तक कुल राष्ट्रपति शासन	–	10 बार
निकटतम (10वाँ) राष्ट्रपति शासन	–	8.03.2002 से 3.05.2002 तक
प्रथम मुख्यमन्त्री	–	पं. गोविन्द बल्लभ पंत (1 अप्रैल 1946 से 27 दिसम्बर 1954)
राज्य एवं देश की प्रथम महिला मुख्यमन्त्री	–	सुचेता कृपलानी
राज्य की द्वितीय महिला मुख्यमन्त्री	–	सुश्री मायावती
सबसे कम उम्र के मुख्यमन्त्री	–	अखिलेश यादव
सर्वाधिक बार मुख्यमन्त्री	–	सुश्री मायावती (चार बार)
उ. प्र. के मुख्यमन्त्री व देश के प्रधानमन्त्री	–	चौ. चरणसिंह व विश्वनाथ प्रताप सिंह
राज्य की प्रथम राज्यपाल	–	श्रीमती सरोजनी नायडू
राज्य एवं देश की प्रथम महिला राज्यपाल	–	श्रीमती सरोजनी नायडू (15 अगस्त, 1947 से 2 मार्च, 1949)
सर्वाधिक बार राज्यपाल	–	श्री मुहम्मद शफी कुरैशी व बीएल जोशी (2 बार)
स्वतन्त्रता के बाद प्रथम विधानसभा अध्यक्ष	–	राजर्षि पुरुषोत्तम दास टण्डन
सर्वाधिक बार विधानसभा अध्यक्ष	–	श्री आत्माराम गोविंद खेर व केशरी नाथ त्रिपाठी (3-3 बार)
विधान सभा अध्यक्ष व मुख्यमन्त्री पद को सुशोभित किया	–	श्रीपति मिश्र व श्री बनारसीदास ने
स्वतन्त्रता के बाद प्रथम विधान परिषद् सभापति	–	चन्द्रभाल

भौगोलिक संरचना संक्षिप्तिकी

आकार	–	लम्बवत्
ग्लोब पर स्थिति	–	23°-52′ से 30°-24′ उत्तरी अक्षांश तथा 77°-05′ से 80°-38′ पूर्वी देशान्तर के मध्य
पूर्व से पश्चिम की लम्बाई	–	650 किमी
दक्षिण से उत्तर की चौड़ाई	–	240 किमी
प्रदेश का कुल क्षेत्रफल	–	2,40,928 वर्ग किमी (भारत का 7.33%)
क्षेत्रफल की दृष्टि से देश में स्थान	–	4 वाँ (राजस्थान, म. प्र. व महाराष्ट्र के बाद)
सर्वाधिक क्षेत्रफल वाले 4 जिले घटते क्रम में	–	खीरी, सोनभद्र, हरदोई, सीतापुर
प्रदेश का सर्वाधिक नम भूमि (वेटलैण्ड) क्षेत्र वाला जिला	–	सोनभद्र (5.08%)
प्रदेश का सबसे पूर्वी और पश्चिमी जिला	–	बलिया तथा शामली
प्रदेश का सबसे उत्तरी और दक्षिणी जिला	–	सहारनपुर तथा सोनभद्र
नेपाल से सटे 7 जिले क्रमशः पू. से प.	–	महराजगंज, सिद्धार्थनगर, बलरामपुर, श्रावस्ती, बहराइच, लखीमपुर और पीलीभीत।

प्रदेश की नेपाल सीमा लम्बाई	–	लगभग 579 किमी
प्रदेश से सटे राज्यों की संख्या	–	9 (8 राज्य + 1 केन्द्रशासित प्रदेश)
उत्तराखण्ड से सटे 7 जिले क्रमशः पं. से पू.	–	सहारनपुर, मुजफ्फर नगर, बिजनौर, मुरादाबाद, रामपुर, बरेली और पीलीभीत।
हरियाणा से सटे 6 जिलें क्रमशः उ. से द.	–	सहारनपुर, शामली, बागपत, गौतमबुद्ध नगर, अलीगढ़ और मथुरा।
दिल्ली से सटे 2 जिले क्रमशः उ. से द.	–	गाजियाबाद, गौतमबुद्ध नगर
हरियाणा और उ. प्र. के बीच सीमा निर्धारक नदी	–	यमुना
राजस्थान से सटे 2 जिले क्रमशः उ. से द.	–	आगरा एवं मथुरा
मध्य प्रदेश से सटे 11 जिले क्रमशः द. से उ.	–	आगरा, इटावा, जालौन, झाँसी, ललितपुर, महोबा, बाँदा, चित्रकूट, इलाहाबाद, मिर्जापुर और सोनभद्र।
बिहार से 7 सटे जिले क्रमशः द. से उ.	–	सोनभद्र, चन्दौली, गाजीपुर, बलिया, देवरिया, कुशीनगर (पडरौना) और महराजगंज)
छत्तीसगढ़ से सटे जिले	–	केवल सोनभद्र
झारखण्ड से सटे जिले	–	केवल सोनभद्र
सोनभद्र से सटे राज्यों की संख्या	–	4 (म. प्र., छत्तीसगढ़, झारखण्ड तथा बिहार)
सहारनपुर से सटे राज्यों की संख्या	–	3 (हरियाणा, हिमाचल तथा उत्तराखण्ड)
प्रदेश के सबसे दक्षिणी बिन्दु को स्पर्श करने वाला राज्य	–	छत्तीसगढ़
प्रदेश के सबसे उत्तर-पश्चिमी बिन्दु को स्पर्श करने वाला राज्य	–	हिमाचल प्रदेश
प्रदेश के सबसे पूर्वी और पश्चिमी बिन्दु को स्पर्श करने वाले राज्य	–	बिहार और हरियाणा
प्रमुख नदियाँ	–	गंगा, यमुना, रामगंगा, गोमती और घाघरा
राज्य की सर्वाधिक प्रदूषित नदी	–	यमुना
उ. प्र. में गंगा की लम्बाई	–	लगभग 1000 किमी.
सर्वाधिक (133 किमी.) गंगा तट वाला जिला	–	बदायूँ
केन्द्र ने गंगा को राष्ट्रीय नदी को दर्जा दिया	–	2008-09 में
इलाहाबाद, कौशाम्बी, हमीरपुर, इटावा, बटेश्वर, आगरा, मथुरा, वृन्दावन, बागपत आदि 10 नगर हैं	–	यमुना के तट पर
अयोध्या, गोला, बरहलगंज, बरहज आदि हैं	–	सरयू तट पर
गाजियाबाद, नोएडा व ग्रे. नोएडा	–	हिंडन के किनारे हैं
सोनभद्र	–	सोन तट पर
मुरादाबाद	–	रामगंगा तट पर
प्रतापगढ़	–	सई नदी तट पर स्थित है।

खनिज, वन व वन्य जीव संरक्षण संक्षिप्तिकी

प्रमुख खनिज	–	बाक्साइड, डायस्पोर, डोमोमाइट, जिप्सम, चूना-पत्थर, मैगनेसाइट, ओकर (गेरू), फास्फोराइट, फायरोफाइलाइट, सिलिकासैण्ड, गन्धक व कोयला आदि हैं।
राज्य में मिलने वाले प्रमुख उपखनिज	–	सामान्य बालू, मोरंग, बजरी, इमारती पत्थर, संगमरमर, कंकड़ शोरा व लाइमस्टोन आदि हैं।
8 जुलाई, 2014 को जारी वन रिपोर्ट	–	13वीं
राज्य में वनाच्छादन	–	5.96% (14,349 वर्ग किमी)
राज्य में वन एवं वृच्छादन	–	8.82% (21,244 वर्ग किमी)
कुल वृच्छादन में नगरीय क्षेत्र वृच्छादन	–	12.45% (816 वर्ग किमी)
कुल रिकार्डेड (अभिलिखित) वन क्षेत्र	–	6.88% (16583 वर्ग किमी)
कुल रिकार्डेड वन क्षेत्र में रक्षित वन	–	70.32% (11660 वर्ग किमी)
कुल रिकार्डेड वन क्षेत्र में संरक्षित वन	–	8.56% (1420 वर्ग किमी)
कुल रिकार्डेड वन क्षेत्र में अवर्गीकृत वन	–	21.12% (3503 वर्ग किमी)
सबसे कम वन क्षेत्रफल वाले 5 जिले	–	भदोही, संत कबीर नगर, मऊ, वाराणसी व मैनपुरी
सर्वाधिक वन प्रतिशत वाले 5 जिले	–	रोनभद्र, चन्दौली, पीलीभीत, मिर्जापुर व चित्रकूट

राज्य में पाये जाने वाले वनों के प्रकार	–	समशीतोष्ण, उष्णकटिबंधीय, पर्णपाती तथा कंटीले।
प्राणी उद्यान (चिड़िया घर) संचालित	–	2 (लखनऊ व कानपुर)
भारत का प्रथम रात्रि वन्य जीव पार्क (नाइट सफारी पार्क)	–	ग्रेटर नोएडा
राष्ट्रीय चम्बल अभ्यारण्य में वन्य जीच (शेर) पार्क (लायन सफारी पार्क)	–	इटावा
राष्ट्रीय उद्यान	–	1 (दुधवा, खीरी, 1977 में घोषित)
प्रदेश का प्रथम टाइगर रिजर्व (बाघ अभ्यारण्य)	–	दुधवा (1987 में घोषित)
प्रदेश का दूसरा टाइगर रिजर्व	–	पीलीभीत–शाहजहाँपुर (जून., 2014 में घोषित)
पर्यटन सुविधायुक्त टागर रिजर्व	–	दुधवा टाइगर रिजर्व
राज्य का प्रथम वन्य जीव विहार	–	चन्द्रप्रभा (चन्दौली, 1957)
सबसे छोटा वन्य जीव विहार	–	महा. स्वामी वन्य जी. वि., ललित (5.40 वर्ग किमी)
सबसे बड़ा पक्षी विहार	–	लाख बहाशी प. वि., कन्नौज (80 वर्ग किमी)
सबसे छोटा पक्षी विहार	–	पटना पक्षी विहार, एटा (1 वर्ग किमी.)

- प्रदेश में कुल कृषि पारिस्थितिकीय क्षेत्र –20
- प्रदेश में कुल कृषि जलवायु क्षेत्र –9
- प्रदेश में कुल मृदा समूह क्षेत्र –8
- प्रदेश में कुल बीज विधायन संयंत्र –42
- ड्रिप एवं स्प्रिंकलर सिंचाई तकनीक शुरू की गई है – बुन्देलखण्ड क्षेत्र में
- प्रदेश की सबसे पुरानी नहर है –पूर्वी यमुना नहर (1830)
- प्रदेश की सबसे बड़ी नहर प्रणली –शारदा नहर
- 1977-78 से निर्माणाधीन सरयू नहर परियोजना को राष्ट्रीय परियोजना घोषित किया गया –अगस्त 2012 में

केन्द्र व राज्य स्तरीय संस्थान/संगठन

केन्द्रीय संस्थान/संगठन

- पशु जैविक औषधि संस्थान –लखनऊ
- सेन्ट्रल लेप्रोसी इन्स्टीट्यूट –आगरा
- आयुर्वेदिक रिसर्च सेन्टर –लखनऊ
- इंडियन इन्स्टीट्यूट ऑफ शुगर टेक्नोलॉजी –कानपुर
- सेन्ट्रल ग्रासलैण्ड एण्ड फाडर रिसर्च इन्स्टीट्यूट, (चारागाह एवं चारा अनुसंधान) –झाँसी
- इंडियन इन्स्टीट्यूट ऑफ वेजीटेबल रिसर्च –जक्खिनी, वाराणसी
- केन्द्रीय अंतर्स्थलीय मत्स्यिकी अनुसंधान संस्थान –इलाहाबाद
- नेशनल वाटेनिकल गार्डेन –लखनऊ
- नेशनल इंस्टीट्यूट ऑफ फैशन टेक्नोलॉजी (निफ्ट) –रायबरेली
- सेन्ट्रल एवियन (पक्षी) रिसर्च इन्स्टीट्यूट –इज्जतनगर (बरेली)
- राजीव गाँधी पेट्रोलियम इंस्टीट्यूट –जायस, अमेठी (निर्माणाधीन)
- नेशनल इंस्टीट्यूट ऑफ फार्मास्यूटिकल एजुकेशन एंड रिसर्च इंस्ट्रीट्यूट –रायबरेली
- इंडियन इस्टीट्यूट ऑफ स्पेस साइंस एण्ड टेक्नोलॉजी –मेरठ
- क्लॉथ (कपड़ा) रिसर्च इन्स्टीट्यूट –गाजियाबाद
- बीरबल साहनी इंस्टीट्यूट ऑफ पोलियो बॉटनी –लखनऊ
- भारतीय सूचना प्रौद्योगिकी संस्थान (IIIT) (प्रथम परिसर) –इलाहाबाद
- इंस्टीट्यूट ऑफ सोशल स्टडीज –लखनऊ
- इन्दिरा गाँधी राष्ट्रीय उड़ान अकादमी –फुर्सतगंज (रायबरेली)
- नेशनल बायोफर्टिलाइजर डेवलपमेन्ट सेन्टर –गाजियाबाद
- हरीशचन्द्र अनुसंधान संस्थान –झूंसी, इलाहाबाद
- स्कूल ऑफ पेपर टेक्नोलॉजी –सहारनपुर
- केन्द्रीय कांच व सिरामिक अनुसंधान व प्रसार केन्द्र– खुर्जा (बुलन्दशहर)
- सैन्ट्रल ड्रग रिसर्च इंस्टीट्यूट –लखनऊ
- सैन्ट्रल इंस्टीट्यूट ऑफ मेडिसिन एण्ड एरामैटिक प्लाण्ट्स –लखनऊ
- टी. वी. डेमोन्स्ट्रेशन एण्ड ट्रेनिंग सेन्टर –आगरा
- नेहरू इंस्टीट्यूट ऑफ आफथलमोलॉजी –सीतापुर
- इंडियन शुगर केन रिसर्च इंस्टीट्यूट, –लखनऊ
- इंडियन वेटिनरी रिसर्च इंस्टीट्यूट, (पशु चिकित्सा अनुसंधान संस्थान) –बरेली
- नेशनल ब्यूरो ऑफ फिश जेनेटिक रिसोर्सेस, –लखनऊ
- नेशनल बॉटेनिकल रिसर्च इंस्टीट्यूट –लखनऊ
- बॉटेनिकल गार्डन ऑफ द इण्डियन रिपब्लिक –नोएडा
- केन्द्रीय बकरी अनुसंधान संस्थान (सीआईआरजी) –मथुरा
- सेन्ट्रल इंस्टीट्यूट फार सबट्रापिकल हार्टीकल्चर –लखनऊ
- सेन्ट्रल टेक्सटाइल्स इंस्टीट्यूट –कानपुर
- इंडियन इंस्टीट्यूट ऑफ टेक्नोलॉजी –कानपुर
- भारतीय चमड़ा रंगाई एवं जूता संस्थान –कानपुर
- भारतीय हथकरघा तकनीकी संस्थान –चौकाघाट (वाराणसी)
- इंडियन इंस्टीट्यूट ऑफ हैन्डलूम टेक्नोलॉजी –वाराणसी
- मोतीलाल नेहरू राष्ट्रीय प्रौद्योगिकी संस्थान –इलाहाबाद
- भारतीय सूचना प्रौद्योगिकी संस्थान (राज्य का दूसरा) (पीपीपी आधारित) –लखनऊ
- इंडियन टेक्नोलॉजिकल रिसर्च सेन्टर –लखनऊ
- जी.बी. पंत सामाजिक विज्ञान अनुसंधान संस्थान –झाँसी, इलाहाबाद
- नेशनल पैरासूट ट्रेनिंग कॉलेज –आगरा
- नेशनल सेन्टर फार एग्रो फारेस्ट्री –झाँसी
- मेहता इंस्टीट्यूट ऑफ मैथ्स एण्ड फिजिक्स –इलाहाबाद
- इंडस्ट्रीयल टॉक्सीलॉजिकल्स रिसर्च सेन्टर –लखनऊ
- भारतीय प्रबन्धन संस्थान (आईआईएम) –लखनऊ
- सेण्ट्रल इंस्टीट्यूट ऑफ होटल मैनेजमेण्ट (निर्माणाधीन) –जगदीशपुर (अमेठी)

राज्य स्तरीय प्रमुख कृषि संस्थान/संगठन

- नरेन्द्र देव कृषि एवं. प्रौ. वि. वि. कुमारगंज –फैजाबाद
- चन्द्रशेखर आ. कृषि एवं प्रौ. वि. वि. –कानपुर
- सरदार पटेल कृषि एवं प्रौ. वि. वि. मोदीपुरम –मेरठ
- बांदा कृषि एवं प्रौद्योगिकी वि. वि. (2010) –बांदा
- उ. प्र. कृषि अनुसंधान परिषद् –लखनऊ

राज्य स्तरीय प्रमुख चिकित्सा संस्थान/संगठन

- गणेश शंकर विद्यार्थी स्मारक मेडिकल कॉलेज (1956) –कानपुर
- लाला लाजपतराय स्मारक मेडिकल कॉलेज (1962) –मेरठ
- बाबा राघवदास मेडिकल कॉलेज (1969) –गोरखपुर
- डॉ. राममनोहर लोहिया इंस्टीट्यूट ऑफ मेडिकल साइन्सेज (2004) –लखनऊ
- उच्च स्तरीय कैंसर संस्थान (2014) –लखनऊ (निर्माणाधीन)
- जे. के. कैंसर संस्थान (1955) –कानपुर
- मानसिक चिकित्सा संस्थान –आगरा, वाराणसी व बरेली
- बच्चों का सुपर स्पेशियलिटी चिकित्सा व शिक्षण संस्थान –नोएडा
- पं. दीन दयाल उपा. पशु चिकित्सा विज्ञान वि. वि. एवं गौ अनुसंधान संस्थान –मथुरा
- किंग जार्ज मेडिकल कॉलेज (1911) (राज्य का प्रथम) –लखनऊ
- सुपर स्पेशियलिटी अस्पताल व चिकित्सा वि. वि. (2014) (राज्य का द्वितीय) –ग्रेटर नोएडा
- सरोजनी नायडू मेमोरियल कॉलेज (1854) –आगरा
- मोतीलाल नेहरू मेमोरियल कॉलेज (1961) –इलाहाबाद
- महारानी लक्ष्मीबाई मेडिकल कालेज (1965) –झाँसी
- संजय गांधी स्नातकोत्तर आयुर्विज्ञान संस्थान (1983) –लखनऊ
- उ. प्र. ग्रामीण आयुर्विज्ञान एवं अनुसंधान संस्थान (2005) –सेफई (इटावा)
- लक्ष्मीपति सिंहानिया हृदय रोग संस्थान (1975) –कानुपर
- सेन्टर ऑफ बायोमेडिकल मैग्नेटिक रेजोनेन्स (2001) –लखनऊ
- मस्तिष्क ज्वर उन्मूलन शोध केन्द्र –गोरखपुर

राज्यपाल

नाम	कार्यकाल
1. श्रीमती सरोजनी नायडू	15 अगस्त 1947 से 2 मार्च 1949
2. विधु भूषण मलिक (कार्यवाहक)	3 मार्च 1949 से 1 मई 1949
3. होरमस्जी पेरोशों मोदी	2 मई 1949 से 1 जून 1952
4. कन्हैयालाल माणिक लाल मुंशी	2 जून 1952 से 9 जून 1957
5. वाराह बैंकट गिरी	10 जून 1957 से 30 जून 1960
6. डॉ. बी. रामकृष्ण राय	1 जुलाई 1960 से 15 अप्रैल 1962
7. विश्वनाथ दास	16 अप्रैल 1962 से 30 अप्रैल 1967
8. डॉ. बेजवाड़ा गोपाल रेड्डी	1 मई 1967 से 30 जून 1972
9. शशिकान्त वर्मा (कार्यवाहक)	1 जुलाई 1972 से 13 नवम्बर 1972
10. अकबर अली खान	13 नवम्बर 1972 से 24 अक्टूबर 1974
11. डॉ. मधु चेन्ना रेड्डी	25 अक्टूबर 1974 से 1 अक्टूबर 1977
12. गनपत राव देवजी तपासे	2 अक्टूबर 1977 से 27 फरवरी 1980
13. चन्द्रशेखर प्र. नारायण सिंह	28 फरवरी 1980 से 31 मार्च 1985
14. मोहम्मद उस्मान आरिफ	31 मार्च 1985 से 11 फरवरी 1990
15. बी. सत्य नारायण रेड्डी	12 फरवरी 1990 से 25 मई 1993
16. मोतीलाल बोरा	25 मई 1993 से 3 मई 1996
17. मोहम्मद शफी कुरैशी	3 मई 1996 से 19 जुलाई 1996
18. रोमेश भण्डारी	19 जुलाई 1996 से 17 मार्च 1998
19. मोहम्मद शफी कुरैशी	17 मार्च 1998 से 19 अप्रैल 1998
20. सूरजभान	20 अप्रैल 1998 से 23 नवम्बर 2000
21. विष्णुकान्त शास्त्री	24 नवम्बर 2000 से 3 जुलाई 2004 तक
22. टी.वी राजेश्वर	3 जुलाई 2004 से 27 जुलाई 2009 तक
23. बी. एल. जोशी	28 जुलाई 2009 से 23 जून 2014
24. डॉ. अजीज कुरैशी (कार्यवाहक)	23 जून 14 से 22 जुलाई 2014
25. राम नाईक	22 जुलाई से 2014 से 20 जुलाई 2019 तक
26. आनंदीबेन पटेल	20 जुलाई 2019 से अब तक

मुख्यमन्त्री

नाम	कार्यकाल
1. पं. गोविन्द बल्लभ पन्त	1 अप्रैल 1947 से 28 दिसम्बर 1954
2. डॉ. सम्पूर्णानन्द	28 दिसम्बर 1954 से 7 दिसम्बर 1960
3. चन्द्रभानु गुप्त	7 दिसम्बर 1960 से 2 अक्टूबर 1963
4. श्रीमती सुचेता कृपलानी	2 अक्टूबर 1963 से 14 मार्च 1967
5. चन्द्रभानु गुप्त	14 मार्च 1967 से 3 अप्रैल 1967
6. चौधरी चरण सिंह	3 अप्रैल 1967 से 25 फरवरी 1968
7. राष्ट्रपति शासन	25 फरवरी 1968 से 25 फरवरी 1969
8. चन्द्रभानु गुप्त	26 फरवरी 1969 से 17 फरवरी 1970
9. चौधरी चरण सिंह	17 फरवरी 1970 से 2 अक्टूबर 1970
10. राष्ट्रपति शासन	2 अक्टूबर 1970 से 18 अक्टूबर 1970
11. त्रिभुवन नारायण सिंह	18 अक्टूबर 1970 से 4 अप्रैल 1971
12. कमलापति त्रिपाठी	4 अप्रैल 1971 से 12 जून 1973
13. राष्ट्रपति शासन	12 जून 1973 से 8 नवम्बर 1973
14. हेमवती नन्दन बहुगुणा	8 नवम्बर 1973 से 30 नवम्बर 1975
15. राष्ट्रपति शासन	30 नवम्बर 1975 से 21 जनवरी 1976
16. नारायण दत्त तिवारी	21 जनवरी 1976 से 30 अप्रैल 1977
17. राष्ट्रपति शासन	30 अप्रैल 1977 से 23 जून 1977
18 रामनरेश यादव	23 जून 1977 से 28 फरवरी 1979
19. बनारसी दास	28 फरवरी 1979 से 17 फरवरी 1980
20. राष्ट्रपति शासन	17 फरवरी 1980 से 9 जून 1980
21. विश्वनाथ प्रताप सिंह	9 जून 1980 से 19 जून 1982
22. श्री पति मिश्र	19 जून 1982 से 3 अगस्त 1984
23. नारायण दत्त तिवारी	3 अगस्त 1984 से 24 सितम्बर 1985
24. वीर बहादुर सिंह	24 सितम्बर 1985 से 25 जून 1988
25. नारायण दत्त तिवारी	25 जून 1988 से 5 दिसम्बर 1989
26. मुलायम सिंह यादव	5 दिसम्बर 1989 से 24 जून 1991
27. कल्याण सिंह	24 जून 1991 से 6 दिसम्बर 1992
28. राष्ट्रपति शासन	6 दिसम्बर 1992 से 4 दिसम्बर 1993
29. मुलायम सिंह यादव	4 दिसम्बर 1993 से 3 जून 1995
30. सुश्री मायावती	3 जून, 1995 से 17 अक्टूबर 1995
31. राष्ट्रपति शासन	18 अक्टूबर 1995 से 17 अक्टूबर 1996
32. राष्ट्रपति शासन	17 अक्टूबर 1996 से 21 मार्च 1997
33. सुश्री मायावती	21 मार्च 1997 से 21 सितम्बर 1997

34. कल्याण सिंह	21 सितम्बर 1997 से 12 नवम्बर 1999
35. राम प्रकाश गुप्त	12 नवम्बर 1999 से 28 अक्टूबर 2000
36. राजनाथ सिंह	28 अक्टूबर 2000 से 8 मार्च 2002
37. राष्ट्रपति शासन	8 मार्च 2002 से 3 मई 2002
38. सुश्री मायावती	3 मई 2002 से 29 अगस्त 2003
39. मुलायम सिंह यादव	29 अगस्त 2003 से 13 मई 2007
40. सुश्री मायावती	13 मई 2007 से 15 मार्च 2012
41. अखिलेश यादव	15 मार्च 2012 से 19 मार्च 2017
42. योगी आदित्यनाथ	19 मार्च 2017 से........

विधानसभा अध्यक्ष

नाम	कार्यकाल
1. राजर्षि पुरुषोत्तम दास टण्डन	31 जुलाई 1937 से 10 अगस्त 1950
2. नफीखुल हसन	21 दिसम्बर 1950 से 19 मई 1952
3. आत्माराम गोविन्द खेर	20 मई 1952 से 25 मार्च 1962
4. मदन मोहन वर्मा	26 मार्च 1962 से 16 मार्च 1967
5. जगदीश शरण अग्रवाल	17 मार्च 1967 से 16 मार्च 1969
6. आत्मा राम गोविन्द खेर	17 मार्च 1969 से 18 मार्च 1974
7. वासुदेव सिंह	18 मार्च 1974 से 12 जुलाई 1977
8. बनारसी दास	12 जुलाई 1977 से 26 फरवरी 1979
9. जगन्नाथ प्रसाद (कार्यकारी)	27 फरवरी 1979 से 12 फरवरी 1980 (कार्यकारी)
10. श्रीपति मिश्र	7 जुलाई 1980 से 18 जुलाई 1982
11. यादवेन्द्र सिंह (कार्यकारी)	19 जुलाई 1982 से 24 अगस्त 1982
12. धर्म सिंह	25 अगस्त 1982 से 15 मार्च 1985
13. नियाज हसन	15 मार्च 1985 से 8 जनवरी 1990
14. हरिकिशन श्रीवास्तव	9 जनवरी 1990 से 30 जुलाई 1991
15. केशरी नाथ त्रिपाठी	30 जुलाई 1991 से 15 दिसम्बर 1993
16. धनीराम वर्मा	15 दिसम्बर 1993 से 20 जून 1995
17. बरखूराम वर्मा (कार्यकारी)	20 जून 1995 से 17 जुलाई 1995
18. बरखूराम वर्मा	18 जुलाई 1995 से 26 मार्च 1997
19. केशरीनाथ त्रिपाठी	27 मार्च 1997 से 14 मई 2002
20. केशरीनाथ त्रिपाठी	14 मई 2002 से 19 मई 2004
21. डॉ. वाकर अहमद शाह (कार्यकारी)	19 मई 2004 से 26 जुलाई 2004
22. माता प्रसाद पांडे	26 जुलाई 2004 से 18 मई 2007
23. सुखदेव राजभर	18 मई 2007 से 13 अप्रैल 2012
24. माता प्रसाद पांडे	13 अप्रैल 2012 से 30 मार्च 2017
25. हृदयनारायण दीक्षित	30 मार्च 2017 से अब तक

विधान परिषद सभापति

नाम	कार्यकाल
1. श्री चन्द्र भाल	26 जनवरी 1950 से 6 मई 1958
2. श्री निजामुद्दीन (कार्यकारी)	6 मई 1958 से 19 जुलाई 1958
3. श्री रघुनाथ विनायक धुलेकर	20 जुलाई 1958 से 5 मई 1963
4. श्री दरबारी लाल शर्मा (प्रोटेम)	6 मई 1964 से 4 अगस्त 1964
5. श्री दरबारी लाल शर्मा	5 अगस्त 1964 से 5 मई 1968
6. श्री दरबारी लाल शर्मा (प्रोटेम)	6 मई 1968 से 1 मार्च 1969
7. श्री वीरेन्द्र स्वरूप (कार्यकारी)	2 मार्च 1969 से 14 मार्च 1969
8. श्री वीरेन्द्र स्वरूप	15 मार्च 1969 से 5 मई 1974
9. श्री देवेन्द्र प्रताप सिंह (कार्यकारी)	6 मई 1974 से 10 जून 1974
10. श्री वीरेन्द्र स्वरूप	11 जून 1974 से 26 फरवरी 1980
11. श्री वीरेन्द्र बुहादुर सिंह चंदेल (प्रोटेम)	18 जून 1980 से 5 अक्टूबर 1980
13. श्री वीरेन्द्र बहादुर सिंह चंदेल	6 अक्टूबर 1980 से 5 मई 1982
12. श्री शिव प्रसाद गुप्त (कार्यकारी)	6 मई 1982 से 2 मार्च 1983
13. श्री वीरेन्द्र बहादुर सिंह चंदेल	3 मार्च 1983 से 5 मई 1988
14. श्री जगदीश चन्द्र दीक्षित (प्रोटेम)	6 मई 1988 से 5 अप्रैल 1989
15. श्री जगदीश चन्द्र दीक्षित	6 अप्रैल 1989 से 7 मार्च 1990
16. श्री शिव प्रसाद गुप्त (प्रोटेम)	13 मार्च 1990 से 8 अप्रैल 1990
17. श्री शिव प्रसाद गुप्त (प्रोटेम)	9 अप्रैल 1990 से 4 जुलाई 1990
18. श्री शिव प्रसाद गुप्त	5 जुलाई 1990 से 6 जुलाई 1992
19. श्री नित्यानन्द स्वामी (कार्यकारी) 7 जुलाई	1992 से 9 मई 1996
20. श्री नित्यानन्द स्वामी (प्रोटेम)	23 मई 1996 से 23 अप्रैल 1997
21. श्री नित्यानन्द स्वामी	24 अप्रैल 1997 से 8 नवम्बर 2000
22. ओम प्रकाश शर्मा (प्रोटेम)	17 नवम्बर 2000 से 5 मई 2002
23. श्री कुँवर मानवेन्द्र सिंह (प्रोटेम)	6 मई 2002 से 2 अगस्त 2004
24. श्री चो. सुखराम सिंह यादव	3 अगस्त 2004 से 15 जून 2010
25. श्री श्री कमलाकांत गौतम (कार्यकारी)	16 जनवरी 2010 से 20 जनवरी 2010
26. श्री गणेशशंकर पाण्डेय	21 जनवरी 2010 से 15 जनवरी 2016
27. ओमप्रकाश शर्मा	16 जनवरी 2016 से 11 मार्च 2016
28. श्री रमेश यादव	11 मार्च 2016 से वर्तमान

❑❑❑

ऐतिहासिक परिदृश्य

पाषाण काल

- उत्तर प्रदेश के इतिहास का आरम्भ पाषाण युग से होता है।
- मिर्जापुर, सोनभद्र, बुंलेदखण्ड और प्रतापगढ़ में पुरा एवं नवपाषाण काल आदि के औजार मिले हैं।
- उत्तर प्रदेश के मिर्जापुर जिले में बेलन घाटी में पुरापाषण कालीन औजार प्राप्त हुए हैं।
- चित्रकारी के विभिन्न नमूने मिर्जापुर जिले की विन्ध्य पर्वत श्रेणियों में प्राप्त हुए हैं।
- मिर्जापुर, सोनभद्र, बुंदेलखण्ड, प्रतापगढ़ आदि प्राचीन और नवपवाषाण काल के नमूने मिले हैं।
- इन्द्रप्रस्थ, कुरु महाजनपद की राजधानी थी, जिसका विस्तार मेरठ से दिल्ली तक था।
- सूक्ष्म पाषाण जिन्हें पत्थर के द्वारा परिष्कृत किया जाता है। दक्षिणी उत्तर प्रदेश से प्राप्त हुए हैं।
- मेरठ के आलमगीरपुर से हड़प्पा कालीन वस्तुएँ मिली हैं।
- बेलन घाटी के उत्तरी पृष्ठों पर लगातार तीनों अवस्थाएँ पुरा, मध्य तथा नवपाषाण काल तीनों पाये जाते हैं।
- मध्य पाषाण काल में मानव शरीर के अस्थिपंजर का सबसे पहला अवशेष प्रतापगढ़ (उ.प्र.) के सराय नाहर तथा महदहा से मिला है।
- विन्ध्य के उत्तरी पृष्ठों पर मिर्जापुर जिले और इलाहाबाद जिले में भी कई नवपाषाण स्थल मिले हैं।
- इलाहाबाद में नवपाषाण काल में ईसा पूर्व छठी शताब्दी में भी चावल का उत्पादन होता था।
- इलाहाबाद में स्थित कोल्डिहवा एक मात्र ऐसा नव पाषाणिक स्थल है, जहाँ से चावल के प्राचीनतम साक्ष्य मिले हैं।
- अतरंजी, खेड़ा, राजघाट, कौशाम्बी और सोंख में पालिशदार काला मृद्भांड, धूसर मृद्भांड आदि मिले हैं।
- मध्यपाषाण काल में प्रयुक्त होने वाले उपकरणों को माइक्रोलिथ कहते हैं।
- नव पाषाण काल के प्रथम प्रस्तर उपकरण उत्तर प्रदेश के टोंस नदी घाटी में सर्वप्रथम 1860 ई. में मिले हैं।

हड़प्पा काल

- उत्तर प्रदेश में मात्र आलमगीरपुर (मेरठ) ऐसा जिला है। जहाँ हड़प्पा कालीन साक्ष्य मिले हैं।
- हड़प्पा सभ्यता को 'सिन्धु सभ्यता','सिन्धु घाटी की सभ्यता' और 'हड़प्पा सभ्यता' भी कहते हैं।
- हड़प्पा काल के अवशेष हिन्डन नदी के तट पर तथा भाटपुरा एवं मानपुरा (बुलंदशहर) में भी नए उत्खन्न मिले हैं।
- आलमगीरपुर में खोजकर्त्ता यज्ञ दत्त शर्मा हैं
- हड़प्पा की संस्कृति तथा वैदिक संस्कृति की गणना आद्यइतिहास में की जाती है।
- उत्तर प्रदेश में, पश्चिमी उत्तर प्रदेश ऐसा स्थान है, जो हड़प्पा काल का साक्ष्य देता है।
- हुलासखेड़ा में कुषाणकाल से गुप्त युग तक के भौतिक अवशेष मिले हैं।
- प. उत्तर प्रदेश में बर्तन, भाड़ा आदि हड़प्पा कालीन की पुष्टि करते हैं।
- मुजफ्फरनगर जिले के मांडी गाँव में खुदाई के दौरान पुरातात्विक महत्त्व की सामग्री प्राप्त हुई है।
- मुजफ्फरनगर के समीप केराना क्षेत्र में लौह युग के साक्ष्य मिले हैं।
- राजघाट (वाराणसी के समीप) से काले मृद्भाण्ड संस्कृति के साक्ष्य मिले हैं।
- कानपुर, उन्नाव, मिर्जापुर, मथुरा आदि कुछ जिलों में ताँबे के साक्ष्य मिले हैं।

ऐतिहासिक तथ्य

- शतपथ ब्राह्मण में कोशल (अवध) का उल्लेख प्राप्त है।
- प्राचीनकाल में कन्नौज कान्य कब्ज के नाम से प्रसिद्ध था।
- प्राचीन काल में उत्तर प्रदेश का गंगा का मैदान 'मध्य क्षेत्र' कहलाता था।
- अहिच्छत्र से गुप्तकालीन 'युमना' की एक मूर्ति प्राप्त हुई है।
- चेदि महाजनपद की राजधानी शुक्तिमती थी।
- अहिच्छत्र से 'मित्र' की उपाधि वाले राजाओं के सिक्के मिले हैं।
- अयोध्या, भगवान राम की जन्मभूमि थी।
- अतंरजीखेड़ा का वर्णन ह्वेनसांग ने 'पि-लो-शा-न' के रूप में किया।
- अतंरजीखेड़ा में गैरिक मृद्भाण्ड तथा कृष्ण लोति मृद्भाण्ड के अवशेष मिले। अयोध्या का प्राचीन नाम अयाज्सा कौशल देश था।
- अशोक ने बुद्ध स्तूप का निर्माण अयोध्या में भी कराया था।
- आदिनाथ सहित पाँच तीर्थंकरों की जन्मभूमि अयोध्या थी।
- कन्नौज गुप्त शासकों तथा मौखरियों के समय प्रमुख नगर था।
- हर्षवर्द्धन के काल में कन्नौज 'नगरमहोदयश्री' के नाम से जाना जाता था।
- कन्नौज पर अपनी प्रभुता स्थापित करने के लिए पाल, प्रतिहार तथा राष्ट्रकूटों के मध्य संघर्ष रहा।
- गुर्जर प्रतिहारों ने कन्नौज पर अधिकतम काल तक शासन किया।
- मोहम्मद गौरी के समय कन्नौज का शासक जयचन्द गहड़वाल था।
- बौद्धकाल में शाक्य गणराज्य की राजधानी कपिलवस्तु थी।
- श्रावस्ती-वाराणसी मार्ग तथा वैशाली-पुरुषपुर मार्ग पर केन्द्र कपिलवस्तु था।
- कुशीनगर मल्ल गणराज्य की राजधानी थी। जहाँ बुद्ध को परिनिर्वाण मिला।
- वत्स की राजधानी कौशाम्बी थी। इसे आद्य नगरी भी कहा जाता है।
- हूण नेता तोरमाण ने कौशाम्बी को विशेष क्षति पहुँचाई थी।
- अशोक का चौदहवाँ शिलालेख कालसी से मिला।
- कालसी में ईंटों की वेदी मिली है, जो शीलवर्मन के अश्वमेध यज्ञ का साक्ष्य देती है।
- काशी का सर्वप्रथम उल्लेख मिला है—अथर्ववेद से।
- जैन तीर्थंकर सम्भवनाथ तथा चन्द्रप्रभु श्रावस्ती से सम्बन्धित थे।
- सूरजमल जाट ने मथुरा को भरतपुर राज्य की राजधानी घोषित किया।
- मथुरा के मन्दिरों को 1028 ई. में महमूद गजनवी ने लूटा था।
- मथुरा भगवान कृष्ण की जन्मभूमि थी।

- मथुरा श्वेताम्बर जैन मत का केन्द्र थी।
- मौर्योत्तर युग में मथुरा एशिया से सम्बद्ध रेशम मार्ग से जुड़ा था।
- मथुरा में कुषाणों के सिक्के मिले हैं। यह कुषाणों की पूर्व राजधानी थी।
- गुप्तकालीन मन्दिरों में भीतरगाँव का मन्दिर छोटी पकी ईंटों से निर्मित है।
- बाँसखेड़ा अभिलेख में हर्ष के हस्ताक्षरों की अनुलिपि है।
- हर्ष प्रति पाँचवें वर्ष प्रयाग में महामोक्ष परिषद् का आयोजन करता था।
- देवगढ़ के मन्दिरों में दशावतार का मन्दिर सर्वाधिक प्रसिद्ध है।
- 1194 ई. में मोहम्मद गोरी ने जयचन्द को हराया था।
- आजीवक सम्प्रदायक के प्रवर्तक मक्खलि गोसाल की जन्म भूमि श्रावस्ती थी।
- श्रावस्ती से कनिष्क के दो प्रमुख अभिलेख मिले हैं। बौद्ध दर्शन के अनुसार भगवान बुद्ध, इन्द्र तथा ब्रह्मा के साथ धरती पर संकिसा में आए थे।

मध्यकाल (विशिष्ट तथ्य)

- आगरा की स्थापना सुल्तान सिकन्दर लोदी ने 1504 ई. में की थी।
- मध्ययुग में राजस्थान तथा दक्षिण में मालवा की ओर जाने वाले मार्ग पर स्थित होने के कारण आगरा का राजनीतिक, आर्थिक व व्यापारिक महत्व स्थापित था।
- मुगल साम्राज्य के संस्थापक बाबर ने आगरा को अपनी राजधानी बनाया था।
- जहाँगीर के काल में नूरजहाँ ने आगरा में अपने पिता एत्मादुद्दौला का मकबरा बनवाया था।
- शाहजहाँ द्वारा निर्मित आगरा में 'ताजमहल' तथा मोती मस्जिद स्थापत्य कला के श्रेष्ठ प्रतीक हैं।
- यूरोपियन यात्री राल्फ फिच, वर्नियर ने आगरा के वैभव की प्रशंसा की है।
- सल्तनतकाल व मुगलकाल में कड़ा महत्त्वपूर्ण इक्ता (सूबा) समझा जाता था।
- सुल्तान जलालुद्दीन खिलजी के समय कड़ा का सूबेदार अलाउद्दीन खिलजी था।
- कड़ा से ही अलाउद्दीन खिलजी ने 1296 ई. में अपना सफल अभियान (देवगिरि अभियान) सम्पन्न किया था।
- 1296 ई. में सुल्तान जलालुद्दीन खिलजी की हत्या अलाउद्दीन खिलजी ने कड़ा में करवा दी थी।
- बारहवीं शताब्दी ई. के पश्चात् कालिंजर तुर्कों, अफगानों, मुगलों के आक्रमण से प्रभावित रहा था।
- 1022 ई. में महमूद गजनवी ने कालिंजर को पदाक्रान्त किया था।
- 1202 ई. में कुतुबद्दीन ऐबक ने चन्देल शासक परमार्दिदेव को कालिंजर में पराजित किया था।
- 1545 ई. में कालिंजर के सैन्य अभियान के दौरान बारूद विस्फोट से शेरशाह सूरी की मृत्यु हो गयी थी।
- मुगल सम्राट अकबर ने 1569 ई. में कालिंजर के शासक रामचन्द्र को पराजित कर आधिपत्य स्थापित कर लिया था।
- बारहवीं शताब्दी के अन्त में कुतुबद्दीन ऐबक ने काल्पी को दिल्ली सन्तनत का अंग बना लिया था।
- फीरोजशाह तुगलक के पश्चात् काल्पी एक स्वतन्त्र मुस्लिम राज्य बन गया था।
- 1435 ई. में मालवा के हुशंगशाह ने काल्पी पर अधिकार कर लिया था।
- राजा बीरबल काल्पी से सम्बद्ध था। काल्पी में बीरबल का रंगमहल तथा मुगल टकसाल के अवशेष प्राप्त हुए हैं।
- कुतुबद्दीन ऐबक ने 1192 ई. में कोइल पर अधिकार स्थापित कर लिया था।
- 5 जनवरी, 1659 ई. को औरंगजेब ने खजुहा के युद्ध में शाहशुजा को पराजित कर उत्तराधिकार युद्ध में निर्णायक सफलता प्राप्त की थी।
- पूर्व मध्यकाल में गढ़कुण्डार पर परमारों ने आधिपत्य स्थापित किया था।
- पृथ्वीराज चौहान के समय गढ़कुण्डार का चन्देल शासक परमाल था।
- चन्देलों को पराजित कर पृथ्वीराज चौहान ने गुढ़कुण्डार पर अधिकार कर लिया था।
- पृथ्वीराज के सेनानायक खेतसिंह ने गुढ़कुण्डार में खंगार राज्य की स्थापना की थी।
- 1531 ई. तक गढ़कुण्डार बुन्देलों की राजधानी रही थी।
- 1194 ई. में कन्नौज के गहड़वाल नरेश जयचन्द को चन्दावर के युद्ध में मुहम्मद गोरी ने पराजित किया था।
- मुगल सम्राट बाबर 1528 में चुनार पर अधिकार स्थापित कर लिया था।
- शेरशाह सूरी के दमन के क्रम में हुमायूँ ने चुनार के किले की घेराबन्दी की थी, परन्तु शेरशाह ने ही चुनार पर अपना नियन्त्रण स्थापित रखने में सफलता प्राप्त की थी।
- तुगलक वंश के पतन के दौर में जौनपुर मलिक हुसैन शर्की के नेतृत्व में स्वतन्त्र हो गया और शर्की सल्तनत की जौनपुर में स्थापना हुई।
- 1492 ई. में सुल्तान सिकन्दर लोदी ने जौनपुर को दिल्ली सल्तनत का अंग बना लिया था।
- साहित्य, स्थापत्य कला, संगीत कला के लिए जौनपुर के शर्की सुल्तानों का चिरस्मरणीय योगदान रहा था। अटाला मस्जिद शर्की स्थापत्य कला की श्रेष्ठ प्रतीक है। इन्हीं विशेषताओं के कारण जौनपुर को 'शीराज-ए-हिन्द' कहा जाता था।
- 1732 ई. में जौनपुर युद्ध के बाद झाँसी स्थानीय ओरछा शासक छत्रसाल द्वारा पेशवा बाजीराव प्रथम को सौंप दी गयी थी।
- झाँसी में लक्ष्मीबाई का महल, महादेव मन्दिर, मेंहदी बाग आज भी विद्यमान हैं।
- अकबर बादशाह ने प्रयाग की पुर्नस्थापना कर 'इलाहाबाद' (अब 'प्रयागराज') नाम दिया था। इलाहाबाद के किले का निर्माण भी अकबर ने कराया था।
- सलीम (जहाँगीर) का जन्म फतेहपुर सीकरी में शेख सलीम की खानकाह में हुआ था।
- 1573 ई. से 1588 ई. तक फतेहपुर सीकरी मुगल साम्राज्य की राजधानी रही थी।
- दिल्ली सल्तनत काल में बदायूँ सर्वाधिक महत्त्वपूर्ण इक्ता थी।
- सुल्तान बनने से पूर्व इल्तुतमिश बदायूँ का इक्तादार था।
- सूफी सन्त शेख निजामुद्दीन औलिया का सम्बन्ध बदायूँ से था।
- बदायूँ व्यापारिक मार्ग (दिल्ली-लखनौती मार्ग) का प्रमुख केन्द्र स्थल था।
- 1193 ई. में कुतुबद्दीन ऐबक ने बरन को दिल्ली सल्तनत का अंग बना लिया था।
- 831 ई. में महोबा में चन्देलों ने अपनी राजधानी स्थापित की थी।

- तेरहवीं शताब्दी के प्रारम्भ में महोबा पर तुर्कों का आधिपत्य स्थापित हो गया था।
- मध्यकाल में राजपूत सरदार हरदत्त ने मेरठ में एक किला निर्मित कराया था।
- बारहवीं शताब्दी के अन्त में कुतुबुद्दीन ऐबक ने मेरठ को दिल्ली सल्तनत में सम्मिलित कर लिया था।
- फीरोजशाह तुगलक ने अशोक स्तम्भ मेरठ से उठवाकर दिल्ली में स्थापित कराया था।
- 10 मई, 1857 ई. को भारत में महान् विद्रोह का विस्फोट मेरठ से हुआ था।
- लखनऊ की प्रसिद्धि उत्तर मुगल काल में प्रारम्भ हुई, जब अवध के सूबेदार सआदत खाँ ने अपनी स्वतन्त्र सत्ता स्थापित की थी।
- लखनऊ के अन्तिम नवाब वाजिद अली शाह थे, जिन्हें 1856 ई. में अंग्रेजों ने पदच्युत कर अवध का ब्रिटिश साम्राज्य में विलय कर लिया था।
- लखनऊ की चर्चित इमारतें हैं— इमामबाड़ा, भूलभुलैय्या, छतरमंजिल।
- लखनऊ कत्थक नृत्य का केन्द्र था।
- 1857 ई. के महान् विप्लव की प्रमुख वीरांगना बेगम हजरत महल ने लखनऊ में अंग्रेजों से लोहा लिया था।
- सम्भल सल्तनत काल में महत्त्वपूर्ण इक्ता के रूप में चर्चित था।
- सम्भल में मुगल बादशाह बाबर ने मस्जिद का निर्माण कराया था।
- 29 मई, 1658 ई. को सामूगढ़ के युद्ध में दारा के नेतृत्व में शाही सेना की पराजय औरंगजेब व मुराद की संयुक्त सेना के हाथों हुई थी। युद्ध में विजय प्राप्त करने पर औरंगजेब ने शाहजहाँ को आजीवन नजरबन्द कर दिया था, मुराद को छल से बन्दी बना लिया था और अपने को बादशाह घोषित कर दिया था।
- सिकन्दरा में मुगल सम्राट अकबर ने अपना मकबरा बनवाया था, जिसे 1613 ई. में सम्राट जहाँगीर ने पूर्ण कराया था।

जैन तीर्थ-स्थल

1. **कौशाम्बी :** जनपद के ग्राम पभोसा में छठे तीर्थंकर भगवान पद्म प्रभु से सम्बन्धित स्थल।
2. **वाराणसी :** सप्तम तीर्थंकर भगवान सुपार्श्वनाथ एवं तेईसवें भगवान पार्श्वनाथ का जन्म स्थल।
3. **अयोध्या :** जैन धर्म के प्रथम तीर्थंकर भगवान ऋषभनाथ, द्वितीय तीर्थंकर भगवान अजितनाथ, चतुर्थ तीर्थंकर भगवान अभिनन्दननाथ एवं पंचम तीर्थंकर भगवान सुमतिनाथ का जन्म-स्थल।
4. **महोबा :** 'गोरख पहाड़' पर चट्टानों को काटकर निर्मित 24 तीर्थंकरों की प्रतिमाओं हेतु विख्यात है।
5. **देवगढ़ :** 'देवताओं के किले' के रूप में विख्यात, प्राचीन जैन मूर्तियों एवं शिल्प-कला हेतु सुप्रसिद्ध स्थल है।
6. **श्रावस्ती :** तृतीय तीर्थंकर भगवान सम्भवनाथ एवं विख्यात शोभनाथ मन्दिर से सम्बन्धित।
7. **काकण्डी :** नवें तीर्थंकर भगवान सुविधानाथ का निवास-स्थल है।

आधुनिक काल (विशिष्ट तथ्य)

- 1937 ई. से 1950 ई. तक उत्तर प्रदेश अपने पुराने नाम 'संयुक्त प्रान्त' (यूनाइटेड प्राविन्सेज) से चर्चित था।
- अंग्रेजी राज्य की स्थापना के प्रथम चरण में उत्तर प्रदेश 'बंगाल प्रेसीडेन्सी' का ही अंग था।
- बंगाल 'प्रेसीडेन्सी' का भाग होने के समय इस क्षेत्र को 'पश्चिमी प्रान्त' भी कहते थे।
- आगरा प्रेसीडेन्सी बनने पर उत्तर प्रदेश का क्षेत्र ''बंगाल प्रेसीडेन्सी'' से निकालकर आगरा प्रेसीडेन्सी में सम्मिलित कर दिया गया था।
- 1836 ई. में इस प्रदेश का नाम 'उत्तर-पश्चिम प्रान्त' (नार्थ-वेस्टर्न प्राविन्सेज) हो गया तथा मुख्यालय आगरा बनाया गया।
- 7 फरवरी, 1856 ई. को अवध को ब्रिटिश साम्राज्य में सम्मिलित कर लिया गया था।
- अवध को ब्रिटिश साम्राज्य में सम्मिलित करते समय अवध में बारह जिले (लखनऊ, बाराबंकी, फैजाबाद, गोण्डा, बहराइच, लखीमपुर खीरी, सीतापुर, हरदोई, उन्नाव, सुल्तानपुर, प्रतापगढ़, रायबरेली) थे।
- 1857 ई. की विद्रोह की लड़ाई के पश्चात् 1858 ई. में वायसराय लॉर्ड कैनिंग ने पूरे उत्तरी-पश्चिमी प्रान्त को एक ले. गवर्नर के द्वारा शासित प्रान्त बना दिया था।
- 1858 ई. में उत्तरी-पश्चिमी प्रान्त का मुख्यालय इलाहाबाद बनाया गया था।
- 1868 ई. में उत्तरी-पश्चिमी प्रान्त का उच्च न्यायालय भी आगरा से इलाहाबाद स्थानान्तरित कर दिया गया था।
- 1877 ई. तक अवध का प्रशासनिक व उच्च न्यायिक मुख्यालय लखनऊ रहा था तथा उत्तरी-पश्चिमी प्रान्त का इलाहाबाद (अब 'प्रयागराज')।
- 1877 ई. में इन दोनों प्रान्तों (अवध व उत्तरी-पश्चिमी प्रान्त) को ले. गवर्नर तथा मुख्य आयुक्त का पद समाप्त कर "आगरा व अवध का संयुक्त प्रान्त" (यूनाइटेड प्राविन्सेज ऑफ आगरा एण्ड अवध) कर दिया गया था।
- ले. गवर्नर का पद इस एकीकृत प्रान्त (यूनाइटेड प्राविन्सेज ऑफ आगरा एण्ड अवध) का सर्वोच्च प्रशासनिक पद बन गया था।
- 1920 ई. के चुनावों के पश्चात् संयुक्त प्रान्त आगरा-अवध (यूनाइटेड प्राविन्सेज ऑफ आगरा एण्ड अवध) की सरकार इलाहाबाद से लखनऊ स्थानान्तरित कर दी गयी थी।
- 1935 ई. तक प्रान्तीय सचिवालय के इलाहाबाद से लखनऊ स्थानान्तरण का कार्य पूरा करने के बाद लखनऊ को इस प्रान्त की राजधानी घोषित किया गया था।
- 1937 ई. में यूनाइटेड प्राविन्सेज ऑफ आगरा एण्ड अवध का नाम परिवर्तित कर 'संयुक्त प्रान्त' (यूनाइटेड प्राविन्सेज) रख दिया गया था। यह नाम 26 जनवरी, 1950 तक चलता रहा।

1857 की क्रान्ति तथा राष्ट्रीय आन्दोलन में उत्तर प्रदेश का योगदान

- 1857 ई. में उत्तरी भारत की जनता ने तथा जमींदारों, राजाओं ने अंग्रेजी शासन के विरुद्ध एक महान् विद्रोह कर दिया, यह एक स्व-स्फूर्त विद्रोह था, जिसे सावरकर ने भारत का प्रथम स्वाधीनता संग्राम कहा था।
- कोलकाता (तत्कालीन 'कलकत्ता') के निकट स्थित बैरकपुर के 34वीं देशी सैनिक छावनी के मंगल पाण्डे (उत्तर प्रदेश निवासी) ने 21 मार्च, 1857 ई. को खुला विद्रोह कर अपने एडजुडेण्ट लेफ्टीनेण्ट हेनरी बाग पर गोली चला दी; इस घटना के फलस्वरूप मंगल पाण्डे को 7 अप्रैल, 1857 ई. को बैरकपुर में फाँसी पर चढ़ा दिया गया था।
- 24 अप्रैल, 1857 ई. को मेरठ की देशी सेना ने नये कारतूसों को छूने से इनकार कर दिया। इससे क्रुद्ध अंग्रेज अधिकारियों ने 9 मई, 1857 ई. को सैनिकों की वर्दी उतरवा ली, फलस्वरूप 10 मई, 1857 ई. को पूरी छावनी के सैनिकों ने विद्रोह कर दिया; विद्रोही सैनिकों ने अंग्रेज अधिकारियों की हत्या कर दी।

- 1857 ई. के इस विद्रोह से सर्वाधिक प्रभावित क्षेत्र था अवध और बुन्देलखण्ड।
- 1857 ई. के इस विद्रोह में दोआब क्षेत्र ने भी सक्रिय योगदान किया था।
- 1857 ई. के इस विद्रोह में शीघ्र ही अलीगढ़, बरेली, लखनऊ, कानपुर, इलाहाबाद (अब 'प्रयागराज') को स्वतन्त्र कराने के बाद विद्रोही सैनिकों व जमींदारों ने वहाँ अपनी सरकारें स्थापित कर ली थी।
- 1857 ई. के इस महान् विप्लव में बरेली का प्रशासन 'खान बहादुर खान' नामक रोहिल्ला सैन्य अधिकारी ने ग्रहण कर लिया था।
- 1857 ई. के इस महान् विप्लव में कानपुर के प्रशासन पर 'नाना साहब' का अधिकार था।
- 1857 ई. के इस महान् विप्लव में इलाहाबाद पर एक अध्यापक 'मौलवी लियाकत अली' का अधिकार था।
- कानुपर (बिठूर) में नाना साहब विद्रोह का नेतृत्व कर रहे थे, उनके अधीन दस हजार सैनिक तथा कृषक अंग्रेजों के विरुद्ध संघर्षरत थे।
- कानपुर तथा लखनऊ में ब्रिटिश सैन्य अधिकारी कैम्पबेल, जनरल हैवलाक, विन्ढम में विद्रोह को कुचलने का प्रयास किया था।
- 1857 के विद्रोह में तात्या टोपे विद्रोहियों के प्रमुख योद्धा थे।
- मई 1857 ई. में अंग्रेजों ने बरेली पर पुनः अधिकार कर लिया था।
- झाँसी में विद्रोह का नेतृत्व महारानी लक्ष्मीबाई ने किया था; इस विद्रोह के दमन में जनरल ह्यू रोज को सक्रिय किया गया था।
- रानी लक्ष्मीबाई ने वीरता से संघर्ष करते हुए वीरगति प्राप्त की थी।
- 1857 का महान् विद्रोह अन्ततः असफल हो गया।
- 1857 के विद्रोह की असफलताओं से भावी राष्ट्रवाद के बीज अंकुरित हुए थे।
- सर सैयद अहमद खाँ ने भी प्रगतिशील आन्दोलन का पथ प्रशस्त किया।
- 1857 ई. में सर सैयद अहमद खाँ ने अलीगढ़ में 'मोहम्मडन एंग्लो ओरियण्टल विद्यालय' की स्थापना की, जो बाद में अलीगढ़ मुस्लिम विश्वविद्यालय बन गया।
- सोमवार, 28 दिसम्बर, 1885 ई. को मध्याह्न 12 बजे 'गोकुलदास तेजपाल संस्कृत कॉलेज, बम्बई' में भारतीय राष्ट्रीय कांग्रेस का प्रथम अधिवेशन सम्पन्न हुआ था, जिसमें सम्पूर्ण भारत से 72 प्रतिनिधि सम्मिलित हुए थे। इस सम्मेलन में उत्तर प्रदेश का प्रतिनिधित्व गंगाप्रसाद वर्मा, प्राणनाथ पण्डित, मुंशी ज्वाला प्रसाद, जानकीनाथ घोषाल, रामकली चौधरी, बाबू जमुनादास, बाबू शिव प्रसाद चौधरी, लाला बैजनाथ ने किया था।
- 1888 ई. में इलाहाबाद (अब 'प्रयागराज') के कांग्रेस अधिवेशन के समय प्रान्त के गवर्नर सर आकलैण्ड कॉल्विन थे, जिन्होंने अधिवेशन न होने देने का प्रयत्न किया था।
- 1888 ई. में अंग्रेजों के कांग्रेस विरोध ने सर सैयद अहमद खाँ को प्रेरित किया था कि वे भी कांग्रेस विरोध को स्वर दें और वे भी कांग्रेस विरोधी बन गये थे।
- बनारस (अब 'वाराणसी') के राजा शिवप्रसाद सितारेहिन्द भी कांग्रेस के विरोधी तथा अंग्रेजों के पक्षधर थे।
- उत्तर प्रदेश (तत्कालीन नाम 'यूनाइटेड प्राविन्सेज') में कांग्रेस कमेटी का पहला सम्मेलन पं. मोतीलाल नेहरू की अध्यक्षता में हुआ था।
- 1909 ई. में प्रदेश कांग्रेस का राजनीतिक सम्मेलन पुनः मोतीलाल नेहरू की अध्यक्षता में आगरा में हुआ था।
- 1916 ई. में कांग्रेस और मुस्लिम लीग का अधिवेशन एक साथ लखनऊ में सम्पन्न हुआ था; मुस्लिम लीग का नेतृत्व मुहम्मद अली जिन्ना कर रहे थे। इस अधिवेशन में कांग्रेस और लीग की एकता ने मूर्त रूप धारण किया था। इसे ही 'कांग्रेस-लीग समझौता' कहा गया है।
- अक्टूबर, 1920 ई. में यू. पी. कांग्रेस का प्रान्तीय सम्मेलन मुरादाबाद में आयोजित हुआ था, इस सम्मेलन की अध्यक्षता डॉ. भगवानदास ने की थी। इस सम्मेलन को महात्मा गाँधी, मदन मोहन मालवीय, मोतीलाल नेहरू, जवाहरलाल नेहरू, स्वामी श्रद्धानन्द, हकीम अजमल खाँ, मौलाना शौकत अली, मौलाना मुहम्मद अली तथा मौलाना हसरत मोहानी जैसी राजनीतिक हस्तियों की उपस्थिति ने उल्लेखनीय बना दिया था। सम्मेलन में महात्मा गाँधी के असहयोग आन्दोलन प्रस्ताव को स्वीकार कर लिया गया था।
- असहयोग आन्दोलन के दौरान बनारस (अब 'वाराणसी') में राष्ट्रीय शिक्षा के विकास हेतु काशी विद्यापीठ की स्थापना की गयी थी।
- अक्टूबर 1921 ई. में उत्तर प्रदेश कांग्रेस का राजनीतिक सम्मेलन मौलाना हसरत मोहानी की अध्यक्षता में आगरा में सम्पन्न हुआ था जिसमें ब्रिटेन के युवराज (प्रिन्स ऑफ वेल्स) की भारत यात्रा का बहिष्कार करने का निर्णय लिया गया था।
- 5 फरवरी, 1922 ई. को चौरी-चौरा कस्बे में (यू.पी. के गोरखपुर जिले में) सत्याग्रहियों के जत्थे ने थाने के सिपाहियों (कुल संख्या 22) को जीवित जला दिया। इस घटना ने महात्मा गाँधी को अत्यन्त आहत कर दिया। उन्होंने इस घटना को अपने सिद्धान्तों तथा कार्यक्रमों के विपरीत बतलाया तथा प्रत्येक प्रकार के आन्दोलन को समाप्त कर देने की घोषणा कर दी थी।
- 1926 ई. के चुनावों में संयुक्त प्रान्त में 'नेशनलिस्ट पार्टी' को अधिकाधिक सीटें प्राप्त हुई थीं।
- नवम्बर, 1928 ई. के अन्तिम दिनों में साइमन आयोग का लखनऊ में बहिष्कार किया गया था। विरोध का नेतृत्व जवाहरलाल नेहरू ने किया था।
- भारतीय कम्युनिस्ट पार्टी का पहला सम्मेलन दिसम्बर, 1925 में पेरियार की अध्यक्षता में कानपुर में हुआ था।
- असहयोग आन्दोलन की वापसी के पश्चात् निराश मध्यवर्गीय युवाओं ने क्रान्तिकारी सैन्यवाद की गतिविधियों को प्रारम्भ किया। संयुक्त प्रान्त में इन्हीं क्रान्तिकारी गतिविधियों का परिणाम '9 अगस्त, 1925 ई.' को लखनऊ के निकट काकोरी ट्रेन डकैती की घटना थी।
- काकोरी ट्रेन डकैती घटना के अभियुक्तों में पं. रामप्रसाद बिस्मिल, अशफाक उल्ला खाँ, ठाकुर रोशनसिंह को फाँसी की सजा हुई थी। रामकृष्ण खत्री, मन्मथनाथ गुप्त आदि को दीर्घकालीन कारावास का दण्ड मिला था।
- 'हिन्दुस्तान सोशलिस्ट रिपब्लिकन एसोसिएशन' के सेनापति चन्द्रशेखर आजाद चुने गये थे।
- 'हिन्दुस्तान सोशलिस्ट रिपब्लिकन एसोसिएशन' का मुख्यालय आगरा बनाया गया था।
- क्रान्तिकारी शिव वर्मा, डॉ. गया प्रसाद कटियार तथा जयदेव कपूर को सहारनपुर में क्रान्तिकारियों द्वारा संचालित बम फैक्टरी के साथ गिरफ्तार कर लिया गया था।
- 27 फरवरी, 1931 ई. को इलाहाबाद (अब 'प्रयागराज') के अल्फ्रेड पार्क में चन्द्रशेखर आजाद एक पुलिस मुठभेड़ में शहीद हो गये थे।
- 1931 ई. में जवाहरलाल नेहरू ने इलाहाबाद (अब 'प्रयागराज') में करबन्दी का आन्दोलन प्रारम्भ किया था। इस आन्दोलन में जयप्रकाश नारायण, लालबहादुर शास्त्री, नेहरू जी के अनन्य सहयोगी के रूप में जुड़े थे।

- संयुक्त प्रान्त में सम्पूर्णानन्द, परिपूर्णानन्द, कमलापति त्रिपाठी, तारापद भट्टाचार्य ने समाजवादी दल की स्थापना की थी।
- प्रो. एन. जी. रंगा, इन्दुलाल याज्ञनिक, स्वामी सहजानन्द के प्रयासों से लखनऊ में अखिल भारतीय किसान सम्मेलन का आयोजन 1936 ई. में किया गया था। इस सम्मेलन में सामन्तवाद के उन्मूलन तथा लगान व कर्जों में छूट की माँग रखी गयी थी।
- मुस्लिम लीग व कांग्रेस के मध्य मतभेदों को समाप्त करने के उद्देश्य से गोविन्द बल्लभ पन्त ने चौधरी खलिक जुमा से भेंट की, लखनऊ में हुई इस भेंट का भी कोई परिणाम नहीं निकला था।
- मुस्लिम लीग व कांग्रेस के मध्य मतभेदों को दूर करने के लिए 12 जुलाई, 1937 ई. को मौलाना आजाद तथा चौधरी खलिकुज्जमा से लखनऊ में भेंट की परन्तु परिणाम व्यर्थ रहा।
- संयुक्त प्रान्त में 1937 ई. में कांग्रेस ने सरकार गठित की। इस सरकार में प्रधानमन्त्री गोविन्द बल्लभ पन्त के साथ रफी अहमद किदवई, डॉ. कैलाशनाथ काटजू, श्रीमती विजयलक्ष्मी पण्डित, प्यारे लाल शर्मा, मोहम्मद इब्राहीम सम्मिलित थे। लक्ष्मीनारायण, संसदीय सचिव बनाये गये थे।
- संयुक्त प्रान्त की कांग्रेस सरकार ने अक्टूबर, 1939 ई. में एक विस्तृत अधिनियम के द्वारा काश्तकारों की समस्याओं के समाधान का प्रयास किया था। कुटीर उद्योगों पर बल दिया था।
- अक्टूबर, 1939 ई. में गांधी जी द्वारा आन्दोलन का प्रस्ताव पारित करते ही संयुक्त प्रान्त की कांग्रेस सरकार ने देश की अन्य कांग्रेसी सरकारों के साथ त्याग-पत्र दे दिया।
- 1942 ई. के भारत छोड़ो आन्दोलन के दौर में संयुक्त प्रान्त के बलिया में (10 अगस्त, 1942 ई.) को प्रबल जन-आन्दोलन हो गया जिसमें अनेक रेलवे स्टेशन, डाकखाने, थाने जला दिये गये। इस आन्दोलन में बलिया के स्थानीय कांग्रेसी नेता चितू पाण्डे के नेतृत्व में बलिया में एक अस्थायी सरकार की स्थापना कर दी गयी थी।
- 22 अगस्त, 1942 ई. से बलिया में अंग्रेज सरकार का दमन प्रारम्भ हुआ; आम जनता से भारी जुर्माना वसूला गया; हजारों निर्दोष लोगों को बन्दी बनाया गया तथा प्रताड़ित किया गया; अन्ततः बलिया को सेना ने पुनः विजित किया और ब्रिटिश सरकार ने लन्दन को यह टेलीग्राम दिया कि "बलिया को पुनर्विजित कर लिया गया है।"
- 15 अगस्त, 1947 को भारत को स्वतन्त्रता प्राप्त होते ही संयुक्त प्रान्त में स्वतन्त्र भारत की प्रथम काँग्रेसी सरकार का इस महत्वपूर्ण प्रान्त में पं. गोविन्दबल्लभ पन्त के नेतृत्व में गठन हो गया था।

अवध के नवाब-राजा (कालक्रम)

पहला नवाब	सआदत खाँ (बुरहानुल्मुल्क) (अवध में नवाबी का संस्थापक)	1732 से 1739 ई.
द्वितीय नवाब	सफदरजंग	1739 से 1753 ई.
तृतीय नवाब	शुजाउद्दौला	1753 से 1775 ई.
चतुर्थ नवाब	आसफउद्दौला	1775 से 1797 ई.
पाँचवाँ नवाब	वजीर अली (मात्र चार माह सिंहासन पर रहा, तत्पश्चात् हटा दिया गया)	1797 से 1798 ई.
छठवाँ नवाब	सआदत अली खाँ	1798 से 1814 ई.
सातवाँ नवाब	गाजीउद्दीन हैदर (1819 ई. में ब्रिटिश सरकार ने उसे राजा की उपाधि से सम्मानित किया और वह अपने खानदान में पहला राजा कहलाया)	1814 से 1819 ई.
पहला राजा	गाजीउद्दीन हैदर	1819 से 1827 ई.
द्वितीय राजा	नासिर-उद्दीन हैदर	1827 से 1837 ई.
तृतीय राजा	मुहम्मद अली शाह	1837 से 1842 ई.
चतुर्थ राजा	अमजद अली शाह	1842 से 1847 ई.
पाँचवाँ	वाजिद अली शाह (फरवरी, 1856 ई. में राजा को च्युत कर अंग्रेजों ने अवध को ब्रिटिश साम्राज्य में सम्मिलित कर लिया)	1847 से 1856 ई.

विख्यात शिलालेख

- **अयोध्या शिलालेख**—इस शिलालेख में अयोध्या में पहली ई. में हुए पुष्यमित्र शुंभ के वंशज सम्राट धनवेद का पारिवारिक विवरण दिया गया है।
- **अहरौरा शिलालेख**—यह छोटा-सा शिलालेख है, जो वाराणसी के समीप अहरौरा ग्राम में मिला था।
- **शिवलिंग शिलालेख (फतेहपुर)**—रेह ग्राम में प्राप्त यह शिलालेख शिवलिंग पर अंकित था, जिसकी चार पंक्तियाँ ही सुरक्षित बची थीं।
- **सारनाथ स्तम्भ लेख**—सम्राट अशोक द्वारा बनवाया गया स्तम्भ सर्वाधिक महत्वपूर्ण पुरावशेष है। स्वतन्त्र भारत के राष्ट्रीय प्रतीक 'सिंह' को इसी के शीर्ष से लिया गया है।
- **प्रयाग दुर्ग का स्तम्भ लेख**—इसे अशोक स्तम्भ भी कहा जाता है। इस पर समुद्रगुप्त (हरिषेण द्वारा लिखित 'प्रयाग प्रशस्ति') की भारत विजय का विवरण है। अकबर ने इस स्तम्भ को पुनः किले में लगवाया था।
- **कौशाम्बी शिलालेख**—इस शिलालेख में सम्राट अशोक की रानी तिस्सरखा (तिष्यरक्षिता) का लेख उद्धृत है।
- **कनिष्क के स्तम्भ लेख व मथुरा अभिलेख**—इसमें प्रथम शताब्दी के अन्तिम चरण के विवरण ब्राह्मी लिपि में उद्धृत हैं।
- **मेरठ स्तम्भ लेख**—इस पर सात लेख हैं। इसे चौदहवीं शताब्दी में फिरोजशाह तुगलक दिल्ली से लेकर आया था। यह अब भी वहीं है।
- **पिपरहवा का धातुलेख**—उत्तर प्रदेश में सिद्धार्थनगर जिले में स्थित पिपरहवा ग्राम में मिले कलश पर अंकित इस लेख से यह सिद्ध हुआ कि **प्राचीन कपिलवस्तु** ही पिपरहवा था।

- **सौहगौरा कांस्यलेख**—गोरखपुर जिले से प्राप्त इस कांस्य लेख में मौर्यकाल में अकाल से सामना करने हेतु संग्रहीत अनाज भंडारों की व्यवस्था का वर्णन किया गया है।
- **स्कंदगुप्त का भीतरी अभिलेख**—गाजीपुर जिले के भीतरी स्थान पर स्थित इस लेख का निर्माण गुप्त शासक स्कंदगुप्त ने अपने पिता कुमारगुप्त की याद में करवाया था।

उत्तर राज्य में सल्तनतकालीन प्रमुख स्थापत्य निर्माण

	प्रमुख निर्माण	निर्माता
1.	लाल दरवाजा (जौनपुर)	हुसैन शाह शर्की
2.	जौनपुर नगर	फिरोजशाह तुगलक
3.	आगरा शहर	सिकन्दर लोदी
4.	जामा मस्जिद (जौनपुर)	हुसैन शाह शर्की
5.	झंझरी मस्जिद (जौनपुर)	इब्राहिम शाह शर्की
6.	अटाला मस्जिद (जौनपुर)	इब्राहिम शाह शर्की
7.	जामा मस्जिद (बदायूँ)	इल्तुतमिश

राज्य में मुगलकालीन स्थापत्य कला

	प्रमुख स्थापत्य निर्माण	निर्माता
1.	शेख सलीम चिश्ती का मकबरा (फतेहपुर सीकरी)	अकबर
2.	जहाँगीरी महल (आगरा)	अकबर
3.	फतेहपुर सीकरी शहर	अकबर
4.	आगरा का किला, इलाहाबाद का किला	अकबर
5.	जामा मस्जिद (सम्भल),	बाबर
6.	बाबरी मस्जिद (अयोध्या)	मीर बाकी
7.	बीरबल महल तथा जामा मस्जिद	अकबर
8.	बुलन्द दरवाजा (फतेहपुर सीकरी)	अकबर
9.	फतेहपुर सीकरी का पंचमहल, खास महल, जोधाबाई महल,	अकबर
10.	मरियम उज्जमानी का मकबरा (सिकन्दरा)	जहाँगीर
11.	एत्मादुद्दौला का मकबरा (आगरा)	नूरजहाँ
12.	अकबर का मकबरा (सिकन्दरा)	जहाँगीर
13.	आगरा के किले में दीवाने आम, दीवाने खास तथा मोती मस्जिद	शाहजहाँ
14.	ताजमहल (आगरा)	शाहजहाँ

1857 के विद्रोह के प्रमुख केन्द्र एवं नेतृत्वकर्ता

	विद्रोह केन्द्र	नेतृत्वकर्ता
1.	झाँसी	लक्ष्मीबाई
2.	बरेली	खान बहादुर खान
3.	लखनऊ	बेगम हजरत महल
4.	कानपुर	नाना साहब, ताँत्या टोपे, अजीमुल्लाह
5.	इलाहाबाद	लियाकत अली
6.	फैजाबाद	मौलवी अहमदुल्लाह
7.	काल्पी	ताँत्या टोपे
8.	मथुरा	देवीसिंह
9.	मेरठ	कदमसिंह

❑❑❑

भूगोल

अवस्थिति

- भूगर्भिक दृष्टि से उत्तर प्रदेश प्राचीनतम **गोंडवाना लैंड** का भूभाग है।
- उत्तर प्रदेश के दक्षिण भाग में स्थित पठारी भाग प्रायद्वीपीय भाग का ही अंग है, जिसका निर्माण विंध्य क्रम की शैलों द्वारा **प्री-कैम्ब्रियन** युग में हुआ है।
- उत्तर प्रदेश का अक्षांशीय विस्तार 23° 52 से 30°24 उत्तरी अक्षांश के मध्य है।
- उत्तर प्रदेश का देशांतरीय विस्तार 77°05 पूर्व से 84°38 पूर्वी देशान्तर के मध्य है।
- उत्तर प्रदेश की सीमाएँ केन्द्र शासित प्रदेश दिल्ली सहित कुल 9 राज्यों से लगी हुई हैं।
- **उत्तर प्रदेश की सीमा को स्पर्श** करने वाले राज्य हैं– **हिमालय प्रदेश, हरियाणा, राजस्थान, मध्य प्रदेश, छत्तीसगढ़, झारखण्ड, बिहार** एवं **उत्तराखण्ड।**
- प्रदेश की पूर्वी सीमा बिहार एवं झारखण्ड से लगी हुई है।
- उत्तर प्रदेश की पश्चिमी सीमा हरियाणा, राजस्थान तथा केन्द्र शासित प्रदेश दिल्ली से लगी है।
- प्रदेश की उत्तरी सीमा नेपाल के अतिरिक्त उत्तराखण्ड एवं हिमाचल प्रदेश से लगी हुई है।
- उत्तर प्रदेश की न्यूनतम सीमा रेखा से स्पर्श करने वाला राज्य **हिमाचल प्रदेश** है।
- उत्तर प्रदेश की दक्षिणी सीमा मध्य प्रदेश एवं छत्तीसगढ़ को स्पर्श करती है।
- उत्तर प्रदेश की सबसे लम्बी सीमा **मध्य प्रदेश** से स्पर्श करती है।
- उत्तर प्रदेश का एकमात्र जिला सहारनपुर है जिसकी सीमा **हिमाचल प्रदेश** से लगती है। इसके अतिरिक्त इस जिले की सीमा हरियाणा एवं उत्तराखंड से भी लगी है।
- सबसे कम जिलों को स्पर्श करने वाला जिला ललितपुर है।
- उत्तर प्रदेश के सर्वाधिक जिलों को स्पर्श करने वाला राज्य मध्य प्रदेश है।
- सर्वाधिक जिलों को स्पर्श करने वाला जिला बदायूँ है।
- उत्तर प्रदेश के महाराजगंज, सिद्धार्थ नगर, बलरामपुर, श्रावस्ती, बहराइच, खीरी एवं पीलीभीत जिलों की सीमा नेपाल को स्पर्श करती है।
- उत्तर प्रदेश की सीमा को स्पर्श करने वाला एकमात्र विदेशी राष्ट्र **नेपाल** है।
- सर्वाधिक प्रदेशों को स्पर्श करने वाला उत्तर प्रदेश का एक मात्र जिला **सोनभद्र** है। यह मध्य प्रदेश, छत्तीसगढ़, झारखण्ड एवं बिहार को स्पर्श करता है।

विभिन्न राज्यों से लगे उत्तर प्रदेश के जिले

राज्य		जिले
हिमाचल प्रदेश	–	सहारनपुर
हरियाणा	–	सहारनपुर, शामली, बागपत, गौतमबुद्ध नगर, अलीगढ़, मथुरा
राजस्थान	–	मथुरा, आगरा
मध्य प्रदेश	–	सोनभद्र, मिर्जापुर, इलाहाबाद, चित्रकूट, बाँदा, महोबा, झाँसी ललितपुर, आगरा, इटावा, जालौन
छत्तीसगढ़	–	सोनभद्र
झारखंड	–	सोनभद्र
बिहार	–	महाराजगंज, कुशीनगर, देवरिया, बलिया, गाजीपुर, चंदौली, सोनभद्र
उत्तराखंड	–	सहारनपुर, मुजफ्फरनगर, बिजनौर, मुरादाबाद, रामपुर, बरेली, पीलीभीत
के.शा.प्र. दिल्ली	–	गाजियाबाद एवं गौतमबुद्ध नगर

- उत्तर प्रदेश का कुल भौगोलिक क्षेत्रफल 2,40,928 वर्ग किमी. है, जो कि भारत के कुल क्षेत्रफल (32,87,263 वर्ग किमी) के लगभग 7.33% के बराबर है।
- पूर्व से पश्चिम तक इसकी लम्बाई 650 किमी तथा उत्तर से दक्षिण तक चौड़ाई 240 किमी है।
- उत्तर प्रदेश का वर्तमान भौगोलिक स्वरूप **9 नवम्बर, 2000** को अस्तित्व में आया है।
- 9 नवम्बर, 2000 को उत्तर प्रदेश के 13 पर्वतीय जिलों को काटकर उत्तरांचल (अब **उत्तराखंड**) राज्य का निर्माण किया गया है।

भौतिक विभाग

- उत्तर प्रदेश को वर्तमान में मुख्यत: तीन प्राकृतिक प्रदेशों में विभाजित किया गया है–**(i) भाबर एवं तराई का प्रदेश, (ii) गंगा-यमुना का मैदान** एवं **(iii) दक्षिण का पठारी प्रदेश।**
- पश्चिम में सहारनपुर से लेकर पूर्व में देवरिया एवं कुशीनगर (पडरौना) तक एक पतली सी पट्टी **भाबर और तराई** कहलाती है।
- **भाबर क्षेत्र** वह पर्वतीय भू-भाग है जो कंकड़-पत्थरों से निर्मित है।
- इस क्षेत्र का विस्तार उत्तर प्रदेश के बिजनौर, सहारनपुर, पीलीभीत, शाहजहाँपुर एवं लखीमपुर खीरी जिलों में है।
- **तराई क्षेत्र**, भाबर के दक्षिण में दलदली एवं गाद मिट्टी वाला क्षेत्र है, जो महीन अवसादों से निर्मित है।
- जंगली और ऊँची घनी घासाअें से ढंका हुआ तराई क्षेत्र कभी 80 से 90 किमी तक चौड़ा था तथा इसके अन्तर्गत सहारनपुर, बिजनौर, रामपुर, बरेली, पीलीभीत, लखीमपुर खीरी, बहराइच, गोंडा, बस्ती, सिद्धार्थ नगर, गोरखपुर, महाराजगंज, देवरिया और कुशीनगर जिलों के भाग आते थे। इधर कुछ वर्षों से भूमि सुधार कार्यों के कारण इसकी चौड़ाई काफी कमी

हो गई है, जिससे इसका काफी भाग उपजाऊ भूमि के रूप में किसानों को प्राप्त हो गया है।

- प्रदेश के ऊँचाई वाले भागों में मिलने वाली प्राचीनतम जलोढ़ मिट्टी को राढ़ (Rarh) नाम से जाना जाता है।
- **गंगा-यमुना के विस्तृत मैदानी प्रदेश** को तीन उप-विभागों में बाँटा गया है–(i) गंगा-यमुना का ऊपरी मैदान, (ii) गंगा का मध्य मैदानी प्रदेश एवं (iii) गंगा का पूर्वी मैदान।
- गंगा-यमुना के ऊपरी मैदान का विस्तार लगभग 500 किमी. लम्बी एवं 80 किमी. चौड़ी पट्टी के रूप में है।
- गंगा-यमुना के मध्य मैदानी प्रदेश का विस्तार उ. प्र. के सहारनपुर, बिजनौर, मेरठ, मुजफ्फरनगर, बुलंदशहर, अलीगढ़, हाथरस, मथुरा, आगरा, मैनपुरी, एटा, बदायूं, मुरादाबाद तथा बरेली जिलों में मिलता है (नवसृजित 3 जिलों–शामली, हापुड़ एवं संभल में भी)।
- गंगा के पूर्वी मैदान का विस्तार उ. प्र. के वाराणसी, जौनपुर, गाजीपुर, आजमगढ़, बलिया, मिर्जापुर, सोनभद्र एवं संत रविदास नगर में है।
- गंगा-यमुना के विस्तृत मैदानी प्रदेश की **समुद्र तल से औसत ऊँचाई 300 मीटर** है।
- इस विस्तृत मैदानी प्रदेश का निर्माण **अभिनूतन** एवं **अतिनूतन युग** में नदी घाटी में **अवसादीकरण** से हुआ है।
- इस **विस्तृत मैदानी प्रदेश का ढाल** पश्चिमांचल में उत्तर से दक्षिण की ओर तथा पूर्वांचल में पश्चिमोत्तर से दक्षिण-पूर्व की ओर है।
- उत्तर प्रदेश में **दक्षिण पठारी प्रदेश का कुल क्षेत्रफल** 45200 वर्ग किमी है।
- **दक्षिण पठारी प्रदेश** के अन्तर्गत बुंदेलखण्ड एवं बघेलखण्ड के भू-भाग सम्मिलित हैं।
- यह क्षेत्र दक्कन के पठार का ही प्रसरण है तथा इस भू-भाग की उत्तरी सीमा यमुना तथा गंगा नदी द्वारा निर्धारित है तथा दक्षिणी सीमा विंध्य पर्वत द्वारा निर्धारित होती है।
- इसके अन्तर्गत झांसी, जालौन, हमीरपुर, महोबा, चित्रकूट, ललितपुर और बांदा जिले, इलाहाबाद जिले की मेजा और करछना तहसीलें, गंगा के दक्षिण में पड़ने वाला मिर्जापुर का हिस्सा तथा चंदौली जिले की चकिया तहसील आती है।
- इस पठारी क्षेत्र की सामान्य ऊँचाई 300 मीटर के आसपास है तथा कुछ स्थानों पर यह ऊँचाई 450 मीटर से भी अधिक है। मिर्जापुर, सोनभद्र की पहाड़ियाँ लगभग 600 मीटर तक ऊँची हैं।
- **बुन्देलखण्ड** का निर्माण उत्तर प्रदेश के दक्षिणी उच्च प्रदेश में विंध्य काल की प्राचीनतम नीस चट्टानों द्वारा तथा निम्न प्रदेशों में नदियों द्वारा निक्षेपित मिट्टी से हुआ है।
- बुन्देलखण्ड के पश्चिमी भाग में काली मृदा (रेगुर) का विस्तार है, जो मालवा पठार का ही विस्तार है।
- कैमूर श्रृंखला बुंदेलखण्ड से लगी हुई है। इसकी रचना विंध्यन शैलों से हुई है।
- बुन्देलखण्ड में **'च्वास'** नामक घास बहुतायत में पायी जाती है।
- **बघेलखण्ड** क्षेत्र में शंक्वाकार टीले बहुतायत से मिलते हैं।
- बघेलखंड के उत्तर एवं दक्षिण में क्रमश: सोनपुर एवं रामगढ़ की पहाड़ियाँ अवस्थित हैं।
- दक्षिण पठारी प्रदेश की औसत ऊँचाई 300 मीटर है।
- दक्षिण पठारी प्रदेश का ढाल दक्षिण से उत्तर की ओर है।
- दक्षिण पठारी प्रदेश की प्रमुख नदियाँ चंबल, बेतवा, केन, सोन एवं टोंस हैं।
- कम वर्षा के कारण इस पठारी क्षेत्र में वृक्ष-वनस्पतियाँ छोटी होती हैं। यहाँ की मुख्य फसलें ज्वार, तिलहन, चना और गेहूँ हैं।

उत्तर प्रदेश की जलवायु

उत्तर प्रदेश जलवायु की दृष्टि से **उपोष्ण कटिबन्ध** में आता है। यहाँ की जलवायु **उष्ण कटिबन्धीय मॉनसून** प्रकार की है। तराई क्षेत्रों में यह नमी लिए रहती है और दक्षिण पठारी क्षेत्र में ग्रीष्म ऋतु में नमी बिल्कुल नहीं रहती है।

- उत्तर प्रदेश को मुख्यत: **दो जलवायु प्रदेशों** में विभाजित किया जाता है–
  (i) आर्द्र एवं उष्ण प्रदेश
  (ii) साधारण आर्द्र एवं उष्ण प्रदेश
- **आर्द्र एवं उष्ण प्रदेश** को **तराई क्षेत्र** 120-180 cm वार्षिक वर्षा) एवं **पूर्वी उत्तर प्रदेश** (100-120 cm तक औसत वार्षिक वर्षा) में विभाजित किया जाता है।
- साधारण आर्द्र एवं उष्ण प्रदेश के अन्तर्गत मैदानी क्षेत्र जहाँ औसत वार्षिक वर्षा 80-100 सेमी है। पश्चिमी मैदानी क्षेत्र और बुन्देलखण्ड के पठारी और पहाड़ी प्रदेशों में वर्षा की मात्रा कम पाई जाती है। इसका कारण है कि प्रदेश में पूरब से पश्चिम और उत्तर से दक्षिण जाने पर आर्द्रता की मात्रा घटती जाती है।
- **कोपेन** के अनुसार उत्तर प्रदेश में जलवायु का शुष्क **शीत वाला मॉनसूनी** प्रकार अर्थात् **Cwg** मिलता है।
- **थार्नथ्वेट** के अनुसार उत्तर प्रदेश में CBw अर्थात् **सम शीतोष्ण उपार्द्र जलवायु** का विस्तार मिलता है।
- उत्तर प्रदेश में मुख्यत: तीन ऋतुएँ–(i) शीत ऋतु, (ii) ग्रीष्म ऋतु और (iii) वर्षा ऋतु होती हैं।
- उत्तर प्रदेश में **शीत ऋतु** अक्टूबर से फरवरी तक रहती है।
- उत्तर प्रदेश में शीत ऋतु में **सर्वाधिक ठण्डा महीना जनवरी** रहता है।
- शीत ऋतु में उत्तर प्रदेश का तापमान **उत्तर से दक्षिण की ओर** बढ़ता जाता है।
- उत्तर प्रदेश के दक्षिण पठारी भाग में शीत ऋतु का औसत अधिकतम तापमान 28.3°C तथा न्यूनतम तापमान 13.3°C रहता है।
- उत्तर प्रदेश के मध्य मैदानी क्षेत्र में शीत ऋतु का औसत अधिकतम तापमान 27.7°C होता है।
- शीतकालीन चक्रवातों के द्वारा उत्तर प्रदेश के उत्तर-पश्चिम क्षेत्रों में 7-10 सेमी तक वर्षा की प्राप्ति होती है।
- उत्तर प्रदेश में **ग्रीष्म ऋतु** मार्च से मध्य जून तक रहती है।
- उत्तर प्रदेश में ग्रीष्म ऋतु का औसत अधिकतम तापमान **36-39°C** तथा न्यूनतम तापमान **21-23°C** होता है।
- ग्रीष्म ऋतु में कुछ स्थानों पर तापमान **47°C** तक चला जाता है।
- उत्तर प्रदेश के **बुंदेलखण्ड क्षेत्र** में **सर्वाधिक औसत तापमान** पाया जाता है। इसका कारण इसकी **कर्क रेखा से अधिक निकट अवस्थिति** का होना है।
- उत्तर प्रदेश के **झांसी** एवं **आगरा** जिलों में सबसे अधिक गर्मी पड़ती है।
- ग्रीष्म ऋतु में उत्तर प्रदेश में पश्चिमी हवाएँ तीव्र गति से चलती हैं; इन शुष्क एवं गर्म हवाओं को **'लू'** कहते हैं।
- उत्तर प्रदेश में **वर्षा ऋतु** जून के अन्तिम सप्ताह से प्रारम्भ होकर अक्टूबर तक रहती है।

- उत्तर प्रदेश में **सर्वाधिक वर्षा जुलाई एवं अगस्त के** महीनों में होती है।
- **उत्तर प्रदेश की अधिकांश मॉनसूनी वर्षा बंगाल की खाड़ी की मॉनसून शाखा** से प्राप्त होती है, इससे उत्तर प्रदेश की कुल वर्षा का लगभग 75-80% भाग प्राप्त होता है।
- उत्तर प्रदेश में अरब सागर मॉनसून शाखा से नाममात्र की वर्षा ही प्राप्त होती है। इस शाखा की अधिकांश वर्षा प्रदेश के दक्षिण पठारी भाग में होती है।

उत्तर प्रदेश की मिट्टियाँ

मृदा या मिट्टी पृथ्वी की ऊपरी सतह पर मिलने वाले असंगठित पदार्थों की ऊपरी परत है, जो चट्टानों के विखण्डन एवं वियोजन तथा वनस्पतियों के अवसादों के योग से बनती है। उत्तर प्रदेश की मिट्टियों को प्रो. वाडिया, कृष्णन एवं मुखर्जी के वैज्ञानिक विश्लेषण के आधार पर दो भागों में विभाजित किया जाता है–(i) गंगा के विशाल मैदान की नूतन और उप-नूतन मिट्टियाँ तथा (ii) दक्षिण पठार की प्राचीन रवेदार और विंध्यन शैलीय या बुंदेलखण्डीय मिट्टियाँ।

- उत्तर प्रदेश के **विशाल मैदान** में जलोढ़ एवं कॉप मिट्टी का विस्तार मिलता है।
- भाबर पर्वतपदीय क्षेत्र है, यहाँ की मिट्टी मोटी बालुओं तथा कंकड़ और पत्थरों से निर्मित बहुत छिछली है। इस क्षेत्र में नदियाँ लुप्त हो जाती हैं, इसके समानान्तर निचले भाग में तराई क्षेत्र विस्तारित है। यहाँ की मृदा उपजाऊ, नम, दलदली और समतल है।
- **प्राचीनतम कॉप मिट्टी** क्षेत्रों को **बांगर** कहते हैं।
- **नवीन कॉप मिट्टी** वाले क्षेत्रों को **खादर** कहते हैं।
- उत्तर प्रदेश के गंगा-यमुना दोआब एवं गंगा-रामगंगा दोआब क्षेत्रों में बांगर एवं खादर क्षेत्र विस्तृत हैं।
- उत्तर प्रदेश में दोमट एवं बलुई मिट्टी को क्षेत्रीय भाषा में **सिक्टा, करियाल एवं धनका** भी कहते हैं।
- बांगर मिट्टी को दोमट, मटियार, बलुई दोमट, भूंड या पुरातन कॉप मिट्टी के नाम से भी जाना जाता है।
- उत्तर प्रदेश के पूर्वी भाग में बांगर मिट्टी को **उपरहार** मिट्टी भी कहा जाता है।
- उत्तर प्रदेश के दक्षिणी पठार की मिट्टियों को **बुंदेलखंडीय मिट्टी** कहते हैं।
- बुंदेलखण्डीय मिट्टियों को भोंटा, भाड़, कावड़, पड़वा, राकड़ तथा इस क्षेत्र की काली मृदा को करेल कपास अथवा रेगुर आदि नामों से भी जाना जाता है।
- **भोंटा मिट्टी** विंध्य पर्वतीय क्षेत्रों में पाई जाती है।
- इस मिट्टी में मोटे अनाज वाली फसलें उगाई जाती हैं।
- **भाड़ मिट्टी,** काली मिट्टी या रेगुर मिट्टी के समान चिकनी होती है।
- भाड़ मिट्टी में सिलिकेट, लोहा एवं एल्युमिनियम खनिज पदार्थ पाए जाते हैं।
- **मांट मिट्टी** उत्तर प्रदेश के पूर्वी क्षेत्रों में पाई जाती है। इस मिट्टी में चूना अधिक होता है।
- **राकड़ मिट्टी** उत्तर प्रदेश के दक्षिण पर्वतीय एवं पठारी ढलानों पर पाई जाने वाली मिट्टी है।
- **लाल मिट्टी** उत्तर प्रदेश के मिर्जापुर, सोनभद्र जिलों में पाई जाती है।
- लाल मिट्टी का निर्माण बालूमय लाल शैलों के अपक्षय से हुआ है।
- लाल मिट्टी का विस्तार बेतवा एवं धसान नदियों के जलप्लावित क्षेत्रों में भी पाया जाता है।
- लाल मिट्टी में गेहूँ, चना एवं दाल आदि फसलें उगाई जाती हैं।
- **ऊसर** एवं **रेह मिट्टी** उत्तर प्रदेश के अलीगढ़, मैनपुरी, कानपुर, सीतापुर, उन्नाव, एटा, इटावा, रायबरेली एवं लखनऊ जिलों में पाई जाती है।
- **बंजर** नामक मृदा उत्तर प्रदेश के गोरखपुर, बस्ती, महाराजगंज, सिद्धार्थ नगर एवं गोंडा जिलों में पाई जाती है।
- जलप्लावित नदी के किनारे पाई जाने वाली मिट्टी को उत्तर प्रदेश में **ढूंह** के नाम से जाना जाता है।
- टर्शियरी मिट्टी उत्तर प्रदेश में शिवालिक पहाड़ी क्षेत्रों में पाई जाती है।
- उत्तर प्रदेश के उत्तर-पश्चिम भाग की मिट्टी में **फॉस्फेट** खनिज की कमी पाई जाती है।
- उत्तर प्रदेश के जौनपुर, आजमगढ़ तथा मऊ जनपदों की मृदा में **पोटाश** की कमी पाई जाती है।
- प्रदेश के अलीगढ़, मैनपुरी, कानपुर, उन्नाव, एटा, इटावा, रायबरेली, सुल्तानपुर, प्रतापगढ़, जौनपुर और इलाहाबाद जिलों में अधिक सिंचाई एवं उर्वरकों के इस्तेमाल से लगभग 10 प्रतिशत भूमि ऊसर हो चुकी है।
- प्रदेश के जालौन, झाँसी, ललितपुर और हमीरपुर जिलों में काली मृदा का विस्तार होने के कारण चना, गेहूँ, अरहर एवं तिलहन प्रमुख उपजें हैं।

उत्तर प्रदेश की नदियाँ

- उत्तर प्रदेश की **सर्वाधिक लम्बी नदी 'गंगा नदी'** है।
- हिमालय पर्वत से निकलने वाली उत्तर प्रदेश की प्रमुख नदियाँ– **गंगा, यमुना, रामगंगा, घाघरा, गंडक** और **राप्ती** हैं।
- उत्तर प्रदेश के मैदानी भाग से निकलने वाली प्रमुख नदियाँ–**गोमती, वरुण, रिहंद, पांडो** और **ईसन** हैं।
- दक्षिण पठार से निकलने वाली उत्तर प्रदेश की प्रमुख नदियाँ– **चंबल, बेतवा, केन, सोन, टोंस, कन्हार** तथा **रिहन्द** हैं।
- **गंगा नदी** की प्रमुख सहायक नदियाँ–रामगंगा, घाघरा, **गंडक, बूढ़ी, गंडक बागमती, कोसी** एवं **यमुना** हैं। **उत्तरी किनारे** से मिलने वाली सहायक नदियाँ **रामगंगा, गोमती, घाघरा, गंडक, कोसी** व **बागमती** तथा दक्षिण किनारे से मिलने वाली सहायक नदियाँ **यमुना** एवं **सोन** हैं।
- गंगा नदी, यमुना एवं पौराणिक सरस्वती नदी से इलाहाबाद में मिलती है।
- गंगा नदी का उद्गम गोमुख (गंगोत्री हिमनद) से होता है।
- उद्गम स्थान पर गंगा को **भागीरथी** के नाम से जाना जाता है।

उत्तर प्रदेश की प्रमुख नदियाँ

नदियाँ	उद्गम	लम्बाई (किमी)
गंगा	उत्तराखंड	2525
यमुना	उत्तराखंड	1376
घाघरा	तिब्बत	1080
चंबल	मध्य प्रदेश	1050
सोन	मध्य प्रदेश	780
रामगंगा	उत्तराखंड	690
राप्ती	नेपाल	640
बेतवा	मध्य प्रदेश	590
गोमती	उत्तर प्रदेश	940
केन	मध्य प्रदेश	427
टोंस	मध्य प्रदेश	264
शारदा	उत्तराखंड	350

उत्तर प्रदेश में स्थित प्रमुख झीलें

झील का नाम	स्थिति/स्थान	झील का नाम	स्थिति/स्थान
कीठम (सूरसरोवर)	आगरा	सुरहाताल	बलिया
गौर झील	रामपुर	करेला	लखनऊ
बड़ा ताल (गोखुर)	शाहजहाँपुर	भुंग ताल/विसैथा	रायबरेली
बरुआ सागर	झाँसी	राधाकुण्ड	मथुरा
कुन्द्रा समुंदर	उन्नाव	बल्हापारा	कानपुर
मदन सागर	महोबा	राजा का बांध	सुल्तानपुर
टंडादरी (दरारगर्त)	मिर्जापुर	औंधी ताल	बनारस

- बिजनौर जनपद से गंगा नदी उत्तर प्रदेश में प्रवेश करती है।
- गंगा नदी उत्तराखंड, उत्तर प्रदेश, बिहार तथा पश्चिम बंगाल राज्यों से होकर बहती है।
- कन्नौज के निकट गंगा नदी से रामगंगा नदी मिलती है।
- **गंगा नदी के किनारे स्थित उत्तर प्रदेश के प्रमुख नगर हैं**– फर्रुखाबाद, कन्नौज, कानपुर, इलाहाबाद, मिर्जापुर, वाराणसी एवं गाजीपुर।

उत्तर प्रदेश के प्रमुख बाँध

बाँध का नाम	किस नदी पर	स्थिति/ स्थान	बाँध का नाम	किस नदी पर	स्थिति/ स्थान
गोविंद बल्लभ पंत सागर (रिहंद)	रिहन्द	पिपरी (सोनभद्र)	चंद्रप्रभा	चन्द्रप्रभा	चंदौली
माताटीला	बेतवा	झाँसी	रामगंगा	रामगंगा (बिजनौर)	धामपुर
जिर्गो	जिर्गो	मिर्जापुर	काठी	रामगंगा	बिजनौर
पारीछा	बेतवा	झाँसी	मुशाकहंद	कर्मनाशा	चंदौली
रोहिणी	रोहिणी	ललितपुर	मेजा (निर्माणाधीन)	बेलन	मिर्जापुर
कालागढ़	रामगंगा	कालागढ़	जामनी	जामनी	ललितपुर
गोविन्द सागर	शहजाद	ललितपुर	शहजाद	शहजाद	ललितपुर
सुकमा-डुकमा	बेतवा	झाँसी	शजनाम	शजनाम	ललितपुर

- **कानपुर, गंगा नदी के दायें किनारे** एवं **वाराणसी बायें किनारे** पर स्थित है।
- **यमुना नदी** का उद्‌गम यमुनोत्री हिमनद में स्थिम बंदरपूंछ से होता है।
- यमुना नदी उत्तर प्रदेश के सहारनपुर, शामली, बागपत, गाजियाबाद, गौतमबुद्ध नगर, अलीगढ़, मथुरा, हाथरस, आगरा, इटावा, औरैया, जालौन, हमीरपुर, बांदा, फतेहपुर एवं इलाहाबाद जिलों से होकर बहती है।
- चंबल नदी, यमुना नदी से इटावा के पास मिलती है।
- बेतवा, यमुना नदी से हमीरपुर के निकट मिलती है।
- बांदा में भोजहा के निकट, यमुना नदी से केन नदी मिलती है।
- उत्तर प्रदेश के **मथुरा, वृंदावन, आगरा, इटावा, काल्पी, हमीरपुर** नगर **यमुना नदी के किनारे** अवस्थित हैं।
- **रामगंगा नदी** का उद्‌गम हिमालय की **दूधाटोली श्रेणी** (पौड़ी गढ़वाल) से होता है।
- **शारदा नदी** का उद्‌गम **कुमाऊँ हिमालय** से होता है। प्रारम्भ में इसे **काली गंगा** या **गौरी गंगा** के नाम से जाना जाता है।
- शारदा नदी पीलीभीत एवं नेपाल की सीमा निर्धारित करती है।
- शारदा नदी ब्रह्मदेव के निकट मैदानी भागों में प्रवेश करती है।
- अयोध्या सरयू नदी के किनारे अवस्थित है।
- **घाघरा नदी** का उद्‌गम **माप चांचुगो** हिमनद (तिब्बत) से होता है।
- **राप्ती नदी** का उद्‌गम स्थल **रुकुम कोट** (नेपाल) है।
- राप्ती की प्रमुख सहायक नदी रोहिणी है।
- **चंबल नदी** का उद्‌गम **जनापाव पहाड़ी, महू** (मध्य प्रदेश) से होता है।
- चंबल की प्रमुख सहायक नदियाँ काली सिंध, पार्वती एवं बनास हैं।
- चंबल नदी मध्य प्रदेश, राजस्थान एवं उत्तर प्रदेश राज्यों की सीमा को निर्धारित करती है।
- **बेतवा नदी** का उद्‌गम **कुमरा गाँव,** रायसेन (म. प्र.) से होता है।
- केन नदी का उद्‌गम **कैमूर पहाड़ियों** से होता है। इसे **कर्णवती** उपनाम से भी जाना जाता है।
- केन नदी एवं यमुना नदी का संगम चिल्ला (फतेहपुर) के निकट होता है।
- सोन नदी उ.प्र. के मिर्जापुर एवं सोनभद्र जिलों से होकर प्रवाहित होती है।
- गोमती नदी उ.प्र. के पीलीभीत, शाहजहांपुर, खीरी, सीतापुर, लखनऊ, सुल्तानपुर एवं जौनपुर जिलों से होकर प्रवाहित होती हुई गाजीपुर जिले में गंगा नदी से मिल जाती है।
- उ.प्र. की राजधानी **लखनऊ, गोमती नदी के किनारे** ही स्थित है।
- टोंस की प्रमुख सहायक नदी बेलन नदी है।

भू-गर्भिक संरचना

- भू-गर्भिक दृष्टि से उत्तर प्रदेश भारत के प्राचीनतम भू-खण्ड **गोंडवानालैण्ड महाद्वीप** का भाग है।
- राज्य की भू-गर्भिक संरचना का निर्माण चार प्रकार के शैल समूहों से हुआ है–
  (i) विंध्यन शैल समूह
  (ii) बुंदेलखण्ड नीस
  (iii) टरशरी शैल समूह
  (iv) क्वार्टनरी शैल समूह।

विंध्यन शैल समूह

- राज्य के दक्षिण में स्थित पठारी भाग विंध्यन शैल समूह द्वारा निर्मित है।
- दक्षिण में स्थित इस पठारी भाग का निर्माण **पूर्व कैम्ब्रियन** युग में हुआ।

- इस शैल समूह का निर्माण समुद्र से भू-गर्भिक शक्तियों द्वारा अपरदित पदार्थों के धरातल पर निक्षेपण एवं उसके जमाव से हुआ है।
- इसमें मुख्यतः चूना-पत्थर, बलुआ पत्थर, डोलोमाइट आदि खनिज पाए जाते हैं।
- कैमूर श्रेणी का निर्माण विंध्यन शैलों द्वारा हुआ है, जिसमें कठोर बलुआ पत्थर, **क्वार्टजाइट** एवं **कांग्लोमरेट** खनिज पाए जाते हैं।

बुंदेलखण्ड नीस

- बुंदेलखण्ड नीस का निर्माण **आद्य कल्प** में हुआ।
- इन शैलों में लाल **ओरथोक्लेज फेल्स्पार,** लाल क्वार्ट्ज हार्नब्लेण्ड क्लोराइड आदि खनिजों का मिश्रण पाया जाता है।

टरशरी शैल समूह

- राज्य के उत्तरी भाग में अवस्थित हिमालय पर्वत श्रेणियों का निर्माण टरशरी कल्प में **अंगारालैण्ड** एवं **गोण्डवानालैण्ड** के मध्य स्थित **टैथित सागर** में अत्यधिक मात्रा में अवसादों के निक्षेपण एवं भू-गर्भिक हलचलों के कारण इन निक्षेपित पदार्थों के ऊपर उठने से हुआ।
- उत्तरी भाग में स्थित शिवालिक श्रेणियों का निर्माण रेत, कंकड़, पत्थर एवं कांग्लोमरेट द्वारा हुआ है।

क्वार्टरनरी शैल समूह

- राज्य के तराई एवं भावर क्षेत्र का निर्माण क्वार्टरनरी शैल समूहों द्वारा हुआ है।
- इसमें मुख्यतः बलुआ पत्थर, कंकड़, बालू आदि पाए जाते हैं।
- भावर क्षेत्र में मोटे कंकड़-पत्थर पाए जाते हैं, जबकि तराई क्षेत्र का निर्माण महीन अवसादों द्वारा हुआ है।
- राज्य में गंगा-यमुना के मैदान में पाए जाने वाले **बाँगर** एवं **खादर** क्षेत्र का निर्माण भी क्वार्टनरी काल में हुआ है।

विभिन्न नदियों का गंगा संगम स्थल

नदी	संगम-स्थल	नदी	संगम-स्थल
विष्णुगंगा	विष्णुप्रयाग	वरुणा	वाराणसी
नन्दका	त्रिशूल पर्वत	धौली	विष्णुप्रयाग
मन्दाकिनी	रुद्रप्रयाग	पिण्डार	त्रिशूल पर्वत
गोमती	कैथी (गाजीपुर)	अलकनन्दा	देवप्रयाग (भागीरथी से)
गंगा-यमुना -सरस्वती	इलाहाबाद	घाघरा	छपरा
रामगंगा	कन्नौज	सोन	पटना
गण्डक	हाजीपुर (वैशाली)	कोसी	काढ़ागोला (कटिहार)

नदियों के किनारे बसे प्रमुख नगर

नदी का नाम	स्थित प्रमुख नगर
1. यमुना नदी	मथुरा, वृन्दावन, आगरा, इटावा, कालपी, कौशाम्बी, हमीरपुर।
2. गंगा नदी	कानपुर, वाराणसी, गुढ़मुक्तेश्वर, कन्नौज, इलाहाबाद, गाजीपुर आदि।
3. सरयू नदी	अयोध्या।
4. गोमती नदी	लखनऊ, जौनपुर, सुल्तानपुर, शाहजहाँपुर, सीतापुर, खीरी।
5. रामगंगा नदी	बिजनौर, मुरादाबाद, बरेली, बदायूँ।
6. राप्ती नदी	गोरखपुर, बस्ती, गोंडा, बहराइच।

वन एवं वन्य जीव

- सर्वप्रथम 1935 ई. में वन्य जीव संरक्षण के लिए देहरादून में मोतीचूर वन्य जीव विहार की स्थापना की गयी।
- उत्तर प्रदेश की प्रथम वन नीति वर्ष 1952 में तथा द्वितीय वन नीति वर्ष 1998 में घोषित की गयी।
- राष्ट्रीय वन नीति 1988 के अनुसार किसी भी भौगोलिक क्षेत्र के 33.33 प्रतिशत भू-भाग पर वन होने आवश्यक हैं।
- उ. प्र. में सर्वाधिक वन तराई एवं भावर क्षेत्रों में पाए जाते हैं।
- उ. प्र. में मुख्यतः तीन प्रकार के वन पाए जाते हैं—
  (1) उष्ण कटिबन्धीय नम पर्णपाती वन
  (2) उष्ण कटिबन्धीय शुष्क पर्णपाती वन
  (3) उष्ण कटिबन्धीय कंटीली झाड़ियाँ
- उ. प्र. में उष्ण कटिबन्धीय नम पर्णपाती वन तराई एवं भावर क्षेत्रों में पाए जाते हैं।
- नम पर्णपाती वनों में साल, बेर, गूलर, पलाश, महुआ, सेमल, आँवला, जामुन, बांस तथा बेंत आदि के वृक्ष पाए जाते हैं।
- उ. प्र. में शुष्क पर्णपाती वन पूर्व, मध्य एवं पश्चिम मैदानी क्षेत्रों में पाए जाते हैं।
- शुष्क पर्णपाती वनों में नीम, पीपल, शीशम, जामुन, अमलतास, बेल एवं अंजीर के वृक्ष पाए जाते हैं।
- झाड़ियाँ एवं घासें शुष्क पर्णपाती वनों में ही पाई जाती हैं।
- उ. प्र. के मैदानी नम भूमि और नदियों के किनारे नीम, पीपल, शीशम, आम, जामुन, महुआ, बबूल एवं इमली के वृक्ष मिलते हैं।
- उ. प्र. के दक्षिणी भाग में कँटीली झाड़ियों वाले उष्ण कटिबन्धीय वन पाये जाते हैं। इनमें अकेसिया, कंटीले लेगुमेस, यूफर्बियास, फुलाई, कत्था, कक्को, धामन, रेऊनझा तथा नीम के वृक्ष बहुतायत में मिलते हैं।
- उ. प्र. के बुंदेलखण्ड एवं बघेलखंड क्षेत्रों में मुख्यतः ढाक, टीक, महुआ, सलाई, चिरौंजी तथा तेंदू के वृक्ष पाये जाते हैं।
- विरोजा एवं तारपीन के तेल की प्राप्ति चीड़ वृक्ष के राल से होती है।
- वनों पर आधारित उ. प्र. के कुछ प्रमुख केन्द्र इस प्रकार हैं—
- बेंत, फर्नीचर, कत्था, माचिस एवं प्लाईवुड—बरेली, नजीबाबाद एवं ज्वालापुर
- कागज का प्रमुख केन्द्र—सहारनपुर
- बीड़ी, चीनी मिट्टी के खिलौने—मिर्जापुर, झाँसी
- लकड़ी के खिलौने—सोनभद्र, वाराणसी
- खेल का सामान—मेरठ
- वर्तमान में उत्तर प्रदेश में 1 राष्ट्रीय उद्यान, 11 वन्य जीव विहार, 12 पक्षी विहार तथा 2 प्राणी उद्यान हैं, जबकि विभाजन से पूर्व 3 राष्ट्रीय उद्यान, 17 वन्य जीव विहार, 12 पक्षी विहार तथा 3 प्राणी उद्यान थे।
- दुधवा राष्ट्रीय उद्यान-प्रदेश का एकमात्र राष्ट्रीय उद्यान लखीमपुर खीरी तथा पीलीभीत में विस्तृत है। यह 1968 में स्थापित किया गया। इसमें शेर, बारहसिंगा, गैंडा आदि का संरक्षण किया जाता है।

प्रदेश के वन्य जीव विहार

नाम	जिला	स्थापना वर्ष	क्षेत्रफल (वर्ग किमी)
1. चन्द्रप्रभा वन्य जीव विहार	चंदौली	1957	78
2. कतरनियाघाट वन्य जीव विहार	बहराइच		1976400
3. किरानपुर वन्य जीव विहार	लखीमपुर खीरी	1972	227
4. राष्ट्रीय चम्बल वन्य जीव विहार	आगरा, इटावा	1979	635
5. रानीपुर वन्य जीव विहार	बाँदा	1977	230
6. महावीर स्वामी वन्य जीव विहार	ललितपुर	1977	5 (सबसे छोटा)
7. हस्तिनापुर वन्य जीव विहार	मेरठ, मुरादाबाद, मुजफ्फरनगर, गाजियाबाद	1986	2073 (सबसे बड़ा)
8. कैमूर वन्य जीव विहार	मिर्जापुर, सोनभद्र	1982	50
9. सुहेलवा वन्य जीव विहार	बहराइच, गोंडा	1988	452
10. सोहागी बरवा वन्य जीव विहार	महाराजगंज	1987	428
11. कछुआ वन्य जीव विहार	वाराणसी	1989	7

पक्षी विहार

नाम	जिला	स्थापना वर्ष	क्षेत्रफल (वर्ग किमी)
1. लाख बहोशी पक्षी विहार	फर्रुखाबाद	1989	80 (सबसे बड़ा)
2. नवाबगंज पक्षी विहार	उन्नाव	1984	2
3. सनसपुर पक्षी विहार	रायबरेली	1987	8
4. बखीरा पक्षी विहार	बस्ती	1990	29
5. सांडा पक्षी विहार	हरदोई	1990	3
6. समान पक्षी विहार	मैनपुरी	1990	5
7. ओखला पक्षी विहार	गौतमबुद्ध नगर	1990	4
8. विजय सागर पक्षी विहार	हमीरपुर	1990	3
9. पार्वती अरगा पक्षी विहार	गोंडा	1990	11
10. सुरहा लाल पक्षी विहार	बलिया	1991	34
11. पटना पक्षी विहार	एटा	1990	1 (सबसे छोटा)

❑❑❑

कृषि और सिंचाई

- प्रदेश को 9 कृषि-जलवायु प्रदेशों में बाँटा गया है।
- कृषि-जलवायु प्रदेशों के वर्गीकरण के आधार मृदा, वर्षा, तापमान, जल एवं मानव संसाधन हैं।
- सर्वाधिक चना बुंदेलखंड क्षेत्र में पैदा होता है।
- प्रदेश में सर्वाधिक महत्त्वपूर्ण नकदी फसल गन्ना है, जो सर्वाधिक सिंचित भी है।
- गाजीपुर में राज्य की एकमात्र अफीम फैक्ट्री है।
- लंगड़ा आम मुख्य रूप से वाराणसी में पैदा होता है।
- दशहरी आम के उत्पादन में उत्तर प्रदेश अग्रणी है, जो मुख्य रूप से मलीहाबादी क्षेत्र (लखनऊ के समीपवर्ती क्षेत्र) में उत्पादन किया जाता है।
- **खाद्यान्न उत्पादन** की दृष्टि से **उ. प्र.** देश के राज्यों में **प्रथम** स्थान पर है तथा पंजाब दूसरे स्थान पर है।
- उ. प्र. **गेहूँ, गन्ना, आलू** तथा **मसूर** के उत्पादन में देश में प्रथम स्थान पर है।
- **रबी की फसल** के अन्तर्गत **गेहूँ, जौ, मटर, चना, तंबाकू, सरसों, लाही एवं आलू** आदि फसलें उगाई जाती हैं।
- **खरीफ की फसल** के अंतर्गत **चावल, गन्ना, ज्वार, बाजरा, मक्का, कपास, सनई** एवं कुछ **दलहन** फसलों का उत्पादन भी किया जाता है।
- **जायद की फसल** के अंतर्गत **तंबाकू, खरबूजा, तरबूज, ककड़ी, काशीफल** एवं **प्याज** का उत्पादन किया जाता है।
- उ. प्र. के जिन जिलों में गेहूँ प्रमुख रूप से पैदा किया जाता है, वे इस प्रकार हैं– मेरठ, बुलंदशहर, सहारनपुर, आगरा, अलीगढ़, मुजफ्फरनगर, मुरादाबाद, इटावा, कानपुर, फर्रुखाबाद एवं फतेहपुर।
- उ. प्र. के दक्षिणी पठारी क्षेत्र में गेहूँ की कृषि नहीं की जाती है।
- उ. प्र. में धान की बुआई मई-जून माह में की जाती है तथा इसे सितंबर-अक्टूबर माह में काटा जाता है।
- उ. प्र. के प्रमुख **चावल** उत्पादक जिले-पीलीभीत, सहारनपुर, महाराजगंज, देवरिया, गोंडा, बहराइच, बस्ती, रायबरेली, मऊ, बलिया, लखनऊ, वाराणसी और गोरखपुर हैं।
- उ. प्र. में **बाजरा** मई से जुलाई माह के मध्य बोया जाता है तथा सितंबर से दिसम्बर माह के मध्य काटा जाता है।
- उ. प्र. में बाजरा के प्रमुख उत्पादक जिले आगरा, मथुरा, बदायूँ, अलीगढ़, मुरादाबाद, एटा, फिरोजाबाद, मैनपुरी, इटावा, शाहजहाँपुर, प्रतापगढ़, गाजीपुर, फर्रुखाबाद और कानपुर हैं।
- उ. प्र. में **मक्का** मई-जून में बोया जाता है एवं अगस्त-सितंबर में काटा जाता है।
- उ. प्र. में प्रमुख मक्का उत्पादक जिले मेरठ, गाजियाबाद, बुलंदशहर, फर्रुखाबाद, बहराइच, गोंडा, जौनपुर, एटा, फिरोजाबाद एवं मैनपुरी हैं।
- उ. प्र. में **जौ** की खेती मुख्यतः वाराणसी, आजमगढ़, जौनपुर, बलिया, मऊ, गाजीपुर, गोरखपुर, इलाहाबाद एवं प्रतापगढ़ जिलों में की जाती है।
- **चने** की कृषि उ. प्र. के हल्की दोमट तथा शुष्क मिट्टी वाले भागों में की जाती है।
- उ. प्र. के प्रमुख चना उत्पादक जिले ललितपुर, बाँदा, हमीरपुर, झाँसी, मिर्जापुर, सोनभद्र, कानपुर, फतेहपुर, सीतापुर एवं बाराबंकी हैं।
- उ. प्र. में प्रमुख **अरहर** उत्पादक जिले वाराणसी, झाँसी, ललितपुर, इलाहाबाद एवं लखनऊ हैं।
- उ. प्र. में गन्ना उत्पादक दो प्रमुख क्षेत्र तराई एवं गंगा-यमुना दोआब हैं।
- तराई क्षेत्र के प्रमुख गन्ना उत्पादक जिले रामपुर, बरेली, पीलीभीत, सीतापुर, लखीमपुर खीरी, गोंडा, बस्ती, बलिया, महराजगंज, देवरिया एवं गोरखपुर हैं।
- दोआब क्षेत्र के प्रमुख गन्ना उत्पादक जिले मेरठ, गाजियाबाद मुजफ्फरनगर, सहारनपुर, बुलंदशहर, अलीगढ़ एवं मुरादाबाद (हापुड़, शामली एवं संभल भी) हैं।
- उ. प्र. के मेरठ जिले का गन्ना उत्तम कोटि का माना जाता है।
- मूंगफली की कृषि मुख्यतः खरीफ फसल के अंतर्गत की जाती है।
- मूंगफली की फसल जून-जुलाई में बोई जाती है एवं नवंबर-दिसंबर में खोद ली जाती है।
- उ. प्र. में मूंगफली के प्रमुख उत्पादक जिले सीतापुर, हरदोई, एटा, मुरादाबाद और बदायूँ हैं।
- अलसी का उत्पादन मुख्यतः उ. प्र. के मिर्जापुर, सोनभद्र, इलाहाबाद, गोंडा, बहराइच और हमीरपुर जिलों में होता है।
- सरसों की फसल मुख्यतः रबी ऋतु की फसल है।
- उ. प्र. के प्रमुख सरसों के उत्पादक जिले गोंडा, बहराइच, मिर्जापुर, सोनभद्र, कानपुर, सीतापुर, सहारनपुर, एटा, मेरठ, फैजाबाद, इटावा, सुल्तानपुर, मथुरा, अलीगढ़ एवं बुलंदशहर हैं।
- उ. प्र. के कपास के प्रमुख उत्पादक क्षेत्र गंगा-यमुना दोआब, रूहेलखंड और बुंदेलखंड हैं।

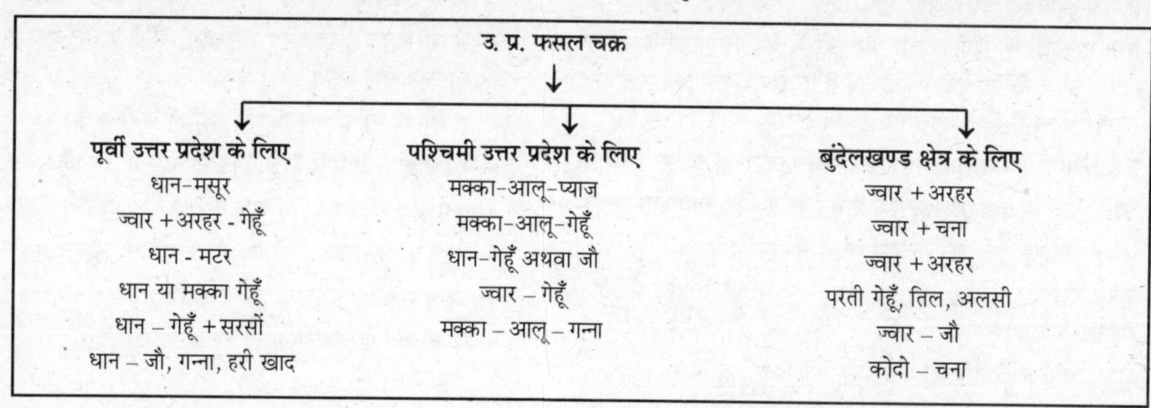

- उत्तर प्रदेश में उत्पादित पान की प्रमुख प्रजातियाँ हैं—महोबा, देशावरी, कलकतिया, कपूरी, बंग्ला, मगही, सांची, बनारसी, सोफिया, मीठा एवं रामटेक।
- पान प्रयोग एवं प्रशिक्षण केन्द्र **महोबा** में स्थित है।
- माल्टा का उत्पादन उ. प्र. के मेरठ, वाराणसी एवं सहारनपुर जिलों में किया जाता है।
- उ. प्र. के प्रमुख लीची उत्पादक जिले सहारनपुर एवं मेरठ हैं।
- उ. प्र. का प्रमुख आंवला उत्पादक जिला प्रतापगढ़ है। उ. प्र. में देश के कुल आंवला उत्पादन का 60 प्रतिशत से अधिक भाग उत्पादित किया जाता है।

सिंचाई व्यवस्था

- उत्तर प्रदेश एक कृषि प्रधान देश है।
- उपलब्ध आँकड़ों के आधार पर उ. प्र. में लगभग 70% क्षेत्र में सिंचाई सुविधा उपलब्ध है।
- सिंचाई क्षेत्र की प्रतिशतता की दृष्टि से उत्तर प्रदेश का पंजाब और हरियाणा के बाद तीसरा स्थान है।
- कृषि आँकड़ों के आधार पर लगभग 190 लाख हेक्टेयर भूमि कृषि योग्य है।
- सिंचाई के आधार पर क्षेत्र का विभाजन :
  1. गंगा यमुना दोआब तथा यमुना के पश्चिम का क्षेत्र
  2. गंगा घाघरा दोआब
  3. घाघरा के उत्तर का क्षेत्र
  4. बुन्देलखण्ड क्षेत्र तथा गंगा नदी के दक्षिण में इलाहाबाद, वाराणसी, सोनभद्र तथा चंदौली जिले का भाग।
- गंगा यमुना दोआब तथा यमुना के पश्चिम के क्षेत्र की सिंचाई मुख्यतः ऊपरी गंगा नहर, निचली गंगा नहर, पूर्वी यमुना नहर, मध्य गंगा नहर का निर्माण 1977-78 में प्रारम्भ किया गया।
- इस परियोजना के तहत बिजनौर के समीप गंगा नदी पर बैराज का निर्माण किया गया।
- इस परियोजना के अन्तर्गत गंगा नदी का वर्षाकाल का अतिरिक्त जल का उपयोग मुख्यतः धान की सिंचाई हेतु किया जाता है।
- इस परियोजना से लाभान्वित जिले गाजियाबाद, बुलंदशहर, अलीगढ़, मथुरा, हाथरस तथा फिरोजाबाद आदि हैं।
- मध्य गंगा नहर के द्वितीय चरण गंगा नदी के बाएँ किनारे से बिजनौर में निर्मित बैराज से गंगा एवं गंगा दोआब में मुरादाबाद, ज्योतिबा फुले नगर, बदायूँ एवं बरेली जिले में सिंचाई सुविधा उपलब्ध कराई जा रही है।
- बदायूँ सिंचाई परियोजना, बरेली जिले में स्थित रामगंगा नदी पर स्थित है।
- बदायूँ, दातागंज तथा शाहजहाँपुर में सिंचाई का एकमात्र साधन भू-जल है।
- जरौली पम्प नहर परियोजना फतेहपुर जनपद में प्रस्तावित है।
- ऊपरी गंगा नहर सिंचाई आधुनिकीकरण परियोजना को विश्व बैंक द्वारा सहायता प्राप्त थी।
- आगरा नहर का निर्माण रबी फसल के लिये किया गया था।
- आगरा नहर दिल्ली के ओखला स्थान पर यमुना नदी के दाएँ तट से निकलती है।
- इस नहर से मथुरा व आगरा जनपद में सिंचाई की जाती है।
- राजा महेन्द्र रिपुदमन सिंह चम्बल डाल नहर परियोजना, आगरा जिले में स्थित है।
- गोकुल बैराज परियोजना की स्थापना आगरा में जनवरी से जुलाई तक जल की कम उपलब्धता के कारण बनाई गयी। गंगा बैराज कानपुर में स्थित है।
- आगरा बैराज परियोजना, आगरा शहर को पेयजल उपलब्ध कराने हेतु बनायी गयी है।
- जिर्गो जलाशय बाँध जिर्गो नदी पर मिर्जापुर में स्थित है।
- माताटीला बाँध बेतवा नदी पर अवस्थित है। यह झाँसी में है।
- गोविन्द बल्लभ पंत सागर परियोजना रिहन्द नदी पर स्थित है। यह मिर्जापुर में स्थित है।
- मुसा कहन्द, कर्मनाशा नदी पर स्थित बाँध है। यह बाँध वाराणसी में स्थित है।
- रामगंगा बाँध, रामगंगा नदी पर बिजनौर जिले में स्थित है। काठी बाँध, रामगंगा नदी पर बिजनौर जिले में स्थित है।
- मेजा बाँध, निर्माणाधीन है, यह बेलन नदी पर स्थित है। मेजा बाँध, मिर्जापुर में स्थित है।
- शारदा मुख्य नहर चम्पावत जिला के बनवासा स्थल पर शारदा नदी से निकलती है।
- शारदा नहर प्रणाली की कुल लम्बाई 9,743 किमी. है।
- अन्तः बेसिन स्थानान्तरण द्वारा घाघरा नदी के जल का उपयोग करते हुए शारदा सहायक परियोजना का निर्माण किया गया।
- ज्ञानपुर पम्प नहर परियोजना को मार्च, 1991 में स्वीकृति मिली है।
- सरयू नहर परियोजना द्वारा लाभान्वित जिले बहराइच, श्रावस्ती, बलरामपुर, गोंडा, सन्त कबीरनगर, सिद्धार्थनगर, बस्ती एवं गोरखपुर।
- बाण सागर बाँध एवं नहर प्रणाली, उत्तर प्रदेश, मध्य प्रदेश तथा बिहार राज्य की संयुक्त परियोजना है।
- राजघाट बाँध व राजघाट नहर परियोजना, ललितपुर जिले में स्थित है। यह बेतवा नदी पर अवस्थित बाँध है। यह बाँध उत्तर प्रदेश व मध्य प्रदेश के सहयोग से बनाया गया है।
- यह परियोजना बुन्देलखण्ड, ललितपुर, झाँसी, जालौन तथा हमीरपुर जनपद को लाभान्वित करेगी।
- कनहर सिंचाई परियोजना, सोनभद्र जिले में स्थित है।
- मौहदा बाँध, हमीरपुर जिले में बिरमा नदी पर स्थित है।
- गुन्थ बाँध परियोजना, चित्रकूट में गुन्थ नाला पर स्थित है।
- चरखारी डाल नहर परियोजना, मौदहा बाँध परियोजना का अंश है।
- कचनौदा बाँध परियोजना, ललितपुर जिले में स्थित है।
- पथरई बाँध परियोजना, झाँसी जनपद में स्थित है।

उत्तर प्रदेश की कुछ अन्य प्रमुख नहरें

	नहर	स्थिति/सम्बन्धित नदी	लाभान्वित जिले
1.	पूर्वी यमुना नहर	फैजाबाद, यमुना नदी	सहारनपुर, मेरठ, गाजियाबाद, मुजफ्फरपुर
2.	बेतवा नहर	परिच्छा (झाँसी), बेतवा नदी	झाँसी, जालौन, हमीरपुर
3.	केन नहर	पन्ना (मध्य प्रदेश), केन नदी	बाँदा
4.	घाघरा नहर	घाघरा नदी	मिर्जापुर, सोनभद्र
5.	धंसान नहर	धंसान नदी (बेतवा की सहायक नदी)	हमीरपुर
6.	सपरार नहर	करोंदा गांव (मऊरानीपुर, झाँसी), सपरार नदी	झाँसी, हमीरपुर
7.	रानी लम्बीबाई बाँध नहर	माताटीला (झाँसी), बेतवा नदी	हमीरपुर, जालौन
8.	ऊपरी गंगा नहर	हरिद्वार, गंगा नदी	गाजियाबाद, मेरठ, सहारनपुर, मुजफ्फरनगर, अलीगढ़, मथुरा, एटा, इटावा, कानपुर, फतेहपुर।
9.	निचली गंगा नहर	नरौरा (बुलन्द शहर) गंगा नदी	बुलन्दशहर, अलीगढ़, एटा, मैनपुरी, फिरोजाबाद, कानपुर, फतेहपुर, इलाहाबाद।

उत्तर प्रदेश के प्रमुख बाँध

बाँध का नाम	किस नदी पर	स्थिति/स्थान
माताटीला	बेतवा	झाँसी
मुशाकहंद,	कर्मनाशा	चंदौली
जिर्गो	जिर्गो	मिर्जापुर
मैजा (निर्माणाधीन)	बेलन	मिर्जापुर
पारीछा	बेतवा	झाँसी
जामनी	जामनी	ललितपुर
कालागढ़	रामगंगा	कालागढ़
रोहिणी	रोहिणी	ललितपुर
शहजाद	शहजाद	ललितपुर
गोविन्द सागर	शहजाद	ललितपुर
शजनाम	शजनाम	ललितपुर
सुकमा-डुकमा	बेतवा	झाँसी
चन्द्रप्रभा	चन्द्रप्रभा	चंदौली
अर्जुन बाँध नहर	चरखारी (हमीरपुर) अर्जुन नदी	हमीरपुर
नगवां बाँध नहर	नगवां, कर्मनाशा नदी	मिर्जापुर, सोनभद्र
अहरौरा बाँध नहर	अहरौरा (वाराणसी), गडई नदी	वाराणसी, मिर्जापुर
नौगढ़ बाँध नहर	नौगढ़ (चंदौली), कर्मनाशा नदी	चंदौली, गाजीपुर
सरयू/घाघरा नहर	नानपारा (बहराइच), घाघरा नदी	बहराइच, गोंडा, बस्ती
बेलन टोंस नहर	रीवा (मध्य प्रदेश)	इलाहाबाद
रंगबा बाँध नहर	मध्य प्रदेश, वरने नदी	बाँदा
बानगंगा बैराज नहर	बस्ती, बानगंगा नदी	बस्ती
रामगंगा	रामगंगा	धामपुर (बिजनौर)
गोविन्द बल्लभ पंत सागर (रिहंद)	रिहंद	पिपरी (सोनभद्र)
काठी	रामगंगा	बिजनौर

❑❑❑

उद्योग

- क्षेत्रीय असन्तुलन दूर करने के लिए पूर्वांचल एवं बुन्देलखण्ड में उद्योग स्थापना हेतु विशेष सहूलियत देने की व्यवस्था की गयी है।
- प्रदेश में सर्वांगीण औद्योगिक विकास के दृष्टिकोण से सूचना प्रौद्योगिक नीति, बायोटेक नीति, खाद्य प्रसंस्करण नीति तथा ऊर्जा नीति की घोषणा की गई है।
- उ. प्र. राज्य औद्योगिक विकास निगम, नोएडा, ग्रेटर नोएडा एवं अन्य औद्योगिक विकास प्राधिकरणों तथा संस्थाओं द्वारा प्रदेश में औद्योगिक अवस्थापना सुविधाओं का विकास किया जा रहा है।
- लखनऊ औद्योगिक विकास प्राधिकरण (लीडा) एवं दादरी औद्योगिक विकास प्राधिकरण (डीडा) की स्थापना की जा रही है।
- **उद्योग बन्धु**– प्रदेश के औद्योगिक विकास हेतु विभिन्न नीतियाँ तैयार करना, उद्यमियों को प्रदेश में उपलब्ध सुविधाओं, घर अन्य सुविधाओं जैसे भूमि, विद्युत आदि से सम्बन्धित सूचनाएँ प्रदान करता है।
- उद्यमियों को विभिन्न स्वीकृतियाँ अनुमोदन निर्गत कराने हेतु प्रदेश में एकल मेज़ व्यवस्था का अनुश्रवण कराना तथा विभिन्न औद्योगिक संगठनों तथा विभागों से समन्वय स्थापित करता है।
- प्रदेश में सुदृढ़ औद्योगिक वातावरण सृजित करने हेतु अवस्थापना, खाद्य प्रसंस्करण, ऊर्जा, पर्यावरण, श्रम, कर एवं निबंधन इलेक्ट्रॉनिक आदि वर्किंग ग्रुप की बैठकें आयोजित करना, कार्यवृत्त निर्गत करना तथा लिए गए निर्णयों के अनुपालन का अनुश्रवण करता है।
- निगम द्वारा प्रदेश में औद्योगिक क्षेत्रों में 7500 से भी अधिक बृहद्, मध्यम व लघु इकाइयों की स्थापना हुई है।

आर्थिक क्षेत्र

- अधिसूचित आर्थिक क्षेत्र (SEZs) 21 हैं।
- वर्तमान स्थिति के अनुसार उ. प्र. में कुल 8 संचालित विशेष आर्थिक क्षेत्र (Operational SEZs) हैं। इनमें से 1 केन्द्र सरकार द्वारा स्थापित बहु-उत्पाद प्रकार का आर्थिक क्षेत्र **'नोएडा स्पेशल इकोनॉमिक जोन'** है तथा शेष 7 संचालित विशेष आर्थिक क्षेत्र (Notified Operational SEZs) इस प्रकार हैं–

  1. मुरादाबाद SEZ, मुरादाबाद
  2. एच. सी. एल. टेक्नोलॉजीस, नोएडा
  3. मोसर बेयर, ग्रेटर नोएडा
  4. विप्रो लिमिटेड, ग्रेडर नोएडा
  5. सी व्यू डेवलपर्स लिमिटेड, नोएडा
  6. एनआईआईटी टेक्नोलॉजीस, नोएडा
  7. आचविस सॉफ्टेक, नोएडा

- मोसर बेयर सौर ऊर्जा सहित गैर-परम्परागत ऊर्जा क्षेत्र का SEZ है।

प्रमुख औद्योगिक निगम व प्राधिकरण

- **लखनऊ औद्योगिक विकास प्राधिकरण**– इसकी स्थापना नोएडा एवं ग्रेटर नोएडा की तर्ज पर लखनऊ एवं उन्नाव के मध्य वर्ष 2005 में की गई।
- **उत्तर प्रदेश इलेक्ट्रॉनिक निगम लिमिटेड** (अपट्रॉन) इसकी स्थापना वर्ष 1976 में पिकप की एक सहायक कम्पनी के रूप में लखनऊ में की गई थी।
- ग्रेटर नोएडा की स्थापना वर्ष 1991 में की गई। यहाँ देश के सबसे बडे नॉलेज पार्क की स्थापना की जा रही है।
- **उत्तर प्रदेश वित्तीय निगम** की स्थापना नई एवं मध्यम उद्योगों की स्थापना के लिए ऋण देने के लिए वर्ष 1954 में कानपुर में की गई। **उत्तर प्रदेश** राज्य हथकरघा निगम का गठन राम सहाय आयोग की संस्तुतियों के आधार पर 9 जनवरी, 1973 को **कानपुर** में किया गया ।
- **उत्तर प्रदेश लघु उद्योग निगम लिमिटेड**– इसकी स्थापना वर्ष 1958 में की गई, जिसके 6 क्षेत्रीय कार्यालय हैं– कानपुर, लखनऊ, इलाहाबाद, आगरा, बरेली एवं गाजियाबाद।
- **उत्तर प्रदेश औद्योगिक सहकारी संघ (यूपिका)**– इसकी स्थापना वर्ष 1952 में कानपुर में की गई।
- **उत्तर प्रदेश राज्य चर्म विकास एवं विपणन निगम**– इसकी स्थापना 12 फरवरी, 1974 को आगरा में की गई।
- **उद्यमिता विकास संस्थान**– इसकी स्थापना वर्ष 1986 में स्वायत्तशासी संस्था के रूप में की गई।
- **प्रदेशीय औद्योगिक व पूँजी निवेश**– निगम (पिकप) की स्थापना वृहत एवं मध्यम उद्योगों को दीर्घकालीन ऋण देने के लिए वर्ष 1972 में लखनऊ में की गई।
- **उत्तर प्रदेश राज्य औद्योगिक विकास निगम**– इसकी स्थापना मार्च, 1961 में कानपुर में की गई।

उत्तर प्रदेश के प्रमुख लघु एवं कुटीर उद्योग

उद्योग	केन्द्र
1. चीनी मिट्टी के बर्तन	खुर्जा, गाजियाबाद
2. दियासलाई उद्योग	बरेली, सहारनपुर, इलाहाबाद, मेरठ, रामपुर
3. साबुन उद्योग	कानपुर, आगरा, मोदीनगर, गाजियाबाद, मेरठ
4. गलीचा निर्माण	आगरा, वाराणसी, भदोही, मिर्जापुर
5. दरी निर्माण	बरेली, आगरा, अलीगढ़, इटावा, मिर्जापुर, शाहजहाँपुर
6. रंग-रोगन एवं नल के पाइप	कानपुर, मेरठ, गाजियाबाद, मोदीनगर इलाहाबाद, कानपुर, लखनऊ
7. औषधि निर्माण	कानपुर, झाँसी, लखनऊ, सहारनपुर

8. टॉर्च निर्माण	लखनऊ
9. सिगरेट निर्माण	सहारनपुर एवं गाजियाबाद
10. वॉर्निश	बरेली, लखनऊ
11. कंबल निर्माण	मुजफ्फरनगर, नजीबाबाद, लावड़ (मेरठ)
12. हथकरघा एवं सूती वस्त्र	मेरठ, खेक्ड़ा (बागपत) देवबन्द, धामपुर, सिकंदराबाद, टांडा, मगहर, मऊ, मुबारकपुर
13. लकड़ी के खिलौने	लखनऊ और वाराणसी
14. बेंत की छड़ियाँ	बरेली
15. लकड़ी का फर्नीचर	हाथरस, वाराणसी, सहारनपुर, बरेली
15. लकड़ी पर नक्काशी	सहारनपुर और नगीना
16. खेल का सामान	आगरा, मेरठ
17. बर्तनों पर कलई एवं नक्काशी	मुरादाबाद और मिर्जापुर
18. पीतल की मूर्तियाँ	मथुरा
19. पीतल के ताले, सरौते, चाकू, कैंचियाँ एवं छुरे	हाथरस, मथुरा, अलीगढ़ एवं मेरठ
20. पीतल और कलई के बर्तन	वाराणसी, मिर्जापुर, फर्रुखाबाद, हाथरस, अतरौली, मुरादाबाद, शामली, हापुड़ और बड़ौती
21. जरी और चिकन पर गोटे का काम	लखनऊ एवं वाराणसी
22. इत्र एवं सुगन्धित तेल	कन्नौज, गाजीपुर, जौनपुर, लखनऊ एवं इलाहाबाद

प्रदेश में केन्द्र सरकार के प्रमुख प्रतिष्ठान

प्रतिष्ठान	अवस्थिति
डीजल लोकोमोटिव वर्क्स	वाराणसी
राष्ट्रीय ताप बिजली निगम (NTPC)	सिंगरौली (सोनभद्र)
भारत पम्प्स एण्ड कम्प्रेसर्स	नैनी (इलाहाबाद)
इण्डियन टेलीफोन इण्डस्ट्रीज	नैनी
इण्डियन टेलीफोन इण्डस्ट्रीज	रायबरेली
आयुध उपस्कर कारखाना	हजरतपुर (फिरोजाबाद)
हिन्दुस्तान एयरोनॉटिक्स लिमिटेड	लखनऊ
हिन्दुस्तान एयरोनॉटिक्स लिमिटेड	कानपुर
हिस्दुस्तान एयरोनॉक्टिस लिमिटेड	कोरबा मुंशीगंज
अपट्रॉन केपेसिटर सिस्टम लिमिटेड	लखनऊ
अपट्रॉन डिजिटल सिस्टम लिमिटेड	लखनऊ
भारत इलेक्ट्रॉनिक लिमिटेड	गाजियाबाद
स्कूटर्स इण्डिया लिमिटेड	लखनऊ
भारतीय चमड़ा रंगाई तथा जूता संस्थान	कानपुर
कृत्रिम अंग निर्माण निगम	कानपुर
तेल शोधन कारखाना	मथुरा
हिन्दुस्तान एल्युमिनियम कॉर्पोरेशन (HINDALCO)	रेणुकूट (सोनभद्र)

- **नवीन ओखला औद्योगिक विकास प्राधिकरण (नोएडा)**–नोएडा का प्रारम्भ 1976 ई. में मूल रूप से औद्योगिक क्षेत्रों के विकास के लिए किया गया।
- **गोरखपुर औद्योगिक विकास प्राधिकरण (गीडा)**– गीडा की स्थापना पूर्वांचल के समग्र एवं सुनियोजित औद्योगिक विकास हेतु की गयी है।
- **ताज एक्सप्रेस वे औद्योगिक विकास प्राधिकरण**–इस प्राधिकरण का निर्माण 1976 ई. में किया गया। इसमें गौतमबुद्ध नगर के 37 गाँव, अलीगढ़ के 17 गाँव, आगरा के 26 गाँव, मथुरा के 34 गाँव तथा मांट तहसील के 71 गाँव शामिल हैं। इसमें कुल 185 गाँव शामिल हैं।
- **पिकप, लखनऊ**–पिकप की स्थापना कम्पनी अधिनियम 1956 के अन्तर्गत 1972 में की गयी।

ऊर्जा संसाधन

- किसी भी प्रदेश का सर्वांगीण विकास ऊर्जा की उपलब्धता पर निर्भर करता है।
- पारम्परिक स्रोत-कोयला, खनिज तेल, आणविक खनिज एवं जल विद्युत ऊर्जा है।
- गैर-परम्परागत स्रोत-सौर ऊर्जा, पवन ऊर्जा, बायो ऊर्जा, ज्वारीय ऊर्जा, भू-तापीय ऊर्जा इत्यादि।
- उत्तर प्रदेश में ऊर्जा के पारम्परिक स्रोत-कोयला तथा जल।
- NTPC द्वारा पहला 'ताप विद्युत संयंत्र' सिंगरौली में लगाया गया।
- कोयले पर आधारित ताप विद्युत परियोजनाएँ-दादरी ताप विद्युत परियोजना, रिहन्द ताप विद्यत परियोजना तथा ऊँचाहार ताप विद्युत परियोजना है। फिरोज गाँधी ऊँचाहार ताप विद्युत संयंत्र की क्षमता 1000 MW है।
- उत्तर प्रदेश में तेल भण्डारों का अभाव तथा कोयले की अल्प मात्रा के कारण जल विद्युत का प्रयोग होता है।
- Pressurised Heavy Water Reaction (PHWR) के डिजाइन पर बुलन्दशहर (नरौरा) में 235 MW के दो इकाइयों वाले परमाणु रिएक्टर हैं।

❑❑❑

खनिज संसाधन

- खनिज संसाधन की दृष्टि से उत्तर प्रदेश एक निर्धन राज्य है।
- यहाँ देश के कुल खनिज उत्पादन का एक प्रतिशत खनिज प्राप्त होता है।
- खनिज संसाधन मुख्यतया दक्षिण के पठारी भाग में मिलता है।
- खनिज सम्पदा के विकास के लिए भू-तत्व एवं खनिकर्म निदेशालय की स्थापना 1955 में की गई थी।
- उत्तर प्रदेश राज्य खनिज विकास निगम की स्थापना 1974 में की गई।
- खनिज बहुल जिलों की संख्या 10 है।
- खनिज उत्पादन की दृष्टि से उत्तर प्रदेश का दसवाँ स्थान है।
- देश के खनिज उत्पादन का लगभग 2.6% उत्पादित होता है।
- खनिजों से प्राप्त राजस्व के 5% भाग में खनिज विकास निधि स्थापित करने की योजना है।
- राज्य में सभी उपलब्ध खनिज पदार्थ मुख्य रूप से 8 दक्षिण जिलों में केन्द्रित हैं, ये जिलें हैं— आगरा, ललितपुर, झाँसी, हमीरपुर, बाँदा, प्रयागराज, मिर्जापुर, सोनभद्र
- शारदा एवं रामगंगा नदियों के रेत में सोने के कण पाये जाते हैं।
- यह राज्य लौह अयस्क के मामले में पिछड़ा राज्य है।
- काँच बालू उत्पादन में इसका पहला स्थान है।
- मिर्जापुर जिले में स्थित कोयले की खुदाई कोल इण्डिया लिमिटेड द्वारा की जाती है, जिसका उपयोग ओबरा के ताप विद्युत गृह में किया जाता है।
- बॉक्साइट से एलुमिनियम बनाया जाता है।
- एलुमिनियम का उपयोग रेणुकूट (मिर्जापुर) फैक्ट्री में होता है।
- पाइटोफिलाइट खनिज झाँसी और हमीरपुर जिलों में पाया जाता है।
- चूना पत्थर के संचित भंडार की दृष्टि से उत्तर प्रदेश का दूसरा स्थान है। चूना पत्थर मुख्य रूप से मिर्जापुर तथा सोनभद्र में पाया जाता है।
- डोलोमाइट मिर्जापुर, बाँदा, सोनभद्र जिले में पाया जाता है। उच्च स्तर का डोलोमाइट मिर्जापुर के कजराहट में पाया जाता है।
- डोलोमाइट का उपयोग इस्पात उद्योग, पोर्टलैण्ड सीमेन्ट, प्लास्टर ऑफ पेरिस आदि में किया जाता है।
- रॉक फास्फेट बाँदा और ललितपुर जिले में पाया जाता है।
- कोयला सोनभद्र जिले के निचले गोंडवाना क्षेत्र में पाया जाता है।
- सोनभद्र के सिंगरौली क्षेत्र में कोयले का विशाल भण्डार है।
- इस क्षेत्र में खुदाई का कार्य 'कोल इंडिया लिमिटेड' द्वारा किया जाता है।
- प्रदेश के सोनभद्र जिले में चायना क्ले पाया जाता है।
- मिर्जापुर जिले में बांसी एवं मकरीखोह क्षेत्र में गोंडवाना युग की चट्टानों के फायर क्ले का निक्षेप पाया जाता है।
- ललितपुर तांबा उत्पादन का मुख्य क्षेत्र है।
- ताँबा मुख्यत: आग्नेय और परतदार चट्टानों में नसों के रूप में मिलता है।
- पाइरोफिलाइट-महोबा, झाँसी ललितपुर एवं हमीरपुर जिलों में पाया जाता है।
- इस खनिज का उपयोग तापसह एवं सिरेमिक उद्योग में किया जाता है।
- एस्बेस्टस, मिर्जापुर से प्राप्त होता है। इसका उपयोग सीमेन्ट निर्माण एवं विद्युत उपकरणों में होता है।
- सेलखड़ी खनिज, हमीरपुर व झाँसी जिले में पाया जाता है।
- मिर्जापुर जिले में पाइटाइट्स के भण्डार मिले हैं।
- पोटाश लवण प्रदेश के कानपुर, गाजीपुर, इलाहाबाद और वाराणसी जिलों में पाया जाता है।
- हीरा मुख्य रूप से बाँदा तथा मिर्जापुर जिले के जंगलों में पाया जाता है।
- हीरा भण्डार का यह क्षेत्र पन्ना के काफी समीप है।
- उत्तर प्रदेश के ललितपुर जिले में यूरेनियम के सीमित भण्डार मिले हैं।

प्रदेश में खनिज संसाधन : एक दृष्टि में

1.	**बॉक्साइट**	–	राजगवां (बाँदा), चंदौली
2.	**चूना पत्थर**	–	गुखमा-कनाच-बापुहारी (मिर्जापुर) कजराहट (सोनभद्र)
3.	**कोयला**	–	सिंगरौली (सोनभद्र)
4.	**पोटाश लवण**	–	इलाहाबाद, चंदौली, बांदा, झाँसी
5.	**डोलोमाइट**	–	मिर्जापुर, सोनभद्र, बांदा
6.	**काँच बालू**	–	इलाहाबाद, चंदौली, बाँदा, चित्रकूट, झाँसी
7.	**पाइरोफिलाइट**	–	झाँसी, ललितपुर, हमीरपुर
8.	**एंडालुसाइट**	–	मिर्जापुर
9.	**पाइराइट्स**	–	मिर्जापुर
10.	**सेलखड़ी**	–	हमीरपुर, झाँसी
11.	**सोना**	–	शारदा एवं रामगंगा के रेत में
12.	**रॉक फॉस्फेट**	–	बाँदा, ललितपुर
13.	**फायरक्ले**	–	बांसी-मकरी-खोह (मिर्जापुर), सोनभद्र
14.	**हीरा**	–	बाँदा एवं मिर्जापुर
15.	**संगमरमर**	–	मिर्जापुर, सोनभद्र
16.	**ताँबा**	–	ललितपुर (सोनराई क्षेत्र)
17.	**यूरेनियम**	–	ललितपुर
18.	**जिप्सम**	–	झाँसी, हमीरपुर
19.	**एस्बेस्टस**	–	मिर्जापुर
20.	**डायस्पोर**	–	ललितपुर

❑❑❑

उत्तर प्रदेश–कला एवं संस्कृति

प्रमुख घराने

- स्वामी हरिदास को अनेक विद्वान **ध्रुपद की डागुर बानी** का प्रवर्तक मानते हैं। उन्होंने मन्दिरों में ध्रुपद गायन द्वारा अर्चना पद्धति का श्रीगणेश किया।
- हरिदासी सम्प्रदाय के **पाँच मुख्य संगीत अर्चना केन्द्र** थे–

  (i) **बांके बिहारी का मन्दिर**–जहाँ स्वामी हरिदास को दर्शन हुए।

  (ii) निधिवन–स्वामी हरिदास तथा उनके शिष्यों के आश्रम एवं स्वामी जी का समाधि-स्थल।

  (iii) गोरेलाल का मन्दिर–स्वामी जी की शिष्य परम्परा में नरहरि देव के उपास्य।

  (iv) श्री रसिक बिहारी–स्वामी रसिक देव के ठाकुर।

  (v) थट्टी स्थान–स्वामी ललित मोहिनी देव द्वारा स्थापित।

उ. प्र. के प्रमुख मेले/उत्सव

उत्सव का नाम		स्थान
1. होलिकोत्सव	–	मथुरा
2. आगरा पर्यटन उत्सव	–	आगरा
3. सैयद सालार उर्स	–	बहराइच
4. रामायण मेला	–	चित्रकूट
5. कम्पिल पर्यटनोत्सव	–	कम्पिल (फर्रुखाबाद)
6. ढाई घाट मेला	–	शाहजहाँपुर
7. बटेश्वर मेला	–	बटेश्वर (आगरा)
8. देवा मेला	–	बाराबंकी
9. सोरों मेला	–	कासगंज
10. कालिंजर मेला	–	बाँदा
11. नवरात्रि मेला	–	आगरा
12. शृंगीरामपुर मेला	–	फर्रुखाबाद
13. बिठूर गंगा महोत्सव	–	कानुपर
14. राम बारात	–	आगरा
15. खिचड़ी मेला (मकर संक्रांति)	–	गोरखपुर
16. गोविन्द सागर मेला	–	अम्बेडकर नगर
17. वाराणसी पर्यटन उत्सव	–	वाराणसी
18. लखनऊ महोत्सव	–	लखनऊ
19. परिक्रमा मेला	–	अयोध्या
20. गंगा महोत्सव	–	वाराणसी
21. त्रिवेणी महोत्सव	–	इलाहाबाद
22. कन्नौज पर्यटनोत्सव	–	कम्पिल (फर्रुखाबाद)
23. कबीर मेला	–	मगहर (संत कबीर नगर)
24. नौचंदी मेला	–	मेरठ
25. हरिदास जयंती	–	वृंदावन
26. कुम्भ मेला (प्रति 12 वर्ष में)	–	प्रयाग
27. गढ़मुक्तेश्वर गंगा मेला	–	हापुड़
28. मकनपुर मेला	–	फर्रुखाबाद
29. गोला गोकर्णनाथ मेला	–	लखीमपुर खीरी
30. बल सुंदरी देवी मेला	–	अनूपशहर
31. देवीपाटन मेला	–	बलरामपुर
32. कैलाश मेला	–	आगरा (कैलाश एवं सिकन्दरा में)
33. लट्ठमार होली	–	बरसाना (मथुरा)
34. आयुर्वेद महोत्सव	–	झाँसी
35. कजली महोत्सव	–	महोबा
36. रामनगरिया मेला	–	फर्रुखाबाद
37. श्रावणी मेला	–	फर्रुखाबाद
38. शाकम्भरी देवी मेला	–	सहारनपुर
39. रामनवमी मेला	–	अयोध्या (फैजाबाद)

लोक संगीत एवं नृत्य

- उत्तर प्रदेश सांस्कृतिक विविधता का प्रदेश है।
- विभिन्न अवसरों पर विभिन्न क्षेत्रों में अनेक लोक गीत प्रचलन में रहे हैं।
- प्रदेश के प्रमुख लोक गीत हैं–बिरहा, चैती, कजरी, रसिया आल्हा, पूरन भगत भर्तृहरि आदि।

बिरहा

- यह पूर्वांचल में गाया जाता है।
- इसे वीर रस में करताल का प्रयोग करके गाया जाता है।

चैती

- यह एक ऋतु गीत है।
- चैती के द्वारा प्रेम की अभिव्यक्ति की जाती है।

कजरी

- सावन में महिलाओं द्वारा गाया जाता है।
- यह विवाह गीत तथा ऋतु-गीत है।

रसिया

- यह ब्रजभूमि का गीत है।
- श्री कृष्ण की उपासना में यह गाया जाता है।

आल्हा

- यह बुन्देलखण्ड, महोबा में प्रचलित लोक गीत है।
- इसे वीर रस में गाया जाता है।

सोहर

- यह संस्कार गीत है।

लोक नृत्य

उत्तर प्रदेश में निम्न प्रमुख लोक नृत्य हैं–

नृत्य	क्षेत्र	विशेषता
चरकुला	ब्रज क्षेत्र	रथ आदि के पहिए पर कई घड़े रखकर उसे अपने सिर पर रखा जाता है।
दीपावली	बुन्देलखण्ड	अहीरों द्वारा अनेक दिये जलाकर नृत्य किया जाता है।
पाई डण्डा	बुन्देलखण्ड	अहीरों द्वारा छोटे-छोटे डंडे लेकर डांडिया नृत्य की भाँति नृत्य।
राई (मयूर नृत्य)	बुन्देलखण्ड	कृष्ण जन्मोत्सव पर किया जाने वाला नृत्य।
शैरा	बुन्देलखण्ड	कृषकों द्वारा फसल काटते समय खुशी प्रकट करने वाला नृत्य
कार्तिक	बुन्देलखण्ड	कार्तिक माह में श्रीकृष्ण तथा गोपी बनकर किया जाने वाला नृत्य।
घुरिया	बुन्देलखण्ड	कुम्हारों द्वारा महिला परिवेश में किया जाने वाला नृत्य।
ख्याल	–	पुत्र के जन्म पर रंग-बिरंगे कागजों तथा बाँसों द्वारा निर्मित मन्दिर को सिर पर रखकर किया जाने वाला नृत्य।
धबिया	–	एक नर्तक धोबी बनकर तथा दूसरा नर्तक गधा बनकर नृत्य करते हैं।
धीवर	–	कहार जाति द्वारा शुभ अवसरों पर किया जाने वाला नृत्य।
छपेती	–	एक हाथ में रूमाल तथा दूसरे हाथ में दर्पण लेकर आध्यात्मिक समुन्नति के लिए किया जाता है।
छोलिया	–	राजपूतों का विवाह नृत्य; तलवार और ढाल लेकर।
पासी	–	सात अलग-अलग मुद्राओं की एक गति तथा एक ही लय में युद्धक भूमिका की जाती है।
धोबिया	–	एक नर्तक द्वारा अन्य नर्तकों के घेरे में 'कच्ची घोड़ी' पर बैठकर किया जाने वाला नृत्य।
देवी	बुन्देलखण्ड	एक नर्तक देवी का रूप धारण करता है, अन्य सभी नर्तक उसके सम्मुख नृत्य करते हैं।
नखरी	पूर्वांचल	अहीरों तथा नक्कारे की लय पर किया जाने वाला नृत्य।
कलाबाजी	अवध	नर्तक 'मोर बाजा' (विंड पाइप) लेकर कच्ची घोड़ी पर बैठकर नृत्य करता है।
जोगिनी	अवध	रामनवमी पर पुरुष नर्तक महिला वेश धारण करके साधुओं के रूप में नृत्य करते हैं।
घरकरही	मिर्जापुर	पुरुष नर्तक उछल-कूद तथा कलाबाजी का प्रदर्शन करते हैं।
डोमकच	–	घुसिया तथा गोंड जनजाति द्वारा डोम जाति के प्रति आदर प्रदर्शित करने के लिए।

❑❑❑

उत्तर प्रदेश जनगणना—2011 अंतिम आंकड़े

- 2011 की अंतिम जनगणना रिपोर्ट के अनुसार, राज्य की कुल जनसंख्या—199812341 (उन्नीस करोड़ अट्ठानवे, लाख बारह हजार तीन सौ इकतालिस) है। यह भारत की कुल जनसंख्या का 16.51 प्रतिशत (2001 में 16.16 प्रतिशत) है, जो पिछले दशक से 3,36,14, 420 अधिक है।
- अंतिम आँकड़ों के अनुसार, उत्तर प्रदेश की कुल जनसंख्या में पुरुष जनसंख्या 52.29% (104480510) है, जो 2001 की जनगणना के अनुसार 52.69% थी।
- उत्तर प्रदेश की कुल जनसंख्या में महिला जनसंख्या 9,53,31,831 है, जो कि उत्तर प्रदेश की कुल जनसंख्या का 47.71 प्रतिशत है।
- अंतिम आँकड़ों के अनुसार, 0-6 आयु वर्ग की जनसंख्या 30,791,331 है जो कि उत्तर प्रदेश की कुल जनसंख्या का 15.41 प्रतिशत है।
- जनगणना 2011 के अंतिम आँकड़ों के अनुसार, उत्तर प्रदेश के जिलों में सर्वाधिक जनसंख्या क्रमशः (घटते क्रम में) इलाहाबाद, मुरादाबाद, गाजियाबाद, आजमगढ़ एवं लखनऊ की है।
- जनगणना 2011 के अंतिम आँकड़ों के अनुसार, उत्तर प्रदेश के जिलों में न्यूनतम जनसंख्या क्रमशः (बढ़ते क्रम में) महोबा, चित्रकूट, हमीरपुर, श्रावस्ती एवं ललितपुर हैं।

जनसंख्या घनत्व

- जनगणना 2011 के अंतिम आँकड़ों के अनुसार, उत्तर प्रदेश में जनघनत्व (1 वर्ग किमी. में औसतन निवासित व्यक्तियों की संख्या) 829 है जबकि 2001 में यह संख्या 690 थी।
- जनगणना 2011 के आँकड़ों के अनुसार, उत्तर प्रदेश के अधिकतम जनघनत्व वाले जिले क्रमशः (घटते क्रम में) हैं—गाजियाबाद (3971), वाराणसी (2395), लखनऊ (1816), संत रविदास नगर (1555) तथा कानपुर नगर (1452)।
- जनगणना 2011 के आँकड़ों के अनुसार, उत्तर प्रदेश के न्यूनतम जनघनत्व वाले जिले क्रमशः (बढ़ते क्रम में) हैं—ललितपुर (242) सोनभद्र (270), हमीरपुर (275), महोबा (279) एवं चित्रकूट (308)।

लिंगानुपात

- जनगणना, 2011 के अंतिम आँकड़ों के अनुसार, उत्तर प्रदेश में लिंगानुपात (प्रति 1000 पुरुषों पर महिलाओं की संख्या) 912 है जबकि 2001 में यह संख्या 898 थी।
- जनगणना 2011 के अंतिम आँकड़ों के अनुसार, उत्तर प्रदेश का लिंगानुपात समग्र भारत के लिंगानुपात (943) से 31 कम है तथा इस दृष्टि से इसका स्थान देश के सभी राज्यों/संघीय क्षेत्रों में 26वां है।
- जनगणना 2011 के अंतिम आँकड़ों के अनुसार, उत्तर प्रदेश के अधिकतम लिंगानुपात वाले जिले क्रमशः (घटते क्रम में) हैं— जौनपुर (1024), आजमगढ़ (1019), देवरिया (1017), प्रतापगढ़ (998) एवं सुल्तानपुर (983)।
- जनगणना 2011 के अंतिम आँकड़ों के अनुसार, उत्तर प्रदेश के न्यूनतम लिंगानुपात वाले जिले क्रमशः (बढ़ते क्रम में) हैं—गौतमबुद्ध नगर (851), हमीरपुर (861), बागपत (861), कानपुर नगर (863), एवं बाँदा (863)।
- जनगणना 2011 के अंतिम आँकड़ों के अनुसार, राज्य के औसत शिशु लिंगानुपात से 37 जिलों का लिंगानुपात अधिक है तथा राष्ट्रीय शिशु लिंगानुपात (919) से 23 जिलों का लिंगानुपात (919) राष्ट्रीय औसत के समान तथा बाँदा/संत रविदास नगर/मिर्जापुर का शिशु लिंगानुपात (902) राज्य के औसत शिशु लिंगानुपात के समान है।
- उत्तर प्रदेश के सर्वाधिक शिशु लिंगानुपात वाले जिले क्रमशः (घटते क्रम में) हैं—बलरामपुर (950), संत कबीर नगर (942), बहराइच (935), सिद्धार्थ नगर (935) एवं बाराबंकी (932)।
- जनगणना 2011 के आंकड़ों के अनुसार, उत्तर प्रदेश के न्यूनतम शिशु लिंगानुपात वाले जिले क्रमशः (बढ़ते क्रम में) हैं—बागपत (841), गौतमबुद्ध नगर (843), गाजियाबाद (850), मेरठ (852) एवं बुलन्दशहर (854)।

दशकीय वृद्धि पर

- जनगणना 2011 के आँकड़ों के अनुसार, उत्तर प्रदेश में जनसंख्या की दशकीय (2001-2011) वृद्धि दर 20.2 प्रतिशत रही है (1991-2001 के दौरान 25.85%) जो कि समग्र भारत की 17.7 प्रतिशत की दर कहीं अधिक है।
- 2001-2011 के दौरान उत्तर प्रदेश में दशकीय वृद्धि दर में गिरावट राष्ट्रीय स्तर से अधिक रही है।
- जनगणना 2011 के आँकड़ों के अनुसार, दशकीय वृद्धि दर की दृष्टि से उत्तर प्रदेश का देश के राज्यों/संघीय क्षेत्रों में 14वाँ तथा 28 राज्यों में 10वाँ स्थान है।
- जनगणना 2011 के आँकड़ों के अनुसार, 2001 से 2011 के दौरान उत्तर प्रदेश के सर्वाधिक दशकीय वृद्धि दर वाले जिले क्रमशः (घटते क्रम में) हैं—गौतमबुद्ध नगर (49.1%), गाजियाबाद (41.3%), श्रावस्ती (30.5), बहराइच (29.3%), बलरामपुर (27.7%)।
- जनगणना 2011 के आँकड़ों के अनुसार, 2001 से 2011 के दौरान उत्तर प्रदेश के न्यूनतम दशकीय वृद्धि दर वाले जिले क्रमशः (बढ़ते क्रम में) हैं—कानपुर नगर (9.9%), हमीरपुर (11.1%), बागपत (11.9%), फतेहपुर (14.1%), देवरिया (14.2%)।

साक्षरता दर

- जनगणना, 2011 के अन्तिम आँकड़ों के अनुसार, उत्तर प्रदेश में कुल साक्षरता दर 67.7 प्रतिशत है (2001 में 56.3%) जो कि समग्र भारत की साक्षरता दर (73.0 प्रतिशत) से 5.3% कम है। 2001-2011 के दौरान प्रदेश की साक्षरता में 11.4% की वृद्धि हुई।
- उत्तर प्रदेश साक्षर जनसंख्या वृद्धि में (57.25%) देश का तीसरा राज्य है।
- जनगणना 2011 के अन्तिम आँकड़ों के अनुसार, उत्तर प्रदेश के सर्वाधिक साक्षरता दर वाले जिले क्रमशः (घटते क्रम में) हैं—गौतमबुद्ध नगर (80.1%), कानपुर नगर (79.7%), औरैया (78.9%), इटावा (78.4%), गाजियाबाद (78.1%) एवं (77.3%)।
- जनगणना 2011 के अन्तिम आँकड़ों के अनुसार, उत्तर प्रदेश के न्यूनतम दर वाले जिले क्रमशः (बढ़ते क्रम में) हैं—श्रावस्ती (46.7%), बहराइच

(49.4%), बलरामपुर (49.5%), बदायूँ (51.3%) तथा रामपुर (53.3%)।

- जनगणना 2011 के अन्तिम आँकड़ों के अनुसार, उत्तर प्रदेश में पुरुष साक्षरता दर 77.28 प्रतिशत (2011 में 68.82 प्रतिशत) है, जबकि समग्र भारत में यह 80.9 प्रतिशत के स्तर पर है। 2001-2011 के दौरान उत्तर प्रदेश के पुरुष साक्षरता दर में 8.48 प्रतिशत की वृद्धि हुई है।
- जनगणना 2011 के अन्तिम आँकड़ों के अनुसार, उत्तर प्रदेश के सर्वाधिक पुरुष साक्षरता दर वाले जिले क्रमशः (घटते क्रम में) हैं–गौतमबुद्ध नगर (88.1%), औरैया (86.1%), इटावा (86.1%), गाजियाबाद (85.4%) एवं झांसी (85.4%)।
- जनगणना 2011 के अन्तिम आँकड़ों के अनुसार, उत्तर प्रदेश के न्यूनतम पुरुष साक्षरता दर वाले जिले क्रमशः (बढ़ते क्रम में) हैं– श्रावस्ती (57.2%), बहराइच (58.3%), बलरामपुर (59.7%), बदायूँ (61%), एवं रामपुर (61.4%)।
- जनगणना 2011 के अन्तिम आँकड़ों के अनुसार, उत्तर प्रदेश में महिला साक्षरता दर 57.2 प्रतिशत (2011 में 42.2%) है, जबकि समग्र भारत में यह 64.6 प्रतिशत के स्तर पर है।
- जनगणना 2011 के अन्तिम आँकड़ों के अनुसार, उत्तर प्रदेश के सर्वाधिक महिला साक्षरता दर वाले जिले क्रमशः (घटते क्रम में) हैं–कानपुर नगर (75.1%), लखनऊ (71.5%), गौतमबुद्ध नगर (70.8%), औरैया (70.6%) एवं गाजियाबाद (69.8%)।
- जनगणना 2011 के अन्तिम आँकड़ों के अनुसार, उत्तर प्रदेश के न्यूनतम महिला साक्षरता दर वाले जिले क्रमशः (बढ़ते क्रम में) हैं– श्रावस्ती (34.8%), बलरामपुर (38.4%), बहराइच (39.2%), बदायूँ (40.1%) एवं रामपुर (44.4)।

नगरीकरण

- जनगणना, 2011 के आँकड़ों के अनुसार, उत्तर प्रदेश में कुल नगरीय जनसंख्या 44,495,063 है, जो राज्य की कुल जनसंख्या का 22.3 प्रतिशत है।
- जनगणना 2011 के आँकड़ों के अनुसार, उत्तर प्रदेश में कुल ग्रामीण जनसंख्या 155,317,278 है जो राज्य की कुल जनसंख्या का 77.7 प्रतिशत है।
- जनगणना 2011 के आँकड़ों के अनुसार, उत्तर प्रदेश में नगरीय साक्षरता दर 75.14 प्रतिशत है जिसमें नगरीय पुरुष साक्षरता दर 80.45 तथा नगरीय महिला साक्षरता दर 60.96 प्रतिशत है।
- जनगणना 2011 के आँकड़ों के अनुसार, उत्तर प्रदेश में ग्रामीण साक्षरता दर 65.46 प्रतिशत है, जिसमें ग्रामीण पुरुष साक्षरता दर 76.33 प्रतिशत तथा ग्रामीण महिला साक्षरता दर 48.48 प्रतिशत है।
- जनगणना 2011 के आँकड़ों के अनुसार, उत्तर प्रदेश का सर्वाधिक नगरीय जनसंख्या वाला जिला गाजियाबाद एवं न्यूनतम नगरीय जनसंख्या वाला जिला श्रावस्ती है।
- जनगणना 2011 के आँकड़ों के अनुसार, उत्तर प्रदेश का सर्वाधिक ग्रामीण जनसंख्या वाला जिला इलाहाबाद एवं न्यूनतम ग्रामीण जनसंख्या वाला जिला गौतमबुद्ध नगर।
- सर्वाधिक एवं न्यूनतम ग्रामीण प्रतिशतता वाला जिला क्रमशः श्रावस्ती (96.5%) एवं गाजियाबाद (32.4%) है।
- जनगणना 2011 के आँकड़ों के अनुसार, उत्तर प्रदेश का सर्वाधिक नगरीकरण प्रतिशत वाला जिला गाजियाबाद (67.6%) एवं न्यूनतम नगरीकरण प्रतिशत वाला जिला श्रावस्ती (3.5%) है।

अनुसूचित जाति

- 30 अप्रैल, 2013 को जारी जनगणना, 2011 के अन्तिम आँकड़ों के अनुसार, उत्तर प्रदेश में अनुसूचित जाति (SC) की जनसंख्या 41,357,608 (पुरुष 21,676,975 तथा महिलायें 19,680,633) हैं।
- प्रदेश में सर्वाधिक अनुसूचति जाति जनसंख्या वाले जिले क्रमशः (घटते क्रम में हैं)–सीतापुर (14,46,427), इलाहाबाद (13,09,851), हरदोई (12,74,505), आजमगढ़ (11,71,378)।
- प्रदेश में सबसे कम अनुसूचित जाति जनसंख्या वाले जिले क्रमशः (बढ़ते क्रम में) हैं–बागपत (1,49,060), श्रावस्ती (1,89,334), गौतमबुद्ध नगर (2,16,105), महोबा (2,20,898)।
- 2001 की जनगणनानुसार, उत्तर प्रदेश के सर्वाधिक अनुसूचित जाति प्रतिशतता वाले जिले (घटते क्रम में) थे–सोनभद्र (41.92%), कौशाम्बी (36.10%), सीतापुर (31.87%), हरदोई (31.36%) तथा उन्नाव (30.64%)।
- जनगणना 2011 के आँकड़ों के अनुसार, प्रदेश में अनुसूचित जाति जनसंख्या के सबसे कम प्रतिशतता वाले जिले क्रमशः (बढ़ते क्रम में) हैं–बागपत (11.44%), बरेली (12.53%), बलरामपुर (12.90%), गौतमबुद्ध नगर (13.11%), व रामपुर (13.18%)।

अनुसूचित जनजाति

- 2011 की जनगणना के अन्तिम आँकड़ों के अनुसार, उत्तर प्रदेश में अनुसूचित जनजातियों की जनसंख्या 11,34,273 है, जिसमें 5,81,083 पुरुष एवं 5,53,190 स्त्रियाँ हैं।
- राज्य की कुल जनसंख्या में अनूसुचित जनजातियों की जनसंख्या का प्रतिशत **0.6** है, जबकि भारत की कुल जनसंख्या में अनुसूचित जनजातियों की जनसंख्या का प्रतिशत **8.6** है।
- सर्वाधिक अनुसूचित जनजाति जनसंख्या वाले जिले क्रमशः (घटते क्रम में) हैं–सोनभद्र (3,85,018), बलिया एवं (1,10,114) देवरिया (1,09,894)।
- न्यूनतम अ.ज.जा. जनसंख्या वाले राज्य के जिले क्रमशः (बढ़ते क्रम में) हैं–बागपत (14), कन्नौज (15) एवं बदायूँ (58)।
- सर्वाधिक अ.ज.जा. जनसंख्या प्रतिशत वाले जिले क्रमशः (घटते क्रम में) हैं–सोनभद्र (20.7%), ललितपुर (5.9%), देवरिया (3.5%) एवं बलिया (3.4%)।
- जनगणना 2011 के आंकड़ों के अनुसार, उत्तर प्रदेश के अ.ज.जा. में **लिंगानुपात 951** है।

प्रमुख जनजातियाँ

- उत्तर प्रदेश में अनुसूचित जनजातियाँ संख्या तथा प्रतिशतता के दृष्टिकोण से बहुत कम हैं।
- प्रदेश में सर्वाधिक अनुसूचित जनजातियों की संख्या वाला जिला-लखीमपुर खीरी है।
- प्रदेश में सर्वाधिक अनुसूचित जनजातियों की प्रतिशतता वाला जिला-लखीमपुर खीरी है।
- प्रदेश में सर्वाधिक जालौन व फैजाबाद में अनुसूचित जनजाति का एक भी व्यक्ति नहीं है।

थारू

- इनका निवास क्षेत्र उत्तराखण्ड, उत्तर प्रदेश, बिहार तथा नेपाल के बीच का तराई भाग है।

- उत्तर प्रदेश में प्रमुख जिले गोंडा, लखीमपुर खीरी, बहराइच, महराजगंज, गोरखपुर में थारू जनजाति का विस्तार है।
- थारू किरात के वंशज माने जाते हैं।
- इनका नाम 'थारू' पड़ने के निम्न मत हैं
  1. ये लोग 'थार' के मरुस्थल से आकर बसे हैं, इसीलिए 'थारू' नाम पड़ा।
  2. अधिक मदिरा (थार) ग्रहण करने के कारण ये 'थारू' कहलाते हैं।
- थारू जनजाति हिन्दू धर्म को मानती है।
- थारू पुरुष धोती पहनते हैं, तथा चोटी रखते हैं।
- थारू स्त्रियाँ लहँगा, चुन्नी, कढ़ाईदार कुर्ता धारण करती हैं।
- थारू स्त्रियाँ खुद के द्वारा मारी गई मछलियाँ ही खाती हैं। पुरुषों द्वारा स्पर्श मछली ये ग्रहण नहीं करती हैं।
- थारू का भोजन–
  1. कलेवा (प्रातः कालीन नाश्ता)
  2. मिझनी (दोपहर का भोजन) तथा
  3. बेटी (शाम का भोजन) कहलाता है।
- ये चावल से बनी शराब को जाड़ कहते हैं।
- इनके घर उत्तर-दक्षिण की ओर होते हैं।
- इनके घर लकड़ी के लट्ठे और नरकुल से बने होते हैं।
- इनमें विवाह की निम्न दो प्रथाएँ प्रचलित हैं
  1. **बदला प्रथा**–एक दूसरे की बहन के साथ विवाह
  2. **तीन टिकठी प्रथा**–एक दूसरे की बहन से विवाह न करके निकटतम कन्या से विवाह।
- विवाह की रस्म पक्की हो जाने को 'पक्की पोढ़ी' कहते हैं।

भोक्सा अथवा बोक्सा

- बोक्सा सबसे पहले तराई में 'बनबसा' नामक स्थान पर बसे।
- ये उत्तर प्रदेश में बिजनौर जिले में छोटी-छोटी ग्रामीण बस्तियों के रूप में निवास करते हैं।
- बोक्सा पतवार राजपूतों के वंशज माने जाते हैं।
- ये मुख्य रूप से हिन्दी बोलते हैं, तथा देवनागरी लिपि में पढ़ते-लिखते हैं।
- ये छोटी कद काठी व छोटी आँख वाले होते हैं।
- ये विवाह को 'समझौते' के तौर पर करते हैं, विवाह को दोनों पक्षों में कोई भी पक्ष तोड़ सकता है।
- बोक्सा का प्रमुख भोजन चावल और मछली है।
- शराब पीना बोक्सा पुरुषों का स्वभाव है।
- बोक्सा पुरुष धोती कुर्ता, पगड़ी आदि पहनते हैं।
- रंग-रूप में ये निम्न जाति के हिन्दुओं के समान दिखते हैं।
- ये संयुक्त परिवार में रहते हैं।
- इनमें विधवा विवाह एवं बहुविवाह दोनों प्रचलित हैं।
- शिक्षा और जागरूकता से भोक्सा जनजाति का सतत् उत्थान हो रहा है।
- भोक्सा हिन्दू धर्म को मानते हैं।
- ये महादेव, काली-देवी, देवी-दुर्गा आदि की अराधना करते हैं।
- उत्तराखण्ड के काशीपुर की चामुण्डा देवी इनकी प्रमुख देवी है।

खरबार (Kharwar)

- खरबार जनजाति मुख्य रूप से मिर्जापुर में निवास करती हैं।
- 11 वीं तथा 12वीं शताब्दी में ये समृद्ध अवस्था में थे।
- चन्देलों के आक्रमण से इनका पतन हो गया।
- ये शिकार करके आजीविका चलाते थे।
- भाषा में ये शब्दों को खींच कर बोलते हैं।
- 'रे', 'तोर', 'मोर', 'कोकट', 'ओकेर' इत्यादि शब्दों का प्रयोग भाषा में होता है। प्रायः ये आवाजें नाक से निकाली जाती है।
- पुरुष ऊँची धोती, बनियान तथा पगड़ी पहनते हैं।
- स्त्रियाँ साड़ी, बाजू-बन्ध तथा आभूषण धारण करती हैं।
- ये हिन्दू धर्म को मानते हैं।
- जितुआ, अनन्त चौदस, होली, नवरात्रि इसके प्रमुख त्यौहार हैं।

❑❑❑

उत्तर प्रदेश की जनजातियाँ

उत्तर प्रदेश की जनजाति जनसंख्या–2011

क्र.	जिला	जनजाति जनसंख्या (2011)
1.	सहारनपुर	980
2.	मुजफ्फरनगर	317
3.	मेरठ	3390
4.	गाजियाबाद	3968
5.	बुलन्दशहर	198
6.	गौतम बुद्ध नगर	2215
7.	बागपत	14
8.	अलीगढ़	629
9.	आगरा	7255
10.	मथुरा	1520
11.	मैनपुरी	478
12.	एटा	140
13.	फिरोजाबाद	2565
14.	हाथरस	268
15.	फैजाबाद	931
16.	बाराबंकी	610
17.	अम्बेडकर नगर	746
18.	सुल्तानपुर	696
19.	चित्रकूट धाम	366
20.	बाँदा	163
21.	हमीरपुर	474
22.	महोबा	647
23.	झाँसी	3873
24.	ललितपुर	71,010
25.	जालौन	832
26.	मिर्जापुर	20,132
27.	सोनभद्र	3,85,018
28.	संत रविदास नगर	1,873
29.	बस्ती	3,620
30.	सिद्धार्थ नगर	12,021
31.	संत कबीर नगर	1,553
32.	गोरखपुर	18,172
33.	देवरिया	1,09,894
34.	महाराजगंज	16,435
35.	कुशीनगर	80,269
36.	वाराणसी	28,617
37.	गाजीपुर	28,712
38.	जौनपुर	4,736
39.	चन्दौली	41,725
40.	इलाहाबाद	7,955
41.	फतेहपुर	340
42.	कोशाम्बी	193
43.	प्रतापगढ़	723
44.	आजमगढ़	9,327
45.	बलिया	1,10,119
46.	मऊ	22,915
47.	बलरामपुर	24,887
48.	गोण्डा	870
49.	बहराइच	11,961
50.	श्रावस्ती	5,534
51.	कानपुर नगर	3,753
52.	कानपुर देहात	801
53.	औरैया	150
54.	कन्नौज	15
55.	इटावा	169
56.	फर्रुखाबाद	230
57.	लखनऊ	7,506
58.	सीतापुर	1602
59.	हरदोई	349
60.	उन्नाव	2926
61.	रायबरेली	1756
62.	लखीमपुर खीरी	53,375
63.	बरेली	3227

माहीगीर

- यह बिजनौर के नजीबाबाद क्षेत्र में निवास करते हैं।
- इसके अतिरिक्त ये जलालाबाद, मनेरा, मंडवार, धारानगर इत्यादि जगहों पर रहते हैं।
- ये मुख्यत: मछुआरे होते हैं।
- माहीगीर जनजाति का प्रसंग 'महाभारत' में भी मिलता है।
- ये खड़ी बोली की तरह की भाषा का प्रयोग करते हैं।
- माहीगीर इस्लाम धर्म को मानते हैं।
- विवाह की रस्म इस्लाम धर्म के अनुसार होती है।
- भोजन में माँस का प्रयोग करते हैं।
- माहीगीर जनजाति के परिवार के सभी सदस्य एक साथ बैठकर भोजन करते हैं।
- कानून और व्यवस्था के लिए पंचायत होती है।

प्रश्नमाला

1. कुशाणकालीन कला का सर्वश्रेष्ठ संग्रह निम्नलिखित में से किस संग्रहालय में सुरक्षित है?
(a) लखनऊ (b) वाराणसी
(c) मथुरा (d) सारनाथ

2. लाल मिट्टियाँ पाई जाती हैं जनपद—
(a) आगरा तथा मथुरा में
(b) एटा तथा मैनपुरी में
(c) मिर्जापुर तथा झाँसी में
(d) सीतापुर तथा बाराबंकी में

3. निम्नलिखित नृत्यों में से कौन एक सुमेलित नहीं है—
(a) करमा-महोबा
(b) धुरिया-बुंदेलखण्ड
(c) धीवर-कहार
(d) नटवरी-पूर्वांचल

4. निम्न में से कौन सुमेलित नहीं है?
(a) ग्रीन पार्क स्टेडियम-कानपुर
(b) गुरु गोविन्द सिंह स्पोर्ट्स कॉलेज-लखनऊ
(c) महात्मा गाँधी स्टेडियम-मेरठ
(d) के. डी. सिंह स्टेडियम-लखनऊ

5. 'काँच उद्योग' के लिए उत्तर प्रदेश का कौन-सा नगर विख्यात है?
(a) लखनऊ (b) मक्खनपुर
(c) रेणुकुट (d) फिरोजाबाद

6. उत्तर प्रदेश में 'कल्प योजना' सम्बन्धित है—
(a) प्राथमिक शिक्षा से
(b) माध्यमिक शिक्षा से
(c) उच्च शिक्षा से
(d) प्राविधिक शिक्षा से

7. उत्तर प्रदेश में कौन-सा जिला अवनलिका अपरदन से सर्वाधिक प्रभावित है?
(a) इटावा (b) गोरखपुर
(c) फर्रुखाबाद (d) मेरठ

8. उत्तर प्रदेश में सबसे पुराना विश्वविद्यालय है—
(a) बनारस हिन्दू विश्वविद्यालय, वाराणसी
(b) इलाहाबाद विश्वविद्यालय, इलाहाबाद
(c) चौधरी चरण सिंह विश्वविद्यालय, मेरठ
(d) लखनऊ विश्वविद्यालय, लखनऊ

9. देश की कुल कृषि योग्य भूमि का कितना प्रतिशत उत्तर प्रदेश में स्थित है?
(a) 15 (b) 17
(c) 19 (d) 20

10. उत्तर प्रदेश में 'कम्प्यूटर एडेड डिजाइनिंग' परियोजना का केन्द्र स्थित है—
(a) आगरा में (b) इलाहाबाद में
(c) कानपुर में (d) लखनऊ में

11. उत्तर प्रदेश के किस जिले में देश के प्रथम पुलिस संग्रहालय की स्थापना की गई?
(a) इलाहाबाद (b) आगरा
(c) गाजियाबाद (d) लखनऊ

12. उत्तर प्रदेश में आई. टी. सिटी की स्थापना की जा रही है—
(a) इलाहाबाद में (b) कानपुर में
(c) लखनऊ में (d) वाराणसी में

13. उत्तर अम्बेडकर इंस्टीट्यूट ऑफ टेक्नोलॉजी फॉर हैंडीकैप्ड अवस्थित है—
(a) आगरा में (b) इलाहाबाद में
(c) कानपुर में (d) लखनऊ में

14. 'कर्मा' एक लोक नृत्य है—
(a) सोनभद्र का
(b) बृजभूमि का
(c) बुन्देलखण्ड का
(d) उपर्युक्त में से कहीं का नहीं

15. गुरू गोविन्द सिंह स्पोर्ट्स कॉलेज की स्थापना उत्तर प्रदेश में की गई है—
(a) आगरा में (b) इलाहाबाद में
(c) गोरखपुर में (d) लखनऊ में

16. भारत में चावल कृषित में उत्तर प्रदेश की कोटि है—
(a) प्रथम (b) द्वितीय
(c) तृतीय (d) चतुर्थ

17. निम्नलिखित नदियों में से कौन-सी एक उत्तर प्रदेश से नहीं गुजरती है?
(a) गंगा (b) यमुना
(c) रामगंगा (d) झेलम

18. उत्तर प्रदेश में 'स्कूल ऑफ पेपर टेक्नोलॉजी' स्थित है—
(a) अलीगढ़ में (b) गोरखपुर में
(c) मुरादाबाद में (d) सहारनपुर में

19. उत्तर प्रदेश में सर्वाधिक क्षेत्रफल वाली आम की प्रजाति है—
(a) चौसा (b) दशहरी
(c) लंगड़ा (d) सफेदा

20. राज्य में न्यूनतम लिंगानुपात वाला जिला (जनगणना 2011) कौन-सा है?
(a) गौतमबुद्ध नगर
(b) हरदोई
(c) मथुरा
(d) बागपत

21. शीला धर मृदा विज्ञान संस्थान स्थित है—
(a) आगरा में (b) इलाहाबाद में
(c) लखनऊ में (d) वाराणसी में

22. उत्तर प्रदेश का एकमात्र मुक्त विश्वविद्यालय अवस्थित है—
(a) झाँसी में (b) गोरखपुर में
(c) इलाहाबाद में (d) आगरा में

23. उत्तर प्रदेश में दियासलाई उद्योग का प्रमुख केंद्र है—
(a) बरेली (b) मुरादाबाद
(c) सहारनपुर (d) मिर्जापुर

24. उत्तर प्रदेश के प्रथम राज्यपाल थे—
(a) बी. जी. रेड्डी
(b) के. एम. मुंशी
(c) सरोजनी नायडू
(d) वी. वी. गिरि

25. फर्रुखाबाद जाना जाता है—
(a) क़ालीन की बुनाई के लिए
(b) काँच की वस्तुओं के लिए
(c) इत्र निर्माण के लिए
(d) हाथ की छपाई के लिए

26. राज्य में जनगणना 2011 के अनुसार न्यूनतम वृद्धि दर वाला जिला है—
(a) हमीरपुर (b) बागपत
(c) इलाहाबाद (d) कानपुर नगर

27. वर्ष 2011 की जनगणना के अनुसार राज्य में सर्वाधिक जनघनत्व वाला जिला है—
(a) वाराणसी (b) लखनऊ
(c) इलाहाबाद (d) गाजियाबाद

28. राज्य में सर्वाधिक साक्षरता (जनगणना 2011) वाला जिला कौन-सा है?
(a) वाराणसी (b) इलाहाबाद
(c) गौतमबुद्ध नगर (d) गाजियाबाद

29. उत्तर प्रदेश के निम्नलिखित खिलाड़ियों में से किसने अर्जुन व लक्ष्मण पुरस्कार दोनों प्राप्त किए हैं—
(a) मोहम्मद कैफ
(b) आर. पी. सिंह
(c) सुरेश रैना
(d) रनबीर सिंह

30. उत्तर प्रदेश में भारतखण्डे हिन्दुस्तानी संगीत महाविद्यालय किस नगर में स्थित है?
(a) लखनऊ में (b) इलाहाबाद में
(c) वाराणसी में (d) हरिद्वार में

31. प्रसिद्ध चित्रकार मीर सैयद अली तथा अब्दुलसमद किस शैली से सम्बन्धित हैं?
(a) ब्रज शैली (b) मथुरा शैली
(c) मुगल शैली (d) मिर्जापुर शैली

32. 'नककटैया' मेला कहाँ लगता है?
(a) वाराणसी में (b) अयोध्या में
(c) सीतापुर में (d) इलाहाबाद में

33. उत्तर प्रदेश सरकार की कुल आगम प्राप्तियों में लगभग 55 प्रतिशत प्राप्त होता है—
(a) मनोरंजन कर से
(b) व्यापार कर से
(c) स्टाम्प शुल्क से
(d) राज्य उत्पादन शुल्क से

34. हिन्दू-मुस्लिम एकता का प्रतीक 'सुलहकुल उत्सव' आयोजित किया जाता है—
(a) आगरा में (b) अलीगढ़ में
(c) इटावा में (d) बाराबंकी में

35. कृषि श्रम उत्पादकता सर्वाधिक है—
(a) पूर्वी उत्तर प्रदेश में
(b) बुंदेलखंड में
(c) मध्य उत्तर प्रदेश में
(d) पश्चिमी उत्तर प्रदेश में

36. विगत तीन वर्षों में उत्तर प्रदेश सरकार के कुल कर आगम में प्रत्यक्ष करों का अंश—
(a) घटा है
(b) बढ़ा है
(c) परिवर्तनशील रहा है
(d) अपरिवर्तनशील रहा है

37. उत्तर प्रदेश खेल विभाग का कार्यालय कहाँ अवस्थित है?
(a) इलाहाबाद में (b) लखनऊ में
(c) वाराणसी में (d) गोरखपुर में

38. उत्तर प्रदेश में राजकीय पुरातत्व संग्रहालय कहाँ स्थित है?
(a) इलाहाबाद (b) वाराणसी
(c) जौनपुर (d) कन्नौज

39. उत्तर प्रदेश का कौन व्यापार कर जोन अधिकतम व्यापार कर संग्रह करता है?
(a) गाजियाबाद (b) कानपुर
(c) लखनऊ (d) नोएडा

40. उत्तर प्रदेश की प्रमुख वाणिज्यिक उपज है—
(a) जूट (b) गन्ना
(c) कपास (d) तिलहन

41. के. डी. सिंह बाबू स्टेडियम कहाँ अवस्थित है?
(a) लखनऊ (b) मेरठ में
(c) सहारनपुर में (d) इलाहाबाद में

42. उत्तर प्रदेश की प्रमुख नकदी फसल है—
(a) आलू (b) गन्ना
(c) मेंथी (d) सरसों

43. निम्नलिखित में कौन उत्तर प्रदेश के मुख्यमंत्री नहीं थे?
(a) गोविन्द बल्लभ पंत
(b) हेमवती नंदन बहुगुणा
(c) कृष्ण चंद्र पंत
(d) नारायण दत्त तिवारी

44. भारत में उत्तर प्रदेश का द्वितीय स्थान है, उत्पाद में—
(a) गन्ना के (b) धान के
(c) आलू के (d) गेहूँ के

45. उत्तर प्रदेश के निम्न में से कौन-सा क्षेत्र सर्वाधिक बाढ़ प्रभावित है?
(a) पश्चिमी क्षेत्र (b) पूर्वी क्षेत्र
(c) मध्य क्षेत्र (d) उत्तरी क्षेत्र

46. उत्तर प्रदेश में महात्मा गाँधी स्टेडियम कहाँ अवस्थित है?
(a) मुजफ्फरनगर में
(b) गोरखपुर में
(c) लखनऊ में
(d) रामपुर में

47. भारत के राज्यों में उत्तर प्रदेश किस उत्पाद का सबसे बड़ा उत्पादक नहीं है?
(a) फूलों का (b) गेहूँ का
(c) आलू का (d) गन्ने का

48. उत्तर प्रदेश में परमाणु ऊर्जा केन्द्र स्थापित है—
(a) मथुरा में (b) सिंगरौली में
(c) नरौरा में (d) अलीगढ़ में

49. उत्तर प्रदेश की सबसे बड़ी नक्षत्रशाला कौन-सी है?
(a) इन्दिरा गाँधी नक्षत्रशाला
(b) गोरखपुर नक्षत्रशाला
(c) रामपुर नक्षत्रशाला
(d) इलाहाबाद नक्षत्रशाला

50. हरिदास जयंती प्रतिवर्ष मनाई जाती है—
(a) झाँसी में (b) मथुरा में
(c) वृंदावन में (d) वाराणसी में

51. रामपुर नक्षत्रशाला स्थित है—
(a) इलाहाबाद (b) रामपुर
(c) अलीगंज (d) वाराणसी

52. भारतीय गन्ना अनुसंधान संस्थान प्रदेश में कहाँ स्थित है?
(a) मेरठ में (b) सहारनपुर में
(c) लखनऊ में (d) मुजफ्फरनगर में

53. उत्तर प्रदेश में चित्रकला के विकास में ग्राफिक विधा की शुरुआत किसने की?
(a) आसिम कुमार हल्दार
(b) चमन सिंह
(c) ललित मोहन सेन
(d) विश्वनाथ मेहता

54. उत्तर प्रदेश में स्थापत्य कला में प्राचीनतम नमूने मिलते हैं—
(a) मौर्य काल के
(b) गुप्त काल के
(c) कुषाण काल के
(d) मुगल काल के

55. निम्नलिखित में से कौन-सा लोक नृत्य ब्रज क्षेत्र का है?
(a) छेलिया नृत्य
(b) नटवरी नृत्य
(c) चरकुला नृत्य
(d) जोगिनी नृत्य

56. उत्तर प्रदेश में, निम्नलिखित में से किस स्थान पर एक नाभिकीय ऊर्जा परियोजना स्थित है?
(a) ओबरा (b) पनकी
(c) नरौरा (d) हरदुआगंज

57. ट्रांसफॉर्मर बनाने का केन्द्र उत्तर प्रदेश में कहाँ है?
(a) झाँसी (b) कानपुर
(c) आगरा (d) लखनऊ

58. भारतीय चमड़ा रंगाई तथा जूता संस्थान उत्तर प्रदेश में कहाँ स्थित है?
(a) कानपुर (b) इलाहाबाद
(c) रायबरेली (d) लखनऊ

59. निम्नलिखित में से किस धार्मिक समुदास का उत्तर प्रदेश में तीसरा प्रमुख स्थान है?
(a) बौद्ध (b) ईसाई
(c) जैन (d) सिक्ख

60. 2001 की जनगणना के अनुसार उत्तर प्रदेश में सर्वाधिक अनुसूचित जनजाति जनसंख्या वाला जिला है—
(a) बहराइच (b) खीरी
(c) बलरामपुर (d) बाँदा

61. ठुमरी गायिका गिरजा देवी का सम्बन्ध है—
(a) बनारस घराने से
(b) जयपुर घराने से
(c) लखनऊ घराने से
(d) रामपुर घराने से

62. उत्तर प्रदेश में सर्वाधिक साक्षरता प्रतिशत वाला जनपद है—
(a) औरैया (b) इलाहाबाद
(c) कानपुर नगर (d) वाराणसी

63. निम्नलिखित में से कौन सुमेलित नहीं है?
(a) आल्हा-महोबा
(b) रसिया-बरसाना
(c) कजरी-मिर्जापुर
(d) बिरहा-कन्नौज

64. उत्तर प्रदेश में ऊर्जा शहर का प्रारम्भ किस शहर से हुआ?
(a) लखनऊ (b) इटावा
(c) श्रावस्ती (d) प्रतापगढ़

65. बिड़ला समूह द्वारा एक 600 मेगावाट क्षमता के ताप विद्युत संयंत्र का निर्माण किया जा रहा है?
(a) हरदुआगंज में
(b) पारीछा में
(c) प्रतापपुर में
(d) रोजा में

66. चरकुला प्रमुख लोकनृत्य है—
(a) बुन्देलखण्ड का
(b) ब्रज भूमि का
(c) अवध का
(d) इनमें से कोई नहीं

67. उत्तर प्रदेश का सर्वाधिक प्राचीन संग्रहालय निम्नलिखित में से कहाँ स्थित है?
(a) इलाहाबाद (b) लखनऊ
(c) मथुरा (d) वाराणसी

68. 'बिरहा', 'रसिया', 'आल्हा' आदि लोकगीतों की परम्परा किस प्रदेश में पाई जाती है?
(a) राजस्थान (b) मध्य प्रदेश
(c) उत्तर प्रदेश (d) गुजरात

69. उत्तर प्रदेश की एसजीडीपी में प्राथमिक सेक्टर का योगदान है—
(a) 19% (b) 30.4%
(c) 34.9% (d) 46.1%

70. लखनऊ में कला एवं शिल्प महाविद्यालय की स्थापना कब की गई?
(a) वर्ष 1911 में (b) वर्ष 1920 में
(c) वर्ष 1962 में (d) वर्ष 1950 में

71. निम्नलिखित में से कौन-सा उत्तर प्रदेश का लोकनृत्य नहीं है?
(a) चरकुला (b) दादरा
(c) करमा (d) मुरिया

72. निम्न में से कौन 'अनुषंगी नगर' है—
(a) मुरादाबाद में
(b) हैदराबाद में
(c) गाजियाबाद में
(d) अहमदाबाद में

73. उत्तर प्रदेश में सेण्ट्रल लेप्रोसी इंस्टीट्यूट किस नगर में स्थित है?
(a) आगरा (b) कानपुर
(c) लखनऊ (d) इलाहाबाद

74. उत्तर प्रदेश में नवाबगंज पक्षी विहार स्थित है—
(a) गाजियाबाद जनपद में
(b) गोंडा जनपद में
(c) रायबरेली जनपद में
(d) उन्नाव जनपद में

75. उत्तर प्रदेश में 'इलेक्ट्रॉनिक्स सिटी' की स्थापना कहाँ की जा रही है?
(a) बुलन्दशहर (b) नोएडा
(c) मेरठ (d) सहारनपुर

76. रेणुकूट जाना जाता है—
(a) ताप बिजलीघर हेतु
(b) इस्पात उद्योग हेतु
(c) एल्युमीनियम उद्योग हेतु
(d) सीमेण्ट उद्योग हेतु

77. उत्तर प्रदेश में मान्यता प्राप्त स्टॉक एक्सचेंज है—
(a) लखनऊ में
(b) कानपुर में
(c) वाराणसी में
(d) गाजियाबाद में

78. उत्तर प्रदेश में खेल का सामान बनाने का सबसे बड़ा केन्द्र निम्नलिखित में से कौन-सा नगर है?
(a) आगरा (b) मथुरा
(c) कानपुर (d) मेरठ

79. उत्तर प्रदेश में किस जनपद में सर्वाधिक मेले लगते हैं?
(a) हमीरपुर में (b) झाँसी में
(c) कानपुर में (d) मथुरा में

80. गोमती नदी के तट पर स्थित है—
(a) सामूगढ़ (b) बदायूँ
(c) सिकन्दरा (d) लखनऊ

81. क्षेत्रफल की दृष्टि से उत्तर प्रदेश का सबसे बड़ा जनपद है—
(a) बहराइच (b) खीरी
(c) सोनभद्र (d) वाराणसी

82. उत्तर प्रदेश में न्यूनतम क्षेत्रफल वाला जनपद है—
(a) संत कबीर नगर
(b) गौतमबुद्ध नगर
(c) अम्बेडकर नगर
(d) कानपुर नगर

83. सारनाथ का प्राचीन नाम था—
(a) अचिरावती (b) हर्षवर्द्धन
(c) शूरशेन (d) इसिपत्तन मिगदाय

84. उत्तर प्रदेश में जैन एवं बौद्ध दोनों धर्मों का प्रसिद्ध तीर्थ है—
(a) कौशाम्बी (b) सारनाथ
(c) देवीपाटन (d) कुशीनगर

85. भारतीय चरागाह एवं चारा अनुसंधान संस्थान स्थित है—
(a) बहराइच में (b) राँची में
(c) झाँसी में (d) पटना में

86. हस्तिनापुर का मुख्य टीला है—
(a) श्रेयांस (b) अग्रवन
(c) बी.बी. लाल (d) विदुर का टीला

87. उत्तर प्रदेश के चारों आर्थिक क्षेत्रों में सर्वाधिक भौगोलिक क्षेत्रफल किस क्षेत्र का है?
(a) पूर्वी क्षेत्र का
(b) केन्द्रीय क्षेत्र का
(c) पश्चिमी क्षेत्र का
(d) बुन्देलखण्ड क्षेत्र का

88. राज्य को संविधान द्वारा प्रदत्त सभी शक्तियों को प्रयोग करने एवं कार्य कराने का अधिकार किसे प्राप्त है?

(a) मन्त्रिमण्डल (b) मुख्यमंत्री
(c) राज्यपाल (d) विधानसभा

89. उत्तर प्रदेश का राज्याध्यक्ष राज्यपाल कहलाता है। बताइए उसकी नियुक्ति कौन करता है?
(a) जनता प्रत्यक्ष निर्वाचन द्वारा
(b) प्रधानमंत्री
(c) राष्ट्रपति
(d) मुख्यमंत्री

90. उत्तर प्रदेश का सबसे बड़ा वन्य जीव विहार है—
(a) चन्द्रप्रभा (b) किशनपुर
(c) हस्तिनापुर (d) रानीपुर

91. निम्नलिखित में से कौन-सी अनुसूचित जनजाति बिजनौर जिले में निवास करती है?
(a) बैगा (b) खरवार
(c) माहीगीर (d) थारू

92. उत्तर प्रदेश में दियासलाई उद्योग का प्रमुख केन्द्र है—
(a) बरेली
(b) मुरादाबाद
(c) सहारनपुर
(d) मिर्जापुर

93. 'देवाशरीफ' उत्तर प्रदेश में कहाँ स्थित है?
(a) लखनऊ (b) बाराबंकी
(c) बस्ती (d) सीतापुर

94. उत्तर प्रदेश की प्रमुख फसल है—
(a) मक्का (b) धान
(c) गन्ना (d) गेहूँ

95. आगरा स्थित दयालबाग सम्बन्धित है—
(a) कबीर पंथ से
(b) नाथ सम्प्रदाय से
(c) रामानुज सम्प्रदाय से
(d) राधास्वामी पंथ से

96. उत्तर प्रदेश के ब्रजमण्डल का सम्बन्ध इनमें से किस लोकनृत्य से है?
(a) चरकुला (b) छोलिया
(c) जोगिनी (d) नटवरी

97. सरदार वल्लभ भाई पटेल कृषि विश्वविद्यालय अवस्थित है—
(a) फैजाबाद में (b) मेरठ में
(c) कानपुर में (d) झाँसी में

98. उत्तर प्रदेश के नरसिंह यादव को किस खेल हेतु 19वें कॉमनवेल्थ खेल में स्वर्ण पदक प्राप्त हुआ?
(a) कुश्ती
(b) भारोत्तोलन
(c) तीरन्दाजी
(d) निशानेबाजी

99. उत्तर प्रदेश में राज्य स्तरीय खेल का आयोजन प्रथम बार कब किया गया?
(a) वर्ष 2001-02 में
(b) वर्ष 2005-06 में
(c) वर्ष 2003-04 में
(d) वर्ष 2004-05 में

100. मध्यकाल में उत्तर प्रदेश की प्रमुख चित्रकला शैली थी—
(a) मिर्जापुर शैली
(b) मथुरा शैली
(c) बुन्देली शैली
(d) मुगल शैली

101. धुरिया लोकनृत्य है—
(a) अवध का (b) बुंदेलखंड का
(c) पूर्वांचल का (d) रुहेलखंड का

102. निम्न फसल समूहों में से किसके उत्पादन में उत्तर प्रदेश सम्पूर्ण देश में अग्रणी है?
(a) गेहूँ-जौ-मूँगफली
(b) गेहूँ-गन्ना-आलू
(c) चना-गेहूँ-सरसों
(d) चना-गेहूँ-जौ

103. भारत में उत्तर प्रदेश अग्रणी उत्पादक है—
(a) जौ का (b) चावल का
(c) बाजरा का (d) दालों का

104. जनगणना 2011 के अनुसार राज्य का लिंगानुपात है—
(a) 908 (b) 898
(c) 906 (d) 896

105. उत्तर प्रदेश की सोलहवीं विधान सभा का सर्वसम्मति से कौन अध्यक्ष (Speaker) चुना गया?
(a) सुखदेव राजभर
(b) माता प्रसाद पाण्डे
(c) सैयद अहमद बुखारी
(d) नरेश उत्तम

उत्तरमाला

1. (c)	**2.** (c)	**3.** (a)	**4.** (c)	**5.** (d)	**6.** (a)	**7.** (a)	**8.** (b)	**9.** (a)	**10.** (d)	**11.** (c)	**12.** (c)
13. (c)	**14.** (b)	**15.** (d)	**16.** (b)	**17.** (d)	**18.** (d)	**19.** (b)	**20.** (a)	**21.** (b)	**22.** (c)	**23.** (a)	**24.** (c)
25. (d)	**26.** (d)	**27.** (d)	**28.** (d)	**29.** (d)	**30.** (a)	**31.** (c)	**32.** (a)	**33.** (b)	**34.** (a)	**35.** (d)	**36.** (b)
37. (b)	**38.** (d)	**39.** (c)	**40.** (b)	**41.** (a)	**42.** (b)	**43.** (c)	**44.** (b)	**45.** (b)	**46.** (d)	**47.** (a)	**48.** (c)
49. (b)	**50.** (c)	**51.** (b)	**52.** (c)	**53.** (c)	**54.** (a)	**55.** (c)	**56.** (c)	**57.** (a)	**58.** (a)	**59.** (d)	**60.** (b)
61. (b)	**62.** (c)	**63.** (d)	**64.** (d)	**65.** (d)	**66.** (b)	**67.** (b)	**68.** (c)	**69.** (c)	**70.** (a)	**71.** (d)	**72.** (c)
73. (a)	**74.** (d)	**75.** (b)	**76.** (c)	**77.** (b)	**78.** (c)	**79.** (d)	**80.** (d)	**81.** (b)	**82.** (b)	**83.** (d)	**84.** (a)
85. (c)	**86.** (d)	**87.** (a)	**88.** (c)	**89.** (c)	**90.** (c)	**91.** (c)	**92.** (a)	**93.** (b)	**94.** (d)	**95.** (d)	**96.** (a)
97. (c)	**98.** (b)	**99.** (a)	**100.** (c)	**101.** (b)	**102.** (a)	**103.** (c)	**104.** (b)	**105.** (d)			

❑❑❑

भाग-1 हिन्दी परिज्ञान एवं लेखन योग्यता

1 हिन्दी भाषा

हिन्दी भाषा

भावों और विचारों को व्यक्त करने का साधन भाषा है। यह उच्चारण अवयवों से निस्तत सार्थक ध्वनि समूह, जिसके दो रूप होते हैं-मौखिक एवं लिखित।

हिन्दी भाषा के सम्बन्ध में आवश्यक जानकारी

(1) हिन्दी बोलने वालों की संख्या लगभग 60 करोड़ है।

(2) भारत के बहुसंख्यक लोगों की भाषा होने के कारण हिन्दी भारत की **राष्ट्रभाषा** है।

(3) हिन्दी भाषा का प्रारम्भ 1000 ई. से माना जाता है।

(4) **हिन्दी को भारत के संविधान के भाग-17 अध्याय-1 की धारा 343 (i) के अनुसार भारत संघ की राजभाषा घोषित किया गया है।**

(5) **विश्व में हिन्दी तीसरे स्थान पर है।** हिन्दी से अधिक बोली जाने वाली भाषा अंग्रेजी एवं चीनी है। अंग्रेजी दूसरे स्थान पर तथा चीनी पहले स्थान पर है जिसे 116 करोड़ लोग बोलते हैं।

(6) **हिन्दी देवनागरी लिपि में लिखी जाती है।** देवनागरी लिपि का विकास ब्राह्मी लिपि की उत्तरी शाखा से हुआ जिसे नागरी कहा जाता था। बाद में देव भाषा संस्कृत के लिए यह लिपि प्रयुक्त होने लगी अत: इसका नाम देवनागरी हो गया।

(7) **हिन्दी की बोलियाँ**-हिन्दी के अन्तर्गत **पांच उपभाषाएं** एवं **अठारह बोलियां** सम्मिलित हैं। इनका विवरण निम्नवत है :

(1) **पश्चिमी हिन्दी**-1. ब्रज भाषा, 2. खड़ी बोली, 3. कन्नौजी, 4. बांगरू, 5. बुन्देली।

(2) **पूर्वी हिन्दी**-1. अवधी, 2. बघेली, 3. छत्तीसगढ़ी।

(3) **बिहारी हिन्दी**-1. मैथिली, 2. मगही, 3. भोजपुरी।

(4) **राजस्थानी हिन्दी**-1. मेवाती, 2. मालवी, 3. मारवाड़ी, 4. जयपुरी।

(5) **पहाड़ी हिन्दी**-1. गढ़वाली, 2. कुमायूंनी, 3. नेपाली।

(8) **हिन्दी का क्षेत्र**-हिन्दी भारत के निम्न प्रान्तों में बोली जाती है-1. उत्तर प्रदेश, 2. उत्तराखण्ड, 3. हिमाचल प्रदेश, 4. हरियाणा, 5. दिल्ली, 6. राजस्थान, 7. बिहार, 8. झारखण्ड, 9. मध्य प्रदेश, 10. छत्तीसगढ़।

(9) हिन्दी की देवनागरी वर्णमाला में कुल 52 वर्ण हैं, जिनमें 11 स्वर हैं, 39 व्यंजन, एक विसर्ग और एक अनुस्वार है। व्यंजनों का वर्गीकरण स्थान एवं प्रयत्न के आधार पर किया गया है। स्थान के आधार पर व्यंजनों का वर्गीकरण इस प्रकार किया गया है :

1. **कंठय**-क, ख, ग, घ, ङ
2. **तालव्य**-च, छ, ज, झ, ञ
3. **मूर्धन्य**-ट, ठ, ड, ढ, ण
4. **दन्त्य**-त, थ, द, ध, न
5. **ओष्ठय**-प, फ, ब, भ, म
6. **अन्तस्थ**-य, र, ल, व
7. **ऊष्म**-श, ष, स, ह
8. **संयुक्त व्यंजन**-क्ष, त्र, ज्ञ, श्र
9. **द्विगुण व्यंजन**-ड़, ढ़

इन व्यंजनों के अतिरिक्त हिन्दी देवनागरी लिपि में निम्न स्वर हैं :

स्वर-अ, आ, इ, ई, उ, ऊ, ऋ, ए, ऐ, ओ, औ

अनुस्वार-अं

विसर्ग-अ:

(10) मानक हिन्दी का मूल आधार खड़ी बोली है। यह शिक्षा, साहित्य, समाचार-पत्र, रेडियो, दूरदर्शन की भाषा है।

(11) हिन्दी भारत के अतिरिक्त, उन देशों में भी बोली जाती है जहां प्रवासी भारतीय प्रचुर संख्या में रहते हैं। ऐसे देशों में मुख्य हैं-नेपाल, मारीशस, त्रिनिडाड, फिजी, लंका, म्यांमार, मलाया, सूरीनाम और दक्षिण अफ्रीका।

(12) आज हिन्दी की प्रतिद्वन्द्विता किसी भारतीय भाषा से न होकर अंग्रेजी से है। अंग्रेजी का प्रयोग भी सरकारी कामकाज में हो रहा है। यद्यपि अब बहुत सारे विभाग हिन्दी में कामकाज करने लगे हैं।

प्रश्नमाला

1. **इनमें से कौन-सा कथन असत्य है?**
(a) भाषा का क्षेत्र बोली से विस्तृत होता है
(b) एक भाषा की कई बोलियां होती हैं
(c) भाषा अर्जित सम्पत्ति है
(d) दो भाषाओं में बोधगम्यता होती है

2. **हिन्दी भाषा का प्रारम्भ कब से माना जाता है?**
(a) 1000 ई. (b) 1500 ई.
(c) 1800 ई. (d) 700 ई.

3. **इनमें से कौन पश्चिमी हिन्दी की बोली नहीं है?**
(a) बघेली (b) ब्रज भाषा
(c) बांगरू (d) बुन्देली

4. हिन्दी को भारत की राजभाषा संविधान की किस धारा के अन्तर्गत घोषित किया गया है?

(a) अनुच्छेद 1-4 (b) अनुच्छेद 5-11
(c) अनुच्छेद 12-35 (d) अनुच्छेद 36-51

5. हिन्दी भारत के कितने राज्यों की राजभाषा है?

(a) आठ (b) दस
(c) बारह (d) तेईस

6. हिन्दी बोलने वालों की अनुमानित संख्या कितनी है?

(a) 100 करोड़
(b) 60 करोड़
(c) 35 करोड़
(d) 40 करोड़

7. मानक हिन्दी का विकास किस बोली से हुआ?

(a) ब्रज भाषा
(b) अवधी
(c) उर्दू
(d) खड़ी बोली

8. हिन्दी की देवनागरी वर्णमाला में कुल कितने वर्ण हैं?

(a) 50 (b) 51
(c) 52 (d) 60

9. इनमें से कौन संयुक्त व्यंजन नहीं है?

(a) क्ष (b) त्र
(c) ऋ (d) श्र

10. देवनागरी लिपि का प्रयोग किस भाषा को लिखने के लिए नहीं होता?

(a) मराठी (b) हिन्दी
(c) पालि (d) बंगला

उत्तरमाला

1. (d) **2.** (a) **3.** (a) **4.** (b) **5.** (a) **6.** (b) **7.** (d) **8.** (c) **9.** (c) **10.** (d)

❑❑❑

2 तत्सम एवं तद्भव

➪ उद्गम या व्युत्पत्ति के आधार पर–हिन्दी में पाँच प्रकार के शब्द पाए जाते हैं। अत: हिन्दी शब्द की पाँच कोटियाँ हैं–**1.** तद्भव, **2.** तत्सम, **3.** देशज, **4.** विदेशी, तथा **5.** संकर।

1. **तद्भव शब्द**–तद्भव शब्द तत् और भव के योग से बना है। हिन्दी में प्रयुक्त संस्कृत के वे शब्द जिनका रूप परिवर्तित हो गया है अथवा शब्दों से बिगड़कर बने हुए शब्द तद्भव शब्द कहलाते हैं।
2. **तत्सम शब्द**—तत्सम शब्द तत् और सम के योग से बना है। संस्कृत के वे शब्द जो बगैर किसी परिवर्तन के हिन्दी में प्रयुक्त होते हैं उन्हें तत्सम शब्द कहते हैं। स्रोत की दृष्टि में तत्सम शब्द तीन प्रकार के होते हैं। यथा–

➪ संस्कृत से सीधे हिन्दी में आने वाले शब्द जैसे तीक्ष्ण, गृह, नर, अग्नि आदि।

➪ संस्कृत के व्याकरण नियमों के आधार पर हिन्दी में निर्मित शब्द, जैसे–वायुयान, पत्राचार, प्रवक्ता इत्यादि।

➪ वे शब्द जो अन्य भाषाओं से बगैर परिवर्तन के हिन्दी में प्रयुक्त किया गया है। जैसे–स्टेशन, कालोनी, साइड, रोड इत्यादि।

3. **देशज/देशी**–देशज शब्द देश+ज के योग से बना है। अर्थात् ऐसे शब्द जो क्षेत्रीय प्रभाव के कारण परिस्थिति या आवश्यकतानुसार प्रचलित हो गए हैं। देशज शब्द कहलाते हैं।
   जैसे–थैला, गड़बड़, पगड़ी तथा ठेठ इत्यादि।
4. **विदेशी/विदेशज शब्द**—विदेशज शब्द विदेश और ज के योग से बना है। हिन्दी में अनेक ऐसे शब्द हैं जो हैं तो विदेशी मूल के पर परस्पर संपर्क के कारण यहाँ प्रचलित हो गए हैं। हिन्दी में विदेशज शब्द मुख्यत: दो प्रकार के हैं—मुस्लिम शासन के दौरान अरबी और फारसी और यूरोपीय कंपनियों के आगमन व ब्रिटिश शासन के प्रभाव से आए अंग्रेजी शब्द। हिन्दी में अरबी तथा फारसी शब्दों की संख्या क्रमश: **2500** तथा **3500** और अंग्रेजी शब्दों की संख्या **3000** है।
5. **संकर**–दो भिन्न स्रोतों से आए शब्दों के मेल से बने शब्दों को संकर शब्द कहते हैं। जैसे–
   रेल (अंग्रेजी) + गाड़ी (हिन्दी) = रेलगाड़ी
   पान (हिन्दी) + दान (फारसी) = पानदान
   छाया (संस्कृत) + दार (फारसी) = छायादार
   अनाड़ी अनार्य

तद्भव	तत्सम	तद्भव	तत्सम
अमिय	अमृत	अदरक	आर्द्रक
अठारह	अष्टादश	अकाज	अकार्य
अधरम	अधर्म	अँगूठी	अंगुष्ठिका
अरपन	अर्पण	अछोह	अक्षोभ
अनेह	अस्नेह	अकास	आकाश

तद्भव	तत्सम	तद्भव	तत्सम
अकेला	एकल	अजान	अज्ञान
अमोल	अमूल्य	अच्छत	अक्षत
अगाड़ी	अग्रणी	अँखुआ	अंकुर
अमावस	अमावस्या	अंधा	अंध
अपाहज	अपादहस्त	अचवन	आचमन
अजवाइन	यवनिका	अपढ़	अपठ
अलच्छन	अलक्षण	अँगूठा	अंगुष्ठ
अँजुली	अंजलि	अनाज	अन्न
अँधियारा	अंधकार	आग	अग्नि
आठ	अष्ट	आढ़त	आढ्यत्व
आप	आत्मा	आम	आम्र
आलस	आलस्य	आँख	अक्षि
आँच	अर्चि	आँब	आमा
आँसू	अश्रु	आवाँ	आपाक
आवन	पंचाशत्, जैसे इक्यावन	आसरा	आश्रय
इकट्ठा	एकत्र	इक्कीस	एकविंशति
इकतालीस	एकचत्वारिंशत्	इक्यासी	एकाशीति
इतवार	आदित्यवार	ईंधन	इन्धन
उँगली	अंगुलि	उगलना	उद्गलन
उछाह	उत्साह	उठ	उत्तिष्ठ
उड़	उडु	उबटन	उद्वर्तन
उन्तालीस	ऊनचत्वारिंशत्	उन्नीस	ऊनविंशति
उलहना	उपालंभ	ऊखल	उद्खल
एक	एक	एका	ऐक्य
ओंठ	ओष्ठ	ओझा	उपाध्याय
ओस	अवश्याय	औंधा	अवमूर्ध
और	अपरं	कोढ़	कुष्ठ
किसान	कृषक	कपूत	कुपुत्र
क्रोधी	क्रुद्ध	कंचन	कांचन
कोयल	कोकिल	कौवा	काक
कपड़ा	कर्पट	कंधा	स्कंध
काँटा	कंटक	कातिक	कार्तिक
कैथा	कपित्थ	कुंजी	कुंचिका
कंगन	कंकण	कान	कर्ण
कोख	कुक्षि	कोस	क्रोश
कडुआ	कटु	कपूर	कर्पूर
कुम्हार	कुम्भकार	कन	कण

तद्भव	तत्सम	तद्भव	तत्सम	तद्भव	तत्सम	तद्भव	तत्सम
केवट	कैवर्त	कोठी	कोष्ठिका	तमोली	ताम्बूलिक	तलवार	तरवारि
केकड़ा	कर्कट	कुम्हड़ा	कूष्माण्ड	तीरथ	तीर्थ	तपसी	तपस्वी
खंडहर	खंडगृह	खत्री	क्षत्रिय	तीखा	तीक्ष्ण	तेरह	त्रयोदश
खम्भा	स्तम्भ	खाँसी	कास	ताव	ताप	तरनी	तरणी
खाज	खर्जू	खान	खनि	थन	स्तन	था	स्थित
खार	क्षार	खीर	क्षीर	थामना	स्तम्भन	दाँत	दंत
खुर	क्षुर	खेत	क्षेत्र	दई	दैव	दाहिना	दक्षिण
खेल	खेला	खैर	खदिर	दुबला	दुर्बल	दृग	दृक्
गोबर	गोमय	गाँव	ग्राम	देवर	द्विवर	दाद	दद्रु
गाहक	ग्राहक	गुन	गुण	दाढ़ी	दंष्ट्रिका	दाख	द्राक्षा
गेंद	कंदुक	गेहूँ	गोधूम	दुरजोधन	दुर्योधन	दिवाली	दीपावली
गाभिन	गर्भिणी	गधा	गर्दभ	दाई	धात्री	दूज	द्वितीया
गिद्ध	गृध्र	ग्वाला	गोपाल	दोना	द्रोण	दस	दश
गाँठ	ग्रन्थि	ग्याहर	एकादश	दूल्हा	दुर्लभ	दुरद	द्विरद
घड़ा	घट	घर	गृह	धरती	धरित्री	धनिया	धनिका
घाव	घात	घिसना	घृषण	धरम	धर्म	धान	धान्य
घी	घृत	घूँघट	गुंठन	नाका	नक्र	नंदोई	ननांदृपति
चूना	चूर्ण	चौपाया	चतुष्पद	नब्बे	नवति	नवासी	नवाशीति
चाँदनी	चंद्रिका	चूमना	चुम्बन	नहना	नखहरण	नाँघना	लंघन
चिकना	चिक्कण	चार	चत्वारि	नाक	नक्र	नाती	नप्तृ
चरित	चरित्र	चोला	चोल	नारियल	नारिकेल	निठुर	निष्ठुर
चीता	चित्रक	चोरी	चौर्य	निन्नानवे	नवनवति	निहाई	निघाति
चोंच	चन्चु	चिड़िया	चटक	नीचे	नीचैः	नीबू	निम्बक
चाँद	चंद्र	चबाना	चर्वण	नेउता	निमंत्रण	नैन	नयन
चौदह	चतुर्दश	चितेरा	चित्रकार	नोचना	लुंचन	पाख	पक्ष
चौथा	चतुर्थ	चौपाई	चतुष्पदी	पत्ता	पत्र	पक्का	पक्व
चौमासा	चतुमसि	चरन	चरण	पोती	पौत्री	पलँग	पर्यंक
छत	छत्र	छः	षष्	पोता	पौत्री	पराठा	पर्पटा
छक्का	षट्क	छठा	षष्ठ	पतोहू	पुत्रवधू	पाती	पत्रिका
छप्पन	षट्पञ्चाशत	छब्बीस	षट्विंशति	परस	स्पर्श	पूँछ	पुच्छ
छाँह	छाया	छाजन	छाद्य, छादन	पहरुआ	प्रहरी	पोथी	पुस्तिका
छिलका	शकल	छुरी	क्षुरिका	पनसारी	पण्यशालिक	पलड़ा	पटल
छेद	छिद्र	छोड़ना	क्षोडन	पपड़ी	पर्पटी	पीपल	पिप्पल
जमुना	यमुना	जीरन	जीर्ण	पखवारा	पक्षवार	पुआ	पूप
जाँघ	जंघा	जोगी	योगी	पतला	प्रतनु	परपोता	प्रपौत्र
जम	यम	जवान	युवा	पूँजी	पुंज	पहर	प्रहर
जड़	जटा	जेठ	ज्येष्ठ	परमारथ	परमार्थ	पूसा	पौष
जुगति	युक्ति	जो	यः	पूत	पुत्र	पड़ोस	प्रतिवास
जमाई	जामातृ	जब	यदा	पीला	पीत	परीवा	प्रतिपदा
जम्हाई	जृम्भिका	जामुन	जंबु	प्यास	पिपासा	पसारना	प्रसारण
झूठा	जुष्ट	झरना	निर्झर	पाँव	पाद	पीठ	पृष्ठ
झोना	जीर्ण	टकसाल	टंकशाला	पीढ़ा	पीठ	पुजारी	पूजाकारी
ठंडा	स्तब्ध	ठाँव	स्थान	पुरुषारथ	पुरुषार्थ	पल्ला	पल्लव
डाइन	डाकिनी	डाह	दाह	फटकरी	स्फटिक	फाँसी	पाशिका
डेढ़	द्वयर्द्ध	ढाई	अर्धतृतीय	फुरती	स्फूर्ति	फूल	फुल्ल
ढीला	शिथिल	तुरत	त्वरित	फोड़ा	स्फोट	बगुला	वक
तीता	तिक्त	तोल	तुल्य	बजरंग	वज्रांग	बाँस	वंश

तद्भव	तत्सम	तद्भव	तत्सम	तद्भव	तत्सम	तद्भव	तत्सम
बरगद	वट	बालू	बालुका	यहाँ	अत्र	रखना	रक्षण
बहिरा	बधिर	बाँध	बंध	रस्सी	रश्मि	रहट	अरघट्ट
बिच्छू	वृश्चिक	बारह	द्वादश	राजपूत	राजपुत्र	रानी	राज्ञी
बैल	वृषभ	बेर	बदरी	रीठा	अरिष्ट	रीस	ईर्ष्या
बायाँ	वाम	बाज़ा	वाद्य	रूख	वृक्ष	रूठा	रुष्ट
बकरा	वर्कर	बढ़ई	वर्द्धकि	रैन	रजनी	लोहा	लौह
बहनोई	भगिनीपति	बावला	वातुल	लाख	लक्ष	लौंग	लवंग
बैन	वचन	बछड़ा	वत्स	लीख	लिक्षा	लोन	लवण
बेल	बिल्व	बाड़ी	वाटिका	लोहार	लौहकार	लिलार	ललाट
बाँह	बाहु	बत्ती	वर्तिका	लँगोट	लिंगपट्ट	लोयन	लोचन
बखान	व्याख्यान	बनारस	वाराणसी	वह	असौ	शक्कर	शर्करा
बाँधना	बंधन	बिकना	विक्रयण	सँभल	सफल	सगा	स्वक
बुआ	पितृश्वसा	बत्ती	वर्तिका	सजाना	सज्जापन	सतहत्तर	सप्तसप्तति
भीख	भिक्षा	भूषन	भूषण	सत्त	सत्व	सतावन	सप्तपंचाशत्
भभूत	विभूति	भाई	भ्रातृ	सत्तू	सक्तु	सपना	स्वप्न
भांजा	भागिनेय	भात	भक्त	समझ	सबुद्धि	सयाना	सज्ञान
भला	भद्र	भट्ठी	भ्रष्ट्रिका	सलाई	शलाका	सवा	सपाद
भादों	भाद्रपद	भिच्छुक	भिक्षुक	ससुर	श्वसुर	सहिजन	शोभांजन
भीसम	भीष्म	भाड़ा	भाटक	साँई	स्वामी	सांकल	शृंखला
भूख	बुभुक्षा	भालू	भल्लुक	साँझ	संध्या	साँड़	षण्ड
भीत	भित्ति	भावज	भ्रातृजाया	साँवला	श्यामल	साँस	श्वास
मंडुआ	मंडप	मच्छर	मत्सर	साझा	सांश	साड़ी	शाटी
मजीठ	मञ्जिष्ठ	मढ़ना	मंडन	सात	सप्त	साथ	सार्थ
मरना	मरण	महँगा	महार्घ	सावन	श्रावण	साही	शल्यकी
महावत	महापात्र	माँ	माता	सिंगार	शृंगार	सिकड़ी	शृंखला
माँग	मार्ग	माई	मातृ	सितार	सप्ततार	सिर	शिर
माखन	म्रक्षण	मिट्टी	मृतिका	सींग	शृंग	सीढ़ी	श्रेढी, श्रेणी
मीठा	मिष्ट	मुँह	मुख	सीला	शीतल	सुअर	शूकर
मुआ	मृत	मुझे	मह्यम्	सुघड़	सुघट्ट	सुन	श्रुणु
मुट्ठी	मुष्टि	मूँछ	श्मश्रु	सुन्न	शून्य	हाथी	हस्ती
मूँड़	मुंड	मूठ	मुष्टि	होंठ	ओष्ठ	हल्दी	हरिद्रा
में	मध्ये	मेह	मेघ	हलका	लघुक	हाथ	हस्त
मैल	मल	मोर	मयूर	हीरा	हीरक	हरड़	हरीतकी
मौर	मुकुट	यह	एष	होली	होलिका		

प्रश्नमाला

निर्देश–नीचे प्रत्येक वर्ग में केवल एक शब्द तत्सम है। उसका चयन कीजिए।

1. (a) कमरा (b) घोड़ा (c) ईर्ष्या (d) नमक
2. (a) मगन (b) क्षेत्र (c) गिलास (d) पानी
3. (a) तीखा (b) तेल (c) तपाक (d) तीक्ष्ण
4. (a) हवा (b) पक्ष (c) बरस (d) पत्ता
5. (a) आठ (b) दुरुस्त (c) उदय (d) झंझट
6. (a) काँटा (b) सुई (c) शान्ति (d) साजन
7. (a) खीर (b) निलय (c) सौत (d) गोबर
8. (a) युवक (b) जशन (c) पतलून (d) खिड़की
9. (a) करुण (b) खजूर (c) गली (d) आसरा
10. (a) वीर (b) लड़की (c) कालीन (d) जनम
11. (a) लोहा (b) दीपक (c) गाय (d) सच

12. (a) कोना (b) आम
(c) काष्ठ (d) बादल
13. (a) शिथिल (b) शाम
(c) चोंच (d) चना
14. (a) कुपात्र (b) कोसा
(c) काहिल (d) किसान
15. (a) छिद्र (b) बादल
(c) चिड़िया (d) सूराख
16. (a) भूखा (b) भिखारी
(c) भिक्षा (d) ठग
17. (a) खरगोश (b) बदन
(c) बच्चा (d) मस्तक
18. (a) एकत्र (b) गजक
(c) बर्फ (d) ओला

निर्देश–नीचे प्रत्येक वर्ग में केवल एक शब्द तद्भव है। उसका चयन कीजिए।

19. (a) भविष्य (b) पुण्य
(c) मानुस (d) वाणी
20. (a) अनुभूति (b) करुणा
(c) उछाह (d) अधिवेशन
21. (a) कांज (b) आशा
(c) दृष्टान्त (d) घोष
22. (a) पुरातन (b) पर्याप्त
(c) निपुन (d) विरुद्ध
23. (a) पुरान (b) मान्य
(c) चिन्ता (d) सतर्क
24. (a) स्थायी (b) हँसी
(c) संस्कृति (d) अधीन
25. (a) स्वार्थ (b) सरग
(c) स्वदेश (d) संशोधन
26. (a)वित्त (b) धर्म
(c) मारग (d) विवाह
27. (a) थाली (b) राष्ट्र
(c) प्रान्त (d) मुख
28. (a) अनुच्छेद (b) आम
(c) उद्भव (d) प्रहार
29. (a) श्रवण (b) प्रांगण
(c) प्रस्ताव (d) नेह
30. (a) वृक्ष (b) ऋषि
(c) मधुर (d) कारज
31. (a) आयु (b) माह
(c) पर्यन्त (d) नीरव
32. (a) कमल (b) कीर्ति
(c) जवान (d) कूल
33. (a) नष्ट (b) सींग
(c) नियति (d) निर्धन
34. (a) क्षुद्र (b) निर्मल
(c) जीभ (d) निराश
35. (a) रक्त (b) नाखून
(c) मस्तक (d) उर
36. (a) दाँत (b) केश
(c) गर्दभ (d) सागर
37. (a) पोथी (b) कृषि
(c) स्वर्ग (d) सिंह
38. (a) गाँव (b) गौरव
(c) गोधन (d) गृहस्थ
39. (a) खेत (b) गमन
(c) गवाक्ष (d) गर्व
40. (a) रंध्र (b) चन्द्रमा
(c) चोखा (d) चक्षु
41. (a) कपट (b) जूठा
(c) मन्दिर (d) देवता
42. (a) द्रव्य (b) अवस्था
(c) तेज (d) अपशब्द
43. (a) गोधूलि (b) साँकल
(c) अहंकार (d) अश्व
44. (a) दक्ष (b) सुरभि
(c) भूषण (d) दाह
45. (a) महँगा (b) उत्पादन
(c) प्रांगण (d) कष्ट
46. (a) परीक्षा (b) निधि
(c) कन (d) सम्पदा
47. (a) चाँदनी (b) छवि
(c) योग्य (d) गरिमा
48. (a) वणिक (b) निर्माण
(c) दूध (d) ध्वंस
49. (a) पुहुप (b) रज्जु
(c) कटि (d) पवित्र
50. (a) गिरि (b) माथा
(c) मुनि (d) धात्री

उत्तरमाला

1. (d) 2. (b) 3. (d) 4. (b) 5. (c) 6. (c) 7. (b) 8. (a) 9. (a) 10. (a) 11. (b)
12. (c) 13. (a) 14. (a) 15. (a) 16. (c) 17. (d) 18. (a) 19. (c) 20. (c) 21. (a) 22. (c)
23. (a) 24. (b) 25. (b) 26. (c) 27. (a) 28. (b) 29. (d) 30. (d) 31. (b) 32. (c) 33. (b)
34. (c) 35. (b) 36. (a) 37. (a) 38. (a) 39. (a) 40. (c) 41. (b) 42. (c) 43. (b) 44. (d)
45. (a) 46. (c) 47. (a) 48. (c) 49. (a) 50. (b)

❑❑❑

3 पर्यायवाची

पर्याय का अर्थ एकार्थ बोधक, तुल्यार्थक अथवा समान अर्थ देने वाले शब्दों से है अर्थात् जब एक ही अर्थ या भाव का बोध कराने वाले कई शब्द होते हैं तब से परस्पर पर्यायवाची कहलाते हैं। पर्यायवाची शब्द को प्रतिशब्द भी कहते हैं।

अ

अभिमान – अहंकार, गर्व, मद, दर्प, गरूर, घमंड, दंभ
अभागा – भाग्यहीन, बदकिस्मत, हतभाग्य, मंदभाग्य
अधीर – आकुल, आतुर, बेचैन, उतावला
अच्छा – बढ़िया, उत्तर, उम्दा, चोखा, उचित, ठीक
अर्वाचीन – आधुनिक, नवीन, वर्तमानकालीन
अन्वेषण – खोज, शोध, अनुसंधान, गवेषण, जाँच
अचल – अटल, अडिग, अविचल, स्थिर, दृढ़
अधर्म – विधर्म, दुराचार, दुष्कर्म, कुकर्म, पाप, अन्धेर
अपयश – बदनामी, अपकीर्ति, निन्दा, अकीर्ति, अपवाद
अंग – अवयव, भाग, हिस्सा, अंश, घटक
अंतर – फर्क, भेद, फासला, भिन्नता, असादृश्य
अतिथि – पाहुन, अभ्यागत, मेहमान, आगंतुक
अध्यापक – आचार्य, शिक्षक, गुरु, व्याख्याता, अवबोधक
अनाज – धान्य, अन्न, गल्ला, शस्य
अखण्ड – समूचा, पूर्ण, अविभक्त, समग्र, सारा, पूरा
अदृश्य – तिरोहित, लुप्त, गायब, ओझल, अंतर्धान, अस्त
अनुपम – अपूर्व, अनोखा, अद्भुत, अनूठा, अद्वितीय
अहीर – ग्वाला, गोपाल, आभीर, गोप
अमर – नित्य, अमर्त्य, अनश्वर, अक्षप्य
अल्प – न्यून, कम, थोड़ा, अपर्याप्त
असभ्य – अशिष्ट, अभद्र, दु:शील, बर्बर, गँवार, उजड्ड
अनिवार्य – आवश्यक, बाध्यकर, उपरिहार्य, जरूरी, लाजिमी
अंधा – सूरदास, अंध, नेत्रहीन, प्रज्ञाचक्षु, चक्षुहीन
अचला – पृथ्वी, धरा, वसुधा, वसुन्धरा, महि, धरती
अतीत – गत, विगत, भूत, व्यतीत
अधीन – पराधीन, आश्रित, निर्भर, मातहत, पराश्रित
अनजान – उपरिचित, अजनबी, अज्ञात, नावाकिफ, नादान
अनुरोध – निवेदन, याचना, प्रार्थना, विनती, अभ्यर्थना

आ

आनन्द – सुख, चैन, प्रसन्नता मोद, विनोद, प्रमोद, हर्ष, आह्लाद, उल्लास
आकर्षक – दिलकशी, खिचाव, विमोहन, सम्मोहन
आज्ञा – अनुमति, मंजूरी, स्वीकृति, सहमति, इजाजत
आश्रय – अवलंब, भरोसा, सहारा, आधार, प्रक्षय
आशीर्वाद – आशीष, आशीर्वचन, मंगलकामना
आलसी – सुस्त, काहिल, ठलुआ, निकम्मा, निरूद्यमी
आख्यान – कहानी, कथा, वृत्तान्त, इतिवृत्त, किस्सा
आकाश गंगा – स्वर्गनदी, सुरनदी, मन्दाकिनी, नभोनदी, नभगंगा
आकृति – चेहरा-मोहरा, नैन-नक्श, गढ़न, डील-डौल, आकार
आदर्श – मानक, नमूना, प्रतिरूप, प्रतिमान
आदि – प्रथम, पहला, आदिम, शुरू का, आरंभिक

इ

इच्छा – चाह, कामना, अभिलाषा, आकांक्षा, मनोरथ, ईप्सा
इन्द्राणी – शची, पौलोमी, इन्द्रवधू, इन्द्रा, महेन्द्री, मधवानी
इंकार – अस्वीकृति, निषेध, अनंगीकार, प्रत्याख्यान

ई

ईश्वर – परमात्मा, भगवान, ईश, परमेश्वर, ब्रह्म, जगदीश, अज, जगन्नाथ, दीनानाथ
ईर्ष्या – डाह, जलन, कुढ़न, मत्सर, द्वेष

उ

उत्तम – बढ़िया, उत्कृष्ट, श्रेष्ठ, प्रवर, प्रदृष्ट
उत्थान – उठव, आरोह, चढ़ाव, उत्कर्ष, उत्क्रमण
उद्धार – मुक्ति, मोक्षण, निस्तार, छुटकारा, अपमोचन
उन्नति – प्रगति, तरक्की, विकास, उत्थान, बढ़ती
उपयुक्त – वांछनीय, ठीक, वाजिब, मुनासिब, उचित
उपस्थित – मौजूद, विद्यमान, प्रस्तुत, हाजिर, वर्तमान
उपाय – ढंग, युक्ति, जुगत, जुगाड़, तरीका, तरकीब
उलझन – अनिश्चय, संभ्रम, असमंजस, दुविधा, चक्कर
उदास – उन्मन, अप्रसन्न, विषण्ण, खिन्न, चिंताकुल
उपमा – सादृश्य, मिलान, समानता, तुलना
उल्लास – आह्लाद, आनंद, हर्ष, प्रमोद, मौज
उपकार – हितसाधन, भलाई, नेकी, कल्याण, परोपकार, अच्छाई, हित, उद्धार
उद्यत – तैयार, प्रस्तुत, तत्पर
उपालंभ उलाहना, शिकवा, शिकायत
उत्कर्ष – उन्नति, उन्मेष, उत्थान, अभ्युदय, आरोह
उग्र – प्रबल, तेज, चण्ड
उत्पात – ऊधम, बखेड़ा, उपद्रव, टंटा

उत्कंठा – आतुरता, चाव, उत्सुकता, लालसा, प्रबलेच्छा

ऊ

ऊसर – अनुर्वर, सस्यहीन, अनुपजाऊ
ऊँघ – तंद्रा, ऊँघाई, झपकी, अर्धनिद्रा, अलसाई
ऊबड़ – खाबड़, बीहड़, असम, अटपटा, ऊँचा-नीचा, उच्चावच

ऋ

ऋद्धि – संपन्नता, बढ़ती, बढ़ोत्तरी, वृद्धि, समृद्धि
ऋषि – मुनि, मनीषी, साधु, महात्मा, सन्त, मन्त्रद्रष्टा

ए

एकता – एकरूपता, एकसूत्रता, ऐक्स, अभिन्नता, अभेद
एहसान – अनुग्रह, कृतज्ञता, आभार

ऐ

ऐश – विलास, ऐयाशी, सुख-चैन
ऐच्छिक – स्वेच्छाकृति, वैकल्पिक, अख्तियारी, सावकल्प, पसन्द का
ऐंठन – मरोड़, बल, तनाव, अकड़न, उमेठन

ओ

ओस – तुषार, हिमकण, हिमसीकर, हिमबिन्दु, तुहिनकण
ओंठ – होंठ, अधर, ओष्ठ, दंतच्छद, रदनच्छ

औ

औषधि – भेषज, दवा, दवाई, औषध

क

कस्तूरी – मृगमद, मदलता, मृगनाभि
क्रोध – रोष, गुस्सा, कोप, अमर्ष, आक्रोश, तैश
कुत्ता – श्वान, कुक्कुर, श्वा, शुनक, सारमेय
केला – बदली, रम्भा, भानुफल
कबूतर – कपोत, पारावत, रक्तलोचन, हारीत, परेवा
कपड़ा – वस्त्र, वसन, पट, चीर, पहरावा, परिधान, अम्बर
कमर – कटि, श्रोणि
कोयल – कोकिला, श्यामा, बासंत
कृपा – दया, अनुग्रह, रहमत
किरण – मयूख, मरीच, रश्मि, अंशु, कर, केतु
कामदेव – मदन, मन्मथ, मयन, मार, रतिपति, मनोज, मीनकेतु, काम, अनंग, कंदर्प, कुसमेषु, प्रद्युम्न, स्मर
कर्ण – अंगराज, राधे, सूर्यपुत्र
कली – मुकुल, कलिका, गुंचा, कोरक, पंखुड़ी
कल्पवृक्ष – पारिजात, कल्पद्रुम, मन्दार
कृष्ण – माधव, राधारमण, श्याम, मुरलीधर, गिरिधर, कंसारि, हृषीकेश, मुकुन्द, वासुदेव, केशव, कन्हैया
कौआ – काग, काक, एकाक्ष, करट
कारागार – जेल, कारावास, बन्दीगृह
कर – महसूल, टैक्स, शुल्क
कंदरा – गुफा, गुहा, खोह, गह्वर
कटु – कर्कश, तीक्ष्ण, चरपरा, तीखा
कामुकता – लंपटता, व्यभिचारिता, विषयासक्ति
किनारा – तीर, कूल, तट, पुलिन
किला – दुर्ग, गढ़, कोट, कोटला
कीचड़ – पंक, कर्दम, कांदो
कुरुप – भद्दा, बदशक्ल, बेडौल
कृतज्ञ – उपकृत, कृतार्थ, ऋणी
कन्या – बालिका, कुमारी, किशोरी, बाला
कपट – छल, फरेब, झाँसा
कर्मठ – उद्यमी, कर्मपरायण, कर्मनिष्ठ
कष्ट – दु:ख, पीड़ा, क्लेश, संताप
कायर – भीरु, बुजदिल, डरपोक, सभय, पामर
कृत्रिम – नकली, अवास्तविक, दिखावटी

ख

खून – रक्त, शोणित, रुधिर, लोहू, लहू
खम्भा – थंभ, स्तम्भ, स्तूप
खतरा – आशंका, जोखिम, डर, भय, अंदेशा

ग

गरुड़ – खगेश्वर, वैनतेय, सर्पारि, नागांतक
गूढ़ – जटिल, क्लिष्ट, गंभीर, दुरूह, गहन
गौरव – गुरुता, सम्मान, बड़प्पन, महत्व, मान
गंगा – सुरसरि, जा वी, मन्दाकिनी, त्रिपथगा, भागीरथी, देवनदी, देवपगा, विष्णुपदी
गदहा – खर, रासभ, वैशाखनंदन, गर्दभ

घ

घड़ा – घट, कुम्भ, कलश, गागर
घाव – जख्म, व्रण, क्षत
घी – घृत, नवनीतक, हवि, अमृत

च

चतुर – प्रवीण, कुशल, नागर, विदग्ध, पटु, निपुण
चाँदी – रजत, रूपा, रौप्य, रूप्य, रूपक, चन्द्रहास
चोटी – शिखर, तुंग, श्रृंग, परकोटि, शिरोबिन्दु

छ

छेद – सूराख, छिद्र, रंध्र

ज

जीभ – जिह्वा, रसना, रसज्ञा

जंग – रण, समर, युद्ध, लड़ाई, संग्राम
जंगल – विपिन, कानन, वन, अरण्य, कान्तार, अटवी

झ

झण्डा – ध्वजा, पताका, केतु, निशान

ट

टपकना – चूना, रिसना, झरना, स्रावित होना
टीस – कसक, शूल, चुटकी, दर्द, हूल

ठ

ठग – वंचक, प्रतारक, अड़मीर, प्रवंचक, जालसाज
ठगी – प्रतारणा, वंचना, मायाजाल, फरेब, जालसाजी
ठीक – उचित, उपयुक्त, मुनासिब, समीचीन

ड

डर – भय, खौफ, त्रास, भीति, आतंक
डरावना – भयंकर, भयानक, खौफनाक, भयावह, दहशतनाक
डाकू – दस्यु, लुटेरा, लुंठक, बटमार, डकैत, साहसिक
डीलडौल – रूप, आकृति, बनावट, रचना, गठन, गढ़न
डोरी – जेवरी, सुतली, तनी, रस्सी, डोर

ढ

ढंग – रीति, तरीका, विधि, मुक्ति, उपाय, तदबीर, युक्ति, ढब
ढिठाई – धृष्टता, बेशरमी, अशिष्टता, गुस्ताखी, अविनय
ढेर – जमाव, अंबार, राशि, पुंज, ओघ

त

तरुणी – युवती, मनोज्ञा, सुन्दरी, यौवनवती, प्रमदा, रमणी
तम – तिमिर, अन्धकार, ध्वान्त
तरु – वृक्ष, विटप, पेड़, पादप, द्रुम
तथापि – तोभी, फिरभी, तदपि, तिसपर भी, इसके बावजूद
तन्मय – लीन, मग्न, तल्लीन, ध्यानमग्न, लवलीन
तोता – शुक, कीर, सुआ, सुग्गा, रक्ततुण्ड, दाड़िम, प्रिय
तीखा – तीक्ष्ण, तेज, पैना, प्रखर
तत्पर – तैयार, उद्यत, मुस्तैद, कटिबद्ध, संन्नद्ध
तानाशाह – अधिनायक, निरंकुश शासक, डिक्टेटर
तालिका – सारणी, सूची, फहरिस्त
तुरन्त – झटपट, क्षिप्र, फटाफट, तुरत
तैयार – तत्पर, उद्यत, सन्नद्ध, मुस्तैद, कटिबद्ध

थ

थल – धरती, जमीन, पृथ्वी, धरा, भूतल, भूमि
थपेड़ा – चमेटा, थप्पड़, झापड़, चाँटा, धौल
थाह – सीमा, हद, छोरा, सिरा, अन्त
थोथा – पोला, खाली, खोखला, रिक्त, छूछा

द

दुष्ट – खल, नीच, दुर्जन, पिशुन, पामर
दैत्य – असुर, सुरारि, दनुज, दानव, दैते, यातुधान, रजनीचर
द्रौपदी – कृष्णा, द्रुपदसुता, पांचाली, सैलेंध्री, याज्ञसेनी
दिनांक – तारीख, तिथि, मिति
दया – करुणा, अनुकंपा, रहम, तरस
दुविधा – धर्मसंकट, ऊहापोह, असमंजस, कशमकश
दीपावली – दीपमालिका, दीवाली, दीपमाला, दीपोत्सव
दास – भृत्य, अनुचर, सेवक, किंकर, परिचारक, नौकर
दासी – भृत्या, बाँदी, अनुचरी, सेविका, किंकरी, परिचारिका
दुःख – पीड़ा, कष्ट, संकट, क्लेश, व्यथा, विषाद, वेदना, यातना, यंत्रणा, खेद, संताप, उत्पीड़न

ध

धूप – घाम, आतप, द्योत
धंध – व्यापार, कारोबार, व्यवसाय, रोजगार
धन्यवाद – शुक्रिया, आभार, कृतज्ञता, मेहरबानी

न

नट – जन, मानव, मनुष्य, पुरुष, मत्य, मनुज
नमक – लवण, लोन, रामरस, नोन
नंगा – निर्वस्त्र, दिगम्बर, नग्न, खुला, अनावृत्त
नरेन्द्र – राजा, भूपति, नरपति, भूपाल, भूप, नरेश
नवल – अनोखा, विलक्षण, अजब, विचित्र, अद्भुत
नाज़ – अदा, चौचला, नखरा, हाव-भाव, बनाव, सिंगार
नाम – ख्याति, बड़ाई, कीर्ति, यश, प्रसिद्धि, मशहूरी, शोहरत
नाशवान – क्षणभंगुर, क्षणिक, विनाशी, अस्थिर, नश्वर
निकट – पास, समीप, करीब, आसन्न, निकटस्थ
निगम – निकाय, संगठन, समिति, प्रतिष्ठान, संस्था
नित्य – शाश्वत, अमर, अविनाशी, अमर्त्य, अनश्वर, सदा, सनातन, सतत्, सर्वदा, सदैव, अहर्निश, प्रतिदिन, रोज
नियम – कायदा, विधान, विधि, दस्तूर, उसूल
निरपेक्ष – अलग, निष्पक्ष, बेलाग, तटस्थ, उदासीन
निराधार – आधारहीन, बेबुनियाद, जड़हीन, निर्मूल, आधाररहित
निर्णय – निश्चय, निष्कर्ष, फैसला, परिणाम
निर्दय – दयाहीन, निर्मम, बेरहम, बेदर्द, निष्ठुर
निर्दोष – निरपराध, दोषरहित, बेकसूर, बेगुनाह, अदोष
निर्बल – कृश, कृशकाय, कमजोर, दुर्बल
निमंत्रण – बुलावा, आमंत्रण, न्योता
निश्चित – तय, निर्धारित, दृढ़, पक्का, निर्णीत
निष्कलंक – निर्दोष, बेदाग, बे-ऐब, स्वच्छ, साफ
निष्ठा – श्रद्धा, आस्था, विश्वास, यकीन
निस्संदेह – जरूर, सचमुच, वाकई, बेशक, अवश्य, बिला शक
नीचता – तुच्छता, अधमता, ओछापन, कमीनापन, क्षुद्रता
नेता – अग्रणी, मुखिया, अगुआ, सरदार, प्रधान

नौबत – दशा, अवस्था, हालत
न्यायाधीश – न्यायाध्यक्ष, मुशिफ, जज
न्यारा – अनोखा, अजीब, विलक्षण, निराला, अद्‌भुत

प

पंक – कीचड़, कीच, कर्दम
पंकिल – गंदला, गंदा, मैला, मलिन, मलीन
पंथ – मार्ग, रास्ता, डगर, पथ, राह
पछतावा – पश्चाताप, प्रायश्चित, अनुताप, ग्लानि, संताप
पटु – दक्ष, प्रवीण, निपुण, कुशल, होशियार
पढ़ाई – पठन-पाठन, अध्ययन, विद्याभास
पत्ता – दल, पर्ण, पल्लव, पत्र, पात, छ्दन
पति – भर्ता, वल्लभ, भतरि, आर्यपुत्र, ईश, स्वामी, बालम, जीवन धारा, नाथ
पण्डित – सुधी, विद्वान, कोविद्र, बुध, धीर, मनीषी, प्राज्ञ, विलक्षण, युध, विज्ञ
पर्वत – भूधर, गिरि, महिधर, शैल, नग, भूमिधर, आदि, मेरू, तुंग अचल, पहाड़
पल्ला – आँचल, छोर, दामन
पवित्र – पावन, पुनीत, साफ, पूत, विशुद्ध, पाक, शुचि, शुद्ध, स्वच्छ
पसीना – श्रमकण, श्रमसीकर, प्रस्वेद
पांडुलिपि – हस्तलिपि, मसौदा, पाण्डुलेख
पाखंड – ढोंग, स्वांग, प्रपंच, ढकोसला, आडम्बर
पाप – अध, पातक, गुनाह, अपकर्म, कलुष
पान – ताम्बुल, नागरबेल, नागबल्ली, पर्णलता, सप्तशिला, नागिनी पत्र
पुत्र – तनय, आत्मज, सुत, लड़का, बेटा, औरस, पूत
पुत्री – तनया, आत्मजा, सुता, लड़की, बेटी, दुहिता
पिक – कोयल, कोकिला, कलकंठ, बसंत, श्यामा
पुंज – राशि, ढेर, समूह, जमाव, अंबार
पुरातन – प्राचीन, पुराना, प्राक्तन, पूर्वकालीन, भूतकालीन, प्राक्कालीन
पुष्टि – समर्थन, हिमायत, अनुमोदन
पूज्य – आराध्य, अर्चनीय, उपास्य, वंद्य, वंदनीय, पूजनीय
प्रगति – विकास, उन्नति, बढ़ती, तरक्की, श्रीवृद्धि
प्रगल्भ – अहंकारी, घमंडी, अभिमानी, गर्वीला, दंभी
प्रचुरता – बहुलता, बहुतायत, प्रभूतता, इफरात, आधिक्य
प्रज्ञा – ज्ञान, प्रतिभा, मेधा, बुद्धि, समझ
पथिक – मुसाफिर, यात्री, राही, पंथी, बटोही
पद – पाँव, पाद, चाँण, पैर, पग, पगु, कदम
परन्तु – किन्तु, मगर, लेकिन, पर
पराग – रज, पुष्पराज, कुसुमराज, पुष्पधूलि
परतन्त्र – पराधीन, परवश, पराश्रित, गुलाम, अधीन
परमार्थ – भलाई, परोपकार
पराजित – परास्त, विजित, हारा हुआ
पराया – दूसरा, बेगाना, पराभूत
परिचय – मुलाकात, पहचान, वाकिफयत
परिचर्या – सेवा, टहल, शुश्रूषा, चाकरी, खिदमत
परिणाम – फल, नतीजा
परिताप – दु:ख, दर्द, पीड़ा, क्लेश, व्यथा
परिभव – अपमान, अनादर, तिरस्कार, उपेक्षा, अवमान
परिवर्तन – हेर-फेर, अदल-बदल, तबदीली
परिवाद – बदनामी, बुराई, अपयश, अपवाद, निंदा
परिष्कार – सफाई, संशोधन, संस्कार, शुद्धि, परिमार्जन
परोक्ष – अप्रत्यक्ष, ओझल, गुप्त, अगोचर, तिरोहित
प्रसन्नता – हर्ष, आह्लाद, खुशी, आनन्द, प्रफुल्लता
प्रभात – उषा, प्रात:, अरुणोदय, सवेरा
प्रकाश – प्रभा, छवी, द्युति, ज्योति, चमक, विकास, आलोक, रोशनी, उजाला
प्राणी – जीवधारी, जीव, जानदार, सजीव
प्रभा – प्रकाश, द्युति, चमक, दीप्ति, विभा
प्रिया – प्रेमिका, प्रेयसी, प्यारी, वल्लभा, प्रियतमा, सजनी, दिलरूबा, प्रिये
प्रेमी – प्रियतम, आशिक, स्नेही, प्यारा, अनुरागी
प्रौढ़ावस्था – पक्की उम्र, अधेड़ उम्र, प्रौढ़ता

फ

फणी – सर्प, साँप, फणधर, नाग, उरग
फायदा – लाभ, मुनाफा, नफा, प्राप्ति, उपलब्धि
फिर – पुन:, बहुरि, दोबारा

ब

बलात्कार – शीलभंग, सतीत्वहरण, बलात्संभोग, शीलहरण, शीलाघात
बहुतायत – बहुलता, सरसाई, आधिक्य, अधिकता, प्रचुरता
बाण – तीर, तोमर, विशिख, शिलीमुख, नाराच, शर, ईषु, सायक
बाल – बच्चा, बालक, लड़का
बालिका – बाला, कन्या, बच्ची, लड़की, किशोरी
बियाबान – निर्जन, सुनसान, उजाड़, वीरान, जनशून्य
बुद्धि – मेधा, जेहन, अक्ल, मति
बुनियाद – नींव, आधार, जड़
बड़ा – वृहत, लम्बा-चौड़ा
बेदर्द – निर्मम, निष्ठुर, दयाहीन, अकरूण
बेसुध – अचेत, संज्ञाहीन, निश्चेष्ट
बेशर्म – बेहया, ढीठ, धृष्ट, चिकनाघड़ा
बोध – बुद्धि, विवेक, समझ, जानकारी, ज्ञान
ब्रह्मांड – दुनिया, जगत, विश्व, संसार, जगती
ब्राह्मण – विप्र, भूसुर, भूदेव,
बलवान – बली, जोरावर, ताकतवर, सबल, बलशाली
बलवा – दंगा, फसाद, मारकाट
बन्दर – कपि, वानर, हरि, मर्कट, कीश
बर्तन – पात्र, बरतन, भाँडा
बहन – भगिनी, स्वसा, स्वसृ
विधाता – विधि, ब्रह्मा, प्रजापति, स्वयंभू, चतुरानन
बाघ – व्याघ्र, चित्रक, व्याल
बाज – कपोतारि, श्येन

भ

भय – भीति, डर, त्रास, आतंक, खौफ
भौंरा – अलि, मधुकर, चंचरीक, मिलिन्द, भृंग
भाँग – विजया, शिवा, भंग, जया, चपला
भगिनी – बहन, दीदी, जीजी
भोला – सीधा, निष्कपट, अकुटिल
भेदी – गुप्तचर, जासूस, दूत, भेदिया

म

माँ – माता, अम्बा, माई, मैया, जननी, अम्बिका, जन्मदात्री
मित्र – सुहृद, दोस्त, सहचर, सपक्ष, यार
मुँह – मुख, आनन, वदन, मुखड़ा, चेहरा
मूँगा – प्रवाल, लतामणिखर रक्तमणि, रक्तांग
मेढक – दर्दुर, दादुर, भेक,
मोर – मयूर, शिखी, ध्वजी, नीलकंठ, कलापी, शिखण्डी
मोक्ष – निर्वाण, कैवल्य, मुक्ति, सद्गति, परमपद, अपवर्ग
मन – चित्त, मानव, अन्तःकरण, जी, अंतर
मेहनत – श्रम, परिश्रम, अध्यवसाय, उद्योग, कर्मठता
महाशय – महानुभाव, महात्मा, महापुरुष, महामना
मांगलिक – शुभकर, शुभ, कल्याणकारी, मंगलदायक
मिलन – भेंट, संयोग, मेल, मिलाप, संपर्क, सहचार
मेहमान – पाहुन, अतिथि, अभ्यागत, आगंतुक
मूढ़ – अज्ञानी, मूर्ख, जड़, गँवार, निर्बुद्धि, अज्ञ
मक्खन – नवनीत, माखन, दधिसार
मनुष्य – मानव, नर, जन, मनुज, मानुष, आदमी
मस्तक – माथा, ललाट, भाल, कपालक

य

यमुना – सूर्यतनया, तरणि-तनूजा, जमुना, कालिन्दी, रवितनया, रविसुता, भनुजा
युद्ध – रण, समर, संग्राम, जंग, लड़ाई
युवती – सुन्दरी, किशोरी, नवयौवना, रमणी
यौवन – जवानी, तारुण्य, युवावस्था
यश – कीर्ति, प्रसिद्धि, नेकनामी, ख्याति

र

रंडी – वेश्या, नगरवधू, गणिका, वारस्त्री, वारांगना, रूपजीवा, मंगलामुखी, भोग्या
रात्रि – निशा, रजनी, यामिनी, विभावरी, रैन, हियामा, रात, तमी
राधा – बृजरानी, राधिका, वृषभानु, नंदिनी
रामचन्द्र – राम, रघुपति, रघुवर, दाशरथि, रघुराज, सीतापति, जानकीवल्लभ, रावणारि
रश्मि – किरण, मयूख, मरीचि, कर, अंशु
रुग्ण – रोगी, व्याधिग्रस्त, अस्वस्थ
राका – पूनम, पूर्णमासी, पौर्णमी, पूनो
राक्षस – असुर, दैत्य, दानव, सुरारि
राय – सलाह, परामर्श, मंत्रणा, मत
रिक्त – खाली, रीता, शन्य, थोथा

ल

लक्ष्मी – कमला, रमा, हरिप्रिया, चंचला, श्री, पद्मा, भार्गवी, इन्दिरा
लाल – अरुण, रक्ताभ, रक्तिम, सुर्ख
लोहा – लौह, सार, अयस, लोह
लघु – न्यून, छोटा, हलका, थोड़ा
लहर – ऊर्मि, तरंग, बीचि, लहरी
लाचार – निरुपाय, बेबस, बाध्य, मजबूर
लाभ – मुनाफा, फायदा, प्राप्ति
लोभ – लालच, लिप्सा, लोलुपता, तृष्णा

व

वन – अरण्य, अटवी, कानन, जंगल, कांतार
वर्षा – पावस, वृष्टि, बारिस, बरसात
वसंत – मधुमास, कुसुमाकर, माधव, ऋतुपति
वस्त्र – पट, परिधान, अम्बर, चीर, बसन, कपड़ा
वाणी – गिरा, भारती, बोली, भाषा, बात
वायु – पवन, हवा, अनिल, समीर, मारुत
वक्ष – सीना, छाती, तुर, वक्षस्थल
विमान – हवाई, वायुयान, नभयान
विद्या – शिक्षा, हुनर, सरस्वती, ज्ञान, इल्म
विमल – विशुद्ध, स्वच्छ, साफ, पावन
वपु – देह, शरीर, जिस्म, वदन, तन
वर्ग – जमात, कोटि, श्रेणी, समुदाय, सम्प्रदाय
विघ्न – बाधा, रोड़ा, अड़चन, अड़ंगा, रुकावट, व्यवधान
व्याघ – लीन, बहेलिया, आखेटक, लुब्धक, शिकारी
विवाह – ब्याह, शादी, पाणिग्रहण, परिणय
वीर्य – शुक्र, बीज, जीवन, तेज, सार, रेता, धातु
वृक्ष – पेड़, पादप, द्रुम, विटप, शाखी
व्यास – वेदव्यास, द्वैपायन
विद्युत – चपला, तड़ित, बिजली, क्षणप्रभा
वंदना – अर्चना, पूजा, आराधना, प्रार्थना
वस्तुतः – सचमुच, यथार्थतः, वास्तव में
विलोम – उल्टा, विरुद्ध, खिलाफ

श

शीघ्र – त्वरित, द्रुत, सत्वर, अविलम्ब, आशु, लघु
शेषनाग – अहीश, शेष, फणीश
शपथ – सौगंध, सौंह, कसम, हलफ
शस्य – फसल, उपज
शिष्ट – शालीन, संभ्रांत, भद्र
शत्रु – रिपु, वैरी, अमित्र, दुश्मन
शराब – मदिरा, हाला, दारू, सुरा, वारुणी
शरीर – कलेवर, वपु, तन, बदन, देह

श्रृंगार - सिंगार, साजसज्जा, भूषा, रूपसज्जा
शोभा - सुषमा, छटा, मनोहरता, सुन्दरता

स

सहोदर - बन्धु, भाई, भ्राता, सोदर, सजात, सगर्भ
सेविका - दासी, भृत्या, परिचारिका, अनुचरी, किंकरी
संसार - विश्व, जग, जहान, लोक, दुनिया, जगत, भव
सधवा - सौभाग्यवती, सुहागिन, सनाथा
सिंह - शेर, केसरी, केहरि, पुण्डरीक, हरि, वनराज, व्याघ्र
सीता - वैदेही, जनकनंदिनी
सुन्दरी - सुमुखी, ललिता, सुनयना, रमणी, कामिनी, ललना
सुगंधि - सुवास, महक, इष्टगंध
स्वर्ण - कनक, कंचन, हेम, हिरण्य, कुन्दन, सोना, सुवर्ण
स्त्री - नारी, कलत्र, महिला, वामा, वधू, ललना, कामिनी, प्रमदा, सुन्दरी
संध्या - गोधूलि, निशारम्भ
समान - सदृश, बराबर
संक्षेप - सार, निचोड़
सूत - तागा, सूत्र
स्वर्ग - सुरलोक, जन्नत, गोलोक, नाक, बैकुंठ

ह

हनुमान - कपीश, मारुति, वज्रांगी, पवनसुत, कपीश्वर, पवनपुत्र
हरिण - मृग, सारंग, हिरन
हाथी - हस्ती, गज, करि, गयन्द, मातंग, कुंजर, द्विरद, हरि, नाग, दन्ती, गजेन्द्र
हिमालय - हिमाद्रि, हिमवान, हिमगिरि
हर्ष - प्रसन्नता, आह्लाद, उल्लास, आनन्द
हवा - अनिल, पवन, वायु, समीर, समीरण, प्रभंजन, बयार
हाथ - हस्त, कर, पाणि, बाहु, भुजा
हार - पराजय, शिकस्त, मात, पराभव
हितैषी - शुभचिंतक, शुभेच्छु, मंगलाकांक्षी, हितचिंतक

प्रश्नमाला

1. पावक का पर्यायवाची शब्द है-
(a) अंगारा (b) हुताशन
(c) लपट (d) ज्वाला

2. किरण का पर्यायवाची शब्द है-
(a) प्रभा (b) रवि
(c) हिमांशु (d) दिनकर

3. धरती का पर्यायवाची शब्द है-
(a) चंचला (b) विपुला
(c) सरसी (d) अचला

4. विनायक का पर्यायवाची शब्द है-
(a) सुर (b) पुत्र
(c) शत्रु (d) गणेश

5. अतनु का पर्यायवाची शब्द है-
(a) ईश्वर (b) कृष्ण
(c) कामदेव (d) वसंत

6. कानन का पर्यायवाची शब्द है-
(a) पुष्प (b) विहिप
(c) वन (d) इनमें से कोई नहीं

7. वारिद का पर्यायवाची शब्द है-
(a) कमल (b) चन्द्रमा
(c) बिजली (d) बादल

8. भुजंग का पर्यायवाची शब्द है-
(a) केंचुआ (b) गिरगिट
(c) सर्प (d) तोता

9. मीन का पर्यायवाची शब्द है -
(a) शिखि (b) शायक
(c) मत्स्य (d) विभावरी

10. दामिनी का पर्यायवाची शब्द है -
(a) वर्षा (b) नीरद
(c) बादल (d) विद्युत

11. सारंग का पर्यायवाची शब्द है -
(a) नमक (b) सारथी
(c) मोर (d) घोड़ा

12. पिशुन का पर्यायवाची शब्द है -
(a) पिशाच (b) चुगलखोर
(c) पीसना (d) बेईमान

13. केतु का पर्यायवाची शब्द है -
(a) झंडा (b) आचार्य
(c) किरण (d) दिशा

14. प्रसून का पर्यायवाची शब्द है -
(a) वृक्ष (b) पुष्प
(c) चन्द्रमा (d) अग्नि

15. अमृत का पर्यायवाची शब्द है -
(a) अमिय (b) सुधा
(c) पीयूष (d) रसाल

16. विभावरी का पर्यायवाची शब्द है -
(a) चन्द्रिका (b) तपसा
(c) क्षणदा (d) तरणि

17. दिनकर का पर्यायवाची शब्द है -
(a) दिशाचर (b) प्रभाकर
(c) सुधाकर (d) विभाकर

18. हवा का पर्यायवाची शब्द है -
(a) सलिल (b) वायु
(c) अनिल (d) समीर

19. शेर का पर्यायवाची शब्द है -
(a) चीता (b) केशरी
(c) शावक (d) नृसिंह

20. धाता का पर्यायवाची शब्द है -
(a) विष्णु (b) धाय
(c) पक्ष (d) हार

21. तनु का पर्यायवाची शब्द है -
(a) शरीर (b) झील
(c) चन्द्रमा (d) खटिया

22. कंचन का पर्यायवाची शब्द है -
(a) हीरा (b) कनक
(c) ताँबा (d) चाँदी

23. केदार का पर्यायवाची शब्द है -
(a) ब्रह्मा (b) विष्णु
(c) महेश (d) इन्द्र

24. घर का पर्यायवाची शब्द है -
(a) विहार (b) इला
(c) निकेतन (d) नग

25. भवन का पर्यायवाची शब्द है -
(a) मन्दिर (b) धाम
(c) महल (d) घर

26. कमल का पर्यायवाची शब्द है -
(a) कुसुम (b) पुष्प
(c) प्रसून (d) पुंडरीक

27. इन्द्र का पर्यायवाची शब्द है -
(a) बाजीगर (b) राजराज
(c) मधवा (d) विनायक

28. भागीरथी का पर्यायवाची शब्द है -
(a) सरिता (b) गंगा
(c) यमुना (d) निर्झरिणी

29. सरस्वती का पर्यायवाची शब्द नहीं है -
(a) शारदा (b) कमला
(c) वाणी (d) वीणापाणि

30. रक्त का पर्यायवाची शब्द नहीं है -
(a) खून (b) रुधिर
(c) शोणित (d) कासरि

31. पवन का पर्यायवाची शब्द नहीं है -
(a) वात (b) अनल
(c) वायु (d) समीर

32. आकाश का पर्यायवाची शब्द है -
(a) दृग (b) विप्र
(c) व्योम (d) हय

33. फूल का पर्यायवाची शब्द नहीं है -
(a) सुमन (b) कुसुम
(c) पुष्प (d) तनुजा

34. दिए हुए शब्दों में भिन्न अर्थ वाला शब्द है -
(a) भास्कर (b) रवि
(c) दिवाकर (d) सुधाकर

35. मर्कट का पर्यायवाची शब्द है -
(a) पानी (b) पुत्र
(c) बंदर (d) मित्र

36. शांभवी का पर्यायवाची शब्द है -
(a) दुर्गा (b) दासी
(c) पत्नी (d) पार्वती

37. कुसुमेषु का पर्यायवाची शब्द है -
(a) कबूतर (b) काला
(c) कामदेव (d) आकाश

38. चन्द्रमा का पर्यायवाची शब्द है -
(a) दिवाकर (b) निशि
(c) मार्तंड (d) शशि

39. कमल का पर्यायवाची शब्द है -
(a) रजनीगंधा (b) गुलाब
(c) अम्बुज (d) मल्लिका

40. गणेश का पर्यायवाची शब्द है -
(a) नरेश (b) सुरेश
(c) गजानन (d) दिनेश

41. दाँत का पर्यायवाची शब्द नहीं है -
(a) दाड़िम (b) दन्त
(c) दशन (d) रदन

42. घोड़ा का पर्यायवाची शब्द नहीं है -
(a) अश्व (b) घोटक
(c) हय (d) कटक

43. कमल का पर्यायवाची शब्द नहीं है -
(a) नलिन (b) रसाल
(c) उत्पल (d) राजीव

44. तीर का पर्यायवाची शब्द नहीं है -
(a) तार (b) बाण
(c) शर (d) नाराच

45. पहाड़ का पर्यायवाची शब्द नहीं है -
(a) पर्वत (b) भूधर
(c) शैवाल (d) नग

46. दिन का पर्यायवाची शब्द नहीं है -
(a) दिवस (b) दीन
(c) बार (d) बासर

47. अनुचर का पर्यायवाची शब्द नहीं है -
(a) भृत्य (b) चाकर
(c) सेवक (d) निर्झर

48. वीणापाणि का पर्यायवाची शब्द है -
(a) रंभा (b) सरस्वती
(c) लक्ष्मी (d) कमल

49. दिए हुए शब्दों में भिन्न अर्थ वाला शब्द है -
(a) उषा (b) दिन
(c) प्रभात (d) सवेरा

50. आडम्बर का समानार्थी शब्द है -
(a) ढोंग
(b) तम्बू
(c) दर्प
(d) आवाज

उत्तरमाला

1. (b) **2.** (a) **3.** (d) **4.** (d) **5.** (c) **6.** (c) **7.** (d) **8.** (c) **9.** (c) **10.** (d) **11.** (c) **12.** (b)
13. (a) **14.** (b) **15.** (d) **16.** (c) **17.** (b) **18.** (a) **19.** (b) **20.** (a) **21.** (a) **22.** (b) **23.** (c) **24.** (c)
25. (d) **26.** (d) **27.** (c) **28.** (b) **29.** (b) **30.** (d) **31.** (b) **32.** (c) **33.** (d) **34.** (d) **35.** (c) **36.** (a)
37. (c) **38.** (d) **39.** (c) **40.** (c) **41.** (a) **42.** (d) **43.** (b) **44.** (a) **45.** (c) **46.** (b) **47.** (d) **48.** (b)
49. (b) **50.** (a)

❑❑❑

विलोम

जिस शब्द से किसी दूसरे विशिष्ट शब्द का उल्टा अर्थ निकले उसे विलोम शब्द कहते हैं। विलोम अर्थ वाले शब्दों को लिखते समय यह ध्यान रखना आवश्यक है कि शब्द जैसा हो (अर्थात् संज्ञा, सर्वनाम, विशेषण इत्यादि) उसका विलोम शब्द भी उसी कोटि का होना आवश्यक है।

शब्द	विलोम	शब्द	विलोम
अनुरक्त	विरक्त	अनुरक्ति	विरक्ति
अनुराग	विराग	अनुशासित	अनुशासनहीन
अन्यायी	न्यायी, न्यायशील	अन्वित	अनन्वित
अपकर्ष	उत्कर्ष	अपनापन	परायापन
अपमान	सम्मान	अपेक्षा	उपेक्षा
अभिज्ञता	अनभिज्ञता	अभिनंदनीय	निन्दनीय
अभिमानी	निरभिमान	अभिलषित	अनभिलषित
अभिव्यक्त	अनभिव्यक्त	अभिहित	अनभिहित
अभ्यस्त	अनभ्यस्त	अभ्यास	अनभ्यास
अमावस्या	पूर्णिमा	अमित	परिमित
अमृत	विष	अर्जित	अनर्जित
अर्थ	अनर्थ	अर्थवान	अर्थहीन, निरर्थक
अर्पण	ग्रहण	अर्हता	अनर्हता
अल्पज्ञ	बहुज्ञ	अल्पप्राण	महाप्राण
अल्पमत	बहुमत	अल्पायु	दीर्घायु
अवगत	अनवगत	अवनत	उन्नत
अवर	प्रवर	अवलंबित	अनवलंबित
अवशेष	नि:शेष	अवसर	अनवसर
अवाक्	सवाक्	अशक्त	सशक्त
अविचल	निचल, डाँवाडोल, ढुलमुल	अश्लील	श्लील
असली	नकली	असीम	ससीम
अस्त	उदय	अस्तित्व	अनस्तित्व
अस्वस्थ	स्वस्थ	अंगीकरण	अनंगीकरण
अंत	आदि	अन्तर्द्वन्द्व	बहिर्द्वन्द्व
अंतर्मुखी	बहिर्मुखी	अंदर	बाहर
अंधेरा	उजाला	अकंटक	कंटकित
अकेला	दुकेला	अक्षत	विक्षत
अक्षम	सक्षम	अगम	सुगम
अगला	पिछला	अगाड़ी	पिछाड़ी
अग्नि	जल	अग्र	पश्च
अग्रज	अनुज	अच्छा	बुरा, खराब
अच्छाई	बुराई	अच्युत	च्युत
अटल	डाँवाडोल, ढुलमुल	अतिक्रमण	अनतिक्रमण

शब्द	विलोम	शब्द	विलोम
अतिवृष्टि	अनावृष्टि	अहंकार	अनहंकार
अहंकारी	निरहंकारी	अत्यधिक	अत्यल्प
अथाह	छिछला	अदृश्य	दृश्य
अद्यतन	अनद्यतन, पुरातन	अधम	उत्तम
अधिकता	अल्पता	अधिकारी	अनधिकारी
अधिकृत	अनधिकृत	अधिगत	अनधिगत
अधिगम्य	अनधिगम्य	अधिष्ठित	अनधिष्ठित
अनंत	सांत, ससीम	अनाजी	फलाहारी
अनाथ	सनाथ	अनाहूत	आहूत
अनुकूल	अननुकूल, प्रतिकूल	अनुक्रिया	प्रतिक्रिया
अनुग्रह	विग्रह	अनुज	अग्रज
अनुदार	उदार	अनुभवी	अनुभवहीन
अनुभूत	अननुभूत	अनुमत	अननुमत
आकर्षण	विकर्षण	आपत्ति	सम्मति
आस्तिक	नास्तिक	आध्यात्मिक	सांसारिक
आशा	निराशा	आक्रमण	प्रतिरक्षा
आय	व्यय	आशावादी	निराशावादी
आर्य	अनार्य	आस्था	अनास्था
आहत	अनाहत	आसीन	अनासीन
आजादी	गुलामी	आगामी	विगत
आद्य	अंत्य	आरम्भिक	अंतिम
आवश्यक	अनावश्यक	आधुनिक	प्राचीन
आगम	निर्गम	आसक्ति	विरक्ति
आवर्षण	अनावर्षण	आमदनी	खर्च
आडम्बर	निराडम्बर	आत्मावलम्बी	परावलम्बी
आह्वान	विसर्जन	आदरणीय	निन्दनीय
आकीर्ण	विकीर्ण	आहत	अनाहत
आमदनी	खर्च	इच्छा	अनिच्छा
आवर्तक	अनावर्तक	आकाश	पाताल
आहूत	अनाहूत	आहार	निराहार
आक्रांत	अनाक्रांत	आगत	निर्गत
आदि	अंत	आपूरित	रिक्त
आभ्यान्तर	बाह्य	आनन्द	शोक
आज्ञाकारी	अवज्ञाकारी	आधिक्य	अभाव
आर्द्र	शुष्क	आराम	तकलीफ
आर्ष	अनार्ष	आधार	निराधार
आकुंचन	प्रसरण	आरम्भ	अंत

शब्द	विलोम	शब्द	विलोम	शब्द	विलोम	शब्द	विलोम
आभूषित	अनाभूषित	आहत	अनाहत	क्रूर	अक्रूर	क्रोध	क्षमा
इहलोक	परलोक	इच्छा	अनिच्छा	कल्पित	यथार्थ	कृश	स्थूल
इच्छित	अनिच्छित, अनचाहा	इज्जत	बेइज्जती	कठोर	मृदु	करुण	निष्ठुर
इष्ट	अनिष्ट	ईप्सित	अनीप्सित	खंड-खंड	अखंडित	खंडनीय	मंडनीय
ईमानदार	बेईमान	ईमानदारी	बेईमानी	खरा	खोटा	खरीद	बिक्री
उक्त	अनुक्त	उग्र	सौम्य	खाद्य	अखाद्य	खाली	भरा
उच्चरित	अनुच्चरित	उच्च	अनुच्च, निम्न, नीचा	खिला	मुरझाया	खुला	बंद, अवरुद्ध
उच्छिष्ट	अनुच्छिष्ट	उज्ज्वल	धूमिल	खुशमिज़ाज	बदमिज़ाज	खुशी	गम, गमी
उठना	बैठना	उतरना	चढ़ना	खुशी-खुशी	बेमन से	खूबसूरत	बदसूरत
उतार	चढ़ाव	उत्कृष्टता	निकृष्टता	गणतंत्र	राजतंत्र	गमन	आगमन
उत्तम	अनुत्तम, अधम	उत्तरायण	दक्षिणायन	ग्रस्त	मुक्त	ग्राम	नगर
उत्तरित	अनुत्तरित	उत्तेजन	प्रशमन	ग्राह्य	अग्राह्य	गूढ़	प्रकट
उत्तेजित	अनुत्तेजित, शांत	उत्पन्न	अनुत्पन्न, मृत	गहरा	छिछला	गरिमा	लघिमा
उत्पादक	अनुत्पादक	उत्साही	अनुत्साही	गगन	पृथ्वी	गोचर	अगोचर
उत्सुक	अनुत्सुक	उत्सुकता	अनुत्सुकता	गरल	सुधा	गर्म	ठण्डा
उदात्त	अनुदात्त	उदार	अनुदार, कृपण	गहन	पुलिन	गौरव	लाघव
उदासीन	आसक्त	उदारता	अनुदारता, कृपणता	गोप्य	प्रकाश्य	गीत	अगीत
उदित	अस्त	उद्धत	अनुद्धत	घना	विरल	घटित	अघटित
उद्भव	अवसान	उद्यत	अनुद्यत	घनिष्ट	दूरस्थ	घटना	बढ़ना
उद्यम	आलस्य	उद्यमी	आलसी, निरुद्यम	घोषित	अघोषित	चंचल	अचंचल, स्थिर
उद्विग्न	अनुद्विग्न, निरुद्विग्न	उद्वेग	निरुद्वेग	चतुर	मूर्ख	चर	अचर
उन्नत	अनुन्नत, अवनत	उन्नति	अवनति, गिरावट	चरित्रवान	चरित्रहीन	चालाक	सीधा, भोला
उन्मूलन	रोपण	उपकारक	अनुपकारक	चाहा	अनचाहा	चिंतनीय	अचिंतनीय
उपगत	अनुपगत	उपजाऊ	अनुपजाऊ	चिंत्य	अचिंत्य	चिरंतन	नश्वर
उपमित	अनुपमित	उपमेय	अनुपमेय	चिरस्थायी	अल्पस्थायी	चेतन	अचेतन, जड़
उपयुक्त	अनुपयुक्त	उपयुक्तता	अनुपयुक्तता	चैन	बेचैनी	चोर	साह
उपरि	अध:	उपयोगी	अनुपयोगी, निरुपयोगी	छली	निष्छल	छाँह	धूप
उपरिलिखित	निम्नलिखित, अधोलिखित	उपस्थिति	अनुपस्थिति	छुटकारा	बंधन	छूत	अछूत
उपस्थित	अनुपस्थित	उपार्जित	अनुपार्जित	छेद्य	अछेद्य	छोटा	बड़ा, लंबा
उल्लंघन	अनुल्लंघन	ऊँचा	नीचा	जड़	चेतन	जटिल	सरल
ऊपर	नीचे	ऋणग्रस्त	ऋणमुक्त	जल	थल	जारज	औरस
एक	अनेक	एकता	अनेकता	जागरण	सुषुप्ति	ज्योति	तम
एकपक्षीय	बहुपक्षीय	एकार्थक	अनेकार्थक	ज्वार	भाटा	जल	निर्जल
एकेश्वरवाद	बहुदेववाद	एड़ी	चोटी	जाड़ा	गर्मी	ज्येष्ठ	कनिष्ठ
ऐच्छिक	अनैच्छिक	ऐश्वर्य	अनैश्वर्य	जीवन	मरण	जातीय	विजातीय
औचित्य	अनौचित्य	कामी	अकाम, निष्काम	जितेन्द्रिय	इन्द्रियासक्त	जवानी	बुढ़ापा
काला	गोरा	किस्मतवर	बदकिस्मत	जीत	हार	जल्दी	देरी
कीर्तिकार	अकीर्तिकार	कुंठित	अकुंठित, तीखा, धारदार	जर्जर	सुदृढ़	जोड़	घटाना
कुटिल	सरल	कुप्रथा	सुप्रथा	झड़ना	उगना	टीकाकार	रचनाकार
कुफल	सुफल	कुमारी	विवाहिता	ठीक	गलत	ठोस	तरल
कुलीन	अकुलीन	कुव्यवस्था	सुव्यवस्था	ठंडा	गर्म	ठोस	पोला, खोखला, तरल
कृतकार्य	अकृतकार्य, विफल-मनोरथ	कुशल	अकुशल	ढाढ़स	दुतकार	तंदुरुस्त	कमजोर
कृत	अकृत	कृतज्ञता	अकृतज्ञता	तद्गत	अतद्गत	तप्त	शीतल
कृत्रिमता	अकृत्रिमता	कृपा	अकृपा, अवकृपा	तर	शुष्क	तरुण	वृद्ध
कृष्ण	शुक्ल, श्वेत	के अन्दर	के बाहर	तर्क	वितर्क	तर्कसंगत	अतर्कसंगत
के नीचे	के ऊपर	कोमल	कठोर	ताजा	बासी	तामसिक	सात्विक
कोलाहल	शान्ति	क्रमिक	अक्रमिक	तारीफ	बुराई	तिमिर	प्रकाश

शब्द	विलोम	शब्द	विलोम	शब्द	विलोम	शब्द	विलोम
तुकांत	अतुकांत	तुच्छ	महान्	परकीया	स्वकीया	प्रचुर	अल्प
तुल्य	अतुल्य	तृप्त	अतृप्त	पाप	पुण्य	प्रतिम	अप्रतिम
तेज	हल्का, मंद	त्याज्य	अत्याज्य	प्रश्न	उत्तर	प्रस्तुत	अप्रस्तुत
थोक	फुटकर	दुर्जन	सज्जन	पक्का	कच्चा	परमार्थ	स्वार्थ
दुष्कर	सुकर	देयता	अदेयता	पूरा	अधूरा	प्रमुख	गौण
दक्षिण	उत्तर, वाम	दुष्ट	साधु	प्रशस्त	अप्रशस्त	पूर्णकालिक	अंशकालिक
दु:ख	सुख	दुर्गति	सुगति	परिहार्य	अपरिहार्य	प्रत्याशित	अप्रत्याशित
दूर	निकट	दीर्घकाय	कृशकाय	परिमित	अपरिमित	पतन	उत्थान
दुर्दान्त	शान्त	दैविक	भौतिक	परिगृह	अपरिगृह	परिमार्जित	अपरिमार्जित
दृश्य	अदृश्य	दुर्मति	सुमति	पेय	अपेय	प्रयुक्त	अप्रयुक्त
दुरात्मा	महात्मा	देदीप्यमान	तिमिरांकित	पार्थिव	अपार्थिव	पूर्वार्द्ध	उत्तरार्द्ध
दयालु	निर्दय	दूरदर्शिता	अदूरदर्शिता	प्रस्थान	आगमन	प्रकाश	अंधकार
दुराचार	सदाचार	देश	विदेश	प्रकाशन	गोपन	प्रदान	आदान
द्वैत	अद्वैत	देवता	दानव	पक्षपातपूर्ण	निष्पक्ष	परुष	कोमल
द्रुत	मंथर	दुर्लभ	सुलभ	प्रगल्भ	अप्रगल्भ	पराजय	विजय
दरिद्र	धनी	द्वेष	सद्भाव	पराजित	अपराजित	परिपुष्ट	अपरिपुष्ट
दुर्बल	सबल	दास	स्वामी	पाश्चात्य	पौर्वात्य	प्रकृत	कृत्रिम
दीर्घ	ह्रस्व	दुराग्रह	आग्रह	पराधीन	स्वाधीन	प्रत्याशा	दुराशा
द्रव	ठोस	दुर्दिन	सुदिन	प्राची	प्रतीची	प्रासाद	पर्णकुटी
दुर्भाग्य	सौभाग्य	देवर	जेठ	प्रशांत	अशांत	प्रतिकूल	अनुकूल
धनी	निर्धन	धर्मी	अधर्मी	प्रफुल्ल	म्लान	फूल	काँटा
धार्मिक	अधार्मिक	धीरज	उतावली	फलित	अफलित	फायदा	नुकसान
धूप	छाँह	धृष्ट	विनम्र	बंधन	मुक्ति, मोक्ष	बढ़ना	घटना
निरर्थक	सार्थक	निर्दिष्ट	अनिर्दिष्ट	बद्ध	अबद्ध, मुक्त	बनना	मिटना, बिगड़ना
निर्धनता	धनाढ्यता	निर्धारित	अनिर्धारित	बर्बर	सभ्य	बहिरंग	अंतरंग
निर्लज्ज	सलज्ज	निर्वचनीय	अनिर्वचनीय	बहुधा	यदाकदा	बाधक	अबाधक
निश्चय	अनिश्चय	निश्चित	अनिश्चित	बाधित	अबाधित	बार-बार	कभी-कभी
निष्काम	सकाम	निष्क्रिय	सक्रिय	बाह्य	आभ्यंतर	बुरा	भला
नीति	अनीति	नीरुजता	रुग्णता	बुराई	भलाई, अच्छाई	बेचना	खरीदना
नूतन	पुरातन	नेकनामी	बदनामी	निर्भीक	भयभीत	निर्मल	मलिन
नेकी	बदी	नैसर्गिक	कृत्रिम	बेदम	दमदार	बेमेल	संगत
न्यायी	अन्यायी	न्यून	अधिक	बोधगम्य	अबोधगम्य, गूढ़, दुरुह	भाग्य	अभाग्य
नास्तिक	आस्तिक	प्रवैगिक	स्थैतिक	भक्ष्य	अभक्ष्य	भोग्य	अभोग्य
प्रधान	सहायक	प्रगति	प्रतिगमन	भद्र	अभद्र	भूत	भविष्य
प्राचीन	अर्वाचीन	पारदर्शी	अपारदर्शी	भयभीत	निर्भय	भिन्न	अभिन्न
प्रधान	गौण	प्रेम	घृणा	भग्न	उद्विग्न	भावना	दुर्भावना
पद्य	गद्य	प्रवृत्ति	निवृत्ति	भीतरी	बाहरी	मंगल	अमंगल
पृथक	संयुक्त	प्रोत्साहित	हतोत्साहित	मंद	द्रुत	मत्त	अमत्त
प्रसार	संकोच	प्रामाणिक	अप्रामाणिक	मधुर	अमधुर, कटु, कर्कश, तीक्ष्ण	मर्यादित	अमर्यादित
प्रसन्नता	अप्रसन्नता	पक्षपात	निष्पक्षता	मसृण	रूक्ष	महत्	लघु
परिश्रमी	आलसी	पाच्य	अपाच्य	महात्मा	दुरात्मा	महान	तुच्छ
प्रकट	गुप्त	प्रशंसा	निन्दा	मान	अपमान	मानवता	नृशंसता
पराजेय	अपराजेय	परिवर्तनीय	अपरिवर्तनीय	मान्य	अमान्य	मितव्ययिता	अमितव्ययिता
प्रवेश	निकास	प्रगतिशील	अप्रगतिशील	मिथ्या	सत्य	मिलना	बिछुड़ना
प्रात:	सायं	प्रत्यक्ष	अप्रत्यक्ष	मीठा	नमकीन, फीका	मुख	पृष्ठ
पंडित	मूर्ख	प्रथम	अंतिम	मुग्ध	अमुग्ध	मुनासिब	नामुनासिब
प्रवर	अवर	प्रतिबद्ध	अप्रतिबद्ध	मुलायम	कड़ा, कठोर, सख्त	मूक	वाचाल, मुखर

शब्द	विलोम	शब्द	विलोम	शब्द	विलोम	शब्द	विलोम
मूर्छित	सचेत, सजग	मूर्त	अमूर्त	शांति	अशांति	शाप	वरदान
मृत	जीवित	मैत्री	अमैत्री	शालीन	धृष्ट	शास्त्रीय	अशास्त्रीय
मौके	बेमौके	मौलिक	अमौलिक	शिक्षित	अशिक्षित	शीतल	उष्ण
योगी	भोगी	यथेष्ठ	स्वल्प	शीर्ष	तल	शुचि	अशुचि
यश	अपयश	योग्य	अयोग्य	शुद्धता	अशुद्धता	शुभ	अशुभ
रक्षक	भक्षक	रक्षित	अरक्षित	शूर	भीरु	शूरता	भीरुता
रचित	अरचित	रसिक	अरसिक	शोक	हर्ष	शोधित	अशोधित
रहमदिल	बेरहम	रागी	विरागी	शोषक	शोषित	शौच	अशौच
राजा	रंक	रिक्त	पूर्ण, भरा	श्यामा	गौरी	श्लील	अश्लील
रुचि	अरुचि	रूक्ष	मृदु	श्वेत	अश्वेत, श्याम	श्रद्धा	अश्रद्धा
रूपवान	कुरूप	रोचक	अरोचक	श्रव्य	दृश्य	श्रीगणेश	इतिश्री
लघु	गुरु, दीर्घ	लोकप्रिय	अलोकप्रिय	श्रुत	अश्रुत	श्रेष्ठ	अधम
लुप्त	व्यक्त	लंघनीय	अलंघनीय	श्रेष्ठता	अधमता	सुखान्त	दुखान्त
लोक	परलोक	लम्बा	ठिगना	सृष्टि	प्रलय	संगत	असंगत
लुभावना	घिनौना	लिप्त	निर्लिप्त	संभव	असंभव	संघटित	विघटित
लजीला	बेशर्म	लाभ	हानि	सभय	निर्भय	सद्भावना	दुर्भावना
लौकिक	अलौकिक	लज्जाशील	निर्लज्ज	स्वप्न	जागरण	समीप	दूर
लायक	नालायक	लिखित	मौखिक	सतत	असतत	सकाम	निष्काम
लाभदायक	हानिकारक	विधवा	सधवा	स्वीकृति	अस्वीकृति	सुन्दर	असुन्दर
व्यष्टि	समष्टि	व्यय	आय	सुन्दरता	कुरूपता	सन्निविष्टन	निस्तारण
वेदना	आनन्द	विशेष	साधारण	सातत्य	असातत्य	समावेशन	अनावेशन
वयस्क	अवयस्क	विजय	पराजय	सरलता	कठिनता	सुकर	दुष्कर
विकारी	अविकारी	वैध	अवैध	सनाथ	अनाथ	सक्रिय	निष्क्रिय
विस्तृत	संक्षिप्त	वरिष्ठ	कनिष्ठ	सदुपयोग	दुरुपयोग	स्वार्थ	परमार्थ
विपुल	स्वल्प	व्यभिचारी	सदाचारी	सापेक्ष	निरपेक्ष	सदाचार	दुराचार
वृद्धि	ह्रास	विकल	अविकल	स्वकीय	परकीय	सरस	नीरस
विख्यात	कुख्यात	विरल	अविरल	सगुण	निर्गुण	संगठित	असंगठित
विश्वास	अविश्वास	विदित	अविदित	समय	असमय	संयत	असंयत
व्यावहारिक	अव्यावहारिक	व्यक्त	अव्यक्त	सत्संगति	कुसंगति	सुख	दुख
वर्णनीय	वर्णनातीत	विवस्त्र	वस्त्रधारी	स्वीकृत	अस्वीकृत	सीमित	असीमित
वरदान	अभिशाप	जर्ण्य	अवर्ण्य	सुलभ	दुर्लभ	सशस्त्र	निरस्त्र
विवेकी	अविवेकी	वियोग	संयोग	सावधानी	असावधानी	संकोच	असंकोच
विच्छिन्न	अविच्छिन्न	विशुद्ध	अशुद्ध	सच्चा	झूठा	समर्थ	असमर्थ
विनत	उद्धत	विभव	पराभव	संयम	असंयम	स्वीकार्य	अस्वीकार्य
विवादित	अविवादित	व्यवस्था	अव्यवस्था	स्वतंत्रता	परतंत्रता	सहिष्णुता	असहिष्णुता
विस्मरणीय	अविस्मरणीय	व्यापक	संकुचित	संगति	विसंगति	सजीव	निर्जीव
विनय	अविनय	वांछित	अवांछित	संधि	विग्रह	सृजन	विनाश
विषाद	हर्ष	वैयक्तिक	सार्वजनिक	स्वदेशी	विदेशी	स्वार्थी	परार्थी
विहित	अविहित	विकृत	अविकृत	सुखभोग	दुखभोग	साहचर्य	पृथक्करण
विचारवान	अविचारी	विजयी	परास्त	सहानुभूति	घृणा	सफलता	असफलता
विधिक	अविधिक	विनीत	अविनीत	सनातनी	प्रगतिवादी	संश्लेषण	विश्लेषण
व्यस्त	अव्यस्त	व्यर्थ	सार्थक	संभाव्य	असंभाव्य	सद्व्यवहार	दुर्व्यवहार
वैषम्य	साम्य	विस्मरण	स्मरण	सदाशय	कदाशय	समास	व्यास
विवादग्रस्त	निर्विवाद	शकुन	अपशकुन	सामिष	निरामिष	साक्षरता	निरक्षरता
शक्य	अशक्य	शत्रुता	मित्रता	स्थावर	जंगम	सदाचारी	दुराचारी
शम्य	अशम्य	शयन	जागरण	सार्थक	निरर्थक	सकारात्मक	नकारात्मक
शर्मदार	बेशर्म	शांत	अशांत, उत्तेजित, उद्विग्न	संपन्न	विपन्न	सुधा	गरल

शब्द	विलोम	शब्द	विलोम	शब्द	विलोम	शब्द	विलोम
स्वामी	सेवक	सावधान	असावधान	सहनीय	असहनीय	समीपस्थ	दूरस्थ
सुगंध	दुर्गन्ध	स्वर्ग	नरक	सुसंगति	कुसंगति	साध्वी	असाध्वी
साम्यावस्था	असाम्यावस्था	सानुनासिक	निरनुनासिक	सम्मानित	उपेक्षित	सहज	असहज
सहोदर	अन्योदर्य	संलग्न	असंलग्न	साम्प्रदायिक	असाम्प्रदायिक	सुसाध्य	दु:साध्य
सहेतुक	अहेतुक	सूक्ष्म	विशाल	सायं	प्रात:	सारथी	रथी
स्थायी	स्थानापन्न	स्मृति	विस्मृति	सहायक	प्रधान	संसारी	असंसारी
स्वादिष्ट	नि:स्वाद	स्निग्ध	अस्निग्ध	सकारण	अकारण	सुकृति	दुष्कृति
स्वच्छता	अस्वच्छता	सबाध	निर्बाध	सुखद	दुखद	सूखा	गीला
सुकीर्ति	अपकीर्ति	सुषुप्ति	जागरण	स्वल्पायु	चिरायु	स्वाधीन	पराधीन
संस्कृत	असंस्कृत	सुमति	कुमति	स्पृश्यता	अस्पृश्यता	सन्निहित	असन्निहित
सांसारिक	पारलौकिक	समानता	असमानता	सभय	निर्भय	समझदार	नासमझ
सक्रियता	निष्क्रियता	संभावित	असंभावित	सुकर्म	दुष्कर्म	सुबुद्धि	दुर्बुद्धि
सत्संग	कुसंग	संयमी	व्यभिचारी	स्त्री	पुरुष	हवेली	झोपड़ी
सम	विषम	स्खलित	अस्खलित	हत	अहत	हमदर्द	बेदर्द
सार्वजनिक	निजी	सत्यवादी	मिथ्याचारी	हार	जीत	हास	रुदन
समाप्त	आरम्भ	स्तुत्य	निन्द्य	हितकर	अहितकर	ह्रास	वृद्धि
स्थिरचित्त	चंचलचित्त	सह्य	असह्य	हार	जीत	हित	अहित
सशुल्क	नि:शुल्क	सुपात्र	कुपात्र	वीर	कायर	व्यवहृत	अव्यवहृत
सस्ता	महँगा	सिद्ध	असिद्ध	हतोत्साह	सहोत्साह	हत्या	जीवनदान
सफल	विफल	साक्षर	निरक्षर	हास	रुदन	हलका-फुलका	भारी-भरकम
सुडौल	बेडौल	सख्त	नरम	क्षणिक	शाश्वत	क्षम	अक्षम
संपदा	विपदा	सक्षम	अक्षम	क्षम्य	अक्षम्य	क्षुद्र	विशाल, महान्
सतर्कता	असतर्कता	स्पर्धा	सहयोग	ज्ञात	अज्ञात	ज्ञानी	मूढ़, अज्ञानी
सच्चरित्र	दुश्चरित्र	संशोधित	असंशोधित	ज्ञेय	अज्ञेय		

प्रश्नमाला

निर्देश–यहाँ प्रत्येक शब्द के नीचे उसके विलोम स्वरूप चार शब्द दिए गए हैं जिनमें केवल एक शब्द सही है। उसका चयन कीजिए–

1. **अंतरंग**
(a) बहुरंग (b) अनंग
(c) बहिरंग (d) कुरंग

2. **अंधकार**
(a) दिन (b) प्रकाश
(c) ऊषा (d) प्रभात

3. **अगम**
(a) अनागम (b) आगम
(c) निर्गम (d) सुगम

4. **अग्रज**
(a) पश्चगामी (b) अनुज
(c) लघु (d) कनिष्ठ

5. **अज्ञ**
(a) पण्डित (b) अभिज्ञ
(c) विद्वान (d) सुविज्ञ

6. **अत्यधिक**
(a) नाधिक (b) कम
(c) अल्प (d) स्वल्प

7. **गरिमा**
(a) अंधकार (b) लघिमा
(c) घृणा (d) नीचता

8. **अनाथ**
(a) धनी (b) सनाथ
(c) निर्धन (d) बेकार

9. **सकारात्मक**
(a) नकारात्मक (b) आशात्मक
(c) संभावात्मक (d) निराशात्मक

10. **अथ**
(a) इतिशुभम् (b) इत्यादि
(c) इति (d) अन्त

11. **अधुनातन**
(a) पुरा (b) प्राचीनतम
(c) पुरातन (d) प्राचीन

12. **अधोमुख**
(a) ऊर्ध्वमुख (b) उन्नत
(c) प्रोन्नत (d) उच्च

13. **अनंत**
(a) सीमित (b) सांत
(c) परिमित (d) अनादि

14. **अनावृष्टि**
(a) वृष्टि (b) वर्षा
(c) बरसात (d) अतिवृष्टि

15. **अनिवार्य**
(a) अनावश्यक (b) अनभीप्सित
(c) ऐच्छिक (d) अवांछनीय

16. **अनुकूल**
(a) अप्रीतिकर (b) अनैच्छिक
(c) अवांछित (d) प्रतिकूल

17. **अनुराग**
(a) विराग (b) विरक्ति
(c) ललिमा (d) अविरक्ति

18. आलोक
(a) अद्‌भूत (b) अज्ञात
(c) अंधकार (d) रात्रि

19. स्थावर
(a) सचल (b) चंचल
(c) चेतन (d) जंगम

20. अपमान
(a) अभिनन्दन (b) स्वागत
(c) सम्मान (d) सत्कार

21. अभिज्ञ
(a) अनभ्यस्त (b) अनभिज्ञ
(c) अनजान (d) अज्ञान

22. अमृत
(a) जहर (b) अपेय
(c) हलाहल (d) विष

23. अर्वाचीन
(a) अनाधुनिक (b) जरठ
(c) जीर्ण (d) प्राचीन

24. अल्पायु
(a) दीर्घायु (b) दीर्घजीवी
(c) शतायु (d) चिरंजीवी

25. अलभ्य
(a) सुगम (b) प्राप्य
(c) लभ्य (d) सुलभ

26. नीरस
(a) रसीला (b) सरस
(c) विरस (d) अरस

27. कनिष्ठ
(a) भूतपूर्व (b) अग्रज
(c) पूर्व (d) ज्येष्ठ

28. कायर
(a) वीर (b) साहसी
(c) निडर (d) निर्भय

29. कुटिल
(a) उदार (b) उदात्त
(c) साधु (d) सरल

30. कृतज्ञ
(a) अबोध (b) अज्ञान
(c) कृतघ्न (d) अल्पज्ञ

31. कृत्रिम
(a) प्राकृत (b) निर्मित
(c) अप्राकृतिक (d) बनावटी

32. कृपण
(a) महानुभाव (b) उदार
(c) उदात्त (d) दानी

33. कृश
(a) पुष्ट (b) बलिष्ठ
(c) सशक्त (d) स्थूल

34. चितरंतन
(a) स्थायी (b) प्राचीन
(c) अनादि (d) सनातन

35. जड़
(a) सप्राण (b) सजीव
(c) जीवन (d) चेतन

36. महान
(a) अल्प (b) नगण्य
(c) अनुचित (d) क्षुद्र

37. उद्धत
(a) सौख्य (b) सौम्य
(c) उत्तम (d) कोमल

38. अर्वाचीन
(a) नूतन (b) नव्य
(c) प्राचीन (d) नवीन

39. शोषक
(a) शोषित (b) पोषक
(c) पोसक (d) पोषित

40. मौन
(a) मुखर (b) मौखिक
(c) मयंक (d) विकार

41. सम्पन्न
(a) आसन्न (b) विपन्न
(c) निष्पन्न (b) विषण्ण

42. आहूत
(a) उपेक्षित (b) तिरस्कृत
(c) अनाहत (d) अनाहूत

43. उत्कर्ष
(a) पतन (b) पराभव
(c) अधोगति (d) अपकर्ष

44. उत्थान
(a) पराभव (b) अधोगति
(c) पतन (d) अपकर्ष

45. उदार
(a) संकुचित (b) संकीर्ण
(c) कृपण (d) कंजूस

46. उन्मूलन
(a) उत्थापण (b) स्थापन
(c) आरोपण (d) रोपण

47. उर्वर
(a) अनुर्वर (b) अनपयोगी
(c) ऊसर (d) अनुत्पादक

48. ऋत
(a) असत्य (b) अनैतिक
(c) अवैध (d) अनृत

49. उर्वर
(a) उत्कृष्ट (b) उत्तमर्ण
(c) ऊसर (d) अतिवृष्टि

50. भूषण
(a) विष्णु (b) भूशक
(c) दूषण (d) भूषा

51. मृदुल
(a) कठिन (b) खराब
(c) रूक्ष (d) कठोर

52. कलुष
(a) पापशून्य (b) निष्पाप
(c) निष्कलुष (d) निष्करुण

53. सन्यासी
(a) राजा (b) भोगी
(c) गृहस्थ (d) ब्रह्मचर्य

54. एकाधिकार
(a) अनेकाधिकार (b) सर्वाधिकार
(c) पराधिकार (d) परमाधिकार

55. अवनत
(a) उन्नत (b) प्रोन्नत
(c) ऊर्ध्वोन्मुख (d) ऊर्ध्व

56. असुर
(a) यक्ष (b) किन्नर
(c) सुर (d) देव

57. विपत्ति
(a) समृद्धि (b) हर्ष
(c) आपत्ति (d) संपत्ति

58. दक्षिण
(a) पश्चिम (b) पूरब
(c) वाम (d) दायाँ

59. परोक्ष
(a) प्रत्यक्ष (b) स्थूल
(c) द्रष्टव्य (d) अपरोक्ष

60. हर्ष
(a) खेद (b) वेदना
(c) दु:ख (d) विषाद

उत्तरमाला

1. (c)	**2.** (b)	**3.** (d)	**4.** (b)	**5.** (b)	**6.** (d)	**7.** (b)	**8.** (b)	**9.** (a)	**10.** (c)	**11.** (c)	**12.** (a)
13. (b)	**14.** (d)	**15.** (c)	**16.** (d)	**17.** (a)	**18.** (c)	**19.** (d)	**20.** (c)	**21.** (b)	**22.** (d)	**23.** (d)	**24.** (a)
25. (b)	**26.** (b)	**27.** (d)	**28.** (b)	**29.** (d)	**30.** (c)	**31.** (a)	**32.** (d)	**33.** (a)	**34.** (b)	**35.** (d)	**36.** (d)
37. (d)	**38.** (c)	**39.** (b)	**40.** (a)	**41.** (b)	**42.** (d)	**43.** (d)	**44.** (c)	**45.** (c)	**46.** (d)	**47.** (a)	**48.** (d)
49. (c)	**50.** (c)	**51.** (c)	**52.** (c)	**53.** (c)	**54.** (b)	**55.** (a)	**56.** (c)	**57.** (d)	**58.** (c)	**59.** (a)	**60.** (d)

❑❑❑

5 अनेकार्थी शब्द

एक से अधिक अर्थ देने वाले शब्द को अनेकार्थक शब्द कहते हैं। हिन्दी साहित्य में इनका प्रयोग भाषा को अलंकृत करने में प्रचुरता से किया जाता है। यमक तथा श्लेष अलंकार इन्हीं शब्दों के प्रयोग की देन हैं।

अवस्था — उम्र, दशा, स्थिति
असली — मौलिक, वास्तविक, शुद्ध
अंभोज — कमल, सारस, चन्द्रमा, कपूर, शंख
अभि — सामने, बुरा, इच्छा, समीप, बारंबार, दूर, ऊपर
अर्घ — जलदान, मूल्य, भेंट, घोड़ा, मधु, शहद
अलि — भौंरा, कोयल, कोआ, बिच्छू, कुत्ता, मदिरा, सखी
अक्रूर — कृष्ण के चाचा, मित्र, कोमल स्वभाव वाला
अधर — होंठ, आकाश, अनाधार
अक्षर — वर्ग, नाशरहित, सत्य, मोक्ष, आकाश, आन्मार्थ
अपेक्षा — इच्छा, आशा, आवश्यकता, बनिस्पत
अहि — साँप, सर्प, सूर्य, कष्ट, राहु, जल, पृथ्वी, एक वर्ण, वृत
अच्युत — स्थिर, अविनाशी, विष्णु, कृष्ण
अंकुश — नियंत्रण, दबाव, हाथी को चलाने-रोकने का अंकुश (जो लोहे का बना होता है)
अंचल — साड़ी का पल्लू, प्रदेश, सिरा
अंत — सिरा, समाप्ति, मृत्यु, भेद/रहस्य
अंधेरा — अंधकार, उदासी, प्रकाश के बिना
अकड़ना — कड़ा होना, घमंड करना, दुराग्रह करना
अपवाद — कलंक, किसी नियम के मानना
अगृत — जल, पारा, दूध, अन्न, स्वर्ण, गिलोय
अम्बर — वस्त्र, आकाश, कपास, एक इत्र, अभ्रक, एक नगर, मेघ
अर्क — सूर्य, मदार का पौधा, इन्द्र, स्फटिक, काढ़ा
अरूण — सूर्य, रक्तवर्ण
अर्थ — धन, इन्द्रिय-विषयक, मतलब, करना
अशोक — शोकरहित, अशोक सम्राट
अक्ष — पहिया, आँख, रथ, ज्ञान, मण्डल, आत्मा
अक्षत — बिना घाव, कच्चा चावल
अखंड — समूचा, निर्विघ्न, जिसका खंडन न हो
अड्डा — करघा, ठिकाना, कबूतरों की छतरी
अधर — अंतरिक्ष, तुष्छ, होंठ, बिना आधार का, नीचे का
अध्यक्ष — सभापति, विभाग का मुखिया, इंचार्ज
अनुरूप — मिलता-जुलता/सदृश, अनुकूल, उपयुक्त
अबोध — ना समझ, दुरूह, दुर्बोध, मूर्ख
अब्ज — कपूर, शंख, चन्द्रमा, कमल
अभिधान — नाम, पदनाम, नाममाला, शब्दकोष
अमल — महल रहित, नशा-पानी, कार्यान्वयन
अरिष्ट — शत्रु, विपत्ति, औषधि युक्त रस, दुर्भाग्य, कष्ट
अलग — पृथक, भिन्न, अछूता, न लगा हुआ
आज्ञा — अनुमति, आदेश
आराम — विश्राम, राहत, सुविधा, वाटिका
आली — सखी, पंक्ति, गीला, मान्यवर
आश्रम — तपोभूमि, आश्रय-स्थान, जीवन के चार अंगों में सें एक
आतुर — उत्सुक, उतावला, रोगी, कमजोर, दु:खी
आत्मा — स्वरूप, ब्रह्मा, सूर्य, अग्नि, परमात्मा
आपत्ति — एतराज, विपत्ति, व्यवधान, मुसीबत
आँख — नेत्र, दृष्टि, निगरानी
आगम — आना, ज्ञान, शास्त्र
ईश — स्वामी, राजा, ईश्वर, महादेव, ग्यारह की संख्या, आर्द्रा-नक्षत्र, एक उपनिषद्, पारा
इष्ट — परमात्मा, समीपी, ध्येय, काम देवता
इन्दु — चन्द्रमा, कपूर, गणित में एक की संख्या
उपचार — व्यवहार, प्रयोग, चिकित्सा, सेवा, धार्मानुष्ठान, घूस, खुशामद
उषा — प्रभात, अरुणोदय की लालिमा, बाणासुर की कन्या
उग्र — भयानक, क्रूर, तीव्र, कष्टदायक, प्रचण्ड, महादेव, गरम, सूर्य
उच्च — श्रेष्ठ, बड़ा, जोर का, उठा हुआ
उतरना — नीचे आना, ठहरना (बरात), मद्धिम पड़ना (रंग), जगह से खिसकना (बाँह), कम होना (ज्वर)
कंकट — काँटा, कीलब, विघ्न
कक्ष — कमरा, कछौटा, काँख, सूखी घास, कक्षा (सूर्य की)
कट्टर — कठोर, दृढ़प्रतिज्ञ, अपने मत का जिद्दी
कन्या — कुमारी, एक राशि, पुत्री, लड़की
करीब — समीप, सगा, लगभग
कर्तन — करतना, कातना, काटना
कलम — लेखनी, कूँची, कनपटी के बाल, पेड़ पौधों की हरी लकड़ी
कलि — कलह, दु:ख, पाप, चार युगों में चौथा युग, सूरमा, संग्राम, काला
काँटा — कीला, तौलने का एक साधन, पेड़ पौधों की नोंक, मछली की हड्डी
कायदा — नियम, तरीका, रिवाज, उर्दू का बालबोध
किनारा — तट, सिरा, पार्श्व, हाशिया
कर — किरण, हाथ, टैक्स, सूंड
काल — समय, मृत्यु, यमराज, अकाल, शत्रु, अवसर
कमल — एक फूल, उस फूल का पौधा, एक मासपिण्ड, जल, ताँबा
कंद — मिश्री, बिना रेशे की गूदेदार जड़
कटाक्ष — व्यंग्य, अक्षेप, तिरछी नजर
कषाय — गेरू के रंग का कसैला

काम — इच्छा, कार्य, काम वासना, कृति
केतु — ध्वजा, एक ग्रह, पुच्छल तारा
कुशल — खैरियत, चतुर, प्रवीण, प्रतिक्षित
कैरव — कुमुद, कमल (श्वेत)
कोटि — श्रेणी, वर्ग, करोड़, धनुष का सिरा
कौरव — घृतराष्ट्र आदि, गीदड़
कल — मशीन, चैन, आने वाला कल/बीता हुआ कल, शान्ति
कपि — बन्दर, हाथी, सूर्य, हनुमान
ककुभ — पेड़ विशेष, एक राग, एक छंद, दिशा
कट — हाथी का गंड स्थल, खस, शव, अरथी, श्मशान, काला रंग
कपिल — भूरा, अग्नि, कुत्ता, चूहा, महादेव, सूर्य, विष्णु, एक मुनि
कर्म — क्रिया, भाग्य, मृतक संस्कार
कालिका — काली, कालिख, एक पौधा, मेघ, स्याही, मदिरा, रणचण्डी, आँख की पुतली
कूर्म — कछुआ, पृथ्वी, विष्णु का अवतार, एक ऋषि, प्रजापति का अवतार
कुंभ — प्रयोग राज का एक पर्व, घड़ा, हाथी के मस्तक का दोनों ओर का भाग
कूट — चोटी, नोक, छल, ढेर, जाली, झूठा, रहस्यमय
क्रिया — कर्म, कार्यवाई, कर्म होने का द्योतक शब्द
कंज — ब्रह्मा, कमल, अमृत, केश
खत — पत्र, लिखाई, कनपटी के बाल
खराब — गंदा, बुरा, न चालू, बरबाद नष्ट
खाली — रिक्त, जो व्यस्त न हो, अकेले, बेकार
खून — रक्त, मार-काट, हत्या
खग — पक्षी, वाण, तारा, गन्धर्व
खर — गधा, तिनका, एक राक्षस, दुष्ट, प्रखर
खंडन — टुकड़े करना, प्रत्याख्यान, विरोध, हिस्सों में बाँटना
गति — हालत, मोक्ष, चाल, रफ्तार
गंदा — बुरा, अश्लील, मैला
गंभीर — गहरा, घना, भारी, जटिल, चिंताजनक, शांत (व्यक्ति)
गद्दी — महाजन की बैठकी, शिष्य परंपरा, सिंहासन, छोटा गद्दा
गला — आवाज, निगलने का अंग, रगदन, घड़े की पकड़
गाँठ — फंदा, गठरी, गिरह, मनमुटाव, उलझन
गाड़ना — जमीन में दबाना, धँसाना, खड़ा करना (झण्डा)
गाढ़ा — घनिष्ट, दृढ़, घना, मोटा
गुलाबी — गुलाब के रंग का, हल्का (जाड़ा), गुलाब का
गोली — बंदूक की गोली, धागे की गोली, कचा, दवाई की वटिका
गंध — वास, चन्दन
गायत्री — एक वैदिक छन्द, एक वैदिक मंत्र, दुर्गा, एक वर्ण-वृत्त
गोपाल — गाय पालने वाला, कृष्ण, ग्वाला, किसी लड़के का नाम
गौतमी — हल्दी, गोदावरी नदी, गोरोचन
गुण — विशेषता, धर्म, प्रकृति के तीन भाव, निपुणता, रस्सी
ग्रह — तारे, नौ की संख्या लेना, अनुग्रह, कृपा, ग्रहण, राहु, छोटे बच्चों का रोग
ग्रहण — लेना, पकड़ना, सूर्य-चन्द्र पर राहू-केतु का प्रभाव
घोर — भयंकर, सघन, कठिन, गहरा, बहुत अधिक, गर्जन
घुटना — कष्ट सहना, साँस लेने में कठिनाई, पाँव का मध्य भाग
घड़ी — समय बताने वाला यन्त्र, 24 मिनट का समय, क्षण
घुमाना — मोड़ना, चक्कर देना, लट्टू चलाना, प्रचारित करना, सैर कराना
चाप — परिधि का एक आधा, (आलू) टिकिया, दबाव, धनुष
चिकना — साफ, सँवरा हुआ, चिकनाहट वाला, बिल्कुल समतल
चौका — चार का समूह, इकट्टे चार रन (क्रिकेट), रसोई, चार बूटी वाला पत्ता
चाक — कुम्हार का चाक, चक्की, तेल पेरने का कोल्हू, गोल वस्तु, पानी का भँवर, बवण्डर, समूह, एक प्रकार व्यूह, मण्डल, चकवा, चक्र
चंचला — लक्ष्मी, बिजली, चंचल स्त्री, चपला
चमकना — बिदकना, बिगड़ना, प्रकाश देना, (व्यापार) वृद्धि पर होना
चटकना — फूटना, खिलना, रुष्ट होना, चट-पट करना
छादन — परदा, छप्पर, वस्त्र
छाप — अँगूठी, छापे का चि
छींटा — बूँदें, हल्की वर्षा, व्यंग्य
छेड़ना — तंग करना, चिढ़ाना, आरंभ करना
छोड़ना — मुक्त करना, भूल से न लेना
छन्द — काव्य, छल, मत
जाल — फरेब, बुनावट, जाला, जमघट, बड़ी जाली
जाली — नकली, झंझरी, तंतुजाल
जड़ना — जमाना, प्रहार करना
जलना — शरीर तपना, भस्म हो जाना
जलाना — आग देना, प्रज्वलित करना, चुभती बातें कहना, ईर्ष्या उत्पन्न करना
जाँच — परीक्षण, खोज
जारी — लागू, चालू, प्रवाहित
जुड़ना — सम्मिलित होना, मिलना, जोड़ा जाना
जोड़ना — योग करना, एकत्र करना, बढ़ाना, टूटे हुए को जड़ना, मिलाना
जन — लोग, प्रजा, गंवार, अनुचर, समूह, भवन, मजदूरी, सात लोगों में से एक
जीव — प्राणी, आत्मा, वृहस्पति, जीविका, जीवात्मा
जलधर — बादल, समुद्र, जलाशय
झंझरी — झरोखा, जाली, छननी
झाड़ना — झाड़न से धूल हटाना, झाड़-फूँक (टोना) करना, झटकना, फटकारना
टाँकना — सुई, से कुछ जोड़ना, रकम लिखकर रखना, (चाकू छुरी) तेज करना
टीका — तिलक, फलदान, व्याख्या, धब्बा, बदनामी का टीका
टेक — सहारा, गीत का छोटा पद, आग्रह, आदत, सहारा देने की लकड़ी, साधुओं की अधारी
ठस — बहुत कड़ा, भारी, घनी बुनावट वाला, आलसी, झूठा, कंजूस, ठोस, गफ, कृपण
ठाकुर — देवता, ईश्वर, मालिक, क्षत्रिय, नाई, सरदार, जमींदार
डूबना — अस्त होना, पानी के नीचे जाना, नष्ट होना, समाप्त होना
ढर्रा — पद्धति, व्यवहार, रूप
ढीला — नाप से बड़ा, आलसी, शिथिल, कम कसा हुआ
तत्व — मूल, यथार्थ, सार, पञ्चभूत, ब्रह्मा
तुरंग — घोड़ा चित्त
तुला — तुलना, तराजू, तौल, एक राशि
तुहिन — पाला, बरफ, चाँदनी, शीतलता
तात — पिता, पूज्य, गुरु, भाई, मित्र, धारा, मर्म, बड़ा
तारा — नक्षत्र, आँख की पुतली, देवी-विशेष, बलि, पति, वृहस्पति, पत्नी
ताल — तालाब, लय-ताल, तलह, ताड़

तरंग — लहर, उमंग, स्वर लहरी
तलब — चाह, आवश्यकता, बुलावा, वेतन, खोज
ताव — ताप/गरमी, आवेश, कष्ट, कागज का पूरा टुकड़ा
तीर — नदी तट, बाण, समीप
तेज — पैना, शीघ्र गामी, तीखा, प्रचंड
तम — अंधकार, राहु, सूअर, पाप, क्रोध, अज्ञान, कालिख, नरक, मोह
दोष — कमी, विकार, अपराध, बुराई, ऐब
द्वार — दरवाजा, अंश, साधन, शरीर के छेद वाले अंग
दण्ड — डण्डा, सजा, समय का विभेद, यम अस्त्र
द्विज — अण्डज, प्राणी, पक्षी, ब्राह्मण, चन्द्रमा, दाँत
दल — समूह, पत्ता, पक्ष, फूल की पंखुड़ी, मंडली, सेना
द्रव्य — धन, वस्तु
दबना — भार के नीचे आना, रोब मानना, जमीन में गड़ना, हल्का पड़ना
दाम — धन, मूल्य, रस्सी
दाय — दहेज, दायित्व, उत्तराधिकार में प्राप्त सम्पत्ति
धर्मराज — न्यायाधीश, यमराज, युधिष्ठिर
धार — धारा, प्रवाह, पैना किनारा (चाकू का)
धनञ्जय — अग्नि, चित्रक, वृक्ष, अर्जुन का नाम, वृक्ष, विष्णु, शरीर की पञ्चवायु में एक
धन — सम्पत्ति, चौपात्रों का झुण्ड, स्नेह-पात्र, गणित में जोड़ का चिन्ह, मूल पूँजी
निकासी — निकलने का ढंग, माल बिकना, चुंगी
निष्कर्ष — सारांश, अंतिम, परिणाम, निश्चय
नीलकंठ — शिव, मोर, एक पक्षी-विशेष
नेपथ्य — वेशभूषा, सजावट, रंगमंच का पिछला, भाग
न्यास — धरोहर, भेंट, उपस्थित करना, त्याग, ट्रस्ट
नागर — चतुर, नागर मोथा, नागरिक, सोंठ
नकली — नकल में बना, बनावटी, काल्पनिक, झूठा
नक्शा — मानचित्र, रूपरेखा, आकृति, लच्छन, नखरा
नायक — सेनापति, छोटा सेनाधिकारी, मुखिया, नाटक का मुख्य पात्र
पाठ — सबक, वाचन, शिक्षा, सीख
पार्श्व — बगल, पंजर, क्षेत्र का अंग, हाशिया, पक्ष
पालि — पंक्ति, सीमा, गाँव, एक प्रसिद्ध भाषा
प्रत्यक्ष — आँखों के सामने, साफ, सीधा
प्रभाव — सामर्थ्य, असर, महिमा, दबाव
पाक — पकाने की क्रिया, रसोई, पाचन, पवित्र, निर्दोष
पास — निकट, उत्तीर्ण, पसन्द, परिचय-पत्र
पता — ठिकाना, भेद, मालूम, सूचना
पर्चा — प्रश्न पत्र, अखबार, कागज
परिकर — समूह, करमबन्द, परिवार, नौकर-चाकर
पल्ला — आँचल, तराजू का पलड़ा, दिशा, किवाड़
पाटी — पंक्ति, रीति, तख्ती, चारपाई की पट्टी
पत्र — पत्ता, चिट्ठी, पंख, समाचार, पत्र, धातु का पत्तर
पय — दूध, पानी, अन्न
पतंग — सूर्य, पक्षी, मुड्डी, फतिंगा, नाव
पानी — जल, इज्जत, चमक, वर्षा, स्वाभिमान
पार्थिव — पृथ्वी का राजसी, मिट्टी का शिव लिंग

पोत — जहाज, बच्चा, वस्त्र, गुड़िया
पक्का — ईंटों का बना, पुष्ट, निश्चित, स्थिर
पिंजर — पिंजरा, अस्थि पंजर, सुनहरा रंग
पुराना — प्राचीन, ढेर सारे दिनों का, जीर्ण-शीर्ण, अनुभवी (व्यक्ति)
पुष्ट — पक्का, परिपूर्ण, सिद्ध, दृढ़, पाला-पोसा
पैदा — प्रकट, उत्पन्न, अर्जित
पोच — हीन, खराब, तुक, निःसार, आवारा
फटकारना — झटके से हिलाना, पटककर धोना, डाँटना
फूटना — छेद होना, प्रकट होना, मवाद निकलना, अंकुर निकलना, अलग हो जाना, (भाग्य) बिगड़ना
बिंदी — शून्य का चिन्ह, माथे का टीका, साधारण चिन्ह, अनुस्वार
बिजली — विद्युत, तड़ित, कान का एक गहना
बौराया — पागल, जिसमें बौर लग गया हो
बंशी — बाँसुरी, मछली फँसाने का काँटा
बलि — राजा बलि, उपहार, बलिदान, चढ़ावा, कर
बहार — वसन्त ऋतु, आनन्द, रोचक, एक राग विशेष
बचाना — रक्षा करना, खर्च से बचाना, सामने न आने देना
बट्टा — पत्थर का टुकड़ा, तौल का बाट, (व्यापार में) काट
भगवान — ईश्वर, ऐश्वर्य शाली, महापुरुष, पूज्य, ज्ञान और वैराग्य से संपन्न
भुनाना — रेजगारी लेना, भूनने का काम कराना
भूत — प्रेत, शरीर के पंचभूत, बीता काल
मान — इज्जत, नाप-तौल, अभिमान, रूठना, घमंड
मित्र — दोस्त, सूर्य, प्रिय, सहयोगी
मंडल — वृत्त, सूर्य-चंद्रमा का घेरा, भूखंड, चक्कर
मर्त्य — मरने वाला, मनुष्य, शरीर
मधु — शराब, बसन्त ऋतु, शहद, चैत्यमास
माया — भ्रम, दौलत, इंद्रजाल, भगवान की लीला
मुड़ना — घूमना, लौटना, झुकना
मूक — चुप, विवश, गूँगा
मूल — कंद, जड़, पूँजी, एक नक्षत्र
मद — हर्ष, कस्तूरी, नशा, गर्व, मतवाला
मानस — मनुष्य, मन, कामदेव, दूत, मन से उत्पन्न
युक्त — जुड़ा हुआ, मिश्रित, नियुक्त, उचित
युक्ति — तरकीब, दलील, मिलन
योग — मेल, लगाव, ध्यान, कुल जोड़, शुभ काल, मन की साधना
रंग — वर्ण, शोभा, मनोविनोद, रोब, नाच-गाना, ढंग, युद्ध क्षेत्र
रस — निचोड़, स्वाद, आनन्द, सत्त, धातु का भस्म
रश्मि — किरण, डोरी
लहर — तरंग, उमंग, झोंका, झूलना
लक्ष्य — उद्देश्य, निशाना, लक्षणार्थ
लगना — सटना, जुड़ना, चिपकना, घाव/चोट करना, खर्च होना, चुभना, नियुक्त होना, आरंभ करना
विवेचन — तर्क-वितर्क, सत्-असत् विचार, विरूपण, परीक्षण
वृत्त — गोला घेरा, वृत्तान्त, चरित्र, वर्णिक छन्द
वेला — अवकाश, समय, समुद्र की लहर
वंश — बाँस, कुल, बाँसुरी गोत्र
वन — जंगल, जल, बाग, काष्ठ, फूलों का गुच्छा

विधि — कानून, भाग्य, ब्राह्मण, अग्नि, समय, विष्णु, युक्ति, व्यवस्था, तरीका, विधाता
विग्रह — लड़ाई, शरीर, देवता की मूर्ति, विश्लेषण
वार — आक्रमण, दिन, वाण, शिव, बारी, रोक
वर — दूल्हा, श्रेष्ठ, वरण करने योग्य, वरदान
विलक्षण — अलग, अजीब, विशिष्ट
शक्ति — ताकत, अर्थवत्ता, अधिकार, प्रकृति, माया, दुर्गा
शुद्ध — पवित्र, स्वच्छ, साफ, ठीक, खालिस
संबंध — जोड़, रिश्ता, ताल्लुक, मेज-जोल, व्याकरण में छठा कारक
सम्बन्ध — जोड़, मेल-जोल, रिश्ता, ताल्लुक, व्याकरण छठाकारक
सरदार — छोटा शासक, रईस, सिख, अगुआ
सारंग — सर्प, मोर, मेघ, हरिण, पानी, हाथी, रोग विशेष, स्त्री, दीपक
सुधा — अमृत, पानी
सर — तालाब, सिर, पराजित
स्थूल — मोटा, समझ में आने योग्य, सहज में दिखाई देने योग्य
संकोच — सिकुड़ना, लज्जा, हिचकिचाहट

प्रश्नमाला

निर्देश–नीचे कुछ शब्द-युग्म दिए गए हैं। A, B, C, D वर्गों में प्रत्येक शब्द के चार वैकल्पिक अर्थ दिए गए हैं। जिस वर्ग में दोनों शब्दों के सही अर्थ हों, उन्हें चिन्हित कीजिए।

1. **अंश - अंस**
   (a) किरण – कंधा (b) भाग – कंधा
   (c) भाग – अंग (d) भाग्य – गोद
2. **अंत – अन्त्य**
   (a) मृत्यु – अंतका (b) अंतिम – अधम
   (c) समाप्ति – अंतिम (d) अंत:करण – नीच
3. **असन – आसन**
   (a) निराधार – कक्ष
   (b) अनमोल – बैठने की वस्तु गद्दी
   (c) खाद्य – सन्निकट
   (d) भोजन – गद्दी, बैठने की वस्तु
4. **अभिराम – अविराम**
   (a) आराम – निरन्तर (b) अनंत – अनादि
   (c) सुंदर – सुखद (d) सुंरद – निरन्तर
5. **भय – अभय**
   (a) निर्भय – ओनों (b) भयग्रस्त – भयातीत
   (c) निडर – भय-मग्न (d) निर्मूल – नि:शेष
6. **अब्ज – अब्द**
   (a) नवीन – पुरातन (b) कमल – वादल
   (c) अजन्मा – वंर्ष (d) कमल – अवतार
7. **अविहित – अभिहित**
   (a) अनाम – अनजान (b) अनुचित – अनावश्यक
   (c) अवैध – कथित (d) अपरिचित – कथित
8. **आकर – आकार**
   (a) खान – रूप (b) कोष – लम्बाई
   (c) आयात – सूरत (d) खान – चौड़ाई
9. **आसन – आसन्न**
   (a) बैठने का स्थान – बैठा हुआ
   (b) बैठने का स्थान
   (c) गया हुआ – बैठा हुआ
   (d) दूरस्थ – निकट
10. **इति – ईति**
    (a) इतिहास – कृषि
    (b) समाप्ति – आपदा
    (c) विगत – इत्यादि
    (d) विदा – व्याकुलता
11. **उद्दत – उद्यत**
    (a) उठा हुआ – नतमस्तक
    (b) विनम्र – तैयार
    (c) उद्दण्ड – तैयार
    (d) उद्दण्ड – संस्थान
12. **कंकाल – कंगाल**
    (a) दुर्भिक्ष –कापालिक
    (b) ठठरी – गरीब
    (c) कालातीत – दरिद्र
    (d) ठठरी – नरभक्षी
13. **कृति – कृती**
    (a) यमराज – चर्म (b) रचना – पुण्यात्मा
    (c) समाप्ति – यश (d) रचना – हिरन
14. **कृत्ति – कीर्ति**
    (a) किया हुआ – निपुण
    (b) मृग – प्रसिद्धि
    (c) नक्षत्र – नाम
    (d) मृगचर्म – यश
15. **कपिश – कपीश**
    (a) कपिजैसा-सुग्रीम
    (b) भूरा – हनुमान जी
    (c) मटमैला – बंदरों का राजा
    (d) कपि से इतर – इन्द्र
16. **क्षात्र – छात्र**
    (a) जाति – विद्या
    (b) वीर – विद्यार्थी
    (c) क्षत्रिय सम्बन्धी – अन्वेषी
    (d) क्षत्रियसम्बन्धी – विद्यार्थी
17. **चिर – चीर**
    (a) प्राचीन – वृक्ष
    (b) बहुतसमय – वस्त्र
    (c) बहुत समय – चीरना-फाड़ना
    (d) नवीन – वस्त्र
18. **चूर – चूड़**
    (a) शिथिल – चोटी
    (b) चूर्ण – नगाड़ा
    (c) कौआ – मुर्ग
    (d) चूर्ण – चोटी
19. **जलज – जलद**
    (a) सिंघाड़ा – कुआँ
    (b) सिवार – पोखर
    (c) कमल – बादल
    (d) मेढ़क – बावली
20. **तरणि – तरणी**
    (a) ताले वाला – तरने वाला
    (b) सूर्य – नौका
    (c) आकाश – नौका
    (d) सूर्य – उद्धारकर्त्ता
21. **दारु – दारू**
    (a) कठिन – आरा
    (b) लकड़ी – मदिरा
    (c) कीड़ा – मदिरा
    (d) लकड़ी – नशा
22. **नीयत – नियति**
    (a) इरादा – ईमान
    (b) इरादा – भाग्य
    (c) निश्चित – ईश्वर
    (d) मंशा – भाग्य
23. **निर्जर – निर्झर**
    (a) सूनसान – शुष्क
    (b) मलिन – आर्द्र
    (c) देवता – झरना
    (d) देवता – बादल
24. **नहर – नाहर**
    (a) पानी की कुल्या – हाथी
    (b) झरना – सिंह

(c) जलमार्ग – वीर
(d) पामी की कुल्या – सिंह

25. नेति – नेती
(a) ईश्वर – असुर
(b) अनंत – सांत
(c) अनंत – मथानी की रस्सी
(d) जिसका अंत न हो – अद्‌भुत

26. पथ – पथ्य
(a) मार्ग – सुपाच्य सादा भोजन
(b) मत – जिस पथ पर जाने योग्य हो
(c) विचार – स्वादिष्ट भोजन
(d) मार्ग – यात्री

27. प्रणय – परिणय
(a) प्रेम – स्वयंवर
(b) पाणिग्रहण – नमस्कार
(c) प्रेम – विवाह
(d) स्नेह – बहिष्कार

28. पूछ – पूँछ
(a) पूछने की क्रिया – पोंछने की क्रिया
(b) पूछने की क्रिया – दुम, पुच्छ
(c) पीछे – सफाई करना
(d) जाँच – पूछ-पोंछ-पाछ

29. प्रतिषेध – प्रतिशोध
(a) अत्याचार – प्रतिकार
(b) मनाही – प्रत्युपकार
(c) निषेध – बदला
(d) पुन:निषेध – पुन: शोध

30. प्रहर – प्रहार
(a) हरण करना – घायल करना
(b) समय – चोट, आघात
(c) द्वारपाल – जयमाल
(d) समय – पराजय

31. पावन – पाहन
(a) पवित्र – पत्थर (b) अग्नि – देवता
(c) हवा – प्रस्तर (d) शुद्ध – निर्जीव

32. बहन – वहन
(a) बहिन – अपहरण
(b) सहोदरा – प्रवाह
(c) सहोदरा – ले जाना
(d) बाह्य – अग्राह्य

33. बहु – बहू
(a) बहुत – बधू, पुत्रवधू
(b) बाँह – पुत्रवधू
(c) अनेक – पुन:
(d) बहुत – बाहरी

34. बाड़ – बाढ़
(a) बढ़ती – जल प्लावन
(b) काँटा – बढ़ती
(c) कटीले तार की रोक – पानी की बढ़ती
(d) कंटीलातार – विनाश

35. बात – वात
(a) वार्तालाप – गँठिया रोग
(b) बातचीत – प्रभंजन
(c) वार्ता – वायु
(d) विग्रह – झंझावात

36. बदन – वदन
(a) अंग – बात (b) शरीर – मुख
(c) खराब – मौन (d) हाथ -पैर – चेहरा

37. भारती – भारतीय
(a) भरत-सम्बन्धी – सरस्वती का उपासक
(b) गिरा – भरत का
(c) भरती होने वाला – भारतवासी
(d) सरस्वती – भारतवासी

38. भीत – भित्ति
(a) दीवार – दीवार की चित्रकारी
(b) डरा हुआ – दीवार
(c) भीतर वाला – नक्काशी
(d) आतुर – स्थिर

39. मनुज – मनोज
(a) नर – सुन्दर (b) प्राणी – मदन
(c) मनुष्य – कामदेव (d) मनु-पुत्र – भाव

40. मणि – मणी
(a) लाल – पारखी (b) पत्थर – जौहरी
(c) रत्न – सर्व (d) नीलम – मणिधर

उत्तरमाला

1. (b)	**2.** (c)	**3.** (d)	**4.** (d)	**5.** (b)	**6.** (b)	**7.** (c)	**8.** (a)	**9.** (b)	**10.** (b)	**11.** (c)
12. (b)	**13.** (b)	**14.** (d)	**15.** (c)	**16.** (d)	**17.** (b)	**18.** (d)	**19.** (c)	**20.** (b)	**21.** (b)	**22.** (b)
23. (c)	**24.** (d)	**25.** (c)	**26.** (a)	**27.** (c)	**28.** (b)	**29.** (c)	**30.** (b)	**31.** (a)	**32.** (c)	**33.** (a)
34. (c)	**35.** (c)	**36.** (b)	**37.** (d)	**38.** (b)	**39.** (c)	**40.** (c)				

❑❑❑

6 वाक्यांशों के लिए एक शब्द निर्माण

इसके अतिरिक्त आधुनिक समय में संक्षिप्त भाषा का महत्व बहुत अधिक बढ़ गया है, क्योंकि कम से कम समय में हम अधिक से अधिक ज्ञान प्राप्त करना चाहते हैं। हिन्दी में ऐसे शब्दों की बहुलता है।

मन में आप से आप उत्पन्न होने वाली प्रेरणा – **अंत:प्रेरणा**
धरती और आकाश के बीच का स्थान – **अंतरिक्ष**
मन में होने वाला या स्वाभाविक ज्ञान – **अंतर्ज्ञान**
जो किसी वस्तु के अंदर दृढ़तापूर्ण वर्तमान या स्थित है – **अंतर्निविष्ट**
जो अंतिम (शुद्र) वर्ण में जन्मा हो – **अंत्यज**
तर्क के बिना मान लिया गया विश्वास – **अंधविश्वास**
जिसमें काँटे या विघ्न — बाधा न हो – **अकंटक**
जो कहा न जा सके – **अकथनीय**
जो कहा न गया हो – **अकथित**
जिसके पास कुछ भी न हो – **अकिंचन**
जिसका खंडन न किया जा सके – **अखंडनीय**
जिसके खंड या टुकड़े न किए गए हों – **अखंडित**
जो न जाना गया हो – **अज्ञात**
जिसके आने की तिथि (ज्ञात) न हो – **अतिथि**
कोई बात जो बढ़ा-चढ़ाकर कही गयी हो – **अतिशयोक्ति**
जिसकी तुलना न की जा सके – **अतुलनीय**
जो दण्ड पाने योग्य न हो – **अदंडनीय**
जो दूर की बात न सोच सके – **अदूरदर्शी**
जो दिए जाने योग्य न हो – **अदेय**
जिसके समान कोई दूसरा न हो – **अद्वितीय**
पर्वत के ऊपर की समतल भूमि – **अधित्यका**
राज्य के प्रधान शासक द्वारा दिया या निकाला गया आधिकारक आदेश – **अध्यादेश**
वह जो विद्यार्थियों को पढ़ाने का कार्य करता है – **अध्यापक**
जिसका एक के बिना किसी दूसरे से संबंध न होता हो – **अनन्य**
जिस पर आक्रमण न किया गया हो – **अनाक्रांत**
जिसका कोई नाथ/मालिक न हो – **अनाथ**
बिना आयास किए – **अनायास**
कनिष्ठा और मध्यमा के बीच की उँगली – **अनामिका**
जो किसी वस्तु या विषय में आसक्त न हो – **अनासक्त**
जिस पर कोई नियंत्रण न हो – **अनियंत्रित**
जिसका या जिसके संबंध में कोई निर्णय न हुआ हो – **अनिर्णीत**
जो वचन या वाणी द्वारा कहा न जा सकता हो – **अनिर्वचनीय**
जो अनुकरण करने योग्य हो – **अनुकरणीय**
किसी के पीछे-पीछे चलने वाला – **अनुगामी**
जिस पर अनुग्रह किया गया हो – **अनुगृहीत**
जिसकी उपमा न की जा सके – **अनुपम**
जो किसी वस्तु या व्यक्ति के प्रति आसक्त हो – **अनुरक्त**
जो गिना न जा सके – **अगणित/ अनगिनत**
जिसके अंदर या पास न पहुँचा जा सके – **अगम्य**
किसी आदरणीय का स्वागत करने के लिए चलकर कुछ आगे पहुँचना – **अगवानी**
जिसकी गहराई या थाह का पता न लग सके – **अगाध**
जो गाए जाने योग्य न हो – **अगेय**
दूर तक फैलने वाला अत्यधिक नाशक आग – **अग्निकांड**
जो किसी देन या पारिश्रमिक मद्धे पहले से दे दिया जाए – **अग्रिम**
जो सबसे आगे रहता हो – **अग्रणी**
जो चिंतन करने योग्य न हो – **अचिन्त्य**
जिसमें चेतन न हो – **अचेतन**
जो छेदा न जा सके – **अछेद्य**
जिसका कभी जन्म न हो – **अजन्मा**
जिसका कोई शत्रु पैदा ही न हुआ हो – **अजातशत्रु**
जिसे जीता न जा सके – **अजेय**
जो कुछ न जानता हो – **अज्ञ**
जो अवश्य होना वाला हो – **अवश्यंभावी**
बिना वेतन लिए-दिए किया जाने वाला कार्य – **अवैतनिक**
जो विधि या कानून के विरुद्ध हो – **अवैध**
जो व्यवहार में न लाया गया हो – **अव्यवहृत**
चंद्रमास के किसी पक्ष की आठवीं तिथि – **अष्टमी**
जो नहीं हो सकता – **असंभव**
जिसमें सामर्थ्य न हो – **असमर्थ**
जो (स्त्री) सूर्य भी नहीं देख पाती – **असूर्ययश्मा**
अहंकारपूर्वक अपने को सबसे बढ़कर समझना – **अहंमन्यता**
जिसमें किसी का कोई हेतु या कारण न हो – **अहैतुक**
जिसकी पहले से कोई आशा न हो – **अप्रत्याशित**
जो प्रमाण से सिद्ध न हो – **अप्रमेय**
जिसके लिए कोई बाधा या रोक-टोक न हो – **अबाध**
पुरुष जो अभिनय करता हो – **अभिनेता**
स्त्री जो अभिनय करती हो – **अभिनेत्री**
जिस पर अभियोग लगाया गया हो – **अभियुक्त**
जैसा या जो पहले (घटित) न हुआ हो – **अभूतपूर्व**
जो भेदा या तोड़ा न जा सके – **अभेद्य**

कोई काम स्वभाववश करते रहने की क्रिया – **अभ्यास**
जो कभी मरे नहीं – **अमर**
जिसका अस्तित्व अल्पकाल तक रहे – **अल्पकालिक**
जो कम जानता हो – **अल्पज्ञ**
जिसका वर्णन न हो सकता हो – **अवर्ण्य**
एक भाषा में कही या लिखी हुई बात को दूसरी भाषा में कहने या लिखने की क्रिया – **अनुवाद**
किसी और स्थान पर – **अन्यत्र**
जिसका मन किसी दूसरी ओर लगा हो – **अन्यमनस्क**
जिसका अपकार किया गया हो – **अपकृत**
जो पढ़ा न जा सके – **अपठनीय**
दोपहर के बाद का समय – **अपरा**
आवश्यकता से अधिक धन का ग्रहण न करना – **अपरिग्रह**
जो मापा न जा सके – **अपरिमेय**
सामान्य या व्यापक नियम के विरुद्ध बात – **अपवाद**
जिसके अंग दुरुस्त न हो – **अपांग**
जिसके उस पार की वस्तु को न देखा जा सके – **अपारदर्शी**
जो पहले न हो रहा हो या न हुआ हो – **अपूर्व**
जो किसी वंश में बराबर चलता आया है – **आनुवंशिक**
अपराधों से संबंधित – **आपराधिक**
जिसकी कामनाएँ पूरी हो गई हों – **आप्रकाश**
आभार मानने वाला – **आभारी**
प्राणियों के पेट की वह थैली जिसमें भोजन पचता है – **आमाशय**
वह जो दूसरे देशों से वस्तुओं का आयात करता है – **आयातक**
आयोजन करने वाला व्यक्ति – **आयोजक**
किसी मत का सर्वप्रथम प्रवर्तन करने वाला – **आदि प्रवर्तक**
अधिकारपूर्वक कहा गया या किया गया – **आधिकारिक**
भूतों अर्थात् जीवों द्वारा होने वाला (दु:ख) – **आधिभौतिक**
किसी वस्तु को आधुनिक रूप देने की क्रिया – **आधुनिकीकरण**
आत्मा और ईश्वर से संबंध रखने वाला – **आध्यात्मिक**
आँतों में होने वाला – **आंत्रिक**
आकाश को चूमने वाला – **आकाशचुंबी**
वह जिसका पति परदेश से लौटा हो – **आगत पतिका**
पूरे जीवन में – **आजीवन**
जिस पर किसी का आतंक छाया हो – **आतंकित**
जो अपनी हत्या कर लेता है – **आत्मघाती**
दूसरों के (सुख के) लिए अपने सुखों का त्याग – **आत्मोत्सर्ग**
धन से संबंध रखने वाला – **आर्थिक**
जो किसी वस्तु या व्यक्ति के गुण-दोष की आलोचना करता हो – **आलोचक**
जो आलोचना के योग्य हो – **आलोच्य**
किसी अवधि से संबंध रखने वाला – **आवधिक**
आशा से बहुत अधिक – **आशातीत**
वह क्लर्क जो आशुलिपि जानता है – **आशुलिपिक**
जिसे विश्वास या दिलासा दिलाया गया हो – **आश्वस्त**
प्राय: वर्षा ऋतु में आकाश में दिखायी देने वाले सात रंगों वाले धनुष – **इंद्रधनुष**
इंद्रियों पर किया जाने वाला वश – **इंद्रियानिग्रह**
जो इंद्रियों की पहुँच से बाहर हों – **इंद्रियातीत**
अपनी इच्छा के अनुसार सब काम करने वाला – **इच्छाचारी**
किन्हीं घटनाओं का कालक्रम से किया गया वृत्त – **इतिवृत्त**
किसी देश या समाज के सार्वजनिक क्षेत्र की घटनाओं, तथ्यों आदि का क्रमबद्ध विवरण – **इतिहास**
इमारत के लिए या इमारत से संबंधित – **इमारती**
जो दूसरों की उन्नति देखकर जलता हो – **ईर्ष्यालु**
पर्वत के पास की भूमि – **उपत्यका**
जिसे ऊपर कहा गया हो – **उपर्युक्त**
जिसका उल्लेख करना आवश्यक हो – **उल्लेखनीय**
सूर्योदय से पहले का समय – **उषाकाल**
वह वस्तु जिसका उत्पादन हुआ हो – **उत्पाद**
सूर्य जिस पर्वत के पीछे निकलता है – **उदयाचल**
जिस पर उपकार किया गया हो – **उपकृत**
जिससे बढ़कर ऊँचा कोई न हो – **उच्चतम**
नीचे की ओर आना या जाना – **उतरना**
ऊपर की ओर उछाया या फेंका हुआ – **उत्क्षिप्त**
जिसका संबंध किसी एक देश से हो – **एकदेशीय**
किसी एक पक्ष से संबंध रखने वाला – **एक पक्षीय**
जिसका चित्त एकाग्रित हो – **एकाग्रचित**
चन्द्रमास के किसी पक्ष की ग्यारहवीं तिथि – **एकादशी**
किसी वस्तु के क्रय-विक्रय का अकेला अधिकार – **एकाधिकार**
इंद्रियों से संबंधित – **ऐंद्रिक**
जो अपनी इच्छा पर निर्भर हो – **ऐच्छिक**
इतिहास से संबंधित – **ऐतिहासिक**
इस लोक से संबंध रखने वाला – **ऐहलौकिक**
जिसका संबंध उपनिवेश या उपनिवेशों से है – **औपनिवेशिक**
जिसका संबंध उपन्यास से हो – **औपन्यासिक**
अपनी विवाहिता पत्नी से उत्पन्न (पुत्र) – **औरस**
बहुत काम करते रहने वाला – **कर्मठ**
फूल जो अभी खिला न हो – **कली**
स्त्री जो कविता रचती है – **कवयित्री**
जिसने कोई कसूर किया हो – **कसूरवार**
सारे शरीर की हड्डियों का ढाँचा – **कंकाल**
जो कहा गया है – **कथित**
पद, वय आदि के विचार से औरों की अपेक्षा छोटा – **कनिष्ठ**
जो किए जाने या करने योग्य हो – **करणीय**
जो अपने उद्देश्य सिद्ध होने पर संतुष्ट हो – **कृतार्थ**
जिसकी उत्पत्ति स्वभावगत न हो – **कृत्रिम**
अँधेरी रातों वाला पखवारा – **कृष्णपक्ष**
जो केन्द्र से हटकर दूर जाता हो – **केन्द्रापसारी**
सुन्दर और बड़े बालों वाली (स्त्री) – **केशिनी**
केश के बालों को सजाने-सँवारने का काम – **केशविन्यास**
ठीक अपने क्रम में आया हुआ – **क्रमागत**
कारागार से संबंध रखने वाला – **कारागारिक**
कार्य करने वाला व्यक्ति – **कार्यकर्त्ता**
नियमविरुद्ध या निंदनीय कार्य करने वालों की सूची – **कालीसूची**
जिसे यह न जान पड़ता हो कि क्या करूँ और क्या न करूँ – **किंकर्तव्यविमूढ़**

जिसकी अब कीर्ति शेष रह गयी हो	–	**कीर्तिशेष**
जिस लड़की का विवाह न हुआ हो	–	**कुमारी**
जो अच्छे या ऊँचे कुल में उत्पन्न हुआ हो	–	**कुलीन**
व्यक्ति जिसका ज्ञान अपने ही स्थान पर सीमित हो	–	**कूपमंडूक**
क्षण भर में नष्ट होने (टूट-फूट जाने) वाला	–	**क्षणभंगुर**
क्षमा किए जाने योग्य	–	**क्षम्य**
जिसका हाथ बहुत तेज चलता हो	–	**क्षिप्रहस्त**
किसी के घर होने वाली तलाशी	–	**खानातलाशी**
जो खाने योग्य हो	–	**खाद्य**
गृह बसाकर रहने वाला	–	**गृहस्थ**
घर या देश के अन्दर की आपस के लोगों या दलों की लड़ाई	–	**गृहयुद्ध**
नए बनवाए घर में पहले-पहल होने वाला प्रवेश	–	**गृहप्रवेश**
संध्या काल जब गायें चरकर लौटती हैं	–	**गोधूलि**
जिसे दूसरे से छिपाकर रखना आवश्यक हो	–	**गोपनीय**
गाँव से संबंधित	–	**ग्रामीण**
गंगा और यमुना के जल के दो तरह के रंग का	–	**गंगा-जमुनी**
गणित शास्त्र का जानकार	–	**गणितज्ञ**
बहुत गप्पें हाँकने वाला	–	**गपोड़िया**
जो कठिनता से और देर में पचे	–	**गरिष्ठ**
जिसके पेट में बच्चा हो	–	**गर्भवती/ गर्भिणी**
जिस पशु के पेट में बच्चा हो	–	**गाभिन**
जो कुछ भी बोल न सके	–	**गूँगा**
वह व्यक्ति जो दूसरों के घरों में फूट डालता हो	–	**घरफोड़ा**
घूस लेने वाला	–	**घूसखोर**
जिसे देखकर घृणा उत्पन्न होती हो	–	**घृणित**
घृणा किए जाने योग्य	–	**घृण्य**
किसी के इर्द-गिर्द घेरा डालने की क्रिया	–	**घेराबन्दी**
जिसकी घोषणा की गयी हो	–	**घोषित**
जिस (देवता) की चार भुजाएँ हैं	–	**चतुर्भुज**
जिसके चार-चार पैर होते हैं	–	**चतुष्पद**
वह मास जो चन्द्रमा की गति के अनुसार गिना जाता है	–	**चन्द्रमास**
जो आँखों से संबंधित हो	–	**चाक्षुष**
चिंता उत्पन्न करने वाला	–	**चिंताजनक**
चित्त को चुराने वाला	–	**चितचोर**
चिरकाल तक जीवित रहने वाला	–	**चिरंजीवी**
चिरकाल तक बना रहने वाला	–	**चिरस्थायी**
जिस पर चि लगाया गया हो	–	**चि ति**
किसी को चेताने के लिए कही जाने वाली बात	–	**चेतावनी**
जिसके चूड़ा (बालों) में चंद्रमा है	–	**चंद्रचूड़**
जो चक्र को धारण करता है	–	**चक्रधर**
कर्मचारी आदि को छाँटकर निकाल देने का काम	–	**छँटनी**
अकस्मात कहीं भी आकर छापा मारने वाला	–	**छापामार**
सेना के ठहरने का स्थान	–	**छावनी**
किसी काम या व्यक्ति में छिद्रों, त्रुटियों व दोषों को ढूँढ़ने का काम	–	**छिद्रान्वेषण**
वह यान जो जल में चलता है	–	**जलयान**
किसी को जीतने की चाह	–	**जिगीषा**
किसी पर विजय पाने की इच्छा रखने वाला	–	**जिगीषु**
अधिक समय तक जीने की इच्छा	–	**जिजीविषा**
कुछ जानने या ज्ञान प्राप्त करने की चाह	–	**जिज्ञासा**
जिसने इन्द्रियों पर विजय पा ली हो	–	**जितेन्द्रिय**
जन्म से सौ वर्ष का समय	–	**जन्मशती**
जो जन्म से ही अंधा है	–	**जन्मांध**
जल में पैदा होने वाला	–	**जलज**
जल लेने के बदले में दिया जाने वाला टैक्स	–	**जलकर**
जिसे ज्ञान प्राप्त करने की प्यास हो	–	**ज्ञानपिपासु**
जिसे जानना आवश्यक हो	–	**ज्ञेय**
झूठ बोलने वाला	–	**झूठा**
लगातार घंटा बजने से होने वाला टन-टन शब्द	–	**टनाटन**
चारों ओर जल से घिरा हुआ भू-भाग	–	**टापू**
किराए पर चलने वाली मोटरगाड़ी	–	**टैक्सी**
घर-घर जाकर लोगों का डाक पहुँचाने वाला कर्मचारी	–	**डाकिया**
वह स्थान जहाँ तोपें और बारूद आदि रखा रहता है	–	**तोपखाना**
कोई काम या पद छोड़ देने के लिए लिखा गया पत्र	–	**त्यागपत्र**
जिसे तीनों कालों (भूत, वर्तमान, भविष्य) में होने वाली घटनाएँ दिखायी देती हों	–	**त्रिकालदर्शी**
किसानों को सरकार या जमींदार द्वारा दी गयी ऋण के रूप में आर्थिक सहायता	–	**तकावी**
विवाद या गुटबाजी से अलग रहने वाला	–	**तटस्थ**
अध्यात्म के तत्वों को जानने वाला	–	**तत्त्वज्ञ**
जो तर्क के आधार पर ठीक सिद्ध हो	–	**तर्कसंगत**
तर्क के द्वारा जो माना गया हो	–	**तर्कसम्मत**
चोरी-छिपे और चुंगी शुल्कादि दिए बिना माल लाकर बेचने वाला	–	**तस्कर**
जिसका होना या करना कठिन हो	–	**दुष्कर**
जिसका रोकना या निवारण करना कठिन हो	–	**दुर्निवार्य**
जिसे दबाया या सताया गया हो	–	**दलित**
जिसका ठीक तौर से कथन सम्भव न हो	–	**दुष्परिमेय**
दो बार जन्म लेने वाला	–	**द्विज**
किसी काम में पूर्णरूप से मन लेने वाला	–	**दत्तचित्त**
जिसको अपने देश से प्रेम हो	–	**देशभक्त**
वह रोग जिसमें सूर्य की तेज किरणों के कारण दिन में बहुत कम दिखाई देता हो	–	**दिनौंधी**
शीघ्र जाने वाला	–	**प्रुतगामी**
जो स्पष्ट न दिखाई दे	–	**धूमिल**
धन देने वाला	–	**धनद**
धर्म में आस्था रखने वाला	–	**धर्मात्मा**
धारण करने या रोकने वाला	–	**धारक**
ध्यान या विचार करने वाला	–	**ध्याता**
जो वस्तुओं की क्षणभंगुरता एवं बुराइयों की ओर अधिक ध्यान देता हो	–	**निराशावादी**
जिसका कोई आकार न हो	–	**निराकार**
एक देश से दूसरे देशों को वस्तुओं का भेजा जाना	–	**निर्यात**
रात्रि का दूसरा पहर	–	**निशीथ**

वह (कार्य) जिसके बदले में कुछ देना न पड़े – **निःशुल्क**
जिसे त्याग अथवा हटा दिया गया हो – **निरस्त**
जिसकी जड़ अथवा उत्पत्ति का ज्ञान न हो – **निर्मूल**
हाल की व्याही, समान लज्जा और शील वाली नायिका – **नवोढ़ा**
नया उत्पन्न हुआ – **नवजात**
आकाश में विचरण करने वाला – **नभचर**
जो निन्दा के योग्य हो – **निन्दनीय**
जिसके विषय में विवाद न हो – **निर्विवाद**
नगर में रहने वाला – **नागरिक**
जो नष्ट होने वाला हो – **नश्वर**
जिसके कोई सन्तान न हो – **निःसंतान**
जिसे कोई इच्छा न हो – **निस्पृह**
बिना पलक गिराए – **निर्निमेष**
निर्णय करने वाला – **निर्णायक**
जिसमें ममता का अभाव हो – **निर्मम**
जहाँ किसी बात का डर या खतरा न हो – **निरापद**
जिसके मन में पाप न हो – **निष्पाप**
जिसमें दया का अभाव हो – **निर्दय, निष्ठुर**
नरक से सम्बन्धित, अत्यन्त निष्कृष्ट – **नारकीय**
जो पृथ्वी से सम्बन्धित हो – **पार्थिव**
रास्ता दिखाने वाला – **पथप्रदर्शक**
पहनने के योग्य – **परिधेय**
एक बार कहे शब्द या वाक्य को फिर कहना – **पिष्टपेषण**
इतिहास के पूर्व काल से सम्बन्धित – **प्रागैतिहासिक**
दूसरों को शिक्षा देने वाला – **परोपदेशक**
इन्द्रियों से प्राप्त निश्चयात्मक ज्ञान – **प्रत्यक्ष**
सूक्ष्मता से देखने वाला – **प्रेक्षक**
पहर-पहर का घण्टा बजाने वाला, पहरा देने वाला – **प्रहरी**
जाकर लौटा हुआ – **प्रत्यागत**
दोष या पाप मिटाने के लिए शास्त्रानुकूल कर्म या कृत्य – **प्रायश्चित**
प्राण रक्षा करने वाला – **प्राणद**
पशु के ढंग का – **पाश्विक**
जो दूसरों की भलाई करता हो – **परोपकारी**
जो दूसरों का भला चाहता हो – **परार्थी**
पुस्तक की हाथ से लिखी हुई प्रति – **पांडुलिपि**
वह (वस्तु) जिसके आर-पार देखा जा सके – **पारदर्शी**
रात्रि का प्रथम पहर – **प्रदोष**
जो तौला या मापा जा सके – **परिमेय**
बिना अधिकार के भी दूसरों की वस्तु का उपयोग करने वाला – **परिभोक्ता**
पूर्ण रूप से फूला, पका या पचा हुआ – **परिपक्व**
जो दूसरों के अधीन हो – **पराधीन**
जो प्रमाण से सिद्ध हो सके – **प्रमेय**
पत्ते की बनी हुई कुटी – **पर्णकुटी**
शीघ्र आग पकड़ने वाला – **प्रज्जवलनशील**
उत्तर द्वारा जिसका खण्डन किया जाए – **प्रत्युक्त**
जो फिर से या ठीक समय पर उत्पन्न हो – **प्रत्युत्पन्न**
जिसका स्पष्टीकरण किया जाए – **प्रतिपाद्य**
परपुरुष से प्रेम करने वाली नायिका – **परकीया**
बच्चा जनने वाली स्त्री – **प्रसूता**
खंडन या प्रतिवाद करने वाला, जिस पर मुकदमा चलाया गया हो – **प्रतिवादी**
उत्तर पाने पर दिया हुआ उत्तर – **प्रत्युत्तर**
प्रार्थना करने वाला – **प्रार्थी**
जिसकी कामना पूरी हो गयी हो – **पूर्णकाम**
जो पढ़ने योग्य हो – **पठनीय**
पीने की इच्छा वाला – **पिपासु**
किसी विषय या क्षेत्र का पूरा ज्ञान रखने वाला – **पारंगत**
पीने योग्य – **पेय**
प्रकृति सम्बन्धी – **प्राकृतिक**
परलोक सम्बन्धी – **पारलौकिक**
जिसका उत्तर खोजना पड़े, ऐसा कथन – **प्रहेलिका**
क्रमबद्ध इतिहास लिखने के पहले के काल का – **प्रागैतिहासिक**
प्राण (श्वास-प्रश्वास) की गति का क्रमशः दमन – **प्राणायाम**
प्रार्थना करने वाला व्यक्ति – **प्रार्थी**
देखने में प्रिय लगने वाला – **प्रियदर्शी**
फल को इस प्रकार रखना कि गलने सड़ने न पाए – **फल-परिरक्षण**
केवल फल खाकर रहने वाला – **फलाहारी**
समुद्र की आग – **बड़वानल**
जिसे समाज, जाति अथवा देश से निकाल दिया गया हो – **बहिष्कृत**
बाहर आया या निकला हुआ – **बहिर्गत**
बहुत से लोगों की मिलकर एक राय – **बहुमत**
बड़े दाम का – **बहुमूल्य**
खाने की इच्छा – **बुभुक्षा**
बहुत सी भाषाएँ जानने वाला – **बहुभाषाविद्**
किसी टूटी-फूटी इमारत या बस्ती का बचा हुआ अंश – **भग्नावशेष**
जिसका भजन करना उचित और आवश्यक है – **भजनीय**
जो भय से घबराया हुआ हो – **भयाकुल**
भारत देश से संबंधित या भारत में उत्पन्न – **भारतीय**
जो अनेक भाषाओं का ज्ञाता हो – **भाषाविद्**
(किसी पद पर) जो पहले रहा हो – **भूतपूर्व**
जिसका भोग करना उचित हो – **भोग्य**
कम या नपा-तुला खर्च करने वाला – **मितव्ययी**
थोड़ा और नपा-तुला भोजन करने वाला – **मिताहारी**
मिथ्या (झूठ) बोलने वाला – **मिथ्यावादी**
जिसकी आँखें मीन के आकार की तरह सुन्दर हों – **मीनाक्षी**
जो खुले हाथों दान/व्यय करता हो – **मुक्तहस्त**
प्रदेश या राज्य के मन्त्रियों में सबसे बड़ा – **मुख्यमंत्री**
जिसे मोक्ष की कामना हो – **मुमुक्ष**
जिसे मर जाने की कामना हो – **मुमूर्षा**
जिसने मृत्यु को जीत लिया हो – **मृत्युंजय**
मेघ के समान जो गरजता हो – **मेघनाद**
असाधारण मेधा बुद्धि वाला – **मेधावी**
चुनाव में अपना मत देने की क्रिया – **मतदान**
मतिमंद होने की अवस्था – **मतिमांद्य**
जो मद्यपान करने का आदी हो – **मद्यप**

दो विरोधी मार्गों के बीच का मार्ग – **मध्यमार्ग**
मन को मोह लेने वाला – **मनमोहक**
मन के दुर्बल होने की स्थिति या भाव – **मनोदौर्बल्य**
मन और उसकी अवस्थाओं तथा क्रियाओं का अध्ययन करने वाला शास्त्र – **मनोविज्ञान**
मन को हर लेने वाला – **मनोहर**
किसी बात के मर्म (गूढ़ रहस्य) को जानने वाला – **मर्मज्ञ**
जिसके हृदय को चोट पहुँची हो – **मर्माहत**
माया संबंधी या माया के रूप में होने वाला – **मायावी**
जो युद्ध में स्थिर रहता है – **युधिष्ठिर**
युद्ध करने या लड़ने की इच्छा – **युयुत्सा**
यंत्र सम्बन्धी – **यांत्रिक**
जहाँ तक सम्भव हो – **यथासम्भव**
शक्ति के अनुसार – **यथाशक्ति**
यज्ञ करने या कराने वाला – **याज्ञिक**
रात को दिखाई न देने वाला रोग – **रतौंधी**
दूसरे देश में अपने राष्ट्र का प्रतिनिधित्व करने वाला – **राजदूत**
राज्य द्वारा आधिकारिक रूप से प्रकाशित होने वाला पत्र – **राजपत्र**
वह काव्य जिसका अभिनय हो सके – **रूपक**
लालिमा से युक्त – **रक्तिम**
राष्ट्र का प्रधान – **राष्ट्रपति**
बच्चों को सुलाने का गीत और थपकी – **लोरी**
जो लेखा-जोखा रखता हो – **लेखाकार**
इस लोक से सम्बन्धित – **लौकिक**
लुभाया या ललचाया हुआ – **लुब्ध**
चाटने योग्य वस्तु – **लेह्य**
वर्ष में एक बार होने वाला – **वार्षिक**
एक से अधिक बातों में से कोई एक – **विकल्प**
जिसमें कोई विकार या परिवर्तन नहीं होता – **विकारी**
वस्तुओं की बिक्री करने वाला – **विक्रेता**
जिसकी जानकारी बहुत अधिक हो – **विज्ञ**
जो स्त्री विद्वान् हो – **विदुषी**
वह स्त्री जिसका पति मर गया हो – **विधवा**
कानून का रूप देने के लिए प्रस्तुत किया गया प्रस्ताव या मसौदा – **विधेयक**
जिसको पत्नी का साथ न हो – **विपत्नीक**
योग या मिलन न होने की अवस्था – **वियोग**
वज्र रहता है हाथ में जिसके – **वज्रपाणि**
जो बढ़ रहा हो – **वर्द्धमान**
जो निरन्तर कई वर्षों से चलता रहे या होता रहे – **वर्षानुवर्ष**
वसंत पंचमी के दिन मनाया जाने वाला उत्सव – **वसंतोत्सव**
कन्या जिसके विवाह कर देने का वचन दे दिया गया हो – **वागदत्ता**
ऐसी व्यवस्था करना कि बाहर के तापमान का प्रभाव भीतर न पड़ – **वातानुकूलन**
वह जो किसी के विरुद्ध वाद (मुकदमा) पेश करे – **वादी**
जिसका विश्वास किया जाए – **विश्वस्त**
वीणा है जिसके हाथ में वह देवी – **वीणापाणि**
विदेश का या विदेश में होने वाला – **वैदेशिक**
जो विधि की दृष्टि से ठीक हो – **वैध**
विष्णु संबंधी या उस संप्रदाय के निमयों पर चलने वाला – **वैष्णव**
पर-स्त्री से अनुचित संबंध रखने वाला – **व्यभिचारी**
शिव की उपासना करने वाला – **शैव**
तरकारी और फलों का भोजन करने वाला – **शाकाहारी**
हरा-भरा मैदान – **शाद्वल**
शरण में जो आया हो – **शरणागत**
शब्द से निशाना मारने वाला – **शब्दवेधी**
वह स्त्री जिसका पति जीवित हो – **सधवा**
जो अपनी पत्नी के साथ हो – **सपत्नीक**
चन्द्रमास के किसी पक्ष की सातवीं तिथि – **सप्तमी**
सात दिनों की अवधि – **सप्ताह**
उसी समय में होने वाला या रहने वाला – **समकालीन**
संबंध की दृष्टि से किसी के पुत्र या पुत्री का ससुर – **समधी**
जिसका समर्थन किया गया हो – **समर्थित**
मनुष्यों का किसी विशेष विषय पर विचार के लिए मिलन – **सम्मेलन**
जो सव्य (बाएं) हाथ से भी काम कर लेता हो – **सव्यसाची**
जिसका संबंध संसार या संसार के विषयों से हो – **सांसारिक**
जो अक्षरों को पढ़ना-लिखना जानता हो – **साक्षर**
जो सिद्ध या पूरा किया जा सके – **साध्य**
वर्तमान समय या ठीक समय पर होने वाला – **सामयिक**
माँस से युक्त – **सामिष**
सर्वसाधारण से संबंधित – **सार्वजनिक**
सब भूमि या सब देशों में होने वाला – **सार्वभौम**
जो अवधानपूर्वक कोई काम करता हो – **सावधान**
जिसका गला या गले का स्वर अ[illegible] हो – **सुकंठ**
जो सुख देता हो – **सुखद**
सौर जगत् का सबसे बड़ा ग्रह, जिसकी अन्य ग्रह परिक्रमा करते हैं – **सूर्य**
चोरी के लिए मकान की दीवार में किया गया बड़ा-सा छेद – **सेंध**
जो एक स्थान से हटाकर दूसरे स्थान पर भेज दिया गया हो – **स्थानान्तरित**
जिसमें स्नान किया जा सके – **स्नानीय**
जिसने अस्थायी रूप से किसी का स्थान (पद) ग्रहण किया हो – **स्थानापन्न**
जो एक जगह से दूसरी जगह न ले जाया जा सके – **स्थावर**
जो दो या अधिक भिन्न तत्वों या जातियों के संसर्ग से उत्पन्न हो – **संकर**
किसी रोगी द्वारा दूसरों में रोग फैलने वाला रोग – **संक्रामक**
वह स्थान जहाँ स्थायी महत्त्व की वस्तुओं का संग्रह हो – **संग्रहालय**
संचय किया हुआ – **संचित**
जिसके संबंध में संदेह हो – **संदिग्ध**
कुछ खास शर्तों द्वारा कोई कार्य करने कराने का समझौता – **संविदा**
अलग-अलग अवयवों को एक में जोड़ना – **संश्लेषण**
नित्य दीन-दुखियों को भोजने देने की व्यवस्था – **सदावर्त**
जिसने अभी हाल ही में बच्चे को जन्म दिया हो – **सद्य-प्रसूता**
जो आप से आप उत्पन्न हुआ हो – **स्वयंभू**
जो स्वर्ग सिधार गया हो – **स्वर्गीय**

जो किसी के अधीन या पराधीन न हो	–	**स्वाधीन**	हाथी की पीठ पर रखी जाने वाली चौकी	–	**हौदा**
जो सब काम अपने भरोसे करता हो	–	**स्वावलंबी**	दूसरों को जान से मार डालने वाला	–	**हत्यारा**
वह जिसके पास संपत्ति या अधिकार सौंपा गया हो	–	**हस्तांतरित**	किसी व्यक्ति द्वारा हलफ (शपथ) के साथ लिखा हुआ		
जिसे देख सुनकर हृदय फटता हो	–	**हृदयविदारक**	न्यायालय में प्रस्तुत पत्र	–	**हलफनामा**

प्रश्नमाला

1. जो सदा दूसरे पर संदेह करता है–
(a) झगड़ालू (b) दयालु
(c) ईर्ष्यालु (d) शंकालु

2. अन्तेवासी–
(a) अन्य स्थान पर रहने वाला
(b) अन्त तक रहने वाला
(c) गुरु के समीप रहने वाला शिष्य
(d) किसी विद्या को अन्त तक पढ़ने वाला

3. जिसके पास कुछ न हो–
(a) अकिंचन (b) निर्धन
(c) नंगा (d) दरिद्र

4. क्षेपक–
(a) दूसरों को क्षमा कर देने वाला
(b) शत्रु पर घातक वार करने वाला
(c) किसी ग्रन्थ में अन्य व्यक्ति द्वारा जोड़ा गया भाग
(d) किसी व्यक्ति द्वारा छोड़े गए शेष कार्य को पूरा करने वाला

5. किसी के पास रखी दूसरे की वस्तु
(a) परवर्ती (b) बपौती
(c) थाती (d) वर्तिका

6. वह भाई जो अन्य माता से उत्पन्न हुआ हो–
(a) सहोदर (b) औरस
(c) अन्योदर (d) दूरस्थ

7. गोद में सोने वाली स्त्री–
(a) अंकशायिनी (b) अनीन्द्रिय
(c) सिदित (d) कोई नहीं

8. कष्ट से सम्पन्न होने वाला–
(a) कष्टकारी (b) कष्टप्रद
(c) कष्टसाध्य (d) कोई नहीं

9. किसी संस्था के 25 वर्ष पूरे होने पर होने वाला उत्सव के लिए शब्द है–
(a) हीरक जयंती (b) रजत जयंती
(c) शताब्दी (d) स्वर्ण जयंती

10. जो देखने में प्रिय लगता हो–
(a) समदर्शी (b) प्रियदर्शी
(c) प्रियपात्र (d) दर्शनप्रिय

11. जो आँखों के सामने न हो–
(a) प्रत्यक्ष (b) अप्रत्यक्ष
(c) दूरस्थ (d) परोक्ष

12. जो किए गए उपकारों को मानता है–
(a) कृतज्ञ (b) कृपापात्र
(c) उपकारी (d) सुपात्र

13. जिस स्त्री का पति जीवित हो–
(a) कामिनी (b) सुभगा
(c) सधवा (d) मधवा

14. जिसके विरुद्ध मुकदमा या केस दायर किया जाए–
(a) प्रतिवादी (b) प्रतिपक्षी
(c) अभियुक्त (d) अपराधी

15. जिसने अपने घर का ऋण उतार दिया हो–
(a) अऋण (b) उन्मुक्त
(c) उऋण (d) स्वतंत्र

16. जिसकी उपमा किसी से न की जा सके–
(a) अद्वितीय (b) अनुपम
(c) अनन्य (d) अभूतपूर्व

17. जिसमें जानने की इच्छा हो–
(a) जिज्ञासु (b) इच्छुक
(c) अभिलाषी (d) ज्ञानोन्मुख

18. जो इन्द्रियों की अनुभूति से परे हो–
(a) इन्द्रियातीत (b) अप्रत्यक्ष
(c) अनुभवातीत (d) ज्ञानातीत

19. जिस समय बड़ी मुश्किल से खाद्य-पदार्थ मिलते हों–
(a) दुर्भिक्ष (b) अकाल
(c) दुष्काल (d) भुखमरी

20. जिसका ज्ञान इन्द्रियों के द्वारा न हो–
(a) इन्द्रियातीत (b) इन्द्रियागम्य
(c) अगोचर (d) अगम

21. जिसका प्रयोजन सिद्ध हो चुका हो–
(a) कृतकार्य (b) सिद्धकाम
(c) वीतराग (d) सिद्धि-प्राप्त

22. जो तुरन्त कोई उपयुक्त बात या काम सोच ले–
(a) तीक्ष्ण बुद्धि (b) प्रत्युत्पन्नमति
(c) कुशाग्रबुद्धि (d) अग्रचेता

23. जिसका इन्द्रियों से अनुमान न हो सके–
(a) जितेन्द्रिय (b) अतीन्द्रिय
(c) कालजगी (d) सर्वजयी

24. दूर तक देखने वाला–
(a) दूरदर्शी (b) गिद्धदृषि
(c) भविष्यदर्शी (d) अनुभवी

25. जो माँस नहीं खाता–
(a) सात्विक (b) निरामिष
(c) अमांसभक्षी (d) फलाहारी

26. जो माँस खाता है–
(a) माँसभक्षी (b) सामिष
(c) तामसिक (d) राजसी

27. जिस पर विश्वास न किया जा सके–
(a) अविश्वसनीय (b) धूर्त
(c) धोखेबाज (d) दगाबाज

28. जिस पर विजय प्राप्त कर ली गयी हो–
(a) पराभूत (b) विजित
(c) पराजित (d) अनुशासित

29. ईश्वर की सत्ता में विश्वास न रखने वाला–
(a) ईश्वर विमुख (b) अधार्मिक
(c) नास्तिक (d) अविश्वासी

30. ईश्वर का कोई आकार नहीं होता है–
(a) सरोकार (b) साकार
(c) निराकार (d) इनमें से कोई नहीं

31. भारतीयों की बुरी दशा देखकर गाँधीजी का मन द्रवित हो गया–
(a) दुर्व्यवहार (b) दीनता
(c) दुर्दशा (d) दुर्दिन

32. वैभव को उस विद्यालय में इम्तिहान लेने वाला बनकर जाना है–
(a) विशेषज्ञ (b) परीक्षक
(c) अध्यापक (d) समन्वयक

33. जिसकी बाहें घुटनों तक पहुँचती हों–
(a) दीर्घबाहु (b) लम्बबाहु
(c) आजानुबाहु (d) विशालबाहु

34. जिसका कोई शत्रु नहीं जनमा है–
(a) सर्वप्रिय (b) अजातशत्रु
(c) शत्रुहीन (d) लोकमित्र

35. किसी बात को बढ़ा-चढ़ा कर कहना–
(a) अत्युक्ति (b) अतिशयोक्ति
(c) अतिचार (d) अभिभाषण

36. जो शक्ति का उपासक है–
(a) चाटुकार (b) शाक्त
(c) अवसरवादी (d) स्वार्थोपासक

37. जिसका जन्म निम्न जाति में हुआ हो–
(a) अछूत (b) अस्वर्श्य
(c) अन्त्यज (d) शूद्र

38. पति एवं पत्नी–
(a) वर-वधू (b) प्रेमी-प्रेमिका
(c) पति-पत्नी (d) दम्पत्ति

39. जो कठिनाई से प्राप्त हो–
(a) दुर्लभ (b) दुष्प्राप्य
(c) अलभ्य (d) दुर्गम

40. थोड़ा जानने वाला–
(a) अल्पज्ञ (b) बहुज्ञ
(c) मूर्ख (d) अज्ञ

41. जिस तर्क का कोई जवाब न हो–
(a) जोरदार (b) तीखा
(c) सटीक (d) अकाट्य

42. जिसे बुलाया न गया हो–
(a) अनाहूत (b) अनबोला
(c) अतिथि (d) अभ्यागत

43. स्त्री जो अभिनय करती हो–
(a) नर्तकी (b) तटी
(c) अभिनेत्री (d) नायिका

44. आशा से बहुत अधिक–
(a) आशातीत (b) आशावान
(c) अप्रत्याशित (d) प्रत्याशित

45. जिसकी आशा न की गई हो–
(a) निराशा (b) अचानक
(c) अप्रत्याशित (d) गलत

46. दूसरे के स्थान पर कार्य करने वाला–
(a) प्रतिनिधि (b) स्थानापन्न
(c) विस्थापित (d) अस्थायी

47. वह व्यक्ति जिसके शरीर का कोई अंग बेकाम हो गया हो–
(a) लुंज (b) पंगु
(c) विकलांग (d) असहाय

48. पृथ्वी और अन्य ग्रहों के बीच का स्थान–
(a) आकाश
(b) अंतरिक्ष
(c) अवकाश
(d) द्युलोक

49. अपराध या भूल शमन के लिए किया गया धार्मिक कृत्य–
(a) प्रतिशोध
(b) प्रायश्चित
(c) प्रतिकार
(d) तपस्या

50. जिसे कठिनाई से जीता जा सके–
(a) विजित
(b) अज्ञेय
(c) अजेय
(d) दुर्जेय

उत्तरमाला

1. (d)	**2.** (c)	**3.** (a)	**4.** (c)	**5.** (c)	**6.** (c)	**7.** (a)	**8.** (c)	**9.** (b)	**10.** (b)	**11.** (d)	**12.** (a)
13. (c)	**14.** (a)	**15.** (c)	**16.** (b)	**17.** (a)	**18.** (a)	**19.** (b)	**20.** (c)	**21.** (a)	**22.** (b)	**23.** (b)	**24.** (a)
25. (b)	**26.** (b)	**27.** (a)	**28.** (b)	**29.** (c)	**30.** (c)	**31.** (c)	**32.** (b)	**33.** (c)	**34.** (b)	**35.** (a)	**36.** (b)
37. (c)	**38.** (d)	**39.** (b)	**40.** (a)	**41.** (d)	**42.** (a)	**43.** (c)	**44.** (a)	**45.** (c)	**46.** (b)	**47.** (c)	**48.** (b)
49. (b)	**50.** (d)										

❑❑❑

7 वाक्य रचना एवं वर्तनी शुद्धि

(लिंग, वचन, कारक, काल, वर्तनी त्रुटि से संबंधित)

वाक्य भाषा की अत्यंत महत्वपूर्ण इकाई होती है अर्थात् परिष्कृत भाषा के लिए वाक्य-शुद्धि का ज्ञान आवश्यक है। वाक्य रचना में संज्ञा, सर्वनाम, विशेषण, क्रिया, अव्यय से संबंधित या अन्य प्रकार की अशुद्धियाँ हो सकती हैं जैसे–

संस्कृत में संज्ञा के तीन भेद बताए गए हैं। ये हैं पुल्लिंग, स्त्रीलिंग तथा नपुंसक लिंग। हिंदी में शब्दों के दो लिंगों में रखा गया है। यहाँ नपुंसक लिंग नहीं है। हिंदी में सारे जड़ अथवा चेतन शब्द पुल्लिंग तथा स्त्रीलिंग दो लिंगों में विभक्त हैं।

'संज्ञा' संबंधी अशुद्धियाँ

भाषा में एक संज्ञा की बहुत-सी समानार्थक संज्ञाएँ होती हैं। अर्थ की दृष्टि से उनमें समानता होने पर भी भाव की दृष्टि से उनमें भिन्नता रहती है; अतः प्रयोग करते समय प्रसंग के अनुकूल भाव वाली संज्ञाओं का ही प्रयोग करना चाहिए। प्रसंग के विरुद्ध भाव वाली संज्ञाओं के प्रयोग से भाषा में दोष आ जाता है। जैसे–

- सीता ने गीत की दो-चार लड़ियाँ गायी। (कड़ियाँ)
- प्रेम करना तलवार की नोक पर चलना है। (धार पर)
- नगर की सारी जनसंख्या भूखी है। (जनता)
- जिसकी लाठी उसकी भैंस वाली कथा चरितार्थ होती है। (कहावत)
- इस समस्या की औषध उसके पास है। (का समाधान)

'सर्वनाम' संबंधी अशुद्धियाँ

संज्ञा के स्थान पर प्रयुक्त होने के कारण सर्वनाम का प्रयोग ऐसी सज्ञा के स्थान पर उचित होता है, जिसका प्रयोग 'सर्वनाम' से पहले हो गया। बाद में आने वाली संज्ञा के स्थान पर उससे संबंधित 'सर्वनाम' का प्रयोग अशुद्ध होता है। जैसे–

- मेरे को यह बात पसंद नहीं। (मुझे)
- तेरे को अब जाना चाहिए। (तुझे)
- आप आपका काम करो। (अपना)
- आप जाकर ले लो। (तुम)
- आँख में कौन पड़ गया। (क्या)

'विशेषण' तथा 'क्रिया-विशेषण' संबंधी अशुद्धियाँ

- विशेषण संज्ञा अथवा सर्वनाम की तथा क्रिया-विशेषण क्रिया विशेषता प्रकट करते हैं। जब विशेषण अथवा क्रिया-विशेषण अपने अभीष्ट अर्थ को प्रकट न करके किसी भ्रामक अथवा विरोधी अर्थ को प्रकट करने लगते हैं, तभी उनका प्रयोग अशुद्ध कहा जाता है।
- विशेषणों अथवा क्रिया विशेषणों के स्थानों पर संज्ञाओं का प्रयोग भी अशुद्ध होता है जैसे–मैं निश्चत रूप से कह सकता हूँ कि वह कब आयेगा। इस वाक्य में निश्चत के स्थान पर निश्चित होना चाहिए, क्योंकि रूप संज्ञा की विशेषता निश्चित (विशेषण) ही प्रकट कर सकता है, निश्चय (संज्ञा) नहीं।
- जिस प्रकार विशेषण के स्थान पर संज्ञा प्रयोग त्याज्य है, उसी प्रकार संज्ञा के स्थान पर विशेषण का प्रयोग भी हेय है। जैसे– लाचार-वश में लाचार के स्थान पर लाचारी का प्रयोग ही शुद्ध है; क्योंकि 'लाचार' विशेषण है।

विशेषण-संबंधी अशुद्धियाँ

- जीवन और साहित्य का घोर संबंध है। (घनिष्ट)
- मुझे बड़ी भूख लगी है। (बहुत)
- वहाँ भारी भरकम भीड़ जमा थी। (बहुत या बहुत भारी)
- इस वीरान जीवन में। (नीरस)
- राजेश आगामी बुधवार को आएगा।

'क्रिया' संबंधी अशुद्धियाँ

क्रिया वाक्य का प्रमुखतम अंग है। उसके अशुद्ध प्रयोग से सारा वाक्य ही भद्दा लगता है। प्रायः विद्यार्थी किसी संज्ञा के साथ ऐसी क्रिया का प्रयोग करते हैं, जो वहाँ पर प्रयुक्त नहीं होनी चाहिए; जैसे–मैंने स्मरण दिलाया कि उसे आज पत्र लिखना है। इस वाक्य में दिलाया के स्थान पर कराया होना चाहिए, क्योंकि स्मरण कोई ऐसी वस्तु नहीं है, जिसे किसी दूसरे से दिलाया जा सके।

यदि एक वाक्य में कई क्रियाएँ हों तो उनके काल आदि में संगति का ध्यान रखना चाहिए। एक ही वाक्य में विभिन्न कालों की क्रियाओं का प्रयोग अशुद्ध होता है; जैसे–जिसे अपने कुल की मर्यादा का तनिक भी ध्यान है, वह ऐसे निन्दित कर्म नहीं करेगा। इस वाक्य में है वर्तमान काल की तथा करेगा भविष्यत काल की क्रियाएँ हैं; अतः इनका प्रयोग अशुद्ध है।

क्रिया-संबंधी अशुद्धियाँ

- वह कुरता डालकर गया है। (पहनकर)
- अपने हस्ताक्षर लगा दो। (कर)
- उपस्थित लोगों ने संकल्प लिया। (किया)
- वहाँ घना अँधेरा घिरा था। (छाया)

लिंग-संबंधी अशुद्धियाँ

- हिन्दी की शिक्षा अनिवार्य कर दिया गया। (दी गयी)
- मुझे मजा आती है। (आता)
- रामायण का टीका। (की)
- लड़की ने जोर से हँस दी। (दिया)
- दंगे में बालक, युवा नर-नारी सब पकड़ी गयी। (पकड़ें गये)

प्रश्नमाला

निर्देश–प्रत्येक वर्ग में चार वाक्य दिये गये हैं। इनमें एक वाक्य किसी न किसी दृष्टि से अशुद्ध है। उसकी पहचान कीजिए।

1. (a) दवा खाकर रामू आरोग्य हो गया।
   (b) गोपाल यहाँ आने को मत कहना।
   (c) जाड़े के दिनों में रातें बड़ी होती हैं।
   (d) पुलिस ने अपराधी पर मुकदमा चलाया।
2. (a) अपना काम निकालने के लिए दूसरों की खुशामद करनी पड़ती है।
   (b) अब मौसम ठीक हो गया।
   (c) अपना काम समय पर निपटा देना ही अच्छा है।
   (d) इस समय शंभू की आयु चालीस वर्ष है।
3. **निम्नलिखित में से वाक्य से शुद्ध रूप का चयन कीजिए।**
   (a) फल बच्चे को काटकर खिलाओ।
   (b) बच्चे को काटकर फल खिलाओ।
   (c) बच्चे को फल काटकर खिलाओ।
   (d) काटकर फल बच्चे को खिलाओ।

निर्देश नीचे (4–12) चार वाक्य दिये गये हैं, इनमें एक वाक्य किसी न किसी दृष्टि से अशुद्ध है, उसकी पहचान कीजिए।

4. (a) बाहर से किसकी आवाज आ रही है।
   (b) तुम्हीं ने ही मेरी शिकायत की है।
   (c) सत्यभाषण हर एक के बूते की बात नहीं।
   (d) मैं जो कहता हूँ, वही करता हूँ।
5. (a) यह बात एक उदाहरण से स्पष्ट हो जायेगी।
   (b) मोहन की गाय एक बार में आठ किलो दूध देती है।
   (c) जो कुछ आप जानते हों, बात दीजिए।
   (d) इस समय बाहर निकलना ठीक नहीं।
6. (a) उसे तो हर समय अपनी ही पड़ी रहती है।
   (b) इतना भोजन चार आदमी के लिए पर्याप्त है।
   (c) बरसात में मच्छर बहुत हो जाते हैं।
   (d) बिना छना पानी नहीं पीना चाहिए।
7. (a) भले लोग झगड़ों से हमेशा बचते हैं।
   (b) देश की आर्थिक दशा में सुधार हो रहा है।
   (c) आजकल के नेताओं का आचरण पहले के नेताओं जैसा नहीं है।
   (d) प्राकृतिक छटा देखना हो तो नगर की भीड़-भाड़ से बाहर जाना होगा।
   (d) इस समय शंभू की आयु चालीस वर्ष है।
8. **निम्नलिखित में से वाक्य के शुद्ध रूप का चयन कीजिए।**
   (a) आज का अवकाश कृपया देने की कृपा करे।
   (b) कृपया आज का अवकाश देने की कृपा करें।
   (c) आज का अवकाश देने की कृपा करें।
   (d) आज का कृपया अवकाश देने की कृपा करें।
9. **निम्नलिखित में से वाक्य से शुद्ध रूप का चयन कीजिए।**
   (a) वन में प्रातः काल का दृश्य बहुत ही सुहावना होता है।
   (b) वन में प्रातः काल के समय बहुत ही सुहावना दृश्य होती है।
   (c) वन में प्रातः काल के समय बहुत ही मनोहारी दृश्य होता है।
   (d) वन में प्रातःकाल का दृश्य बहुत ही खूबसूरत होता है।
10. **निम्नलिखित में वाक्य के शुद्ध रूप से चयन कीजिए।**
    (a) मैं गाने की कसरत करता हूँ
    (b) मैं गाने का अभ्यास करता हूँ
    (c) मैं गाने का शौक कर रहा हूँ
    (d) मैं गाने का व्यायाम कर रहा हूँ
11. **निम्नलिखित में से वाक्य से शुद्ध रूप का चयन कीजिए।**
    (a) बैल और बकरी घास चरती है।
    (b) बैल और बकरी घास चरते हैं।
    (c) बैल और बकरी घास चरता है।
    (d) बैल और बकरी घास चरती है।
12. **कौन-सा वाक्य शुद्ध है**
    (a) वाह! कितना सुन्दर दृश्य है?
    (b) वाह! कितना सुन्दर दृश्य है।
    (c) वाह! कितना सुन्दर दृश्य है!
    (d) वाह! कैसा सुन्दर दृश्य है!

उत्तरमाला

1. (b) **2.** (b) **3.** (c) **4.** (b) **5.** (c) **6.** (b) **7.** (d) **8.** (c) **9.** (a) **10.** (b) **11.** (b) **12.** (a)

वर्तनी-शुद्धि

➪ किसी भाषा का कोई सार्थक शब्द शब्दकोश में जिस रूप में लिखा जाता है, उसे **वर्तनी** कहा जाता है। लिखते समय वर्तनी की गलतियाँ प्रायः गलत उच्चारण करने अथवा नियमों की जानकारी न होने के कारण होती हैं। यहाँ कुछ शुद्ध एवं अशुद्ध शब्दों की सूची दी जा रही है–

अशुद्ध	शुद्ध	अशुद्ध	शुद्ध
अध्यन	अध्ययन	अर्थात	अर्थात्
आर्शीवाद	आशीर्वाद	अभीष्ठ	अभीष्ट
अजीविका	आजीविका	अनाधिकार	अनधिकार

अशुद्ध	शुद्ध	अशुद्ध	शुद्ध
अनुग्रहीत	अनुगृहीत	आहवान	आह्वान
अर्धांगिनी	अर्द्धांगिनी	अंगूठी	अँगूठी
आद्र	आर्द्र	आकांछा	आकांक्षा
छत्रिय	क्षत्रिय	छमा	क्षमा
छय	क्षय	छोभ	क्षोभ
नछत्र	नक्षत्र	रच्छा	रक्षा
श्रेष्ट	श्रेष्ठ	इकट्टा	इकट्ठा

अशुद्ध	शुद्ध	अशुद्ध	शुद्ध	अशुद्ध	शुद्ध	अशुद्ध	शुद्ध
इष्ठ	इष्ट	चेष्ठा	चेष्टा	पूज्यनीय	पूजनीय	प्रत्यच्छ	प्रत्यक्ष
प्रविष्ठ	प्रविष्ट	कन्नड	कन्नड़	मात्रिभूमि	मातृभूमि	मिरच	मिर्च
घोडा	घोड़ा	झाड़ू	झाड़ू	रामचन्दर	रामचंद्र	उत्कर्श	उत्कर्ष
लुड़कना	लुढ़कना	पढता	पढ़ता	निश्काम	निष्काम	निश्फल	निष्फल
ढ़कना	ढकना	ढ़ेर	ढेर	परिभाशा	परिभाषा	पुश्प	पुष्प
अनुदित	अनूदित	सुश्रुषा	सुश्रूषा	बहिश्कार	बहिष्कार	भ्रश्ट	भ्रष्ट
उंचाई	ऊँचाई	हदय	हृदय	अमावश्या	अमावस्या	कोशी	कोसी
प्रथक्	पृथक्	प्रक्रिति	प्रकृति	तपश्या	तपस्या	नमश्कार	नमस्कार
विक्ष	वृक्ष	तृकोण	त्रिकोण	पुरश्कार	पुरस्कार	प्रशन्न	प्रसन्न
कृया	क्रिया	ऐषणा	एषणा	फागुण	फागुन	रसायण	रसायन
अनेकों	अनेक	उपलक्ष	उपलक्ष्य	राणी	रानी	प्रनाली	प्रणाली
उज्वल	उज्ज्वल	उपाधी	उपाधि	प्रमान	प्रणाम	प्रान	प्राण
एश्वर्य	ऐश्वर्य	एतिहा"क	ऐतिहा"क	मरन	मरण	रनभूमि	रणभूमि
श्रंग	शृंग	कवित्री	कवयित्री	रमन	रमण	रामायन	रामायण
क्रत्रिम	कृत्रिम	ग्रहीत	गृहीत	विस्मरन	विस्मरण	वीना	वीणा
गुरू	गुरु	गृहणी	गृहिणी	श्रवन	श्रवण	बिकट	विकट
गृहण	ग्रहण	चक्षू	चक्षु	बिख्यात	विख्यात	बिद्वान	विद्वान
चिन्ह	चि	निर्दयी	निर्दय	बिधि	विधि	अन्ग	अंग
नृसंश	नृशंस	नारियां	नारियाँ	अनगिन्त	अनगिनत	कन्ठ	कण्ठ
नुपुर	नूपुर	परिक्षा	परीक्षा	कुन्डली	कुण्डली	घन्टे	घण्टे
परीशिष्ट	परिशिष्ट	परलम्बी	परावलम्बी	चन्चल	चंचल	पडता	पड़ता
प्राविधान	प्रावधान	प्रत्यांचा	प्रत्यंचा	पेड	पेड़	लडका	लड़का
परोच्छ	परोक्ष	प्रशंशा	प्रशंसा	रोड़	रोड	षडयंत्र	षड्यंत्र
प्रतियाशित	प्रत्याशित	प्रसंशनीय	प्रशंसनीय	सोड़ा	सोडा	बूढ़ा	बूढ़ा

प्रश्नमाला

1. शुद्ध वर्तनी का चयन कीजिए—
(a) परिषद (b) प्रिथा
(c) परिषद् (d) प्रिथक

2. शुद्ध वर्तनी का चयन कीजिए—
(a) पुष्ट (b) पुन्सत्व
(c) पुश्ट (d) पुरूष

3. शुद्ध वर्तनी का चयन कीजिए—
(a) विश्तार (b) बिस्तृत
(c) बिस्तार (d) विस्तृत

4. शुद्ध वर्तनी का चयन कीजिए—
(a) बेबस (b) विलास
(c) विलाश (d) बिलास

5. सही वर्तनी वाला शब्द चुनिए—
(a) अव्राजन (b) आव्रजन
(c) आवजन (d) ऑवर्जन

6. सही वर्तनी वाला रूप है—
(a) अनिभिज्ञ (b) अनभिज्ञ
(c) अनाभि (d) अनभिग्य

7. शुद्ध वर्तनी का चयन कीजिए—
(a) तहसीलदारी (b) तहिसीलदारी
(c) तहशीलदारी (d) तहीसलदारी

8. शुद्ध वर्तनी का चयन कीजिए—
(a) अपकर्ति (b) अपकीर्ति
(c) अपकीर्ती (d) अपकिति

9. इनमें से सही शब्द कौन-सा है?
(a) समपृक्त (b) संपृक्त
(c) संपक्तृ (d) सृपंक्त

10. शुद्ध वर्तनी का चयन कीजिए—
(a) बिशेष (b) बेकल
(c) विशेष (d) बिडाल

11. शुद्ध वर्तनी का चयन कीजिए—
(a) बिशाल (b) बिसाल
(c) विषाल (d) विशाल

12. शुद्ध वर्तनी का चयन कीजिए—
(a) वृक्ष (b) बेशुमार
(c) बृक्ष (d) बिमार

13. शुद्ध वर्तनी का चयन कीजिए—
(a) वृद्ध (b) बृद्ध
(c) बृटेन (d) बृटिश

14. शुद्ध वर्तनी का चयन कीजिए—
(a) बिषय (b) विषय
(c) वेमुख (d) बेवाद

15. शुद्ध वर्तनी का चयन कीजिए—
(a) तीमाही (b) विष्णु
(c) बिष्णु (d) तृश्ना

16. सही वर्तनी कौन-सी है?
(a) आजीविका (b) अजीविका
(c) आजिविका (d) अजीभीका

17. इनमें से सही शब्द कौन-सा है?
(a) पारलौकिक (b) परलौकिक
(c) पारलेकिक (d) पारलोकिक

18. शुद्ध वर्तनी का चयन कीजिए—
(a) बर्षा (b) वर्सा
(c) वर्शा (d) वर्षा

19. शुद्ध वर्तनी का चयन कीजिए—
(a) वहिर्गमन (b) वहिष्कार
(c) बहिष्कार (d) वहिरगमन

20. शुद्ध वर्तनी का चयन कीजिए—
(a) प्रतिष्टा (b) प्रतिष्ठा
(c) परतिष्टा (d) परतिष्ठा

21. शुद्ध वर्तनी का चयन कीजिए—
(a) मृत्यूंजय (b) म्रित्यन्जय
(c) मृत्युंजय (d) मृत्युन्जय

22. शुद्ध वर्तनी का चयन कीजिए—
(a) परिणति (b) परणति
(c) परणिति (d) परीणीत

23. शुद्ध वर्तनी का चयन कीजिए—
(a) स्थायि (b) स्थायी
(c) स्थाई (d) स्थाइ

24. शुद्ध वर्तनी का चयन कीजिए—
(a) कुमुदनी (b) कुमुदुनी
(c) कुमुदिनी (d) कुमदुनी

25. शुद्ध वर्तनी का चयन कीजिए—
(a) ब्रतन (b) वरतन
(c) बर्तन (d) बरतन

26. शुद्ध वर्तनी का चयन कीजिए—
(a) श्रष्टि (b) श्रृष्टि
(c) सृष्टि (d) स्रष्टि

27. शुद्ध वर्तनी का चयन कीजिए—
(a) क्रपा (b) क्रर्पा
(c) क्रिपा (d) कृपा

28. शुद्ध वर्तनी का चयन कीजिए—
(a) प्रशन्न (b) प्रसांत
(c) प्रस्न (d) प्रसन्न

29. शुद्ध वर्तनी का चयन कीजिए—
(a) सताब्दी (b) सताब्दि
(c) शताब्दि (d) शताब्दी

30. शुद्ध वर्तनी का चयन कीजिए—
(a) त्रिदोश (b) तिरदोष
(c) त्रिदोष (d) तृदोष

31. शुद्ध वर्तनी का चयन कीजिए—
(a) अभिसेक (b) अन्त्यानुप्रास
(c) अराधना (d) अस्थाई

32. शुद्ध वर्तनी का चयन कीजिए—
(a) इत्यादि (b) इच्छा
(c) इर्ष्या (d) ईन्धन

33. शुद्ध वर्तनी का चयन कीजिए—
(a) अन्तर्ध्यान (b) अन्तर्धान
(c) अन्तरध्यान (d) अन्त:ध्यान

34. शुद्ध वर्तनी का चयन कीजिए—
(a) अधम्र (b) अध्रम
(c) अधर्म (d) अधृम

35. शुद्ध वर्तनी का चयन कीजिए—
(a) पृथक (b) प्रिथ्वी
(c) प्रथक (d) प्रिथिवी

36. शुद्ध वर्तनी का चयन कीजिए—
(a) प्रतीयोगी (b) प्रतिकार
(c) प्रत्यूस (d) प्रकान्ड

37. सही वर्तनी के लिए विकल्प चुनिए—
(a) अवस्थापना (b) आवस्थापना
(c) अवसथापनो (d) अवास्थापना

38. इनमें से किसकी वर्तनी शुद्ध है?
(a) अभ्युत्थान (b) अभित्थान
(c) अभुत्थान (d) आभ्युत्थान

39. शुद्ध वर्तनी का चयन कीजिए—
(a) दुभासिया (b) दाहिने
(c) दहिने (d) दाहीने

40. शुद्ध वर्तनी का चयन कीजिए—
(a) दाइत्व (b) दायीत्व
(c) दाईत्व (d) दायित्व

41. सही विकल्प का चयन कीजिए—
(a) उपर्युक्त (b) उपर्युक्ता
(c) ऊपर्युक्त (d) अपयुक्त

42. निम्नलिखित शब्दों में से किसकी वर्तनी शुद्ध है?
(a) सिदहस्त (b) सिद्धहस्त
(c) सिद्धेहस्त (d) सिद्धोहस्त

43. इनमें से कौन-सा शब्द सही है?
(a) प्रादुभाव (b) प्रादुर्भाव
(c) प्रार्भुदाव (d) प्रदुर्भाव

44. इनमें से सही विकल्प चुनिए—
(a) विछोह (b) बिछोह
(c) विछेहा (d) वीछोह

45. सही वर्तनी क्या है?
(a) निवृत्ति (b) निवत्ति
(c) निर्वत्ति (d) निृवत्ति

46. कौन-सी वर्तनी सही है?
(a) प्राक्कथन (b) प्राकथन
(c) प्राक्कथेन (d) प्राक्केथन

47. शुद्ध वर्तनी का चयन कीजिए—
(a) छोभ (b) क्षुधा
(c) धुब्ध (d) छुधा

48. शुद्ध वर्तनी का चयन कीजिए—
(a) छेत्र (b) छत्रिय
(c) क्षेत्र (d) छण

49. शुद्ध वर्तनी का चयन कीजिए—
(a) गर्भीत (b) गृहिणी
(c) गार्हस्थ (d) ग्रहिणी

50. शुद्ध वर्तनी का चयन कीजिए—
(a) घनिष्ट (b) घन्टा
(c) कुन्डी (d) घनिष्ठ

51. शुद्ध वर्तनी का चयन कीजिए—
(a) जन्माष्टिमी (b) जनम
(c) जगत (d) जन्माष्टमी

52. शुद्ध वर्तनी का चयन कीजिए—
(a) झंझट (b) झन्झट
(c) झांझ (d) झूरमूट

53. शुद्ध वर्तनी का चयन कीजिए—
(a) औषधि (b) कन्स
(c) अहार (d) अधीन

54. शुद्ध वर्तनी का चयन कीजिए—
(a) आच्छादन (b) अस्विकार
(c) असोक (d) अन्तर्ध्यान

55. निम्न रूपों में से सही वर्तनी चुनिए—
(a) साहत्यकार (b) साहित्यिकर
(c) साहित्यकार (d) सहित्यकार

56. सही वर्तनी वाला शब्द चुनिए—
(a) सम्रादत (b) समादृत
(c) संमादृत (d) सम्पादृत

उत्तरमाला

1. (b)	**2.** (a)	**3.** (d)	**4.** (b)	**5.** (b)	**6.** (b)	**7.** (a)	**8.** (b)	**9.** (b)	**10.** (c)	**11.** (d)
12. (a)	**13.** (a)	**14.** (b)	**15.** (b)	**16.** (a)	**17.** (a)	**18.** (d)	**19.** (b)	**20.** (b)	**21.** (c)	**22.** (a)
23. (b)	**24.** (c)	**25.** (d)	**26.** (c)	**27.** (d)	**28.** (d)	**29.** (d)	**30.** (c)	**31.** (b)	**32.** (b)	**33.** (b)
34. (c)	**35.** (a)	**36.** (b)	**37.** (a)	**38.** (a)	**39.** (b)	**40.** (d)	**41.** (a)	**42.** (b)	**43.** (b)	**44.** (a)
45. (a)	**46.** (a)	**47.** (b)	**48.** (c)	**49.** (b)	**50.** (d)	**51.** (d)	**52.** (a)	**53.** (d)	**54.** (a)	**55.** (c)
56. (b)										

□□□

8 लिंग, वचन, कारक, अव्यय, समास और उपसर्ग तथा प्रत्यय

लिंग

शब्द की जाति लिंग कहलाती है। संज्ञा के जिस रूप से व्यक्ति या वस्तु के नर अथवा मादा जाति का पता चलता है, उसे 'लिंग' कहते हैं।

संस्कृत में संज्ञा के तीन भेद बताए गए हैं। ये हैं पुल्लिंग, स्त्रीलिंग तथा नपुंसक लिंग। हिंदी में शब्दों के दो लिंगों में रखा गया है। यहाँ नपुंसक लिंग नहीं है। हिंदी में सारे जड़ अथवा चेतन शब्द पुल्लिंग तथा स्त्रीलिंग दो लिंगों में विभक्त हैं।

वचन

संज्ञा, सर्वनाम, विशेषण तथा क्रिया के जिस रूप से संख्या का बोध होता है, उसे 'वचन' कहते हैं। वचन संख्याबोधक विकारी शब्द होते हैं।

वचन के भेद

वचन के दो भेद हैं : (1) एकवचन तथा (2) बहुवचन

एकवचन

शब्द के जिस रूप से एक व्यक्ति या वस्तु का बोध होता है, उसे 'एकवचन' कहते हैं, जैसे लड़का, पुस्तक, कलम, घड़ी इत्यादि।

बहुवचन

शब्द के जिस रूप से दो या दो से अधिक व्यक्ति या वस्तु का बोध होता हो, उसे बहुवचन कहते हैं, जैसे लड़के, पुस्तकें, कलमें, घड़ियाँ इत्यादि।

कारक

संज्ञा तथा सर्वनाम के जिस रूप से उसका वाक्य के अन्य शब्दों के साथ सम्बन्ध सामने आता है, उसे 'कारक' कहते हैं, जैसे रमेश ने महेश को जेब से पैसे निकाल कर दिये। इस वाक्य में 'रमेश ने' 'महेश को', 'जेब से' संज्ञा शब्दों में परिवर्तन है, जो 'पैसे निकालने' की क्रिया से सम्बन्ध निर्धारित करता है। इन सम्बन्धों को संज्ञा के कारक रूप कहते हैं। कारकीय रूप निर्धारण के लिए संज्ञा का सर्वनाम के बाद जो 'चिह्न' आता है, उसे 'विभक्ति' अथवा 'परसर्ग' कहते हैं।

- ⇨ विभक्ति से बने शब्द-रूप को 'विभक्त्यन्त' या 'पद' कहते हैं।
- ⇨ हिंदी में कारक के आठ भेद हैं कर्त्ता, कर्म, करण, सम्प्रदान, अपादान, सम्बन्ध, अधिकरण तथा सम्बोधन।

हिंदी कारक की विभक्तियों का प्रयोग इस रूप में होता है :

कारक	विभक्ति (परसर्ग)	कारक	विभक्ति (परसर्ग)
कर्ता	ने	अपादान	से, अलग होना
कर्म	को	सम्बन्ध	का, के, की, रा, री
करण	से, ने, द्वारा	अधिकरण	में, पे, पर
सम्प्रदान	को, के लिए	सम्बोधन	हे, अरे, भो

अव्यय

ऐसे शब्द जिसके रूप में लिंग, वचन, पुरुष, कारक इत्यादि में परिवर्तन के बावजूद कोई विकार उत्पन्न नहीं होता, अव्यय कहते हैं; जैसे राम **धीरे-धीरे** जाता है। यहाँ 'धीरे-धीरे' अव्यय है।

ऐसे शब्दों में किसी भी उपस्थिति में कोई परिवर्तन नहीं होता। इसलिए ये शब्द अविकारी होते हैं। अव्यय शब्दों के कुछ उदाहरण निम्न हैं जब, तब, अभी, इधर, उधर, इसलिए, अतः, ठीक, अर्थात् इत्यादि। अव्यय के अन्तर्गत क्रिया-विशेषण सम्बन्धबोधक समुच्चयबोधक तथा विस्मयादिबोधक शब्दों का स्थान है। सामान्य रूप से अव्यय के यही चार भेद भी हैं।

अंग्रेजी की तरह हिंदी में सभी क्रिया विशेषण शब्दों को अव्यय नहीं माना गया है। बहुत-से शब्द क्रिया की विशेषता नहीं बताते।

कालवाचक अव्यय–आज-कल, आगे-पीछे, स्थानवाचक–यहाँ-वहाँ, दिशावाचक–इधर-उधर, स्थितिवाचक–नीचे-ऊपर इत्यादि क्रिया की विशेषता नहीं बताते।

समास

⇨ दो या दो से अधिक शब्दों के मिलने से बने शब्द को **'सामासिक पद'** या **'समास'** कहते हैं।

समास के भेद– समास के छः भेद होते हैं–

1. अव्ययीभाव समास
2. तत्पुरुष समास
3. कर्मधारय समास
4. द्विगु समास
5. द्वन्द्व समास
6. बहुव्रीहि समास

उपसर्ग

'उपसर्ग' उस शब्दांश या अव्यय को कहते हैं, जो किसी शब्द के पहले आकर उसका विशेष अर्थ प्रकट करे। उपसर्ग दो शब्दों 'उप' तथा 'सर्ग' से बनता है। 'उप' का अर्थ समीप तथा 'सर्ग' का अर्थ सृजन करने वाला, अर्थात् शब्द के निकट आकर नये शब्द का सृजन करने वाले शब्दांश को 'उपसर्ग' कहते हैं:

जैसे प्र + हार = प्रहार

हिन्दी में संस्कृत, हिन्दी तथा उर्दू के उपसर्ग प्रयुक्त होते हैं। हिन्दी में उपसर्गों की संख्या 41 है, जिसमें संस्कृत के 19 उपसर्ग भी शामिल हैं।

प्रत्यय

शब्दों के बाद जो अक्षर या अक्षर-समूह लगाया जाता है, उसे 'प्रत्यय' कहा जाता है। 'प्रत्यय' का निर्माण 'प्रति + अय' से हुआ है। प्रति का अर्थ है 'साथ में' तथा 'अय' का अर्थ चलने वाला होता है अर्थात् 'प्रत्यय' का अर्थ होता है–शब्दों के साथ चलने वाला:

जैसे दया + वान = दयावान, 'वान' यहाँ 'प्रत्यय' है।

प्रत्यय के दो भेद होते हैं 1. कृत तथा 2. तद्धित, क्रिया या धातु के अन्त में प्रयुक्त होने वाले प्रत्यय को 'कृत' प्रत्यय कहते हैं तथा इनके संयोग से निर्मित क्रिया या धातु के नवीन रूप को 'कृदन्त' कहा जाता है; **जैसे** वाला (कृत-प्रत्यय) + हँसना (क्रिया) = हँसने वाला (शब्द)

हिन्दी क्रिया पदों के अन्त में कृत-प्रत्ययों के योग से (1) कृर्तवाचक (2) कर्मवाचक (3) करणवाचक (4) भाववाचक संज्ञाएँ बनती हैं।

प्रश्नमाला

1. कौन-सा शब्द पुल्लिंग है?
(a) दया (b) घटना
(c) जड़ता (d) बुढ़ापा

2. निम्नलिखित में कौन-सा शब्द स्त्रीलिंग नहीं है?
(a) सुबह (b) दोपहर
(c) साँझ (d) दिन

3. 'लिंग' किस भाषा का शब्द है?
(a) हिंदी (b) अंग्रेजी
(c) संस्कृत (d) जर्मन

4. किस शब्द का प्रयोग बहुवचन के रूप में होता है?
(a) रात (b) सोना
(c) लड़का (d) साधु

5. 'प्रत्येक' शब्द का प्रयोग सदा होता है:
(a) एकवचन में
(b) बहुवचन में
(c) (a) व (b) दोनों में
(d) उपरोक्त में से किसी में नहीं

6. निम्नलिखित में किस संज्ञा का प्रयोग प्रायः एकवचन में होता है?
(a) द्रव्यवाचक (b) जातिवाचक
(c) व्यक्तिवाचक (d) इनमें से कोई नहीं

7. कारक के भेद हैं :
(a) पाँच (b) छह
(c) सात (d) आठ

8. 'राम कलम से लिखता है' वाक्य में किस कारक का प्रयोग किया गया है?
(a) करण (b) कर्म
(c) कर्ता (d) अपादान

9. किस कारक में 'से' विभक्ति का प्रयोग अलगाव के अर्थ में होता है?
(a) करण (b) अपादान
(c) सम्प्रदान (d) सम्बन्ध

10. निम्नलिखित में कौन अविकारी है?
(a) अव्यय (b) क्रिया-विशेषण
(c) विशेषण (d) (a) तथा (b)

11. निम्न में कौन सही नहीं है?
(a) अव्यय और क्रिया-विशेषण में कोई अन्तर नहीं होता
(b) अव्यय अविकारी होते हैं
(c) सभी अव्यय क्रिया-विशेषण नहीं, होते
(d) क्रिया-विशेषण अविकारी होते हैं

12. 'राजभाषा' में समास बताइए—
(a) अव्ययीभाव (b) द्विगु
(c) द्वन्द्व (d) तत्पुरुष

13. सामा''क पद में दोनों पद प्रधान होते हैं?
(a) द्वन्द्व समास में
(b) द्विगु समास में
(c) बहुब्रीहि समास में
(d) तत्पुरुष समास में

14. 'नीललोहित' में किस प्रकार का समास है?
(a) अव्ययीभाव (b) द्वन्द्व
(c) कर्मधारय (d) बहुब्रीहि

15. 'युधिष्ठिर' में समास बताइए—
(a) द्वन्द्व (b) बहुब्रीहि
(c) द्विगु (d) तत्पुरुष

16. 'गुजारा' में कौन-सा प्रत्यय है?
(a) आऊ (b) आड़ी
(c) अक (d) आ

17. 'संलग्न' शब्द से कौन-सा उपसर्ग जुड़ा है?
(a) सन् (b) सम्
(c) सं (d) संक्

18. 'पावक' शब्द में प्रत्यय है
(a) अक (b) आक
(c) आई (d) ति

19. उपसर्ग रहित शब्द कौन-सा है?
(a) सुखी (b) आरूढ़
(c) उपकरण (d) निर्विरोध

20. 'अनुपस्थित' शब्द में किस उपसर्ग का प्रयोग हुआ है?
(a) अनु (b) अन्
(c) अ (d) अनुप

उत्तरमाला

1. (d)	**2.** (d)	**3.** (c)	**4.** (b)	**5.** (a)	**6.** (d)	**7.** (d)	**8.** (a)	**9.** (b)	**10.** (d)
11. (a)	**12.** (d)	**13.** (a)	**14.** (c)	**15.** (b)	**16.** (b)	**17.** (b)	**18.** (a)	**19.** (a)	**20.** (b)

❑❑❑

9 सर्वनाम

सर्वनाम उस विकारी शब्द को कहते हैं, जो संज्ञा के स्थान पर प्रयुक्त होता है।

जैसे–मैं, हम, तुम वह, वे यह आदि।

सर्वनाम के भेद

सर्वनाम के छः भेद हैं–

1. **पुरुषवाचक सर्वनाम**–जो सर्वनाम पुरुषों (स्त्री या पुरुष) के नाम के बदले आते हैं, उन्हें पुरुषवाचक सर्वनाम कहते हैं। ये तीन प्रकार के होते हैं–
   - **(i) उत्तम पुरुषवाचक सर्वनाम**–जैसे–मैं, हमें, मुझसे, मेरा इत्यादि।
   - **(ii) मध्यम पुरुषवाचक सर्वनाम**–तू, तुम, मुझसे, तुम्हें, तुम्हारा, आप, आपका आदि।
   - **(iii) अन्य पुरुषवाचक सर्वनाम**–वह, वे, उनसे, उनका, उनमें, उन पर आदि।
2. **निजवाचक सर्वनाम**–जिस सर्वनाम से स्वयं का बोध हो उसे निजवाचक सर्वनाम कहते हैं, जैसे–आप।
   निजवाचक सर्वनाम 'आप' का प्रयोग अपने लिए होता है–आदरसूचक, 'आप' के लिए नहीं। जैसे–मैं अपने आप चला जाऊँगा।
3. **निश्चयवाचक सर्वमान**–जो सर्वनाम पास या दूर की किसी निश्चित वस्तु या व्यक्ति के लिए संकेत करता है, उसे **निश्चयवाचक** सर्वनाम कहते हैं, जैसे–यह, वह, ये, वे, इसको, इनसे, उसके लिए, इसमें, उस पर आदि। मूलतः निश्चयवाचक सर्वनाम दो हैं–यह, वह यथा–
   (i) यह लो, (ii) वह रहने दो, (iii) वह बेकार है मत लो।
4. **अनिश्चयवाचक सर्वमान**–जिस सर्वनाम से किसी निश्चित वस्तु का बोध न हो, उसे अनिश्चयवाचक सर्वनाम कहते हैं, जैसे–कोई, कुछ।

उदाहरण–

(1) कोई यहाँ आएगा तो मैं आपके साथ चल सकूँगा।
(2) कोई नहीं आता।
(3) कहते सब हैं, करते कोई-कोई ही हैं।
(4) आज कोई-न-कोई अवश्य आएगा।

5. **सम्बन्धवाचक सर्वनाम**–जिस सर्वनाम से किसी दूसरे सर्वनाम से सम्बन्ध ज्ञात होता है, उसे **सम्बन्धवाचक** सर्वनाम कहते हैं, जैसे–जो-सो, जिसने-उसने, जिसकी-उसकी, जिसमें-उसमें, जो-वह।

उदाहरण–

(1) जिसकी लाठी, उसकी भैंस।
(2) जो जागे है सो पावे है।

6. **प्रश्नवाचक सर्वनाम**–जिस सर्वनाम से प्रश्न का बोध होता है अथवा प्रश्न करने के लिए जिस सर्वनाम का प्रयोग होता है, उसे प्रश्नवाचक सर्वनाम कहते हैं। जैसे–कौन, क्या।

उदाहरण–

(1) तुम क्या खा रहे हो?
(2) हम **किस** पर भरोसा करें?

सर्वनाम शब्दों की कारक-रचना समस्त विभक्तियों के रूप में
(उत्तम पुरुष)

कारक	एकवचन	बहुवचन
कर्ता	1921 ई.	दयाराम साहनी
कर्म	मैं, मैंनें	हम, हमने
करण	मुझे, मुझका	हमें, हमको
सम्प्रदान	मुझसे, मेरे द्वारा	हमसे, हमारे द्वारा
अपादान	मुझसे	हमसे
सम्बन्ध	मेरा, मेरी, मेरे	हमारा, हमारी, हमारे
अधिकरण	मुझमें, मुझ पर	हमसे, हम पर

तू (मध्यम पुरुष)

कारक	एकवचन	बहुवचन
कर्त्ता	तू, तूने	तुम, तुमने, तुम लोगों ने
कर्म	तुझे, तुझको	तुम्हें, तुम लोगों को
करण	मुझसे, तेरे द्वारा	तुमसे, तुम्हारे से, तुम लोगों से
सम्प्रदान	तुझको, तुझे, तेरे लिए	तुम्हें, तुम्हारे लिए, तुम लोगों के लिए

अपादान	तुझसे	तुमसे, तुम लोगों से
सम्बन्ध	तेरा, तेरी, तेरे	तुम्हारा, तुम्हारी, तुम लोगों के लिए
अपादान	तुझसे	तुमसे, तुम लोगों से
सम्बन्ध	तुझसे	तुमसे, तुम लोगों से

प्रश्नमाला

1. इनमें से प्रश्नवाचक सर्वनाम बताइए–
(a) कौन (b) क्या
(c) किससे (d) ये सभी

2. कौन-सा शब्द व्याकरण की दृष्टि से सर्वनाम है?
(a) कुशलता (b) क्रोध
(c) तुम्हारा (d) उठाना

3. क्या यह तुम्हारा घर है?
(a) सम्बन्धवाचक सर्वनाम
(b) प्रश्नवाचक सर्वनाम
(c) निजवाचक सर्वनाम
(d) मध्यम पुरुषवाचक सर्वनाम

4. सर्वनाम के कितने भेद हैं?
(a) 4 (b) 5
(c) 6 (d) 8

5. वह बेकार है, क्यों लेते हो?
(a) निश्चयवाचक सर्वनाम
(b) अनिश्चयवाचक सर्वनाम
(c) निजवाचक सर्वनाम
(d) सम्बन्धवाचक सर्वनाम

6. पं. जवाहरलाल नेहरू अपने माता-पिता के इकलौते बेटे थे। आपका विवाह अनिंद्य सुन्दरी कमला नेहरू के साथ हुआ था।
(a) मध्यम पुरुषवाचक सर्वनाम
(b) निजवाचक सर्वनाम
(c) सम्बन्धवाचक सर्वनाम
(d) अन्य पुरुषवाचक सर्वनाम

7. आप यहाँ चले आए। किसी ने आपको रोका नहीं?
(a) निश्चयवाचक सर्वनाम
(b) प्रश्नवाचक सर्वनाम
(c) अनिश्चयवाचक सर्वनाम
(d) सम्बन्धवाचक सर्वनाम

8. आप भला तो जग भला–
(a) उत्तम पुरुषवाचक सर्वनाम
(b) मध्यम पुरुषवाचक सर्वनाम
(c) निजवाचक सर्वनाम
(d) कोई सर्वनाम नहीं

9. सर्वनाम की दृष्टि से अशुद्ध वाक्य छाँटिए–
(a) मैंने तेरे को बोला था
(b) मुझे आगरा जाना है
(c) कुछ हो गया क्या?
(d) कौन आया था?

10. इनमें से कौन-सा सर्वनाम पुरुषावाचक है?
(a) कोई (b) आप
(c) मेरा (d) सो

उत्तरमाला

1. (d) **2.** (c) **3.** (b) **4.** (c) **5.** (a) **6.** (b) **7.** (c) **8.** (c) **9.** (a) **10.** (c)

❑❑❑

10 क्रिया

क्रिया

जिस शब्द से किसी कार्य के होने की प्रवृत्ति प्रकट हो, उसे 'क्रिया' कहा जाता है; जैसे पढ़ना, लिखना, चलना इत्यादि। क्रिया विकारी शब्द है, जिसके रूप लिंग, वचन तथा पुरुष के अनुसार बदलते हैं। क्रिया के रूप में यह परिवर्तन हिंदी की अपनी विशेषता है।

क्रिया का मूल 'धातु' है। धातु क्रिया पद के उस अंश को कहते हैं, जो प्राय: सभी रूपों में अपनी उपस्थिति दर्शाता है। वस्तुत: जिन मूल अक्षरों से क्रिया का निर्माण होता है, उन्हें धातु कहते हैं जैसे 'पढ़ना' क्रिया में 'पढ्' धातु के साथ 'ना' प्रत्यय लगा है।

हिंदी में क्रिया का निर्माण धातुओं के अतिरिक्त संज्ञा तथा विशेषण से भी होता है।

रचना की दृष्टि से क्रिया के दो भेद हैं :

(1) सकर्मक तथा (2) अकर्मक।

सकर्मक क्रिया

सकर्मक क्रिया, उस क्रिया को कहते हैं, जिसका फल कर्त्ता पर न पड़कर कहीं और पड़े। सकर्मक क्रिया के साथ 'कर्म' रहता है या उसके रहने की सम्भावना होती है, जैसे राम खाना खाता है। इस वाक्य में क्रिया का फल 'भोजन' पर पड़ता है, जो प्रत्यक्षत: उपस्थित नहीं है। 'जाता है' के साथ यदि गन्तव्य स्थल की चर्चा वाक्य में नहीं होती है, तब भी फल, घर विद्यालय आदि शब्दों पर पड़ता है। ऐसी क्रियाएँ 'सकर्मक' होती हैं।

अकर्मक क्रिया

जिस क्रिया के कार्य का फल कर्त्ता पर पड़े, उसे अकर्मक क्रिया कहते हैं। अकर्मक क्रिया के साथ कोई कर्म कारक नहीं होता। इस कारण इसे अकर्मक क्रिया कहते हैं; जैसे मोहन हँसता है। 'हँसने' या 'रोने' की क्रिया का फल कर्त्ता पर पड़ता है।

कतिपय ऐसी क्रियाएँ हैं, जो अकर्मक तथा सकर्मक दोनों होती हैं, वह निर्धारण वाक्य में उनके प्रयोग द्वारा होता है। इन्हें उभयविध धातु भी कहते हैं; जैसे–मेरा जी घबराता है। (घबराना (क्रिया)–सकर्मक

मुसीबत में सभी घबराते हैं (घबराना) (क्रिया)–अकर्मक

अकर्मक क्रिया में उ, ना, आना, प्रत्यय लगाकर सकर्मक क्रिया बनाया जाता है; जैसे–

रोना (अकर्मक)–रुलाना (सकर्मक)

उड़ना (अकर्मक)–उड़ाना (सकर्मक)

कटना (अकर्मक)–काटना (सकर्मक)

अकर्मक क्रिया के धातुओं को उकार, ओकार, इकार तथा एकार में बदलकर तथा अन्त्य में ना प्रत्यय जोड़कर सकर्मक क्रियाएँ बनाई जाती हैं, जैसे खुलना (अकर्मक) खोलना (सकमर्क)।

द्विकर्मक क्रिया

कुछ क्रियाएँ एक कर्म वाली होती हैं जबकि कतिपय दो कर्म वाली होती हैं। ऐसी क्रियाओं को 'द्विकर्मक क्रिया' कहते हैं;

जैसे–उसने राम को डण्डे से मारा। यहाँ दो कर्म हैं–'राम को' और 'डण्डा'।

संयुक्त क्रिया

जो क्रिया दो या दो से अधिक धातुओं के मेल से बनती है, उसे 'संयुक्त क्रिया' कहते हैं; जैसे वह घर पहुँच गया। इस वाक्य में 'पहुँच गया' संयुक्त क्रिया का उदाहरण है। संयुक्त क्रिया का निर्माण अकर्मक तथा सकर्मक दोनों क्रियाओं द्वारा हो सकता है; जैसे–लेट जाना, गिर पड़ना, बेच लेना इत्यादि।

संयुक्त क्रिया में पहली क्रिया प्रधान होती है तथा बाद वाली क्रिया उसमें विशेषता उत्पन्न करती है; जैसे मैं पढ़ सकता हूँ। इस वाक्य में 'पढ़ना' तथा 'सकना' दो क्रियाएँ हैं। 'सकना' 'पढ़ना' क्रिया की विशेषता उत्पन्न करती है।

सहायक क्रिया

मुख्य क्रिया के अर्थ को स्पष्ट करने में सहायता करने वाली 'क्रिया को सहायक क्रिया' कहा जाता है; जैसे–उसने बाघ को मार डाला। 'मारना' इस वाक्य में मुख्य क्रिया है, जिसके अर्थ को स्पष्टता प्रदान करने वाली क्रिया 'डालना' है। है, थे हुए, रहे इत्यादि सहायक क्रियाएँ हैं।

प्रश्नमाला

1. 'वह घर पहुँच गया' इस वाक्य में 'पहुँच गया' निम्नलिखित में से किस क्रिया का उदाहरण है?

(a) प्रेरणार्थक क्रिया

(b) द्विकर्मक क्रिया

(c) संयुक्त क्रिया

(d) पूर्वकालिक क्रिया

2. 'हँसना' कैसी क्रिया है?

(a) सकर्मक क्रिया (b) अकर्मक क्रिया

(c) संयुक्त क्रिया (d) प्रेरणार्थक क्रिया

3. 'गाड़ी चलने लगी' इस वाक्य की क्रिया का रूप बताएँ :

(a) द्विकर्मक क्रिया

(b) सहायक क्रिया

(c) संयुक्त क्रिया

(d) प्रेरणार्थक क्रिया

4. निम्न में से कौन-सी सकर्मक क्रिया है?

(a) आना (b) जाना
(c) लेना (d) मरना

5. 'रमेश गिर पड़ा'। इस वाक्य में 'गिर पड़ा' क्या है?

(a) सकर्मक क्रिया
(b) संयुक्त क्रिया
(c) प्रेरणार्थक क्रिया
(d) सहायक क्रिया

6. 'गिराना' किस प्रकार की क्रिया है?

(a) यौगिक क्रिया
(b) नामधातु क्रिया
(c) प्रेरणार्थक क्रिया
(d) संयुक्त क्रिया

7. कौन-सा शब्द सकर्मक क्रिया है?

(a) लिखना (b) हँसना
(c) रोना (d) सोना

8. 'तुम खा रहे हो' वाक्य में सहायक क्रिया है?

(a) हो (b) खा
(c) रहे (d) तुम

9. 'वह खाना खाकर सो गया।' इस वाक्य में कौन-सी क्रिया है?

(a) सहायक
(b) पूर्वकालिक
(c) नामबोधक
(d) इनमें से कोई नहीं

10. मुख्य क्रिया के अर्थ को स्पष्ट करने वाली क्रिया होती है :

(a) सहायक क्रिया
(b) प्रेरणार्थक क्रिया
(c) नामबोधक
(d) नामधातु

11. निम्नलिखित में कौन-सी अकर्मक क्रिया है?

(a) खाना (b) पीना
(c) उठाना (d) आना

12. निम्नलिखित में से कौन प्रेरणार्थक क्रिया नहीं है?

(a) रहना
(b) भेजना
(c) चुभोना
(d) रखना

13. जिस शब्द से क्रिया के होने का समय निर्धारित हो, उसे कहते हैं :

(a) कारक
(b) काल
(c) अव्यय
(d) क्रिया-विशेषण

उत्तरमाला

1. (b) **2.** (b) **3.** (a) **4.** (b) **5.** (b) **6.** (c) **7.** (a) **8.** (a) **9.** (b) **10.** (a)
11. (d) **12.** (a) **13.** (b)

❑❑❑

11 क्रिया विशेषण

क्रिया–विशेषण

जिस शब्द से क्रिया, विशेषण तथा अन्य क्रिया-विशेषण शब्दों की विशेषता प्रकट हो, उसे क्रिया-विशेषण कहते हैं। जैसे–

सीता धीरे-धीरे आ रही है।

श्याम अभी खा रहा है।

इन वाक्यों में 'धीरे-धीरे' तथा 'अभी' 'आने' तथा 'खाने' की क्रिया की विशेषता बताते हैं :

वह बहुत धीरे चलता है।

इस वाक्य में 'बहुत' क्रिया-विशेषण है, क्योंकि वह 'धीरे' क्रिया-विशेषण की विशेषता बतलाता है।

विशेष्य–विशेषण शब्द जिन शब्दों की विशेषता प्रकट करें उन्हें विशेष्य शब्द कहते हैं। जैसे–

विशेष्य	**विशेषण**
फल	सुंदर
पुस्तक	उपयोगी

प्रयोग के आधार पर

प्रयोग के आधार पर क्रिया-विशेषण के तीन भेद हैं (i) साधारण, (ii) संयोजक व (iii) अनुबद्ध।

वाक्य में स्वतन्त्र रूप से प्रयुक्त क्रिया-विशेषण को 'साधारण क्रिया-विशेषण' कहते हैं जैसे जल्दी आ जाओ। यहाँ 'जल्दी' स्वतन्त्र रूप से वाक्य में प्रयुक्त हुआ है।

जिन क्रिया-विशेषणों का सम्बन्ध किसी उपवाक्य से रहता है, उन्हें 'संयोजन क्रिया-विशेषण' कहा जाता है; जैसे–जहाँ अभी महल है, वहाँ कभी जंगल था।

वाक्य में प्रयुक्त होकर निश्चय (अवधारणा) का बोध कराने वाले क्रिया-विशेषण शब्द को 'अनुबद्ध क्रिया- विशेषण' कहते हैं।

रूप के आधार पर

रूप के आधार पर क्रिया-विशेषण को तीन भागों में बाँटा जाता है। ये हैं :

(i) मूल (ii) यौगिक तथा (iii) स्थानीय।

मूल क्रिया-विशेषण दूसरे शब्दों के मेल से नहीं बनते।

जैसे–ठीक, अचानक, नहीं इत्यादि।

यौगिक क्रिया-विशेषण शब्द प्रत्यय अथवा पद जोड़ने से बनते हैं, जैसे–मन से, जिस से, **भूल** से इत्यादि।

स्थानीय क्रिया-विशेषण बिना रूपान्तरण के किसी विशेष स्थान में आते हैं : जैसे–क्यों अपना **सिर** खपाते हो?

अर्थ के आधार पर

अर्थ के आधार पर क्रिया-विशेषण के दो भेद हैं :

(i) परिमाणबोधक तथा (ii) रीतिबोधक।

परिमाणबोधक क्रिया–विशेषण को अधिकताबोधक, न्यूनताबोधक, पर्याप्तिवाचक, तुलनावाचक, श्रेणीवाचक उपभेदों में बांटा जाता है।

- ➪ अधिकताबोधक के उदाहरण–बहुत, अति, बड़ा, बिल्कुल, सर्वथा इत्यादि।
- ➪ न्यूनताबोधक के उदाहरण–कुछ, लगभग, थोड़ा जरा इत्यादि।
- ➪ पर्याप्तिवाचक के उदाहरण–केवल, बस, बराबर, ठीक इत्यादि।
- ➪ तुलनावाचक के उदाहरण–जितना, कितना, इतना, अधिक कम इत्यादि।
- ➪ श्रेणीवाचक के उदाहरण–थोड़ा-थोड़ा, तिल-तिल इत्यादि।

रीतिबोधक क्रिया विशेषण गुणवाचक विशेषण से अधिक जुड़ते हैं। क्रिया-विशेषण–प्रकार, निश्चय, अनिश्चय, स्वीकार, कारण, निषेध, अवधारण जैसे अर्थों में आते हैं।

- ➪ प्रकार–कैसे, स्वयं, स्वतः, मानो इत्यादि।
- ➪ निश्चय–अवश्य, सही, सचमुच, इत्यादि।
- ➪ अनिश्चय–कदाचित, शायद, यथासम्भव इत्यादि।
- ➪ स्वीकार–हाँ, जी, ठीक, सच इत्यादि।
- ➪ कारण–इसलिए क्यों काहे इत्यादि।
- ➪ निषेध–न, नहीं मत इत्यादि।
- ➪ अवधारण–तो, भी, मात्र इत्यादि।

प्रश्नमाला

1. प्रयोग की दृष्टि से क्रिया-विशेषण का भेद नहीं है :

(a) साधारण क्रिया-विशेषण

(b) संयोजक क्रिया-विशेषण

(c) अनुबद्ध क्रिया-विशेषण

(d) परिमाणवाचक क्रिया-विशेषण

2. रूप की दृष्टि से निम्न में कौन क्रिया-विशेषण का भेद नहीं है?

(a) मूल

(b) यौगिक

(c) स्थानीय

(d) साधारण

3. 'वह इधर-उधर देख रहा है।' इस वाक्य में 'इधर उधर' शब्द कौन-सी क्रिया विशेषण है?

(a) कालवाचक (b) स्थानावचक
(c) रीतिवाचक (d) परिमाणवाचक

4. अर्थ की दृष्टि से क्रिया-विशेषण के कितने भेद होते हैं?

(a) एक (b) दो
(c) तीन (d) चार

5. निम्नलिखित में किस वाक्य में क्रिया-विशेषण का प्रयोग मिलता है?

(a) राम न पढ़ता है, न खेलता है
(b) यदि वह आएगा तो मैं जाऊँगा
(c) एक धनी है तो दूसरा गरीब
(d) उमा बहुत पढ़ती है

6. संज्ञा विकारी शब्द होते हैं। इनमें से कौन 'संज्ञा' शब्दों में विकार उत्पन्न नहीं करता?

(a) लिंग (b) वचन
(c) कारक (d) विशेषण

7. निम्न में से किस वाक्य में क्रिया-विशेषण अशुद्ध रूप से प्रयुक्त है?

(a) आप मेरी मदद करेंगे न
(b) मानसिक दासता सेवा काल से चली आ रही है
(c) वह न सोता है, न खाता है
(d) वह धीरे-धीरे चला जा रहा है

8. 'आप भले आए।' इस वाक्य में भले' क्या है?

(a) संज्ञा (b) विशेषण
(c) सर्वनाम (d) क्रिया-विशेषण

9. निम्नांकित में से किस वाक्य में क्रिया-विशेषण का प्रयोग नहीं है?

(a) वह कपड़े साफ धोता है
(b) वह धीरे-धीरे पढ़ता है
(c) आम मीठा है
(d) समोसे ताजे बन रहे हैं

10. 'जहाँ आज तुम हो, वहाँ कल मैं था' वाक्य में किस प्रकार का क्रिया-विशेषण है?

(a) साधारण क्रिया-विशेषण
(b) संयोजक क्रिया-विशेषण
(c) मूल क्रिया-विशेषण
(d) अनुबद्ध क्रिया-विशेषण

11. 'वह रात-दिन' पढ़ता रहता है, इस वाक्य में किस प्रकार का 'क्रिया-विशेषण' है?

(a) संयोजक क्रिया-विशेषण
(b) स्थानीय क्रिया-विशेषण
(c) संयुक्त क्रिया-विशेषण
(d) अनुबद्ध क्रिया-विशेषण

12. 'तुम अपना हिसाब थोड़ा-थोड़ा कर चुकता कर लो' इस वाक्य में कौन-सा क्रिया-विशेषण है?

(a) संयुक्त क्रिया-विशेषण
(b) रीतिवाचक क्रिया-विशेषण
(c) परिमाणवाचक क्रिया-विशेषण
(d) स्थानीय क्रिया-विशेषण

उत्तरमाला

1. (d) **2.** (d) **3.** (b) **4.** (b) **5.** (a) **6.** (d) **7.** (b) **8.** (d) **9.** (c) **10.** (b) **11.** (c) **12.** (c)

❑❑❑

12 सन्धियाँ

➪ निकटवर्ती दो वर्गों के सम्मिलन से जो विकार (परिवर्तन) उत्पन्न हो जाता है उसे सन्धि कहते हैं।

➪ सन्धि तीन प्रकार की होती हैं—

(1) स्वर सन्धि (2) व्यंजन सन्धि (3) विसर्ग सन्धि

स्वर संधि

➪ स्वर के साथ स्वर अर्थात् दो स्वरों के मेल से जो विकार (परिवर्तन) होता है उसे स्वर सन्धि कहते हैं। जैसे—

महा + आत्मा = महात्मा सूर्य + अस्त = सूर्यास्त

➪ स्वर सन्धि मुख्यत: पाँच प्रकार की होती है—

(i) गुण सन्धि (ii) दीर्घ सन्धि
(iii) वृद्धि सन्धि (iv) यण सन्धि
(v) अयादि सन्धि

(i) गुण सन्धि (अदेंगुण: आद्‌गुण:)

यदि प्रथम शब्द के अन्त में ह्रस्व अथवा दीर्घ अ हो और दूसरे शब्द के आदि में ह्रस्व अथवा दीर्घ इ, उ, ऋ में से कोई वर्ण हो तो अ + इ = ए, आ + उ = ओ, अ + ऋ = अर् हो जाते हैं। यह गुण सन्धि कहलाती हैं। जैसे—

➪ **अ + इ = ए**

उप + इन्द्र = उपेन्द्र
प्र + इत = प्रेत

➪ **आ + इ = ए**

महा + इन्द्र = महेन्द्र

➪ **अ + ई = ए**

नर + ईश = नरेश
देव + ईश = देवेश

➪ **आ + ई = ए**

रमा + ईश = रमेश
महा + ईश = महेश

➪ **अ + उ = ओ**

मानव + उचित = मानवोचित
हित + उपदेश = हितोपदेश

➪ **अ + ऊ = ओ**

नव + ऊढ़ा = नवोढ़ा

➪ **आ + उ = ओ**

महा + उत्सव = महोत्सव
महा + उदधि = महोदधि

➪ **आ + ऊ = ओ**

महा + ऊर्जा = महोर्जा

➪ **अ + ऋ = अर्**

देव + ऋषि = देवर्षि
सप्त + ऋषि = सप्तर्षि
ब्रह्म + ऋषि = ब्रह्मर्षि

➪ **आ + ऋ = अर्**

महा + ऋषि = महर्षि

(ii) दीर्घ-संधि

ह्रस्व या दीर्घ 'अ', 'इ', 'उ' के पश्चात क्रमश: ह्रस्व या दीर्घ 'अ', 'ई', 'उ' स्वर आएँ तो दोनों को मिलाकर दीर्घ 'आ', 'ई', 'ऊ' हो जाते हैं; जैसे—

➪ **अ + अ = आ**

स्व + अर्थी = स्वार्थी
वीर + अंगना = वीरांगना

➪ **अ + आ = आ**

नव + आगत = नवागत
देव + आगमन = देवागमन

➪ **आ + अ = आ**

सीमा + अंत = सीमांत
रेखा + अंश = रेखांश

➪ **आ + आ = आ**

विद्या + आलय = विद्यालय
वार्ता + आलाप = वार्तालाप

➪ **इ + ई = ई**

मुनि + इंद्र = मुनींद्र
कपि + इंद्र = कपींद्र

➪ **इ + इ = ई**

परि + ईक्षा = परीक्षा
हरि + ईश = हरीश

➪ **ई + इ = ई**

योगी + इंद्र = योगींद्र
लक्ष्मी + इच्छा = लक्ष्मीच्छा

➪ **ई + ई = ई**

योगी + ईश्वर = योगीश्वर
जानकी + ईश = जानकीश

➪ **उ + उ = ऊ**

भानु + उदय = भानूदय
गुरू + उपदेश = गुरूपदेश

➪ **उ + ऊ = ऊ**

धातु + ऊष्मा = धातूष्मा
सिंधु + ऊर्मि = सिंधूर्मि

➪ **ऊ + उ = ऊ**

भू + उत्सर्ग = भूत्सर्ग
वधू + उपकार = वधूपकार

➩ **ऊ + ऊ = ऊ**

भू + ऊष्मा = भूष्मा
वधू + ऊर्मि = वधूर्मि

(iii) वृद्धि-संधि

'अ' या 'आ' के बाद 'ए' या 'ऐ' आए तो दोनों के मेल से 'ऐ' हो जाता है तथा 'अ' और 'आ' के पश्चात 'ओ' या 'औ' आए तो दोनों के मेल से 'औ' हो जाता है; जैसे—

➩ **अ + ए = ऐ**

लोक + एषणा = लोकैषणा

➩ **अ + ऐ = ऐ**

धन + ऐश्वर्य = धनैश्वर्य

➩ **आ + ए = ऐ**

तथा + एव = तथैव

➩ **आ + ऐ = ऐ**

महा + ऐश्वर्य = महैश्वर्य

➩ **अ + ओ = औ**

वन + ओषधि = वनौषधि
परम + ओज = परमौज

➩ **आ + ओ = औ**

महा + ओज = महौज

➩ **अ + औ = औ**

परम + औषध = परमौषध

➩ **आ + औ = औ**

महा + औदार्य = महौदार्य
महा + औषधि = महौषधि

अपवाद : अ अथवा आ के आगे ओष्ठ्य शब्द आए तो विकल्प से ओ अथवा औ होता है; जैसे—

बिंब + ओष्ठ = बिबोंष्ठ/बिंबौष्ठ
अधर + ओष्ठ = अधरोष्ठ/अधरौष्ठ

(iv) यण सन्धि

ह्रस्व अथवा दीर्घ **इ, उ, ऋ** के बाद यदि कोई सवर्ण **(इनसे भिन्न) स्वर** आता है तो **इ** अथवा **ई** के बदले **य्, उ** अथवा **ऊ** के बदले **व्, ऋ** के बदले **र्** हो जाता है। इसे यण सन्धि कहते हैं। जैसे—

➩ **इ + अ = य**

यदि + अपि = यद्यपि
इति + अर्थ = अत्यर्थ
रीति + अनुसार = रीत्यनुसार

➩ **इ + आ = या**

अति + आचार = अत्याचार

➩ **इ + उ = यु**

अति + उत्तम = अत्युत्तम

➩ **इ + ऊ = यू**

नि + ऊन = न्यून

➩ **इ + ए = ये**

प्रति + एक = प्रत्येक

➩ **ई + आ = या**

सखी + आगमन = सख्यागमन

➩ **ई + ऐ = ये**

सखी + ऐश्वर्य = सख्यैश्वर्य

➩ **उ + अ = व**

सु + अच्छ = स्वच्छ
अनु + अय = अन्वय

➩ **उ + आ = वा**

मधु + आलय = मध्वालय

(v) अयादि संधि

यदि 'ए', 'ऐ', 'ओ', 'औ' स्वरों का मेल दूसरे स्वरों से हो तो 'ए' का 'अय', 'ऐ' का 'आय्', 'ओ' का 'अव्' तथा 'औ' का 'आव्' के रूप में परिवर्तन हो जाता है; जैसे—

➩ **ए + अ = अय**

ने + अन = नयन

➩ **ऐ + अ = आय् + अ = आय**

गै + अक = गायक

➩ **ओ + ई = अव् + ई = अवी**

अव् + ई = अवी

➩ **ओ + ई = अवी**

गो + ईश = गवीश

➩ **औ + अ = आव**

पौ + अन = पावन
भौ + अन = भावन

➩ **औ + इ = आवि**

नौ + इक = नाविक

➩ **औ + उ = आवु**

भौ + उक = भावुक

व्यंजन संधि

व्यंजन के बाद स्वर या व्यंजन आने से जो परिवर्तन होता है, उसे व्यंजन संधि कहते हैं; जैसे—

वाक् + ईश = वागीश (क् + ई = गी)
सत् + जन = सज्जन (त् + ज = ज्ज)
उत् + हार = उद्धार (त् + ह = द्ध)

नोट : व्यंजन का शुद्ध रूप हल् वाला रूप (जैसे—क्, ख्, ग्... होता है।

व्यंजन-संधि के नियम

वर्ग के पहले वर्ण का तीसरे वर्ण में परिवर्तन : किसी वर्ग के पहले वर्ण (क् च् ट् त् प्) का मेल किसी स्वर अथवा किसी वर्ग के तीसरे वर्ण (ग ज ड द ब) या चौथे वर्ण (घ झ ढ ध भ) अथवा अंतःस्थ व्यंजन (य र ल व) के किसी वर्ण से होने पर वर्ग का पहला वर्ण अपने ही वर्ग के तीसरे वर्ण (ग् ज् ड् य् ब्) में परिवर्तित हो जाता है; जैसे—

क वर्ग

दिक् + अम्बर = दिगम्बर
वाक् + जाल = वाग्जाल

च वर्ग

अच् + अन्त = अजन्त
वाक् + धारा = वाग्धारा

ट वर्ग

षट् + आनन = षडानन

त वर्ग

तत् + इच्छा = तदिच्छा
वृहत् + रथ = वृहद्रथ

प वर्ग

सुप् + अन्त = सुबन्त
अप् + ज = अब्ज

सत् + आशय = सदाशय
सत् + उपयोगी = सदुपयोग

अप् + धि = अब्धि　　जगत् + ईश = जगदीश

कृत् + अन्य = कृदन्त

⇨ **'छ' संबंधी नियम :**

किसी भी ह्रस्व स्वर या 'आ' का मेल 'छ' से होने पर 'छ' से पहले 'च्' जोड़ दिया जाता है; जैसे—

स्व + छंद = स्वच्छंद

अनु + छेद = अनुच्छेद

⇨ **त् संबंधी नियम :**

(1) 'त्' के बाद यदि 'च' 'छ' हो तो 'त्' का 'च्' हो जाता है; जैसे—

उत् + चरित = उच्चरित

जगत् + छाया = जगच्छाया

⇨ त् या द् के बाद ज अथवा झ हो तो त् या द् के स्थान पर ज् हो जाता है। जैसे—

सत् + जन = सज्जन

विपद् + जाल = विपज्जाल

उत् + ज्वल = उज्जवल

उत् + झटिल = उज्झटिल

⇨ त् या द् के बाद ट या ठ हो तो त् या द् के स्थान पर ट् हो जाता है। जैसे—

तत् + टीका = तट्टीका

सत् + टीका = सट्टीका

वृहत + टीका = वृहट्टीका

⇨ **'न' सम्बन्धी नियम :**

यदि 'ऋ', 'र', 'ष' के बाद 'न' व्यंजन आता है तो 'न' का 'ण' हो जाता है; जैसे—

परि + नाम = परिणाम

राम + अयन = रामायण

⇨ **'म' सम्बन्धी नियम :**

⇨ 'म्' का मेल 'क' से 'म' तक के किसी भी व्यंजन वर्ग से होने पर 'म्' उसी वर्ग के पंचमाक्षर (अनुस्वार) में बदल जाता है; जैसे—

सम् + गति = संगति

परम् + तु = परंतु

⇨ म के बाद य, र, ल, व श, ष, स, ह में कोई वर्ण हो तो म् अनुस्वार में बदल जाता है। जैसे—

सम् + सार – रांसार

किम् + वा = किंवा

सम् + हार = संहार

सम् + यम = संयम

सम् + शय = संशय

⇨ 'म्' का मेल यदि 'य', 'र', 'ल', 'व', 'श', 'ष', 'स', 'ह' से हो तो 'म्' सदैव अनुस्वार ही होता है; जैसे—

सम् + योग = संयोग

सम् + लाप = संलाप

सम् + शय = संशय

⇨ 'म' के बाद 'म' आने पर कोई परिवर्तन नहीं होता; जैसे—

सम् + मान = सम्मान

⇨ ऋ, र्, ष् के बाद न हो तथा इनके बीच में कोई स्वर, क वर्ग, प वर्ग, अनुस्वार य, व ह आता हो तो न का ण हो जाता है। जैसे—

भूष् + अन = भूषण

प्र + मान = प्रमाण

तृष + ना = तृष्णा

⇨ 'स' संबंधी नियम : 'स' से पहले 'अ', 'आ' से भिन्न स्वर हो तो 'स' का 'ष' हो जाता है; जैसे—

वि + सम = विषम

वि + साद = विषाद

सु + समा = सुषमा

विसर्ग संधि

विसर्ग के बाद स्वर या व्यंजन आने पर विसर्ग में जो विकार होता है, उसे विसर्ग संधि कहते हैं; जैसे—

दुः + आशा = दुराशा

मनः + योग = मनोयोग

विसर्ग संधि के प्रमुख नियम

⇨ यदि विसर्ग के पहले 'अ' और बाद में 'अ' अथवा प्रत्येक वर्ग का तीसरा, चौथा, पाँचवाँ वर्ण अथवा 'य', 'र', 'ल', 'व', 'ह' हो तो विसर्ग का 'ओ' हो जाता है; जैसे—

मनः + अनुकूल = मनोनुकूल

वयः + वृद्ध = वयोवृद्ध

तपः + भूमि = तपोभूमि

पयः + द = पयोद

पयः + धन = पयोधन

मनः + हर = मनोहर

अपवाद : पुनः एवं अंतः में विसर्ग का र् हो जाता है; जैसे—

पुनः + जन्म = पुनर्जन्म

अंतः + धान = अंतर्धान

⇨ **विसर्ग का 'र्' हो जाता है :** यदि विसर्ग के पहले 'अ', 'आ' को छोड़कर कोई दूसरा स्वर हो और बाद में 'आ', 'उ', 'ऊ' या तीसरा, चौथा, पाँचवाँ वर्ण या 'य', 'र', 'ल', 'व' में से कोई हो तो विसर्ग का 'र्' हो जाता है; जैसे—

निः + आशा = निराशा

निः + झर = निर्झर

दुः + गुण = दुर्गुण

निः + गुण = निर्गुण

दुः + भाग्य = दुर्भाग्य

निः + संदेह = निस्संदेह

दुः + शील = दुश्शील

निः + हार = निर्हार

दुः + यश = दुर्यश

निः + एकीभाव = निरेकीभाव

दुः + लक्ष्य = दुर्लक्ष्य

निः + गम = निर्गम

दुः + आत्मा = दुरात्मा

निः + उपाय = निरूपाय

दुः + नाम = दुर्नाम

⇨ विसर्ग के पहले यदि इ या उ हो और विसर्ग के बाद क ख या प फ हो तो इनके पहले विसर्ग के बदले ष हो जाता है। जैसे—

निः + कपट = निष्कपट

दुः + कर्म = दुष्कर्म

निः + पाप = निष्पाप

दु: + खचित = दुष्खचित
चतु: + पद = पचुष्पद
दु: + फल = दुष्फल

⇨ यदि विसर्ग से पहले अ, आ को छोड़कर अन्य कोई स्वर हो और बाद में र हो तो विसर्ग का लोप हो जाता है और उसके पूर्व का ह्रस्व स्वर दीर्घ में कर दिया जाता है; जैसे—

नि: + रव = नीरव
नि: + रोग = नीरोग
नि: + रज = नीरज

⇨ विसर्ग के बाद च या छ हो तो विसर्ग का श् हो जाता है। यदि बाद में ट् या ठ् हो तो ष् और त् या थ हो तो स् हो जाता है। जैसे—

क: + चित् = कश्चित
दु: + ट = दुष्ट
धनु: + टङकार = धनुष्टङ्कार
नि: + तेज़ = निस्तेज
नि: + चेष्ट = निष्चेष्ट
तत: + ठकार = ततष्ठकार
नि: + छिद्र = निश्छिद्र
वहि: + थोडन = वहिस्थोडन

⇨ विसर्ग का 'श्' हो जाता है; यदि विसर्ग के पहले कोई स्वर हो और बाद में 'च', 'छ' या 'श' हो तो विसर्ग का 'श्' हो जाता है; जैसे—

नि: + चिंत = निश्चिंत
दु: + शासन = दुश्शासन

⇨ विसर्ग के बाद क, ख, प, फ आता है तो विसर्ग में कोई परिवर्तन नहीं होता है। जैसे—

अन्त: + पुर = अन्त:पुर
पय: + पान = पय:पान
अन्त: + करण = अन्त:करण
अध: + पतन = अध:पतन
अध: + फलित = अध:फलित

विसर्ग का लोप हो जाना :

⇨ यदि विसर्ग के बाद 'छ' हो तो विसर्ग लुप्त हो जाता है और 'च' का आगम हो जाता है; जैसे—

अनु: + छेद = अनुच्छेद
छत्र: + छाया = छत्रच्छाया

⇨ यदि विसर्ग के बाद 'र' हो तो विसर्ग लुप्त हो जाता है और उस के पहले का स्वर दीर्घ हो जाता है; जैसे—

नि: + रोग = नीरोग
नि: + रस = नीरस

⇨ यदि विसर्ग से पहले 'अ' या 'आ' हो और विसर्ग के बाद कोई भिन्न स्वर हो तो विसर्ग का लोप हो जाता है; जैसे—

अत: + एव = अतएव

⇨ **विसर्ग में परिवर्तन न होना :** यदि विसर्ग के पूर्व 'अ' हो तथा बाद में 'क' या 'प' हो तो विसर्ग में परिवर्तन नहीं होता है; जैसे—

प्रात: + काल = प्रात:काल
अंत: + करण = अंत:करण
अंत: + पुर = अंत:पुर
अध: + पतन = अध:पतन
प्रात: + काल = प्रात:काल

प्रश्नमाला

1. 'निष्छल' शब्द के लिए सही सन्धि विच्छेद है—नि: + छल। इस शब्द में कौन-सी सन्धि है?
(a) विसर्ग सन्धि (b) स्वर सन्धि
(c) व्यंजन सन्धि (d) वृद्धि सन्धि

2. 'तिरस्कार' शब्द का सही सन्धि विच्छेद होगा—
(a) तिरस् + कार (b) तिर: + कार
(c) तीर + सकार (d) तिरस: + कार

3. निम्नलिखित सन्धि विच्छेदों में से कौन एक सन्धि विच्छेद 'नीरव' शब्द के लिए सही है?
(a) नि: + रव (b) नी: + रव
(c) निर् + व (d) नीर् + व

4. ''मृत + मय'' विच्छेद से सन्धि करने पर जिस शब्द का निर्माण होगा, वह है—
(a) म्रितमय (b) मृतमय
(c) मृण्मय (d) मृनमय

5. 'भाग्य + उदय' विच्छेद को सन्धि करने पर जिस शब्द की रचना होगी वह है—
(a) भाग्योदय (b) भाग्यूदय
(c) भाग्यौदय (d) भाग्यदय

6. ''यथा + इष्ट' विच्छेद का सन्धि किए जाने पर जो शब्द बनेगा, वह है—
(a) यथीष्ट (b) यथैष्ट
(c) यथेष्ट (d) यथिष्ट

7. ''यथा + उचित'' विच्छेद के आधार पर जिस शब्द का निर्माण, सन्धि करने के बाद होगा, वह शब्द है—
(a) यथाचित (b) यथूचित
(c) यथोचित (d) यथ्यचित

8. निम्न सन्धि विच्छेदों में से कौन एक सन्धि विच्छेद 'व्युत्पत्ति' शब्द के लिए सही है—
(a) वि + उत्पत्ति (b) व्यू + उत्पत्ति
(c) व्य + उत्पत्ति (d) व्युत्प + अति

9. ''संसार'' शब्द का सही सन्धि विच्छेद है—
(a) सन् + सार (b) समस् + आर
(c) सम् + सार (d) स: + सार

10. निम्नलिखित सन्धि विच्छेदों में से 'समुदाय' शब्द के लिए सही सन्धि विच्छेद का चयन कीजिए—
(a) सम् + उदाय (b) सम् + दाय
(c) सम + ऊदाय (d) समु + अदाय

11. नीरोग में प्रयुक्त सन्धि का नाम है—
(a) स्वर संधि (b) व्यंजन संधि
(c) विसर्ग संधि (d) इनमें से कोई नहीं

12. निर्जन में प्रयुक्त संधि का नाम है—
(a) स्वर संधि (b) व्यंजन संधि
(c) विसर्ग संधि (d) इनमें से कोई नहीं

13. वातानुकूल में सही संधि-विच्छेद है—
(a) वात + अनुकूल (b) वात + अनूकुल
(c) वाता + अनुकूल (d) वाता + अनूकुल

14. ब्रह्मास्त्र का सही संधि-विच्छेद है—
(a) ब्रह्म + अस्त्र (b) ब्रह्मा + अस्त्र
(c) ब्रह्म + आस्त्र (d) ब्रह्मः + अस्त्र

15. उच्छवास का सही संधि-विच्छेद है—
(a) उच् + श्वास (b) उत् + श्वास
(c) उद् + ध्वास (d) उच्छ + वास

16. प्रत्युत्तर का सही संधि-विच्छेद है—
(a) प्र + त्युत्तर (b) प्रति + उत्तर
(c) प्रति + युत्तर (d) प्रत्यु + उत्तर

17. संतोष का सही संधि-विच्छेद है—
(a) सम् + तोष (b) सम + तोष
(c) सः + तोष (d) सन् + तोष

18. उज्ज्वल का सही संधि-विच्छेद है—
(a) उत् + जबल (b) उत् + ज्वल
(c) उत + जल (d) उत + ज्वल

19. विश्वामित्र का सही संधि-विच्छेद है—
(a) विश्व + मित्र (b) विश्वा + मित्र
(c) विश्वः + मित्र (d) विश्व + अमित्र

20. संगम का सही संधि-विच्छेद है—
(a) सम + गम (b) सम् + गम
(c) सङ् + गम (d) सन् + गम

21. भानूदय में प्रयुक्त संधि का नाम है—
(a) व्यंजन संधि (b) दीर्घ संधि
(c) गुण संधि (d) वृद्धि संधि

22. हरिश्चन्द्र में प्रयुक्त संधि का नाम है—
(a) स्वर संधि (b) व्यंज़न संधि
(c) विसर्ग संधि (d) इनमें से कोई नहीं

23. उल्लेख का सही संधि-विच्छेद है—
(a) उल् + लेख (b) उत् + लेख
(c) उल्ल + लेख (d) उ + आलेख

24. दिगम्बर का सही संधि-विच्छेद है—
(a) दिग् + अम्बर (b) दिक् + अम्बर
(c) दिग + अम्बर (d) दिक + अम्बर

25. निर्विकार में प्रयुक्त संधि का नाम है—
(a) स्वर संधि (b) व्यंजन संधि
(c) विसर्ग संधि (d) इनमें से कोई नहीं

26. श्रावण का सही संधि-विच्छेद है—
(a) श्रौ + अण (b) श्राव + अन
(c) श्राव + अण् (d) श्रौ + अन

27. सत्याग्रह का सही संधि-विच्छेद है—
(a) सत्या + ग्रह (b) सत + आग्रह
(c) सत्य + ग्रह (d) सत्य + आग्रह

28. निम्नलिखित सन्धि विच्छेदों में से कौन एक 'अन्यान्य' शब्द के लिए सही है—
(a) अन्य + आन्य (b) अन्य + अन्य
(c) अन् + यान्य (d) अ + न्यान्य

29. निम्नलिखित सन्धि विच्छेदों में से कौन एक 'अन्वित' शब्द के लिए उपयुक्त है—
(a) अनु + अय + इत (b) अनु + वित्
(c) अनु + अइत (d) अन्य + इत

30. 'अन्वेषण' शब्द के लिए नीचे दिए गए सन्धि विच्छेदों में से सही सन्धि विच्छेद का चयन कीजिए—
(a) अन्य + एषण (b) अन् + एषण
(c) अनु + एषण (d) अन्व + एषण

31. निम्न में से कौन एक सन्धि विच्छेद 'आद्यन्त' शब्द के लिए सही होगा—
(a) आद्य + अन्त (b) आदि + अन्त
(c) यदि + अन्त (d) आधि + अन्त

32. 'उन्नति' शब्द के लिए सही सन्धि विच्छेद निम्न में से कौन है?
(a) उन्न + इति (b) उन् + अति
(c) उत् + नति (d) उन् + इति

33. 'उन्नयन' शब्द के लिए निम्न में से कौन एक सही सन्धि विच्छेद है—
(a) उ + नयन (b) उन् + नयन
(c) उन्न + अयन (d) उत् + नयन

34. 'उज्ज्वल' शब्द के लिए सही सन्धि विच्छेद होगा—
(a) उज् + ज्वल (b) उत् + जवल
(c) उज्ज + वल (d) उत् + ज्वल

35. 'उद्भव' शब्द के लिए निम्न दिए गए सन्धि विच्छेदों में से कोई एक सही सन्धि विच्छेद है?
(a) उत् + भव (b) उद् + भव
(c) उद्द + भव (d) उक् + भव

36. 'तपोवन' शब्द का सही सन्धि विच्छेद क्या होगा? नीचे दिए सन्धि विच्छेदों में से चयन कीजिए—
(a) तप् + वन (b) तपो + वन
(c) तपः + वन (d) तप + वन

37. दो वर्णों के मेल से होने वाले विकार को कहते हैं—
(a) संधि (b) समास
(c) उपसर्ग (d) प्रत्यय

38. दयानन्द में प्रयुक्त संधि का नाम है—
(a) गुण संधि (b) दीर्घ संधि
(c) व्यंजन संधि (d) यण् संधि

39. सदैव में प्रयुक्त संधि का नाम है—
(a) व्यंजन संधि
(b) स्वर संधि
(c) विसर्ग संधि
(d) इनमें से कोई नहीं

40. निम्नांकित में से कौन-सा शब्द वृद्धि संधि का उदाहरण नहीं है?
(a) सदैव
(b) जलौघ
(c) गुरूपदेश
(d) परमौदार्य

उत्तरमाला

1. (a)	**2.** (b)	**3.** (a)	**4.** (c)	**5.** (a)	**6.** (c)	**7.** (c)	**8.** (a)	**9.** (c)	**10.** (a)	**11.** (c)
12. (c)	**13.** (a)	**14.** (a)	**15.** (b)	**16.** (b)	**17.** (a)	**18.** (b)	**19.** (d)	**20.** (b)	**21.** (b)	**22.** (c)
23. (b)	**24.** (b)	**25.** (c)	**26.** (d)	**27.** (d)	**28.** (b)	**29.** (a)	**30.** (c)	**31.** (b)	**32.** (c)	**33.** (d)
34. (d)	**35.** (a)	**36.** (c)	**37.** (a)	**38.** (b)	**39.** (b)	**40.** (c)				

□□□

13 मुहावरे

मुहावरे किसी भाषा की सम्पन्नता और समृद्धि के सूचक होते हैं। सामाजिक उन्नति या परिवर्तन के साथ नए मुहावरे भी जन्म लेते रहते हैं। इनके अध्ययन से समाज के विविध क्षेत्रों की गतिविधियों का आभास होता है। लेकिन इस बात का हमेशा ध्यान रखना चाहिए कि एक बार रूप ग्रहण करने के पश्चात् किसी मुहावरे की भाषा में परिवर्तन कदापि नहीं किया जा सकता है। जैसे कलम तोड़ना एक मुहावरा है जिसका अर्थ 'बहुत अच्छा लिखना'। अब यदि कोई कलम की जगह लेखनी रख कर कहे कि 'लेखनी तोड़ना' तो मुहावरा स्वीकार्य न होगा।

लक्षण–उपर्युक्त परिभाषाओं के आधार पर मुहावरे के निम्नलिखित लक्षण सिद्ध होते हैं–

- मुहावरा एक वाक्यांश है।
- वाक्यांश का सामान्य अर्थ महत्व का नहीं होता।
- वाक्यांश किसी विलक्षण, लाक्षणिक, विशेष या क्वचित् व्यंग्यार्थ को व्यक्त करता है।

विशेषताएँ–मुहावरे की कुछ विशेषताएँ होती हैं। इन्हें ध्यान में रखकर इनके सही प्रयोग के लिए निम्नलिखित विशेषताओं का उल्लेख किया गया है–

- मुहावरे पूर्ण वाक्य नहीं होते हैं।
- मुहावरे का प्रयोग स्वंत्रत रूप से नहीं होता, वाक्य में प्रसंगानुसार होता है।
- मुहावरे की रचना में लगे शब्द नहीं बदले जाते हैं।
- मुहावरे का सामान्य अर्थ नहीं विशिष्ट अर्थ लिया जाता है।
- **अगर-मगर करना** (टालमटोल करना)–मैं रोज तकादा करने आता हूँ और तुम अगर मगर करके टाल देते हो।
- **अपना उल्लू सीधा करना** (स्वार्थ सिद्ध करना)–राम बाबू को अभी तुम नहीं समझोगे। तुम्हारी आँखों के सामने वह अपना उल्लू सीधा कर लेंगे और तुम देखते ही रह जाओगे।
- **अग्नि परीक्षा** (कठिन जाँच)–एक मामूली धोबी के लाँछन लगाने पर सीताजी को भी अग्नि परीक्षा देनी पड़ी थी।
- **अक्ल के पीछे लट्ठ लिए फिरना** (मूर्खता करना)–तुम तो हमेशा हर काम बिगाड़ देते हो। अक्ल के पीछे लट्ठ लिए फिरते हो।
- **अक्ल चकराना** (कुछ समझ में न आना)–आँखों के सामने ट्रेन दुर्घटना देखकर उसकी अक्ल ही चकरा गई।
- **अंगारे उगलना** (क्रोध में कठोर वचन बोलना)–अपने विषय में अनर्गल सुनकर वह अंगारे उगलने लगा।
- **अंधेरे घर का उजाला** (एक मात्र पुत्र)–रमेश अपने सम्पूर्ण परिवार में अंधेरे घर का उजाला है।
- **अगिया बैताल** (कठिन और असम्भव कार्य करना)–रमेश ने बीच नदी में डूबते बच्चे को निकालकर अगिया बैताल किया।
- **अन्धे को दिया दिखाना** (व्यर्थ के कार्य करना)– आजकल के नवयुवकों को नैतिकता का उपदेश देना अंधे को दिया दिखाना है।
- **अपना सा मुँह लेकर रह जाना** (विफल मनोरथ रह जाना)–अब मैंने उसका झूठ सिद्ध कर दिया तो वह अपना सा मुँह लेकर रह गया।
- **अन्न जल उठना** (किसी स्थान से सम्बन्ध टूटने का समय आना) –जिला बदर होने के कारण रामू बदमाश का यहाँ से अन्न जल उठ गया।
- **अंगार सिर पर धरना** (कठिन दुःख सहना)–बचपन में ही माँ-बाप का निधन हो जाने के कारण अपने आरम्भिक जीवन काल में उसे अंगार सिर पर धरना पड़ा था।
- **अन्धा होना** (जान-बूझकर किसी बात पर ध्यान न देना)–पूरे काम को बिगाड़ कर रख दिया, लगता है, आप अन्धे को गये थे।
- **अंगारों पर लोटना** (रोष और जलन के मारे कुढ़ना)–छोटे भाई की उन्नति देखकर ईर्ष्यालु बड़े भाई की स्थिति अंगारों पर लोटने जैसी हो गई।
- **अंकुश न हो** (नियंत्रण न होना)–आजकल के लड़कों पर बड़ों का अंकुश नहीं है।
- **अंग-अंग ढ़ीला होना** (फुर्ती न रहना)–कड़ा परिश्रम करने के बाद अंग-अंग ढ़ीला हो जाता है।
- **अंगूठी का नगीना** (सुन्दर और सजीला)–अरे दूल्हा तो देखो। बिल्कुल अंगूठी का नगीना है।
- **अंटी मारना** (चाल चलना)–महेश के घर में ठग ने ऐसी अंटी मारी कि उसके घर के सभी सदस्यों को बेवकूफ बनाकर पैसा ले गया।
- **अंडा फूट जाना** (भेद खुल जाना)–चोर के साथी का पुलिस से मिल जाने पर अंडा फूट गया।
- **अंत पाना/लेना** (भेद जानना)–चाणक्य की नीति का अंत पाना कठिन है।
- **अपना ही राग अलापना** (अपनी कहना, दूसरे की न सुनना)–अपना ही राग अलापते रहोगे या कुछ मेरी भी सुनोगे ?
- **अपनी खिचड़ी अलग पकाना/अढ़ाई चावल की खिचड़ी अलग पकाना** (सबसे अलग विचार रखना, सबके साथ न चलना)–यदि सभी अपनी खिचड़ी अलग पकाने लगे तो देश और समाज की उन्नति होने से रही।
- **अपने पाँव पर कुल्हाड़ी मारना/अपने पैर आप कुल्हाड़ी मारना** (जान-बूझकर स्वयं को संकट में डालना)–अपने अधिकारी से झगड़ा करके उसने अपने पाँव पर कुल्हाड़ी मार ली है।
- **अपने पैरों पर खड़ा होना** (स्वावलम्बी होना)–मैं अपनी शादी तब करूँगा, जब अपने पैरों पर खड़ा हो जाऊँगा।
- **अमचुर हो जाना** (दुर्बल हो जाना/सूखकर काँटा हो जाना)–गर्मी के दिनों में इतना अधिक परिश्रम करके अमचुर हो गया हूँ।
- **अंधे की लकड़ी** (एक मात्र सहारा)–महेश अपने वृद्ध माता-पिता के लिए अंधे की लकड़ी है।

➪ **अथ से इति तक** (प्रारम्भ से समापन तक)–अध्येता को यह ध्यान रखना चाहिए कि अथ से इति तक का गम्भीर अध्ययन हो।

➪ **अंक में भरना** (प्यार से गोद में लेना)–वर्षों बाद घर पर आये बेटे को आगे बढ़कर वृद्ध पिता ने अंक में भर लिया।

➪ **अधर में लटकना** (दुविधा में पड़ा रह जाना)–अभी कोई फैसला नहीं हुआ है, सारा मामला अधर में लटका है।

➪ **अन्न न लगना** (खाकर भी सेहत न बनना)–डॉक्टर साहब मैं पौष्टिक खाना खाता हूँ फिर भी मालूम नहीं क्यों अन्न नहीं लगता।

➪ **अपनी खाल में मस्त रहना** (अपनी दशा से संतुष्ट रहना)–कोई माल मस्त, कोई हाल मस्त, हम हैं अपनी खाल में मस्त।

➪ **अग गिराना** (उत्साह न दिखाना)–श्याम शरीर से तो हट्टा-कट्टा है लेकिन काम के नाम पर अग गिराए रहता है।

➪ **अंग उभरना** (जवानी के लक्षण दिखाई देना)–सोलह साल की उम्र आते-आते लड़के-लड़कियों के अंग उभर आते हैं।

➪ **अंग नहीं समाना** (नहीं सम्भाल पाना)–जवानी का उफान सबके अंग नहीं समाता।

➪ **अक्ल चरने जाना** (अक्ल गायब हो जाना)–क्या तुम्हारी अक्ल चरने गई थी, जो तुम प्रशासन से जा भिड़े।

➪ **अल्लाह मियाँ की गाय** (अत्यन्त ही सीधा एवं सच्चा)–व्यर्थ में ही रमेश से क्यों लड़ते हो, वह बेचारा तो अल्लाह मियाँ की गाय है।

➪ **अंगूठा चूमना** (चापलूसी करना)–आज के युग में अधिकारियों के अंगूठे चूमने पर ही कार्य जल्दी होते हैं।

➪ **अपनी नाम कटाकर दूसरे का सगुन बिगाड़ना** (दूसरे की थोड़ी हानि करने के लिए अपनी बड़ी हानि कर लेना)–अपनी नाक कटाकर दूसरे का शगुन बिगाड़ने वाले बहुत ईर्ष्यालु और विद्वेषी होते हैं।

➪ **अपना रख पराया चख** (अपना बचाकर दूसरों का हड़प करना) –अपना रख पराया चख वाली मनोवृत्ति के लोग समाज के बहुत बड़े दुश्मन हैं।

➪ **अंधेरे मुँह** (उजाला होने से पूर्व)–गनेश प्रतिदन अँधेरे मुँह टहलने जाता है।

➪ **अक्ल की रोटी खाना** (बुद्धिजीवी होना)–वकील और पत्रकार तो अक्ल की रोटी खाते हैं।

➪ **अँतड़ियों में बल पड़ना** (पेट दुखने लगना)–चुटकुला सुनकर हँसते-हँसते मेरी अँतड़ियों में बल पड़ गए।

➪ **अन्न का कन्न** करना (अच्छी चीज को खराब करना)–रामू कोई काम ढंग से नहीं कर पाता, केवल अन्न का कन्न करना जानता है।

➪ **अरमान निकालना** (इच्छायें पूरी करना)–बेरोजगार लोग नौकरी मिलने पर पहले अरमान निकालने की सोचते हैं।

➪ **अपना किया पाना** (कर्म का फल भोगना)–बेहूदों को जब मुँह लगाया है, तो अपमान सहना ही पड़ेगा अपना किया तो पाओगे ही।

➪ **आँखों में खून उतरना** (गुस्से से आँखें लाल हो जाना)–गुंडे की हरकत देखकर मेरी आँखों में खून उतर आया।

➪ **आँखों में गड़ जाना** (पाने की इच्छा होना)–शिल्पी की बनाई मूर्ति मेरी आँखों में गड़ गई।

➪ **आँखों में सरसों फूलना** (विवेक न होना)–क्या तुम्हारी आँखों में सरसों फूली है कि अपना भला-बुरा नहीं सोच सकते।

➪ **आँच न आने देना** (जरा सा भी कष्ट न होने देना)–तुम्हारे शत्रु से मैं निपट लूँगा, तुम पर आँच न आने दूँगा।

➪ **आँचल पकड़ना** (सहारा लेना)–जब तुम्हारा आँचल पकड़ लिया है तो मुझे क्या चिन्ता।

➪ **आँधी के आम** (सस्ती चीजें)–अरे भैया, ये आँधी के आम हैं, हर माल पाँच रुपए में ले लो।

➪ **आँसू पोंछना** (ढाढ़स बँधाना)–बेचारे की मुसीबत में आँसू पोंछने वाला भी कोई न था।

➪ **आकाश चूमना या आकाश से बातें करना** (बहुत ऊँचा होना) –दिल्ली की कुछ इमारतें आकाश चूमती हैं।

➪ **आग पर तेल छिड़कना** (और भड़काना)–दोनों से सुलह-सफाई कराने की बजाय तुम तो लगे हो आग पर तेल छिड़कने में।

➪ **आग पर पानी डालना** (झगड़ा मिटाना)–मैने दोनों को समझा-बुझाकर आग पर पानी डाल दिया और उनमें सुलह हो गई।

➪ **आग पानी या आग और फूल का बैर होना** (स्वाभाविक शत्रुता होना)–दोनों पार्टियों में या साँप और नेवले में आग पानी का बैर है।

➪ **आग बबूला होना** (बहुत गुस्सा होना)–शिव धनुष टूटा तो परशुराम आग बबूला हो गए।

➪ **आग में कूदना** (जान जोखिम में डालना)–हमारे जवान देश के लिए आग में कूदने को तैयार रहते हैं।

➪ **आँख लगना** (झपकी आना)–रात 2 बजे तक जागता रहा, फिर जरा आँख लग गई।

➪ **आँखें चार होना** (आमने-सामने होना)–आँखें चार होते ही वह शर्मा गई।

➪ **आँखें तरेरना** (क्रोध से देखना)–वह आँखें तरेरकर बोली–चल, हट यहाँ से दूर हो जा।

➪ **आँखें नीची होना** (लज्जित होना)–तुम्हारी करतूत से मेरी आँखें नीची हो गईं।

➪ **आँखें पथरा जाना** (आँखें थक जाना)–तुम्हारी प्रतीक्षा में मेरी आँखें पथरा गईं।

➪ **आँखें बिछाना** (प्रेम से स्वागत करना)–दुलहिन वरमाला पहनाने के लिए आँखें बिछाए खड़ी थी।

➪ **आँखों का काजल चुराना** (गहरी चोरी कर लेना)–गार्ड सोते रह गए और चोर सेठजी की आँखों का काजल चुरा ले गये।

➪ **आग लगाकर तमाशा देखना** (झगड़ा पैदा करके खुश होना)–बुरे लोग पड़ोसियों में आग लगाकर तमाशा देखते हैं।

➪ **आगे का पैर पीछे पड़ना** (किस्मत उल्टी होना)–मैं जो भी काम करता हूँ आगे का पैर पीछे पड़ता है।

➪ **आटे के साथ घुन पिसना** (दोषी के साथ निर्दोष की भी हानि होना) –साथ में इस गरीब लड़के को क्यों फँसा रहे हो, आटे के साथ घुन पिस रहा है।

➪ **आठ-आठ आँसू रोना** (बहुत पछताना)–पत्नी को तलाक देने के बाद वह आठ-आठ आँसू रोता था।

➪ **आड़े हाथों लेना** (बातों से लज्जित कर देना)–बहस में मैंने विरोधी को आड़े हाथों लिया।

➪ **आपे से बाहर होना** (क्रोध में अपने वश में न रहना)–हमारा अफसर ज़रा-ज़रा सी बात पर आपे से बाहर हो जाता है।

➪ **आव देखा न ताव** (बिना कारण)–आव देखा न ताव, उसने बच्चे को पीटना शुरू कर दिया।

➪ **आसन डोलना** (विचलित होना)–धन और स्त्री पाने के लिए बड़ों-बड़ों का आसन डोल जाता है।

➪ **इशारों पर नाचना** (किसी की इच्छाओं का तुरंत पालन करना)–गाउदी आदमी है, अपनी पत्नी के इशारों पर नाचता है।

- **ईंट का जवाब पत्थर से देना** (क्रिया के जवाब में कड़ी प्रतिक्रिया/दुष्ट के साथ दुष्टता का व्यवहार करना बराबर कर देना)–भारत को चाहिए कि अब धैर्य छोड़कर पाकिस्तान को ईंट का जवाब पत्थर से दे।
- **उल्लू बोलना** (उजाड़ हो जाना)–गुजरात में आए भूकंप से भुज और कच्छ क्षेत्रों में उल्लू बोलने लगे।
- **उल्लू सीधा करना** (काम निकालना, स्वार्थ सिद्ध करना)–विकास कार्यालय में राम बहुत ही चालाक है। वह सभी अधिकारियों से अपना उल्लू सीधा कर लेता है।
- **उधार खाए बैठना** (प्रतीक्षा में रहना)–महेश अपने दुश्मन से बदला लेने को उधार खाए बैठा है।
- **उँगली उठाना** (आलोचना करना)–जीवन में ऐसा कार्य मत करो, जिससे लोग उंगली उठाएं।
- **उल्लू का पट्ठा** (मूर्ख)–कालिदास पेड़ की जिस डाल पर बैठे थे, उसी को काटने के कारण, उन्होंने उल्लू का पट्ठा वाला मुहवरा सिद्ध कर दिया।
- **उल्लू फँसाना** (मूर्ख बनाकर काम निकालना)–रामू ने परीक्षा के दिनों में श्याम से किताबें लेकर उसे अच्छा उल्लू फँसाया।
- **उठ जाना** (मरना)–ईद के ही दिन सड़क दुर्घटना में बूढ़े मौलवी साहब इस संसार से उठ गए।
- **उल्टी पट्टी पढ़ाना** (बहकाना)–न जाने किसने उसको उल्टी पढ़ा दी, कि वह मुझे भी इस प्रकरण में दोषी समझ रहा है।
- **उबल पड़ना** (एक दम क्रोधित हो जाना)–मास्टरजी बच्चों की जरा सी गलती पर उबल पड़ते हैं।
- **उन्नीस पड़ना/होना** (कुछ घटकर होना)–रामू बुद्धि से महेश से उन्नीस पड़ता है।
- **उल्टी माला फेरना** (अनिष्ट की कामना करना)–अक्सर देखने में आया है कि लोग पड़ोसी की उन्नति नहीं देखते और उनके नाम की उल्टी माला फेरते हैं जो कि बुरी बात है।
- **उल्टे उस्तरे (छुरे) से मुड़ना** (मूर्ख बनाकर स्वार्थ सिद्ध करना)–प्रयाग में गंगा किनारे पंडों ने तीर्थ यात्रियों को उल्टे उस्तरे से मूँड़ लिया।
- **उतार चढ़ाव देखना** (अनुभव प्राप्त करना)–तुम्हें शायद नहीं मालूम कि इन सफेद बालों ने कितने उतार-चढ़ाव देखे हैं।
- **उल्लू बनाना** (मूर्ख बनाना)–रमेश ने दिनेश को उल्लू बनाकर अपना काम निकाल लिया।
- **उर्वशी होना** (प्रिय होना)–मेरी पत्नी मेरे लिए तो उर्वशी है।
- **उल्टा तवा** (अत्यधिक काला)–कलुआ तो बिल्कुल उल्टा तवा है।
- **ऊँगली पर नाचना** (वश में रखना)–कुछ प्रेमिकाएँ अपने प्रेमियों को उंगली पर नचाती हैं।
- **ऊँचे-नीचे पैर पड़ना** (बुराई में पड़ जाना)–उठती जवानी में यही डर रहता है कि लड़के के पैर ऊँचे नीचे न पड़ जाएँ।
- **ऊँची दुकान के फीके पकवान** (आडम्बर ही आडम्बर)– वर्तमान युग में सन्तों के क्रिया-कलाप ऊँची दुकान फीके पकवान ही सिद्ध हो रहे हैं।
- **ऊँट किस करवट बैठे** (परिणाम का संदिग्ध होना)–रूस एवं अमरीका में परस्पर द्वेष की आग भड़क रही है, देखें ऊँट किस करवट बैठता है।
- **ऊँट की चोरी निहुरे-निहुरे** (किसी निन्दित, किन्तु बड़े कार्य को गुप्त रीति से करने की चेष्टा करना)–उसने आज घोटाला करने की चेष्टा इस प्रकार से किया कि ऊँट की चोरी निहुरे-निहुरे सिद्ध कर दिया।
- **ऋद्धि-सिद्धि पाना** (समृद्धि और सफलता पाना)– पोखरण में हुए परमाणु बम के परीक्षण से भारत को ऋद्धि-सिद्धि प्राप्त हुई है।
- **एक आँख से देखना** (सबको बराबर समझना)–माँ-बाप बच्चों को एक आँख से देखते हैं।
- **एक घाट का पानी पीना** (एकता और सहनशील होना)–राजा भोज के समय बकरी और शेर एक घाट पानी पीते थे।
- **एक ही थैली के चट्टे-बट्टे** (एक जैसे चरित्र और विचार के लोग)–यह ठग और वह धोखेबाज दोनों एक ही थैली के चट्टे-बट्टे हैं।
- **एड़ियाँ रगड़ना** (बहुत दौड़-धूप करना)–बेचारा कई महीनों से नौकरी के लिए एड़ियाँ रगड़ता फिरता है।
- **ऐबों पर पर्दा डालना** (अवगुण छिपाना)–आजकल आमतौर पर लोग झूठ-सच बोलकर अपने ऐबों पर पर्दा डाल लेते हैं।
- **ऐन-गैन** (ठीक वैसा ही)–जैसा राम के पिताजी का स्वभाव है ऐन-गेन राम का भी है।
- **ऐसी-वैसी बात करना** (ओछी बात करना)–आज आपने फिर ऐसी-वैसी बात करनी प्रारम्भ कर दी।
- **ऐरा-गैरा नत्थू खेरा** (सामान्य व्यक्ति)–आज ऐसा समय आ गया है कि हर ऐरा, गैरा, नत्थू खेरा भी राजनेता बनकर अधिकारियों पर रौब गाँठना चाह रहा है।
- **ऐब निकालना** (दोष निकालना)–रमेश हमेशा ही दूसरों में ऐब निकालता रहता है।
- **ऐंठ कर रह जाना** (मन मसोस कर रह जाना)–मैं निर्बल व गरीब हूँ इसलिए उसके दुर्व्यवहार पर मैं ऐंठ कर रह गया।
- **ओखली में सिर देना** (जानबूझ कर संकट मोल लेना)–पाकिस्तान ने भारत में अपरोक्ष रूप से आतंकवाद को बढ़ावा देकर ओखली में सिर दे दिया है।
- **ओठ चबाना** (क्रोध में आ जाना)–रामू करेला से चिढ़ता है। उसके सामने जब भी कोई करेला कहता है। वह ओठ चबाने लगता है।
- **ओठ चिपकाना** (खूब मीठा होना)–ऐसी चाय स्वास्थ्य के लिए हानिकारक है जिसे पीने से ओठ चिपकने लगे।
- **ओझाई करना** (भूत-प्रेत झाड़ना, रूठे व्यक्ति को मनाना)शीला को हिस्टोरिया की बीमारी है उसे अस्पताल ले जाओ, ओझाई मत करो।
- **ओठ तक न हिलना** (मुख से शब्द न निकलना)–शीला ने रामू से शादी करने से अचानक इन्कार कर दिया वह सुनकर रामू के ओठ तक नहीं हिले।
- **ओस पड़ जाना** (शर्म-शर्म हो जाना)–शीला और रामू छुपकर फिल्म देखने गये थे। वहाँ पर मुझे देखते ही दोनों पर ओस पड़ गई।
- **ओठ बिचकाना** (घृणा प्रकट करना)–न जाने क्यों मुझे देखते ही शीलू ओठ बिचकाने लगती है।
- **औघट चाल चलना** (असली रास्ता छोड़कर चलना)–वह स्कूल से आते समय हमेशा औघट चाल चलता है।
- **औंधे मुँह गिरना** (पराजित होना)–आज अखाड़े में राम को पहलवान ने ऐसा दाँव मारा कि वह फौरन औंधे मुँह गिर गया।
- **औचट में पड़ना** (संकट में पड़ना)–पाकिस्तानी टीम अपनी खराब गेंदबाजी के कारण आज औचट में पड़ गई।
- **और का और हो जाना** (बदल जाना)–मैंने सोचा कुछ था लेकिन और का और ही हो गया।
- **काजल की कोठरी** (कलंक लगने का स्थान)–वेश्या मंडी काजल की कोठरी है, उधर जो जाएगा बदनामी तो होगी ही।

➪ **काठ का उल्लू** (महामूर्ख)–उसे कोई क्या समझाइए, बिल्कुल काठ का उल्लू है।

➪ **कान कतरना** (मात करना)–चापलूसी में वह बड़े-बड़े खुशामदियों के कान कतरता/काटता है।

➪ **कान खोलना** (सावधान कर देना)–कान खोलकर सुना

➪ **कान गरम करना** (पीटना)–शरारत करोगे तो तुम्हारे कान गरम कर दूँगा।

➪ **कान पकड़ना** (गलती मान लेना)–मैं कान पकड़ता हूँ आइंदा ऐसी भूल नहीं होगी।

➪ **कान भरना** (चुगली करना)–मंथरा राम के विरुद्ध कैकेयी के कान भरती रहती थी।

➪ **कान में डाल देना** (सुना देना)–मैंने लड़के के बाप के कान में डाल दिया कि इसके लच्छन अच्छे नहीं हैं।

➪ **कान में तेल डाले बैठना** (सुनकर भी ध्यान न देना)–मैंने बहुत कहा पर वह कान में तेल डाले बैठा रहा।

➪ **काम आना** (शत्रु के हाथों मारा जाना)–देश की रक्षा करते हुए सैकड़ों जवान रण में काम आए।

➪ **काया पलट करना** (और ही रूप हो जाना)–पाँच वर्ष में गाँव की काया पलट गई है।

➪ **काला नाग** (खोटा या घातक आदमी)–ऐसे आदमी से बचकर रहना, वह काल नाग है।

➪ **काले कोसों** (बहुत दूर)–जवानों को कश्मीर में काले कोसों न जाने कहाँ तैनात किया गया है।

➪ **किरकिरा हो जाना** (विघ्न पड़ना)–बारिश हो जाने से पिकनिक का सारा मजा किरकिरा हो गया।

➪ **कंधे से कंधा छिलना** (भारी भीड़ होना)–मेलों-ठेलों में यात्रियों के कंधे से कंधा छिलता है।

➪ **कच्चा चिट्ठा खोलना** (सब भेद खोल देना)–मेरा हिस्सा दे दो, नहीं तो तुम्हारा सारा कच्चा चिट्ठा खोल दूँगा।

➪ **कटे पर नमक छिड़कना** (दुःखी को और दुःखी करना)–वह उदास बैठा है, ऊपर से उसे चिढ़ाते हो, कटे पर नमक मत छिड़को।

➪ **कदम उखड़ना** (भाग खड़े होना)–हमारी सेनाओं की मार से शत्रु के कदम उखड़ने लगे।

➪ **कमर कसना** (तैयार हो जाना)–उन्होंने कमर कस ली और हल चलाने निकल पड़े।

➪ **कलम का धनी** (अच्छा लेखक)–निराला जी कलम के धनी थे।

➪ **कलम तोड़ना** (बढ़िया लिखना)–प्रसाद ने 'कामायनी' क्या लिखी, कलम तोड़ दी।

➪ **कली खिलना** (खुश होना)–तुम आ जाते हो तो मेरे दिल की कली खिल जाती है।

➪ **कलेजा ठंडा होना** (मन को शांति मिलना)–बेटा पास हो गया, माँ का कलेजा ठंडा हुआ।

➪ **कलेजे का टुकड़ा** (बहुत प्यारा बेटा)–मेरा प्यारा बेटा मेरे कलेजे का टुकड़ा है।

➪ **कहा-सुनी होना** (झगड़ा होना)–मामूली-सी बात पर पड़ोसियों में कहा-सुनी हो गई।

➪ **काँटे बिछाना** (अड़चने पैदा करना)–चाहे उसने मेरी राह में जितने काँटे बिछाए, पर मेरें लड़के का विवाह उसी घर में हुआ।

➪ **काँटों पर घसीटना** (संकट में डालना)–भाई, तुग आपस में फैसला कर लो, मुझे काँटों में मत घसीटो।

➪ **कोई दम भर का मेहमान होना** (मरने के करीब होना)–डाक्टर ने कह दिया है वह लाइलाज है और कोई दम भर का मेहमान है।

➪ **कोढ़ में खाज होना** (दुःख में दुःख होना)–लड़का खो गया, उसकी माँ बेहोश पड़ी है–कोढ़ में खाज।

➪ **खेत रहना** (युद्ध में मारा जाना)–महाभारत के युद्ध में अगणित वीर खेत रहे।

➪ **खून सवार होना** (मरने-मारने को तैयार हो जाना)–बहन के बलात्कार की घटना ने उसके अन्दर तूफान खड़ा कर दिया। अभियुक्तों के विरुद्ध बदले की भावना व आक्रोश के कारण अब उसके सिर पर खून सवार है।

➪ **खूनी हाथ** (हत्यारे के हाथ)–उमाकान्त की हत्या करने के बाद उसके हाथ खूनी हो गए।

➪ **खून के घूँट होना** (अपमान सहना)–ससुराल में अपने माँ-बाप के विषय में अपमानजनक बातें सुनकर शीला खून के घूँट पीकर रह गई।

➪ **खेल खेलाना** (परेशान करना)–हफ्तों से तुम्हारे ही चक्कर लगा रहा हूँ, कब तक खेल-खेलाते रहोगे।

➪ **खिचड़ी पकाना** (अंदर-अंदर षड्यन्त्र रचना)–पता लगाओ कि इस चुनाव में मेरे विरोधी क्या खिचड़ी पका रहे हैं।

➪ **खुले हाथ** (उदारता से)–सेठ जमुनादास धार्मिक कार्यों हेतु खुले हाथ से दान देते हैं।

➪ **गाल फुलाना** (रूठना)–मैं क्या करूँ, जरा-जरा सी बात पर गाल फुला लेता है।

➪ **गाल बजाना** (डींग हाँकना)–किस बल-बूते गाल बजाते फ़िरते हो।

➪ **गिन-गिन कर पैर/ कदम रखना** (बहुत सावधानी से बढ़ना)–खबरदार रहना और जो काम करो, गिन-गिन कर कदम रखो।

➪ **गिरगिट की तरह रंग बदलना** (एक रंग-ढंग न रखना)–आज यों कहते हो, कल कुछ और कह रहे थे, परसों और तुम तो रोज गिरगिट की तरह रंग बदलते हो।

➪ **गीदड़ भभकी** (दिखावटी धमकी)–वह तुम्हें जानते हैं, इसीलिए तुम्हारी गीदड़ भभकियों से डरते नहीं।

➪ **गुल खिलाना** (कोई बखेड़ा खड़ा करना)–बड़ा फसादी आदमी है, रोज कोई न कोई नया गुल खिलाता है।

➪ **गुस्सा पी जाना** (क्रोध रोकना)–बात तो बुरी लगी पर मैं गुस्सा पी गया और चुप रहा।

➪ **गाजर मूली समझना** (तुच्छ समझना)–मेरे हाथ चढ़ोगे तो पता चल जाएगा, क्या तुमने मुझे गाजर मूली समझ रखा है।

➪ **गाढ़े का साथी** (संकट का साथी)–तुम्हारे जैसे मेरे गाढ़े के साथ हैं तभी तो इस मुसीबत को भी सह लूँगा।

➪ **घोट कर पी जाना** (एक-एक अक्षर याद कर लेना)– परीक्षा के दिनों में नीतू पुस्तक को घोंट कर पी जाती है।

➪ **घूँघट की लाज** (सतीत्व की मर्यादा)–आज उसने गुंडों से जमकर मुकाबला करते हुए अपने घूँघट की लाज रख ली।

➪ **घिग्घी बँधना** (डर के मारे बोल न पाना)–पुलिस लॉकअप में अच्छे-अच्छे की घिग्घी बँध जाती है।

➪ **घोड़े के आगे गाड़ी रखना** (उल्टा कार्य करना/विरुद्ध गामी)–तुम्हारे जैसे शिक्षित एवं योग्य व्यक्ति से मैं उम्मीद नहीं करता था कि घोड़े के आगे गाड़ी रखोगे।

➪ **घोड़े पर चढ़े आना** (उतावली में आना)–थोड़ा धैर्य रखकर आया करो यहाँ हर काम नियमपूर्वक होता है। घोड़े पर चढ़े आने से कभी नहीं होगा।

➪ **घर काटने को दौड़ना** (दिल न लगना, सूनापन अखरना)–इकलौती बेटी सीमा की शादी के बाद मानों घर काटने को दौड़ता है।

➪ **घर करना** (पूरी तरह से रच-बस जाना)–उसका प्रदर्शन देखने के बाद ही से उसकी कला ने मेरे अन्दर घर कर लिया।

➪ **चार दिन की चाँदनी** (थोड़े दिनों का सुख)–धन-दौलत पर मत इतराइए, बस चार दिन की चाँदनी है।

➪ **चारपाई से लगना** (बीमारी से उठ न पाना)–मियादी बुखार के कारण वह चारपाई से लग गया है।

➪ **चिकना घड़ा** (बेशर्म)–लाख उपदेश दो, कोई कसर नहीं, वह तो है ही चिकना घड़ा।

➪ **चित से उतरना** (भूल जाना)–रुपया नहीं लाया हूँ, चित से उतर गए थे।

➪ **चिराग तले अँधेरा होना** (अपने पास का वातावरण ठीक न होना) –प्रोफेसर साहब के लड़के ने चार क्लास पढ़ के छोड़-छाड़ दिया है। है न चिराग तले अँधेरा।

➪ **चींटी के पर निकलना** (नष्ट होने के करीब होना)–लड़का खूब गुलछर्रे उड़ा रहा है, अब चींटी के पर निकल आए हैं।

➪ **चुटिया हाथ में होना** (वश में होना)–जिसकी चुटिया हाथ में हो, उससे जो चाहो करा लो।

➪ **चुल्लुओं लहू पीना** (बहुत परेशान करना), चुल्लुओं लहू पी रहा हूँ, उससे कैसे जान छूटे।

➪ **चूल्लू भर पानी में डूब मरना** (शर्म के मारे मुँह न दिखाना)–इतना भारी पाप, तुम्हें तो चुल्लू भर पानी में डूब मरना चाहिए।

➪ **छुरी-कटारी दिखाना** (मारने की धमकी देना)–चोरों ने उससे पैसा छीनने के लिए छुरी-कटारी दिखा दी।

➪ **छूछे हाथ** (रुपये-पैसे से खाली हाथ)–शादी में अधिक खर्च हो जाने के कारण दिनेश के हाथ छूछे हो गए।

➪ **छोटी हँड़िया** (छोटे दिल का)–महेश से "पार्टी" की उम्मीद करना व्यर्थ है वह तो हमेशा से ही छोटी हंड़िया है।

➪ **छोह दिखाना** (ऊपरी प्रेम प्रकट करना)–वह तो हमेशा ही राम के प्रति छोह दिखाती है।

➪ **छुरी तेज करना** (हानि करने की तैयारी करना)–ईश्वर करें कि किसी को भी छुरी तेज करने वाला पड़ोसी न मिले।

➪ **छुरी-तले दबाना** (कष्ट देना)–मोहन तो हमेशा ही श्याम की छुरी तले दबा रहता है।

➪ **छाती पर मूँग दलना** (निरन्तर दुःख देना, पास रहकर कष्ट देना) –किराया न देकर भी मकान में रहकर वह मकान मालिक की छाती पर मूँग दल रहा है।

➪ **छक्का पंजा भूलना** (कुछ भी याद न रहना)–जो परीक्षार्थी कुछ देर पहले चहक रहा था। प्रश्न-पत्र देखे ही छक्का पंजा भूल गया।

➪ **जंगल में मंगल होना** (उजाड़ में चहल-पहल होना)–यहाँ वार्षिक मेला लगता है तो जंगल में मंगल हो जाता है।

➪ **जड़ खोदना/काटना** (समूल नष्ट करना)–चाणक्य ने नंदवंश की जड़ ही खोद दी।

➪ **जबान काट कर देना** (वादा करना)–जब जबान काट कर दे दी है तो निभाएँगे अवश्य।

➪ **जबान पर चढ़ना** (याद आना)–उसका नाम इस समय मेरी जबान पर चढ़ रहा है।

➪ **जमीन में गड़ना** (लज्जा से सिर नीचा होना)–लड़के की करतूतों का किस्सा सुना तो मैं तो जमीन में गड़ गया।

➪ **जलती आग में तेल डालना** (और भड़काना)–रूठे हुए लड़कों को डाँट-डपट कर तुमने जलती आग में तेल डाल दिया।

➪ **जली-कटी सुनाना** (बुरा-भला कहना)–जब विनोद ने व्यंग्य किया तो विमल ने उसे जली-कटी सुनाकर चुप करा दिया।

➪ **ज़हर उगलना** (कड़वी बातें कहना)–एक उम्मीदवार अपने विरोधी के खिलाफ ज़हर उगलता रहा।

➪ **ज़हर की पुड़िया** (झगड़ालू औरत)–क्रोधी बुढ़िया है ज़हर की पुड़िया है।

➪ **झाड़ू फेरना** (नष्ट करना)–वार्षिक परीक्षा के दौरान बुखार ने मोहन की सारी मेहनत पर झाड़ू फेर दिया।

➪ **झगड़ा मोल देना** (जान-बूझकर झगड़ा में पड़ना)–श्याम झगड़े से बार-बार परहेज कर रहा है, किंतु रघु है कि झगड़ा मोल लेने पर उतारू है।

➪ **झड़ी लगा देना** (अधिक परिमाण में उपस्थित करना) आज तो थियेटर में गंगाधर ने अपने अभिनय द्वारा पुरस्कारों की झड़ी लगा दी।

➪ **झाँसा देना** (टरका देना, धोखे में डालना)–लिपिक ने मुझे झाँसा देकर टरका दिया और आज के दिन कोई काम नहीं किया।

➪ **टका-सा जवाब देना** (साफ इन्कार करना)–मैंने उधार माँगा तो उसने टका सा जवाब दे दिया।

➪ **टका-सा मुँह लेकर रह जाना** (लज्जित हो जाना)–जब मैंने उसकी पोल खोली तो वह टका-सा मुँह लेकर रह गया।

➪ **टट्टी की आड़ में शिकार खेलना** (छिपे-छिपे किसी के विरुद्ध कुछ करना)–हिम्मत हो तो सामने आओ क्या टट्टी की आड़ में ही शिकार खेलते रहोगे।

➪ **टेढी खीर** (कठिन काम)–हिमालय की चोटी पर चढ़ना टेढ़ी खीर तो है ही।

➪ **टपक पड़ना** (अकस्मात आ जाना)–मैं तो आपस में अपने मित्रों से बात कर रहा था, तुम बीच में टपक पड़े।

➪ **टूट पड़ना** (अचानक हमला कर देना)–ढाका में पाकिस्तानी फौज पर भारतीय सेना ऐसी टूट पड़ी कि उनके छक्के छूट गए।

➪ **टोह लेना/लगाना** (पता लगाना)–गुप्तचर हत्यारों की टोह लगा रहे हैं।

➪ **टका सा मुँह लेकर रह जाना** (लज्जित होकर जाना)- जब मैंने उसे उधर देने से साफ इन्कार कर दिया तब वह टका सा मुँह लेकर रह गया।

➪ **टीम टाम करना** (दिखावटी शान-शौकत करना)- थोड़ा-सा भी धन हो जाने पर लोग टीम टाम करने लगते हैं।

➪ **ठौर रहना** (मारा जाना, काम आना)–उसके घृणित कार्यों का ही प्रतिफल है कि वह इस तरह से ठौर रहा।

➪ **ठन-ठन गोपाल** (खोखला)–बोलता बहुत है लेकिन है भीतर से ठन-ठन गोपाल।

➪ **ठण्डी साँस लेना** (दुखी होना)–जब से शालिनी ने शादी से इन्कार कर दिया है तब से कमलेश ठण्डी साँसें ले रहा है।

➪ **ठुकरा देना** (अस्वीकार कर देना)–छुट्टी के प्रार्थना-पत्र को प्रधानाचार्य ने ठुकरा दिया।

➪ **ठकुर-सुहाती करना** (हाँ में हाँ मिलाना, चापलूसी की बातें)–आजकल लोग ठकुर-सुहाती कला में निपुण होते जा रहे हैं।

➪ **डॉवाडोल होना** (अव्यवस्थित होना)–पिछले कुछ दिनों से उसकी पूरी गृहस्थी डाँवाडोल हो गई है।

➪ **डील-डौल होना** (हृष्ट-पुष्ट होना)–दारासिंह का वास्तव में अच्छा डील-डौल है।

➪ **ड्योढ़ी का खुलना** (दरबार में आने-जाने की आज्ञा मिलना)–चन्द्रास्वामी के लिए हर समय प्रधानमंत्री की ड्योढ़ी खुली रहती थी।

➪ **डंका बजना** (शोहरत होना)–सचिन तेंदुलकर द्वारा दस हजार रन पूरा कर लेने पर दुनिया भर में बल्लेबाजी में उसका डंका बज गया है।

➪ **डकार जाना** (माल पचा जाना)–चंदे का पूरा पैसा अध्यक्ष ने अकेले ही डकार लिया।

➪ **डंक मारना** (बिच्छू का काटना, कटु वचन कहना)–ऐसा कटु वचन कहकर आप डंक मारने के समान कार्य कर रहे हैं।

➪ **डग भरना** (कदम बढ़ाना)–पर्वतारोहियों के दल ने एवरेस्ट पर जाने के लिए डग भरने प्रारम्भ कर दिए।

➪ **डण्डा बजाते फिरना** (बेकार घूमना फिरना)–किसी कार्य विशेष के न होने पर इस तरह से डण्डा बजाते फिरना अच्छा नहीं है।

➪ **ढेर करना** (मारकर गिरा देना)–भारतीय सेना ने कारगिल युद्ध में पाकिस्तानी सेना के कई जवानों को ढेर कर दिया था।

➪ **ढेर हो जाना** (गिरकर मर जाना)–छत से गिरते ही मजदूर ढेर हो गया।

➪ **ढोलना हाथों पर होना** (हर समय कुरान शरीफ की कसम खाना) –(मुस्लिम कहावत)–अधिकतर झूठ बोलने वाले किसी से कुछ कहते समय ढोलना हाथों पर लिए रहते हैं।

➪ **ढील देना** (आजाद छोड़ देना, नियन्त्रण न रखना)–परीक्षा कक्षा में निरीक्षक ढील देकर छात्रों के जीवन से खिलवाड़ करते हैं।

➪ **तख्ता उलटना** (सरकार बदलना)–एक फौजी जरनैल ने उस देश का तख्ता उलट दिया।

➪ **तलवा खुजलाना** (यात्रा करने को होना)–मेरे तलवे खुजला रहे हैं, कहीं जाना पड़ेगा।

➪ **ताक पर धरना/रखना** (हटा देना)–अपनी योजना ताक पर रख दो, यह नहीं चलेगी।

➪ **तेवर चढ़ाना** (गुस्सा होना)–अजीब मिजाज का आदमी है,जब देखो तेवर चढ़ाए रहता है।

➪ **त्रिशुंक होना** (अधर में लटकना)–हम न इधर के रहे न उधर के हुए, त्रिशंकु होकर रह गए।

➪ **टाँगे का घोड़ा होना** (पिस-पिसकर काम करना)–यह तो अन्याय है मिल के मजदूर तांगे का घोड़ा हों, और तुम गुलछर्रे उड़ाते रहो।

➪ **तारीफ के पुल बाँधना** (झूठी प्रशंसा करना)–मुख्यमंत्री की प्रशंसा में विधायक जी ने तारीफ के पुल बाँध दिए।

➪ **तीसमार खाँ बनना** (काबिल बनना)–जतिन को टी.वी. काम तो आता नहीं फिर भी तीसमार खाँ बना फिरता है।

➪ **तन पर एक सूत न होना** (वस्त्र-हीन रहना)–कुंभ मेला में भयंकर सर्दी में भी नागा साधुओं के तन पर एक सूत नहीं था।

➪ **थूक कर चाटना** (प्रतिज्ञा भंग करना)– कभी तो अपनी जबान पूरी किया करो, सदा ही तुम थूक कर चाट लेते हो।

➪ **थैली खोलना** (अधिक खर्च करना)– अपने परिवार के सुख के लिए हर व्यक्ति हमेशा ही थैला खोले रहता है।

➪ **थोथी बातें** (केवल बातें) – बाबाजी को बड़बड़ाने और बोलते रहने की आदत है। अब किसके पास फुर्सत है कि उनकी थोथी बातों से समय बर्बाद करें।

➪ **थर्रा जाना** (डर जाना) कठोर और निर्दयी थानेदार को देखते ही चोर थर्रा गया और उसने चोरी की घटना का पर्दाफाश कर दिया।

➪ **थाली का बैगन** (अस्थिर चित्त का व्यक्ति) – उस पर कभी विश्वास मत करना वह तो देखने मात्र से ही थाली का बैगन लगता है।

➪ **थैली भर लेना** (अनुचित ढंग से धन-संग्रह करना) – अब तो लोग सरकारी नौकरियों के लिए जोड़-तोड़ करते हैं क्योंकि जानते हैं कि नौकरी मिलने के एक वर्ष के भीतर ही उनकी थैली भर जायेगी।

➪ **दमड़ी के तीन होना** (सस्ते होना)–वह जमाना गया जब आम दमड़ी के तीन होते थे।

➪ **दमड़ी के लिए चमड़ी उधेड़ना** (मामूली सी बात के लिए भारी दंड देना) – एक कलम चुराने पर सौ रुपए जुर्माना। आप तो दमड़ी के लिए चमड़ी उधेड़ते हैं।

➪ **दाई से पेट छिपाना** (जानकार से बात छिपाना) – कहते हो उसे कुछ न बताना, भला दाई से पेट कैसे छिपाऊँ।

➪ **दाना पानी उठना** (जगह छोड़ना)– मेरी तबदीली हो गई है, यहाँ से दाना पानी उठ गया।

➪ **दाल जूतियों में बँटना** (अनवन होना) – बच्चों में लड़ाई हुई, पर पड़ोसियों में दाल जूतियों में बँटने लगी।

➪ **दिमाग आसमान पर चढ़ना** (बहुत घमंड होना) – जब से लाटरी निकली है, तब से इसका दिमाग आसमान पर चढ़ गया है।

➪ **दिल का गुबार** (बुखार) निकालना (दया भाव प्रकट करना)–जब भाई ने रूठने का कारण पूछा तो उसने खुलकर अपने दिल का गुबार निकाल दिया।

➪ **दूध के दाँत न टूटना** (ज्ञान और अनुभव न होना)– बिल्कुल बच्चा है, अभी दूध के दाँत नहीं टूटे।

➪ **दूर की कौड़ी लाना** (दूर की सोच लेना)–उसका सुझाव सबको पसंद आया, कहने लगे वह कैसे दूर की कौड़ी ले आया।

➪ **देवता कूच कर जाना** (घबरा जाना)–मालिक ने डाँटा फटकारा तो नौकर के देवता कूच कर गए।

➪ **दो टूक बात कहना** (थोड़े में साफ-साफ कहना)– मकान के किराये के बारे में मैंने उससे दो टूक बात कह दी।

➪ **दशरथ वचन** (दृढ़, प्रतिज्ञा, जिन वचनों से हटा न जाए)–सभा में विधायक बोले क्षेत्र में विद्युतीकरण करवाना हमारे लिए दशरथ वचन है।

➪ **दम फूलना** (परिश्रम के कारण साँस का जल्दी-जल्दी चलना)–गाड़ी पकड़ने के लिए दौड़ते-दौड़ते मेरा तो दम फूल गया।

➪ **दम साधना** (चुप रहना)–ज्योंही मैंने सेठजी से अग्रिम रुपये माँगे, वे दम साध गए।

➪ **दिन काटना** (जैसे-तैसे समय काटना)- सात सौ रुपये की तनख्वाह में कैसे गुजारा होता होगा यह तुम सोच सकते हो। बस किसी तरह दिन काट रहा हूँ।

➪ **दुधारी तलवार कलेजे पर फिरना** (दोहरा दुःख होना)- पिता दशरथ की मृत्यु और राम के वनवास के समाचार से भरत के कलेजे पर दुधारी तलवार फिर गई।

➪ **धूल फाँकना** (मारे-मारे फिरना)- नौकरी छूटने के बाद आजकल वह धूल फाँक रहा है।

➪ **धूल में मिलना** (बर्बाद/नष्ट कर देना)- शराब की लत ने उसके परिवार को धूल में मिला दिया।

➪ **धब्बा लगना** (कलंक लगना)- चोरी की घटना से उसके चरित्र पर धब्बा लग गया।

➪ **धज्जियाँ उड़ाना** (बुरी तरह परास्त करना)- आज उसने अपने विरोधियों की धज्जियाँ उड़ा दी।

➪ **धूल-भरा हीरा** (दरिद्र सुपुत्र)- निर्धन परिवार में जन्म लेकर भी उसने आई.ए.एस. की परीक्षा में चयन प्राप्त कर लिया। निश्चय ही वह धूल भरा हीरा है।

➪ **नकेल हाथ में होना** (बस में होना)- आपका काम अवश्य हो जाएगा, तुम्हारे अधिकारी की नकेल मेरे हाथ में है।

➪ **नब्ज पहचानना** (स्वभाव जानना)–मैं तो उसकी नब्ज पहचानता हूँ, देख लेना वह तुम्हारा काम करेगा नहीं।

➪ **नमक मिर्च लगाना** (बढ़ा-चढ़ाकर कहना)- जरा सी बात थी, लड़की ने नमक मिर्च लगाकर प्रधानाचार्य से जा कही।

➪ **नस-नस फड़क उठना** (बहुत उत्साहित होना)–देश गान सुनकर जवानों की नस-नस फड़क उठती है।

➪ **नस पहचानना** (अच्छी तरह जानना)- मेरे सामने मत बनो, मैं तुम्हारी नस पहचानता हूँ।

➪ **नहले पर दहला मारना** (करारा जवाब देना)–क्या याद करेगा, मैंने उसके नहले पर दहला मार दिया।

➪ **नाक कटना** (बदनामी होना)–अगर फ्रिज का प्रबंध न हुआ और बारात लौट गई तो नाक कट जाएगी।

➪ **नाक का बाल होना** (बहुत प्यारा होना)–आजकल रेल मंत्री प्रधानमंत्री की नाक का बाल बने हुए हैं।

➪ **नारद भक्ति** (पूर्ण भक्ति, श्रेष्ठ भक्ति)–सावित्री ने यमराज से अपनी पति के प्राण वापस लेकर नारद भक्ति का परिचय दिया।

➪ **नानी याद आना/फरिश्ते याद आना** (मुसीबात में पड़ जाना)–समय रहते परिश्रम करो नहीं तो परीक्षा में नानी याद आएगी।

➪ **नज़र दौड़ना** (चारों तरफ देखना)–मोहन ने चारों ओर नजर दौड़ा कर देखा लेकिन उसे आस-पास कहीं कोई कुँआ नहीं दिखाई पड़ा।

➪ **पल्ला पकड़ना** (सहारा लेना)- अब तो आपका पल्ला पकड़ लिया है, काम बन ही जाएगा।

➪ **पसीना पसीना होना** (बहुत थक जाना)- बैठक की सफाई करते-करते पसीना-पसीना हो गया हूँ।

➪ **पहाड़ टूट पड़ना** (भारी विपत्ति आ जाना)- 'मिल में आग लग गई' यह सुनकर सेठजी पर मानो पहाड़ टूट गया।

➪ **पहाड़ से टक्कर लेना** (बहुत भारी आदमी से मुकाबला करना)- विधान सभा के चुनाव में रामदेव, चन्द्रशेखर एडवोकेट के विरुद्ध खड़ा है, पहाड़ से टक्कर लेने के लिए।

➪ **पाँचों उँगलियाँ घी में होना** (लाभ ही लाभ होना)- आजकल शेयर दलालों की पाँचों उँगलियाँ घी में हैं।

➪ **पाँव उखड़ना** (हार कर भाग जाना)- बांग्लादेश में हमारी सेनाओं के पहले आक्रमण से ही पाकिस्तानियों के पाँव उखड़ गए।

➪ **पेट का हल्का** (बात को अपने तक न रख सकने वाला)- उसे यह भेद न बताना, पेट का हल्का है।

➪ **पेट पर पट्टी बाँधना** (भूखा रह जाना)- बेचारे के पास खाने को कुछ नहीं था, पेट पर पट्टी बाँध कर सो रहा।

➪ **पेट में चूहे दौड़ना** (भूख लगना)- कुछ खाने को दो, पेट में चूहे दौड़ रहे हैं ?

➪ **फूल सूँघ कर रहना** (कम खाना)- पहलवान ने ससुराल में मात्र दो पूड़ियाँ खायीं, तो सास बोली ''बेटे फूल सूँघ कर ही रहते हो क्या ?''

➪ **फब जाना** (आकर्षक लगना)- हरे रंग की साड़ी पर गुलाबी रंग का ब्लाउज खूब फब रहा है।

➪ **फुलझड़ी छोड़ना** (झगड़ा लगाने वाला कार्य करना)- मोहन एक न एक फुलझड़ी छोड़ता रहता है जिससे भाइयों में एक दूसरे से झगड़ा होता रहता है।

➪ **फबतियाँ कसना** (व्यंग्य करना)- काका हाथरसी अपनी कविता के माध्यम से हमेशा सामाजिक कुरीतियों पर फबतियाँ कसा करते थे।

➪ **फूला न समाना** (बहुत प्रसन्न होना)- पुत्र जन्म को सुनकर वह फूला न समाया।

➪ **बंदर घुड़की या भभकी** (प्रभावहीन धमकी)- तुम्हारी बंदर घुड़कियों की हम परवाह करने वाले नहीं हैं।

➪ **बखिया उधेड़ना** (भेद खोलना)- तुम मेरे साथ मत उलझा करो, नहीं तो तुम्हारा बखिया उधेड़ कर रख दूँगा।

➪ **बच्चों का खेल** (सरल काम)- दिल्ली जैसे शहर में बस चलाना कोई बच्चों का खेल नहीं है।

➪ **बाएँ हाथ का खेल** (अति सरल काम)- यह बच्चा कहानियाँ बनाकर सुनाता है, और कविता करना तो इसके बाएँ हाथ का खेल है।

➪ **बाछें खिल जाना** (अत्यंत प्रसन्न होना)- पास होने की खबर आई तो लड़के की बाछें खिल गईं।

➪ **बाजार गर्म होना** (काम धंधा तेज होना)- आजकल तो चोरबाजारी का बाजार गर्म है।

➪ **बात का धनी होना** (वचन का पक्का होना)- उसने कह दिया तो समझो कि काम हो जाएगा, वह बात का धनी है।

➪ **भरम गँवाना** (सत्य प्रकट हो जाना)- मैं तुम्हें अपना हितैषी मानता था और तुमने मेरे विरोधी का साथ देकर अपना भरम गँवा दिया।

➪ **भँग खा लेना** (विवेकहीन होना)- भँग खाकर के तुम किसी विवाद का सही हल नहीं निकाल सकते ।

➪ **भँवर में पड़ना** (विपत्ति में पड़ना)- पिता की मृत्यु के बाद उसका भविष्य भँवर में पड़ गया।

➪ **भादों का मेढ़क होना** (अत्यन्त मोटा होना)- खा-पीकर आजकल वह पूरी तरह से भादों को मेढ़क हो गया।

➪ **भुजा उठाना** (प्रतिज्ञा करना)- आज नारियों को समाज और देश से दहेज प्रथा को समाप्त करने के लिए भुजा उठाने की आवश्यकता है।

➪ **भगीरथ प्रयत्न करना** (काफी कोशिश करना)- इस प्रकरण में भगीरथ प्रयत्न करने से ही सफलता मिल सकती है।

➪ **भागीरथ परिश्रम** (अथक परिश्रम)- सिविल सेवा की परीक्षा उत्तीर्ण करने के लिए श्रीधर ने भागीरथ परिश्रम किया।

➪ **भैंस के आगे बीन बजाना** (नासमझ से समझदारी की बातें करना)- गँवार से नीति की बातें करना भैंस के आगे बीन बजाना है।

➪ **भंडा फूटना** (गुप्त बात प्रगट होना)- अपने कुकर्मों का भंडा फूट जाने के डर से अधिकारी ने बहुत सी फाइलें जलवा दी।

➪ **मुँह की खाना** (बुरी तरह हारना)- दोनों युद्धों में पाकिस्तान को मुँह की खानी पड़ी।

➪ **मुँह धो रखना/आना** (आशा न रखना)- मुँह धो रखो, मैं तुम्हें एक कौड़ी भी नहीं दूँगा।

➪ **मुँह पकड़ना** (बोलने न देना)- तुमने अपनी बात क्यों नहीं कही, मैंने कोई तुम्हारा मुँह पकड़ लिया था।

➪ **मोटा आदमी/आसामी** (धनी व्यक्ति)- व्यापारी को मोटे आदमी/आसामी से ज्यादा लगाव होता है।

➪ **मोहर लगा देना** (पुष्टि करना)- उसने अपने कथन में मेरी बात पर मोहर लगा दी।

➪ **म्याऊँ का ठौर पकड़ना** (खतरे में पड़ना)- जबानी जमा खर्च तो सब कर सकते हैं, लेकिन म्याऊँ का ठौर कौन पकड़ेगा।

➪ **मक्खियाँ मारना** (बेकार रहना)–दिन-भर क्या करते रहते हो? बस, मक्खियाँ मारता रहता हूँ।

➪ **मक्खी नाक पर न बैठने देना** (इज्जत खराब न होने देना)- वह अत्यन्त स्वाभिमानी व्यक्ति है, नाक पर मक्खी नहीं बैठने देता।

➪ **मजा किरकिरा होना** (आनन्द में विघ्न पड़ना)- अच्छे भले खेल रहे थे कि बिजली गायब हो गई। सारा मजा किरकिरा हो गया।

➪ **मिट्टी के माधों** (मूर्ख/भोंदू/बुद्ध)–ग्रामीण लोग देखने में तो मिट्टी के माधों लगते हैं लेकिन वे अपने ध्येय में बड़े सतर्क होते हैं।

➪ **मुँह पर कालिख लगाना** (कलंक लगाना)–अपनी करतूतों से इस बेटे ने तो मेरे मुँह पर कालिख लगा दी है।

➪ **मन ही मन में रह जाना** (इच्छाएँ पूरी न होना)–धन के अभाव में व्यक्ति की इच्छाएँ मन ही मन में रह जाती हैं।

➪ **मन का राजा होना** (स्वतन्त्र होना)–इस युग में प्रत्येक व्यक्ति अपने मन का राजा है। वह अपनी इच्छानुसार कार्य करना चाहता है।

➪ **मुर्दा दिल** (साहस रहित)–इस तरह मुर्दा दिल होकर पड़े रहने से काम नहीं चलेगा।

➪ **मुँह पकड़ना** (बोलने न देना)–माँफ कीजिएगा, मैं आपका मुँह नहीं पकड़ रहा हूँ लेकिन इस बैठक के विषय में मुझे सिर्फ इतना कहना है कि यदि मन में गलत भावना के साथ छलावा की दृष्टि से बात करना है तो मैं यह उचित नहीं समझता।

➪ **मेनका होना** (अत्यधिक सुन्दर होना)–शालिनी इस विद्यालय की मेनका है।

➪ **मन की मन में रखना** (अत्यधिक सुन्दर होना)–कुछ प्रकरण ऐसे होते हैं जिनके मन की मन में रखना ही उचित होता है।

➪ **यमपुर पहुँचाना** (मार डालना)–सुरक्षा बल के जवानों ने घाटी में कई आतंकवादियों को यमपुर पहुँचा दिया।

➪ **यम की यातना** (बहुत कष्ट)–थानेदार ने बदमाश की इतनी पिटाई की कि उसे यम की यातना नजर आने लगी।

➪ **यमराज का बुलावा आना** (जीवन का अन्तिम क्षण, मृत्यु कानिकट आना)–बेटा, मेरे इलाज पर अब और पैसा बर्बाद न करो मुझे लग रहा है कि यमराज का बुलावा आ गया है।

➪ **युग युगान्तर से** (प्राचीन काल से)–जर-जोरू और जमीन की लड़ाई युग-युगान्तर से चली आ रही है।

➪ **रंग बदलना** (परिवर्तन होना)–जमाने का रंग बदल रहा है, लोग स्वार्थी और लालची होते जा रहे हैं।

➪ **रंग लाना** (हालत पैदा करना)–मैं जानता था कि इस बदमाश की हरकतें किसी दिन रंग लाएँगी।

➪ **रोएँ या रोंगटे खड़े होना** (रोमांच होना)–उनकी आपबीती सुनकर सबके रोंगटे खड़े हो गए।

➪ **रो-धोकर दिन काटना** (जैसे-तैसे जीवन बिताना)– विधवा बेचारी रो-धोकर दिन काट रही है।

➪ **रस्सी का साँप बनाना** (निराधार को बढ़ा-चढ़ा कर कहना, सिद्ध करना)–पुलिस तो अनायास ही पकड़ कर और झूठे आरोप लगाकर रस्सी का साँप बना देती है।

➪ **राम तले दबाना** (कब्जे में रखना)–कर्ज देकर लाला जी ने उसे राम तले दबा दिया।

➪ **राह लेना** (चल देना)–मुझे देखते ही उसने राह ले ली।

➪ **रोआँ टेढ़ा करना** (कुछ कर न सकना)–मुझे उसकी कोई चिन्ता नहीं क्योंकि मेरा रोआँ भी वह टेढ़ा नहीं कर सकता।

➪ **राम राज्य** (सुख-सम्पन्न होना)–बदमाश टाइगर के मुठभेड़ में मारे जाने के बाद अब क्षेत्र में पूरी तरह से राम राज्य कायम है।

➪ **रुस्तम होना** (शक्तिशाली होना)–बिहार में लालू प्रसाद रुस्तम हो गए हैं।

➪ **राम-कहानी** (आप-बीति)–कुछ मेरी भी सुनेंगे या आप अपनी ही राम-कहानी सुनाए जायेंगे।

➪ **रावण होना** (दुष्ट होना, पापी होना)- अपने कुकृत्यों द्वारा वह रावण हो गया है।

➪ **ले देकर** (किसी प्रकार)- मैंने इस कार्य को बड़ी मेहनत से ले देकर किसी तरह पूरा किया है।

➪ **लकीर पीटना/लीक पीटना** (अवसर निकल जाने पर व्यर्थ प्रयत्न)- वक्त गुजरता जा रहा है लेकिन गाँवों के लिए वैकल्पिक उद्योग या रोजगार की व्यवस्था सुनिश्चित नहीं की जा सकी है। आर्थिक प्रगति में पंचर्षीय योजनाओं की केवल दुहाई देकर हम लोग लकीर को पीट रहे हैं।

➪ **लहू के घूँट पीना** (क्रोध करना)- उसके घृणित कार्यों को देखकर मैं लहू के घूँट पीकर रह गया।

➪ **लोहा मानना** (महत्व स्वीकार करना)- गामा पहलवान का आज भी लोग लोहा मानते हैं।

➪ **लोहा लेना** (सामना करना)- आज के युग में भ्रष्टाचार से लोहा लेना आसान नहीं है।

➪ **लंगोटिया यार** (बहुत नजदीक का साथी)–तुम्हारे अधिकारी से तुम्हारी सिफारिश मैं कर सकता हूँ, क्योंकि वह मेरा लँगोटिया यार है।

➪ **लंगर जारी करना** (भोजन दान देना)- कुंभ मेला में भारी संख्या में लंगर जारी किए गए।

➪ **लंगड़े की लकड़ी होना** (सहारा होना)- रामू अंधे पिता का लंगड़े की लकड़ी है।

➪ **विष की गाँठ** (उपद्रवी, खोटा)- उससे बच के रहना, विष की गाँठ है।

➪ **विष के घूँट पीना** (कटु वचन सहन कर लेना)- उसके इतना जलील करने पर भी मैं विष के घूँट पीकर रह गया।

➪ **वज्र बेशरम होना** (निर्लज्ज होना)- उसे लाख समझाया जाए वह नहीं सुधरेगा, वह तो वज्र बेशरम हो गया है।

➪ **वज्रपात होना** (घोर आपत्ति का आना)- दादाजी के मरते ही सिन्हा परिवार पर मानो वज्रपात हो गया।

➪ **वकूल में आना** (प्रकट होना)- उसकी नीयति का ज्ञान आज उसके कार्यों द्वारा वकूल में आया है।

➪ **वक्त ताकना** (मौका अथवा अवसर देखना)- वह हमेशा रिश्वत के लिए वक्त ताकता रहता है।

➪ **शान में बट्टा लगना** (शान घटना)- बुलाया नहीं, क्या मतलब? अरे अपने ताया का घर है, वहाँ जाने में हमारी शान में बट्टा नहीं लग जायगा।

➪ **शीशे में मुँह देखना** (अपनी योग्यता-अयोग्यता को समझना)- चले हैं फ्रीज खरीदने, पहले शीशे में अपना मुँह देख लेते।

➪ **शैतान की आँत** (लम्बी बात)- यह कहानी है या शैतान की आँत, जो खत्म होने को नहीं आ रही।

➪ **शाम की सुबह करना** (समय व्यतीत करना)- बिजली की ग्रिड फेल हो जाने के कारण सभी व्यग्रता से शाम की सुबह करते रहे।

➪ **शामत का घेरा** (दुर्दशा का समय)- ग्रह दशा खराब होने के कारण उसके परिवार में शामत का घेरा है।

➪ **शेर के कान कतरना** (बहुत साहसी अथवा वीर होना)- चक्रव्यूह को भेदकर अभिमन्यु ने शेर के कान कतर दिए।

➪ **शोख चस्मी करना** (शरारत करना)–बचपन में मोहन बहुत शोख चस्मी करता था।

➪ **सिट्टी-पिट्टी गुम हो जाना** (होश उड़ जाना)- पिताजी ने आँख दिखाई तो सारी सिट्टी-पिट्टी गुम हो जाएगी।

➪ **सिर उठाना** (विरोध करना)- कश्मीर के आतंकवादियों ने सिर उठाया तो कुचल दिये गए।

➪ **सिर गंजा करना** (बुरी तरह पीटना)- याद रखो, बहुत हेकड़ी दिखाओगे तो सिर गंजा कर दूँगा।

➪ **सिर पर कफ़न बाँधना** (बलिदान देने के लिए तैयार होना)- देश के हजारों नौजवान सिर पर कफ़न बाँधकर स्वतंत्रता संग्राम में कूद पड़े।

➪ **सिर पर खून सवार होना** (मरने-मारने पर उतारू होना)- उसके सिर पर खून सवार था, तुम छिप न जाते तो तुम्हें मार डालता।

➪ **सिर पर पाँव रखकर भागना** (तुरन्त भाग जाना)- चोर ने उसका सूटकेस उठाया और सिर पर पाँव रखकर भाग गया।

➪ **साँप को दूध पिलाना** (दुष्ट के साथ उपकार करना)- सन्तोष के साथ उपकार करना साँप को दूध पिलाना है।

➪ **सुरखाब का पर लगना** (विशेषता होना)- उसके सुरखाब के पर लगे हैं क्या, जो वह अपने को तुम सबसे अलग समझ रहा है?

➪ **संसार से उठना** (निधन होना)- सभी को एक दिन संसार से उठना है।

➪ **साँप सूँघना** (एकदम गुप चुप हो जाना)- मेरे प्रश्न को सुनकर सबको साँप सूँघ गया, किसी ने भी जवाब नहीं दिया।

➪ **समझ पर पत्थर पड़ना** (बुद्धि भ्रष्ट होना)- तुम्हारी समझ पर पत्थर-पड़ गया था, जो सबके सामने तुमने ऐसी अप्रिय वाणी बोली।

➪ **सठिया जाना** (बुद्धि भ्रष्ट हो जाना)- वह सठिया गया है, उसकी किसी बात का बुरा न मानना।

➪ **सुबहा-शाम करना** (टाल-मटोल करना)- मकान मालिक आते हैं तो सुबह-शाम करते हैं, किराया नहीं देता।

➪ **सूई की नोक के बराबर** (जरा-सा)- दुर्योधन ने साफ कह दिया है कि मैं पांडवों को सूई की नोक के बराबर भी भूमि नहीं दूँगा।

➪ **सूखकर काँटा होना** (बहुत दुर्बल हो जाना)- चार दिन के बुखार से ही वह सूखकर काँटा हो गया है।

प्रश्नमाला

1. आँखों पर चर्बी जाना का अर्थ है–
(a) आँखों पर रोगी होना
(b) आँख से न दिखाई देना
(c) आँखों में परदा पढ़ जाना
(d) घमंड से उपेक्षा करना

2. आँख की किकरी होना का अर्थ है–
(a) आँखों के लिए कष्ट कारी होना
(b) बुरे काम करना
(c) अदर्शनीय होना
(d) जिसे देखने मात्र से कष्ट हो।

3. आँखों में धूल झोंकना का अर्थ है–
(a) धोके में डालना
(b) परेशान करना
(c) आमने-सामने चुनौती देना
(d) प्रत्यक्ष रूप से अनिष्ट करना

4. आँखों का तारा का अर्थ है–
(a) अत्यधिक प्रिय होना
(b) आँखों की रोशनी
(c) आँख की पुतली
(d) आँख की किरकिरी

5. आँख की पुतली का अर्थ है–
(a) आँख की रोशनी
(b) आँख का तारा
(c) अत्यन्त प्रिय
(d) आँख की किरकिरी

6. आँखें लड़ना का अर्थ है–
(a) आँखों से लड़ाई करना
(b) प्रेम होना
(c) युद्ध-कला का एक रूप
(d) प्रेम पूर्वक देखना

7. आँखों में गड़ना का अर्थ है–
(a) आँख में किरकिरी पड़ना
(b) आँखों में कष्ट होना
(c) शत्रुता होना
(d) बुरा लगना

8. आँखों में खून उतरना का अर्थ है–
(a) आँखों का लाल हो जाना
(b) अत्यन्त क्रोधित होना
(c) आँखों की रोशनी का गायब होना
(d) आँखों में कष्ट होना

9. आँखों से झोलन होना का अर्थ है–
(a) नजर से दूर होना
(b) अदृयस बनारस
(c) लुकी-छिपी खेलना
(d) आँखों से न दिखाई देना

10. आँखों पर पर्दा पढ़ना का अर्थ है–
(a) आँखों में झिल्ली बन जाना
(b) अज्ञान के अंधकार में रहना
(c) घमंड से सच्चाई की उपेक्षा करना
(d) न दिखाई देना

11. आँखों से पानी न होना का अर्थ है–
(a) मर्यादाहीन होना
(b) शील-संकोच का न होना
(c) आँखों का सूख जाना
(d) एक नेत्र-रोग

12. पेट में दाढ़ी होना का अर्थ है–
(a) धूर्त प्राणी
(b) रोगग्रसित होना
(c) पेट तक लंबी दाढ़ी होना
(d) देखने में सीधा, किन्तु चालाक होना

13. कान का कच्चा होना का अर्थ है–
(a) कम सुनना
(b) सुनी बात पर विश्वास करना
(c) दूसरे की बात न मानना
(d) कान का कमजोर होना

14. पानी न माँगना का अर्थ है–
(a) मर्यादा की रक्षा करना
(b) तत्काल मर जाना
(c) असंभव कार्य करना
(d) इज्जत न खोना

15. आंखो पर चर्बी छाना का अर्थ है–
(a) धोखा खाना
(b) कुछ समझ न आना
(c) अभिमान करना
(d) निर्लज्ज होना

16. कूपमंडूक होना का अर्थ है–
(a) घर में ही रहना
(b) कुएँ में गिरना
(c) अत्यन्त सीमित ज्ञान होना
(d) मूर्ख होना

17. गुड़ गोवर करना का अर्थ है–
(a) अच्छी चीज को बुरा कहना
(b) बनाया काम बिगाड़ना
(c) अच्छा और बुरा मिलना
(d) इनमें से कोई नहीं

18. न तीन में न तेरह में का अर्थ है–
(a) बहुत उपयोगी होना
(b) नष्ट कर देना
(c) बुद्धिहीन होना
(d) किसी काम का न होना

19. अपने मुँह मियाँ मिट्ठू बनना का अर्थ है–
(a) मीठी बोली बोलना
(b) आत्म-प्रशंसा में आदर पाना
(c) अपनी बड़ाई आप करना
(d) तोते समान बोली बोलना

20. अपना किया पाना का अर्थ है–
(a) जो प्रारब्ध में है, वही मिलता है
(b) जैसी करनी वैसी भरनी
(c) बुरे काम का बुरा नतीजा
(d) जैसा काम वैसा फल

21. अब-तब होना का अर्थ है–
(a) मरणासन्न होना
(b) आगे-पीछे करना
(c) शंका ग्रस्त होना
(d) किंकर्त्तव्यविमूढ़ होना

22. आँचल पसारना का अर्थ है–
(a) भीख माँगना
(b) याचना करना
(c) क्षमा-प्रार्थना करना
(d) वरदान माँगना

23. उँगली पकड़कर पहुँचा पकड़ना का अर्थ है–
(a) एक अंग पकड़ कर पूरे शरीर पर कब्जा करना
(b) अल्पांश प्राप्तकर सर्वांश हथियाने की इच्छा करना
(c) दाँव साधना
(d) बदला चुकाना

24. पाँचों उँगलियाँ घी में होना का अर्थ है–
(a) मौजमस्ती में रहना
(b) खूब छक कर भोजन करना
(c) खाने में स्वादिष्ट चीजें मिलना
(d) सभी तरह से सुख ही सुख होना

25. उल्लू बोलना का अर्थ है–
(a) रात का आना
(b) उल्लुओं का राज होना
(c) उल्लू की बोली बोलना
(d) उजाड़ होना

26. एड़ी-चोटी का जोर लगाना का अर्थ है–
(a) योगाभ्यास का एक विशेष रूप
(b) एड़ी को चोटी से मिला देना
(c) भरपूर जोर लगाना
(d) सभी अंगों से कार्य में लग जाना

27. कंधे-से-कंधे मिलाकर चलना का अर्थ है–
(a) एक-दूसरे से कंधा मिलाकर काम करना
(b) परस्पर होड़ में आगे बढ़ना
(c) परस्पर सहयोग से काम करना
(d) आपस में प्रतिद्वन्द्विता होना

28. कमर कसना का अर्थ है–
(a) कमर को कस कर बाँध लेना
(b) दृढ़ निश्चय करना
(c) तैयारी करना
(d) युद्ध के लिए सन्नद्ध होना

29. गले का हार होना का अर्थ है–
(a) भाग्यशाली होना
(b) अत्यन्त प्रिय होना
(c) किसी के बहुत समीप पहुँचना
(d) गले का शृंगार बनना

30. गरदन पर छुरी फेरना का अर्थ है–
(a) कत्ल करना
(b) धोखा देना
(c) अत्याचार करना
(d) क्षति पहुँचाना

31. गला भर जाना का अर्थ है–
(a) रोने लगना
(b) बोलने में असमर्थ होना
(c) दुखी होना
(d) गला अवरुद्ध हो जाना

32. घर का न घाट का अर्थ है–
(a) बेकार, कहीं का नहीं
(b) जगह-जगह घूमने वाला
(c) बे-घर बार का
(d) व्यर्थ

33. घी के लिए जलाना का अर्थ है–
(a) अप्रत्याशित लाभ पर प्रसन्नता होना
(b) तेल के अभाव की पूर्ति घी से करना
(c) अति करना
(d) खुशी मनाना

34. ईंट का जवाब पत्थर से देना का अर्थ है–
(a) जम कर लड़ाई करना
(b) करारा जवाब देना
(c) एक प्रहार का उत्तर उससे दोगुना प्रहार से देना
(d) कड़ी बात का उत्तर उससे भी कड़ी बात में देना

35. ईद का चाँद होना का अर्थ है–
(a) अलभ्य होना
(b) दिखाई न देना
(c) बहुत दिनों पर मिलना
(d) दुर्लभ होना

36. उड़ती चिड़िया पहचानना का अर्थ है–
(a) चिड़ियों का विशेषज्ञ होना
(b) मन की बात जान लेना
(c) सच-झूठ में अंतर करना
(d) दूर की कौड़ी लाना

37. उल्टी गंगा बहाना का अर्थ है–
(a) गंगा की धारा को उल्टी दिशा में लौटा देना
(b) परम्परा विरुद्ध कार्य करना
(c) असंभव कार्य करना
(d) व्यर्थ परिश्रम करना

38. उँगली उठाना का अर्थ है–
(a) उंगली से इशारा करना
(b) क्षति पहुँचाना
(c) बदनाम करना
(d) अपशब्द कहना

39. भाड़ झोंकना का अर्थ है–
(a) अनाज भूनना
(b) काम बिगाड़ना
(c) मामूली कमाई करना
(d) व्यर्थ-समय नष्ट करना

40. लंगोटी में फाग खेलना का अर्थ है–
(a) पहलवानी करना
(b) व्यायाम करना
(c) ब्रह्मचारी होना
(d) दरिद्रता में आनन्द मनाना

41. अब सुनीता के हाथ पीले करने का समय आ गया है। रेखांकित मुहावरे का अर्थ है–
(a) सजाने का
(b) विवाह करने का
(c) प्यार करने का
(d) अत्यधिक पिटाई करने का

42. कपटी मित्र के लिए सही मुहावरा है–
(a) दाँत काटी रोटी
(b) आस्तीन का साँप
(c) अक्ल की दुम
(d) आबनूस का कुन्दा

43. अँधेरा छाना का अर्थ है–
(a) कोई उपाय न सूझना
(b) प्रकाश का नितान्त अभाव होना
(c) सूर्यास्त होना
(d) अंधकार फैलना

44. अंगार बनना का अर्थ है–
(a) प्रज्वलित होना
(b) क्रोध में आना
(c) जल उठना
(d) लाल हो जाना

45. अक्ल पर पत्थर पड़ना का अर्थ है–
(a) चोट से दिमाग खराब होना
(b) मूर्खता का परिचय देना
(c) बुद्धि भ्रष्ट होना
(d) बिना समझ का काम करना

46. अक्ल की दुम बनना का अर्थ है–
(a) बुद्धिमानी छाँटना
(b) बुद्धिहीन होना
(c) हर समय चंचल बना रहना
(d) अधिक सावधानी दिखाना

47. अड़ियल टट्टू का अर्थ है–
(a) हठधर्मी होना
(b) दूसरों के इशारे पर काम करना
(c) अटक-अटक कर काम करना
(d) डाँट-फटकार खाने का काम करना

48. अन्न लगना का अर्थ है–
(a) स्वस्थ बनना
(b) पराये अन्न से मोटा होना
(c) अन्न का अनुकूल सिद्ध होना
(d) अन्न का हानिप्रद सिद्ध होना

49. आँच न आने देना का अर्थ है–
(a) आग की लपटों से बचाना
(b) जरा भी कष्ट न आने देना
(c) नुकसान से बचाना
(d) दोष से बचाना

50. आठ-आठ आँसू रोना का अर्थ है–
(a) विलख-विलख कर रोना
(b) दारूण कष्ट में पड़ना
(c) बार-बार रोना
(d) बुरी तरह पछताना

उत्तरमाला

1. (d)	**2.** (d)	**3.** (a)	**4.** (a)	**5.** (c)	**6.** (b)	**7.** (d)	**8.** (b)	**9.** (a)	**10.** (a)	**11.** (b)
12. (d)	**13.** (b)	**14.** (b)	**15.** (c)	**16.** (c)	**17.** (c)	**18.** (b)	**19.** (c)	**20.** (a)	**21.** (a)	**22.** (b)
23. (b)	**24.** (d)	**25.** (d)	**26.** (c)	**27.** (c)	**28.** (b)	**29.** (b)	**30.** (c)	**31.** (c)	**32.** (a)	**33.** (a)
34. (c)	**35.** (c)	**36.** (b)	**37.** (b)	**38.** (c)	**39.** (d)	**40.** (d)	**41.** (b)	**42.** (b)	**43.** (a)	**44.** (b)
45. (c)	**46.** (a)	**47.** (c)	**48.** (b)	**49.** (b)	**50.** (d)					

❑❑❑

14 लोकोक्तियाँ

लोकोक्ति का अर्थ है 'लोक में प्रचलित उक्ति'। इससे तात्पर्य एक ऐसे वाक्य से है जो चमत्कृत ढंग से संक्षेप में किसी सत्य या असत्य के आशय को स्पष्ट एवं सशक्त रूप में व्यक्त करता हो तथा अधिक समय से प्रयोग में आकर जीन-जीवन में प्रचलित हो गया। जैसे—'दूध का जला छाछ फूँक-फूँक कर पीता है।'

लोकोक्तियों के प्रयोग से बोली अधिक युक्ति-युक्त, प्रामाणिक तथा जोरदार तथा भाषा स्पष्ट तथा जीवन्त हो जाती है। किसी बात को स्पष्ट करने के लिए कहावतें बड़ी ही उपयोगी सिद्ध होती हैं।

लोकोक्तियाँ नीति विषयक और धार्मिक होती हैं फलस्वरूप वे व्यक्ति पर स्थायी प्रभाव डालती हैं। सामाजिक मनोवैज्ञानिक तथ्यों को समझने-समझाने हेतु भी इनका प्रयोग भाषा में सजीवता लाने में सहायक होता है। इसके मूल में नीति मूलक सूत्र रहता है जो गद्य और पद्य में होता है।

- **अन्धा क्या चाहे दो आँखें**—इच्छित वस्तु का प्राप्त होना।
- **अन्धी पीसे कुत्ते खांय**—किसी भी कमाई अथवा परिश्रम का लाभ अयोग्य द्वारा उठाना।
- **अन्धा बाँटे रेवड़ी; फिर-फिर अपने को ही दे**—स्वार्थ-लाभ, सम्पूर्ण लाभ स्वयं उठाना।
- **अपना रख पराया चख**—अपनी वस्तु का बचाव करना और दूसरे का मनमाना उपयोग करना।
- **अक्ल बड़ी या भैंस ?**—शारीरिक शक्ति से बुद्धि श्रेष्ठ है।
- **अपना सोना खोटा तो परखैया का क्या दोष**—अपने ही लोग बुरे हों तो पराये व्यक्तियों को क्या दोष दिया जाए।
- **अपनी करनी पार उतरनी**—अपने कर्म का फल स्वयं भोगना पड़ता है।
- **अपना हाथ जगन्नाथ**—स्वयं द्वारा सम्पादित कार्य फलदायक होता है।
- **अपनी नाक कटे तो कटे; दूसरे का सगुन तो बिगड़े**—दूसरों को हानि पहुँचाने के लिए स्वयं की हानि के लिए भी तैयार करना।
- **अरहर की टट्टी, गुजराती ताला**—छोटी वस्तु की सुरक्षा में अधिक व्यय।
- **अपनी डफली; अपना राग**—सबका मत पृथक-पृथक होना।
- **अवसर बला और के सिर**—अपना दोष दूसरों पर मढ़ना।
- **अस्सी की आमद चौरासी का खर्च**—आय से अधिक व्यय।
- **अपना ढेंढर देखें नहीं, दूसरी की फुल्ली निहारे**—अपने दुर्गुण अधिक होकर भी न देखना लेकिन दूसरे के थोड़े अवगुण को भी देखना।
- **अपने किए का क्या इलाज**—अपने कर्मों का फल भोगना पड़ता है।
- **अपने पूत को कोई काना नहीं कहता**—अपनी खराब चीज को कोई खराब नहीं कहता।
- **अंधा बगुला कीचड़ खाए**—संसाधन की कमी से अयोग्य बनना।
- **अन्धेर नगरी चौपट राजा : टके सेर भाजी, टके सेर खाजा**—मूर्ख और गुणवान का समान आदर।
- **अटका बनिया देय उधार**—दबाव पड़ने पर सब कुछ करना पड़ता है।
- **अजगर करे न चाकरी पंछी करे न काम**—ईश्वर सबकी आवश्यकतायें पूरी करता है।
- **अंधा क्या जाने बसन्त बहार**—जिसने जो वस्तु नहीं देखी हो, वह उसका आनन्द क्या जाने।
- **अकेला हँसता भला न रोता भला**—सुख-दुख में साथी होने चाहिए।
- **अपने मरे बिना स्वर्ग नहीं दिखता है**—स्वयं अपने आप प्रयत्न करने पर ही काम बनता है।
- **अल्लाह मेहरबान तो गधा पहलवान**—ईश्वर की कृपा से नाकाबिल भी काबिल हो जाता है।
- **आँख एक नहीं कजरौटा दस**—व्यर्थ आडंबर।
- **आँख ओट पहाड़ ओट**—आँख से ओझल हुए तो समझो कि बहुत दूर हो गए।
- **आँख और कान में चार अंगुल का फर्क है**—आँखों देखी बात का विश्वास है, कानों सुनी का नहीं।
- **आँख बची माल दोस्तों का**—पलक चूकने से माल गायब हो सकता है।
- **आँख एक नहीं कलेजा टुक-टुक**—बनावटी दु:ख प्रकट करना।
- **आई है जान के साथ, जाएगी जनाजे के साथ**—लाइलाज बीमारी।
- **'आग' कहते मुँह नहीं जलता**—केवल नाम लेने से कोई हानि-लाभ नहीं होता।
- **आग खाएगा तो अंगार उगलेगा**—बुरे काम का बुरा फल।
- **आग बिना धुआँ नहीं**—हर चीज का कारण अवश्य होता है।
- **आगे नाथ न पीछे पगाहा**—पूर्णत: बंधन रहित।
- **आँख के अन्धे नाम नयन-सुख**—गुण के विपरीत नाम।
- **आप का काज महाकाज**—अपना कार्य स्वयं करना ही श्रेयस्कर है।
- **आठ कनौजिया नौ चूल्हे**—मेल से न रहना।
- **आटा-दाल का भाव मालूम होना**—कठिनाई का अनुभव होना।
- **आज का बनिया कल का सेठ**—काम करते रहने से आदमी बड़ा हो ही जाता है।
- **आटे का चिराग, घर रखूँ तो चूहा खाए, बाहर रखूँ तो कौआ ले जाए**—ऐसी वस्तु जिसे बचाने में कठिनाई हो।
- **आठ बार नौ त्योहार**—मौज मस्ती का जीवन।
- **आदमी की दवा आदमी है**—मनुष्य ही मनुष्य की सहायता कर सकता है।
- **आदमी पानी का बुलबुला है**—मनुष्य जीवन नाशवान है।
- **आधा तीतर आधा बटेर**—बेमेल चीजों का सम्मिश्रण।
- **आप काज महाकाज**—अपना काम आप ही करना अच्छा होता है।
- **आ पड़ोसिन लड़े**—ख्वाहमखाह झगड़ा करना।
- **आप मरें जग परलय**—अपने मरने के बाद दुनिया में कुछ हुआ करे।

➪ **आप मियाँ जी माँगते द्वार खड़े दरवेश**—अपने पास कुछ है नहीं, दूसरों की सहायता क्या करेंगे।

➪ **आब आब कर मर गया सिरहाने रख पानी**—वस्तु के सुलभ होने पर भी भाषा आड़े आती है।

➪ **आम खाने से काम, पेड़ गिनने से क्या काम**—अपने मतलब की बात करो।

➪ **आस-पास बरसे दिल्ली पड़ी तरसे**—जिसकी आवश्यकता है उसे न मिले।

➪ **आसमान का थूका मुँह पर आता है**—बड़े लोगों की निंदा करने से अपनी ही बदनामी होती है।

➪ **आई तो रोजी नहीं तो रोजा**—कमाया तो खाये, नहीं तो भूखे।

➪ **इस हाथ दे, उस हाथ ले**—सम्मान या लाभ देने से सम्मान या लाभ मिलता है।

➪ **इतना खाये जितना पचे**—सामर्थ्य के अन्दर कार्य करना चाहिए।

➪ **इन तिलों में तेल नहीं**—यहाँ से कुछ भी हासिल होने को नहीं।

➪ **इधर कुआँ उधर खाई**—दोनों तरफ मुसीबत।

➪ **इसके पेट में दाढ़ी है**—उम्र अधिक होना।

➪ **इस घर का बाबा आलम ही निराला है**—सब कुछ निराला है। या सबसे अलग है।

➪ **ईंट की देवी, माँगे का प्रसाद**—जैसा व्यक्ति वैसा आवभगत।

➪ **ईंट की लेनी, पत्थर की देनी**—दुष्टता के बदले और अधिक दुष्टता।

➪ **ईंद का चाँद**—बहुत दिनों बाद दिखाई देने वाला-व्यक्ति।

➪ **उगले तो अंधा, खाए तो कोढ़ी**—दुविधा में पड़ना।

➪ **उत्तर जाए कि दक्खिन, वही करम के लक्खन**—भाग्य दुर्भाग्य हर जगह साथ देता है।

➪ **उलटी गंगा पहाड़ को चली**—असंभव या विपरीत बात होना।

➪ **उसी की जूती उसी का सिर**—जिसकी करनी, उसी को फल मिलता है।

➪ **उल्टा चोर कोतवाल को डाँटें**—दोषी व्यक्ति निर्दोषी पर दोष लगाए/अपराध करने का लज्जित होने के बजाय अकड़ दिखाना।

➪ **उल्टे बाँस बरेली को**—विपरीत काम।

➪ **उल्टी गंगा पहाड़ को चली**—असंभव या विपरीत कार्य।

➪ **ऊँट किस करवट बैठता है**—निर्णय किसके पक्ष में होता है।

➪ **ऊँट के बगल में बिल्ली**—विपरीत वस्तुओं का मेल।

➪ **ऊँट के मुँह में जीरा**—खाने को बहुत कम मिलना।

➪ **एक तवे की रोटी, क्या छोटी क्या मोटी**—किसी प्रकार का भेदभाव नहीं है।

➪ **एक मुँह दो बात**—अपनी बात को पलटना/एक ही मुँह से दो प्रकार की बात करना।

➪ **एक हम्माम में सब नंगे**—सहयोगी एक दूसरे की दुर्बलताएँ जानते हैं।

➪ **एक पन्थ दो काज/एक ढेले से दो शिकार**—एक उपाय से दो कार्य होना।

➪ **एक म्यान में दो तलवारें**—एक वस्तु या पद पर दो शक्तिशाली व्यक्तियों का अधिकार नहीं हो सकता।

➪ **एक और एक ग्यारह**—संघ में शक्ति।

➪ **एक हाथ से ताली नहीं बजती**—अकेले झगड़ा नहीं होता।

➪ **एक अंडा वह भी गंदा**—थोड़ी वस्तु और यह भी किसी काम का नहीं है।

➪ **एक आँख से रोवे, एक आँख से हँसे**—दिखावटी रूदन

➪ **एक आवे का बर्तन**—एक समान।

➪ **ऐसे बूढ़े बैल को कौन बाँध भुस देय**—बूढ़ा और बेकार आदमी दूसरे पर बोझ हो जाता है।

➪ **ओखली में सिरा दिया तो मूसलो से क्या डरना**—कठिन काम प्रारम्भ करने पर कठिनाइयों से नहीं डरना चाहिए।

➪ **ओस चाटे प्यास नहीं बुझती**—बहुत कम वस्तु से आवश्यकता की पूर्ति नहीं होती है।

➪ **करमहीन खेती करे, बैल मरे या सूखा पड़े**—दुर्भाग्य हो तो कोई न कोई काम खराब होता रहता है।

➪ **कर सेवा खा मेवा**—सेवा करने वाले को अच्छा फल मिलता है।

➪ **करे कोई भरे कोई**—किसी की करनी का फल कोई और भोगे।

➪ **कल किसने देखा है**—भविष्य में क्या होगा, कौन जानता है।

➪ **कहने से धोबी गधे पर नहीं चढ़ता**—मनमानी करने वाले दूसरों की बात नहीं मानता।

➪ **कहीं की ईंट कहीं का रोड़ा, भानमती ने कुनबा जोड़ा**—बेमेल चीजें जोड़-जाड़कर कुछ बना लेना।

➪ **कहें खेत की, सुने खलिहान की**—कहा कुछ गया और समझा कुछ गया।

➪ **काजल की कठोरी में कैसो हू सयानो जाए एक लीक काजल की लागिहै सो लागि है**—बुरी संगति में कभी न कभी कलंक अवश्य लगेगा।

➪ **काजी जी दुबले क्यों शहर के अंदेशे से**—अपनी चिंता न करके दूसरें की चिंता में घुलना।

➪ **काबुल में क्या गधे नहीं होते**—कुछ न कुछ बुराई सब जगह होती है।

➪ **काम का न काज का, दुश्मन अनाज का**—निकम्मा आदमी, खाने के लिए होशियार।

➪ **किस खेत का बथुआ है; किस खेत की मूली है**—अरे, वह तो नगण्य है।

➪ **कुंजड़ा अपने बेरों को खट्टा नहीं बताता**—कोई अपने माल को खराब नहीं कहता।

➪ **कुछ दाल में काला है**—कुछ-न-कुछ गड़बड़ अवश्य है।

➪ **कुत्ता भी दुम हिलाकर बैठता है**—सफाई सब को पसंद होनी चाहिए।

➪ **का वर्षा जब कृषि सुखाने**—अवसर निकल जाने पर सहायता देना व्यर्थ है

➪ **काला अक्षर : भैंस बराबर**—अनपढ़ मुनष्य।

➪ **कुत्तों के भौंकने से हाथी नहीं डरते**—महापुरुष नीच मनुष्यों की बातों का बुरा नहीं मानते।

➪ **काले के आगे दीया नहीं जलता**—बलवान के आगे किसी का वश नहीं चलता।

➪ **कचहरी का दरवाजा खुला है**—न्याय के लिए न्यायालय में जाना।

➪ **कड़ाही से गिरा चूल्हे में पड़ा**—छोटी विपत्ति से निकलकर बड़ी विपत्ती में फँसना।

➪ **कभी के दिन बड़े कभी के रात**—सब दिन एक जैसे नहीं होते।

➪ **कमरी ओढ़ते से कोई फकीर नहीं होता**—ऊपरी दिखावा से दोष नहीं छिपते।

➪ **कहे पर धोबी गधे पर नहीं चढ़ता**—कहने से काम न करना।

➪ **काम प्यारा है, चाम प्यारा नहीं**—काम सब चाहते हैं।

➪ **किस वित्ते पर तन्ता पानी**—बिना बल कोई काम करना।

➪ **कौआ चला हंस की चाल, अपनी भी भूल गया**—अन्ध- अनुकरण करने पर हानि उठाना।

➪ **कभी नाव गाड़ी पर, कभी गाड़ी नाव पर**—प्राय: स्थिति में उलट-फेर हुआ करता है।

➪ **कानी के ब्याह में सौ जोखिम**—एक कमी होने पर लोग अनेक कमियाँ निकालते हैं।

➪ **किसी का घर जले कोई तापे**—किसी के दु:खी में किसी का खुश होना।

➪ **कुएं की मिट्टी कुएँ में ही लगती है**—जहाँ से मिला हो वहीं लगाना।

- **कुत्ते की मौत मरना**—बुरी मौत मरना।
- **कान में तेल डाले बैठे हैं**—कुछ सुनने को तैयारी नहीं।
- **कंगाली में आटा गीला**—एक मुसीबत पर दूसरी मुसीबत आ पड़ना।
- **कबीर दास की उलटी बानी, बरसे कंबल भीगे पानी**—उल्टी बात करना।
- **कुत्ते के भौंकने से हाथी नहीं डरते**—महापुरुष नीचों की निंदा से नहीं घबराते।
- **कै हंसा मोती चुगे कै भूखा मर जाय**—प्रतिष्ठित व्यक्ति अपनी मर्यादा में रहता है।
- **कोई मरे या रोवे, कोई मल्हार गावे**—सबको अपने ही सुख-दुख से मतलब रहता है।
- **कोयल हाय न उजली सौ मन साबुन लाइ**—स्वभाव नहीं बदलता।
- **कौड़ी नहीं गाँठ चले बाग की सैर**—साधन नहीं तो काम क्यों करने लगे।
- **कौआ चला हंस की चाल, अपनी भी भूल गया**—दूसरों की नकल करने से अपनापन खो जाता है।
- **खग जाने खग ही की भाषा**—अपने वर्ग के लोग ही एक-दूसरे को समझ सकते हैं।
- **खरबूजे को देखकर खरबूजा रंग पकड़ता है**—देखा देखी काम करना।
- **खाक डाले चाँद नहीं छिपता**—अच्छे आदमी की निंदा करने से उसका कुछ नहीं बिगड़ता।
- **खाली बनिया क्या करे, इस कोठी का धान उस कोठी में धरे**—बेकार आदमी उलटे सीधे काम करता रहता है।
- **खुदा गंजे को नाखून न दे**—ओछा और बेसमझ आदमी अधिकार पाकर अपनी ही हानि कर बैठता है।
- **खुशामद से ही आमद है**—खुशामद से ही धन आता है।
- **खेती, खसम लेती**—कोई काम अपने हाथ से करने पर ही ठीक होता है।
- **खूँटे के बल बछड़ा कूदे**—दूसरे के बल पर काम करना।
- **खोदा पहाड़ निकली चुहिया**—अधिक परिश्रम के बाद साधारण लाभ।
- **खिसियानी बिल्ली खम्भा नोचे**—क्रोधावेश में अटपटा कार्य करना।
- **खेत खाए गदहा मार खाए जुलाहा**—निरपराधी को दण्डित करना।
- **खाने के दाँत और, दिखाने के और**—बाहर-भीतर में बहुत अंतर होना।
- **खाई खोदे और को ताको कूप तैयार**—दूसरों का बुरा चाहने वाले का खुद का बुरा होता है।
- **गंजेड़ी यार किसके दम लगाया खिसके**—स्वार्थी व्यक्ति स्वार्थ सिद्ध होते ही मुँह फेर लेता है।
- **गधा धोने से बछड़ा नहीं हो जाता**—किसी उपाय से भी स्वभाव नहीं बदलता।
- **गरब का सिर नीचा**—घमंडी आदमी का घमंड चूर हो ही जाता है।
- **गरीब की जोरू सब की भाभी**—गरीब आदमी से सब लाभ उठाना चाहते हैं।
- **गरीबों ने रोजे रखे तो दिन ही बड़े हो गए**—गरीब की किस्मत ही बुरी होती है।
- **गाँठ का पूरा आँख का अंधा**—पैसे वाला तो है पर है मूर्ख।
- **गाडर पाली ऊन को लागी चरन कपास**—रखा गया काम आने को, पर करता है नुकसान।
- **गीदड़ की शामत आए तो गाँव की ओर भागे**—विपत्ति में बुद्धि काम नहीं करती।
- **गुड़ न दें, पर गुड़ की सी बात तो करें**—कुछ न दें पर मीठा बोल तो बोलें।
- **गुड़-गुड़ ही रहे चेले शक्कर (चीनी) हो गए** छोटे बड़ों से आगे बढ़ जाते हैं।
- **गूदड़ में लाल नहीं छिपता**—बढ़िया चीज अपने आप पहचानी जाती है।
- **गोद में बैठकर आँख में उँगली**—भला करने पर दुष्टता।
- **गोदी में बैठकर दाढ़ी नोचें**—भला करने वाले के साथ दुष्टता करना।
- **गाय को अपनी सींग भारी नहीं होती**—अपने कुटुम्बी किसी को कष्टदायक नहीं जान पड़ते।
- **गए रोजा छुड़ाने नमाज़ गले पड़ी**—सुख प्राप्ति के लिए परेशान होने पर दु:ख को पीछे पड़ जाना।
- **गागर में अनाज, गँवार का राज**—मूर्ख थोड़े में इतरा जाते हैं।
- **गोद में लड़का/छोरा शहर में ढिंढोरा**—वस्तु पास में हो लेकिन उसकी तलाश दूर तक हो।
- **घड़ी में घर जले अढ़ाई घड़ी भद्रा**—संकट को होशियारी से दूर करें।
- **घड़ी में तोला घड़ी में माशा**—चंचल मन वाला।
- **घर का जोगी जोगड़ा आन गाँव का सिद्ध**—अपने लोगों का आदर नहीं होता।
- **घर की मुर्गी दाल बराबर**—अपनी चीज या अपने आदमी की कद्र नहीं।
- **घर खीर तो बाहर खीर**—अपने पास कुछ हो तो बाहर आदर होता है।
- **घर में नहीं दाने अम्मा चली भुनाने**—न होने पर भी ढोंग करना।
- **घी कहाँ गया ? खिचड़ी में**—वस्तु का प्रयोग ठीक जगह हो गया।
- **घी सँवारे काम बड़ी बहू का नाम**—काम तो साधन से हुआ, यश करने वाले का हो गया।
- **घोड़े की दुम बढ़ेगी तो अपनी ही मक्खियाँ उड़ाएगा**—उन्नति करके आदमी अपना ही भला करता है।
- **घोड़े को लात, आदमी की बात**—दुष्ट से कठोरता का और सज्जन से नम्रता का व्यवहार करें।
- **घर खीर तो बाहर भी खीर**—धनवान की इज्जत सब करते हैं। सम्पन्नता में सर्वत्र प्रतिष्ठा मिलती है।
- **घर आए नाग न पूजिए, बाँबी पूजन जाएँ**—सुलभ मार्ग को छोड़कर टेढ़े मार्ग को ग्रहण करना।
- **चंदन की चुटकी भली, गाड़ी भरा न काठ**—उत्तम वस्तु थोड़ी भी अच्छी होती है।
- **चक्की में कौर डालोगे तो चून पाओगे**—कुछ करोगे तो फल मिलेगा।
- **चढ़ जा बेटा सूली पर, भगवान भला करेंगे**—किसी के कहने पर विपत्ति में पड़ना।
- **चमगादड़ों के घर मेहमान आए, हम भी लटके तुम भी लटको**—गरीब आदमी क्या आवभगत करेगा।
- **चमार चमड़े का यार**—स्वार्थी व्यक्ति।
- **चाँद को भी ग्रहण लगता है**—कभी भले आदमी की भी बदनामी हो जाती है।
- **चार दिन की चाँदनी फिर अँधेरी रात**—सुख थोड़े ही दिन का होता है।
- **चिकने मुँह को सब चूमते हैं**—ऊँचे आदमी के सब यार हैं।
- **चिड़िया अपनी जान से गई, खाने वाले को स्वाद न आया**—इतना भारी काम किया फिर भी सराहना नहीं हुई।
- **चिराग तले अँधेरा**—पास की चीज दिखाई न पड़ना।
- **चाँद को भी ग्रहण है**—सज्जन व्यक्ति में भी दोष होते हैं। उत्तम चरित्र में भी धब्बा लगता है
- **चिकने घड़े पर पानी नहीं ठहरता**—निर्लज्ज व्यक्ति पर उपदेशों का प्रभाव नहीं पड़ता।
- **चिकना घड़ा**—निर्लज्ज व्यक्ति।
- **चोरी का माल मोरी में**—काला धन अधिक समय तक नहीं रहता।

- **चोर की दाढ़ी में तिनका**—अपराधी सदैव सशंकित रहता है।
- **चोर-चोर मौसेरे भाई**—एक स्वभाव वाले शीघ्र ही मित्रता कर लेते हैं। दुष्टों की मित्रता शीघ्र होती है।
- **चील के घोंसले में मांस कहा**—यहाँ कुछ भी बचा नहीं रह सकता।
- **चुपड़ी और दो-दो**—उत्तम वस्तु और वह भी इतनी ज्यादा।
- **चुल्लू भर पानी में डूब मरो**—तुम्हें शर्म होनी चाहिए।
- **चूहे का बच्चा बिल ही खोदता है**—जन्मजात कार्य बदल नहीं सकता।
- **चूहों की मौत बिल्ली का खेल**—किसी को कष्ट देकर मौज करना।
- **चोर का भाई गठकटा**—एक जैसे बदमाश।
- **चोर-चोरी से गया तो क्या हेरा**—फेरी से भी गया – दुष्ट आदमी कोई न कोई खराबी करेगा ही।
- **चोर को कहें चोरी कर और साहूकार से कहें जागते रहे**—दो पक्षों को लड़ाने वाला।
- **चूहे के चाम से नगाड़े नहीं मढ़े जाते**—तुच्छ और अल्प वस्तु से बड़ा काम नहीं हो सकता।
- **चित भी मेरी पट भी मेरी**—हर हालत में अपना ही फायदा।
- **चुल्लू-चुल्लू साधेगा, दुआरे हाथी बाँधेगा**—थोड़ा-थोड़ा इकट्टा करके धनी होना।
- **चूल्हे की न चक्की की**—घर का कोई कार्य नहीं करना।
- **चोट्टी कुतिया जलेबियों की रखवाली**—भक्षक को रक्षक बनाना।
- **छछूँदर के सिर में चमेली का तेल**—अयोग्य व्यक्ति को अच्छी चीज देना।
- **छटांक चून चौबारे रसोई**—मिथ्या आडंबर।
- **छीके कोई, नाक कटावे कोई**—किसी के दोष का फल दूसरा भोगे।
- **छोटा मुँह बड़ी बात**—अपनी योग्यता से बढ़कर बात करना।
- **जंगल में मोर नाचा किसने देखा**—ऐसे स्थान पर गुण प्रदर्शन न करें जहाँ कद्र न हो।
- **जबरा मारे रोने न दे**—जबरदस्त आदमी का अत्याचार चुपचाप सहना पड़ता है।
- **जबान को लगाम चाहिए**—सोच-समझकर बोलना चाहिए।
- **जबान कही हाथी चढ़ाए, जबान ही सिर कटाए**—मीठी बोली से आदर और कड़ी बोली से निरादर होता है।
- **जर है तो नर, नहीं तो खंडहर**—पैसे से ही आदमी का सम्मान है।
- **जल में रहकर मगर से बैर**—जहाँ रहना हो वहाँ के मुखिया से बैर ठीक नहीं होता।
- **जहं-जहं चरण पड़े संतन के तहँ-तहँ बंटाधार करे**—अभागा व्यक्ति जहाँ जाता है बुरा होता है।
- **जहाँ गुड़ होगा वहीं मक्खियाँ होगी**—जहाँ कोई आकर्षण होगा, वहाँ लोग जमा होंगे ही।
- **जहाँ चार बासन होंगे, वहाँ खटकेंगे भी**—जहाँ कुछ व्यक्ति होते हैं वहाँ कभी झगड़ा हो ही जाता है।
- **जहाँ देखे तवा परात, वहाँ गुजारे सारी रात**—जहाँ कुछ प्राप्ति होती है वहाँ लालची आदमी जम जाता है।
- **जहाँ न पहुँचे रवि वहाँ पहुँचे कवि**—कवि की कल्पना सब जगह पहुँचती है।
- **जहाँ फूल वहाँ काँटा**—अच्छाई के साथ बुराई लगी रहती है।
- **जागेगा सो पावेगा, सोवेगा सो खोवेगा**—लाभ इसमें है कि आदमी सतर्क रहे।
- **जान मारे बनिया पहचान मारे चोर**—बनिया और चोर जान-पहचान वाले को ही ठगते हैं।
- **जितना गुड़ डालो, उतना ही मीठा**—जितना खर्च करोगे चीज उतनी ही अच्छी मिलेगी।
- **जितनी चादर देखो उतने ही पैर पसारो**—अपनी आमदनी के हिसाब से खर्च करो।
- **जितने मुँह उतनी बातें**—अनेक प्रकार की अफवाहें।
- **जिस तन लगे वही तन जाने**—जिसको कष्ट होता है वही उसका अनुभव कर सकता है।
- **जिस थाली में खाना उसी थाली में छेद करना**—जो उपकार करे उसका अहित करना।
- **जिसका काम उसी को साजै**—जो काम जिसका है वही उसे ठीक तरह से कर सकता है।
- **जिसका खाइए उसका गाइए**—जिससे लाभ हो, उसी का पक्ष लें।
- **जिसकी जूती उसी के सिर**—जिसकी करनी उसी को फल।
- **जब तक स्वाँसा तब तक आशा/जब तक सांस है तब तक आस है**—अन्तिम क्षण तक आशान्वित रहना।
- **जस दूल्हा तस बने बराती**—बुरों का बुरों के साथ मिलना/अपने समान ही संगत रखना।
- **जान बची लाखों पाए**—छुटकारा मिलना। किसी भी रूप में हानि उठाकर भी मुक्त होना।
- **जिसकी लाठी उसी की भैंस**—शक्ति संपन्न आदमी अपना काम बना लेता है।
- **जिसके हाथ डोई, उसका सब कोई**—धनी आदमी के सब मित्र हैं।
- **जिसको पिया चाहे, वही सुहागिन**—जिसको अफसर माना वही योग्य है।
- **जी का बैरी जी**—मनुष्य ही मनुष्य का शत्रु है।
- **जीती मक्खी नहीं निगली जाती**—जो गलत है उसे जानते हुए स्वीकार नहीं किया जा सकता।
- **जूँ के डर से गुदड़ी नहीं फेंकी जाती**—थोड़ी से कठिनाई के कारण कोई बड़ा काम छोड़ा नहीं जाता।
- **जैसा करोगे वैसा भरोगे, जैसा बोवोगे वैसा काटोगे**-अपनी करनी का फल मिलता है।
- **जैसा राजा वैसी प्रजा**—जैसा मालिक वैसे उसके कर्मचारी।
- **जैसी तेरी कामरी, वैसे मेरे गीत**—जैसा दोगे वैसा पाओगे।
- **जैसे नागनाथ वैसे साँपनाथ**—दोनों एक से।
- **जैसे मियाँ काठ का, वैसे सन की दाढ़ी**—ठीक मेल है।
- **जोगी का बेटा खेलेगा तो साँप से ही**—बाप का प्रभाव बेटे पर पड़ता ही है।
- **जो गुड़ खाए, सो कान छिदाए**—लाभ पाने वाले को कष्ट सहना ही पड़ता है।
- **जो बोले सो घी हो जाए**—ज्यादा बोलना अच्छा नहीं होता।
- **जो हाँडी में होगा वह थाली में आएगा**—जो मन में है वह प्रकट होगा ही।
- **ज्यों नकटे को आरसी होत दिखाइ क्रोध**—दोषी को अपना दोष बताया जाए तो क्रुद्ध होता है।
- **जहाँ चाह वहाँ राह**—दृढ़ इच्छा शक्ति हो तो कार्य करने का रास्ता निकल ही आता है।
- **ज्यादा होगी मठ उजाड**—बहुत नेतृत्व से काम बिगड़ जाता है।
- **झोपड़ी में रहे, महलों के ख्याब देखें**—अपनी सामर्थ्य से बढ़कर।
- **टके का सब खेल है**—धन-दौलत से ही सब कार्य सिद्ध होते हैं।
- **टके की मुर्गी नौ टके महसूल**—कम कीमती वस्तु अधिक मूल्य पर देना।

➪ **टट्टी की ओट से शिकार खेलना**—छिपकर रीति के विरुद्ध कार्य करना।
➪ **ठंडा करके खाओ**—धीरज से काम करो।
➪ **ठोक बजा के चीज, ठोक बजा दे दाम**—अच्छी चीज का अच्छा दाम।
➪ **ठोकर लगे तब आँख खुले**—कुछ खोकर ही अक्ल आती है।
➪ **डायन को दामाद प्यारा**—अपना सब को प्यारा।
➪ **डायन भी अपने बच्चे को नहीं खाती**—अपनों को कोई हानि नहीं पहुँचाता।
➪ **ढाक से वही तीन पात**—फिर-फिर वही बात या दशा।
➪ **ढोल के भीतर पोल**—केवल दिखावटी शान।
➪ **तन को कपड़ा न पेट की रोटी**—अत्यधिक दरिद्र।
➪ **तलवार का खेत हरा नहीं होता**—अत्याचार का फल अच्छा नहीं होता।
➪ **तिरिया बिन तो नर है ऐसा, राह बटाऊ होवे जैसा**—बिना स्त्री के पुरुष का कोई ठिकाना नहीं।
➪ **तीन बुलाए तेरह आए, दे दाल में पानी**—समय आ पड़े तो साधन निकाल लेना पड़ता है।
➪ **तेरी करनी तेरे आगे, मेरी करनी मेरे आगे**—सब को अपने-अपने कर्म का फल भोगना पड़ता है।
➪ **तुम्हारे मुँह में घी-शक्कर**—तुम्हारी बात सच हो।
➪ **तुरन्त दान महा कल्यान**—जो करना हो चटपट करें, शुभ कार्य में देर कैसी।
➪ **तेल तिलों से ही निकलता है**—जो व्यक्ति कुछ देने लायक हो उसी से प्राप्ति होती है।
➪ **तेल देखो तेल की धार देखो**—सावधानी और धैर्य से काम लो।
➪ **तेली के बैल को घर ही पचास कोस**—घर में बहुत अधिक काम हो जाता है।
➪ **तीन में न तेरह में, मृदंग बजावे डेरा में**—निर्द्वन्द्व व्यक्ति सुखी रहता है, तटस्थ रहना।
➪ **ताँत बजी और राग बूझा**—बोलने से ही योग्यता प्रकट होती है।
➪ **तीन लोक से मथुरा न्यारी**—अन्य से विशिष्ट या भिन्न होना।
➪ **तीरथ गए मुँडाए सिर**—जहाँ हो, वहाँ की रीति-रिवाज का पालन करो।
➪ **थूक कर चाटना**—कही बात से मुकर जाना।
➪ **थका ऊँट सराय ताकता**—थकने पर विश्राम चाहिए।
➪ **थूक से सत्तू सानना**—कम सामग्री से काम पूरा करना।
➪ **दबाने पर चींटी भी चोट करती है**—जिस किसी को दु:ख दिया जाए वह बदला लेता है।
➪ **दर्जी की सुई, कभी तागे में कभी टाट में**—हर परिस्थिति में सहनशीलता बनाए रखना।
➪ **दलाल का दिवाला क्या, मस्जिद का ताला क्या**—जिसके पास कुछ है ही नहीं, उसे हानि का क्या डर।
➪ **दादा कहने से बनिया गुड़ देता है**—मधुर वाणी से काम बन जाता है।
➪ **दान की बछिया के दांत नहीं देखे जाते**—मुफ्त वस्तु के गुण-अवगुण नहीं परखे जाते।
➪ **दाम सँवारे सबई काम**—पैसा सब काम करता है।
➪ **दाल-भात में मूसरचंद**—बीच में दखल देने वाला।
➪ **दाल में नमक, सच में झूठ**—थोड़ा झूठ तो चल सकता है।
➪ **दिन भर चले अढ़ाई कोस**—समय बहुत लगा और काम बहुत थोड़ा हुआ।
➪ **दिल्ली दूर है**—अभी सफलता में देरी है।
➪ **दीवार के भी कान होते हैं**—रहस्य की बात गुप-चुप करनी चाहिए।
➪ **दुधारू गाय की लात सहनी पड़ती है**—जिससे कुछ पाना होता है, उसकी धौंस डपट सहनी पड़ती है।
➪ **दुविधा में दोनों गए माया मिली न राम**—दुविधा में पड़ने से कुछ नहीं मिलता।
➪ **दूल्हे को पत्तल नहीं, बजनिये को थाल**—जिसको हो हक है वह उसे नहीं मिलता।
➪ **दूध पिलाकर साँप पोसना**—शत्रु का उपकार करना।
➪ **दूर के ढोल सुहावने**-दूर से चीज अच्छी लगती है।
➪ **दूसरे की पत्तल लंबा-लंबा भात**—दूसरे की वस्तु अच्छी लगती है।
➪ **देह धरे के दंड हैं**-शरीर है तो कष्ट भी रहेगा।
➪ **दोनों हाथ से ताली बजती है**—लड़ाई-झगड़े के जिम्मेदार दोनों पक्ष हैं।
➪ **दोनों हाथ में लड्डू**—हर तरह लाभ ही लाभ।
➪ **दो लड़े तीसरा ले उड़े**—दो की लड़ाई में तीसरे की बन जाती है।
➪ **धन का धन गया, मीत की मीत गई**—उधार देने में पैसा तो जाती ही हैं, मित्रता भी नहीं रहती है।
➪ **धन्ना सेठ के नाती बने हैं**—अपने को रईस समझते हैं।
➪ **धोबी के घर पड़े चोर**—दूसरे का नुकसान होना।
➪ **धोबी रोवे धुलाई को, मियाँ रोवे कपड़े को**—सभी अपने-अपने नुकसान की बात करते हैं।
➪ **नारियल में पानी, क्या पता खट्टा कि मीठा**—इस बात में संशय है।
➪ **नीचे से जड़ काटना, ऊपर से पानी देना**—ऊपर से मित्र, भीतर से शत्रु।
➪ **नेकी और पूछ-पूछ**—भलाई करने के लिए पूछना क्या।
➪ **नौ दिन चले अढ़ाई कोस**—बहुत ही मंद गति से कार्य होना।
➪ **नौ नकद, न तेरह उधार**—नकद का काम उधार के काम से अच्छा है।
➪ **नंगा बड़ा परमेश्वर से**-निर्लज्ज से सब डरते हैं।
➪ **न अंधे को न्योता देते न दो जने आते**—गलत आदमी को बुलावा देना।
➪ **नदी किनारे रूखड़ा जब-तब होय विनाश**—बूढ़ा आदमी बहुत दिन नहीं जियेगा।
➪ **न नौ मन तेल होगा न राधा नाचेगी**—न पूरी होने वाली शर्त।
➪ **नया नौ दिन पुराना सौ दिन**—पुरानी चीजें ज्यादा दिन चलती है।
➪ **न साँप मरे न लाठी टूटे**—बिना किसी हानि के काम पूरा हो जाए।
➪ **नाई-नाई, बाल कितने ? जिजमान, अभी सामने आ जाएँगे**—प्रश्न का उत्तर अपने-आप मिल जाएगा।
➪ **नाक दबाने से मुँह खुलता है**—कठोरता से कार्य सिद्ध होता है।
➪ **नाच न जाने आँगन टेढ़ा**—अपना दोष बहाना करके टालना।
➪ **नानी के टुकड़े खावे, दादी का पोता कहावे**—खाना किसी का, एहसान किसी का।
➪ **नाम बड़े और दर्शन छोटे**—प्रसिद्ध बहुत होना पर वास्तव में गुण न होना।
➪ **नामी चोर मारा जाए, नामी शाह कमा खाए**—बदनामी से बुरा, नेकनामी से भला होता है।
➪ **पकाई खीर पर हो गया दलिया**—दुर्भाग्य।
➪ **पढ़े तो हैं गुन नहीं**—पढ़-लिखकर भी अनुभवहीन।
➪ **पत्थर को जोंक नहीं लगती, पत्थर मोम नहीं होता**—निर्मम आदमी पर कोई असर नहीं पड़ता, उसमें दया नहीं होती।
➪ **पराए धन पर लक्ष्मी नारायण**—दूसरे के धन पर गुलछर्रे उड़ाना।
➪ **पाँचों उँगलियाँ घी में**—सब लाभ ही लाभ।
➪ **पाँचों सवारों में मिलना**—अपने को बड़े व्यक्तियों में गिनना।
➪ **पाप का घड़ा भरकर डूबता है**—पाप जब बहुत बढ़ जाता है तब विनाश होता है।
➪ **पीर बावर्ची भिस्ती खर**—सब तरह का काम एक को करना पड़ता है।
➪ **पेड़ फल से जाना जाता है**—कर्म का महत्त्व परिणाम से होता है।
➪ **पैसा गाँठ का, जोरू साथ की**-अपने पास पैसा और पत्नी हो तो जीवन सुखी रहता है।
➪ **फलेगा सो झड़ेगा**—उन्नति के पश्चात् अवनति अवश्यम्भावी है।
➪ **फिसल पड़े तो हर गंगा**—मजबूरी से विवश होकर काम करना।
➪ **फलूदा खाते दाँत टूटें तो टूटें**—स्वाद के लिए घाटा भी मंजूर।
➪ **फटी न जाके पाँव बिवाई सो क्या जाने पीर पराई**—जिसने स्वयं दु:ख नहीं झेला है, वह दूसरे के दु:ख को नहीं समझ सकता।
➪ **बंदर क्या जाने अदरक का स्वाद**—वह इस वस्तु का महत्व नहीं समझता।
➪ **बकरी की जान गई, खाने वाले को मजा न आया**—दे चिड़िया अपनी जान से।

- **बकरी ने दूध दिया पर मेंगनी भरकर**—काम किया तो अवश्य, पर सद्भाव से नहीं।
- **बड़े बरतन की खुरचन भी बहुत है**—जहाँ बहुत होता है वहाँ घटते-घटते भी काफी रह जाता है।
- **बड़े मियाँ सो बड़े मियाँ, छोटे मियाँ सुभान अल्लाह**—बड़ों से बढ़कर बात करना।
- **बनिक पुत्र जाने कहा गढ़ लेवे की बात**—छोटा आदमी बड़ा काम नहीं कर सकता।
- **बरतन से बरतन खटकता ही है**—जहाँ चार लोग होते हैं, वहाँ कभी अनबन हो ही जाती है।
- **बहती गंगा में हाथ धो लो**—मौका मिले तो तुरंत उसका लाभ उठाओ।
- **बहुत जोगी मठ उजाड़**—बहुत लोग हो जाएँ तो काम खराब हो जाता है।
- **बाँझ का जाने प्रसव की पीड़ा**—दु:ख को दु:खी ही समझता है।
- **बाड़ ही जब खेत को खाए तो रखवाली कौन करे**—रक्षक ही भक्षक हो जाए, तो कोई चारा नहीं।
- **बाप ने मारी मेढ़की, बेटा तीरंदाज**—बड़े से छोटा बढ़ गया।
- **बाप से बैर, पूत से सगाई**—बड़ों की परस्पर शत्रुता, छोटों की आपस में मित्रता।
- **बारह बरस दिल्ली रहकर क्या भार झोंकते रहे**—बड़ी जगह में रहकर भी कुछ किया-पाया नहीं।
- **बावरे गाँव में ऊँट आया, किसी ने देखा किसी ने नहीं देखा**—नई चीज की कद्र सब लोग नहीं करते।
- **बासी बचे न कुत्ता खाए**—जरूरत भर की चीज।
- **बाहर टेढ़ा फिरत है बाँबी सूधो साँप**—अपने घर में सब सीधे होते हैं, बाहर अकड़ दिखाते हैं।
- **बिच्छू का मंतर न जाने, साँप के बिल में हाथ डाले**—अनाड़ी होकर बड़े काम में हाथ डाले।
- **बिल्ली और दूध की रखवाली**—भक्षक रक्षक नहीं हो सकता।
- **बिल्ली के सपने में चूहे**—जिसकी भावना होती है, वही सामने रहता है।
- **बीमार की रात पहाड़ बराबर**—कष्ट का समय काटना मुश्किल होता है।
- **बुढ़ापे में मिट्टी खराब**—बुढ़ापा में अनेक कष्ट।
- **बुढ़िया मरी तो मरी आगरा तो देखा**—हर घटना के दो पहलू हैं—अच्छा और बुरा।
- **भुस में आग लगा जमालो दूर खड़ी**—स्थाई विगृह का बीजारोपण कर तटस्थ की भूमिका अदा करना।
- **भरी गगरिया चुपके जाए**—ज्ञानी आदमी गंभीर होता है।
- **भरे पेट पर शक्कर खारी**—जब आवश्यकता नहीं होती तब अच्छी चीज भी बुरी लगती है।
- **भीख माँगे और आँख दिखाये**—भिखारी होकर अकड़ना।
- **भूख में किवाड़ पापड़**—भूख लगने पर कोई भी चीज अच्छी लगती है।
- **भेड़ पै ऊन किसने छोड़ी**—अच्छी चीज को सब लेना चाहते हैं।
- **भौंकते कुत्ते की रोटी का टुकड़ा**—जो तंग करे उसको कुछ दे दिलाकर चुप करा देना।
- **भरी थाली में लात मारना**—अभिमान से तिरस्कार करना/परिपूर्ण चीज की उपेक्षा करना।
- **भूल गए रागरंग भूल गए छकड़ी, तीन चीज याद रही नून, तेल, लकड़ी**—गृहस्थी के चक्कर में फँस जाना।
- **मन के लड्डुओं से भूख नहीं मिटती**—मन में सोचने मात्र से इच्छा पूरी नहीं होती।
- **मन चंगा तो कठौती में गंगा**—मन की शुद्धता ही वास्तविक शुद्धता है।
- **मरज बढ़ता गया ज्यों-ज्यों दवा की**—सुधार के बजाय बिगाड़ होता गया।
- **मरता क्या न करता**—मजबूरी में आदमी सब कुछ करता है।
- **मरे को मारे शाह मदार**—दु:खी को दु:खी करना बहादुरी नहीं है।
- **माँ का पेट कुम्हार का आवाँ**—संतानें सभी एक-सी नहीं होती।
- **मानो तो देव नहीं तो पत्थर**—मानो तो आदर, नहीं तो उपेक्षा।
- **माया बादल की छाया**—धन दौलत का कोई भरोसा नहीं।
- **मार के आगे भूत भागे**—मार से सब डरते हैं।
- **मिस्सों से पेट भरता है किस्सों से नहीं**—पेट को खाना चाहिए, केवल बातों से पेट नहीं भरता।
- **मुँह में राम बगल में छुरी**—ऊपर से मित्र, भीतर से शत्रु।
- **मुँह चिकना, पेट खाली**—केवल ऊपरी दिखावा।
- **मुए बैल की बड़ी-बड़ी आँखें**—जो चीज नहीं रही उसकी प्रशंसा।
- **मुफ्त की शराब काजी को भी हलाल**—मुफ्त का माल सभी ले लेते हैं।
- **मुल्ला की दौड़ मस्जिद तक**—घूम-फिरकर एकमात्र ठिकाना।
- **मेरी तेरी आगे, तेरी मेरे आगे**—चुगलखोरी।
- **मैं की गरदन पर छुरी**—अहंकार का नाश।
- **मोरी की ईंट चौबारे पर**—छोटी चीज का बड़े काम में लाना।
- **यह मुँह और मसूर की दाल**—अपनी औकात से बढ़कर बात करना।
- **योगी था सो उठ गया आसन रही भभूत**—पुराना गौरव समाप्त।
- **रघुकुल रीति सदा चली आई प्राण जाएँ पर वचन न जाई**—अपने वचन का पालन करना चाहिए।
- **रस्सी का साँप बन गया**—बात का बतंगड़ बन गया।
- **रस्सी जल गई पर ऐंठन न गई**—सर्वनाश हो गया पर घमंड नहीं गया।
- **राजहंस बिन को करे छीर नीर अलगाव**—न्याय करना बहुत कठिन काम है।
- **राजा के घर मोतियों का काल**—यहाँ किसी वस्तु का अभाव नहीं है।
- **रातों रोई एक ही मुआ**—थोड़ी चीज के लिए कष्ट अधिक।
- **राम मिलाई जोड़ी, एक अंधा एक कोढ़ी**—बराबर का मेल हो जाता है।
- **राम-राम (नाम) जपना पराया माल अपना**—ऊपर से भक्त, असल में ठग।
- **रोज कुआँ खोदना, रोज पानी पीना**—रोज कमाना और तब खाना।
- **लंका में सब बावन गज के**—एक से बढ़कर एक।
- **लड्डू कहे मुँह मीठा नहीं होता**—केवल कहने से काम नहीं बन जाता।
- **लहू लगाकर शहीदों में मिलने चले**—झूठी प्रशंसा चाहना।
- **लाल गुदड़ी में नहीं छिपते**—उत्तम प्रकृति के लोगों का पता चल ही जाता है।
- **ले दही, दे दही**—गरज का सौदा।
- **लेना एक न देना दो**—कुछ मतलब न रखना।
- **वही मन वही चालीस सेर**—बात एक ही है।
- **वही मियाँ दरबार में वही चूल्हे के पास**—एक आदमी को कई काम करने पड़ते हैं।
- **विधि का लिखा को मेटन हारा**—जो भाग्य में लिखा है, वह अवश्य होता है।
- **विष का वृक्ष भी लगाकर नहीं काटा जाता**—पालन पोषण करने के बाद दुष्ट से दुष्ट को भी हानि नहीं पहुँचाई जाती।
- **शर्म की बहू नित भूखी मरे**—शर्म करने में कष्ट उठाना पड़ता है।
- **शेरों का मुँह किसने धोया**—सामर्थ्यवान् के लिए कोई उपाय नहीं।
- **सकल तीर्थ कर आई तुमड़िया तौ भी न गयी तिताई**—स्वभाव नहीं बदलता।
- **सखी न सहेली, भली अकेली**—अकेले रहना अच्छा।
- **सच्चा जाए रोता आए, जूठा जाय हँसता आए**—सच्चा दुखी, झूठी सुखी।
- **समय चूकि पुनि का पछताने**—अवसर खोकर पछताने से कोई लाभ नहीं।
- **समरथ को नहिं दोष गोसाईं**—बड़े आदमी पर कौन दोष लगाए।
- **सहज पके सो मीठा होए**—आराम से किया गया काम सुखकर होता है।
- **साँच को आँच नहीं**—सच्चे आदमी को कोई खतरा नहीं।
- **साँप के मुँह में छछूँदर, निगले अंधा, उगले तो कोढ़ी**—दुविधा में पड़ जाना।
- **साँप मरे न लाठी टूटे**—बिना बल प्रयोग के काम हो जाए।
- **सारी उम्र भाड़ ही झोंका**—कुछ सीख पाया नहीं।
- **सावन के अंधे को हरा ही दिखाई देता है**—पक्षपात में दूसरे पक्ष की नहीं सूझती।
- **सिंह के वंश में उपजा स्यार**—बहादुरों की कायर संतान।

- **सिर तो नहीं खुजला रहा**—(तुम्हारा) जी मार खाने को हो रहा है।
- **सिर मुँड़ाते ही ओले पड़े**—शुरू में ही विघ्न पड़ गया।
- **सीधे का मुँह कुत्ता चाटे**—सीधेपन का लोग अनुचित लाभ उठाते हैं।
- **सूखे धान पड़ा क्या पानी**—समय पर सहायता न मिली तो बेकार।
- **सूरज धूल डालने से नहीं छिपता**—गुणी व्यक्ति का गुण प्रकट हो ही जायेगा।
- **सेर को सवा सेर**—एक से बढ़कर दूसरा।
- **सोने में सुगंध/सुहागा**—गुणा के साथ कोई और विशेषता।
- **सौ सुनार की एक लोहार की**—क्रिया को फैलाने की अपेक्षा एकदम कर डालना अच्छा होता है।
- **हर्रा/हींग लगे न फिटकरी रंग चोखा होए**—खर्च भी न हो और काम भी बन जाए।
- **हथेली पर सरसों जमाना**—बात कहते ही कार्य सम्पन्न होने की इच्छा करना।
- **हजारों टाँकी सहकर महादेव होते हैं**—कठिनाइयाँ झेलते-झेलते आदमी ऊँचा पद पाता है।
- **हम साँप नहीं जो हवा पीकर जियें**—भर पेट खाना चाहिए।
- **हर मर्ज की दवा**—हर बात का उपाय है।
- **हराम की कमाई हराम में गँवाई**—बेईमानी का पैसा बुरे कामों में लग जाता है।
- **हींजड़े के घर बेटा हुआ**—असंभव बात।
- **हाँडी का एक ही चावल देखते हैं**—किसी परिवार जाति या देश के एक ही आदमी देखने से पता चल जाता है कि शेष कैसे होंगे।
- **हाथी के दाँत खाने के और दिखाने के और**—करना कुछ, कहना कुछ। दिद्वरंगी चाल।
- **हाथी निकल गया, पूँछ रह गई**—अधिकांश काम का पूरा हो जाना।
- **हिमायती की घोड़ी ऐराकी को लात मारे**—बड़े का सहारा पाकर अपने से बड़ों तथा शक्तिशाली से उलझना।
- **हवन करते हाथ जलते हैं**—भलाई के प्रतिफल में बुराई मिलना।
- **हीरे की परख जौहरी ही करते हैं**—गुण की पहचान गुणी को ही होती है।
- **हाथ सुमरनी बगल कतरनी**—मन में कुछ और प्रत्यक्ष में कुछ और। ऊपर से निर्मल भीतर से कलुषित।

प्रश्नमाला

1. चोर-चोर मौसेरे भाई का अर्थ है—
(a) चोरों के बीच मौसेरे भाईयों जैसा सम्बन्ध होता है।
(b) अपराधियों में भिन्नता अपने आप हो जाती है।
(c) जो चोर है उसका मौसेरा भाई भी चोर होगा।
(d) अपराधी प्रवृत्ति के लोगों में घनिष्ठ मित्रता होती है।

2. छछूँदर के सिर में चमेली का तेल का अर्थ है—
(a) छछूँदर के सिर में चमेली का तेल लगाने से भी उसकी बदबू नहीं जाती।
(b) अयोग्य व्यक्ति के पास अच्छी वस्तु का होना एक विडम्बना ही है।
(c) अयोग्य व्यक्ति अच्छी वस्तु की कीमत क्या जाने ?
(d) जो व्यक्ति जिस वस्तु का पात्र नहीं है वह उसे नहीं देना चाहिए।

3. छोटे मियाँ तो छोटे मियाँ, बड़े मियाँ तो सुभान अल्लाह का अर्थ है—
(a) छोटे से भी बढ़कर दोष बड़े में होना।
(b) बड़े के समान छोटे की क्या बिसात ?
(c) बड़े छोटे से अधिक पूज्य होते हैं।
(d) छोटे-छोटे होते हैं और बड़े-बड़े ही हैं।

4. जंगल में मोर नाचा, किसने देखा का अर्थ है—
(a) मोर की बस्ती के आस-पास नाचना ठीक रहता है।
(b) मोर का नाच देखने भला जंगल में कौन जायगा ?
(c) गुण का प्रदर्शन उपयुक्त स्थान में होना चाहिए।
(d) मनोरंजन का कार्यक्रम नगर में ही ठीक होता है।

5. जाके पाँव ने फटी बिवाई सो क्या जाने पीर पराई का अर्थ है—
(a) पैर की बिवाई का कष्ट वही जानता है जिसे वह होती है।
(b) स्वयं भुक्तभोगी हुए बिना पराया दुख समझ में नहीं आता।
(c) दूसरों के दुख में सहानुभूति होने के लिए स्वयं दुख झेलना जरूरी है।
(d) पर दुख-कातरता कुछ ही लोगों में होती है।

6. नक्कार खाने में तूती की आवाज का अर्थ है—
(a) जहाँ नगाड़ा बोल रहा है वहाँ पिपहरी की आवाज सुनाई नहीं पड़ सकती।
(b) बड़े लोगों के सामने छोटो की सुनवाई नहीं होती।
(c) अपनी बात मनवाने के लिए ऊँची आवाज में कहना चाहिए।
(d) नक्कार खाने में तुती की आवाज मधुर लगती है।

7. नाम बड़े पर दर्शन थोड़े का अर्थ है—
(a) नाम बड़ा हो, पर सूरत-शक्ल बौने जैसी।
(b) नाम चारों ओर फैला हो, पर दिखाई कहीं न दे।
(c) मिथ्या प्रसिद्धि
(d) प्रचार चारों ओर, पर दर्शन कभी ही कभी।

8. नाच न जाने, आँगन टेढ़ा का अर्थ है—
(a) आँगन टेढ़ा होने पर अच्छा नृत्य-प्रदर्शन नहीं हो सकता।
(b) जिसे नाचना नहीं आता, वह आँगन टेढ़ा होने का बहाना बनाता है।
(c) कमी अपने में हो, पर उसका दोष साधनों या औरों के सिर मढ़ना।
(d) योग्यता हो तो उसकी अभिव्यक्ति बाधाओं के होते हुए भी हो जाती है।

9. हँसुए के ब्याह में खुरपी का गीत का अर्थ है—
(a) शादी का गीत गाना
(b) जश्न मनाना
(c) असंगत बातें करना
(d) निचले स्तर का कार्य करना

10. जाके पाँव न फटे विवाई वह का जाने पीर पराई का अर्थ है—
(a) दयालु होना
(b) कठोर होना
(c) दूसरे के कष्ट को अनुभव करना
(d) जिसके ऊपर बीतती है वही जानता है

11. जस दूल्हा तस बना बराता का अर्थ है—
(a) संगठन से ही कार्य सिद्ध होता है।
(b) सुन्दर वस्तु के साथ ही सुन्दर वस्तु का मेल होना
(c) सभी साथी एक ही जैसे
(d) बेढंगा होना

12. आडम्बर बहुत, किन्तु वास्तविकता कुछ नहीं के लिए सही लोकोक्ति है—
(a) आँख का अंधा नाम नयनसुख
(b) ऊँची दुकार फीका पकवान
(c) ऊँट के मुँह में जीरा
(d) खोदा पहाड़ निकली चुहिया

13. पुचकारने पर कुत्ता सिर चढ़े का अर्थ है—
(a) पुचकारने पर कुत्ता भी प्यार दिखाता है
(b) ओछे लोग मुँह लगाने पर अनुचित लाभ उठाते हैं
(c) ओछे लोग ही इस जमाने में तरक्की कर सकते हैं
(d) नगण्य व्यक्ति को कभी अपमानित नहीं करना चाहिए

14. तीन दिन मेहमान चौथे दिन हैवान का अर्थ है—
(a) आतिथ्य थोड़े दिन का ही अच्छा होता है
(b) अतिथि का कभी अनादर नहीं करना चाहिए
(c) मेहमान भी कभी-कभी शैतान बन जाता है
(d) ससुराल में दामाद को अधिक दिन नहीं रहना चाहिए

15. तबली की बला बन्दर के सिर का अर्थ है—
(a) किसी की शिकायत दूसरों से करना
(b) एक-दूसरे से लड़वाना
(c) किसी का अपराध दूसरे के सिर
(d) अपना दोष दूसरों पर सिर मँढ़ना

16. एक और एक ग्यारह होवे हैं का अर्थ है—
(a) संसार में सब सम्भव है
(b) भीड़ में बल है
(c) गणित विद्या में निपुणता प्राप्त करना
(d) संगठन में शक्ति है

17. कुम्हार अपना ही घड़ा सराहता है का अर्थ है—
(a) अपनी ही प्रशंसा करना
(b) अपनी बनाई हुई वस्तु सबको अच्छी लगती है
(c) किसी को बोलने नहीं देना
(d) दूसरों की वस्तु को तुच्छ समझना

18. ऊँट के मुँह में जीरा का अर्थ है—
(a) ऊँट भला जीरे का स्वाद क्या जाने?
(b) ऊँट के इतने बड़े मुँह में तनिक सा जीरा क्या मालूम पड़ेगा।
(c) जरूरत बड़ी हो तो चीज की अल्प मात्रा से काम नहीं चल सकता।
(d) छोटे आदमी से बड़े आदमी का काम नहीं निकल सकता।

19. ऊँट किस करवट बैठता है का अर्थ है—
(a) ऊँट के बारे में कोई नहीं कह सकता कि वह किस बल बैठेगा।
(b) ऊँट का स्वभाव अनिश्चयात्मक होता है।
(c) जब दो पक्षों में मत-भेद या विग्रह की स्थिति हो तब कोई नहीं कह सकता कि अंत में निर्णय किसके पक्ष में होगा।
(d) अनिश्चय की स्थिति दुखदायी होती है।

20. ऊधौ की पगड़ी माधों के सिर पर अर्थ है—
(a) ऊधौ की इज्जत का भार माधो पर।
(b) एक का दोष दूसरे के सिर मढ़ना।
(c) किसी का दायित्व किसी को ओढ़ाना।
(d) एक का भाग दूसरे के सिर पर डालना।

21. एक और एक ग्यारह होते हैं का अर्थ है—
(a) एक में एक जोड़ने से केवल दो होते हैं पर एक के बाद एक लिखने से ग्यारह होते हैं।
(b) अधिक संख्या में लोग।
(c) एकता में बल
(d) अपना-अपना काम

22. एक चुप सौ को हराए का अर्थ है—
(a) मौन एक उपयोगी मंत्र है।
(b) शत्रु को हराने के लिए मौन का सहारा लेना चाहिए।
(c) अधिक बोलना ठीक नहीं।
(d) वार्तालाप में शक्ति व्यय नहीं करना चाहिए।

23. एक अनार सौ बीमार का अर्थ है—
(a) दवा थोड़ी और मरीज अधिक
(b) जरा सी चीज और उसमें हिस्सा बँटाने वाले बीसियों।
(c) एक वस्तु के कई हिस्सेदार
(d) एक वस्तु कई में बँटने पर बेकार हो जाती है।

24. एक हाथ से ताली नहीं बजती का अर्थ है—
(a) झगड़ा दोनों या कई पक्षों के कारण होता है।
(b) एक हाथ बेकार होता है, जब तक कि दूसरा भी उसकी सहायता न करें।
(c) मित्रता के लिए कम से कम दो व्यक्ति चाहिए।
(d) बिना दो के प्रेम नहीं हो सकता।

25. काला अक्षर भैंस बराबर का अर्थ है—
(a) छिद्रान्वेषी होना
(b) समदर्शी होना
(c) अनपढ़ होना
(d) अदूरदर्शी होना

26. गए थे रोजा छुड़ाने, नमाज गले पड़ी का अर्थ है—
(a) मुश्किल में पड़ जाना
(b) कष्ट पहुँचना
(c) गरीब हो जाना
(d) उपकार करने के बदले स्वयं को दु:ख भोगना पड़ा

27. गंगा गए गंगादास, जमुना गए जमुनादास का अर्थ है—
(a) अपने-अपने घर जाना
(b) अपना-अपना काम करना
(c) किसी की नहीं सुनना
(d) जिसका कोई दृढ़ सिद्धान्त नहीं होता।

28. कहाँ राजा भोज कहाँ गंगू तेली का अर्थ है—
(a) ऊटपटांग बात करना
(b) राजा और सामान्य व्यक्ति की तुलना
(c) राजा भोज और गंगू तेली के बीच तुलना करने का प्रयास
(d) आकाश-पाताल का अन्तर होना

29. टूट चाप नहिं जुरै रिसाने का अर्थ है—
(a) टूटा धनुष क्रोध करने से नहीं जुड़ता
(b) चिन्ता छोड़ो सुख से जिओ
(c) नुकसान के लिए परेशान नहीं होना चाहिए
(d) नुकसान हो जाने पर क्रोध करना व्यर्थ है

30. अंधा पावै आँखें तो पतियाय का अर्थ है—
(a) सबसे मूल्यवान वस्तु प्राप्त करके प्रसन्न होना
(b) अभीष्ट की प्राप्ति होने पर विश्वास का जमना
(c) असंभव की चाह होना
(d) असंभव को संभव कर दिखाना

31. यह प्रेम का पंथ कराल महा के लिए सही लोकोक्ति है—
(a) अरु नेह सों नातो बड़ावतो है
(b) तरबार की धार पै धावनो है
(c) दुखदाई और घोर सतावनी है
(d) मन ही मन में उर भावनी है

32. राम नाम जपना, पराया माल अपना का अर्थ है—
(a) दान करना
(b) सर्वज्ञ होना
(c) धोखे से धन जमा करना
(d) दूसरों से सहानुभूति रखना

33. सौ सयाने एक मत का अर्थ है—
(a) कुछ भी निश्चय न कर पाना
(b) ज्यादा चालाक बनना
(c) अच्छे विचारों में भिन्नता होना
(d) बुद्धिमानों के विचार एक से होते हैं

34. काला अक्षर भैंस बराबर का अर्थ है—
(a) महामूर्ख
(b) बुद्धिहीन
(c) निरक्षर भट्टाचार्य
(d) अक्ल का अंधा

35. कहने पर धोबी गधे पर नहीं चढ़ता का अर्थ है—
(a) हर एक अपनी इच्छा के अनुसार कार्य करता है।
(b) किसी को कोई कार्य करने की विवश नहीं किया जा सकता
(c) धोबी का गधा लादी ढोने के लिए है, चढ़ने के लिए नहीं।
(d) धोबी स्वतंत्र प्रकृति का मनुष्य होता है।

36. कोयले की दलाली में मुँह काला का अर्थ है—
(a) काले धंधे में हाथ नहीं डालना चाहिए।
(b) खराब काम का नतीजा खराब होता है।
(c) कोयले के धंधे में कालिख नहीं लगेगी तो क्या होगा?
(d) बुरे काम से सिवा अपयश के कुछ नहीं मिलता।

37. खरबूजे को देख कर खरबूजा रंग बदलता है का अर्थ है—
(a) देखादेखी से बदलाव आता है।
(b) जैसा संग होता है वैसा ही प्रभाव पड़ता है।
(c) एक खरबूजा पकने के साथ ही सभी पकते हैं।
(d) संगत का असर

38. खाइये मनभाता पहनिये जगभाता का अर्थ है—

(a) खाने पीने में अपनी रुचि का ध्यान रखिए, किन्तु पहनने ओढ़ने में सामाजिक नियमों का पालन होना चाहिए।

(b) निजी जीवन जैसी स्वतंत्रता सार्वजनिक जीवन में नहीं खोजनी चाहिए।

(c) खान-पान और पहनने-ओढ़ने के नियम भिन्न-भिन्न हैं।

(d) वेषभूषा वह होना चाहिए जो दूसरों को अच्छी लगे।

39. खोदा पहाड़ निकली चुहिया का अर्थ है—

(a) आशा के विपरीत अल्प लाभ

(b) अभिलाषा की पूर्ति न होना

(c) प्रयास का विफल होना

(d) परिश्रम अत्यधिक परिणाम अति तुच्छ।

40. अंधे के आगे रोये, अपना नैना खोये का अर्थ है—

(a) जो स्वयं अंधा है वह दूसरों की सहायता कैसे कर सकता है

(b) अभावग्रस्त व्यक्ति से याचना सफल नहीं हो सकती

(c) हृदयहीन व्यक्ति से दया की याचना व्यर्थ जाती है

(d) अत्याचारी से कुछ माँगने जाने का अर्थ है कि अपने पास जो कुछ है वह भी लुट जाए

उत्तरमाला

1. (b)	**2.** (d)	**3.** (a)	**4.** (c)	**5.** (b)	**6.** (a)	**7.** (c)	**8.** (c)	**9.** (c)	**10.** (d)	**11.** (c)	**12.** (b)
13. (b)	**14.** (a)	**15.** (c)	**16.** (d)	**17.** (b)	**18.** (c)	**19.** (d)	**20.** (b)	**21.** (c)	**22.** (b)	**23.** (c)	**24.** (a)
25. (c)	**26.** (d)	**27.** (d)	**28.** (d)	**29.** (d)	**30.** (b)	**31.** (b)	**32.** (c)	**33.** (d)	**34.** (c)	**35.** (a)	**36.** (d)
37. (a)	**38.** (b)	**39.** (d)	**40.** (a)								

❑❑❑

15 रस एवं छंद

रस के भेद

आचार्य भरतमुनि के आठ रस माने हैं, तो आचार्य विश्वनाथ तथा आचार्य मम्मद के रसों की संख्या भी मानी है। आगे चलकर भक्ति तथा वात्सल्य रस जुड़कर 'ग्यारह' हो गए।

शृंगार रस

'शृंग' तथा 'आर' के योग से उत्पत्ति शृंग (काम की उत्पत्ति) तथा आर (गीत या प्राप्ति) अर्थात् शृंगार का अर्थ-काम-वृद्धि की प्राप्ति है। शृंगार में स्त्री-पुरुष की पवित्र प्रेम भावना का वर्णन होता है।

बड़ों तथा शक्तिशाली से उलझना।

संयोग शृंगार

- कौन हो तुम वसन्त के दूत, विरस पतझड़ में अति सुकुमार; मन तिमिर से चपला की रेख तपन में शीतल मन्द बयारा।
- विश्लेषण-स्थायीभाव-रति। विमाय-आलम्बन-श्रद्धा, आश्रय-मनु, उद्दीपन-एकान्त प्रदेश, श्रद्धा की सुन्दरता, कोकिल कण्ठ रम्स वेशभूषा। **संचारी भाव-हर्ष,** चपलता, आशा, उत्सुकता आदि।

वियोग शृंगार

मेरे प्यारे नव जलद से कंज से नेत्र वाले।
जाके आये न मधुवन से औ न भेजा सन्देशा।।
में रो-रो के प्रिय-विरह से वावली हो रही हूँ।
जा के मेरी सब दुःख कथा श्याम को तू दे।।

- **विश्लेषण-स्थायी**
  भाव-राति। विभाव-आलम्बन-कृष्ण। आश्रय-राधा।
  उद्दीपन–शीतल-मन्द-पवन और एकान्त स्थल। संचारी

हास्य रस

अपने अथवा पराये परिधान वचन, क्रिया-कलाप आदि से उत्पन्न हुआ हास नामक स्थायी भाव, विभाव अनुभाव और संचारी भाव के संयोग से हास्य का रूप ग्रहण करता है, जैसे–

नाना वाहन नाना वेषा विहँसे सिव समाज निज देखा।
कोउ मुख-हीन विपुल मुख काहा बिनु पद-कर कोउ बहु पद बाह्य।

करुण रस

किसी प्रिय व्यक्ति अथवा प्रिय वस्तु के विनाश हो जाने, प्रेमीजन के वियोग, धन की हानि आदि से हृदय में करुण रस की निप्पत्ति होती है। इसका स्थायी भाव-शोक है।

जो भूरि भाग्य नारी विदित थी निरुपमेय सुहागिनी।
हे हृदय बल्लम। हूँ वही अब में महा हतभागिनी।।
जो साथिनी होकर तुम्हारी थी अतीव सनाथिनी
है अब इसी मुझ-सी जगत में और कौन अनाथिनी।

वीर रस

दुष्कर कार्यों यथा, युद्ध आदि में वीर रस है उत्पत्ति होता है वीरता का प्रदर्शन अनेक क्षेत्रों में सम्भव है और उसी के आधार पर दानवीर, यशवीर, दयावीर, धर्मवीर, युद्धवीर, शोधवीर, कर्मवीर जैसे– अनेक वीर हो सकते हैं। इसका स्थायी भाव उत्साह है।

सौमित्र से धनवाद का ख, अल्प भी न सहा गया।
निज शत्रु को देखे बिना, उससे तनिक न रहा-गया।

रौद्र वीर

अपनी, अपने गुरुजनों या प्रियजनों आदि की निन्दा, भाव-भंग स्वाभिमान पर चोट आदि की स्थिति में रौद्र-रस का जन्म होता है।
इसका स्थायी भाव क्रोध है।

भयानक रस

किसी भयंकर व्यक्ति, वस्तु या दृश्य को देखने, बलशाली के भयंकर कार्य से उत्पन्न रस 'भयानक' रस है। इसका स्थायी भाव 'भय है।

एक और अजगरहि लखि, एक ओर मृगराइ।
विकल बढोही बीच ही, परयो मूर्छा खाइ।।

अद्भुत रस

विचित्र, विस्मयकारक व्यक्ति, वस्तु या कृत्य को देखकर उत्पन्न भाव से अद्भुत रस की उत्पत्ति होती है। इसका स्थायी भाव 'विस्मय' है।

बिनु पद चलै, सुने बिनु काना।
की बिनु कर्म करै विधि नाना।।
आनन रहित सकल रस भोगी।
बिनु वाणी वक्ता बड़ जोगी।।

वीभत्स रस

'घृणा' नामक स्थायी भाव से इस रस की उत्पत्ति होती है। घृणा पैदा करने वाली वस्तुओं (पीव,हड्डी, मांस, चर्बी आदि) के सड़ने की दुर्गन्ध से हृदय में एक प्रकार की ग्लानि उत्पन्न होती है। इसका स्थायी भाव-'जुगुप्सा' नाम से भी पुकारा जाता है।

कोउ अंतड़िनि का पहिरि माल इतराल दिखावता।
कोउ चरबी से 'चोप सहित निज अंगनि लावत।।
कोउ मुंडनि ले मनि, मोंद कंदुक लौ डारत।
कोउ रुंड़नि पे बैठि करेजी फारि निकारत।।

शान्त रस

संसार की क्षण भंगुरता, असारता तथा विषय-भोगी की अनिश्चितता तथा परमात्मा के ज्ञान से उत्पन्न 'वैराग्य' ही पुष्ट होकर शान्त रस से परिणत होता है।

इसका स्थायी भाव -निर्वेद' (उदासीनता) है।
मन पछितैहे अवसर वीते।
दुर्लभ देह पाई हरिपद भजु, करम वचन अरु होते।
अब नाथहि अनुराग जागु जड़-त्यागु दुराया जीते।
बुझे ने काम अगिनि तुलसी कहुँ विषय भोर बहु घी ते।।

वात्सल्य रस

सन्तान-स्नेह वत्सलता स्थायी भाव से इस रस की उत्पत्ति होती है। प्राचीन आचार्यों ने इसे श्रृंगार के अन्तर्गत माना, परन्तजु आज यह स्वतंत्र रस है। इसका वर्णन हिन्दी साहित्य में अनुपमेय है। सूर तो इसके सम्राट कहे गए। इसके भी संयोग वात्सल्य' और 'वियोग वात्सल्य' दो भेद किए गए हैं।

भक्ति रस

ईश्वर या देवता के विषय में रति (श्रद्धा) भाव भक्त के हृदय उत्पन्न होता है, उसी से भक्ति रस की उत्पत्ति होती है।

स्थायी भाव-'देवता विनायक रति'।
मेरे तो गिरधर गोपाल दूसरा न कोई।
जाके सिर मुकुट मेरो पति सोई।
साघुन संग बैठि-बैठि लोक लाज खोई।
अब तो बात फैल गई जाने सब कोई।
अँसुअन जल सींचि-सींचि प्रेम बेल दोई।
मीरा की लगन लागी होनी हो सो, होई।

छन्द

व्याकरण के नियमों से बँधी रचना 'गद्य' तथा 'पिंगल' शास्त्र के नियमों से बँधी लयारत्मक रचना 'पद्य' कहलाती है।

- हिन्दी साहित्य कोश के अनुसार, "अक्षर, अक्षरों की संख्या एवं क्रम, मात्रा, मात्रा-गणना तथा यति-गति आदि से सम्बन्धित विशिष्ट नियमों से नियोजित पद्य-रचना 'छन्द कहलाती है।"
- गद्य की अपेक्षा छन्द बद्ध रचना अधिक प्रभावित एवं रस प्रवाह करती है।
- छन्दबद्ध रचना कर्णप्रिय, चिरस्थायी, चिर स्मृति रक्षित होती है।
- छन्द बद्धता से रचना में गेयता, संगीतात्मकता, लयात्मकता आ जाती है।

छन्द के तत्त्व

- मुख से निकलने वाली ध्वनि को सूचित करने के लिए निश्चित किए गए चिह्न **'वर्ण'** कहलाते हैं।
- **वर्ण** ह्रस्व तथा दीर्घ-दो प्रकार के होते हैं।
- **मात्रा** वर्ण के उच्चारण में जो समय व्यतीत होता है, उसे मात्रा कहते हैं। ह्रस्व (लघु) वर्ण की एक (a) तथा दीर्घ (गुरु) वर्ण की दो (ऽ) मात्रा होती हैं।
- **शुभाक्षर** 15 वर्ण हैं– क, ख, ग, घ, च, छ, ज, द, ध, न, य, श, स, क्ष, ज्ञ ।
- **अशुभाक्षर** इन्हें दग्धाक्षर कहते हैं–ङ, झ, ञ, ट, ठ, ड, ढ, ण, त, थ, ब, भ, म, र, ल, व, ष, ह ।
- **वर्णिक गण** वार्णिक छन्दों में 3 अक्षरों की मात्रा गणना को 'एक गण' कहा जाता है।
- वर्णिक गणों की संख्या आठ मानी गई है।
- यमाताराज भानसलगा' सूत्र के द्वारा–**यगण** (।ऽऽ), **मगण** (ऽऽऽ), **तगण** (ऽऽ।), **रगण** (ऽ।ऽ), **जगण** (।ऽ।), **भगण** (ऽ।।) **नगण** (।।।), **सगण** (।।ऽ) निर्धारित हैं।
- **छन्द** मात्रिक एवं वार्णिक दो प्रकार के छन्द होते हैं।
- 'मात्रा की गणना' पर आधारित छन्द (मात्रिक) तथा 'वर्ण-गणना' पर आधारित छन्द 'वार्णिक' छन्द होते हैं।
- एक से 26 वर्ण गणना वाले छन्द **'साधारण'** तथा 26 से अधिक वर्ण-गणना वाले छन्द **'दण्डक'** कहलाते हैं।
- 'यति' का अर्थ विराम, 'गति' का अर्थ लय तथा 'तुक' का अर्थ अन्तिम वर्णों की आवृत्ति है।
- **लघु या ह्रस्व वर्ण**–अ, इ, उ।
- **दीर्घ या गुरु वर्ण**–आ, ई, ऊ, ऋ, ओ, औ अनुस्वार विसर्ग युक्त वर्ण गुरु।
- संयुक्ताक्षर से पूर्व का वर्ण गुरु (ऽ) हो जाता है।

मात्रिक छन्द

1. **दोहा** अर्द्ध-सम मात्रिक छन्द, चार चरण, प्रथम और तृतीय चरण में 13-13 तथा द्वितीय और चतुर्थ चरण में 11-11 मात्राएँ, विषम चरणों के अन्त में जगण (।ऽ।) नहीं होना चाहिए–

ऽ ऽ ।। ऽऽ ।ऽ ऽऽ ऽ।। ऽ।
मेरी भव बाधा हरौ, राधा नागरि सोय।
ऽ ।। ऽ ऽऽ ।ऽ ऽ। ।।। ।। ऽ।
जा तन की झाँई परै, स्याम हरित दुति होय।।

2. **चौपाई** राग मात्रिक छन्द, चार चरण, प्रत्येक चरण में 16-16 मात्राएँ, अन्त में जगण (।ऽ।), तगण (ऽऽ।) का निषेध।

।।। ।।। ऽ।। ।।ऽऽ ।।। ।ऽ। ।ऽ।। ऽऽ
निरखि सिद्ध साधक अनुरागे । सहज सनेहु सराहन लागे ।।
ऽ। । ऽ।। ऽ। ।।। ऽ ।।। ।।। ।। ।।। ।।। ऽ
होत न भूतल भाउ भरत को। अचर सचर वर अचर करत को ।।

3. **सोरठा** अर्द्धसम मात्रिक-छन्द, प्रथम एवं तृतीय चरण में 11-11 और द्वितीय एवं चतुर्थ चरण में 13-13 मात्राएँ, दोहे का उल्टा होता है–

ऽ। ।ऽ।। ऽ। ।। ।।। ऽ।। ।।।
नील सरोरुह स्याम, तरुन अरुन बारिज नयन।
।।। ऽ ।। ।। ऽ। ।ऽ ऽ। ऽ।। ।।।
करउ सो मन उर धाम, सदा छीरसागर सयन।

4. **कुण्डलियाँ** विषम मात्रिक छन्द, छः चरण, प्रत्येक चरण में 24 मात्राएँ, आदि में एक दोहा तथा बाद में एक सेला जोड़कर यह छन्द बनता है।

जिस शब्द से आरम्भ उसी पर अन्त होता 'दोहे' का नौथा 'रोला' का प्रथम चरण 'एक' ही होता है।

ऽ ऽ ऽ। । ऽ । ऽ ।। ऽ ।। । । ऽ ।
साईं-बैर न कीजिए गुरु पण्डित कवि यार।
ऽ ऽ । । ऽ ऽ । ऽ ऽ। ।ऽ।। ऽ।
बेटा बनिता पौरिया यज्ञ करावन हार ।।
ऽ । । ऽ । । ऽ। ऽ। ऽऽ ऽ ऽऽ
यज्ञ, करावन हार, राजमन्त्री जो होई।
ऽ। ।ऽऽऽ ।ऽ ।ऽ।ऽ ।ऽऽ
विप्र पड़ौसी वैद्य आपुनौ तपै रसोई।।

5. **बरवै** अर्द्धसम मात्रिक छन्द, विषम चरणों में 12-12 तथा सम चरणों में 7-7 मात्राएँ। सम चरणों के अन्त में जगण (।ऽ।) होता है–
"चम्पक हरवा अँग मिलि, अधिक सुहाय।
जानि परै सिय हियरे, जब कुंभिलाई।।"

6. **हरिगीतिका** सम मात्रिक छन्द, चार चरण, प्रत्येक चरण में 28 मात्राएँ, 16-12 पर यति, प्रत्येक चरण के अन्त में रगण (ऽ।ऽ) आवश्यक है–
।। ऽ। ऽऽ ऽ ।ऽ ।। ।। ।ऽ ऽऽ ।ऽ
खग-वृन्द सोता है अतः कल-कल नहीं होता यहाँ।

प्रश्नमाला

1. **रस के अंग हैः**
(a) स्थायी भाव
(b) विभाव एवं अनुभाव
(c) संचारी भाव
(d) ये सभी

2. **'रस' के अन्तर्गत स्थायी भावों की संख्या हैः**
(a) नौ (b) दस
(c) ग्यारह (d) बारह

3. **रस रूप में पुष्ट या परिणत होने वाल, सम्पूर्ण प्रसंग में व्याप्त रहने वाला भाव कहलाता हैः**
(a) स्थायी भाव
(b) विभाव
(c) अनुभाव
(d) संचारी भाव

4. **जो व्यक्ति, वस्तु परिस्थितियाँ आदि स्थायी भावों को जाग्रत या उद्दीप्त करती है, वेः**
(a) स्थायी भाव (b) विभाव
(c) अनुभाव (d) संचारी भाव

5. **'विभाव' के भेद हैंः**
(a) आलम्बन (b) उद्दीपन
(c) आश्रय (d) (a) तथा (b)

6. **भावों के उदय होने के पश्चात् आश्रय की चेष्टाएँ हैंः**
(a) स्थायी भाव (b) विभाव
(c) अनुभाव (d) संचारी भाव

7. **'अनुभाव' के भेद हैः**
(a) सात्विक (b) वाचिक
(c) कायिक एवं आहार्य (d) ये सभी

8. **छन्द कितने प्रकार के होते हैंः**
(a) मात्रिक
(b) वार्णिक
(c) आर्थिक
(d) (a) और (b) दोनों

9. **'छन्द' के तत्त्व होते हैंः**
(a) वर्ण-मात्रा
(b) शुभ-अशुभाक्षर
(c) वर्णिकगण
(d) ये सभी

10. **'यमाताराज भानसलगा' सूत्र के आधार पर 'गणों' की संख्या हैः**
(a) नौ
(b) आठ
(c) दस
(d) सात

उत्तरमाला

1. (a) **2.** (a) **3.** (a) **4.** (a) **5.** (a) **6.** (a) **7.** (a) **8.** (a) **9.** (a) **10.** (a)

❑❑❑

16 अलंकार

➪ अलंकार का अर्थ आभूषण अर्थात् 'जो भूषित करे' होता है। काव्य में जिन धर्मों द्वारा चमत्कार उत्पन्न हो उसे अलंकार कहते हैं। भाषा के शब्द और अर्थ दो प्रमुख अंग होते हैं। अतएव काव्य में चमत्कार, शाब्दिक अथवा अर्थगत हो सकता है।

(1) अनुप्रास

जहाँ पर वर्णों की आवृत्ति हो, वहाँ अनुप्रास अलंकार होता है : जैसे—मुदित महीपति मन्दिर आये। सेवक सचिव सुमन्त बुलाये।

इस चौपाई में पूर्वार्द्ध में म की और उत्तरार्द्ध में स की तीन-तीन बार आवृत्ति हुई है, पर इनमें स्वरों का मेल नहीं है। कहीं-कहीं स्वर भी मिल जाते हैं; जैसे—

सो सुख सुजस सुलभ मोहिं स्वामी।

इसमें स की आवृत्ति पाँच बार हुई है, पर स्वरों का मेल (सुख, सुजस, सुलभ) केवल तीन बार हुआ है।

(2) यमक

जब कोई शब्द एक से अधिक बार प्रयुक्त हो परंतु अर्थ भिन्न हो वहाँ यमक अंलकार होता है। जैसे—

हरि हरि रूप दियो नारद को देखईं
दोउ शिवगण मुस्काई।

यहाँ एक हरि का अर्थ विष्णु व दूसरे का अर्थ बंदर है।

आचार्यों ने यमक की तीन कोटियाँ बताई हैं—आदिपद, यमक, मध्यपद यमक और अंत पद यमक। मोटे तौर पर यमक के दो भेद माने जाते हैं।

(d) सभंग पद यमक
(ख) अभंग पद यमक

(d) **संभग पद यमक—**जब किसी शब्द का एक से अधिक बार प्रयोग होता है तथा उस शब्द को भंग करने पर भिन्न-भिन्न अर्थ निकलते हैं, तब सभंग पद यमक होता है। उदाहरणार्थ—

'हरिणी के नैनानी ते हरिनीके ये नैना'

प्रस्तुत उदाहरण में हरिणी (अच्छे) शब्द का प्रयोग दो बार हुआ है, परंतु अर्थ भिन्न है। पहले स्थान पर इसका अर्थ है हिरण जबकि दूसरे स्थान पर हनि नीके। इस प्रकार पूरी पंक्ति का अर्थ बनता है—हरि राधा के नेत्र तो हिरनी के नेत्रों से अधिक भव्य है।

(ख) अभंग पद यमक—जब किसी पद को भंग किए बिना भिन्न-भिन्न अर्थों की प्राप्ति हो, तब वहाँ अभंग पद यमक होता है। उदाहरणार्थ—

जल जो ना होता तो यह जग जाता जल।
अथवा
'ज़ेते तुम तारे तेते नभ में ना तारे है

(3) श्लेष

जब पंक्ति में एक ही शब्द के अनेक अर्थ होते हैं तब वहाँ श्लेष अलंकार होता है। जैसे—

चरण धरत चिन्ताकरत, भावत नींद न शोर।
सुबरन को ढूँढ़त फिरत, कवि, कामी और चोर।।

श्लेष अलंकार के प्रकार—श्लेष अलंकार दो प्रकार का होता है—

(i) शब्द श्लेष (ii) अर्थ श्लेष

(4) उपमा

समान धर्म, स्वभाव, शोभा, गुण आदि के आधार पर जहाँ एक वस्तु की तुलना दूसरी वस्तु से की जाती है, वहाँ उपमा अलंकार होता है। जैसे—

राम का मुख कमल के समान सुन्दर है।

राम का मुख उपमेय कमल उपमान
समानवाचक सुन्दर समान धर्म

(5) रूपक

जहाँ उपमेय में उपमान का आरोप किया जाए, वहाँ रूपक अलंकार होता है। इसमें वाचक और साधारण धर्म लुप्त हो उपमेय और उपमान में अभेद का भाव प्रकट करते हैं। जैसे—

खोलो अपना मुख पंकज सखी, देखो तेरा प्रिय तरणि आया।

(6) उत्प्रेक्षा

जब उपमेय में उपमान से भिन्नता होते हुए भी उपमेय की उपमान के रूप में सम्भावना की जाए। जैसे—

लता भवन ते प्रकट भे तेहि अवसर दो ऊभाई।
निकसे जनु जुग विमल बिधु जलद पटल विलगाइ।

उत्प्रेक्षालंकार के तीन भेद होते हैं—

(i) वस्तूत्प्रेक्षा (ii) फलोत्प्रेक्षा (iii) हेतूत्प्रेक्षा।

(7) अतिशयोक्ति

जहाँ किसी वस्तु का बढ़ा-चढ़ाकर वर्णन किया जाए, वहाँ अतिशयोक्ति अलंकार होता है। जैसे—

लेवत मुख में घास मृग, मोर तजत नृत जात।
आँसू गिरियत जर लता, पीरे-पीरे पात।।

(8) विरोधाभास

जहाँ विरोध न होते हुए भी विरोध का आभास दिया जाए, वहाँ विरोधाभास अलंकार होता है। जैसे—

भर लाऊँ सीपी में सागर, प्रिय ! मेरी अब हार विजय क्या?

सीपी में भला सागर कैसे भरा जा सकता है? अत: यहाँ विरोधाभास अलंकार है।

(9) वक्रोक्ति

वक्रोक्ति अलंकार वहाँ होता है, जहाँ वक्ता के किसी कथन का श्रोता उसके आशय से भिन्न अर्थ ग्रहण करता है। इसके दो भेद किये जा सकते हैं। जैसे—

को तुम हो? घनश्याम हम, तो बरसो कित जाय।
नहीं-नहीं गोपाल हूँ, धनु देख बन जाय।।

(10) व्यतिरेक

जहाँ उपमेय में उपमान की अपेक्षा कुछ विशेषता दिखाई जाए, वहाँ व्यतिरेक अलंकार होता है। जैसे—

संत हृदय नवनीत समाना, कहा कविन पै कहत न जाना।

(11) प्रतीप

जब प्रसिद्ध उपमान को उपमेय करके अथवा प्रसिद्ध उपमेय को उपमान करके उपमेय से उपमान की समानता, हीनता अथवा उत्कर्ष दिखाया जाए, इसे प्रतीप अलंकार कहा जाता है।

(12) पुनरुक्तिवदाभास

जब समान अर्थ वाले शब्द प्रयुक्त हों, परन्तु अभिप्राय भिन्न हो, तो इस अलंकार की सृष्टि होती है। **उदाहरण—**

काल समय तव आयहू, मूढ़ सुनेसि मम बात।
अस कहि मारी पवन सुत, कालनेमि इक लात।।

यहाँ 'काल' और 'समय' समानार्थी शब्द हैं परन्तु 'काल' शब्द 'मृत्यु' के अर्थ में प्रयुक्त होने से दोनों का अभिप्राय भिन्न हो गया।

(13) पुनरुक्ति प्रकाश

जब शब्द की आवृत्ति रोचकण्ता के लिए उसी अर्थ में हो, जैसे—
कलिका कलिका किसलय किसलय, में, पवन प्रमादी घूम रहा।
कोमल अंगों को हिला हिला, मंथर गति से वह डोल रहा।।

यहाँ 'कलिका', 'किसलय' और 'हिला' शब्द पुन: उसी अर्थ में प्रयुक्त हुए हैं।

(14) वीप्सा

जहाँ किसी भाव पर बल देने के लिए एक ही शब्द की कई बार आवृत्ति हो, परन्तु प्रत्येक का अर्थ वही हो। जैसे—

दौड़ो! दौड़ो! दौड़ो आगि लगी है हमारे घर,
अरे नाहीं सारी लंक याकी है चपेट में।

प्रश्नमाला

1. 'पट-पीत मानहुं तड़ित रुचि, सुचि नौमि जनक सुतावरं' में कौन-सा अलंकार है?
(a) उपमा (b) रूपक
(c) उत्प्रेक्षा (d) उदाहरण

2. रहिमन जो गति दीप की, कुल कपूत गति सोय।
बारे उजियारै लगै, बढ़े अंधेरो होय।।
प्रस्तुत पंक्तियों में कौन-सा अलंकार है?
(a) उपमा (b) रूपक
(c) यमक (d) श्लेष

3. "उदारहि बिमल बिलोचन ही के। मिटहिं दोष दुख भव रजनी के।।" में आये अलंकार का नाम बताइये—
(a) अनुप्रास अलंकार
(b) उत्प्रेक्षा अलंकार
(c) उल्लेख अलंकार
(d) रूपक अलंकार

4. "सो सुख सुजस सुलभ मोहिं स्वामी" में आये अलंकार का नाम बताइये—
(a) उपमा अलंकार
(b) यमक अलंकार
(c) रूपक अलंकार
(d) अनुप्रास अलंकार

5. "चपला चमके घन बीच जगै छवि मोतिन माल अमोलन की" पद्यांश में अलंकार का नाम बताइये—
(a) श्लेष अलंकार
(b) यमक अलंकार
(c) उपमा अलंकार
(d) रूपक अलंकार

6. "नवल सुन्दर श्याम-शरीर की, सजल नीरद सी कल कान्ति थी।" उपर्युक्त पद्यांश में जो अलंकार है, वह है—
(a) रूपक अलंकार
(b) श्लेष अलंकार
(c) उपमा अलंकार
(d) यमक अलंकार

7. 'अयि गौरवशालिनी मानिनि आज" पद्यांश में अलंकार है—
(a) रूपक अलंकार
(b) श्लेष अलंकार
(c) उत्प्रेक्षा अलंकार
(d) यमक अलंकार

8. "सेस महेस गनेस दिनेस सुरेसहु जाँहि निरन्तर गावैं" पद्यांश में जो अलंकार है, वह है—
(a) अनुप्रास अलंकार
(b) उत्प्रेक्षा अलंकार
(c) यमक अलंकार
(d) श्लेष अलंकार

9. कबिरा सोई पीर है, जे जाने पर पीर। जे पर पीर न जानई, सो काफिर बेपीर।। प्रस्तुत पंक्तियों में कौन-सा अलंकार है?
(a) यमक
(b) रूपक
(c) पुनरुक्ति (d) श्लेष

10. "संदेसनि मधुवन-कूप भरे" में कौन-सा अलंकार है?
(a) रूपक
(b) वक्रोक्ति
(c) अन्योक्ति
(d) अतिशयोक्ति

11. मेरे नगपति मेरे विशाल। साकार, दिव्य गौरव विराट।।

उपर्युक्त पद्यांश में आये अलंकार का नाम बताइये—
(a) उत्प्रेक्षा अलंकार
(b) उल्लेख अलंकार
(c) यमक अलंकार
(d) रूपक अलंकार

12. "सारी बीच नारी है कि नारी बीच सारी है" में आये अलंकार का नाम है—
(a) स्वभावोक्ति अलंकार
(b) दृष्टान्त अलंकार
(c) सन्देह अलंकार
(d) रूपक अलंकार

13. सिंह-सुता क्या कभी स्यार से प्यार करेगी? क्या परनर का हाथ कुलस्त्री कभी धरेगी।।
उपर्युक्त पद्यांश में कौन-सा अलंकार है?
(a) उत्प्रेक्षा अलंकार
(b) यमक अलंकार
(c) प्रतिवस्तूपमा
(d) उपमा अलंकार

14. लसत सूर सायक धनु-धारी। रवि प्रताप सन सोहत भारी।। में अलंकार का नाम बताइये—
(a) प्रतिवस्तूपमा अलंकार
(b) स्वभावोक्ति अलंकार
(c) उत्प्रेक्षा अलंकार
(d) उल्लेख अलंकार

15. "तू रूप है किरन में, सौन्दर्य है सुमन में" पद्यांश में कौन अलंकार है?
(a) उल्लेख अलंकार
(b) उत्प्रेक्षा अलंकार
(c) यमक अलंकार
(d) रूपक अलंकार

16. "जानत सौति अनीति है, जानत सखी सुनीति" में आये अलंकार का नाम बताइये—
(a) उत्प्रेक्षा अलंकार
(b) उल्लेख अलंकार
(c) यमक अलंकार
(d) श्लेष अलंकार

17. "मुदित महीपति मन्दिर आये,......." पद्यांश में कौन-सा अलंकार है?
(a) अनुप्रास अलंकार
(b) यमक अलंकार
(c) रूपक अलंकार
(d) श्लेष अलंकार

18. "रीझि-रीझि रहसि-रहसि हँसि-हँसि उठे" पद्यांश में कौन-सा अलंकार है?
(a) उपमा अलंकार
(b) श्लेष अलंकार
(c) अनुप्रास अलंकार
(d) यमक अलंकार

19. "समय सिन्धु चंचल है भारी" में आये अलंकार का नाम बताइये—
(a) उपमा अलंकार
(b) रूपक अलंकार
(c) श्लेष अलंकार
(d) उत्प्रेक्षा अलंकार

20. "अम्बर पनघट में डुबो रही तारा घट ऊषा नागरी" में कौन-सा अलंकार है?
(a) यमक अलंकार
(b) श्लेष अलंकार
(c) रूपक अलंकार
(d) उपमा अलंकार

निर्देश (प्र. सं. 21-30)—निम्नलिखित प्रश्नों के पद्यांशों में प्रयुक्त अलंकार के भेद का चयन दिए गए विकल्पों में से कीजिए।

21. ऊधौ, मेरा हृदय तल था एक उद्यान न्यारा। शोभा देती अमित उसमें कल्पना-क्यारियाँ थीं।।
(a) उत्प्रेक्षा (b) रूपक
(c) यमक (d) उपमा

22. भूरि-भूरि भेदभाव भूमि से भगा दिया।
(a) यमक (b) रूपक
(c) अनुप्रास (d) उत्प्रेक्षा

23. अजौ तर्यौना ही रह्यों, श्रुति सेवत इक अंग।
नाक बास बेरिस लह्यौं, बसि मुक्तन के संग।।
(a) रूपक (b) उत्प्रेक्षा
(c) यमक (d) श्लेष

24. को तुम? हैं घनश्याम हम, तो बरसो कित जाए।
(a) उपमा (b) वक्रोक्ति
(c) अनुप्रास (d) भ्रान्तिमान

25. मखमल के झूले पड़े हाथी-सा टीला।
(a) अनुप्रास (b) उपमा
(c) उत्प्रेक्षा (d) विरोधाभास

26. अम्बर पनघट में डुबो रही ताराघट उषा नागरी।
(a) रूपक (b) अन्योक्ति
(c) उत्प्रेक्षा (d) यमक

27. माया महाठगिनी हम जानी।
तिरगुन फाँस लिए कर डोलै, बोलै मधुरी बानी।।
(a) रूपक (b) श्लेष
(c) उपमा (d) प्रतीप

28. माला फेरत जुग गया, फिरा न मन का फेर।
कर का मनका डारि दे, मन का मनका फेर।।
(a) रूपक (b) अनुप्रास
(c) यमक (d) उल्लेख

29. लेवत मुख में घास मृग मोर तजत नृत जात।
आँसू गिरियत जर लता, पीरे-पीरे पात।।
(a) रूपक (b) उल्लेख
(c) अतिशयोक्ति (d) विरोधाभास

30. हृदय घाव मेरे पीर रघुवीरै।
(a) प्रतीप (b) व्यतिरेक
(c) असंगति (d) उल्लेख

उत्तरमाला

1. (c) 2. (d) 3. (a) 4. (d) 5. (c) 6. (c) 7. (b) 8. (a) 9. (a) 10. (d) 11. (b) 12. (c)
13. (c) 14. (a) 15. (a) 16. (b) 17. (a) 18. (c) 19. (b) 20. (c) 21. (b) 22. (c) 23. (d) 24. (b)
25. (a) 26. (a) 27. (b) 28. (b) 29. (c) 30. (c)

❑❑❑

17 संज्ञा

संज्ञा–संज्ञा उस विकारी शब्द को कहते हैं, जिससे किसी विशेष वस्तु अथवा व्यक्ति के नाम का बोध हो।

संज्ञा के मुख्यत: तीन भेद होते हैं–

1. व्यक्तिवाचक संज्ञा

जिस शब्द से किसी एक वस्तु या व्यक्ति का बोध हो, उसे व्यक्तिवाचक संज्ञा कहते हैं, जैसे–श्याम, गंगा, दिल्ली, जापान, रामचरितमानस, सिपाही, विद्रोह, दीपावली आदि।

2. जातिवाचक संज्ञा

जिस संज्ञा से किसी जाति के सम्पूर्ण पदार्थों व उनके समूहों का बोध होता है उसे जातिवाचक संज्ञा कहते हैं, जैसे–घर, पर्वत, मनुष्य, नदी, मोर, सभा आदि।

3. भाववाचक संज्ञा

जिस संज्ञा से व्यक्ति या वस्तु के गुण या धर्म, दशा अथवा व्यापार का बोध होता है, उसे भाववाचक संज्ञा कहते हैं, जैसे–लम्बाई, ऊँचाई, गहराई, जवानी, चतुराई, नम्रता, नारीत्व, सुन्दरता, समझ इत्यादि। पदार्थ का गुण या धर्म पदार्थ से अलग नहीं रह सकता, व्यक्तिवाचक संज्ञा की तरह भाववाचक संज्ञा से भी किसी एक ही भाव का बोध होता है, धर्म, गुण, अर्थ और भाव प्राय: पर्यायवाची शब्द हैं, इससे संज्ञा का अनुभव होता है तथा इसका बहुवचन प्राय: नहीं होता है।

(i) जातिवाचक संज्ञा से

शब्द	भाववाचक संज्ञा	जोड़ा गया प्रत्यय
बच्चा	बचपन	पन
बूढ़ा	बुढ़ापा	पा
इन्सान	इन्सानियत	इयत
डाकू	डकैती	ऐती
मानव	मानवता	ता

(ii) सर्वनाम से

सर्वमान	भाववाचक संज्ञा	जोड़ा गया प्रत्यय
अपना	अपनापन	पन
निज	निजत्व	त्व
मम	ममता/ममत्व	ता, त्व

(iii) विशेषण से

विशेषण	भाववाचक संज्ञा	जोड़ा गया प्रत्यय
बड़ा	बड़प्पन	पन
छोटा	छुटपन	पन
मूर्ख	मूर्खता	ता
नीच	नीचता	ता
अच्छा	अच्छाई	ई
बुरा	बुराई	ई
हरा	हरियाली	आली
चिकना	चिकनाई/चिकनाहट	आई, आहट

(iv) क्रिया से

क्रिया	भाववाचक संज्ञा	जोड़ा गया प्रत्यय
लिखना	लिखाई/लेख	ई
दौड़ना	दौड़	अ
भूलना	भूल	अ
झगड़ना	झगड़ा	आ
थकना	थकान/थकावट	आन, आवट
घबराना	घबराहट	आहट

संज्ञाओं के विकार/रूपान्तर

संज्ञा विकारी शब्द है, अर्थात् संज्ञा शब्दों में प्रसंग के अनुसार परिवर्तन होता है, उदाहरण देखिए–

1. लिंग–लड़का (खाता है), लड़की (खाती है)।

2. वचन–लड़का (खाता है), लड़के (खाते हैं)।

3. कारक–लड़का खाना खाता है–लड़के ने खाना खाया, लड़की खाना खाती है–लड़कियों ने खाना खाया।

स्पष्ट है कि इस उदाहरण में रूपान्तर कारण कर्त्ता कारक का चिह्न है, जिससे एकवचन होते हुए भी लड़के (बहुवचन जैसा) रूप हो गया। इसी तरह लड़के को बुलाओ, लड़के को खिलाओ, भगाओ आदि में लड़का एकवचन होते हुए भी बहुवचन रूप (लड़के) में प्रयुक्त हुआ है।

प्रश्नमाला

1. **किस वाक्य में अपादान कारक है?**
(a) राम ने रावण को बाण से मारा
(b) गंगा हिमालय से निकलती है
(c) चाकू से सेब काटो
(d) मैं पैन से लिखता हूँ
2. **इनमें से जातिवाचक संज्ञा छाँटिए–**
(a) लड़का (b) सेना
(c) श्याम (d) दु:ख
3. **'लड़का' से भाववाचक संज्ञा बनाइए–**
(a) लड़कपन (b) लड़के
(c) लड़काई (d) लड़कापन
4. **'स्त्रीत्व' किस प्रकार की संज्ञा है?**
(a) व्यक्तिवाचक (b) जातिवाचक
(c) भाववाचक (d) द्रव्यवाचक
5. **इन शब्दों में कौन-सा शब्द संज्ञा है?**
(a) क्रुद्ध (b) क्रोध
(c) क्रोधी (d) क्रोधित
6. **कौन-सा शब्द जातिवाचक संज्ञा नहीं है?**
(a) बालक (b) बालिका
(c) गंगा (d) पर्वत
7. **निम्नलिखित में भाववाचक संज्ञा कौन-सी है?**
(a) शत्रुता (b) वीर
(c) मनुष्य (d) गुरु
8. **'ताजमहल' किस प्रकार की संज्ञा है?**
(a) व्यक्तिवाचक (b) जातिवाचक
(c) भाववाचक (d) द्रव्यवाचक
9. **''यह मेरा घर है।'' वाक्य में मेरा शब्द में कारक बताइए–**
(a) सम्बन्ध (b) अधिकरण
(c) अपादान (d) सम्प्रदान
10. **कवि का स्त्रीलिंग बताइए–**
(a) कवित्री (b) कवियत्री
(c) कवियित्री (d) कवयित्री
11. **सम्राट का स्त्रीलिंग क्या होगा?**
(a) सम्राटी (b) साम्राज्ञी
(c) समाज्ञी (d) सम्राटिनी
12. **'पत्नी' किस वर्ग की संज्ञा है?**
(a) व्यक्तिवाचक (b) जातिवाचक
(c) भाववाचक (d) समूहवाचक
13. **'गिरोह' इनमें से किस प्रकार की संज्ञा है?**
(a) व्यक्तिवाचक (b) जातिवाचक
(c) समूहवाचक (d) द्रव्यवाचक
14. **'लाल' शब्द से भाववाचक संज्ञा बनाइए–**
(a) लाली
(b) लालन
(c) लालो
(d) लालता
15. **जो संज्ञा किसी व्यक्ति, वस्तु या स्थान का बोध कराती है, उसे कहते हैं–**
(a) व्यक्तिवाचक
(b) जातिवाचक
(c) द्रव्यवाचक
(d) भाववाचक

उत्तरमाला

1. (b) **2.** (a) **3.** (a) **4.** (c) **5.** (b) **6.** (c) **7.** (a) **8.** (a) **9.** (a) **10.** (d)
11. (b) **12.** (b) **13.** (c) **14.** (a) **15.** (a)

□□□

18 प्रसिद्ध कवि, लेखक एवं उनकी प्रसिद्ध रचनाएं

- **कबीरदास :** बीजक (साखी, सबद, रमैनी), युगान्त के क्षितिज पर।
- **सूरदास :** सूरसागर (समग्र रचनाओं का संकलन), साहित्य लहरी, सूर-पच्चीसी, सूर सारावली, नागलीला, गोवर्द्धनलीला, प्राणप्यारी, सूरसागर-सार।
- **गोस्वामी तुलसीदास :** रामचरितमानस, गीतावली, दोहावली, कवितावली, कुण्डलियां, रामायण, कृष्ण गीतावली, रामाज्ञा प्रश्नावली, हनुमानबाहुक, विनय-पत्रिका, रामलला नहछू, पार्वतीमंगल, जानकीमंगल, बरवै रामायण, वैराग्य सन्दीपनी, रामसतसई।
- **नाभादास :** अष्टयाम, रामचरित के पद।
- **मीराबाई :** नरसीजी का माहरा, राम गोविन्द, सोरठा के पद, फुटकर पद, गीत गोविन्द की टीका, मीरा का मल्हार, रागविहाग।
- **रहीम (अब्दुर्रहीम खानखाना) :** रहीम दोहावली, रहीम रत्नावली, रहीम सतसई, बरवै नायिकाभेद, राम पंचाध्यायी, शृंगार सोरठा, मदनाष्ट, नगर शोभा, फुटकल बरवै, फुटकल सवैये, नायिकाभेद।
- **रसखान :** प्रेमवाटिका, सुजान रसखान, गीत काव्य।
- **मालिक मुहम्मद जायसी :** पद्मावत, अखरावट, आख़िरी कलाम।
- **भूषण :** शिवराज भूषण, शिवा बावनी, छत्रसाल दशक, भूषण उल्लास, भूषण हजारा, छत्रसाल दशक।
- **लल्लूजी लाल :** सिंहासन बत्तीसी, बैताल पच्चीसी, शकुन्तला नाटक, माधोनल, प्रेमसागर, राजनीति, भाषा कायदा, सभाबिलास, माधव बिलास, लतायफ़े हिन्दी या नक़लयाते हिन्दी, लाल चन्द्रिका, ब्रजभाषा व्याकरण।
- **लाला श्रीनिवासदास :** परीक्षागुरु (हिन्दी का प्रथम उपन्यास; 1882 ई.), प्रह्लादचरित, ताप्तासंवरणम्, रणधीर प्रेममोहिनी, संयोगिता स्वयंवर (नाटक)।
- **किशोरीलाल गोस्वामी :** त्रिवेणी, प्रणयिनी प्रणय, लवंगलता, राजकुमारी, मस्तानी, चन्द्रावली, हीराबाई, गुलबहार, इन्दुमती, लावण्यमयी (उपन्यास)।
- **गयाप्रसाद शुक्ल 'सनेही' (वे 'त्रिशूल' उपनाम से भी लेखन-कार्य करते थे।) :** प्रेमपच्चीसी, कृषकक्रन्दन, राष्ट्रीय वीणा, त्रिशूलतरंग, कला में त्रिशूल, करुणा कादम्बिनी, संजीवनी।
- **राजा शिवप्रसाद 'सितारेहिन्द' :** योगवासिष्ठ, मानवधर्मसार, उपनिषद्सार।
- **जगन्नाथदास रत्नाकार :** हिण्डोला, कलकाशी, शृंगारलहरी, वीराष्टक, प्रकीर्ण पद्यावली, गंगावतरण, अष्टक, उद्धव शतक।
- **मैथिलीशरण गुप्त :** साकेत, यशोधरा, काबा और कर्बला, मंगलभट्ट, झंकार, स्वदेश-संगीत, वैज्ञानिक, हिन्दू, विकटभट्ट, रंग में भंग, पत्रावली, सिद्धराज, कुणाल, गुरुकुल, हिन्दू, राष्ट्रकुल, राष्ट्रवाणी, स्वस्ति और संकेत, जयद्रथ वध, सैरन्ध्री, किसान, प्रदक्षिणा, तिलोत्तमा, बहुष, विष्णुप्रिया, भारत-भारती, द्वापर, पंचवटी, अनघ, चन्द्रहास, शकुन्तला, शक्ति, वन-वैभव, वक्संहार।
- **अयोध्या सिंह उपाध्याय 'हरिऔध' : महाकाव्य-** प्रिय प्रवास, वैदेही वनवास, **काव्यसंग्रह-** पारिजात, चुभते चौपदे, चोखे चौपदे, रस कलश; **उपन्यास-** अध खिला फूल, ठेठ हिन्दी का ठाठ; **नाटक-** रुक्मिणी परिणय; **अन्य-** हिन्दी भाषा और साहित्य का इतिहास।
- **श्रीधर पाठक :** कश्मीर सुषमा, जगतसचाईसार, भारतगीत, उजड़ग्राम, एकान्त योगी, श्रान्त पथिक।
- **भारतेन्दु हरिश्चन्द : नाटक-** विद्यासुन्दर, रत्नावली, धनंजय विजय, कर्पूर मंजरी, मुद्राराक्षस, भारत जननी, दुर्लभ बन्धु, वैदिकी हिंसा हिंसा न भवति, सत्य हरिश्चन्द्र, श्रीचन्द्रावली, विषस्य विषमौषधम्, भारत दुर्दशा, नील देवी, अंधेर नगरी, सती-प्रताप, प्रेम जोगिनी; कश्मीर कुसुम, महाराष्ट्र देश का इतिहास, **सम्पादन-** कविवचन सुधा, हरिश्चन्द चन्द्रिका; **उपन्यास-** शीलवती, चन्द्रप्रभा प्रकाश, रामलीला, हम्मीर हठ (अपूर्ण)।
- **दयानन्द सरस्वती :** सत्यार्थ प्रकाश।
- **देवकीनन्दन खत्री :** चन्द्रकान्ता सन्तति, देवकान्ता, भूतनाथ, नरेन्द्रमोहिनी, कुसुमकुमारी, वीरेन्द्रवीर, काजर की कोठरी, गुप्त गोदना।
- **दुर्गाप्रसाद खत्री :** प्रतिशोध, लाल पंजा, रक्तमण्डल, काला चोर, सफ़ेद शैतान, भूतनाथ।
- **रविन्द्रनाथ टैगोर :** गीतांजलि, गोरा, चित्रा, राजऋषि, विसर्जन।
- **आचार्य हजारीप्रसाद द्विवेदी : उपन्यास-** बाणभट्ट की आत्मकथा, चारुचन्द्रलेख, पुनर्नवा, अनामदास का पोथा; **निबन्ध-** अशोक के फूल, कल्पलता, विचार-प्रवाह, विचार और वितर्क; **समीक्षा-** सूर-साहित्य, हिन्दी-साहित्य की भूमिका, प्राचीन भारत के कलात्मक विनोद, मेघदूत : एक पुरानी कहानी, सन्देशरासक, पृथ्वीराज रासो, कालिदास की लालित्य-योजना, मध्ययुगीन बोध, आलोकपर्व।
- **आचार्य रामचन्द्र शुक्ल : समालोचना-** जायसी ग्रन्थावली, तुलसीदास, सूरदास, चिन्तामणि (दो भागों में), रस मीमांसा, त्रिवेणी; **कहानी-** ग्यारह वर्ष का समय; **काव्य-** बुद्ध-चरित्, अभिमन्यु-वध; **सम्पादन**-हिन्दी-शब्दसागर, **नागरी**-प्रचारिणी पत्रिका, आनन्द कादम्बिनी, भ्रमर गीतसार; **निबन्ध**-काव्य में प्राकृतिक दृश्य, काव्य में अभिव्यंजनावाद, रसबोध के विविध रूप, काव्य में रहस्यवाद सारणीकरण और व्यक्ति वैचित्र्यवाद, उत्साह, श्रद्धा-भक्ति, करुणा, लज्जा और ग्लानि, लोभ और प्रीति, घृणा, ईर्ष्या, भय, क्रोध; **इतिहास**-हिन्दी-साहित्य का इतिहास, फारस-साहित्य का इतिहास।

➪ **प्रेमचन्द : उपन्यास**-गोदान, सेवा सदन, प्रतिज्ञा, वरदान, प्रेमाश्रम, निर्मला, रंगभूमि (दो भागों में), कर्मभूमि, काया-कल्प, गबन, मंगल सूत्र; **कहानी-संग्रह**-नवविधि, प्रेम पूर्णिमा, लाल फीता, नमक का दारोगा, प्रेम प्रमोद, बैंक का दिवाला, प्रेम चतुर्थी, अग्निसमाधि, पाँच फूल, शान्ति, पंच फूल, मानसरोवर (आठ भागों में), कुत्ते की कहानी, हिन्दी की आदर्श कहानियाँ, कफ़न, नारी जीवन की कहानियाँ, जंगल की कहानियाँ, प्रेमचन्द की सर्वश्रेष्ठ कहानियाँ, प्रेम पचीसी, प्रेम-प्रसून प्रेम-द्वादशी, प्रेम-तीर्थ, प्रेम प्रतिमा, सपत सुमन, प्रेम पंचगी, प्रेमकुंज, प्रेरणा, समरयात्रा, पंच प्रसून, पंच प्रश्न, नव जीवन, बड़े घर की बेटी, सप्त सरोज; **नाटक**-संग्राम, कर्बला, प्रेम की बेटी, चन्द्रहार; **सम्पादित ग्रन्थ**-मनमोहक, गल्प समुच्चय, गल्परत्न।

➪ **फणीश्वरनाथ रेणु : उपन्यास**-मैला आंचल, पान की बेग़म, रसपिरिया, तीन बिन्दयाँ, परती परिकथा, दीर्घतपा, तीन रंग और तरेह चित्र; **कहानी-संग्रह**-ठुमरी, आदिम रात्रि की महक।

➪ **भगवतीचरण वर्मा : उपन्यास**-पतन, चित्रलेखा, तीन वर्ष, टेढ़े मेढ़े रास्ते, सामर्थ्य और सीमा, रेखा, सीधी-सच्ची बातें, सबहि नचावत राम गुसाई, प्रश्न और मरीचिका।

➪ **माखनलाल चतुर्वेदी :** काव्य-हिमकिरीटिनी, हिमतरंगिणी, वेणु लो गूँजे धरा, माता, युगचरण, समर्पण, बीजुरी काजल आँज रही, वलय धूम; **कहानी-संग्रह**-वनवासी, कला का अनुवाद; **नाटक**-कृष्णार्जुन युद्ध;

➪ **रामधारी सिंह 'दिनकर' काव्य**-उर्वशी, कुरुक्षेत्र, रश्मिरथी, बापू, हारे को हरिनाम, आत्मा की आँखें, परशुराम की प्रतीक्षा, मिट्टी की ओर, नीलकुसुम, नये सुभाषित, दिनकर की सूक्तियाँ, सीपी और शंख, दिनकर के गीत, कविश्री, कोयला और कविता, नीम के पत्ते, धूप और धुआँ, मृत्ति तिलक, रश्मिलोक, रेणुका, हुँकार, रसवन्ती, सामधेनी, **संस्मरण**-श्रद्धांजलियाँ, मेरी यात्राएँ;

➪ **वृन्दावनलाल वर्मा : उपन्यास**-मृगनयनी, गढ़ कुण्डहार, कुण्डली चक्र, विराटा की पद्मिनी, मुसाहिब जू, कचनार, अचल मेरा कोई, अमर बेल, टूटे काँटे, अहिल्याबाई, माधवजी सिन्धिया, भुवन विक्रम; **नाटक**-राखी की लाज, फूलों की बोली, बाँस की फाँस, कश्मीर का काँटा, झाँसी की रानी, मंगलसूत्र, जहाँदारशाह, कनेर, नीलकण्ठ, पूर्व की ओर।

➪ **राहुल सांकृत्यायन : उपन्यास**-सिंह सेनापति, जययौधेय, जीने के लिए, मधुर स्वप्न, विस्मृत यात्री, मधुर स्वप्न, सप्तसिन्धु; **कहानी-संग्रह**-सतमी के बच्चे, वोल्गा से गंगा, कनैला की कथा, बहुरंगी मधुपुरी; **समीक्षा-इतिहास-निबन्ध**-इसलाम धर्म की रूपरेखा, तिब्बत में बौद्ध धार्म, मध्य एशिया का इतिहास, पुरातत्व निबन्धावली, हिन्दी-काव्यधारा; **जीवनी**-मेरी जीवनयात्रा, राजस्थानी रनिवास, काल मार्क्स, माओ-चे-तुंग; **कोश**-शासन, शब्दकोश, राष्ट्रभाषा कोश; **दर्शन**-दर्शन-दिग्दर्शन, वैज्ञानिक भौतिकवाद, बौद्ध-दर्शन; **राजनीति-चिन्तन**-भागों नहीं दुनिया को बदलो, बाईसवीं सदी, साम्यवाद ही क्यों?

प्रश्नमाला

1. 'कस्तूरी कुण्डल बसै' आत्मकथा है–
(a) शीला झुनझुनवाला की
(b) मैत्रेयी पुष्पा की
(c) मृदुला गर्ग की
(d) डॉ. कमल कुमार की

2. 'पुरस्कार' के रचनाकार हैं–
(a) सुदर्शन
(b) अमृत लाल नागर
(c) मन्नू भण्डारी
(d) जयशंकर प्रसाद

3. 'विनयपत्रिका' के रचयिता का नाम है–
(a) सूरदास (b) कबीरदास
(c) तुलसीदास (d) केशवदास

4. 'मानस का हंस' के लेखक का नाम क्या है?
(a) जयशंकर प्रसाद
(b) प्रेमचन्द
(c) महावीर प्रसाद द्विवेदी
(d) अमृत लाल नागर

5. 'रामलला नहछू' के रचनाकार हैं–
(a) रत्नाकर (b) रैदास
(c) तुलसीदास (d) घनानन्द

6. 'यामा' की रचयिता हैं–
(a) तिलोत्तमा
(b) सुभद्राकुमारी चौहान
(c) महादेवी वर्मा
(d) मीराबाई

7. 'चीफ की दावत' कहानी के रचनाकार हैं–
(a) भगवतीचरण वर्मा
(b) इलाचन्द्र जोशी
(c) भीष्म साहनी
(d) दुष्यन्त कुमार

8. 'अतीत के चलचित्र' के रचयिता हैं–
(a) जयशंकर प्रसाद
(b) सूर्यकान्त त्रिपाठी 'निराला'
(c) महादेवी वर्मा
(d) सुमित्रानन्दन पन्त

9. 'रंगभूमि' (उपन्यास) के लेखक हैं–
(a) सुदर्शन (b) राँगेय राघव
(c) प्रेमचन्द (d) शरच्चन्द्र

10. 'शिवा बावनी' के रचनाकार हैं–
(a) पद्माकर (b) भूषण
(c) केशवदास (d) जगनिक

11. 'प्रेम पचीसी' (कहानी-संग्रह) के लेखक हैं–
(a) प्रेमचन्द
(b) जयशंकर प्रसाद
(c) अज्ञेय
(d) यशपाल

12. 'प्रेम सागर' के लेखक कौन हैं?
(a) ईशाअल्ला खाँ
(b) लल्लू लाल
(c) मुंशी प्रेमचन्द
(d) मुंशी सदासुख लाल

13. 'ईदगाह' (कहानी) के रचनाकार हैं–
(a) प्रेमचन्द (b) अज्ञेय
(c) प्रसाद (d) जैनेन्द्र

14. हिन्दी-पत्रिका 'कादम्बिनी' के सम्पादक कौन हैं?
(a) राजेन्द्र अवस्थी (b) रमेश बक्षी
(c) राजेन्द्र यादव (d) प्रभाकर माचवे

15. फणीश्वरनाथ 'रेणु' किसके लेखक हैं?
(a) गबन (b) गीतांजलि
(c) मैला आँचल (d) कामायनी

उत्तरमाला

1. (b) **2.** (d) **3.** (c) **4.** (d) **5.** (c) **6.** (c) **7.** (c) **8.** (c) **9.** (c) **10.** (b) **11.** (a)
12. (b) **13.** (a) **14.** (d) **15.** (b)

❑❑❑

भाग–2 सामान्य ज्ञान

प्राचीन भारत का इतिहास

सिन्धु घाटी सभ्यता

सिन्धु घाटी सभ्यता की विस्तार अवधि 2500-1750 ई. पू. थी। इस सभ्यता का विस्तार पंजाब, सिन्ध, बलूचिस्तान, गुजरात, राजस्थान, जम्मू और पश्चिमी उत्तर प्रदेश तक था।

उत्तर में मांडा (जम्मू), दक्षिण में नर्मदा का मुहाना, पश्चिम में मकरान समुद्र तट (बलूचिस्तान), उत्तर में मेरठ (उत्तर-प्रदेश) और पूर्व में आलमगीरपुर इस सभ्यता की सीमा थी।

सिन्धु सभ्यता का क्षेत्र त्रिभुजाकार था तथा क्षेत्रफल 12,99,600 वर्ग किमी. था।

सिन्धु सभ्यता के महत्त्वपूर्ण उत्खनन स्थल

उत्खनन	वर्ष	निर्देशन
हड़प्पा (मांटगोमरी जिला पंजाब प्रान्त, पाकिस्तान)	1921 ई.	दयाराम साहनी
मोहनजोदड़ो (सिन्ध का लरकाना जिला, पाकिस्तान)	1922 ई.	राखलदास बनर्जी
सुत्कागेंडोर (बलूचिस्तान, पाकिस्तान)	1927 ई.	ऑरेल स्टाइन
चन्हूदड़ों (सिंध, पाकिस्तान)	1931 ई.	एम. जी. मजूमदार
रंगपुर (अहमदाबाद-काठियावाड़ भारत)	1951-53 ई.	माधोस्वरूप वत्स, बी. बी. लाल, एस. आर. राव
कोटदीजी (सिन्ध, पाकिस्तान)	1953 ई.	फजल अहमद
रोपड़ (पंजाब, भारत)	1953 ई.	यज्ञदत्त शर्मा
कालीबंगा (गंगानगर)	1961 ई.	बी. बी. लाल
लोथल (अहमदाबाद-काठियावाड़, भारत)	1954 ई.	एस. आर. राव
आलमगीरपुर (मेरठ-उत्तर प्रदेश, भारत)	1958 ई.	यज्ञदत्त शर्मा
सुरकोटड़ा (कच्छ-गुजरात, भारत)	1972 ई.	जगपति जोशी
बनावली (हिसार-हरियाणा, भारत)	1973 ई.	आर. एस. बिष्ट
धौलावीरा (कच्छ-गुजरात, भारत)	1990 ई.	आर. एस. बिष्ट

इस सभ्यता की महत्त्वपूर्ण विशेषता नगर योजना थी। नगरों में सड़कें व मकान विधिवत् बनाए गए थे। मकान पक्की ईंटों के बने होते थे तथा सड़कें सीधी थीं।

प्रत्येक सड़क और गली के दोनों ओर पक्की नालियाँ बनाई गई थीं। नालियाँ पक्की व ढँकी हुई थीं। मोहनजोदड़ो में विशाल स्नानागार मिले है इनका प्रयोग आनुष्ठानिक स्नान के लिए होता था।

सैन्धव निवासियों के जीवन का मुख्य उद्यम कृषि कर्म था। यहाँ के प्रमुख खाद्यान्न गेहूँ तथा जौ थे। खुदाई में गेहूँ तथा जौ के दाने मिले हैं। फलों में केला, नारियल, खजूर, अनार, नींबू, तरबूज आदि का उत्पादन होता था। कृषि के साथ-साथ पशुपालन का भी विकास हुआ था।

कूबड़दार वृषभ का मुहरों पर अंकन बहुतायत में मिलता है। सुरकोटडा से प्राप्त अश्व-अस्थि की मृण्मूर्तियों के आधार पर अब यह निष्कर्ष निकाला जा रहा है कि सैंधव निवासी अश्व से परिचित थे। ये हाथी से भी परिचित थे। हड़प्पा संस्कृति में तौल के बाट 16 अथवा इसके गुणज भार के थे। (16, 64, 160, 320)

यहाँ के निवासी धातु, निर्माण उद्योग, आभूषण निर्माण, उद्योग, बर्तन निर्माण उद्योग, हथियार-औजार निर्माण उद्योग व परिवहन उद्योग से परिचित थे।

खुदाई में प्राप्त नारी मूर्तियों से अनुमान लगाया जा सकता है कि उनका परिवार मातृसत्तात्मक था। समाज व्यवसाय के आधार पर चार भागों में विभाजित था। विद्वान, योद्धा, व्यापारी तथा शिल्पकार और श्रमिक। सैन्धव निवासी शाकाहारी तथा माँसाहारी दोनों प्रकार का भोजन करते थे।

सैन्धव निवासी आमोद-प्रमोद के प्रेमी थे। जुआ खेलना, शिकार करना, नाचना, गाना-बजाना आदि लोगों के आमोद-प्रमोद के साधन थे। पासा इस युग का प्रमुख खेल था।

धार्मिक जीवन—मातृदेवी के सम्प्रदाय का सैन्धव संस्कृति में प्रमुख स्थान था। यहाँ पर पशुपति, महादेव, लिंग, योनि, वृक्षों व पशुओं की पूजा की जाती थी। लोथल (गुजरात) और कालीबंगा (राजस्थान) के उत्खननों को परिणामस्वरूप कई अग्निकुण्ड तथा अग्निवेदिकाएँ मिली हैं।

मृतकों के संस्कारों में तीन विधियाँ प्रचलित थीं—

(i) पूर्ण समाधीकरण, (ii) आंशिक समाधीकरण,

(iii) दाह-संस्कार।

सिन्धु-सभ्यता की लिपि को पढ़ा नहीं जा सका है। इसमें चित्र और अक्षर दोनों ही ज्ञात होते हैं। यह लिपि प्रथम लाइन में दाएँ से बाएँ तथा द्वितीय लाइन में बाएँ से दाएँ लिखी गई है। यह तरीका 'बाउस्ट्रोफिडन' कहलाता है।

वैदिक काल

- भारतीय इतिहास में 1500 ई. पू. से 600 ई. पू. तक के कालखण्ड को वैदिक सभ्यता की संज्ञा दी जाती है।
- वैदिक सभ्यता को दो स्पष्ट कालखण्डों में विभाजित किया जाता हैं। 1500 ई. पू. से 1000 ई. पू. तक के कालखण्ड को ऋग्वैदिक काल और 1000 ई. पू. से 600 ई. पू. तक के कालखण्ड को उत्तर वैदिक काल के नाम से जाना जाता है।

ऋग्वैदिक काल

- ➪ **राजनीतिक स्थिति**–आरम्भ में आर्यों के कुटुम्ब कुल या परिवार (गृह) रक्त सम्बन्धों पर आधारित थे, जिसका प्रधान कुलप या कुलपति कहलाता था। वह परिवार का मुखिया होता था।
- ➪ अनेक परिवारों को मिलाकर ग्राम बनता था, जिसका प्रधान ग्रामीण कहलाता था तथा अनेक ग्रामों को मिलाकर विश बनता था, जिसका प्रधान विशपति होता था। कुटुम्ब (गृह) ही सबसे छोटी प्रशासनिक इकाई थी।
- ➪ अनेक विशों का समूह जन या कबीला कहलाता था जिसका प्रधान राजा/राजन या गोप होता था।
- ➪ ऋग्वेद में पुरोहित, सेनानी तथा ग्रामिणी, इन तीनों अधिकारियों का उल्लेख मिलता है।
- ➪ अन्य पदाधिकारियों में 'पुरप' तथा 'दूत' उल्लेखनीय हैं। इनमें 'पुरप' दुर्गपति होते थे।
- ➪ समिति समस्त समुदाय की जनसभा थी तथा सभा का स्वरूप गुरुजन सभा से मिलता-जुलता था जिसमें स्त्रियाँ भाग लिया करती थीं।
- ➪ विदथ मुख्यत: धार्मिक तथा सैनिक महत्त्व के कार्य करती थी।

ऋग्वैदिक देवी-देवता एक दृष्टि में

वरुण सकल ब्रह्माण्ड का अधिपति, सर्वव्यापी, सर्वज्ञ, नियामक, प्रजारक्षक तथा 'ऋतस्य गोपा'

इन्द्र आँधी, तूफान, बिजली और वर्षा का देवता, युद्धों, में विजय दिलाने वाला पराक्रमी देव

विष्णु संसार का संरक्षक

मरुत आँधी के देवता

ऊषा सूर्योदय-पूर्व की अवस्था का द्योतक

अदिति आर्यों की सार्वभौम भावना की देवी

सोम वनस्पतियों, औषधियों के अधिपति

उत्तर वैदिक काल

- ➪ उत्तर वैदिक काल में आर्य सभ्यता पंजाब से कुरुक्षेत्र अर्थात् गंगा-यमुना दोआब में फैल गई।
- ➪ कृषि प्रधान अर्थव्यवस्था, कबायली संरचना में दरार पड़ना, वर्ण व्यवस्था की जटिलता बढ़ना, क्षेत्रगत राज्यों का उदय तथा धार्मिक कर्मकाण्डों की प्रधानता इस काल की प्रमुख विशेषताएँ थीं।
- ➪ इस समय ऋग्वैदिक कालीन अनेक छोटे-छोटे कबीले एक-दूसरे में विलीन होकर क्षेत्रगत जनपदों में बदलने लगे थे।
- ➪ सभा और समिति नामक सभाओं का अन्त हो गया और राजा की शक्ति में वृद्धि होने लगी।
- ➪ परिवार पितृ प्रधान एवं संयुक्त परिवार था।
- ➪ समाज में स्त्रियों की दशा में पतन हुआ।
- ➪ जाति-प्रथा कर्म के आधार पर न होकर जन्म के आधार पर होने लगी और उसमें कठोरता आ गई।
- ➪ इन्सान का जीवन चार आश्रमों में विभाजित होने लगा—ब्रह्मचर्य, गृहस्थ, वानप्रस्थ और संन्यास आश्रम।
- ➪ मनोरंजन के साधन में लोकनृत्य, संगीत, जुआ एवं युद्ध मुख्य थे।
- ➪ आर्थिक जीवन कृषि तथा पशुपालन के अतिरिक्त मछुआ, सारथी, गडरिया, स्वर्णकार, मणिकार, रस्सी बटने वाले, टोकरी बुनने वाले, धोबी, लुहार, जुलाहा आदि व्यवसायों का उल्लेख मिलता है।
- ➪ इस समय मिट्टी के एक विशेष प्रकार के बर्तन बनाए जाते थे, जिन्हें चिगित धूसर मृदभांड कहा जाता है।

आठ प्रकार के विवाह

1. ब्रह्म—कन्या के वयस्क होने पर उसके माता-पिता द्वारा योग्य वर खोजकर उससे अपनी कन्या का विवाह करना।

2. दैव—यज्ञ करने वाले पुरोहित के साथ कन्या का विवाह।

3. आर्ष—कन्या के पिता द्वारा यज्ञ कार्य हेतु एक अथवा दो गाय के बदले में अपनी कन्या का विवाह करना।

4. प्रजापत्य—वर स्वयं कन्या के पिता से कन्या माँगकर विवाह करता था।

5. गंधर्व—कन्या तथा वर प्रेम अथवा कामुकता के वशीभूत होकर जो विवाह करते थे।

6. असुर—कन्या के पिता द्वारा धन के बदले में कन्या का विक्रय।

7. पैशाच—सोई हुई अथवा पागल कन्या के साथ सहवास कर विवाह करना।

8. राक्षस—बलपूर्वक कन्या को छीनकर उससे विवाह करना।

वैदिक साहित्य

वेद—वेद चार प्रकार के हैं—

1. ऋग्वेद
2. सामवेद
3. यजुर्वेद, और
4. अथर्ववेद।

ऋग्वेद

- ➪ ऋग्वेद में 10 मण्डल, 1028 श्लोक (1017 सूक्त तथा 11 बालाखिल्य) तथा लगभग 10,600 भंग हैं।
- ➪ इसमें पहला और दसवाँ मण्डल बाद में जोड़ा गया है। इसमें दो से सात तक के मण्डल प्राचीनतम माने जाते हैं।
- ➪ 10 वें मण्डल में पुरुष सूक्त का जिक्र आता है जिसमें 4 वर्णों (ब्राह्मण, क्षत्रिय, वैश्य एवं शूद्र) का उल्लेख है।
- ➪ गायत्री मंत्र का उल्लेख ऋग्वेद में है।

यजुर्वेद

- ➪ यजुर्वेद कर्मकाण्ड प्रधान ग्रन्थ है। इसका पाठ करने वाले ब्राह्मणों को 'अध्वर्यु' कहा गया है।
- ➪ यजुर्वेद एकमात्र एक ऐसा वेद है जो गद्य और पद्य दोनों में रचा गया है।

सामवेद

- ➪ साम का अर्थ 'गान' से है। इसकी ऋचाओं का गान करने वाले ब्राह्मण को 'उद्गातृ' कहा जाता है।
- ➪ सामवेद में कुल 1549 ऋचाएँ हैं।
- ➪ वेदों में सामवेद को 'भारतीय संगीत का जनक' माना जाता है।

अथर्ववेद

- ➪ अथर्ववेद की रचना 'अथर्वा ऋषि' ने की थी।

आरण्यक

- आरण्यक शब्द 'अरण्य' से बना है, जिसका अर्थ है जंगल।
- आरण्यक दार्शनिक ग्रन्थ है जिसके विषय आत्मा, परमात्मा, जन्म, मृत्यु, पुनर्जन्म आदि हैं।

उपनिषद्

- इनका शाब्दिक अर्थ उस विद्या से है जो गुरु के समीप बैठकर, एकान्त में सीखी जाती है।
- इसमें आत्मा और ब्रह्मा के सम्बन्ध में दार्शनिक चिन्तन है। ये उपनिषद् 108 हैं।
- इन्हें वेदान्त भी कहते हैं क्योंकि ये वैदिक साहित्य का अन्तिम भाग हैं।

वेदांग

- वेदों का अर्थ समझने व सूक्तियों के सही उच्चारण के लिए वेदांग की रचना की गई।
- ये 6 हैं—शिक्षा, कल्प, व्याकरण, निरुक्त, छन्द और ज्योतिष।

पुराण—कुल पुराणों की संख्या 18 है। इनमें मुख्य हैं—मत्स्य, विष्णु, नारद, वमन आदि।

रामायण

- रामायण की रचना महर्षि वाल्मिकी ने की थी।
- इसे चतुर्विंशति सहस्त्री संहिता भी कहा जाता है।

महाभारत

- इसकी रचना महर्षि व्यास ने की थी।
- महाभारत को जयसंहिता और सतसहर्सी संहिता के नाम से भी जाना जाता है।

स्मृतियाँ

- इनमें सामाजिक नियम बताए गए हैं। कुछ मुख्य स्मृतियाँ अग्रवत् हैं—
  1. मनु स्मृति
  2. गौतम स्मृति
  3. विष्णु स्मृति
  4. नारद स्मृति
  5. याज्ञवल्क्य स्मृति
  6. वसिष्ठ स्मृति

बौद्ध धर्म

महात्मा बुद्ध का जीवन परिचय

- महात्मा बुद्ध का जन्म 563 ई. पू. में नेपाल की तराई में स्थित कपिलवस्तु के समीप लुम्बिनी ग्राम में शाक्य क्षत्रिय कुल में हुआ था।
- इनके पिता का नाम शुद्धोधन और माता का नाम महामाया था।
- इनका पालन-पोषण इनकी मौसी प्रजापति गौतमी ने किया था।
- 16 वर्ष की आयु में इनका विवाह यशोधरा नामक राजकुमारी से हुआ।
- 29 वर्ष की आयु में इन्होंने सत्य की खोज के लिए गृह त्याग कर दिया।
- 35 वर्ष की आयु में गया (बिहार) में उरूवेला नामक स्थान पर पीपल वृक्ष के नीचे वैशाख पूर्णिमा की रात्रि में समाधिस्थ अवस्था में इनको ज्ञान प्राप्त हुआ।
- महात्मा बुद्ध ने अपना प्रथम उपदेश (प्रवचन) सारनाथ में दिया।
- 483 ई. पू. में 80 वर्ष की आयु में महात्मा बुद्ध का देहान्त कुशीनगर में हुआ।

चार आर्य सत्य—बुद्ध ने चार आर्य सत्यों का उपदेश दिया है। जो इस प्रकार हैं—

1. दुःख
2. दुःख समुदाय
3. दुःख निरोध
4. दुःख निरोधगामिनी प्रतिपदा।

अष्टांगिक मार्ग

सम्यक् दृष्टि	सत्य और असत्य को पहचानने की शक्ति
सम्यक् संकल्प	इच्छा एवं हिंसा रहित संकल्प
सम्यक् वाणी	सत्य एवं मृदु वाणी
सम्यक् कर्म	सत्कर्म, दान, दया, सदाचार, अहिंसा आदि।
सम्यक् आजीव	जीवन-यापन का सदाचारपूर्ण एवं उचित मार्ग
सम्यक् व्यायाम	विवेकपूर्ण प्रयत्न
सम्यक् स्मृति	अपने कर्मों के प्रति विवेकपूर्ण ढंग से सहज रहना
सम्यक् समाधि	चित्त की एकाग्रता

बौद्ध धर्मग्रन्थ

- आरम्भिक बौद्ध ग्रन्थ पालि भाषा में लिखे गए थे।
- अंगुत्तर निकाय में छठी शताब्दी ई. पू. के सोलह महाजनपदों का उल्लेख मिलता है।
- 'खुद्दक निकाय' में जातक कथाओं का वर्णन मिलता है, जो बुद्ध के पूर्ण जीवन से सम्बद्ध है।

त्रिपिटक

- **विनय पिटक**—इसमें संघ सम्बन्धी नियमों, दैनिक आचार-विचार व विधि निषेधों का संग्रह है।
- **सुत्त पिटक**—इसमें बौद्ध धर्म के सिद्धान्तों व उपदेशों का संग्रह है।
- **अभिधम्म पिटक**—यह पिटक प्रश्नोत्तर क्रम में है और इसमें दार्शनिक सिद्धान्तों का संग्रह है।

बौद्ध महासंगीतियाँ

संगीति	समय	स्थल	शासक	संगीति अध्यक्ष
प्रथम बौद्ध संगीति	483 ई. पू.	सप्तपर्णि गुफा (राजगृह, बिहार)	अजातशत्रु (हर्यंक वंश)	महाकस्सप
द्वितीय बौद्ध संगीति	383 ई. पू.	चुल्लबग्ग (वैशाली, बिहार)	कालाशोक (शिशु नाग वंश)	साबकमीर
तृतीय बौद्ध संगीति	250 ई. पू.	पाटलिपुत्र (मगध की राजधानी)	अशोक (मौर्य वंश)	मोग्गलिपुत्त तिस्स
चतुर्थ बौद्ध संगीति	72 ई.	कुण्डलवन (कश्मीर)	कनिष्क (कुषाण वंश)	वसुमित्र
चतुर्थ बौद्ध संगीति में बौद्ध धर्म **हीनयान** और **महायान** में विभक्त हो गया था।				

जैन धर्म

- जैन धर्म का संस्थापक ऋषभदेव को माना जाता है, जो कि पहले जैन तीर्थंकर भी थे।
- जैन धर्म में कुल 24 तीर्थंकर हुए।

1. ऋषभदेव	2. अजितनाथ
3. सम्भवनाथ	4. अभिनन्दन स्वामी
5. सुमति नाथ	6. पद्मप्रभु
7. सुपार्श्वनाथ	8. चन्द्रप्रभु
9. सुविधिनाथ	10. शीतलनाथ
11. श्रेयांसनाथ	12. वासुपूज्यनाथ
13. विमलनाथ	14. अनन्तनाथ
15. धर्मनाथ	16. शान्तिनाथ
17. कुन्थुनाथ	18. अरनाथ
19. मल्लिनाथ	20. मुनिसुब्रत
21. नेमिनाथ	22. अरिष्टनेमि
23. पार्श्वनाथ	24. महावीर स्वामी

- महावीर स्वामी जैन धर्म के 24वें तीर्थंकर थे। इनको जैन धर्म का वास्तविक संस्थापक माना जाता है।

महावीर स्वामी का जीवन परिचय

- महावीर स्वामी का जन्म वैशाली के निकट कुण्डग्राम वज्जि संघ का गणतन्त्र में 599 ई. पू. में हुआ था।
- इनके पिता का नाम सिद्धार्थ तथा माता का नाम त्रिशला था।
- महावीर स्वामी का विवाह यशोदा नामक राजकुमारी से हुआ था।
- महावीर स्वामी को 12 वर्ष की गहन तपस्या के पश्चात् जम्भिक ग्राम के निकट ऋजुपालिका नदी के तट पर एक वृक्ष के नीचे सर्वोच्च ज्ञान (कैवल्य) की प्राप्ति हुई।
- कैवल्य की प्राप्ति के पश्चात् उन्हें कई नामों से जाना जाने लगा। यथा: कैवलिन, जिन (विजेता), निग्रंथ (बन्धन रहित), महावीर अर्हंत (योग्य) आदि।
- लगभग 72 वर्ष की आयु में 527 ई. पू. में महावीर स्वामी की राजगृह के समीप पावापुरी में मृत्यु हो गई।

त्रिरत्न—पापों से बचकर निर्वाण प्राप्ति के लिए मनुष्य को तीन रत्नों (त्रिरत्न) का पालन करना चाहिए। ये तीन रत्न हैं—

1. सम्यक् दर्शन—सत्य में विश्वास को ही सम्यक् दर्शन कहा गया है।

2. सम्यक् ज्ञान—सत्य रूप का शंकाविहीन होना सम्यक् ज्ञान है।

3. सम्यक् आचरण—सांसारिक विषयों से उत्पन्न दुःख-सुख के प्रति सम्भाव को सम्यक् आचरण कहा जाता है।

जैन धर्मग्रन्थ

- जैन धर्मग्रन्थों की रचना मुख्यतः प्राकृत भाषा में हुई।
- इन ग्रन्थों से महावीर की जीवनी एवं जैन धर्म के उपदेशों के साथ-साथ तत्कालीन राजनीतिक, सामाजिक और आर्थिक व्यवस्था का भी ज्ञान होता है।
- महावीर के दिए मौलिक सिद्धान्त 14 प्राचीन ग्रन्थों में हैं, जिन्हें पूर्व कहते हैं। बाद में इन्हें 12 अंग व 12 उपअंगों में विभाजित कर दिया गया।

सोलह महाजनपद

महाजनपद	राजधानी
1. काशी	वाराणसी
2. कौशल	श्रावस्ती/अयोध्या
3. अंग	चम्पा
4. मगध	गिरिव्रज (राजगृह)
5. वज्जि	वैशाली
6. मल्ल	कुशीनगर/पावा
7. चेदि	सुक्तिमती
8. वत्स	कौशाम्बी
9. कुरु	इन्द्रप्रस्थ
10. पांचाल	अहिछत्र/काम्पिल्य
11. मत्स्य	विराटनगर
12. सूरसेन	मथुरा
13. अश्मक	पैठन/पोतन (प्रतिष्ठान)
14. अवन्ति	उज्जयिनी/महिष्मती
15. गान्धार	तक्षशिला
16. कम्बोज	लाजपुर

मगध साम्राज्य

- छठी शताब्दी ईसा पूर्व जिन 16 महाजनपदों का उदय हुआ उनमें मगध सबसे शक्तिशाली था।

हर्यंक वंश

- बिम्बिसार (544-492 ई. पू.) हर्यंक वंश का प्रथम शक्तिशाली शासक था। इसकी राजधानी गिरिवृज (राजगृह) थी।
- बिम्बिसार के पुत्र अजातशत्रु (492-460 ई. पू.) ने उसकी हत्या कर सिंहासन प्राप्त किया।
- अजातशत्रु बौद्ध धर्म का अनुयायी था एवं उसकी राजधानी में प्रथम बौद्ध महासभा हुई।
- उदायिन हर्यंक वंश का अन्तिम महान शासक था।
- उदायिन ने भी अपने पिता अजातशत्रु की हत्या कर सिंहासन हासिल किया था।
- उदायिन ने पाटलिपुत्र को अपनी राजधानी बनाया।

शिशुनाग वंश

- हर्यंक वंश के एक सेनापति शिशुनाग ने मगध के सिंहासन पर अधिकार करके शिशुनाग वंश की स्थापना की।
- इस वंश के शासक 'कालाशोक' के शासन में दूसरी बौद्ध महासभा का आयोजन राजधानी वैशाली में हुआ।
- नागदशक शिशुनाग वंश का अन्तिम शासक था।

नन्द वंश

- इस वंश का संस्थापक महापद्मनन्द को माना जाता है।
- महापद्मनन्द ने उड़ीसा में कलिंग को जीता तथा वहाँ नहरों का निर्माण कराया।
- नन्द वंश का अन्तिम शासक धनानन्द था।
- इसी के शासनकाल में सिकन्दर ने भारत पर आक्रमण किया।

सिकन्दर का आक्रमण

- 326 ई. पू. सिकन्दर सिन्धु नदी पार कर तक्षशिला की तरफ बढ़ा। वहाँ के शासकों ने उसके समक्ष आत्मसमर्पण कर दिया।
- पंजाब के राजा पोरस ने सिकन्दर के साथ झेलम नदी के किनारे हाइडेस्पीज का युद्ध (वितस्ता का युद्ध) लड़ा परन्तु हार गया।
- नवम्बर 326 ई. पू. में झेलम नदी के मार्ग से सिकन्दर की वापसी यात्रा आरम्भ हुई।

मौर्य वंश

चन्द्रगुप्त मौर्य (322 ई. पू.-297 ई. पू.)

- चन्द्रगुप्त मौर्य चाणक्य की सहायता से अन्तिम नन्दवंशीय शासक धनानन्द को पराजित कर 25 वर्ष की आयु में (322 ई. पू.) मगध के सिंहासन पर आसीन हुआ और मौर्य साम्राज्य की स्थापना की।
- चन्द्रगुप्त मौर्य ने तत्कालीन यूनानी शासक सेल्यूकस निकेटर को पराजित किया। सन्धि हो जाने पर सेल्यूकस ने चन्द्रगुप्त मौर्य से 500 हाथी लेकर बदले में पूर्वी अफगानिस्तान, बलूचिस्तान और सिन्धु नदी के पश्चिम का क्षेत्र उसे दे दिया था।
- इसके बाद सेल्यूकस ने अपनी पुत्री का विवाह भी चन्द्रगुप्त मौर्य से कर दिया था।
- सेल्यूकस ने मेगस्थनीज को अपने राजदूत के रूप में चन्द्रगुप्त मौर्य के दरबार में भेजा।
- वृद्धावस्था में चन्द्रगुप्त मौर्य ने जैन मुनि भद्रबाहु से जैन दीक्षा ली थी और श्रवण बेलगोला में 297 ई. पू. में उपवास द्वारा अपना शरीर त्याग दिया था।

बिन्दुसार (297 ई. पू. से 273 ई. पू.)

- बिन्दुसार चन्द्रगुप्त मौर्य का पुत्र था।
- यूनानी लेखक बिन्दुसार को 'अमित्तोचेट्स' कहते थे जबकि वायु पुराण में उसे 'भद्रसार' और जैन ग्रन्थों में उसे 'सिंहसेन' कहा गया है।
- बिन्दुसार के राजदरबार में यूनानी शासक एन्टीयोकस प्रथम ने डायमेकस नामक व्यक्ति को राजदूत के रूप में नियुक्त किया।
- बिन्दुसार की मृत्यु 273 ई. पू. के लगभग हुई थी।

अशोक (269 ई. पू. से 232 ई. पू.)

- अशोक, बिन्दुसार का पुत्र था।
- यद्यपि अशोक ने 273 ई. पू. में ही सिंहासन प्राप्त कर लिया था परन्तु 4 साल तक गृहयुद्ध में रत रहने के कारण अशोक का वास्तविक राज्याभिषेक 269 ई. पू. में हुआ।
- अपने राज्याभिषेक के आठवें वर्ष अर्थात् 261 ई. पू. में अशोक ने कलिंग पर आक्रमण किया और उसे जीत लिया।
- अशोक ने अपने पुत्र महेन्द्र तथा पुत्री संघमित्रा को बौद्ध धर्म के प्रचार हेतु श्रीलंका भेजा।
- अशोक के अभिलेखों में शाहबाजगढ़ी एवं मानसेहरा (पाकिस्तान) के अभिलेख खरोष्ठी लिपि में हैं।
- अशोक के तक्षशिला एवं लद्यमान (अफगानिस्तान) अभिलेख आरमेइक लिपि में उत्कीर्ण हैं।
- अशोक का शर-ए-कुना (अफगानिस्तान) अभिलेख आरमेइक एवं ग्रीक (द्विभाषी एवं द्विलिपिक) में उत्कीर्ण है।
- सर्वप्रथम 1837 ई. में जेम्स प्रिंसेप ने अशोक के अभिलेखों को पढ़ने में सफलता हासिल की।
- अशोक ने सांची स्तूप का निर्माण कराया।

मौर्योत्तर काल

शुंग वंश (184 ई. पू. से 75 ई. पू.)

- अन्तिम मौर्य सम्राट वृहद्रथ की हत्या करके उसको सेनापति पुष्यमित्र शुंग ने 184 ई. पू. में शुंग वंश की स्थापना की।
- पुष्यमित्र शुंग ने अपने जीवन काल में दो अश्वमेध यज्ञों का आयोजन किया जिनके पुरोहित महान् संस्कृत वैयाकरण पतंजलि थे।
- शुंगकाल में ही भागवत धर्म का उदय एवं विकास हुआ तथा वासुदेव विष्णु की उपासना हुई।
- शुंगवंश के अन्तिम शासक देवभूति की हत्या करके उसके सचिव वासुदेव ने 75 ई. पू. में कण्व राजवंश की नींव डाली।

कण्व वंश (75 ई. पू. से 30 ई. पू.)

- वासुदेव इस वंश का संस्थापक था।
- कण्व वंश में कुल चार शासक हुए।
- अन्तिम शासक सुशर्मा को हटाकर सिमुक ने सातवाहन वंश की स्थापना की।

दक्षिण भारतीय राज्य (संगम काल)

जिस समय सम्पूर्ण भारत में मौर्य अपना विस्तृत साम्राज्य स्थापित कर रहे थे, ठीक उसी समय सुदूर दक्षिण में कृष्णा एवं तुंगभद्रा नदियों के आसपास तीन छोटे-छोटे राज्य अस्तित्व में थे—पाण्ड्य, चोल तथा चेर।

पाण्ड्य वंश—इस वंश की राजधानी मदुरै थी।

- इस वंश का सबसे पहले वर्णन मेगस्थनीज ने किया था। उसके अनुसार, पांड्य वंश की राजधानी मोतियाँ के लिए प्रसिद्ध थी और उसका शासन एक स्त्री के हाथ में था।

चोल वंश—इस वंश का साम्राज्य चोलमण्डलम या कोरोमण्डलम कहलाता था।

- इसकी राजधानी कावेरीपट्टनम/पुहार थी।
- चोल राजा 'इलेरा' ने श्रीलंका को जीतकर वहाँ 50 वर्षों तक शासन किया।
- चोल शासक एक सक्षम नौसेना भी रखते थे।

चेर वंश—इनकी राजधानी 'वंजी' थी। इसे केरल देश भी कहा जाता था।

- इस वंश के रोम साम्राज्य के साथ व्यापारिक सम्बन्ध थे और रोम शासकों ने अपनी व्यापारिक गतिविधियों की रक्षा के लिए यहाँ पर दो रेजीमेण्ट भी स्थापित कर रखी थी।
- चेर शासकों ने चोल शासकों के साथ लगभग 150 ई. में लड़ाई लड़ी।
- इस वंश का यशस्वी शासक 'सेंगुट्टवन' था जिसे 'लाल चेर' भी कहा जाता था।

संगम साहित्य की प्रमुख कृतियाँ

कृतिया	लेखक
तोलकाप्पियम् (काव्यशास्त्र)	तोलकाप्पियर
शिलप्पादिकरम (महाकाव्य)	इलागो आदियाल
मणिमेकले (तमिल काव्य का उड़ीसी)	सत्तनार
जीवकचिन्तामणि (महाकाव्य)	तिरुतक्कदेवर
कुरूल (अष्टादश लघु उपदेश गीत)	तिरुवल्लूवर

भारत में पहलव राज्य (पार्थियन राज्य)

- पश्चिमोत्तर भारत में शकों के आधिपत्य के पश्चात् पार्थियाई लोगों का आधिपत्य स्थापित हुआ। पार्थियाई लोगों का मूल निवास स्थान ईरान था, भारतीय साहित्य में इन्हें पहलव कहा गया है।
- पहलव वंश का सर्वाधिक प्रसिद्ध शासक गोन्दोफार्निस था। इस पहलव शासक की राजधानी तक्षशिला थी।

- गोन्दोफार्निस के शासनकाल में सेण्ट टॉमस ईसाई धर्म का प्रचार करने के लिए भारत आए थे।
- पहलव शक्ति का वास्तविक संस्थापक 'मिथेड्रेस प्रथम' था।
- पहलवों की शक्ति व प्रभुता का अन्त कुषाणों ने किया था।

कुषाण राज्य—पहलवों के पश्चात् कुषाणों का भारत में आगमन हुआ। अधिकांश आधुनिक विद्वान कुषाणों का सम्बन्ध पश्चिमी चीन में गोबी प्रदेश में रहने वाले यू-ची जाति से मानते हैं।

- 72 ई. में कनिष्क कुषाण साम्राज्य का शासक बना। कनिष्क कुषाण वंश का सबसे प्रतापी शासक था।
- कनिष्क ने अपने शासन काल में गांधार, कश्मीर, सिन्ध एवं पंजाब पर अपना आधिपत्य स्थापित किया था।
- कनिष्क ने 78 ई. में एक सम्वत् प्रचलित किया था, जो 'शक सम्वत्' के नाम से जाना जाता है।
- कनिष्क ने अपने साम्राज्य की प्रथम राजधानी पुरुषपुर (पेशावर) को तथा द्वितीय राजधानी मथुरा को बनाया था।
- कनिष्क के कुल का अन्तिम महान शासक वासुदेव था।
- एक यूनानी राजदूत 'हिलियोडोरस' ने वासुदेव के सम्मान में एक स्तम्भ विदिशा (मध्य प्रदेश) के निकट स्थापित करवाया।
- कुषाण साम्राज्य में कला विधा के कई स्कूल गांधार, मथुरा आदि में स्थापित हुए।
- प्रसिद्ध पुस्तक 'कामसूत्र' की रचना 'वात्स्यायन' द्वारा इसी समय की गई।

गुप्त वंश

चन्द्रगुप्त प्रथम (319 ई. से 335 ई.)

- चन्द्रगुप्त प्रथम ही गुप्त वंश का प्रथम स्वतन्त्र शासक था जिसकी उपाधि 'महाराजाधिराज' थी।
- चन्द्रगुप्त प्रथम, गुप्त वंश के द्वितीय शासक घटोत्कच का पुत्र था।
- चन्द्रगुप्त प्रथम ने 'गुप्त सम्वत्' की स्थापना 319-20 ई. में की थी।
- चन्द्रगुप्त प्रथम ने लिच्छवी राजकुमारी कुमार देवी के साथ विवाह किया था।
- कुमार देवी से विवाह करके चन्द्रगुप्त प्रथम ने वैशाली का राज्य प्राप्त कर लिया था।

समुद्रगुप्त (335 ई. से 375 ई.)

- चन्द्रगुप्त प्रथम के पश्चात् उसका पुत्र समुद्रगुप्त शासक बना। वह लिच्छवी राजकुमारी कुमार देवी से उत्पन्न हुआ था।
- राजसिंहासन पर आसीन होने के पश्चात् समुद्रगुप्त ने दिग्विजय की योजना बनाई। 'प्रयाग-प्रशक्ति' के अनुसार इस योजना का ध्येय 'धरणि-बन्ध' (भूमण्डल को बाँधना) था।
- समुद्रगुप्त गुप्त वंश का एक महान् योद्धा तथा कुशल सेनापति था, इसी कारण उसे 'भारत का नेपोलियन' कहा जाता है।

चन्द्रगुप्त द्वितीय 'विक्रमादित्य' (380 ई. से 413 ई.)

- समुद्रगुप्त के पश्चात् रामगुप्त नामक एक दुर्बल शासक के अस्तित्व की जानकारी गुप्त वंशावली में निहित है, तत्पश्चात् चन्द्रगुप्त द्वितीय का नाम है। चन्द्रगुप्त द्वितीय, रामगुप्त का अनुज था।
- चन्द्रगुप्त द्वितीय ने वैवाहिक सम्बन्धों और विजय दोनों प्रकार से गुप्त साम्राज्य का विस्तार किया था।
- चन्द्रगुप्त द्वितीय का काल साहित्य और कला का स्वर्ण युग कहा जाता है।
- इसने रजत मुद्राओं का सर्वप्रथम प्रचलन करवाया था।
- चन्द्रगुप्त द्वितीय के दरबार में विद्वानों एवं कलाकारों को आश्रय प्राप्त था। उसके दरबार में नौ रत्न थे—कालिदास, धन्वन्तरि, क्षपणक, अमरसिंह, शंकु, बैताल भट्ट, घटकर्पर, वराहमिहिर और वररुचि।
- चन्द्रगुप्त द्वितीय के शासनकाल में चीनी यात्री फाह्यान (399 ई. से 412 ई.) भारत यात्रा पर आया था।

कुमारगुप्त प्रथम (413 ई. से 455 ई.)

- चन्द्रगुप्त द्वितीय विक्रमादित्य के पश्चात् उसका पुत्र कुमारगुप्त साम्राज्य का शासक बना।
- गुप्त शासकों में सर्वाधिक अभिलेख कुमारगुप्त के ही प्राप्त हुए हैं।

स्कन्दगुप्त (455 ई. से 467 ई.)

- स्कन्दगुप्त गुप्त वंश का अन्तिम प्रतापी शासक था।
- स्कन्दगुप्त ने 'देवराज', 'विक्रमादित्य', आदि उपाधियाँ धारण की थीं।
- स्कन्दगुप्त ने मौर्यों द्वारा निर्मित सुदर्शन झील का जीर्णोद्वार करवाया था।
- स्कन्दगुप्त की दो विजय उल्लेखनीय हैं—पुष्यमित्र पर विजय तथा हूणों पर विजय।

गुप्तकाल में सांस्कृतिक विकास

प्रशासन

- राजाओं को 'परमेश्वर', 'महाराजाधिराज', 'परमभट्टारक' आदि नामों से पुकारा जाता था।
- कुमारामात्य सबसे प्रमुख अधिकारी होते थे।
- केन्द्र में मुख्य विभाग सैन्य था। सन्धिविग्रीहक सेना का मुख्याधिकारी होता था।
- गुप्तवंशी राजाओं ने बड़ी संख्या में सोने के सिक्के जारी किए, जिन्हें 'दीनार' के नाम से जाना जाता था।
- चन्द्रगुप्त प्रथम के सिक्कों पर चन्द्रगुप्त व कुमारदेवी के चित्र व नाम अंकित हैं।

सामाजिक विकास

- जातियाँ, उपजातियों में विभक्त हो गई थीं।
- स्त्रियों की दशा पहले से निम्न हो गई थी। इसी काल में सती प्रथा की प्रथम घटना का उल्लेख मिलता है।
- शूद्रों की दशा में थोड़ा सुधार हुआ था परन्तु छुआछूत की प्रथा ने जड़ें जमानी शुरू कर दी थीं।
- फाह्यान के अनुसार 'चाण्डाल' समाज से बहिष्कृत थे और वे गाँव से बाहर बसा करते थे। उच्च जाति के लोग उनसे घृणा करते थे।
- कुमारगुप्त के शासन के दौरान नालन्दा विश्वविद्यालय की स्थापना की गई थी।

धर्म

- बौद्ध धर्म का प्रचलन कम होता जा रहा था।
- वर्तमान में प्रचलित हिन्दू धर्म के स्वरूप का निर्माण इसी युग में हुआ।
- भगवद्गीता की रचना इसी युग में हुई।
- विष्णु इनके इष्ट देवता थे।
- मूर्ति पूजा सामान्य तौर पर प्रचलन में आ चुकी थी।

कला

- गुप्त युग में विविध प्रकार; यथा-मूर्तिकला, चित्रकला, वास्तुकला, संगीत व नाट्य कला तथा मुद्राकला के क्षेत्र में आशातीत उन्नति हुई।

- सारनाथ की बुद्धमूर्ति, मथुरा की वर्धमान महावीर की मूर्ति, विदिशा की वराह अवतार की मूर्ति, झाँसी की शेषशायी विष्णु की मूर्ति, काशी की गोवर्धनधारी कृष्ण की मूर्ति आदि इस युग की मूर्तिकला के प्रमुख उदाहरण हैं।
- अजन्ता की गुफाओं के चित्र इस युग की चित्रकला के सर्वोत्तम उदाहरण हैं।
- झाँसी स्थित देवगढ़ का दशावतार का मन्दिर, कानपुर स्थित भीतरगाँव का मन्दिर, नागौर स्थित भूमरा का शिव मन्दिर आदि इस युग की वास्तुकला के कुछ श्रेष्ठ उदाहरण हैं।

साहित्य

- हिन्दू, बौद्ध तथा जैन साहित्य इस युग में लिखा गया। रामायण व महाभारत का वर्तमान स्वरूप इसी युग में प्राप्त हुआ।
- विष्णु शर्मा द्वारा पंचतन्त्र और हितोपदेश की रचना की गई।
- संस्कृत साहित्य में कालिदास ने कुमारसम्भव, मेघदूत, अभिज्ञानशाकुन्तलम्, मालविकाग्निमित्रम् आदि की रचना की।
- विशाखदत्त की मुद्राराक्षस, देवी चन्द्रगुप्तम्, भट्टी का रावण वध, शूद्रक का मृच्छकटिकम्, सुबन्धु की वासवदत्ता, दण्डी का दशकुमार चरित इसी युग में लिखे गए।
- हरिषेण, वीरसेन, कालिदास तथा विशाखदत्त आदि इस युग के प्रसिद्ध विद्वान थे।

विज्ञान

- गुप्त युग में गणित, पदार्थ विज्ञान, धातु विज्ञान, रसायन विज्ञान, ज्योतिष विज्ञान तथा चिकित्सा विज्ञान की बहुत उन्नति हुई। दशमलव तथा शून्य का अन्वेषण इसी युग में हुआ।
- आर्यभट्ट इस युग के प्रख्यात गणितज्ञ एवं खगोलशास्त्री थे। इन्होंने 'आर्यभट्टीय' नामक ग्रन्थ की रचना की।
- वराहमिहिर ने 'वृत्तसंहिता' एवं 'पंचसिद्धान्तिका' नाम के खगोशालस्त्र के ग्रन्थों की रचना की।
- धन्वन्तरि तथा सुश्रुत इस युग के प्रख्यात वैद्य थे। 'नवनीतकम्' इस युग की प्रसिद्ध चिकित्सा पुस्तक है।

प्रश्नमाला

1. खजुराहो का कंदरिया महादेव मंदिर किसने बनवाया?
(a) परमार (b) चेदि
(c) राष्ट्रकूट (d) चन्देल

2. चोलों का राज्य किस क्षेत्र में फैला था?
(a) विजयनगर क्षेत्र
(b) मालाबार तट
(c) डोयएल
(d) कोरोमंडल तट, दक्कन के कुछ भाग

3. मीनाक्षी मंदिर कहां स्थित है?
(a) तंजौर (b) मेखला
(c) मदुरई (d) महाबलीपुरम्

4. भारतीय दर्शन की प्रारम्भिक शाखा कौन-सी है?
(a) सांख्य (b) मीमांसा
(c) वैशेषिक (d) चार्वाक

दर्शन	प्रतिपादक
मीमांसा	जैमिनी
वैशेषिक	कणाद
योग	पतंजलि
न्याय	गौतम
वेदान्त	बादरायण

5. मालवा, गुजरात एवं महाराष्ट्र किस शासक ने पहली बार जीता?
(a) हर्ष (b) स्कन्दगुप्त
(c) विक्रमादित्य (d) चन्द्रगुप्त मौर्य

6. कुषाण शासक कनिष्क का राज्याभिषेक किस सन् में हुआ?
(a) 178 ई.पू. (b) 101 ई.
(c) 58 ई.पू. (d) 78 ई.

7. सांची का स्तूप किस शासक ने बनवाया था?
(a) बिम्बिसार (b) अशोक
(c) हर्षवर्धन (d) पुष्यमित्र

8. 'सत्यमेव जयते' शब्द कहां से लिया गया है?
(a) मनुस्मृति (b) भगवद्गीता
(c) ऋग्वेद (d) मुण्डकोपनिषद

9. रामानुजाचार्य किससे संबंधित हैं?
(a) भक्ति
(b) द्वैतवाद
(c) विशिष्टाद्वैतवाद
(d) एकेश्वरवाद

10. किस दक्षिण भारतीय राज्य में उत्तम ग्राम प्रशासन था?
(a) चेर (b) चालुक्य
(c) चोल (d) वातापी

11. दिलवाड़ा जैन मंदिर कहां स्थित है?
(a) असम
(b) उत्तर प्रदेश
(c) राजस्थान
(d) मध्य प्रदेश

12. बुद्ध के उपदेश किससे संबंधित हैं?
(a) आत्मा संबंधी विवाद
(b) ब्रह्मचर्य
(c) धार्मिक कर्मकांड
(d) आचरण की शुद्धता व पवित्रता

13. चालुक्यों की राजधानी कहां थी?
(a) वातापी (b) श्रावस्ती
(c) कांची (d) कन्नौज

14. 'संसार अस्थिर और क्षणिक है' का निम्न में किससे संबंध है?
(a) बौद्ध (b) जैन
(c) गीता (d) वेदान्त

15. 72 व्यापारी, चीन में किसके कार्यकाल में भेजे गए थे?
(a) कुलोत्तुंग-I (b) राजेन्द्र-I
(c) राजराज-I (d) राजाधिराज-I

16. प्रारम्भिक गणतंत्र में कौन-सा नहीं था?
(a) शाक्य (b) लिच्छवि
(c) यौधेय (d) उपर्युक्त सभी

17. 'जो यहां है वह अन्यत्र भी है, जो यहां नहीं है वह कहीं नहीं है' यह निम्न में से किस ग्रंथ में कहा गया है?
(a) रामायण
(b) महाभारत
(c) गीता
(d) राजतरंगिणी

18. हिन्दू विधि द्वारा मान्य कर कितना था?
(a) उपज का आधा भाग
(b) उपज का छठां भाग
(c) उपज का एक-तिहाई भाग
(d) उपज का एक-चौथाई भाग

19. मृगदाव (सारनाथ) में बुद्ध द्वारा दिया गया प्रथम उपदेश निम्न में से किस नाम से जाना जाता है?
(a) महाभिनिष्क्रमण
(b) धम्मचक्र प्रवर्तन
(c) धर्म ज्ञान दर्शन
(d) धम्म चक्र सुत्त

20. सिन्धु सभ्यता के बारे में निम्न में से कौन-सा कथन असत्य है?
(a) नगरों में नालियों की सुदृढ़ व्यवस्था थी।
(b) व्यापार और वाणिज्य उन्नत दशा में था।
(c) मातृदेवी की उपासना की जाती थी।
(d) लोग लोहे से परिचित थे।

21. अधोलिखित में कौन गुप्तकालीन स्वर्ण मुद्रा है?
(a) कौड़ी (b) दीनार
(c) निष्क (d) पण

22. मुद्राराक्षस का लेखक निम्न में कौन है?
(a) अश्वघोष (b) विशाखदत्त
(c) कालिदास (d) भास

23. सम्राट हर्ष ने अपनी राजधानी थानेश्वर से कहां स्थानांतरित की थी?
(a) प्रयाग (b) दिल्ली
(c) कन्नौज (d) राजगृह

24. अंकोरवाट का मंदिर कहां पर स्थित है?
(a) जावा (b) सुमात्रा
(c) कम्बोडिया (d) चम्पा

25. विक्रम संवत् कब से प्रारम्भ हुआ?
(a) 78 ई.
(b) 58 ई.पू.
(c) 72 ईसा पूर्व
(d) 56 ईसा पूर्व

26. सैंधव सभ्यता के महान् स्नानागार कहां से प्राप्त हुए हैं?
(a) मोहनजोदड़ो (b) हड़प्पा
(c) लोथल (d) कालीबंगा

27. मूर्ति पूजा का आरम्भ कब से माना जाता है?
(a) पूर्व आर्य (Pre Aryan)
(b) उत्तर वैदिक काल
(c) मौर्यकाल
(d) कुषाण काल

28. बुद्ध की खड़ी प्रतिमा निम्न में से किस काल में बनाई गई?
(a) गुप्तकाल (b) कुषाणकाल
(c) मौर्यकाल (d) गुप्तोत्तर काल

29. गौतम बुद्ध के बारे में निम्न में से क्या सत्य है?
1. वे कर्म में विश्वास करते थे।
2. आत्मा का शरीर में परिवर्तन मानते थे।
3. निर्वाण प्राप्ति में विश्वास करते थे।
4. ईश्वर की सत्ता में विश्वास करते थे।
निम्न कूटों में से सही उत्तर चुनिए–
(a) केवल 1, 2, 3 सही हैं
(b) 1, 2 सही हैं
(c) केवल 1 सही है
(d) सभी चारों सही हैं

30. 'तुम्हारा अधिकार कर्म पर है, फल की प्राप्ति पर नहीं' यह निम्न में से किस ग्रंथ में कहा गया है?
(a) अष्टाध्यायी (b) महाभाष्य
(c) गीता (d) महाभारत

31. सुमेलित कीजिए–
A. पाणिनी 1. कामसूत्र
B. वात्स्यायन 2. राजतरंगिणी
C. चाणक्य 3. अष्टाध्यायी
D. कल्हण 4. अर्थशास्त्र
(a) A-3 B-1 C-4 D-3
(b) A-4 B-1 C-2 D-3
(c) A-2 B-3 C-1 D-4
(d) A-1 B-2 C-3 D-4

32. जैन धर्म का आधारभूत बिंदु है-
(a) कर्म (b) निष्ठा
(c) अहिंसा (d) विराग

33. किसने सहिष्णुता, उदारता और करुणा के त्रिविध आधार पर राजधर्म की स्थापना की?
(a) अशोक (b) अकबर
(c) रणजीत सिंह (d) शिवाजी

34. कौन-सा राजवंश हूणों के आक्रमण से अत्यंत विचलित हुआ?
(a) मौर्य (b) कुषाण
(c) गुप्त (d) शुंग

35. निम्न में से दक्षिण भारत का कौन-सा राजवंश अपनी नौ सैनिक शक्ति के लिए प्रसिद्ध था?
(a) चोल (b) चेर
(c) पल्लव (d) राष्ट्रकूट

36. सारनाथ में अपना प्रथम प्रवचन किसने दिया?
(a) महावीर (b) शंकराचार्य
(c) महात्मा बुद्ध (d) गुरु नानक

37. तीर्थंकर शब्द संबंधित है–
(a) बौद्ध (b) ईसाई
(c) हिन्दू (d) जैन

38. मौर्यों के बाद दक्षिण भारत में सबसे प्रभावशाली राज्य था–
(a) सातवाहन (b) पल्लव
(c) चोल (d) चालुक्य

39. अजन्ता और एलोरा गुफाएं हैं–
(a) आंध्र प्रदेश (b) मध्य प्रदेश
(c) महाराष्ट्र (d) राजस्थान

40. निम्नलिखित में से कौन-सा सिंधु घाटी की सभ्यता पर प्रकाश डालता है?
(a) शिलालेख
(b) पुरातत्त्व संबंधी खुदाई
(c) बर्तनों और मुहरों पर लिखावट
(d) धार्मिक ग्रंथ

41. प्राचीन काल में आर्यों के जीविकोपार्जन का मुख्य साधन था–
(a) कृषि (b) शिकार
(c) शिल्पकर्म (d) व्यापार

42. ऋग्वेद काल में जनता निम्न में से मुख्यतया किसमें विश्वास करती थी–
(a) मूर्ति पूजा
(b) एकेश्वरवाद
(c) देवी पूजा
(d) बलि एवं कर्मकाण्ड

43. हर्ष के साम्राज्य की राजधानी थी–
(a) कन्नौज (b) पाटलिपुत्र
(c) प्रयाग (d) थानेश्वर

44. कनिष्क के समकालीन निम्नलिखित नामों का अध्ययन करें और निम्नांकित कोड के अनुसार अपना उत्तर इंगित करें–
(I) अश्वघोष
(II) वसुमित्र
(III) कालिदास
(IV) कम्बन
कोड:
(a) I और IV (b) II और III
(c) I और II (d) उपर्युक्त सभी

45. चट्टानों को काट कर महाबलीपुरम् का मंदिर किसके द्वारा बनवाया गया?
(a) पल्लव (b) चोल
(c) चालुक्य (d) राष्ट्रकूट

46. निम्न में से किस काल में स्त्रियों की पुरुषों से बराबरी थी?
(a) गुप्तकाल
(b) मौर्यकाल
(c) चोलों में
(d) इनमें से किसी में भी नहीं

47. निम्नांकित में से कौन हड़प्पा संस्कृति पर प्रकाश डालता है?
(a) शिलालेख
(b) टेराकोटा मुद्राओं में अंकित लेख
(c) पुरातात्विक खुदाइयां
(d) उपर्युक्त सभी

48. 'आयुर्वेद' अर्थात् 'जीवन का विज्ञान' का उल्लेख सर्वप्रथम मिलता है–
(a) आरण्यक में (b) सामवेद में
(c) यजुर्वेद में (d) अथर्ववेद में

49. निम्नलिखित में से कौन भारतीय दर्शन की आरम्भिक विचार धारा है?
(a) सांख्य (b) वैशेषिक
(c) कर्ममीमांसा (d) योग

50. अर्थशास्त्र के संबंध में निम्नलिखित कथनों में से कौन सही नहीं है?
(a) यह राजा के कर्तव्यों को निर्दिष्ट करता है।
(b) यह देश के उस समय के आर्थिक जीवन का वर्णन करता है।
(c) यह राजनीति के सिद्धांत स्थापित करता है।
(d) यह वित्तीय सुधारों की आवश्यकता पर बल देता है।

51. निम्नांकित में से किसकी तुलना मैकियावेली के 'प्रिंस' से की जा सकती है?
(a) कालिदास का 'मालविकाग्निमित्रम्'
(b) कौटिल्य का 'अर्थशास्त्र'
(c) वात्स्यायन का 'कामसूत्र'
(d) तिरुवल्लुवर का 'तिरुक्कुरल'

52. निम्नलिखित जोड़ों में से कौन-सा सही मेल खाता है?
(a) एलोरा की गुफाएं – शक
(b) महाबलीपुरम् – राष्ट्रकूट
(c) मीनाक्षी मंदिर – पल्लव
(d) खजुराहो – चंदेल

53. हर्ष के समय की सूचनाएं किसकी पुस्तकों में निहित हैं?
(a) हरिषेण
(b) कल्हण
(c) कालिदास
(d) इनमें से कोई नहीं

54. निम्नलिखित में से कौन मध्यकालीन भारत के यशस्वी विधिवेत्ता थे?
(a) विज्ञानेश्वर (b) हेमाद्रि
(c) राजशेखर (d) जीमूतवाहन

55. उड़ीसा में कोणार्क मंदिर का निर्माण किसने करवाया था?
(a) राजा नरसिंह देव-I
(b) राजा कृष्ण देव राय
(c) कनिष्क
(d) पुलकेशिन-II

56. सिंधु सभ्यता का कौन-सा स्थान भारत में स्थित है?
(a) हड़प्पा
(b) मोहनजोदड़ो
(c) लोथल
(d) उपरोक्त में से कोई नहीं

57. सबसे पुराना वेद कौन-सा है?
(a) यजुर्वेद (b) ऋग्वेद
(c) सामवेद (d) अथर्ववेद

58. निम्न में से किसने नालन्दा विश्वविद्यालय का भ्रमण व वहां अध्ययन किया था?
(a) ह्वेनसांग
(b) फाहियान
(c) मेगस्थनीज
(d) उपरोक्त में से कोई नहीं

59. अंकोरवाट का विष्णु मंदिर कहां है?
(a) भारतवर्ष में
(b) श्रीलंका में
(c) कम्बोडिया में
(d) जापान में

60. निम्नलिखित में कौन चोल प्रशासन की विशेषता थी?
(a) साम्राज्य का मंडलों में विभाजन
(b) ग्राम प्रशासन की स्वायत्तता
(c) राज्य के मंत्रियों को समस्त अधिकार
(d) कर संग्रह प्रणाली का सस्ता व उचित होना

61. अभिलेख जिससे यह प्रमाणित होता है, कि चन्द्रगुप्त का प्रभाव पश्चिम भारत पर था, है–
(a) कलिंग अभिलेख
(b) अशोक का गिरनार अभिलेख
(c) रुद्रदामन का जूनागढ़ अभिलेख
(d) अशोक का सोपारा शिलालेख

62. राजुक थे–
(a) चोल राज्य के व्यापारी
(b) मौर्य शासन में अधिकारी
(c) गुप्त साम्राज्य में सामंत वर्ग
(d) शक सेना में सैनिक

63. मिलिन्दपन्हो–
(a) संस्कृत नाटक है
(b) जैन वृत्तान्त है
(c) पालि ग्रंथ है
(d) फारसी महाकाव्य है

64. निम्नांकित में किसका सुमेल नहीं है?
(a) आलमगीरपुर उत्तर प्रदेश
(b) लोथल गुजरात
(c) कालीबंगा हरियाणा
(d) रोपड़ पंजाब

65. बोगजकोई महत्वपूर्ण है, क्योंकि–
(a) यह मध्य एशिया एवं तिब्बत के मध्य एक महत्वपूर्ण व्यापारिक केन्द्र था।
(b) यहां से प्राप्त अभिलेखों में वैदिक देवता एवं देवियों का नामोल्लेख प्राप्त होता है।
(c) वेद के मूल ग्रंथों की रचना यहां हुई थी।
(d) उपरोक्त में से कोई नहीं।

66. सोनगिरी का ऐतिहासिक दिगम्बर जैन तीर्थस्थल स्थित है–
(a) उत्तर प्रदेश में
(b) राजस्थान में
(c) मध्य प्रदेश में
(d) उड़ीसा में

67. निम्नलिखित में से किस बौद्ध ग्रंथ में संघ जीवन के नियम प्राप्त होते हैं?
(a) दीघ निकाय
(b) विनय पिटक
(c) अभिधम्म पिटक
(d) विभाशा शास्त्र

68. 'आजीवक' सम्प्रदाय के संस्थापक थे–
(a) आनन्द
(b) राहुलोभद्र
(c) मक्खलि गोशाल
(d) उपाली

69. बौद्ध तथा जैन दोनों ही धर्म विश्वास करते हैं, कि–
(a) कर्म तथा पुनर्जन्म के सिद्धांत सही हैं।
(b) मृत्यु के पश्चात् ही मोक्ष संभव है।
(c) स्त्री तथा पुरुष दोनों ही मोक्ष प्राप्त कर सकते हैं।
(d) जीवन में मध्यम मार्ग सर्वश्रेष्ठ है।

70. 'भाग' और 'बलि' थे–
(a) सैनिक विभाग
(b) राजस्व के स्रोत
(c) धार्मिक अनुष्ठान
(d) प्रशासकीय विभाग

71. सिंधु सभ्यता संबंधित है–

(a) प्रागैतिहासिक युग से
(b) आद्य-ऐतिहासिक युग से
(c) ऐतिहासिक युग से
(d) उत्तर-ऐतिहासिक युग से

72. जैन ग्रंथों में बिन्दुसार को क्या कहा गया है?

(a) सिंहसेन
(b) श्रेणिक
(c) कुणिक
(d) इनमें से कोई नहीं

73. काव्य शैली का प्राचीनतम नमूना किसके अभिलेख में मिलता है?

(a) काठियावाड़ के रुद्रदामन के
(b) अशोक के
(c) राजेन्द्र प्रथम के
(d) उपरोक्त में से कोई नहीं

74. निम्नलिखित जोड़ों में से कौन-सा जोड़ा सुमेलित नहीं है?

(a) रविकीर्ति पुलकेशिन द्वितीय
(b) भवभूति कन्नौज का यशोवर्मन
(c) हरिषेण हर्ष
(d) दण्डी नरसिंह वर्मन

75. भुवनेश्वर तथा पुरी के मंदिर किस शैली में निर्मित हैं?

(a) नागर
(b) द्रविड़
(c) बेसर
(d) उपरोक्त में से कोई नहीं

76. निम्नांकित में से कौन-सा प्रस्थानत्रयी में सम्मिलित नहीं है?

(a) भागवत (b) भगवद्गीता
(c) ब्रह्मसूत्र (d) उपनिषद्

77. अर्द्धनारीश्वर मूर्ति में आधा शिव तथा आधी पार्वती प्रतीक है–

(a) पुरुष और नारी का योग
(b) देवता और देवी का योग
(c) देव और उसकी शक्ति का योग
(d) उपरोक्त में से किसी का भी नहीं

78. वासुदेव कृष्ण की पूजा सर्वप्रथम किसने प्रारम्भ की?

(a) भागवतों ने
(b) वैदिक आर्यों ने
(c) तमिलों ने
(d) आभीरों ने

79. ताम्राश्म काल में महाराष्ट्र के लोग मृतकों के शरीर को फर्श के नीचे किस तरह रखकर दफनाते थे?

(a) उत्तर से दक्षिण की ओर
(b) पूर्व से पश्चिम की ओर
(c) दक्षिण से उत्तर की ओर
(d) पश्चिम से पूर्व की ओर

80. मानव द्वारा सर्वप्रथम प्रयुक्त अनाज था–

(a) गेहूं (b) चावल
(c) जौ (d) बाजरा

उत्तरमाला

1. (d)	**2.** (d)	**3.** (c)	**4.** (a)	**5.** (d)	**6.** (d)	**7.** (b)	**8.** (d)	**9.** (c)	**10.** (c)
11. (c)	**12.** (d)	**13.** (a)	**14.** (a)	**15.** (a)	**16.** (c)	**17.** (b)	**18.** (b)	**19.** (b)	**20.** (d)
21. (d)	**22.** (b)	**23.** (c)	**24.** (c)	**25.** (b)	**26.** (a)	**27.** (a)	**28.** (b)	**29.** (a)	**30.** (c)
31. (a)	**32.** (c)	**33.** (a)	**34.** (c)	**35.** (a)	**36.** (c)	**37.** (d)	**38.** (a)	**39.** (c)	**40.** (b)
41. (a)	**42.** (d)	**43.** (a)	**44.** (c)	**45.** (a)	**46.** (d)	**47.** (c)	**48.** (d)	**49.** (a)	**50.** (b)
51. (b)	**52.** (d)	**53.** (d)	**54.** (a)	**55.** (a)	**56.** (c)	**57.** (b)	**58.** (a)	**59.** (c)	**60.** (b)
61. (c)	**62.** (b)	**63.** (c)	**64.** (c)	**65.** (b)	**66.** (c)	**67.** (b)	**68.** (c)	**69.** (a)	**70.** (b)
71. (b)	**72.** (a)	**73.** (a)	**74.** (c)	**75.** (a)	**76.** (a)	**77.** (c)	**78.** (a)	**79.** (a)	**80.** (c)

❑❑❑

2 मध्यकालीन भारत का इतिहास

भारत पर विदेशी आक्रमण

मोहम्मद बिन कासिम

मोहम्मद बिन कासिम, भारत पर आक्रमण करने वाला प्रथम अरब मुस्लिम था। जिसने सिन्ध व मुल्तान को (712 ई. में) जीत लिया था। उस समय सिन्ध का शासक ब्राह्मणवंशी राजा दाहिर था।

- भारत पर प्रथम तुर्क आक्रमण 986 ई. में गजनी के शासक सुबुक्तगीन ने किया।

महमूद गजनवी

महमूद गजनवी, सुबुक्तगीन का पुत्र था और अपने पिता की मृत्यु के बाद 997 ई. में वह गजनी के सिंहासन पर बैठा।

- महमूद गजनवी ने भारत पर 1001 ई. से 1027 ई. के बीच 17 आक्रमण किए।
- 1025 ई. में उसका सोमनाथ के शिव मन्दिर पर आक्रमण सबसे प्रसिद्ध है। उसने सोमनाथ मन्दिर से भारी मात्रा में सम्पत्ति लूटी थी।
- महमूद गजनवी ने अन्तिम आक्रमण 1027 ई. में आगरा के निकट भेरा के दुर्ग पर किया था।

मोहम्मद गोरी

मोहम्मद गोरी ने भारत पर प्रथम आक्रमण 1175 ई. में मुल्तान पर किया।

- 1178 ई. के गुजरात आक्रमण के समय वहाँ के शासक भीम द्वितीय (मूलराज) ने गौरी को बन्दी बना लिया था लेकिन बाद में छोड़ दिया था।
- इस समय के दौरान दिल्ली पर चौहान वंश के पृथ्वीराज चौहान तृतीय का शासन था।
- मोहम्मद गोरी और पृथ्वीराज चौहान के बीच दो लड़ाइयाँ हुईं—तराइन का प्रथम युद्ध (1191 ई.) जिसमें गोरी की पराजय हुई तथा तराइन का द्वितीय युद्ध (1192 ई.) जिसमें पृथ्वीराज की पराजय हुई।
- 1194 ई. में चंदावर के युद्ध में मोहम्मद गोरी ने कन्नौज के राजा जयचन्द को हराया।
- मोहम्मद गोरी के सेनापति बख्तियार खिलजी ने पूर्वी भारत को विजित किया और नालन्दा तथा विक्रमशिला विश्वविद्यालयों को नष्ट कर दिया।
- 1206 ई. में गोरी, कुतुबुद्दीन ऐबक को भारत का नेतृत्व सौंपकर वापस अपने गृह प्रान्त की ओर चला। रास्ते में कुछ विद्रोहियों ने अचानक हमला कर उसकी हत्या कर दी।

गुलाम वंश (1206 ई. से 1290 ई.)

कुतुबुद्दीन ऐबक (1206 ई. से 1210 ई.)

यह मोहम्मद गोरी का गुलाम था जो बाद में सेनानायक हो गया था।

- पहले इसकी राजधानी लाहौर थी और बाद में दिल्ली बनी।
- इसने कुतुबमीनार का निर्माण कार्य प्रारम्भ करवाया। कुतुबमीनार का नाम प्रसिद्ध सूफी सन्त ख्वाजा कुतुबुद्दीन बख्तियार काकी के नाम पर रखा गया।
- इसने भारत की प्रथम मस्जिद (कुव्वत-उल-इस्लाम) दिल्ली में और अढ़ाई दिन का झोपड़ा अजमेर में बनवायी।
- इसकी मृत्यु लाहौर में चौगान (पोलो) खेलते हुए घोड़े से गिरकर हुई।

इल्तुतमिश (1210 ई. से 1236 ई.)

कुतुबुद्दीन ऐबक की मृत्यु के पश्चात् उसके पुत्र आरामशाह को सिंहासन पर बैठाया गया परन्तु आरामशाह अयोग्य शासक निकला। इसलिए कुतुबुद्दीन के दामाद इल्तुतमिश ने शासन सम्भाला।

- इल्तुतमिश ने इक्ता व्यवस्था शुरू की। इसके तहत सभी सैनिक व गैर-सैनिक अधिकारियों को नकद वेतन के बदले भूमि प्रदान की जाती थी।
- इल्तुतमिश ने चाँदी का 'टका' तथा ताँबे का 'जीतल' का प्रचलन किया एवं दिल्ली में टकसाल स्थापित की।
- उसने बगदाद के खलीफा से मान्यता प्राप्त की और ऐसा करने वाला वह प्रथम मुस्लिम शासक था।
- उसने चालीस योग्य तुर्क सरदारों के एक दल चालीसा (चहलगानी) का गठन किया जिसने इल्तुतमिश की सफलताओं में अपना महत्त्वपूर्ण योगदान दिया।

रजिया सुल्तान (1236 ई. से 1240 ई.)

- रजिया दिल्ली की प्रथम व अन्तिम मुस्लिम महिला शासक थी।
- सिंहासन पर बैठते ही रजिया ने कूटनीति से काम लिया और अमीर वर्ग में फूट डाल दी।
- रजिया ने अबीसिनिया निवासी एक गुलाम मलिक जलालुद्दीन याकूत को आवश्यकता से अधिक महत्त्व दिया और उसे 'अमीर-ए-आखुर' अर्थात् अश्वशाला प्रधान के पद पर नियुक्त कर दिया।
- भटिण्डा के सूबेदार अल्तूनिया ने विद्रोह कर याकूत की हत्या कर दी तथा रजिया को बन्दी बना लिया।
- इसी बीच इल्तुतमिश के एक पुत्र बहरामशाह ने सत्ता हथिया ली तथा भटिण्डा से दिल्ली आते वक्त अल्तूनिया व रजिया को हराकर उनका वध कर दिया।

बलबन (1266 ई. से 1286 ई.)

- इसका वास्तविक नाम बहाउद्दीन था और यह ग्यासुद्दीन बलबन के नाम से गद्दी पर बैठा।
- बलबन ने पारसी-नववर्ष की शुरुआत पर मनाए जाने वाले उत्सव 'नौरोज' की भारत में शुरुआत की।
- सुल्तान की प्रतिष्ठा बढ़ाने के लिए, बलबन ने दरबार में 'सिजदा' (घुटनों के बल बैठकर सुल्तान के सामने सिर झुकाना) तथा 'पाबोस' (पेट के बल लेटकर सुल्तान के पैरों को चूमना) प्रथाएँ शुरू कीं।

खिलजी वंश (1290 ई. से 1320 ई.)

जलालुद्दीन फिरोज खिलजी (1290 ई. से 1296 ई.)

- यह दिल्ली सल्तनत का प्रथम शासक था जिसका हिन्दू जनता के प्रति उदार दृष्टिकोण था।
- सुल्तान के भतीजे अलाउद्दीन ने देवगिरि के यादव राजा को हराकर अपार धन अर्जित किया और अन्ततः धोखे से अपने चाचा की हत्या करवा दी।

अलाउद्दीन खिलजी (1296 ई. से 1316 ई.)

- अलाउद्दीन खिलजी का जन्म 1266-67 ई. में हुआ था।
- 1290 ई. में जलाउद्दीन ने उसे 'अमीर-ए-तुजुक' पद प्रदान किया।
- देवगिरि की विजय से अलाउद्दीन की सुल्तान बनने की इच्छा प्रबल हो उठी और उसने 19 जुलाई, 1290 ई. को धोखे से सुल्तान जलालुद्दीन की हत्या करके स्वयं सत्ता हस्तगत कर ली।
- अलाउद्दीन का महान् सेनापति मलिक काफूर गुजरात विजय के दौरान नुसरत खाँ द्वारा एक हजार दीनार में खरीदा गया, जिससे उसे 'हजारदीनारी' भी कहा जाता था।
- अलाउद्दीन दिल्ली सल्तनत का प्रथम सुल्तान था, जिसने दक्षिण भारत में विजय पताका लहराई।
- अलाउद्दीन के दक्षिण भारतीय अभियान का नेतृत्व सेनापति मलिक काफूर ने किया था।
- उसने भूमि की उत्पादकता के आधार पर कर निर्धारित किए तथा भूमि को बिस्वा में मापने की प्रथा शुरू की।
- गृहकर, 'घारी' तथा चारागाह पर 'चरी' लागू किए गए।
- राजस्व एकत्र करने के लिए 'मुस्तखराज' नामक अधिकारी की नियुक्ति की गई।
- अलाउद्दीन ने बाजार में सभी आवश्यक वस्तुओं के दाम निर्धारित कर दिए थे।

तुगलक वंश (1320 ई. से 1414 ई.)

गयासुद्दीन तुगलक (1320 ई. से 1325 ई.)

- यह तुगलक वंश का संस्थापक था।
- इसका असली नाम गाजी मलिक था।
- इसने जनता के साथ उदार व्यवहार किया।
- इसने सिंचाई के साधनों विशेषकर नहरों का निर्माण करवाया तथा अकाल संहिता का निर्माण किया।
- गयासुद्दीन ने दिल्ली के निकट तुगलकाबाद नामक नगर बसाकर इसे अपनी राजधानी बनाया।

मुहम्मद बिन तुगलक (1325 ई. से 1351 ई.)

- इसका वास्तविक नाम जूना खाँ था।
- इसे इतिहास में एक बुद्धिमान मूर्ख शासक के रूप में जाना जाता है।
- इसने अपने जीवनकाल में पाँच ऐसे महत्त्वपूर्ण फैसले लिए जो विफल हो गए। जैसे—कर वृद्धि, राजधानी का स्थानान्तरण, सांकेतिक मुद्रा, खुरासान अभियान, कराजिल अभियान।
- उसने कृषि के विकास के लिए 'दीवान-ए-कोही' नामक विभाग की स्थापना की।
- उसके अन्तिम दिनों में लगभग सम्पूर्ण दक्षिण भारत स्वतन्त्र हो गया था और विजयनगर, बहमनी, मदुरै आदि स्वतन्त्र राज्यों की घोषणा हो गई थी।
- इब्नबतूता ने भारतीय समकालीन इतिहास पर आधारित पुस्तक 'सफरनामा' (रेहला) लिखी।
- 1351 ई. में मुहम्मद बिन तुगलक की मृत्यु हो गई।

फिरोजशाह तुगलक (1351 ई. से 1388 ई.)

- वह एक उदार शासक था और उसने उलेमा वर्ग की सलाह मानते हुए धार्मिक आधार पर एक इस्लामिक राज्य की स्थापना की।
- उसने सेना में वंशवाद को बढ़ावा दिया तथा सैनिकों को वेतन के रूप में भूमि प्रदान की। उसके शासनकाल में सेना में भ्रष्टाचार फैल चुका था।
- फिरोजशाह अपने आर्थिक व प्रशासनिक सुधारों के कारण 'सल्तनत काल का अकबर' कहलाता है।
- फिरोजशाह ने हिसार, फिरोजाबाद, फतेहाबाद, फिरोजशाह कोटला, जौनपुर आदि नगरों की स्थापना की।
- वह मेरठ तथा टोपरा (अम्बाला) स्थित अशोक स्तम्भों को दिल्ली ले गया तथा फिर अपनी नई राजधानी फिरोजाबाद में उन्हें स्थापित किया।
- उसने दासों के लिए एक नए विभाग 'दिवान-ए-बन्दगान' की स्थापना की (उसके पास 1,80,000 गुलाम थे)।
- उसने गरीब महिलाओं और बच्चों की आर्थिक सहायता के लिए 'दीवान-ए-खैरात' नामक दान विभाग की स्थापना की।
- उसने निर्धन वर्ग की निःशुल्क चिकित्सा हेतु एक खैराती अस्पताल 'दारूल-शफा' की स्थापना की।
- उसने फारसी भाषा में अपनी आत्मकथा 'फुतुहात-ए- फिरोजशाही' की रचना की।

सैयद वंश (1414 ई. से 1451 ई.)

- सैयद वंश की स्थापना खिज्र खाँ (1414 ई. से 1421 ई.) ने की थी।
- खिज्र खाँ ने सुल्तान की उपाधि धारण नहीं की, उसने 'रैयत-ए-आला' की उपाधि ली। उसने सिक्कों पर तुगलक सुल्तानों का नाम उत्कीर्ण करवाया था। वह अपने शासनकाल में तैमूर के पुत्र एवं उत्तराधिकारी शाहरुख के प्रतिनिधित्व के रूप में शासन करने का दिखावा करता रहा।
- मुबारकशाह के शासनकाल में याह्या बिन सरहिन्दी ने प्रसिद्ध पुस्तक 'तारीख-ए-मुबारकशाही' लिखी।
- खिज्र खाँ के उत्तराधिकारी (मुबारकशाह, मोहम्मदशाह, अलाउद्दीन, आलमशाह) अयोग्य थे जिससे बहलोल लोदी को मौका मिला जिसने लोदी वंश की स्थापना की।

लोदी वंश (1451 ई. से 1526 ई.)

बहलोल लोदी (1451 ई. से 1489 ई.)

इसने जौनपुर के शर्की राज्य को विजित कर दिल्ली सल्तनत में शामिल किया।

- उसने बहलोल सिक्के प्रचलित किए।
- वह राजदरबार में सिंहासन पर न बैठकर, अपने दरबारियों के बीच में बैठता था।

सिकन्दर लोदी (1489 ई. से 1517 ई.)

- यह लोदी वंश का सर्वश्रेष्ठ शासक था।
- सिकन्दर लोदी ने भूमि मापन हेतु 'गज-ए-सिकन्दरी' नामक पैमाने का प्रचलन किया।
- उसने 1504 ई. में आगरा शहर की स्थापना की और 1506 ई. में इसे अपनी राजधानी बनाया।

⇨ सिकन्दर लोदी 'गुलरूखी' के उपनाम से फारसी में कविताएँ लिखता था।

इब्राहिम लोदी (1517 ई. से 1526 ई.)

⇨ यह दिल्ली सल्तनत अथवा लोदी वंश का अन्तिम शासक था।

⇨ इब्राहिम लोदी ने दरबार के शक्तिशाली सरदारों के दमन की नीति अपनाई जिससे वह अलोकप्रिय हो गया।

⇨ इब्राहिम लोदी 1526 ई. के पानीपत के प्रथम युद्ध में बाबर के हाथों मारा गया और दिल्ली सल्तनत का काल समाप्त हो गया।

सल्तनतकालीन स्थापत्य कला के चर्चित प्रतीक

इमारत का नाम	शासक	स्थान
कुव्वत उल-इस्लाम मस्जिद	कुतुबुद्दीन ऐबक	दिल्ली
कुतुबमीनार	कुतुबुद्दीन ऐबक एवं इल्तुतमिश	दिल्ली
अढ़ाई दिन का झोपड़ा	कुतुबुद्दीन ऐबक	अजमेर
सुल्तान गढ़ी	इल्तुतमिश	दिल्ली
लाल महल	बलबन	दिल्ली
अलाई दरवाजा	अलाउद्दीन खिलजी	दिल्ली
ग्यासुद्दीन तुगलक का मकबरा	ग्यासुद्दीन तुगलक	दिल्ली
आदिलाबाद का किला	मुहम्मद बिन तुगलक	दिल्ली
फिरोजशाह का मकबरा	फिरोज तुगलक	दिल्ली
बहलोल लोदी का मकबरा	बहलोल लोदी	दिल्ली
मोठ की मस्जिद	सिकन्दर लोदी के प्रधानमन्त्री मिया भुंवा	दिल्ली

धार्मिक आन्दोलन

सूफीवाद या सूफीमत—सूफी सन्त शान्ति, अहिंसा, धार्मिक सहिष्णुता एवं मानव के प्रति प्रेम की भावना पर विशेष बल देते थे।

⇨ सूफी धर्म 12 सिलसिलों अर्थात् वर्गों में विभक्त हो गया था, जिनमें निम्न प्रमुख थे।

चिश्ती—इसके संस्थापक ख्वाजा मुइनुद्दीन चिश्ती (अजमेर) थे।

⇨ अन्य प्रसिद्ध सन्त निजामुद्दीन औलिया, शेख सलीम चिश्ती आदि थे।

सुहरावर्दी—इसके संस्थापक शिहाबुद्दीन सुहरावर्दी तथा हमीदुद्दीन नागौरी थे।

⇨ यह पंजाब एवं सिन्ध में प्रसिद्ध था।

फिरदौसी सिलसिला—यह फिरदौसी ने आरम्भ किया था और बिहार में प्रसिद्ध था।

कादिरी सिलसिला—यइ इस्लाम में प्रथम रहस्यवादी पन्थ था। इसकी स्थापना शेख अब्दुल कादिर जिलानी ने की थी। भारत में इस सिलसिले की स्थापना का श्रेय सैय्यद मोहम्मद जिलानी को जाता है।

नक्शबन्दी सिलसिला—इसकी स्थापना ख्वाजा बाकी बिल्लाह ने की थी। शेख अहमद सिरहिन्दी इस सिलसिले के प्रमुख सन्त थे।

भक्ति आन्दोलन—इसकी शुरुआत बारहवीं शताब्दी के लगभग दक्षिण भारत में हुई।

⇨ भक्ति आन्दोलन के सन्तों ने जातिवाद की निन्दा की, कर्मकाण्डों तथा यज्ञों का परित्याग करने पर बल दिया, महिलाओं के सशक्तीकरण पर बल दिया तथा आम बोलचाल की भाषा में लोगों तक अपने सन्देश पहुँचाए।

भक्ति आन्दोलन के मुख्य संचालक

आचार्य रामानुज—भक्ति आन्दोलन के प्रवर्तक रामानुज का आविर्भाव बारहवीं शताब्दी में तमिलनाडु में हुआ। वे सगुण ईश्वर में विश्वास करते थे।

रामानन्द—प्रयाग (इलाहाबाद) में कान्यकुब्ज ब्राह्मण परिवार में जन्मे रामानन्द उत्तरी भारत में भक्ति आन्दोलन के प्रमुख संचालक थे। वे रामानुज के शिष्य थे और भक्ति आन्दोलन को दक्षिण से उत्तर में प्रसारित करने में उनका योगदान उल्लेखनीय था। रामानन्द के 12 शिष्य थे, जो सभी जातियों के लोग थे।

कबीर—काशी में एक जुलाहे परिवार में जन्मे कबीर (1440-1518 ई.) भक्ति आन्दोलन के मुख्य संचालकों में से एक थे। वे रामानन्द के शिष्य तथा निर्गुण ब्रह्म के उपासक थे। वह सामाजिक कुरीतियों, साम्प्रदायिकता तथा छुआछूत के घोर विरोधी थे।

मीराबाई—वह मेड़ता के राठौर रत्न सिंह की पुत्री तथा राणा सांगा के ज्येष्ठ पुत्र राजकुमार भोजराज की पत्नी थीं। वह कृष्ण की उपासिका थीं, उन्होंने घूम-घूम कर सर्वत्र कृष्ण भबित का प्रचार प्रसार किया।

चैतन्य—बंगाल में जन्मे चैतन्य (1486-1533 ई.) कृष्ण के उपासक थे। उन्होंने कर्मकाण्ड, बाह्य आडंबर का विरोध किया तथा प्रेम एवं भक्ति पर विशेष बल दिया।

मुगल वंश

बाबर (1526 ई. से 1530 ई.)

बाबर मुगल वंश का संस्थापक था। वह मध्य एशिया स्थित फरगना का शासक था।

⇨ बाबर के पिता उमरशेख मिर्जा तथा माता कुतुलुगनिगार खानम थीं।

⇨ बाबर ने भारत पर पहला आक्रमण 1519 ई. में किया परन्तु उसका प्रथम महत्त्वपूर्ण आक्रमण 1526 ई. में हुआ।

⇨ बाबर ने तुर्की भाषा में अपनी आत्मकथा 'तुजुक-ए-बाबरी' (बाबरनामा) लिखी।

⇨ बाबर की मृत्यु 1530 ई. में आगरा में हुई।

हुमायूँ (1530 ई.-1540 ई. और 1555 ई.-1556 ई)

हुमायूँ ने राज्याभिषेक के बाद अपना राज्य अपने तीन भाइयों (कामरान, असकरी, हिन्दाल) में बाँट दिया जो राजनीतिक दृष्टि से उसकी सबसे बड़ी भूल थी।

- ➪ हुमायूँ ने दिल्ली के निकट 'दीन पनाह' नगर की स्थापना की।
- ➪ उसका प्रमुख शत्रु शेरशाह सूरी था जिसने उसे चौसा के युद्ध (1539 ई.) में पराजित किया और 1540 ई. में कन्नौज (बिलग्राम) के युद्ध में पराजित करके भारत से बाहर चले जाने के लिए बाध्य कर दिया।
- ➪ बाद में उसने ईरान के शाह तथा बैरम खाँ की मदद से 1555 ई. में पुन: सिंहासन प्राप्त किया।
- ➪ 1556 ई. में दिल्ली में 'शेरमण्डल' नामक पुस्तकालय की सीढ़ियों से लुढ़ककर हुमायूँ की मृत्यु हो गई।

अकबर (1556 ई. से 1605 ई.)

अकबर का जन्म 1542 ई. में, हुमायूँ के प्रवास काल के दौरान अमरकोट में हुआ। अकबर की माँ का नाम हमीदाबानो था।

- ➪ अकबर का राज्याभिषेक 1556 ई. में हुआ।
- ➪ सिंहासन पर बैठते ही अकबर ने बैरम खाँ की सहायता से 1556 ई. में पानीपत के द्वितीय युद्ध में हेमू 'विक्रमादित्य' को पराजित किया।
- ➪ 1564 ई. में अकबर ने 'जजिया कर' को समाप्त कर दिया।
- ➪ 1576 ई. के 'हल्दी घाटी' के प्रसिद्ध युद्ध में अकबर के सेनापति राजा मानसिंह ने मेवाड़ के शासक महाराणा प्रताप को पराजित किया।
- ➪ 1582 ई. में अकबर ने सभी धर्मों के उत्तम सिद्धान्तों को लेकर 'तौहीद-ए-इलाही' या 'दीन-ए-इलाही' नामक नए धर्म की स्थापना की।
- ➪ 1605 ई. में अकबर की मृत्यु हो गई।
- ➪ अकबर के मकबरे का निर्माण जहाँगीर द्वारा आगरा के निकट 'सिकन्दरा' नामक स्थान पर कराया गया।

जहाँगीर (1605 ई. से 1627 ई.)

इसके बचपन का नाम सलीम था।

- ➪ जहाँगीर ने सिखों के पाँचवें गुरु, गुरु अर्जुन देव को शहजादे खुसरो की सहायता करने के कारण फाँसी लगवा दी।
- ➪ जहाँगीर का विवाह 1611 ई. में शेर-ए-अफगान की विधवा मेहरुन्निसा से हुआ जो बाद में नूरजहाँ के नाम से प्रसिद्ध हुई।
- ➪ उसने राज्य की जनता को न्याय दिलाने हेतु न्याय की प्रतीक सोने की जंजीर को अपने महल के बाहर लगवाया।
- ➪ जहाँगीर के शासनकाल में प्रथम अंग्रेज मिशन कैप्टन हाकिन्स के नेतृत्व में मुगल दरबार में आया (1608 ई.-1611 ई.) जो व्यापारिक अनुमति प्राप्त नहीं कर सका।
- ➪ सर टोमस रो के नेतृत्व में दूसरा मिशन भारत आया (1615 ई.-1618 ई.) जो व्यापारिक अनुमति प्राप्त करने में सफल रहा।
- ➪ 1627 ई. में जहाँगीर की मृत्यु हो गई।
- ➪ जहाँगीर के मकबरे का निर्माण नूरजहाँ ने लाहौर के निकट शाहदरा नामक स्थान पर करवाया।

शाहजहाँ (1627 ई. से 1658 ई.)

इसके बचपन का नाम खुर्रम था।

- ➪ इसका विवाह नूरजहाँ के भाई आसफ खाँ की पुत्री अर्जुमंदबानो बेगम से हुआ, जो मुमताज महल के नाम से प्रसिद्ध हुई।
- ➪ शाहजहाँ ने दिल्ली के निकट शाहजहाँनाबाद नगर की स्थापना की और आगरा से राजधानी इस स्थान पर परिवर्तित की। इसे आजकल पुरानी दिल्ली के नाम से जाना जाता है।
- ➪ उसने स्वयं अपना व अपनी बेगम मुमताज महल का मकबरा आगरा में बनवाया जो 'ताजमहल' के नाम से प्रसिद्ध है।
- ➪ इसके अलावा शाहजहाँ ने आगरा में मोती मस्जिद तथा दिल्ली में जामा मस्जिद का निर्माण करवाया (लाल किले में स्थित मोती मस्जिद का निर्माण औरंगजेब ने करवाया था)।
- ➪ शाहजहाँ के पुत्र दारा शिकोह, शुजा, औरंगजेब व मुराद थे।
- ➪ 1658 ई. में औरंगजेब ने विजय प्राप्त करते हुए राजधानी पर अधिकार कर लिया और शाहजहाँ को गिरफ्तार कर आगरा किले में कैद कर दिया।

औरंगजेब (1658 ई. से 1707 ई.)

- ➪ यह औरंगजेब आलमगीर के नाम से सिंहासन पर बैठा।
- ➪ उसने 'नौरोज उत्सव' तथा 'झरोखा दर्शन' (जो अकबर ने शुरू किया था) समाप्त कर दिया।
- ➪ उसने राज्य की गैर-मुस्लिम जनता पर पुन: 'जजिया' लगा दिया।
- ➪ अपने व्यक्तिगत चारित्रिक गुणों के कारण औरंगजेब को 'जिन्दा पीर' के नाम से जाना जाता है।
- ➪ उसने 1686 ई. में बीजापुर तथा 1687 ई. में गोलकुण्डा को जीतकर मुगल साम्राज्य में मिला लिया।
- ➪ औरंगजेब ने अपनी बेगम के आग्रह पर ताजमहल की प्रतिकृति का निर्माण किया जिसे बीवी का मकबरा या द्वितीय ताजमहल के नाम से भी जाना जाता है। यह औरंगाबाद में स्थित है।
- ➪ औरंगजेब की मृत्यु 1707 ई. में हुई। उसका मकबरा औरंगाबाद में स्थित है।

मराठा वंश

- ➪ मराठा शक्ति का उदय शिवाजी के नेतृत्व में 17वीं शताब्दी में हुआ।
- ➪ शिवाजी का जन्म 1627 ई. में पूना के शिवनेर किले में हुआ। शिवाजी के पिता शाहजी भोंसले और माता जीजाबाई थीं।
- ➪ शिवाजी के गुरु समर्थ स्वामी रामदास थे।
- ➪ औरंगजेब ने 1665 ई. में राजा जयसिंह को शिवाजी से लड़ने के लिए भेजा। राजा जयसिंह ने शिवाजी को पुरन्दर की सन्धि करने पर विवश किया जिसमें शिवाजी के काफी दुर्ग मुगलों के पास चले गए।
- ➪ शिवाजी को 1666 ई. में उनके पुत्र शम्भाजी के साथ आगरा में नज़रबन्द भी किया गया परन्तु वे वहाँ से भाग निकले।
- ➪ 1674 ई. में शिवाजी ने रायगढ़ के दुर्ग में महाराष्ट्र के स्वतन्त्र शासक के रूप में अपना राज्याभिषेक कराया और 'छत्रपति' की उपाधि ग्रहण की।
- ➪ 12 अप्रैल, 1680 ई. को शिवाजी की मृत्यु हो गई।
- ➪ शिवाजी के प्रशासन की मुख्य विशेषता 'अष्ट-प्रधान' यानि उनके आठ प्रमुख मन्त्री थे।

अष्टप्रधान और उनके कार्य

पेशवा	प्रधानमन्त्री
अमात्य	वित्त मन्त्री
सुमन्त	विदेशी मन्त्री
सचिव	सामान्य पत्र व्यवहार
मन्त्री	दरबारी समारोह प्रबन्धक
सेनापति	सैन्य गतिविधियों का प्रबन्धक
पंडित राव	धर्म व दान के मामलों का प्रधान
न्यायाधीश	न्याय विभाग का प्रबन्धक

सिख धर्म गुरु और उनके कार्य

समय (गुरु-काल)	सिख गुरु	कार्य
1469 ई. से 1539 ई.	गुरु नानक देव	सिख धर्म की स्थापना, 'आदि ग्रन्थ' की रचना
1539 ई. से 1552 ई.	गुरु अंगद	गुरुमुखी लिपि के जनक
1552 ई. से 1574 ई.	गुरु अमरदास	धर्म प्रसार हेतु 22 गद्दियों की स्थापना
1574 ई. से 1581 ई.	गुरु रामदास	अमृतसर की स्थापना (1577 ई.)
1581 ई. से 1606 ई.	गुरु अर्जुन देव	'श्री हरमन्दिर साहिब' या 'स्वर्ण मन्दिर' की नींव रखी, 'गुरु ग्रन्थ साहब' का संकलन
1606 ई. से 1645 ई.	गुरु हरगोविन्द सिंह	'अकाल तख्त' की स्थापना, सिखों को सैनिक जाति में बदला।
1645 ई. से 1661 ई.	गुरु हरराय	उत्तराधिकार (मुगलों के) युद्ध में भाग
1661 ई. से 1664 ई.	गुरु हरकिशन	अल्पवयस्क अवस्था में ही मृत्यु
1664 ई. से 1675 ई.	गुरु तेग बहादुर	इस्लाम कुबूल न करने के कारण औरंगजेब द्वारा सिर कटवा दिया गया।
1675 ई. से 1708 ई.	गुरु गोविन्द सिंह	'खालसा' पंथ की स्थापना, अन्तिम गुरु

प्रश्नमाला

1. महमूद गजनवी का दरबारी इतिहासकार कौन था?
(a) हसन निजामी (b) उत्बी
(c) फिरदौसी (d) चन्दबरदाई

2. 'अष्ट प्रधान' मंत्रिपरिषद किसके काल में थी?
(a) शिवाजी (b) कृष्ण देव राय
(c) पेशवा बाजीराव (d) अकबर

3. मोहम्मद गोरी के किस दास ने बंगाल एवं बिहार पर विजय प्राप्त की?
(a) कुतुबुद्दीन ऐबक
(b) इल्तुतमिश
(c) बख्तियार खिलजी
(d) यल्दूज

4. 'एक घटना......एक परिणाम रहित विजय' कथन किस आधुनिक इतिहासकार ने अरबों द्वारा सिन्ध विजय के सन्दर्भ में कहा है-
(a) विसेण्ट स्मिथ (b) एलफिंसटिन
(c) लेनपूल (d) मैक्समूलर

5. मुहम्मद-बिन-कासिम द्वारा सिन्ध की विजय कब हुई?
(a) 713 ईसवी (b) 716 ईसवी
(c) 712 ईसवी (d) 719 ईसवी

6. इब्नबतूता की भारत यात्रा किस शासक के काल में हुई?
(a) मुहम्मद बिन तुगलक
(b) सिकन्दर लोदी
(c) फिरोज तुगलक
(d) अलाउद्दीन खिलजी

7. सल्तनत काल के अधिकांश अमीर एवं सुल्तान किस वर्ग के थे?
(a) तुर्क (b) मंगोल
(c) तातार (d) अरब

8. किस मुगल शासक का मकबरा भारत में नहीं है?
(a) औरंगजेब (b) जहांगीर
(c) हुमायूं (d) बाबर

9. सवाई राजा जय सिंह द्वारा प्रथम वेधशाला जंतर-मंतर कहां स्थापित की गई?
(a) जयपुर (b) उज्जैन
(c) अयोध्या (d) दिल्ली

10. अयोध्या स्थित बाबरी मस्जिद का निर्माण किसने किया था?
(a) बाबर (b) हुमायूं
(c) निजामुल मुल्क (d) मीर बांकी

11. औरंगजेब ने बीजापुर की विजय कब की थी?
(a) 1685 (b) 1686
(c) 1687 (d) 1684

12. मुगलकाल में सेना का प्रधान निम्न में से कौन था?
(a) शहना-ए-पील (b) मीर बख्शी
(c) वजीर (d) सवाहेनिगार

13. अकबरकालीन सैन्य व्यवस्था आधारित थी-
(a) मनसबदारी (b) जमींदारी
(c) सामंतवादी (d) आइन-ए-दहशाला

14. बाजार नियंत्रण प्रथा लागू की थी-
(a) गयासुद्दीन तुगलक
(b) अलाउद्दीन
(c) जलालुद्दीन खिलजी
(d) बलबन

15. मुहम्मद बिन कासिम था-
(a) तुर्क (b) मंगोल
(c) अरब (d) तुर्क-अफगान

16. वास्को-डि-गामा भारत कब आया था?
(a) 1496 (b) 1497
(c) 1498 (d) 1600

17. टोडरमल ने किस क्षेत्र में ख्याति अर्जित की थी?
(a) सैन्य अभियान (b) भू-राजस्व
(c) हास-परिहार (d) चित्रकला

18. मराठों के उत्कर्ष का निम्न में से कौन-सा कारण नहीं है?
(a) धार्मिक चेतना
(b) भौगोलिक सुरक्षा
(c) राजनैतिक जागृति
(d) उच्च नेतृत्व शक्ति

19. उपनिषद् का फारसी में अनुवाद किस मुगल सम्राट के शासन काल में हुआ?
(a) शाहजहां (b) अकबर
(c) जहांगीर (d) औरंगजेब

20. शेरशाह सूरी का मकबरा स्थित है-
(a) आगरा (b) सासाराम
(c) दिल्ली (d) औरंगाबाद

21. अकबर का मकबरा कहां पर स्थित है?
(a) सिकन्दरा (b) आगरा
(c) औरंगाबाद (d) फतेहपुर सीकरी

22. मध्यकाल में सर्वप्रथम भारत से व्यापार संबंध स्थापित करने वाले थे?
(a) डच (b) अंग्रेज
(c) फ्रांसीसी (d) पुर्तगाली

23. निम्न में से किसका निर्माण अकबर ने करवाया था-
(a) बुलन्द दरवाजा (b) जामा मस्जिद
(c) कुतुब मीनार (d) ताजमहल

24. भक्ति संस्कृति का भारत में पुनर्जन्म हुआ-
(a) वैदिक काल में
(b) दसवीं शताब्दी ईस्वी में
(c) बारहवीं शताब्दी ईस्वी में
(d) पंद्रहवीं और सोलहवीं शताब्दी ईस्वी में

25. नादिरशाह ने निम्न में से किसके शासन काल में भारत पर आक्रमण किया था?
(a) बहादुर शाह (b) अहमद शाह
(c) मुहम्मद शाह (d) शाह आलम II

26. मंगोल आक्रमणकारी चंगेज खां भारत की उत्तर-पश्चिम सीमा पर निम्न में से किसके काल में आया था?
(a) अलाउद्दीन खिलजी
(b) इल्तुतमिश
(c) बलबन
(d) ऐबक

27. आगरा नगर की स्थापना निम्न में से किसने की थी?
(a) अकबर (b) सिकन्दर लोदी
(c) इब्राहिम लोदी (d) बहलोल लोदी

28. ईस्ट इंडिया कम्पनी ने जहांगीर के दरबार में निम्न में से किसे भेजा था?
(a) सर टॉमस रो (b) वास्कोडिगामा
(c) हॉकिन्स (d) जॉब चार्नाक

29. पानीपत के तीसरे युद्ध में निम्न में से किसने मराठों को हराया था?
(a) अफगानों ने (b) अंग्रेजों ने
(c) मुगलों ने (d) रोहिलों ने

30. शेरशाह सूरी की मृत्यु हुई-
(a) आगरा में
(b) कालिंजर में
(c) रोहतास में
(d) सासाराम में

31. तालीकोटा का युद्ध हुआ था-
(a) सन् 1526 में (b) सन् 1565 में
(c) सन् 1576 में (d) सन् 1586 में

32. मोरक्को देश का यात्री इब्नबतूता किसके शासनकाल में भारत आया?
(a) मुहम्मद बिन तुगलक
(b) बाबर
(c) अकबर
(d) महमूद गज़नवी

33. विचार करें-
कथन (A)-मुगल गद्दी पर औरंगजेब शाहजहां का उत्तराधिकारी हुआ।
कारण (R)-ज्येष्ठ पुत्र के उत्तराधिकार के नियम का पालन किया गया।
निम्न में से सही उत्तर का चयन कीजिए-
(a) दोनों (A) और (R) सत्य हैं और (R), (A) का सही स्पष्टीकरण है
(b) दोनों (A) और (R) सत्य हैं परन्तु (R), (A) का सही स्पष्टीकरण नहीं है।
(c) (A) सत्य है और (R) असत्य है।
(d) (A) असत्य है परन्तु (R) सत्य है।

34. निम्न कथनों पर विचार कीजिए जो अलाउद्दीन खिलजी से संबंधित हैं-
I. उसने कृत्य जमीनों की पैमाइश के बाद जमीन की मालगुजारी वसूल की।
II. उसने लगान को अपनी पूरी सल्तनत में लागू किया।
III. उसने प्रांतों के गवर्नरों के अधिकारों को समाप्त किया!
निम्न में से सही उत्तर चुनिए-
(a) I व II (b) I व III
(c) I व III (d) I, II व III

35. निम्न में से किस सूफी संत के विचारों को सिक्खों के धर्मग्रन्थ 'आदि ग्रन्थ' में संकलित किया गया है?
(a) शेख मुइनुद्दीन चिश्ती
(b) कुतुबुद्दीन बख्तियार काकी
(c) फरीदुद्दीन गंज-ए-शकर
(d) शेख निजामुद्दीन औलिया

36. 'पहाड़ी स्कूल', 'राजपूत स्कूल', मुगल स्कूल' और 'कांगड़ा स्कूल' निम्नलिखित में से किस कला की विभिन्न शैलियों को दर्शित करते हैं?
(a) शिल्पकला (b) चित्रकला
(c) नृत्य (d) संगीत

37. मीराबाई समकालीन थीं-
(a) तुलसीदास के
(b) चैतन्य महाप्रभु के
(c) गुरू नानक के
(d) रामकृष्ण परमहंस के

38. सम्राट अकबर द्वारा निम्न में किसको 'जरी कलम' की उपाधि प्रदान की गई थी?
(a) मोहम्मद हुसैन (b) मुकम्मल खां
(c) अब्दुस्समद (d) मीर सैयद अली

39. युद्ध जिसमें भारत में मुस्लिम शक्ति की स्थापना हुई-
(a) तराइन का प्रथम युद्ध
(b) तराइन का द्वितीय युद्ध
(c) पानीपत का प्रथम युद्ध
(d) पानीपत का द्वितीय युद्ध

40. अमीर खुसरो किसका दरबारी कवि था?
(a) मुहम्मद बिन-तुगलक
(b) अलाउद्दीन खिलजी
(c) शेरशाह सूरी
(d) हुमायूं

41. दक्षिण में बहमनी राज्य का संस्थापक निम्न में से कौन था?
(a) मलिक अम्बर
(b) हसन गंगू
(c) मोहम्मद दीवान
(d) सिकन्दर शाह

42. बाबर ने अपने बाबरनामा में किस हिन्दू राज्य का उल्लेख किया है?
(a) उड़ीसा (b) गुजरात
(c) मेवाड़ (d) कश्मीर

43. मुगलकालीन भारत में राज्य की आय का प्रमुख स्रोत क्या था?
(a) लूट (b) राजगत सम्पत्ति
(c) भू-राजस्व (d) कर

44. पैगम्बर हजरत मोहम्मद का जन्म हुआ था-
(a) 570 ईसवी में (b) 622 ईसवी में
(c) 642 ईसवी में (d) 670 ईसवी में

45. 'शर्ब' कर लगाया जाता था-
(a) व्यापार कर
(b) सिंचाई पर
(c) गैर-मुसलमानों पर
(d) उद्योग पर

46. निम्नांकित में से किस युद्ध में एक पक्ष द्वारा प्रथम बार तोपों का उपयोग किया गया था?
(a) पानीपत का प्रथम युद्ध
(b) खानवा का युद्ध
(c) प्लासी का युद्ध
(d) पानीपत का तीसरा युद्ध

47. टोपरा तथा मेरठ से दो अशोक स्तम्भ दिल्ली कौन लाया था?
(a) अलाउद्दीन खिलजी
(b) फिरोज शाह तुगलक
(c) मोहम्मद गौरी
(d) सिकन्दर लोदी

48. पंजाब में अमृतसर नगर को स्थापित किया था?
(a) गुरू नानक ने
(b) गुरू गोविन्द सिंह ने
(c) गुरू तेग बहादुर ने
(d) गुरू रामदास ने

49. सूची-I तथा सूची-II को सुमेलित कीजिए तथा नीचे दिए गए कूट से सही उत्तर चुनिए-

सूची-I	सूची-II
A. जियाउद्दीन बरनी	1. तारीख-ए-मुबारकशाही
B. हसन निजामी	2. तबकाते नासिरी
C. मिनहाज-उस-सिराज	3. तारीख-ए-फिरोजशाही
D. याहिया-बिन-अहमद	4. ताजुल मासिर
	5. तबकाते अकबरी

कूट :

	A	B	C	D
(a)	1	2	3	4
(b)	5	3	4	2
(c)	3	4	5	1
(d)	3	4	2	1

50. निम्न में से किस राजवंश के अन्तर्गत विजारत का चरमोत्कर्ष हुआ?
(a) इलबरी (b) खिलजी
(c) तुगलक (d) लोदी

51. सूची-I तथा सूची-II को सुमेलित कीजिए तथा नीचे दिए गए कूट से सही उत्तर चुनिए-

सूची-I	सूची-II
A. अकबर	1. सड़क-ए-आजम
B. मुहम्मद तुगलक	2. चहलगानी अमीर
C. इल्तुतमिश	3. आइन-ए-दहसाला
D. शेरशाह	4. प्रतीक मुद्रा

कूट :

	A	B	C	D
(a)	1	2	3	4
(b)	2	3	1	4
(c)	3	4	2	1
(d)	4	1	3	2

52. कथन (A) : राज्य के मामले में शिवाजी एक मन्त्रिपरिषद से परामर्श लेते थे।
कारण (R) : प्रत्येक मंत्री अपने विभाग का स्वतंत्र प्रभार रखता था।
कूट :
(a) A और R दोनों सही हैं तथा R, A की सही व्याख्या करता है
(b) A और R दोनों सही हैं परन्तु R, A की सही व्याख्या नहीं करता है
(c) A सही परन्तु R गलत है
(d) A गलत है परन्तु R सही है

53. जवाबित थे-
(a) कृषि सम्बन्धित कानून
(b) राज्य कानून
(c) हिन्दुओं से सम्बन्धित मामले
(d) उपरोक्त में से कोई नहीं

54. कथन (A) : अलाउद्दीन के दक्षिणी अभियान धन प्राप्ति के अभियान थे।
कारण (R) : वह दक्षिणी राज्यों को कब्जे में करना चाहता था।
(a) A और R दोनों सही हैं तथा R, A की सही व्याख्या करता है
(b) A और R दोनों सही हैं परन्तु R, A की सही व्याख्या नहीं करता है
(c) A सही है परन्तु R गलत है
(d) A गलत है परन्तु R सही है

55. सूची-I तथा सूची-II को सुमेलित कीजिए तथा नीचे दिए गए कूट से सही उत्तर चुनिए-

सूची-I	सूची-II
A. फिरोज तुगलक	1. दीवान-ए-रियासत
B. बलबन	2. नौरोज
C. अलाउद्दीन	3. नहरों का निर्माण
D. जहांगीर	4. सर टॉमस रो

कूट :

	A	B	C	D
(a)	1	2	3	4
(b)	4	1	2	3
(c)	3	2	1	4
(d)	4	3	2	1

56. निम्नांकित युद्धों का सही कालानुक्रम दिए गए कूट से चुनिए-

A. पानीपत का तृतीय युद्ध	1. 1601 ई.
B. हल्दी घाटी का युद्ध	2. 1761 ई.
C. तराइन का द्वितीय युद्ध	3. 1576 ई.
D. असीरगढ़ का युद्ध	4. 1192 ई.

कूट :

	A	B	C	D
(a)	1	2	3	4
(b)	2	3	4	1
(c)	4	3	2	1
(d)	3	4	2	1

57. राज्य के खर्च पर हज यात्रा की व्यवस्था करने वाला पहला भारतीय शासक था-
(a) अलाउद्दीन खिलजी
(b) फिरोज तुगलक
(c) अकबर
(d) औरंगजेब

58. अकबर द्वारा अपनाई गई 'सुलहकुल' (सार्वभौम शान्ति तथा भाई-चारा) की अवधारणा निम्नांकित में से किस पर आधारित थी?
(a) राजनीतिक उदारता
(b) धार्मिक सहनशीलता
(c) उदारवादी सांस्कृतिक दृष्टिकोण
(d) उपरोक्त सभी

59. निम्न में से किसने मुगल काल का ऐतिहासिक विवरण लिखा है?
(a) गुलबदन बेगम (b) नूरजहा बेगम
(c) जहांआरा बेगम (d) जेबुन्निसा बेगम

60. मुगल सम्राट जिसने सर्वाधिक संख्या में हिन्दू अधिकारियों की नियुक्ति की थी, का नाम है?
(a) अकबर (b) औरंगजेब
(c) हुमायूं (d) शाहजहां

61. अलाउद्दीन खिलजी के निम्न सेनाध्यक्षों में से कौन-सा तुगलक वंश का प्रथम सुल्तान बना?
(a) गाजी मलिक (b) मलिक काफूर
(c) जफर खां (d) उलूग खां

62. निम्नलिखित में से किसने खम्भात में तोड़ी गई मस्जिद के पुनर्निर्माण के लिए आर्थिक सहायता प्रदान की थी?
(a) चामुण्ड राय (b) जय सिंह सिद्धराज
(c) कुमार पाल (d) महीपाल देव

63. अनवर-ए-सुहैली नामक ग्रन्थ निम्नलिखित में किसका अनुवाद है?
(a) पंचतन्त्र (b) महाभारत
(c) रामायण (d) सूरसागर

64. वह कौन सेनानायक था जिसे बीजापुर के सुल्तान ने 1659 ई. में शिवाजी को कैद करने या मार डालने के लिए भेजा था?
(a) इनायत खां (b) अफजल खां
(c) शाइस्ता खां (d) सैयद बांदा

65. सर्वप्रथम लोक निर्माण विभाग की स्थापना की थी-
(a) इल्तुतमिश ने
(b) बलबन ने
(c) अलाउद्दीन खिलजी ने
(d) फिरोज शाह तुगलक ने

66. किसने सल्तनत काल की डाक व्यवस्था का विस्तृत विवरण दिया है?
(a) अमीर खुसरो
(b) इब्नबतूता
(c) सुल्तान फिरोज शाह
(d) जियाउद्दीन बरनी

67. किसने एक तरफ संस्कृत, मुद्रालेख के साथ चांदी के सिक्के निर्गत किए?
(a) मोहम्मद बिन कासिम
(b) महमूद गजनवी
(c) शेरशाह सूरी
(d) अकबर

68. शर्की सुल्तानों के शासनकाल में निम्न स्थानों में से किसे 'पूर्व का शिराज' कहा जाता था?
(a) आगरा (b) दिल्ली
(c) जौनपुर (d) वाराणसी

69. किस इतिहासकार ने 'दीन-ए-इलाही' को धर्म कहा?
(a) अबुल फजल
(b) अब्दुल कादिर बदायूंनी
(c) निजामुद्दीन अहमद
(d) उपरोक्त में से कोई नहीं

70. किस बादशाह के अन्तर्गत मुगल सेना में सर्वाधिक हिन्दू सेनापति थे?
(a) हुमायूं (b) अकबर
(c) जहांगीर (d) औरंगजेब

71. कौन-सा मकबरा द्वितीय ताजमहल कहलाता है?
(a) अनारकली का मकबरा
(b) एतमा-उद-दौला का मकबरा
(c) राबिया-उद-दौरानी का मकबरा
(d) उपरोक्त में से कोई नहीं

72. अपने 'मुदरा विजय' काव्य में अपने पति के विजय अभियानों का वर्णन करने वाली कवयित्री थी-
(a) भारती (b) गंगादेवी
(c) वरदाम्बिका (d) विज्जिका

73. दारा शिकोह ने किस शीर्षक के अन्तर्गत उपनिषद्‌ों का फारसी में अनुवाद किया था?
(a) अल फिहरिश्वत
(b) किताब अल बयां
(c) मज्म-उल-बहरीन
(d) सिर्र-ए-अकबर

74. बनारस एवं इलाहाबाद के तीर्थयात्रा कर की समाप्ति के लिए किसने मुगल बादशाह के सामने बनारस के पण्डितों का नेतृत्व किया था?
(a) हरनाथ
(b) जगन्नाथ
(c) कवीन्द्राचार्य
(d) कवि हरिनाम

75. निम्नलिखित मुगल बादशाहों में किसने अपनी आत्मकथा फारसी में लिखी?
(a) बाबर (b) अकबर
(c) जहांगीर (d) औरंगजेब

उत्तरमाला

1. (b)	**2.** (a)	**3.** (c)	**4.** (c)	**5.** (c)	**6.** (a)	**7.** (a)	**8.** (d)	**9.** (a)	**10.** (d)
11. (b)	**12.** (b)	**13.** (a)	**14.** (b)	**15.** (c)	**16.** (c)	**17.** (b)	**18.** (c)	**19.** (a)	**20.** (b)
21. (a)	**22.** (d)	**23.** (a)	**24.** (d)	**25.** (c)	**26.** (b)	**27.** (a)	**28.** (c)	**29.** (a)	**30.** (b)
31. (b)	**32.** (a)	**33.** (c)	**34.** (c)	**35.** (c)	**36.** (b)	**37.** (b)	**38.** (a)	**39.** (b)	**40.** (b)
41. (b)	**42.** (c)	**43.** (c)	**44.** (a)	**45.** (b)	**46.** (a)	**47.** (b)	**48.** (d)	**49.** (d)	**50.** (c)
51. (b)	**52.** (c)	**53.** (b)	**54.** (c)	**55.** (b)	**56.** (c)	**57.** (b)	**58.** (d)	**59.** (a)	**60.** (b)
61. (a)	**62.** (b)	**63.** (a)	**64.** (b)	**65.** (d)	**66.** (b)	**67.** (b)	**68.** (c)	**69.** (b)	**70.** (d)
71. (c)	**72.** (b)	**73.** (d)	**74.** (c)	**75.** (c)					

❑❑❑

3 आधुनिक भारत का इतिहास

यूरोपियनों का आगमन

पुर्तगाली

1498 ई. में वास्कोडिगामा केरल के कालीकट नामक नगर में समुद्री मार्ग से पहुँचा।

- ➪ फ्रांसिस्को डी-अल्मीडा भारत में पहला पुर्तगाली गवर्नर था, जो 1505 ई. से 1509 ई. तक भारत में रहा।
- ➪ 1509 ई. में पुर्तगाली गवर्नर अल्बुकर्क भारत आया और उसने कोचीन में एक दुर्ग बनवाया।
- ➪ 1510 ई. में उसने गोवा पर अधिकार कर लिया।
- ➪ अल्बुकर्क को भारत में पुर्तगाली साम्राज्य का वास्तविक संस्थापक माना जाता है।
- ➪ पुर्तगाली भारत में 1961 ई. तक रहे, हालांकि तब उनके पास सिर्फ गोवा, दमन और दीव ही रह गए थे।
- ➪ पुर्तगालियों के भारत आगमन से भारत में तम्बाकू की खेती, जहाज निर्माण एवं प्रिंटिंग प्रेस का सूत्रपात (1556 ई.) में हुआ।

डच

1602 ई. में यूनाइटेड ईस्ट इण्डिया कम्पनी ऑफ दी नीदरलैण्ड्स अस्तित्व में आई।

- ➪ 1605 ई. में पहली फैक्ट्री मुसलीपट्टनम में स्थापित की गई। अन्य फैक्ट्रियाँ—पुलीकट, चिनसुरा, पटना, बालासोर, नागापट्टनम, कोचीन, सूरत, कारीकल, कासिम बाजार में स्थापित की गईं।
- ➪ 1639 ई. में उन्होंने गोवा पर (जो पुर्तगाली शक्ति का केन्द्र था) आक्रमण किया, 1641 ई. में मलक्का पर विजय प्राप्त की तथा 1658 ई. में लंका पर अधिकार कायम कर लिया।
- ➪ 1759 ई. तक अंग्रेजों तथा डचों के मध्य मसालों का द्वीप को लेकर संघर्ष होता रहा जिसमें अंग्रेज विजयी हुए।

अंग्रेज

ईस्ट इण्डिया कम्पनी (1600 ई.) की स्थापना ब्रिटिश सरकार द्वारा कुछ व्यापारियों को चार्टर प्रदान करने के साथ हुई।

- ➪ जेम्स प्रथम के राजदूत टामस रो ने जहाँगीर से सूरत में फैक्टरी खोलने तथा व्यापार करने की आज्ञा प्राप्त कर ली थी।
- ➪ बम्बई, सूरत, मद्रास और हुगली को शामिल करके अंग्रेजों ने इन्हें प्रेसीडेन्सी शहर बना दिया।
- ➪ 1757 ई. में प्लासी के युद्ध में क्लाइव ने बंगाल के नवाब सिराजुद्दौला को हराकर भारत में अंग्रेजी राज्य की नींव रखी।
- ➪ 1764 ई. में बक्सर के युद्ध में अंग्रेजों ने शाहआलम (मुगल सम्राट) शुजाउद्दौला (अवध का नवाब) और मीर कासिम (बंगाल का नवाब) की संयुक्त सेनाओं को हराकर अंग्रेजी राज्य तक फैला दिया।
- ➪ 1818 ई. में अंग्रेजों ने मराठा शक्ति को पूर्णतया समाप्त कर दिया तथा 1849 ई. के चिलियानवाला के युद्ध में सिख शक्ति का अन्त करके पंजाब समेत पूरे भारत को अपने राज्य में मिला लिया।

फ्रांसीसी

फ्रांसीसी सम्राट लुई चौदहवें के मन्त्री कोलबर्ट द्वारा 1664 ई. में 'फ्रेंच ईस्ट इण्डिया' कम्पनी की स्थापना की गई थी।

- ➪ इन्होंने 1667 ई. में सूरत में अपनी पहली फैक्ट्री खोली।
- ➪ 1742 ई. में डूप्ले नामक फ्रेंच गवर्नर भारत आया। वह बहुत महत्वाकांक्षी था परन्तु वांडीवाश के युद्ध में उसे क्लाइव के कारण अंग्रेजों से पराजय देखनी पड़ी।
- ➪ 1956 ई. में फ्रांस को भारत की बस्तियाँ पाण्डिचेरी, नगरहवेली, माहे आदि से अपना अधिकार छोड़ना पड़ा।

बंगाल के गवर्नर जनरल

वारेन हेस्टिंग्स (1772 ई. से 1785 ई.)

- ➪ 1772 ई. में बंगाल का गवर्नर बना तथा रेग्यूलेटिंग एक्ट (1773 ई.) के ब्रिटिश पार्लियामेंट द्वारा पारित कर देने के बाद गवर्नर जनरल बनाया गया।
- ➪ 1772 ई. में द्वैध शासन की समाप्ति की घोषणा की और सरकारी खजाने का हस्तान्तरण मुर्शिदाबाद से कलकत्ता कर दिया।
- ➪ 1772 ई. में प्रत्येक जिले में एक दीवानी तथा एक फौजदारी न्यायालय स्थापित कर दिया गया।
- ➪ इसके समय में ही जीनाथन डकन ने बनारस संस्कृत कॉलेज की स्थापना की। गीता के अंग्रेजी अनुवादक विलियम विलकिन्स को हेस्टिंग्स ने आश्रम प्रदान किया।

लॉर्ड कार्नवालिस (1786 ई. से 1793 ई.)

- ➪ इनके समय में ही तृतीय मैसूर युद्ध (1789-92 ई.) तथा श्रीरंगपट्टनम की सन्धि (1792 ई.) हुई थी।
- ➪ 1793 ई. में प्रसिद्ध कार्नवालिस कोड का निर्माण करवाया, जो शक्तियों के पृथक्करण सिद्धान्त पर आधारित था। कार्नवालिस संहिता से कलेक्टरों की न्यायिक एवं फौजदारी से सम्बन्धित शक्ति का हनन हो गया और अब उनके पास मात्र 'कर' से सम्बन्धित शक्तियाँ ही रह गई थीं।
- ➪ कार्नवालिस ने पुलिस सुधार के अन्तर्गत जिलों की सीमा तय कर, जिलों में पुलिस थानों की स्थापना करके एक दरोगा को उसका इन्चार्ज बनाया।
- ➪ कार्नवालिस को भारत में 'प्रशासनिक सेवा (सिविल सर्विसेज) का जनक' माना जाता है।

सर जॉन शोर (1793 ई. से 1798 ई.)

- ➪ इसने तटस्थ तथा अहस्तक्षेप की नीति का पालन किया। इसी कारण उसने अपने 5 वर्ष के शासन काल में किसी भी युद्ध में भाग नहीं लिया।
- ➪ चार्टर अधिनियम, 1793 ई. इसी के समय पारित हुआ।

लॉर्ड वेलेजली (1798 ई. से 1805 ई.)

- चतुर्थ मैसूर युद्ध (1799 ई.), जिसमें टीपू सुल्तान हारा तथा मारा गया, वेलेजली के नेतृत्व में अंग्रेजों ने लड़ा था।
- वेलेजली ने भारतीय राज्यों को अंग्रेजी राजनैतिक परिधि में लाने के लिए सहायक सन्धि प्रणाली का प्रयोग किया।
- सहायक सन्धि करने वाले राज्य थे—हैदराबाद का निजाम, मैसूर के शासक, तंजौर के शासक, अवध का नवाब, पेशवा, बरार के भोंसले राजा, सिन्धिया, जयपुर और जोधपुर के राजपूत।
- द्वितीय मराठा युद्ध (1803-1805 ई.) तथा बेसिन की सहायक सन्धि (1802 ई.) उसी के समय हुई थी।

जॉर्ज बार्लो (1805 ई. से 1807 ई.)

- इसके समय में वेल्लोर विद्रोह (1806 ई.) हुआ, जिसमें अनेक अंग्रेज सैनिक मारे गए।

लॉर्ड मिण्टो प्रथम (1807 ई. से 1813 ई.)

- चार्ल्स मेटकाफ को मिण्टो ने ही महाराजा रणजीत सिंह के दरबार मे भेजा था, जहाँ 1809 ई. में अमृतसर की सन्धि की गई।
- इसी के समय में 1813 का चार्टर अधिनियम पारित हुआ।

लॉर्ड हेस्टिंग्स (1813 ई. से 1823 ई.)

- इसके समय में आंग्ल-नेपाल युद्ध (1814-16 ई.) हुआ जिसमें गोरखाओं की पूर्ण पराजय हुई। 1816 ई. में कम्पनी एवं गोरखों के मध्य 'संगोली की सन्धि' हुई।
- इसने अन्तिम मराठा युद्ध (1818 ई.) लड़ा था जिसमें मराठों के राज्य कम्पनी के राज्य में मिला लिए गए।

लॉर्ड एमहर्स्ट (1823 ई. से 1828 ई.)

- इसके समय में प्रथम आंग्ल-बर्मा युद्ध (1824-26 ई.) लड़ा गया।
- 1824 ई. का बैरकपुर का सैन्य विद्रोह भी इसी के समय हुआ।

भारत के गवर्नर जनरल

लॉर्ड विलियम बैंटिक (1828 ई. से 1835 ई.)

- लॉर्ड विलियम बैंटिक को भारत का प्रथम गवर्नर जनरल का पद सुशोभित करने का गौरव प्राप्त है।
- बैंटिक के सामाजिक सुधारों में सर्वाधिक महत्त्वपूर्ण है 1829 ई. में सती प्रथा का अन्त।

लॉर्ड चार्ल्स मेटकॉफ (1835 ई. से 1836 ई.)

- इसने प्रेस एक्ट (1835 ई.) पारित किया, जिसके तहत भारतीय समाचार पत्रों पर आरोपित नियन्त्रण को समाप्त कर दिया गया।
- इसे भारतीय प्रेस का 'मुक्तिदाता' कहा जाता है।

ऑकलैण्ड प्रथम (1836 ई. से 1842 ई.)

- उसके शासनकाल की महत्त्वपूर्ण घटना थी प्रथम ब्रिटिश अफगान युद्ध (1838-1842 ई.) जिसमें अंग्रेजों को पराजय का सामना करना पड़ा और भारी नुकसान भी हुआ।

लॉर्ड एलनबरो (1842 ई. से 1844 ई.)

लॉर्ड हार्डिंग (1844 ई. से 1848 ई.)

उसके समय की सबसे महत्त्वपूर्ण घटना थी प्रथम आंग्ल-सिख युद्ध (1845-1846 ई.) जिसमें अंग्रेजी सेना ने लाहौर पर अधिकार कर लिया और सिंखों पर लाहौर की सन्धि (1848 ई.) थोप दी।

लॉर्ड डलहौजी (1848 ई. से 1856 ई.)

- द्वितीय आंग्ल-सिख युद्ध (1848-49 ई.) तथा पंजाब का ब्रिटिश शासन में विलय (1849 ई.) इसी के समय में हुआ।
- निचले बर्मा तथा पीगू का ब्रिटिश साम्राज्य में डलहौजी के समय में ही विलय किया गया।
- डलहौजी ने (1850 ई.) में सिक्किम पर अंग्रेज डॉक्टरों के साथ दुर्व्यवहार का आरोप लगाकर अधिकार कर लिया।
- शिक्षा सम्बन्धी सुधारों में डलहौजी ने 1854 ई. के 'वुड डिस्पैच' को लागू किया। प्राथमिक शिक्षा से लेकर विश्वविद्यालय स्तर तक की शिक्षा के लिए एक व्यापक योजना बनाई। रुड़की का इन्जीनियरिंग कॉलेज इसी समय का है।
- डलहौजी को भारत में रेलवे का जनक माना जाता है क्योंकि इसके प्रयत्नों के फलस्वरूप महाराष्ट्र में बम्बई से थाणे तक प्रथम रेल (1853 ई.) चलाई गई।
- डाक विभाग में सुधार करते हुए डलहौजी ने 1854 ई. में नया 'पोस्ट ऑफिस एक्ट' पास किया। पहली बार डलहौजी ने भारत में डाक टिकटों का प्रचलन प्रारम्भ किया।
- भारत में प्रथम टेलीग्राफ लाइन (कलकत्ता से आगरा) 1853 ई. में शुरू हुई।

1857 की क्रान्ति

क्रान्ति के कारण—लॉर्ड डलहौजी की 'राज्य हड़प नीति' और लॉर्ड वैलेजली की सहायक सन्धि ने इसमें महत्त्वपूर्ण भूमिका निभाई।

- राजनीतिक कारणों के साथ ही प्रशासनिक कारण भी क्रान्ति के लिए उत्तरदायी थे। कोई भी भारतीय उच्च पद तक नहीं पहुँच सकता था।
- अंग्रेजों द्वारा भारत का आर्थिक शोषण भी प्रमुख कारण था।
- सैनिक कारणों में ऐसे अनेक बिन्दु विद्यमान थे जो विद्रोह की पृष्ठभूमि तैयार कर रहे थे। पदोन्नति से वंचित रखना, भारत की सीमाओं से बाहर युद्ध के लिए भेजा जाना, समुद्र पार का भत्ता न देना आदि ऐसे अनेक कारण थे।
- चर्बी लगे कारतूसों के प्रयोग को क्रान्ति का तात्कालिक कारण माना जाता है।

असफलता के कारण—असफलता का प्रमुख कारण संगठन तथा एकता की कमी थी।

- ग्वालियर के सिंधिया, इंदौर के होल्कर, हैदराबाद के निजाम आदि राजाओं ने अंग्रेजों का खुलकर साथ दिया।

क्रान्ति का प्रभाव—इसका प्रभाव यह हुआ कि कम्पनी का शासन समाप्त करके ब्रिटिश सरकार ने इसे अपने हाथ में ले लिया। इसके लिए भारत शासन अधिनियम, 1858 पारित हुआ।

- फौज का इस तरह पुनर्गठन किया गया कि आगे ऐसी घटना न घटे।

1857 के विद्रोह के प्रमुख केन्द्र व प्रमुख विद्रोही नेता

केन्द्र	विद्रोही नेता	विद्रोह की तिथि	उन्मूलन के सैन्य अधिकारी	उन्मूलन की तिथि
दिल्ली	बहादुर शाह द्वितीय के सेनापति बख्त खाँ	11 मई, 1857 ई.	निकलसन, हडसन	20 सितम्बर, 1857 ई.
कानपुर	नाना साहब, तात्यां टोपे	5 जून, 1857 ई.	कॉलिन कैम्पबेल	सितम्बर, 1857 ई.
लखनऊ	बेगम हजरत महल,	4 जून, 1857 ई.	कॉलिन कैम्पबेल	31 मार्च, 1858 ई.
झाँसी	रानी लक्ष्मीबाई	4 जून, 1857 ई.	जनरल ह्यूरोज	17 जून, 1858 ई.
जगदीशपुर	कुँवर सिंह, अमरसिंह	12 जून, 1857 ई.	विलियम टेलर	दिसम्बर, 1858 ई.
फैजाबाद	मौलवी अहमदुल्ला	जून, 1857 ई.	जनरल रेनॉर्ड	5 जून, 1858 ई.
इलाहाबाद	लियाकत अली	जून, 1857 ई.	कर्नल नील	1858 ई.
बरेली	खान बहादुर	जून, 1857 ई.	विसेण्ट आयर	

भारत के वायसराय

(भारतीय काउन्सिल एक्ट, 1858 के अधीन)

लॉर्ड कैनिंग (1856 ई. से 1862 ई.)—लॉर्ड कैनिंग भारत में कम्पनी द्वारा नियुक्त अन्तिम गवर्नर जनरल तथा ब्रिटिश सम्राट के अधीन नियुक्त भारत का पहला वायसराय था।

- ➪ इसके समय में ही 1857 ई. का महत्त्वपूर्ण ऐतिहासिक विद्रोह हुआ तथा 1858 ई. का भारतीय परिषद् अधिनियम भी पारित हुआ।
- ➪ न्यायिक सुधारों के अन्तर्गत कैनिंग के 'इण्डियन हाई कोर्ट एक्ट' (1861 ई.) द्वारा बम्बई, कलकत्ता, मद्रास में एक-एक उच्च न्यायालय की स्थापना की।
- ➪ कलकत्ता, बम्बई और मद्रास विश्वविद्यालयों की स्थापना (1857 ई.)।

लॉर्ड एल्गिन (1862 ई. से 1863 ई.)—1862 ई. में कैनिंग के बाद एल्गिन भारत का वायसराय बनकर आया। इसकी महत्त्वपूर्ण सफलता थी, वहाबी आन्दोलन का दमन।

सर जॉन लॉरेन्स (1863 ई. से 1869 ई.)—एल्गिन के बाद 1863 ई. में जॉन लॉरेन्स भारत का वायसराय बनकर आया, जिसके समय में भूटान का महत्त्वपूर्ण युद्ध हुआ।

- ➪ अफगानिस्तान के सन्दर्भ में लॉरेन्स ने अहस्तक्षेप की नीति का पालन किया और तत्कालीन शासक शेर अली से दोस्ती की।
- ➪ 1865 ई. में उसके द्वारा भारत व यूरोप के बीच प्रथम समुद्री टेलिग्राफ सेवा शुरू की गई।

लॉर्ड मेयो (1869 ई. से 1872 ई.)—मेयो ने भारत में वित्तीय विकेन्द्रीकरण की नीति की शुरुआत की तथा आयकर की दर को 1% से बढ़ाकर 2.5% कर दिया।

- ➪ उसने पृथक् 'कृषि विभाग' तथा 'भारतीय सांख्यिकी सर्वेक्षण विभाग' की स्थापना की।
- ➪ पहली बार भारत में जनगणना (1872 ई.) इसी के काल में हुई।
- ➪ मेयो ने भारतीय राजाओं के पुत्रों की उचित शिक्षा के लिए अजमेर में मेयो कॉलेज की स्थापना की और 1872 ई. में ही एक कृषि विभाग की स्थापना की।

लॉर्ड नार्थबुक (1872 ई. से 1876 ई.)—इस समय में बिहार-बंगाल में भयानक अकाल पड़ा तथा बड़ौदा के मल्हारराव गायकवाड़ को भ्रष्टाचार के आरोप में पदच्युत कर मद्रास भेज दिया।

- ➪ पंजाब का प्रसिद्ध कूका आन्दोलन इसी के समय में हुआ।

लॉर्ड लिटन (1876 ई. से 1880 ई.)—लॉर्ड लिटन एक सुप्रसिद्ध उपन्यासकार, निबन्ध लेखक एवं साहित्यकार था। साहित्यकारों में इसे 'ओवन मैरिडिथ' के नाम से जाना जाता था।

- ➪ मार्च, 1878 ई. में लिटन ने वर्नाक्यूलर प्रेस अधिनियम पारित कर भारतीय समाचारपत्रों पर कठोर प्रतिबन्ध लगा दिया।
- ➪ इसके समय में द्वितीय अफगान युद्ध (1878-1880 ई.) हुआ जिसमें जन-धन की अपार क्षति हुई।

लॉर्ड रिपन (1880 ई. से 1884 ई.)—अपने सुधार कार्यों के अन्तर्गत रिपन ने सर्वप्रथम 1882 ई. में वर्नाक्यूलर प्रेस एक्ट समाप्त कर दिया। इसके सुधार कार्यों में सर्वाधिक महत्त्वपूर्ण कार्य था—स्थानीय स्वशासन की शुरुआत।

- ➪ रिपन के समय में ही 1881 ई. में भारत में नियमित जनगणना की शुरुआत हुई जो तब से लेकर अब तक प्रत्येक दस वर्ष के अन्तराल पर की जाती है।
- ➪ प्रथम फैक्ट्री अधिनियम, 1881 ई. में रिपन द्वारा ही लाया गया। इसमें बाल श्रम पर रोक लगाई गई।
- ➪ रिपन ने शैक्षिक सुधारों के अन्तर्गत विलियम हण्टर के नेतृत्व में एक आयोग का गठन किया। आयोग ने 1882 ई. में अपनी रिपोर्ट प्रस्तुत की।

लॉर्ड डफरिन (1884 ई. से 1888 ई.)—लॉर्ड डफरिन के शासनकाल की महत्त्वपूर्ण घटना थी तृतीय आंग्ल-बर्मा युद्ध (1885-86 ई.) जिसमें बर्मा पराजित हुआ।

- ➪ डफरिन के समय में ही 'भारतीय राष्ट्रीय कांग्रेस' की स्थापना की गई।

लॉर्ड लैंसडाउन (1888 ई. से 1894 ई.)—लॉर्ड लैंसडाउन के समय भारत और अफगानिस्तान के मध्य सीमा (वर्तमान में पाकिस्तान व अफगानिस्तान) का निर्धारण हुआ, जिसे 'डूरण्ड लाइन' के नाम से जाना जाता है।

- ➪ मणिपुर में हुए विद्रोह को शान्त करने का श्रेय लैंसडाउन को दिया जाता है।

लॉर्ड एल्गिन द्वितीय (1894 ई. से 1899 ई.)—लॉर्ड एल्गिन द्वितीय के शासनकाल में 1895 से 1898 ई. तक मध्य प्रदेश, उत्तर प्रदेश, बिहार तथा पंजाब में भयंकर अकाल पड़ा। उसने एक अकाल आयोग 'लॉयल आयोग' की नियुक्ति की।

लॉर्ड कर्जन (1899 ई. से 1905 ई.)—पुलिस सुधार के अन्तर्गत कर्जन ने 1902 ई. में सर एण्ड्रयू फ्रेचर की अध्यक्षता में एक पुलिस आयोग की स्थापना की।

- ➪ शैक्षिक सुधारों के अन्तर्गत कर्जन ने 1902 ई. में सर टामस रैले की अध्यक्षता में विश्वविद्यालय आयोग का गठन किया तथा भारतीय विश्वविद्यालय अधिनियम, 1904 पास किया।

- ➪ 1899 ई. में पारित किए गए 'भारत टंकण व पद-मुद्रण अधिनियम' द्वारा अंग्रेजी पाउण्ड को भारत में विधिग्राह्य बना दिया गया।
- ➪ कर्जन ने भारत में पहली बार ऐतिहासिक इमारतों की सुरक्षा व मरम्मत हेतु 'भारतीय पुरातत्व विभाग' (1904 ई.) की स्थापना की।
- ➪ कर्जन के समय में ही 1905 ई. में बंगाल का विभाजन हुआ। यह उसकी भारी राजनीतिक भूल साबित हुई।

लॉर्ड मिण्टो द्वितीय (1905 ई. से 1910 ई.)—1905 ई. में भारत के वायसराय बने लॉर्ड मिण्टो का सर्वाधिक महत्त्वपूर्ण कार्य भारत सचिव मार्ले के सहयोग में लाया गया भारतीय परिषद् एक्ट, 1909 ई. अथवा मिण्टो-मार्ले सुधार था।

लॉर्ड हार्डिंग II (1910 ई. से 1916 ई.)

- ➪ 4 अगस्त, 1914 ई. को हार्डिंग के काल में ही प्रथम विश्व युद्ध प्रारम्भ हुआ।
- ➪ इसके समय में ही तिलक एवं ऐनी बेसेन्ट ने होमरूल लीग (1916 ई.) की स्थापना की।
- ➪ 1916 ई. में लॉर्ड हार्डिंग को 'बनारस हिन्दू विश्वविद्यालय' का कुलपति नियुक्त किया गया।

लॉर्ड चेम्सफोर्ड (1916 ई. से 1921 ई.)—इसके समय में 1919 का रौलेट एक्ट पास हुआ, प्रसिद्ध जलियांवाला बाग हत्याकाण्ड चेम्सफोर्ड के समय में ही 13 अप्रैल, 1919 ई. में हुआ।

- ➪ भारत सरकार अधिनियम, 1919 ई. या माण्टेग्यू-चेम्सफोर्ड सुधार लाया गया।

लॉर्ड रीडिंग (1921 ई. से 1926 ई.)—गाँधीजी द्वारा चलाया गया पहला असहयोग आन्दोलन चौरी-चौरा घटना (1922 ई.) के कारण लॉर्ड रीडिंग के समय में ही समाप्त हुआ।

- ➪ काकोरी रेल काण्ड (1925 ई.) इसी के काल की घटना है।

लॉर्ड इरविन (1926 ई. से 1931 ई.)—इसके समय में 1928 ई. में (साइमन कमीशन) भारत आया तथा 6 अप्रैल, 1930 में सविनय अवज्ञा आन्दोलन (दाण्डी मार्च के बाद) गाँधीजी द्वारा प्रारम्भ किया गया।

- ➪ इसके समय में ही नवम्बर 1930 ई. में लन्दन में प्रथम गोलमेज सम्मेलन का आयोजन किया गया। 5 मार्च, 1930 को गाँधी-इरविन समझौते पर हस्ताक्षर किए गए और साथ ही सविनय अवज्ञा आन्दोलन को वापस लिया गया।

लॉर्ड विलिंगटन (1931 ई. से 1936 ई.)—इसके समय में 1 सितम्बर से 1 दिसम्बर, 1931 ई. तक द्वितीय गोलमेज सम्मेलन का आयोजन लन्दन में हुआ। इस सम्मेलन में गाँधीजी ने काँग्रेस का प्रतिनिधित्व किया।

- ➪ अगस्त 1932 में रैम्जे मैकडोनाल्ड के प्रसिद्ध 'साम्प्रदायिक अधिनिर्णय' की घोषणा की तथा दिसम्बर, 1932 ई. में विलिंगटन के समय में ही तृतीय गोलमेज सम्मेलन का आयोजन लन्दन में हुआ।

लॉर्ड लिनलिथगो (1936 ई. से 1944 ई.)—इसके समय में पहले चुनाव कराए गए। चुनाव के परिणाम राष्ट्रीय कांग्रेस के पक्ष में रहे।

- ➪ 1 सितम्बर, 1939 ई. को द्वितीय विश्वयुद्ध का प्रारम्भ इन्हीं के समय में हुआ।
- ➪ 8 अगस्त, 1940 को प्रसिद्ध 'अगस्त प्रस्ताव' अंग्रेजों द्वारा लाया गया।
- ➪ 1942 ई. में 'क्रिप्स मिशन' भारत आया तथा 1942 ई. में ही कांग्रेस ने भारत छोड़ो आन्दोलन प्रारम्भ किया।

लॉर्ड वेवेल (1944 ई. से 1947 ई.)—वेवेल के समय में 1945 ई. में शिमला समझौता हुआ।

- ➪ कैबिनेट मिशन 1946 ई. में भारत आया। तत्कालीन ब्रिटिश प्रधानमन्त्री क्लीमेण्ट एटली ने भारत को जून 1948 ई. के पहले स्वतन्त्र करने की घोषणा की।

लॉर्ड माउण्टबेटन (मार्च, 1947 ई. से जून, 1948 ई.)—भारत का अन्तिम वायसराय तथा स्वतन्त्र भारत का प्रथम गवर्नर जनरल जिसने 3 जून, 1947 ई. को यह घोषणा की कि भारत और पाकिस्तान के रूप में भारत का विभाजन ही समस्या का हल है। भारतीय स्वतन्त्रता विधेयक ब्रिटिश संसद में जुलाई 1947 ई. में प्रधानमन्त्री एटली द्वारा प्रस्तुत किया गया। विधेयक के अनुसार भारत और पाकिस्तान दो स्वतन्त्र राष्ट्रों के निर्माण की बात कही गई।

चक्रवर्ती राजगोपालाचारी (1948 ई. से 1950 ई.)—लॉर्ड माउण्टबेटन की वापसी के बाद 21 जून, 1948 ई. को चक्रवर्ती राजगोपालाचारी भारत के गवर्नर जनरल बनाए गए। वे स्वतन्त्र भारत के प्रथम भारतीय व अन्तिम गवर्नर जनरल थे। इनके बाद भारत में संविधान के अनुसार शासन प्रमुख राष्ट्रपति तथा प्रधानमन्त्री बनने लगे।

प्रश्नमाला

1. डलहौजी के काल में ब्रिटिश साम्राज्य में अवध का विलय किस आधार पर किया गया?
(a) कुशासन का आरोप
(b) राज्य हड़पने की नीति
(c) सहायक सन्धि
(d) इनमें से कोई नहीं

2. हिन्दुस्तान सोशलिस्ट रिपब्लिक एसोसिएशन की स्थापना की-
(a) वीर सावरकर ने
(b) ऊधम सिंह ने
(c) भगत सिंह ने
(d) चन्द्रशेखर आजाद ने

3. भारत में न्यायिक संगठन की स्थापना किसने की?
(a) लॉर्ड मेयो (b) लॉर्ड कॉर्नवालिस
(c) लॉर्ड एटली (d) लॉर्ड कर्जन

4. इस्तमरारी बन्दोबस्त किसने लागू किया?
(a) वेलेजली
(b) वारेन हेस्टिंग्स
(c) लॉर्ड कॉर्नवालिस
(d) लॉर्ड डफरिन

5. 1857 के विद्रोह के समय ब्रिटिश प्रधानमंत्री कौन था?
(a) चर्चिल (b) पामर्स्टन
(c) एटली (d) ग्लेडस्टोन

6. रैयतवाड़ी प्रथा प्रारंभ की थी-
(a) टॉमस मुनरो
(b) मार्टिन बर्ड
(c) कार्नवालिस
(d) लॉर्ड डलहौजी

7. शिक्षा के माध्यम के रूप में अंग्रेजी की वकालत किसने की थी?
(a) लॉर्ड मैकाले
(b) लॉर्ड डलहौजी
(c) चार्ल्स वुड
(d) लॉर्ड कर्जन

8. निम्न का सही क्रम बनाइए-
A. रेग्यूलेटिंग एक्ट
B. सूरत की फूट

C. बंगाल का विभाजन

D. मुस्लिम लीग की स्थापना

(a) A B C D (b) A C D B

(c) A C B D (d) A D C B

9. किन दो नेताओं ने भारत में दौरा कर सामाजिक उत्थान का कार्य किया?

(a) गांधी, तिलक

(b) जवाहर लाल नेहरू, सुभाष चन्द्र बोस

(c) विपिन चन्द्र पाल, अरविन्द घोष

(d) गोपाल कृष्ण गोखले, मोतीलाल नेहरू

10. राजा राम मोहन राय ने निम्न में से किसका विरोध नहीं किया था?

(a) बाल विवाह

(b) सती प्रथा

(c) पाश्चात्य शिक्षा

(d) विधवा विवाह

11. निम्न में से कौन सुमेलित क्रम में है?

(a) ऐनी बेसेन्ट - यंग इंडिया

(b) महात्मा गांधी - न्यू इंडिया

(c) बी.जी. तिलक - केसरी

(d) सुरेन्द्र नाथ बनर्जी - मराठा

12. निम्न में से किसने भारत में अंग्रेजों का सर्वाधिक विरोध किया?

(a) मराठा (b) मुगल

(c) राजपूत (d) सिक्ख

13. रौलेट एक्ट भारत में लागू किया गया था-

(a) सन् 1909 में

(b) सन् 1919 में

(c) सन् 1930 में

(d) सन् 1942 में

14. 'होमरूल' आंदोलन किसने प्रारम्भ किया?

(a) ऐनी बेसेन्ट (b) लोकमान्य तिलक

(c) महात्मा गांधी (d) सरदार पटेल

15. 'सर्वेन्ट्स ऑफ इंडिया सोसायटी' के संस्थापक कौन थे?

(a) बाल गंगाधर तिलक

(b) गोपाल कृष्ण गोखले

(c) के.एम. राय

(d) एम.के. गांधी

16. टीपू सुल्तान की राजधानी थी-

(a) बेलुर

(b) द्वार समुद्र

(c) सेरिंगपट्टम

(d) श्रीरंगम (श्रीरंगपट्टनम्)

17. सूची-I को सूची-II से मिलाइए और नीचे दिए गए कोड में से सही उत्तर का चयन कीजिए-

सूची-I	सूची-II
1. क्लाइव	A. प्रेस पर से प्रतिबंध हटाना
2. बैंटिक	B. बंग विभाजन
3. चार्ल्स मेटकॉफ	C. बंगाल में दोहरा शासन
4. कर्जन	D. अंग्रेजी शिक्षा

कोड :

(a) 1-C, 2-D, 3-A, 4-B

(b) 1-D, 2-A, 3-C, 4-B

(c) 1-B, 2-D, 3-C, 4-A

(d) 1-C, 2-B, 3-A, 4-D

18. रेगुलेटिंग एक्ट पारित किया गया-

(a) 1773 में (b) 1774 में

(c) 1784 में (d) 1793 में

19. भारत के निम्न वायसरायों में से किसके काल में इण्डियन पीनल कोड, सिविल प्रोसीजर कोड और क्रिमिनल प्रोसीजर कोड पारित किए गए थे?

(a) लॉर्ड कैनिंग (b) लॉर्ड मेयो

(c) लॉर्ड लिटन (d) लॉर्ड डफरिन

20. भारत में ईस्ट इंडिया कंपनी की सफलता का राज था-

(a) भारत में राष्ट्रीय भावना की कमी।

(b) कम्पनी की सेना को पश्चिगी प्रशिक्षण मिला था तथा उनके पास आधुनिक हथियार थे।

(c) भारतीय सैनिकों में राष्ट्रीय भावना का अभाव था जिसके फलस्वरूप कोई भी जो उन्हें अच्छा वेतन दे, अपनी सेवा में लगा सकता था।

(d) उपर्युक्त तीनों।

21. भारत की स्वतंत्रता की पहली लड़ाई (1857) प्रारम्भ हुई थी-

(a) कलकत्ता से (b) दिल्ली से

(c) झांसी से (d) मेरठ से

22. मार्ले-मिन्टो सुधार बिल किस वर्ष में पारित किया गया?

(a) 1905 (b) 1909

(c) 1911 (d) 1920

23. भारत में स्थानीय स्वायत्तशासी संस्थाएं 1882 में सशक्त की गई थीं-

(a) जॉर्ज बार्लो द्वारा

(b) लॉर्ड रिपन द्वारा

(c) लॉर्ड कर्जन द्वारा

(d) लॉर्ड लिटन द्वारा

24. 1946 का कैबिनेट मिशन तीन कैबिनेट मंत्रियों से गठित था। निम्नलिखित में से कौन इसका सदस्य नहीं था?

(a) लॉर्ड पैथिक लारेन्स

(b) ए.वी. अलेक्जेण्डर

(c) सर स्टेफोर्ड क्रिप्स

(d) लॉर्ड एमरी

25. साम्राज्ञी विक्टोरिया ने 1858 की घोषणा में भारतीयों को बहुत सी चीजें दिए जाने का आश्वासन दिया था। निम्न आश्वासनों में से कौन-सा ब्रिटिश शासन ने पूरा किया था?

(a) रियासतों को हड़पने की नीति समाप्त कर दी जाएगी।

(b) देशी रजवाड़ों की यथास्थिति बनाए रखी जाएगी।

(c) भारतीय व यूरोपियन सभी प्रजा को समान व्यवहार मिलेगा।

(d) भारतीयों के सामाजिक व धार्मिक विश्वासों में कोई हस्तक्षेप नहीं होगा।

26. उन्नीसवीं शताब्दी के दौरान होने वाले ''वहाबी आन्दोलन'' का मुख्य केंद्र था-

(a) लाहौर (b) पटना

(c) अमृतसर (d) पुणे

27. भारत में ब्रिटिश साम्राज्य के अंतर्गत अवध को मिलाया गया था-

(a) सहायक गठजोड़ की नीति द्वारा

(b) अतिक्रमण के सिद्धान्त के अंतर्गत

(c) कुशासित राज्य की घोषणा करके

(d) युद्ध के द्वारा

28. पानीपत के तीसरे युद्ध में मराठों को पराजित किया-

(a) मुगलों ने

(b) अफगानों ने

(c) अंग्रेजों ने

(d) रोहिल्लों ने

29. निम्न महापुरुषों में से कौन 'भारतीय जागृति' का जनक कहलाता है?
(a) विवेकानन्द
(b) राजा राममोहन राय
(c) रवीन्द्रनाथ टैगोर
(d) दयानन्द सरस्वती

30. सूची-I को सूची-II से सुमेलित कीजिए–

सूची-I	सूची-II
1. प्रार्थना समाज	A. राजा राममोहन राय
2. ब्रह्म समाज	B. विवेकानन्द
3. आर्यसमाज	C. दयानन्द सरस्वती
4. रामकृष्ण मिशन	D. रानाडे
	E. रामकृष्ण परमहंस

(a) 1-A, 2-B, 3-C, 4-D
(b) 1-B, 2-E, 3-A, 4-C
(c) 1-D, 2-A, 3-C, 4-E
(d) 1-D, 2-A, 3-C, 4-B

31. विचार कीजिए–
कथन (A)-1857 में प्रथम स्वतंत्रता संग्राम ब्रिटिश सरकार से स्वतंत्रता प्राप्त करने में असफल रहा।
कारण (R)-बहादुर शाह जफर के नेतृत्व को जन सहयोग नहीं मिला था और अधिकांश महत्वपूर्ण रियासतों के शासक उनका साथ देने में कतरा गए।
नीचे दिए गए कोड से सही उत्तर चुनिए-
(a) दोनों (A) और (R) सत्य हैं और (R), (A) का सही स्पष्टीकरण है।
(b) दोनों (A) और (B) सत्य हैं परन्तु (R), (A) का सही स्पष्टीकरण नहीं है।
(c) (A) सत्य है और परन्तु (R) असत्य है।
(d) (A) असत्य है परन्तु (R) सत्य है।

32. महाराजा रणजीत सिंह के राज्य की राजधानी थी-
(a) अमृतसर (b) कपूरथला
(c) लाहौर (d) पटियाला

33. सूची-I व सूची-II को मिलाएं तथा नीचे दिए गए कूट का प्रयोग कर सही उत्तर का चयन कीजिए-

सूची-I	सूची-II
I. लॉर्ड डलहौजी	A. सती प्रथा का निषेध
II. लॉर्ड विलियम बैंटिक	B. स्वायत्त शासन
III. लॉर्ड रिपन	C. बंगाल का विभाजन
IV. लॉर्ड कर्जन	D. व्यपहरण का सिद्धान्त

कूट :
(a) I-D, II-A, III-B, IV-C
(b) I-D, II-B, III-A, IV-C
(c) I-A, II-B, III-C, IV-D
(d) I-C, II-A, III-B, IV-D

34. 'अष्ट प्रधान' - मंत्रिमण्डल किसके राज्य प्रबंध में सहायता करता था?
(a) हर्षवर्धन (b) समुद्रगुप्त
(c) शिवाजी (d) यशोवर्धन

35. कर्नाटक युद्ध किन-किन के मध्य लड़ा गया?
(a) अंग्रेज व फ्रांसीसी
(b) अंग्रेज व डच
(c) अंग्रेज व मराठे
(d) हैदर अली व मराठे

36. वेदों के पुनरुत्थान का श्रेय किसे है?
(a) रामकृष्ण परमहंस
(b) रामानुज
(c) स्वामी दयानन्द सरस्वती
(d) स्वामी विवेकानन्द

37. वर्ष 1857 के विद्रोह से निम्न में से कौन सम्बन्धित नहीं था?
(a) बेगम हजरत महल
(b) कुंवर सिंह
(c) उधम सिंह
(d) मौलवी अहमदुल्ला

38. वर्ष 1909 के इण्डियन काउन्सिल एक्ट में किस बात की व्यवस्था की गई थी?
(a) द्वैधशासन प्रणाली
(b) साम्प्रदायिक प्रतिनिधित्व
(c) संघीय व्यवस्था
(d) प्रान्तीय स्वायत्तता

39. भारत में प्रथम रेल लाइन का निर्माण हुआ था–
(a) हावड़ा और सेरामपुर के बीच
(b) बम्बई और थाणे के बीच
(c) मद्रास और गुन्टूर के बीच
(d) दिल्ली तथा आगरा के बीच

40. भारत में स्थानीय स्वायत्त शासन को किसने प्रोत्साहित किया था?
(a) लॉर्ड मेयो (b) लॉर्ड लिटन
(c) लॉर्ड कैनिंग (d) लॉर्ड रिपन

41. निम्नलिखित में से कौन-सा सुमेलित नहीं है?
(a) ए. पाण्डुरंग - प्रार्थना समाज
(b) दयानन्द सरस्वती - आर्य समाज
(c) राजा राममोहन राय - आदि ब्रह्म समाज
(d) विवेकानन्द - रामकृष्ण मिशन

42. रणजीत सिंह किस मिसल से सम्बन्धित थे?
(a) सुकरचकिया (b) संघावालिया
(c) अहलूवालिया (d) रामगढ़िया

43. निम्नलिखित देशी राज्यों में से कौन 'यथावन' (Stand still) समझौते का पक्षधर था?
(a) हैदराबाद (b) जम्मू एवं कश्मीर
(c) जूनागढ़ (d) मैसूर

44. कथन (A) : 1750 ई. तक मराठा साम्राज्य पेशवा की अध्यक्षता में एक परिसंघ बन गया था।
कारण (R) : साहू के उत्तराधिकारी पेशवा की इच्छा पर निर्भर थे।
कूट :
(a) A और R दोनों सही हैं तथा R, A की सही व्याख्या करताहै
(b) A और R दोनों सही हैं परन्तु R, A की सही व्याख्या नहीं करता है
(c) A सही है, परन्तु R गलत है
(d) A गलत है, परन्तु R सही है

45. निम्न में से कौन-सा चतुराईपूर्ण निष्क्रियता की नीति के साथ जुड़ा है?
(a) विलियम बेंटिक
(b) लॉर्ड कैनिंग
(c) लॉर्ड मेयो
(d) जॉन लॉरेन्स

46. निम्नलिखित में से किस अधिनियम द्वारा भारत के गवर्नर जनरल को अध्यादेश जारी करने की शक्ति प्रदान की गई?

(a) चार्टर एक्ट, 1833

(b) भारतीय परिषद् अधिनियम, 1861

(c) भारतीय परिषद् अधिनियम, 1892

(d) भारतीय परिषद् अधिनियम, 1909

47. निम्न यूरोपीय शक्तियों ने भारतीय व्यापार में समय-समय पर प्रवेश किया–

1. अंग्रेज 2. डच

3. फ्रांसीसी 4. पुर्तगाली

निम्न कूट से उनके प्रवेश का सही तिथिक्रम निर्धारित कीजिए?

(a) 1, 2, 3, 4 (b) 4, 2, 1, 3

(c) 3, 4, 2, 1 (d) 2, 3, 4, 1

48. निम्नलिखित में से किसका सुमेलन नहीं है?

(a) लॉर्ड कॉर्नवालिस स्थायी बन्दोबस्त

(b) लॉर्ड वेलेजली सहायक सन्धि

(c) लॉर्ड डलहौजी व्यपगत का सिद्धान्त

(d) लॉर्ड कैनिंग उच्चतम निष्क्रियता

49. फ्रांसीसी दक्कन में शक्ति स्थापित करने में असफल रहे, क्योंकि?

(a) डूप्ले सक्षम सेनापति नहीं था।

(b) अंग्रेजों की फौज अधिक शक्तिशाली थी।

(c) भारतीय लोग फ्रांसीसियों को पसंद नहीं करते थे।

(d) पाण्डिचेरी सामरिक केन्द्र नहीं था।

50. मुण्डा विद्रोह का नेता कौन था?

(a) बिरसा

(b) कान्हू

(c) तिलका मांझी

(d) सिद्धू

51. निम्नलिखित में से कौन-सी घटना महाराष्ट्र में घटित हुई?

(a) भील विद्रोह

(b) कोल विद्रोह

(c) रम्पा विद्रोह

(d) सन्थाल विद्रोह

52. निम्नांकित समाज सुधार संगठनों में से किनकी स्थापना महाराष्ट्र में नहीं हुई थी?

1. योग-क्षेम सभा

2. श्री नारायण परिपालन सभा

3. सरीन सभा

कूट :

(a) 1 तथा 2 (b) 1 तथा 3

(c) 2 तथा 3 (d) उपरोक्त सभी

53. निम्नलिखित में से किसके अन्तर्गत भारत में सर्वप्रथम सर्वोच्च न्यायालय की स्थापना हुई?

(a) रेग्यूलेटिंग अधिनियम, 1773 ई.

(b) चार्टर अधिनियम, 1853 ई.

(c) भारत सरकार, अधिनियम, 1935 ई.

(d) भारतीय संविधान, 1950 ई.

54. आनंदमठ उपन्यास की कथावस्तु आधारित है-

(a) चुआर विद्रोह पर

(b) संन्यासी विद्रोह पर

(c) पालीगर विद्रोह पर

(d) तालुकदारों के विद्रोह पर

55. सन् 1857 के बरेली विद्रोह का नेता कौन था?

(a) खान बहादुर

(b) कुंवर सिंह

(c) मौलवी अहमद शाह

(d) विरजीस कादिर

56. नील आन्दोलन का जमकर समर्थन करने वाले हिन्दू पैट्रियट के सम्पादक थे-

(a) हेम चन्द्राकर

(b) हरीशचन्द्र मुखर्जी

(c) दीनबन्धु मित्र

(d) दिगम्बर विश्वास

57. ब्रह्म समाज का सिद्धान्त आधारित है-

(a) नास्तिकता पर

(b) अद्वैतवाद पर

(c) एक देववाद पर

(d) बहुदेववाद पर

58. निम्नलिखित में से किसने साम्प्रदायिक अधिनिर्णय घोषित किया?

(a) रैम्जे मैक्डोनाल्ड

(b) स्टैनले बाल्डविन

(c) नेविल चैम्बरलेन

(d) विंस्टन चर्चिल

59. निम्नलिखित में से कौन फराजी विद्रोह का नेता था?

(a) आगा मोहम्मद रजा

(b) दादू मियां

(c) शमशेर गाजी

(d) वजीर अली

60. पागलपन्थी विद्रोह वस्तुतः एक विद्रोह था?

(a) भीलों का

(b) गारों का

(c) गोण्डों का

(d) कोलियों का

61. निम्नलिखित में से कौन-सा स्थान गढ़करी विद्रोह का केन्द्र था?

(a) बिहार शरीफ

(b) कोल्हापुर

(c) सूरत

(d) सिलहट

62. निम्नलिखित में सबसे बाद में क्या हुआ?

(a) हड़प नीति

(b) बंगाल का विभाजन

(c) स्थाई बन्दोबस्त

(d) सहायक संधि

63. 'अभिनव भारत' नामक अंग्रेज विरोधी संगठन की स्थापना की थी–

(a) आर.जी. भण्डारकर ने

(b) वी.डी. सावरकर ने

(c) सी. आर. दास ने

(d) सरदार भगत सिंह ने

64. बाल विवाह प्रथा को नियंत्रित करने हेतु वर्ष 1872 के सिविल मैरिज एक्ट ने लड़कियों के विवाह की न्यूनतम उम्र निर्धारित की?

(a) 14 वर्ष

(b) 16 वर्ष

(c) 18 वर्ष

(d) उपरोक्त में से कोई नहीं

65. फारसी साप्ताहिक 'मिरातुल अखबार' को प्रकाशित करते थे?

(a) लाला लाजपत राय

(b) राजा राममोहन राय

(c) सर सैयद अहमद खां

(d) मौलाना शिबली नोमानी

66. दलित वर्णों का संघ स्थापित किया गया था-
(a) डॉ. बी.आर. अम्बेडकर द्वारा
(b) बाबू जगजीवन राम द्वारा
(c) एन.एस. काजरोलकर द्वारा
(d) महात्मा ज्योतिबा फुले द्वारा

67. 'गुलामगिरी' का लेखक कौन था?
(a) बी. आर. अम्बेडकर
(b) ज्योतिबा फुले
(c) महात्मा गांधी
(d) पेरियार

68. सर टॉमस मुनरो भू-राजस्व बन्दोबस्त से सम्बद्ध है-
(a) स्थायी बन्दोबस्त
(b) महालवाड़ी बन्दोबस्त
(c) रैयतवाड़ी बन्दोबस्त
(d) उपरोक्त में से कोई नहीं

69. भारत में अंग्रेजों के समय में प्रथम जनगणना हुई-
(a) लॉर्ड डफरिन के कार्यकाल में
(b) लॉर्ड लिटन के कार्यकाल में
(c) लॉर्ड मेयो के कार्यकाल में
(d) लॉर्ड रिपन के कार्यकाल में

70. 30 मई, 1919 को अपना अलंकरण भारत सरकार को लौटाने वाले व्यक्ति थे-
(a) जमनालाल बजाज
(b) तेज बहादुर सप्रू
(c) महात्मा गांधी
(d) रवीन्द्र नाथ टैगोर

उत्तरमाला

1. (a)	**2.** (d)	**3.** (b)	**4.** (c)	**5.** (b)	**6.** (a)	**7.** (a)	**8.** (b)	**9.** (a)	**10.** (c)
11. (c)	**12.** (a)	**13.** (b)	**14.** (a)	**15.** (b)	**16.** (d)	**17.** (a)	**18.** (a)	**19.** (a)	**20.** (d)
21. (d)	**22.** (b)	**23.** (b)	**24.** (d)	**25.** (a)	**26.** (b)	**27.** (c)	**28.** (b)	**29.** (b)	**30.** (d)
31. (a)	**32.** (c)	**33.** (a)	**34.** (c)	**35.** (a)	**36.** (c)	**37.** (c)	**38.** (b)	**39.** (b)	**40.** (d)
41. (c)	**42.** (a)	**43.** (a)	**44.** (a)	**45.** (d)	**46.** (b)	**47.** (b)	**48.** (d)	**49.** (b)	**50.** (a)
51. (a)	**52.** (d)	**53.** (a)	**54.** (b)	**55.** (a)	**56.** (b)	**57.** (c)	**58.** (a)	**59.** (b)	**60.** (b)
61. (b)	**62.** (c)	**63.** (b)	**64.** (a)	**65.** (b)	**66.** (a)	**67.** (b)	**68.** (c)	**69.** (c)	**70.** (d)

❑❑❑

4 भारत का राष्ट्रीय आन्दोलन

नील की क्रान्ति (1859 ई. से 1860 ई.)

यह आन्दोलन भारतीय किसानों द्वारा ब्रिटिश नील उत्पादकों के खिलाफ बंगाल में किया गया।

- ➪ अंग्रेज अधिकारी बंगाल तथा बिहार के रैयतों से भूमि लेकर बिना पैसे दिए ही रैयतों को नील की खेती करने के लिए विवश करते थे जबकि किसान अपनी उपजाऊ जमीन पर चावल की खेती करना चाहते थे।
- ➪ इस आन्दोलन की शुरुआत 1859 ई. में बंगाल के नदिया जिले के गोविन्दपुर गाँव में दिगम्बर विश्वास व विष्णु विश्वास ने की थी।

कूका आन्दोलन

कृषि सम्बन्धी समस्याओं के खिलाफ अंग्रेजी सरकार से लड़ने के लिए बनाए गए इस संगठन के संस्थापक भगत जवाहर मल थे।

- ➪ 1872 ई. में इनके शिष्य बाबा रामसिंह ने अंग्रेजों का कड़ाई से सामना किया।

भारतीय राष्ट्रीय काँग्रेस की स्थापना (1885 ई.)

कांग्रेस की स्थापना 1885 ई. में ए. ओ. ह्यूम द्वारा की गई थी जो कि एक सेवानिवृत्त अंग्रेज प्रशासनिक अधिकारी था।

- ➪ इसका प्रथम अधिवेशन दिसम्बर, 1885 ई. में बम्बई में हुआ जिसकी अध्यक्षता व्योमेश चन्द्र बनर्जी ने की।
- ➪ 1885 ई. में कांग्रेस की स्थापना के बाद अगले बीस वर्षों तक इस पर ऐसे गुट का प्रभाव था जिसे 'उदारवादी गुट' कहा जाता था।
- ➪ उदारवादियों के प्रमुख नेता थे—दादाभाई नौरोजी, सुरेन्द्र नाथ बनर्जी, फिरोजशाह मेहता, गोविन्द रानाडे, गोपाल कृष्ण गोखले, मदन मोहन मालवीय आदि।
- ➪ 1905 ई. से 1911 ई. तक के चरण को नव राष्ट्रवाद अथवा गरमपंथियों के उदय का काल माना जाता है।
- ➪ कांग्रेस के गरमपंथी नेताओं में प्रमुख थे—बाल गंगाधर तिलक, विपिन चन्द्र पाल, लाला लाजपतराय, अरविन्द घोष आदि।

बंगाल का विभाजन (1905 ई.)

बंगाल में राष्ट्रीय चेतना को नष्ट करने के उद्देश्य से लॉर्ड कर्जन द्वारा 16 अगस्त, 1905 ई. को बंगाल का विभाजन कर दिया गया।

स्वदेशी व स्वराज (1905 ई. तथा 1906 ई.)

लाल, बाल, पाल और अरविन्द घोष के प्रयासों के कारण कांग्रेस ने स्वदेशी व स्वराज्य की मांग की।

- ➪ 1905 ई. के बनारस अधिवेशन में गोपालकृष्ण गोखले की अध्यक्षता में कांग्रेस ने स्वदेशी की मांग रखी।
- ➪ 1906 ई. में कलकत्ता अधिवेशन में दादाभाई नौरोजी की अध्यक्षता में कांग्रेस ने स्वराज्य की मांग रखी।

मुस्लिम लीग की स्थापना (1906 ई.)

इसके संस्थापकों में आगा खाँ, नवाब सलीमुल्ला और नवाब मोहसिन उल मुल्क प्रमुख थे जिन्होंने 1906 ई. में इसकी स्थापना की।

काँग्रेस का सूरत अधिवेशन (1907 ई.)

- ➪ इस अधिवेशन में कांग्रेस स्पष्ट रूप से नरमपंथियों व गरमपंथियों में विभाजित हो गयी थी।
- ➪ विवाद का केन्द्र रासबिहारी बोस थे जिन्हें इस अधिवेशन का अध्यक्ष चुना गया था।

ताना भगत आन्दोलन (1914 ई.)

- ➪ इस आन्दोलन की शुरुआत 1914 ई. में बिहार में हुई। यह आन्दोलन ऊँची लगान की दर तथा चौकीदार कर के विरुद्ध किया गया था।

दिल्ली दरबार (1911 ई.)

- ➪ इंग्लैण्ड के सम्राट जॉर्ज पंचम एवं महारानी मेरी के स्वागत में 1911 ई. में दिल्ली में एक भव्य दरबार का आयोजन किया गया।
- ➪ इस दरबार में बंगाल विभाजन को रद्द करने तथा भारत की राजधानी को कलकत्ता से दिल्ली स्थानान्तरित करने की घोषणा हुई।

लखनऊ समझौता (1916 ई.)

- ➪ ब्रिटेन और तुर्की के बीच युद्ध के कारण मुसलमानों में अंग्रेजों के प्रति विद्वेष की भावना उत्पन्न हो गयी थी।
- ➪ 1916 ई. में लखनऊ में मुस्लिम लीग के नेता मोहम्मद अली जिन्ना तथा काँग्रेस के मध्य एक समझौता हुआ जिसके अन्तर्गत काँग्रेस व लीग ने मिलकर एक 'संयुक्त समिति' की स्थापना की।

होमरूल लीग आन्दोलन (1916 ई.)

- ➪ श्रीमती ऐनी बेसेन्ट के प्रयासों से संवैधानिक उपायों द्वारा स्वशासन प्राप्त करने के उद्देश्य से भारत में होमरूल लीग की स्थापना की गयी।
- ➪ बाल गंगाधर तिलक ने 28 अप्रैल, 1916 ई. को महाराष्ट्र में होमरूल लीग की स्थापना की, जिसका केन्द्र पूना था।
- ➪ सितम्बर 1916 ई. में ऐनी बेसेन्ट द्वारा मद्रास में अखिल भारतीय होमरूल लीग की स्थापना की गयी तथा जॉर्ज अरुण्डेल को लीग का सचिव बनाया।

रोलैट एक्ट (1919 ई.)

- ➪ इस एक्ट के द्वारा अंग्रेज सरकार जिसको चाहे बिना मुकदमा चलाये जेल में बन्द रख सकती थी। यह जनता की सामान्य स्वतन्त्रता पर प्रत्यक्ष कुठाराघात था।
- ➪ इस एक्ट को 'बिना अपील' तथा 'बिना दलील' का कानून भी कहा गया। इसे 'काला अधिनियम' एवं 'आतंकवादी अपराध अधिनियम' के नाम से भी जाना जाता है।

जलियांवाला बाग हत्याकाण्ड (13 अप्रैल, 1919 ई.)

- ➪ रोलैट एक्ट के विरोध में जगह-जगह जनसंभाएँ आयोजित की जा रही थीं। इसी दौरान सरकार ने पंजाब के लोकप्रिय नेता डॉ. सेफुद्दीन किचलू और डॉ. सत्यपाल को गिरफ्तार कर लिया।
- ➪ इसी गिरफ्तारी का विरोध करने के लिये 13 अप्रैल, 1919 ई. को अमृतसर के जलियाँवाला बाग में एक जनसभा आयोजित की गयी, जिस पर जनरल डायर ने गोली चलवा दी, जिसमें सैकड़ों लोग मारे गये।
- ➪ अंग्रेज सरकार ने बढ़ते जन असन्तोष के कारण लॉर्ड हण्टर की अध्यक्षता में 'हण्टर आयोग' गठित किया।
- ➪ 13 मार्च, 1940 ई. को सरदार उधम सिंह ने कैक्सटन हॉल (लंदन) में एक मीटिंग को सम्बोधित कर रहे जनरल डायर की गोली मारकर हत्या कर दी।

खिलाफत आन्दोलन (1920 ई.)

- ➪ प्रथम विश्व युद्ध के दौरान ब्रिटेन और उसके सहयोगियों द्वारा तुर्की पर किये गये अत्याचारों ने मुसलमानों को गहरा आघात पहुँचाया।
- ➪ इसके परिणामस्वरूप 1919 ई. में अखिल भारतीय खिलाफत कमेटी का आयोजन किया गया।
- ➪ इस आन्दोलन में मोहम्मद अली तथा शौकत अली ने महत्त्वपूर्ण भूमिका निभायी।

असहयोग आन्दोलन (1920 ई.)

- ➪ लाला लाजपतराय की अध्यक्षता में हुए कलकत्ता अधिवेशन में गाँधीजी के नेतृत्व में असहयोग आन्दोलन का प्रस्ताव पारित हुआ।
- ➪ 17 नवम्बर, 1921 ई. को प्रिंस ऑफ वेल्स के भारत आगमन पर सम्पूर्ण भारत में सार्वजनिक हड़ताल का आयोजन किया गया।
- ➪ फरवरी 1922 ई. में गाँधीजी ने सविनय अवज्ञा आन्दोलन प्रारम्भ करने की योजना बनायी।
- ➪ परन्तु उसके पूर्व ही उत्तर प्रदेश के गोरखपुर जिले में स्थित चौरी-चौरा नामक स्थान पर 5 फरवरी, 1922 ई. को आन्दोलनकारी भीड़ ने पुलिस के 22 जवानों को थाने के अन्दर जिंदा जला दिया।
- ➪ इस घटना से गाँधीजी अत्यन्त आहत हो गये और उन्होंने 12 फरवरी, 1922 ई. को असहयोग आन्दोलन वापस ले लिया।

स्वराज पार्टी (1923 ई.)

- ➪ असहयोग आन्दोलन की समाप्ति के पश्चात् 1923 ई. में मोतीलाल नेहरू, सी.आर. दास एवं एन.सी. केलकर ने इलाहाबाद में स्वराज पार्टी की स्थापना की।
- ➪ स्वराज पार्टी का उद्देश्य था–काँग्रेस के अन्दर रहकर चुनावों में हिस्सा लेना और विधानपरिषद् में स्वदेशी सरकार के गठन की माँग उठाना तथा माँगों के न मानने पर विधान परिषद् की कार्यवाही में बाधा डालना।
- ➪ 1925 ई. में सी.आर. दास की मृत्यु हो जाने से स्वराज पार्टी शिथिल पड़ गयी।

साइमन कमीशन (1927 ई.)

- ➪ ब्रिटिश सरकार ने सर जॉन साइमन के नेतृत्व में 7 सदस्यीय आयोग की स्थापना की, जिसमें सभी सदस्य ब्रिटेन के थे 18 नवम्बर, 1927 ई. को इस आयोग की स्थापना की घोषणा हुई।
- ➪ इस आयोग में किसी भी भारतीय को शामिल नहीं किया गया जिसके कारण भारत में इस कमीशन का तीव्र विरोध हुआ।
- ➪ 3 फरवरी, 1928 ई. को जब आयोग के सदस्य बम्बई पहुँचे तो इसके खिलाफ एक अभूतपूर्व हड़ताल का आयोजन किया गया। काले झंडे तथा 'साइमन वापस जाओ' के नारे लगाये गये।
- ➪ आयोग के विरोध के कारण लखनऊ में जवाहरलाल नेहरू, गोविन्द वल्लभ पन्त आदि ने लाठियाँ खायीं। लाहौर में लाठी की गहरी चोट के कारण लाला लाजपत राय की अक्टूबर 1928 ई. में मृत्यु हो गयी।

नेहरू रिपोर्ट (1928 ई.)

- ➪ साइमन कमीशन के विरोध एवं बहिष्कार के पूर्व ही 1925 ई. में भारत सचिव ने काँग्रेसी नेताओं को संविधान की रूपरेखा तैयार करने की चुनौती दी।
- ➪ इस सम्मेलन में पण्डित मोतीलाल नेहरू की अध्यक्षता में एक सात सदस्यीय समिति स्थापित हुई, जिसे संविधान के सिद्धान्तों को निर्धारित करना था। इस समिति ने 28 अगस्त, 1928 ई. को अपनी रिपोर्ट प्रस्तुत की।
- ➪ मुस्लिम लीग के अध्यक्ष मोहम्मद अली जिन्ना ने नेहरू रिपोर्ट को अस्वीकार कर दिया। नेहरू रिपोर्ट से सिख लोग भी असन्तुष्ट थे।

जिन्ना फार्मूला (1928 ई.)

- ➪ मुस्लिम लीग के नेता मोहम्मद अली जिन्ना ने नेहरू रिपोर्ट में मुसलमानों के लिये प्रथम निर्वाचक मण्डल की सुविधा न दिये जाने के कारण मुसलमानों की 14 माँगों का प्रपत्र जारी किया, जिसे 'जिन्ना का चौदह सूत्रीय फार्मूला' कहा जाता है।

बारदोली सत्याग्रह (1928 ई.)

- ➪ गुजरात में स्थित बारदोली के किसानों ने सरकार द्वारा बढ़ाये गये 30% कर के विरोध में वल्लभभाई पटेल के नेतृत्व में सत्याग्रह किया।
- ➪ बारदौली सत्याग्रह के सफल होने के बाद वहाँ की महिलाओं ने पटेल को 'सरदार' की उपाधि प्रदान की।

काँग्रेस का लाहौर अधिवेशन (1929 ई.)

- ➪ 1929 ई. को लाहौर अधिवेशन की अध्यक्षता पण्डित जवाहर लाल नेहरू ने की जिसमें पूर्ण स्वराज्य को अन्तिम लक्ष्य माना गया।
- ➪ यह भी निश्चित किया गया कि हर साल 26 जनवरी को सांकेतिक स्वाधीनता दिवस मनाया जायेगा।

दाण्डी यात्रा (1930 ई.)

- ➪ इसे नमक सत्याग्रह के रूप में भी जाना जाता है।
- ➪ 24 दिन की लम्बी यात्रा के पश्चात् 5 अप्रैल, 1930 ई. को दाण्डी पहुँचकर गाँधीजी ने सांकेतिक रूप से नमक कानून तोड़ा और सविनय अवज्ञा आन्दोलन प्रारम्भ किया।
- ➪ पश्चिमोत्तर प्रान्त में खान अब्दुल गफ्फार खान के नेतृत्व में सविनय अवज्ञा आन्दोलन संचालित रहा। उनके द्वारा गठित 'खुदाई खिदमतगार' (लालकुर्ती) संगठन ने इस आन्दोलन में महत्त्वपूर्ण भूमिका निभाई।

प्रथम गोलमेज सम्मेलन

- ➪ यह सम्मेलन 12 नवम्बर, 1930 ई. से 13 जनवरी, 1931 ई. तक लंदन में आयोजित किया गया।
- ➪ इसमें पहली बार भारतीयों को अंग्रेजों के बराबरी का दर्जा प्रदान किया गया।
- ➪ इस सम्मेलन में उदारवादी दल, मुस्लिम लीग, हिन्दू महासभा, दलित वर्ग, व्यापारी वर्ग आदि के प्रतिनिधि शामिल थे।

गाँधी-इरविन समझौता (1931 ई.)

- महात्मा गाँधी और वायसराय इरविन के मध्य 5 मार्च, 1931 ई. को एक समझौता हुआ, जिसे गाँधी-इरविन समझौता के नाम से जाना जाता है।
- इस समझौते के फलस्वरूप काँग्रेस ने अपनी तरफ से सविनय अवज्ञा आन्दोलन समाप्त करने की घोषणा की तथा गाँधीजी द्वितीय गोलमेज सम्मेलन में भाग लेने को तैयार हुए।

द्वितीय गोलमेज सम्मेलन (1931 ई.)

- यह सम्मेलन 7 सितम्बर, 1931 ई. से 1 दिसम्बर, 1931 ई. तक लंदन में हुआ।
- यह सम्मेलन साम्प्रदायिक समस्या पर विवाद के कारण पूर्णतः असफल हो गया।

साम्प्रदायिक पंचाट (1932 ई.)

- 16 अगस्त, 1932 ई. को विभिन्न सम्प्रदायों के प्रतिनिधित्व के विषय पर ब्रिटिश प्रधानमन्त्री रैम्जे मैक्डोनाल्ड ने 'कम्युनल अवार्ड' जारी किया।
- इस पंचाट में पृथक् निर्वाचक पद्धति को न केवल मुसलमानों के लिये जारी रखा गया अपितु इसे दलित वर्गों पर भी लागू कर दिया गया।

पूना समझौता (25 सितम्बर, 1932 ई.)

- गाँधीजी और अम्बेडकर के मध्य 25 सितम्बर, 1932 ई. को एक समझौता हुआ, जिसे 'पूना समझौता' के नाम से जाना जाता है।
- समझौते के अन्तर्गत अम्बेडकर ने हरिजनों के पृथक् प्रतिनिधित्व की माँग को स्वीकारा गया। साथ ही हरिजनों के लिये सुरक्षित 75 स्थानों को बढ़ाकर 148 कर दिया गया।

तृतीय गोलमेज सम्मेलन (1932 ई.)

- 17 नवम्बर, 1932 ई. से 24 सितम्बर, 1932 ई. तक आयोजित यह सम्मेलन लंदन में काँग्रेस के बहिष्कार के फलस्वरूप फीका साबित हुआ।
- इस सम्मेलन में भारत सरकार अधिनियम, 1935 ई. को अन्तिम रूप दिया गया।

विदेशों में भारतीय क्रान्तिकारी संगठन

स्थापना वर्ष	संगठन	संस्थापक	देश
1905 ई.	इण्डिया हाउस	श्यामजी कृष्ण वर्मा	लन्दन (इंग्लैण्ड)
1906 ई.	अभिनव भारत	वी. डी. सावरकर	लन्दन (इंग्लैण्ड)
1907 ई.	इण्डियन इण्डिपेंडेंस लीग	तारक नाथ दास	अमेरिका
1913 ई.	गदर पार्टी	लाला हरदयाल, लाला रामचन्द्र व बरकतुल्ला	सेन फ्रांसिस्को (अमेरिका)
1914 ई.	इण्डियन इण्डिपेंडेंस लीग	लाला हरदयाल व वीरेन्द्र नाथ चट्टोपाध्याय	बर्लिन (जर्मनी)
1915 ई.	इण्डियन इण्डिपेंडेंस लीग	राजा महेन्द्र प्रताप	काबुल (अफगानिस्तान)
1942 ई.	इण्डियन इण्डिपेंडेंस लीग	रास बिहारी बोस	टोक्यो (जापान)
1942 ई.	आजाद हिन्द फौज	रास बिहारी बोस	टोक्यो (जापान)

अगस्त प्रस्ताव (1940 ई.)

8 अगस्त, 1940 ई. को भारत के तत्कालीन वायसराय लॉर्ड लिनलिथगो ने अपने 'अगस्त प्रस्तावों' की घोषणा की।

पाकिस्तान की माँग (1940 ई.)

मुस्लिम लीग के लाहौर अधिवेशन में अध्यक्षता करते हुए मोहम्मद अली जिन्ना ने 23 मार्च, 1940 ई. को भारत से अलग मुस्लिम राष्ट्र पाकिस्तान की माँग की।

- मुसलमानों के पृथक् राज्य का नाम पाकिस्तान हो यह विचार कैम्ब्रिज विश्वविद्यालय के एक अनुस्नातक विद्यार्थी चौधरी रहमत अली के मस्तिष्क में आया था।
- सबसे पहले इकबाल ने 1930 ई. में मुसलमानों के लिए पृथक् राज्य का सुझाव दिया था।

क्रिप्स प्रस्ताव (1942 ई.)

1942 ई. में जापानी फौजों के रंगून पर कब्जा कर लेने से भारत की सीमाओं पर सीधा खतरा पैदा हो गया। अब ब्रिटेन ने भारत का युद्ध में सक्रिय सहयोग पाने के लिए युद्धकालीन मन्त्रिमण्डल के एक सदस्य स्टेफोर्ड क्रिप्स की घोषणा के मसविदे के साथ भारत भेजा।

भारत छोड़ो आन्दोलन (1942 ई.)

अगस्त प्रस्ताव तथा क्रिप्स मिशन की असफलता तथा काँग्रेस द्वारा शुरू किए गए आन्दोलन के दौरान राष्ट्रीय सरकार की स्थापना की माँग को अस्वीकार किए जाने पर काँग्रेस ने बम्बई अधिवेशन में 8 अगस्त, 1942 ई. को 'भारत छोड़ो' प्रस्ताव पारित किया।

- गाँधीजी ने लोगों को 'करो या मरो' का नारा दिया।
- गाँधीजी को गिरफ्तार करने के बाद आगा खाँ पैलेस में नजरबंद रखा गया।
- गाँधीजी व वरिष्ठ नेताओं की गिरफ्तारी के बाद भारत छोड़ो आन्दोलन का नेतृत्व युवाओं ने सम्भाला। परिणामतः आन्दोलन अहिंसक न रह सका।
- आन्दोलन के प्रति ब्रिटिश सरकार की दमनात्मक नीति के विरुद्ध गाँधीजी ने आगा खां पैलेस में 10 फरवरी, 1943 ई. को 21 दिन के उपवास की घोषणा की।

सी. आर. फार्मूला (1944 ई.)

- देश की साम्प्रदायिक समस्या सुलझाने के उद्देश्य से 10 जुलाई, 1944 ई. को गाँधीजी की स्वीकृति से चक्रवती राजगोपालाचारी ने काँग्रेस तथा मुस्लिम लीग के समझौते की एक योजना प्रस्तुत की।

शिमला सम्मेलन (1945 ई.)

- 25 जून, 1945 ई. को शिमला में एक सर्वदलीय सम्मेलन का आयोजन किया गया जिसमें मुस्लिम लीग द्वारा यह शर्त रखी गयी कि वायसराय की कार्यकारिणी परिषद् में नियुक्त होने वाले सभी मुस्लिम सदस्यों का चयन वह स्वयं करेगी।

➪ मुस्लिम लीग का यही अड़ियल रुख 25 जून से 14 जुलाई तक चलने वाले शिमला सम्मेलन की असफलता का प्रमुख कारण बना।

कैबिनेट मिशन (1946 ई.)

➪ ब्रिटिश प्रधानमन्त्री एटली ने 15 फरवरी, 1946 ई. को भारतीय संविधान सभा की स्थापना एवं तत्कालीन ज्वलन्त समस्यांओं पर भारतीयों से विचार-विमर्श के लिए 'कैबिनेट मिशन' को भारत भेजने की घोषणा की।

➪ 24 मार्च, 1946 ई. को दिल्ली पहुँचे कैबिनेट मिशन के सदस्य थे–स्टेफोर्ड क्रिप्स, पैथिक लारेंस, ए. वी. एलेक्जेण्डर। 16 मई, 1946 ई. को इस मिशन के अपनी रिपोर्ट प्रस्तुत की।

➪ जुलाई 1946 ई. में कैबिनेट मिशन योजना के अन्तर्गत संविधान सभा के लिए चुनाव हुआ। मुस्लिम लीग को 389 सदस्यीय संविधान सभा में बहुत कम सीटें प्राप्त हुईं।

एटली की घोषणा (1947 ई.)

➪ ब्रिटिश प्रधानमन्त्री एटली ने हाउस ऑफ कॉमन्स में 20 फरवरी, 1947 ई. को एक ऐतिहासिक घोषणा करते हुए कहा कि ''अंग्रेज जून 1948 ई. के पहले ही उत्तरदायी लोगों का सत्ता हस्तान्तरित करने के उपरान्त भारत छोड़ देंगे।''

माउण्टबेटन योजना और स्वतन्त्रता प्राप्ति (1947 ई.)

➪ 22 मार्च, 1947 ई. को भारत के अन्तिम ब्रिटिश वायसराय लॉर्ड माउण्टबेटन भारत आए।

➪ 3 जून, 1947 ई. को लॉर्ड माउण्टबेटन द्वारा एक योजना की घोषणा की गयी, जिसे 'माउण्टबेटन योजना' के नाम से जाना जाता है।

➪ माउण्टबेटन योजना के आधार पर ही 'भारतीय स्वतन्त्रता विधेयक' ब्रिटिश संसद में 4 जुलाई, 1947 ई. को प्रस्तुत किया गया जिसे 18 जुलाई, 1947 ई. को स्वीकृति मिली।

➪ माउण्टबेटन योजना को स्वीकार कर देश विभाजन की तैयारी आरम्भ हो गई। इस प्रकार 15 अगस्त, 1947 ई. को भारत तथा पाकिस्तान नामक दो नए राष्ट्र अस्तित्व में आए।

बीसवीं शताब्दी के प्रमुख आन्दोलन/संगठन

आन्दोलन/संगठन	संस्थापक/अध्यक्ष/नेतृत्व	वर्ष
चम्पारण सत्याग्रह	महात्मा गाँधी	1917 ई.
खेड़ा सत्याग्रह	महात्मा गाँधी	1918 ई.
उत्तर प्रदेश किसान सभा	गौरी शंकर मिश्र, इन्द्रनारायण द्विवेदी एवं मदनमोहन मालवीय	1918 ई.
अवध किसान सभा	बाबा रामचन्द्र	1920 ई.
एका आन्दोलन	मदारी पासी	1921 ई.
वारदोली आन्दोलन	वल्लभभाई पटेल	1928 ई.
बिहार किसान सभा	स्वामी सहजानन्द सरस्वती	1929 ई.
अखिल भारतीय किसान सभा	स्वामी सहजानन्द सरस्वती	1936 ई.
तेभागा आन्दोलन	कम्पाराम, भवन सिंह	1946 ई.

राष्ट्रीय स्वतन्त्रता आन्दोलन अवधि में बनी महत्त्वपूर्ण संस्थाएँ

संस्थाएँ	स्थापना वर्ष	प्रमुख सूत्रधार
एशियाटिक सोसाइटी	1784	विलियम जोन्स
युवा बंगाल	—	हेनरी लुई विवियन डिरोजियो
ब्रह्म समाज	1828	राजा राम मोहन राय
ब्रिटिश सार्वजनिक सभा	1843	दादाभाई नौरोजी
रहनुमाई माजदयासन समाज	1851	दादाभाई नौरोजी
साइन्टिफिक सोसाइटी	1862	सर सैयद अहमद खाँ
मोहम्मडन एंग्लो लिटरेरी सोसाइटी	1863	अब्दुल लतीफ
वेद समाज	1871	श्री धरालु नायडू
प्रार्थना समाज	1867	केशव चन्द्र सेन, महादेव रानाडे, देवेन्द्र नाथ टैगोर आदि।
पूना सार्वजनिक सभा	1870	रानाडे/चिपुलणकर और जोशी
इण्डियन सोसाइटी	1872	आनन्द मोहन बोस
आर्य समाज	1875	स्वामी दयानन्द सरस्वती

थियोसोफिकल सोसाइटी	1875	मैडम ब्लावत्स्की और कर्नल अल्काट
मोहम्मडन एंग्लो ओरिएण्टल कॉलेज	1875	सर सैय्यद अहमद खाँ
इण्डियन एसोसिएशन	1876	सुरेन्द्र नाथ बनर्जी
भारतीय राष्ट्रीय कान्फ्रेंस	1883	एस. एन. बनर्जी
भारतीय राष्ट्रीय कांग्रेस	1885	ए. ओ. ह्यूम
बॉम्बे प्रेसीडेन्सी एसोसिएशन	1885	फिरोजशाह मेहता तैलंग तथा तेय्यब जी
बेलूर मठ	1887	स्वामी विवेकानन्द
इण्डियन सोशल कान्फ्रेंस	1887	महादेव गोविन्द रानाडे
यूनाइटेड इण्डियन पेट्रियाटिक एसोसिएशन	1888	सर सैयद अहमद खाँ
रामकृष्ण मिशन	1896	स्वामी विवेकानन्द
सर्वेंट्स ऑफ इण्डिया सोसाइटी	1905	गोपालकृष्ण गोखले
मुस्लिम लीग	1906	सलीमुल्ला एवं आगा खाँ
गदर पार्टी	1913	हरदयाल, काशीराम व सोहन सिंह
होमरूल लीग	1916	बाल गंगाधर तिलक
विश्व भारती	1918	रवीन्द्रनाथ टैगोर
कम्यूनिस्ट पार्टी ऑफ इण्डिया	1920	एम. एन. राय (ताशकन्द में)
सर्वेंट्स ऑफ पीपुल सोसाइटी	1920	लाला लाजपत राय
अखिल भारतीय ट्रेड यूनियन	1920	एन. एम. जोशी कांग्रेस
स्वराज पार्टी	1923	मोतीलाल नेहरू, चितरंजन दास व एन. सी. केलकर
राष्ट्रीय स्वयं सेवक संघ	1925	के. बी. हेडगेवार
हिन्दुस्तान सोशलिस्ट रिपब्लिकन एसोसिएशन	1928	चन्द्रशेखर आजाद, भगत सिंह
अखिल भारतीय किसान सभा	1936	एन.जी. रंगा व सहजानन्द
अखिल भारतीय विद्यार्थी परिषद्	1936	मीनू मसानी, अशोक मेहता व डॉ. अशरफ
खुदाई खिदमतगार	1937	खान अब्दुल गफ्फार खान
फारवर्ड ब्लॉक	1939	सुभाष चन्द्र बोस
रेडिकल डेमोक्रेटिक दल	1940	एम. एन. राय
आजाद हिन्द फौज	1942	रास बिहारी बोस

प्रश्नमाला

1. जलियांवाला बाग हत्याकांड कब हुआ?
(a) 13 अप्रैल, 1918
(b) 13 अप्रैल, 1919
(c) 29 अप्रैल, 1921
(d) 13 अप्रैल, 1920

2. भारतीय राष्ट्रीय कांग्रेस का लाहौर अधिवेशन कब हुआ?
(a) 1931 (b) 1929
(c) 1921 (d) 1930

3. "नेहरू राष्ट्र भक्त हैं जबकि जिन्ना राजनीतिज्ञ" कथन किसका था?
(a) सरदार पटेल
(b) मोहम्मद इकबाल
(c) महात्मा गांधी
(d) मौलाना आजाद

4. होमरूल लीग आंदोलन सर्वप्रथम किसने प्रारम्भ किया?
(a) ऐनी बेसेन्ट
(b) सरोजनी नायडू
(c) सुरेन्द्र नाथ बनर्जी
(d) तिलक

5. 'इन्कलाब जिन्दाबाद' का नारा किसने दिया?
(a) सुभाष चन्द्र बोस
(b) मुहम्मद इकबाल
(c) राम प्रसाद बिस्मिल
(d) भगत सिंह

6. महात्मा गांधी के रामराज्य के युगल सिद्धांत कौन-से थे?
(a) सही साधन व सही लक्ष्य
(b) अस्पृश्यता व मद्य निषेध
(c) खादी व चरखा
(d) सत्य व अहिंसा

7. **बंगाल का एकीकरण किस सन् में सम्पन्न हुआ?**
(a) 1905 (b) 1908
(c) 1913 (d) 1912

8. **'स्वराज्य मेरा जन्मसिद्ध अधिकार है।' उद्घोष किसका था?**
(a) गोपाल कृष्ण गोखले
(b) बाल गंगाधर तिलक
(c) महात्मा गांधी
(d) चन्द्रशेखर आजाद

9. **'करो या मरो' का नारा किसने दिया?**
(a) तिलक (b) जवाहर लाल नेहरू
(c) भगत सिंह (d) महात्मा गांधी

10. **भारतीय राष्ट्रीय कांग्रेस की स्थापना किसने की?**
(a) ए.ओ. ह्यूम
(b) सुरेन्द्र नाथ बनर्जी
(c) दादा भाई नौरोजी
(d) व्योमेश चन्द्र बनर्जी

11. **दादा भाई नौरोजी आमतौर पर किस नाम से जाने जाते थे?**
(a) पंजाब केसरी
(b) गुजरात रत्न
(c) गुरुदेव
(d) ग्रैंड ओल्ड मैन ऑफ इंडिया

12. **'बहिष्कृत भारत' पत्रिका से संबंधित थे?**
(a) आत्माराम पांडुरंग
(b) ज्योतिबा फूले
(c) बाल गंगाधर तिलक
(d) बी.आर. अम्बेडकर

13. **गांधी-इरविन समझौते में किस आंदोलन को रोकने का प्रावधान था?**
(a) भारत छोड़ो आंदोलन
(b) सविनय अवज्ञा आंदोलन
(c) असहयोग आंदोलन
(d) कोई नहीं

14. **विदेश में प्रथम स्वतंत्र भारतीय सरकार किसने स्थापित की?**
(a) बरकत उल्ला
(b) सुभाष चन्द्र बोस
(c) लाला हरदयाल
(d) राजा महेन्द्र प्रताप सिंह

15. **भारतीय राष्ट्रीय कांग्रेस का प्रथम विभाजन कब हुआ?**
(a) 1907 (b) 1906
(c) 1969 (d) 1911

16. **निम्न में से कौन स्वराज्य दल से संबंधित नहीं था?**
(a) मोती लाल नेहरू
(b) आयंगर
(c) राजगोपालाचारी
(d) विट्ठल भाई पटेल

17. **महात्मा गांधी के राजनीतिक गुरु कौन थे?**
(a) सी.आर. दास (b) दादा भाई नौरोजी
(c) तिलक (d) गोपाल कृष्ण गोखले

18. **निम्न का सही क्रम निर्दिष्ट कीजिए?**
(a) (i) साइमन कमीशन (ii) सविनय अवज्ञा आंदोलन (iii) खुदाई खिदमतगार (iv) सूरत विभाजन
(b) (i) साइमन कमीशन (ii) सविनय अवज्ञा आंदोलन (iii) सूरत विभाजन (iv) खुदाई खिदमतगार
(c) (i) खुदाई खिदमतगार (ii) सविनय अवज्ञा आंदोलन (iii) सूरत विभाजन (iv) साइमन कमीशन
(d) (i) सूरत विभाजन (ii) साइमन कमीशन (iii) सविनय अवज्ञा आंदोलन (iv) खुदाई खिदमतगार

19. **'तुम मुझे खून दो मैं तुम्हें आजादी दूंगा।' यह नारा किसने दिया था?**
(a) सुभाष चन्द्र बोस
(b) भगत सिंह
(c) रासबिहारी बोस
(d) बटुकेश्वर दत्त

20. **भारतीय राष्ट्रीय कांग्रेस का प्रथम अधिवेशन कहां हुआ था?**
(a) बम्बई (b) कलकत्ता
(c) नागपुर (d) सूरत

21. **निम्नलिखित को सुमेलित कीजिए-**

A.	**इंडिया विन्स फ्रीडम**	**1.**	**सुनील गावस्कर**
B.	**रन्स एण्ड रूइन्स**	**2.**	**अबुलकलाम आजाद**
C.	**यंग इंडिया**	**3.**	**महात्मा गांधी**
D.	**न्यू इंडिया**	**4.**	**एनीबेसेन्ट**

(a) A-2 B-1 C-3 D-4
(b) A-2 B-1 C-4 D-3
(c) A-3 B-2 C-1 D-4
(d) A-4 B-2 C-3 D-1

22. **इंडियन नेशनल कांग्रेस और मुस्लिम लीग के बीच मतैक्य का काल निम्न में से कौन प्रदर्शित करता है?**
(a) 1906-1911
(b) 1916-1922
(c) 1917-1921
(d) 1940-1946

23. **ब्रिटिश पार्लियामेंट में चुना जाने वाला प्रथम भारतीय कौन था?**
(a) रासबिहारी बोस
(b) सुरेन्द्र नाथ बनर्जी
(c) दादाभाई नौरोजी
(d) विट्ठल भाई पटेल

24. **सुमेलित कीजिए-**

A.	**बारदोली सत्याग्रह**	**1.**	**गांधी**
B.	**चम्पारन सत्याग्रह**	**2.**	**राम सिंह**
C.	**कूका आंदोलन**	**3.**	**गफ्फार खां**
D.	**लाल कुर्ती**	**4.**	**सरदार पटेल**

(a) A-4 B-1 C-2 D-3
(b) A-2 B-1 C-3 D-4
(c) A-4 B-3 C-2 D-1
(d) A-1 B-2 C-3 D-4

25. **कथन (A) : द्वितीय विश्व युद्ध में भारतीय राष्ट्रीय कांग्रेस ने अंग्रेजों को सहयोग प्रदान किया था।**
कारण (R) : क्योंकि उन्हें पूर्ण स्वराज्य प्राप्त होने की आशा थी।
(a) A, R दोनों सत्य हैं तथा R, A की स्पष्ट व्याख्या है।
(b) A, R दोनों सत्य हैं तथा R, A की स्पष्ट व्याख्या नहीं है।
(c) A सत्य है पर R असत्य है।
(d) R सत्य है पर A असत्य है।

26. **1937 में सम्पन्न विधान सभा चुनावों में इंडियन नेशनल कांग्रेस को निम्न में से किस प्रांत में पूर्ण बहुमत नहीं मिला था?**
(a) मध्य प्रांत (b) बिहार
(c) पंजाब (d) मद्रास

27. **'मेरा अंतिम उद्देश्य प्रत्येक व्यक्ति के आंख से आंसू पोंछना होगा।' यह कथन निम्न में से किसका है?**
(a) जवाहर लाल नेहरू
(b) महात्मा गांधी
(c) बी.जी. तिलक
(d) जी.के. गोखले

28. **कथन (A) : गांधी जी ने दांडी मार्च किया।**
कारण (R) : वे भारत की गरीब जनता को निःशुल्क नमक दिलाना चाहते थे।
(a) A और R दोनों सत्य हैं तथा R, A की सही व्याख्या करता है।

(b) A और R सत्य है, किन्तु R, A की सही व्याख्या नहीं करता है।
(c) A सत्य है, R असत्य है।
(d) R सत्य है, A असत्य है।

29. दांडी मार्च शुरू किया गया था-
(a) नमक कानून के समर्थन हेतु
(b) नमक कानून तोड़ने हेतु
(c) रौलेट एक्ट के समर्थन हेतु
(d) रौलेट एक्ट के विरोध में

30. किस बात ने गांधी जी को फरवरी, 1922 में सविनय अवज्ञा आंदोलन स्थगित करने पर बाध्य किया?
(a) चौरी-चौरा और अन्य स्थानों पर हुई हिंसक घटनाओं ने
(b) मतभेद
(c) सरकारी दमन
(d) जेलों की भीड़

31. लाला लाजपत राय घायल हुए थे-
(a) साइमन कमीशन के विरोध में हुए लाठी चार्ज में
(b) रौलेट एक्ट के विरोध में हुए लाठी चार्ज में
(c) भारत छोड़ो आंदोलन के समय हुए लाठी चार्ज में
(d) गवर्नमेंट ऑफ इंडिया एक्ट के विरोध में हुए लाठी चार्ज में

32. भारत छोड़ो आंदोलन कब आरंभ हुआ था?
(a) सन् 1936 में
(b) सन् 1940 में
(c) सन् 1942 में
(d) सन् 1947 में

33. द्वितीय विश्व युद्ध के संबंध में भारतीय राष्ट्रीय कांग्रेस की क्या नीति थी?
(a) पूर्ण स्वतंत्रता का आश्वासन मिलने पर ब्रिटेन को सहयोग
(b) ब्रिटेन को सक्रिय सहयोग
(c) तटस्थता
(d) उपरोक्त में से कोई नहीं

34. दिल्ली से पहले भारत की राजधानी थी-
(a) कलकत्ता
(b) मुम्बई
(c) चंडीगढ़
(d) इनमें से कोई नहीं

35. वर्ष 1919 में अखिल भारतीय खिलाफत सम्मेलन का अध्यक्ष किसे चुना गया?
(a) महात्मा गांधी
(b) मुहम्मद अली जिन्ना
(c) मौलाना शौकत अली
(d) मोती लाल नेहरू

36. मोती लाल नेहरू स्वराज दल के नेता थे। निम्न में से कौन-सा दल में नहीं था?
(a) श्रीनिवास आयंगर
(b) चितरंजन दास
(c) विट्ठल भाई पटेल
(d) सी. राजगोपालाचारी

37. लॉर्ड कर्जन ने वर्ष 1905 में बंगाल विभाजन कर दिया, विभाजन किस वर्ष समाप्त हुआ?
(a) सन् 1910
(b) सन् 1912
(c) सन् 1913
(d) सन् 1914

38. निम्न में से किन्हें गांधीजी ने अपना राजनैतिक गुरु माना?
(a) रवीन्द्र नाथ टैगोर
(b) हेनरी डेविड थोरो
(c) गोपाल कृष्ण गोखले
(d) राजा राममोहन राय

39. निम्न में से गांधीजी के रामराज्य के युगल सिद्धांत कौन-से थे?
(a) छुआछूत की समाप्ति तथा नशाबंदी
(b) सत्य तथा अहिंसा
(c) खादी तथा चरखा
(d) सही लक्ष्य तथा सही उपाय

40. लाल कुर्ती दल संगठित किया गया था-
(a) स्वतंत्र पख्तूनिस्तान बनाने के लिए
(b) पाकिस्तान का सृजन निश्चित करने के लिए
(c) अंग्रेजों को निकालने के लिए
(d) स्वतंत्रता के पश्चात् भारत को एक साम्यवादी देश बनाने के लिए

41. भारतीय राष्ट्रीय कांग्रेस का लाहौर अधिवेशन हुआ था-
(a) सन् 1927 में
(b) सन् 1929 में
(c) सन् 1931 में
(d) सन् 1935 में

42. निम्नलिखित में से किसका स्थगन गांधी-इरविन समझौते में किया जाना प्रस्तावित था?
(a) असहयोग आंदोलन
(b) खिलाफत आंदोलन
(c) गोलमेज आंदोलन
(d) सविनय अवज्ञा आंदोलन

43. भारतीय राष्ट्रीय कांग्रेस ने पूर्ण स्वतंत्रता प्राप्ति का लक्ष्य किस वर्ष में घोषित किया था?
(a) वर्ष 1929 (b) वर्ष 1931
(c) वर्ष 1939 (d) वर्ष 1941

44. भारतीय राष्ट्रीय कांग्रेस की प्रथम महिला अध्यक्षा थीं-
(a) श्रीमती एनी बेसेन्ट
(b) कमला नेहरू
(c) सरोजनी नायडू
(d) विजय लक्ष्मी पंडित

45. गांधी जी की दृष्टि में अहिंसा का अर्थ है-
(a) सत्य की प्राप्ति का रास्ता
(b) राजनीतिक स्वतंत्रता प्राप्ति का रास्ता
(c) ईश्वर-संस्मरण का एकमात्र रास्ता
(d) आत्मविलीनीकरण

46. 1932 में पूना पैक्ट के बाद हरिजन सेवक संघ की स्थापना हुई। इसके अध्यक्ष-
(a) जगजीवन राम थे।
(b) घनश्याम दास बिड़ला थे।
(c) बी.आर. अम्बेडकर थे।
(d) अमृत लाल ठक्कर थे।

47. 14 जून, 1947 को कांग्रेस के दिल्ली अधिवेशन में भारत के विभाजन का प्रस्ताव स्वीकृत हुआ, इस अधिवेशन के निम्न में से अध्यक्ष कौन थे?
(a) राजेन्द्र प्रसाद
(b) सरदार वल्लभभाई पटेल
(c) आचार्य जे.बी. कृपलानी
(d) जवाहर लाल नेहरू

48. भारतीयों को वर्ष 1947 में सार्वभौम सत्ता सौंपने की योजना निम्न में से किस नाम से जानी गई?
(a) डूरण्ड योजना
(b) मार्ले-मिन्टो सुधार
(c) माउण्टबेटन योजना
(d) वेवेल योजना

49. खिलाफत स्वराज पार्टी की स्थापना की थी-
(a) राजेन्द्र प्रसाद ने
(b) सुभाष चन्द्र बोस ने
(c) सी.आर. दास और मोतीलाल नेहरू ने
(d) बी.आर. अम्बेडकर ने

50. साइमन कमीशन कब भारत आया?
(a) 1920 ई
(b) 1922 ई.
(c) 1925 ई
(d) 1927 ई

51. राष्ट्रीय आंदोलन की निम्नलिखित घटनाएं हैं-
I. चम्पारन सत्याग्रह
II. असहयोग आंदोलन
III. 'भारत छोड़ो' आंदोलन
IV. दांडी मार्च
इनका कालानुसार क्रम है-
(a) I, II, IV, III
(b) II, I, III, IV
(c) III, II, I, IV
(d) II, III, I, IV

52. 1915-16 में किसके नेतृत्व में दो होमरूल लीग आरम्भ की गई?
(a) तिलक और एनी बेसेन्ट
(b) तिलक और अरविन्द घोष
(c) तिलक और लाला लाजपत राय
(d) तिलक और विपिन चन्द्र पाल

53. बंग-भंग विरोधी आंदोलन का प्रारम्भ किस तिथि से हुआ?
(a) 20 जुलाई, 1905
(b) 7 अगस्त, 1905
(c) 16 अक्टूबर, 1905
(d) 7 नवम्बर, 1905

54. भारतीय इतिहास में तिथि 6 अप्रैल, 1930 जानी जाती है-
(a) लंदन में प्रथम गोलमेज सम्मेलन के लिए
(b) असहयोग आंदोलन के लिए
(c) गांधी-इरविन समझौते के लिए
(d) महात्मा गांधी द्वारा दांडी मार्च के लिए

55. क्रांतिकारी चन्द्रशेखर आजाद को अंग्रेजों ने कैसे मार डाला था?
(a) फांसी देकर
(b) मार-पीट कर
(c) मुठभेड़ में गोलियों से
(d) सैनिक जीप से कुचल कर

56. निम्नलिखित को सही तिथिवार क्रम में नीचे दिए गए कोड में से चुनिए-
A. रौलेट एक्ट
B. साइमन कमीशन
C. होमरूल आंदोलन
D. गांधी-इरविन समझौता
कूट :
(a) C, D, A, B (b) D, B, A, C
(c) A, C, B, D (d) C, A, B, D

57. जलियांवाला बाग हत्याकांड के लिए जिम्मेदार जनरल डायर को निम्न में से किसने मार डाला?
(a) पृथ्वी सिंह आजाद
(b) सरदार किशन सिंह
(c) ऊधम सिंह
(d) सोहन सिंह जोश

58. भारतीय राष्ट्रीय कांग्रेस के सर्वप्रथम मुस्लिम अध्यक्ष थे-
(a) अबुल कलाम आजाद
(b) रफी अहमद किदवई
(c) एम.ए. अन्सारी
(d) बदरुद्दीन तैयब जी

59. महात्मा गांधी को 'राष्ट्रपिता' सर्वप्रथम किसने कहा था?
(a) सरोजिनी नायडू
(b) सरदार पटेल
(c) जवाहर लाल नेहरू
(d) सुभाष चन्द्र बोस

60. अंग्रेजों के शासनकाल में भारत के 'आर्थिक दोहन' के सिद्धांत को किसने प्रतिपादित किया?
(a) एम.एन. राय
(b) जय प्रकाश नारायण
(c) राममनोहर लोहिया
(d) दादाभाई नौरोजी

61. महात्मा गांधी द्वारा व्यक्तिगत सत्याग्रह आंदोलन के लिए प्रथम सत्याग्रही कौन चुना गया?
(a) जवाहर लाल नेहरू
(b) सरदार पटेल
(c) सरोजिनी नायडू
(d) विनोबा भावे

62. मुस्लिम लीग की स्थापना सन् 1906 में हुई थी-
(a) बम्बई में (b) लाहौर में
(c) ढाका में (d) दिल्ली में

63. निम्न में कौन मध्यममार्गी नहीं था?
(a) गोपाल कृष्ण गोखले
(b) बाल गंगाधर तिलक
(c) ए.ओ. ह्यूम
(d) मदन मोहन मालवीय

64. 'इन्कलाब जिन्दाबाद' का नारा किसने दिया था?
(a) चन्द्रशेखर आजाद
(b) सुभाष चन्द्र बोस
(c) मोहम्मद इकबाल
(d) भगत सिंह

65. 1922 में गांधी जी ने सत्याग्रह आंदोलन वापस लिया-
(a) चौरी-चौरा हिंसा के कारण
(b) कांग्रेस के सदस्यों की गिरफ्तारी के कारण
(c) अंग्रेजी सरकार द्वारा गांधी की मांगें मान लेने के कारण
(d) जनता के समर्थन के अभाव के कारण

66. पूना पैक्ट संबंधित था-
(a) दलित वर्ग से
(b) हिन्दू-मुस्लिम एकता से
(c) संवैधानिक प्रगति से
(d) शैक्षिक सुधार से

67. निम्नांकित में से खिलाफत आंदोलन का परिणाम क्या था?
(a) हिन्दू-मुस्लिम मतभेदों में कमी आई,
(b) भाषा की समस्या तीव्र हुई
(c) हिन्दू-मुस्लिम दंगे बढ़े
(d) हिन्दुओं को दबाया गया

68. स्वराज पार्टी का गठन वर्ष 1923 में निम्नांकित में से किस समूह ने किया था?
(a) डॉ. राजेन्द्र प्रसाद, सरदार पटेल, मौलाना अबुल कलाम आजाद
(b) जवाहर लाल नेहरू, सुभाष चन्द्र बोस, गोविन्द वल्लभ पंत
(c) सी.आर. दास, मोतीलाल नेहरू
(d) बाल गंगाधर तिलक, सत्यमूर्ति, तेज बहादुर सप्रू

69. लाल, बाल, पाल में कौन नहीं था?
(a) लाजपत राय
(b) तिलक
(c) विपिन चन्द्र
(d) दादाभाई नौरोजी

70. गांधी-इरविन समझौता किस वर्ष हुआ था?
(a) 1921 ई. (b) 1929 ई.
(c) 1931 ई. (d) 1933 ई.

71. जब भारतीय राष्ट्रीय कांग्रेस ने 'भारत छोड़ो' प्रस्ताव पारित किया उस समय कांग्रेस अध्यक्ष थे-
(a) महात्मा गांधी
(b) सरदार पटेल
(c) मौलाना अबुल कलाम आजाद
(d) पंडित जवाहर लाल नेहरू

72. भारतीय राष्ट्रीय कांग्रेस ने 'पूर्ण स्वराज' को अपना उद्देश्य किस वर्ष घोषित किया?
(a) 1919 में (b) 1929 में
(c) 1933 में (d) 1945 में

73. निम्नलिखित में से किसने आर्यों के आदि देश के बारे में लिखा था?
(a) शंकराचार्य (b) एनी बेसेन्ट
(c) विवेकानन्द (d) बाल गंगाधर तिलक

74. महाराष्ट्र में गणपति-पर्व का श्री गणेश किया था-
(a) बी.जी. तिलक ने
(b) एम.जी. रानाडे ने
(c) विपिन चन्द्र पाल ने
(d) अरविन्द घोष ने

75. निम्नांकित में किसका सुमेल नहीं है?
(a) वर्ष 1885 भारतीय राष्ट्रीय कांग्रेस की स्थापना
(b) वर्ष 1905 बंगाल विभाजन
(c) वर्ष 1909 मार्ले-मिण्टो सुधार
(d) वर्ष 1930 असहयोग आंदोलन

76. हिन्दुस्तान सोशलिस्ट रिपब्लिकन आर्मी गठित की थी-
(a) सुभाष चन्द्र बोस ने
(b) रासबिहारी बोस ने
(c) चन्द्रशेखर आजाद ने
(d) सरदार भगत सिंह ने

77. गाँधी जी ने केवल एक बार कांग्रेस की अध्यक्षता की, वह अधिवेशन था-
(a) मद्रास अधिवेशन
(b) मुम्बई अधिवेशन
(c) बेलगाम अधिवेशन
(d) कलकत्ता अधिवेशन

78. साइमन कमीशन भारत किस वर्ष आया?
(a) 1927 में
(b) 1928 में
(c) 1929 में
(d) 1931 में

79. अंग्रेजी साप्ताहिक 'वन्दे मातरम्' के साथ निम्नांकित में से किसने अपने को सम्बद्ध किया?
(a) अरविन्द घोष
(b) विपिन चन्द्र पाल
(c) सुभाष चन्द्र बोस
(d) लोकमान्य तिलक

80. निम्नांकित घटनाओं में से कौन-सी घटना कालक्रम के अनुसार तीसरे स्थान पर आती है?
(a) चम्पारण आंदोलन
(b) असहयोग आंदोलन
(c) भारत छोड़ो आंदोलन
(d) दांडी मार्च

81. 'भारत छोड़ो' आंदोलन के समय निम्नांकित में से किसने 'कांग्रेस रेडियो' का प्रसारण किया?
(a) अरुणा आसफ अली
(b) जय प्रकाश नारायण
(c) ऊषा मेहता
(d) उपर्युक्त में से कोई नहीं

82. पत्रकार के कर्त्तव्य का निर्वहन करते हुए जेल जाने वाला प्रथम भारतीय कौन था?
(a) बाल गंगाधर तिलक
(b) दादाभाई नौरोजी
(c) मोतीलाल नेहरू
(d) सुरेन्द्र नाथ बनर्जी

83. मुस्लिम लीग का प्रथम अध्यक्ष कौन था?
(a) आगा खां
(b) हमीद खां
(c) हसन खां
(d) एम.ए. जिन्ना

84. लाल, बाल और पाल त्रिगुट का कौन-सा व्यक्ति भारतीय राष्ट्रीय कांग्रेस का अध्यक्ष हुआ?
(a) लाला लाजपत राय
(b) बाल गंगाधर तिलक
(c) विपिन चन्द्र पाल
(d) उपर्युक्त में से कोई नहीं

85. निम्नलिखित में से कौन भारतीय राष्ट्रीय कांग्रेस के स्थापना अधिवेशन में उपस्थित नहीं था?
(a) दादाभाई नौरोजी
(b) जी. सुब्रह्मण्यम अय्यर
(c) जस्टिस रानाडे
(d) सुरेन्द्र नाथ बनर्जी

उत्तरमाला

1. (b)	**2.** (b)	**3.** (d)	**4.** (a)	**5.** (b)	**6.** (d)	**7.** (d)	**8.** (b)	**9.** (d)	**10.** (a)
11. (d)	**12.** (d)	**13.** (b)	**14.** (d)	**15.** (a)	**16.** (c)	**17.** (c)	**18.** (d)	**19.** (a)	**20.** (b)
21. (a)	**22.** (b)	**23.** (c)	**24.** (a)	**25.** (b)	**26.** (c)	**27.** (a)	**28.** (c)	**29.** (b)	**30.** (a)
31. (a)	**32.** (c)	**33.** (a)	**34.** (a)	**35.** (a)	**36.** (d)	**37.** (b)	**38.** (c)	**39.** (b)	**40.** (c)
41. (b)	**42.** (d)	**43.** (a)	**44.** (a)	**45.** (a)	**46.** (b)	**47.** (c)	**48.** (c)	**49.** (c)	**50.** (d)
51. (a)	**52.** (a)	**53.** (b)	**54.** (d)	**55.** (c)	**56.** (d)	**57.** (c)	**58.** (d)	**59.** (d)	**60.** (d)
61. (d)	**62.** (c)	**63.** (b)	**64.** (c)	**65.** (d)	**66.** (a)	**67.** (a)	**68.** (c)	**69.** (d)	**70.** (c)
71. (b)	**72.** (d)	**73.** (d)	**74.** (a)	**75.** (d)	**76.** (c)	**77.** (c)	**78.** (b)	**79.** (a)	**80.** (d)
81. (c)	**82.** (a)	**83.** (a)	**84.** (a)	**85.** (d)					

❑❑❑

5 भारतीय राजव्यवस्था

संविधान का निर्माण

- संविधान सरकार चलाने के नियमों का एक महत्वपूर्ण लिखित दस्तावेज है, जिसके आधार पर देश की शासन व्यवस्था चलती है।
- सन् 1948 में कैबिनेट मिशन प्लान के अन्तर्गत भारत के संविधान के निर्माण के लिए संविधान सभा गठित करने का प्रस्ताव रखा गया।

समितियाँ

समिति	अध्यक्ष
संचालन समिति	डॉ. राजेन्द्र प्रसाद
संघ संविधान समिति	पं. जवाहरलाल नेहरू
प्रांतीय संविधान समिति	वल्लभ भाई पटेल
प्रारूप समिति	डॉ. बी.आर. अम्बेडकर
संघ शक्ति समिति	पं. जवाहरलाल नेहरू
झण्डा समिति	जे.बी. कृपलानी
रिसायत समिति	डॉ. राजेन्द्र प्रसाद

- संविधान को तैयार करने में 2 साल 11 महीने और 18 दिन का समय लगा।
- संविधान 26 नवम्बर, 1949 को बनकर तैयार हो गया था और इसी दिन इस पर अध्यक्ष के हस्ताक्षर हुए।
- संविधान सभा की अन्तिम बैठक 24 जनवरी, 1950 को हुई और इसी दिन संविधान सभा द्वारा डॉ. राजेन्द्र प्रसाद को भारत का प्रथम राष्ट्रपति भी चुना गया।
- नवनिर्मित संविधान में 395 अनुच्छेद, 22 भाग तथा 8 अनुसूचियाँ थीं।

भारतीय संविधान के स्रोत

1. **ब्रिटेन**–संसदीय शासन विधि निर्माण प्रक्रिया, एकल नागरिकता, संसदीय विशेषाधिकार, मंत्रिमण्डल का लोकसभा के प्रति सामूहिक उत्तरदायित्व, औपचारिक प्रधान के रूप में राष्ट्रपति।
2. **अमेरिका**–मौलिक अधिकार, उपराष्ट्रपति, स्वतन्त्र एवं निष्पक्ष न्यायालय, न्यायर्गिक पुनर्विलोकन, सर्वोच्च न्यायालय का गठन एवं शक्तियाँ, सर्वोच्च व उच्च न्यायालय के न्यायाधीशों को हटाने की विधि।
3. **आस्ट्रेलिया**–समवर्ती सूची, प्रस्तावना की भाषा, केन्द्र-राज्य के बीच सम्बन्ध तथा शक्तियों का विभाजन।
4. **आयरलैण्ड**–नीति-निदेशक तत्व।
5. **फ्रांस**–गणतन्त्र।
6. **जर्मनी**–आपात उपबन्ध।
7. **कनाडा**–संघात्मक व्यवस्था, अवशिष्ट शक्तियों का केन्द्र के पास होना

संविधान की प्रस्तावना

"हम भारत के लोग को एक सम्पूर्ण प्रभुता सम्पन्न, समाजवादी धर्मनिरपेक्ष लोकतान्त्रिक गणराज्य बनाने के लिए तथा उसके समस्त नागरिकों को सामाजिक, आर्थिक और राजनीतिक न्याय, विचार अभिव्यक्ति, विश्वास धर्म और उपासना की स्वतन्त्रता प्रतिष्ठा और अवसर की समता प्राप्त करने के लिए तथा उन सबसे व्यक्ति की गरिमा और राष्ट्र की एकता और अखण्डता सुनिश्चित करने वाली बंधुता बढ़ाने के लिए दृढ़ संकल्प होकर अपनी इस संविधान सभा में आज तारीख 26 नवम्बर, 1949 ई. को एतद्‌द्वारा इस संविधान को अंगीकृत अधिनियम और आत्मार्पित करते हैं।"

भारतीय संविधान के प्रमुख भाग और अनुच्छेद

भाग	भाग का नाम	अनुच्छेद
भाग–1	संघ और उसका राज्य क्षेत्र	अनुच्छेद (1-4)
भाग–2	नागरिकता	अनुच्छेद (5-11)
भाग–3	मौलिक अधिकार	अनुच्छेद (12-35)
भाग–4	राज्य के नीति निदेशक तत्व	अनुच्छेद (36-51)
भाग–4 (क)	मूल कर्त्तव्य	अनुच्छेद (51-A)
भाग–5	संघ	अनुच्छेद (52-151)
भाग–6	राज्य	अनुच्छेद (152-237)
भाग–7	पहली अनुसूची के भाग (ख) के राज्य	अनुच्छेद (238)

भाग–8	संघ राज्य क्षेत्र	अनुच्छेद (239-243)
भाग–9	पंचायतें	अनुच्छेद (243'क'-243'ण')
भाग–9 (क)	नगरपालिकाएं	अनुच्छेद (243'त'-243'छ')
भाग–10	अनुसूचित जनजाति क्षेत्र	अनुच्छेद (244-244'क')
भाग–11	संघ और राज्यों के बीच सम्बन्ध	अनुच्छेद (245-263)
भाग–12	वित्त, सम्पत्ति, संविदाएं और वाद	अनुच्छेद (264-300A)
भाग–13	भारत के राज्य के भीतर व्यापार वाणिज्य और समागम	अनुच्छेद (301-307)
भाग–14	संघ और राज्यों के अधीन सेवाएं	अनुच्छेद (308-323)
भाग–14(क)	अधिकरण	अनुच्छेद (323 क–323 ख)
भाग–15	निर्वाचन	अनुच्छेद (324-329 ख)
भाग–16	कुछ वर्गों के सम्बन्ध में विशेष उपबन्ध	अनुच्छेद (330-342)
भाग–17	राजभाषा	अनुच्छेद (345-351)
भाग–18	आपात उपबन्ध	अनुच्छेद (352-360))
भाग–19	प्रकीर्ण	अनुच्छेद (361-367)
भाग–20	संविधान का संशोधन	अनुच्छेद (368)
भाग–21	अस्थायी संक्रमणकालीन और विशेष	अनुच्छेद (369-392)
भाग-22	संक्षिप्त नाम, प्रारम्भ, हिन्दी, में प्राधिकृत पाठ और निरसन	अनुच्छेद (393-395)

संविधान की अनुसूचियाँ

प्रथम अनुसूची–इसमें भारतीय संघ के घटक राज्यों और संघीय क्षेत्रों में उल्लेख है।

द्वितीय अनुसूची–इसमें भारतीय राजव्यवस्था के विभिन्न पदाधिकारियों (राष्ट्रपति, राज्यपाल, लोकसभा के अध्यक्ष और उपाध्यक्ष, राज्यसभा के सभापति और उपसभापति, उच्चतम न्यायालय और उच्च न्यायालयों में न्यायधीशों और भारत के नियन्त्रक एवं महालेखा परीक्षक आदि को प्राप्त होने वाले वेतन, भत्ते और पेंशन आदि का उल्लेख किया गया है।

तृतीय अनुसूची–इसमें विभिन्न पदाधिकारियों (राष्ट्रपति, उप-राष्ट्रपति मंत्री, संसद सदस्य, उच्चतम न्यायालय और उच्च न्यायालयों के न्यायाधीशों आदि द्वारा पद ग्रहण के समय ली जाने वाली शपथ का उल्लेख है।

चतुर्थ अनुसूची–इसमें विभिन्न राज्यों तथा संघीय राज्य क्षेत्रों का राज्यसभा में प्रतिनिधित्व का विवरण दिया गया है।

पाँचवीं अनुसूची–इसमें विभिन्न अनुसूचित जातियों और अनुसूचित जनजातियों के प्रशासन और नियन्त्रण के बारे में उल्लेख है।

छठी अनुसूची–इसमें असोम, मेघालय, त्रिपुरा और मिजोरम राज्यों के जनजाति क्षेत्रों के प्रशासन के बारे में प्रावधान है।

सातवीं अनुसूची–इसमें संघ सूची, राज्य सूची और समवर्ती सूची के विषयों का उल्लेख किया गया है।

आठवीं अनुसूची–इसमें वर्तमान में 22 भाषाओं का उल्लेख किया गया है।

नवीं अनुसूची–इसके अन्तर्गत राज्य द्वारा सम्पत्ति के अधिग्रहण की विधियों का उल्लेख किया गया है।

दसवीं अनुसूची–इसमें दल बदल से सम्बन्धित प्रावधानों का उल्लेख है।

ग्यारहवीं अनुसूची–इस अनुसूची के आधार पर पंचायती राजव्यवस्था को संवैधानिक दर्जा प्रदान किया गया है।

बारहवीं अनुसूची–इस अनुसूची के आधार पर शहरी क्षेत्र के स्थानीय स्वशासन संस्थाओं का उल्लेख कर उन्हें संवैधानिक दर्जा प्रदान किया गया है।

नागरिकता : नागरिकता अधिनियम, 1995

- नागरिकता अधिनियम 1995 के अनुसार भारत की नागरिकता पाँच प्रकार से ग्रहण की जा सकती है।

1. जन्म से नागरिकता

- जिस व्यक्ति का जन्म 26 जनवरी, 1950 को या उसके पश्चात् हुआ हो, जन्म से भारत का नागरिक होगा। किन्तु इस नियम के दो अपवाद हैं। राजनयिकों के बच्चे, विदेशियों के बच्चे।

2. वंशानुगत

- 26 जनवरी, 1950 अथवा उसके पश्चात् भारत के बाहर जन्म लेने वाला शिशु वंशानुक्रम से भारत का नागरिक होगा, यदि उस समय उसका पिता भारत का नागरिक हो।

3. पंजीकरण द्वारा

- संविधान में उल्लेखित उपबन्धों के आधार पर जो व्यक्ति भारत का नागरिक नहीं है, परन्तु निम्नलिखित शर्तों में से किसी एक से भी सम्बन्धित हो।

4. देशीयकरण द्वारा नागरिकता

- कोई भी विदेशी नागरिक भारत सरकार को आवेदन करके भारतीय नागरिकता प्राप्त कर सकता है, परन्तु इस अधिनियम में एक विशेष उपबन्ध शामिल किया गया है जिनके अनुसार यह छूट दी गई है कि यदि कोई व्यक्ति विज्ञान, दर्शन, कला, साहित्य, विश्व-शान्ति अथवा मानव विकास के क्षेत्र में विशेष कार्य कर चुका हो, तो उसे इन सभी शर्तों को पूर्ण किए बिना भी देशीयकण द्वारा नागरिकता प्रदान की जा सकती है।

5. राज्य क्षेत्र में मिल जाने से प्राप्त नागरिकता

- यदि कोई अन्य राज्यक्षेत्र भारत का भाग बन जाता है तो भारत सरकार यह विनिर्दिष्ट करेगी कि उस राज्यक्षेत्र के व्यक्ति भारत के नागरिक होंगे।

मूल अधिकार

- भारतीय नागरिकों को 6 मूल अधिकार प्राप्त हैं, जो निम्नलिखित हैं–

समानता का अधिकार (अनुच्छेद, 14-18)

- कानून के समक्ष समानता (अनुच्छेद 14)
- धर्म, नस्ल, जाति, लिंग या जन्म स्थान के आधार पर भेदभाव का निषेध (अनुच्छेद 15)
- सरकारी पदों की प्राप्ति के लिए अवसर की समानता (अनुच्छेद 16)
- अस्पृश्यता का निषेध (अनुच्छेद 17)
- उपाधियों का अन्त (अनुच्छेद 18)

2. स्वतन्त्रता का अधिकार (अनुच्छेद 19-22)

- विचार और अभिव्यक्ति की स्वतन्त्रता (अनुच्छेद 19)
- अस्त्र-शस्त्र रहित तथा शान्तिपूरक सम्मेलन की स्वतन्त्रता (अनुच्छेद 19)
- समुदाय और संघ निर्माण की स्वतन्त्रता (अनुच्छेद 19)
- भारत राज्य क्षेत्र में अबोध निवास की स्वतन्त्रता (अनुच्छेद 19)
- वृत्ति, उपजीविका या कारोबार की स्वतन्त्रता (अनुच्छेद 19)
- अपराध की दोष सिद्धि के विषय में संरक्षण (अनुच्छेद 20)
- व्यक्तिगत स्वतंत्रता तथा जीवन की सुरक्षा (अनुच्छेद 21)
- बन्दीकरण की अवस्था में संरक्षण (अनुच्छेद 22)

3. शोषण के विरुद्ध अधिकार (अनुच्छेद 23 और 24)

- मनुष्यों के क्रय-विक्रय पर रोक (अनुच्छेद 23)
- वर्ष से कम आयु के बच्चों को कारखानों, खान तथा अन्य खतरनाक कार्यों में नौकरी पर रखने पर निषेध (अनुच्छेद 24)

4. धार्मिक स्वतन्त्रता का अधिकार (अनुच्छेद 25-28)

- अन्तःकरण की स्वतन्त्रता (अनुच्छेद 25)
- धार्मिक मामलों का प्रबन्ध करने की स्वतन्त्रता (अनुच्छेद 26)
- धार्मिक व्यय में लिए निश्चित धन पर कर की अदायगी से छूट (अनुच्छेद 27)
- शिक्षण संस्थाओं में धार्मिक शिक्षा प्राप्त करने या न प्राप्त करने की स्वतन्त्रता (अनुच्छेद 28)

5. संस्कृति और शिक्षा सम्बन्धी अधिकार (अनुच्छेद 29 व 30)

- संविधान सभी अल्पसंख्यकों को अधिकार देता है कि वे अपनी भाषा, लिपि व संस्कृति को बनाए रख सकते हैं। और इस उद्देश्य की प्राप्ति के लिए वे शिक्षा संस्थाओं की स्थापना तथा उनका संचालन कर सकते हैं।

6. संवैधानिक उपचारों का अधिकार (अनुच्छेद 32)

- संविधान द्वारा प्रदान किए गए इस अधिकार को डॉ.बी.आर. अम्बेडकर ने, ''संविधान के हृदय तथा आत्मा' की संज्ञा दी। यह अधिकार सभी नागरिकों को छूट देता है कि वे अपने अधिकारों के संरक्षण के लिए सर्वोच्च न्यायालय के पास जा सकते हैं तथा अपने अधिकारों को लागू करने की माँग कर सकते हैं। सर्वोच्च न्यायालय इन अधिकारों की रक्षा हेतु अनेक प्रकार के लेख जारी कर सकते हैं जैसे कि बन्दी प्रत्यक्षीकरण, परमादेश लेख, प्रतिषेध लेख, अधिकार पृच्छा लेख तथा उत्प्रेक्षण लेख।

मूल कर्त्तव्य

सन् 1976 में संविधान में 42 वें संशोधन के द्वारा भाग 'चतुर्थ अ' (अनुच्छेद 51 क) जोड़ा गया, जिसमें 10 मूल कर्त्तव्यों की व्यवस्था की गई। वर्ष 2002 में 86 वें संशोधन के पश्चात् मूल कर्त्तव्यों की संख्या 11 हो गई, जो निम्नलिखित हैं–

1. संविधान का पालन तथा उसके आदर्शों, संस्थाओं और राष्ट्रीय प्रतीकों का सम्मान।
2. भारत की सम्प्रभुता, एकता और अखण्डता की रक्षा।
3. भारत आन्दोलन के प्रेरक आदर्शों का पालन।
4. भारत के लोगों में समरसता और भ्रातृत्व की भावना का विकास।
5. राष्ट्र की समन्वित संस्कृति की गौरवशाली परम्परा की रक्षा।
6. देश की रक्षा और राष्ट्रसेवा।
7. प्रत्येक बच्चे के अभिभावकों का कर्त्तव्य है कि वे अपने 6-14 वर्ष के बच्चों की शिक्षा के लिए उपयुक्त माहौल तैयार करें (86 वें संशोधन द्वारा वर्ष 2002 में सम्मिलित)
8. प्राकृतिक पर्यावरण की रक्षा और सभी प्राणियों के प्रति दयाभाव।

राज्य के नीति-निदेशक तत्व: महत्वपूर्ण अनुच्छेद

- **अनुच्छेद 38** –राज्य लोक कल्याण की अभिवृद्धि के लिए सामाजिक व्यवस्था बनाएगा।
- **अनुच्छेद 39**–समस्त न्याय और निःशुल्क विधिक सहायता।
- **अनुच्छेद40**–ग्राम पंचायतों का संगठन।
- **अनुच्छेद41**–कुछ दशाओं में काम, शिक्षा और लोक सहायता पाने का अधिकार।
- **अनुच्छेद42**–काम की न्यायसंगत और मानवोचित दशाओं का तथा प्रसूति सहायता का उपबन्ध।
- **अनुच्छेद43**– कर्मकारों के लिए निर्वाह मजदूरी, आदि।
- **अनुच्छेद44**–नागरिकों के लिए एक समान सिविल संहिता।
- **अनुच्छेद45**–बालकों के लिए निःशुल्क और अनिवार्य शिक्षा।
- **अनुच्छेद49**–राष्ट्रीय महत्व के स्मारकों और स्थानों का संरक्षण।
- **अनुच्छेद50**–कार्यपालिका से न्यायपालिका का पृथक्करण।
- **अनुच्छेद51**–अन्तर्राष्ट्रीय शान्ति और सुरक्षा की अभिवृद्धि।

राष्ट्रपति

- भारतीय संघ की कार्यपालिका के प्रधान को 'राष्ट्रपति' कहा जाता है। राष्ट्रपति भारत का संवैधानिक अध्यक्ष है।
- राष्ट्रपति कार्यपालिका का औपचारिक प्रधान है और मन्त्रिपरिषद् कार्यपालिका की वास्तविक प्रधान।
- राष्ट्रपति अपने अधिकारों का प्रयोग स्वयं या अपने अधीनस्थ अधिकारियों द्वारा करता है।

योग्यताएँ

- वह भारत का नागरिक हो।
- वह 35 वर्ष की आयु पूरी कर चुका हो।
- वह लोक सभा का सदस्य निर्वाचित होने की योग्यता रखता हो।
- वह किसी भी सरकारी लाभ के पद पर आसीन नहीं होना चाहिए। निम्न पद लाभ के पद नहीं माने जाते–राष्ट्रपति, उपराष्ट्रपति, राज्यपाल, केन्द्रीय अथवा राज्य का मन्त्री।

- राष्ट्रपति पद के लिए नाम का प्रस्ताव तथा उसका अनुमोदन कम-से-कम 50-50 निर्वाचकों द्वारा किया जाना चाहिए।
- राष्ट्रपति पद के लिए नाम का प्रस्ताव तथा उसका अनुमोदन कम-से-कम 50-50 निर्वाचकों द्वारा किया जाना चाहिए।

निर्वाचन प्रक्रिया

- भारत का राष्ट्रपति अप्रत्यक्ष रूप से निर्वाचक मण्डल द्वारा चुना जाता है जिसमें संसद के दोनों सदनों के निर्वाचित सदस्य और राज्य विधान सभाओं और संघीय क्षेत्रों की विधान सभाओं के निर्वाचित सदस्य भाग लेते हैं। राष्ट्रपति के निर्वाचक मण्डल में संसद की मनोनीत सदस्य, राज्य विधान सभाओं के मनोनीत सदस्य तथा राज्य विधान परिषदों के सदस्य शामिल नहीं किये जाते।
- राष्ट्रपति के चुनाव के लिए आनुपातिक प्रतिनिधित्व की एकल सक्रमणीय प्रणाली को अपनाया जाता है।
- राष्ट्रपति के चुनाव के पश्चात् उसी व्यक्ति को निर्वाचित घोषित किया जाता है, जो आधे से अधिक मत प्राप्त करता है।
- राष्ट्रपति के चुनाव से सम्बन्धित विवादों की छानबीन तथा निर्णय सर्वोच्च न्यायालय द्वारा किया जाता है।

शपथ

- राष्ट्रपति को अपना पद ग्रहण करने से पूर्व भारत के मुख्य न्यायाधीश या उनकी अनुपस्थिति में सर्वोच्च न्यायालय के वरिष्ठतम न्यायाधीश के समक्ष पद एवं गोपनीयता की शपथ लेनी होती है।

महाभियोग

- भारतीय संविधान ने अनुच्छेद 61 के अनुसार राष्ट्रपति के द्वारा संविधान का उल्लंघन करने पर उसके विरुद्ध महाभियोग चलाकर उसे पदच्युत किया जा सकता है।
- महाभियोग प्रस्ताव संसद के किसी भी सदन में लाया जा सकता है किन्तु अभियोग प्रस्ताव पर विचार करने से पूर्व राष्ट्रपति को 14 दिन का नोटिस दिया जाना आवश्यक है। यह भी आवश्यक है कि महाभियोग लगाने वाले सदन की कुल सदस्य संख्या के कम से कम 1/4 सदस्यों के अभियोग प्रस्ताव पर हस्ताक्षर हो। राष्ट्रपति को सदन में स्वयं उपस्थित होकर अथवा अपने किसी प्रतिनिधि द्वारा महाभियोग की जाँच में हिस्सा लेने का अधिकार प्राप्त है। इसमें दोनों सदनों को प्रस्ताव दो-तिहाई बहुमत से पारित करना होता है। अभियोग सिद्ध होने पर राष्ट्रपति को अपने पद से त्यागपत्र देना पड़ता है।

पद की रिक्ति

- यदि राष्ट्रपति का पद मृत्यु, त्याग पत्र अथवा पद से हटाए जाने के कारण खाली होता है तो उपराष्ट्रपति, राष्ट्रपति के रूप में कार्य करता है। यदि उपराष्ट्रपति की अनुपस्थित है। तो सर्वोच्च न्यायालय का न्यायाधीश राष्ट्रपति के यप में कार्य करता है। मुख्य न्यायाधीश अनुपस्थि में सर्वोच्च न्यायालय को वरिष्ठतम न्यायाधीश राष्ट्रपति के पद में कार्य करता है। मुख्य न्यायाधीश की अनुपस्थिति में सर्वोच्च न्यायालय को वरिष्ठतम न्यायाधीश राष्ट्रपति के रूप में कार्य करता है।
- राष्ट्रपति के पद के लिए नया चुनाव पद रिक्त होने के छः महीने के अन्दर होना आवश्यक है।

राष्ट्रपति के कार्य व शक्तियाँ

- **कार्यपालिका सम्बन्धी शक्तियाँ**–महत्वपूर्ण अधिकारियों की नियुक्ति व पदच्युति, शासन संचालन सम्बन्धी शक्ति, सैनिक क्षेत्र में शक्ति, इत्यादि।
- **विधायी शक्तियां**-विधायी क्षेत्र का प्रशासन सदस्यों का मनोनयन, अध्यादेश जारी करने की शक्ति इत्यादि।
- राष्ट्रपति वित्त आयोग, संघीय लोक सेवा आयोग, चुनाव आयोग, भाषा आयोग और नियंत्रक तथा महालेखा परीक्षक आदि के प्रतिवेदनों को संसद के सामने प्रस्तुत करता है।
- **संकट कालीन शक्तियाँ**–संकट की स्थिति का सामना करने के लिए संविधान द्वारा राष्ट्रपति को विशेष शक्तियाँ प्रदान की गई हैं। 44वें संवैधानिक संशोधन के बाद वर्तमान में संविधान के संकटकालीन प्रावधान निम्न प्रकार से हैं–
- युद्ध, बाहरी आक्रमण या सशस्त्र विद्रोह की स्थिति से सम्बन्धित संकटकालीन व्यवस्था। (अनुच्छेद 352)।
- राज्यों में संवैधानिक तंत्र के विफल होने से उत्पन्न संकटकालीन व्यवस्था (अनुच्छेद 356)।
- वित्तीय संकट (अनुच्छेद 360)।

राष्ट्रपति और उनके कार्यकाल

नाम	कार्यकाल
1. डॉ. राजेन्द्र प्रसाद	1950-1962
2. डॉ. सर्वपल्ली राधाकृष्णन	1962-1967
3. डॉ. जाकिर हुसैन	1967-1969
4. वी.वी. गिरि(कार्यवाहक)	1969-1969
5. एम.हिदायतुल्ला (कार्यवा.)	1969-1969
6. वी.वी. गिरि	1969-1974
7. फखरुद्दीन अली अहमद	1974-1977
8. बी.डी.जत्ती (कार्यवाहक)	11.2.1977-25.7.1977
9.नीलम संजीव रेड्डी	1977-1982
10. एम.हिदायतुल्ला (कार्यवा.)	1982-1982
11. ज्ञानी जैल सिंह	1982-1987
12. रामास्वामी वेंकटरमन	1987-1992
13. डॉ.शंकर दयाल शर्मा	1992-1997
14. डॉ. के.आर. नारायणन	1997-2000
15. ए.पी.जे. अब्दुल कलाम	2000-2007
16. श्रीमती प्रतिभा पाटिल	2007-2012
17. प्रणव मुखर्जी	2012-2017
18. रामनाथ कोविंद	2017 से अब तक

उपराष्ट्रपति

निर्वाचन

- उपराष्ट्रपति का निर्वाचन संसद के दोनों सदनों की संयुक्त बैठक में आनुपातिक प्रतिनिधित्व की पद्धति के अनुसार एकल संक्रमणीय मत से तथा गुप्त मतदान द्वारा लिया जाता है।

योग्यताएँ

- वह भारत का नागरिक हो।
- उसकी उम्र कम-से-कम 35 वर्ष हो।
- वह राज्य सभा का सदस्य चुने जाने की योग्यता रखता हो।

कार्यकाल

- उपराष्ट्रपति का कार्यकाल 5 वर्ष होता है, किन्तु वह स्वेच्छा से त्यागपत्र द्वारा अवधि पूर्व भी अपना पद छोड़ सकता है। अथवा उसे राज्यसभा के कुल बहुमत द्वारा पास किए प्रस्ताव जिसे लोकसभा भी स्वीकार कर ले, पदच्युत किया जा सकता है।

उपराष्ट्रपति के कार्य

- उपराष्ट्रपति राज्यसभा का पदेन सभापति होता है।
- यदि कभी राष्ट्रपति, रोग अथवा अनुपस्थिति के कारण अस्थायी रूप से अपने कर्त्तव्यों को पूरा करने में असमर्थ हों तो उपराष्ट्रपति ही उसके स्थान पर कार्य करता है।

उपराष्ट्रपति और उनके कार्यकाल

नाम	कार्यकाल
1. डॉ. एस. राधाकृष्णन	1952-1962
2. डॉ. जाकिर हुसैन	1962-1967
3. डॉ. वी. वी. गिरि	1967-1969
4. बी.एस. पाठक	1969-74
5. बी.डी. जत्ती	1974-79
6. एम. हिदायतुल्ला	1979-1984
7. आर. वेंकट रमण	1984-87
8. डॉ. एस.डी. शर्मा	1987-92
9. के आर. नारायणन	1992-97
10. डॉ. कृष्णकान्त	1997-2002
11. भैरोंसिंह शेखावत	2002-2007
12. हामिद अंसारी	2007-2017
13. वैंकया नायडू	2017 से अब तक

मंत्रिपरिषद् और प्रधानमंत्री

- राष्ट्रपति कार्यकारिणी का नाम-मात्र अध्यक्ष है जब कि वास्तविक कार्यकारिणी शक्तियों का प्रयोग प्रधानमंत्री व उसकी मंत्रिपरिषद् द्वारा किया जाता है।

मंत्रिपरिषद् का गठन

- मंत्रिपरिषद् में प्रधानमंत्री तथा आवश्यकतानुसार अन्य प्रमुख मंत्री होते हैं। 91 वें संवैधानिक संशोधन 2003 द्वारा अनुच्छेद 164 में प्रावधान किया गया है कि केन्द्र और राज्य मंत्रिपरिषद् की सदस्य संख्या लोकसभा (केन्द्र के लिए) और विधानसभा (राज्यों के लिए) की कुल संख्या की 15% से अधिक नहीं होनी चाहिए, तथापि छोटे राज्यों के लिए न्यूनतम संख्या 12 निर्धारित की है।

मंत्रिपरिषद और मंत्रिमण्डल

- मंत्रिपरिषद् में प्रधानमंत्री, कैबिनेट मंत्री, राज्य मंत्री और उपमंत्री सम्मिलित होते हैं। लेकिन मंत्रिमण्डल में प्रधानमंत्री और कैबिनेट स्तर के दो मंत्री सम्मिलित होते हैं।

प्रधानमंत्री की नियुक्ति

- संसदात्मक प्रणाली में राष्ट्रपति लोकसभा के बहुमत दल के नेता को प्रधानमंत्री पद पर नियुक्त करने के लिए बाध्य है। फिर भी यदि ऐसी कुछ परिस्थितियाँ हो सकती हैं जिनमें राष्ट्रपति प्रधानमंत्री की नियुक्ति के सम्बन्ध में विवेक का प्रयोग कर सके। जैसे–
- लोकसभा में किसी भी दल को स्पष्ट बहुमत प्राप्त न हों
- जब बहुमत वाले दल में कोई निश्चित नेता न हो या समान रूप से दो प्रभावशाली नेता हों।
- जब राष्ट्रपति लोकसभा भंगकर कुछ समय के लिए किसी को प्रधानमंत्री नियुक्त कर दे।

प्रधानमंत्री के कार्य व शक्तियाँ

- मंत्रीपरिषद् का निर्माण।
- मंत्रियों में विभागों का विभाजन और विभाग परिवर्तन।
- लोकसभा का नेता।
- राष्ट्रपति तथा मंत्रिमण्डल के बीच के बीच सम्बन्ध स्थापित करना।
- अन्तर्राष्ट्रीय क्षेत्र में भारत का प्रतिनिधित्व।
- देश के सर्वोच्च नेता तथा शासक के रूप में कार्य।

भारत की संसद

- भारत की संसद राष्ट्रपति, राज्यसभा तथा लोकसभा से मिलकर बनती है।
- संसद के निम्न सदन को लोकसभा एवं उच्च सदन को राज्यसभा कहते हैं।

राज्यसभा

- राज्यसभा संसद का उच्च सदन है।
- संविधान के अनुच्छेद 80 के अनुसार राज्यसभा के सदस्यों का अधिकतम संख्या 250 हो सकती है परन्तु वर्तमान में यह संख्या 245 है।
- इसमें 12 सदस्य राष्ट्रपति द्वारा मनोनीत किए जाते हैं। ये ऐसे व्यक्ति होते हैं जिन्हें कला, साहित्य विज्ञान, समाजसेवा या सहकारिता के क्षेत्र में विशेष ज्ञान और अनुभव प्राप्त हो। शेष सदस्य जनता द्वारा अप्रत्यक्ष रूप में निर्वाचित होते हैं। इनका चुनाव विभिन्न राज्यों और क्षेत्रों की विधान सभाओं के सदस्यों द्वारा होता है।

सदस्यों की योग्यताएँ

- वह भारत का नागरिक हो।
- उसकी आयु 30 वर्ष से कम न हो।
- वह किसी लाभ के पद पर न हो, विकृत मस्तिष्क का या दिवालिया न हो।
- ऐसी अन्य योग्यताएँ रखता हो जो संसद के किसी कानून द्वारा निश्चित की जाए।

● राज्य सभा का उम्मीदवार होने के लिए उस राज्य में संसदीय क्षेत्र में मतदाता होना आवश्यक है जिस राज्य से वह चुनाव लड़ रहा हो।

कार्यकाल

● राज्यसभा एक स्थायी सदन है। यह कभी भंग नहीं होती है, बल्कि इसमें एक तिहाई सदस्य हर दो वर्ष बाद अवकाश ग्रहण कर लेते हैं और इनके स्थान पर नए सदस्यों का चुनाव हो जाता है। इस प्रकार राज्यसभा के प्रत्येक सदस्य का कार्यकाल 6 वर्ष का होता है।

पदाधिकारी

● भारत का उपराष्ट्रपति राज्यसभा का पदेन सभापति होता है राज्य सभा अपने सदस्यों में से किसी एक को 6 वर्ष के लिए उपसभापति निर्वाचित करती है।

● उपसभापति को राज्यसभा के सदस्यों द्वारा अपने कुल बहुमत से प्रस्ताव पारित कर हटाया जा सकता है।

राज्यसभा के कार्य तथा शक्तियाँ

● संविधान संशोधन की शक्ति।

● राज्यसभा के निर्वाचित सदस्य राष्ट्रपति के चुनाव में भाग लेते हैं।

● राज्यसभा के सदस्य लोकसभा के सदस्यों के साथ मिलकर उपराष्ट्रपति का चुनाव करते हैं राज्यसभा लोकसभा के साथ मिलकर राष्ट्रपति, सर्वोच्च न्यायालय के न्यायाधीशों तथा अन्य कुछ पदाधिकारियों पर महाभियोग लगा सकती है।

● राज्यसभा लोकसभा के साथ मिलकर बहुमत से प्रस्ताव पास कर उपराष्ट्रपति को उसके पद से हटा सकती है।

● एक माह से अधिक अवधि तक यदि आपातकाल लागू रखना हो तो उस प्रस्ताव का अनुमोदन लोकसभा तथा राज्यसभा दोनों से पारित होना आवश्यक है।

लोकसभा

● संघीय संसद का निम्न अथवा लोकप्रिय सदन है।

● लोकसभा की अधिकतम सदस्य संख्या (530 + 20 + 2) 552 हो सकती है। वर्तमान में इसकी व्यावहारिक सदस्य संख्या (530 + 13 + 2) = 543 है।

● 84 में संविधान संशोधन अधिनियम (2001) के अनुसार लोकसभा एवं विधान सभाओं की सीटों की संख्या में सन् 2026 तक कोई परिवर्तन नहीं किया जाएगा।

निर्वाचकों की योग्यताएँ

● लोकसभा के चुनाव में उन सभी व्यक्तियों को मतदान का अधिकार होगा जो भारत के नागरिक हैं, जिनकी आयु 18 वर्ष या अधिक है, जो पागल या दिवालिया नहीं हैं और जिन्हें संसद के कानून द्वारा किसी अपराध, भ्रष्टाचार या गैर-कानूनी व्यवहार के कारण मतदान से वंचित नहीं कर दिया गया है।

सदस्यों की योग्यताएँ

● वह व्यक्ति भारत का नागरिक हो।

● उसकी आयु 25 वर्ष या इसके अधिक हो।

● भारत सरकार अथवा किसी राज्य सरकार के अन्तर्गत वह कोई लाभ का पद धारण न किए हुए हो।

● वह किसी न्यायालय द्वारा दिवालिया न ठहराया गया हो तथा पागल न हो। वह संसद द्वारा बनाए गए किसी कानून द्वारा अयोग्य न ठहराया गया हो।

● संसद के कानून तथा निर्धारित अन्य योग्यताएँ हों।

कार्यकाल

● लोकसभा का कार्यकाल 5 वर्ष है किन्तु प्रधानमंत्री के परामर्श के आधार पर राष्ट्रपति के द्वारा लोकसभा को समय के पूर्व भी भंग किया जा सकता है।

● आपातकाल की घोषणा लागू होने पर संसद विधि द्वारा, लोकसभा के कार्यकाल में वृद्धि कर सकती है जो एक बार में एक वर्ष से अधिक नहीं होगी।

पदाधिकारी

● लोकसभा स्वयं ही अपने सदस्यों में से एक अध्यक्ष और एक उपाध्यक्ष का निर्वाचन करेगी। इनका कार्यकाल लोकसभा के कार्यकाल तक अर्थात् समय से पूर्व भंग ने होने की स्थिति में 5 वर्ष होता है, परन्तु इस अवधि के अंदर अध्यक्ष या उपाध्यक्ष स्वेच्छा से अपने पदों से त्यागपत्र दे सकते हैं तथा उनके पद से लोकसभा द्वारा दो तिहाई मत से पारित प्रस्ताव द्वारा हटाया भी जा सकता है।

लोकसभा की शक्तियाँ व कार्य

● राज्यसभा द्वारा पारित उपराष्ट्रपति की पदच्युत के प्रस्ताव पर लोकसभा का अनुमोदन आवश्यक है।

● लोकसभा तथा राज्यसभा मिलकर राष्ट्रपति तथा सर्वोच्च न्यायालय और उच्च न्यायालयों के न्यायाधीशों के विरुद्ध महाभियोग का प्रस्ताव पास कर सकती हैं।

● संविधान संशोधन सम्बन्धी शक्ति।

● राष्ट्रपति द्वारा की गई संकटकाल की घोषणा को एक माह के अन्दर संसद से स्वीकृत होना आवश्यक है।

संसद के सत्र

● संसद के सत्र राष्ट्रपति द्वारा स्वेच्छा से बुलाए जाते हैं, परन्तु दो सत्रों के बीच 6 मास के अधिक अन्तर नहीं होना चाहिए।

● सामान्यतः सदन की वर्ष में 3 बैठकें (सत्र) होती हैं–

बजट सत्र–फरवरी, मई सबसे लम्बा सत्र।

मानसून सत्र–जुलाई-अगस्त।

शीतकालीन सत्र–नवम्बर-दिसम्बर, सबसे छोटा सत्र।

● **सदन का स्थगन**–सदन को स्थगित करने का अधिकार राष्ट्रपति को प्राप्त है। इसके फलस्वरूप सदन का केवल सत्र समाप्त होता है, जीवन नहीं।

● **सदन को भंग करना**–भारत में केवल लोकसभा को भंग किया जा सकता है। लोकसभा को भंग करने की शक्ति राष्ट्रपति के पास है जो इसका प्रयोग प्रायः प्रधानमंत्री के परामर्श से करता है। जब लोकसभा को भंग किया जाता है तो कोई भी विधेयक जो इसके विचाराधीन होता है अपने आप समाप्त हो जाता है।

राज्य/केन्द्र शासित प्रदेश और उनकी सीटें

राज्य/के. शा. प्रदेश	लोकसभा	राज्यसभा	विधानसभा	विधानपरिषद्
आन्ध्र प्रदेश	25	11	175	58
अरुणाचल प्रदेश	2	1	40	–
असोम	12	7	126	–
बिहार	40	16	243	75
गोवा		2	1	40
गुजरात	26	11	182	–
हरियाणा	10	5	90	–
हिमाचल प्रदेश	4	3	86	–
जम्मू-कश्मीर	6	4	100	36
कर्नाटक	28	12	224	75
केरल	20	9	140	–
मध्य प्रदेश	29	11	230	–
महाराष्ट्र	48	19	288	78
मणिपुर	2	1	60	–
मेघालय	2	1	60	–
तेलंगाना	17	7	119	40
मिजोरम	1	1	40	–
नागालैण्ड	1	1	60	–
उड़ीसा	21	10	147	–
पंजाब	13	7	117	–
राजस्थान	25	10	200	–
सिक्किम	1	1	32	–
तमिलनाडु	39	18	234	–
त्रिपुरा	2	1	60	–
उत्तर प्रदेश	80	31	404	99
पश्चिम बंगाल	42	16	294	–
उत्तराखण्ड	5	3	70	–
झारखण्ड	14	6	81	–
छत्तीसगढ़	11	5	90	–
अण्डमान व निकोबार	1	–	1	–
चण्डीगढ़	1	–	–	–
दादर व नागर हवेली	1	–	–	–
दिल्ली	7	3	70	–
दमन व दीव	1	–	–	–
लक्षद्वीप	1	–	–	–
पदुचेरी	1	1	30	–
कुल	543	233	30	–

सर्वोच्च न्यायालय

न्यायाधीशों की संख्या

- एक मुख्य न्यायाधीश और 30 अन्य न्यायाधीश।

न्यायाधीशों की नियुक्ति

- ये नियुक्तियाँ राष्ट्रपति द्वारा सर्वोच्च न्यायालय से परामर्श के आधार पर की जाती हैं। सर्वोच्च न्यायालय के मुख्य न्यायाधीश इस प्रसंग में राष्ट्रपति को परामर्श देने के पूर्व अनिवार्य रूप से 'चार वरिष्ठतम् न्यायाधीशों के समूह' से परामर्श प्राप्त करते हैं तथा न्यायाधीशों से प्राप्त परामर्श के आधार पर राष्ट्रपति को परामर्श देते हैं।
- व्यावहारिक तौर पर सर्वोच्च न्यायालय का सबसे वरिष्ठ न्यायाधीश सर्वोच्च न्यायालय का मुख्य न्यायाधीश बनता है।

न्यायाधीशों की योग्यताएँ

- वह भारत का नागरिक हो।
- वह किसी उच्च न्यायालय अथवा दो या दो से अधिक न्यायालयों में लगातार कम-से-कम 5 वर्ष तक न्यायाधीश के रूप में कार्य कर चुका हो अथवा किसी उच्च न्यायालय या न्यायालयों में लगातार 10 वर्ष तक अधिवक्ता रह चुका हो अथवा राष्ट्रपति की दृष्टि में कानून का उच्च कोटि का ज्ञाता हो।

कार्यकाल तथा महाभियोग

- साधारणत: सर्वोच्च न्यायालय का प्रत्येक न्यायाधीश 65 वर्ष की आयु तक अपने पद पर बना रह सकता है। इस अवस्था के पूर्व वह स्वयं त्यागपत्र दे सकता है।
- इसके अतिरिक्त सिद्ध कदाचार अथवा असमर्थता के आधार पर संसद के द्वारा 2/3 सदस्यों के बहुमत से न्यायाधीश को उसके पद से हटाया जा सकता है।
- वर्तमान में सर्वोच्च न्यायालय के मुख्य न्यायाधीश को ₹ 2 लाख 80 हजार प्रतिमाह व अन्य न्यायाधीशों को ₹ 2 लाख 50 हजार प्रतिमाह वेतन मिलता है। इनके लिए पेन्शन व सेवा निवृत्ति वेतन की व्यवस्था भी है। उन्हें वेतन व भत्ते भारत की संचित निधि से दिए जाते हैं।

राज्य सरकार

राज्यपाल राज्य की कार्यपालिका का वैधानिक प्रधान होता है। मंत्रिपरिषद् राज्य की कार्यपालिका सत्ता की वास्तविक प्रधान होती है।

राज्यपाल की नियुक्ति

राज्यपाल की नियुक्ति राष्ट्रपति के द्वारा की जाती है। संविधान द्वारा स्थापित संसदीय व्यवस्था में राज्यपाल केवल संवैधानिक प्रधान है। अत: राज्यपाल पद के सम्बन्ध में निर्वाचन के स्थान पर मनोनयन की पद्धति को अपनाया गया है।

कार्यकाल तथा वेतन

- राज्यपाल का कार्यकाल 5 वर्ष होता है लेकिन वह अपने उत्तराधिकारी के पद ग्रहण करने तक अपने पद पर बना रह सकता है। संविधान के अनुसार एक ही व्यक्ति दो या दो से अधिक राज्यों का राज्यपाल भी नियुक्त किया जा सकता है।
- राज्यपाल को ₹ 3 लाख 50 हजार प्रतिमाह वेतन मिलता है। राज्यपाल का वेतन तथा भत्ते राज्य की संचित निधि पर भारित है।

योग्यताएँ

- वह भारत का नागरिक हो।
- उसकी आयु कम-से-कम 35 वर्ष हो।
- राज्यपाल संसद या राज्य के विधान मण्डल का सदस्य नहीं हो सकता है और यदि वह किसी सदन का सदस्य है तो राज्यपाल के पद पर नियुक्ति की तिथि से उसे अपनी सदन की सदस्यता का त्याग करना होगा।

राज्यपाल की शक्तियाँ

- वह मुख्यमंत्री की नियुक्ति करता है तथा उसके परामर्श से अन्य मन्त्रियों की नियुक्ति करता है। वह महाधिवक्ता और राज्य लोक सेवा आयोग के अध्यक्ष तथा सदस्यों की नियुक्ति करता है।
- वह व्यवस्थापिका का अधिवेशन, बुलाता, स्थगित करता। व्यवस्थापिका के निम्न सदन 'विधान सभा' को भंग कर सकता है।
- वह विधानमण्डल की पहली बैठक को सम्बोधित करता है और उसके बाद भी वह विधानमण्डल को संदेश भेज सकता है।

मुख्यमंत्री

- मुख्यमंत्री ही राज्य की कार्यपालिका का वास्तविक प्रधान है।

मुख्यमंत्री की नियुक्ति

- संविधान के अनुच्छेद 164 में कहा गया है कि मुख्यमंत्री की नियुक्ति राज्यपाल करेगा। व्यवहार के अन्तर्गत राज्यपाल के द्वारा विधान सभा के बहुमत दल के नेता को ही मुख्यमंत्री पद का नियुक्त किया जाता है।

मुख्यमंत्री के कार्य एवं अधिकार

- मन्त्रिपरिषद् का निर्माण।
- मंत्रिमण्डल में कार्य का बँटवारा और विभाग परिवर्तन।
- मन्त्रिमण्डल का कार्य संचालन।
- शासन के विभिन्न विभागों में समन्वय।
- मन्त्रिपरिषद् और राज्यपाल के बीच की कड़ी।
- विधानसभा के नेता के रूप में कार्य।
- सरकार के प्रधान प्रवक्ता के रूप में कार्य।
- राज्य में बहुमत दल के नेता के रूप में कार्य।
- राज्य की सम्पूर्ण शासन व्यवस्था पर नियन्त्रण रखना।

विधानसभा

- विधानसभा राज्य के विधान मंडल का निम्न सदन है।
- विधानसभा के सदस्यों का निर्वाचन प्रत्यक्ष रूप से राज्य की जनता करती है। इस कारण इस सदन को लोकप्रिय सदन भी कहते हैं।
- विधानसभा विधान परिषद् से अधिक शक्तिशाली होती है।
- राज्य की विधानसभा के सदस्यों की अधिकतम संख्या 525 और न्यूनतम संख्या 60 होती है।

निर्वाचन पद्धति

- आंग्ल भारतीय समुदाय के एक नामजद सदस्य को छोड़कर विधानसभा के अन्य सभी सदस्यों का मतदाताओं द्वारा प्रत्यक्ष रूप से चुनाव होता है।
- विधान सभा के निर्वाचन के लिए वयस्क मताधिकार और संयुक्त निर्वाचन प्रणाली अपनाई गयी है।

मतदाताओं की योग्यताएँ

- मतदाता होने के लिए 13 वर्ष की आयु प्राप्त भारतीय नागरिक होना चाहिए। उसे पागल, दिवालिया या अपराधी नहीं होना चाहिए तथा उसका नाम मतदाता सूची में सम्मिलित होना चाहिए।

सदस्यों की योग्यताएँ

- वह भारत का नागरिक हो
- कम-से-कम 25 वर्ष की आयु पूरी कर चुका हो।
- संसद द्वारा निर्धारित की गई योग्यताएँ रखता हो।
- दिवालिया, पागल तथा सरकारी कर्मचारी न हो।

कार्यकाल

- साधारण अवस्था में राज्य विधान सभा का कार्यकाल उसकी पहली बैठक से पाँच वर्ष का है किन्तु राज्यपाल द्वारा इसे समय से पूर्व भी भंग किया जा सकता है। संकटकाल की घोषणा होने पर 1 वर्ष के लिए

संसद इस अवधि को बढ़ा भी सकती है, परन्तु यह बढ़ी हुई अवधि अधिक-से-अधिक संकटकाल की समाप्ति के 6 माह बाद तक हो सकती है।

पदाधिकारी

- प्रत्येक राज्य की विधान सभा के दो मुख्य पदाधिकारी होते हैं : अध्यक्ष और उपाध्यक्ष।
- इन दोनों का चुनाव विधान सभा के सदस्य अपने सदस्यों में से करते हैं तथा इनका कार्यकाल विधान सभा के कार्यकाल तक होता है। इसके बीच अध्यक्ष अपना त्यागपत्र उपाध्यक्ष को तथा उपाध्यक्ष अपना त्याग पत्र अध्यक्ष को दे सकता है।
- इन दोनों की विधान सभा सदस्यों के बहुमत द्वारा स्वीकृत प्रस्ताव के आधार पर हटाया जा सकता है।

विधान परिषद्

- राज्य के विधान मण्डल के दूसरे सदन को विधान परिषद् कहा जाता है. इसे उच्च सदन भी कहा जाता है।
- वर्तमान समय में विधान परिषद् भारतीय संघ के केवल 6 राज्यों (उत्तर प्रदेश, बिहार, महाराष्ट्र, कर्नाटक, जम्मू-कश्मीर और आन्ध्र प्रदेश) में हैं।

सदस्य संख्या

- प्रत्येक राज्य की विधान परिषद् के सदस्यों की संख्या संविधान व्यवस्था के अनुसार उनकी विधान सभा के सदस्यों की संख्या के 1/3 से अधिक नहीं होगी, परन्तु साथ-साथ संविधान में यह भी कहा गया है कि किसी भी दशा में उसकी सदस्य संख्या 40 से कम नहीं होनी चाहिए।
- 36 सदस्यों वाली जम्मू-कश्मीर की विधानपरिषद् इस नियम का अपवाद है।

विधान परिषद् का गठन

- 1/3 सदस्य राज्य की स्थानीय संस्थाओं द्वारा चुन जाते हैं।
- 1/3 सदस्य राज्य की विधान सभा द्वारा निर्वाचित होते हैं।
- 1/12 सदस्य राज्य के पंजीकृत स्नातकों द्वारा निर्वाचित होते हैं।
- 1/12 सदस्य राज्य के ऐसे अध्यापकों द्वारा निर्वाचित होते हैं जो माध्यमिक पाठशाला या इससे उच्च शिक्षण संस्था में कम-से-कम 3 वर्ष से अध्यापन का कार्य कर रहे हैं।
- 1/6 सदस्य राज्यपाल द्वारा मनोनीत किए जाते हैं। मनोनयन राज्यपाल द्वारा उन व्यक्तियों में से किया जाता है जो साहित्य, विज्ञान, कला और समाज सेवा के क्षेत्र में विशेष रुचि रखते हैं।

सदस्यों की योग्यताएँ

- विधान परिषद् की सदस्यता के लिए भी वही योग्यताएँ हैं, जो विभिन्न सभा की सदस्यता के लिए है। अन्तर केवल यह है कि विधान परिषद् की सदस्यता के लिए आयु न्यूनतम 30 वर्ष होनी चाहिए।
- इसके अतिरिक्त, निर्वाचित सदस्य को उस राज्य की विधान सभा के निर्वाचन क्षेत्र का निर्वाचक होना चाहिए व नियुक्त किए जाने वाले सदस्य को उस राज्य का निवासी होना चाहिए जिसकी विधान परिषद् का यह सदस्य बनना चाहता है।

कार्यकाल

- विधान परिषद् एक स्थायी सदन है। पूरी विधान परिषद् कभी भी भंग नहीं होती है और उसे राज्यपाल द्वारा भी भंग नहीं किया जा सकता है।
- विधान परिषद् के सदस्यों का कार्यकाल 6 वर्ष है। प्रति दो वर्ष पश्चात् एक-तिहाई सदस्य अपना पद छोड़ देते हैं और उनके स्थान के लिए नए निर्वाचन होते हैं।
- भारतीय संसद कानून बनाकर किसी राज्य में (उस राज्य की सहमति के बाद) विधान परिषद् की उत्पत्ति कर सकती है अथवा उसके अस्तित्व को समाप्त कर सकती है।

पदाधिकारी

- विधान परिषद् अपने सदस्यों में से एक सभापति और एक उप-सभापति का चुनाव करती है। यदि सदन के अध्यक्ष का पद रिक्त हो तो उपाध्यक्ष सदन की बैठकों की अध्यक्षता करता है
  1.कानून निर्माण सम्बन्धी कार्य,
  2. कार्यपालिका सम्बन्धी कार्य,
  3. वित्त सम्बन्धी कार्य।

उच्च न्यायालय

न्यायाधीशों की नियुक्ति

- प्रत्येक उच्च न्यायालय में एक प्रमुख न्यायाधीश व कुछ अन्य न्यायाधीश होते हैं, जिनकी संख्या निश्चित करने का अधिकार राष्ट्रपति को है।
- मुख्य न्यायाधीश की नियुक्ति भारत के राष्ट्रपति, भारत के मुख्य न्यायाधीश और उस राज्य के राज्यपाल के परामर्श से होती है तथा अन्य न्यायाधीशों की नियुक्ति में सम्बन्धित राज्य के मुख्य न्यायाधीश का भी परामर्श लेना होता है।

न्यायाधीशों की योग्यताएँ

- वह भारत का नागरिक हो।
- वह कम-से-कम 10 वर्ष तक भारत के किसी क्षेत्र में न्याय सम्बन्धी पद पर कार्य कर चुका हो अथवा एक या एक से अधिक उच्च न्यायालयों को लगातार 10 वर्ष तक अधिवक्ता रह चुका हो।

वेतन एवं भत्ते

- उच्च न्यायालय के मुख्य न्यायाधीश को ₹ 2 लाख 50 हजार प्रतिमाह तथा अन्य न्यायाधीशों को ₹ 2 लाख 25 हजार प्रतिमाह वेतन प्राप्त होता है।
- न्यायाधीशों के लिए पेंशन व सेवानिवृत्ति वेतन की व्यवस्था भी की गई है।
- उनके वेतन तथा भत्ते राज्य के संचित निधि पर भारित होते हैं।

कार्यकाल

- उच्च न्यायालय के न्यायाधीशों का कार्यकाल 62 वर्ष की आयु तक निश्चित किया गया है, परन्तु इससे पूर्व वह स्वयं पद त्याग कर सकते हैं।
- **उच्च न्यायालय की शक्तियाँ तथा अधिकार क्षेत्र–**
  1. प्रारम्भिक अधिकार क्षेत्र
  2. अपीलीय क्षेत्राधिकार
  3. न्यायिक पुनर्विलोकन की शक्ति
  4. लेख (Writes) जारी करने का अधिकार
  5. अभिलेख न्यायालय के रूप में
  6. प्रशासनिक शक्तियाँ
  7. संविधान के रक्षक के रूप में कार्य

अधीनस्थ न्यायालय

- उच्च न्यायालय के अधीनस्थ जिला स्तर के न्यायालय होते हैं। भारत के प्रत्येक जिले में तीन प्रकार के अधीनस्थ न्यायालय होते हैं।
- दीवानी न्यायालय
- फौजदारी न्यायालय
- राजस्व न्यायालय

उच्च न्यायालयों की अधिकारिता

नाम	अधिकारिता	स्थित
आन्ध्र प्रदेश	आन्ध्र प्रदेश	हैदराबाद
इलाहाबाद	उत्तर प्रदेश	इलाहाबाद (लखनऊ में खण्डपीठ)
मुम्बई	महाराष्ट्र, दादरा और नागर हवेली, गोवा और दमन एवं दीव समूह	कोलकाता (पोर्टब्लेयर में चलपीठ)
दिल्ली	दिल्ली	दिल्ली
गुवाहाटी	असोम, मिजोरम, नागालैण्ड	गुवाहाटी (कोहिमा में खण्डपीठ और अरुणाचल प्रदेश)
गुजरात	गुजरात	अहमदाबाद
हिमाचल प्रदेश	हिमालच प्रदेश	शिमला
जम्मू-कश्मीर	जम्मू-कश्मीर	श्रीनगर और जम्मू-कश्मीर
कर्नाटक	कर्नाटक	बेंगलुरु
केरल	केरल और लक्ष्यद्वीप	एर्नाकुलम
मध्य प्रदेश	मध्य प्रदेश	जबलपुर (ग्वालियर और इंदौर में खण्डपीठ)
चेन्नई	तमिलनाडु और पुदुचेरी	चेन्नई
उड़ीसा	उड़ीसा	कटक
उत्तराखण्ड	उत्तराखण्ड	नैनीताल
पटना	बिहार	पटना
पंजाब और हरियाणा	पंजाब, हरियाणा और चण्डीगढ़	चण्डीगढ़
राजस्थान	राजस्थान	जोधपुर (जयपुर में खण्डपीठ)
सिक्किम	सिक्किम	गंगटोक
झारखण्ड	झारखण्ड	राँची
छत्तीसगढ़	छत्तीसगढ़	बिलासपुर
मणिपुर	मणिपुर	इम्फाल
मेघालय	मेघालय	शिलांग
त्रिपुरा	त्रिपुरा	अगरतला

निर्वाचन आयोग

- संविधान के अनुच्छेद–324 के अनुसार निर्वाचन आयोग के नाम से एक स्वतन्त्र संस्था की व्यवस्था है, जो स्वच्छ एवं निष्पक्ष चुनाव का संचालन करती है।
- निर्वाचन आयोग, मुख्य निर्वाचन आयुक्त तथा अन्य निर्वाचन आयुक्तों, जिन्हें राष्ट्रपति समय-समय पर नियत करता है, से मिलकर बनता है। मुख्य निर्वाचन आयुक्त तथा अन्य निर्वाचन आयुक्तों की नियुक्ति संसद द्वारा बनाई गई विधि द्वारा राष्ट्रपति करता है।
- संविधान के निर्वाचन आयोग के आयुक्तों की संख्या का कोई निश्चित निर्धारण नहीं किया है तथा इस कार्य को राष्ट्रपति पर छोड़ दिया गया है।
- सन् 1993 में निर्वाचन आयोग को संसदीय अधिनियम द्वारा तीन सदस्यीय बना दिया गया।
- भारतीय संविधान ने निर्वाचन आयोग के सदस्यों के लिए कोई योग्यता का निर्धारण नहीं किया है, बल्कि राष्ट्रपति किसी भी व्यक्ति को नियुक्त करने के लिए स्वतन्त्र है।
- सामान्यत: उनका कार्यकाल पाँच वर्ष का होता है।
- सर्वोच्च न्यायालय के निर्णयानुसार अन्य निर्वाचन आयुक्तों को अपने पद से राष्ट्रपति मुख्य निर्वाचन आयुक्त की सहमति से हटा सकता है।

पंचायती राज

- आम जनता का सामुदायिक विकास कार्यक्रम से लाभान्वित करने हेतु इस विचार को मूल रूप से किया गया।
- अनुच्छेद 40 के तहत् पंचायती राज व्यवस्था को राज्य के नीति-निदेशक तत्वों के तहत् रखा गया है।
- इसके लिए राष्ट्रीय विकास परिषद् ने सन् 1956 में बलवन्त राय मेहता की अध्यक्षता में एक समिति गठित की, जिसने अपनी रिपोर्ट सन् 1957 में सौंप दी।
- देश में त्रिस्तरीय पंचायती राज सबसे पहले राजस्थान के नागौर जिले में 2 अक्टूबर, 1956 को अपनाया गया। इसके बाद आन्ध्र प्रदेश, बिहार, गुजरात, हिमाचल प्रदेश, महाराष्ट्र, पंजाब, तमिलनाडु उत्तर प्रदेश तथा पश्चिम बंगाल ने इसे अपनाया।

- पंचायती राज व्यवस्था को और अधिक प्रभावशाली करने के लिए सन् 1977 में जनता सरकार ने अशोक मेहता समिति का गठन किया, जिसने सन् 1978 में अपनी रिपोर्ट पेश की।
- इस समिति ने त्रिस्तरीय व्यवस्था को द्विस्तरीय बनाने का सुझाव दिया –पहला निचले स्तर पर मण्डल पंचायत तथा दूसरा जिला स्तर पर जिला परिषद्।
- दिसम्बर 1992 के 73 वें संविधान संशोधन के अनुसार, पंचायती राज व्यवस्था त्रिस्तरीय है।

जम्मू-कश्मीर के लिए विशेष प्रावधान (अनुच्छेद 370)

- जम्मू-कश्मीर राज्य को कुछ विशेषाधिकार दिए गए हैं, जो कि भारत के अन्य राज्यों को प्राप्त नहीं है।
- संविधान के अनुच्छेद 352 के अन्तर्गत राष्ट्रपति द्वारा आन्तरिक अशान्ति के आधार पर आपातकाल की घोषणा जम्मू-कश्मीर राज्य सरकार को सहमति के बिना नहीं की जा सकती है।
- भारत सरकार, राज्य सरकार की सहमति के बिना राज्य को प्रभावित करने वाला कोई निर्णय नहीं ले सकते हैं।
- संविधान के अनुच्छेद 365 के अन्तर्गत केन्द्र सरकार अपने आदेशों के पालन न होने की जिम्मेदारी के आधार पर राज्य के संविधान को निलम्बित नहीं कर सकती है।
- संविधान के अनुच्छेद 360 के अधीन केन्द्र सरकार, जम्मू-कश्मीर राज्य में वित्तीय आपातकाल की घोषणा नहीं कर सकती है।
- राज्यपाल, राष्ट्रपति की सहमति से राज्य के संवैधानिक तन्त्र के असफल हो जाने की स्थिति में कार्यभार स्वयं ग्रहण कर सकता है। अत: अन्य राज्यों की अपेक्षा जम्मू-कश्मीर राज्य को अधिक स्वायत्तता दी गई है।

संविधान संशोधन

- भारतीय संविधान के अनुच्छेद 368 में संविधान में संशोधन के लिए तीन प्रणालियों को अपनाया गया है।

  1. संविधान के कुछ प्रावधानों को संसद साधारण बहुमत द्वारा संशोधित कर सकती है। इस प्रकार के प्रावधानों में नए राज्यों की स्थापना, वर्तमान राज्यों का पुनर्गठन राज्यों के विधान-परिषदों की स्थापना अथवा उन्हें समाप्त करने सम्बन्धी विषय सम्मिलित हैं।

  2. संविधान के कुछ प्रावधानों को संसद दो-तिहाई बहुमत से संशोधित कर सकती है तथा उनका अनुमोदन अधिकतर राज्यों की विधान सभाओं की स्वीकृति से किया जा सकता है। इस प्रकार जिन प्रावधानों में संशोधन किया जा सकता है उसमें राष्ट्रपति का चुनाव, संघीय व राज्य कार्यकारिणी की शक्तियाँ, संघीय न्यायपालिका, उच्च न्यायालय, संसद में राज्यों को प्रतिनिधित्व, संशोधन प्रक्रिया आदि सम्मिलित हैं।

  3. संविधान के अधिकतर भागों में संशोधन संसद द्वारा दो-तिहाई बहुमत से किया जा सकता है। यह स्पष्ट कर देना आवश्यक है कि यह दो-तिहाई बहुमत प्रत्येक सदन की कुल सदस्य संख्या का स्पष्ट बहुमत होना चाहिए।

पहला संशोधन (1951)

- इस संशोधन द्वारा नौंवी अनुसूची को शामिल किया गया।

दूसरा संशोधन (1952)

- संसद में राज्यों के प्रतिनिधित्व को निर्धारित किया गया।

सातवाँ संशोधन (1956)

- इस संशोधन द्वारा भाषायी आधार पर राज्यों का पुनर्गठन किया गया, जिसमें पहले के तीन श्रेणियों में राज्यों के वर्गीकरण को समाप्त करते हुए राज्यों एवं केन्द्रशासित प्रदेशों में उन्हें विभाजित किया गया।

आठवाँ संशोधन (1960)

- अनुसूचित जातियों तथा जनजातियों और एंग्लो इंडिण्यन समुदाय के लिए विशेष आरक्षण की अवधि 10 वर्ष बढा़कर सन् 1970 तक की गई।

10वाँ संशोधन (1961)

- दादर और नागर हवेली को भारतीय संघ में शामिल कर उन्हें संघीय क्षेत्र की स्थिति प्रदान की गई।

12वाँ संशोधन (1962)

- गोवा, दमन और दीव का भारतीय संघ में एकीकरण किया गया।

13वाँ संशोधन (1962)

- संविधान में एक नया अनुच्छेद 371 (अ) जोड़ा गया, जिसमें नागालैण्ड के प्रशासन के लिए कुछ विशेष प्रावधान किए गए। दिसम्बर 1963 को नागालैण्ड को एक राज्य की स्थिति प्रदान कर दी गई।

14वाँ संशोधन (1963)

- पाण्डिचेरी को संघ राज्य क्षेत्र के रूप में प्रथम अनुसूची में जोड़ा गया तथा इन संघ राज्य क्षेत्रों (हिमाचल प्रदेश, गोवा, दमन और दीव, पाण्डिचेरी और मणिपुर) में विधान सभाओं की स्थापना की व्यवस्था की गई।

15वाँ संशोधन (1963)

- उच्च न्यायालय के न्यायाधीशों की सेवानिवृत्ति की आयु 60 वर्ष से बढ़ाकर 62 वर्ष की गई।

21वाँ संशोधन (1967)

- आठवीं अनुसूची में 'सिन्धी' भाषा को जोड़ा गया।

22 वाँ संशोधन (1968)

- मेघालय को एक स्वतन्त्र राज्य के रूप में स्थापित करने तथा उसके लिए विधानमण्डल और मन्त्रिपरिषद् का उपबन्ध करने की शक्ति प्रदान की गई।

23वाँ संशोधन (1970)

- अनुसूचित जातियों और जनजातियों के लिए आरक्षण की अवधि को और 10 वर्ष तक बढ़ाया गया।

24वाँ संशोधन (1971)

- संसद को मौलिक अधिकारों सहित संविधान के किसी की भाग में संशोधन का अधिकार दिया गया।

26वाँ संशोधन (1971)

- भूतपूर्व देशी रियासतों के शासकों का प्रिवीपर्स समाप्त कर दिया गया।

27वाँ संशोधन (1971)

- उत्तरी-पूर्वी क्षेत्र के पाँच राज्यों : असोम, नागालैण्ड, मेघालय, मणिपुर व त्रिपुरा तथा दो संघीय क्षेत्रों : मिजोरम और अरुणाचल प्रदेश का गठन किया गया तथा इनमें समन्वय और सहयोग के लिए एक 'पूर्वोत्तर सीमान्त परिषद्' की स्थापना की गई।

31वाँ संशोधन (1974)

- लोकसभा की अधिकतम सदस्य संख्या 547 निश्चित की गई। इनमें से 545 निर्वाचित व 2 राष्ट्रपति द्वारा मनोनीत होंगे।

36वाँ संशोधन (1975)

- सिक्किम को भारतीय संघ में संघ के 22 वें राज्य के रूप में प्रवेश प्रदान किया गया।

37वाँ संशोधन (1975)

- अरुणाचल प्रदेश में व्यवस्थापिका तथा मन्त्रि परिषद् की स्थापना की गई।

42वाँ संशोधन (1976)

- कुछ विद्वानों द्वारा इसकी व्यापक प्रकृति को दृष्टिगत रखते हुए इसे **'लघु संविधान'** (Mini Constitution) की संज्ञा प्रदान की गई है। इसकी प्रमुख बातें इस प्रकार हैं–
- इसके द्वारा संविधान की प्रस्तावना में 'धर्मनिरपेक्ष', 'समाजवादी' ओर अखण्डता' शब्द जोड़े गए।
- इसके द्वारा अधिकारों के साथ-साथ कर्त्तव्यों की व्यवस्था करते हुए नागरिकों के 10 मूल कर्त्तव्य निश्चित किए गए।
- इसके अनुसार नीति निदेशक तत्त्वों को प्रभावी करने के लिए मूलाधिकारों में संशोधन किया जा सकता है।
- लोकसभा तथा विधानसभाओं के कार्यकाल में एक वर्ष की वृद्धि की गई।
- निर्देशक तत्त्वों के कुछ नवीन तत्त्व जोड़े गए।
- इसके द्वारा शिक्षा, नाप-तौल, वन और जंगली जानवर तथा पक्षियों की रक्षा, ये विषय राज्य सूची से निकालकर समवर्ती सूची में रख दिए गए।
- यह व्यवस्था की गई कि अनुच्छेद 352 के अन्तर्गत आपातकाल सम्पूर्ण देश में लागू किया जा सकता है या देश के किसी एक या कुछ भागों के लिए।
- संसद द्वारा किए गए संविधान संशोधन को न्यायालय में चुनौती देने से वर्जित कर दिया गया।

43वाँ संशोधन (1977)

- 42वें संवैधानिक संशोधन की कुछ आपत्तिजनक व्यवस्थाओं विशेषतया न्यायपालिका से सम्बन्धित व्यवस्थाओं, को रद्द कर दिया गया।

44वाँ संशोधन (1978)

❑ इसकी प्रमुख बातें इस प्रकार हैं:

- सम्पत्ति के मूलाधिकार को समाप्त करके इसे विधिक अधिकार बना दिया गया।
- लोकसभा तथा राज्य विधान सभाओं की अवधि पुन: 5 वर्ष कर दी गई।
- राष्ट्रपति, उपराष्ट्रपति, प्रधानमन्त्री और लोक सभा अध्यक्ष के चुनाव विवादों की सुनवाई का अधिकार पुन: सर्वोच्च तथा उच्च न्यायालय को ही दे दिया गया।
- मन्त्रिमण्डल द्वारा राष्ट्रपति को जो भी परामर्श दिया जाएगा, राष्ट्रपति गन्त्रिमडण्ल को उस पर दोबारा विचार करने के लिए कह सकेंगे लेकिन पुनर्विचार के बाद मन्त्रिमण्डल राष्ट्रपति को, जो भी परामर्श देगा, राष्ट्रपति उस उस परामर्श को अनिवार्यत: स्वीकार करेंगे।
- (a) राष्ट्रपति द्वारा आपातकाल की घोषणा तभी की जा सकेगी, जबकि मन्त्रिमण्डल लिखित रूप में राष्ट्रपति का ऐसा परामर्श दे। (b) आपातकाल युद्ध, बाहरी आक्रमण या सशस्त्र विद्रोह की स्थिति में ही घोषित किया जा सकेगा 'आन्तरिक अशन्ति' में ही घोषित किया जा सकेगा 'आन्तरिक अशांति' के आधार पर नहीं। (c) घोषणा के एक माह के भीतर संसद के विशेष बहुमत से इसकी स्वीकृति आवश्यक होगी।
- 'व्यक्ति के जीवन और स्वतन्त्रता के अधिकार' को शासन के द्वारा आपातकाल में भी स्थगित या सीमित नहीं किया जा सकता, आदि।

49वाँ संशोधन (1980)

- अनुसूचित जातियों तथा जनजाति वर्गों के लिए आरक्षण की अवधि 25 जनवरी, 1990 तक के लिए कर दी गई।

49वाँ संशोधन (1984)

- इसके आधार पर संविधान की छठी अनुसूची के अन्तर्गत त्रिपुरा में 'स्वायत्तशासी जिला परिषद्' की स्थापना की गई।

51वाँ संशोधन (1984)

- अरुणाचल प्रदेश और मिजोरम की अनुसूचित जनजातियों को लोकसभा में आरक्षण प्रदान किया गया तथा नागालैण्ड ओर मेघालय की विधान सभाओं में जनजातियों के लिए आरक्षणों की व्यवस्था की गई।

52वाँ संशोधन (1985)

- इस संशोधन द्वारा संविधान में दसवीं अनुसूची जोड़ी गई। इसके द्वारा राजनीतिक दल-बदल पर कानूनी रोक लगाने की चेष्टा की गई है।

55वाँ संशोधन (1986)

- अरुणाचल प्रदेश को भारतीय संघ के अन्तर्गत राज्य का दर्जा प्रदान किया गया।

56वाँ संशोधन (1987)

- इसमें गोवा को पूर्ण राज्य का दर्जा देने तथा 'दमन व दीव' को नया संघीय क्षेत्र बनाने की व्यवस्था है।

57वाँ संशोधन (1987)

- मेघालय, मिघालय, मिजोरम, नागालैण्ड तथा अरुणाचल प्रदेश की विधान सभाओं में जनजातियों के लिए आरक्षण की व्यवस्था की गई।

58वाँ संशोधन (1987)

- संविधान के हिन्दी में प्राधिकृत पाठ को मान्यता प्रदान की गई है।

61वाँ संशोधन (1989)

- मताधिकार के लिए न्यूनतम आवश्यक आयु 21वर्ष से घटकर 18 वर्ष कर दी गई।

62वाँ संशोधन (1990)

- लोकसभा तथा राज्य विधान सभाओं में अनुसूचित जातियों तथा जनजातियों के आरक्षण में 10 वर्ष की और वृद्धि की गई।

65वाँ संशोधन (1990)

- 'अनुसूचित जाति तथा जनजाति आयोग' के गठन की व्यवस्था की गई।

69वाँ संशोधन (1991)

- दिल्ली का नाम 'राष्ट्रपति राजधानी राज्य क्षेत्र दिल्ली' किया गया तथा इसके लिए 70 सदस्यीय विधान सभा तथा 7 सदस्यीय मन्त्रिमण्डल के गठन का प्रावधान किया गया।

70वाँ संशोधन (1992)

- दिल्ली तथा पाण्डिचेरी संघ राज्य क्षेत्रों की विधान सभाओं के सदस्यों को राष्ट्रपति के निर्वाचक मण्डल में शामिल करने का प्रावधान किया गया।

71वाँ संशोधन (1992)

- तीन और भाषाओं : कोंकणी, मणिपुरी और नेपाली को संविधान की आठवीं अनुसूची में सम्मिलित किया गया।

73वाँ संशोधन (1992)

- संविधान में एक नया भाग 9 तथा एक नई अनुसूची ग्यारहवीं अनुसूची जोड़ी गई और पंचायती राज व्यवस्था को संवैधानिक दर्जा प्रदान किया गया।

74वाँ संशोधन (1993)

- संविधान में एक नया भाग : भाग 9 और एक नई अनुसूची 12वीं अनुसूची जोड़कर शहरी क्षेत्र की' स्थानीय स्वशासन संस्थाओं को संवैधानिक दर्जा प्रदान किया गया।

79वाँ संशोधन (2000)

- अनुसूचित जातियों तथा अनुसूचित जनजातियों के लिए आरक्षण की अवधि 25 जनवरी, 2010 ई. तक के लिए बढ़ा दी गई है।

81वाँ संवैधानिक संशोधन (2000)

- इस संवैधानिक संशोधन के माध्यम से व्यवस्था की गई है कि अब राज्यों को 'प्रत्यक्ष केन्द्रीय करों' से प्राप्त कुल धनराशि का 29 प्रतिशत हिस्सा मिलेगा।

84वाँ संवैधानिक संशोधन (2001)

- लोकसभा एवं विधान सभाओं की सीटों की संख्या में सन् 2026 तक कोई छेड़छाड़ नहीं करने सम्बन्धी 84 वाँ संवैधानिक संशोधन अधिनियम, 2002 पारित किया गया। निर्वाचन क्षेत्रों का परिसीमन सन् 1991 की जनगणना पर आधारित किया गया।

85वाँ संवैधानिक संशोधन (2001)

- इस संशोधन से सरकारी नौकरियों में अनुसूचित जाति व अनुसूचित जाति के कर्मचारियों को पदोन्नति में आरक्षण का मार्ग प्रशस्त किया गया।

87वाँ संवैधानिक संशोधन विधेयक (2003)

- इसमें यह प्रवधान किया गया है कि निर्वाचन क्षेत्रों का परिसीमन सन् 2001 के जनगणना के आधार पर होगा।

88वाँ संवैधानिक संशोधन विधेयक (2003)

- इस संशोधन के द्वारा संविधान की सातवीं अनुसूची में संशोधन कर केन्द्र सरकार को सेवा कर लगाने का अधिकार प्रदान किया गया है।

91वाँ संवैधानिक संशोधन विधेयक (2003)

- दल बदल व्यवस्था में संशोधन केवल सम्पूर्ण दल के विलय को मान्यता, केन्द्र तथा राज्य में मंत्रिपरिषद् के सदस्य संख्या क्रमशः लोकसभा तथा विधानसभा की सदस्य संख्या का 15 प्रतिशत होगा।

92वाँ संवैधानिक संशोधन विधेयक (2003)

- इसमें आठवीं अनुसूची में चार और भाषाओं–मैथिली, डोगरी, बोडो और सन्थाली को जोड़ा गया हैं।

93वाँ संवैधानिक संशोधन विधेयक (2005)

- इसके तहत् गैर-सहायता प्राप्त निजी शिक्षण संस्थाओं में आरक्षण की सुविधा प्रदान की गई है। इसे संविधान के अनुच्छेद 15 में जोड़ा गया है।

94वाँ संवैधानिक संशोधन विधेयक (2006)

- इसे अनुच्छेद 165 की धारा (1) में जोड़ा गया है। इसके अन्तर्गत भारत के जनजातीय कल्याण मन्त्री पर बिहार, मध्य प्रदेश और ओडिशा राज्यों के अनुसूचित जाति तथा पिछड़े वर्ग के कल्याण से सम्बन्धित कार्यों का अतिरिक्त प्रभार होगा को संशोधित करके केवल बिहार को इस अनुच्छेद के दायरे से बाहर कर दिया गया है।

95वाँ संवैधानिक संशोधन विधेयक (2009)

- इस संशोधन द्वारा लोक सभा और राज्यों की विधान सभाओं में अनुसूचित जातियों तथा एंग्लो-इंडियन के लिए आरक्षण को दस और वर्षो (2010 तक) के लिए बढ़ा दिया गया है।

96वाँ संवैधानिक संशोधन अधिनियम (2011)

- इस संशोधन द्वारा उड़ीसा के स्थान पर 'ओडिशा' तथा 8वीं अनुसूची (भाषाएँ) की 15वीं प्रविष्टी में 'उड़िया' शब्द के स्थान पर 'ओडिशा' प्रतिस्थापित किया गया है।

97वाँ संवैधानिक संशोधन अधिनियम (2011)

- इस संशोधन के द्वारा सहकारी समितियों को संवैधानिक दर्जा प्रदान किया गया। इस संशोधन से नीति-निर्देशक तत्वों के तहत् अनुच्छेद 43 A जोड़कर सहकारी समितियों को राज्य द्वारा प्रोत्साहन का उपबन्ध किया गया है।

98वाँ संशोधन अधिनियम (2003)

- इस संशोधन द्वारा संविधान में एक नया अनु. 371 J जोड़ा गया है। इसके द्वारा कर्नाटक को हैदराबाद क्षेत्र के सम्बन्ध में विशेष दायित्व सौंपा गया।

प्रश्नमाला

1. भारतीय संविधान की प्रस्तावना में 'धर्म निरपेक्ष' शब्द किस संशोधन द्वारा जोड़ा गया?

(a) 42वां (b) 45वां
(c) 51वां (d) 43वां

2. संविधान निर्मात्री परिषद् की 'झंडा समिति' के अध्यक्ष कौन थे?

(a) सी. राजगोपालाचारी
(b) डॉ. राजेन्द्र प्रसाद
(c) जे.बी. कृपलानी
(d) डॉ. बी.आर. अम्बेडकर

3. मौलिक अधिकारों का संरक्षक है-

(a) सर्वोच्च न्यायालय
(b) संसद
(c) राष्ट्रपति
(d) प्रधानमंत्री

4. मौलिक कर्तव्यों का समावेश भारतीय संविधान में हुआ-

(a) 40वें संशोधन द्वारा
(b) 42वें संशोधन द्वारा
(c) 43वें संशोधन द्वारा
(d) 44वें संशोधन द्वारा

5. संविधान सभा में सदस्यों का चुनाव कैसे हुआ था?

(a) सीधे जनता द्वारा
(b) भारतीय राष्ट्रीय कांग्रेस के नामांकन द्वारा
(c) भारतीय राज्यों के शासकों से नामांकन द्वारा
(d) प्रांतीय सभाओं द्वारा

6. केंद्र एवं राज्यों के बीच वैधानिक शक्तियों का बंटवारा दिया हुआ है-

(a) पांचवीं अनुसूची
(b) छठी अनुसूची
(c) सातवीं अनुसूची
(d) आठवीं अनुसूची

7. केंद्र-राज्य संबंध किस अनुसूची में है?

(a) 7वां (b) 8वां
(c) 6वां (d) 9वां

8. निम्नलिखित में से कौन-सा मूल अधिकारों में सम्मिलित नहीं है?

(a) सम्पत्ति का अधिकार
(b) संघ गठित करने का अधिकार
(c) सभा करने का अधिकार
(d) देश के किसी भाग में जाने और निवास का अधिकार

9. निम्नांकित में से भारतीय संविधान के कौन से अनुच्छेद में किसी भी रूप में अस्पृश्यता निषेध के लिए प्रावधान है-

(a) अनुच्छेद 14
(b) अनुच्छेद 17
(c) अनुच्छेद 19
(d) उपर्युक्त में से कोई नहीं

10. भारतीय संविधान में राज्य के नीति-निदेशक तत्व ग्रहण किऐ गए-
(a) ब्रिटेन से
(b) आयरलैण्ड से
(c) यू.एस.एस.आर. से
(d) फ्रांस से

11. भारतीय संविधान निम्न में से कौन-सी नागरिकता प्रदान करता है?
(a) दोहरी नागरिकता
(b) एकल नागरिकता
(c) उपरोक्त दोनों
(d) उपरोक्त से कोई नहीं

12. निम्न कथनों पर विचार कीजिए और अंत में दिए गए कूट से सही उत्तर का चयन कीजिए-
कथन (A) : भारत के संविधान में एक संघीय प्रणाली का प्रावधान है।
कारण (R) : उसने एक बहुत शक्तिशाली केन्द्र की रचना की है।
कूट :
(a) दोनों (A) और (R) सही हैं और (R) (A) का सही स्पष्टीकरण है।
(b) दोनों (A) और (R) सही हैं पर (R) (A) का सही स्पष्टीकरण नहीं है।
(c) (A) सही है, पर (R) गलत है।
(d) (A) गलत है, पर (R) सही है।

13. भारतीय संविधान में मौलिक कर्तव्यों को सम्मिलित किया गया था-
(a) 40वें संशोधन द्वारा
(b) 42वें संशोधन द्वारा
(c) 43वें सशोधन द्वारा
(d) 44वें संशोधन द्वारा

14. भारतीय संविधान सभा की स्थापना की गई थी-
(a) 10.06.1946 को
(b) 09.12.1946 को
(c) 26.11.1949 को
(d) 26.12.1949 को

15. भारतीय संविधान सभा की प्रारूप समिति के अध्यक्ष-
(a) डॉ. राजेन्द्र प्रसाद थे।
(b) जवाहर लाल नेहरू थे।
(c) बी.आर. अम्बेडकर थे।
(d) पुरुषोत्तम दास टंडन थे।

16. भारतीय संविधान के अनुच्छेद 25 का संबंध है-
(a) समानता के अधिकार से
(b) सम्पत्ति के अधिकार से
(c) धर्म की स्वतंत्रता से
(d) अल्पसंख्यकों की सुरक्षा से

17. सम्पत्ति का अधिकार एक-
(a) मौलिक अधिकार है
(b) नैसर्गिक अधिकार है
(c) वैधानिक अधिकार है
(d) कानूनी अधिकार है

18. भारतीय संविधान के वृहद् होने के कारण हैं-
(a) इनमें अनेक संविधानों के अनुभव समाविष्ट हैं।
(b) इसमें विस्तृत प्रशासकीय प्रावधान है।
(c) यह एक बड़े देश के शासन से संबंधित है।
(d) इसमें संघ तथा राज्य सरकारों का संविधान है।

19. "भारत एक गणतंत्र है" इसका अर्थ है-
(a) सभी मामलों में अंतिम अधिकार जनता के पास है।
(b) भारत में संसदीय शासन व्यवस्था है।
(c) भारत में वंशानुगत शासन नहीं है।
(d) भारत राज्यों का संघ है।

20. भारतीय संविधान का कौन-सा अनुच्छेद व्यक्ति की विदेश यात्रा के अधिकार का संरक्षण प्रदान करता है?
(a) अनुच्छेद 14
(b) अनुच्छेद 19
(c) अनुच्छेद 21
(d) कोई नहीं

21. निम्नलिखित में से कौन-से अधिकार भारतीय संविधान के अनुच्छेद 32 के अंतर्गत प्रवर्तित किए जा सकते हैं?
(a) संवैधानिक अधिकार
(b) मौलिक अधिकार
(c) विधिक अधिकार
(d) उपरोक्त सभी

22. भारतीय संविधान का कौन-सा अनुच्छेद अल्पसंख्यकों की अपनी मनपसंद शिक्षण संस्थाओं को स्थापित एवं संचालित करने के अधिकार का संरक्षण प्रदान करता है?
(a) 16 (b) 26
(c) 29 (d) 30

23. "मद्रास राज्य बनाम चम्पकम दोरायराजन" मुकदमे में भारतीय सर्वोच्च न्यायालय के निर्णय के परिणामस्वरूप निम्नलिखित में से किस मौलिक अधिकार को संशोधित किया गया?
(a) विधि के समक्ष समानता का अधिकार
(b) भेदभाव के विरुद्ध अधिकार
(c) अस्पृश्यता के विरुद्ध अधिकार
(d) विचार एवं अभिव्यक्ति की स्वतंत्रता का अधिकार

24. निम्नलिखित में से किस मुकदमे में भारतीय सर्वोच्च न्यायालय ने सर्वप्रथम संविधान के मौलिक लक्षण का सिद्धांत प्रतिपादित किया?
(a) गोलकनाथ बनाम पंजाब राज्य
(b) केशवानन्द बनाम केरल राज्य
(c) मिनर्वा मिल बनाम भारतीय संघ
(d) वासन बनाम भारतीय संघ

25. भारत के कल्याणकारी राज्य होने का विचार पाया जाता है–
(a) संविधान की प्रस्तावना में
(b) मौलिक अधिकारों में
(c) राज्य के नीति-निदेशक तत्वों में
(d) (a) तथा (c) दोनों में

26. भारतीय संविधान की सातवीं अनुसूची के अंतर्गत राज्य सूची में निम्न में से किसका उल्लेख है?
(a) शिक्षा (b) विद्युत
(c) रेलवे पुलिस (d) वन

27. भारतीय संविधान की सातवीं अनुसूची के अंतर्गत संघ सूची में निम्नलिखित में से किसका उल्लेख नहीं है?
(a) बैंकिंग (b) बीमा
(c) जनगणना (d) गैस

28. भारतीय संविधान के किस अनुच्छेद में विभिन्न राज्यों से संबंधित विशिष्ट प्रावधान का उल्लेख है?
(a) अनुच्छेद 369
(b) अनुच्छेद 370
(c) अनुच्छेद 371
(d) अनुच्छेद 372

29. भारत को एक संविधान देने का प्रस्ताव संविधान सभा द्वारा पारित किया गया था-
(a) जनवरी 22, 1946
(b) जनवरी 22, 1947
(c) फरवरी 20, 1947
(d) जुलाई 26, 1946

30. समान कार्य के लिए समान वेतन भारत के संविधान में सुनिश्चित किया गया है, एक-
(a) मौलिक अधिकार है
(b) राज्य के नीति-निदेशक सिद्धांतों का अंग है
(c) मौलिक कर्तव्य है
(d) आर्थिक अधिकार है

31. भारत में मौलिक अधिकारों के संबंध में निम्न पर विचार कीजिए-
1. यह राज्य कृत्य के विरुद्ध एक गारंटी है।
2. यह संविधान के भाग-3 में सूचित है।
3. यह सामाजिक, आर्थिक तथा राजनीतिक न्याय सुनिश्चित करते हैं।
4. यह संयुक्त राज्य अमेरिका में अधिकारों के बिल की भांति नहीं है।
कूट :
(a) 1 तथा 2 सही
(b) 1 तथा 3 सही हैं
(c) 1, 2 तथा 3 सही हैं
(d) 2, 3 तथा 4 सही हैं

32. निम्नांकित में से किन्हें सर्वोच्च न्यायालय ने मौलिक अधिकार के रूप में मान्यता दी है?
1. आवास का अधिकार
2. विदेश यात्रा का अधिकार
3. समान कार्य के लिए समान वेतन का अधिकार
कूट :
(a) 1 तथा 2 (b) 2 तथा 3
(c) 1 तथा 3 (d) 1, 2 तथा 3

33. "भारत के प्रत्येक नागरिक का कर्त्तव्य होगा प्राकृतिक पर्यावरण का संरक्षण एवं सुधार।"
उपरोक्त कथन भारतीय संविधान के किस अनुच्छेद में संदर्भित है?
(a) अनुच्छेद 21
(b) अनुच्छेद 48-A
(c) अनुच्छेद 51-A
(d) अनुच्छेद 55

34. भारतीय संविधान में राज्य के नीति-निदेशक तत्त्वों की संकल्पना किस देश के संविधान पर आधारित है?
(a) फ्रांस (b) आयरलैण्ड
(c) जापान (d) यू.एस.एस.आर.

35. भारतीय संविधान के निम्नलिखित अनुच्छेद में से कौन विधायन सत्ता पर पूर्ण नियंत्रण लगाता है?
(a) अनुच्छेद 14 (b) अनुच्छेद 15
(c) अनुच्छेद 16 (d) अनुच्छेद 17

36. सूची-I को सूची-II से सुमेलित कीजिए तथा सूचियों के नीचे दिए गए कूट से सही उत्तर चुनिए-

सूची-I (संविधान की अनुसूची)	सूची-II (विषय)
A. चतुर्थ	1. भूमि सुधार
B. षष्ठ	2. भाषा
C. अष्टम्	3. राजसभा
D. नवम्	4. जनजातीय क्षेत्र

कूट :

	A	B	C	D
(a)	1	2	3	4
(b)	2	3	4	1
(c)	3	4	2	1
(d)	4	2	1	3

37. भारतीय संविधान के निम्नलिखित किस/ किन/ अनुच्छेद/ अनुच्छेदों द्वारा अंतर्राष्ट्रीय व्यापार की स्वतंत्रता नियमित की गई है?
(a) 19 (1) (d-e)
(b) 301
(c) 301 से 307
(d) उपरोक्त सभी

38. कथन (A) : भारत संघ नहीं है।
कारण (R) : किसी भी राज्य का क्षेत्र, सीमा, नाम उसकी सहमति के बिना भी परिवर्तित करने की शक्ति संघीय संसद को प्राप्त है।
नीचे दिए गए कूट का प्रयोग करके सही उत्तर चुनें-
(a) A तथा R दोनों सही हैं तथा R, A की सही व्याख्या है।
(b) A तथा R दोनों सही हैं तथा R, A की सही व्याख्या नहीं है।
(c) A सही है, R गलत है।
(d) A गलत है, R सही है।

39. भारतीय संविधान के अनुच्छेद 13 का मुख्य उद्देश्य निम्नलिखित में से किसके संदर्भ में संविधान की सर्वोच्चता सुनिश्चित करता है?
(a) राज्य के नीति-निदेशक तत्त्व
(b) मौलिक अधिकार
(c) मौलिक कर्त्तव्य
(d) उपरोक्त सभी

40. निम्नलिखित में से किसने भारतीय सर्वोच्च न्यायालय को समान कार्य के लिए समान वेतन का मौलिक अधिकार निगमन करने हेतु सक्षम किया?
(a) संविधान की प्रस्तावना में प्रयुक्त 'समाजवादी' शब्द
(b) (a) को संविधान के अनुच्छेद 14 के साथ मिलाकर पढ़ना
(c) (a) को संविधान के अनुच्छेद 16 के साथ मिलाकर पढ़ना
(d) (a), (b), (c) सभी को मिलाकर पढ़ना

41. भारतीय संविधान के निम्नांकित अनुच्छेदों से कौन भिन्न वर्ग में आता है?
(a) अनुच्छेद 14 (b) अनुच्छेद 15
(c) अनुच्छेद 16 (d) अनुच्छेद 19

42. भारतीय संविधान की प्रस्तावना में प्रयुक्त 'समाजवाद' शब्द को निम्नलिखित किस अनुच्छेद/अनुच्छेदों के साथ मिलाकर पढ़ने से सर्वोच्च न्यायालय को समान कार्य के लिए समान वेतन का मौलिक अधिकार परिभाषित करने की शक्ति प्राप्त हुई?
(a) अनुच्छेद 14
(b) अनुच्छेद 14 तथा 15
(c) अनुच्छेद 14, 15 तथा 16
(d) अनुच्छेद 14 तथा 16

43. कैबिनेट मिशन योजना के अंतर्गत संविधान निर्मात्री परिषद् में प्रत्येक प्रांत को आवंटित सदस्य संख्या निर्धारित करने के लिए एक प्रतिनिधि कितनी जनसंख्या के अनुपात में था?
(a) 8 लाख व्यक्ति
(b) 10 लाख व्यक्ति
(c) 12 लाख व्यक्ति
(d) 15 लाख व्यक्ति

44. भारतीय संविधान का कौन-सा अनुच्छेद संवैधानिक विवाद में सर्वोच्च न्यायालय के अपीलीय क्षेत्राधिकार से संबंधित है?
(a) अनुच्छेद-131
(b) अनुच्छेद-132
(c) अनुच्छेद-134-A को मिलाकर अनुच्छेद-132 को पढ़ना
(d) अनुच्छेद-134-A को मिलाकर अनुच्छेद-133 को पढ़ना

45. निम्न में से कौन राज्य सूची में है?
(a) रेलवे पुलिस
(b) निगमीय कर
(c) जनगणना
(d) आर्थिक एवं सामाजिक नियोजन

46. निम्नांकित में से कौन-सा एक मौलिक अधिकार नहीं है?
(a) स्वतंत्रता का अधिकार
(b) समानता का अधिकार
(c) सम्पत्ति का अधिकार
(d) शोषण के विरुद्ध अधिकार

47. भारत में कितने राज्य एवं संघीय प्रदेश हैं?
(a) 25 राज्य एवं 7 संघीय प्रदेश
(b) 28 राज्य एवं 7 संघीय प्रदेश (जिसमें राष्ट्रीय राजधानी क्षेत्र-एक भी सम्मिलित है)
(c) 24 राज्य एवं 8 संघीय प्रदेश
(d) इनमें से कोई नहीं

48. संविधान के किस अनुच्छेद में यह व्यवस्था की गयी है कि प्रत्येक राज्य शिक्षा के प्राथमिक स्तर पर मातृभाषा में शिक्षा की पर्याप्त सुविधाओं की व्यवस्था करने का प्रयास करेगा?
(a) अनुच्छेद-349
(b) अनुच्छेद-350
(c) अनुच्छेद-350A
(d) अनुच्छेद-351

49. भारत का संविधान पूर्ण रूप से तैयार हुआ था?
(a) जनवरी 26, 1950
(b) नवम्बर 26, 1949
(c) फरवरी 11, 1948
(d) कोई नहीं

50. धार्मिक स्वतंत्रता के अधिकार के प्राविधान के अंतर्गत सम्मिलित हैं-
I. धर्म प्रचार करने का अधिकार
II. सिक्खों को 'कृपाण' धारण एवं रखने का अधिकार
III. राज्यों को समाज-सुधारक विधि निर्माण का अधिकार
IV. धार्मिक निकायों को लोगों का धर्म-परिवर्तन कराने का अधिकार
नीचे दिए गए कूट से सही उत्तर का चयन कीजिए-
कूट :
(a) I, II एवं III
(b) II, III एवं IV
(c) III एवं IV
(d) उक्त सभी

51. भारत का संविधान स्पष्टतः 'प्रेस की आजादी' की व्यवस्था नहीं करता है, किन्तु यह आजादी अंतर्निहित है, अनुच्छेद-
(a) 19 (i) अ में
(b) 19 (i) ब में
(c) 19 (i) स में
(d) 19 (i) द में

52. भारतीय संविधान के अनुच्छेद 352 के अनुसार 'राष्ट्रीय आपात' की घोषणा निम्नलिखित में से किन परिस्थितियों में की जा सकती है-
(a) संवैधानिक मशीनरी की विफलता
(b) बाह्य आक्रमण
(c) आंतरिक अशांति
(d) युद्ध, बाह्य आक्रमण अथवा सशस्त्र विद्रोह

53. केन्द्र तथा राज्यों के मध्य शक्तियों के वितरण के लिए भारत का संविधान तीन सूचियों को प्रस्तुत करता है। निम्न में से कौन-से दो अनुच्छेद शक्तियों के वितरण को विनियमित करते हैं?
(a) अनुच्छेद 4 तथा 5
(b) अनुच्छेद 56 तथा 57
(c) अनुच्छेद 141 तथा 142
(d) अनुच्छेद 245 तथा 246

54. मौलिक अधिकारों के अंतर्गत कौन-सा अनुच्छेद बच्चों के शोषण से संबंधित है?
(a) अनुच्छेद 17
(b) अनुच्छेद 19
(c) अनुच्छेद 23
(d) अनुच्छेद 24

55. केशवानन्द भारती केस का महत्त्व इसलिए है कि-
(a) उसने कार्यपालिका के आदेशों को दरकिनार कर दिया।
(b) उच्चतम न्यायालय ने संविधान की मूल विशेषताओं को प्रतिपादित किया।
(c) उसने संघीय सरकार को कटघरे में खड़ा कर दिया।
(d) उपरोक्त में से कोई नहीं।

56. मौलिक अधिकारों के अंतर्गत कौन-सा अनुच्छेद बच्चों के शोषण से संबंधित है?
(a) अनुच्छेद 17 (b) अनुच्छेद 19
(c) अनुच्छेद 23 (d) अनुच्छेद 24

57. "सूचना का अधिकार अधिनियम, 2005" के बारे में निम्नलिखित कथनों पर विचार कीजिए और उसे चुनिए जो प्रावधानित नहीं है अथवा विशिष्ट रूप से विमुक्त है?
(a) यह जम्मू-कश्मीर राज्य में लागू नहीं है।
(b) आवेदक जो सूचना हेतु अनुरोध करता है उसे सूचना मांगे जाने के कारणों को देना होगा।
(c) मुख्य सूचना आयुक्त को हटाया जाना।
(d) प्रत्येक सूचना आयुक्त अपने पद पर 5 वर्ष की अवधि या जब वह पैंसठ वर्ष की आयु का हो जाए, दोनों में से जो पहले हो, एक पद पर बना रहेगा।

58. भारतीय संविधान सभा के प्रथम दिन के अधिवेशन की अध्यक्षता इन्होंने की थी-
(a) डॉ. राजेन्द्र प्रसाद
(b) पंडित जवाहर लाल नेहरू
(c) डॉ. बी.आर. अम्बेडकर
(d) डॉ. सच्चिदानन्द सिन्हा

59. इनमें से कौन राज्य के नीति-निदेशक सिद्धांतों में सम्मिलित नहीं है?
(a) मद्य-निषेध
(b) काम का अधिकार
(c) समान कार्य हेतु समान वेतन
(d) सूचना का अधिकार

60. छः वर्ष की आयु से 14 वर्ष की आयु के बीच के सभी बच्चों (शिशुओं) को शिक्षा का अधिकार–
(a) राज्य के नीति-निदेशक सिद्धांतों में सम्मिलित है।
(b) मूल अधिकार है।
(c) सांविधिक अधिकार है।
(d) उपर्युक्त में से कोई नहीं।

61. निम्नलिखित में से कौन-सा मूल अधिकार विदेशी नागरिकों को प्राप्त नहीं है?
(a) विधि के समक्ष समानता
(b) अभिव्यक्ति स्वतंत्रता का अधिकार
(c) प्राण व दैहिक स्वतंत्रता का अधिकार
(d) शोषण के विरुद्ध अधिकार

62. वर्तमान समय में भारतीय संविधान के अंतर्गत सम्पत्ति का अधिकार है, एक-
(a) मौलिक अधिकार
(b) वैधानिक अधिकार
(c) नैतिक अधिकार
(d) उपर्युक्त में से कोई नहीं

63. राष्ट्रीय विकास परिषद् का गठन, जिस तिथि को हुआ था, वह थी-
(a) 16 अगस्त, 1950
(b) 1 अप्रैल, 1951
(c) 6 अगस्त, 1952
(d) 16 अगस्त, 1952

64. संविधान के प्रथम अनुच्छेद के अनुसार भारत है-

(a) राज्यों का समूह
(b) राज्यों का फेडेरेशन
(c) राज्यों का कन्फेडेरेशन
(d) राज्यों का यूनियन

65. भारतीय संविधान का कौन-सा भाग संविधान की 'आत्मा' कहलाता है?

(a) मूल अधिकार
(b) राज्य की नीति के निदेशक तत्त्व
(c) उद्देशिका
(d) सांविधानिक उपचारों का अधिकार

66. 26 नवम्बर, 1949 को अंगीकृत भारतीय संविधान की प्रस्तावना में शब्द सम्मिलित नहीं थे?

1. समाजवादी 2. पंथनिरपेक्ष
3. अखंडता 4. गणराज्य

अधोलिखित कूटों में से सही उत्तर चुनिए-

कूट :

(a) 1, 2 और 3 (b) 2, 3 और 4
(c) 1, 2 और 4 (d) 3 और 4

67. भारत में राजनीतिक व्यवस्था के मूलभूत लक्षण हैं-

1. यह एक लोकतांत्रिक गणतंत्र है।
2. इसमें संसदात्मक रूप की सरकार है।
3. सर्वोच्च सत्ता भारत की जनता में निहित है।
4. यह एक एकीकृत शक्ति का प्राविधान करती है।

नीचे दिए गए कूट में से सही उत्तर का चयन कीजिए-

कूट :

(a) 1 और 2 (b) 1, 2 और 3
(c) 2, 3 और 4 (d) सभी चारों

68. निम्न कथनों पर विचार कीजिए और दिए गए कूट की सहायता से बताइऐ कि इनमें से कौन सही है?

1. संविधान में "यूनियन ऑफ स्टेट्स" शब्द प्रयुक्त हुआ है, क्योंकि भारतीय राज्यों को अलग होने का अधिकार नहीं है।
2. एस.के. धर आयोग ने राज्यों के पुनर्गठन हेतु भाषा के आधार की अपेक्षा प्रशासनिक सुविधा को वरीयता दी थी।
3. पंडित नेहरू, सरदार पटेल और पट्टाभि सीतारमैया की अध्यक्षता में कांग्रेस पार्टी, राज्यों के पुनर्गठन में भाषाई आधार के पक्ष में नहीं थी।

कूट :

(a) केवल 1
(b) केवल 1 और 2
(c) केवल 1 और 3
(d) सभी तीनों

69. आकस्मिकता निधि (Contingency fund) को राष्ट्रपति कैसे व्यय कर सकता है?

(a) राष्ट्रीय संकट के समय
(b) संसदीय स्वीकृति के बाद
(c) संसदीय स्वीकृति से पूर्व
(d) नहीं व्यय कर सकता

70. भारतीय संविधान में अवशिष्ट शक्तियां किसमें सन्निहित हैं?

(a) राष्ट्रपति (b) राज्य
(c) केन्द्रीय मंत्रिमंडल
(d) संसद

71. राष्ट्रपति शासन अधिकतम लगाया जा सकता है-

(a) 1 वर्ष (b) 2 वर्ष
(c) 6 माह (d) 3 वर्ष

72. राष्ट्रपति पद के उम्मीदवार के लिए क्या आवश्यक नहीं है?

(a) आयु 35 वर्ष हो।
(b) पढ़ा-लिखा हो।
(c) सांसद चुने जाने की योग्यता रखता हो।
(d) देश का नागरिक हो।

73. यह धन विधेयक है, इसका निर्णय कौन करता है?

(a) राष्ट्रपति
(b) प्रधानमंत्री
(c) लोकसभाध्यक्ष
(d) मंत्रिपरिषद्

74. किस सभा का अध्यक्ष उसका सदस्य नहीं होता है?

(a) राज्य सभा (b) लोक सभा
(c) विधानसभा (d) विधान परिषद्

75. राज्य सभा के सदस्य का कार्यकाल कितने वर्ष होता है?

(a) 3 वर्ष (b) 5 वर्ष
(c) 6 वर्ष (d) 2 वर्ष

76. कैबिनेट में सम्मिलित होते हैं-

(a) मंत्रिस्तर के सभी मंत्री
(b) केवल कैबिनेट मंत्री
(c) कैबिनेट मंत्री और राज्य मंत्री
(d) कैबिनेट, राज्य और उपमंत्री

77. राष्ट्रपति और उपराष्ट्रपति की अनुपस्थिति में कौन कार्यभार ग्रहण करेगा?

(a) सर्वोच्च न्यायालय का मुख्य न्यायाधीश
(b) लोक सभा का अध्यक्ष
(c) मंत्रिपरिषद्
(d) प्रधानमंत्री का कैबिनेट

78. भारत में राष्ट्रपति के चुनाव के लिए चुनाव मंडल के सदस्य होते हैं-

(a) लोकसभा के चुने हुए सदस्य
(b) राज्यसभा के चुने हुए सदस्य
(c) राज्यविधान सभा के चुने हुए सदस्य
(d) राज्य विधान परिषद् के चुने हुए सदस्य

79. निम्न वाक्यों का अध्ययन कीजिए-
कथन-(A) मंत्री नीति बनाते हैं और लोक सेवक उनका क्रियान्वयन करते हैं।
कारण-(R) संसदीय प्रणाली में 'मंत्रियों का उत्तरदायित्व' का सिद्धांत कार्य करता है।

(a) कथन और कारण दोनों सही हैं और कथन कारण का सही स्पष्टीकरण है।
(b) कथन और कारण दोनों सही हैं किन्तु कथन कारण का सही स्पष्टीकरण नहीं है।
(c) कथन सही है पर कारण गलत है।
(d) कथन गलत है पर कारण सही है।

80. जो व्यक्ति संसद का सदस्य नहीं है, केंद्रीय मंत्री रह सकता है-

(a) एक वर्ष (b) छह माह
(c) तीन माह (d) एक माह

81. राज्यसभा में राज्यों को प्रतिनिधित्व निम्नांकित में से किस आधार पर दिया जाता है?

(a) प्रत्येक राज्य के लिए बराबर
(b) उनकी जनसंख्या के अनुपात में स्थान
(c) उनके क्षेत्रफल के अनुपात में स्थान
(d) उनके राजस्व के अनुपात में स्थान

82. निम्न में कौन राज्यसभा का अध्यक्ष होता है?

(a) प्रधानमंत्री
(b) भारत का उपराष्ट्रपति
(c) वह व्यक्ति जो इस पद के लिए चुना जाता है
(d) भारत का राष्ट्रपति

83. भारत के राष्ट्रपति को कार्य-अवधि की समाप्ति से पूर्व भी पद से हटाया जा सकता है-
(a) सत्ताधारी राजनीतिक दल द्वारा
(b) प्रधानमंत्री द्वारा
(c) महाभियोग के द्वारा
(d) न्यायालय में ट्रायल द्वारा

84. राज्यसभा के संदर्भ में निम्नांकित में से कौन-सा कथन सही है?
(a) इसके एक-तिहाई सदस्य प्रति दो वर्ष में अवकाश प्राप्त करते हैं।
(b) इसके आधे सदस्य प्रति दो वर्ष में अवकाश प्राप्त करते हैं।
(c) इसके आधे सदस्य प्रति तीन वर्ष में अवकाश प्राप्त करते हैं।
(d) इसके एक-तिहाई सदस्य प्रति तीन वर्ष में अवकाश प्राप्त करते हैं।

85. निम्न क्रियाविधियों में से कौन-सी एक धन विधेयक को अंगीकार करा लेगी जो एक बार लोकसभा द्वारा पारित किया जा चुका हो किन्तु राज्यसभा द्वारा संशोधित किया गया हो?
(a) वह राष्ट्रपति को जाएगा।
(b) लोकसभा की बैठक में भाग लेने वाले तथा मत देने वाले सदस्यों के 2/3 बहुमत से पारित करना होगा।
(c) दोनों सदनों का संयुक्त अधिवेशन बुलाया जाएगा।
(d) यह पारित समझा जाएगा यदि लोकसभा इसमें दोबारा संशोधन करके स्वीकार अथवा अस्वीकार करते हुए पास कर दे।

86. भारतीय संविधान ने अवशिष्ट अधिकारों को-
(a) संघीय सरकार को दिया है
(b) राज्य सरकारों को दिया है
(c) संघीय तथा राज्य सरकार दोनों को दिया है
(d) न संघीय न ही राज्य सरकारों को दिया है

87. भारत में संघ राज्यों का प्रशासन होता है-
(a) राष्ट्रपति द्वारा
(b) उपराज्यपाल द्वारा
(c) गृहमंत्री द्वारा
(d) प्रशासक द्वारा

88. एक वर्ष में कम से कम कितनी बार संसद की बैठक होना आवश्यक है?
(a) एक बार (b) दो बार
(c) तीन बार (d) चार बार

89. भारत में वह मंत्री जो संसद के दोनों सदनों में से किसी सदन का भी सदस्य नहीं है उसे मंत्री के पद से मुक्त हो जाना पड़ता है-
(a) 6 माह बाद (b) एक वर्ष बाद
(c) दो वर्ष बाद (d) तीन वर्ष बाद

90. किस राज्य का लोकसभा व राज्यसभा में प्रतिनिधित्व सबसे अधिक है?
(a) उत्तर प्रदेश (b) मध्य प्रदेश
(c) महाराष्ट्र (d) आंध्र प्रदेश

91. भारतीय संसद के दोनों सदनों की संयुक्त बैठक किस संबंध में होती है?
(a) संविधान संशोधन विधेयक
(b) वित्त विधेयक
(c) साधारण विधेयक
(d) भारत के उप-राष्ट्रपति का निर्वाचन

92. निम्नलिखित में कौन राज्यसभा की एकान्तिक शक्ति के अंतर्गत आता है?
(a) नई अखिल भारतीय सेवाओं का सृजन
(b) आकस्मिक रिक्ति में भारत के उप-राष्ट्रपति का निर्वाचन
(c) किसी राज्य की विधानपरिषद् की समाप्ति
(d) अपने सभापति को अपदस्थ करना

93. निम्नलिखित में से कौन-सा राज्य लोकसभा में अनुसूचित जनजातियों के सर्वाधिक प्रतिनिधि निर्वाचित करता है?
(a) आंध्र प्रदेश (b) बिहार
(c) मध्य प्रदेश (d) महाराष्ट्र

94. निम्न युग्मों में कौन-सा युग्म सही नहीं है?

(राज्य)	(लोकसभा में स्थान)
(a) आंध्र प्रदेश	42
(b) असम	13
(c) पंजाब	13
(d) पश्चिम बंगाल	42

95. लोकसभा का सचिवालय सीधे नियंत्रित होता है-
(a) केंद्रीय गृह मंत्रालय द्वारा
(b) संसदीय मामलों के मंत्रालय द्वारा
(c) प्रधानमंत्री द्वारा
(d) लोकसभा के अध्यक्ष द्वारा

96. निम्न में से भारत का राष्ट्रपति किसकी नियुक्ति नहीं करता है?
(a) उप-राष्ट्रपति
(b) प्रधानमंत्री
(c) राज्यपाल
(d) मुख्य निर्वाचन आयोग

97. किसी भारतीय राज्य के राज्यपाल से संबंधित निम्नलिखित कथनों में कौन-सा कथन सत्य नहीं है?
(a) वह भारत के राष्ट्रपति द्वारा नियुक्त होता है।
(b) वह एक से अधिक राज्यों का राज्यपाल हो सकता है।
(c) वह पांच वर्ष तक पद पर रहता है।
(d) यदि संबंधित राज्य की व्यवस्थापिका उसे पद से हटाए जाने का प्रस्ताव स्वीकार करती है तो उसे पदावधि के पूर्व भी पद-मुक्त किया जा सकता है।

98. निम्नांकित राज्यों में अनुसूचित जनजातियों के लिए लोकसभा में स्थान आरक्षित नहीं है?
(a) केरल तथा तमिलनाडु
(b) कर्नाटक तथा केरल
(c) तमिलनाडु तथा कर्नाटक
(d) उपरोक्त सभी

99. कथन (A) : भारत में संघवादिता व्यावहारिक नहीं है।
कारण (R) : भारत एक संघीय राज्य नहीं है।
कूट :
(a) A और R दोनों सही हैं तथा R, A की सही व्याख्या करता है।
(b) A और R दोनों सही हैं परन्तु R, A की सही व्याख्या नहीं करता है।
(c) A सही है, परन्तु R गलत है।
(d) A गलत है, परन्तु R सही है।

100. सर्वसम्मति से निर्वाचित भारत के राष्ट्रपति थे-
(a) एस. राधाकृष्णन
(b) वी.वी. गिरि
(c) एन. संजीव रेड्डी
(d) ज्ञानी जैल सिंह

101. भारत में राष्ट्रपति की मृत्यु, पद-त्याग अथवा हटाए जाने पर पद से हुई रिक्ति को भरने की समय सीमा क्या है?
(a) एक माह (b) नौ माह
(c) तीन माह (d) छः माह

102. राज्यसभा के गठन में प्रतिभा, अनुभव एवं सेवा को प्रतिनिधित्व देने में भारतीय संविधान निर्माता निम्नांकित उदाहरण से प्रभावित हुए थे-
(a) आयरिश गणतंत्र
(b) कनाडा
(c) संयुक्त राज्य अमेरिका
(d) ऑस्ट्रेलिया

103. निम्नलिखित राज्य युग्मों में से किसे राज्यसभा में समान प्रतिनिधित्व प्राप्त है?
(a) आंध्र प्रदेश तथा महाराष्ट्र
(b) आंध्र प्रदेश तथा तमिलनाडु
(c) गुजरात तथा राजस्थान
(d) महाराष्ट्र तथा तमिलनाडु

104. अंतर्राष्ट्रीय परिषद्ों का निर्माण स्रोत है-
(a) संवैधानिक प्रावधान
(b) संसदीय कानून
(c) योजना आयोग की अनुशंसा
(d) मुख्यमंत्री सम्मेलन द्वारा स्वीकृति संकल्प

105. क्षेत्रीय परिषदों का सृजन हुआ है-
(a) संविधान द्वारा
(b) संसदीय कानून द्वारा
(c) सरकारी संकल्प द्वारा
(d) राष्ट्रीय विकास परिषद् द्वारा

106. पार्लियामेन्ट द्वारा दिसंबर, 1999 में निर्मित कानून के अनुसार एक नागरिक के वयस्क होने की कानूनी आयु है-
(a) 23 वर्ष (b) 32 वर्ष
(c) 20 वर्ष (d) 18 वर्ष

107. प्रथम स्पीकर जिनके विरुद्ध लोक-सभा में अविश्वास का प्रस्ताव लाया गया था-
(a) बी.आर. जाखड़
(b) जी.वी. मावलंकर
(c) हुकुम सिंह
(d) के.एम. हेगड़े

108. लाभ का पद परिभाषित हुआ है-
(a) संविधान द्वारा
(b) सर्वोच्च न्यायालय द्वारा
(c) संघीय मंत्रिपरिषद् द्वारा
(d) संसद द्वारा

109. राज्यसभा में उत्तर प्रदेश को आवंटित स्थान निम्न में से किन राज्यों को आवंटित स्थानों का योग है?
(a) आंध्र प्रदेश तथा मध्य प्रदेश
(b) आंध्र प्रदेश तथा तमिलनाडु
(c) बिहार तथा गुजरात
(d) महाराष्ट्र तथा मध्य प्रदेश

110. राष्ट्रपति निर्वाचक मंडल के सदस्य होते हैं-
I. संसद के दोनों सदनों के निर्वाचित सदस्य
II. राज्य विधान मंडलों के दोनों सदनों के निर्वाचित सदस्य
III. सभी राज्यों की विधान सभाओं के निर्वाचित सदस्य
IV. दिल्ली और पांडिचेरी विधान सभाओं के निर्वाचित सदस्य
नीचे दिए गए कूट से सही उत्तर का चयन कीजिए–
कूट :
(a) I, II, III (b) I, III
(c) I, II, IV (d) I, III, IV

111. भारतीय संविधान के निम्नलिखित प्रावधानों में से कौन-सा प्रावधान मंत्रिपरिषद् की नियुक्ति तथा पदच्युति को दिवेचित करता है?
(a) अनुच्छेद 70 (b) अनुच्छेद 72
(c) अनुच्छेद 74 (d) अनुच्छेद 75

112. बंधुआ मजदूर (उन्मूलन) अधिनियम संसद ने पारित किया था?
(a) 1971 में (b) 1975 में
(c) 1979 में (d) 1981 में

113. भारतीय राष्ट्रपति के रिक्त पद को भर दिया जाना चाहिए?
(a) 90 दिनों में
(b) 6 माह में
(c) एक वर्ष में
(d) संसद द्वारा निर्धारित अवधि में

114. निम्न राज्यों में से कौन एक विधानसभा के लिये दो महिला सदस्यों को मनोनीत कर सकता है?
(a) हिमाचल प्रदेश
(b) केरल
(c) जम्मू और कश्मीर
(d) उत्तर प्रदेश

115. राष्ट्रपति के निर्वाचन के लिए गठित निर्वाचक मंडल में सम्मिलित होते हैं-
(a) संघीय संसद तथा राज्य व्यवस्थापिकाओं के सभी सदस्य
(b) संघीय संसद तथा राज्य विधान सभाओं के सभी सदस्य
(c) संघीय संसद तथा राज्य विधान सभाओं के सभी निर्वाचित सदस्य
(d) संघीय सदस्य तथा राज्य विधान सभाओं के सभी निर्वाचित सदस्य

116. भारत के किसी राज्य में विधान परिषद् का सृजन अथवा समाप्ति की जा सकती है-
(a) संसद द्वारा
(b) किसी राज्य के राज्यपाल की संस्तुति पर राष्ट्रपति द्वारा
(c) मंत्रिपरिषद् की संस्तुति पर राज्य के राज्यपाल द्वारा
(d) राज्य विधानसभा के तत्संबंधी संकल्प को पारित करने पर संसद द्वारा

117. प्रथम स्पीकर, जिसके खिलाफ लोकसभा में अविश्वास प्रस्ताव लाया गया था, था-
(a) बी.आर. झाखड़
(b) जी.वी. मावलंकर
(c) हुकुम सिंह
(d) के.एस. हेगड़े

118. राष्ट्रपति पद्धति में समस्त कार्यपालिका की शक्तियां निहित होती हैं-
(a) राष्ट्रपति में
(b) कैबिनेट में
(c) व्यवस्थापिका में
(d) उच्च सदन में

119. राष्ट्रपति का रिक्त स्थान भर लिया जाना चाहिए-
(a) 90 दिनों में (b) छः माह में
(c) नौ माह में (d) एक वर्ष में

120. निम्नलिखित कथनों में से कौन-सा सही है?
(a) भारतीय संविधान अध्यक्षात्मक है।
(b) भारत नाममात्र का राजतंत्र है।
(c) भारत एक कुलीन तंत्र है।
(d) भारत एक संसदात्मक प्रजातंत्र है।

121. निम्नलिखित में से राज्यों के किस युग्म को लोकसभा में समान सीटें प्राप्त हैं?
(a) पंजाब तथा असम
(b) गुजरात तथा राजस्थान
(c) मध्य प्रदेश तथा तमिलनाडु
(d) आंध्र प्रदेश तथा पश्चिम बंगाल

122. निम्नलिखित में से कौन लोकसभा तथा राज्यसभा के संयुक्त अधिवेशन में सभापतित्व करता है?
(a) चेयरमैन राज्यसभा
(b) स्पीकर
(c) प्रधानमंत्री
(d) प्रोटेम स्पीकर

123. **निम्नलिखित में से किसी भौगोलिक क्षेत्र को अनुसूचित क्षेत्र घोषित करने का संवैधानिक अधिकार किसको है?**
(a) राज्यपाल को
(b) मुख्यमंत्री को
(c) प्रधानमंत्री को
(d) राष्ट्रपति को

124. **निम्नलिखित में से कौन-सा एक मानव संसाधन विकास मंत्रालय में विभाग नहीं है?**
(a) आरंभिक शिक्षा और साक्षरता विभाग
(b) माध्यमिक शिक्षा और उच्च शिक्षा विभाग
(c) तकनीकी शिक्षा विभाग
(d) महिला और बाल विकास विभाग

125. **भारत के प्रथम विधि अधिकारी के रूप में कौन जाना जाता है?**
(a) भारत का मुख्य न्यायाधीश
(b) भारत का विधि मंत्री
(c) भारत का महा न्यायवादी
(d) विधि सचिव

उत्तरमाला

1. (a)	**2.** (b)	**3.** (a)	**4.** (b)	**5.** (d)	**6.** (c)	**7.** (a)	**8.** (a)	**9.** (b)	**10.** (b)
11. (b)	**12.** (b)	**13.** (b)	**14.** (b)	**15.** (c)	**16.** (c)	**17.** (d)	**18.** (d)	**19.** (c)	**20.** (c)
21. (b)	**22.** (d)	**23.** (b)	**24.** (b)	**25.** (d)	**26.** (c)	**27.** (d)	**28.** (c)	**29.** (b)	**30.** (b)
31. (a)	**32.** (a)	**33.** (c)	**34.** (b)	**35.** (a)	**36.** (c)	**37.** (d)	**38.** (d)	**39.** (b)	**40.** (d)
41. (d)	**42.** (c)	**43.** (b)	**44.** (d)	**45.** (a)	**46.** (c)	**47.** (b)	**48.** (c)	**49.** (b)	**50.** (a)
51. (a)	**52.** (d)	**53.** (d)	**54.** (d)	**55.** (b)	**56.** (d)	**57.** (b)	**58.** (d)	**59.** (d)	**60.** (b)
61. (b)	**62.** (b)	**63.** (c)	**64.** (d)	**65.** (c)	**66.** (a)	**67.** (b)	**68.** (d)	**69.** (c)	**70.** (d)
71. (d)	**72.** (b)	**73.** (c)	**74.** (a)	**75.** (c)	**76.** (b)	**77.** (a)	**78.** (c)	**79.** (b)	**80.** (b)
81. (b)	**82.** (b)	**83.** (c)	**84.** (a)	**85.** (d)	**86.** (a)	**87.** (a)	**88.** (b)	**89.** (a)	**90.** (a)
91. (c)	**92.** (a)	**93.** (c)	**94.** (b)	**95.** (d)	**96.** (a)	**97.** (a)	**98.** (d)	**99.** (c)	**100.** (c)
101. (d)	**102.** (a)	**103.** (b)	**104.** (a)	**105.** (b)	**106.** (d)	**107.** (b)	**108.** (b)	**109.** (a)	**110.** (d)
111. (d)	**112.** (*)	**113.** (b)	**114.** (c)	**115.** (d)	**116.** (d)	**117.** (b)	**118.** (a)	**119.** (b)	**120.** (d)
121. (d)	**122.** (b)	**123.** (d)	**124.** (c)	**125.** (c)					

❑❑❑

6 भारतीय अर्थव्यवस्था

(i) **भारतीय अर्थव्यवस्था ग्रामीण तथा कृषि पर आधारित अर्थव्यवस्था है**—भारत की 58.2% श्रमशक्ति कृषि क्षेत्र में लगी हुई है तथा राष्ट्रीय आय में इसका योगदान लगभग 22% है। इसके आधार पर यह कहा जा सकता है कि भारतीय अर्थव्यवस्था कृषि प्रधान ही है।

(ii) **मिश्रित अर्थव्यवस्था है**—मिश्रित अर्थव्यवस्था का अर्थ निजी क्षेत्र तथा सार्वजनिक क्षेत्र का सहअस्तित्व है। उत्पादन के स्रोतों और साधनों पर निजी क्षेत्र का ही वर्चस्व (लगभग 80%) है।

(iii) **अल्पविकसित अर्थव्यवस्था है**—विश्व विकास सूचक, शीर्षक से प्रकाशित रिपोर्ट के अनुसार विश्व में निर्धन लोगों की सर्वाधिक संख्या भारत में है। विश्व की 1.3 अरब निर्धन जनसंख्या का सर्वाधिक 36% भाग भारत में है।

(iv) पूँजी व संसाधनों की न्यूनता है तथा सकल घरेलू बचत की दर काफी नीची है।

(v) जनसंख्या में अत्यधिक वृद्धि हुई है।

राष्ट्रीय आय

➢ भारत की राष्ट्रीय आय और प्रति व्यक्ति आय की गणना का प्रथम प्रयास दादा भाई नौरोजी ने किया था।

➢ राष्ट्रीय आय की गणना के लिए उत्पाद पद्धति और आय पद्धति दोनों का सहारा लिया जाता है।

राष्ट्रीय आय—राष्ट्रीय आय से तात्पर्य अर्थव्यवस्था द्वारा पूरे वर्ष के दौरान उत्पादित अन्तिम वस्तुओं व सेवाओं के शुद्ध मूल्य के योग से होता है। इसमें विदेशों से अर्जित शुद्ध आय भी शामिल होती है। भारत में राष्ट्रीय आय के आंकड़े वित्तीय वर्ष (1अप्रैल, 31 मार्च तक) पर आधारित है।

राष्ट्रीय आय की अवधारणाएँ

➢ **सकल राष्ट्रीय उत्पाद**—किसी देश के नागरिकों द्वारा सामान्यतया एक वित्तीय वर्ष में उत्पादित कुल अन्तिम वस्तुओं तथा सेवाओं मौद्रिक मूल्य सकल राष्ट्रीय उत्पाद कहलाती है।

➢ सकल घरेलू उत्पाद अथवा देश की सीमा के अन्दर (सामान्यतया एक वर्ष) में उत्पादित अन्तिम वस्तुओं तथा सेवाओं का कुल मौद्रिक मूल्य होती है। वर्तमान में भारत के सकल घरेलू उत्पाद में सेवा क्षेत्र का द्वितीय, उद्योग का तथा कृषि का योगदान है।

➢ केन्द्रीय सांख्यिकी संगठन (CSO) (स्थापना-1951 ई.) जारी करता है।

➢ किसी भी देश की आर्थिक विकास दर का सर्वश्रेष्ठ सूचक प्रति व्यक्ति आय होती है।

आर्थिक नियोजन

➢ आर्थिक नियोजन वह प्रक्रिया है, जिसके अन्तर्गत पूर्व निर्धारित उद्देश्यों की पूर्ति हेतु सीमित प्राकृतिक संसाधनों का कुशलतम उपयोग किया जाता है।

➢ भारत में आर्थिक नियोजन के उद्देश्य में—आर्थिक संवृद्धि आर्थिक एवं सामाजिक असमानता को दूर करना, गरीबी उन्मूलन तथा रोजगार वृद्धि आदि सम्मिलित हैं।

➢ आर्थिक आयोजन सम्बन्धी प्रस्ताव सर्वप्रथम सन् 1934 ई. में 'विश्वेश्वरैया' की पुस्तक 'प्लांड इकोनोमी फॉर इंडिया' में आई थी।

➢ सन् 1947 ई. में नेहरू की अध्यक्षता में आर्थिक नियोजन समिति गठित हुई। इसी समिति की सिफारिश पर 15 मार्च, 1950 ई. को योजना आयोग का गठन एक गैर-सांविधिक तथा परामर्शदात्री निकाय के रूप में किया गया।

➢ भारत की पहली पंचवर्षीय योजना 1 अप्रैल, 1951 से प्रारम्भ हुई। भारत में अब तक बारह पंचवर्षीय योजनाएँ लागू की जा चुकी हैं।

➢ 1978-83 ई. के लिए जनता सरकार ने अनवरत योजना चलायी।

प्रथम पंचवर्षीय योजना (1951-56 ई.)

➢ इस योजना में कृषि को उच्च प्राथमिकता दी गई।

➢ देश की प्रथम पंचवर्षीय योजना 'हैरोड-डॉमर मॉडल' पर आधारित थी।

द्वितीय पंचवर्षीय योजना (1956-61 ई.)

➢ यह योजना पी. सी. महालनोबिस मॉडल पर आधारित थी।

➢ इसका मुख्य उद्देश्य-समाजवादी समाज की स्थापना करना था।

➢ इसमें भारी उद्योगों व खनिजों को उच्च प्राथमिकता दी गई।

➢ अनेक महत्त्वपूर्ण उद्योग; जैसे—दुर्गापुर, भिलाई, राउरकेला के इस्पात कारखाने इसी योजना के दौरान स्थापित किए गए।

तृतीय पंचवर्षीय योजना (1961-66 ई.)

➢ इस योजना का उद्देश्य अर्थव्यवस्था को आत्मनिर्भर बनाना था।

योजना अवकाश (1966-67 से 1968-69 ई.)

चतुर्थ पंचवर्षीय योजना (1969-74 ई.)

➢ इस योजना का मुख्य उद्देश्य था—स्थायित्व के साथ विकास तथा आर्थिक आत्मनिर्भरता की प्राप्ति।

पाँचवीं पंचवर्षीय योजना (1974-78 ई.)

➢ इस योजना का मुख्य उद्देश्य गरीबी उन्मूलन तथा आर्थिक आत्मनिर्भरता की प्राप्ति था।

➢ इसी में बीस सूत्री कार्यक्रम (1975) की शुरुआत हुई।

➢ जनता पार्टी शासन द्वारा आरम्भ इस योजना को सन् 1978 ई. में ही समाप्त करने का निर्णय लिया गया।

छठी पंचवर्षीय योजना (1980-85 ई.)

➢ इस योजना के दौरान समन्वित ग्रामीण विकास कार्यक्रम, जैसे महत्त्वपूर्ण कार्यक्रम शुरू किए गए।

पंचवर्षीय योजनाओं के दौरान संवृद्धि दरें

योजना	अवधि	लक्ष्य	उपलब्धि
पहली योजना	1951-56	2.1	3.5
दूसरी योजना	1956-61	4.5	4.2
तीसरी योजना	1961-66	5.6	2.8
वार्षिक योजना	1966-69	—	3.9
चौथी योजना	1969-74	5.7	3.2
पाँचवीं योजना	1774-78	4.4	4.7
वार्षिक योजना	1978-80	—	5.2
छठी योजना	1980-85	5.2	5.5
सातवीं योजना	1985-90	5.0	5.6
वार्षिक योजना	1990-92	—	3.4
आठवीं योजना	1992-97	5.6	6.5
नौवीं योजना	1997-2002	6.5	5.5
दसवीं योजना	2002-2007	7.9	7.8
ग्यारहवीं योजना	2007-2012	9.0	7.9
बारहवीं योजना	2012-2017	8.2	—

सातवीं पंचवर्षीय योजना (1985-90 ई.)

- न्याय पर आधारित सामाजिक प्रणाली की स्थापना।
- देशी तकनीकी विकास के लिए सुदृढ़ आधार तैयार करना था।
- इस योजना में योजना परिव्यय की दृष्टि से पहली बार निजी क्षेत्र को सार्वजनिक क्षेत्र की तुलना में वरीयता दी गई।
- इसी योजना में जवाहर रोजगार योजना जैसा महत्त्वपूर्ण रोजगारपरक कार्यक्रम प्रारम्भ किया गया।

आठवीं पंचवर्षीय योजना (1992-97 ई.)

- इस योजना में सर्वोच्च प्राथमिकता 'मानव संसाधन का विकास' को दी गई।
- यह योजना सफल रही तथा लक्षित विकास दर 5.6% के स्थान पर वार्षिक वृद्धि दर से लक्ष्य से ज्यादा 6.7% वार्षिक वृद्धि दर प्राप्त की गई।
- इसी साल में प्रधानमंत्री रोजगार योजना की शुरुआत हुई।

नौवीं पंचवर्षीय योजना (1997-2002 ई.)

- नौवीं पंचवर्षीय योजना में सर्वोच्च प्राथमिकता 'न्यायपूर्ण वितरण एवं समानता के साथ विकास' को दी गई।

दसवीं पंचवर्षीय योजना (2002-2007 ई.)

- दसवीं पंचवर्षीय योजना का उद्देश्य देश में गरीबी और बेरोजगारी समाप्त करना तथा अगले 10 वर्षों में प्रति व्यक्ति आय दोगुनी करना प्रस्तावित किया गया है।

ग्यारहवीं पंचवर्षीय योजना (2007-2012 ई.)

- इस पंचवर्षीय योजना का मुख्य लक्ष्य 'तीव्रतम एवं समावेशी विकास' है।

बारहवीं पंचवर्षीय योजना (अप्रैल 2012-मार्च 2017)

- भारत में योजना निर्माण हेतु केन्द्रीय निकाय है—योजना आयोग।
- राष्ट्रीय विकास परिषद् का गठन 6 अगस्त, 1952 ई. को हुआ, प्रधानमंत्री इसका अध्यक्ष तथा योजना आयोग का सचिव इसका सचिव होता है।
- दीर्घकालिक योजना वह योजना होती है, जो योजना आयोग द्वारा सामाजिक एवं राजनीतिक उद्देश्यों को ध्यान में रखकर 15 से 20 वर्षों के लिए बनाई जाती है।
- योजना का अंतिम अनुमोदन 'राष्ट्रीय विकास परिषद्' द्वारा होता है।
- उस व्यक्ति को निर्धनता की रेखा के नीचे माना जाता है जो ग्रामीण क्षेत्रों में प्रतिदिन 2,400 कैलोरी व शहरी क्षेत्रों में 2,100 कैलोरी भोजन प्राप्त करने में असमर्थ है।
- निर्धनों की निरपेक्ष संख्या के मामले में उत्तर प्रदेश का स्थान जहाँ सबसे ऊपर है, वहीं निर्धनता अनुपात के मामले में ओडिशा (64.4%) का स्थान सर्वोच्च है।
- नई आर्थिक सुधार की रूपरेखा सर्वप्रथम राजीव गाँधी के प्रधानमंत्री काल में सन् 1985 ई. में शुरू की गई।
- नई आर्थिक सुधार की दूसरी लहर वी. पी. नरसिंह राव की सरकार के काल में सन् 1991 ई. में आयी।
- नई आर्थिक सुधार नीति को शुरू करने का प्रमुख कारण खाड़ी युद्ध तथा भारत के भुगतान संतुलन की समस्या थी। नई आर्थिक नीति के तीन प्रमुख आयाम थे; निजीकरण, उदारीकरण तथा वैश्वीकरण।
- इस समय नई औद्योगिक नीति के तहत् आरक्षित उद्योग निम्नलिखित हैं—(i) परमाणु ऊर्जा, (ii) रेल परिवहन, एवं (iii) परमाणु ऊर्जा, (iv) परमाणु ऊर्जा की अनुसूची में निर्दिष्ट खनिज।

भारतीय बैंकिंग

- असंगठित क्षेत्र के अन्तर्गत देशी बैंकर, साहूकार और महाजन आदि परम्परागत स्रोत आते हैं।
- संगठित क्षेत्र में भारतीय रिजर्व बैंक शीर्ष संस्था है तथा इसके अतिरिक्त सार्वजनिक क्षेत्र के बैंक, निजी क्षेत्र के बैंक, विदेशी बैंक तथा अन्य वित्तीय संस्थाएँ आती हैं।

भारत के राष्ट्रीयकृत बैंक

क्र. सं.	बैंक	क्र. सं.	बैंक
1.	इलाहाबाद बैंक	2.	आन्ध्रा बैंक
3.	बैंक ऑफ बड़ौदा	4.	बैंक ऑफ इण्डिया
5.	बैंक ऑफ महाराष्ट्र	6.	केनरा बैंक
7.	सेन्ट्रल बैंक ऑफ इंडिया	8.	कॉर्पोरेशन बैंक
9.	देना बैंक	10.	इंडियन बैंक
11	इंडियन ओवरसीज बैंक	12.	ओरिएण्टल ओवरसीज बैंक
13.	पंजाब एण्ड सिन्ध बैंक	14.	पंजाब नेशनल बैंक
15	सिंडिकेट बैंक	16.	स्टेट बैंक ऑफ इंडिया
17.	यूको बैंक	18.	यूनियन बैंक ऑफ इंडिया
19.	यूनाइटेड बैंक ऑफ इंडिया	20.	विजया बैंक

- भारतीय रिजर्व बैंक देश में मौद्रिक गतिविधियों के नियमन का नियन्त्रण करता है।
- भारतीय रिजर्व बैंक के द्वारा निम्नलिखित कार्य किए जाते हैं—(i) सरकारी बैंकर का काम, (ii) करेंसी नोटों का निर्गमन, (iii) बैंकों के बैंक का काम, (iv) साख नियन्त्रण।
- सेबी के अध्यक्ष का सामान्यत: कार्यकाल तीन वर्ष का होता है, किन्तु अधिकतम 65 वर्ष की आयु तक ही कोई व्यक्ति इस पद पर रह सकता है।

बैंक रेट—जिस सामान्य ब्याज दर पर रिजर्व बैंक द्वारा वाणिज्यिक बैंकों को पैसा उधार दिया जाता है, 'बैंक दर' कहलाती है।

रेपो दर—अल्पकालिक आवश्यकताओं की पूर्ति हेतु जिस ब्याज दर पर कॉमर्शियल बैंक रिजर्व बैंक से नकदी ऋण प्राप्त करते हैं वह 'रेपो दर' कहलाती है।

नकद आरक्षित अनुपात—किसी वाणिज्यिक बैंक में कुल जमा राशि पर वह भाग जिसे रिजर्व बैंक के पास अनिवार्य रूप से रखना पड़ता है, 'वैधानिक तरलता अनुपात' कहलाता है।

भारत की प्रमुख वित्तीय संस्थाओं का स्थापना वर्ष

संस्थान	वर्ष
➢ इम्पीरियल बैंक ऑफ इंडिया	1921
➢ भारतीय रिजर्व बैंक (RBI)	1 अप्रैल, 1935
➢ रिजर्व बैंकों का राष्ट्रीयकरण	1 जनवरी, 1949
➢ भारतीय औद्योगिक वित्त निगम	1948
➢ भारतीय औद्योगिक ऋण व निवेश निगम (ICICI)	जनवरी 1955
➢ कृषि एवं ग्रामीण विकास हेतु राष्ट्रीय बैंक (NABARD)	12 जुलाई, 1982
➢ भारतीय निर्यात-आयात बैंक (EXIM Bank)	1 जनवरी, 1982
➢ क्षेत्रीय ग्रामीण बैंकों का प्रारम्भ	2 अक्टूबर, 1975

विश्व के प्रमुख स्टॉक एक्सचेंज और उनके सूचकांक

सूचकांक	स्टॉक एक्सचेंज
➢ डी जीन्स, नैस्डैक	न्यूयॉर्क
➢ निक्की	टोकियो
➢ मिड डेक्स	फ्रैंकफर्ट (जर्मनी)
➢ हांगकांग	हांगकांग
➢ सिमेक्स, स्ट्रेट्स टाइम्स	सिंगापुर
➢ कोस्पी	कोरिया
➢ सेट	थाइलैण्ड
➢ तेन, TWSFC	ताइवान
➢ बोवेस्पा	ब्राजील
➢ मिब्टेल	इटली
➢ आई. पी. सी.	मैक्सिको
➢ एस. एण्ड. पी.	कनाडा
➢ एस. एण्ड पी. सी. एन. एक्स. निफ्टी-निफ्टी	एन. एस. ई. मुम्बई
➢ संसेक्स, डॉलेक्स	मुम्बई
➢ वैंकेक्स,	मुम्बई
➢ एसएमई कपोजिट इंडेक्स	चीन

➢ भारतीय कम्पनी अधिनियम के अन्तर्गत प्रत्येक कम्पनी को पूँजी के लिए अंशों के निर्गमन का अधिकार होता है। इस प्रकार एकत्रित की गई पूँजी अंश या शेयर कहलाती है।

➢ शेयर होल्डरों की हुई कमाई को लाभांश कहते हैं।

भारत के प्रमुख शेयर मूल्य सूचकांक

1. **BSE SENSEX** : यह मुम्बई स्टॉक एक्सचेंज का संवेदी शेयर सूचकांक है। यह 30 प्रमुख शेयरों का प्रतिनिधित्व करता है।
2. **NSE-50** : राष्ट्रीय स्टॉक एक्सचेंज (NSE) दिल्ली से सम्बन्धित इस सूचकांक का नाम बदलकर S & PCNX Nifty रखा गया है।

➢ रिजर्व बैंक भारत का केन्द्रीय बैंक है, इसका मुख्यालय मुम्बई में है।

➢ एक रुपए के नोट तथा सिक्के का निर्गमन वित्त मंत्रालय करता है तथा इसके अतिरिक्त समस्त करेंसी नोटों का निर्गमन रिजर्व बैंक करता है।

➢ पहला भारतीय बैंक पंजाब नेशनल बैंक है। इसकी स्थापना 1894 में की गई थी।

➢ 17 जुलाई, 1969 ई. को 14 बड़े व्यावसायिक बैंकों तथा 15 अप्रैल, 1980 ई. को छः अन्य अनुसूचित बैंकों का राष्ट्रीयकरण कर दिया गया।

➢ सार्वजनिक क्षेत्र के बैंकों द्वारा कुल बैंक जमा का लगभग 91% का नियन्त्रण किया जाता है।

➢ सार्वजनिक क्षेत्र के बैंकों में भारतीय स्टेट बैंक समूह सबसे बड़ा है, जो कुल बैंक जमा का लगभग 29% का नियन्त्रण करता है।

भारत के मान्यता प्राप्त 21 स्टॉक एक्सचेंज

क्र.सं	स्टॉक एक्सचेंज
1.	उत्तर प्रदेश स्टॉक एक्सचेंज, कानपुर
2.	वड़ोदरा बैंक एक्सचेंज, बड़ौदा
3.	कोयम्बटूर स्टॉक एक्सचेंज, कोयम्बटूर
4.	यूनाइटेड स्टॉक एक्सचेंज ऑफ इंडिया लि.
5.	मुम्बई स्टॉक एक्सचेंज, मुम्बई
6.	ओवर दी काउण्टर एक्सचेंज ऑफ इंडिया (OTCEI), मुम्बई
7.	राष्ट्रीय स्टॉक एक्सचेंज, मुम्बई
8.	अहमदाबाद स्टॉक एक्सचेंज, अहमदाबाद
9.	बंगलौर स्टॉक एक्सचेंज, बेंगलुरू
10.	भुवनेश्वर स्टॉक एक्सचेंज, भुवनेश्वर
11.	कलकत्ता स्टॉक एक्सचेंज, कोलकाता
12.	कोचीन स्टॉक एक्सचेंज, कोच्चि
13.	दिल्ली स्टॉक एक्सचेंज, दिल्ली
14.	गोहाटी स्टॉक एक्सचेंज, गुवाहाटी
15.	जयपुर स्टॉक एक्सचेंज, जयपुर
16.	इंटर कनेक्टेड स्टॉक एक्सचेंज ऑफ इण्डिया लि.
17.	लुधियाना स्टॉक एक्सचेंज, लुधियाना
18.	चेन्नई स्टॉक एक्सचेंज, चेन्नई
19.	मध्य प्रदेश स्टॉक एक्सचेंज, इन्दौर
20.	पुणे स्टॉक एक्सचेंज, पुणे
21.	कैपिटल स्टॉक एक्सचेंज, केरला लिमिटेड, तिरुवनन्तपुरम (केरल)

- निजी क्षेत्र के बैंकों में सर्वप्रथम यू. टी. आई. बैंक ने 2 अप्रैल, 1994 से कार्य करना आरम्भ किया था।
- राष्ट्रीय कृषि तथा ग्रामीण विकास बैंक (नाबार्ड) देश में कृषि एवं ग्रामीण विकास हेतु वित्त उपलब्ध करने वाली शीर्ष संस्था है।
- भारतीय जीवन बीमा निगम का मुख्यालय मुम्बई में है। इसकी स्थापना सन् 1956 ई. में की गई थी।
- भारतीय साधारण बीमा निगम की स्थापना सन् 1972 ई. में की गई थी।

सेबी द्वारा स्थायी मान्यता प्राप्त स्टॉक एक्सचेंज

- अहमदाबाद स्टॉक एक्सचेंज
- बेंगलुरू स्टॉक एक्सचेंज
- कोलकाता स्टॉक एक्सचेंज
- दिल्ली स्टॉक एक्सचेंज
- मध्य प्रदेश स्टॉक एक्सचेंज
- मद्रास स्टॉक एक्सचेंज
- नेशनल स्टॉक एक्सचेंज—राष्ट्रीय स्तर
- मुम्बई स्टॉक एक्सचेंज—राष्ट्रीय स्तर
- एमसीएक्स एस. एक्स—राष्ट्रीय स्तर

कर के प्रकार

प्रत्यक्ष कर : आय कर, सम्पत्ति कर, उपहार कर।

अप्रत्यक्ष कर : बिक्री कर, तट कर, उत्पाद कर, सीमा शुल्क।

केन्द्र सरकार द्वारा लगाए जाने वाले कर : आय कर, निगम कर, सम्पत्ति कर, उत्तराधिकार कर, सीमा शुल्क।

राज्य सरकार द्वारा लगाए जाने वाले कर : भू-राजस्व कर, कृषि आय कर, बिक्री कर, राज्य उत्पादन शुल्क, मनोरंजन कर, स्टाम्प शुल्क, पथ कर, मोटर वाहन कर, व्यावसायिक कर।

- केन्द्र की सर्वाधिक निवल राजस्व की प्राप्ति सीमा शुल्कों से होती है। सीमा शुल्क से प्राप्त राजस्व का बँटवारा राज्यों को नहीं करना होता है।
- **इण्डिया सिक्योरिटी प्रेस, नासिक (महाराष्ट्र)**—नासिक रोड स्थित भारत प्रतिभूति मुद्रणालय में डाक सम्बन्धी लेखन सामग्री, डाक एवं डाक भिन्न टिकटों, अदालती एवं गैर-अदालती स्टाम्पों, बैंकों के चैकों, बॉण्डों, राष्ट्रीय बचत-पत्रों, पोस्टल ऑर्डर, पासपोर्ट, इंदिरा विकास-पत्रों की छपाई की जाती है।
- **करेन्सी नोट प्रेस, नासिक (महाराष्ट्र)**—नासिक रोड स्थित करेन्सी नोट प्रेस ₹ 10,50,100,500,2,000 के बैंक नोट छापती है और उनकी पूर्ति करती है।
- सिक्कों का उत्पादन करने तथा सोने और चाँदी की परख करने के लिए भारत सरकार की चार टकसालें मुम्बई, कोलकाता, हैदराबाद तथा नोएडा में स्थित हैं।

व्यापार

- स्वतन्त्रता के बाद विदेशी व्यापार की अन्तर्मुखी नीतियों को अपनाया गया और आयात प्रतिस्थापन की नीति इसका आधार बनी। व्यापार उदारीकरण का प्रयास 80 के दशक से आरम्भ हुआ तथा 90 के दशक (1991 के बाद) में उदारीकरण व विश्वव्यापीकरण की व्यापक नीति बनी।
- विश्व के कुल विदेशी व्यापार से भारत का अंश पिछले वर्षों से लगभग 1% बना रहा है।
- भुगतान सन्तुलन का तात्पर्य किसी देश का अन्य देश के साथ एक वर्ष की अवधि में समस्त लेन-देन होता है। भुगतान सन्तुलन खाते के दो भाग होते हैं-चालू खाता व पूँजी खाता।
- चालू खाते के अन्तर्गत वस्तुगत व्यापार (आयात + निर्यात) के साथ-साथ अदृश्य मदों; जैसे-बीमा, परिवहन, पर्यटन, उपहार आदि की लेनदारियों व देनदारियों को सम्मिलित किया जाता है।
- पूँजीगत खाते में पूँजीगत लेन-देन जैसे ऋणों की प्राप्तियाँ व अदायगियाँ तथा स्वर्ण हस्तान्तरण सम्मिलित की जाती हैं।

व्यापारिक संगठन

- अन्तर्राष्ट्रीय मुद्रा कोष (IMF) की स्थापना 27 दिसम्बर, 1945 ई. में ब्रेटनवुड सम्मेलन के निर्णय के आधार पर की गयी तथा इसका कार्य 1 मार्च, 1947 ई. से शुरू हुआ।
- IBRD अर्थात् 'पुनर्निर्माण' एवं विकास के लिए अन्तर्राष्ट्रीय बैंक' की स्थापना सन् 1945 ई. में हुई।
- IBRD को ही अन्य संस्थाओं के साथ मिलाकर विश्व बैंक के नाम से पुकारा जाता है। इन संस्थाओं में अन्तर्राष्ट्रीय वित्त निगम, अन्तर्राष्ट्रीय विकास संघ तथा बहुपक्षीय विनियोग गारण्टी अभिकरण है।
- 12 दिसम्बर, 1994 ई. को GATT का अस्तित्व समाप्त कर दिया गया तथा 1 जनवरी, 1995 ई. को इसका स्थान WTO अर्थात् विश्व व्यापार संगठन ने ले लिया।
- WTO का मुख्यालय जेनेवा में है।
- मंत्रिस्तरीय सम्मेलन WTO की सर्वोच्च संस्था है। सभी सदस्य देशों के मंत्री इसके सदस्य हैं। इस संस्था की प्रत्येक दो वर्ष में कम-से-कम एक बैठक अवश्य होती है।

महत्त्वपूर्ण समितियाँ	
सहकारिता समिति	केन्द्र-राज्य सम्बन्ध
गोस्वामी समिति	औद्योगिक रुग्णता
महालनोबिस समिति	राष्ट्रीय आय
रंगराजन समिति	भुगतान सन्तुलन
राजा चलैया समिति	कर सुधार
भूरेलाल समिति	मोटरवाहन करों में वृद्धि
नरसिम्हम समिति	वित्तीय (बैंकिंग) सुधार
उच्चतर समिति	मुस्लिमों की सामाजिक, आर्थिक व शैक्षणिक स्थिति का अध्ययन
सुरेश तेंदुलकर समिति	गरीबी
एस. तारापोर समिति	रुपए की पूँजी खाते में परिवर्तनीयता
आबिद हुसैन समिति	लघु उद्योग

महत्वपूर्ण आर्थिक शब्दावली

- **बूम**—अर्थव्यवस्था में बूम की स्थिति उस समय कही जाती है, जब आर्थिक क्रियाओं का तेजी से विस्तार होता है। माँग में वृद्धि के परिणामस्वरूप किसी उद्योग विशेष में भी बूम की स्थिति उत्पन्न हो सकती है।

- **बजट**–किसी संस्था या सरकार के एक वर्ष की अनुमानित आय-व्यय लेखा-जोखा बजट कहलाता है। यह सरकार के क्रियाकलापों एवं नीतियों का वितरण भी है। यह आधुनिक काल में सामाजिक-आर्थिक परिवर्तन का साधन न भी बन गया है।
- **बफर स्टॉक**–आयात स्थिति में किसी वस्तु की कमी को पूरा करने के लिए वस्तु का स्टॉक तैयार करना बफर कहलाता है।
- **तेजड़िया और मंदड़िया**–यह स्टॉक एक्सचेंज के शब्द हैं, जो व्यक्ति स्टॉक की कीमतें बढ़ाना चाहता है, तेजड़िया कहलाता है, जो व्यक्ति स्टॉक की कीमतें गिरने की आशा करके किसी वस्तु को भविष्य में देने का वायदा करके बचाता हैं, वह मंदड़िया कहलाता है।
- **अवमूल्यन**–यदि किसी मुद्रा का विनियम मूल्य अन्य मुद्राओं की तुलना में जानबूझकर कम कर दिया जाता है, तो इसे उस मुद्रा का अवमूल्यन कहते हैं। अवमूल्यन सरकार स्वयं करती है।
- **ऐस्टेट ड्यूटी**–किसी व्यक्ति की मृत्यु के पश्चात् उसकी सम्पत्ति के हस्तान्तरण के समय जो कर उस सम्पत्ति पर लगाया जाता है, उसे ऐस्टेट ड्यूटी कहते हैं।
- **मुद्रास्फीति**–मुद्रास्फीति वह अवस्था है, जिसमें मुद्रा का मूल्य गिर जाता है और कीमतें बढ़ जाती हैं, आर्थिक दृष्टि से सीमित एवं नियन्त्रित मुद्रास्फीति, अल्प-विकसित अर्थव्यवस्था हेतु लाभदायक होती है, क्योंकि एक सीमा से अधिक मुद्रास्फीति हानिकारक है।
- **रिसेशन**–रिसेशन से तात्पर्य मन्दी की अवस्था है, जब वस्तुओं की पूर्ति की तुलना में माँग कम हो, तो रिसेशन की स्थिति उत्पन्न होती है। ऐसी स्थिति में धनाभाव के कारण लोगों की क्रय शक्ति कम होती है और उत्पादित वस्तुओं के खरीददार नहीं होते।
- **स्टेगफ्लेशन**–यह अर्थव्यवस्था की ऐसी स्थिति है, जिसमें मुद्रास्फीति के साथ-साथ मंदी की स्थिति होती है।
- **टैरिफ**–किसी देश द्वारा आयातों पर लगाए गए कर को ही टैरिफ कहा जाता है।
- **ब्लोआऊट**–जब कोई कम्पनी अपना नया आई. पी. ओ. इश्यू करती है और उसका सब्सक्रिप्शन पहले ही दिन पूरा होकर बन्द हो जाता है, तो उसे ब्लोआऊट कहा जाता है।
- **इनासाइडर ट्रेडिंग**–यह एक अवैध कार्य है। जब उन व्यक्तियों द्वारा भारी मात्रा में शेयरों का क्रय-विक्रय करके लाभ कमाया जाता है, जिनके पास कम्पनियों की गुप्त सूचनाएँ रहती हैं।
- **शॉर्ट सेलिंग**–जब किसी दलाल द्वारा इतने शेयरों की बिक्री की जाती है, जितने उनके पास शेयर नहीं होते हैं, तो इसे शॉर्ट सेलिंग कहा जाता है। अनुबन्ध पूरा करने के लिए दलाल द्वारा नीलामी में शेयर क्रय किए जाते हैं।
- **निजीकरण**–सार्वजनिक क्षेत्र में पूँजी या प्रबन्धन या दोनों में निजी क्षेत्र की भागीदारी बढ़ाना अथवा उन्हें निजी क्षेत्र को सौंप देना ही निजीकरण है।
- **उदारीकरण**–उदारीकरण, सरकारी नियन्त्रण को शिथिल या समाप्त करने की क्रियाविधि है।
- **विश्व व्यापीकरण**–किसी अर्थव्यवस्था को विश्व अर्थव्यवस्था से जोड़ने की क्रिया ही विश्व व्यापीकरण है।
- **विनिवेश**–सरकारी क्षेत्र में सरकारी हिस्सेदारी को कम करना ही विनिवेश कहलाता है।

प्रश्नमाला

1. 'प्लानिंग फॉर इंडिया' नामक पुस्तक सन् 1934 में लिखी गई थी। इसके लेखक थे–
(a) जवाहरलाल नेहरू
(b) डॉ. राजेन्द्र प्रसाद
(c) सर विश्वेश्वरैया
(d) महात्मा गांधी

2. भारतीय प्रतिभूति एवं विनिमय बोर्ड (SEBI) की स्थापना कब की गई थी?
(a) 5 दिसम्बर 1988
(b) 21 जनवरी 1988
(c) 23 मार्च 1988
(d) 12 अप्रैल 1988

3. न्यूनतम आवश्यकता कार्यक्रम किस पंचवर्षीय योजना में प्रारम्भ किया गया था?
(a) दसवीं पंचवर्षीय योजना
(b) पांचवीं पंचवर्षीय योजना में
(c) तीसरी पंचवर्षीय योजना
(d) आठवीं पंचवर्षीय योजना में

4. शून्य आधारित बजट किसे कहते हैं?
(a) शिक्षा पर विशेष रूप से ध्यान देना।
(b) हानि पर आधारित बजट
(c) प्रत्येक बार नए ढंग से बजट बनाना
(d) लाभ पर आधारित बजट

5. कौन-सी संस्था अंतिम रूप से पंचवर्षीय योजनाओं को अनुमोदित करती है?
(a) वित्त मंत्रालय
(b) योजना आयोग
(c) रक्षा मंत्रालय
(d) राष्ट्रीय विकास परिषद

6. राष्ट्रीय कृषि एवं ग्रामीण विकास बैंक (NABARD) की स्थापना किस समिति की सिफारिश पर की गई थी?
(a) अविनाश समिति
(b) शिवारमन समिति
(c) सरकारिया समिति
(d) तुकाराम समिति

7. संगम योजना का उद्देश्य क्या है?
(a) नागरिकों की रक्षा
(b) भारतीय बैंकों में सुधार
(c) ग्रामीण कल्याण कार्यक्रमों की सहायता व मूल्यांकन
(d) शिक्षा में सुधार

8. जिस दर पर भारतीय रिजर्व बैंक वाणिज्य बैकों के प्रथम श्रेणी के बिलों की पुनर्कटौती करता है उसे क्या कहा जाता है?
(a) लागत दर (b) बैंक दर
(c) रिवर्स रेपो दर (d) इनमें से कोई नहीं

9. क्रोमा रिटेल सीरीज (Croma Retail Series) का संबंध किससे है?
(a) माल्या ग्रुप से
(b) टाटा ग्रुप से
(c) अम्बानी ग्रुप से
(d) मोदी ग्रुप से

10. जिस रेट पर बैंक रिजर्व बैंक को उधार देते हैं उसे क्या कहते हैं?
(a) बैंक दर
(b) विक्रय दर
(c) रिवर्स रेपो रेट
(d) क्रय दर

11. UTI की स्थापना कब की गई थी?
(a) 1 अप्रैल 1964
(b) 1 फरवरी 1964
(c) 1 मई 1964
(d) 1 मार्च 1964

12. अमेरिका के किस महानगर में डब्ल्यू टी. सी. स्थित है?
(a) शिकागो में
(b) न्यूयॉर्क में
(c) डलास में
(d) बोस्टन में

13. 'दास कैपीटल' के लेखक कौन हैं?
(a) कार्ल मार्क्स
(b) लेनिन
(c) रूसा
(d) फ्रैंकलिन डी रूजवेल्ट

14. किस पंचवर्षीय योजना का प्रारूप पी.सी. महलनोबिस के द्वारा तैयार किया गया था?
(a) प्रथम पंचवर्षीय योजना
(b) द्वितीय पंचवर्षीय योजना
(c) तृतीय पंचवर्षीय योजना
(d) चतुर्थ पंचवर्षीय योजना

15. सातवीं पंचवर्षीय योजना के अन्तर्गत सार्वजनिक क्षेत्र के किस क्षेत्र को सर्वोच्च वरीयता प्रदान की गई थी?
(a) कृषि उत्पादन क्षेत्र को
(b) सुरक्षा क्षेत्र को
(c) ऊर्जा क्षेत्र को
(d) शिक्षा क्षेत्र को

16. डीबियर्स कम्पनी का संबंध किसके व्यवसाय से है?
(a) चावल के व्यवसाय से
(b) इस्पात के व्यवसाय से
(c) कृषि के व्यवसाय से
(d) हीरे के व्यवसाय से

17. भारत में रोलिंग आयोजन (Rolling Plan) की अवधारणा को किस वर्ष अपनाया गया?
(a) 1987 (b) 1978
(c) 1989 (d) 1981

18. भारत में राष्ट्रीय आय का सबसे पहले अनुमान किसने और कब लगाया था?
(a) दादाभाई नौरोजी, 1868 ई. में
(b) आर. सी. दत्त, 1878 ई. में
(c) लॉर्ड रिपन, 1882 ई. में
(d) लॉर्ड कर्जन, 1902 ई. में

19. लोक कार्यक्रम और ग्रामीण प्रौद्योगिकी विकास परिषद् (Council for Advancement of people's Action and Rural Technology CAPART) का मुख्यालय कहाँ स्थित है?
(a) आजमगढ़
(b) नई दिल्ली
(c) नागपुर
(d) अलीगढ़

20. 'द थ्योरी ऑफ इकोनॉमिक ग्रोथ' पुस्तक के लेखक हैं?
(a) जॉर्ज वाशिंगटन
(b) डब्ल्यू. ए. लेविस
(c) विन्स्टन चर्चिल
(d) एडम स्मिथ

21. नासडैक (Nasdaq) क्या है?
(a) इटली का शेयर बाजार
(b) अमेरिका का शेयर बाजार
(c) रूस का शेयर बाजार
(d) जर्मनी का शेयर बाजार

22. पंचवर्षीय योजनाओं को अनुमोदित करने वाली सर्वोच्च संस्था है–
(a) योजना आयोग
(b) वित्त मंत्रालय
(c) रक्षा मंत्रालय
(d) राष्ट्रीय विकास परिषद

23. स्वतंत्र भारत का प्रथम आम बजट प्रस्तुत करने वाले वित्तमंत्री कौन थे?
(a) डॉ. श्यामा प्रसाद मुखर्जी
(b) आर.के. षणमुगम शेट्टी
(c) डॉ. भीमराव अम्बेडकर
(d) मोरारजी देसाई

24. अर्थव्यवस्था के विकास के लिए केन्द्रीकृत नियोजन सर्वप्रथम अपनाया गया था?
(a) चीन में
(b) इटली में
(c) पूर्व सोवियत संघ में
(d) जर्मनी में

25. किसी विधेयक को धन विधेयक होने का अंतिम निर्णय कौन देता है?
(a) लोकसभा अध्यक्ष
(b) प्रधानमंत्री
(c) उपराष्ट्रपति
(d) राष्ट्रपति

26. वित्त आयोग का गठन कितने समय के अन्तराल पर होता है?
(a) चार वर्ष (b) छ: वर्ष
(c) पाँच वर्ष (d) सात वर्ष

27. अन्तर्राष्ट्रीय मुद्राकोष (IMF) की स्थापना किस सममेलन का परिणाम था?
(a) ब्रेटनवुड्स सम्मेलन का
(b) वाशिंगटन सम्मेलन का
(c) रियो डि जेनेरियो सम्मेलन का
(d) लंदन सम्मेलन का

28. भारत में वित्तीय वर्ष कब से कब तक होता है?
(a) 1 सितम्बर से 31 अगरत तक
(b) 1 अप्रैल से 31 मार्च तक
(c) 1 मई से 30 अप्रैल तक
(d) 1 मार्च से 31 दिसम्बर तक

29. भारतीय मानक ब्यूरो का मुख्यालय कहाँ है?
(a) पटना में (b) कानपुर में
(c) गुवाहाटी में (d) नई दिल्ली में

30. शेयर घोटाले से संबंधित विभिन्न पहलुओं की जाँच हेतु कौन-सी समिति गठित की गई थी?
(a) मिश्र समिति
(b) जानकीरमन समिति
(c) चन्द्रचूढ़ समिति
(d) कालरा समिति

31. अन्तर्राष्ट्रीय मुद्रा कोष (IMF) के मुख्य अर्थशास्त्री के रूप में नियुक्त होने वाले प्रथम भारतीय हैं–
(a) डॉ. मनमोहन सिंह
(b) रघुराम राजन
(c) पी. चिदम्बरम
(d) कोणार्क सिंह

32. वित्त आयोग की नियुक्ति कौन करता है?
(a) प्रधानमंत्री (b) उपराष्ट्रपति
(c) वित्त मंत्री (d) राष्ट्रपति

33. प्रतिस्पर्धा विधेयक-2001 किस अधिनियम के स्थान पर लाया गया है?
(a) MRTP Act 1984
(b) MRTP Act 1969
(c) MRTP Act 1991
(d) MRTP Act 1976

34. चौथी पंचवर्षीय योजना (1969-74) किस अन्य नाम से जानी जाती है?
(a) सुभाष योजना के नाम से
(b) गाडगिल योजना के नाम से
(c) जवाहर योजना के नाम से
(d) महात्मा गांधी योजना के नाम से

35. पीली क्रांति (Yellow Revolution) किससे संबंधित है?
(a) चावल उत्पादन से
(b) गेहूँ उत्पादन से
(c) सब्जी उत्पादन से
(d) तिलहन उत्पादन से

36. भारत की पहली मानव विकास रिपोर्ट कब जारी की गई थी?
(a) अप्रैल 2002 (b) अगस्त 1990
(c) अप्रैल 1991 (d) सितम्बर 1993

37. राउरकेला इस्पात कारखाने की स्थापना किसके सहयोग से की गई है?
(a) ब्रिटेन (b) फ्रांस
(c) इटली (d) जर्मनी

38. प्रथम पंचवर्षीय योजना की अवधि है–
(a) 1951-56 (b) 1956-61
(c) 1952-57 (d) 1955-59

39. 'रेण्ड' मुद्रा किस देश की मुद्रा है?
(a) घाना (b) दक्षिण अफ्रीका
(c) नाइजीरिया (d) केन्या

40. पांचवीं पंचवर्षीय योजना का प्रारूप किसके द्वारा तैयार किया गया था?
(a) जगजीवन राम
(b) डी. पी. धर
(c) आर.के. आनन्द
(d) चौधरी चरण सिंह

41. केलकर समिति किस विषय से संबंधित है?
(a) राष्ट्रीय आय
(b) इस्पात उद्योग
(c) प्रत्यक्ष एवं अप्रत्यक्ष कर
(d) कृषि सुधार

42. सार्वजनिक क्षेत्र के बैंकों में कौन-सा बैंक सबसे बड़ा बैंक है?
(a) केनरा बैंक
(b) पंजाब नेशनल बैंक
(c) इलाहाबाद बैंक
(d) भारतीय स्टेट बैंक

43. भारत में नीति आयोग का अध्यक्ष होता है?
(a) दिल्ली का उपराज्यपाल
(b) राष्ट्रपति
(c) वित्तमंत्री
(d) प्रधानमंत्री

44. भारत में आर्थिक नियोजन कब प्रारंभ हुआ?
(a) 1 अप्रैल 1953 को
(b) 1 अप्रैल 1951 को
(c) 1 अप्रैल 1952 को
(d) 1 अप्रैल 1950 को

45. भारतीय यूनिट ट्रस्ट की स्थापना किस वर्ष की गई थी?
(a) 1984 में
(b) 1964 में
(c) 1981 में
(d) 1972 में

46. भारत सरकार ने नई औद्योगिक नीति की घोषणा कब की थी?
(a) 1990 ई. में (b) 1991 ई. में
(c) 1987 ई. में (d) 1992 ई. में

47. राज्यों की आय का सबसे बड़ा स्रोत कौन-सा कर है?
(a) शिक्षा कर
(b) कृषि कर
(c) बिक्री कर
(d) उद्योग कर

48. आर. सी. दत्त की कौन-सी पुस्तक को भारत के आर्थिक इतिहास पर पहली प्रसिद्ध पुस्तक माना जाता है?
(a) इकोनोमिक हिस्ट्री ऑफ इंडिया
(b) इकोनोमिक प्लानिंग
(c) हिस्ट्री ऑफ इंडिया
(d) इन्डस्ट्रिलाइजेशन

49. विश्व में पहला देश कौन-सा है, जिसने राष्ट्रीय स्तर पर परिवार नियोजन प्रारंभ किया?
(a) श्रीलंका (b) नेपाल
(c) भारत (d) पाकिस्तान

50. 'गोल्डन हैण्ड शेक स्कीम' किससे संबंधित है?
(a) स्वैच्छिक सेनानिवृत्ति से
(b) राष्ट्रीय आय से
(c) राष्ट्रीय उद्योग उत्पादन से
(d) राष्ट्रीय कृषि उत्पादन से

उत्तरमाला

1. (c)	**2.** (d)	**3.** (b)	**4.** (c)	**5.** (d)	**6.** (b)	**7.** (b)	**8.** (b)	**9.** (b)	**10.** (c)
11. (b)	**12.** (b)	**13.** (a)	**14.** (b)	**15.** (c)	**16.** (d)	**17.** (b)	**18.** (a)	**19.** (b)	**20.** (b)
21. (b)	**22.** (d)	**23.** (b)	**24.** (c)	**25.** (a)	**26.** (c)	**27.** (a)	**28.** (b)	**29.** (d)	**30.** (b)
31. (b)	**32.** (d)	**33.** (b)	**34.** (b)	**35.** (d)	**36.** (a)	**37.** (d)	**38.** (a)	**39.** (b)	**40.** (b)
41. (c)	**42.** (d)	**43.** (d)	**44.** (b)	**45.** (b)	**46.** (b)	**47.** (c)	**48.** (a)	**49.** (c)	**50.** (a)

□□□

7 विश्व का भूगोल

ब्रह्माण्ड

- ब्रह्माण्ड की उत्पत्ति एक वृहत विस्फोट (Big Bang) से हुई। वृहत विस्फोट सिद्धान्त बेल्जियम के खगोलशास्त्री बी. ए. जॉर्ज लैमेन्टर ने दिया।
- ब्रह्माण्ड में असंख्य मन्दाकिनियाँ (Galaxies) हैं। वह मंदाकिनी जिसमें हमारा सूर्य, पृथ्वी तथा ग्रह एवं उपग्रह आदि हैं, मिल्की वे (Milky Way) कहलाती हैं।
- आकाशगंगा की आकृति सर्पिल है।
- एडविन पी. हब्बल (अमेरिका) ने 1925 ई. में सर्वप्रथम बताया कि आकाशगंगा के अतिरिक्त ब्रह्माण्ड में अन्य मन्दाकिनियाँ भी हैं।
- आकाशगंगा की निकटतम मन्दाकिनी 'देवीयानी' (Andromedo) मन्दाकिनी है। यह हमारी मन्दाकिनी (मिल्की वे) से 2.2×10^8 प्रकाश वर्ष दूर है।
- आकाशगंगा का सबसे चमकीला तारा (सौरमण्डल के बाहर) 'साइरस' (Dogstar) है। इसे 'व्याध' या 'लुब्धक' भी कहा जाता है।
- प्रोक्सिमा सेंचुरी (Proxima Century) हमारे सौरमण्डल का सबसे मजदीकी तारा है, जो हमसे 4.25 प्रकाश वर्ष दूर है।

सौरमण्डल

- 1543 ई. में सर्वप्रथम कोपर निकस (पोलैण्ड) ने पृथ्वी के स्थान पर सूर्य को केन्द्र में स्वीकार किया तथा सौरमण्डल की खोज की।
- सौरमण्डल में सूर्य के साथ, आठ ग्रह, उनके उपग्रह, कुछ क्षुद्र ग्रह (Asteroids) तथा बड़ी संख्या में धूमकेतु (Comet) सम्मिलित हैं।
- सौरमण्डल में कुल आठ ग्रह हैं -बुध, शुक्र, पृथ्वी, मंगल, बृहस्पति, शनि, अरुण या वरुण।
- पृथ्वी सहित सभी ग्रह सूर्य की परिक्रमा करते हैं। प्रत्येक ग्रह द्वारा सूर्य के चारों ओर एक परिक्रमा करने में लगा समय उस ग्रह का एक वर्ष कहलाता है। यह अवधि सूर्य से ग्रह की दूरी पर निर्भर करती है।
- सभी ग्रह अपनी कक्षा से एक निश्चित डिग्री पर झुके हुए हैं, जिसके परिणामस्वरूप दिन एवं रात्रि की अवधि में परिवर्तन अनुक्रमिक रूप से होता है।

सूर्य से बढ़ती दूरी के आधार पर ग्रह

- बुध, शुक्र, पृथ्वी, मंगल, बृहस्पति, शनि, अरुण, वरुण।

आकार के अनुसार ग्रह

- बृहस्पति, शनि, अरुण, वरुण, पृथ्वी, शुक्र, मंगल, बुध।

सूर्य

- सूर्य के केन्द्र का तापमान **15 मिलयन डिग्री सेन्टीग्रेट** होता है एवं सूर्य की सतह पर तापमान 5,760 डिग्री सेन्टीग्रेड होता है।
- सूर्य की ऊर्जा, इसके अन्दर स्थित **हाइस्ट्रोजन के हीलियम में संलयन** (Fusion) के कारण उत्पन्न होती है।
- सूर्य के द्रव्यमान का 70% भाग हाइड्रोजन, 28% हीलियम और 2% अन्य भारी तत्व (जैसे लीथियम से यूरेनियम) हैं।
- सूर्य पर अनेक काले धब्बे (sports) हैं। प्रत्येक ग्यारह वर्षों के समयान्तराल बाद इन धब्बों की संख्या निम्नतम से उच्चतम और फिर उच्चतम से निम्नतम होती रहती है। यह समयान्तराल 'सौर-धब्बा चक्र' (Sun Spot Cycle) कहलाता है।

सौर मण्डल : कुछ महत्त्वपूर्ण तथ्य

सबसे बड़ा ग्रह	बृहस्पति (Jupiter)
सबसे छोटा ग्रह	बुध (Murcury)
पृथ्वी का उपग्रह	चन्द्रमा (Moon)
सूर्य के सबसे निकट ग्रह	बुध (Murcury)
सूर्य के सबसे दूर स्थित ग्रह	वरुण (Neptune)
पृथ्वी के सबसे निकट ग्रह	शुक्र (Venus)
सबसे अधिक चमकीला ग्रह	शुक्र (Venus)
सबसे अधिक चमकीला तारा	साइरस (Dog Star)
सबसे अधिक उपग्रहों वाला ग्रह	बृहस्पति (Jupiter)
सबसे अधिक ठण्डा ग्रह	वरुण (Neptune)
सबसे अधिक भारी ग्रह	बृहस्पति (Jupiter)
रात्रि में लाल दिखाई देने वाला ग्रह	मंगल (Mars)
सौरमण्डल का सबसे बड़ा उपग्रह	गैनिमीड (Gannymede)
सौरमण्डल का सबसे छोटा उपग्रह	डीमोस (Deimos)
नीला ग्रह	पृथ्वी (Earth)
भोर का तारा	शुक्र (Venus)
साँझ का तारा	शुक्र (Venus)
पृथ्वी की बहिन	शुक्र (Venus)
सौन्दर्य का देवता	शुक्र (Venus)
हरा ग्रह	वरुण (Neptune)
विशाल लाल धब्बे वाला ग्रह	बृहस्पति (Jupiter)

चन्द्रमा

- चन्द्रमा पृथ्वी का एकमात्र उपग्रह है और यह पृथ्वी के चारों ओर चक्कर लगाता है।
- चन्द्रमा पर वायुमण्डल नहीं है क्योंकि इसकी गुरुत्वाकर्षण शक्ति गैसों को बनाए रखने में असमर्थ है।

- 21 जुलाई, 1969 ई. को नील आर्मस्ट्रांग एवं बज एल्ड्रिन विश्व के पहले व्यक्ति बने जिन्होंने चन्द्रमा की सतह पर अपने कदम रखे। ये अपोलो-11 नामक अन्तरिक्ष यान में गए थे।
- एक पूर्णिमा से दूसरी पूर्णिमा तक की अवधि चन्द्रमास (Luner Month) कहलाती है। यह 29 दिनों की होती है।
- अमावस्या से पूर्णिमा तक की 15 दिन की अवधि शुक्ल पक्ष कहलाती है। पूर्णिमा से अमावस्या तक की 15 दिन की अवधि कृष्ण पक्ष कहलाती है।

पृथ्वी की आंतरिक संरचना

- पृथ्वी के अन्दरूनी भाग को तीन परतों में बाँटा गया है–

भूपटल

- 8-40 किमी. मोटी पटल, भूपृष्ठ भी कहलाता है।
- पटल दो परतों से निर्मित है। पटल की बाह्य परत अवसादी पदार्थों से बनी है। यह परत सिलिका व एल्यूमिनियम से निर्मित है और सियाल (Sial) कहलाती है।
- निचली परत बेसाल्टी चट्टानों से बनी है। यह सिलिका व मैग्नीशियम से निर्मित है और सीमा (Sima) कहलाती है।

मेण्टल

- इसकी गहराई 2,900 किमी. तक होती है। इसकी ऊपरी परत 'एस्थिनोस्फीयर' (Asthoenosphere) कहलाती है।

कोर

- बाह्य कोर (Outer Core) 2,100 किमी. मोटी है। यह द्रव के रूप में होती है। आन्तरिक कोर (Inner Core) 1,370 किमी. मोटी। यह निकिल और आयरन से बनी है और निफे (Nife) कहलाती है।

पृथ्वी की गतियाँ

पृथ्वी की दो गतियाँ हैं—घूर्णन गति (दैनिक गति) परिक्रमण गति (वार्षिक गति) दोनों गतियाँ साथ-साथ होती हैं।

घूर्णन गति

- पृथ्वी अपने अक्ष पर पश्चिम से पूर्व की ओर चक्कर लगाती है। इसके कारण दिन और रात होते हैं।
- पृथ्वी का जो भाग सूर्य के सामने होता है वहाँ दिन और जो भाग दूसरी ओर होता है वहाँ रात होती है। पृथ्वी को अक्ष पर एक चक्कर पूरा करने में 23 घण्टे 56 मिनट व 40.91 सेकेण्ड का समय लगता है।

परिक्रमण गति

- पृथ्वी सूर्य के चारों ओर दीर्घ वृत्तीय पथ पर घूमती है। इसके कारण ऋतुओं में परिवर्तन होता है तथा दिन-रात की अवधि में अन्तर आ जाता है। $66\frac{1}{2}°$
- सूर्य के चारों ओर परिक्रमा करते हुए पृथ्वी का अक्ष दीर्घवृत्त के तल से झुका होता है और पृथ्वी इस तल पर लम्बवत् रेखा से $23\frac{1}{2}°$ झुकी होती है जिसके कारण सूर्य की किरणें पृथ्वी पर सामान्य रूप से नहीं पड़ती और मौसम परिवर्तित हो जाता है।
- परिक्रमण समय 365 दिन, 5 घण्टे 48 मिनट व 45.51 सेकेण्ड है।

अयनांत

- ये वर्ष की वे तिथियाँ हैं, जिनमें दिन तथा रात की लम्बाई में सर्वाधिक अन्तर होता है। **उत्तरी अयनांत** 21 जून उत्तरी गोलार्द्ध का सबसे बड़ा दिन होता है। इस समय सूर्य कर्क रेखा पर लम्बवत् स्थित होता है। इस समय दक्षिण गोलार्द्ध में दिन छोटे व रातें बड़ी होती हैं।
- **दक्षिण अयनांत—**दिसम्बर उत्तरी गोलार्द्ध का सबसे छोटा दिन होता है। इस समय सूर्य मकर रेखा पर लम्बवृत होता है। दक्षिण गोलार्द्ध में दिन बड़ा और रातें छोटी होती हैं। इस समय दक्षिणी गोलार्द्ध में ग्रीष्म ऋतु होती है।

विषुव

- वर्ष का वह समय जब सूर्य भूमध्य रेखा के ऊपर लम्बवत् होता है। इस समय दिन-रात दोनों की अवधि बराबर होती है। (दोनों गोलार्द्धों में)
  बसन्त विषुव—21 मार्च
  शरद् विषुव —23 सितम्बर

ग्रहण

ग्रहण दो प्रकार के होते हैं—

चन्द्रग्रहण

- जब पृथ्वी, सूर्य और चन्द्रमा के बीच में आ जाती है, तब पृथ्वी की छाया चन्द्रमा पर पड़ती है जिसे चन्द्रग्रहण कहते हैं। यह पूर्णिमा के दिन होता है।

सूर्यग्रहण

- जब चन्द्रमा, पृथ्वी और सूर्य के बीच में आ जाता है तब सूर्य ग्रहण होता है। सूर्यग्रहण केवल अमावस्या के दिन होता है।

ज्वार-भाटा

- समुद्री जल दिन में दो बार निश्चित अन्तराल पर ऊपर उठता है तथा नीचे गिरता है। यह प्रक्रिया ज्वार-भाटा कहलाती है। ज्वार-भाटा की उत्पत्ति सूर्य एवं चन्द्रमा की गुरुत्वाकर्षण शक्ति के कारण होती है। चन्द्रमा की ज्वारोत्पादक शक्ति सूर्य की अपेक्षाकृत दो गुना है क्योंकि सूर्य पृथ्वी से चन्द्रमा की अपेक्षा अधिक दूर है। ज्वार-भाटा के बीच का अन्तराल 12 घण्टे 26 मिनट होता है।

दीर्घ ज्वार

- पूर्णिमा एवं अमावस्या के दिन दीर्घ ज्वार की उत्पत्ति होती है क्योंकि इस दिन सूर्य, चन्द्रमा और पृथ्वी तीनों एक सीध में होते हैं।

लघु ज्वार

- कृष्ण व शुक्ल पक्ष की अष्टमी को लघु ज्वार की उत्पत्ति होती है क्योंकि इस दिन सूर्य, चन्द्रमा और पृथ्वी तीनों कोण की स्थिति में होते हैं।

चट्टानें

- पृथ्वी की सतह का निर्माण करने वाले पदार्थ को चट्टान कहते हैं। निर्माण की प्रक्रिया के आधार पर चट्टानों को तीन भागों में बाँटा गया है।

आग्नेय चट्टान

- ये चट्टानें सभी चट्टानों में सबसे ज्यादा 95% मिलती हैं।
- इसका निर्माण ज्वालामुखी उद्गार के समय निकलने वाले लावा के पृथ्वी के अन्दर या बाहर ठण्डा होकर जम जाने के कारण होता है।
- ये प्राथमिक या मातृ चट्टानें कहलाती हैं क्योंकि शेष सभी चट्टानें इन्हीं से निर्मित होती हैं।

ग्रेनाइट

- इन चट्टानों के निर्माण में मैग्मा धरातल के ऊपर न पहुँचकर अन्दर ही जमकर ठोस रूप धारण कर लेता है। मैग्मा के ठण्डा होने की प्रक्रिया बहुत धीमी होती है क्योंकि अन्दर का तापमान अधिक होता है और बनने वाले क्रिस्टल बहुत बड़े होते हैं।

बेसाल्ट

➢ ये समुद्री सतह पर पाई जाती हैं।

अवसादी चट्टान

➢ ये प्राचीन चट्टानों के टुकड़ों, जीवावशेषों तथा खनिज के परतदार एवं संगठित जमाव से निर्मित होती हैं। ये भूपृष्ठ का केवल 5% होती हैं। परन्तु भूपृष्ठ के 75% भाग पर फैली रहती हैं। इन्हें परतदार चट्टानों के नाम से भी जाना जाता है। डिप्सम, चीका मिट्टी, चूने का पत्थर, कोयला (एन्थ्रेसाइट के अतिरिक्त) बालुका पत्थर, शैल, ग्रेबों आदि अवसादी चट्टानों के उदाहरण हैं।

रूपान्तरित चट्टान

➢ अवसादी एवं आग्नेय चट्टानों में ताप, दबाव और रासायनिक क्रियाओं आदि के कारण परिवर्तन हो जाता है। इससे जो चट्टानें बनती हैं उन्हें रूपान्तरित या परिवर्तित चट्टान कहा जाता है।

चट्टानें	रूपान्तरित रूप
शैल	स्लेट
बलुआ पत्थर	क्वार्टजाइट
कांग्लोमेरेट	क्वार्टजाइट
चूना पत्थर	संगमरमर
चाक एवं डोलोमाइट	संगमरमर
कोयला	ग्रेफाइट, हीरा
ग्रेनाइट	नीस
बेसाल्ट	एम्फीबोलाइट सिस्ट
स्लेट	फाइलाइट
फाइलाइट	सिस्ट
गैब्रो	सरपेण्टाइन

भूकम्प

➢ भूकम्प का शाब्दिक अर्थ होता है भूमि या धरातल का काँपना या हिलना।

➢ भूकम्प एक आकस्मिक अन्तजाति प्रक्रिया है जो कई प्रकार की भूगर्भिक क्रियाओं का परिणाम है जिसके कारण धरातल पर सन्तुलन की स्थिति में अव्यवस्था उत्पन्न हो जाती है परिणामत: भूमि काँप जाती है।

➢ भूपटल के नीचे जिस स्थान पर भूकम्प उत्पन्न होता है वह उद्गम स्थल कहलाता है।

➢ भूकम्प उद्गम स्थल के ठीक ऊपर धरातल पर स्थित बिन्दु भूकम्प का अधिकेन्द्र कहलाता है। भूकम्प तरंगों का अनुभव यहाँ सबसे पहले किया जाता है।

➢ भूकम्प के दौरान भूकम्प तरंगों का उद्भव होता है, जिन्हें भूकम्पमापी पर रिकार्ड किया जाता है।

➢ भूकम्प तरंगों की तीव्रता को रिक्टर पैमाने पर मापा जाता है।

➢ भूकम्प तरंगें तीन प्रकार की होती हैं–

1. प्राथमिक 2. द्वितीयक 3. धरातलीय

प्राथमिक तरंगें

➢ इन्हें P-waves भी कहा जाता है एवं ये सबसे तीव्र गति वाली तरंगें हैं।

➢ इनमें ध्वनि तरंगों की भाँति अणुओं का कम्पन तरंगों की दिशा में आगे-पीछे होता है। अत: ये अनुदैर्ध्य तरंगें भी कहलाती हैं।

➢ ये ठोस, द्रव व गैसे तीनों में से पार हो जाती हैं।

द्वितीयक तरंगें

➢ इन्हें S-waves भी कहा जाता है एवं ये केवल ठोस माध्यम से गुजर सकती हैं। अत: ये बाह्य कोर से आगे नहीं बढ़ पाती हैं।

➢ इनमें अणुओं का कम्पन तरंगों की दिशा में आर-पार होता है। अत: इन्हें अनुप्रस्थ तरंगें भी कहा जाता है।

धरातलीय तरंगें

➢ इन्हें L- waves भी कहा जाता है एवं ये धरातल के निकट ही चलती हैं।

➢ ये ठोस व द्रव दोनों माध्यम से गुजर सकती हैं।

➢ ये सबसे ज्यादा विनाशकारी होती हैं।

ज्वालामुखी

➢ ज्वालामुखी मुख्यत: धरातल पर प्राकृतिक छिद्र अथवा दरार होता है जिससे गैस, जलवाष्प, राख, शैलखण्ड आदि पृथ्वी के अन्दरूनी भाग से ज्वालामुखी (Volcanic Pipe) द्वारा बाहर निकालते हैं।

➢ इसकी आकृति शंक्वाकार होती है।

➢ ज्वालामुखी शंकु के शीर्ष पर कोपनुमा गडढ़ा होता है, जिसे 'क्रेटर' कहा जाता है।

➢ सक्रियता अथवा उद्गार अवधि के आधार पर ज्वालामुखी तीन प्रकार के होते हैं–

I. सक्रिय ज्वालामुखी–स्ताम्बोलो, (लिपारी द्वीप), एटना (सिसली), कोटोपैक्सी (इक्वाडोर)।

II. सुषुप्त ज्वालामुखी–विसूवियस (इटली), क्राकोटाओ (इण्डोनेशिया), फ्यूजीयामा (जापान)।

III. मृत ज्वालामुखी– किलिमंजारो (तंजानिया, अफ्रीका)

➢ कोटोपैक्सी (ईक्वाडोर) विश्व का सबसे ऊँचा सक्रिय ज्वालामुखी है।

➢ विश्व के प्रमुख ज्वालामुखी क्षेत्र

I. प्रशान्त महासागरीय पेटी

II. मध्य महाद्वीपीय पेटी

III. मध्य अटलाण्टिक पेटी

IV. पूर्वी अफ्रीका भ्रंश पेटी

विश्व के कुछ प्रमुख ज्वालामुखी

नाम	देश
मेनालोआ	हवाईद्वीप
माउण्ट कैमरून	कैमरून (अफ्रीका)
हेक्ला व लाकी	आइसलैण्ड
कटमई	अलास्का (U.S. A)
माउण्ट रेनियर	U.S.A.
माउण्ट ताल	फिलीपीन्स
माउण्ट पिनाटुबो	फिलीपीन्स
कोहसुल्तान	ईरान
माउण्ट पोपा	म्यांमार(बर्मा)
आजोसडेल सेलेडो	अर्जेण्टीना-चिली

वायुमण्डल

- पृथ्वी के चारों ओर व्याप्त गैसीय आवरण को वायुमण्डल कहते हैं।
- वायुमण्डल अनेक गैसों का मिश्रण है।

नाइट्रोजन	78.09%
ऑक्सीजन	20.95%
ऑर्गन	0.93%
कार्बन-डाइऑक्साइड	0.03%

अन्य गैसे हैं– नियॉन, हीलियन, ओजोन, हाइड्रोजन, क्रिपटॉन, मीथेन, डोनाना आदि।

वायुमण्डल की ऊँचाई 16 से 29 हजार किमी. तक बताई जाती है परन्तु धरातल से केवल 800 किमी. तक ऊँचा वायुमण्डल ही अधिक महत्वपूर्ण है।

क्षोभमण्डल

- यह पृथ्वी की सतह से सबसे नजदीक होता है। इसकी ऊँचाई विषुवत रेखा (16 किमी.) से ध्रुवों (8 किमी.) की ओर जाने पर घटती है।
- यहाँ पर जलवाष्प, धूलकण, आर्द्रता आदि मिलते हैं। मौसम सम्बन्धी अधिकांश परिवर्तनों के लिए भोरमण्डल ही उत्तरदायी है।
- इस परत से ऊँचाई के साथ-साथ तापमान घटता है। प्रत्येक 165 मीटर पर 1^0 C तापमान की कमी हो जाती है। इसे सामान्य ताप या ह्रास दर (Normal Lapse Rate of Temperature) कहते हैं।
- क्षोभमण्डल के शीर्ष पर स्थित क्षोभमण्डल सीमा इसे समताप मण्डल से अलग करती है।

समतापमण्डल

- इसकी ऊँचाई क्षोभमण्डल के ऊपर 50 किमी. तक होती है।
- इसमें तापमान में ऊँचाई के साथ वृद्धि नहीं होती है। तापमान समान रहता है।
- यह परत वायुयान चालकों के लिए आदर्श होती है।
- इस मण्डल में जलवाष्प, धूल कण आदि नहीं पाए जाते हैं।
- इस मण्डल में 20 किमी. से 30 किमी. के मध्य ओजोन परत होती है, जो सूर्य की पराबैंगनी किरणों का अवशोषण करती है। इस कारण ओजोन परत में ऊँचाई के साथ तापमान बढ़ता है।

मध्यमण्डल

- यह समतापमण्डल के ऊपर 80 किमी. की ऊँचाई तक विस्तृत होता है।
- ऊँचाई के साथ तापमान में गिरावट होती है और 80 किमी. की ऊँचाई पर तापमान-100°C हो जाता है।

आयनमण्डल

- इस मण्डल में आयन की प्रधानता होती है।
- आयनमण्डल रेडियो तरंगों को वापस पृथ्वी पर भेजता है, इसी कारण रेडियो संचार सम्भव हो पाता है।

बर्हिमण्डल

- इस परत में हाइट्रोजन व हीलियम गैसों की प्रधानता है।
- यह वायुमण्डल का सबसे ऊपरी परत है।
- बर्हिमण्डल की बाह्य सीमा अनिश्चित है। इसे अन्तरिक्ष व पृथ्वी के वायुमण्डल की सीमा माना जा सकता है।

पवन

एक स्थान से एक निश्चित दिशा में चलती हुई वायु को पवन कहते हैं। ये हमेशा उच्च दाब से निम्न दाब की ओर चलती है।

- पवन मुख्य रूप से तीन प्रकार की होती हैं–स्थायी पवनें, सामयिक पवनें एवं स्थानीय पवनें।

स्थायी पवनें

- से पवनें सदैव् एक ही क्रम में वर्षभर एक निश्चित दिशा की ओर चलती हैं। स्थायी पवनें तीन प्रकार की होती हैं–

  (i) व्यापारिक पवनें–30^0 उत्तरी व दक्षिणी अक्षांशों से 0^0 अक्षांश रेखा की ओर बहने वाली पवन को व्यापारिक पवन कहते हैं। उत्तरी गोलार्द्ध में इनकी दिशा उत्तर-पूर्वी से दक्षिण पश्चिम तथा दक्षिण गोलार्द्ध में दक्षिण-पूर्व से उत्तर-पश्चिम होती है।

  (ii) पछुआ पवनें–30^0-35^0 उत्तरी तथा दक्षिणी अक्षांशों में 60^0-65^0 अक्षांशों की ओर बहने वाली पवन पछुआ पवनें कहलाती हैं। उत्तरी गोलार्द्ध में इनकी दिशा दक्षिण-पश्चिम से उत्तर-पूर्व एवं दक्षिणी गोलार्द्ध में उत्तर-पश्चिम से दक्षिण-पूर्व होती है। दक्षिणी गोलार्द्ध में समुद्र की अधिकता होने के कारण इसकी गति बहुत तीव्र होती है। इसी कारण इस गोलार्द्ध में इन्हें 'गरजती चालीसा' 'भयंकर पचासा', 'चीखती साठा' कहा जाता है।

  (iii) ध्रुवीय पवनें– ये ध्रुवीय उच्च दाब से उपध्रुवीय निम्न दाब की ओर चलती हैं।

स्थानीय पवनें

- जिन पवनों का विकास स्थानीय स्तर पर तापमान एवं वायुदाब में अन्तर के कारण होता है उन्हें स्थानीय पवन कहते हैं।

प्रमुख स्थानीय पवनें

पवन का नाम	क्षेत्र
ब्रिकफिल्डर	आस्ट्रेलिया
खमसीन	मिस्र
समिन	सहारा तथा अरब के मरुस्थल
सिराको	सहारा मरुस्थल से द. इटली तक
दक्षिणी बर्स्टर	आस्ट्रेलिया
बोरा	मध्य यूरोप
जीन्दा (शीत फॉन)	अर्जेन्टीना (एण्डीज पर्वत)
चिनूक	रॉकी पर्वत श्रेणी
फॉन	उत्तरी आल्पस (यूरोप)
ग्रेगाले	दक्षिणी यूरोप (भू. सागर)
हबूब	सूडान
हरमट्टन (डॉक्टर हवा)	पं. अफ्रीका व सहारा मरुस्थल
पापागायो	मैक्सिको
सैमून	ईरान
जूरन	जूरा पर्वत से जेनेवा झील तक
लीस्टे	सहारा, मंदिरा, कनारी
लेवेन्ट	प. भूमध्यसागर, फ्रांस, स्पेन
नार्दर	सं. रा. अमेरिका (टैक्सास)
मैस्ट्रो	भूमध्यसागर
मिस्ट्रल	फ्रांस
नाटी	सं. रा. अमेरिका
नॉरवेस्टर	न्यूजीलैण्ड

विश्व : खनिज एवं उनके प्रमुख उत्पादक देश

खनिज	प्रमुख उत्पादक देश
लोहा	यूक्रेन, चीन, यू. एस. ए.
मैंगनीज	यूक्रेन, गैबन, ब्राजील
बॉक्साइट	ऑस्ट्रेलिया, गिनी, ब्राजील

ताँबा	चिली, यू. एस. ए., कनाडा
टिन	चीन, इण्डोनेशिया, पेरू
अभ्रक	चीन, यू. एस. ए., द. कोरिया
सोना	दक्षिण अफ्रीका, पेरू, कनाडा
चाँदी	मैक्सिको, पेरू, कनाडा
हीरा	रूस, बोल्सवाना, कांगो
कोयला	चीन, यू. एस. ए.,जर्मनी
पेट्रोलियम	सऊदी अरब, रूस, अमेरिका
प्राकृतिक गैस	रूस, अमेरिका, कनाडा
निकेल	रूस, ऑस्ट्रेलिया/कनाडा, इण्डोनेशिया
लेड	चीन, आस्ट्रेलिया, यू. एस. ए.
जिंक	चीन, ऑस्ट्रेलिया
प्लेटिनम	द. अफ्रीका, रूस, कनाडा

विश्व की प्रमुख फसलें एवं उनके उत्पादक देश

फसलें	उत्पादक देश
जौ	रूस, जर्मनी, कनाडा
जई या ओट	रूस, कनाडा, एवं संयुक्त राज्य अमेरिका
सोयाबीन	संयुक्त राज्य अमेरिका, ब्राजील, चीन
गन्ना	भारत, ब्राजील, क्यूबा
चाय	भारत, चीन, श्रीलंका
कहवा	ब्राजील, वियतनाम, कोलम्बिया
कपास	चीन, संयुक्त राज्य अमेरिका, पूर्व सोवियत संघ
तम्बाकू	चीन, संयुक्त राज्य अमेरिका, भारत
प्राकृतिक रबड़	थाइलैण्ड, इण्डोनेशिया, मलेशिया
चुकन्दर	यूक्रेन, फ्रांस, जर्मनी
चावल	चीन, भारत, इण्डोनेशिया
गेहूँ	चीन, भारत, संयुक्त राज्य अमेरिका
तिलहन	संयुक्त राज्य अमेरिका, चीन, भारत
मक्का	संयुक्त राज्य अमेरिका, चीन, ब्राजील

विश्व की प्रमुख स्थानान्तरणशील कृषि

नाम	क्षेत्र
टावी	मालागासी
मिल्पा	यूकाटन एवं ग्वाटेमाला
इचाली	ग्वाडेलूप
मिल्या	मैक्सिको एवं मध्य अमेरिकी देश
कोनूको	वेनेजुएला
रोका	ब्राजील
रे	वियतनाम एवं लाओस
फैंग	भूमध्यरेखीय अफ्रीका देश

प्रश्नमाला

1. पृथ्वी के केन्द्र में पाया जाने वाला चुम्बकीय पदार्थ है–
(a) ग्रेनाइट (b) बैसाल्ट
(c) निकेल (d) डायोराइट

2. पृथ्वी की तीन संकेन्द्री परतों में ऊपर से दूसरी परत का नाम क्या है?
(a) सियाल (b) सीमा
(c) निफे (d) इनमें से कोई नहीं

3. निम्नलिखित में से कौन-सा ज्वालामुखी के तीन वर्गों में शामिल नहीं है जो उनके उद्‌भव की आवृत्ति के आधार पर वर्गीकृत किये गए हैं?
(a) जाग्रत ज्वालामुखी
(b) प्रसुप्त ज्वालामुखी
(c) मृत ज्वालामुखी
(d) यौगिक ज्वालामुखी

4. स्थलमण्डल का तात्पर्य है–
(a) पृथ्वी का आन्तरिक भाग
(b) पृथ्वी का मध्यवर्ती भाग
(c) पृथ्वी का ऊपरी भाग
(d) पृथ्वी की बाह्य पपड़ी

5. स्वेस ने पृथ्वी के आन्तरिक भाग को तीन भागों में बाँटा था, उनके विभाजन में नहीं है–
(a) सियाल (b) सीमा
(c) निफे (d) सबस्टैटम

6. विश्व प्रसिद्ध ग्राण्ड कैनियन का संबंध है–
(a) कोलेरेडो नदी से
(b) मिसीसिपी नदी से
(c) ह्वांहो नदी से
(d) कांगो नदी से

7. ज्वालामुखी में जलवाष्प के अलावा मुख्य गैसें हैं–
(a) नाइट्रोजन, ऑक्सीजन
(b) हाइड्रोजन
(c) कार्बन डाइऑक्साइड
(d) सल्फर डाईऑक्साइड, कार्बन डाईऑक्साड, नाइट्रोजन

8. अग्नि वलय किस कहा जाता है?
(a) अटलाण्टिक परिमेखला
(b) हिन्दी परिमेखला
(c) प्रशान्त परिमेखला
(d) यौगिक ज्वालामुखी

9. पृथ्वी के किस भाग में भूकम्प आना आम बात है–
(a) पूर्वी एशिया में
(b) जर्मनी में
(c) आस्ट्रेलिया में
(d) सं. रा. अमेरिका में

10. 'स्थलरूप संरचना, पक्रम तथा समय पर प्रतिफल होता है' यह सूत्र किसने स्थापित किया–
(a) हटन ने
(b) डब्ल्यू. एम. डेविस ने
(c) किंग ने
(d) डब्ल्यू. के. डिवीज ने

11. ऋतु अपक्षय का सर्वोत्तम साधन है–
(a) ग्रीष्म एवं शुष्क
(b) शुष्क एवं आर्द्र
(c) उष्ण एवं आर्द्र
(d) ठण्डे एवं आर्द्र

12. पेडीमेण्ट निर्माण संबंधित है–
(a) नदी क्रिया से
(b) लहर क्रिया से
(c) वायु क्रिया से
(d) भूमिगत जल क्रिया से

13. महाद्वीपों और पठारों का निर्माण किस संचलन से होता है?
(a) ऋणात्मक संचलन
(b) क्षैतिज संचलन
(c) ऊर्ध्वाधर संचलन
(d) इनमें से किसी से नहीं

14. निम्नलिखित में से किसे 'प्रकृति का सुरक्षा वॉल्व' कहा जाता है?
(a) भूकम्प (b) ओजोन गैस
(c) ज्वालामुखी (d) नदियाँ

15. महाद्वीप और महासागर किस श्रेणी में उच्चावच हैं?
(a) प्रथम श्रेणी (b) द्वितीय श्रेणी
(c) तृतीय श्रेणी (d) चतुर्थ श्रेणी

16. पर्वत और घाटियाँ किस संचलन से बनते हैं?
(a) क्षैतिज संचलन
(b) ऊर्ध्वाधर संचलन
(c) धनात्मक संचलन
(d) ऋणात्मक संचलन

17. निम्नलिखित में से किसे पर्यावरण के मूल संघटकों में नहीं सम्मिलित किया जाता है?
(a) अजैविक (Abiotic)
(b) जैविक (Biotic)
(c) ऊर्जा (Energy)
(d) स्थानिक (Spatial)

18. भूगोल को 'मानव पारिस्थितिकी' (Human Ecology) के रूप में परिभाषित किया था–
(a) पैट्रिक गिडीस ने
(b) हैरोल्ड मैकिण्डर ने
(c) हॉरलॉन बैरोज ने
(d) ए. हरबर्टसन ने

19. अपने प्राकृतिक परिवेश में वन्यजीवन के लिए कानूनी तौर पर आरक्षित क्षेत्र है–
(a) बायोस्फियर रिजर्व
(b) सेंक्चुअरी
(c) सामाजिक वन
(d) नेशनल पार्क

20. किस नगर के प्रदूषण करने वाले उद्योगों को प्राकृतिक गैस आधारित प्रौद्योगिकी में सर्वोच्च न्यायालय के आदेशानुसार परिवर्तित करना होगा?
(a) आगरा (b) अयोध्या
(c) मथुरा (d) हैदराबाद

21. निम्नलिखित में कौन-सा सत्य नहीं है?
(a) जलोढ़ मैदान, डेल्टा, एक्कर तथा जलोढ़ शंकु तृतीय श्रेणीके उच्चावच्च हैं
(b) पर्वत, पठार, भ्रंश तथा भूभ्रंश घाटी द्वितीय श्रेणी के उच्चावच्च हैं
(c) महाद्वीप प्रथम श्रेणी के उच्चावच्च हैं
(d) पुलिस, स्टैलेक्टाइट तथा स्टैलेग्माइट प्रथम श्रेणी के अपरदनात्मक स्थलरूप हैं

22. जीव-मण्डलीय तंत्र में ऊर्जा तथा पदार्थों के निवेश एवं बहिर्गमन की प्रक्रियाओं का संचालन किस चक्र के माध्यम से होता है?
(a) भूरासायनिक चक्र
(b) जैव रासायनिक चक्र
(c) अवसादी चक्र
(d) जैव-भूरासायनिक चक्र

23. अधोलिखित में कौन-सा आकारानुक्रम सत्य है?
(a) एशिया, अफ्रीका, दक्षिणी अमेरिका एवं उ. अमेरिका
(b) उत्तरी अमेरिका, दक्षिणी अमेरिका, यूरोप तथा अंटार्कटिका
(c) दक्षिण अमेरिका, अंटार्कटिका, आस्ट्रेलिया तथा यूरोप
(d) दक्षिणी अमेरिका, अंटार्कटिका, यूरोप तथा आस्ट्रेलिया

24. निम्नलिखित में से किसका सही मेल बाघ आरक्षित क्षेत्र परियोजना के साथ नहीं बैठता है?
(a) सारिस्का-अलवर
(b) वाल्मीकि-हजारीबाग
(c) पेंच-नागपुर
(d) नागार्जुन सागर-श्री सैलम

25. किस प्रकार के पिरामिड द्वारा विभिन्न पारिस्थितिक तंत्रों की उत्पादकता का बोध होता है?
(a) संख्या पिरामिड
(b) बायोमास पिरामिड
(c) ऊर्जा पिरामिड
(d) (b) एवं (c)

26. बेकार सख्त भूमि में उगने वाले पौधों को कहते हैं
(a) शैलोद्भिद्
(b) बालुकोद्भिद्
(c) करसोफाइट्स
(d) इनमें से कोई नहीं

27. निम्नलिखित में से कौन-सा अभ्यारण्य जंगली हाथियों के लिए प्रसिद्ध है?
(a) चन्द्रप्रभा (b) बांदीपुर
(c) मानस (d) पेरियार

28. दुधवा राष्ट्रीय उद्यान कहाँ स्थित है?
(a) मध्य प्रदेश (b) उत्तर प्रदेश
(c) तमिलनाडु (d) ओडिशा

29. भारतीय समुद्रतटीय जल के प्रदूषण का प्रमुख कारण है?
(a) तेल का फैल जाना
(b) नगरपालिका द्वारा कूड़ा विसर्जन
(c) औद्योगिक बहिस्राव ((Effluents)
(d) वायुविलय (Aerosols)

30. निम्नलिखित में कौन-सा महासागर एक ओर एशिया को तथा दूसरी ओर उत्तर अमेरिका महाद्वीप को स्पर्श करता है?
(a) अटलांटिक महासागर
(b) प्रशान्त महासागर
(c) हिन्द महासागर
(d) आर्कटिक महासागर

31. वृहत् ज्वार आता है–
(a) जब सूर्य तथा चन्द्रमा एक सीधी रेखा में होते हैं
(b) जब सूर्य तथा चन्द्रमा समकोण बनाते हैं
(c) जब तेज हवा चल रही हो
(d) जब रात बहुत ठण्डी हो

32. उत्तर अमेरिका महाद्वीप के पश्चिम में कौन-सा महासागर स्थित है?
(a) आर्कटिक महासागर
(b) अटलांटिक महासागर
(c) प्रशान्त महासागर
(d) इनमें से कोई नहीं

33. तुर्की के उत्तर में है–
(a) काला सागर (b) कैस्पियन सागर
(c) लाल सागर (d) भूमध्य सागर

34. अग्नि वलय (Ring of Fire) की उपस्थिति किस महासागर में पायी जाती है?
(a) प्रशान्त महासागर
(b) अटलांटिक महासागर
(c) हिन्द महासागर
(d) आर्कटिक महासागर

35. विश्व में क्षेत्रफल की दृष्टि से सबसे बड़ा सागर है–
(a) जापान सागर
(b) दक्षिणी चीन सागर
(c) भूमध्य सागर
(d) काला सागर

36. अटलांटिक महासागर का सबसे गहरा भाग है–
(a) मेरियाना ट्रेंच (b) प्यूर्टोरिको ट्रेंच
(c) सुण्डा ट्रेंच (d) जावा ट्रेंच

37. विश्व में सबसे बड़ी खाड़ी है–
(a) हडसन की खाड़ी
(b) बंगाल की खाड़ी
(c) मैक्सिको
(d) फारस की खाड़ी

38. नाइन्टी ईस्ट रोज कहाँ पर स्थित है?
(a) प्रशान्त महासागर
(b) हिन्द महासागर
(c) आर्कटिक महासागर
(d) अन्ध महासागर

39. 2011 ई. की जनगणना के अनुसार किस राज्य में महिलाओं में साक्षरता दर कम है?
(a) बिहार (b) राजस्थान
(c) ओडिशा (d) सिक्किम

40. वृहत पृष्ठीय क्षेत्रफल वाला महासागर है–
(a) उत्तर ध्रुवीय महासागर
(b) अटलांटिक महासागर
(c) हिन्द महासागर
(d) प्रशान्त महासागर

41. निम्नलिखित में कौन-सी सामुद्रिक नहर उत्तरी सागर और बाल्टिक सागर को जोड़ती है?
(a) स्वेज (b) कील
(c) सू (Soo) (d) मानचेस्टर

42. सुण्डा ट्रैंच कहां है?
(a) हिन्द महासागर
(b) प्रशान्त महासागर
(c) अन्ध महासागर
(d) मैक्सिको की खाड़ी

43. हिन्द महासागर में सबसे बड़ा द्वीप है–
(a) मालदीव (b) लक्षद्वीप
(c) मेडागास्कर (d) सुमात्रा

44. निम्नलिखित लवणों में से सागरीय जल की लवणता में किसका अधिकतम योगदान है?
(a) कैल्शियम सल्फेट
(b) मैग्नीशियम क्लोराइड
(c) मैग्नीशियम सल्फेट
(d) सोडियम क्लोराइड

45. जिस द्वीप के द्वारा अगुलहास धारा दो भागों में विभक्त होती है, वह है–
(a) जावा (b) आइसलैण्ड
(c) क्यूबा (d) मेडागास्कर

46. निम्नलिखित में से कौन-सी धारा दक्षिणी अटलाण्टिक महासागर में धाराओं के एक पूर्ण वृत्त के निर्माण में योगदान नहीं देती है?
(a) बेंगुएला
(b) ब्राजील
(c) कनारी
(d) पश्चिमी पवन प्रवाह

47. वायुमण्डल की क्षोभमण्डल, समताप मण्डल आदि परतों में विभाजित करने का मुख्य आधार क्या है?
(a) तापमान (b) वायुदाब
(c) संघटन (d) घनत्व

48. निम्नलिखित में से कौन-सी वायु स्विट्जरलैंड में उत्तरी आल्प्स के विमुख ढाल पर बहती है?
(a) फॉन (b) मिस्ट्रल
(c) सिरॉको (d) चिनूक

49. निम्न में से कौन ठंडी स्थानीय हवा है?
(a) मिस्ट्रल (b) बोरा
(c) पैम्पीरो (d) उपर्युक्त सभी

50. समुद्रतल पर औसत वायुदाब कितना होता है?
(a) 1003.25 मिलीबार
(b) 1031.25 मिलीबार
(c) 1023.25 मिलीबार
(d) 1034.25 मिलीबार

51. चिनूक है एक–
(a) स्थानीय हवा (b) सनातनी हवा
(c) स्थायी हवा (d) समुद्री जलधारा

52. निम्नलिखित में से कौन-सा मेघ सूर्य एवं चन्द्रमा के चारों ओर प्रभामंडल का निर्माण करता है?
(a) स्तरी कपासी (b) कपासी वर्षा
(c) पक्षाभ कपासी (d) पक्षाभ स्तरी

53. वायुदाब प्रायः सर्वाधिक होता है, जब वायु होती है–
(a) ठण्डी तथा शुष्क
(b) ठण्डी तथा नम
(c) उष्ण तथा शुष्क
(d) उष्ण तथा नम

54. रेगिस्तानों में बादल बरसते नहीं हैं–
(a) उच्च वायु वेग के कारण
(b) निम्न ताप के कारण
(c) अल्प वायु वेग के कारण
(d) निम्न आर्द्रता के कारण

55. वायुदाब में अचानक आने वाली कमी निम्न में से किसका सूचक होती है?
(a) स्वच्छ मौसम
(b) तूफानी मौसम
(c) अत्यधिक शीतल मौसम
(d) वर्षा का मौसम

56. समुद्री समीर बहती है–
(a) दिन के समय (b) रात के समय
(c) दोनों समय (d) मौसमी

57. वायुमण्डलीय हवा पृथ्वी पर रखी जाती है–
(a) गुरुत्व द्वारा
(b) पवनों द्वारा
(c) बादलों द्वारा
(d) पृथ्वी के घूर्णन द्वारा

58. वायुमण्डल में सर्वाधिक मात्रा में विद्यमान अक्रिय गैस कौन-सी है?
(a) आर्गन (b) क्रिप्टॉन
(c) हीलियम (d) नियॉन

59. रबड़ की कृषि के लिए कितनी वर्षा होना आवश्यक है?
(a) 100-200 सेमी. (b) 200-250 सेमी.
(c) 250-300 सेमी. (d) 300-350 सेमी.

60. निम्नलिखित में से कौन-सा बंदरगाह 'काफी पत्तन' के नाम से जाना जाता है?
(a) साओपालो (b) सेन्टोस
(c) रियो-डि-जेनेरो (d) ब्यूनस-आयर्स

61. फ्रांस में मोटर उद्योग का सर्वाधिक विकसित केन्द्र है–
(a) शोशाक्स (b) मेन्स
(c) पेरिस (d) काउले

62. संसार के सर्वाधिक महत्त्वपूर्ण मत्स्यन क्षेत्र उन क्षेत्रों में पाए जाते हैं, जहाँ
(a) कोष्ण तथा शीत वायुमण्डलीय धाराएँ मिलती हैं
(b) नदियाँ सागरों में प्रचुर मात्रा में ताजा जल प्रवाहित करती हैं
(c) कोष्ण तथा शीत सागरीय धाराएँ मिलती हैं
(d) महाद्वीपीय शेल्फ तरंगित हैं

63. ब्राजील की अर्थव्यवस्था मुख्यतः निम्नलिखित में से किसके उत्पादन पर निर्भर करती है?
(a) चाय (b) कॉफी
(c) तम्बाकू (d) नारियल

64. रबड़ के बागान मुख्यतः पाए जाते हैं–
(a) शीतोष्ण वनीय क्षेत्र में
(b) स्टेपी वनीय क्षेत्र में
(c) पम्पास वनीय क्षेत्र में
(d) भूमध्यरेखीय वनीय क्षेत्र में

65. कहवा किस जलवायु की उपज है?
(a) उष्ण कटिबन्धीय
(b) शीत कटिबन्धीय
(c) शीतोष्ण कटिबन्धीय
(d) मध्य अक्षांशीय

66. संसार का सर्वाधिक चाय निर्यातक देश है–
(a) भारत (b) इण्डोनेशिया
(c) केन्या (d) श्रीलंका

67. पेट्रोलियम उत्पादन की दृष्टि से निम्नलिखित देशों का सही आरोही क्रम है–
(a) चीन, ईरान, संयुक्त राज्य अमेरिका, सऊदी अरब
(b) ईरान, संयुक्त राज्य अमेरिका, चीन, सऊदी अरब
(c) सऊदी अरब, संयुक्त राज्य अमेरिका, ईरान, चीन
(d) संयुक्त राज्य अमेरिका, ईरान, चीन, सऊदी अरब

68. अमरीकी फोर्ड कारें निम्न में से कहाँ बनती हैं?
(a) मेलबोर्न (b) शिकागो
(c) डैगैन हेम (d) लन्दन

69. अमेरिका का सबसे महत्त्वपूर्ण मछली पत्तन है?
(a) बोस्टन (b) बाल्टीमोर
(c) मयामी (d) न्यूयार्क

70. निम्नलिखित में से कौन-सा कथन सही है?
(a) इंग्लैंड में कपास की खेती उसकी अपनी आवश्यकताओं के लिए की जाती है
(b) भारत में जूट का सर्वाधिक उत्पादन पश्चिम बंगाल राज्य द्वारा किया जाता है
(c) भारत-तिलहनों का निर्यातक देश है
(d) आस्ट्रेलिया भारत में बड़ी मात्रा में ऊन का आयात करता है

71. विश्व में चीनी का सबसे बड़ा उत्पादक देश है–
(a) भारत (b) ब्राजील
(c) क्यूबा (d) इनमें से कोई नहीं

72. ब्यूनस आयर्स निम्न में से किसलिए प्रसिद्ध है?
(a) ऊनी वस्त्र
(b) रेशमी वस्त्र
(c) डेयरी पदार्थ व मांस
(d) इनमें से कोई नहीं

73. विद्युत उत्पादन के लिए भूतापीय ऊर्जा का प्रयोग सबसे पहले किस देश में किया गया?
(a) संयुक्त राज्य अमेरिका
(b) जापान
(c) जर्मनी
(d) इटली

74. तेल शोधन में विश्व का कौन-सा देश अग्रणी स्थान रखता है?
(a) संयुक्त राज्य अमेरिका
(b) सी.आई.एस.
(c) भारत
(d) सऊदी अरब

75. सुमेलित नहीं है?
(a) रूस का डेट्रायट-गोर्की
(b) कनाडा का डेट्रायट-विंडसर
(c) इटली का डेट्रायट-मिलान
(d) जापान का डेट्रायट-नगोया

उत्तरमाला

1. (c)	**2.** (b)	**3.** (d)	**4.** (d)	**5.** (d)	**6.** (a)	**7.** (c)	**8.** (d)	**9.** (a)	**10.** (b)
11. (c)	**12.** (a)	**13.** (c)	**14.** (c)	**15.** (a)	**16.** (a)	**17.** (d)	**18.** (a)	**19.** (a)	**20.** (c)
21. (b)	**22.** (a)	**23.** (a)	**24.** (d)	**25.** (d)	**26.** (a)	**27.** (d)	**28.** (b)	**29.** (d)	**30.** (b)
31. (d)	**32.** (c)	**33.** (d)	**34.** (d)	**35.** (d)	**36.** (b)	**37.** (a)	**38.** (c)	**39.** (a)	**40.** (a)
41. (c)	**42.** (b)	**43.** (a)	**44.** (a)	**45.** (a)	**46.** (c)	**47.** (a)	**48.** (a)	**49.** (d)	**50.** (b)
51. (a)	**52.** (d)	**53.** (a)	**54.** (d)	**55.** (a)	**56.** (a)	**57.** (d)	**58.** (a)	**59.** (c)	**60.** (b)
61. (b)	**62.** (c)	**63.** (b)	**64.** (d)	**65.** (a)	**66.** (d)	**67.** (c)	**68.** (c)	**69.** (a)	**70.** (b)
71. (b)	**72.** (c)	**73.** (b)	**74.** (a)	**75.** (c)					

❑❑❑

8 भारत का भूगोल

स्थिति व सीमाएँ

- भारत के उत्तर में नेपाल, भूटान व चीन; दक्षिण में श्रीलंका एवं हिन्द महासागर; पूरब में बांग्लादेश, म्यांमार एवं बंगाल की खाड़ी तथा पश्चिम में पाकिस्तान एवं अरब सागर है।
- भारत का अक्षांशीय विस्तार 8°4' उत्तरी अक्षांश से 37°6' उत्तरी अक्षांश तक है।
- भारत का देशान्तर विस्तार 68°7' पूर्वी देशान्तर से 97°25' पूर्वी देशान्तर तक है।
- भारत का क्षेत्रफल 32, 87, 263 वर्ग किमी. है।
- क्षेत्रफल की दृष्टि से विश्व में भारत का सातवाँ स्थान है।
- जनसंख्या की दृष्टि से विश्व में भारत का दूसरा स्थान है।
- भारत की समुद्री सीमा 7,516 किमी. लम्बी है जब कि स्थलीय सीमा की लम्बाई 15,200 किमी. है।
- क्षेत्रफल की दृष्टि से राजस्थान भारत का सबसे बड़ा राज्य है।
- क्षेत्रफल की दृष्टि से गोवा भारत का सबसे छोटा राज्य है।
- जनसंख्या की दृष्टि से उत्तर प्रदेश भारत का सबसे बड़ा राज्य है।
- जनसंख्या की दृष्टि से सिक्किम भारत का सबसे छोटा राज्य है।
- क्षेत्रफल की दृष्टि से अण्डमान-निकोबार द्वीपसमूह सबसे बड़ा केन्द्र शासित प्रदेश है।
- क्षेत्रफल की दृष्टि से लक्षद्वीप समूह सबसे छोटा केन्द्रशासित प्रदेश है।
- जनसंख्या की दृष्टि से दिल्ली सबसे बड़ा केन्द्रशासित प्रदेश है।
- जनसंख्या की दृष्टि से लक्षद्वीप सबसे छोटा केन्द्र शासित प्रदेश है।
- मध्य प्रदेश भारत का सबसे बड़ा पठारी राज्य है।
- राजस्थान भारत का सबसे बड़ा मरुस्थलीय राज्य है।
- भारत में द्वीपों की कुल संख्या 248 है। बंगाल की खाड़ी में 233 तथा में 25 द्वीप हैं।
- भारत के सबसे दक्षिणी छोर का नाम 'इन्दिरा प्वाइन्ट' है और बंगाल की खाड़ी में स्थित है।

भारत को पाँच प्राकृतिक भागों में बाँटा जा सकता है–

1. उत्तर का पर्वतीय प्रदेश
2. उत्तर का विशाल मैदान
3. दक्षिण का प्रायद्वीपीय पठार
4. समुद्रतटीय मैदान
5. थार मरुस्थल

- भारत का मानक समय इलाहाबाद से लिया गया है, जिसका देशान्तर 80°30' पूर्वी है। यह ग्रीनविच माध्य समय से 5 घण्टे 30 मिनट आगे है।
- भारत की लम्बाई उत्तर से दक्षिण तक 3,214 किमी. तथा पूर्व से पश्चिम तक 2,933 किमी. है।

भौतिक स्वरूप

भौतिक रचना तथा धरातल के स्वरूप के अनुसार भारत को पाँच भागों में बाँटा गया है–

(i) उत्तर पर्वतीय प्रदेश
(ii) दक्षिण का पठार
(iii) विशाल मैदान
(iv) समुद्रतटीय मैदान
(v) द्वीपसमूह

(i) उत्तर पर्वतीय प्रदेश–उत्तर का पर्वतीय प्रदेश भारत में लगभग 5 लाख वर्ग किलोमीटर क्षेत्र में फैला हुआ है। इसकी लम्बाई लगभग 2,400 किमी. है। पश्चिम में इसकी चौड़ाई 500 किमी. है, जबकि पूर्व में यह लगभग 200 किमी. चौड़ा है। इस पर्वतीय प्रदेश में तीन प्रमुख पर्वत शृंखलाएँ स्थित हैं–

(1) हिमालय पर्वत श्रेणी
(2) ट्रांस हिमालय
(3) पूर्वांचल की पहाड़ियाँ
(4) हिमालय पर्वत श्रेणी

- यह विश्व की नवीनतम वलित पर्वत श्रेणी है। इसकी लम्बाई लगभग 5,000 किमी. है। इसकी औसत चौड़ाई 240 किमी. है। हिमालय पर्वत श्रेणी को तीन भागों में बाँटा गया है :

महान या बृहत हिमालय

- इसकी औसत ऊँचाई 6,000 गी. है।
- यह पूर्व में सिन्धु नदी के गॉर्ज से लेकर पश्चिम में ब्रह्मपुत्र नदी के गॉर्ज तक फैली हुई है।
- हिमालय के सर्वोच्च शिखर जैसे–माउण्ट एवरेस्ट (8,848 मी.), कंचनजंघा (8,598मी) मकालू (8,481 मी.), धौलागिरि (8,172 मी) आदि।
- महान हिमालय के कुछ महत्वपूर्ण दर्रे अग्रलिखित हैं–
  बुर्जिल एवं जोजीला (जम्मू-कश्मीर); शिपकीला, बारालाचाला (हिमाचल प्रदेश); बोमडीला (अरुणाचल प्रदेश)।

लघु हिमालय

- इसे हिमालय एवं मध्य हिमालय के नाम से भी जाना जाता है। इसकी चौड़ाई 80 से 100 किलोमीटर के बीच है।
- इसकी सामान्य ऊँचाई 3700 से 4500 मी के मध्य है।
- लघु हिमालय की कुछ महत्वपूर्ण श्रेणियाँ हैं–
  (i) पीरपंजाल श्रेणी
  (ii) धौलाधर श्रेणी
  (iii) नाग-टिबा श्रेणी
  (iv) महाभारत श्रेणी
  (v) मसूरी श्रेणी

शिवालिक हिमालय

- यह हिमालय की सबसे दक्षिणी श्रेणी है। इसकी औसत ऊँचाई 1,000 मी. है।
- यह श्रेणी पंजाब में पोटवार बेसिन से प्रारम्भ होकर पूर्व में कोसी नदी तक फैली हुई है।
- इसकी औसत ऊँचाई 600 से 1500 मीटर के बीच है।

ट्रॉस हिमालय

- यह महान हिमालय के उत्तर में स्थित है।
- इसमें कराकोरम, लद्दाख, जास्कर एवं कैलाश पर्वत श्रेणियाँ शामिल हैं।
- भारत की सर्वोच्च चोटी गाडविन (K2) कराकोरम श्रेणी पर स्थित है। इसकी ऊँचाई लगभग 8,611 मीटर है।

प्रायद्वीपीय पठार

- यह भू-भाग उत्तर में गंगा-सतलुज से तथा शेष तीनों दिशाओं में घिरा है।
- भ्रंश घाटी में बहने वाली नर्मदा इस पठार की मुख्य रूप से दो भागों में बाँटती है– उत्तर में मालवा का पठार, दक्षिण में दक्कन का पठार।
- दक्कन का पठार क्रिटेशियस–इओनिस युग में लावा निकलने से निर्मित है।
- बेतवा, पार्वती, काली सिन्ध, माही आदि नदियाँ मालवा के पठार से होकर बहती हैं।
- मालवा पठार के दक्षिण में विन्ध्य पठार स्थित है।
- बुन्देलखण्ड पठार मालवा के उत्तर व उत्तर पूर्व में स्थित है।
- इसके पूर्व में छोटा नागपुर का पठार है जिसका सबसे बड़ा भाग राँची का है। यहाँ खनिजों की भरमार है। इसे भारत का रुपये क्षेत्र कहा जाता है। इसकी औसत ऊँचाई 700 मीटर है। यह पठार खनिज संसाधन एवं वन संसाधन की दृष्टि से काफी धनी है।
- दक्कन का पठार लगभग 5 लाख किलोमीटर क्षेत्र में फैला हुआ है। यह भारत में सबसे बड़ा पठार है। इसके अन्तर्गत महाराष्ट्र प्रदेश, गुजरात, कर्नाटक और आन्ध्र प्रदेश राज्यों के भू-भाग आते हैं।
- गोदावरी नदी इसे दो भागों में विभक्त करती हैं—तेलंगाना का पठार व कर्नाटक का पठार।
- इसकी उत्तरी सीमा ताप्ती नदी बनाती है।
- मालवा का पठार लावा निर्मित है। इसका ढाल गंगा नदी की ओर है। उस पर बेतवा, नीवज, चम्बल व माही नदियाँ प्रवाहित होती हैं।
- बुन्देलखण्ड का पठार प्राचीनतम बुन्देलखण्ड नीस शैलों से निर्मित है। इस पठार पर चम्बल एवं यमुना नदियों द्वारा बड़े-बड़े खड्डों, बीहड़ों का निर्माण किया गया है।
- बुन्देलखण्ड का पठार विन्ध्यन श्रेणी के पूर्व में अवस्थित है। यह बलुआ पत्थर, चूना पत्थर एवं ग्रेनाइट से निर्मित है। इसके उत्तर में सोनपुर एवं दक्षिण में रामगढ़ की पहाड़ियाँ स्थित हैं।

विशाल मैदान

- भारत का विशाल मैदान विश्व का सबसे अधिक उपजाऊ व घनी आबादी वाला भू-भाग कहलाता है।
- इस विशाल मैदान का निर्माण नदियों द्वारा बहाकर लाए गए निक्षेपों से हुआ है।
- इसकी मोटाई गंगा के मैदान में सबसे ज्यादा व पश्चिम में सबसे कम है। इसे सिन्धु गंगा-ब्रह्मपुत्र का मैदान भी कहा जाता है।
- इसका निर्माण हिमालय की उत्पत्ति के बाद हुआ। यह पंजाब से लेकर नागालैण्ड की सीमा तक लगभग 2400 किमी. की लम्बाई में फैला हुआ है।
- इसकी चौड़ाई 100 से लेकर 500 किमी. के बीच है। यह पश्चिम में अधिक चौड़ा तथा पूर्व की ओर कम चौड़ा है।
- इसकी अधिकतम ऊँचाई सामान्यत: 250 मी. से कम है।
- इसकी पश्चिमी सीमा राजस्थान मरुभूमि में विलीन हो गई है।

  संरचात्मक विशेषताओं व ढाल के आधार पर इस विशाल मैदान को चार अग्रवत् भागों में बाँटा गया है–

1. **भाबर प्रदेश**—हिमालयी नदियों द्वारा पर्वतीय क्षेत्रों से टूटकर गिरे पत्थरों-कंकड़ों को लाने से बना मैदान भाबर कहलाता है। इसमें पानी धरातल पर नहीं ठहरता है।
2. **तराई प्रदेश**—भाबर से निचले भाग में तराई प्रदेश फैला है। यह निम्न समतल मैदान है जहाँ नदियों का पानी इधर-उधर बहकर दल-दली क्षेत्रों का निर्माण करता है।
3. **बागर प्रदेश**—यह पुराने जलोढ़ से निर्मित मैदान है। इसमें कुछ कंकड़ भी पाए जाते हैं। यहाँ बाढ़ का पानी सामान्यत: नहीं पहुँच पाता है।

खादर

- यह नवीन जलोढ़ से निर्मित अपेक्षाकृत नीचा प्रदेश है। यहाँ नदियों के बाढ़ का पानी लगभग प्रतिवर्ष पहुँचता रहता है एवं नई मिट्टी का निक्षेप होता रहता है।

समुद्र तटीय मैदान

- इस मैदान को पश्चिमी तटीय मैदान और पूर्वी तटीय मैदान में विभाजित किया जाता है।

पश्चिमी तटीय मैदान

- इस मैदान का विस्तार सूरत से लेकर कन्याकुमारी तक है।
- इस मैदान को चार भागों में विभाजित किया जा सकता है–
- गुजरात
- कोंकण
- मालाबार
- कन्नड़
- कन्नड़ तटीय मैदान सर्वाधिक सँकरा है। मालाबार तट पर लैगूनों की अधिकता है।

पूर्वी तटीय मैदान

- यह मैदान स्वर्णरिखा नदी से लेकर कन्याकुमारी तक फैला हुआ है। यह मैदान पश्चिमी तटीय मैदान की तुलना में अधिक चौड़ा है।
- इस मैदान को उत्तर से दक्षिण उत्कल, उत्तरी सरकार व कोरोमण्डल तट में विभाजित किया जाता है।

द्वीपसमूह

- भारत में द्वीपों की कुल संख्या लगभग 247 है, जिनमें से 204 बंगाल की खाड़ी में एवं शेष अरब सागर एवं मन्नार की खाड़ी में स्थित हैं।

अण्डमान और निकोबार द्वीपसमूह

- यह द्वीप समूह बंगाल की खाड़ी में स्थित है।
- अण्डमान समूह में 204 द्वीप हैं, जिसमें मध्य अण्डमान सबसे बड़ा है।
- उत्तरी अण्डमान में स्थित सैडल पीक सबसे ऊँची चोटी है।
- निकोबार समूह में 19 द्वीप हैं जिनमें ग्रेट निकोबार सबसे बड़ा है।
- बैरन एवं नारकोण्डम ज्वालामुखी द्वीप हैं जो अण्डमान निकोबार द्वीपसमूह में स्थित है।
- 10 डिग्री चैनल लिटिल अण्डमान एवं कार निकोबार के बीच है। यह अण्डमान को निकोबार से अलग करता है।

लक्षद्वीप समूह

- लक्षद्वीप अरब सागर में स्थित है।
- इस समूह में 25 द्वीप हैं। ये सभी मूंगे के द्वीप हैं।
- मिनीकॉय, लक्षद्वीप द्वीपसमूह का सबसे बड़ा द्वीप है।

भारत की नदियाँ

नदी	उद्‌गम	संगम/मुहाना	लम्बाई (किमी.)
1. सिंधु	तिब्बत में मानसरोवर झील के पास सानाख्याबाव हिमनद से	अरब सागर	2,880 (भारत में 1,114)
2. गंगा	गंगोत्री के पास गोमुख हिमानी से	बंगाल की खाड़ी	2525*
3. ब्रह्मपुत्र	तिब्बत में मानसरोवर झील में	बंगाल की खाड़ी	2,900 (भारत में 916*)
4. महानदी	छत्तीसगढ़ से रायपुर जिले में सिहावा के समीप	बंगाल की खाड़ी (कटक के समीप)	815
5. यमुना	बन्दरपूँछ के पश्चिमी ढाल पर स्थित यमुनोत्री हिमानी	प्रयाग (इलाहाबाद)	1,375
6. घाघरा	नेपाल में तकलाकोट से 37 किमी उ. प. में म्पसातुंग हिमानी	सारन तथा बलिया जिले की सीमा पर गंगा नदी	1,080
7. सतलुज	मानसरोवर झील के समीप	कारागोला को द. पू. में गंगा नदी पटना के समीप गंगा नदी	724*
8. व्यास	रोहतांग दर्रे के समीप व्यास कुंड से 4, 330 मी. की ऊँचाई पर	चिनाब नदी	470
9. सोन	अमरकंटक की पहाड़ियाँ (म. प्र.)	हरिके (कपूरथला) के समीप सतलुज नदी	470
10. ताप्ती	बैतूल जिले (म. प्र.) के मुल्ताई (भूलताप्ती) नगर के पास	सूरत के निकट खंभात की खाड़ी	724*
11. माही	धार जिला (म. प्र.) के अमझोरा में मेहद झील	बहरामघाट के समीप	602
12. शारदा	कुमायूँ हिमालय का मिलाम (काली मिलाम हिमनद गंगा)	इटावा (उ. प्र.)	585*
13. चम्बल	म. प्र. में मऊ के समीप स्थित जाना पाव पहाड़ी	इटावा (उ. प्र.) यमुना नदी	050
14. रावी	कांगड़ा जिले के रोहतांग दर्रे	चिनाब नदी	725
15. झेलम	बेरीनाग (कश्मीर) के समीप शेषनाग झील	चिनाब नदी	724 (भारत में 400)
16. रामगंगा	नैनीताल के समीप मुख्य हिमालय श्रेणी का दक्षिणी भाग	कन्नौज के निकट गंगा नदी	696
17. लूनी	अजमेर जिले में स्थित नाग पहाड़ (अरावली पर्वत) (आनासागर)	कच्छ की रन	320
18. गोदावरी	नासिक जिले (महाराष्ट्र) के द.-प. में 64 किमी. दूर स्थित त्र्यंबक गाँव की एक पहाड़ी	बंगाल की खाड़ी	1465*
19. तुगंभद्रा	कर्नाटक में प. घाट पहाड़ से तुंगा तथा भ्रदा नदी के संगम से	कृष्णा नदी	331
20. बेतवा	म. प्र. के रायसेन जिले में कुमारगाँव के समीप विंध्याचल पर्वत	हमीरपुर के समीप यमुना नदी	480
21. कावेरी	कर्नाटक के कुर्ग जिले में स्थित ब्रह्मगिरि पहाड़ी	बंगाल की खाड़ी	800
22. कृष्णा	महाबलेश्वर के समीप प. घाट पहाड़	बंगाल की खाड़ी	1410^0
23. नर्मदा	विन्ध्याचल पर्वत श्रेणियों स्थित अमरकंटक नामक स्थान	खंभात की खाड़ी	312^0
24. कोसी	गोसाईथान चोटी के उ. में	कारागोला के द.प. में गंगा नदी पटना के समीप गंगा नदी	730

मिट्टियाँ

भारत में मुख्य रूप से आठ प्रकार की मिट्टियाँ पाई जाती हैं—

1. जलोढ़ मिट्टी

उत्तर भारत के विशाल मैदानों में यह मिट्टी नदियों द्वारा निक्षेपित की गई है। इस मिट्टी को दो उपवर्गों में विभाजित किया जाता है—
नई जलोढ़ मिट्टी एवं पुरानी जलोढ़ मिट्टी।
भारत के लगभग 43.4 प्रतिशत क्षेत्र पर इस मिट्टी का विस्तार है।

- इस मिट्टी में नाइट्रोजन, फास्फोरस एवं ह्यूमस की कमी पाई जाती है परन्तु इस मृदा में पोटाश एवं चूने का अंश पर्याप्त होता है।

2. काली मिट्टी

- इस मिट्टी का विस्तार भारत में लगभग 15.20% क्षेत्रफल पर है।
- यह मिट्टी मुख्यत: महाराष्ट्र, दक्षिण एवं पूर्वी गुजरात, पश्चिमी मध्य प्रदेश, उत्तरी कर्नाटक, उत्तरी आन्ध्र प्रदेश, उत्तर-पश्चिम तमिलनाडु, दक्षिण पूर्वी राजस्थान आदि क्षेत्रों में पाई जाती है।
- इस मिट्टी का निर्माण लावा पदार्थों के विखण्डन से हुआ है। कुछ विशिष्ट लवणों जैसे लोहा एवं एल्यूमिनियम के टिटानीफेरस मैग्नेटाइट यौगिक आदि की उपस्थिति है। इसे रेगुर नाम से जाना जाता है।
- यह मिट्टी कपास की कृषि के लिए उत्तम है। इसके अलावा यह मूँगफली, तम्बाकू, गन्ना, दलहन एवं तिलहन की कृषि के लिए अनुकूल है।

लाल मिट्टी

- इस मिट्टी का विस्तार भारत के लगभग 18.6% क्षेत्रफल पर है।
- इस मिट्टी में नाइट्रोजन, फास्फोरस एवं ह्यूमस की कमी होती है।
- इस मिट्टी का विस्तार आन्ध्र प्रदेश एवं पूर्वी मध्य प्रदेश, छोटा नागपुर का पठारी क्षेत्र, पं. बंगाल के उत्तरी पश्चिमी जिले, मेघालय की खासी, जयन्तिया आदि क्षेत्रों में पाई जाती है।
- इस मिट्टी में मुख्यत: मोटे अनाज, दलहन एवं तिलहन की कृषि की जाती है।

लेटराइट मिट्टी

- यह मिट्टी मुख्य रूप से पूर्वी एवं पश्चिमी घाट, राजमहल की पहाड़ी, ओडिशा का पठारी क्षेत्र आदि क्षेत्रों में पाई जाती है। इसका सर्वाधिक विस्तार केरल में है।
- यह मिट्टी चाय की कृषि के लिए उत्तम मानी जाती है।

वनीय मिट्टी

- इस मिट्टी में जीवांश की अधिकता होती है। इसकी उर्वरा शक्ति कम होती है।
- यह मिट्टी बागवानी फसलों; जैसे—चाय, कहवा, मसाले एवं फलों आदि के लिए अधिक उपयुक्त है।

क्षारीय मिट्टी

- इस मिट्टी को रेह, ऊसर या कल्लर के नाम से भी जाना जाता है।
- इन मिट्टियों में सोडियम क्लोराइड एवं सोडियम सल्फेट की अधिकता होती है।

उद्योग

प्रमुख उद्योग

लोहा तथा इस्पात	जमशेदपुर, (झारखंड), बर्नपुर (पश्चिम बंगाल), भद्रावती (कर्नाटक)।
	बोकारो (झारखण्ड), राउरकेला (ओडिशा), दुर्गापुर, (पश्चिम बंगाल), भिलाई (छत्तीसगढ़), सलेम (तमिलनाडु), विशाखापट्टनम (आन्ध्र प्रदेश)।
रेल लोकोमोटिव	चित्तरंजन, वाराणसी, जमशेदपुर, भोपाल।
रेल के डिब्बे	पैराम्बूर (तमिलनाडु), कपूरथला (पंजाब), बंगलुरु, कोलकाता।
जलयान	कोचीन, मुम्बई, कोलकाता, विशाखापट्टनम, मझगाँव।
सूती वस्त्र	महाराष्ट्र, गुजरात, तमिलनाडु, उत्तर प्रदेश, पश्चिम बंगाल, मध्य प्रदेश।
जूट	पश्चिम बंगाल, आन्ध्र प्रदेश, बिहार, उत्तर प्रदेश।
रेशमी वस्त्र	कर्नाटक, पश्चिम बंगाल, बिहार।
चीनी	उत्तर-प्रदेश, महाराष्ट्र, तमिलनाडु, आन्ध्र प्रदेश, कर्नाटक, बिहार।
औषधि	पिम्परी (पुणे), ऋषिकेश।
हिन्दुस्तान ऐरोनॉटिक्स	बंगलुरु, कानपुर, नासिक, हैदराबाद, कोरापुट, लखनऊ।
ऊनी वस्त्र	पंजाब, महाराष्ट्र, उत्तर प्रदेश।
एल्यूमीनियम	हीराकुड, कोरापुट(ओडिशा), रेनुकूट (उत्तर प्रदेश) कोरबा (छत्तीसगढ़); रत्नगिरि (महाराष्ट्र), मिटढूर (तमिलनाडु)।
ताँबा	खेतड़ी (राजस्थान), सिंहभूम (झारखण्ड)।
भारी मशीन	राँची, विशाखापट्टनम, दुर्गापुर, तिरुचिरापल्ली, मुम्बई, नैनी।
एच. एम. टी. (HMT)	बंगलुरु, पिन्जौर, हैदराबाद, कालामसेरी, श्रीनगर, सिकन्दराबाद, अजमेर।
भेल (BHEL)	भोपाल, हरिद्वार, रामचन्द्रपुरम, बंगलुरु, जगदीशपुर, जम्मू।

प्रमुख खनिज एवं उत्पादन

एसबेस्टस	झारखण्ड, बिहार, कर्नाटक, ओडिशा और राजस्थान।
बॉक्साइट	झारखण्ड, बिहार, ओडिशा, आन्ध्र प्रदेश, मणिपुर, गोवा, गुजरात, जम्मू कश्मीर।
कोयला	पश्चिम बंगाल व झारखण्ड 90% कोयले का उत्पादन करते हैं) रानीगंज, बर्दवान, बाँकुडा, पुरुलिया, वीरभूम, जलपाईगुड़ी, (पश्चिमी बंगाल), झरिया, बोकारो, करनपुर, गिरिडीह, हजारीबाग, पलामू, रामपुर (झारखण्ड), उमरिया, सोहागपुर, सिंगरौली, रामकोला, (मध्य प्रदेश), सिंगरोनी (आन्ध्र प्रदेश), चन्द्रपुर, बल्लारपुर (महाराष्ट्र), रामपुर, हिंदगीर, तलचर, सम्भल (ओडिशा), कोरबा (छत्तीसगढ़)।
ताँबा	सिंहभूम, हजारीबाग, सन्थाल परगना (झारखण्ड), खेतड़ी और कोलीहन (राजस्थान), भोटांग (सिक्किम), देहरादून (उत्तराखण्ड), गुन्टूर (आन्ध्र प्रदेश), जम्मू-कश्मीर, हिमाचल प्रदेश, मध्य प्रदेश, कर्नाटक, पश्चिम बंगाल।
हीरा	पन्ना, सतना व छतरपुर (मध्य प्रदेश), बाँदा (उत्तर प्रदेश)।
सोना	कोलार व हट्टी (कर्नाटक) और चितूर व अनन्तपुर (आन्ध्र प्रदेश)।
जिप्सम	बीकानेर और जोधपुर (राजस्थान), तिरुचिरापल्ली (तमिलनाडु), गुजरात और हिमाचल प्रदेश।
लौह अयस्क	भारत में विश्व का 20% लोहा पाया जाता है जिसमें 65% लोहा हेमेटाइट किस्म का है। सिंहभूम (झारखण्ड), क्योंझर, तलचर, बोनाई, मयूरभंज (ओडिशा), गोवा, कर्नाटक, मध्य प्रदेश, महाराष्ट्र व तमिलनाडु।
मैंगनीज	महाराष्ट्र, गोवा, गुजरात, आन्ध्र प्रदेश, बिहार, ओडिशा, मध्य प्रदेश।
अभ्रक	अभ्रक के उत्पादन में भारत का विश्व में प्रथम स्थान है। यह झारखण्ड के हजारीबाग एवं कोडरमा जिले में, नैल्लोर, गुंटूर, कूडप्पा (आन्ध्र प्रदेश) आदि में मिलता है।
मोनोजाइट	ट्रावनकोर, समुद्र तट (केरल)।
चाँदी	चित्रदुर्ग और बेल्लारी (कर्नाटक) सिंहभूम तथा सन्थाल परगना (झारखण्ड) जावर क्षेत्र (राजस्थान)
टिन	हजारीबाग (झारखण्ड)।
थोरियम	ट्रावरकोर (केरल)।
टंग्स्टन	राजस्थान, पश्चिमी बंगाल, महाराष्ट्र, कर्नाटक, आन्ध्र प्रदेश, गुजरात और झारखण्ड।
यूरेनियम	जादुगुढ़ा (झारखण्ड), तटीय केरल (मेनोजाइट बालू से)।
सीसा-जस्ता	हजारीबाग (झारखण्ड), जावर क्षेत्र (राजस्थान), चिचोली (मध्य प्रदेश) कुमायूँ अल्मोड़ा, देहरादून (उत्तराखण्ड); अग्निगुण्डल (आन्ध्र प्रदेश), गुजरात व तमिलनाडु
ग्रेफाइट	राजस्थान, आन्ध्र प्रदेश, मध्य प्रदेश, तमिलनाडु, कर्नाटक, ओडिशा तथा केरल।
पेट्रोलियम	असोम (डिग्बोई, बदरपुर, नाहरकटिया, कासिमपुर, पल्हारिया, रुद्रपुर), गुजरात, (खम्भात की खाड़ी, अंकलेश्वर, कलोल) बम्बई हाई (सागर सम्राट प्लेटफार्म से), राजस्थान (थार रेगिस्तान), कृष्णा-गोदावरी बेसिन आदि। गैस के प्रमुख असोम, गुजरात व राजस्थान में हैं।

मुख्य फसल एवं उत्पादक राज्य

फसल	प्रमुख उत्पादन राज्य
चावल	पश्चिमी बंगाल, आन्ध्र प्रदेश, उत्तर प्रदेश
गेहूँ	उत्तर प्रदेश, पंजाब, हरियाणा
मक्का	आन्ध्र प्रदेश, कर्नाटक, राजस्थान
बाजरा	राजस्थान, उत्तर प्रदेश, गुजरात
मोटे अनाज	राजस्थान, महाराष्ट्र, कर्नाटक
दलहन	महाराष्ट्र, मधय प्रदेश, आन्ध्र प्रदेश
कुल खाद्यान्न	उत्तर प्रदेश, पंजाब, आन्ध्र प्रदेश
तिलहन	मध्य प्रदेश, महाराष्ट्र, गुजरात
मूँगफली	गुजरात, आन्ध्र प्रदेश, तमिलनाडु
सोयाबीन	मध्य प्रदेश, महाराष्ट्र, राजस्थान
सूरजमुखी	कर्नाटक, आन्ध्र प्रदेश, महाराष्ट्र
गन्ना	उत्तर प्रदेश, महाराष्ट्र, तमिलनाडु
कपास	गुजरात, महाराष्ट्र, आन्ध्र प्रदेश
जूट एवं मेस्टा	पश्चिम बंगाल, बिहार, असोम
आलू	उत्तर प्रदेश, पश्चिम बंगाल, बिहार
प्याज	महाराष्ट्र, गुरजात, कर्नाटक
चाय	असोम, पश्चिम बंगाल, तमिलनाडु
कॉफी	कर्नाटक, तमिलनाडु, केरल
रबड़	केरल, तमिलनाडु, कर्नाटक, आन्ध्र प्रदेश, गुजरात, बिहार
काजू	केरल, महाराष्ट्र, आन्ध्र प्रदेश

प्रमुख बहुउद्देशीय परियोजनाएँ

परियोजना	नदी	सम्बन्धित राज्य
फरक्का	गंगा नदी	पश्चिम बंगाल
श्रीसेलम	कृष्णा	आन्ध्र प्रदेश
नागार्जुन	कृष्णा	आन्ध्र प्रदेश
ऊपरी कृष्णा	कृष्णा	कर्नाटक
भाखड़ा-नांगल	सतलुज	हिमाचल प्रदेश, पंजाब
नाथपा-झाकड़ी	सतलुज	पंजाब, हिमाचल प्रदेश, हरियाणा
इन्दिरा गाँधी	सतलुज एवं व्यास	हरियाणा, राजस्थान
पोंग बाँध	व्यास	पंजाब, हरियाणा, राजस्थान, हिमाचल प्रदेश
सलाल	चिनाब	जम्मू-कश्मीर
दुलहस्ती	चिनाब	जम्मू-कश्मीर
थीन बाँध	रावी	पंजाब
तुलबुल	झेलम	जम्मू-कश्मीर
दामोदर घाटी	दामोदर	झारखण्ड, पश्चिम बंगाल
हीराकुण्ड	महानदी	ओडिशा
चम्बल	चम्बल	राजस्थान एवं मध्य प्रदेश
टिहरी बाँध	भिलंगना एवं भागीरथी	उत्तराखण्ड एवं उत्तर प्रदेश
कोसी	कोसी	बिहार एवं नेपाल
स्वर्णरेखा	स्वर्णरेखा	झारखण्ड
राजघाट	बेतवा	मध्य प्रदेश, उत्तर-प्रदेश
माताटीला	बेतवा	उत्तर प्रदेश, मध्य प्रदेश
सरदार सरोवर	नर्मदा	मध्य प्रदेश, महाराष्ट्र, गुजरात, राजस्थान
शिवसमुद्रम	कावेरी	कर्नाटक
मैटूरकावेरी	तमिलनाडु	
उकाई	ताप्ती	गुजरात
कोयना	कोयना	महाराष्ट्र
रिहन्द	रिहन्द	उत्तर प्रदेश
इडुक्की	पेरियार	केरल
महात्मा गाँधी	शरावली	कर्नाटक
पापनाशम	ताम्रपर्णी	तमिलनाडु
मयूराक्षी	मयूराक्षी	बिहार, पश्चिम बंगाल
तुंगभद्रा	तुंगभद्रा	कर्नाटक एवं आन्ध्र प्रदेश
मचकुण्ड	मचकुण्ड	ओडिशा, आन्ध्र प्रदेश
लोकटक	–	मणिपुर
पार्वती	पार्वती	हिमाचल प्रदेश
चूखा	वांग्चू	भारत एवं भूटान
टनकपुर	महाकाली	भारत एवं नेपाल
पोचमपाद	गोदावरी	आन्ध्र प्रदेश
निजाम सागर	मंजरा	आन्ध्र प्रदेश
पायकारा	पायकारा	तमिलनाडु
पल्लीवासल	मदिरा पूझा	केरल
काली	काली	कर्नाटक
जमनालाल बजाज	माही	गुजरात

वन्य जीव अभयारण्य

प्रदेश	प्रधान उद्यान व अभयारण्य	स्थान
मध्य प्रदेश	पचमढ़ी वन्य जीव अभयारण्य	होशंगाबाद
	बोरी अभयारण्य	होशंगाबाद
	कान्हा-किसली राष्ट्रीय उद्यान	बालाघाट
	मण्डल गाँधी सागर वन जीव अभयारण्य	मंदसौर
	बान्धवगढ़ राष्ट्रीय उद्यान	शहडोल
	फालिस राष्ट्रीय उद्यान	मण्डला
	सतपुड़ा राष्ट्रीय उद्यान	होशंगाबाद
	रातापानी वन्य जीव अभयारण्य	रायसेन
महाराष्ट्र	बोरीवली राष्ट्रीय उद्यान	मुम्बई
	टडोवा राष्ट्रीय उद्यान	चन्द्रपुर
	पेंच राष्ट्रीय उद्यान	नागपुर
राजस्थान	रणथम्भौर वन्य जीव अभयारण्य व टाइगर प्रोजेक्ट	सवाई माधोपुर
	सरिस्का वन्य जीव अभयारण्य	अलवर
	केवलादेव घाना पक्षी बिहार	भरतपुर

झारखण्ड	हजारीबाग राष्ट्रीय वन	
	जीव अभयारण्य	हजारीबाग
	डोल्मा वन्य अभयारण्य	सिंहभूम
	बेतवा वन्य जीव अभयारण्य	
डाल्टनगंज	महुआडार वन्य जीव अभयारण्य	पलामू
बिहार	गौतम बुद्ध वन्य जीव अभयारण्य	
	राजगीर अभयारण्य	राजगीर
तमिलनाडु	मुदुमलाई वन्य जीव अभयारण्य	नीलगिरि
	वेदान्तंगल पक्षी विहार	चिंगलपेट
केरल	पारम्बिकुलम वन्य जीव अभयारण्य	पालघाट
कर्नाटक	बान्दीपुर राष्ट्रीय उद्यान	बान्दीपुर
	शारावथी घाटी वन्य जीव	शिमोगा
	अभयारण्य	
	रंगीथिटू पक्षी विहार	मैसूर
	बन्नरघट्टा राष्ट्रीय उद्यान	बंगलुरु
	तुंगभद्रा वन्य जीव अभयारण्य	बेल्लारी
सिक्किम	खगचंद्जेंदा राष्ट्रीय उद्यान	इडुक्की
जम्मू-कश्मीर	दचिगाम अभयारण्य	श्रीनगर
पश्चिम बंगाल	जलदापारा वन्य जीव जलापाईगुड़ी,	
	अभयारण्य चौबीस सुन्दर वन टाइगर	
	रिजर्व	परगना
उत्तर प्रदेश	चन्द्रप्रथा अभ्यारण्य	वाराणसी
	दुधवा राष्ट्रीय उद्यान	लखीमपुर खीरी
उत्तराखण्ड	जिम कार्बेट राष्ट्रीय उद्यान	नैनीताल
	मालन पशु, बिहार	पौड़ी गढ़वाल
ओडिशा	सिमिलीपाल वन्य अभयारण्य	मयूरभंज
आन्ध्र प्रदेश	कावल वन्य जीव अभयारण्य	आदिलाबाद
	टाइवाई वन्य जीव अभयारण्य	वारंगल
	नालापट्टी पक्षी विहार	नेल्लोर
	किन्नासानी वन्य जीव अभयारण्य	खम्माम

प्रमुख जनजातियाँ

जनजाति	सम्बन्धित स्थान
गड्डी	हिमाचल प्रदेश
गारो	मेघालय
गोंड	म. प्र. बिहार, झारखण्ड ओडिशा तथा आन्ध्र प्रदेश
साँसी	राजस्थान
संन्थाल	बिहार, झारखण्ड तथा पं. बंगाल
सेन्टीलिज	सेन्टीलिज द्वीप, अण्डमान तथा निकोबार
शोम्पेन	अण्डमान निकोबार
जाखा	अण्डमान एवं निकोबार
गरासिया	राजस्थान
भोटिया	उत्तराखण्ड
बुक्सा	उत्तराखण्ड
अबोर	असोम
अपतामीस	अरुणाचल प्रदेश
उरांव	झारखण्ड एवं ओडिशा
ओंग	अण्डमान निकोबार
कोरबा	छत्तीसगढ़, झारखण्ड
असुर	झारखण्ड
थारू	उत्तर प्रदेश, उत्तराखण्ड
चैंचू	आन्ध्र प्रदेश तथा ओडिशा
टोडा	नीलगिरि (तमिलनाडु)
नागा	नागालैण्ड
जाखा	लघु अण्डमान
उरालीस	केरल
कोल	मध्य प्रदेश एवं छत्तीसगढ़
कोटा	नीलगिरि (तमिलनाडु)
कुली	मध्य प्रदेश एवं छत्तीसगढ़
खस	जीनसार-बाबर क्षेत्र
खासी	असोम एवं मेघालय
खोंड	ओडिशा
बडगास	नीलगिरि (तमिलनाडु)
बैगा	मध्य प्रदेश/छत्तीसगढ़
भील	आन्ध्र प्रदेश, राजस्थान
मुड़िया	बस्तर (म. प्र.)
मिकिर	असोम
मुण्डा	बिहार तथा झारखण्ड
वारली	महाराष्ट्र

प्रश्नमाला

1. भारत के कुल क्षेत्रफल में वनों का क्षेत्रफल कितना है?

(a) 24.5 % (b) 33 %

(c) 20 % (d) 22 %

2. भारत में सबसे कम वर्षा वाला स्थान है-

(a) लेह (b) बीकानेर

(c) जैसलमेर (d) चेरापूंजी

3. भारत का प्राचीनतम पर्वत कौन है?

(a) हिमालय

(b) विन्ध्याचल

(c) अरावली

(d) नीलगिरि

4. निम्न में अरब सागर में गिरने वाली नदी कौन है?
(a) गोदावरी
(b) ताप्ती
(c) कृष्णा
(d) महानदी

5. गुजरात के सब से पश्चिमी गांव और अरुणाचल प्रदेश के सब से पूर्वी छोर पर स्थित वालांग के समय में कितने घंटे का अन्तराल होगा?
(a) 1 घंटा
(b) 2 घंटा
(c) 3 घंटा
(d) 1/2 घंटा

6. सुमेलित कीजिए?

A. कटक	**1. गोदावरी**
B. लुधियाना	**2. क्षिप्रा**
C. नासिक	**3. महानदी**
D. उज्जैन	**4. सतलुज**

(a) A-3 B-4-C-1 D-2
(b) A-3 B-2 C-1 D-4
(c) A-4 B-1 C-3 D-2
(d) A-1 B-2 C-3 D-4

7. सर्वोत्तम किस्म का संगमरमर कहां पाया जाता है?
(a) मकराना
(b) जबलपुर
(c) जैसलमेर
(d) सिंहभूमि

8. सुमेलित कीजिए?

A. सागोन	**1. हिमालय की तराई**
B. देवदार	**2. मध्य भारत**
C. सुंदरी	**3. सुंदर वन**
D. सिनकोना	**4. हिमालय के उच्च क्षेत्र**

(a) A-1 B-4 C-3 D-2
(b) A-3 B-2 C-1 D-4
(c) A-4 B-1 C-3 D-2
(d). A-2 B-3 C-4 D-1

9. निम्न वाक्यों में कौन-सा सही है?
(a) मध्य प्रदेश की सीमा सात राज्यों से लगी है।
(b) भोपाल कर्क रेखा के उत्तर में स्थित है।
(c) पंजाब राज्य की सीमा कहीं भी जम्मू-कश्मीर से नहीं मिलती।
(d) अरुणाचल प्रदेश में कोई राष्ट्रीय पार्क नहीं है।

10. भारतीय मानक समय (IST) निम्नलिखित स्थानों में से किसके समीप से लिया जाता है?
(a) इलाहाबाद (नैनी)
(b) लखनऊ
(c) मेरठ
(d) मुजफ्फरनगर

11. सियाचिन-ग्लेशियर विवाद का विषय है-
(a) पाकिस्तान-चीन के बीच
(b) भारत-चीन के बीच
(c) भारत-पाकिस्तान के बीच
(d) भारत-श्रीलंका के बीच

12. भारत के उत्तरी मैदानों में शीत वर्षा होती है-
(a) पश्चिमी विक्षोभों से
(b) बंगाल की खाड़ी के मानसून से
(c) अरब सागर मानसून से
(d) लौटते मानसून से

13. सूची-I (राज्य) को सूची-II (राजधानियों) से सुमेलित कीजिए तथा नीचे दिए गए कूट से सही उत्तर का चयन कीजिए-

सूची-I	**सूची-II**
A. असम	**1. शिलांग**
B. नागालैंड	**2. कोहिमा**
C. अरुणाचल प्रदेश	**3. दिसपुर**
D. मेघालय	**4. ईटानगर**

कूट :

	A	B	C	D
(a)	2	3	1	4
(b)	3	2	4	1
(c)	4	2	3	2
(d)	1	4	2	3

14. निम्न में से भारत के किन क्षेत्रों में औसत दो सौ मिलीमीटर वर्षा होती है?
(a) केरल, तमिलनाडु, कर्नाटक
(b) जम्मू और कश्मीर
(c) पश्चिम बंगाल, उड़ीसा, बिहार
(d) असम, मणिपुर, त्रिपुरा

15. भारत में वर्षा का आधिक्य होते हुए भी यह देश प्यासी धरती समझा जाता है। इसका कारण है-
(a) वर्षा के पानी का तेजी से बह जाना
(b) वर्षा के पानी का शीघ्रता से भाप बनकर उड़ जाना
(c) वर्षा का कुछ थोड़े ही महीनों में ज़ोर होना
(d) उपर्युक्त सभी

16. निम्नलिखित में कौन अक्साई चिन का भाग है?
(a) कराकोरम श्रेणी
(b) शिवालिक श्रेणी
(c) कश्मीर घाटी
(d) लद्दाख पठार

17. चकमा निम्न में से किस देश के शरणार्थी हैं?
(a) पाकिस्तान
(b) श्रीलंका
(c) बांग्लादेश
(d) भूटान

18. निम्नलिखित राज्य समूहों में से किसमें वन कुल भौगोलिक क्षेत्र के 75% से अधिक क्षेत्र पर आच्छादित हैं?
(a) अरुणाचल प्रदेश, असम, नागालैंड
(b) अरुणाचल प्रदेश, मणिपुर, नागालैंड
(c) असम, मेघालय, नागालैंड
(d) अरुणाचल प्रदेश, नागालैंड, मध्य प्रदेश

19. निम्नांकित राज्यों में से किस में साइबेरियन सारस के लिए आदर्श प्राकृतिक निवास हैं?
(a) अरुणाचल प्रदेश
(b) असम
(c) आन्ध्र प्रदेश
(d) उड़ीसा

20. भारत और पाकिस्तान के बीच सीमा निर्धारण की गई थी?
(a) डूरण्ड रेखा द्वारा
(b) मैकमोहन रेखा द्वारा
(c) मैगीनॉट रेखा द्वारा
(d) रेडक्लिफ रेखा द्वारा

21. कथन (A) : भारत एक मानसूनी देश है।
कारण (R) : उच्च हिमालय इसे जलवायु सम्बन्धी विशिष्टता प्रदान करता है।
कूट :
(a) A तथा R दोनों सही हैं तथा R, A की सही व्याख्या है।
(b) A तथा R दोनों सही है परन्तु R, A की सही व्याख्या नहीं है।
(c) A सही है, परन्तु R गलत है।
(d) A गलत है, परन्तु R सही है।

22. उत्तर प्रदेशीय हिमाचल का सर्वोच्च शिखर है-
(a) चौखम्बा (b) धौलागिरि
(c) नन्दा देवी (d) त्रिशूल

23. निम्नांकित में से किसका सुमेल नहीं है?

(a) अहमदाबाद - साबरमती
(b) हैदराबाद - कृष्णा
(c) कोटा - चम्बल
(d) नासिक - गोदावरी

24. सूची-I तथा सूची-II को सुमेलित कीजिए तथा नीचे दिए गए कूट से सही उत्तर चुनिए-

सूची-I (राज्य)	सूची-II (पर्यटक केन्द्र)
A. जम्मू एवं कश्मीर	1. उड़वाड़ा
B. हिमाचल प्रदेश	2. प्वाइन्ट कैलीमेयर
C. गुजरात	3. गुलमर्ग
D. तमिलनाडु	4. कसौली

कूट :

	A	B	C	D
(a)	1	2	3	4
(b)	3	4	1	2
(c)	4	3	2	1
(d)	3	2	4	1

25. वेम्बानाद झील है-

(a) आन्ध्र प्रदेश में
(b) केरल में
(c) उड़ीसा में
(d) तमिलनाडु में

26. कथन (A) : भारत के उत्तरी मैदान में जाड़ों में कुछ वर्षा हो जाती है।
कारण (R) : जाड़े में उत्तर-पूर्वी मानसून सक्रिय होते हैं।
कूट :

(a) A और R दोनों सही हैं तथा R, A की सही व्याख्या करता है।
(b) A और R दोनों सही हैं परन्तु R, A की सही व्याख्या नहीं करता है।
(c) A सही है, परन्तु R गलत है।
(d) A गलत है, परन्तु R सही है।

27. पुरातत्व चुम्बकीय साक्ष्य यह दर्शाता है कि भूतकाल में भारतीय भूखण्ड खिसका है-

(a) उत्तर की ओर
(b) दक्षिण की ओर
(c) पूर्व की ओर
(d) पश्चिम की ओर

28. कथन (A) : भारत एक मानसूनी देश है
कारण (R) : उच्च हिमालय इसे जलवायु सम्बन्धी विशिष्टता प्रदान करता है
कूट :

(a) A और R दोनों सही हैं तथा R, A की सही व्याख्या करता है।
(b) A और R दोनों सही हैं परन्तु R, A की सही व्याख्या नहीं करता है।
(c) A सही है, परन्तु R गलत है।
(d) A गलत है, परन्तु R सही है।

29. पाक की खाड़ी अवस्थित है-

(a) कच्छ की खाड़ी तथा खम्भात की खाड़ी के बीच
(b) अण्डमान तथा निकोबार द्वीपों के बीच
(c) मन्नार की खाड़ी तथा बंगाल की खाड़ी के बीच
(d) लक्षद्वीप तथा मालद्वीप के बीच

30. निम्नांकित युग्मों में से किसका सुमेलन नहीं है?

(a) बोमडीला-अरुणाचल प्रदेश
(b) नाथूला-सिक्किम
(c) भोरघाट-हिमाचल
(d) पालघाट-केरल

31. लावा मिट्टी पायी जाती है-

(a) छत्तीसगढ़ मैदान में
(b) सरयू पार मैदान में
(c) मालवा पठार में
(d) शिलांग पठार में

32. निम्नांकित में से कौन-सा जोड़ा गलत है?

(a) कोटा-चम्बल
(b) भुवनेश्वर-महानदी
(c) जबलपुर-नर्मदा
(d) कटक-महानदी

33. निम्नलिखित कथनों पर विचार कीजिए-
कथन (A) : प्रायद्वीपीय भारत की केवल दो प्रमुख नदियां हैं- नर्मदा एवं ताप्ती, जो अरब सागर में गिरती हैं।
कारण (R) : ये नदियां भ्रंश-जनित हैं।
नीचे दिए गए कूट से सही उत्तर चुनिए-

(a) A और R दोनों सही हैं तथा R, A की सही व्याख्या करता है।
(b) A और R दोनों सही हैं परन्तु R, A की सही व्याख्या नहीं करता है।
(c) A सही है, परन्तु R गलत है।
(d) A गलत है, परन्तु R सही है।

34. निम्नांकित नगरों में कर्क रेखा से निकटतम दूरी पर स्थित है-

(a) अगरतला (b) गांधीनगर
(c) जबलपुर (d) उज्जैन

35. कुल्लू घाटी निम्नलिखित पर्वत श्रेणियों के बीच अवस्थित है-

(a) धौलाधार तथा पीरपंजाल
(b) रणज्योति तथा नागटिब्बा
(c) लद्दाख तथा पीरपंजाल
(d) मध्य हिमालय तथा शिवालिक

36. कथन (A) : दक्षिणी ट्रैप की रेगुर मिट्टी काली होती है।
कारण (R) : उसमें ह्यूमस प्रचुर मात्रा में होता है।
कूट :

(a) A और R दोनों सही हैं तथा R, A की सही व्याख्या करता है।
(b) A और R दोनों सही हैं परन्तु R, A की सही व्याख्या नहीं करता है।
(c) A सही है, परन्तु R गलत है।
(d) A गलत है, परन्तु R सही है।

37. निम्नलिखित में कौन सुमेलित नहीं है?

(a) मध्य प्रदेश छत्तीसगढ़
(b) बिहार छोटानागपुर पठार
(c) महाराष्ट्र वृष्टिछाया प्रदेश
(d) आन्ध्र प्रदेश मलनाड

38. भारत का सबसे अधिक बाढ़ ग्रस्त राज्य है-

(a) असम (b) आन्ध्र प्रदेश
(c) बिहार (d) उत्तर प्रदेश

39. लैटेराइट मिट्टियों का प्राधान्य है-

(a) मालाबार तटीय प्रदेश
(b) कोरोमण्डल तटीय प्रदेश
(c) बुन्देलखण्ड में
(d) बघेलखण्ड में

40. निम्नलिखित में से क्या सुमेलित नहीं है?

(a) शिपकी ला - हिमाचल प्रदेश
(b) लिपु लेखा - उत्तर प्रदेश
(c) नाथुला - सिक्किम
(d) जोजीला - कश्मीर

41. निम्न में से कौन धौलाधर श्रेणी क्षेत्र की प्रमुख जनजाति है?

(a) अबोर (b) गद्दी
(c) लेप्चा (d) थारू

42. सूची–I को सूची–II से सुमेलित कीजिए तथा नीचे दिए गए कूट से प्रयोग करके सही उत्तर चुनिए-

सूची-I (वन प्रकार)	सूची-II (प्रदेश)
A. उष्णकटिबंधीय आर्द्र पर्णपाती	1. अरूणाचल प्रदेश
B. उष्णकटिबंधीय शुष्क पर्णपाती	2. सह्याद्रि
C. अल्पाइन	3. मध्य गंगा मैदान
D. उष्णकटिबंधीय सदाबहार	4. तराई

कूट :

	A	B	C	D
(a)	4	3	1	2
(b)	4	2	1	3
(c)	1	3	2	4
(d)	3	1	4	2

43. यदि भारतीय मानक समय याम्योत्तर पर मध्याह्न है तो 120° व पूर्वी देशान्तर पर स्थानीय समय क्या होगा?

(a) 09.30 (b) 14.30
(c) 17.30 (d) 20.00

44. निम्नलिखित कथनों पर विचार कीजिए-
कथन (A): महाराष्ट्र के कोयना क्षेत्र के निकट, भविष्य में अधिक भूकम्प प्रभावित होने की संभावना है।
कारण (R) : कोयना बांध एक पुराने भ्रंश-तल पर अवस्थित है जो कोयना जलाशय में जल-स्तर के परिवर्तन के साथ अधिक सक्रिय हो सकता है।
नीचे दिए गए कूट का प्रयोग करते हुए सही उत्तर चुनिए-

(a) A और R दोनों सही हैं तथा R, A की सही व्याख्या करता है।
(b) A और R दोनों सही हैं परन्तु R, A की सही व्याख्या नहीं करता है।
(c) A सही है, परन्तु R गलत है।
(d) A गलत है, परन्तु R सही है।

45. राष्ट्रीय वन नीति में भारत के कुल भौगोलिक क्षेत्र के कितने प्रतिशत पर वन रखने का लक्ष्य है?

(a) चौथाई (b) आधा
(c) पांचवा (d) एक-तिहाई

46. टिहरी बांध का उत्तराखंड प्रदेश में निर्माण किया जा रहा है-

(a) भागीरथी नदी पर
(b) रामगंगा नदी पर
(c) अलकनंदा नदी पर
(d) भीलांगना नदी पर

47. भारत में सर्वाधिक कोयला भंडार पाए जाते हैं–

(a) छत्तीसगढ़ में
(b) झारखण्ड में
(c) मध्य प्रदेश में
(d) उड़ीसा में

48. निम्न में से किस राज्य की सीमा बांग्लादेश से नहीं मिलती है?

(a) मेघालय (b) त्रिपुरा
(c) मणिपुर (d) मिजोरम

49. ह्वाइट पर्वत पाए जाते हैं-

(a) कनाडा में
(b) नार्वे में
(c) रूस में
(d) संयुक्त राज्य अमेरिका में

50. संसार का आर्द्रतम स्थान है-

(a) चेरापूंजी (b) मसिनराम
(c) सिंगापुर (d) वायलिल

51. राष्ट्रीय वन नीति के मुख्य उद्देश्य क्या थे? नीचे दिए गए कूट से अपना उत्तर चुनें-

1. पारिस्थितिक संतुलन को सुनिश्चित करना
2. सामाजिक वानिकी को प्रोत्साहन देना
3. देश की कुल भूमि का एक-तिहाई वनाच्छादित करना
4. वन प्रबन्धन में जन सामुदायिक सहभागिता को प्रोत्साहित करना

कूट :

(a) 1 और 2 (b) 1 और 3
(c) 1 एवं 4 (d) 2 एवं 3

52. भारतवर्ष के पश्चिमी तटीय निम्नांकित शहरों पर विचार कीजिए–

1. जंजीरा
2. कन्नूर
3. नागर कोइल
4. सिंधुदुर्ग

उत्तर से दक्षिण इन नगरों का सही क्रम होगा :

(a)	1	2	3	4
(b)	2	1	3	4
(c)	1	2	4	3
(d)	1	4	2	3

53. सर्वाधिक जैव विविधता पाई जाती है-

(a) कश्मीर घाटी में
(b) शान्त घाटी में
(c) सुरमा घाटी में
(d) फूलों की घाटी में

54. निम्नलिखित में कौन सुमेलित नहीं है?

(a) आइसोबार - वायु-दाब
(b) आइसोहाइट - वर्षा
(c) आइसोहेलाइन - बर्फ-वर्षा
(d) आइसोबाथ - गहराई

55. भू-वैज्ञानिक कालानुक्रम के अनुसार अधोलिखित का सही क्रम है-

1. अरावली 2. पूर्वी घाट
3. दक्कन ट्रैप 4. हिमालय

(a)	4	2	3	1
(b)	1	2	3	4
(c)	2	1	3	4
(d)	3	1	2	4

56. 'दण्डकारण्य' प्रदेश स्थित नहीं है?

(a) आन्ध्र प्रदेश में
(b) छत्तीसगढ़ में
(c) मध्य प्रदेश में
(d) उड़ीसा में

57. निम्नांकित राज्यों में से कौन छोटा नागपुर पठार का भाग है?

(a) बिहार (b) झारखण्ड
(c) उड़ीसा (d) पश्चिम बंगाल

58. श्रीहरिकोटा द्वीप अवस्थित है निकट-

(a) चिलका झील के
(b) गोदावरी मुहाने के
(c) महानदी मुहाने के
(d) पुलीकट झील के

59. भारत ने नई सहस्राब्दी के सूर्योदय की पहली किरण निम्नलिखित में से किस देशान्तर पर देखी?

(a) 2° 3° पश्चिम
(b) 82° 3° पूर्व
(c) 92° 3' पश्चिम
(d) 92° 3' पूर्व

60. भारत का वह अभ्यारण्य जिसमें हाथियों की सबसे अधिक संख्या पायी जाती है, वह है?

(a) दुधवा (b) काजीरंगा
(c) मानस (d) नन्दादेवी

61. कथन (A) : उड़ीसा तट भारत में सर्वाधिक चक्रवात-प्रवण क्षेत्र है।
कारण (R) : महानदी डेल्टा क्षेत्र में भारी मात्रा में मैनग्रोव का निर्वनीकरण हुआ है।
नीचे दिए गए कूट से सही उत्तर चुनिए-
कूट :

(a) A और R दोनों सही हैं तथा R, A की सही व्याख्या करता है।

(b) A और R दोनों सही हैं परन्तु R, A की सही व्याख्या नहीं करता है।
(c) A सही है, परन्तु R गलत है।
(d) A गलत है, परन्तु R सही है।

62. दस डिग्री चैनल पृथक करता है-
(a) अंडमान को निकोबार द्वीप से
(b) अंडमान को म्यांमार से
(c) भारत को श्रीलंका से
(d) लक्षद्वीप को मालदीव से

63. दक्षिण भारत की सबसे ऊंची चोटी है-
(a) अनाइमुडी (b) दोद्दाबेटा
(c) अमरकंटक (d) महेन्द्रगिरि

64. भारत का सर्वाधिक खनिज युक्त शैल तंत्र है-
(a) धारवाड़ तंत्र (b) विन्ध्य तंत्र
(c) कुडप्पा तंत्र (d) गोंडवाना तंत्र

65. निम्नलिखित भारतीय नदियों में से कौन इस्चुअरी बनाती है?
(a) गोदावरी (b) कावेरी
(c) ताप्ती (d) महानदी

66. भारत का निम्नलिखित में से कौन-सा क्षेत्र उच्च तीव्रता की भूकम्पीय मेखला में नहीं आता है?
(a) उत्तराखंड (b) कर्नाटक पठार
(c) कच्छ (d) हिमाचल प्रदेश

67. निम्नलिखित भारतीय द्वीपों में से कौन-सा द्वीप भारत एवं श्रीलंका के मध्य है?
(a) एलीफैन्टा (b) निकोबार
(c) रामेश्वरम (d) सलर्सेत

68. भारत के किस राज्य में मानसून का आगमन सबसे पहले होता है?
(a) असम (b) पश्चिम बंगाल
(c) महाराष्ट्र (d) केरल

69. दो राज्यों में पहली बार दो नदियों को जोड़ने की परियोजना के संबंध में समझौते के स्मृतिपत्र पर हस्ताक्षर किए गए हैं। राज्यों और नदियों के नाम हैं-

	राज्य		नदियां
(a)	पंजाब एवं राजस्थान	:	व्यास एवं बनास
(b)	उत्तर प्रदेश एवं मध्य प्रदेश	:	केन एवं बेतवा
(c)	कर्नाटक एवं तमिलनाडु	:	कृष्णा एवं कावेरी
(d)	उत्तर प्रदेश एवं बिहार	:	गोमती एवं शारदा

70. नाथूला दर्रा किस राज्य में स्थित है?
(a) अरुणाचल प्रदेश में
(b) असम में
(c) मेघालय में
(d) सिक्किम में

71. निम्नलिखित नदियों में से किनके स्रोत बिन्दु लगभग एक ही हैं?
(a) ब्रह्मपुत्र और गंगा
(b) तापी और व्यास
(c) ब्रह्मपुत्र और सिंधु
(d) सिंधु और गंगा

72. उत्तर भारत में उप-हिमालय क्षेत्र के सहारे फैले समतल मैदान को कहा जाता है-
(a) तराई (b) दून
(c) खादर (d) भावर

73. नर्मदा एवं ताप्ती नदियों के मध्य स्थित है-
(a) विन्ध्य पर्वत
(b) सतपुड़ा श्रेणियां
(c) राजमहल पहाड़ियां
(d) अरावली पहाड़ियां

74. सिलवासा राजधानी है-
(a) दमन एवं दीव की
(b) दादर एवं नागर हवेली की
(c) लक्षद्वीप की
(d) अरुणाचल प्रदेश की

75. पोर्ट ब्लेयर के समीप की प्रसिद्ध ब्लेयर प्रवाल भित्ति मृत हो रही है-
(a) अत्यधिक मत्स्य के कारण
(b) अत्यधिक जहाजरानी के कारण
(c) भूमण्डलीय ऊष्मन के कारण
(d) लकड़ी के बुरादे के अत्यधिक क्षेपण के कारण

76. निम्नलिखित राज्यों में से किसकी सर्वाधिक तटरेखा है?
(a) गुजरात (b) महाराष्ट्र
(c) केरल (d) तमिलनाडु

77. कोरी निवेशिका, जिस पर स्थित है, वह है-
(a) कच्छ की खाड़ी
(b) खम्भात की खाड़ी
(c) कच्छ का लिटिल रन
(d) कच्छ का रन

78. भारत में एग्रो-इकोलॉजिकल जोन्स की संख्या है-
(a) 16 (b) 21
(c) 27 (d) 31

79. विश्व के वन्य जीव, भारत में पाए जाते हैं-
(a) 5 प्रतिशत (b) 2 प्रतिशत
(c) 6 प्रतिशत (d) 4 प्रतिशत

80. कार्डमम पहाड़ियां जिनकी सीमाओं पर स्थित हैं, वे हैं-
(a) कर्नाटक एवं तमिलनाडु
(b) कर्नाटक एवं केरल
(c) केरल एवं तमिलनाडु
(d) तमिलनाडु एवं आन्ध्र प्रदेश

81. निम्नलिखित शैल तंत्रों में से कौन भारत के कोयला निचयों (डिपॉजिट्स) का प्रमुख स्रोत है?
(a) धारवाड़ तंत्र (b) गोंडवाना तंत्र
(c) कुडप्पा तंत्र (d) विन्ध्य तंत्र

82. निम्न में कौन-से कथन राजस्थान के मरुक्षेत्र के लिए सही हैं? सही उत्तर के चयन हेतु नीचे दिए गए कूट का उपयोग कीजिए-

1. यह विश्व का सबसे घना बसा मरुस्थल है।
2. यह लगभग 10,000 वर्ष पुराना है, जिसका कारण अत्यधिक मानवीय हस्तक्षेप रहा है।
3. यहां केवल 40 से 50 प्रतिशत क्षेत्र ही कृषि हेतु उपर्युक्त है।
4. शुद्ध बोए गए क्षेत्र में वृद्धि के कारण चारागाह क्षेत्र के विस्तार पर कुप्रभाव पड़ा है।

कूट :
(a) 1, 2 और 3 (b) 2, 3 और 4
(c) 1, 2 और 4 (d) 1, 2, 3 और 4

83. भारत की काली मिट्टी किसके उत्पादन के लिए बहुत उपर्युक्त होती है?
(a) कपास की फसल के लिए
(b) धान की फसल के लिए
(c) गन्ने की फसल के लिए
(d) गेहूं की फसल के लिए

84. निम्न में से कौन-सा स्थान सबसे कम वर्षा प्राप्त करता है?
(a) बीकानेर (b) जैसलमेर
(c) जोधपुर (d) लेह

85. निम्नलिखित में भारत का कौन-सा क्षेत्र मृदा अपरदन (इरोजन) से अत्यधिक प्रभावित है?
(a) मालवा पठार
(b) उ. प्र. तराई
(c) आन्ध्र तटीय क्षेत्र
(d) चम्बल घाटी

86. दामोदर जिसकी सहायक नदी है, वह है-
(a) गंगा (b) हुगली
(c) पद्मा (d) सुवर्ण रेखा

87. अंडमान और निकोबार द्वीप समूह में सबसे अधिक ऊंचाई वाली चोटी कौन है?
(a) सैडिल पीक
(b) माउन्ट
(c) माउन्ट दियावोलो
(d) माउन्ट कोयेल

88. निम्न नदियों में से किसका सर्वाधिक बड़ा जलग्रहण क्षेत्र है?
(a) नर्मदा (b) महानदी
(c) गोदावरी (d) कृष्णा

89. वृक्षाच्छादित क्षेत्र सर्वाधिक है-
(a) पूर्वी डेक्कन (Deccan) में
(b) उत्तरी मैदानी क्षेत्र में
(c) पश्चिमी तट में
(d) पूर्वी तट में

90. उत्तरी पूर्वी मानसून से सबसे अधिक वर्षा प्राप्त करने वाला राज्य है-
(a) असम (b) पश्चिम बंगाल
(c) तमिलनाडु (d) उड़ीसा

91. निम्न में से कौन-सा एक स्थान सबसे कम वर्षाप्राप्त करता है?
(a) बीकानेर (b) लेह
(c) जोधपुर (d) जैसलमेर

92. भारत में निम्न झरनों में से सर्वाधिक ऊंचाई वाला कौन झरना है?
(a) बर्चीपानी झरना
(b) जोग झरना
(c) मीनसटी झरना
(d) कुंचीकल झरना

93. भारत के किस राज्य में फुल्हर झील स्थित है?
(a) मध्य प्रदेश में
(b) उत्तराखण्ड में
(c) उत्तर प्रदेश में
(d) बिहार में

94. भारत का लगभग 30 प्रतिशत क्षेत्र तीन राज्यों में समाहित है। ये तीन राज्य हैं-
(a) राजस्थान, उत्तर प्रदेश एवं आन्ध्र प्रदेश
(b) मध्य प्रदेश,आन्ध्र प्रदेश एवं गुजरात
(c) राजस्थान, मध्य प्रदेश एवं महाराष्ट्र
(d) महाराष्ट्र, आन्ध्र प्रदेश एवं उत्तर प्रदेश

95. यदि अरुणाचल प्रदेश में तिरप (TIRAP) में सूर्योदय 5.00 बजे प्रातः (IST) पर होता है, तो गुजरात में काण्डला में सूर्योदय किस समय (IST) पर होगा?
(a) लगभग 5.30 प्रातः
(b) लगभग 6.00 प्रातः
(c) लगभग 7.00 प्रातः
(d) लगभग 7.30 प्रातः

96. 90° पू. कटक (Ridge) अवस्थित है-
(a) अटलांटिक महासागर में
(b) भारतीय महासागर में
(c) प्रशांत महासागर में
(d) भूमध्य सागर में

97. निम्न में से कौन-सी नदी 'रिफ्ट' घाटी से होकर बहती है?
(a) गंगा (b) ब्रह्मपुत्र
(c) नर्मदा (d) कृष्णा

98. निम्नलिखित में से किस एक राज्य में सुइल नदी परियोजना स्थित है?
(a) उत्तराखण्ड (b) हरियाणा
(c) पंजाब (d) हिमाचल प्रदेश

99. निम्नलिखित कथनों पर विचार कीजिए-
कथन (A) : दामोदर घाटी कार्पोरेशन के विकास के पूर्व दामोदर नदी पश्चिम बंगाल में ''दु:ख की नदी'' मानी जाती थी।
कारण (R) : दामोदर अपने ऊपरी भाग में तीव्रता से प्रवाहित होती है तथा निचले भाग में इसका बहाव बहुत धीमा हो जाता है।
नीचे दिए गए कूट की सहायता से सही उत्तर चुनिए-
कूट :
(a) A और R दोनों सही हैं तथा R, A की सही व्याख्या करता है।
(b) A और R दोनों सही हैं परन्तु R, A की सही व्याख्या नहीं करता है।
(c) A सही है, परन्तु R गलत है।
(d) A गलत है, परन्तु R सही है।

100. किस मृदा को कम सिंचाई की आवश्यकता होती है, क्योंकि वह मृदा नमी को रोके रखती है?
(a) जलोढ़ मृदा (b) काली मृदा
(c) लाल मृदा (d) लैटेराइट मृदा

101. एक ऐसे क्षेत्र में जहां वार्षिक वर्षा 200 सेमी. से अधिक होती है और ढ़लाव पहाड़ी स्थल है, किस की खेती अभीष्ट (पकमंस) होगी?
(a) सन (b) कपास
(c) चाय (d) मक्का

102. भारत के निम्नलिखित राज्यों को उनके वनों के क्षेत्रफल के अवरोही क्रम में व्यवस्थित कीजिए तथा नीचे दिए गए कूट से सही उत्तर चुनिए-
1. आन्ध्र प्रदेश 2. अरुणाचल प्रदेश
3. छत्तीसगढ़ 4. उड़ीसा
कूट :
(a) 1, 3, 4, 2 (b) 1, 2, 3, 4
(c) 4, 3, 1, 2 (d) 2, 1, 4, 3

103. भारत में अति सघन वनों का सर्वाधिक क्षेत्र जिस राज्य में पाया जाता है, वह है-
(a) अरुणाचल प्रदेश
(b) मध्य प्रदेश
(c) महाराष्ट्र
(d) उड़ीसा

104. निम्नलिखित में से कौन महाराष्ट्र में स्थित नहीं है?
(a) बालाघाट श्रेणी
(b) हरिश्चन्द्र श्रेणी
(c) माण्डव पहाड़ियां
(d) सतमाला पहाड़ियांज

105. निम्नलिखित में से कौन-सी दक्षिण भारत की सबसे ऊंची चोटी है?
(a) अनाई मुडी (b) दोद्दा बेटा
(c) महेन्द्रगिरि (d) धूपगढ़

106. भारत के निम्न राज्यों में से किसमें सागवान का वन पाया जाता है?
(a) मध्य प्रदेश (b) उत्तर प्रदेश
(c) झारखण्ड (d) कर्नाटक

107. इन पश्चिम वाहिनी नदियों में से कौन दो पर्वत श्रेणियों के बीच बहती है?
(a) शरावती (b) नर्मदा
(c) माही (d) साबरमती

108. निम्न में से कौन सही सुमेलित है?

(झील)	(अवस्थिति)
(a) लोनार	- मध्य प्रदेश
(b) निक्की	- गुजरात
(c) कोलेरू	- आन्ध्र प्रदेश
(d) पुलिकट	- केरल

109. निम्नलिखित देशांतरों में कौन-सा भारत की ''प्रमाणिक मध्यान्ह रेखा'' कहलाता है?
(a) 87°30' पूर्वी (b) 85°30' पूर्वी
(c) 84°30' पूर्वी (d) 82°30' पूर्वी

110. निम्नलिखित में से कौन सुमेलित नहीं है?
(a) नाथू ला-अरुणाचल प्रदेश
(b) लिपुलेख-उत्तराखण्ड
(c) रोहतांग-हिमाचल प्रदेश
(d) पालघाट -केरल

111. निम्नलिखित नदियों में से किसका उद्गम भारत में नहीं है?
(a) सतलज (b) रावी
(c) चेनाब (d) व्यास

112. कथन (A) : काली मिट्टी कपास की खेती के लिए उपर्युक्त है।
कारण (R) : उनमें जैव तत्व प्रचुर मात्रा में होता है।
नीचे दिए गए कूट की सहायता से सही उत्तर चुनिए-
कूट :
(a) A और R दोनों सही हैं तथा R, A की सही व्याख्या करता है
(b) A और R दोनों सही हैं परन्तु R, A की सही व्याख्या नहीं करता है
(c) A सही है, परन्तु R गलत है
(d) A गलत है, परन्तु R सही है

113. कथन (A) : भारत के पश्चिमी घाट की नदियां डेल्टा का निर्माण नहीं करतीं?
कारण (R) : वे छोटे प्रवाह क्षेत्रों एवं अपेक्षाकृत कठोर चट्टानों पर प्रवाहित होती हैं।
नीचे दिए गए कूट का प्रयोग करते हुए सही उत्तर चुनिए-
कूट :
(a) (A) और (R) दोनों सही हैं तथा (R), (A) की सही व्याख्या करता है
(b) (A) और (R) दोनों सही हैं परन्तु (R), (A) की सही व्याख्या नहीं करता है
(c) A सही है, परन्तु (R) गलत है
(d) (A) गलत है, परन्तु (R) सही है

114. रैडक्लिफ लाइन सीमा निर्धारित करती है-
(a) उत्तर कोरिया एवं दक्षिण कोरिया के बीच
(b) संयुक्त राज्य अमेरिका एवं कनाडा के बीच
(c) भारत एवं पाकिस्तान के बीच
(d) भारत एवं चीन के बीच

115. दक्षिण भारत की नदियां प्रमुख रूप से निम्न में से कौन-सा अपवाह तंत्र बनाती हैं?
(a) अरीय (b) खण्डित
(c) वृक्षनुमा (d) जालीदार

116. भारत का सबसे बड़ा संघ राज्य है-
(a) दमन और दीव
(b) पुडुचेरी
(c) दिल्ली
(d) चंडीगढ़

117. कथन (A) : दिल्ली और आगरा के मध्य वर्ष के अधिकांश समय में यमुना नदी मृत हो जाती है।
कारण (R): यमुना असतत् वाहिनी नदी है।
नीचे दिए गए कूट से सही उत्तर चुनिए-
कूट :
(a) (A) और (R) दोनों सही हैं तथा (R), (A) की सही व्याख्या करता है।
(b) (A) और (R) दोनों सही हैं परन्तु (R), (A) की सही व्याख्या नहीं करता है।
(c) (A) सही है, परन्तु (R) गलत है।
(d) (A) गलत है, परन्तु (R) सही है।

118. निम्नलिखित में से कहां सदाबहार वन पाए जाते हैं?
(a) मालवा पठार
(b) पूर्वी घाट
(c) पश्चिमी घाट
(d) छोटा नागपुर पठार

119. भारत के निम्नलिखित तटों में से कौन कृष्णा डेल्टा एवं कैंप कमोरिन के मध्य स्थित है?
(a) कोरोमण्डल तट
(b) उत्तरी सरकार
(c) मालाबाट तट
(d) कोंकण तट

120. निम्नलिखित नदियों में से किसको दक्षिण की गंगा कहा जाता है?
(a) कावेरी को (b) कृष्णा को
(c) गोदावरी को (d) नर्मदा को

121. निम्न कालों में से किसे प्राय: 'लघु हिमकाल' माना गया है?
(a) 750 ई. से 850 ई.
(b) 950 ई. से 1250 ई.
(c) 1650 ई. से 1870 ई.
(d) आज से 800 से 10,000 वर्ष पूर्व

122. निम्न में से कौन-सा सही सुमेलित नहीं है?

	गर्म जल-स्त्रोत	**अवस्थिति**
(a)	मनीकरन	- हिमाचल प्रदेश
(b)	ज्वालामुखी	- जम्मू एवं कश्मीर
(c)	जनहोनी	- मध्य प्रदेश
(d)	तप्तपानी	- ओडिशा

123. 'दूध गंगा' नदी निम्न में से किसमें अवस्थित है?
(a) जम्मू एवं कश्मीर
(b) हिमाचल प्रदेश
(c) उत्तराखण्ड
(d) पश्चिम बंगाल

124. सूची-I एवं सूची-II को सुमेलित कीजिए तथा नीचे दिए गए कूट से सही उत्तर का चयन कीजिए-

सूची-I (झीलें)	**सूची-II (अवस्थिति)**
A. अष्टामुडी	**1. हरियाणा**
B. पुलिकट	**2. केरल**
C. रूपकुण्ड	**3. तमिलनाडु**
D. सूरजकुण्ड	**4. उत्तराखण्ड**

कूट :

	A	B	C	D
(a)	3	2	1	4
(b)	2	3	4	1
(c)	4	2	3	1
(d)	1	4	2	3

125. निम्न नहरों में से किसे दामोदर नदी से निकाला गया है?
(a) सरहिन्द नहर
(b) एडन नहर
(c) बिस्ट दोआब नहर
(d) ईस्टर्न ग्रे नहर

126. निम्नलिखित में से कौन-सा मृदा से सम्बन्धित है?
(a) इडेफिक (b) क्लाइमेटिक
(c) बायोटिक (d) टोपोग्रैफी

127. भारत की निम्न मिट्टियों में से कौन-सी बेसाल्ट लावा के अपक्षय के कारण निर्मित हुई है?
(a) जलोढ़ मिट्टियां
(b) लेटेराइट मिट्टियां
(c) लाल मिट्टियां
(d) रेगुर मिट्टियां

128. निम्नलिखित में से कौन-सी चट्टान प्रणाली, भारत में नवीनतम है?
(a) विंध्यन (b) कुडप्पा
(c) धारवाड़ (d) गोण्डवाना

129. सूची-I और सूची-II को सुमेलित कीजिए तथा नीचे दिए गए कूट से सही उत्तर चुनिए-

सूची-I (पर्वतीय दर्रा)	सूची-II (राज्य)
A. माणा	1. सिक्किम
B. नाथुला	2. जम्मू एवं कश्मीर
C. जोजिला	3. हिमाचल प्रदेश
D. शिपकी ला	4. उत्तराखण्ड

कूट :

	A	B	C	D
(a)	2	3	1	4
(b)	4	3	2	1
(c)	4	1	2	3
(d)	4	1	3	2

130. दक्षिण-पश्चिम मानसून काल में निम्नलिखित स्थानों में से सबसे कम वर्षा कहां होती है?
(a) कोलकाता (b) मंगलौर
(c) चेन्नई (d) दिल्ली

131. निम्नलिखित दर्रों में से किस से होकर लेह जाने का रास्ता है?
(a) जोजिला (b) शिपकी ला
(c) चुम्बी घाटी (d) बनिहाल

132. भारतीय प्रायद्वीप की सबसे ऊंची चोटी है–
(a) उटकमण्ड (b) अन्नाईमुडी
(c) दोदाबेटा (d) महाबलेश्वर

133. निम्नलिखित में से कौन-सा युग्म सही सुमेलित नहीं है?
(a) सरदार सरोवर बांध - नर्मदा नदी
(b) तिलैया बांध - कोनार नदी
(c) गांधी सागर बांध - चम्बल नदी
(d) नागार्जुन सागर बांध - कृष्णा नदी

134. नेलांग घाटी किस राज्य में स्थित है?
(a) हिमाचल प्रदेश
(b) सिक्किम
(c) जम्मू एवं कश्मीर
(d) उत्तराखण्ड

135. भारत के पश्चिमी तटीय मैदान के उत्तरी भाग को जिस अन्य नाम से भी जाना जाता है, वह है-
(a) कर्नाटक तट (b) मालाबार
(c) कोंकण (d) कोरोमण्डल

136. सूची-I और सूची-II को सुमेलित कीजिए तथा नीचे दिए गए कूट से सही उत्तर चुनिए?

सूची-I (जल प्रपात)	सूची-II (नदी)
A. दूधसागर	1. घाटप्रभा
B. इडुमा	2. मच्छकुण्ड
C. गोकाक	3. शरावती
D. जोग	4. माण्डवी

कूट :

	A	B	C	D
(a)	4	2	1	3
(b)	4	2	3	1
(c)	2	4	1	3
(d)	2	3	4	1

137. निम्नलिखित शैलक्रमों में से कौन भारत का 90% से अधिक कोयला प्रदान करता है?
(a) विन्ध्य क्रम
(b) धारवाड़ क्रम
(c) टर्शियरी क्रम
(d) गोण्डवाना क्रम

138. निम्नलिखित में से कौन सही सुमेलित नहीं है?

	पर्वत दर्रा	राज्य
(a)	शिपकी ला	- हिमाचल प्रदेश
(b)	बोमडीला	- अरुणाचल प्रदेश
(c)	नाथु ला	- मेघालय
(d)	जोजिला	- जम्मू एवं कश्मीर

139. भारत का सर्वाधिक गहराई वाला बन्दरगाह है-
(a) काण्डला (b) विशाखापत्तनम
(c) पारादीप (d) मार्मागोवा

140. निम्न में से कौन-सा विशाल हिमनद है?
(a) सासाइनी (b) गंगोत्री
(c) जेमू (d) सियाचिन

141. कर्क रेखा निम्नलिखित में से किन राज्यों से होकर गुजरती है?
1. गुजरात 2. छत्तीसगढ़
3. उत्तर प्रदेश 4. झारखण्ड
नीचे दिए गए कूट से सही उत्तर चुनिए-
कूट :
(a) 1, 2 और 4 (b) ये सभी
(c) 1, 3 और 4 (d) 2, 3 और 4

142. भारत किस खनिज के उत्पादन में आत्मनिर्भर है?
(a) टिन (b) चांदी
(c) सोना (d) ग्रेफाइट

143. हजीरा उर्वरक कारखाना किस पर आधारित है?
(a) पेट्रोलियम (b) प्राकृतिक गैस
(c) नेफ्था पर (d) कोल पर

144. निम्न में से किस प्रदेश में सर्वाधिक अनुसूचित जनजाति हैं?
(a) बिहार (b) राजस्थान
(c) मध्य प्रदेश (d) आन्ध्र प्रदेश

145. बोकारो इस्पात कारखाने में किस विदेशी देश का सहयोग प्राप्त किया गया?
(a) अमेरिका (b) ब्रिटेन
(c) फ्रांस (d) सोवियत संघ

146. नागार्जुन सागर बांध किस नदी पर है?
(a) महानदी (b) गोदावरी
(c) कृष्णा (d) नर्मदा

147. निम्न में से कहां जल विद्युत गृह स्थित है?
(a) कोयना (b) नैवेली
(c) काठगोदाम (d) ट्रॉम्बे

148. हल्दिया बंदरगाह से कौन-सी वस्तु आयात की जाती है?
(a) मत्स्य (b) हैवी मशीन टूल्स
(c) इस्पात (d) पेट्रोलियम पदार्थ

149. निम्न में कौन लौह क्षेत्र है?
(a) सीवान (b) झरिया
(c) कुद्रेमुख (d) सिंह भूम

150. राजस्थान (इंदिरा) नहर कहां से निकलती है?
(a) रावी (b) व्यास
(c) सतलुज (d) चम्बल

151. भारत में सर्वाधिक गेहूं उत्पादक प्रदेश है-
(a) बिहार (b) हरियाणा
(c) पंजाब (d) उत्तर प्रदेश

152. भारत में जस्ते का अधिकतम उत्पादन होता है-
(a) बिहार (b) राजस्थान
(c) उड़ीसा (d) उत्तर प्रदेश

153. कौन-सा कथन सही है?
(a) हल्दिया उड़ीसा में है
(b) पारादीप पश्चिम बंगाल में है
(c) कांडला गुजरात में है
(d) मार्मागोवा कर्नाटक में है

154. भारत के किस राज्य में नागार्जुन सागर परियोजना है?

(a) आंध्र प्रदेश (b) मध्य प्रदेश
(c) उत्तर प्रदेश (d) तमिलनाडु

155. टोडा एक जनजाति है, जो निवास करती है-

(a) अरावली पहाड़ियों पर
(b) मध्य प्रदेश में
(c) नीलगिरि की पहाड़ियों पर
(d) विंध्याचल की पहाड़ियों पर

156. 1991 की जनगणना के अनुसार देश का सबसे घनी आबादी वाला राज्य है-

(a) बिहार (b) केरल
(c) उत्तर प्रदेश (d) प. बंगाल

157. जनसंख्या के अनुसार शहरों का निम्न में से कौन-सा क्रम सही है?

(a) बम्बई - कलकत्ता - दिल्ली - मद्रास
(b) कलकत्ता - बम्बई - दिल्ली - मद्रास
(c) दिल्ली - कलकत्ता - मद्रास - बम्बई
(d) दिल्ली - मद्रास - बम्बई - कलकत्ता

158. मध्य प्रदेश में कोरबा जाना जाता है-

(a) एल्यूमीनियम उद्योग के लिए
(b) तांबे के लिए
(c) अभ्रक के लिए
(d) इस्पात के लिए

159. सूची-I को सूची-II से सुमेलित कीजिए तथा नीचे दिए गए कूट से सही उत्तर चुनिए-

सूची-I	सूची-II
A. सिंगरौली	1. तेल
B. कजराइट	2. दूध
C. कोयली	3. कोयला
D. आनन्द	4. सीमेण्ट

कूट :

	A	B	C	D
(a)	1	2	3	4
(b)	2	3	4	1
(c)	3	4	1	2
(d)	4	3	2	1

160. भारतीय चमड़े का निर्यात सबसे अधिक किया जाता है-

(a) संयुक्त राज्य अमेरिका को
(b) सोवियत संघ को
(c) इंग्लैंड को
(d) पश्चिमी जर्मनी को

उत्तरमाला

1. (d)	**2.** (a)	**3.** (c)	**4.** (b)	**5.** (b)	**6.** (a)	**7.** (a)	**8.** (a)	**9.** (a)	**10.** (a)
11. (c)	**12.** (b)	**13.** (b)	**14.** (b)	**15.** (d)	**16.** (a)	**17.** (c)	**18.** (b)	**19.** (b)	**20.** (d)
21. (a)	**22.** (c)	**23.** (b)	**24.** (b)	**25.** (b)	**26.** (b)	**27.** (a)	**28.** (a)	**29.** (c)	**30.** (c)
31. (c)	**32.** (b)	**33.** (a)	**34.** (b)	**35.** (d)	**36.** (c)	**37.** (d)	**38.** (c)	**39.** (a)	**40.** (b)
41. (b)	**42.** (a)	**43.** (b)	**44.** (a)	**45.** (d)	**46.** (a)	**47.** (b)	**48.** (c)	**49.** (d)	**50.** (b)
51. (d)	**52.** (d)	**53.** (b)	**54.** (c)	**55.** (b)	**56.** (c)	**57.** (d)	**58.** (d)	**59.** (d)	**60.** (c)
61. (b)	**62.** (a)	**63.** (a)	**64.** (a)	**65.** (c)	**66.** (b)	**67.** (c)	**68.** (d)	**69.** (b)	**70.** (d)
71. (c)	**72.** (a)	**73.** (b)	**74.** (b)	**75.** (b)	**76.** (a)	**77.** (d)	**78.** (b)	**79.** (a)	**80.** (c)
81. (b)	**82.** (d)	**83.** (a)	**84.** (d)	**85.** (d)	**86.** (b)	**87.** (a)	**88.** (c)	**89.** (a)	**90.** (c)
91. (b)	**92.** (d)	**93.** (c)	**94.** (c)	**95.** (c)	**96.** (b)	**97.** (c)	**98.** (d)	**99.** (a)	**100.** (b)
101. (c)	**102.** (a)	**103.** (a)	**104.** (c)	**105.** (a)	**106.** (a)	**107.** (b)	**108.** (c)	**109.** (d)	**110.** (a)
111. (a)	**112.** (c)	**113.** (a)	**114.** (c)	**115.** (c)	**116.** (c)	**117.** (c)	**118.** (c)	**119.** (a)	**120.** (c)
121. (c)	**122.** (b)	**123.** (a)	**124.** (b)	**125.** (b)	**126.** (a)	**127.** (d)	**128.** (d)	**129.** (c)	**130.** (c)
131. (a)	**132.** (c)	**133.** (b)	**134.** (d)	**135.** (c)	**136.** (a)	**137.** (d)	**138.** (c)	**139.** (b)	**140.** (d)
141. (a)	**142.** (d)	**143.** (b)	**144.** (b)	**145.** (d)	**146.** (c)	**147.** (a)	**148.** (d)	**149.** (c)	**150.** (c)
151. (d)	**152.** (b)	**153.** (c)	**154.** (a)	**155.** (c)	**156.** (d)	**157.** (a)	**158.** (a)	**159.** (c)	**160.** (d)

❑❑❑

9 भौतिक विज्ञान

1. **मापन** (Measurement)

➢ **भौतिक राशियाँ**–भौतिकी के नियमों को जिन्हें राशियों के पदों में व्यक्त किया जाता है, उन्हें भौतिक राशियाँ कहते हैं। **जैसे**–वस्तु का द्रव्यमान, लम्बाई, बल, चाल, घनत्व इत्यादि।

➢ **अदिश राशि** (Scalar Quantity)–वैसी भौतिक राशि, जिनमें केवल परिमाण होता है दिशा नहीं, उसे अदिश राशि कहा जाता है। **जैसे**–द्रव्यमान, चाल, आयतन, कार्य, समय, ऊर्जा आदि।

नोट–विद्युत धारा (Current) तथा ताप (Temperature), दाब (Pressure)।

➢ **सदिश राशि** (Vector Quantity)–वैसी भौतिक राशि, जिनमें परिमाण के साथ-साथ दिशा भी रहती है और जो योग के निश्चित नियमों के अनुसार जोड़ी जाती है उन्हें सदिश राशि कहते हैं। जैसे–वेग, विस्थापन, बल, त्वरण आदि।

व्युत्पन्न मात्रक

क्षेत्रफल = (लम्बाई)^2 m^2

घनत्व = $\frac{\text{मात्रा}}{\text{आयतन}}$ $\frac{kg}{m^3}$

आयतन = (लम्बाई)^3 m^3

त्वरण = इकाई समय में गति परिवर्तन $\frac{m}{s} / s = \frac{m}{s^2}$

गति = इकाई समय में तय की गई दूरी $\frac{m}{s}$

बल = मात्रा × त्वरण kg.m/s^2 (न्यूटन)

दबाव = $\frac{\text{बल}}{\text{क्षेत्रफल}}$ $\frac{kgm}{s^2m^2}$ = kg/ms^2 (पास्कल)

ऊर्जा = बल × दूरी kg.m^2/s^2 (जूल)

शक्ति = $\frac{\text{ऊर्जा}}{\text{समय}}$ (कार्य करने की दर) $\frac{kgm^2}{s^2}$ (वॉट)

	भौतिक राशि	मात्रक	संकेत
1.	लम्बाई	मीटर (metre)	m (मी.)
2.	द्रव्यमान	किलोग्राम (kilogram)	kg (किग्रा.)
3.	समय	सेकण्ड (second)	s (से)
4.	ताप	केल्विन (kelvin)	K (के)
5.	विद्युत् धारा	ऐम्पियर (ampere)	A (ऐ)
6.	ज्योति-तीव्रता	कैण्डेला (candela)	cd (कैण्ड)
7.	पदार्थ का परिमाण	मोल (mole)	mol (मोल)

S.I. के सम्पूरक मूल मात्रक

1.	समतल कोण	रेडियन (radian)	rad (रेड)
2.	घन कोण (Solid angle)	स्टेरेडियन (steradian)	sr

S.I. के कुछ पुराने मात्रकों के नए नाम और संकेत

1.	ताप	डिग्री सेण्टीग्रेड, ºC (पुराना)	डिग्री सेल्सियस, ºC (नया)
2.	आवृत्ति	कम्पन प्रति सेकण्ड, cps (पुराना)	हर्ट्ज, Hz (नया)
3.	ज्योति-तीव्रता (Iuminous intensity)	कैण्डिला शक्ति, C.P. (पुराना)	कैण्डिला, cd (नया)

गति

➢ यदि किसी वस्तु की स्थिति, किसी स्थिर वस्तु के सापेक्ष एक समान रूप से बदल रही हो, तो वह वस्तु गति कहलाती है।

दूरी

➢ किसी दिए गए समयान्तराल में वस्तु द्वारा तय किए गए मार्ग की लम्बाई को दूरी कहते हैं।

विस्थापन

➢ किसी वस्तु की प्रारम्भिक तथा अन्तिम स्थिति के अन्तर को, उस वस्तु का विस्थापन कहते हैं तथा इसे एक वेक्टर के द्वारा प्रदर्शित किया जाता है। यह एक सदिश राशि है। इसका S.I. मात्रक मीटर है।

चाल (Speed)

➢ किसी गतिशील वस्तु द्वारा एकांक समय में चली गयी दूरी को चाल (speed) कहा जाता है। इसका मात्रक मी. से$^{-1}$ या किमी/घण्टा है।

$$\text{चाल} = \frac{\text{दूरी}}{\text{समय}}.$$

वेग (Velocity)

➢ किसी वस्तु के विस्थापन की दर को या एक निश्चित दिशा में प्रति सेकण्ड वस्तु द्वारा तय की दूरी को वेग (Velocity) कहते हैं। यह एक सदिश राशि है। इसका S.I. मात्रक मी./से है।

$$\text{वेग} = \frac{\text{निश्चित दिशा में वस्तु का विस्थापन}}{\text{समय}}$$

त्वरण (Acceleration)

- किसी वस्तु के वेग में परिवर्तन की दर को 'त्वरण' कहते हैं। यह एक सदिश राशि है। इसका S.I. मात्रक मी./से.^{2} है।

न्यूटन के गति नियम

न्यूटन का प्रथम गति नियम (Newton's First Law of Motion)

- यदि कोई वस्तु विराम अवस्था में है, तो वह विराम अवस्था में रहेगी या यदि वह एक समान चाल से सीधी रेखा में चल रही है, तो वैसी ही चलती रहेगी, जब तक कि उस पर कोई बाह्य बल लगाकर उसकी वर्तमान अवस्था में परिवर्तन न किया जाए।
- प्रथम नियम को गैलिलियो का नियम या जड़त्व का नियम भी कहते हैं।

न्यूटन का द्वितीय गति नियम

- इसके अनुसार किसी वस्तु पर कार्य करने वाले बल का मान उस वस्तु के द्रव्यमान तथा वस्तु में उत्पन्न त्वरण के गुणनफल के समानुपाती होता है।

न्यूटन का तृतीय गति नियम

- प्रत्येक क्रिया के बराबर, परन्तु विपरीत दिशा में प्रतिक्रिया होती है। उदाहरण– (i) बन्दूक से गोली चलाने पर, चलाने वाले को पीछे की ओर धक्का लगना, (ii) नाव से किनारे पर कूदने पर नाव को पीछे की ओर हट जाना, (iii) रॉकेट को उड़ाने में।

बल (Force)

- बल वह धक्का या खिंचाव है जो या तो किसी वस्तु की अवस्था को परिवर्तित कर देता है या परिवर्तित करने का प्रयत्न करता है सदिश राशि है। इसका S.I. मात्रक न्यूटन है।

जड़त्व

- वस्तु का वह गुण जिसके कारण वह अपनी अवस्था परिवर्तन का विरोध करता है, जड़त्व कहलाता है। किसी वस्तु के द्रव्यमान द्वारा वस्तु के जड़त्व की गणना कर सकते हैं।

संवेग (Momentum)

- किसी वस्तु के द्रव्यमान तथा वेग के गुणनफल को उस वस्तु का संवेग कहते हैं।
- यह एक सदिश राशि है, इसका S.I. मात्रक किग्रा. × मी./से. है।

$\therefore$ संवेग = द्रव्यमान × वेग

$P = MV$

आवेग (Impulse)

- यदि कोई बल किसी वस्तु पर अल्प समय के लिए कार्य करे, तो बल तथा समय के गुणनफल को 'आवेग' कहते हैं।

अर्थात् आवेग = बल × समय
= संवेग में परिवर्तन

S.I. पद्धति में इसका मात्रक न्यूटन सेकण्ड या किग्रा. मी./से. है।

संवेग संरक्षण का सिद्धान्त

- यदि कणों के किसी समूह या निकाय पर कोई बाह्य बल नहीं लग रहा हो, तो उस निकाय का कुल संवेग नियत रहता है अर्थात् टक्कर के पहले और बाद का संवेग बराबर होता है।

अभिकेन्द्रीय बल

- जब कोई वस्तु किसी वृत्ताकार मार्ग पर चलती है तो उस पर एक बल वृत्त के केन्द्र की ओर कार्य करता है। इस बल को ही अभिकेन्द्रीय बल कहते हैं।

अपकेन्द्रीय बल

- अजड़त्वीय फ्रेम में न्यूटन के नियमों को लागू करने के लिए कुछ ऐसे बलों की कल्पना करनी होती है, जिन्हें परिवेश में किसी पिण्ड से सम्बन्धित नहीं किया जा सकता। ये बल छद्म बल या जड़त्वीय बल कहलाते हैं। अपकेन्द्रीय बल एक ऐसा ही जड़त्वीय बल या छद्म बल है।

घर्षण

- घर्षण बल वह विरोधी बल है जो दो सतहों के बीच होने वाली अपेक्षित गति का विरोध करता है।
- जब वस्तु फिसलने की अवस्था में होती है, तो घर्षण बल के अधिकतम मान को सीमान्त घर्षण बल कहते हैं।

घर्षण के नियम

घर्षण के नियम निम्न हैं–

1. घर्षण बल अभिलम्ब प्रतिक्रिया के अनुक्रमानुपाती होता है।
2. घर्षण बल सम्पर्क में स्थित सतहों के क्षेत्रफल पर निर्भर नहीं करता।
3. घर्षण बल सम्पर्क में स्थित सतहों की प्रकृति पर निर्भर करता है।
4. लोटनी घर्षण बल का मान फिसलने वाले घर्षण बल से कम होता है।
5. घर्षण बल वस्तु की गति की दिशा के विपरीत दिशा में कार्य करता है।

विद्युत-चुम्बकीय बल

- ये बल गुरुत्वीय बलों की अपेक्षा बहुत अधिक प्रबल होते हैं।
- यह व्युत्क्रम वर्ग के नियम का पालन करता है।
- ये बल आकर्षण अथवा प्रतिकर्षण बल होते हैं तथा इनकी परास अधिक होती है।

पलायन वेग (Escape Velocity)–पलायन वेग वह न्यूनतम वेग है। जिससे किसी पिण्ड को पृथ्वी की सतह से ऊपर की ओर फेंके जाने पर वह गुरुत्वीय क्षेत्र को पार कर जाता है। पृथ्वी पर वापस नहीं आता। पृथ्वी के लिए पलायन वेग का मान 11.2 किमी./से. है अर्थात् पृथ्वी-तल से किसी वस्तु को 11.2 किमी./से. या इससे अधिक वेग से ऊपर किसी भी दिशा में फेंक दिया जाए तो वस्तु फिर पृथ्वी-तल पर वापस नहीं आएगी।

कार्य, ऊर्जा, सामर्थ्य एवं शक्ति

कार्य (Work)–कार्य की माप लगाए गए बल तथा बल की दिशा में वस्तु के विस्थापन के गुणनफल के बराबर होता है। कार्य एक अदिश राशि है। इसका S.I. मात्रक जूल है।

कार्य = बल × विस्थापन

या $W = \vec{F} \times \vec{S}$

ऊर्जा (Energy)

- किसी वस्तु के कार्य करने की क्षमता को ऊर्जा कहते हैं।
- यह अदिश राशि है तथा इसका मात्रक जूल है।
- यान्त्रिक ऊर्जा दो प्रकार की होती है–(i) गतिज ऊर्जा, (ii) स्थितिज ऊर्जा।

(I) गतिज ऊर्जा (Kinetic Energy)

- किसी वस्तु की गति के कारण उसमें जो ऊर्जा होती है, उसे क्षितिज कहते हैं।
- यदि m द्रव्यमान की वस्तु v वेग से चल रही हो, तो उस वस्तु की गतिज ऊर्जा :

$$K = \frac{1}{2}my^2$$

उदाहरण

- वायु गतिज ऊर्जा पवन चक्की को चलाने के काम आती है।

- ➢ पानी की गतिज ऊर्जा जल चक्की को चलाने के काम आती है।
- ➢ गतिज ऊर्जा के कारण ही बन्दूक की गोली लक्ष्य में धंस जाती है।

(II) स्थितिज ऊर्जा (Potential Energy)

- ➢ किसी वस्तु की स्थिति के कारण उसमें जो ऊर्जा होती है, उसे स्थितिज ऊर्जा कहते हैं।
- ➢ यदि m द्रव्यमान की वस्तु पृथ्वी तल से h ऊँचाई पर स्थित हो, तो वस्तु की स्थितिज ऊर्जा :

$$U = mgh$$

ऊर्जा रूपान्तरित करने वाले कुछ उपकरण

क्र.सं.	उपकरण	ऊर्जा का रूपान्तरण
1.	डायनेमो	यान्त्रिक ऊर्जा को विद्युत ऊर्जा में
2.	मोमबत्ती	रासायनिक ऊर्जा को प्रकाश एवं ऊष्मा ऊर्जा में
3.	माइक्रोफोन ध्वनि	ऊर्जा को विद्युत् ऊर्जा में
4.	लाउडस्पीकर	विद्युत् ऊर्जा को ध्वनि ऊर्जा में
5.	सोलर सेल	सौर ऊर्जा को विद्युत् ऊर्जा में
6.	ट्यूब लाइट विद्युत्	ऊर्जा को प्रकाश ऊर्जा में
7.	विद्युत् मोटर	विद्युत् ऊर्जा को यान्त्रिक ऊर्जा में
8.	विद्युत् बल्ब	विद्युत् ऊर्जा को प्रकाश एवं ऊष्मा ऊर्जा में
9.	विद्युत् सेल	रासायनिक ऊर्जा को विद्युत् ऊर्जा में
10.	सितार	यान्त्रिक ऊर्जा को ध्वनि ऊर्जा में

- ➢ शक्ति की एक और मात्रक अश्व शक्ति है।
  1 अश्व शक्ति (H.P.) = 746 W

सामर्थ्य (Power)

- ➢ कार्य करने की दर को सामर्थ्य कहते हैं।
- ➢ यदि t समय में किया गया कार्य W हो, तो सामर्थ्य

$$P = \frac{W}{t}$$

- ➢ S.I. पद्धति में सामर्थ्य का मात्रक जूल/सेकण्ड अथवा वॉट है।

दाब (Pressure)–किसी सतह के एकांक क्षेत्रफल पर लगने वाले बल को दाब कहते हैं। दाब का S.I. मात्रक $\frac{N}{m^2}$ होता है, जिसे पास्कल (Pa) भी कहते हैं। दाब एक अदिश राशि है।

वायुमण्डलीय दाब—सामान्यत: वायुमण्डलीय दाब वह दाब है जो पारे के 76 सेमी. लम्बे कॉलम के द्वारा 0°C पर 45° अक्षांश पर समुद्र तल पर लगाया जाता है। वायुमण्डलीय दाब का S.I. मात्रक बार (bar) होता है।

तरंगें

तरंगों के द्वारा ऊर्जा का एक स्थान से दूसरे स्थान पर स्थानान्तरण होता है। तरंगों को मुख्यत: दो भागों में बाँटा जा सकता है—यान्त्रिक तरंगें तथा विद्युत चुम्बकीय तरंगें।

(1) यान्त्रिक तरंगें (Mechanical Waves)–तरंगें जो किसी पदार्थिक माध्यम ठोस, द्रव एवं गैस में संचारित होती हैं। यान्त्रिक तरंगें कहलाती हैं। इन तरंगों के किसी माध्यम में संचरण के लिए यह आवश्यक है कि माध्यम में प्रत्यास्थता (elasticity) का जड़त्व (inertia) के गुण मौजूद हों।

यान्त्रिक तरंगें मुख्यत: दो प्रकार की होती हैं– (i) अनुप्रस्थ तरंगें, (ii) अनुदैर्ध्य तरंगें।

(i) **अनुप्रस्थ तरंगें** (Transverse Waves)–जिन यान्त्रिक तरंगों के संचारित होने पर माध्यम के कण तरंग के चलने की दिशा के लम्बवत् कंपन्न करते हैं। अनुप्रस्थ तरंगें कहलाती हैं। प्रकाश की तरंगें भी अनुप्रस्थ हैं।

(ii) **अनुदैर्ध्य तरंगें** (Lonitudinal Waves)–जिन यान्त्रिक तरंगों के माध्यम से कण अपनी माध्य स्थिति पर आगे पीछे तरंग गति की दिशा में कम्पन्न करते हैं अनुदैर्ध्य तरंगें कहलाती हैं। ये तरंगें स्पीडन (compression) व विरलन (rarefaction) के रूप में संचारित होती हैं। एक सम्पीडन तथा एक विरलन द्वारा एक तरंग की रचना होती है।

अनुदैर्ध्य तरंगें सभी प्रकार के माध्यमों (ठोस, द्रव तथा गैस) में उत्पन्न की जाती हैं। वायु में उत्पन्न तरंगें सदैव अनुदैर्ध्य तरंगें होती हैं। वायु में ध्वनि, भूकम्प तरंगें या स्प्रिंग में उत्पन्न तरंगें भी अनुदैर्ध्य तरंगें होती हैं।

(2) विद्युत चुम्बकीय तरंगें (Electromagnetic Waves)–यान्त्रिक तरंगों के अतिरिक्त अन्य प्रकार की तरंगें भी होती हैं जिनको संचरण के लिए माध्यम की आवश्यकता नहीं होती तथा ये तरंगें निर्वात् में भी संचरित हो सकती हैं, विद्युत चुम्बकीय तरंगें कहलाती हैं। जैसे—प्रकाश तरंगें, रेडियो तरंगें आदि।

विद्युत चुम्बकीय तरंगें सदैव अनुप्रस्थ होती हैं। इन तरंगों की चाल प्रकाश की चाल के बराबर होती है।

इन तरंगों का तरंगदैर्ध्य परिसर 10^{-14} मीटर से 10^4 मीटर तक होता है।

ध्वनि

ध्वनि एक प्रकार की ऊर्जा है जिसकी उत्पत्ति वस्तुओं के कम्पन्न से होती है लेकिन यह जरूरी नहीं है कि हर कम्पन्न से ध्वनि उत्पन्न हो।

- ➢ जिन यान्त्रिक तरंगों की आवृत्ति 20 Hz से 20000 Hz के बीच होती है। उनकी अनुभूति हमें अपने कानों के द्वारा होती है।

ध्वनि तरंगों का आवृत्ति परिसर

1. **अवश्रव्य तरंगें** (Infrasonic Waves)–20 Hz से नीचे की आवृत्ति वाली ध्वनि तरंगों को 'अवश्रव्य तरंगें' कहते हैं। इसे हमारा कान सुन नहीं सकता है।
2. **श्रव्य तरंगें** (Audible Waves)–20 Hz से 20,000 Hz के बीच की आवृत्ति वाली तरंगों को 'श्रव्य तरंग' कहते हैं। इन तरंगों को हमारा कान सुन सकता है।
3. **पराश्रव्य तरंगें** (Ultrasonic Waves)–20,000 Hz से ऊपर की तरंगों को पराश्रव्य तरंगें कहा जाता है। मनुष्य के कान इसे नहीं सुन सकते हैं। परन्तु कुछ जानवर जैसे—कुत्ता, बिल्ली, चमगादड़ आदि, इसे सुन सकते हैं।

कुछ माध्यमों में ध्वनि की चाल

माध्यम	ध्वनि की चाल (मी/से 0°C पर)		
कार्बन डाइऑक्साइड	260	वायु	332
भाप (100°C)	405	एल्कोहल	1213
हाइड्रोजन	1269	पारा	1450
जल	1493	समुद्री जल	1533
लोहा	5130	काँच	5640
एल्यूमीनियम	6420		

ऊष्मा

- ➢ ऊष्मा ऊर्जा का वह रूप है जिससे हमें वस्तु की गर्माहट का अहसास होता है।
- ➢ यह वस्तु के पदार्थ के अणुओं की गतिज ऊर्जा के कारण होती है।

- इसका मात्रक कैलोरी, किलोकैलोरी अथवा जूल है।
- **कैलोरी** (Calorie)–1 ग्राम जल का ताप 1ºC (10ºC से 11ºC) बढ़ाने के लिए आवश्यक ऊष्मा की मात्रा को 1 कैलोरी कहते हैं।
- **किलोकैलोरी** (Kilocalorie)–यह ऊष्मा की वह मात्रा है जो एक किग्रा जल का ताप 1ºC बढ़ाने के लिए आवश्यक होती है।

  1 कैलोरी = 4.18 जूल

ताप (Temperature)

- किसी वस्तु की गर्माहट को उस वस्तु का ताप कहते हैं।
- जब दो वस्तुएँ सम्पर्क में स्थित होती हैं, तो ऊष्मा का प्रवाह सदैव ऊँची ताप वाली वस्तु से नीचे ताप वाली वस्तु में होता है।

विशिष्ट ऊष्मा (Specific Heat)

- किसी पदार्थ के एकांक द्रव्यमान का ताप 1ºC बढ़ाने के लिए आवश्यक ऊष्मा की मात्रा को उस पदार्थ की विशिष्ट ऊष्मा कहते हैं। इसे प्राय: C के द्वारा व्यक्त किया जाता है।
- विशिष्ट ऊष्मा का मात्रक कैलोरी/ग्राम/ºC या किलो कैलोरी/किग्रा/ºC अथवा जूल/किग्रा/ºC होता है।
- सोने (gold) की विशिष्ट ऊष्मा = 130 जूल/किग्रा/ºC
- पानी की विशिष्ट ऊष्मा = 4180 जूल/किग्रा/ºC

प्रकाश

- प्रकाश एक प्रकार की ऊर्जा है जो जब किसी वस्तु पर पड़ती है, तो वह वस्तु हमें दिखाई देती है।

प्रकाश का परावर्तन (Reflection of Light)

- जब प्रकाश किसी चिकने धरातल पर पड़ता है, तो वह उसी माध्यम में वापस लौट आता है। इस घटना को प्रकाश का परावर्तन कहते हैं।

परावर्तन के नियम (Laws of Reflection)

- आपतन कोण ($\angle i$) का मान परावर्तन कोण ($\angle r$) के बराबर होता है।
- आपतित किरण, परावर्तित किरण तथा आपतन बिन्दु पर अभिलम्ब तीनों एक ही तल में होते हैं।
- पूर्ण आन्तरिक परावर्तन के उदाहरण हैं–(i) हीरे का चमकना, (ii) रेगिस्तान में मरीचिका (Mirage) का बनना, (iii) जल में परखनली का चमकना, तथा (iv) काँच में आई दरार का चमकना।

प्रकाश का अपवर्तन (Refraction of Light)

- जब प्रकाश किरण किसी पारदर्शी माध्यम के पृथक्कारी तल पर पड़ती है, तो वह अपने मार्ग से विचलित हो जाती है। प्रकाश किरण के एक माध्यम से दूसरे माध्यम में जाने पर अपने मार्ग में विचलित होने की घटना को 'प्रकाश का अपवर्तन' कहते हैं।
- जब प्रकाश किरण विरल (rarer) माध्यम से सघन (denser) माध्यम में जाती है, तो प्रकाश की किरण अभिलम्ब की ओर झुक जाती है।
- जब प्रकाश किरण सघन माध्यम से विरल माध्यम में जाती है, तो वह अभिलम्ब से दूर हट जाती है।

प्रकाश का प्रकीर्णन (Scattering of Light)

- जब प्रकाश किसी ऐसे माध्यम से गुजरता है, जिसमें धूल तथा अन्य पदार्थों के अत्यन्त सूक्ष्म कण होते हैं, तो इनके द्वारा प्रकाश सभी दिशाओं में प्रसारित हो जाता है, इस घटना को प्रकाश का प्रकीर्णन कहा जाता है। बैंगनी रंग के प्रकाश का प्रकीर्णन सबसे अधिक तथा लाल रंग के प्रकाश का प्रकीर्णन सबसे कम होता है।
- आकाश का रंग नीला, प्रकाश के प्रकीर्णन के कारण होता है।

समतल दर्पण (Plane Mirror)

- समतल दर्पण किसी वस्तु का प्रतिबिम्ब दर्पण के पीछे उतनी दूरी पर बनता है, जितनी दूरी पर वस्तु दर्पण के सामने रखी होती है। यह प्रतिबिम्ब काल्पनिक, वस्तु के बराबर एवं पार्श्व उल्टा (Lateral Inverse) होता है।
- यदि कोई व्यक्ति v चाल से दर्पण की ओर चलता है, तो उसे दर्पण में अपना प्रतिबिम्ब $2v$ चाल से अपनी ओर आता हुआ प्रतीत होगा।
- समतल दर्पण में वस्तु का पूर्ण प्रतिबिम्ब देखने के लिए दर्पण की लम्बाई वस्तु की लम्बाई की कम-से-कम आधी होनी चाहिए।

गोलीय दर्पण (Spherical Mirrors)

- गोलीय दर्पण काँच के खोखले गोले का भाग होता है, जिसकी एक सतह पर पॉलिश किया जाता है। गोलीय दर्पण दो प्रकार के होते हैं :

  (i) अवतल दर्पण (Concave Mirror)

  (ii) उत्तल दर्पण (Convex Mirror)

अवतल दर्पण (Concave Mirror)

- इनका उपयोग कारों, बसों में परावर्तन के रूप में किया जाता है।
- इनका उपयोग सेविंग (दाढ़ी बनाने) के दर्पणों के बनाने में किया जाता है।
- डॉक्टरों द्वारा आँख, कान व नाक आदि का परीक्षण करने में तीव्र प्रकाश फेंकने में किया जाता है।

उत्तल दर्पण (Convex Mirror)

- कार व बस आदि में पीछे का दृश्य देखने के लिए इनका उपयोग किया जाता है।
- इनका उपयोग सीधा प्रतिबिम्ब देखने में किया जाता है।

गोलीय लेन्स (Spherical Lenses)

- लेन्स एक ऐसा समांग पारदर्शी माध्यम होता है, जो दो गोलीय अथवा एक गोलीय व एक समतल पृष्ठों से घिरा होता है।
- लेन्स दो प्रकार के होते हैं :

  (i) अवतल लेन्स (अपसारी लेन्स)

  (ii) उत्तल लेन्स (अभिसारी लेन्स)

  लेन्स की क्षमता (Power of Lens)–लेन्स की फोकस दूरी के व्युत्क्रमानुपाती (reciprocal) को लेन्स की क्षमता कहते हैं। यदि किसी लेन्स की फोकस दूरी f मी. में हो, तो उसकी क्षमता $p = \frac{1}{f}$ डॉयोप्टर होती है। डॉयोप्टर मात्रक है, जिसे D द्वारा सूचित किया जाता है।

प्रकाश का वर्ण विक्षेपण (Dispersion of Light)

- न्यूटन के अनुसार जब प्रकाश की किरण एक पतले प्रिज्म से गुजरती है, तो निर्गत किरण अपने मार्ग से विचलित होने के साथ-साथ सात विभिन्न रंगों के प्रकाश में विभक्त हो जाती है। इस घटना को वर्ण विक्षेपण कहते हैं।
- प्रिज्म से श्वेत प्रकाश के कारण प्राप्त सात रंगों की पट्टिका (band) को **वर्णक्रम** या **स्पेक्ट्रम** कहते हैं। इस स्पेक्ट्रम में रंगों का क्रम इस प्रकार होता है–बैंगनी, आसमानी, नीला, हरा, पीला, नारंगी तथा लाल या अंग्रेजी VIBGYOR।
- किसी वस्तु का रंग, उसके द्वारा परावर्तित होने वाला प्रकाश होता है।
- बैंगनी रंग सबसे अधिक तथा लाल रंग सबसे कम विचलित होता है।
- लाल, हरा और नीले रंग को **प्राथमिक रंग** या **मूल रंग** कहते हैं।
- रंगों का मिश्रण इस प्रकार होता है :

  लाल + हरा + नीला = सफेद

हरा + नीला = मोरनी रंग
लाल + हरा = पीला
लाल + नीला = मैजेंटा

- मैजेंटा, मोरनी रंग व पीला द्वितीयक रंग कहलाते हैं।
- यदि किसी वस्तु से सफेद प्रकाश के सभी सात रंग परावर्तित होते हैं, तो वह वस्तु हमें सफेद दिखाई पड़ती है।
- यदि किसी वस्तु द्वारा सफेद प्रकाश के सभी सात रंग अवशोषित हो जाते हैं, तो वह वस्तु हमें काली दिखाई पड़ती है।

विद्युतिकी

- भौतिक विज्ञान की वह शाखा जिसमें आवेशों का अध्ययन किया जाता है, विद्युतिकी कहलाती है। इसकी दो उपशाखाएँ होती हैं :
  स्थिर विद्युतिकी (Electrostatics)
  गतिक विद्युतिकी (Electrodynamics)
- विद्युतिकी की वह शाखा जिसमें स्थिरावस्था में आवेशों का अध्ययन किया जाता है, स्थिर विद्युतिकी कहलाती है तथा गतिक अवस्था में आवेशों का अध्ययन किया जाता है, गतिक विद्युतिकी कहलाती है।
- आवेश द्रव्य का एक मूल गुण है। इसे द्रव्य से अलग करना असम्भव है। यह दो प्रकार के होते हैं :

धनावेश–किसी पिण्ड अथवा कण पर पदार्थ में इलेक्ट्रॉन की कमी को धनावेश कहते हैं। धनावेशन पर इसका द्रव्यमान कुछ घट जाता है।

ऋणावेश–किसी पिण्ड अथवा कण पर पदार्थ में इलेक्ट्रॉन की अधिकता को ऋणावेश कहते हैं। ऋणावेशन पर इसका द्रव्यमान कुछ बढ़ जाता है।

- किसी वस्तु को घर्षण अथवा प्रेरण के द्वारा आवेशित किया जा सकता है।

चुम्बकत्व

- प्राकृतिक चुम्बक लोहे का ऑक्साइड (Fe_3O_4) है। इसका कोई निश्चित आकार नहीं होता है।
- कृत्रिम विधियों द्वारा बनाए गए चुम्बक को कृत्रिम चुम्बक कहते हैं। यह विभिन्न आकृति की होती हैं। जैसे–छड़ चुम्बक, घोड़ा नाल, चुम्बक, चुम्बकीय सुई आदि।

रेडियोसक्रियता

- रेडियोसक्रियता की खोज फ्रेंच वैज्ञानिक हेनरी बेकरल, पी क्यूरी एवं एम. क्यूरी ने की थी।
- रेडियो सक्रियता के दौरान निकलने वाली किरणों की पहचान सर्वप्रथम 1902 ई. में रदरफोर्ड नामक वैज्ञानिक ने की।
- सभी प्राकृतिक रेडियो सक्रिय तत्व α, β एवं γ किरणों के उत्सर्जन के बाद अन्ततः सीसा में बदल जाते हैं।

प्रश्नमाला

1. कार में दृश्यावलोकन के लिए किस प्रकार के शीशे का प्रयोग होता है?
(a) अवतल दर्पण (b) बेलनाकार दर्पण
(c) उत्तल दर्पण (d) समतल दर्पण

2. दीर्घ रेडियो तरंगें पृथ्वी की किस सतह से परावर्तित होती हैं?
(a) क्षोभ मंडल (b) आयन मंडल
(c) क्षोभ सीमा (d) समताप मडल

3. हवा में लोहे और लकड़ी की समान भार की गेंद को समान ऊंचाई से गिराने पर-
(a) पृथ्वी पर दोनों एक समय गिरेंगी
(b) एक पहले गिरेगी, एक बाद में गिरेगी
(c) लकड़ी की गेंद बाद में गिरेगी
(d) कुछ अंतराल में गिरेगी

4. यदि एक जहाज नदी से समुद्र में प्रवेश करता है, तो-
(a) स्थिर रहेगा
(b) ऊपर उठेगा
(c) अपरिवर्तित रहेगा
(d) नीचे डूब जाएगा

5. हवाई जहाज से यात्रा करते समय पेन से स्याही निकलने लगती है-
(a) वायुदाब में कमी के कारण
(b) वायुदाब में वृद्धि के कारण
(c) स्याही के आयतन में वृद्धि के कारण
(d) अत्यधिक भार के कारण

6. भारी वाहन में डीजल का उपयोग इसलिए किया जाता है-
(a) अधिक माइलेज और इंजन की सुरक्षा
(b) कम खर्च और ईंधन की बचत
(c) उच्च क्षमता और आर्थिक बचत
(d) पेट्रोल की अपेक्षा सस्ता होने के कारण

7. वस्तु की मात्रा बदलने पर अपरिवर्तित रहेगा-
(a) आयतन (b) भार
(c) द्रव्यमान (d) घनत्व

8. अस्त होते समय सूर्य लाल दिखाई देता है-
(a) परावर्तन के कारण
(b) प्रकीर्णन के कारण
(c) अपवर्तन के कारण
(d) विवर्तन के कारण

9. निम्न में कौन विद्युत खपत को बढ़ते क्रम में प्रदर्शित कर रहा है?
(a) टेलीविजन, पंखा, विद्युत-प्रेस, इलेक्ट्रिक केतली
(b) टेलीविजन, पंखा, इलेक्ट्रिक केतली, विद्युत-प्रेस
(c) पंखा, टेलीविजन, विद्युत-प्रेस, इलेक्ट्रिक केतली
(d) विद्युत-प्रेस, इलेक्ट्रिक केतली, पंखा, टेलीविजन

10. डायनेमों का कार्य है-
(a) विद्युत ऊर्जा को यांत्रिक ऊर्जा में बदलना
(b) रासायनिक ऊर्जा को विद्युत ऊर्जा में बदलना
(c) यांत्रिक ऊर्जा को विद्युत ऊर्जा में बदलना
(d) विद्युत ऊर्जा को रासायनिक ऊर्जा में बदलना

11. 'फ्यूज' में प्रयुक्त होने वाली तार की विशेषता होती है-
(a) निम्न प्रतिरोधक शक्ति/उच्च गलनांक
(b) निम्न प्रतिरोधक शक्ति/निम्न गलनांक
(c) उच्च प्रतिरोधक शक्ति/निम्न गलनांक
(d) उच्च प्रतिरोधक शक्ति/उच्च गलनांक

12. डायनेमो का कार्य है-
(a) मेकेनिकल ऊर्जा को इलेक्ट्रिकल ऊर्जा में परिवर्तित करना
(b) इलेक्ट्रिक ऊर्जा को मेकेनिकल ऊर्जा में परिवर्तित करना
(c) उच्च विभव उत्पन्न करने वाला यंत्र
(d) निम्न विभव उत्पन्न करने वाला यंत्र

13. थर्मोस्टेट संबंधित है-
(a) आर्द्रता से (b) तापक्रम से
(c) हवा से (d) बादल से

14. धूप से बचने के लिए छाते में रंग संयोजन निम्न में कौन-सा सबसे उचित है?
(a) ऊपर काला नीचे उजला
(b) ऊपर उजला नीचे काला
(c) मात्र काला
(d) मात्र उजला

15. भाप से हाथ अधिक जलता है अपेक्षाकृत उबलते जल से क्योंकि-
(a) भाप में गुप्त ऊष्मा होती है।
(b) भाप शरीर के भीतर घुस जाता है।
(c) भाप में अधिक मारक क्षमता है।
(d) भाप हल्का होता है।

16. शीशे की छड़ जब भाप में रखी जाती है, इसकी लंबाई बढ़ जाती है, परन्तु इसकी चौड़ाई-
(a) अप्रभावित रहती है
(b) घटती है
(c) बढ़ती है
(d) अव्यवस्थित होती है

17. दूरबीन का आविष्कार किया था-
(a) गैलीलियो ने (b) गुटिनबर्ग ने
(c) एडीसन ने (d) ग्राहम बेल ने

18. सड़क पर चलने की अपेक्षा बर्फ पर चलना कठिन है क्योंकि-
(a) बर्फ सड़क से सख्त होती है।
(b) सड़क बर्फ से सख्त होती है।
(c) जब हम अपने पैर से धक्का देते हैं तो बर्फ कोई प्रतिक्रिया व्यक्त नहीं करती।
(d) बर्फ में सड़क की अपेक्षा घर्षण कम होता है।

19. लोहे की कील पारे पर क्यों तैरती है, जबकि वह पानी में डूब जाती है-
(a) लोहे की पारे से रासायनिक क्रिया की प्रवृत्ति पानी की तुलना में कम होने के कारण।
(b) लोहे का भार पानी से अधिक है तथा पारे से कम।
(c) लोहे का घनत्व पानी से अधिक है तथा पारे से कम।
(d) पारा पानी से भारी है।

20. जब दो समानान्तर दर्पणों के बीच कोई वस्तु रख दी जाती है, तो बनने वाले प्रतिबिम्बों की संख्या होती है-
(a) दो (b) एक
(c) छः (d) अनंत

21. तेल जल के तल पर फैल जाता है, क्योंकि-
(a) तेल, जल की अपेक्षा अधिक घना है।
(b) तेल, जल की अपेक्षा कम घना है।
(c) तेल का तल तनाव, पानी से अधिक है।
(d) तेल का तल तनाव, पानी से कम है।

22. दूरदर्शन के संकेत एक निश्चित दूरी के बाद नहीं मिल सकते, क्योंकि-
(a) संकेत दुर्बल हैं।
(b) एन्टीना दुर्बल है।
(c) वायु संकेत को शोषित कर लेती है।
(d) पृथ्वी की सतह वक्राकार है।

23. लोलक घड़ियां गर्मियों में क्यों सुस्त हो जाती हैं?
(a) गर्मियों में दिन लंबे होने के कारण।
(b) कुण्डली में घर्षण के कारण।
(c) लोलक की लंबाई बढ़ जाती है जिससे इकाई दोलन में लगा हुआ समय बढ़ जाता है।
(d) गर्मी में लोलक का भार बढ़ जाता है।

24. ऊंचाई की जगहों पर पानी 100°C के नीचे के तापमान पर क्यों उबलता है?
(a) क्योंकि वायुमंडलीय दबाव कम हो जाता है, अतः उबलने का बिन्दु नीचे आ जाता है।
(b) क्योंकि गुरुत्वाकर्षण कम होता है।
(c) पर्वतों पर भारी हवाओं के कारण।
(d) उपर्युक्त में से कोई नहीं।

25. वायुमंडल की आपेक्षिक आर्द्रता किससे मापी जाती है?
(a) हाइड्रोमीटर से
(b) हाइग्रोमीटर से
(c) पोटेन्शियोमीटर से
(d) लैक्टोमीटर से

26. जब किसी बोतल में पानी भरा जाता है और उसे जमने दिया जाता है, तो बोतल टूट जाती है, क्योंकि-
(a) पानी जमने पर फैलता है।
(b) बोतल हिमांक पर सिकुड़ती है।
(c) बोतल के बाहर का तापक्रम अंदर से ज्यादा होता है।
(d) पानी गर्म करने पर फैलता है।

27. दृष्टिपटल (रेटिना) पर जो चित्र बनता है-
(a) वह वस्तु के बराबर होता है परन्तु उल्टा होता है।
(b) वह वस्तु से छोटा होता है व सीधा होता है।
(c) वह वस्तु से छोटा होता है व उल्टा होता है।
(d) वह वस्तु के बराबर होता है व सीधा होता है।

28. मनुष्य आर्द्रता व गर्मी से परेशानी अनुभव करता है। इसका कारण है-
(a) अधिक पसीना आना।
(b) कम पसीना आना।
(c) पसीना आर्द्रता के कारण वाष्पित नहीं होता।
(d) आर्द्रता के कारण पसीना नहीं आता।

29. धूप के चश्मे की पॉवर होती है-
(a) 0 डायोप्टर (b) 1 डायोप्टर
(c) 2 डायोप्टर (d) 4 डायोप्टर

30. मृगतृष्णा (Mirage) उदाहरण है-
(a) अपवर्तन का
(b) पूर्ण आन्तरिक परावर्तन का
(c) विक्षेपण का
(d) विवर्तन का

31. खतरे के संकेतों के लिए लाल प्रकाश का प्रयोग किया जाता है, क्योंकि-
(a) इसका प्रकीर्णन सबसे कम होता है।
(b) यह आंखों के लिए आरामदायक है।
(c) इसका सबसे कम रासायनिक प्रभाव होता है।
(d) हवा द्वारा इसका अवशोषण सबसे कम होता है।

32. पृथ्वी के परितः घूमने वाले कृत्रिम उपग्रह से बाहर गिराई गई गेंद-
(a) सूर्य पर चली जाएगी।
(b) चन्द्रमा पर चली जाएगी।

(c) पृथ्वी पर गिरेगी।
(d) पृथ्वी के परित उपग्रह के समान आवर्तकाल के साथ उसी के कक्ष में घूमती रहेगी।

33. प्रेशर कुकर के अंदर का उच्चतम ताप निर्भर करेगा-
(a) ऊपर के छेद का क्षेत्रफल व उस पर रखे गए वजन पर
(b) ऊपर के छेद का क्षेत्रफल व पकाए जाने वाले पदार्थ पर
(c) ऊपर के छेद पर रखे गए वजन व पकाए जाने वाले पदार्थ पर
(d) ऊपर के छेद के केवल क्षेत्रफल पर

34. साबुन के बुलबुले के अंदर का दाब-
(a) वायुमण्डलीय दाब से अधिक होता है।
(b) वायुमण्डलीय दाब से कम होता है।
(c) वायुमण्डलीय दाब के बराबर होता है।
(d) वायुमण्डलीय दाब का आधा होता है।

35. हीरा चमकदार दिखाई देता है-
(a) परावर्तन के कारण
(b) अपवर्तन के कारण
(c) पूर्ण आन्तरिक परावर्तन के कारण
(d) प्रकीर्णन के कारण

36. सूर्य की ऊर्जा उत्पन्न होती है-
(a) आयनन द्वारा
(b) नाभिकीय संलयन द्वारा
(c) नाभिकीय विखण्डन द्वारा
(d) ऑक्सीकरण द्वारा

37. सापेक्ष आर्द्रता (Relative Humidity) नापी जाती है-
(a) हाइड्रोमीटर से
(b) हाइग्रोमीटर से
(c) लैक्टोमीटर से
(d) पोटेन्शियोमीटर से

38. वायुदाबमापी की रीडिंग में अचानक गिरावट इस बात का संकेत है, कि मौसम-
(a) स्थिर तथा शांत होगा
(b) वर्षायुक्त होगा
(c) ठंडा होगा
(d) तूफानी होगा

39. निम्नलिखित में कौन कठोरतम् धातु है?
(a) सोना (b) लोहा
(c) प्लेटिनम (d) टंग्स्टन

40. राडार का प्रयोग किया जाता है-
(a) प्रकाश तरंगों द्वारा वस्तुओं का पता लगाने के लिए
(b) ध्वनि तरंगों को परावर्तित करके वस्तुओं का पता लगाने के लिए
(c) रेडियो तरंगों द्वारा वस्तुओं की उपस्थिति तथा अवस्थिति ज्ञात करने के लिए
(d) वर्षा वाले बादलों का पीछा करने के लिए

41. कृष्ण-छिद्र सिद्धान्त को प्रतिपादित किया था-
(a) सी.वी. रमन ने
(b) एच.जे. भाभा ने
(c) एस. चन्द्रशेखर ने
(d) हरगोविन्द खुराना ने

42. निम्नांकित में से कौन अन्तरिक्ष में नहीं पाया जाता है?
(a) पल्सर
(b) ब्रिटल स्टार
(c) ब्लैक होल
(d) क्वासर

43. कार्य का मात्रक है-
(a) जूल (b) न्यूटन
(c) वॉट (d) डाईन

44. जल के आयतन में क्या परिवर्तन होगा, यदि तापमान 9°C से गिराकर 3°C कर दिया जाता है?
(a) आयतन में कोई परिवर्तन नहीं होगा
(b) आयतन पहले बढ़ेगा और बाद में घटेगा
(c) आयतन पहले घटेगा और बाद में बढ़ेगा
(d) पानी जम जाएगा

45. पारसेक (PARSEC) इकाई है-
(a) दूरी की
(b) समय की
(c) प्रकाश की
(d) चुम्बकीय बल की

46. निम्न में से कौन सुमेलित नहीं है?
(a) एनीमोमीटर - वायु की चाल
(b) अमीटर - विद्युत धारा
(c) टेकियोमीटर - दाबान्तर
(d) पायरोमीटर - उच्च ताप

47. वह सीमा जिसके बाहर तारे आन्तरिक मृत्यु से ग्रसित होते हैं, कहलाती हैं-
(a) चन्द्रशेखर सीमा
(b) एडिगटन सीमा
(c) हायल सीमा
(d) फाउलर सीमा

48. मनुष्य की आंख में प्रकाश तरंगें किस स्थान पर स्नायु उद्वेगों में परिवर्तित होती हैं?
(a) कनीनिका (कॉर्निया)
(b) नेत्रतारा
(c) अक्षपट (रेटिना)
(d) लेंस

49. पाइरोमीटर निम्नांकित के नापने के लिए प्रयोग में लाया जाता है-
(a) वायुदाब (b) आर्द्रता
(c) उच्च तापमान (d) भूकम्प की तीव्रता

50. निम्नलिखित में से कौन सही नहीं है?
(a) विकास का सिद्धान्त चार्ल्स डार्विन द्वारा प्रतिपादित किया गया था।
(b) किसी परमाणु के नाभिक का टूटना संलयन कहलाता है।
(c) 'ड्राई आइस' ठोस कार्बन-डाइऑक्साइड के अतिरिक्त कुछ नहीं है।
(d) टेलीफोन की खोज ग्राहम बेल ने की थी।

51. नाभिकीय रिएक्टर और परमाणु बम में यह अंतर है कि-
(a) नाभिकीय रिएक्टर में कोई श्रृंखला अभिक्रियान्वित नहीं होती जबकि परमाणु बम में होती है।
(b) नाभिकीय रिएक्टर में श्रृंखला का अभिक्रियान्वयन नियंत्रित होता है।
(c) नाभिकीय रिएक्टर में श्रृंखला का अभिक्रियान्वयन नियंत्रित नहीं होता है।
(d) परमाणु बम नाभिकीय संलयन पर आधारित है जबकि नाभिकीय रिएक्टर में नाभिकीय विखण्डन होता है।

52. निम्नांकित में से कौन सुमेलित नहीं है?
(a) मैनोमीटर - दाब
(b) कार्ब्यूरेटर - आन्तरिक दहन इंजन
(c) कार्डियोग्राफ - हृदयगति
(d) सीस्मोमीटर - पृष्ठतल की वक्रता

53. नीचे कथन (A) तथा कारण (R) दिए गए हैं। अध्ययन करके सही उत्तर नीचे दिए कूटों से चुनिए-
कथन (A) : तड़ित चालक इमारतों को नष्ट होने से बचाते हैं।
कारण (R) : ये आवेश को पृथ्वी तक भेज देते हैं।

कूट :
(a) A और R दोनों सही हैं तथा R, A की सही व्याख्या करता है।
(b) A और R दोनों सही हैं परन्तु R, A की सही व्याख्या नहीं करता है।
(c) A सही है, परंतु R गलत है।
(d) A गलत है, परंतु R सही है।

54. एक कृत्रिम उपग्रह में विद्युत ऊर्जा का स्रोत क्या होता है?
(a) थर्मोपाइल
(b) सौर सेलें
(c) डाइनेमो
(d) लघु नाभिकीय रिएक्टर

55. तारे अपनी ऊर्जा प्राप्त करते हैं-
1. नाभिकीय संलयन से
2. गुरुत्वीय संकुचन से
3. रासायनिक अभिक्रिया से
4. नाभिकीय विखण्डन से
अपने उत्तर का चयन नीचे दिए गए कूट से कीजिए-
(a) 1 एवं 2 (b) 1, 2 एवं 3
(c) 1 एवं 4 (d) 2 एव 4

56. मव आविष्कृत उच्च ताप अतिचालक हैं-
(a) मिश्रित धातुएं
(b) शुद्ध दुर्लभ मृदा धातुएं
(c) सिरेमिक ऑक्साइड्स
(d) अकार्बनिक बहुलक

57. अतिचालकता किस तापमान पर अत्यधिक आर्थिक महत्व की हो सकती है जिससे लाखों रुपये की बचत हो?
(a) अत्यंत कम तापमान पर
(b) उस तापमान पर जिस पर अर्द्धचालक होता है
(c) सामान्य तापमान पर
(d) अत्यधिक ऊंचे तापमान पर

58. महासागर में डूबी हुई वस्तुओं की स्थिति जानने के लिए निम्न में से किस यंत्र का प्रयोग किया जाता है?
(a) ऑडियोमीटर (b) गैल्वेनोमीटर
(c) सेक्सटैन्ट (d) सोनार

59. वह परमाणु ऊर्जा संयंत्र जो हाल ही में सक्रिय हुआ, स्थापित है-
(a) कलपक्कम में (b) नरोरा में
(c) तारापुर में (d) कैगा में

60. निम्नलिखित प्रश्नों पर विचार कीजिए-
1. तन्तु प्रकाशिकी पूर्ण आन्तरिक परावर्तन सिद्धान्त पर आधारित है।
2. प्रकाशित तन्तु संचार तन्त्र में ऊर्जा उपयोग अत्यधिक होता है।
3. प्रकाशित तन्तु संचार, रेडियो आवृत्ति अवरोध से युक्त होता है।
4. भारत में प्रकाशित-तन्तु के निर्माण से रिलायन्स उद्योग समूह सम्बद्ध है।
इन कथनों में से चुनिए-
(a) 1, 2 तथा 3 सही है
(b) 1, 2 तथा 4 सही है
(c) 1, 3 तथा 4 सही है
(d) 2, 3 तथा 4 सही है

61. निम्नलिखित युग्मों में से कौन-सा युग्म सुमेलित नहीं है?
(a) मेसान की खोज - हिडेकी युकावा
(b) पॉजिट्रान की खोज - सी.डी. एंडरसन एवं एफ. हेस
(c) सूर्य एवं तारों में ऊर्जा उत्पादन का सिद्धान्त - एच.ए. बेथे
(d) परायूरेनियम तत्व - एनरिको फर्मी

62. सूर्य की ऊर्जा उत्पन्न होती है-
(a) आयनन के द्वारा
(b) नाभिकीय संलयन के द्वारा
(c) नाभिकीय विखण्डन के द्वारा
(d) आक्सीकरण के द्वारा

63. निम्नलिखित में से कौन-सा एक सुमेलित नहीं है?
(a) डेसिबल - ध्वनि की प्रबलता की इकाई
(b) अश्वशक्ति - शक्ति की इकाई
(c) समुद्री मील - नौसंचालन में दूरी की इकाई
(d) सेल्सियस - ऊष्मा की इकाई

64. कथन (A) : ऊनी वस्त्र हमें गर्म रखते हैं।
कारण (R) : ऊनी रेशे एक विशेष प्रकार के प्रोटीन के बने होते हैं जो ऊष्मा के कुचालक होते हैं।
सही उत्तर का चयन नीचे दिए गए कूट की सहायता से कीजिए-

कूट :
(a) A तथा R दोनों सही हैं तथा R, A की सही व्याख्या करता है।
(b) A तथा R दोनों सही हैं परन्तु R, A की सही व्याख्या नहीं करता है।
(c) A सही है, R गलत है।
(d) A गलत है, R सही है।

65. इसके दिन की अवधि तथा इसके अक्ष का झुकाव सन्निकटतः पृथ्वी के ही समान है। यह सत्य है-
(a) यूरेनस के बारे में
(b) नेपच्यून के बारे में
(c) शनि के बारे में
(d) मंगल के बारे में

66. आकाश गंगा वर्गीकृत की गई है-
(a) सर्पाकार गैलेक्सी के रूप में
(b) वैद्युत गैलेक्सी के रूप में
(c) अनियमित गैलेक्सी के रूप में
(d) गोलाकार गैलेक्सी के रूप में

67. भारत में अणु बम के विकास से संबंधित हैं-
(a) ए.पी.जे. अब्दुल कलाम
(b) होमी भाभा
(c) राजा रमन्ना
(d) कस्तूरीरंगन

68. रूस को छोड़कर निम्न में से कौन-से गणतंत्र परमाणु शक्ति हैं?
1. यूक्रेन **2. जॉर्जिया**
3. बेलारूस **4. कजाकस्तान**
(a) 1, 2 और 4 (b) 2, 3 और 4
(c) 1, 2 और 3 (d) 1, 3 और 4

69. जल के अन्दर वायु का बुलबुला व्यवहार करता है-
(a) द्विफोकसी लेंस जैसा
(b) अभिसारी लेंस जैसा
(c) अपसारी लेंस जैसा
(d) शंक्वाकार लेंस जैसा

70. ध्वनि तरंगें-
(a) निर्वात में चल सकती हैं।
(b) केवल ठोस माध्यम में चल सकती हैं।
(c) केवल गैसों में चल सकती हैं।
(d) ठोस तथा गैस दोनों माध्यमों में चल सकती हैं।

71. विद्युत् उपकरण में 'अर्थ' का उपयोग होता है-
(a) खर्च को कम करने के लिए
(b) क्योंकि उपकरण 4 फेज में काम करते हैं
(c) सुरक्षा के लिए
(d) फ्यूज के रूप में

72. टेलीविजन के दूरस्थ नियंत्रण में किस प्रकार प्रकाश तरंगों का उपयोग होता है-
(a) दृश्य प्रकाश
(b) अवरक्त
(c) एक्स-किरण
(d) गामा-किरण

73. सूची-I को सूची-II से सुमेलित करें तथा नीचे दिए गए कूट से सही उत्तर चुनिए-

सूची-I (भौतिक राशियां)	सूची-II (इकाई)
A. त्वरण	1. जूल
B. बल	2. न्यूटन-सेकेण्ड
C. कृत कार्य	3. न्यूटन
D. आवेग	4. मीटर 1 सेकण्ड

कूट :

	A	B	C	D
(a)	1	2	3	4
(b)	2	3	4	1
(c)	3	4	1	2
(d)	4	3	1	2

74. सूची-I को सूची-II से सुमेलित करें तथा नीचे दिए गए कूट से सही उत्तर चुनिए-

सूची-I (उपकरण/यंत्र)	सूची-II (मापन की गई राशि)
A. अमीटर	1. दाब
B. हाइग्रोमीटर	2. भार
C. बैरोमीटर	3. धारा
D. स्प्रिंग-तुला	4. सापेक्ष-आर्द्रता

कूट :

	A	B	C	D
(a)	2	1	4	1
(b)	3	4	1	2
(c)	4	1	2	3
(d)	3	2	3	4

75. सेल्सियस और फारेनहाइट थर्मोमीटर में दोनों के ताप का प्रेक्षण समान होता है, जबकि ताप का मान है-
(a) −40° (b) 0°
(c) 32° (d) 100°

76. राडार उपयोग में आता है-
(a) प्रकाश तरंगों द्वारा वस्तुओं का पता लगाने में
(b) ध्वनि तरंगों द्वारा वस्तुओं का पता लगाने में
(c) रेडियो तरंगों द्वारा वस्तुओं की स्थिति ज्ञात करने में
(d) वर्षा करने वाले बादलों का पीछा करने में

77. कास्मास 2406 है-
(a) एक सुपर कम्प्यूटर
(b) एक सैन्य उपग्रह
(c) एक मानव रहित विमान
(d) रुस का मंगल ग्रह अभियान

78. 'सोनार' अधिकांशतः प्रयोग में लाया जाता है
(a) अन्तरिक्ष यात्रियों द्वारा
(b) डॉक्टरों द्वारा
(c) इन्जीनियरों द्वारा
(d) नौसंचालकों द्वारा

79. कॉस्मिक किरणों के सम्बन्ध में निम्न कथनों में से कौन-सा सही नहीं है?
(a) ये विद्युत चुम्बकीय तरंगें होती हैं।
(b) उनकी तरंगदैर्ध्य बहुत छोटी होती है।
(c) ये बहुत अधिक ऊर्जा वाले आवेशित कणों से बनी होती हैं।
(d) ये सूर्य से उत्पन्न होती हैं।

80. किसी तारे का रंग दर्शाता है-
(a) उसकी पृथ्वी से दूरी
(b) उसका ताप
(c) उसकी ज्योति
(d) उसकी सूर्य से दूरी

81. लम्बाई की न्यूनतम इकाई है-
(a) माइक्रोन (b) नैनोमीटर
(c) ऐंग्स्ट्रोन (d) फर्मीमीटर

82. बिजली के बल्ब का तन्तु बना होता है-
(a) मैग्नीशियम का (b) लोहे का
(c) नाइक्रोम का (d) टंगस्टन का

83. वर्षा की बूंदे गोलाकार होती हैं, क्योंकि-
(a) वे बहुत ऊंचाई से गिरती हैं।
(b) हवा में प्रतिरोध होता है।
(c) जल में पृष्ठ-तनाव होता है।
(d) उपर्युक्त में से कोई नहीं।

84. विलहेल्म रॉन्टजेन ने आविष्कार किया था-
(a) रेडियो का
(b) एक्स-रे मशीन का
(c) विद्युत बल्ब का
(d) विद्युत मीटर का

85. सूची-I तथा सूची-II को सुमेलित कीजिए तथा सूचियों के नीचे दिए गए कूट से सही उत्तर चुनिए-

सूची-I (भौतिक राशियां)	सूची-II (इकाई)
A. त्वरण	1. जल
B. बल	2. न्यूटन-सेकण्ड
C. कुत कार्य	3. न्यूटन
D. आवेग	4. मीटर/सेकेण्ड^2

कूट :

	A	B	C	D
(a)	1	2	3	4
(b)	2	1	4	3
(c)	4	3	1	2
(d)	3	4	2	1

86. निम्नलिखित कथनों पर विचार कीजिए और उत्तर नीचे दिए हुए कूटों की सहायता से दीजिए-
कथन (A) : पृथ्वी पर से चन्द्रमा के पृष्ठ का केवल एक फलक ही दिखाई देता है।
कारण (R) : अपने अक्ष पर चन्द्रमा के घूर्णन का काल उसके पृथ्वी के चारों ओर घूमने के काल के बराबर होता है
कूट :
(a) A तथा R दोनों सही हैं और R, A का सही स्पष्टीकरण है।
(b) A और R दोनों सही हैं परन्तु R, A का सही स्पष्टीकरण नहीं है।
(c) A सही है, परन्तु R गलत है।
(d) A गलत है, किन्तु R सही है।

87. किसी पिण्ड का भार-
(a) पृथ्वी तल पर सब जगह समान होता है।
(b) ध्रुवों पर सर्वाधिक होता है।
(c) विषुवत रेखा पर अधिक होता है।
(d) मैदानों की अपेक्षा पहाड़ों पर अधिक होता है।

88. निम्नतापी इंजनों का अनुप्रयोग किया जाता है-
(a) रॉकेटों में
(b) परमाणु भट्टी में
(c) तुषारमुक्त प्रशीतित्रों में
(d) अतिचालकता विषयक अनुसन्धानों में

89. ट्रान्सफार्मर प्रयुक्त होते हैं-
(a) AC को DC में बदलने के लिए
(b) DC को AC में बदलने के लिए
(c) DC को वोल्टेज का उपचयन करने के लिए
(d) AC वोल्टेज का उपचयन या अपचयन करने के लिए

90. एक भू-उपग्रह अपनी कक्षा में निरन्तर गति करता है। यह अपकेन्द्र बल के प्रभाव से होता है, जो प्राप्त होता है-
(a) उपग्रह को प्रेरित करने वाले राकेट इंजन से
(b) पृथ्वी द्वारा उपग्रह पर लगने वाले गुरुत्वाकर्षण से
(c) सूर्य द्वारा उपग्रह पर लगने वाले गुरुत्वाकर्षण से
(d) उपग्रह द्वारा पृथ्वी पर लगने वाले गुरुत्वाकर्षण से

91. जब किसी वस्तु को पृथ्वी से चन्द्रमा पर ले जाया जाता है, तो-
(a) उसका भार बढ़ जाता है।
(b) उसका भार घट जाता है।
(c) उसके भार में कोई परिवर्तन नहीं होता है।
(d) वह पूर्ण रूप से भार रहित हो जाती है।

92. गर्म करने से विस्तारण-
(a) केवल ठोस पदार्थ में होता है।
(b) पदार्थ का भार बढ़ा देता है।
(c) पदार्थ का घनत्व घटा देता है।
(d) सभी द्रव्यों और ठोस पदार्थों में समान दर से होता है।

93. प्रत्यावर्ती धारा को दिष्ट धारा में परिवर्तित करने वाली युक्ति को कहते हैं-
(a) इनवर्टर (b) रेक्टीफायर
(c) ट्रान्सफार्मर (d) ट्रान्समीटर

94. दिनांक 3 जुलाई, 2006 को ल्हासा रेलवे स्टेशन से पहली ट्रेन चली। वह जब तिब्बत के घास के मैदान के सबसे ऊंचाई वाले बिन्दु से गुजरी तब कई यात्री तुंगीय बीमारी को दूर करने के लिए निम्न में से किसके लिए दौड़े?
(a) मिनरल वाटर की बोतल के लिए
(b) प्रदूषण निरपदन मॉस्क के लिए
(c) ऑक्सीजन मॉस्क के लिए
(d) कोल्ड ड्रिंक की बोतल के लिए

95. सूची-I को सूची-II के साथ सुमेलित कीजिए और सूचियों के नीचे दिए गए कूट की सहायता से सही उत्तर दीजिए-

सूची-I	सूची-II
A. उच्च वेग	1. मैक
B. तरंग दैर्ध्य	2. एंगस्ट्रॉम
C. दबाव	3. पास्कल
D. ऊर्जा	4. जूल

कूट :

	A	B	C	D
(a)	2	1	3	4
(b)	1	2	4	3
(c)	1	2	3	4
(d)	2	1	4	3

96. थर्मोस्टेट वह यंत्र है, जो-
(a) ऊष्मा मापता है।
(b) तापक्रम मापता है।
(c) किसी निकाय का तापक्रम स्वनियंत्रित करता है।
(d) किसी निकाय का दाब स्वनियंत्रित करता है।

97. निम्न में से कौन-सा कथन सही नहीं है?
(a) एयर-कण्डीशनर और एयर-कूलर दोनों तापक्रम नियंत्रित करते हैं।
(b) एयर-कण्डीशनर और एयर-कूलर दोनों आर्द्रता नियंत्रित करते हैं।
(c) एयर-कण्डीशनर आर्द्रता नियंत्रित करता है। परन्तु एयर-कूलर आर्द्रता नियंत्रित नहीं करता है।
(d) दोनों वायु की गति नियंत्रित करते हैं।

98. रक्त दाब नापने के यंत्र का नाम है-
(a) टैकोमीटर (b) स्फिग्नोमैनोमीटर
(c) ऐक्टीमीटर (d) बैरोमीटर

99. कथन (A) : खतरे का सिगनल लाल रंग का बनाया जाता है।
कारण (R) : लाल रंग का प्रकीर्णन सबसे कम होता है।
सही उत्तर का चयन नीचे दिए गए कूट की सहायता से कीजिए।
कूट :
(a) (A) तथा (R) दोनों सही हैं तथा (R), (A) की सही व्याख्या है।
(b) (A) और (R) दोनों सही हैं परन्तु (R), (A) की सही व्याख्या नहीं है।
(c) (A) सही है, परन्तु (R) गलत है।
(d) (A) गलत है, परन्तु (R) सही है।

100. गर्मियों में सफेद कपड़े पहनना ज्यादा आरामदेह है, क्योंकि-
(a) वे अपने ऊपर पड़ने वाली सारी ऊष्मा को परावर्तित कर देते हैं।
(b) वे शरीर से स्थानान्तरित होने वाली सारी ऊष्मा को विकिरित कर देते हैं।
(c) वे पसीना सोख लेते हैं।
(d) वे आंखों को शीतलता प्रदान करते हैं।

उत्तरमाला

1. (c)	**2.** (b)	**3.** (c)	**4.** (b)	**5.** (a)	**6.** (c)	**7.** (d)	**8.** (b)	**9.** (a)	**10.** (c)
11. (c)	**12.** (a)	**13.** (b)	**14.** (b)	**15.** (a)	**16.** (c)	**17.** (a)	**18.** (d)	**19.** (c)	**20.** (d)
21. (d)	**22.** (d)	**23.** (c)	**24.** (a)	**25.** (b)	**26.** (a)	**27.** (c)	**28.** (c)	**29.** (a)	**30.** (b)
31. (a)	**32.** (d)	**33.** (d)	**34.** (a)	**35.** (c)	**36.** (b)	**37.** (b)	**38.** (d)	**39.** (c)	**40.** (c)
41. (c)	**42.** (b)	**43.** (a)	**44.** (c)	**45.** (a)	**46.** (c)	**47.** (a)	**48.** (c)	**49.** (c)	**50.** (b)
51. (b)	**52.** (d)	**53.** (a)	**54.** (b)	**55.** (a)	**56.** (c)	**57.** (c)	**58.** (d)	**59.** (d)	**60.** (c)
61. (d)	**62.** (b)	**63.** (d)	**64.** (a)	**65.** (d)	**66.** (a)	**67.** (b)	**68.** (c)	**69.** (c)	**70.** (d)
71. (c)	**72.** (b)	**73.** (d)	**74.** (b)	**75.** (a)	**76.** (c)	**77.** (b)	**78.** (d)	**79.** (a)	**80.** (b)
81. (d)	**82.** (d)	**83.** (c)	**84.** (b)	**85.** (c)	**86.** (a)	**87.** (b)	**88.** (a)	**89.** (d)	**90.** (b)
91. (b)	**92.** (c)	**93.** (b)	**94.** (c)	**95.** (c)	**96.** (c)	**97.** (b)	**98.** (b)	**99.** (a)	**100.** (a)

❑❑❑

10 रसायन विज्ञान

पदार्थ और उसकी अवस्थाएँ

पदार्थ—पदार्थ वह है, जो स्थान घेरता है तथा जिसमें भार होता है।

पदार्थ की तीन अवस्थाएँ—ठोस, द्रव तथा गैस हैं।

ठोस—पदार्थ की वह भौतिक अवस्था, जिसमें उसका आकार तथा आयतन निश्चित होता है। ठोस अवस्था कहलाती है।

द्रव—पदार्थ की वह भौतिक अवस्था, जिसमें उसका आयतन निश्चित रहता है, परन्तु आकार पात्र के आकार जैसा हो जाता है, जिसमें वह रखा गया है, द्रव अवस्था कहलाता है।

गैस—पदार्थ की वह भौतिक अवस्था जिसका न आयतन निश्चित होता है न ही आकार, गैस अवस्था कहलाती है।

तत्व—समान प्रकार (समान परमाणु क्रमांक) के परमाणुओं से बने हुए शुद्ध पदार्थ को तत्व कहा जाता है।

उदाहरण—सोना, चाँदी इत्यादि।

यौगिक—यौगिक दो या दो से अधिक तत्वों के निश्चित अनुपात का रासायनिक संयोग है।

- यौगिक के कण उसके अवयव तत्वों के गुणों से भिन्न होते हैं।
- यौगिकों के गलनांक तथा क्वथनांक निश्चित होते हैं।

मिश्रण—मिश्रण दो या दो से अधिक किन्हीं भी पदार्थों का किसी भी अनुपात में मिलाने से बन जाते हैं।

- मिश्रण के अवयवों को भौतिक विधियों द्वारा पृथक् किया जा सकता है।

परमाणु संरचना

परमाणु—तत्व का वह सूक्ष्म कण, जिसमें पदार्थ के सभी गुण विद्यमान होते हैं तथा वे रासायनिक क्रिया में भाग लेते हैं, परमाणु कहलाता है।

परमाणु के तीन मूल कण होते हैं—

	इलेक्ट्रॉन	प्रोटोन	न्यूट्रान
	(–1e°)	**(1 H1)**	**(0N1)**
प्रकृति	ऋणावेशित	धनावेशित	आवेशहीन
खोजकर्ता	जे.जे. थॉमसन	ई. रदरफोर्ड	जेम्स चैडविक
द्रव्यमान	9.109535×10^{-28} ग्राम	1.672×10^{-24} ग्राम	1.675×10^{-24} ग्राम

- **अणु**—पदार्थ का अति सूक्ष्म कण, जो स्वतंत्र अवस्था में पाया जाता है, अणु कहलाता है।
- यौगिकों के अणुओं में दो या दो से अधिक प्रकार के परमाणु विद्यमान होते हैं।
- **कैथोड किरण**—ये किरणें सीधी रेखा में चलती हैं तथा ये अपने पथ के मध्य रखी ठोस वस्तु की छाया उत्पन्न करती है।
- ये किरणें ऋणावेशित होती हैं तथा यौगिक पर प्रभाव डालती हैं।
- **ऐनोड किरण**—ये किरणें सीधी रेखा में चलती हैं तथा यौगिक प्रभाव उत्पन्न करती हैं।
- ये किरणें धनावेशित होती हैं।

नाभिक—इसकी खोज सर्वप्रथम रदरफोर्ड ने की थी।

- परमाणु के मध्य में एक अति सूक्ष्म पिण्ड होता है जिसे नाभिक कहते हैं।

नाभिक में परमाणु का समस्त धनावेश तथा द्रव्यमान विद्यमान रहता है।

- **परमाणु क्रमांक**—किसी तत्व के परमाणु में उपस्थित प्रोट्रॉनों की संख्या, परमाणु क्रमांक के बराबर होती है।
- परमाणु क्रमांक = प्रोट्रॉनों की संख्या = इलेक्ट्रॉनों की संख्या।
- **द्रव्यमान संख्या**—किसी तत्व के परमाणु में नाभिक में उपस्थित प्रोट्रॉनों तथा न्यूट्रॉनों की संख्या का योग, द्रव्यमान संख्या कहलाती है।

अर्थात्

द्रव्यमान संख्या (परमाणु भार)
= प्रोट्रॉनों की संख्या + न्यूट्रॉनों की संख्या
= परमाणु संख्या + न्यूट्रॉनों की संख्या
= इलेक्ट्रॉनों की संख्या + न्यूट्रॉनों की संख्या

- **समस्थानिक**—एक ही तत्व के परमाणुओं को जिनकी परमाणु संख्या समान हो, परन्तु परमाणु द्रव्यमान संख्या भिन्न हो, समस्थानिक कहलाता है।

उदाहरण—(1) $_1H^1$, $_1H^2$, $_1H^3$ हाइड्रोजन के समस्थानिक हैं। (2) $_8O^{16}$, $_8O^{17}$, $_8O^{18}$ ऑक्सीजन के समस्थानिक हैं।

समभारी—विभिन्न तत्वों के ऐसे परमाणु जिनकी द्रव्यमान संख्या समान होती है लेकिन परमाणु क्रमांक भिन्न-भिन्न होते हैं, समभारी कहलाते हैं।

उदाहरण—$_1H^3$ और $_2He^3$, $_{18}Ar^{40}$, $_{19}K^{40}$ और $_{20}Ca^{40}$

क्वाण्टम सिद्धान्त—"किसी प्रकाश-स्रोत से प्रकाश सतत् ऊर्जा के रूप में उत्सर्जित नहीं होता, बल्कि ऊर्जा के छोटे-छोटे बण्डलों या क्वाण्टम के रूप में उत्सर्जित होता है।" ऊर्जा के इन बण्डलों को फोटोन कहते हैं। इसका तरंगदैर्ध्य निम्न प्रकार व्यक्त किया जा सकता है—$E = hv$

रासायनिक बंध

- **आयन**—आयन एक विद्युत-आवेशित परमाणु है। धन आवेश युक्त आयन को धनायन, जबकि ऋण आवेश युक्त आयन को ऋणायन कहते हैं।

- धनायन में एक सामान्य परमाणु से कम इलेक्ट्रॉन होते हैं, जबकि ऋणायन में सामान्य परमाणु से अधिक इलेक्ट्रॉन होते हैं।
- धातु, इलेक्ट्रॉन को देकर धनायन बनाते हैं तथा अधातु इलेक्ट्रॉन को ग्रहण करके ऋणायन बनाते हैं।
- **सम-इलेक्ट्रॉनिक आयन**—ऐसे आयन जिनमें इलेक्ट्रॉनों की संख्या समान किन्तु नाभिकीय आवेश भिन्न-भिन्न होता है। सम-इलेक्ट्रोनिक आयन कहलाते हैं।
- **रासायनिक बंध के प्रकार**—परमाणु स्थायी संरचना प्राप्त करने के लिए रासायनिक बंध बनाते हैं, जो वैद्युत संयोजी बंध, सहसंयोजी बंध तथा उपसहसंयोजी बंध इनके अतिरिक्त ये हाइड्रोजन बंध भी बनाते हैं।
- **वैद्युत संयोजी बंध**—परमाणुओं के मध्य इलेक्ट्रॉनों के स्थानान्तरण से जो बंध बनते हैं, उन्हें वैद्युत संयोजी बंध या आयनिक बंध कहा जाता है।
- जब कोई धातु, किसी अधातु के साथ संयोग करती है तो उनके मध्य साधारणत: वैद्युत संयोजी बंध बनता है।
- **सहसंयोजी बंध**—परमाणुओं के मध्य इलेक्ट्रॉन युग्मों की साझेदारी से जो बंध बनते हैं, उन्हें सहसंयोजी बंध कहते हैं।
  सहसंयोजी बंध तीन प्रकार के होते हैं—
  (i) एकल बंध (एक e^- युग्म के साझे द्वारा)
  (ii) युग्म बंध (दो e^- युग्म के साझे द्वारा)
  (iii) त्रिक बंध (तीन e^- युग्म के साझे द्वारा)
- **उप सहसंयोजक बंध**—उप सहसंयोजी बंध, एक विशेष प्रकार का सहसंयोजी बंध है, जिसमें दो परमाणु परस्पर साँझे के एक इलेक्ट्रॉन युग्म के द्वारा बँधे रहते हैं, परन्तु साँझे का इलेक्ट्रॉन युग्म केवल एक परमाणु द्वारा दिया जाता है। जो परमाणु साँझे के लिए इलेक्ट्रोन युग्म देते हैं उसे दाता परमाणु कहते हैं तथा जो परमाणु इलेक्ट्रॉन युग्म ग्रहण करता है, उसे ग्राही परमाणु कहते हैं।
- **हाइड्रोजन बंध**—यह एक प्रबल ऋणविद्युती परमाणु A से सहसंयोजक बंध द्वारा जुड़े हाइड्रोजन परमाणु में दूसरे प्रबल ऋण विद्युती परमाणु B के साथ एक अपेक्षाकृत क्षीण बंध बनाने की प्रवृत्ति होती है। यह अपेक्षाकृत क्षीण बंध होता है, जो एक ऋण विद्युती परमाणु A से जुड़ा हाइड्रोजन परमाणु दूसरे ऋणविद्युती परमाणु B के साथ बनता है, हाइड्रोजन बंध कहलाता है। यह दो प्रकार के होते हैं—अंतरा अणुक हाइड्रोजन बंध तथा अन्त: अणुक हाइड्रोजन बंध।
- **विद्युत संयोजी यौगिक**—यह यौगिक सामान्यत: क्रिस्टलीय होते हैं। यह कठोर तथा भंगुर होते हैं।
- विद्युत संयोजी यौगिक, विद्युत आवेशित परमाणु या परमाणुओं के समूह से बनते हैं।
- ये कार्बनिक विलायकों में अघुलनशील होते हैं जैसे एल्कोहल आदि।
- इनके गलनांक तथा क्वथनांक उच्च होते हैं।
- जल में घोलने पर विद्युत चालक होते हैं तथा जल में घुलनशील होते हैं।

कुछ महत्वपूर्ण विद्युत संयोजी यौगिक

नाम	रासायनिक सूत्र	उपस्थित आयन
कैल्शियम नाइट्रेट	$Ca(NO_3)_2$	Ca^{2+}, NO^-_3
कॉपर सल्फेट	$CuSO_4$	Cu^{2+}, SO^{2-}_4
कैल्शियम क्लोराइड	$CaCl_2$	Ca^{2+}, Cl^-
मैग्नीशियम क्लोराइड	$MgCl_2$	Mg^{2+}, Cl^-
अमोनियम क्लोराइड	NH_4Cl	NH^+_4, Cl^-
मैग्नीशियम ऑक्साइड	MgO	Mg^{2+}, Cl^-
ऐल्यूमीनियम ऑक्साइड	Al_2O_3	Al^{3+}, O^{2-}
पोटैशियम क्लोराइड	KCl	K^+, Cl^-
सोडियम हाइड्रॉक्साइड	$NaOH$	Na^+, OH^-
सोडियम क्लोराइड	$NaCl$	Na^+, Cl^-

- **सहसंयोजी यौगिक**—ये अधिकतर द्रव और गैस होते हैं। ये विद्युत के चालक नहीं हैं तथा जल में अघुलनशील तथा कार्बनिक विलायकों में घुलनशील होते हैं।
- ये समावयवता प्रदर्शित करते हैं, क्योंकि सहसंयोगी बंध प्रकृति में दिशात्मक होते हैं।
- सहसंयोजक यौगिकों के गलनांक व क्वथनांक साधारणत: निम्न होते हैं—

कुछ महत्वपूर्ण सहसंयोजी यौगिक

नाम	रासायनिक सूत्र	उपस्थित तत्व
अमोनिया	NH_3	N और H
कार्बन डाइऑक्साइड	CO_2	C और O
कार्बन टेट्राक्लोराइड	CCl_4	C और Cl
ऐथेन	C_2H_6	C और H
ग्लूकोज	$C_6H_{12}O_6$	C और O
ऐथिलीन	C_2H_4	C और H
मिथेन	CH_4	C और H
शर्करा	$C_{12}H_{22}O_{11}$	C और O
कार्बन डाइसल्फाइड	CS_2	C और S
एसीटिलीन (ऐथाइन)	C_2H_2	C और H
अल्कोहल (एथेनॉल)	C_2H_5OH	C, H, O

ऑक्सीकरण और अपचयन

- **ऑक्सीकरण**—परमाणुओं, आयनों या अणुओं द्वारा एक या एक से अधिक इलेक्ट्रोन त्यागने की प्रक्रिया ऑक्सीकरण कहलाती है।
- ऑक्सीकरण के द्वारा किसी तत्व की धनात्मक संयोजकता बढ़ जाती है।
- इलेक्ट्रोन त्यागना ऑक्सीकरण है।
- **अपचयन**—परमाणुओं, आयनों या अणुओं द्वारा एक या एक से अधिक इलेक्ट्रॉन ग्रहण करने की प्रक्रिया अपचयन कहलाती है।
- अपचयन में तत्व की धनात्मक संयोजकता घटती है।
- **आक्सीकारक**—वह पदार्थ जो रासायनिक प्रक्रिया में इलेक्ट्रोन ग्रहण करता है, आक्सीकारक कहलाता है।
- सभी धनावेशित तत्व, आक्सीकारक की तरह व्यवहार करते हैं।
- **अपचायक**—वे पदार्थ जो रासायनिक प्रक्रिया में इलेक्ट्रोन देते हैं, अपचायक कहलाते हैं।
- सभी ऋणावेशित पदार्थ, अपचायक की तरह व्यवहार करते हैं।

उत्प्रेरक की सामान्य विशेषताएँ

1. यह भार तथा बनावट में अपरिवर्तित रहते हैं।
2. इनकी सूक्ष्म मात्रा अभिक्रिया के वेग को परिवर्तित कर देती है।
3. यह किसी क्रिया को आरम्भ नहीं कर सकते।
4. सामान्यत: यह उत्पादों की प्रवृत्ति नहीं बदलते।
5. यह अपने कार्य में विशिष्ट होते हैं।
6. इनका साम्यावस्था पर कोई प्रभाव नहीं पड़ता।
7. इनका प्रमुख कार्य, अभिक्रिया की संक्रियण ऊर्जा को कम करना है।

एन्जाइम उत्प्रेरण

1. एन्जाइम के द्वारा अभिक्रिया की दर को बढ़ाना,एन्जाइम उत्प्रेरण कहलाता है।
2. एन्जाइम की बहुत सूक्ष्म मात्रा ही पदार्थों की बहुत अधिक मात्रा को प्रभावित करती है।
3. एन्जाइम, जटिल नाइट्रोजन युक्त कार्बनिक पदार्थ है।
4. एन्जाइम ताप के प्रति अधिक संवेदनशील होते हैं, अत: 25-35°C ताप के प्रति अधिक सक्रिय होते हैं।
5. एन्जाइम क्रिया में अत्यन्त ही विशिष्ट होते हैं।

विलयन—दो या दो से अधिक पदार्थों का समांग मिश्रण, विलयन कहलाता है।

- इस समांग मिश्रण में जो पदार्थ घोला जाता है। वह विलेय कहलाता है तथा वह द्रव जिसमें विलेय घोला जाता है, वह विलायक कहलाता है।
- **कोलाइडी अवस्था**—कोलाइडी विलयन में, विलेय के कण, वास्तविक विलयनों के विलेय के कणों से बड़े, किन्तु निलम्बन के विलेय के कणों से छोटे होते हैं।
- कोलाइडी विलयन प्रकाश किरण को प्रकीर्णित कर देते हैं।
- कोलाइडी विलयन का शुद्धिकरण अपोहन विधि द्वारा किया जाता है।
- ये बहुत स्थाई होते हैं और ये अति सूक्ष्मदर्शी द्वारा देखे जा सकते हैं।
- सोल में परिक्षेपण माध्यम द्रव तथा परिक्षिप्त प्रावस्था ठोस होती है।
- **पायस**—ऐसे कोलॉइडी विलयन जिसमें परिक्षेपण माध्यम तथा परिभिप्त प्रावस्था दोनों ही द्रव होते हैं, पायस कहलाते हैं। जैसे—दूध, कॉडलियर तेल आदि।

ये दो प्रकार के होते हैं—

(1) तेल में जल पायस--जैसे—दूध, वैनिशिंग, क्रीम आदि।

(2) जल में तेल पायस—जैसे—कोल्ड क्रीम, कॉडलिवर तेल आदि।

- **जैल**—ऐसे कोलाइडी विलयन, जिसमें परिक्षेपण माध्यम ठोस किन्तु परिक्षिप्त प्रावस्था द्रव होती है, जैल कहलाते हैं।
- मक्खन व पनीर जैल का उदाहरण है।
- वह विलयन सोल होता है जिसमें परिक्षेपण माध्यम द्रव तथा परिक्षिप्त प्रावस्था गैस होती है। जैसे-अल्कोहल, अरंडी का तेल आदि।

कुछ प्रमुख मिश्र धातुएँ

मिश्र धातु	संगठन	प्रमुख उपयोग
सोल्डर	टिन तथा लेड	टाँका लगाने में
टाइम मैटल	टिन, लेड, एन्टीमनी	छपाई में
बैल मैटल	कॉपर, टिन	घण्टे, पुर्जे
पीतल	कॉपर और जिंक	तार, मशीनों के पुर्जे, बर्तन
जर्मन सिल्वर	कॉपर, जिंक और निकिल	बर्तन मूर्तियाँ आदि
डेंटल मिश्र धातु	सिल्वर, मरकरी, जिंक, टिन	दाँतों में भरने के लिए
एल्नीको	आयरन, क्रोमियम, निकिल	स्थाई चुम्बक
काँसा	कॉपर तथा टिन	बर्तन, मूर्तियाँ आदि बनाने में
ब्यूटर	टिन, लेड	बर्तन बनाने में
गन मैटल	कॉपर टिन और जिंक	बन्दूकें, हथियार, मशीनों के पुर्जे
मैग्नेलियम	मैग्नीशियम और एल्यूमीनियम	वायुयान तथा जहाजों को बनाने में
स्टैनलेस स्टील	आयरन, क्रोमियम, निकिल	बर्तन, चिकित्सा के औजार
कॉन्सटैन्टन	कॉपर और निकिल	तार, विद्युतीय यन्त्र
एल्यूमिनियम ब्रान्ज	कॉपर और एल्यूमीनियम	सिक्के, सस्ते आभूषण

मनुष्य द्वारा निर्मित पदार्थ

- **साबुन**—उच्च वसीय अम्लों के सोडियम एवं पोटैशियम लवण साबुन कहलाते हैं; जैसे—सोडियम पालमिटेड, स्टीरेड तथा सोडियम ओलिएट आदि।
- साबुन के निर्माण में आवश्यक प्रयुक्त सामग्री जंतुओं की चर्बी, वनस्पति तेल, सोडियम हाइड्रोक्साइड, सोडियम क्लोराइड आदि (अत: साबुन बनाने का प्रक्रम साबुनीकरण कहलाता है।)

डिटरजेंट—डिटरजैण्ट एक विशेष प्रकार के कार्बनिक यौगिक हैं, जिनमें साबुन के समान ही सफाई का गुण विद्यमान होता है, परन्तु ये स्वयं साबुन नहीं होते।

- डिटरजैंट के निर्माण में आवश्यक प्रयुक्त सामग्री उच्च अणु भार वाले हाइड्रोकार्बन, सल्फ्यूरिक एसिड तथा सोडियम हाइड्रोक्साइड आदि।
- **बहुलक**—अधिक अणु भार वाला वह यौगिक जो कम अणु भार वाले एक या एक से अधिक प्रकार के बहुत से अणुओं के संयोजन से बनते

हैं, जिनके बीच सहसंयोजक बंध होते हैं, बहुलक कहलाते हैं तथा यह प्रक्रम बहुलीकरण कहलाता है।

➢ **बहुलक के प्रकार**—बहुलक उत्पत्ति के आधार पर वर्गीकृत किए जाते हैं—

1. **प्राकृतिक बहुलक**—ये प्रकृति में पाए जाते हैं जैसे—सेल्युलोज, स्टार्च, रबड़ आदि।
2. **कृत्रिम बहुलक**—ये बहुलक प्रयोगशाला में कृत्रिम रूप से बनाए जाते हैं। जैसे—पोलीथीन, नॉयलोन, ओरलॉन, डूक्शन आदि।

कुछ महत्वपूर्ण कृत्रिम बहुलक

1. **पॉली प्रोपाइलीन**—इसमें एकलक इकाई प्रोपाइलीन अणु होते हैं। ये पॉलीथीन से अधिक कठोर, मजबूत तथा हल्के होते हैं। ये पाइप, बोतलें, रस्से, गड्डियों आदि बनाने में प्रयोग किये जाते हैं।
2. **पॉली एथिलीन या पॉलीथीन**—इसमें एकलक इकाई एथिलीन अणु होते हैं। यह प्लास्टिक बैग, विद्युत रोधक, रेफ्रिजरेटर, डिश, कोट आदि बनाने में काम आता है।
3. **पॉली स्टाइरीन**—इनमें एकलक इकाई स्टाइरीन होती है। ये सफेद थर्मोप्लास्टिक पदार्थ है और इनका प्रयोग खिलौने, रेडियो एवं टीवी के कैबिनेट, रेफ्रिजरेटर के अस्तर आदि में किया जाता है।
4. **पाली विनाइल क्लोरॉइड**—इसमें एकलक इकाई विनाइल क्लोराइड के अणु होते हैं। यह प्लास्टिक पाइप, ग्रामोफोन रिकार्ड, हैण्ड बैग, जूते, कोट, इन्सूलेटर आदि में प्रयोग किया जाता है।
5. **निओप्रीन**—यह कृत्रिम रबड़ है, जो प्राकृतिक रबड़ के गुण से समानता रखता है। यह क्लोरोप्रीन के बहुलीकरण से बनता है। यह प्राकृतिक रबड़ से अधिक स्थाई होता है। यह पेट्रोल के पाइप, बेल्ट, जूतों के हील आदि बनाने के काम आता है।
6. **टेफ्लॉन (पालीटेट्रा फ्लोरो एथाईलीन)**—इसमें एकलक इकाई ट्रेटाफ्लोरो एथिलीन होते हैं। यह बहुत कठोर पदार्थ है। ये विद्युत के अच्छे चालक नहीं होते हैं। ये सांद्र अम्लों के भरने के केन-प्रेशर कुकर के गेस्केट बनाने में प्रयोग किये जाते हैं।
7. **बूना**—यह 13 ब्यूटार्डान तथा स्टाइरीन का सह बहुलक है। यह ऑटोमोबाइल, टायर, रबड़, सोल, जुराबें, बैल्ट आदि बनाने के काम आता है।
8. **नायलोन**—यहं एक कृत्रिम तंतु है इसमें जल के एक अणु का विलोपन होता है। इसका प्रयोग संश्लेषित रेशे, दूध, ब्रुश, वस्त्र उद्योग, गलीचे, मछलियों के जाल आदि में किया जाता है।
9. **टेरेलीन**—यह एक पॉली एस्टर तंतु है। यह नॉयलान के समान होता है यह संश्लेषित रेशे, कॉटन के साथ मिलाकर टेरीकोट तथा ऊन के साथ मिलाकर टेरीबूल मैग्नेटिक रिकार्डिंग टेप तथा फिल्म आदि में प्रयोग किया जाता है।

रासायनिक पदार्थों के व्यापारिक तथा रासायनिक नाम एवं सूत्र

व्यापारिक नाम	रासायनिक नाम	सूत्र
साधारण लवण	सोडियम क्लोराइड	$NaCl$
चिली साल्टपीटर	सोडियम नाइट्रेट	$NaNO_3$
खाने का सोडा	सोडियम बाइकार्बोनेट	$NaHCO_3$
धावन सोडा	सोडियम कार्बोनेट	$Na_2CO_3.10H_2O$
फिटकरी	पोटैशियम एल्यूमीनियम सल्फेट	$K_2SO_4Al_2(SO_4)_3\ 24H_2O$
टी. एन. टी.	ट्राई नाइट्रोटाल्वीन	$C_6H_2CH_3(NO_2)_3$
विरंजक चूर्ण	ब्लीचिंग पाउडर	$Ca(OCl)Cl$
प्लास्टर ऑफ पेरिस	कैल्शियम सल्फेट हाफ हाइड्रेट	$(CaSO_4)_2H_2O$
ग्लोबलर लवण	सोडियम सल्फेट	$Na_2SO_4.10H_2O$
अम्लराज	अम्लराज	$3HCl + HNO_3$
भारी जल	ड्यूटेरियम ऑक्साइड	D_2O
श्वेत पोटाश	पोटैशियम क्लोरेट	$KClO_3$
हाइड्रोजन परॉक्साइड	हाइड्रोजन परॉक्साइड	H_2O_2
हाइपो	सोडियम थायोसल्फेट	$Na_2S_2O_3.5H_2O$
मार्श गैस	मिथेन	CH_4
अल्कोहल	इथाइल अल्कोहल	C_2H_5OH
कॉस्टिक सोडा	सोडियम हाइड्रॉक्साइड	$NaOH$
तूतिया (नीला थोथा)	कॉपर सल्फेट	$CuSO_4.5H_2O$
उजला थोथा (सफेद कसीस)	जिंक सल्फेट	$ZnSO_4.7H_2O$
संगमरमर	कैल्शियम कार्बोनेट	$CaCO_3$
चूने का पानी	कैल्शियम हाइड्रॉक्साइड	$Ca(OH)_2$
सिन्दूर	मरक्यूरिक सल्फाइड	HgS

शोरे का अम्ल	नाइट्रिक एसिड	HNO_3
नमक का अम्ल	हाइड्रोक्लोरिक एसिड	HCl
नौसादर	अमोनियम क्लोराइड	NH_4Cl
लाफिंग गैस	नाइट्रस ऑक्साइड	N_2O
शुष्क गैस (ड्राई आइस)	ठोस कार्बन डाइऑक्साइड	CO_2

प्रमुख तत्व, अयस्क तथा रासायनिक सूत्र

तत्वों के नाम	अयस्क	रासायनिक सूत्र
चाँदी (Ag)	सिल्वर ग्लास	Ag_2S
ताँबा (Cu)	कॉपर ग्लास, कॉपर पाइराइट्स	Cu_2S; CuFeS
लोहा (Fe)	हेमेटाइट, मैग्नेटाइट	Fe_2O_3; Fe_3O_4
एल्यूमीनियम (Al)	बॉक्साइट, कोरंडम, क्रायोलाइट	$Al_2O_3.2H_2O$; Al_2O_3; Na_3AF_6
मैग्नीशियम (Mg)	डोलोमाइट, कार्नेलाइट	$MgCO_3.CaCO_3$; $KCl.MgCl_2.6H_2O$
पारा (Hg)	सिनेबार, कैलोमल	HgS; Hg_2Cl_2
सोना (Au)	कैल्वेराइट, पेटसाइट	$AuTe_2$; $Ag(Au)_2.Te$
जस्ता (Zn)	जिंकब्लेड, केलामाइन या जिंक स्पार	ZnS
कैल्शियम (Ca)	लाइम स्टोन, डोलोमाइट	$CaCO_3$; $MgCO_3.CaCO_3$
फॉस्फोरस (P)	फॉस्फोराइट, फ्लोएपेटाइट	$Ca_3(PO_4)_2$; $3Ca_3(PO_4)_2CaF_2$
पोटैशियम (K)	कार्नेलाइट, शोरा	KCl $MgCl_2$; $6H_2O$; KNO_3
सोडियम (Na)	रॉक साल्ट, सोडियम कार्बोनेट	NaCl; Na_2CO_3
टिन (Sn)	टिन पाइराइट्स, कैसिटेराइट	Cu_2FeSnS_4; SnO_2
सीसा (Pb)	गैलेना	PbS

प्रश्नमाला

1. प्राकृतिक रबर का बहुलक (Polymer) है-
(a) एथलीन (b) आइसोप्रिन
(c) एसीटिलीन (d) हैक्सेन

2. फोटोग्राफी में उपयोगी तत्व है-
(a) सिल्वर नाइट्रेट
(b) सिल्वर ब्रोमाइड
(c) सल्फ्यूरिक एसिड
(d) साइट्रिक एसिड

3. जल का वाष्प में परिवर्तन कहलाता है-
(a) प्राकृतिक (b) भौतिक
(c) रासायनिक (d) जैविक

4. खाद्य संरक्षण 'फूड प्रोसेसिंग' हेतु प्रयुक्त किया जाता है-
(a) सोडियम कार्बोनेट
(b) एसिटिक एसिड
(c) सोडियम नाइट्रेट
(d) बेंजोइक एसिड

5. जल में आसानी से घुलनशील है-
(a) कॉर्बन (b) नाइट्रोजन
(c) अमोनिया (d) आयोडीन

6. पीतल मिश्रण है-
(a) टिन + चांदी (b) टिन + जस्ता
(c) टिन + तांबा (d) जस्ता + तांबा

7. निम्न में से किसमें कॉर्बन मिलता है?
(a) लिग्नाइट (b) टिन
(c) चांदी (d) लोहा

8. चूना पत्थर का रासायनिक नाम है-
(a) कैल्शियम कार्बोनेट
(b) मैग्नेशियम क्लोराइड
(c) सोडियम क्लोराइड
(d) सोडियम सल्फाइड

9. वायुमण्डल में सबसे अधिक किस गैस का प्रतिशत है?
(a) कॉर्बन (b) नाइट्रोजन
(c) ऑक्सीजन (d) हाइड्रोजन

10. डीजल इंजन में प्रयुक्त ईंधन है-
(a) डीजल की वाष्प और वायु
(b) केवल डीजल
(c) डीजल और पेट्रोल का मिश्रण
(d) डीजल वायु तथा पेट्रोल का मिश्रण

11. पेन्सिल का लैड है-
(a) ग्रेफाइट
(b) चारकोल (लकड़ी का कोयला)
(c) लैम्प ब्लैक
(d) कोयला

12. न्यूट्रॉन की खोज किसने की?
(a) चैडविक ने (b) रदरफोर्ड ने
(c) बोर ने (d) न्यूटन ने

13. गैस इंजन की खोज किसने की?
(a) डीजल ने (b) डेवी ने
(c) डेम्लर ने (d) चार्ल्स ने

14. निम्नलिखित में से कौन-सा मूल तत्व है?
(a) रेत (b) हीरा
(c) संगमरमर (d) शक्कर

15. न्यूट्रॉन की खोज की थी-
(a) चैडविक ने (b) रदरफोर्ड ने
(c) बोर ने (d) न्यूटन ने

16. टेट्राइथाइल लेड (TEL) पेट्रोल में मिलाया जाता है-
(a) इसे जमने से बचाने के लिए
(b) इसका स्फूलिंग बिन्दु बचाने के लिए
(c) इसकी एन्टीनॉकिंग रेटिंग (अपस्फोटन दर) को बढ़ाने के लिए
(d) इसका क्वथनांक बढ़ाने के लिए

17. परमाणु के नाभिक में होते हैं-
(a) इलेक्ट्रॉन तथा न्यूट्रॉन
(b) इलेक्ट्रॉन तथा प्रोटॉन
(c) प्रोटॉन तथा न्यूट्रॉन
(d) प्रोटॉन तथा रेडान

18. हरे फलों को कृत्रिम ढंग से पकाने हेतु प्रयुक्त गैस है-
(a) एसीटिलीन
(b) ईथेन
(c) हाइड्रोजन
(d) कॉर्बन-डाइ-ऑक्साइड

19. निम्नांकित कथनों में से कौन-सा सत्य है?
(a) डी.डी.टी. एक रोगाणुनाशक है।
(b) टी.एन.टी. एक कीटनाशक है।
(c) आर.डी.एक्स. एक विस्फोटक है।
(d) एल.एस.डी. एक विषाणुनाशक है।

20. द्रव क्रिस्टल प्रयुक्त होते हैं-
(a) कलाई घड़ियों में
(b) प्रदर्शन युक्तियों में
(c) पॉकेट कैलकुलेटरों में
(d) उपरोक्त सभी

21. निम्नांकित में से कौन-सी धातु किसी नगर की वायु को, जहां बहुत अधिक संख्या में मोटर कारें आदि हो, प्रदूषित करती है?
(a) कैडमियम (b) क्रोमियम
(c) सीसा (d) तांबा

22. दूध उदाहरण है-
(a) एक शिलष का
(b) एक पायस का
(c) एक निलम्बन का
(d) एक फेन का

23. धातुओं के टुकड़ों को टांका लगाने वाला मिश्रण होता है-
(a) टिन और जस्ते का
(b) टिन और सीसे का
(c) जस्ता और सीसे का
(d) जस्ता और तांबे का

24. ठण्डे देशों में पारे के स्थान पर एल्कोहल को तापमापी द्रव के रूप में वरीयता दी जाती है, क्योंकि-
(a) एल्कोहल का द्रवणांक निम्नतर होता है।
(b) एल्कोहल ऊष्मा का बेहतर संचालक होता है।
(c) एल्कोहल पारे से अधिक सस्ता होता है।
(d) एल्कोहल का विश्व उत्पादन पारे से अधिक होता है।

25. साइक्लोट्रॉन किसको त्वरित करने के लिए प्रयुक्त किया जाता है?
(a) न्यूट्रॉन (b) प्रोटॉन
(c) परमाणु (d) आयन

26. निम्नलिखित कथन पर विचार कीजिए-
कथन (A) : अपमार्जक मैले कपड़ों से सरलतापूर्वक तेल एवं गर्द निकाल देते हैं।
कारण (R) : अपमार्जक जल का पृष्ठ तनाव बढ़ा देते हैं।
कूट :
(a) A और R दोनों सही हैं तथा R, A की सही व्याख्या करता है।
(b) A और R दोनों सही हैं परन्तु R, A की सही व्याख्या नहीं करता है।
(c) A सही है परन्तु R गलत है।
(d) A गलत है परंतु R सही है।

27. धब्बारहित स्टील बनाने में लोहे के साथ प्रयुक्त होने वाली महत्वपूर्ण धातु है-
(a) एल्यूमीनियम (b) क्रोमियम
(c) टिन (d) कॉर्बन

28. कच्ची चीनी को रंगविहीन करने हेतु जिस चारकोल का प्रयोग किया जाता है, वह है-
(a) लकड़ी का चारकोल
(b) चीनी का चारकोल
(c) जन्तु चारकोल
(d) नारियल का चारकोल

29. वॉटर जैट तकनीक का उपयोग किया जाता है-
(a) सिंचाई में
(b) खदानों के वेधन में
(c) अग्नि शमन में
(d) भीड़ नियंत्रण में

30. कार के इंजन में नॉकिंग से बचने के लिए निम्न में से कौन प्रयोग में लाया जाता है?
(a) एथिल एल्कोहल
(b) ब्यूटेन
(c) टेट्रा एथिल लेड
(d) श्वेत पेट्रोल

31. निम्नांकित में से किससे टेप रिकॉर्डर की टेप लेपित रहती है?
(a) नीला थोथा
(b) फेरोमैग्नेटिक चूर्ण
(c) जिंक ऑक्साइड
(d) पारा

32. निम्नलिखित कथनों पर विचार कीजिए-
कथन (A) : LPG एक प्रदूषण मुक्त वाहन ईंधन है।
कारण (R) : CNG ईंधन चालित बसों का चलाना भारत के मेट्रोपोलिटन शहरों के लिए संस्तुत है।
निम्नलिखित कूटों का उपयोग करते हुए सही उत्तर चुनिए-
कूट :
(a) A और R दोनों सही हैं तथा R, A की सही व्याख्या करता है।
(b) A और R दोनों सही हैं परन्तु R, A की सही व्याख्या नहीं करता है।
(c) A सही है परन्तु R गलत है।
(d) A गलत है परन्तु R सही है।

33. आजकल सड़क की रोशनी में पीले लैम्प बहुतायत में प्रयुक्त हो रहे हैं। इन लैम्पों में निम्न में से किसका उपयोग करते हैं?
(a) सोडियम (b) निऑन
(c) हाइड्रोजन (d) नाइट्रोजन

34. औषधि वितरण में काम आने वाले खाली सम्पुट बने होते हैं-
(a) अण्ड-श्वेतक के
(b) गोंद के
(c) मांडी के
(d) श्लेष के

35. निम्नलिखित में से कौन-सा विस्फोटक पदार्थ नहीं है?
(a) ट्राई नाइट्रो टाल्यूईन
(b) ट्राई नाइट्रो ग्लिसरीन
(c) साइक्लो-ट्राइमेथिलीन ट्राइनाइट्रेमीन
(d) नाइट्रोक्लोरोफॉर्म

36. निम्नलिखित युग्मों में से कौन-सा सुमेलित नहीं है?
(a) फुलरीन्स - फ्लुओरीमनयुक्त कॉर्बनिक यौगिक
(b) शुष्क बर्फ - ठोस कॉर्बन-डाइ-ऑक्साइड
(c) केराटीन - मानव चर्म के बाहरी पर्त में पाया जाने वाला प्रोटीन
(d) मस्टर्ड गैस - रासायनिक युद्ध में प्रयुक्त होने वाला विषैला द्रव

37. कौन-सा हार्मोन 'लड़ो या उड़ों हार्मोन' कहलाता है?
(a) इन्सुलीन (b) एड्रेनेलीन
(c) एस्ट्रोजेन (d) ऑक्सीटोसिन

38. शहद का प्रमुख घटक है-
(a) ग्लूकोज (द्राक्षा शर्करा)
(b) सुक्रोज (इक्षु शर्करा)
(c) माल्टोज (यव शर्करा)
(d) फ्रक्टोज (फल शर्करा)

39. इनमें से कौन कोलॉइड नहीं है?
(a) दूध (b) खून
(c) आइसक्रीम (d) शहद

40. निम्नांकित में से कौन धातु चुम्बक द्वारा आकर्षित नहीं होती?
(a) लोहा (b) निकेल
(c) कोबाल्ट (d) एल्युमीनियम

41. धब्बारहित लोहा बनाने में लोहे के साथ प्रयुक्त होने वाली महत्वपूर्ण धातु है-
(a) एल्यूमीनियम (b) क्रोमियम
(c) टिन (d) कार्बन

42. निम्न में कौन बारूदी सुरंगों का पता लगाने में उपयोगी होते हैं?
(a) मधुमक्खी (b) बर्रे
(c) तितली (d) पतंगा

43. सभी जैव यौगिक का अनिवार्य मूल तत्व है-
(a) नाइट्रोजन (b) ऑक्सीजन
(c) कॉर्बन (d) गन्धक

44. फोटोग्राफी में कौन-सा अम्ल प्रयोग किया जाता है?
(a) फॉर्मिक अम्ल (b) ऑक्जेलिक अम्ल
(c) साइट्रिक अम्ल (d) एसीटिक अम्ल

45. निम्नलिखित कथनों पर विचार करें एवं नीचे दिए गए कूट से सही उत्तर का चयन कीजिए-
1. कैल्सियम सल्फेट की उपस्थिति जल को कठोर बना देती है एवं यह उपयोग योग्य नहीं रहता।
2. हीरा तांबे व लोहे से कठोर है।
3. वायु का मुख्य घटक ऑक्सीजन है।
4. नाइट्रोजन वनस्पति घी के निर्माण में प्रयुक्त होती है।
कूट :
(a) 1 एवं 2 (b) 3 एवं 4
(c) 1 एवं 3 (d) 2 एवं 4

46. समस्थानिक होते हैं किसी एक ही तत्व के वे परमाणु जिनका-
(a) परमाणु भार समान, परन्तु परमाणु क्रमांक भिन्न होता है।
(b) परमाणु भार भिन्न परन्तु परमाणु क्रमांक समान होता है।
(c) परमाणु क्रमांक तथा परमाणु भार समान होते हैं।
(d) उपर्युक्त में से कोई नहीं।

47. निम्नलिखित कथनों का परीक्षण करें एवं नीचे दिए गए कूट से सही उत्तर ज्ञात करें-
1. पीतल तांबा तथा जस्ते की मिश्र धातु है।
2. मैग्नेटाइट, ऐल्यूमीनियम का सबसे अधिक महत्वपूर्ण अयस्क है।
3. पारदित सम्मिश्रण वे पदार्थ हैं जिनमें पारा अनिवार्यतः सम्मिलित होता है।
4. पोटैशियम नाइट्रेट फोटोग्राफी में प्रयुक्त होने वाला एक अनिवार्य रसायन है।
कूट :
(a) 1 एवं 2 (b) 1 एवं 3
(c) 2 एवं 3 (d) 1, 3 एवं 4

48. सूची-I को सूची-II से सुमेलित कीजिए तथा सूचियों के नीचे दिए गए कूट का प्रयोग करते हुए सही उत्तर चुनिए-

सूची-I	सूची-II
A. खट्टा दूध	**1. मैलिक अम्ल**
B. सिरका एवं अचार	**2. कॉर्बोनिक अम्ल**
C. सोडा वॉटर एवं अन्य शीतल पेय	**3. एसीटिक अम्ल**
D. सेब	**4. लैक्टिक अम्ल**

कूट :

	A	B	C	D
(a)	1	2	3	4
(b)	4	3	1	2
(c)	4	3	2	1
(d)	3	4	2	1

49. कोयला-खानों में विस्फोट के लिए यह समझा जाता है, कि इसके लिए मुख्यतः उत्तरदाई गैस है-
(a) एसिटिलीन (b) कॉर्बन मोनोक्साइड
(c) हाइड्रोजन (d) मीथेन

50. वह रेडियो-समस्थानिक जिसे शरीर के परिवहन तंत्र में खून के थक्के पता लगाने हेतु प्रयोग में लाया जाता है, वह है-
(a) आर्सेनिक-74 (b) कोबाल्ट-60
(c) आई-131 (d) सोडियम-24

51. घरेलू धूल में वह क्या है, जो दमा पीड़ितों को परेशान करता है-
(a) रसायन जो धूल में विद्यमान हैं
(b) धूल में अकार्बनिक कण
(c) धूल बरुथी
(d) धूल की नमी

52. निम्नलिखित में कौन-सा रसायन फल पकाने में सहायता करता है?
(a) इथेफॉन (b) एट्राजिन
(c) आइसोप्रोटूरान (d) मैलेथियान

53. निम्नलिखित द्रवों में कौन-सा ऊष्मा का बहुत अच्छा चालक है?
(a) पारा (b) पानी
(c) ईथर (d) बेंजीन

54. टांका एक मिश्रधातु है-
(a) टिन तथा सीसे की
(b) टिन तथा तांबे की
(c) टिन, तांबे तथा जस्ते की
(d) टिन, सीसा तथा जस्ते की

55. प्रतिदीप्ति नली में सर्वाधिक प्रयोग होने वाली वस्तु हैं-

(a) सोडियम ऑक्साइड तथा ऑर्गन
(b) सोडियम वाष्प तथा नाइट्रोजन
(c) पारा-वाष्प तथा ऑर्गन
(d) मरक्यूरिक ऑक्साइड तथा नाइट्रोजन

56. सूर्य की ऊर्जा उत्पन्न होती है-

(a) नाभिकीय विखण्डन के द्वारा
(b) आयनन के द्वारा
(c) नाभिकीय सलयन के द्वारा
(d) ऑक्सीकरण के द्वारा

57. स्वचालित वाहन निर्वातक का सबसे अविषैला धातु प्रदूषक है-

(a) कॉपर (b) लेड
(c) कैडमियम (d) मरकरी

58. निम्नलिखित युग्मों में कौन-सा सुमेलित नहीं है?

(a) शुष्क बर्फ : ठोस कॉर्बन डाई ऑक्साइड
(b) मस्टर्ड गैस : रासायनिक युद्ध में प्रयुक्त होने वाला विषैला द्रव
(c) टेपलन : फ्लुओरीनयुक्त बहुलक
(d) फुलरान : फ्लुओरीन युक्त

59. स्टेनलेस स्टील बनाने में लोहे के साथ प्रयुक्त होने वाली महत्वपूर्ण धातु है-

(a) कॉर्बन (b) कोबाल्ट
(c) क्रोमियम (d) एल्यूमीनियम

60. एक कृत्रिम उपग्रह में विद्युत ऊर्जा का स्त्रोत क्या होता है?

(a) सौर सेलें
(b) लघु नाभिकीय रियेक्टर
(c) डाइनेमो
(d) थर्मोपाइल

61. पेड़ की आयु का पता लगाया जा सकता है-

(a) पेड़ की पत्तियों की गणना करके
(b) उसके धड़ पर वलयों की संख्या की गणना करके
(c) पेड़ की शाखाओं की गणना करके
(d) उसकी ऊंचाई का माप करके

62. धान के खेत से निकलने वाली गैस है-

(a) इथेन (b) मिथेन
(c) नाइट्रोजन (d) उपरोक्त सभी

63. फल पकने में सहायक हॉर्मोन है-

(a) जिबरेलिन (b) मार्फेक्टिन
(c) इथिलीन (d) आई.बी.ए.

64. किस तत्व की कमी से घेंघा रोग हो जाता है?

(a) नाइट्रोजन (b) कैल्शियम
(c) आयोडीन (d) फास्फोरस

65. निम्नलिखित में से किसकी उपस्थिति के कारण दूध में मिठास आ जाती है?

(a) माइक्रोज (b) लेक्टोज
(c) सुक्रोज (d) कैरोटिन

66. मूत्रालयों के पास प्रायः नाक में चुभने वाली गंध का कारण है-

(a) सल्फर-डाइ-ऑक्साइड
(b) क्लोरीन
(c) अमोनिया
(d) यूरिया

67. निम्नलिखित में कौन एक अणु-परमाणुक कण नहीं है?

(a) न्यूट्रॉन (b) प्रोटॉन
(c) ड्यूट्रॉन (d) इलेक्ट्रॉन

68. निम्नलिखित में विश्व में कौन सर्वाधिक पाया जाने वाला तत्व है?

(a) हाइड्रोजन (b) ऑक्सीजन
(c) नाइट्रोजन (d) कॉर्बन

69. पॉलीथीन की थैलियों को नष्ट नहीं किया जा सकता, क्योंकि वे बनी होती हैं-

(a) न टूटने वाले अणुओं से
(b) अकार्बनिक यौगिकों से
(c) पॉलीमर से
(d) प्रोटीन से

70. न्यूट्रास्यूटिकल्स उत्पाद हैं, जिसमें होते हैं-

(a) पोषक विटामिन और खनिज
(b) पोषक प्रोटीन और वसा अम्ल
(c) पोषक और विषाक्त प्रभाव
(d) पोषक और औषधि प्रभाव

71. फसलोत्पादन में 'नवजन उपयोग क्षमता' की वृद्धि की जा सकती है?

(a) उर्वरक की मात्रा के बार-बार प्रयोग द्वारा
(b) नवजन अवरोधक के प्रयोग द्वारा
(c) नवजन धीरे छोड़ने वाले उर्वरकों के प्रयोग द्वारा
(d) उपरोक्त सभी

72. निम्न में से एक का जलीय घोल है-

(a) ऑक्जेलिक अम्ल का
(b) साइट्रिक अम्ल का
(c) हाइड्रोक्लोरिक अम्ल का
(d) एसिटिक अम्ल का

73. मिथेन जिसके वायुमण्डल में उपस्थित है, वह है-

(a) चन्द्रमा (b) सूर्य
(c) बृहस्पति (d) मंगल

74. हाइड्रोजन बम निम्न में से किस सिद्धान्त पर आधारित है?

(a) नियंत्रित संलयन अभिक्रिया
(b) अनियंत्रित संलयन अभिक्रिया
(c) नियंत्रित विखंडन अभिक्रिया
(d) अनियंत्रित विखण्डन अभिक्रिया

75. सूची-I को सूची-II से सुमेलित कीजिए तथा सूचियों के नीचे दिए गए कूट का उपयोग कर सही उत्तर चुनिए-

सूची-I (प्राकृतिक रूप से प्राप्त पदार्थ)	सूची-II (उपस्थित तत्व)
A. हीरा	1. कैल्सियम
B. संगमरमर	2. सिलिकॉन
C. रेत	3. एल्यूमीनियम
D. रूबी	4. कार्बन

कूट :

	A	B	C	D
(a)	3	1	2	4
(b)	4	2	1	3
(c)	2	1	3	4
(d)	4	1	2	3

76. निम्नलिखित सिल्वर लवणों में से किसको कृत्रिम वर्षा उत्पन्न करने के लिए प्रयुक्त किया जाता है?

(a) सिल्वर क्लोराइड
(b) सिल्वर ब्रोमाइड
(c) सिल्वर नाइट्रेट
(d) सिल्वर आयोडाइड

77. फोटोग्राफी में प्रयुक्त होने वाला हाइपो विलयन, जलीय विलयन है-

(a) सोडियम थायोसल्फेट का
(b) सोडियम टेट्राथायोनेट का
(c) सोडियम सल्फेट का
(d) अमोनियम सल्फेट का

78. वायु भरे गुब्बारों में हीलियम को हाइड्रोजन की उपेक्षा वरीयता दी जाती है, क्योंकि यह-
(a) अपेक्षाकृत सस्ता है।
(b) अपेक्षाकृत कम घना होता है।
(c) अपेक्षाकृत अधिक उठाने की शक्ति रखता है।
(d) वायु के साथ विस्फोटक मिश्रण नहीं बनाता है।

79. निम्नलिखित में से कौन-सा युग्म सुमेलित है?
(a) सिल्वर आयोडाइड - हॉर्न सिल्वर
(b) सिल्वर क्लोराइड - कृत्रिम वर्षा
(c) जिंक फास्फाइड - चूहे का विष
(d) जिंक सल्फाइड - फिलास्फर ऊन

80. सूची-I को सूची-II से सुमेलित कीजिए तथा नीचे दिए गए कूट से सही उत्तर चुनिए-

सूची-I	सूची-II
A. मॉरफीन	1. ऐंटिसेप्टिक
B. सोडियम	2. मिश्रधातु
C. बोरिक अम्ल	3. ऐनालजेसिक
D. जर्मन सिल्वर	4. केरोसिन तेल

कूट :

	A	B	C	D
(a)	4	3	1	2
(b)	2	4	3	1
(c)	3	1	4	2
(d)	3	4	1	2

81. प्रशीतलन, खाद्य परिरक्षण में मदद करता है-
(a) जीवाणुओं को मारकर
(b) जैव रासायनिक अभिक्रियाओं की दर को कम कर।
(c) एन्जाइम क्रिया नष्ट कर
(d) खाद्य पदार्थ को बर्फ की पर्त से ढक कर।

82. इण्डेन गैस एक मिश्रण है-
(a) ब्यूटेन एवं हाइड्रोजन का
(b) ब्यूटेन एवं ऑक्सीजन का
(c) ब्यूटेन एवं प्रोपेन का
(d) मीथेन एवं ऑक्सीजन का

83. अम्ल वर्षा से निम्नलिखित देशों में से कौन क्षतिग्रस्त होते हैं?
1. कनाडा 2. फ्रांस
3. नार्वे 4. जर्मनी
नीचे दिए गए कूट से सही उत्तर चुनिए-
(a) 1 तथा 2 (b) 1 तथा 3
(c) 2 तथा 3 (d) 3 तथा 4

84. निम्नलिखित में से कौन-सी हरित गृह गैस नहीं है?
(a) कॉर्बन डाई ऑक्साइड
(b) मीथेन
(c) नाइट्रस ऑक्साइड
(d) नाइट्रोजन

85. निम्नलिखित पदार्थों में से कौन-से ओजोन रिक्तिकारक हैं? नीचे दिए कूट से सही उत्तर चुनिए-
1. क्लोरोफ्लोरो कार्बन्स
2. हैलोन
3. कार्बन टेट्राक्लोराइड
कूट :
(a) केवल 1
(b) केवल 1 एवं 2
(c) केवल 2 एवं 3
(d) 1, 2 और 3

86. जब बर्फ पिघलती है तब-
(a) आयतन बढ़ता है
(b) आयतन घटता है
(c) द्रव्यमान बढ़ता है
(d) द्रव्यमान घटता है

87. दूध का धवल रंग निम्नलिखित में से किसकी उपस्थिति के कारण है?
(a) लैक्टोस (b) एल्बूमिन
(c) कैरोटिन (d) कैसीन

88. पीने के पानी को शुद्ध करने के लिए निम्नांकित गैसों में से किसे प्रयोग में लाया जाता है?
(a) सल्फर डाइऑक्साइड
(b) क्लोरीन
(c) फ्लोरीन
(d) कार्बन डाइऑक्साइड

89. यूरो-II मानकों को पूरा करने के लिए अति अल्प सल्फर डीजल में सल्फर की मात्रा क्या होनी चाहिए-
(a) 0.05 प्रतिशत या इससे कम
(b) 0.10 प्रतिशत
(c) 0.15 प्रतिशत
(d) 0.20 प्रतिशत

90. निम्नलिखित में से कौन एक विस्फोटक पदार्थ नहीं है?
(a) ट्राइनाइट्रो टॉलुइन
(b) डाई-नाइट्रो ग्लीसरीन
(c) साइक्लो-ट्राइमेथिलीन ट्राइनाइट्रामीन
(d) नाइट्रोक्लोरोफॉर्म

91. निम्नलिखित में से कौन-सा बहुलक बुलेट प्रूफ खिड़की बनाने में उपयोग किया जाता है?
(a) पॉलिकार्बोनेट (b) पॉलियूरिथेन
(c) पॉलिस्टाइरीन (d) पॉलिऐमाइड

92. निम्नलिखित विद्युत अपघट्यों के विलयन में से किसको कार की बैटरी में प्रयोग किया जाता है?
(a) सोडियम सल्फेट
(b) नाइट्रिक अम्ल
(c) सल्फ्यूरिक अम्ल
(d) पोटैशियम नाइट्रेट

93. निम्नलिखित युग्मों में से कौन सही सुमेलित है?
(a) सल्फर डाइ ऑक्साइड - दांत
(b) फ्लोराइड प्रदूषण - भोपाल गैस त्रासदी
(c) मिथाइल आइसोसायनेट - अम्ल वर्षा
(d) ओजोन रिक्तता - चर्म कैंसर

94. निम्नलिखित बहुलकों में से किसका उपयोग ना-चिपकने वाली कड़ाही के निर्माण में किया जाता है?
(a) टेफ्लॉन का
(b) निओप्रीन का
(c) पी.वी.सी. का
(d) गट्टा-परचा का

95. निम्नलिखित में से किसने 'गोबर गैस' प्रणाली का आविष्कार किया?
(a) सी.वी. रमन (b) जे.सी. बोस
(c) एस.बी. देसाई (d) एच. खुराना

96. निम्नलिखित युग्मों में से कौन सही सुमेलित नहीं है?
(a) ऊन - एक प्रोटीन
(b) रेयान - रूपान्तरित स्टार्च
(c) रबर - एक प्राकृतिक बहुलक
(d) फुलरीन - कार्बन का एक अपररूप

97. ट्रांजिस्टर बनाने के लिए सर्वाधिक प्रयुक्त पदार्थ है?

(a) एल्यूमीनियम (b) सिलिकॉन
(c) तांबा (d) चांदी

98. कांसा मिश्रित धातु (alloy) है-

(a) तांबा एवं टिन का
(b) तांबा एवं चांदी का
(c) तांबा एवं जस्ता का
(d) तांबा एवं सीसा का

99. निम्नलिखित में से किस देश ने गैसोलीन में इथेनाल मिश्रित करना कानूनन अनिवार्य कर दिया है?

(a) चीन
(b) यू.के.
(c) स्विट्ज़रलैण्ड
(d) ब्राजील

100. बायोगैस संयंत्र से निष्कासित निम्नलिखित में से कौन-सी गैस ईंधन गैस के रूप में उपयोग में आती है?

(a) ब्यूटेन (b) प्रोपेन
(c) मीथेन (d) एथेन

उत्तरमाला

1. (b)	**2.** (b)	**3.** (b)	**4.** (d)	**5.** (c)	**6.** (d)	**7.** (a)	**8.** (a)	**9.** (b)	**10.** (a)
11. (a)	**12.** (a)	**13.** (c)	**14.** (a)	**15.** (a)	**16.** (c)	**17.** (c)	**18.** (a)	**19.** (c)	**20.** (d)
21. (c)	**22.** (b)	**23.** (b)	**24.** (a)	**25.** (b)	**26.** (c)	**27.** (b)	**28.** (c)	**29.** (b)	**30.** (c)
31. (b)	**32.** (d)	**33.** (a)	**34.** (d)	**35.** (d)	**36.** (a)	**37.** (b)	**38.** (d)	**39.** (c)	**40.** (d)
41. (b)	**42.** (a)	**43.** (c)	**44.** (b)	**45.** (a)	**46.** (b)	**47.** (b)	**48.** (c)	**49.** (d)	**50.** (d)
51. (b)	**52.** (a)	**53.** (a)	**54.** (a)	**55.** (c)	**56.** (c)	**57.** (b)	**58.** (d)	**59.** (c)	**60.** (a)
61. (b)	**62.** (b)	**63.** (c)	**64.** (c)	**65.** (b)	**66.** (c)	**67.** (c)	**68.** (a)	**69.** (c)	**70.** (d)
71. (d)	**72.** (d)	**73.** (d)	**74.** (b)	**75.** (d)	**76.** (d)	**77.** (a)	**78.** (d)	**79.** (d)	**80.** (d)
81. (b)	**82.** (c)	**83.** (b)	**84.** (d)	**85.** (d)	**86.** (b)	**87.** (d)	**88.** (b)	**89.** (a)	**90.** (d)
91. (a)	**92.** (c)	**93.** (d)	**94.** (a)	**95.** (c)	**96.** (b)	**97.** (b)	**98.** (a)	**99.** (d)	**100.** (c)

❑❑❑

जीव विज्ञान

कोशिका

- प्रत्येक जीव के शरीर की सबसे छोटी इकाई को कोशिका कहते हैं। यह सभी जीवों की संरचनात्मक व कार्यात्मक इकाई है।
- एक मनुष्य में कोशिकाओं की संख्या लगभग 1 खरब (10^{14}) होती है। कोशिका के प्रमुख तीन भाग हैं—प्लाज्मा झिल्ली, केन्द्रक और कोशिका द्रव्य।
- प्लाज्मा झिल्ली को कोशिका झिल्ली भी कहते हैं, यह किसी कोशिका की बाहरी दीवार की तरह होती है।
- **केन्द्रक**—यह कोशिका का केन्द्रीय भाग है, जो कोशिका के केन्द्र में स्थित रहता है।
- यह एक गोलाकार, अंडाकार संरचना है। यह कोशिका गतिविधियों का नियंत्रण केन्द्र है।
- **कोशिका द्रव्य**—कोशिका के भीतर उपस्थित अन्य पदार्थ व अंग कोशिका द्रव्य कहलाते हैं, इनके अलग-अलग कार्य होते हैं।
- कोशिका द्रव्य में केन्द्रक झिल्ली, क्रोमैटिन, गॉल्जीकाय, माइटोकॉन्ड्रिया आदि प्रमुख हैं।

जन्तु एवं पादप कोशिका में अन्तर

जन्तु कोशिका	पादप कोशिका
(1) प्राय: आकार में छोटी होती है।	(1) अपेक्षाकृत आकार में बड़ी होती है।
(2) क्लोरोप्लास्ट (प्लास्टिड) नहीं होती है।	(2) क्लोरोप्लास्ट (प्लास्टिड) पाए जाते हैं।
(3) प्रमुख व बहुत जटिल गॉल्जीकाय केंद्रक के पास होती है।	(3) गॉल्जीकाय कई छोटी इकाइयों में होते हैं, जिन्हें डिक्टियोसोम कहते हैं।
(4) एक या दो तारक केन्द्रों सहित सैन्ट्रोसोम होता है।	(4) इनके स्थान पर दो छोटे साफ क्षेत्र होते हैं, जिन्हें ध्रुवीय टोपी कहते हैं।
(5) कोशिकाद्रव्य में अधिकतर धमनियाँ छोटी होती हैं।	(5) केन्द्रीय स्थान वृहतधानी से भरा हुआ होता है और कोशिका द्रव्य परिधिके साथ होता है।
(6) केवल प्लाज्मा झिल्ली से ही घिरी होती है।	(6) प्लाज्मा, झिल्ली के अतिरिक्त एक मोटी भित्ति से घिरी होती है।

शरीर

शरीर के भीतर ऐसे अंगों के कई समूह हैं, जो एक-दूसरे से जुड़े हैं या एक-दूसरे पर निर्भर हैं और एक साथ मिलकर सामूहिक रूप में कार्य करते हैं। समान क्रिया वाले सहयोगी अंगों के इस समूह को तंत्र कहा जाता है। शरीर की क्रियाएँ निम्नलिखित तंत्रों द्वारा संपादित होती हैं—

पेशी तंत्र

- यह अंगों में गति उत्पन्न करता है एवं शरीर को सुदृढ़ बनाती है।
- संपूर्ण शरीर में 500 से अधिक पेशियाँ हैं।

पेशियों के प्रकार

(a) **ऐच्छिक पेशियाँ :** ये रेखित पेशी ऊतक से बनी होती हैं एवं मनुष्य के इच्छानुसार संकुचित हो जाती हैं।

(b) **अनैच्छिक पेशियाँ :** ये आरेखित पेशी ऊतक से बनी होती हैं एवं मनुष्य की इच्छानुसार नियंत्रित नहीं होती हैं। ये आंतरिक अंगों, रुधिर वाहिकाओं तथा त्वचा की दीवारों में पाई जाती हैं।

अस्थि तंत्र

- यह शरीर को आकार प्रदान करता है, इसे स्थिर रखता है तथा शरीर के कोमल अंगों की रक्षा करता है।
- मानव शरीर छोटी-बड़ी कुल 206 अस्थियों से मिलकर बना है।

पाचन तंत्र

- यह आहार को शरीर के ग्रहण करने योग्य घुलनशील पदार्थों में परिणत कर देता है।
- पाचनतंत्र में मुख, ग्रासनली, आमाशय, पक्वाशय, यकृत, ग्रहणी, छोटी आँत, बड़ी आँत इत्यादि होती है।

श्वसन तंत्र

- इसका कार्य वायुमंडल से ऑक्सीजन ग्रहण करना तथा कार्बन डाइऑक्साइड को बाहर निकालना है।
- शिराए अशुद्ध रक्त का वहन करती हैं तथा धमनी शुद्ध रक्त को विभिन्न अंगों तक पहुँचाती है।

रक्त परिसंचरण तंत्र

- इसका कार्य शरीर के अंगों को ऑक्सीजन, पोषक तत्त्व तथा इसके भीतर बने विभिन्न प्रकार के रसायनों को पहुँचाना तथा शरीर के भीतर उत्पन्न अवशिष्ट पदार्थों को बाहर निकालना है।
- हृदय में रक्त का शुद्धिकरण होता है। धमनी शुद्ध रक्त को शरीर के सभी अंगों तक पहुँचाती है तथा शिराएं अशुद्ध रक्त को विभिन्न अंगों से हृदय में वापस लाती हैं।

तंत्रिका तंत्र

- यह शरीर के सभी तंत्रों की क्रियाओं का संचालन, नियंत्रण तथा विनियमन करता है।
- इसके अंग मस्तिष्क एवं तंत्रिकाएँ हैं। मस्तिष्क तथा मेरुरज्जु तंत्रिका तंत्र का केन्द्रीय भाग बनाती है।
- तंत्रिकाओं में आवेग विद्युत रासायनिक संवेगों के रूप में फैलता है।

मलोत्सर्ग

- शरीर के भीतर चलने वाली क्रियाओं के फलस्वरूप उत्पन्न अवशिष्ट पदार्थों को शरीर के बाहर निकालना इसका कार्य है।
- इस तंत्र के अंग हैं—फुस्फुस, बड़ी आँत, वृक्क और त्वचा।

प्रजनन तंत्र

- इस तंत्र का कार्य है, संतति उत्पन्न करना।
- इसके अंग हैं—वृषण, योनि, गर्भाशय और डिम्ब ग्रंथियाँ आदि। पुरुष जननांग में वृषण, अधिवृषण, शुक्र वाहिका, शुक्राशय, शिश्न आदि प्रमुख अंग हैं।
- स्त्री जननांग में रति-शेल, वृहतभगोष्ठ, भगशिश्निका, योनि, अण्डाशय, गर्भाशय आदि अंग होते हैं। गर्भाशय में भ्रूण का विकास होता है।
- भ्रूण को पोषक तत्व स्त्री के गर्भाशय में विकसित अपरा के माध्यम से स्त्री से ही मिलता है।

ग्रंथि तंत्र

- यह विभिन्न प्रकार के रसायनों का स्रवण कर शरीर की क्रियाओं का नियंत्रण करता है।
- इसके अंतर्गत दो प्रकार की ग्रन्थियाँ हैं—नलिका युक्त और नलिका विहीन।

पाचन क्रिया का सारांश

पाचक रस	स्रोत	एन्जाइम	पदार्थ जिस पर प्रतिक्रिया होती है	पदार्थ जो बनते हैं
(1) पित्त	यकृत	—	वसा	इमल्सीफाइड वसा
(2) अग्न्याशयी रस	अग्न्याशय	ट्रिप्सिन	प्रोटीन पेन्टोन्स एवं प्रोटिओजेज	पॉलीपेप्टाइड्स अमीनो
		काइयोट्रिप्सिन	पॉलीपेप्टाइड्स	अम्ल माल्टोज वसीय
		कार्बोक्सीपेप्टिडेज	मंड व ग्लाइकोजन	अम्ल, ग्लिसरॉल
		इमाइलेज लाइपेज	इमल्सीफाइड वसा	
(3) जठर रस	जठर ग्रंथियाँ	पेप्सिन	प्रोटीन	पेन्टोन्स एवं
		रेनिन	दूध के प्रोटीन	प्रोटिओजेज
				कैल्शियम पैराकैसीनेट
(4) लार	लार ग्रंथियाँ	टायलिन	पॉलीसैकेराइड	डाइसैकेराइड
(5) आंत्रीय रस	आंत्रीय ग्रंथियाँ	एन्टीरोकाइनेज	ट्रिप्सिनोजन	सक्रिय ट्रिप्सिन
	इरेप्सिन समूह		पाली, डाइ, ट्राई	अमीनो अम्ल
	माल्टेज		पेप्टाइड्स माल्टोज	ग्लूकोज,
	सुक्रेज		सुक्रोज	फ्रक्टोज ग्लूकोज,
	लैक्टेज		लैक्टोज	गैलेक्टोज वसीय
	लाइपेज		वसा	अम्ल, ग्लिसरॉल

अन्तःस्रावी ग्रंथियाँ और हार्मोन

अन्तःस्रावी ग्रंथिया	स्रावित हार्मोन	कार्य
1. पीयूष ग्रंथि (Pituitary Gland)	(i) थाइरोट्रॉपिक हार्मोन	थाइरॉक्सिन (Thyroxin) के निर्माण में थाइरॉयड ग्रंथि की क्रिया का नियंत्रण
(A) अग्रपालि (Anterior Lobe) ग्रंथि	(ii) ऐड्रिनोकॉर्टिको	ट्रॉपिक अधिवृक्क ग्रंथि के कार्टेक्स भाग से कॉटिसोल के निर्माण में इस की क्रिया का नियंत्रण।
	(iii) सोमेटॉपिक हार्मोन	शारीरिक वृद्धि का नियंत्रण
	(iv) फॉलिक स्टिमुलेटिंग हार्मोन (एफ.एस.एच.)	डिम्बाशय (Ovary) में ग्राफीप्टक (Graffian follicles) के परिवर्धन और वृषण में शुक्राणु निर्माण की क्रिया को तीव्र करना
	(v) ल्यूटिनाइजिंग या इन्टर स्टिशियल सेल स्टिमुलेटिंग हार्मोन (एफ.एस.एच.) सी. एस. एच.)	डिम्बाशय में एस्ट्रोन (Oestrgen) और प्रोजेस्ट्रोन (Progestrone) तथा वृषण (Testes) में टेस्टोस्टेरीन के स्राव का नियंत्रण।
	(vi) ल्यूटिया ट्रॉपिन (प्रोलक्टिन)	दुग्ध उत्पादन का नियंत्रण और गर्भाशय में पीतपिंड (Corpus luteum) का निर्माण करना।
2. थाइमस ग्रंथि		
(B) पश्चपालि	(vii) ऑक्सीटॉसिन (Posterior Lobe)	प्रसवकाल में गर्भाशय (Anti-diatretic) की पेशियों को संकुचित करना तथा शिशु को स्तनपान कराते समय स्तन में दूध का स्राव करना।
	(viii) प्रतिमूत्रक हार्मोन	शरीर में जल संतुलन बनाए रखने में वृक्क की मदद करना।

3. थाइरॉयड ग्रंथि (Thyroid gland)	(ix) इरॉकसीन	उपापचय अवयवों की वृद्धि।
	(x) ग्रोडोथाइरोनिन	परिवर्धन तथा तंत्रिकातंत्र को उत्तेजित करना।
4. पारा थाइरॉयड ग्रंथि	(xi) पैराथॉर्मोन	कैल्शियम उपापचय का नियंत्रण तथा रक्त और अस्थि में कैल्शियम की समुचित मात्रा बनाए रखना।
5. लैंगरहैंस की द्वीपिका	(xii) इन्सुलिन	रक्त-शर्करा की मात्रा का संतुलन
6. ऐड्रिनल ग्रंथि	(xiii) कार्टिसोल	उपापचय
	(a) हाइड्रोकॉर्टिसोम	शारीरिक वृद्धि तथा वृक्क के कार्यों में सहायता करना।
(क) कार्टेक्स भाग	(b) एल्डोस्टेरोन	
	(c) कॉर्टिकोस्टेरोन	
(ख) मेडुला भाग	(xiv) एड्रिनेलिन (एपीनेफ्रीन)	यकृत में ग्लूकोज-निर्माण में वृद्धि तथा कार्बोहाइड्रेट उपापचय में सहायता करना।
	(xv) नॉरएड्रेलिन (नॉरएपिनेफ्रिन)	रक्त वाहिकाओं की दीवार के पेशी-तंतुओं को संकुचित कर रक्तदाब में वृद्धि करना।
7. यौन ग्रंथि	(क) पुरुष और हार्मोन	पुरुषों की यौन परिपक्वता
8. पिनिअल ग्रंथि		इसके कार्य की पूरी जानकारी नहीं मिल पाई है। अनुमान लगाया गया है कि यह यौन ग्रंथियों की असामयिक परिपक्वता को रोकती है।
	(xvi) एन्ड्रोस्टेरोन	ज्ञानेन्द्रियों की क्रिया, काम-वासना की प्रेरणा को उत्तेजित करना तथा उपापचय एवं अवयवों के अनन्य कार्यों का नियंत्रण करना।
	(ख) स्त्री यौन हार्मोन	
	(xvii) स्त्रियों की यौन परिपक्वता,	स्तन ग्रंथि का विकास और ऋतुस्राव का नियंत्रण।
	(xviii) प्रोजेस्टेरोन	गर्भावस्था और उपापचय का नियंत्रण।

मानव रक्त (Human Blood)

(1) एक वयस्क मनुष्य में औसतन 5-6 लीटर रक्त पाया जाता है।

(2) रक्त में दो प्रकार के पदार्थ पाए जाते हैं :
 (i) रुधिराणु (RBC, WBC एवं Blood Platelets)
 (ii) प्लाज्मा

(3) रक्त का पीएच मान 7.4 होता है।

मनुष्य के रक्त वर्ग (Blood Group)

- रक्त-समूह की खोज कार्ल लैंडस्टीनर ने 1990 ई. में की थी। इसके लिए इन्हें सन् 1930 ई. में नोबेल पुरस्कार मिला था।
- मनुष्यों के रक्तों की भिन्नता का प्रमुख कारण लाल रक्त कण में पायी जाने वाली ग्लाइको प्रोटीन है, जिसे एण्टीजन कहते हैं।
- एण्टीजन दो प्रकार के होते हैं—एण्टीजन A एवं एण्टीजन B।
- एण्टीजन या ग्लाइको प्रोटीन की उपस्थिति के आधार पर मनुष्य में चार प्रकार के रुधिर वर्ग होते हैं :

रुधिर के चारों वर्गों के साथ एण्टीबॉडी का वितरण

रुधिर वर्ग	एण्टीजन (लाल रुधिर कणिकाओं में)	एण्टीबॉडी (प्लाज्मा में)
A	केवल A	केवल b
B	केवल B	केवल a
AB	A और B दोनों	कोई नहीं
O	कोई नहीं	a और b दोनों

- **Rh-तत्व** (Rh-factor)–सन् 1940 ई. में लैण्डस्टीनर और तीनर ने रुधिर में एक अन्य प्रकार के एण्टीजन का पता लगाया।
- इन्होंने रीसस बन्दर में इस तत्व का पता लगाया। इसलिए इसे Rh-factor कहते हैं। जिन व्यक्तियों के रक्त में यह तत्व पाया जाता है, उनका रक्त Rh-सहित (Rh-positive) कहलाता है तथा जिनमें नहीं पाया जाता, उनका रक्त Rh-रहित (Rh-negative) कहलाता है।

भोजन, पोषण एवं स्वास्थ्य

- **भोजन**—जीवधारियों को जीवित रहने के लिए भोजन की आवश्यकता होती है। भोजन शरीर की क्रियाओं को संचालित रखने, वृद्धि एवं विकास के लिए आवश्यक होता है। प्रोटीन, कार्बोहाइड्रेट, वसा, खनिज एवं विटामिन भोजन के मुख्य अंग हैं। सुविधा की दृष्टि से भोजन को तीन भागों में बाँटा जा सकता है :

भोजन (खाद्य पदार्थों) के प्रमुख घटक

खाद्य वर्ग	प्रमुख पोषक	पोषक तत्व वाले खाद्य पदार्थ
ऊर्जा प्रदान करने वाले	कार्बोहाइड्रेट एवं वसा	खाद्यान्न : गेहूँ, चावल, आलू, चीनी, वसा-घी एवं तेल
शरीर निर्माण करने वाले	प्रोटीन	दूध, माँस-मटन, मुर्गी, मछली, अण्डा, दलहन-दालें, चना, सोयाबीन, मटर
रोग-रोधी/रक्षात्मक	खनिज, विटामिन	सब्जियाँ विशेष रूप से पत्ते वाली हरी सब्जी-पालक, पत्तागोभी, बथुआ इत्यादि। भोजन में रुक्ष अंश (रेशे) सलाद, बैंगन, फल तथा फलियाँ।

सन्तुलित आहार

- वह भोजन जिसमें सभी पोषक तत्व उचित मात्रा में विद्यमान हों, सन्तुलित आहार कहलाता है।

- यह व्यक्ति की आयु, लिंग, स्वास्थ्य एवं व्यवसाय पर निर्भर करता है। सन्तुलित आहार में कार्बोहाइड्रेट, वसा, प्रोटीन, खनिज, विटामिन एवं जल की सन्तुलित मात्रा का होना आवश्यक है।

कुपोषण

- वह भोजन, जिसमें सभी पोषक तत्व उचित मात्रा में नहीं होते हैं, लेने से कोई भी व्यक्ति कुपोषण का शिकार हो सकता है।
- वास्तव में कुपोषण व्यक्ति के शारीरिक विकार की स्थिति है, जो असन्तुलित अथवा अपर्याप्त आहार के कारण अथवा व्यक्ति में किसी रोग के कारण पोषकों के अवशोषण अथवा स्वांगीकरण क्री क्षमता के अभाव से उत्पन्न होती हैं।

भोजन के प्रमुख घटक—शरीर के ऊतकों के निर्माण, टूटी-फूटी कोशिकाओं की मरम्मत, आवश्यक ऊर्जा एवं ऊष्मा की प्राप्ति के लिए पोषक तत्वों की आवश्यकता पड़ती है जो भोजन से प्राप्त होते हैं।

- **भोजन के प्रमुख घटक हैं**—प्रोटीन, कार्बोहाइड्रेट, वसा, खनिज लवण, जल तथा विटामिन।

प्रोटीन—प्रोटीन में कार्बन, हाइड्रोजन, ऑक्सीजन, नाइट्रोजन, फॉस्फोरस, सल्फर पाए जाते हैं।

- यह एक जटिल कार्बनिक पदार्थ हैं। प्रोटीन ऊतकों का परिवर्द्धन नई कोशिकाओं का निर्माण एवं टूटी-फूटी कोशिकाओं की मरम्मत करता है।
- इसकी प्राप्ति अण्डे, दूध, पनीर, माँस, मछली, दाल, टमाटर, सेम, बादाम, मूँगफली, अखरोट इत्यादि से होती है।

कार्बोहाइड्रेट—यह कार्बन, हाइड्रोजन तथा ऑक्सीजन का कार्बनिक यौगिक है।

- यह जल में घुला कार्बन है।

वसा—सबसे अधिक ऊर्जा, वसा से प्राप्त होती है।

- वसा से ऊतकों का निर्माण होता है।
- यह कार्बन, ऑक्सीजन तथा हाइड्रोजन का कार्बनिक यौगिक है।
- एक स्वस्थ व युवा व्यक्ति को प्रतिदिन ग्राम वसा की आवश्यकता पड़ती है। वसा घी, दूध, तेल, माँस से प्राप्त होती है।

खनिज लवण—इसका कार्य ऊतकों का निर्माण करना है। यह मांस, दूध, अनाज, हरी सब्जियों से प्राप्त होते हैं।

विटामिन—विटामिन एक कार्बनिक यौगिक है जो शरीर की रोगों से रक्षा तथा सामान्य वृद्धि के लिए अत्यावश्यक है।

- विटामिन 'बी' एवं 'सी' जल में तथा 'ए', 'डी', 'ई' और 'के' वसा में घुलनशील हैं।

महत्वपूर्ण विटामिन

विटामिन	रासायनिक नाम	स्रोत	शारीरिक क्रिया	कमी से उत्पन्न रोग
ए	रेटिनॉल (Retinol)	मछली का यकृत तेल, दूध, मक्खन, घी, गाजर, पत्तेदार और हरी सब्जियाँ आदि।	चाक्षुक वर्णक का संश्लेषण, नेत्र और इसकी श्लेष्मा झिल्ली को स्वस्थ रखना।	रतौंधी, शुष्काक्षिपाक, शारीरिक वृद्धि का रुक जाना, पाचक नाल और नेत्र का संक्रामक रोग।
बी-1	थायमीन (Thiamine)	खमीर, अंकुरित गेहूँ, शिंवी फल (सेम, मटर आदि), माँस, अण्डा और शाक-सब्जियाँ	कार्बोहाइड्रेट उपापचय	बेरी-बेरी
बी-2	राइबोफ्लेवीन (Riboflavin)	दुग्ध, माँस, पत्तेदार सब्जियाँ	ऊतक-ऑक्सीकरण	जिह्वा में सूजन, त्वचा में सूजन, दृष्टि की स्वच्छता में कमी, भ्रूण की अस्थियों का टेढ़ा-मेढ़ा होना।
बी-3	निकोटिन अम्ल, नियासीन (Niacin)	मछली, अण्डे	ऊतक-ऑक्सीकरण	प्लैग्रा
बी-12	सायनोकोबाल्मिन (Cynocobalmin)	यकृत	लाल रक्त कणों का निर्माण	अरक्ता
सी	एस्कॉर्बिक अम्ल (Ascorbic acid)	नींबू कुल के फल, हरी सब्जियाँ	एन्जाइम सम्बन्धी कार्य	स्कर्वी
डी	कैल्सिफेरॉल (Calciferol)	मछली का यकृत, तेल, अण्डे, यकृत, उपापचय	कैल्शियम और फॉस्फोरस का	रिकेट्स
ई	टोकोफेरोल (Tocoferol)	सलाद की पत्तियाँ, शिंवी फल (सेम, मटर) आदि	कोशिकाओं का निर्माण, विटामिन-ए के समुचित उपयोग में सहायता	बन्ध्यता, पेशी तथा तन्त्रिका सम्बन्धी गड़बड़ी
के-1	फिलोक्विनोन (Phylloquinone)	हरी सब्जियाँ	रक्त का जमना	रक्त का दोषपूर्ण जमना

मनुष्य में होने वाले विभिन्न रोग

जीवाणुओं द्वारा होने वाले मनुष्य में कुछ प्रमुख रोग

रोग का नाम	प्रभावित अंग	रोग के लक्षण	जीवाणु का नाम
टेटनस	तन्त्रिका-तन्त्र तथा	शरीर में झटके लगना,	क्लोस्ट्रीडियम टिटैनी
	माँसपेशियाँ	जबड़ा न खुलना, बेहोशी	क्लोस्ट्रीडियम बॉट्यूलिनम
बॉट्यूलिज्म या	तन्त्रिका-तन्त्र	वमन, दोहरी दृष्टि, श्वास	
भोजन विषाक्तता		लेने में पीड़ा	
निमोनिया	फेफड़े	फेफड़ों में संक्रमण में जल	डिप्लोकोकस न्यूमोनी भर जाना,
			तीव्र ज्वर, श्वास लेने में पीड़ा।
कुष्ठ (कोढ़)	त्वचा तथा तन्त्रिकाएँ	व्रणों तथा गाँठों का बन जाना,	माइकोबैक्टीरिया लेप्री
			हाथ तथा पैर की अंगुलियों के
			ऊतकों का धीरे-धीरे नष्ट होना।
क्षय रोग	शरीर का कोई भी अंग,	ज्वर, खाँसी, दुर्बलता, श्वास	माइको बैक्टीरियम
	विशेषकर फेफड़े	फूलना, बलगम आना तथा	ट्यूबरकुलोसिस
		थूक में रक्त का आना	
मियादी बुखार	आँत का रोग	ज्वर, दुर्बलता, अधिक प्रकोप	सालमोनेला टाइफी
		होने पर आँतों में छेद होना।	
डिफ्थीरिया	श्वास नली	तीव्र ज्वर, श्वास लेने में पीड़ा,	कोरीनेबैक्टीरियम डिफ्थेरी
		दम घुटना	
हैजा	आँत या आहार नाल	निर्जलीकरण, वमन, दस्त	विब्रिओ कोमा
सिफिलिस	जनन अंग, मस्तिष्क,	जननांगों पर चकते बनना,	ट्रेपोनेमा पॉलीडम
		तन्त्रिका-तन्त्र	लकवा, त्वचा पर दाने, बालों
			का झड़ना
प्लेग	बगलें या काँखें फेफड़े,	तीव्र ज्वर, काँखों में गिल्टी	पासट्यूरेला पेस्टिस
		लाल रक्त कणिकाएँ	का निकलना, बेहोशी
मेनिनजाइटिस	मस्तिष्क के ऊपर की	तीव्र ज्वर, बेहोशी, मस्तिष्क	नीसेरिया मेनिनजाइटिडिस
		झिल्लियाँ, मस्तिष्क	की झिल्ली में शोध या सूजन

प्रोटोजोआ जनित रोग

रोग	रोग का कारक	मुख्य लक्षण
निद्रा रोग	ट्रिपनोसोमा ब्रूसी मानसिक असन्तुलन	बुखार, तेज सिर दर्द, जोड़ों का दर्द, पलकें सूज जाती हैं, भार कम होने लगता है, काम करने का मन नहीं होता, नींद अत्यधिक प्रिय लगती है,
अमीबायसिस	एण्टअमीबा हिस्टोलिटिका	आँत में रक्तस्राव, अल्सर, उत्सर्जी पदार्थ (दस्त) के साथ श्लेष्मा का निष्कासन।
मलेरिया	प्लाज्मोडियम वाइवेक्स	मलेरिया रोगी की तीन अवस्थाएँ—**जाड़ा :** तापमान बढ़ता व कँपकपी छुटती है, **बुखार :** अधिकतम बुखार, तीव्र सिर दर्द, पीठ में दर्द, उल्टी आती है, **पसीना :** अत्यधिक पसीना आता है, शरीर का तापमान गिर जाता है।
कालाजार	लिसमानिया डोनोवेनी	तेज बुखार, यकृत प्लीहा का फैलाव, रक्तहीनता आदि।

कवक जनित रोग

रोग	रोग का कारक	मुख्य लक्षण
एथलीट्स फूट	ट्राइफोफाइटोन	संक्रमित क्षेत्र में तेज दर्द तथा जलन, पैर की चौथी और पाँचवीं अंगुली के बीच दरारें आ जाती हैं, संक्रमित भाग की चमड़ी कठोर तथा मोटी हो जाती है।
मदूरा फूट	मदूरेल माइसीटोमी	संक्रमित भाग फूल जाता है, गहरे बाल बन जाते हैं, हड्डियों का क्षय होने लगता है।
धोबी इच	अनेक प्रकार के कवक	टाँगों में लाल धब्बे
रिंगवोर्म	गाइक्रोस्पोरम	पहले एक धब्बा-सा चमड़ी पर उभरना ट्राइकोफाइटन है, फिर दरारें पड़ने लगती हैं तथा द्वितीयक संक्रमण।

कृमि जनित रोग

रोग	रोग का कारक	मुख्य लक्षण
एन्साइलोस्ओमेसिस	एन्साइलास्टोमा	एनीमिया, ड्याडिनी अल्सर, संक्रमित डयोडिनेलि व्यक्ति पीला पड़ने लगता है, निचली पलक सूज जाती है।
एस्केरियोसिस	एस्केरिस लुम्ब्रीकाइडिस	डायरिया, पीलिया व यकृत में विकार, बच्चों में एस्केरिस संक्रमण से बच्चे कुपोषण के शिकार हो जाते हैं।
फिलोरियेसिस	वॉकेरिया बेन्क्राफ्टी	एलिफैंटेसिस, जिसमें शरीर का कोई भाग; जैसे—लेबिया, क्लिटोरिस व पाँव असामान्य रूप से मोटा या फूल जाता है।
टीनियोसिस	टीनिया सोलियम	अल्सर, पोषण में व्यवधान अपच, उदर शूल।

विषाणुओं द्वारा होने वाले प्रमुख रोग

रोग का नाम	प्रभावित अंग	रोग के लक्षण
रेबीज या हाइड्रोफोबिया	तन्त्रिका-तन्त्र	पीड़ा, ज्वर, पानी से अत्यधिक भय, माँसपेशियों तथा श्वसन-तन्त्र में लकवा, बेहोशा बेचैनी। यह घातक रोग है। (पागल कुत्ते के काटने से होने वाला रोग)
खसरा	सम्पूर्ण शरीर	ज्वर, पीड़ा, सम्पूर्ण शरीर में खराश, नेत्रों में जलन, आँख और नाक से द्रव का बहना
चेचक	सम्पूर्ण शरीर विशेषकर	ज्वर, पीड़ा, जलन व बेचैनी, सम्पूर्ण चेहरा शरीर पर फफोले तथा शरीर में दर्द
गलसुआ	पेरोटिड लार ग्रन्थियाँ	लार ग्रन्थियों में सूजन, अग्न्याशय, अण्डाशय और वृषण में सूजन, ज्वर, सिर दर्द से बन्ध्यता होने का भय रहता है।
फ्लू या इन्फ्लूएंजा	श्वसन तन्त्र	ज्वर, शरीर में पीड़ा, सिर दर्द, जुकाम, खाँसी
पोलियो	तन्त्रिका-तन्त्र (स्पाइनल)	माँसपेशियों के संकुचन में अवरोध तथा (भोजन व पानी कॉर्ड के मोटर तन्त्रिका हाथ व पैरों में लकवा के साथ शरीर की क्षति) प्रवेश करने वाला विषाणु।
हरपीस	त्वचा, श्लेष्मकला	त्वचा में जलन, बेचैनी, शरीर पर फोड़े
रोहे या ट्रेकोमा	नेत्र	नेत्रों में सूजन, जलन तथा पानी का बहना
मस्तिष्क शोध या एन्सेफेलाइटिस	तन्त्रिका-तन्त्र	ज्वर, बेचैनी, दृष्टि-दोष, अनिद्रा, बेहोशी, यह घातक रोग है।

शरीर की बीमारियाँ एवं प्रभावित अंग

बीमारी	प्रभावित अंग
डिप्थीरिया	गला, श्वास नली
एग्जीमा	चमड़ी
केटेरक्ट, ग्लाइकोमा, ट्रेकोमा	आँखें
डायबिटीज	पैंक्रियाज
पायरिया	दाँत तथा मसूड़े
प्लूरिसी	छाती
पीलिया (जोन्डिस)	यकृत
गठिया या र्‌यूमैटिज्म	जोड़ों में
मैनिन्जाइटिस	स्पाइनल कॉर्ड (रीढ़ की हड्डी) तथा मस्तिष्क
आर्थटाइटिस	जोड़ों की सूजन
गोइटर (गण्डमाला)	थाइराइड ग्रन्थि
काला जार	रुधिर, प्लीहा व अस्थि मज्जा
सुजाक, श्वेत प्रदर	मूत्र मार्ग
टिटनेस	तन्त्रिका-तन्त्र, माँसपेशी
कुष्ठ	त्वचा, तन्त्रिकाएँ
हैजा	आँत, आहारनाल
काली खाँसी	श्वसन तन्त्र
अतिसार	आँत का अग्रभाग
प्लेग	फेफड़े, लाल रक्त कणिकाएँ

दस्त	बड़ी आँत
सिफलिस	जनन अंग
रिकेट्स	हड्डियाँ
टाइफाइड	समस्त अंग (आँत)
निमोनिया, ट्यूबरक्लोसिस	फेफड़े

प्रश्नमाला

1. एक स्वस्थ व्यक्ति का सामान्य रक्त-चाप कितना होता है?
(a) 100/50 (b) 120/80
(c) 150/100 (d) 80/100

2. बी.सी.जी. का टीका नवजात शिशु को कितने दिन के भीतर लगाना चाहिए?
(a) 6 माह
(b) सात दिन
(c) जन्म के तुरन्त बाद
(d) 48 दिन

3. ब्राइट्स रोग शरीर के किस भाग को प्रभावित करता है?
(a) गुर्दा (b) तिल्ली (Spleen)
(c) हृदय (d) यकृत

4. वातोत्पाद (हिस्टीरिया) रोग सामान्यतः किस वर्ग में होता है?
(a) विवाहित महिलाएं
(b) बूढ़ी महिलाएं
(c) जवान महिलाएं
(d) जवान पुरुष, महिलाएं

5. पोलियो के टीके की खोज किसने की?
(a) अलेक्जेंडर फ्लेमिंग
(b) जॉन साल्क
(c) राबर्ट कोन
(d) एडवर्ड जेनर

6. मानव शरीर में रक्त का थक्का किस विटामिन से जमता है?
(a) विटामिन के (b) विटामिन डी
(c) विटामिन ई (d) विटामिन सी

7. मानव शरीर में पाचन का अधिकांश भाग किस अंग में सम्पन्न होता है?
(a) पैक्रियास (b) बड़ी आंत
(c) छोटी आंत (d) अमाशय

8. मानव शरीर में क्रोमोसोम की संख्या कितनी होती है?
(a) 23 (b) 46
(c) 44 (d) 42

9. किस द्रव के एकत्रित होने पर मांसपेशियां, थकान का अनुभव करने लगती हैं?
(a) लैक्टिक एसिड (b) पिरूविड एसिड
(c) बेंजोइक एसिड (d) यूरिक एसिड

10. साधारण मानव में गुण सूत्र होते हैं-
(a) 36 (b) 46
(c) 56 (d) 26

11. ब्रेन की बीमारी को पहचाना जाता है-
(a) ई.ई.जी. (b) ई.ई.सी.
(c) ई.एम.जी. (d) ई.के.जी.

12. मनुष्य का औसत रक्त-चाप होता है-
(a) 60/100 (b) 20/80
(c) 60/140 (d) 140/80

13. सफेद रक्त कण का मुख्य कार्य हैं-
(a) ऑक्सीजन ढोना
(b) कार्बन डाइ-ऑक्साइड ढोना
(c) रोग प्रतिरोधक क्षमता धारण करना
(d) उपर्युक्त में से कोई नहीं

14. विटामिन D का स्त्रोत है-
(a) नींबू (b) सूर्य की किरणें
(c) संतरा (d) काजू

15. एड्स का कारण है-
(a) बैक्टीरिया (b) फफूंदी
(c) वायरस (d) अमीबा

16. इन्सुलिन एक प्रकार का-
(a) हॉर्मोन है (b) एन्जाइम है
(c) विटामिन है (d) नमक है

17. अधिकांश प्राणियों के जीवित पदार्थ का लगभग 80% पदार्थ है-
(a) प्रोटीन (b) वसा
(c) कार्बोहाइड्रेट (d) खनिज

18. ट्रिपल ऐण्टीजन एक बच्चे को दी जाती है-
(a) पोलियो, चेचक, डिफ्थीरिया को रोकने हेतु
(b) डिफ्थीरिया, कुकुरखांसी, टिटनेस को रोकने हेतु
(c) चेचक, कुकुरखांसी, टिटनेस को रोकने हेतु
(d) पोलियो, टिटनेस, कुकुरखांसी को रोकने हेतु

19. डी.एन.ए. में उपलब्ध कौन-सा यौगिक एमीनो अम्ल नहीं बनाता?
(a) एडीनीन (b) टायरोसीन
(c) गुआनीन (d) सिस्टोसिन

20. निम्न में से कौन-सा सही है?
(a) शरीर में सारा रक्त किडनी के माध्यम से मिल जाता है।
(b) शरीर में सारा रक्त किडनी के माध्यम से गुजरता है।
(c) शरीर में सारा रक्त किडनी के माध्यम से शुद्ध होता है।
(d) शरीर में सारा रक्त किडनी के माध्यम से बनता है।

21. जन्तु विज्ञान (Zoology) अध्ययन करता है-
(a) केवल जीवित जानवरों का
(b) केवल जीवित वनस्पति का
(c) जीवित व मृत जानवरों दोनों का
(d) जीवित व मृत वनस्पति दोनों का

22. सूक्ष्म जीवाणु (बैक्टीरिया) को देखा जा सकता है-
(a) खाली आंख द्वारा
(b) कम्पाउण्ड खुर्दबीन द्वारा
(c) हैण्ड लेन्स द्वारा
(d) इलेक्ट्रॉन खुर्दबीन द्वारा

23. विटामिन C का सबसे उत्तम स्रोत है-
(a) सेब (b) आम
(c) आंवला (d) दूध

24. सूक्ष्म जीवाणु (बैक्टीरिया) के बारे में कौन-सा कथन सत्य है?
(a) ये जीवित व मृत की सीमा रेखा पर होते हैं।
(b) ये वनस्पति व जानवर की सीमा रेखा पर होते हैं।
(c) ये फूल देने वाली व फूल न देने वाली वनस्पति की सीमा रेखा पर होते हैं।
(d) उपर्युक्त में से कोई नहीं

25. हृदय की धड़कन नियंत्रित करने के लिए निम्न में से कौन-सा खनिज आवश्यक है?
(a) सोडियम (b) गंधक
(c) पोटैशियम (d) लोहा

26. पोलियो का टीका सबसे पहले तैयार किया?
(a) पाल एहरलिव ने
(b) जोन्स साल्क ने
(c) लुई पास्चर ने
(d) जोसेफ लिस्टन ने

27. निम्नांकित जोड़ों में किसका सुमेल है?
(a) निमोनिया - फेफड़े
(b) मोतियाबिन्दू - थायरॉइड ग्रन्थि
(c) पीलिया - आंख
(d) मधुमेह - यकृत

28. पेथोजीन, जो सामान्य जुकाम के लिए उत्तरदाई है, फैलता है-
(a) आर्थोमिक्सो वायरस
(b) रिनो वायरस
(c) ल्यूकीमिया वायरस
(d) पोलियो वायरस

29. खाद्य पदार्थों के परीक्षण हेतु निम्नांकित में से कौन-सा प्रयुक्त होता है?
(a) सोडियम कार्बोनेट
(b) एसीटिलीन
(c) बेन्जोइक अम्ल
(d) सोडियम क्लोराइड

30. अग्न्याशय को पाचक रस के उत्पादन के लिए उत्तेजित करने वाला हॉर्मोन निम्न में से कौन है?
(a) रेनिन (b) ट्रिप्सिन
(c) सिक्रिटिन (d) पेप्सिन

31. निम्नांकित में से कौन-सा रक्त के हीमोग्लोबिन के साथ अनुत्क्रमणीय संश्लिष्ट बनाता है?
(a) कार्बन डाइ-ऑक्साइड
(b) शुद्ध नाइट्रोजन गैस
(c) कार्बन मोनोऑक्साइड
(d) कार्बन डाइ-ऑक्साइड और हीलियम का मिश्रण

32. साइनोकोबालमिन है-
(a) विटामिन सी
(b) विटामिन बी$_2$
(c) विटामिन बी$_6$
(d) विटामिन बी$_{12}$

33. पोलियो का वायरस शरीर में प्रवेश करता है-
(a) मच्छर के काटने से
(b) दूषित भोजन तथा जल से
(c) थूक से
(d) कुत्ते के काटने से

34. शरीर के किस भाग में पित्त का निर्माण होता है?
(a) यकृत
(b) तिल्ली
(c) पित्ताशय की थैली
(d) अग्न्याशय

35. एन्जाइम्स मूलतः क्या है?
(a) वसा (b) शर्करा
(c) प्रोटीन (d) विटामिन

36. मानव शरीर में सबसे छोटी ग्रन्थि कौन-सी है?
(a) एड्रीनल (b) थायरॉइड
(c) अग्न्याशय (d) पिट्यूटरी

37. सर्वदाता वह व्यक्ति है जिसका रुधिर वर्ग होता है-
(a) A (b) B
(c) AB (d) O

38. सूची-I को सूची-II से सुमेलित कीजिए तथा नीचे दिए गए कूट से सही उत्तर चुनिए-

सूची-I	सूची-II
A. लैक्टिक अम्ल	1. नींबू
B. एसीटिक अम्ल	2. दुर्गन्धयुक्त मक्खन
C. साइट्रिक अम्ल	3. दूध
D. ब्यूटाइटिक	4. सिरका

कूट :

	A	B	C	D
(a)	1	4	3	2
(b)	3	1	4	2
(c)	2	3	4	1
(d)	3	4	1	2

39. सूची-I से सूची-II को सुमेलित कीजिए तथा नीचे दिए गए कूट से सही उत्तर चुनिए-

सूची-I	सूची-II
A. हॉर्मोन	1. लाइपेज
B. एन्जाइम	2. टेस्टोस्टेरोन
C. फॉस्फोलिपिड	3. लेसिथिन
D. बहुलक	4. पालीइथीन

कूट :

	A	B	C	D
(a)	2	1	3	4
(b)	4	1	2	3
(c)	2	3	4	1
(d)	1	2	3	4

40. मानव शरीर में विटामिन संचित रहता है-
(a) यकृत में (b) अमाशय में
(c) तिल्ली में (d) उदर में

41. सूची-I तथा सूची-II को सुमेलित कीजिए तथा नीचे दिए गए कूट से सही उत्तर चुनिए-

सूची-I	सूची-II
A. शुष्क बर्फ	1. कैंसर का उपचार
B. जीन थिरेपी	2. पुनजीर्वित करने हेतु जीवित पिण्डों का जमना
C. क्रायोनिक्स	3. ठोस कार्बन डाइ-ऑक्साइड
D. कोबाल्ट-60	4. रक्त रोगों का उपचार

कूट :

	A	B	C	D
(a)	1	2	3	4
(b)	4	3	2	1
(c)	3	4	2	1
(d)	2	1	4	3

42. विटामिन-डी के सृजन में निम्न में से कौन पाया जाता है?
(a) रेटिनॉल
(b) फोलिक अम्ल
(c) एस्कॉर्बिक अम्ल
(d) कैल्सिफेरॉल

43. बहुचर्चित 'बबल-बेबी रोग' ऐसा इसलिए कहलाता है, क्योंकि-
(a) यह पानी के बुलबुले के कारण होता है।
(b) रोगग्रस्त शिशु लार के बुलबुले बनाता है।
(c) रोगग्रस्त शिशु का उपचार जर्मरहित प्लास्टिक के बुलबुले से किया जाता है।
(d) इस रोग को पानी के बुलबुले से ही ठीक किया जाता है।

44. गाय और भैंस के थनों में दुग्ध उतारने के लिए किस हॉर्मोन की सुई लगाई जाती है?
(a) सोमैटोट्रोपिन (b) ऑक्सीटोसिन
(c) इण्टरफेरॉन (d) इन्सुलिन

45. निम्न में से कौन संक्रमित मच्छर के काटने से नहीं होता है?
(a) प्लेग (b) पीत ज्वर
(c) मलेरिया (d) डेंगू

46. जीव अन्तःक्षेपक होता है-
(a) एस.आई.वी. प्रतिरक्षण सिरिन्ज
(b) जैव प्लास्टिक अन्तःक्षेपक
(c) वेदनारहित सुई अन्तःक्षेपक
(d) वेदनारहित सुई विहीन अन्तःक्षेपक

47. सूची-I तथा सूची-II को सुमेलित कीजिए तथा नीचे दिए गए कूट से सही उत्तर चुनिए-

सूची-I	सूची-II
A. मलेरिया	**1. बोन मैरो (अस्थि मज्जा)**
B. फाइलेरिया	**2. मस्तिष्क**
C. एन्जीफेलाइटिस	**3. मांसपेशियां**
D. ल्यूकीमिया	**4. लसीका ग्रन्थि**
	5. रक्त कोशिकाएं

कूट :

	A	B	C	D
(a)	5	3	2	1
(b)	5	4	2	1
(c)	4	3	5	1
(d)	5	4	1	2

48. मलेरिया तथा डेंगू में निम्नलिखित में से क्या उभयनिष्ठ नहीं है?
(a) ज्वर (b) मच्छर की काट
(c) मानव प्रजाति (d) मच्छर प्रजाति

49. गति प्रेरक का कार्य होता है-
(a) यह हृदय स्पन्दन कम करता है।
(b) यह हृदय स्पन्दन को समंजित करता है।
(c) यह हृदय स्पंदन बढ़ाता है।
(d) यह हृदय में रुधिर प्रवाह तेज करता है।

50. थायमीन है-
(a) विटामिन C (b) विटामिन B_2
(c) विटामिन B_6 (d) विटामिन B_1

51. गोलकृमि (निमटोड) से होने वाला रोग है-
(a) फाइलेरिया (b) फ्लुओरोसिस
(c) इन्सेफ्लाइटिस (d) कुष्ठ

52. मनुष्य के अंगों में से, हानिकारक विकिरणों से सबसे कम सुप्रभाव्य अंग है-
(a) आंत (b) हृदय
(c) मस्तिष्क (d) फेफड़ा

53. सिनकोना की छाल से प्राप्त औषधि को मलेरिया के उपचार के लिए प्रयुक्त किया जाता था, जिस कृत्रिम औषधि ने इस प्राकृतिक उत्पाद को प्रतिस्थापित किया, वह है-
(a) क्लोरोमाइसिटिन
(b) क्लोरोक्विन
(c) टेट्रासाइक्लिन
(d) एम्पीसिलीन

54. कथन (A) : कुछ जीवाणु अपना भोजन 'संश्लेषित' कर सकते हैं।
कारण (R) : इन जीवाणुओं में हरा पदार्थ जो हरित लवक कहलाता है, पाया जाता है।
कूट :
(a) A तथा R दोनों सही हैं तथा R, A की सही व्याख्या है।
(b) A तथा R दोनों सही हैं किन्तु R, A की सही व्याख्या नहीं है।
(c) A सही है, किन्तु R, गलत है।
(d) A गलत है, किन्तु R, सही है।

55. सूची-I को सूची-II से सुमेलित कीजिए तथा सूचियों के नीचे दिए गए कूट का प्रयोग करते हुए सही उत्तर चुनिए-

सूची-I (अणु)	सूची-II (उपस्थित तत्व)
A. विटामिन बी$_{12}$	**1. मैग्नीशियम**
B. हीमोग्लोबिन	**2. कोबाल्ट**
C. क्लोरोफिल	**3. तांबा**
D. पीतल	**4. लोहा**

कूट :

	A	B	C	D
(a)	2	4	1	3
(b)	2	1	3	4
(c)	4	1	2	3
(d)	3	4	2	1

56. जब रक्त में ऑक्सीजन की सान्द्रता में कमी आती है, तो श्वास की गति-
(a) कम हो जाती है
(b) बढ़ जाती है
(c) परिवर्तित नहीं होती
(d) पहले घटती है फिर बढ़ती है

57. असुरक्षित पेयजल एवं बुरी सफाई द्वारा विकासशील देशों में उत्पन्न तीन संचरणीय रोग हैं-
(a) तीव्र प्रवाहिका, कैन्सर तथा गाउट
(b) मलेरिया, तीव्र प्रवाहिका तथा सिस्टोसोमियासिस
(c) आन्कोसर्कता, ल्यूकीमिया तथा ऑर्थराइटिस
(d) कमेटिन्म, मलेरिया तथा एड्स

58. निम्नलिखित में से कौन पोटैशियम अल्पता से सम्बद्ध है?
(a) गुर्दा क्षति तथा पेशीय लकवा
(b) निम्न रक्तचाप
(c) रक्ताल्पता
(d) जोड़ों का दर्द तथा धूमिल दृष्टि

59. शल्यक्रिया में आर्थो प्लास्टी क्या है?
(a) ओपेन हार्ट सॅर्जरी
(b) गुर्दा प्रत्यारोपण
(c) कूल्हे के जोड़ का प्रतिस्थापन
(d) रुधिर आदान

60. आनुवांशिक अभियंत्रण के निम्नलिखित प्रभावों पर विचार कीजिए-

1. रोग प्रतिरोध 2. वृद्धिवर्धन

3. जन्तु क्लोनिंग 3. मानव क्लोनिंग

उपर्युक्त में जो कुछ सफलता के साथ परीक्षित किए गए वे हैं-

(a) 1, 3 तथा 4 (b) 2, 3 तथा 4
(c) 1, 2 तथा 4 (d) 1, 2 तथा 3

61. जिस विटामिन में कोबाल्ट होता है, वह है-

(a) b_1 (b) b_2
(c) b_6 (d) b_{12}

62. सूची-I को सूची-II के साथ सुमेलित कीजिए तथा सूचियों के नीचे दिए गए कूट का प्रयोगकर सही उत्तर चुनिए-

सूची-I (रेडियो समस्थानिक)	सूची-II (निदानसूचक उपयोग)
A. आर्सेनिक-74	1. थॉयराइड ग्रन्थि की सक्रियता
B. कोबाल्ट-61	2. रक्त व्यतिक्रम
C. आयोडीन-131	3. ट्यूमर
D. सोडियम-24	4. कैंसर

कूट :

	A	B	C	D
(a)	1	2	3	4
(b)	4	3	1	2
(c)	3	4	1	2
(d)	4	3	2	1

63. हीमोग्लोबिन के बारे में निम्न कथनों पर विचार कीजिए-

1. इसमें लौह होता है।

2. यह रक्त में ऑक्सीजन का वाहक है।

3. यह रक्त को लाल रंग प्रदान करता है।

4. यह कुछ रोगों के प्रति प्रतिरक्षा प्रदान करता है।

इन कथनों में से सही विकल्प चुनिए-

(a) 1, 2 तथा 4 सही है।
(b) 1, 2 तथा 3 सही है।
(c) 2, 3 तथा 4 सही है।
(d) 1, 3 तथा तथा 4 सही है।

64. प्रकाशीय सजावट तथा विज्ञापन के लिए विसर्जन नलिकाओं में प्रयुक्त होने वाली गैस है-

(a) कार्बन डाइ ऑक्साइड
(b) अमोनिया
(c) सल्फर-डाइ ऑक्साइड
(d) निऑन

65. "इंडियन इन्स्टीट्यूट ऑफ नेचुरोपैथी एण्ड यौगिक साइंस" स्थित है-

(a) पुणे में (b) लखनऊ में
(c) हैदराबाद में (d) बंगलौर में

66. लैसर बीम का उपयोग होता है-

(a) कैंसर चिकित्सा में
(b) हृदय की चिकित्सा में
(c) आंख की चिकित्सा में
(d) गुर्दे की चिकित्सा में

67. रुधिर वर्णिका के सम्बन्ध में निम्नांकित कथनों में से नीचे दिए गए कूट से सही उत्तर चुनिए-

1. इसमें लौह होता है।

2. यह रक्त को लाल रंग प्रदान करता है।

3. यह कुछ रोगों के प्रति प्रतिरक्षा प्रदान करता है।

4. यह रक्त में ऑक्सीजन का वाहक है।

कूट :

(a) 1, 2 एवं 3 (b) 2, 3 एवं 4
(c) 1, 2 एवं 4 (d) 1, 2, 3 एवं 4

68. निम्नांकित में कौन एक प्राकृतिक बहुलक नहीं है?

(a) ऊन (b) रेशम
(c) चमड़ा (d) नाइलोन

69. भारत द्वारा 'स्कॉरपियन' नामक अत्याधुनिक पनडुब्बियों का देश में ही संयुक्त उत्पादन हेतु समझौता किया गया है-

(a) ब्रिटेन से (b) फ्रांस से
(c) रूस से (d) यूक्रेन से

70. निम्न में से कौन एक "मीन" है?

(a) क्रे-फिश (b) केटल-फिश
(c) फ्लाइंग-फिश (d) सिल्वर-फिश

71. शीतकाल में जब झील की ऊपरी सतह का पानी बर्फ में बदल जाता है फिर भी जलीय जन्तु जीवित रहते हैं, क्योंकि-

(a) ये बर्फ में सांस ले सकते हैं।
(b) उनके अन्दर काफी मात्रा में ऑक्सीजन संचित रहती है।
(c) उनके शरीर की बनावट इस प्रकार की है कि वे ऑक्सीजन के बिना भी रह सकते हैं।
(d) पानी का घनत्व 4° से. पर सबसे अधिक होता है जिससे बर्फ की ऊपरी सतह के नीचे पानी रहता है।

72. विकास के उत्परिवर्तन सिद्धांत का प्रतिपादन किया था-

(a) हेक्सले ने
(b) डार्विन ने
(c) लैमॉर्क ने
(d) ह्यूगो डी ब्रीज ने

73. कोलेस्ट्रॉल है एक-

(a) कीटनाशी (b) विटामिन
(c) स्टेरॉयड (d) एन्जाइम

74. रुधिर वर्णिका के सम्बन्ध में निम्नलिखित कथनों पर विचार तथा नीचे दिए गए कूट से सही उत्तर चुनिए-

1. इसमें लौह होता है।

2. यह रक्त को लाल रंग प्रदान करता है।

3. यह कुछ रोगों से प्रतिरक्षा प्रदान करता है।

4. यह रक्त में ऑक्सीजन का वाहक है।

कूट :

(a) 1, 2 तथा 3 (b) 2, 3 तथा 4
(c) 1, 3 तथा 4 (d) 1, 2, 3 तथा 4

75. एक मनुष्य दुर्घटनाग्रस्त हो जाता है और उसे रक्ताधान की आवश्यकता होती है, किन्तु उसके रक्त समूह का परीक्षण करने का समय नहीं है-
निम्नलिखित में से कौन-सा रक्त समूह उसे दिया जा सकता है?

(a) O^+ (b) O^-
(c) AB^+ (d) AB^-

76. शरीर की वे कोशिकाएं जिनमें शरीर की किसी भी प्रकार की कोशिकाओं में विभाजन तथा विशिष्टीकरण की क्षमता है और जो कई गम्भीर बीमारियों पर शोध का केन्द्र बिन्दु है, उन्हें कहते हैं-

(a) बड कोशिकाएं
(b) रेड कोशिकाएं
(c) मीसेन्जियल कोशिकाएं
(d) स्टेम कोशिकाएं

77. शाहतूश शाल बनाई जाती है-
(a) हंगुल के बालों से
(b) चिंकारा के बालों से
(c) चिरू के बालों से
(d) मेरिनों के बालों से

78. सुअरों को मानव रिहायशी क्षेत्र से दूर रखना किसके उन्मूलन में सहायक है?
(a) मलेरिया के
(b) जापानी ऐन्सेफालाइटीज के
(c) फीलपांव के
(d) पोलियो के

79. सामान्य मानव शरीर का तापक्रम होता है-
(a) 98.4° F (b) 98° F
(c) 98.8° F (d) इनमें से कोई नहीं

80. निम्न में से किसे जांचने के लिए ELISA टेस्ट किया जाता है?
(a) मधुमेह को
(b) तपेदिक को
(c) AIDS को
(d) सूजाक का

81. दोषयुक्त वृक्क वाले व्यक्तियों के लिए अपोहन का उपयोग किया जाता है, इसमें निहित प्रक्रम है-
(a) अधिशोषण
(b) परासरण
(c) वैद्युतकण संचलन
(d) सक्रिय गमन

82. निम्नलिखित आनुवंशिक रोगों में कौन यौन-संबंधित है?
(a) हीमोफीलिया
(b) टे-सैक्स व्याधि
(c) सिस्टिक फाइब्रोसिस
(d) हाइपरटेन्शन

83. ई.ई.जी. से, जिस अंग की कार्य-प्रणाली प्रकट होती है, वह है-
(a) हृदय (b) मस्तिष्क
(c) कान (d) यकृत

84. जापानी एनसेफिलाइटिस का कारक होता है-
(a) जीवाणु
(b) विषाणु
(c) परजीवी प्रोटोजोआ
(d) फफूंद

85. निम्नलिखित युग्मों में, कौन-सा सुमेलित नहीं है?
(a) थायमीन - बेरी-बेरी
(b) विटामिन डी - सूखा रोग
(c) विटामिन के - वंध्यापन
(d) नियासिन - पेलैग्रा

86. निम्नांकित में कौन-सा कीट नहीं है?
(a) खटमल (b) मकड़ी
(c) घरेलू मक्खी (d) मच्छर

87. भारत की सबसे बड़ी मछली है-
(a) स्टोन फिश (b) व्हेल शार्क
(c) मार्लिन (d) हिलसा

88. निम्नलिखित में से कौन लौह का अच्छा स्रोत है?
(a) गाजर (b) मटर
(c) चावल (d) पालक

89. हृदय कब आराम करता है?
(a) कभी नहीं
(b) सोते समय
(c) दो धड़कनों के बीच
(d) योगिक आसन करते समय

90. मस्तिष्क तथा मेरू रज्जु पर चढ़ी झिल्ली में सूजन आ जाने से होने वाला रोग है-
(a) ल्यूकीमिया (b) पैरालिसिस
(c) स्केलेरोसिस (d) मेनिनजाइटिस

91. निम्नलिखित कथनों में से कौन-से सही हैं? सही उत्तर का चयन नीचे दिए कूट से कीजिए-
1. मानव शरीर में ऊर्विका (फीमर) सबसे लम्बी अस्थि है।
2. हैजा रोग जीवाणु के द्वारा होता है।
3. "एथलीट फुट" रोग विषाणु के द्वारा होता है।
कूट :
(a) 1, 2 और 3 (b) 1 और 3
(c) 1 और 2 (d) 2 और 3

92. जापान में 1953 में होने वाली मिनिमाटा व्याधि हुई थी, उन मछलियों को खाने से जो संक्रमित थीं-
(a) निकिल द्वारा (b) सीसे द्वारा
(c) पारद द्वारा (d) कैडमियम द्वारा

93. अति विवादास्पद भ्रूणीय स्टेम कोशिकाओं के विकल्प के रूप में कौन बायोएथिकल अ-विवादास्पद स्रोत है स्टेम कोशिकाओं का?
(a) अस्थि मज्जा से व्युत्पन्न स्टेम कोशिकाएं
(b) उल्बो तरल से व्युत्पन्न स्टेम कोशिकाएं
(c) गर्भ का रुधिर
(d) शिशुओं का रुधिर

94. दिया गया है-
1. रुधिर कोशिकाएं
2. अस्थि कोशिकाएं
3. बाल रज्जु
4. लार (सलाइवा)
अपराध की जांच में डी.एन.ए. परीक्षण हेतु जो नमूने लिए जाते हैं, वे हो सकते हैं-
(a) केवल 1, 2 और 3
(b) केवल 1 और 4
(c) केवल 2 और 3
(d) 1, 2, 3 और 4

95. निम्नलिखित में से कौन-सा रक्त के हीमोग्लोबिन के साथ अनुत्क्रमणीय (irreversible) संश्लिष्ट बनाता है?
(a) कॉर्बन डाई-ऑक्साइड
(b) शुद्ध नाइट्रोजन गैस
(c) कॉर्बन मोनो ऑक्साइड
(d) कॉर्बन डाई-ऑक्साइड और हीलियम का मिश्रण

96. पुदीना के निम्नलिखित भागों में से किस एक में तेल का अधिकतम प्रतिशत पाया जाता है?
(a) जड़ (b) तना
(c) पत्ती (d) फूल

97. 'चिलगोजा', निम्न में से किस एक प्रजाति के बीज से प्राप्त होता है?
(a) पाइन (b) पाम
(c) साइकस (d) देवदार

98. कुनैन के अतिरिक्त, निम्नलिखित में से कौन एक शाकीय औषधि मलेरिया के उपचार के लिए प्रयोग की जाती है?
(a) आर्टीथर
(b) ग्लेस
(c) ल्यूटीविट
(d) सिनेरेरिया

99. सूची–I को सूची–II से सुमेलित कीजिए तथा सूचियों के नीचे दिए कूट का प्रयोग करते हुए सही उत्तर का चयन कीजिए-

सूची-I	सूची-II
A. ई.ई.जी.	1. मांस पेशी
B. ई.सी.जी.	2. आंख
C. ई.ओ.जी.	3. मस्तिष्क
D. ई.एम.जी.	4. हृदय

कूट :

	A	B	C	D
(a)	1	2	3	4
(b)	3	4	2	1
(c)	2	3	4	1
(d)	4	3	1	2

100. एक वर्णान्ध पुरुष एक सामान्य महिला से विवाह करता है। वर्णान्धता के लक्षण उत्पन्न होंगे, उसके-
(a) पुत्रों में
(b) पुत्रियों में
(c) पुत्रों के पुत्रों में
(d) पुत्रियों के पुत्रों में

उत्तरमाला

1. (b)	**2.** (b)	**3.** (b)	**4.** (c)	**5.** (b)	**6.** (a)	**7.** (c)	**8.** (b)	**9.** (a)	**10.** (b)
11. (a)	**12.** (d)	**13.** (c)	**14.** (b)	**15.** (c)	**16.** (a)	**17.** (c)	**18.** (b)	**19.** (b)	**20.** (c)
21. (c)	**22.** (b)	**23.** (c)	**24.** (d)	**25.** (c)	**26.** (b)	**27.** (a)	**28.** (b)	**29.** (c)	**30.** (b)
31. (c)	**32.** (d)	**33.** (b)	**34.** (a)	**35.** (c)	**36.** (d)	**37.** (d)	**38.** (d)	**39.** (a)	**40.** (a)
41. (c)	**42.** (d)	**43.** (b)	**44.** (b)	**45.** (a)	**46.** (d)	**47.** (b)	**48.** (d)	**49.** (b)	**50.** (d)
51. (a)	**52.** (c)	**53.** (b)	**54.** (c)	**55.** (a)	**56.** (b)	**57.** (b)	**58.** (a)	**59.** (c)	**60.** (d)
61. (d)	**62.** (c)	**63.** (b)	**64.** (d)	**65.** (a)	**66.** (c)	**67.** (c)	**68.** (d)	**69.** (b)	**70.** (c)
71. (d)	**72.** (d)	**73.** (c)	**74.** (c)	**75.** (b)	**76.** (d)	**77.** (c)	**78.** (b)	**79.** (c)	**80.** (c)
81. (b)	**82.** (a)	**83.** (b)	**84.** (b)	**85.** (c)	**86.** (b)	**87.** (b)	**88.** (d)	**89.** (c)	**90.** (d)
91. (c)	**92.** (c)	**93.** (a)	**94.** (d)	**95.** (c)	**96.** (c)	**97.** (a)	**98.** (a)	**99.** (b)	**100.** (d)

❑❑❑

12 बेसिक सामान्य ज्ञान

महत्त्वपूर्ण दिवस

राष्ट्रीय युवा दिवस – 12 जनवरी
थलसेना दिवस – 15 जनवरी
गणतन्त्र दिवस – 26 जनवरी
शहीद दिवस – 30 जनवरी
तट रक्षक दिवस – 1 फरवरी
उत्पादकता दिवस – 12 फरवरी
वेलेन्टाइन दिवस – 14 फरवरी
केन्द्रीय उत्पाद शुल्क दिवस – 24 फरवरी
राष्ट्रीय सुरक्षा दिवस – 4 मार्च
अन्तर्राष्ट्रीय महिला दिवस – 8 मार्च
विश्व उपभोक्ता संरक्षण दिवस – 15 मार्च
विश्व वानिकी दिवस – 21 मार्च
विश्व मौसम विज्ञान दिवस – 23 मार्च
विश्व थियेटर दिवस – 27 मार्च
नेशनल मेरीटाइम दिवस – 5 अप्रैल
विश्व स्वास्थ्य दिवस – 7 अप्रैल
विश्व विरासत दिवस – 18 अप्रैल
विश्व पृथ्वी दिवस – 22 अप्रैल
विश्व मजदूर दिवस – 1 मई
अन्तर्राष्ट्रीय ऊर्जा दिवस – 3 मई
राष्ट्रीय एकता दिवस – 13 मई
विश्व दूरसंचार दिवस – 17 मई
आतंकवाद विरोध दिवस – 21 मई
कॉमनवेल्थ दिवस – 24 मई
विश्व पर्यावरण दिवस – 5 जून
डॉक्टर्स दिवस – 1 जुलाई
विश्व जनसंख्या दिवस – 11 जुलाई
कारगिल स्मृति दिवस – 26 जुलाई
विश्व युवा दिवस – 12 अगस्त
स्वतंत्रता दिवस – 15 अगस्त
राजीव गाँधी सद्भावना दिवस – 20 अगस्त
राष्ट्रीय खेल दिवस – 29 अगस्त
शिक्षक दिवस – 5 सितम्बर
विश्व साक्षरता दिवस – 8 सितम्बर
हिन्दी दिवस – 14 सितम्बर
विश्व पर्यटन दिवस – 27 सितम्बर
अन्तर्राष्ट्रीय वृद्ध दिवस – 1 अक्टूबर
विश्व डाक दिवस – 8 अक्टूबर
विश्व खाद्य दिवस – 16 अक्टूबर
संयुक्त राष्ट्र दिवस – 24 अक्टूबर
बाल दिवस – 14 नवम्बर
विश्व एड्स दिवस – 1 दिसम्बर
नौसेना दिवस – 4 दिसम्बर
झण्डा दिवस – 7 दिसम्बर
मानव अधिकार दिवस – 10 दिसम्बर
यूनीसेफ दिवस – 11 दिसम्बर
राष्ट्रीय ऊर्जा संरक्षण दिवस – 14 दिसम्बर
किसान दिवस – 23 दिसम्बर

खेल

प्राचीन ओलंपिक खेलों की शुरुआत 776 ई. पू. में यूनान में हुई था। इस खेल को अंतर्राष्ट्रीय खेल समारोह के रूप में समझा जाता है। कुछ समय पश्चात् रोमन सम्राट् ने इस खेल के आयोजन पर प्रतिबंध लगा दिया था। आधुनिक ओलंपिक की शुरुआत 1896 ई. से हुई। इस खेल का आयोजन प्रत्येक चार वर्ष के अन्तराल पर किया जाता है। भारत ने पहली बार सन् 1920 में आयोजित ओलंपिक खेल में हिस्सा लिया था। ओलंपिक खेल का प्रतीक छल्ले होते हैं जो पाँच महाद्वीपों का प्रतिनिधित्व करता है। सन् 1924 से शीत ओलंपिक की शुरुआत हुई थी तथा सन् 1912 से ओलंपिक में महिलाओं को प्रवेश मिला था।

ओलंपिक : कहाँ तथा कब

क्रम सं.	वर्ष	स्थान	देश
1.	1896	एथेंस	यूनान
2.	1900	पेरिस	फ्रांस
3.	1904	सेंट लुईस	अमेरिका
4.	1908	लंदन	ब्रिटेन
5.	1912	स्टाकहॉम	स्वीडन

6.	1916	बर्लिन	जर्मनी
7.	1920	एंटवर्प	बेल्जियम
8.	1924	पेरिस	फ्रांस
9.	1928	ऐमस्टरडम	नीदरलैंड्स
10.	1932	लॉस एंजेल्स	अमेरिका
11.	1936	बर्लिन	जर्मनी
12.	1940	टोकयो	जापान
13.	1944	लंदन	ब्रिटेन
14.	1948	लंदन	ब्रिटेन
15.	1952	हेलसिंकी	फिनलैंड
16.	1956	मेलबोर्न	ऑस्ट्रेलिया
17.	1960	रोम	इटली
18.	1964	टोक्यो	जापान
19.	1968	मेक्सिको सिटी	मैक्सिको
20.	1972	म्यूनिख	जर्मनी
21.	1976	मांट्रियल	कनाडा
22.	1980	मास्को	यू.एस.एस.आर.
23.	1984	लॉस एंजेल्स	अमेरिका
24.	1988	सियोल	द. कोरिया
25.	1992	बार्सिलोना	स्पेन
26.	1996	अटलांटा	अमेरिका
27.	2000	सिडनी	ऑस्ट्रेलिया
28.	2004	एथेंस	यूनान
29.	2008	बीजिंग	चीन
30.	2012	लंदन	ब्रिटेन
31.	2016	रियो	ब्राजील
32.	2020	टोक्यो	जापान

एशियाई खेल

प्रथम भारतीय प्रधानमंत्री जवाहरलाल नेहरु के निरंतर प्रयासों से प्रथम एशियाई खेल का आयोजन सन् 1951 ई. में दिल्ली में हुआ था।

एशियाई खेल : कहाँ तथा कब

वर्ष	स्थान		भाग लेने वाला		खेलों की संख्या	दर्जा (प्रथम तीन)
	शहर	देश	खिलाड़ियों की सं.	राष्ट्रों की संख्या		
1. 1951	नई दिल्ली	भारत	489	11	6	1. जापान 2. भारत 3. ईरान
2. 1954	मनीला	फिलीपींस	967	18	8.	1. जापान 2. फिलीपींस 3. द. कोरिया
3. 1958	टोक्यो	जापान	1422	20	13	1. जापान 2. फिलीपींस 3. द. कोरिया
4. 1962	जकार्ता	इंडोनेशिया	1545	18	13	1. जापान 2. इंडोनेशिया 3. भारत
5. 1966	बैंकॉक	थाईलैंड	1945	18	14	1. जापान 2. द. कोरिया 3. थाईलैंड
6. 1970	बैंकॉक	थाईलैंड	1752	18	13	1. जापान 2. द. कोरिया 3. थाईलैंड
7. 1974	तेहरान	ईरान	2357	25	16	1. जापान 2. ईरान 3. चीन

8. 1978	बैंकॉक	थाईलैंड	2879	19		1. जापान 2. चीन 3. द. कोरिया
9. 1982	नई दिल्ली	भारत	3411	33	21	1. चीन 2. जापान 3. द. कोरिया
10. 1986	सियोल	द. कोरिया	3345	27	25	1. चीन 2. द. कोरिया 3. जापान
11. 1990	बीजिंग	चीन	4684	37	27	1. चीन 2. द. कोरिया 3. जापान
12. 1994	हिरोशिमा	जापान	5300	42	34	10. चीन 2. द. कोरिया 3. जापान
13. 1998	बैंकॉक	थाईलैंड	8100	41	36	1. चीन 2. द. कोरिया 3. जापान
14. 2002	बुसान	द. कोरिया	9919	42	38	1. चीन 2. द. कोरिया 3. जापान
15. 2006	दोहा	कतर	10500	45	39	1. चीन 2. द. कोरिया 3. जापान
16. 2010	ग्वांगजू	चीन	14000	45	42	1. चीन 2. द. कोरिया 3. जापान
17. 2014	इन्च्योन	द. कोरिया	9501	45	36	1. चीन 2. द. कोरिया 3. जापान
18. 2018	जकार्ता-पालेमबांग	इंडोनेशिया	11300	45	40	1. चीन 2. जापान 3. द. कोरिया
19. 2022	झांगझोऊ	चीन	–	–	–	–

राष्ट्रमण्डल खेल

ब्रिटिश साम्राज्य के उपनिवेश रह चुके देश कॉमनवेल्थ (राष्ट्रमंडल) खेलों में हिस्सा लेते हैं। द्वितीय विश्वयुद्ध के बाद ब्रिटिश साम्राज्य के अधिकांश उपनिवेश स्वतंत्र हो चुके थे तथा राष्ट्रमंडल खेलों का महत्त्व बढ़ गया था। यद्यपि सर्वप्रथम राष्ट्रमंडल खेल का आयोजन सन् 1930 में हुआ था।

राष्ट्रमण्डल खेल : कहाँ तथा कब

क्रम सं.	वर्ष	स्थान	भाग लेने वाले देश	भाग लेने वाले खिलाड़ियों की संख्या	खेलों की संख्या
1.	1930	हेमिल्टन, कनाडा	11	400	6
2.	1934	लंदन, ब्रिटेन	16	500	6
3.	1938	सिडनी, ऑस्ट्रेलिया	15	467	7
4.	1950	ऑकलैंड, न्यूज़ीलैंड	12	590	9
5.	1954	वैंकूवर, कनाडा	24	662	9
6.	1958	कार्डिफ, यू. के	35	1130	9
7.	1962	पर्थ, ऑस्ट्रेलिया	35	863	9

8.	1968	किंगस्टन, जमैका	34	1050	9
9.	1970	एडिनबर्ग, यू.के.	42	1383	9
10.	1974	क्राइस्टचर्च, न्यूज़ीलैंड	39	1276	9
11.	1978	एडमंटन, कनाडा	46	1500	10
12.	1982	ब्रिसबेन, ऑस्ट्रेलिया	46	2193	10
13.	1986	एडिनबर्ग, यू.के.	26	2240	10
14.	1990	ऑकलैंड, न्यूज़ीलेंड	29	2900	10
15.	1994	विक्टोरिया, कनाडा	34	3350	13
16.	1998	क्वालालम्पुर, मलेशिया	70	4000+	16
17.	2002	मैनचेस्टर, यू.के.	70	4500+	16
18.	2006	मेलबॉर्न, ऑस्ट्रेलिया	71	5000+	16
19.	2010	नई दिल्ली, भारत	71	6089	21
20.	2014	गाल्सगो, स्कॉटलैंड	71	4947	18
21.	2018	गोल्ड केस्ट सिटी, आस्ट्रेलिया	71	4426	19
22.	2022	बर्मिंघम, इंग्लैंड	–	–	–

विश्वकप क्रिकेट

क्रम सं.	वर्ष	स्थान	विजेता
1.	1975	(लार्ड्स - इंग्लैंड)	वेस्टइंडीज ने ऑस्ट्रेलिया को हराया।
2.	1979	(लार्ड्स - इंग्लैंड)	वेस्टइंडीज ने इंग्लैंड को हराया।
3.	1983	(लार्ड्स - इंग्लैंड)	भारत ने वेस्टइंडीज को हराया।
4.	1987	(कोलकाता - भारत)	ऑस्ट्रेलिया ने इंग्लैंड को हराया।
5.	1992	(मेलबोर्न - ऑस्ट्रेलिया)	पाकिस्तान ने इंग्लैंड को हराया।
6.	1996	(लाहौर - पाकिस्तान)	श्रीलंका ने ऑस्ट्रेलिया को हराया।
7.	1999	(लार्ड्स - इंग्लैंड)	ऑस्ट्रेलिया ने पाकिस्तान को हराया।
8.	2003	(जोहन्सबर्ग-द. अफ्रीका)	ऑस्ट्रेलिया ने भारत को हराया।
9.	2007	(ब्रिजटाउन-वेस्टइंडीज)	ऑस्ट्रेलिया ने श्रीलंका को हराया।
10.	2011	(मुंबई, भारत)	भारत ने श्रीलंका को हराया।
11.	2015	(मेलबोर्न, ऑस्ट्रेलिया)	ऑस्ट्रेलिया ने न्यूज़ीलैंड को हराया
12.	2019	(लार्डस, इंग्लैंड)	इंग्लैंड विजेता घोषित
13.	2023	भारत	–

विश्वकप फुटबाल खेल प्रतियोगिता

1. 1930 उरुग्वे ने उरुग्वे में अर्जेण्टीना को हराया।
2. 1934 इटली ने इटली में चैकोस्लोवाकिया को हराया।
3. 1938 इटली ने ब्राजील में हंगरी को हराया।
4. 1950 उरुग्वे ने ब्राजील में स्वीडन को हराया।
5. 1954 पश्चिम जर्मनी ने स्विट्जरलैंड में हंगरी को हराया।
6. 1958 ब्राजील ने स्वीडन में स्वीडन को हराया।
7. 1962 ब्राजील ने चिली में चेकोस्लोवाकिया को हराया।
8. 1966 इंग्लैंड ने इंग्लैंड में पश्चिम जर्मनी को हराया।
9. 1970 ब्राजील ने मैक्सिको में इटली को हराया।
10. 1974 पश्चिम जर्मनी ने पश्चिमी जर्मनी में हालैंड को हराया।
11. 1978 अर्जेण्टीना ने अर्जेण्टीना में हॉलैंड को हराया।
12. 1982 इटली ने स्पेन में प. जर्मनी को हराया।
13. 1986 अर्जेण्टीना ने मैक्सिको में प. जर्मनी को हराया।
14. 1990 प. जर्मनी ने इटली में अर्जेण्टीना को हराया।
15. 1994 ब्राजील ने अमेरिका में इटली को हराया।
16. 1998 फ्रांस ने फ्रांस में ब्राजील को हराया।
17. 2002 ब्राजील ने जापान में जर्मनी को हराया।
18. 2006 जर्मनी में इटली ने फ्रांस को हराया।
19. 2010 स्पेन ने नीदरलैंडस को हराया।
20. 2014 जर्मनी ने अर्जेण्टीना को हराया
21. 2018 फ्रांस ने क्रोएशिया को हराया।

- फुटबॉल विश्वकप फीफा (फेडरेशन ऑफ इंटरनेशनल फुटबाल एसोसिएशन) द्वारा आयोजित किया जाता है।
- विश्वकप को जूल्स रिमेट कप भी कहा जाता है जो 1921-1953 तक फीफा अध्यक्ष के नाम के ऊपर रखा गया था।
- 1942 तथा 1946 में विश्वकप फुटबॉल नहीं खेला गया था।

महत्त्वपूर्ण ट्रॉफियाँ तथा कप

अंतर्राष्ट्रीय

क्रम सं.	नाम	संबद्ध खेल
1.	अमेरिकन कप	नौका दौड़
2.	एरोज	क्रिकेट (ऑस्ट्रेलिया-इंग्लैंड)
3.	कनाडा कप	गोल्फ (विश्व चैम्पियनशिप)
4.	कोलंबो कप	फुटबॉल (भारत, पाकिस्तान, श्रीलंका तथा म्यांमार)
5.	कॉरबिलियन कप	टेबल टेनिस (महिला)
6.	डेविस कप	लॉन टेनिस
7.	डर्बी	घुड़दौड़
8.	होल्कर	ब्रिज
9.	जूल्स रिमेट ट्रॉफी	विश्व फुटबॉल
10.	मडेका	फुटबॉल (एशिया कप)
11.	राइडर कप	गोल्फ
12.	रिलाएंस कप	क्रिकेट
13.	स्वेथलींग विश्व कप	टेबल टेनिस (पुरुष)
14.	टॉड मेमोरियल ट्रॉफी	बास्केटबॉल
15.	थॉमस विश्व कप	बैडमिंटन (पुरुष)
16.	टुनकू अब्दुल रहमान	एशिया बैंडमिंटन कप
17.	यू. यार कप	लॉन टेनिस
18.	उबेर विश्वकप	बैडमिंटन (महिला)
19.	योनेक्स कप	बैडमिंटन
20.	वॉल्कर कप	गोल्फ
21.	विबंलडन ट्रॉफी	लॉन टेनिस

राष्ट्रीय

1.	आगा खां कप	हॉकी
2.	रणजीत सिंह गोल्ड कप	हॉकी
3.	गुरुनानक चेम्पियनशिप	हॉकी (अखिल भारतीय महिला)
4.	बनौ-ब्लैक कप	टेबल टेनिस (पुरुष)
5.	बेटनकप	हॉकी
6.	ध्यानचंद ट्रॉफी	हॉकी
7.	डॉ. बी. सी. राय ट्रॉफी	फुटबॉल (राष्ट्रीय जूनियर)
8.	दिली ट्रॉफी	क्रिकेट
9.	डूरंड कप	फुटबॉल
10.	एजार कप	पोलो
11.	ईरानी कप	क्रिकेट
12.	लेडी रतन टाटा ट्रॉफी	हॉकी (महिला)
13.	रतन टाटा ट्रॉफी	हॉकी
14.	नेहरू ट्रॉफी	हॉकी
15.	निजाम गोल्ड कप	फुटबॉल
16.	रंगास्वामी कप	हॉकी (राष्ट्रीय चैम्पियनशिप)
17.	रणजी ट्रॉफी	क्रिकेट (राष्ट्रीय चैम्पियनशिप)
18.	रोवर्स कप	फुटबॉल
19.	संतोष ट्रॉफी	फुटबॉल
20.	संजय गोल्ड कप	फुटबॉल
21.	शीशमहल ट्रॉफी	क्रिकेट
22.	सुब्रोतो मुखर्जी कप	फुटबॉल
23.	टॉड मेमोरियल ट्रॉफी	फुटबॉल
24.	विट्ठल ट्रॉफी	फुटबॉल
25.	रणजी ट्रॉफी	क्रिकेट
26.	यादवेन्द्र कप	हॉकी

खेल मैदानों के विशेष नाम

खेल	खेल के क्षेत्र का नाम	खेल नाम	खेलने के क्षेत्र का
1. बैडमिंटन	कोर्ट	गोल्फ	लिंग, ग्रीन
2. बेसबॉल	डायमंड	लॉन टेनिस	कोर्ट
3. मुक्केबाजी	रिंग	स्केटिंग	रिंक
4. क्रिकेट	पिच	कुश्ती	रिंग, अखाड़ा

महत्त्वपूर्ण राष्ट्रीय खेल

	देश	राष्ट्रीय खेल
1.	ऑस्ट्रेलिया	टेनिस, क्रिकेट
2.	कनाडा	लैकरोस
3.	चीन	टेबल टेनिस (पिंग पोंग)
4.	इंग्लैंड	क्रिकेट फुटबॉल
5.	भारत	हॉकी, कबड्डी, क्रिकेट
6.	जापान	जूडो
7.	मलेशिया	बैडमिंटन
8.	स्कॉटलैंड	रग्बी
9.	स्पेन	बुलफाइट (सांडों की लड़ाई)
10.	अमेरिका	बेसबॉल

भारत के खेल स्टेडियम

	नाम	स्थान
1.	नेताजी इंडोर स्टेडियम	कोलकाता
2.	वानखेड़े स्टेडियम	मुम्बई
3.	नेहरु (चेपॉक) स्टेडियम	चेन्नई
4.	नेशनल स्टेडियम	नई दिल्ली
5.	सरदार वल्लभ भाई पटेल स्टेडियम	अहमदाबाद

6.	किनन स्टेडियम	जमशेदपुर
7.	ब्रैबॉर्न स्टेडियम	मुम्बई
8.	यादवेन्द्र स्टेडियम	पटियाला
9.	रणजीत स्टेडियम	कोलकाता
10.	बाराबती स्टेडियम	कटक
11.	ईडन गार्डन्स	कोलकाता
12.	ग्रीन पार्क स्टेडियम	कानपुर
13.	सवाई मानसिंह स्टेडियम	जयपुर
14.	शिवाजी स्टेडियम	नई दिल्ली

पुरस्कार/सम्मान

अन्तर्राष्ट्रीय

नोबेल पुरस्कार

- नोबेल पुरस्कार स्वीडन के वैज्ञानिक अल्फ्रेड नोबेल की समृति में वर्ष 1901 में शुरू किया गया।
- नोबेल पुरस्कार प्रत्येक वर्ष शांति, साहित्य, भौतिकी, रसायनशास्त्र, चिकित्सा विज्ञान और अर्थशास्त्र में बहुमूल्य योगदान के लिए दिए जाते हैं।
- पहली बार अर्थशास्त्र में नोबेल पुरस्कार की शुरुआत 1969 ई. में हुई।

रैमन मैग्सेसे अवॉर्ड

- यह पुरस्कार फिलीपीन्स के पूर्व राष्ट्रपति रैमन मैग्सेसे की याद में दिया जाता है। इसकी शुरुआत वर्ष 1957 में हुई। इस पुरस्कार को एशिया महाद्वीप के नोबेल पुरस्कार के रूप में जाना जाता है।
- रैमन मैग्सेसे पुरस्कार पाँच अलग-अलग श्रेणियों में (सामाजिक सेवा, सामुदायिक सेवा, पत्रकारिता एवं साहित्य, शांति एवं अन्तर्राष्ट्रीय सद्भावना व प्रशासनिक सेवा के लिए) दिया जाता है।
- इस पुरस्कार को प्राप्त करने वाले प्रथम भारतीय विनोबा भावे (1958 ई.) थे।

ऑस्कर पुरस्कार

- ऑस्कर पुरस्कार की शुरुआत वर्ष 1929 में हुई थी, विश्व स्तर पर सिनेमा के क्षेत्रों में उत्कृष्ट प्रदर्शन के लिए यह पुरस्कार दिया जाता है।

ग्रैमी अवॉर्ड

- अमेरिका के नेशनल एकेडमी ऑफ रिकॉर्डिंग आर्ट्स एण्ड साइंसेज द्वारा संगीत के क्षेत्र में उत्कृष्ट प्रदर्शन के लिए ग्रैमी अवॉर्ड दिया जाता है। इसकी शुरुआत वर्ष 1958 से हुई थी।
- सर्वप्रथम इसे ग्रामोफोन पुरस्कार के नाम से जानते थे।

जवाहरलाल नेहरू अंतर्राष्ट्रीय सद्भावना पुरस्कार–इस पुरस्कार की शुरुआत वर्ष 1965 में हुई थी। यह पुरस्कार अंतर्राष्ट्रीय सद्भावना एवं मैत्री वृद्धि के लिए किए गए विशिष्ट योगदान हेतु दिया जाता है।

इंदिरा गांधी अंतर्राष्ट्रीय शांति निःशस्त्रीकरण एवं विकास पुरस्कार–इस पुरस्कार की शुरूआत वर्ष 1986 में हुई थी। यह पुरस्कार अंतर्राष्ट्रीय शांति, निःशस्त्रीकरण एवं विकास के क्षेत्र में उल्लेखनीय योगदान हेतु दिया जाता है।

ओल्फ पामे पुरस्कार–यह पुरस्कार विभिन्न देशों के मध्य पारस्परिक सम्बन्ध मजबूत बनाने में योगदान के लिए दिया जाता है।

यू थांट पुरस्कार–इस पुरस्कार की शुरुआत वर्ष 1982 में हुई थी। यह पुरस्कार विभिन्न देशों के मध्य पारस्परिक सम्बन्ध मजबूत बनाने में योगदान के लिए दिया जाता है।

महात्मा गांधी अंतर्राष्ट्रीय शांति पुरस्कार–भारतीय प्रधानमंत्री पी.वी. नरसिंह राव ने महात्मा गांधी के 125वीं वर्ष गाँठ के अवसर पर इस पुरस्कार की घोषणा वर्ष 1994 में की थी। यह पुरस्कार नोबेल पुरस्कार पर आधारित होता है।

टेम्पलटन पुरस्कार–धर्म की उन्नति के लिए यह पुरस्कार दिया जाता है। इस पुरस्कार की शुरुआत वर्ष 1972 में हुई थी।

नॉरमन बोरलॉग पुरस्कार–इस पुरस्कार की शुरुआत वर्ष 1973 में हुई थी। यह पुरस्कार कृषि के क्षेत्र में विशेष योगदान के लिए दिया जाता है।

गोल्डमैन पर्यावरण पुरस्कार–इस पुरस्कार की शुरुआत वर्ष 1989 में हुई थी। यह पुरस्कार पर्यावरण संरक्षण में उल्लेखनीय योगदान के लिए दिया जाता है।

गोल्डमैन पर्यावरण पुरस्कार–इस पुरस्कार की शुरुआत वर्ष 1989 में हुई थी। यह पुरस्कार पर्यावरण संरक्षण में उल्लेखनीय योगदान के लिए दिया जाता है।

मिस वर्ल्ड/मिस यूनीवर्स–यह पुरस्कार विश्व की विभिन्न देशों की सुन्दरियों में सर्वश्रेष्ठ सुन्दरी को दिया जाता है। मिस वर्ल्ड पुरस्कार की शुरुआत वर्ष 1951 में हुई थी तथा मिस यूनीवर्स पुरस्कार की शुरुआत वर्ष 1952 में हुई थी।

राष्ट्रीय

भारत रत्न

- यह भारत का सर्वोच्च नागरिक पुरस्कार है। इसकी शुरुआत वर्ष 1954 ई. में हुई थी।
- यह पुरस्कार कला, साहित्य तथा जन सेवा में उत्कृष्ट प्रदर्शन के लिए दिया जाता है। सर्वप्रथम सी. वी. रमण, सर्वपल्ली राधाकृष्णन तथा चक्रवर्ती राजगोपालाचारी को यह पुरस्कार वर्ष 1959 ई. में दिया गया था।

पद्म विभूषण/पद्म भूषण/पद्मश्री

- किसी भी क्षेत्र में उत्कृष्ट प्रदर्शन के लिए यह पुरस्कार भारत सरकार की ओर से दिया जाता है। यह पुरस्कार सरकारी कर्मचारियों को भी दिया जाता है।

दादा साहेब फाल्के पुरस्कार

- यह पुरस्कार भारतीय फिल्म उद्योग के जनक दादा साहेब फाल्के की स्मृति में शुरु हुआ था। प्रथम दादा साहेब पुरस्कार वर्ष 1970 ई. में देविका रानी को प्रदान किया गया था।

अर्जुन पुरस्कार

- इस पुरस्कार की स्थापना 1961 ई. में हुई थी। राष्ट्रीय स्तर पर खेल में उत्कृष्ट प्रदर्शन के लिए यह पुरस्कार दिया जाता है।

द्रोणाचार्य पुरस्कार

- खेल प्रशिक्षक को दिया जाने वाला यह सर्वोच्च भारतीय पुरस्कार है। इसकी शुरुआत वर्ष 1985 में हुई थी। सर्वप्रथम इस पुरस्कार को ओ. एम. नाम्बियार (एथलीट पी. टी. उषा के प्रशिक्षक) को दिया गया था।

ज्ञानपीठ पुरस्कार

- इस पुरस्कार की स्थापना का श्रेय प्रसिद्ध उद्योगपति शांति प्रसाद जैन को दिया जाता है। इसकी शुरुआत वर्ष 1965 में हुई थी। भारतीय संविधान के 8वीं अनुसूची में शामिल 22 भारतीय भाषाओं के लेखकों में से उत्कृष्ट प्रदर्शन करने वाले लेखक को दिया जाता है।

साहित्य अकादमी पुरस्कार–इस पुरस्कार की शुरुआत वर्ष 1955 में हुई थी। यह पुरस्कार अंग्रेजी साहित्य सहित 22 भारतीय भाषाओं में पिछले पाँच वर्षों में प्रकाशित सर्वश्रेष्ठ रचनाओं के आधार पर दिया जाता है।

राष्ट्रीय फिल्म पुरस्कार–इस पुरस्कार की शुरुआत वर्ष 1954 में हुई थी। यह पुरस्कार भारतीय फिल्मों में उच्चस्तरीय सौंदर्य बोध, तकनीकी कुशलता तथा शिक्षाप्रद एवं सांस्कृतिक मूल्यों में वृद्धि के लिए दिया जाता है।

चमेली देवी पुरस्कार–यह पुरस्कार पत्रकारिता के क्षेत्र में महिलाओं की उत्कृष्ट उपलब्धि के लिए दिया जाता है।

परमवीर चक्र/अशोक चक्र/कीर्ति चक्र/शौर्य चक्र–यह पुरस्कार भारत सरकार के द्वारा वीरता या साहस दिखाने या आत्म बलिदान के लिए दिया जाता है।

मिस इंडिया–भारतीय युवतियों के शारीरिक एवं बौद्धिक सौंदर्य को सम्मानित करने के लिए यह पुरस्कार दिया जाता है।

तुलसी सम्मान–इस पुरस्कार की शुरुआत मध्य प्रदेश सरकार द्वारा वर्ष 1983 ई. में हुई थी। यह पुरस्कार राष्ट्रीय स्तर पर जनजातीय लोक कला के विकास में उल्लेखनीय योगदान हेतु दिया जाता है।

तानसेन सम्मान–इस पुरस्कार की शुरुआत मध्य प्रदेश सरकार द्वारा वर्ष 1980 ई. में हुई थी। यह पुरस्कार शास्त्रीय संगीत (गायन एवं वाद्य) के क्षेत्र में उत्कृष्ट प्रदर्शन करने वाले लोगों को दिया जाता है।

धनवन्तरि पुरस्कार–इस पुरस्कार की शुरुआत वर्ष 1971 में हुई थी। यह पुरस्कार चिकित्सा के क्षेत्र में आजीवन सेवा हेतु दिया जाता है।

जी. डी. बिड़ला विज्ञान पुरस्कार–इस पुरस्कार की शुरुआत वर्ष 1991 में हुई थी। यह पुरस्कार भारतीय वैज्ञानिकों को उच्चस्तरीय शोध कार्यों के लिए प्रोत्साहित करने हेतु दिया जाता है।

प्रमुख देश तथा उनकी मुद्रा

देश	मुद्रा
रूस	रूबल
चीन	युआन
जापान	येन
जर्मनी	यूरो
फ्रांस	यूरो
यूनाइटेड किंग्डम	पौंड
भारत	रूपया
दक्षिण कोरिया	वॉन
इजरायल	शेकेल
कनाडा	डॉलर
ऑस्ट्रेलिया	ऑस्ट्रेलिया डॉलर
ईरान	रियाल
इराक	इराकी दिनार
सऊदी	सऊदी रियाल
सूडान	सूडानी पौंड
मिस्र	पाउण्ड
मलेशिया	रिंगिट
इण्डोनेशिया	रूपिया

प्रश्नमाला

1. चर्चित पुस्तक 'द इनहेरिटेन्स ऑफ लॉस' जिसे 50 हजार पौण्ड के बुकर पुरस्कार से सम्मानित किया गया है, किसकी कृति है?

(a) रहमान राही
(b) महादेवी वर्मा की
(c) किरण देसाई की
(d) अमृता प्रीतम की

2. प्रथम ज्ञानपीठ पुरस्कार से किसे सम्मानित किया गया था?

(a) जी. शंकर कुरूप
(b) सुमित्रानन्दन पन्त
(c) रामधारी सिंह दिनकर
(d) सत्यव्रत शास्त्री

3. 2016 के ओलंपिक खेल किस देश में हुए

(a) जापान (b) स्पेन
(c) ब्राजील (d) चीन

4. किस विश्व कप में क्रिकेट खिलाड़ी सचिन तेंदुलकर को 'प्लेयर ऑफ द टूर्नामेण्ट का पुरस्कार दिया गया था?

(a) वर्ष 2001 (ब्राजील)
(b) वर्ष 2003 (दक्षिण अफ्रीका)
(c) वर्ष 1995 (चीन)
(d) वर्ष 1981 (अफगानिस्तान)

5. अर्थशास्त्र में नोबेल पुरस्कार सर्वप्रथम कब घोषित किया गया?

(a) 1961 ई. में
(b) 1969 ई. में
(c) 1957 ई. में
(d) 1973 ई. में

6. ऑस्कर पुरस्कार किस क्षेत्र में श्रेष्ठ प्रदर्शन के लिए दिए जाते हैं?

(a) विज्ञान के क्षेत्र में
(b) सिनेमा के क्षेत्र में
(c) साहित्य के क्षेत्र मे
(d) संगीत के क्षेत्र में

7. भारत सरकार निम्नलिखित में से कौनसा पुरस्कार/सम्मान देती है?

(a) कलिंग पुरस्कार
(b) पुलित्जर पुरस्कार
(c) पद्म भूषण
(d) सरस्वती सम्मान

8. निम्नलिखित में से कौन भारतीय मूल का एक प्रसिद्ध वैज्ञानिक है जिसे नोबल पुरस्कार दिया गया था?

(a) सी. वी. रमन
(b) बीरबल साहनी
(c) होमीजहाँगीर भाभा
(d) मेघनाद साहा

9. देश के सर्वोच्च नागरिक सम्मान भारत रत्न से सम्मानित होने वाला प्रथम विदेशी कौन हैं?

(a) खान अब्दुल गफ्फार खान
(b) जॉर्ज बुश
(c) बेनजीर भुट्टो
(d) लेनिन

10. जालियांवाला बाग हत्याकांड से क्षुब्ध होकर गांधीजी ने कौन-सी उपाधि वापस की?
(a) कैसर-ए-हिन्द
(b) भारत रत्न
(c) पद्म श्री
(d) पद्म भूषण

11. अर्जुन पुरस्कार किस लिए दिया जाता है?
(a) सामाजिक सेवा
(b) खेलकूद
(c) संगीत
(d) वीरता

12. ग्रेमी अवॉर्ड किस क्षेत्र में दिया जाता है?
(a) चिकित्सा के क्षेत्र में
(b) लेखन-कौशल के क्षेत्र में
(c) संगीत के क्षेत्र में
(d) नाटक के क्षेत्र में

13. सरस्वती सम्मान किस क्षेत्र में उत्कृष्टता के लिए प्रदान किया जाता है?
(a) साहित्य के क्षेत्र में
(b) कला के क्षेत्र में
(c) विज्ञान के क्षेत्र मे
(d) अध्ययन के क्षेत्र में

14. नोबेल शांति पुरस्कार विजेता आंग सान सूकी किस देश के हैं?
(a) श्रीलंका की
(b) म्यांमार की
(c) पाकिस्तान की
(d) नेपाल की

15. 1954 में आरम्भ प्रथम भारत रत्न सम्मान किसे नहीं दिया गया था?
(a) सी. राजगोपालाचारी को
(b) डॉ. राधाकृष्णन को
(c) डॉ. सी. वी. रमन को
(d) डॉ. एम. विश्वेसरैया

16. कलिंग पुरस्कार दिया जाता है–
(a) कला में
(b) विज्ञान में
(c) साहित्य में
(d) खेल में

17. भारत में वीरता के दो सर्वोच्च पुरस्कार हैं–
(a) परमवीर चक्र तथा अशोक चक्र
(b) परमवीर चक्र तथा वीर चक्र
(c) अशोक चक्र तथा महावीर चक्र
(d) परमवीर चक्र तथा महावीर चक्र

18. किस क्षेत्र में बी. सी. राय पुरस्कार दिया जाता है?
(a) पत्रकारिता (b) संगीत
(c) वातावरण (d) औषधि

19. निम्नलिखित में से किस लेखक ने दो बार बुकर पुरस्कार प्राप्त किया?
(a) मारग्रेट एटवुड
(b) जे. एम. कोयटजी
(c) ग्राहम स्फिट
(d) इयान मैक-ए-वन

20. बुकर पुरस्कार निम्नलिखित में से किस क्षेत्र में दिया जाता है?
(a) साहित्य
(b) खेलकूद
(c) समाज सेवा
(d) पत्रकारिता

21. महात्मा गांधी के विषय में किस व्यक्ति ने यह विचार व्यक्त किया था ''आगामी पीढ़ियाँ शायद ही विश्वास करें कि ऐसा रक्त मांस का मानव कभी पृथ्वी पर अवतरित हुआ था?''
(a) सत्येन्द्र नारायण सिन्हा
(b) मेघनाद साहा
(c) अलबर्ट आइन्सटीन
(d) जगदीश चन्द्र बसु

22. विश्व कप तीरंदाजी प्रतियोगिता में स्वर्ण पदक जीतने वाली भारत की पहली तीरंदाज हैं–
(a) डोला बनर्जी
(b) सोमा बनर्जी
(c) सोनाली जैन
(d) मृणाल मणि

23.''101 वेज टू लुक गुड'' की लेखिका कौन हैं?
(a) मधुर भंडरकर
(b) रितुबैरी
(c) जसलीन गुलाटी
(d) गौतम भंडारी

24. नीरजा भानोत पुरस्कार किस हेतु प्रदान किया जाता है?
(a) सामाजिक कल्याण हेतु
(b) महिला सशक्तिकरण हेतु
(c) पर्यावरण हेतु
(d) बालिका शिक्षा हेतु

25. किन उपलब्धियों के लिए 'ग्लोबल-500' पुरस्कार दिया जाता है?
(a) पर्यावरण प्रतिरक्षण हेतु
(b) औषधि में खोज हेतु
(c) खेल में सर्वश्रेष्ठ प्रदर्शन हेतु
(d) खेल में सर्वश्रेष्ठ प्रदर्शन हेतु

उत्तरमाला

1. (c)	**2.** (a)	**3.** (c)	**4.** (b)	**5.** (b)	**6.** (b)	**7.** (c)	**8.** (a)	**9.** (a)	**10.** (a)
11. (b)	**12.** (c)	**13.** (a)	**14.** (b)	**15.** (d)	**16.** (b)	**17.** (a)	**18.** (d)	**19.** (b)	**20.** (a)
21 (c)	**22.** (a)	**23.** (b)	**24.** (b)	**25.** (a)					

❑❑❑

भाग–3 सामान्य बुद्धि परीक्षण

1 सादृश्यता

सादृश्यता का अर्थ है 'समानता' सादृश्यता से सम्बन्धित प्रश्नों में विभिन्न की वस्तुएं/घटनाओं/क्रियाओं आदि के बीच सम्बन्ध को ज्ञात करना होता हैं सादृश्यता परीक्षण का उद्देश्य परीक्षार्थियों के अन्दर उचित तर्क तथा सही निर्णयन क्षमता की जांच करना हैं, इसके अन्तर्गत हमें असमान बातों को अलग कर समान बातों को एक साथ रखना होता है। ऐसी सोच कि कौन-सी घटनाएं/वस्तुएं/क्रियाएं तर्किक रूप से समान है, हमारी दैनिक जीवन की सोच के अनरूप होती हैं।

सादृश्यता परीक्षण से सम्बन्धित प्रश्नों में दो वस्तुओं के बीच के सम्बन्धों पर विचार किया जाता हैं दो वस्तुएं/घटनाएं/क्रियाएं, जो आपस में किसी प्रकार से सम्बन्धित होती है, दी जाती है तथा तीसरी वस्तु तथा एक प्रश्नचिन्ह् भी दिया रहता है तथा चार वैकल्पिक उत्तर दिए जाते हैं आपको इन वैकल्पिक उत्तरों में से एक ऐसा वैकल्पिक उत्तर चुनना होता है, जिसे प्रश्न चिन्ह् के स्थान पर रखने से उसका सम्बन्ध तीसरी वस्तु से उसी प्रकार हो जो सम्बन्ध पहली वस्तु का दूसरी वस्तु से हैं। जैसे-

a : b :: c : d

अत: जो संबंध a का b से है वही संबंध c का d से होगा।

परीक्षार्थियों को नीचे हम व्यक्ति/वस्तु तथा उनके विभिन्न कार्य क्षेत्रों की जानकारी सारणी के माध्यम से उपलब्ध करा रहे हैं।

क्रम संख्या	व्यक्ति/वस्तु	कार्य-क्षेत्र
1.	न्यायाधीश	सुनवाई
2.	सांसद	विधायिका
3.	डॉक्टर	अस्पताल
4.	शेरिफ	अपराध
5.	कैंची	कटाई
6.	जुराब	पांव
7.	दस्ताने	हाथ

क्रम संख्या	व्यक्ति/वस्तु	विशेषता
1.	श्रयवतावाडी	परोपकारी
2.	मेजबान	सत्कार
3.	कूटनीतिज्ञ	चतुर नीति ज्ञानी
4.	कर्मठ	कार्य के प्रति सजग
5.	ज्योतिषी	ज्योतिष विशेषता
6.	शौर्य पुरुष	वीरता
7.	नृत्यवार	नाचना
8.	गीतकार	गीत का निर्गाण

क्रम संख्या	व्यक्ति/वस्तु	प्रतीक
1.	राजा	मुकुट
2.	राजा	रौबदार
3.	अस्पताल	रेडक्रॉस
4.	पद	सितारे
5.	शौर्य	विक्टोरिया क्रॉस
6.	एयर इण्डिया	महाराजा
7.	खतरा	लाल रंग
8.	शोक, क्षोभ	काला रंग
9.	शांति	सफेद रंग
10.	संस्कृति, सभ्यता	कमल
11.	शांति	जैतून की पत्तियां
12.	परिवार नियोजन	लाल त्रिकोन
13.	रास्ता साफ	हरा रंग

क्रम संख्या	उपकरण	उपयोग
1.	बंदूक	गोली चलाना
2.	फावड़ा	खुदाई
3.	कलम	लिखना
4.	चाकू	काटना
5.	सुई	सिलना
6.	छेनी	नक्काही
7.	कुल्हाड़ी	कटाई
8.	कैंची	कपड़ा, बाल
9.	स्याही	कागज
10.	चॉक	श्यामपट्ट
11.	उस्तरा	बाल
12.	ढाल	बचाव
13.	पेंचकस	पेंच

क्रम संख्या	पशु / जन्तु	उनके बच्चे
1.	कुत्ता	पिल्ला
2.	भेड़	मेमना
3.	गाय	बछड़ा
4.	बकरी	मेमना
5.	हिरन	हिरनौय
6.	मुर्गी	चूजा
7.	तितली	इल्ली
8.	मेढ़क	टैडपोल
9.	कछुआ	कच्छप
10.	व्हेल	शभक

क्रम संख्या	राशियां	इकाई
1.	दाब	पास्कल
2.	क्षेत्रफल	सेमी.^{2}, मी^{2}, हेक्टेयर
3.	कोण	रेडियन
4.	भार	किलोग्राम
5.	समय	सेकण्ड
6.	विद्युत धारा	एम्पियर
7.	दीप्ति	कैंडिला
8.	प्रतिरोध	ओम
9.	कार्य	जूल
10.	बल	न्यूटन
11.	लम्बाई	मीटर
12.	अस्मा	कैलोरी
13.	आवृत्ति	हर्टज
14.	वैद्युत विभव	वोल्ट
15.	शक्ति	वाट

क्रम संख्या	उपयोग कर्ता	औजार/यंत्र
1.	लेखक	कलम
2.	किसान	हल
3.	माली	बगीचा
4.	लुहार	हथौड़ा
5.	सैनिक	बंदूक
6.	योद्धा	तलवार
7.	लकड़हारा	कुल्हाड़ी
8.	शिकारी	बन्दूक
9.	अध्यापक	श्यामपट्ट
10.	वास्तुकार	नक्शा
11.	नाई	कैंची
12.	दर्जी	सिलाई मशीन
13.	रंगसाज	तूलिका
14.	डॉक्टर	थर्मामीटर

क्रम संख्या	कामगार	उत्पाद
1.	सुनार	जेवर
2.	मोची	जूता
3.	किसान	फसल
4.	कसाई	गोश्त
5.	संपादक	समाचार-पत्र
6.	निर्माता	फिल्म, नाटक
7.	वास्तुकार	डिजाइन
8.	बढ़ई	फर्नीचर

क्रम संख्या	कर्मचारी	कार्यस्थल
1.	नाविक	जहाज
2.	अभिनेता	मंच
3.	पंसारी	दुकान
4.	अध्यापक	विद्यालय
5.	अंपायर	पिच
6.	योद्धा	युद्ध भूमि
7.	वकील	न्यायालय
8.	वैज्ञानिक	प्रयोगशाला
9.	चित्रकार	चित्र दीर्घा
10.	वैरा	रेंस्तरां

हल सहित उदाहरण

उदाहरण 1. जिस प्रकार 'वृक्ष' 'जड़' से सम्बन्धित है उसी प्रकार 'धुआं' किससे सम्बन्धित है?

(a) सिगरेट (b) आग
(c) ताप (d) चिमनी

हल: (b) जिस प्रकार 'पेड़' की उत्पत्ति जड़ से होती है उसी प्रकार 'धुएं' की उत्पत्ति आग से होती हैं।

उदाहरण 2. जिस प्रकार 'अपराधी' सम्बन्धित है 'जेल' से उसी प्रकार 'पिंजरा' किससे सम्बन्धित है?

(a) गौरेया (b) तोता
(c) कबूतर (d) पक्षी

हल: (d) जिस प्रकार सभी अपराधियों को जेल में कैद करके रखा जाता हैं। उसी प्रकार प्रत्येक पक्षी को पिजरें में कैद रखा जाता है।

निर्देश (उदाहरण 3-7): नीचे दिए गए विकल्पों में से सम्बन्धित शब्द /अक्षर/संख्या का चयन करें।

उदाहरण 3. दर्जी : वस्त्र : : कृषक : ?

(a) फसल (b) हल
(c) फावड़ा (d) भूमि

हलः (a) जिस प्रकार 'दर्जी' वस्त्र तैयार करता हैं। उसी प्रकार कृषक 'फसल' तैयार करता है।

उदाहरण 4. ? : माला : : तारा : ?

(a) फूल, सूर्य (b) अभिनेता, रात्रि
(c) फूल, आकाश गंगा (d) सम्मान, चमक

हलः (c) जिस प्रकार, माला में फूल होते हैं, उसी प्रकार 'आकाशगंगा' में तारे होते हैं।

उदाहरण 5. AG : IO : : EK : ?

(a) LR (b) MS
(c) PV (d) SY

हलः (b) जिस प्रकार,

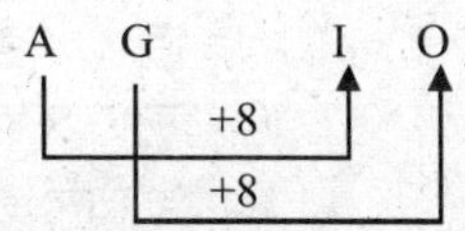

उसी प्रकार,

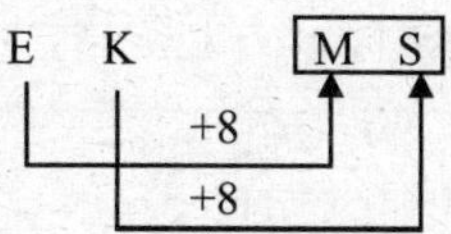

उदाहरण 6: 3 : 27 : : 5 : ?

(a) 120 (b) 125
(c) 94 (d) 100

हलः (b) जिस प्रकार, $3 \rightarrow (3)^3 \rightarrow 27$

उसी प्रकार $5 \rightarrow (5)^3 \rightarrow \boxed{125}$

उदाहरण 7: 10 : 101 : : 5 : ?

(a) 27 (b) 26
(c) 30 (d) 75

हलः (b) जिस प्रकार, $10 \rightarrow (10)^2 + 1 = (100 + 1) = 101$

उसी प्रकार, $5 \rightarrow (5)^2 + 1 = (25 + 1) = 26$

प्रश्नमाला

निर्देश (प्र. सं. 1-10): नीचे दिए गए विकल्पों में से सम्बन्धित शब्द चुनिए

1. नाटकः अभिनेता :: संगीत गोष्ठीः ?
(a) पियानो (b) आघात
(c) सुरीलापन (d) संगीतज्ञ

2. टोपी : सिर :: चश्माः ?
(a) आंख (b) मुंह
(c) दांत (d) कान

3. बोधगया : बिहार :: तिरूपतिः ?
(a) कर्नाटक (b) तमिलनाडु
(c) आन्ध्र प्रदेश (d) केरल

4. मुम्बई : महाराष्ट्र : : त्रिवेंद्रम : ?
(a) कोलकाता (b) तमिलनाडु
(c) सिक्किम (d) केरल

5. हांगकांग : चीन : : वैटिकन : ?
(a) रोम (b) मेक्सिको
(c) कनाडा (d) क्रिश्चनिटी

6. रेशमकीट : रेशम की साड़ी : : नाग :?
(a) विषहर (b) विष
(c) मृत्यु (d) भय

7. कीटाणु : बीमारी :: जंग : ?
(a) फौज (b) हार
(c) हथियार (d) तबाही

8. मछली : गलफड़ा :: मानव : ?
(a) कान (b) आंख
(c) फेफड़ा (d) नाक

9. अनाज : गोदाम :: जल : ?
(a) पेय (b) नहर
(c) बांध (d) नदी

10. पृथ्वी : सूर्य :: चन्द्रमा : ?
(a) पृथ्वी (b) आकाश
(c) उपग्रह (d) तारा

निर्देश (प्र. सं. 11-20): नीचे दिए गए प्रश्न में पहला शब्द का सम्बन्ध दूसरे शब्द से है उसी प्रकार तीसरे शब्द का चौथे शब्द से है तीसरे शब्द का सही सम्बन्ध नीचे दिए गए विकल्प से ज्ञात किजिए।

11. 'मां' का 'संतान' से वैसा ही सम्बन्ध है जैसे एक 'पेड़' का .... से है।
(a) पौधा (b) फल
(c) जड़ (d) जना

12. दिन का कैलेन्डर के साथ वैसा ही सम्बन्ध है, जैसा कि 'समय' का .... से है।
(a) दिन (b) घंटा
(c) सूर्य (d) घड़ी

13. जिस प्रकार 'झगड़ा' 'युद्ध' से सम्बन्धित है उसी प्रकार 'रोग' का सम्बन्ध .... से है।
(a) संक्रमण (b) महामारी
(c) रोगी (d) दवाई

14. वीडियो उसी प्रकार सम्बन्धित है 'कैसेट' से जिस प्रकार 'कम्प्यूटर' से सम्बन्धित है .... से।
(a) रील (b) रिकॉर्डिक
(c) फाइल (d) फ्लॉफी

15. 'आग' उसी प्रकार सम्बन्धित है 'राख' से जिस प्रकार 'विस्फोट' सम्बन्धित है .... से।
(a) आवाज (b) अवशेष
(c) प्रकोप (d) जवाला

16. जिस प्रकार 'अदालत' का सम्बन्ध 'न्याय' से है, उसी प्रकार 'अस्पताल' का सम्बन्ध किससे है?
(a) उपचार (b) मरीज
(c) पैसा (d) सलाह

17. जिस प्रकार 'राम' का सम्बन्ध 'रावण' से है उसी प्रकार 'कृष्ण' का सम्बन्ध किससे है?
(a) कंस (b) बालि
(c) राधा (d) अहिल्या

18. जिस प्रकार, 'घोड़ा' सम्बन्धित है 'घास' से उसी प्रकार 'कार' का सम्बन्ध किससे है?
(a) धुआं (b) पेट्रोल
(c) ब्रेक (d) कैरोसीन

19. जिस प्रकार 'ड्रामा' स्टेज से सम्बन्धित है उसी प्रकार 'टेनिस' किससे सम्बन्धित है?
(a) खिलाड़ी (b) रैकिट
(c) कोर्ट (d) प्रतियोगिता

20. जिस प्रकार 'चाक' लिखने से संबंधित है उसी प्रकार 'सुई' किससे संबंधित है?
(a) फाड़ना (b) काटना
(c) जोड़ना (d) सिलना

निर्देश (प्र.सं. 21-28): नीचे दिए गए प्रश्नों में पहले शब्द का सम्बन्ध दूसरे से है उसी प्रकार तीसरे शब्द का सम्बन्ध चौथे शब्द से है। नीचे दिए गए विकल्पों में से उचित का चुनाव कीजिए–

21. AZBY : CXDW : : HSIR : ?
(a) JQKP (b) KPLO
(c) YBXC (d) TGSH

22. DMVE : ? : : HQZI : JSBK
(a) GOXP (b) POXG
(c) GOXG (d) FOXG

23. AE : SZ : : DG : ?
(a) RT (b) TS
(c) QT (d) RU

24. ABC : ZYX : : CBA : ?
(a) ZXY (b) VXY
(c) XZY (d) XYZ

25. ABCD : BACD : : QRST : ?
(a) RQST (b) STQR
(c) QRST (d) RSTQ

26. BGEK : YTVP : : AFEJ : ?
(a) UZBK (b) BGFK
(c) ZUVQ (d) ZEDI

27. WOULD : TLRIA : : ? : ALKLO
(a) BLOCK (b) DONOR
(c) CONES (d) BARGE

28. BEAK : ORNX : : FILM : ?
(a) RUXY (b) MLIF
(c) SVYZ (d) URON

निर्देश (प्र.सं. 29-38): नीचे दिए गए प्रश्नों में तीन संख्याएं दी गई है पहली संख्या का जो सम्बन्ध दूसरी संख्या से है, वही सम्बन्ध तीसरी संख्या का चौथी संख्या से है नीचे दिए गए विकल्पों में से उस विकल्प का चुनाव कीजिए जिसका सही सम्बन्ध संख्या से है।

29. 15 : 220 : : 25 : ?
(a) 600 (b) 620
(c) 625 (d) 650

30. 125 : 5 : : 64 : ?
(a) 8 (b) 4
(c) 2 (d) 32

31. 841 : 29 : : 289 : ?
(a) 23 (b) 21
(c) 17 (d) 13

32. 8 : 28 : : 27 : ?
(a) 85 (b) 28
(c) 8 (d) 64

33. 16 : 49 : : 100 : ?
(a) 85 (b) 121
(c) 144 (d) 169

34. 5 : 100 : : 7 ; ?
(a) 91 (b) 49
(c) 98 (d) 196

35. 16 : 22 : : 36 : ?
(a) 44 (b) 26
(c) 24 (d) 46

36. 2 : 32 : : 3 : ?
(a) 183 (b) 143
(c) 243 (d) 293

37. 11 : 38 : : 13 : ?
(a) 47 (b) 44
(c) 43 (d) 46

38. 25 : 625 : : 35 : ?
(a) 875 (b) 635
(c) 1575 (d) 1225

निर्देश (प्र.सं. 39-43): नीचे दिए गए प्रत्येक प्रश्न में पहले प्रश्न में से स्थानो पर प्रश्नसूचक चिन्ह् दिए गए है। इसमें पहले शब्द का जो सम्बन्ध दूसरे शब्द से है वही सम्बन्ध तीसरे शब्द का चौथे शब्द से है। तो दिए गए विकल्पों मे से प्रश्न चिन्ह् के स्थान पर उचित विकल्प का चयन कीजिए।

39. ? : जेल : : क्यूरेटर : ?
(a) जेलर, अजायबघर
(b) जेवर, प्रौढ़ता
(c) कोशिश, इलाज
(d) अपराधी, जिज्ञासा

40. ? : समय : : थर्मामीटर : ?
(a) घड़ी, ऊष्मा (b) सूर्य, तापमान
(c) घड़ी, तापमान (d) दिन, ऊर्जा

41. ? : कली : : पौधा : ?
(a) फूल, तना (b) फूल, बीज
(c) सुगन्ध, बीज (d) स्वाद, सुदर

42. ? : जलाना : : कार्बन डाई ऑक्साइड :?
(a) आक्सीजन, गैस
(b) लकड़ी बुझाना
(c) गमी, झाग
(d) ऑक्सीजन, बुझाना

43. ? : पहाड़ : : नाली : ?
(a) बर्फ, नदी (b) पहाड़ी, नहर
(c) पहाड़ी, नदी (d) ढाबू, नाव

उत्तर (हल/संकेत)

1. (d) जिस प्रकार नाटक में अभिनेता होता है, उसी प्रकार संगीत गोष्ठी में संगीतज्ञ होता हैं।

2. (a) जिस प्रकार टोपी सिर पर लगाई जाती है उसी प्रकार चश्मा आंखों पर लगाया जाता है।

3. (c) जिस प्रकार बोधगया बिहार में स्थित एक धार्मिक स्थल है, उसी तिरूपति आन्ध्र प्रदेश में स्थित एक धार्मिक स्थल है।

4. (d) जिस प्रकार मुम्बई महाराष्ट्र की राजधानी है, उसी प्रकार त्रिवेंद्रम केरल की राजधानी है।

5. (a) जिस प्रकार हांगकांग चीन में स्थित है, उसी प्रकार वैटिकन रोम में स्थित है।

6. (b) जिस प्रकार रेशम कीट से रेशम की साड़ी बनती है, उसी प्रकार नाग से विष प्राप्त होता है।

7. (d) जिस प्रकार कीटाणु से बीमारी होती है, उसी प्रकार जंग से तबाही होती है।

8. (d) जैसे मछलियों का श्वसन अंग गलफड़ा है, उसी तरह से मानव का श्वसन अंग नाक है।

9. (c) अनाज का संग्रह गोदाम में किया जाता है, उसी तरह से जल का संग्रह बांध में किया जाता है।

10. (a) जैसे पृथ्वी सूर्य की परिक्रमा करती है, उसी प्रकार चन्द्रमा पृथ्वी की परिक्रमा करता है।

11. (c) जिस प्रकार संतान बिना मां के नहीं हो सकती उसी प्रकार पेड़ बिना जड़ के नहीं हो सकता है।

12. (b) जिस प्रकार दिन कैलेन्डर का एक अंग उसी प्रकार घंटा समय का एक अंग है।

13. (b) जिस प्रकार झगड़ा बढ़कर युद्ध का रूप लेता है उसी प्रकार बीमारी ज्यादा बढ़कर महामारी बन जाती है।

14. (d) जिस प्रकार वीडियो के सभी प्रोग्राम कैसेट में रिकार्ड होते है उसी प्रकार कम्प्यूटर के सभी प्रोग्राम फ्लॉपी में होते है।

15. (b) जिस प्रकार 'आग' लगने के बाद राख बचती है, उसी प्रकार 'विस्फोट' के बाद 'अवशेष' रह जाते है।

16. (a) जिस प्रकार 'अदालत' में 'न्याय' होता है, उसी प्रकार 'अस्पताल' में 'उपचार' होता है।

17. (a) जैसे 'राम' ने 'रावण' को मारा था, उसी प्रकार 'कृष्ण' ने 'कंस' को मारा था।

18. (b) जिस प्रकार से 'घोड़ा', 'घास' खा के चलता है, उसी प्रकार से 'कार', 'पेट्रोल' से चलती है।

19. (c) जिस प्रकार 'ड्रामा', 'स्टेज' पर किया जाता उसी प्रकार 'टेनिस' 'कोर्ट' पर खेली जाती है।

20. (d)

21. (a) जिस प्रकार

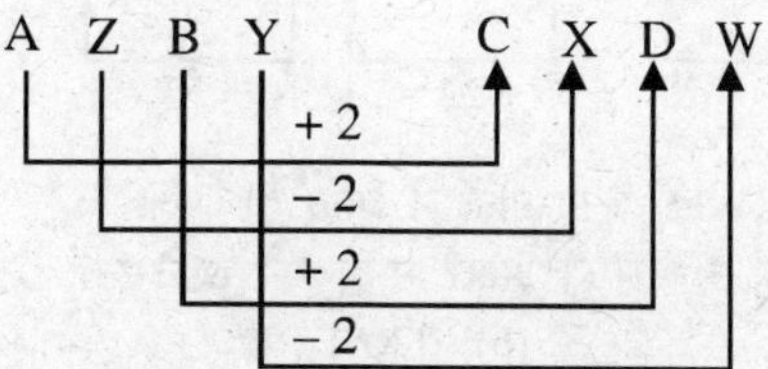

उसी प्रकार

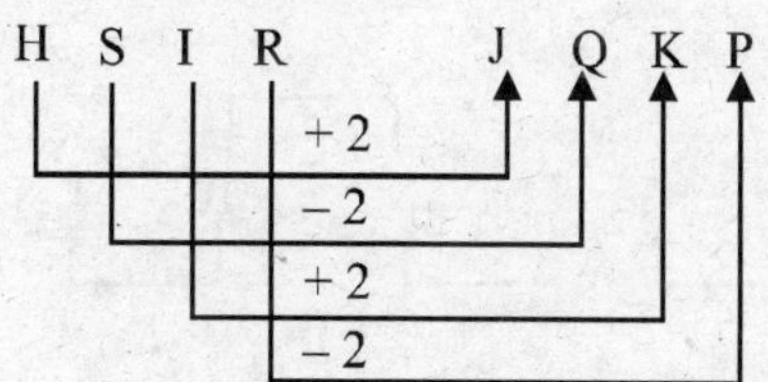

22. (d) जिस प्रकार

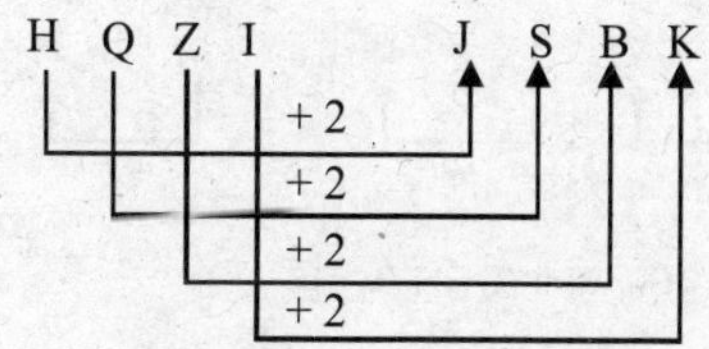

उसी प्रकार

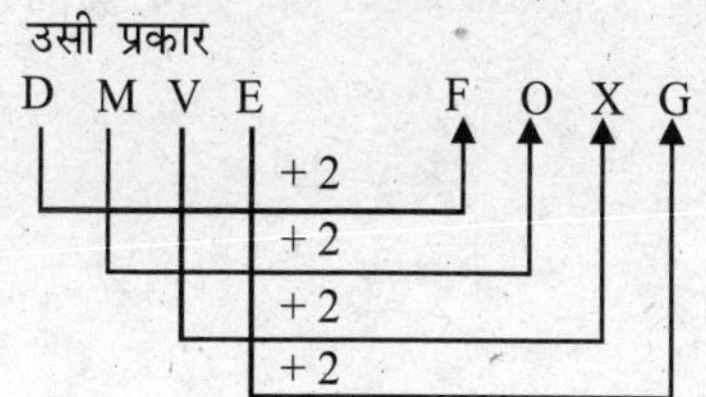

23. (a) A ⟶ Z विपरीत अक्षर

E $\xrightarrow{+14}$ S

उसी प्रकार

D $\xrightarrow{+14}$ R

G ⟶ T विपरीत अक्षर

24. (d) जिस प्रकार

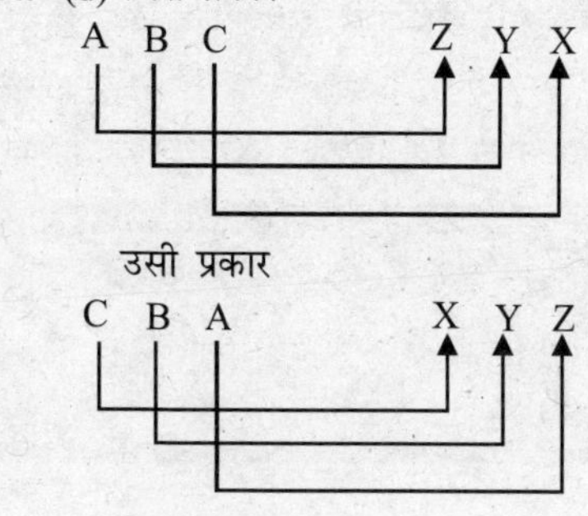

विपरीत अक्षर युग्म

25. (a)

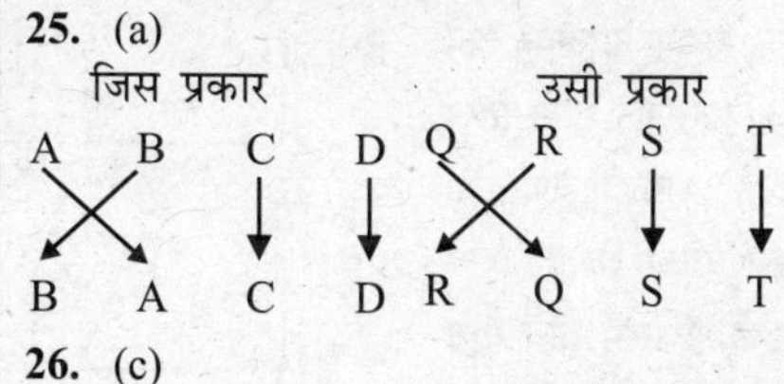

26. (c)

जिस प्रकार विपरीत वर्ण उसी प्रकार विपरीत वर्ण

B G E K A F E J

↓ ↓ ↓ ↓ ↓ ↓ ↓ ↓

Y T V P Z U V Q

27. (b) जिस प्रकार

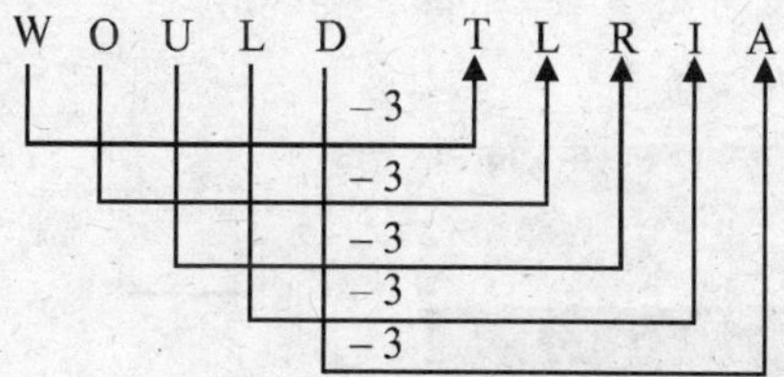

उसी प्रकार

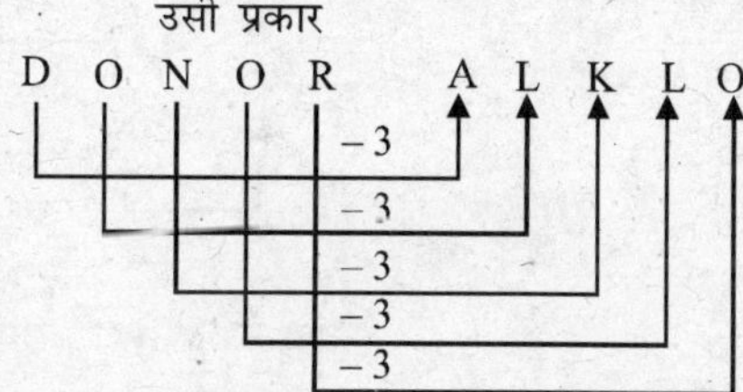

28. (c) जिस प्रकार

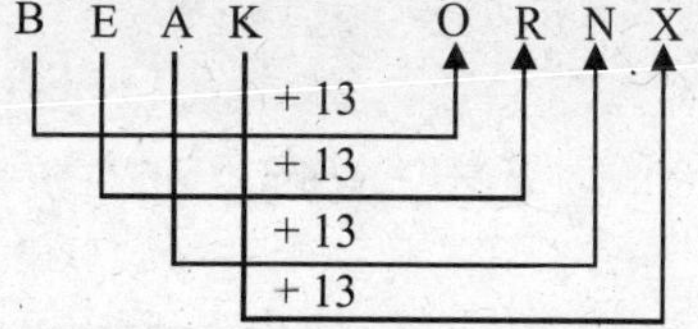

इसी प्रकार

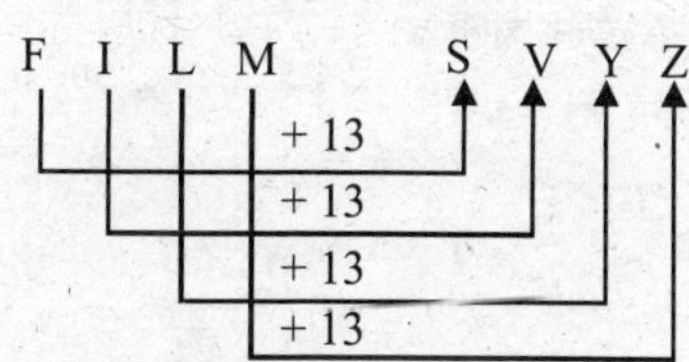

29. (b) जिस प्रकार $15 \times 15 - 5 = 220$
उसी प्रकार $25 \times 25 - 5 = 620$

30. (b) जिस प्रकार $(5)^3 = 125$
उसी प्रकार $(4)^3 = 64$

31. (c) जिस प्रकार $\sqrt{841} = 29$
उसी प्रकार $\sqrt{289} = 17$

32. (a) जिस प्रकार $8 \times 3 + 4 = 28$
उसी प्रकार $27 \times 3 + 4 = 85$

33. (d) जिस प्रकार $(4)^2 = 16$ $(7)^2 = 49$
उसी प्रकार $(10)^2 = 100$
$(13)^2 = 169$

34. (d) जिस प्रकार
$(5)^2 = 25 \Rightarrow 25 \times 4 = 100$
उसी प्रकार
$(7)^2 = 49 \Rightarrow 49 \times 4 = 196$

35. (d) जिस प्रकार $(4)^2 = 16$
$(5)^2 - 3 = 22$
उसी प्रकार $(6)^2 = 36$
$(7)^2 - 3 = 46$

36. (c) जिस प्रकार $(2)^5 = 32$
उसी प्रकार $(3)^5 = 243$

37. (b) जिस प्रकार

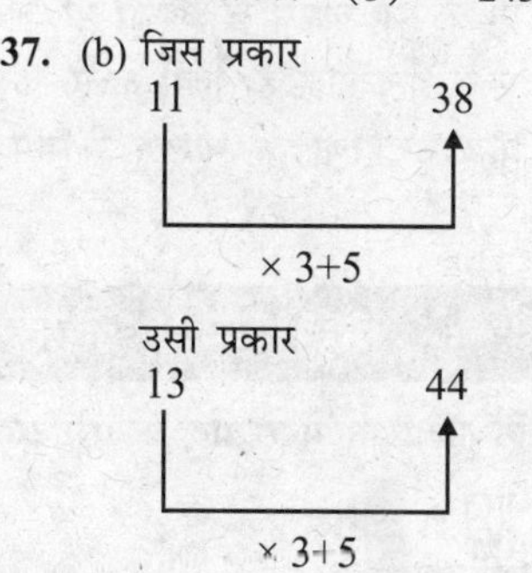

38. (d) जिस प्रकार $25 \times 25 = 625$
उसी प्रकार $35 \times 35 = 1225$

39. (a) जिस प्रकार, जेलर, जेल की देखभाल करता है। उसी प्रकार क्यूरेटर, अजायबघर की देखभाल करता है।

40. (c) जिस प्रकार, घड़ी समय बताती है। उसी प्रकार, थर्मामीटर तापमान बताता है।

41. (b) जिस प्रकार, कली का, विकसित रूप फूल है। उसी प्रकार, बीज का विकसित रूप पौधा है।

42. (d) जिस प्रकार, ऑक्सीजन, आग, को जलाती है। उसी प्रकार कार्बन डाई ऑक्साइड आग बुझाती है।

43. (c) जिस प्रकार, पहाड़ का छोटा रूप पहाड़ी है। उसी प्रकार नदी का छोटा रूप नाली है।

❑❑❑

2 विषय की पहचान करना

किसी समूह श्रेणी या वर्गों में दी गई वस्तुओं/घटनाओं/ तत्वों का सामान्य गुणों के आधार पर क्रमबद्ध करते हुए शेष वस्तुओं/ घटनाओं/ संख्याओं/अंकों को अलग करना उनका वर्गीकरण कहलाता है। इसके अंतर्गत पूंछे जाने वाले प्रश्न को समान्य वस्तुओं के गुणों, दैनिक जीवन की क्रियाओं, अंग्रेजी वर्णमाला एवं सामान गुणों वाली संख्याओं पर आधारित होते है। इस प्रकार के प्रश्नों में परीक्षार्थी को चार, पांच तत्वों का एक समूह दिया जाता है। जिसमें तीन एक निश्चित तरीके से किसी न किसी प्रकार से समान होते है या आपस में कोई तार्किक संबंध रखते है। जबकि एक उन अन्य तीनों से भिन्न होता हैं। जिसे अलग करना होता हैं दिए गए तत्वों का वर्गीकरण करने के लिए परीक्षार्थी को समानता की सभी शर्तों की जानकारी होना आवश्यक है।

वर्गीकरण के अंतर्गत किसी वस्तु/अक्षर/अंक/ शब्द को उसके सामान्य गुण, आकार रंग, रूप व लक्षण के आधार पर चार विकल्पों में से तीन समान होते हैं। तथा एक भिन्न होता है। जिसे अलग कर दिया जाता है।

नीचे कुछ उदाहरणों के माध्यम से हम वर्गीकरण का स्पष्टीकरण कर रहे हैं।

हल सहित उदाहरण

उदाहरण 1: निम्नलिखित में से पद को छांटिए-

(a) भारत
(b) पाकिस्तान
(c) जापान
(d) वाशिंगटन

हल: (d) वाशिंगटन को छोड़कर अन्य सभी देश हैं जबकि वाशिंगटन, अमेरिका का एक शहर है।

उदाहरण 2: निम्नलिखित में से असंगत पद को छांटिए-

(a) मोबाइल फोन
(b) लैपटॉप
(c) आई पैड
(d) दीवार घड़ी

हल: (d) दीवार घड़ी को छोड़कर अन्य सभी वस्तुएं विद्युत से चलने वाली है। अत: दिए गए विकल्पों में से दीवार घड़ी अन्य तीनों से भिन्न है।

उदाहरण 3: निम्नलिखित में से असंगत अक्षर समूह को छांटिए-

(a) DWHS (b) BYDW
(c) CWFS (d) EVJQ

हल: (c)

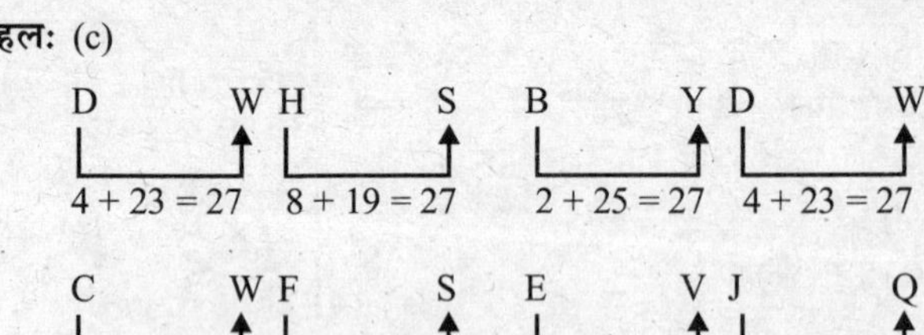

अत: स्पष्ट है अक्षर समूह CWFS अन्य तीनों से भिन्न है।

उदाहरण 4: निम्नलिखित मे से असंगत अक्षर समूह को छांटिए-

(a) DHLP (b) TXBF
(c) JNRV (d) YBEH

हल: (d)

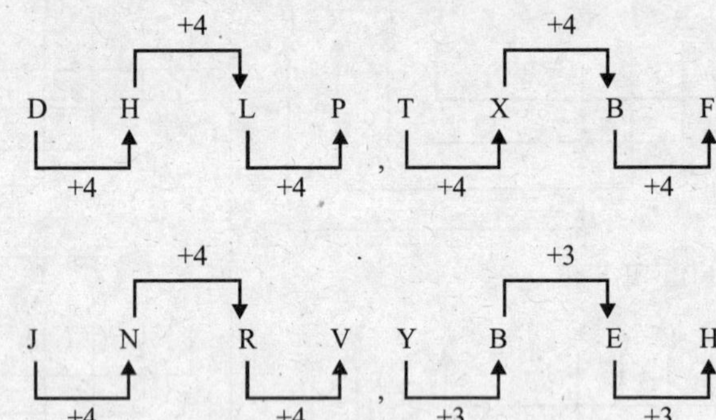

स्पष्ट है, YBEH अक्षर समूह अन्य तीनों से भिन्न है।

उदाहरण 5: निम्नलिखित में से असंगत संख्या का चयन कीजिए-

(a) 1 (b) 65
(c) 8 (d) 64

हल: (b) $(1)^3 = 1$, $(2)^3 = 8$
$(4)^3 = 64$

65 को छोड़कर अन्य सभी संख्याएं पूर्ण घन हैं।

उदाहरण 6: निम्नलिखित में से असंगत संख्या समूह का चयन करें-

(a) 59-48 (b) 33-27
(c) 68-85 (d) 121-124

हल: (a) '59-48' को छोड़कर अन्य सभी भाज्य संख्याओं के संख्या समूह है।

प्रश्नमाला

निर्देश (प्र.सं. 1-12): नीचे दिए गए शब्दों में से उस शब्द को चुने जो उस वर्ग से संबंधित नहीं है-

1. (a) आस्ट्रेलिया (b) एशिया (c) यूरोप (d) भारत

2. (a) शर्ट (b) यूनिफार्म (c) पैंट (d) कैप

3. (a) मुर्गी (b) गाय (c) बकरी (d) भैंस

4. (a) हीरा (b) एल्युमिनियम (c) टंगस्टन (d) तांबा

5. (a) विक्रेता (b) ग्राहक (c) फेरी वाला (d) आढ़ती (दलाल)

6. (a) कुम्हार (b) जुलाहा (c) लोहार (d) इंजीनियर

7. (a) जनवरी (b) जुलाई (c) फरवरी (d) दिसम्बर

8. (a) फेसबुक (b) इंस्टाग्राम (c) आरकुट (d) गूगल

9. (a) बुध (b) पृथ्वी (c) बृहस्पति (d) चंद्रमा

10. (a) हीरा (b) नीलम (c) ग्रेनाइट (d) पुखराज

11. (a) गणित (b) रेखागणित (c) बीजगणित (d) अंकगणित

12. (a) घंटा (b) सेकेण्ड (c) मिनट (d) समय

निर्देश (प्र.सं. 13-18): नीचे दी गई संख्याओं में जो संख्या अन्य संख्याओं के जोड़े से भिन्न हो उसे ज्ञात करो?

13. (a) 80-20 (b) 160-40 (c) 120-30 (d) 65-16

14. (a) 13, 31 (b) 25, 55 (c) 45, 54 (d) 76, 67

15. (a) 21, 49 (b) 24, 64 (c) 81, 36 (d) 25, 54

16. (a) 10-100 (b) 12-144 (c) 169-13 (d) 5-25

17. (a) 3-5 (b) 13-17 (c) 19-25 (d) 23-29

18. (a) 81-243 (b) 16-64 (c) 64-192 (d) 25-75

निर्देश (प्र.सं. 19-24): नीचे दी दिए गए प्रत्येक प्रश्न में भिन्न पद ज्ञात करो?

19. (a) ALMZ (b) CPQX (c) DEFY (d) BTUX

20. (a) ABZY (b) MNYX (c) AXBD (d) EFST

21. (a) EBD (b) IFH (c) QNO (d) YVX

22. (a) PQ (b) CD (c) MN (d) DF

23. (a) IKN (b) MOR (c) ACF (d) EGI

24. (a) NEM (b) MAL (c) QRP (d) RVQ

निर्देश (प्र.सं. 25-30): निम्नलिखित प्रत्येक प्रश्न में भिन्न पद ज्ञात कीजिए?

25. (a) OWL (b) END (c) ARM (d) PUT

26. (a) Giraffle (b) Zebra (c) Fox (d) Dog

27. (a) Wrong (b) Green (c) White (d) Right

28. (a) Mother (b) Sister (c) Brother (d) Friend

29. (a) Piano (b) Typewriter (c) computer (d) calulator

30. (a) Yen (b) Dollar (c) Franc (d) Qunce

उत्तर (हल/संकेत)

1. (d) अन्य सभी महाद्वीप है जबकि भारत एक देश है।

2. (b) अन्य सभी विभिन्न पोशाकों के नाम है।

3. (a) अन्य सभी जानवरों के चार पैर है।

4. (a) हीरा एक पत्थर है अन्य सभी धातु हैं

5. (b) अन्य सभी का ये काम है।

6. (d) अन्य सभी के लिये पढ़ने की आवश्यकता नहीं होती है।

7. (c) अन्य सभी महीने 31 दिन के हैं जबकि फरवरी 28 या 29 दिन की होती है।

8. (d) अन्य सभी सोशल नेटवर्किंग साइट हैं। जबकि गूगल एक सर्च इंजन है।

9. (d) अन्य सभी ग्रह है। जबकि चंद्रमा उपग्रह है।

10. (c) अन्य सभी तत्व लोग ग्रहों के बुरे प्रभाव से बचने के लिये पहनते है।

11. (a) अन्य सभी गणित की शाखाएं है।

12. (d) अन्य सभी समय के मात्रक है।

13. (d) अन्य सभी में पहली संख्या दूसरी संख्या का चार गुना है।

14. (b) अन्य सभी युग्मों में पहले पद के अंक दूसरे पद के विपरीत क्रम में है।

15. (c) अन्य सभी में दूसरी संख्या पहली संख्या से बड़ी है।

16. (c) अन्य सभी में पहली संख्या का वर्ग दूसरी संख्या है।

17. (c) शेष सभी विकल्पों की युग्म संख्यायें अभाज्य हैं जबकि 25 भाज्य संख्या है।

18. (b) अन्य सभी संख्या में दूसरी संख्या पहली संख्या के तीन गुनी है।

19. (c) अन्य सभी अक्षर समूहों में जो स्थान प्रथम अक्षर का वर्णमाला में है, वही स्थान अंतिम अक्षर का वर्णमाला के विपरीत क्रम में है।

20. (a) अन्य सभी अक्षर समूहों में पहला दूसरा तथा चौथा अक्षर पद है।

21. (c)

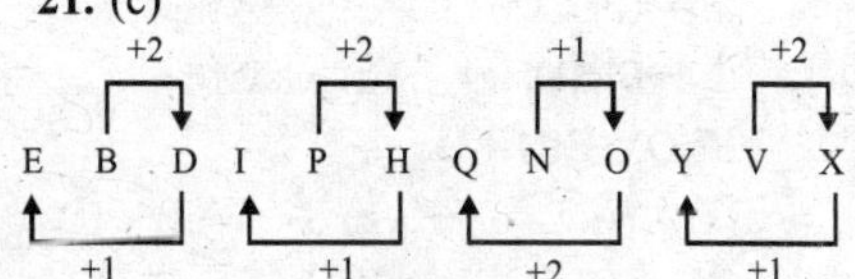

22. (d) अन्य समूहों में अक्षर वर्णमाला के क्रमानुसार एक दूसरे से 2 अंतराल पर है।

23. (d)

$$I \xrightarrow{+2} K \xrightarrow{+3} N, M \xrightarrow{+2} O \xrightarrow{+2} R,$$

$$A \xrightarrow{+2} C \xrightarrow{+3} F, E \xrightarrow{+2} G \xrightarrow{+2} I$$

24. (c) शेष अन्य में मध्य का वर्ण स्तर है।

25. (d) अन्य में पहला अक्षर स्वर है जबकि इनमें पहला अक्षर P है।

26. (d) अन्य सभी जंगली जानवर है जबकि कुत्ता एक पालतू जानवर है।

27. (b) अन्य सभी में सभी अक्षर एक बार आये हैं जबकि Green में e दो बार आया है।

28. (d) अन्य सभी का रक्त संबंध प्रदर्शित करता है।

29. (a) सिर्फ पियानों ही वाद्ययंत्र है।

30. (d) अन्य सभी मुद्राओं के नाम है।

❑❑❑

3 वर्णमाला परीक्षण

इस प्रकार की परीक्षा में परीक्षार्थियों की वर्णमाला संबंधी ज्ञान की जांच की जाती है। इस प्रकार की परीक्षा में कुछ शब्द ऐसे होते हैं, जिसमें अक्षर अव्यवस्थित क्रम में होते हैं तथा उनसे संबंधित कई प्रश्न दिए गए होते हैं। परीक्षार्थियों को इन प्रश्नों को ध्यान में रखते हुए अक्षरों को क्रम से लगाना होता है।

इसके लिए परीक्षार्थियों को अंग्रेजी वर्णमाला में अक्षरों के स्थान को ध्यान में रखना अति महत्त्वपूर्ण हैं अंग्रेजी वर्णमाला में अक्षरों की संख्या 26 होती हैं यदि हमें बाईं ओर से अक्षरों को गिनना हो, A तो से प्रारंभ करते हैं तथा यदि दायीं ओर से अक्षरों को गिनना हो, तो Z से प्रारंभ करते है।

अंग्रेजी वर्णमाला में अक्षरों के स्थान को याद रखना बहुत ही मुश्किल है इसके लिए दो सरल सूत्रों को याद रखना अतिआवश्यक है।

हल सहित उदाहरण

उदाहरण 1: दिए गए शब्द 'NATIONAL' का प्रयोग करके कौन-सा शब्द बनाया जा सकता है?

(a) FATION (b) NET
(c) NEXT (d) NATION

हल: (d) किए गए शब्द का प्रयोग करके केवल शब्द NATION बनाया जा सकता है, क्योंकि इसमें प्रयुक्त सभी अक्षर मूल शब्द में उपस्थित हैं।

उदाहरण 2: 'CREATIVE' शब्द में अक्षरों के ऐसे कितने जोड़े है, जिनके बीच उस शब्द में उतने ही अक्षर हैं, जितने कि वर्णमाला में उनके बीच होते हैं?

(a) 3 (b) 1
(c) 2 (d) 4

हल: (a)

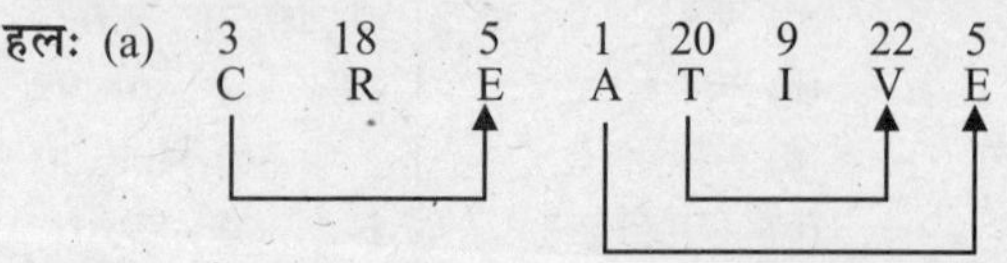

अत: स्पष्ट है, तीन युग्म C-E, A-E तथा T-V हैं।

उदाहरण 3: शब्द 'ORIN' के अक्षरों को किसी क्रम में रखने पर एक धातु प्राप्त होती है। उस धातु का पहला अक्षर क्या होगा?

(a) R (b) N
(c) I (d) O

हल: (c) शब्द 'ORIN' के अक्षरों को क्रम से लिखने पर 'IRON' शब्द बनता है जो एक धातु है। अत: इसका पहला अक्षर I है।

उदाहरण 4: निम्नलिखित अक्षर श्रेणी में ऐसे कितने R हैं जिनके ठीक पहले H न आता हो, परंतु ठीक बाद में M हो?

H P R X T R M H R M C K R H P T L R M N U S

(a) 2 (b) 3
(c) 5 (d) 6

हल: (a) इस प्रकार की श्रेणी में ऐसे दो R हैं जिनके ठीक पहले H न हो, परन्तु ठीक बाद में M हो।

HPRXT[R]MHRMCKRHPTL[R]MNOS

उदाहरण 5: नीचे दिए गए शब्दों को शब्दकोश के क्रमानुसार व्यवस्थित कीजिए?

1. Select, 2. Seldom, 3. Send, 4. Selfish, 5. Seller

(a) 1, 4, 5, 2, 3 (b) 2, 1, 4, 5, 3
(c) 1, 2, 3, 4, 5 (d) 3, 4, 5, 2, 1

हल: (b) शब्दकोश का सही क्रम
2. Seldom, 1. Select, 4. Selfish, 5. Seller 3. Send,
∴ सहीक्रम 2, 1, 4, 5, 3

प्रश्नमाला

निर्देश (प्र.सं. 1-5): निम्नलिखित विकल्पों में से उस शब्द का चयन कीजिए जो दिए गए अक्षरों का प्रयोग करके नहीं बनाया जा सकता है?

1. MUSICAL
(a) LASIUM (b) CLAIM
(c) SLIM (d) CALCIUM

2. DAUGHTER
(a) AUGHT (b) TRUTH
(c) GATHER (d) DEARTH

3. COLLABORATION
(a) ACTION (b) BILL
(c) BORN (d) CRITERTION

4. CAMBRIDGE
(a) BRIDGE (b) CAME
(c) BRIDE (d) CAMP

5. FLOWERBED
(a) WOLF (b) LOWER
(c) FOLLOWER (d) FREE

निर्देश (प्र.सं. 6-8): नीचे दिए गए शब्दों को शब्दकोश के अनुसार व्यवस्थित कीजिए?

6. 1. Devious 2. Devout 3. Devloution 4. Devotional 5. Development
(a) 2, 5, 1, 3, 4 (b) 4, 2, 3, 5, 1
(c) 5, 2, 3, 1, 4 (d) 5, 1, 3, 4, 2

7. 1. Premonition 2. Prelude 3. Premice 4. Preliminary 5. Premium
(a) 4, 2, 1, 5, 3 (b) 2, 4, 3, 5, 1
(b) 4, 2, 3, 5, 1 (d) 2, 4, 1, 3, 5

8. **1. Liver 2. Long 3. Late 4. Load 5. Luminous 6. Letter**
(a) 3, 6, 1, 4, 2, 5 (b) 3, 6, 1, 2, 4, 5
(c) 3, 1, 6, 2, 4, 5 (b) 3, 1, 6, 2, 5, 4

निर्देश (प्र.सं. 9-13): नीचे दिए गए विकल्पों में से कौन-सा विकल्प शब्दों का सार्थक क्रम दर्शाता है?

9. **1. रेखा 2. कोण 3. वर्ग 4. त्रिभुज**
(a) 2, 1, 4, 3 (b) 3, 4, 1, 2
(c) 4, 2, 1, 3 (d) 1, 2, 4, 3

10. **1. सब्जी 2. बाजार 3. काटना 4. पकाना 5. भोजन**
(a) 1, 2, 3, 4, 5
(b) 2, 1, 3, 4, 5
(c) 3, 1, 2, 4, 5
(d) 5, 4, 1, 2, 3

11. **1. परामर्श 2. बीमारी 3. डॉक्टर 4. उपचार 5. स्वास्थ्य लाभ**
(a) 2, 3, 1, 4, 5
(b) 2, 3, 4, 1, 5
(c) 4, 3, 1, 2, 5
(d) 5, 1, 4, 3, 2

12. **1. लखनऊ 2. उत्तर प्रदेश 3. भारत 4. विश्व 5. एशिया**
(a) 1, 2, 3, 5, 4
(b) 4, 1, 2, 3, 5
(c) 5, 1, 2, 3, 4
(d) 5, 1, 3, 2, 4

13. **1. सैकड़ा 2. इकाई 3. हजार 4. दहाई 5. लाख**
(a) 2, 4, 1, 3, 5
(b) 4, 1, 2, 3, 5
(c) 5, 1, 2, 3, 4
(d) 5, 1, 3, 4, 2

14. **नीचे दिए गए शब्दों में से कौन-सा अंग्रेजी शब्दकोश के अनुसार चौथे स्थान पर आयेगा?**
(a) Inhabit (b) Ingenious
(c) Inherit (d) Influence

15. **शब्दकोश में तीसरे स्थान पर निम्नलिखित में से कौन सा शब्द आयेगा?**
(a) Serif (b) Sergeant
(c) Serous (d) Serjeant

16. **अंग्रेजी शब्दकोश के अनुसार कौन-सा शब्द चौथे स्थान पर होगा?**
(a) Quick (b) Question
(c) Quality (d) Quit

17. **निम्नलिखित शब्दों में से कौन-सा शब्दकोश के अनुसार चौथे स्थान पर होगा?**
(a) Sentiment (b) Seqarate
(c) Sentinel (d) Sentience

निर्देश (प्र.सं. 18-22): निम्नलिखित विकल्पों में से उस विकल्प का चयन करें जो दिए गए शब्द के प्रयोग से बनाया गया हो?

18. **TRANSFORMATION**
(a) TRANSCTION
(b) TRANSFER
(c) INFORMANT
(d) INFORMER

19. **MEASUREMENT**
(a) MASTER (b) SUMMIT
(c) MANTLE (d) ASSURE

20. **LIBERATIONIST**
(a) RELATED (b) LIBERAL
(c) LIBELLOUS (d) BIRRERN

21. **FATHER**
(a) MASTER (b) MAN
(c) BOAT (d) RAT

22. **PARROT**
(a) ROAD (b) ROAT
(c) TOPE (d) TOPAZ

उत्तर (हल/संकेत)

1. (d) दिए गए शब्द 'MUSICAL में केवल एक C है। अत: 'CALCIUM' शब्द नहीं बनाया जा सकता है।

2. (b) दिए गए शब्द 'DAUGHTER' में केवल एक T है। अत: शब्द TRUTH नहीं बनाया जा सकता है।

3. (d) दिए गए शब्द 'COLLABORATION' में अक्षर E उपस्थित नहीं है।

4. (d) दिए गए शब्द 'CAMBRIDGE' में अक्षर P उपस्थित नहीं है। अत: शब्द 'CAMP' नहीं बनाया जा सकता है।

5. (c) दिए गए शब्द में O और L एक-एक बार आया है परंतु 'FOLLOWER' में L व O दो-दो बार है।

6. (d) शब्दकोश के अनुसार शब्दों का सही क्रम-
5. Development 1. Devious 3. Devolution 4. Devotional 2, Devout

7. (c) शब्दों का सही क्रम-
4. Premohition 2. Prelude 3. Permice 5. Premium 1. Premohition

8. (a) शब्दों का सही क्रम-
3. Late 6. Letter 1. Liver 4. Load 2. Long 5. Luminous

9. (d) सार्थक क्रम-1. रेखा 2. कोण 4. त्रिभुज 3. वर्ग

10. (b) शब्दों का सार्थक क्रम-2. बाजार 1. सब्जी 3. काटना 4. पकाना 5. भोजन।

11. (a) शब्दों का सार्थक क्रम-2. बीमारी 3. डॉक्टर 1. परामर्श 4. उपचार 5. स्वास्थ्य लाभ

12. (a) शब्दों का सार्थक क्रम-1. लखनऊ 2. उत्तर प्रदेश 3. भारत 5. एशिया 4. विश्व।

13. (a) शब्दों का सार्थक क्रम-2. इकाई 4. दहाई 1. सैकड़ा 3. हजार 5. लाख

14. (c) शब्दकोश के अनुसार-Infuence, Ingenious, Inhabit, Inherit.

15. (a) शब्दकोश के अनुसार तीसरे स्थान पर-Sergenant आएगा।

16. (d) अंग्रेजी शब्दकोश के अनुसार, चौथे स्थान पर-Quit आएगा।

17. (b) शब्दकोश के अनुसार-Sentience, Sentiment, Sentnel, Separare
अत: शब्दकोश के अनुसार 'Seqarate' चौथे स्थान पर आएगा।

18. (c) दिए गए शब्द TRANSFORMATION में दिए गए विकल्प से केवल INFORMANT शब्द बन सकता है। शेष विकल्पों
(b) TRANSATION में 'C' नहीं है
(c) TRANSFER में 'E' नहीं है
(d) INFORMER में 'E' नहीं है

19. (a) दिए गए शब्द MEASUREMENT के अक्षरों से केवल MASTER शब्द बन सकता है।
(a) SUMMIT में 'I'
(b) MANTLE में 'L'
(c) ASSURE में 'SS' दिए गए शब्द ऊपर दिए गए अक्षरों में उपस्थित नहीं है।

20. (d) दिए गए शब्द में LIBERATIONIST के अक्षरों से केवल शब्द BIRRERN बन सकता है।
(a) RELATE<u>D</u> (b) LIBERA<u>L</u>
(c) LIBE<u>LL</u>OUS
ऊपर दिए गए में अन्डरलाइन किए गए 'अक्षर' प्रश्न अक्षरों में आए नहीं अत: ये शब्द नहीं बन सकता है।

21. (d) दिए गए शब्द FATHER के अक्षरों से केवल शब्द 'RAT' बनाया जा सकता है।
(a) <u>M</u>A<u>S</u>TER (b) <u>MAN</u>
(c) BOAT
ऊपर दिए गए विकल्पों में अन्डरलाइन किए गए अक्षर प्रश्न अक्षरों में नहीं आए अत: ये शब्द नहीं बन सकते है।

22. (b) दिए गए शब्द PARROT के अक्षरों से केवल शब्द 'ROAT' बनाया जा सकता है।
(a) ROA<u>D</u> (b) TOP<u>E</u>
(c) TOPA<u>Z</u>
ऊपर दिए गए विकल्पों में अन्डरलाइन किए गए अक्षर प्रश्न अक्षरों में नहीं आए अत: ये शब्द नहीं बन सकते है।

❑❑❑

4 शृंखला परीक्षण

- **शृंखला:** किसी क्रम के अन्तर्गत अक्षरों एवं अंकों को व्यवस्थित क्रम में लगाने को शृंखला कहते हैं।

शृंखला के अन्तर्गत परीक्षा में कुछ अंक या अक्षर अथवा अंक एवं अक्षर एक विशेष क्रम में दिए जाते हैं। दिए गए क्रम में किसी विशेष स्थान को खाली छोड़ दिया जाता है या किसी विशेष स्थान पर आने वाले अंक के स्थान पर कोई गलत अंक संयोजित कर दिया जाता है। आपको दी गई शृंखला के खाली स्थान को दिए गए विकल्पों में से उपयुक्त अंक या अक्षर या अंक एवं अक्षर का चुनाव करके पूर्ति करना होता है तथा दूसरी प्रकार की शृंखला में प्रयुक्त गलत अंक को ज्ञात करना होता है। इसके अलावा शृंखला में औपबंधिक संख्या (Conditional Number) से भी प्रश्न पूछे जाते हैं। ऐसे प्रश्नों को हल करने के लिए निम्न जानकारी होना आवश्यक है–

1. सम संख्या, विषम संख्या तथा अभाज्य संख्या की जानकारी।
2. 1 से 20 तक की संख्याओं का वर्ग तथा घन के बारे में जानकारी।
3. अंग्रेजी वर्णमाला के प्रत्येक अक्षर की स्थिति के बारे में जानकारी।

1. संख्या शृंखला (Number Series) : इसके अन्तर्गत पूछे जाने वाले प्रश्नों में अंकों की शृंखला दी जाती है। यह शृंखला जोड़, घटाव, गुणा, भाग, वर्ग, वर्गमूल, घन, घनमूल आदि पर आधारित होती हैं। इससे सम्बन्धित प्रश्नों को हल करने के लिए नीचे दिए गए प्रमुख बिन्दु पर ध्यान देना आवश्यक है–

- यदि दी गई शृंखला के अंकों के मान में सामान्य वृद्धि हो रही है, तो निश्चित रूप से वहां सिर्फ जोड़ का कार्य हो रहा है।
- यदि दी गई शृंखला के अंकों के मान में सामान्य कमी हो रही है, तो निश्चित रूप से वहां घटाने का कार्य हो रहा है।
- यदि दी गई शृंखला के अंकों में काफी तीव्रता के साथ वृद्धि हो रही है, तो निश्चित रूप से वहां गुणा का कार्य हो रहा है, इसके अलावा जोड़ एवं घटाव या जोड़ अथवा घटाव भी साथ में सम्भव है।
- यदि शृंखला के आंकिक मान में तीव्रता के साथ कमी हो रही है, तो वहां भाग का काम हो रहा है। साथ ही जोड़ अथवा घटाव भी सम्भव है।
- यदि शृंखला तीव्रता के साथ पहले बढ़ती हो तथा बाद में घटती हो, तो वहां गुणा तथा भाग की क्रिया एक-एक करके अपनाई जा रही है।
- यदि शृंखला में अंकों का मान पहले बढ़े फिर घटे लेकिन कम-से-कम अन्तर से हो, तो वहां जोड़ तथा घटाव का कार्य बदल-बदल कर चल रहा है।

⇒ संख्या शृंखला के अन्तर्गत सामान्यत: दो प्रकार के प्रश्न पूछे जाते हैं–

(a) **दी गई शृंखला को पूरा करना** (Complete the Given Series) : इसके अन्तर्गत दिए गए शृंखला क्रम में किसी विशेष स्थान को रिक्त छोड़ दिया जाता है अथवा प्रश्नवाचक (?) द्वारा निरूपित कर दिया जाता है, फिर अभ्यर्थियों से यह अपेक्षा की जाती है कि वह उस क्रम का पता लगाकर दिए गए प्रश्नवाचक चिन्ह (?) के स्थान पर आने वाली उपयुक्त संख्या का चयन करें।

अब उपर्युक्त तथ्यों के स्पष्टीकरण के लिए नीचे दिए गए प्रमुख उदाहरणों का ध्यानपूर्वक अवलोकन करें।

उदाहरण: निम्नलिखित अंकों की शृंखला में प्रश्नवाचक चिन्ह (?) के स्थान पर नीचे दिए गए विकल्पों में से कौन-सा अंक आएगा?

3, 10, 20, 33, 49, ?

(a) 65 (b) 58
(c) 72 (d) 68

हल: (d) दी गई संख्या-शृंखला का पैटर्न निम्नवत् है:

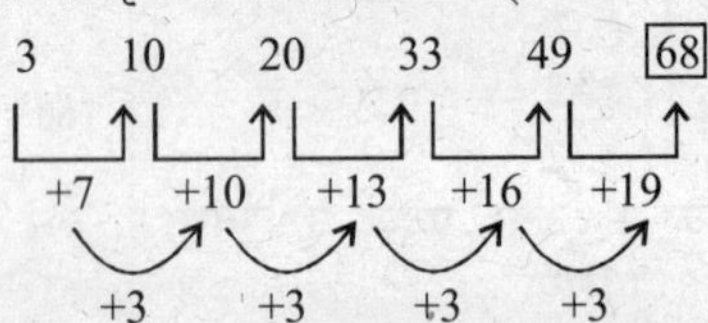

अत: प्रश्नचिन्ह के स्थान पर 68 आएगा।

(b) **दी गई शृंखला से गलत पद ज्ञात करना** (Finding the wrong term in the given series) : इसके अन्तर्गत दिए गए शृंखला क्रम में किसी विशेष स्थान पर आने वाले अंक के स्थान पर कोई गलत अंक संयोजित कर दिया जाता है जिसे अभ्यर्थियों को दिए गए क्रम का पता लगाकर शृंखला में प्रयुक्त गलत पद ज्ञात करना होता है। इसके लिए अभ्यर्थियों को सर्वप्रथम यह ज्ञात करना चाहिए कि श्रेणी में पद किस नियम के अनुसार बदल रहे हैं, फिर यह ज्ञात करना चाहिए कि उस नियम के अनुसार कौन-सा पद परिवर्तित नहीं हो रहा है, वही गलत पद है।

अब, उपर्युक्त तथ्यों के स्पष्टीकरण के लिए प्रमुख उदाहरणों का ध्यानपूर्वक अवलोकन करें।

उदाहरण: निम्नलिखित संख्या श्रेणी में सिर्फ एक पद गलत है, उस गलत पद को ज्ञात कीजिए।

3, 5, 8, 9, 11

(a) 8 (b) 11
(c) 9 (d) 5

हल: (a) दी गई संख्या श्रेणी निम्नवत् है:

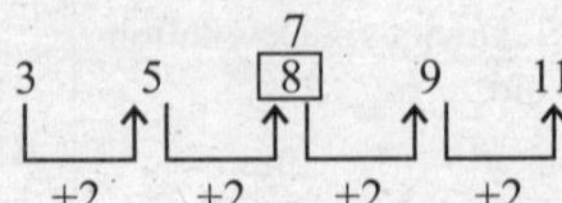

अत: शृंखला में 8 एक अनुपयुक्त संख्या है। क्योंकि 8 के स्थान पर 7 होना चाहिए।

2. वर्णमाला शृंखला (Alphabet Series) : इसके अन्तर्गत दी गई शृंखला में अंग्रेजी वर्णमाला से सम्बन्धित अक्षरों की एक शृंखला दी जाती है जिसमें एक या दो अक्षर लुप्त कर दिया जाता है अथवा उस स्थान को प्रश्नवाचक चिन्ह

(?) द्वारा निरूपित किया जाता है, फिर नीचे दिए गए विकल्पों से प्रश्नवाचक चिन्ह (?) के स्थान पर आने वाले उपयुक्त अक्षर का चयन करना होता है। इसके लिए अभ्यर्थियों को दी गई शृंखला का ध्यानपूर्वक अवलोकन करते हुए यह पता करना होता है कि शृंखला किस नियम के अनुसार परिवर्तित हो रही और उस परिवर्तित नियम के अनुसार, प्रश्नवाचक चिन्ह (?) के स्थान पर कौन-सा अक्षर उपयुक्त होगा।

इस शृंखला से सम्बन्धित प्रश्नों को आसानी से हल करने के लिए वर्णमाला क्रमांकिक जैसे– A = 1, B = 2, C = 3 इसी प्रकार Z = 26 तक याद रखना आवश्यक है।

अब आइए, उपर्युक्त तथ्यों के स्पष्टीकरण के लिए कुछ प्रमुख उदाहरणों व उसके व्याख्यात्मक हल का ध्यानपूर्वक अवलोकन करें।

उदाहरण: निम्नलिखित अक्षरों की शृंखला में प्रश्नवाचक चिन्ह (?) के स्थान पर नीचे दिए गए विकल्पों में से कौन-सा अक्षर समूह आएगा?

BY, IQ, NK, QG, ?

(a) RF (b) TF
(c) RE (d) SE

हल: (c) दी गई अक्षर-शृंखला का पैटर्न निम्नवत् है:

B —+7→ I —+5→ N —+3→ Q —+1→ R

Y —−8→ Q —−6→ K —−4→ G —−2→ E

उदाहरण: निम्नलिखित अक्षरों की शृंखला में नीचे दिए गए विकल्पों में से कौन-सा प्रश्नवाचक चिन्ह (?) के स्थान पर आएगा?

CWG, EUJ, GSM, IQP, ?

(a) KOM (b) LOM
(c) KNM (d) KOS

हल: (d) दी गई अक्षर शृंखला का पैटर्न निम्नवत् है:

C —+2→ E —+2→ G —+2→ I —+2→ K

W —−2→ U —−2→ S —−2→ Q —−2→ O

G —+3→ J —+3→ M —+3→ P —+3→ S

उदाहरण : दी गई शृंखला का अध्ययन करके नीचे दिए गए विकल्पों में से उस एक विकल्प को ज्ञात कीजिए जो शृंखला के लुप्त अक्षरों के स्थान पर उपयुक्त है।

ab-ba/abc-a/abcb-/abcb-

(a) cbaa (b) abca
(c) aacb (d) bcaa

हल: (a) दी गई शृंखला का पैटर्न निम्नवत् है:

ab[c]ba/abc[b]a/abcb[a]/abcb[a]

हल सहित उदाहरण

उदाहरण-1: दी गई संख्या-शृंखला का लुप्त पद ज्ञात कीजिए।

2, 6, 16, 38, 84, ?

(a) 170 (b) 178
(c) 168 (d) 210

हल (b): दी गई अंक-शृंखला निम्नवत है:

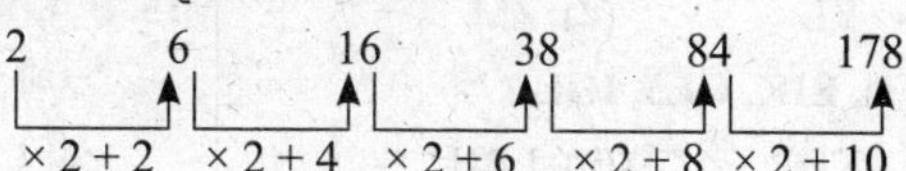

उदाहरण-2: दी गई संख्या-शृंखला में गलत संख्या का पता लगाएं।

1, 3, 15, 105, 942, 10395

(a) 15 (b) 105
(c) 942 (d) 3

हल (c): दी गई अंक शृंखला का पैटर्न निम्नवत है:

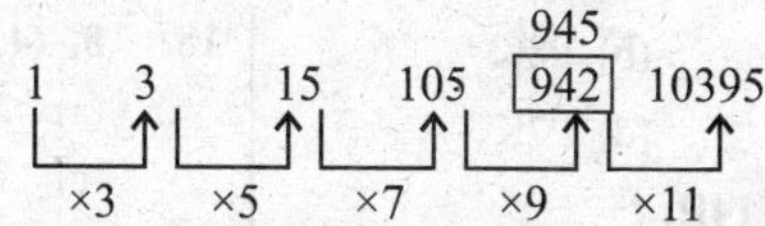

(a) 170 (b) 178
(c) 168 (d) 210

उदाहरण-3: दी गई अक्षर-शृंखला के लुप्त अक्षर ज्ञात कीजिए।

KP, MQ, OS, QV, ?

(a) VW (b) PV
(c) SP (d) SZ

हल (d): दी गई अक्षर-शृंखला का पैटर्न निम्नवत है:

K —+2→ M —+2→ O —+2→ Q —+2→ S

P —+1→ Q —+2→ S —+3→ V —+4→ Z

उदाहरण-4: दी गई अक्षरों की शृंखला में लुप्त अक्षर समूह को ज्ञात कीजिए।

aa _ bc a _ bbc aab _ _

(a) abbc (b) aabc
(c) babc (d) acbc

हल (c): दी गई शृंखला का पैटर्न निम्नवत है:

aa [b] bc / a [a] bbc / aab [b] c

प्रश्नमाला

निर्देश (प्र. सं. 1-10) दी गई शृंखला का ध्यान से अध्ययन करके नीचे दिए गए चार विकल्पों में से उस एक विकल्प को ज्ञात कीजिए जोकि शृंखला में प्रश्नवाचक चिन्ह (?) के स्थान पर उपयुक्त बैठता हो।

1. **?, PSVYB, EHKNQ, TWZCF, ILORU**

(a) BEHKN (b) ADGJM
(c) SVYBE (d) ZCFIL

2. **WAB, XCD, YEF, ?**

(a) CMN (b) ZGH
(c) BKL (d) AIJ

3. **DAB, IFG, NKL, ?**

(a) SPQ (b) SOP
(c) SPO (d) RSQ

4. CGK, EJP, GMU, ?
(a) IRT (b) IPZ
(c) FNV (d) JLN

5. BMO, EOQ, HQS, ?
(a) SOW (b) LMN
(c) KSU (d) SOV

6. NT, QR, TP, WN, ?
(a) ZL (b) LZ
(c) YL (d) ZM

7. CFL, EIK, GLJ, IOI, ?
(a) KHR (b) LRH
(c) HLR (d) KRH

8. BYW, DUX, FQY, ?
(a) HZM (b) HMZ
(c) GMY (d) HNZ

9. G13T, I11Z, L9O, ?
(a) O7K (b) P8K
(c) Q7L (d) P7K

10. 2B, 4C, 8E, 14H, ?
(a) 21L (b) 22K
(c) 22L (d) 20K

निर्देश (प्र. सं. 11–25) : नीचे दिए गए प्रश्नों में शृंखला के लुप्त पद का चयन दिए गए विकल्पों में से कीजिए।

11. 27, 32, 30, 35, 33, ?
(a) 28 (b) 31
(c) 36 (d) 38

12. 71 , 59, 48, 38, 29, ?
(a) 18 (b) 21
(c) 20 (d) 12

13. 5, 8, 13, ?, 34, 55, 89
(a) 20 (b) 21
(c) 23 (d) 29

14. 18, 23, 27, 32, 36, ?
(a) 41 (b) 42
(c) 40 (d) 43

15. 4, 8, 7, 11, 22, 21 , 25, 50, ?
(a) 49 (b) 54
(c) 51 (d) 53

16. 2, 5, 9, 19, 37, ?
(a) 73 (b) 75
(c) 72 (d) 78

17. 71, 76, 69, 74, 67, 72, ?
(a) 65 (b) 76
(c) 96 (d) 80

18. 8, 24, 12, 36, 18, 54, ?
(a) 27 (b) 68
(c) 72 (d) 108

19. 3, 4, 0, 9, –7, ?
(a) 25 (b) 26
(c) 36 (d) 18

20. 8, 13, 26, 51, ?
(a) 69 (b) 92
(c) 102 (d) 41

21. 21, 24, 33, 48, 69, 96, ?
(a) 129 (b) 126
(c) 132 (d) 135

22. 540, 316, 204, 148, 120, 106, ?
(a) 92 (b) 89
(c) 98 (d) 99

23. 135, 124, 111, 96, 79, 60, ?
(a) 37 (b) 41
(c) 43 (d) इनमें से कोई नहीं

24. 23, 32, 50, 77, 113, 158, ?
(a) 213 (b) 212
(c) 203 (d) 121

25. 37, 101, 150, 186, 211, 227, ?
(a) 235 (b) 231
(c) 238 (d) 236

निर्देश (प्र. सं. 26 – 30) : निम्नलिखित दिए गए प्रत्येक प्रश्न में अंकों की एक शृंखला दी गई है जिसमें से एक पद गलत है। प्रत्येक शृंखला में स्थित उस गलत पद को ज्ञात कीजिए।

26. 2, 5, 7, 10, 12, 14
(a) 10 (b) 12
(c) 14 (d) 7

27. 15, 20, 30, 40, 65, 90
(a) 30 (b) 40
(c) 65 (d) 90

28. 3, 10, 27, 4, 16, 64, 5, 25, 125
(a) 10 (b) 27
(c) 16 (d) 15

29. 89, 78, 86, 80, 85
(a) 89 (b) 78
(c) 80 (d) 86

30. 10, 14, 28, 34, 64, 68
(a) 28 (b) 34
(c) 64 (d) 68

उत्तर (हल/संकेत)

1. (b)

A →(+15) P →(+15) E →(+15) T →(+15) I
D →(+15) S →(+15) H →(+15) W →(+15) L
G →(+15) V →(+15) K →(+15) Z →(+15) O
J →(+15) Y →(+15) N →(+15) C →(+15) R
M →(+15) B →(+15) Q →(+15) F →(+15) U

2. (b)

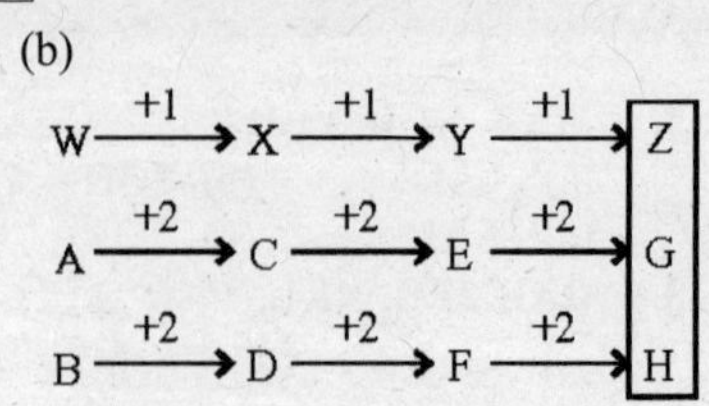

3. (a)

D →(+5) I →(+5) N →(+5) S
A →(+5) F →(+5) K →(+5) P
B →(+5) G →(+5) L →(+5) Q

4. (b)

C →(+2) E →(+2) G →(+2) I
G →(+3) J →(+3) M →(+3) P
K →(+5) P →(+5) U →(+5) Z

5. (c)

B →(+3) E →(+3) H →(+3) K
M →(+2) O →(+2) Q →(+2) S
O →(+2) Q →(+2) S →(+2) U

6. (a)

N →(+3) Q →(+3) T →(+3) W →(+3) Z
T →(–2) R →(–2) P →(–2) N →(–2) L

7. (d)

C →(+2) E →(+2) G →(+2) I →(+2) K
F →(+3) I →(+3) L →(+3) O →(+3) R
L →(–1) K →(–1) J →(–1) I →(–1) H

8. (b)

B $\xrightarrow{+2}$ D $\xrightarrow{+2}$ F $\xrightarrow{+2}$ H

Y $\xrightarrow{-4}$ U $\xrightarrow{-4}$ Q $\xrightarrow{-4}$ M

W $\xrightarrow{+1}$ X $\xrightarrow{+1}$ Y $\xrightarrow{+1}$ Z

9. (d)

G $\xrightarrow{+2}$ I $\xrightarrow{+3}$ L $\xrightarrow{+4}$ P

13 $\xrightarrow{-2}$ 11 $\xrightarrow{-2}$ 9 $\xrightarrow{-2}$ 7

T $\xrightarrow{-2}$ R $\xrightarrow{-3}$ O $\xrightarrow{-4}$ K

10. (c)

2 $\xrightarrow{+2}$ 4 $\xrightarrow{+4}$ 8 $\xrightarrow{+6}$ 14 $\xrightarrow{+8}$ 22

B $\xrightarrow{+1}$ C $\xrightarrow{+2}$ E $\xrightarrow{+3}$ H $\xrightarrow{+4}$ L

11. (d)

27 32 30 35 33 38

–5 –2 +5 –2 +5

∴ ? = 38

12. (b)

71 59 48 38 29 21

–12 –11 –10 –9 –8

∴ ? = 21

13. (b)

5 8 13 21 34 55 89

+3 +5 +8 +13 +21 +34

∴ ? = 21

14. (a)

18 $\xrightarrow{+5}$ 23 $\xrightarrow{+4}$ 27 $\xrightarrow{+5}$ 32 $\xrightarrow{+4}$ 36 $\xrightarrow{+5}$ 41

15. (a)

4 8 7 / 11 22 21 / 25 50 49

×2 –1 ×2 –1 ×2 –1

16. (b)

$2 \times 2 + 1 = 5$

$5 \times 2 - 1 = 9$

$9 \times 2 + 1 = 19$

$19 \times 2 - 1 = 37$

$37 \times 2 + 1 = 75$

17. (a)

71 76 69 74 67 72 65

–2 –2 –2 (71→69→67→65)

–2 –2 (76→74→72)

18. (a)

8 24 12 36 18 54 27

×3 ÷2 ×3 ÷2 ×3 ÷2

19. (d)

3 4 0 9 –7 18

$+(1)^2$ $-(2)^2$ $+(3)^2$ $-(4)^2$ $+(5)^2$

20. (b)

8 $\xrightarrow{1^2+2^2}$ 13 $\xrightarrow{2^2+3^2}$ 26 $\xrightarrow{3^2+4^2}$

51 $\xrightarrow{4^2+5^2}$ 92

21. (a)

21 24 33 48 69 96 129

+3 +9 +15 +21 +27 +33

22. (d)

540 316 204 148 120 106 99

–224 –112 –56 –28 –14 –7

23. (d)

135 124 111 96 79 60 39

–11 –13 –15 –17 –19 –21

24. (b)

23 32 50 77 113 158 212

+9 +18 +27 +36 +45 +54

25. (d)

37 101 150 186 211 227 236

+64 +49 +36 +25 +16 +9

26. (c)

2 5 7 10 12 14 (15)

+3 +2 +3 +2 +3

27. (b)

15 20 30 40 (45) 65 90

+5 +10 +15 +20 +25

28. (a)

3 10 (9) 27 4 16 64 5 25 125

3^1 3^2 3^3 4^1 4^2 4^3 5^1 5^2 5^3

29. (d)

89 78 86 (87) 80 85

–11 +9 –7 +5

30. (b)

10 14 28 34 (32) 64 68

+4 ×2 +4 ×2 +4

❑❑❑

5 कूटलेखन एवं कूटवाचन

कूट या सांकेतिक भाषा के अंतर्गत उस पद्धति का प्रयोग किया जाता है, जिसके द्वारा गुप्त रूप से दो व्यक्ति परस्पर एक कोड भाषा में बातचीत करते है। इस सांकेतिक भाषा को कुछ विशेष नियम के अनुसार बनाया जाता है। इस प्रकार के प्रश्नों में कुछ शब्द/अक्षर/अंक दिए रहते हैं जो अपने वास्तविक माप को प्रदर्शित करते हैं। परीक्षार्थियों को इसके नियमों का अध्ययन करके सांकेतिक भाषा को सही भाषा मे तथा सही भाषा को सांकेतिक भाषा में बदलना होता है।

(1) कूट लेखन (Coding)–किसी सही भाषा को एक विशेष नियम के अनुसार उसे सांकेतिक भाषा में परिवर्तित करने की विधि कोडिंग कहलाती है।

(2) कूट वाचन (Decoding)–किसी सांकेतिक भाषा को एक विशेष नियम के अनुसार सही भाषा में परिवर्तित करने की विधि डिकोडिंग कहलाती है।

सांकेतिक भाषा से संबंधित प्रश्नों को हल करने के लिए परीक्षार्थी को अंग्रेजी वर्णमाला में अक्षरों के स्थान को ध्यान में रखना अति आवश्यक है। अंग्रेजी वर्णमाला में अक्षरों की संख्या 26 होती है। यदि हमें बाईं ओर से अक्षरों को गिनना हो तो A से प्रारंभ करते है तथा यदि दाईं ओर से अक्षरों को गिनना हो, तो Z से प्रारंभ करते है।

अंग्रेजी वर्णमालाा में बाएं ओर से अक्षरों को गिनने के लिए एक सरल सूत्र 'EJOTY' का प्रयोग किया जाता है।

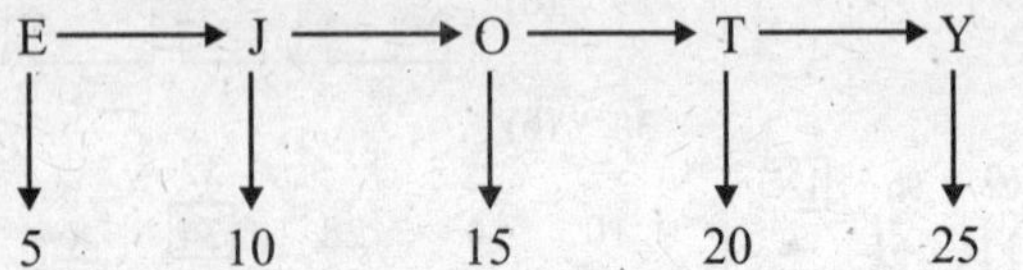

इस सूत्र के बीच वाले वर्णों की स्थान संख्या को आसानी से प्राप्त किया जा सकता है।

कूट मुख्यत: निम्न प्रकार के होते हैं:

1. योग आधारित कूट
2. अंतर आधारित योग
3. अंग्रेजी वर्णमाला के अक्षरों पर आधारित कूट
4. वर्णमाला में अक्षरों के विपरीत क्रमांकों पर आधारित कूट
5. प्रतीकों पर आधारित कूट

हल सहित उदाहरण

उदाहरण 1: एक कूट भाषा में 'GIRL' को "FHQK' लिखा जाता है। तो BOY को उसी कूट भाषा में क्या लिखा जायेगा?

(a) ANX (b) CMY
(c) DMZ (d) EMX

हल: (a) जिस प्रकार,

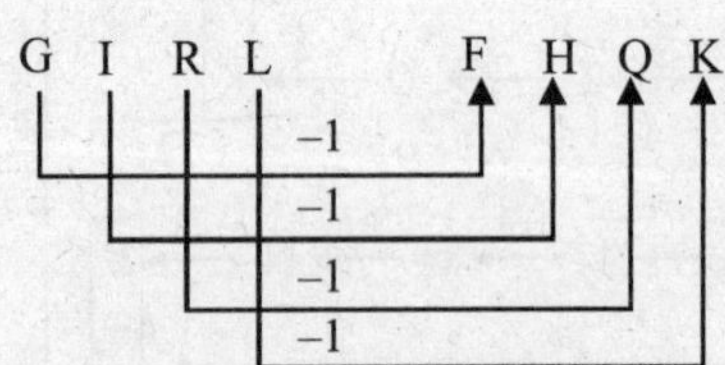

उसी प्रकार

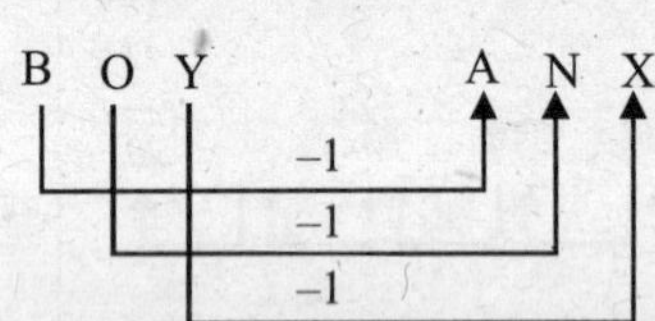

उदाहरण 2: एक निश्चित कूट भाषा में 'ROHAN' को 1, 0, 3, 4, 8 'MOHAN' को 5, 0, 3, 4, 8 तथा VINAY को 7, 2, 8, 4, 9 लिखा जाता है तो उसी कूट भाषा में 'RIHAN' को क्या लिखा जायेगा?

(a) 2, 3, 5, 6, 9 (b) 1, 2, 3, 4, 8
(c) 9, 2, 3, 7, 5 (d) 1, 2, 3, 8, 4

हल: (b) जिस प्रकार

R	→	1	M	→	5		V	→	7
O	→	0	O	→	0		I	→	2
H	→	3	H	→	3	तथा	N	→	8
A	→	4	A	→	4		A	→	4
N	→	8	N	→	8		Y	→	9

उसी प्रकार,

R → 1
I → 2
H → 3
A → 4
N → 8

(यहां R = 1, I = R, H = 3, A = 4 तथा N = 8)

उदाहरण 3: एक निश्चित कूट भाषा में 'CAPITAL' को 'CPATILA' लिखा जाता है। उस कूट भाषा में 'PERSONRS' को क्या लिखा जायेगा?

(a) PSONRES (b) PONSRES
(c) PESONRS (d) PREOSSN

हलः (d)

जिस प्रकार		जिस प्रकार	
C	C	P	P
A	P	E	R
P	A	R	E
I	T	S	O
T	I	O	S
A	L	N	S
L	A	S	N

उदाहरण 4: यदि किसी कूट भाषा में 'वर्षा' को 'पानी' कहें, 'पानी, को 'हवा' कहें 'हवा' को 'बादल' कहें, 'बादल' को 'आकाश' कहें 'आकाश' को 'समुद्र' कहें तथा 'समुद्र' को सड़क कहें, तो चिड़ियां कहां उड़ती हैं?

(a) बादल में (b) समुद्र में
(c) आकाश में (d) पानी में

हलः (b) चिड़ियां आकाश में उड़ती है परंतु सांकेतिक भाषा में 'आकाश' को समुद्र कहा गया है अतः चिड़ियां समुद्र में उड़ती है।

उदाहरण 5. एक कूट भाषा में यदि TOM = 48 तथा DICK = 27 हो, तो HARRY की कूट भाषा में संख्या कम होगी?

(a) 48 (b) 57
(c) 70 (d) 62

हलः (c) T अंग्रेजी वर्णमाला का 20वां अक्षर है।
O अंग्रेजी वर्णमाला का 15वां अक्षर है।
M अंग्रेजी वर्णमाला का 13वां अक्षर है।
∴ TOM = (20+15+13) = 48
इसी प्रकार DICK = (4 + 9 + 3 + 11) = 27
इसी प्रकार HARRY = (8 + 1 + 18 +18+ 25) = 70

प्रश्नमाला

निर्देश (प्र.सं. 1-25): निम्नलिखित प्रश्नों से चार विकल्प दिए गए है प्रश्नों को पढ़कर सही उत्तर का चयन कीजिए–

1. **यदि BOMBAY को कूट भाषा में FSQFEC लिखा जाए तो किस शब्द को कूट भाषा में QCWSVI लिखा जाएगा?**
(a) MANDYA (b) MANDAL
(c) MYSORE (d) MYSOER

2. **यदि D = 4 और READ को कूट भाषा में 28 लिखा जाता है। तो HEAR को कूट भाषा में क्या लिखा जाएगा?**
(a) 32 (b) 33
(c) 7 (d) 30

3. **यदि MINJUR को 312547 व TADA को 6898 के रूप में कोडित किया जाता है। तो MADURAI को कैसे कोडित किया जाएगा?**
(a) 3849781 (b) 3498178
(c) 3894781 (d) 3498871

4. **यदि GO = 32 SHE = 49 हो तो SOME किसके बराबर होगा?**
(a) 56 (b) 62
(c) 58 (d) 64

5. **यदि PLAY का कोड 8123 तथा RHYME का 49367 है तो MALE का कोड क्या होगा?**
(a) 6198 (b) 6217
(c) 6935 (d) 6285

6. **यदि SHARP का कोड 58034 है और PUSH का कोड 4658 है तो RUSH का कोड क्या होगा?**
(a) 4658 (b) 3658
(c) 6583 (d) 8546

7. **यदि किसी सांकेतिक भाषा में VIDAY को 43256 तथा ARTH को 6871 लिखा जाता है। तो उसी भाषा में DIVYATI को किस प्रकार लिखेंगे?**
(a) 2345673 (b) 1873254
(c) 2354673 (d) 2345637

8. **यदि DELHI को कूट भाषा में 73541 और CALCUTTA को 82589662 लिखा जाए तो CALICUT को उसी भाषा में कैसे लिखेंगे?**
(a) 597821 (b) 5279431
(c) 8251896 (d) 8543691

9. **यदि किसी सांकेतिक भाषा में CHARCOAL को 45164913 लिखा जाता है। और MORALE को 296187 लिखा जाता है। तो उसी भाषा MECHRALE को किस प्रकार लिखा जाएगा?**
(a) 95378165 (b) 27456138
(c) 25378159 (d) 27456137

10. **यदि किसी सांकेतिक भाषा में ENGLAND को 1234526 और FRANCE को 785291 लिखा जाता हैं तो उसी भाषा में GREECE को किस प्रकार लिखा जाएगा?**
(a) 381191 (b) 381911
(c) 394132 (d) 5621134

11. **यदि किसी सांकेतिक भाषा में DEFENCE को CDEDMBD लिखा जाता हैं, तो उसी भाषा में NEED को कैसे लिखा जाएगा?**
(a) MCDC (b) MCCD
(c) ULDE (d) MDDC

12. **किसी सांकेतिक भाषा में RAJKUMAR को TYLIWKCP लिखा जाता हैं उसी सांकेतिक भाषा में INSANITY को किस प्रकार लिखेंगे?**
(a) LKUYPGVW
(b) KLUYPGVW
(c) GPQAXECP
(d) UKLPGWAN

13. **यदि एक सांकेतिक भाषा में TAMILNADU को MATNLIUDA लिखा जाता है। उसी सांकेतिक भाषा में COALITION को किस प्रकार लिखेंगे?**
(a) AOCTILNOI
(b) AOCITLNOI
(c) ACOTNLOIN
(d) ACOTNLOI

14. **यदि SUMMER को कूट भाषा में RUNNER लिखा है। तो WINTER को लिखा जाएगा?**
(a) SUITER (b) VIOUER
(c) WALKER (d) SUFFER

15. **यदि BASKET को TEKSAB लिखा जाए तो उसी कूट भाषा में PILLOW को कैसे लिखा जाएगा?**
(a) LOWLIP
(b) WOLPIL
(c) LOWPIL
(d) WOLLIP

16. **यदि किसी सांकेतिक भाषा में COURT को 5% @ 38 तथा TILE को 8 C $4 जाए तो उसी कूट भाषा में CITE को कैसे लिखा जाएगा?**
(a) 5$ 84 (b) 5% 84
(c) 5 C 84 (d) 3@84

17. यदि किसी सांकेतिक भाषा में AUDIT को 2 # 67$ लिखा जाता है तथा PUB 8 # 5 लिखा जाता है तो उसी कूट भाषा में BUT को कैसे लिखा जाएगा?
(a) 56$ (b) 5 # $
(c) 57 $ (d) 6 # $

18. यदि किस कूट भाषा में DECEMBER को ERMBCEOE लिखा जाए तो उसी कूट लिपि में कौन सा शब्द ERMBVENO के रूप में लिखा जाएगा?
(a) SEPTEMBER
(b) ANOVERMBE
(c) NOVEMBER
(d) NVOEMBER

19. यदि किसी कूट में TOPPER को POTREP लिखा जाए तो उसी कूट में किस शब्द को RUBREG लिखा जाएगा?
(a) BURGET (b) BEURGR
(c) BURGER (d) BLURBE

20. यदि EARN को GCTP लिखा जाए तो उसी कूट भाषा में NEAR को कैसे लिखा जाएगा?
(a) PGCT (b) PCGT
(c) CTGP (d) GPTC

21. यदि 'मेज' को, 'कुर्सी', 'कुर्सी' को 'चारपाई', 'चारपाई' को 'पात्र' और 'पात्र' को फिल्टर कहा जाए तो व्यक्ति कहां बैठता है?
(a) कुर्सी
(b) पात्र
(c) चारपाई
(d) फिल्टर

22. यदि 'नारंगी' को 'मक्खन', मक्खन को 'साबुन', साबुन को 'स्याही', को 'शहद' और शहद को नारंगी कहा जाए तो वस्त्रों की धुलाई में क्या प्रयोग किया जाता है?
(a) शहद (b) मक्खन
(c) साबुन (d) स्याही

23. यदि 'वर्षा' को 'गुलाबी', 'गुलाबी', को 'बादल', 'बादल' को 'जल', जल को 'बयार' और 'बयार' को चंद्रमा कहे तो सभी अपने हाथ किससे धोते है?
(a) जल (b) वर्षा
(c) चंद्रमा (d) बयार

24. यदि 'सफेद, को 'लाल', लाल को 'पीला', 'पीले' को 'नीला', औरर नीले को हरा कहा जाए तो हल्दी का रंग निम्नलिखित में से क्या है?
(a) लाल (b) नीला
(c) हरा (d) पीला

25. यदि 'आसमान' को 'सफेद' को 'वर्षा', 'वर्षा' को हरा और हरे को वायु कहे तो पक्षी किसमें उड़ते है?
(a) सफेद (b) आसमान
(c) हरा (d) वायु

उत्तर (हल/संकेत)

1. (c) जिस प्रकार,
B O M B A Y
↓+2 ↓+4 ↓+4 ↓+4 ↓+4 ↓+4
F S Q F E C

उसी प्रकार,
Q C W S V T
↓−4 ↓−4 ↓−4 ↓−4 ↓−4 ↓−4
M Y S O R E

2. (a) जिस प्रकार,
R E A D
↓ ↓ ↓ ↓
18 + 5 + 1 + 4 = 28

उसी प्रकार,
H E A R
↓ ↓ ↓ ↓
8 + 5 + 1 + 18 = 32

3. (c) जिस प्रकार,
M I N J U R
↓ ↓ ↓ ↓ ↓ ↓
3 1 2 5 4 7

तथा
T A D A
↓ ↓ ↓ ↓
6 8 9 8

उसी प्रकार,
M A D U R A I
↓ ↓ ↓ ↓ ↓ ↓ ↓
3 8 9 4 7 8 1

4. (a) वर्णक्षरों को उल्टे क्रम में उनका स्थान Z से A तक करने पर अर्थात् Z = 1 Y = 2 X = 3 WE = 4 ....

जिस प्रकार,
G O तथा S H E
↓ ↓ ↓ ↓ ↓
20 12 8 19 22
= 20 + 12 8 + 19 + 22
= 32 = 48

उसी प्रकार,
S O M E
↓ ↓ ↓ ↓
8 + 12 + 14 + 22 = 56

5. (b) जिस प्रकार,
P L A Y
↓ ↓ ↓ ↓
8 1 2 3

तथा R H Y M E
↓ ↓ ↓ ↓ ↓
4 9 3 6 7

अत: MALE में M = 6, A = 2, L = 1 और E = 7
तो MALE = 6217

6. (b) जिस प्रकार,
S H A R P
↓ ↓ ↓ ↓ ↓
5 8 0 3 4

तथा P U S H
↓ ↓ ↓ ↓
4 6 5 8

उसी प्रकार,
R U S H
↓ ↓ ↓ ↓
3 6 5 8

7. (a) V I D Y A
↓ ↓ ↓ ↓ ↓
4 3 2 5 6

तथा A R T H
↓ ↓ ↓ ↓
6 8 7 1

V = 4, I = 3, D = 2, Y = 5, A = 6, R = 8, T = 7, H = 1
तो DIVYATI = 2345673

8. (c) जिस प्रकार,

D E L H I
↓ ↓ ↓ ↓ ↓
7 3 5 4 1

तथा C A L C U T T A
↓ ↓ ↓ ↓ ↓ ↓ ↓ ↓
8 2 5 8 9 6 6 2

उसी प्रकार,

C A L I C U T
↓ ↓ ↓ ↓ ↓ ↓ ↓
8 2 5 1 8 9 6

9. (d) मूल शब्दों की कूटों से तुलना करने पर

C = 4, H = 5, A = 1, R =6, O = 9, L = 3, M = 2, E = 7

∴ MECHRALE = 27456137

10. (a) जिस प्रकार,

E N G L A N D
↓ ↓ ↓ ↓ ↓ ↓ ↓
1 2 3 4 5 2 6

और F R A N C E
↓ ↓ ↓ ↓ ↓ ↓
7 8 5 2 9 1

उसी प्रकार,

G R E E C E
↓ ↓ ↓ ↓ ↓ ↓
3 8 1 1 9 1

11. (d) जिस प्रकार,

D E F E N C E
$\downarrow^{-1}$ $\downarrow^{-1}$ $\downarrow^{-1}$ $\downarrow^{-1}$ $\downarrow^{-1}$ $\downarrow^{-1}$ $\downarrow^{-1}$
C D E D M B D

उसी प्रकार,

N E E D
$\downarrow^{-1}$ $\downarrow^{-1}$ $\downarrow^{-1}$ $\downarrow^{-1}$
M D D C

12. (b) जिस प्रकार,

R A J K U M A
$\downarrow^{+2}$ $\downarrow^{-2}$ $\downarrow^{+2}$ $\downarrow^{-2}$ $\downarrow^{+2}$ $\downarrow^{-2}$ $\downarrow^{+2}$
T Y L I W K C

उसी प्रकार,

I N S A N I T
$\downarrow^{+2}$ $\downarrow^{-2}$ $\downarrow^{+2}$ $\downarrow^{-2}$ $\downarrow^{+2}$ $\downarrow^{-2}$ $\downarrow^{+2}$
K L U Y P G V

13. (a) जिस प्रकार,

T A M I L N A D U

M A T N L I U D A

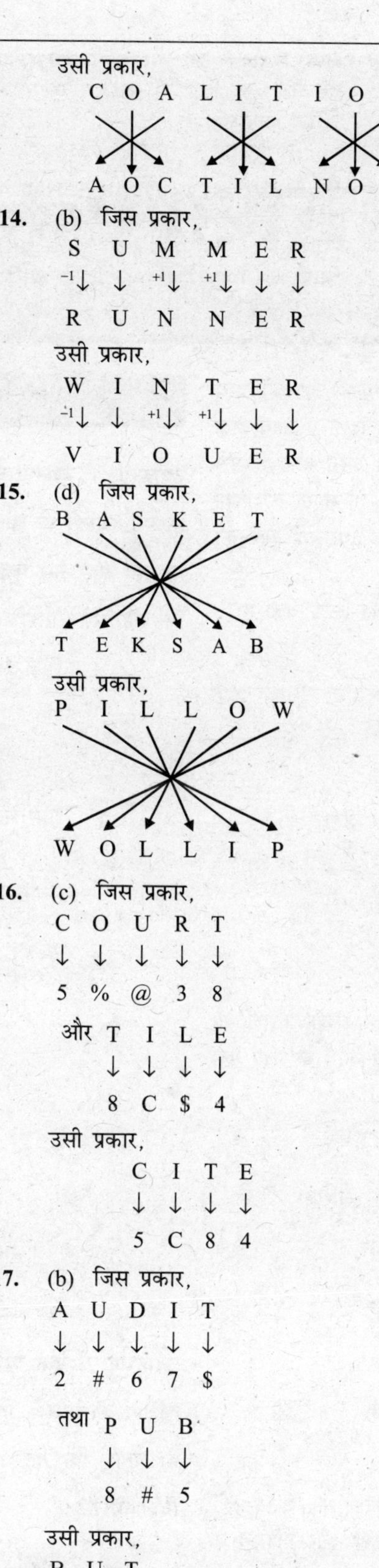

उसी प्रकार,

C O A L I T I O N

A O C T I L N O I

14. (b) जिस प्रकार,

S U M M E R
$\downarrow^{-1}$ ↓ $\downarrow^{+1}$ $\downarrow^{+1}$ ↓ ↓
R U N N E R

उसी प्रकार,

W I N T E R
$\downarrow^{-1}$ ↓ $\downarrow^{+1}$ $\downarrow^{+1}$ ↓ ↓
V I O U E R

15. (d) जिस प्रकार,

B A S K E T

T E K S A B

उसी प्रकार,

P I L L O W

W O L L I P

16. (c) जिस प्रकार,

C O U R T
↓ ↓ ↓ ↓ ↓
5 % @ 3 8

और T I L E
↓ ↓ ↓ ↓
8 C $ 4

उसी प्रकार,

C I T E
↓ ↓ ↓ ↓
5 C 8 4

17. (b) जिस प्रकार,

A U D I T
↓ ↓ ↓ ↓ ↓
2 # 6 7 $

तथा P U B
↓ ↓ ↓
8 # 5

उसी प्रकार,

B U T
↓ ↓ ↓
5 # $

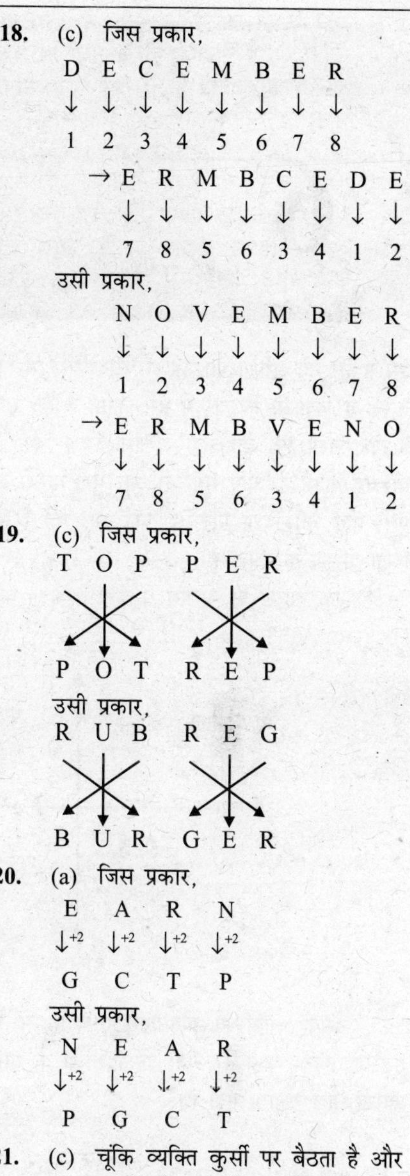

18. (c) जिस प्रकार,

D E C E M B E R
↓ ↓ ↓ ↓ ↓ ↓ ↓ ↓
1 2 3 4 5 6 7 8

→ E R M B C E D E
↓ ↓ ↓ ↓ ↓ ↓ ↓ ↓
7 8 5 6 3 4 1 2

उसी प्रकार,

N O V E M B E R
↓ ↓ ↓ ↓ ↓ ↓ ↓ ↓
1 2 3 4 5 6 7 8

→ E R M B V E N O
↓ ↓ ↓ ↓ ↓ ↓ ↓ ↓
7 8 5 6 3 4 1 2

19. (c) जिस प्रकार,

T O P P E R

P O T R E P

उसी प्रकार,

R U B R E G

B U R G E R

20. (a) जिस प्रकार,

E A R N
$\downarrow^{+2}$ $\downarrow^{+2}$ $\downarrow^{+2}$ $\downarrow^{+2}$
G C T P

उसी प्रकार,

N E A R
$\downarrow^{+2}$ $\downarrow^{+2}$ $\downarrow^{+2}$ $\downarrow^{+2}$
P G C T

21. (c) चूंकि व्यक्ति कुर्सी पर बैठता है और कुर्सी को चारपाई कहा जाता हैं अत: व्यक्ति चारपाई का प्रयोग करता है।

22. (d) वस्त्रों की धुलाई में साबुन का प्रयोग किया जाता है और यहां साबुन को स्याही कहा जाता है। अत: वस्त्रों की धुलाई स्याही से होती है।

23. (d) चूंकि सभी लोग हाथ जल से धोते है और यहां जल को बयार कहा गया है अत: सभी लोग हाथ बयार से धोते है।

24. (b) चूंकि हल्दी का रंग पीला होता है और यहां पीला का अर्थ नीला है अत: हल्दी का रंग नीला है।

25. (a) चूंकि पक्षी आसमान में उड़ते है और यहां आसमान को सफेद कहा गया है अत: पक्षी सफेद में उड़ते है।

❏❏❏

6 दिशा एवं दूरी

इस प्रकार की परीक्षा का उद्देश्य परीक्षार्थियों में दिशा सम्बन्धी ज्ञान की जांच करना है दिशाओं के बारे में हम जानते है कि सूर्य जिस दिशा में उदय होता है वह दिशा पूर्व कहलाती है तथा जिस दिशा में सूर्य अस्त होता है उसे पश्चिम कहते है। यदि सूर्य की ओर मुख करके खड़े हों, तो सामने की दिशा पूर्व, पीछे की दिशा पश्चिम, बाईं ओर की दिशा उत्तर तथा दाईं ओर की दिशा दक्षिण कहलाती हैं।

एक आरेख के माध्यम से चारों दिशाओं को प्रदर्शित किया जाता है।

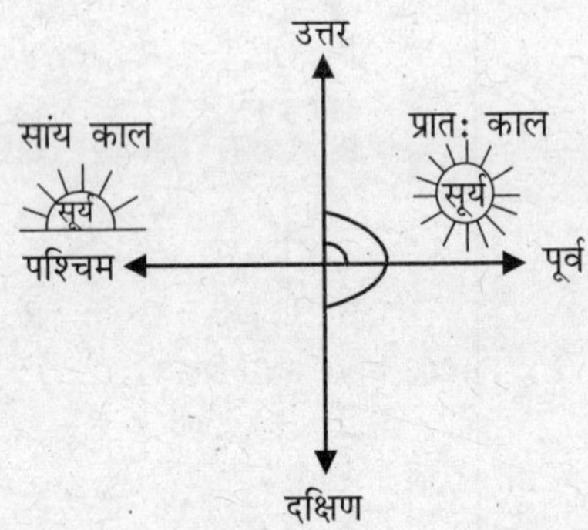

इसके अतिरिक्त प्रतियोगी परीक्षाओं में चार अन्य दिशाओं का भी उल्लेख किया जाता हैं। अतः इन दिशाओं के बारे में जानकारी के लिए एक आरेख नीचे दर्शाया गया हैं।

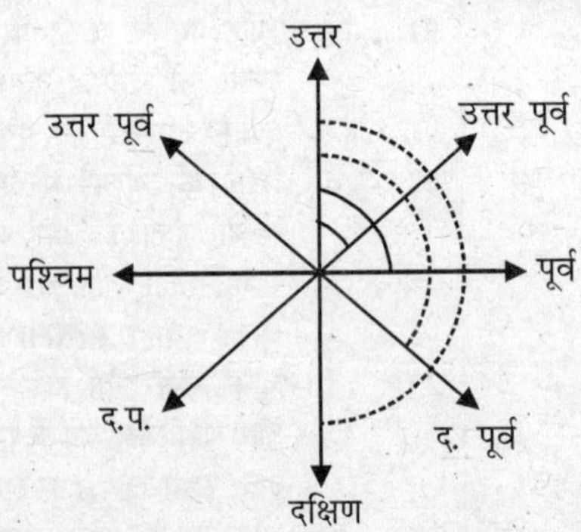

आरेख के अनुसार उत्तर और पूर्व के बीच की दिशा को 'उत्तर-पूर्व', दक्षिण और पूर्व के बीच की दिशा 'दक्षिण-पूर्व', दक्षिण और पश्चिम के बीच की दिशा को दक्षिण-पश्चिम तथा उत्तर और पश्चिम की दिशा को उत्तर-पश्चिम दिशा कहते हैं।

हल सहित उदाहरण

उदाहरण 1: दक्षिण की ओर मुंह करके राम ने चलना प्रारंभ किया और 30 मी. चलने के बाद वह बाईं ओर मुड़ गया। वह पुनः 25 मी. चलने के बाद बाईं ओर मुड़ जाता है और 30 मी. की दूरी तय करता है। बताएं कि वह अपने प्रारंभिक स्थान से कितनी दूरी पर एवं किस दिशा में हैं?

(a) प्रारंभिक स्थान पर (b) 25 मी., पश्चिम

(c) 25 मी., पूर्व (d) 30 मी., पूर्व

हलः (c)

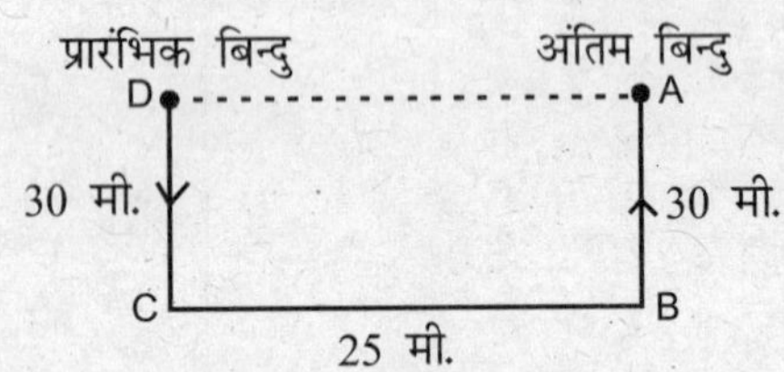

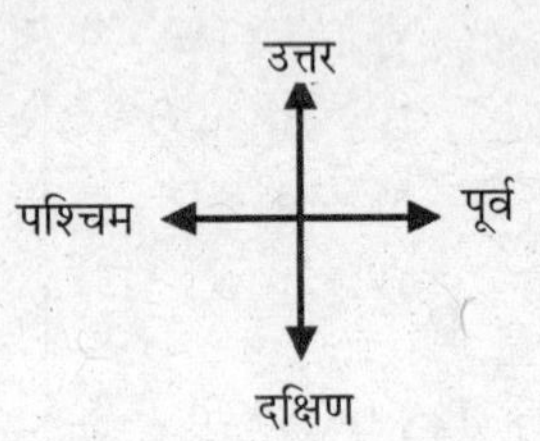

प्रारंभिक बिंदु से दूरी AD = BC = 25 मी.

अभीष्ट दिशा = पूर्व

उदाहरण 2: एक व्यक्ति उत्तर की ओर 10 किमी. जाता है। वहां से वह दक्षिण की ओर 6 किमी. जाता है। फिर वह पूर्व की ओर 3 किमी. जाता है। बताएं कि वह अपने प्रारंभिक स्थान से कितनी दूरी पर एवं किस दिशा में हैं?

(a) 7 किमी., पूर्व (b) 5 किमी., पश्चिम

(c) 5 किमी., उत्तर-पूर्व (d) 7 किमी., पश्चिम

हल: (c) व्यक्ति के चलने का क्रम निम्नवत है:

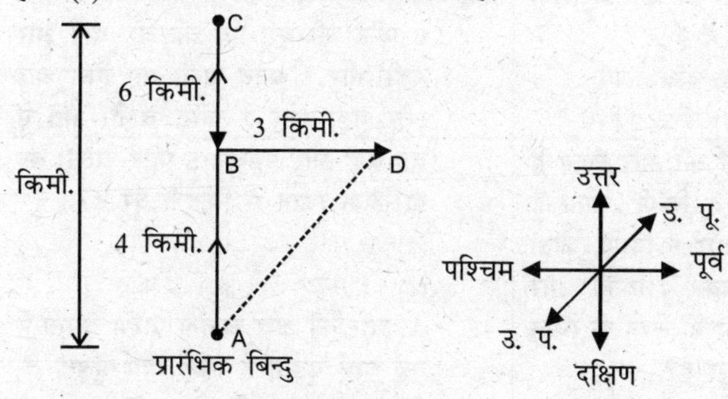

∴ अंतिम दूरी $AD = \sqrt{AB^2 + BD^2}$

$= \sqrt{(4)^2 + (3)^2} = \sqrt{16+9}$

$= \sqrt{25} = 5$ मी., उत्तर-पूर्व

उदाहरण 3: अशोक दक्षिण की तरफ चलना प्रारंभ करता हैं 50 मी. चलने के बाद वह दाईं ओर मुड़ता है तथा 30 मीटर चलता है। फिर वह दाईं ओर मुड़ता है तथा 30 मी. चलकर रूक जाता है। वह अपने प्रारंभिक स्थल से किस दिशा में तथा कितनी दूर हैं?

(a) 50 मी. दक्षिण (b) 150 मी. उत्तर
(c) 180 मी. पूर्व (d) 50 मी. उत्तर

हल: (d) अशोक के चलने का क्रम निम्नवत है:

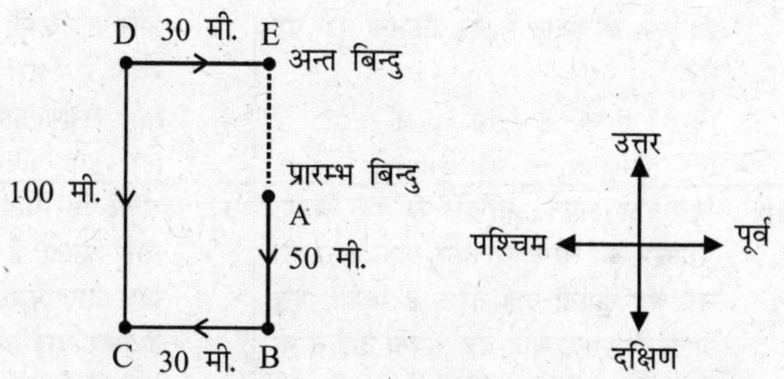

∴ अभीष्ट दूरी (AE) = (EB – AB) मी. = (100 – 50) मी. = 50 मी.

उदाहरण 4: एक फोटोग्राफ की ओर इशारा करके रीमा ने एक व्यक्ति से कहा, यह व्यक्ति मेरे भाई की पत्नी का इकलौता पुत्र है। वह व्यक्ति रीमा से किस प्रकार संबंधित है?

(a) भतीजा (b) भाई
(c) पुत्र (d) बहनोई

हल: (a)

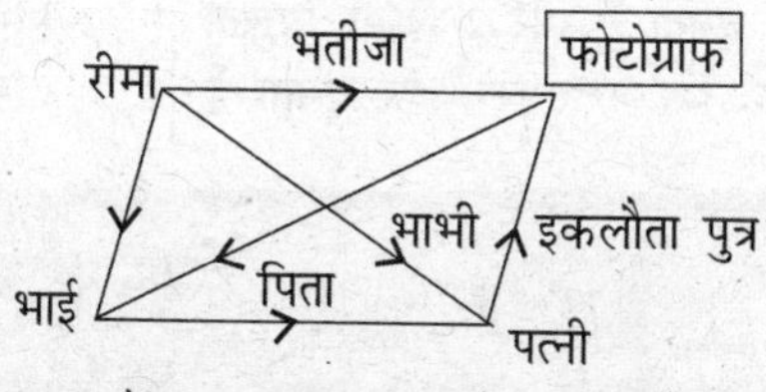

चित्र से स्पष्ट है, वह व्यक्ति रीमा का भतीजा है।

प्रश्नमाला

1. प्रकाश ने 6 किमी. की यात्रा उत्तर दिशा में की। फिर बाएं मुड़कर 4 किमी. और पुनः बाएं मुड़कर 6 किमी. की यात्राएं की। तदनुसार अपने प्रस्थान बिंदु से प्रकाश कितनी दूरी पहुंच गया?

(a) 10 किमी. (b) 8 किमी.
(c) 6 किमी. (d) 4 किमी.

2. एक आदमी किसी स्थान से 5 किमी. उत्तर की ओर चला, फिर 90° अपनी दाईं ओर घूमा और 5 किमी. और चला फिर वह 45° अपनी दाईं ओर घूमा और 2 किमी. चला और 45 अपनी बाईं ओर घूमा अब उसकी दिशा क्या हैं?

(a) दक्षिण (b) दक्षिण पूर्व
(c) पूर्व (d) उत्तर

3. दक्षिण की ओर भाग रहा लड़का अपनी दाईं ओर घूमता है और भागता है फिर वह अपनी दाईं ओर अंत में बाईं ओर घूमता है। अब वह किस दिशा में भाग रहा हैं?

(a) पूर्व (b) पश्चिम
(c) दक्षिण (d) उत्तर

4. अविनाश दक्षिण की ओर 2 किमी. चला। वह दाईं ओर मुड़ा और 1 किमी. और चला। फिर वह दाईं ओर मुड़ा और 2 किमी. गया। वह अपने प्रारंभिक स्थान से किस दिशा में हैं?

(a) दक्षिण (b) पश्चिम
(c) उत्तर-पश्चिम (d) उत्तर-पूर्व

5. अरुण उत्तर की ओर 20मी. चलकर बाईं ओर मुड़ता है और 40मी. जाता है। वह फिर बाईं ओर मुड़कर 30 मी. जाता है। अंत में वह बाईं ओर मुड़कर 50मी. चलता है। अब अरुण प्रारंभिक स्थान से कितनी दूर हैं?

(a) 50 मी. (b) 40 मी.
(c) 30 मी. (d) 10 मी.

6. प्रातः काल मैं सूर्य की ओर मुख करके 2 किमी. चला और रुक गया वहां से मैं 4 किमी. अपनी दाईं ओर चला, वहां से मैं फिर सूर्य की ओर मुख करके 1 किमी. चला, वहां से मैं अपनी दाईं ओर चला। अब मैं किस दिशा में चल रहा हूं?

(a) दक्षिण-पश्चिम
(b) दाएं हाथ की ओर
(c) पूर्व
(d) दक्षिण-पूर्व

7. उत्तर पश्चिम की ओर मुंह करके एक व्यक्ति खड़ा है। वह 90° घड़ी की दिशा में घूमता है और उसके बाद 135° घड़ी की विपरीत दिशा में तो अब उसका मुंह किस दिशा में हैं?

(a) पूर्व (b) पश्चिम
(c) उत्तर (d) दक्षिण

8. एक गाड़ी A से प्रारंभ करती है और 10 किमी. उत्तर की तरफ चलती है वह अपने दाहिने मुड़कर फिर 15 किमी. चलती है फिर से अपने दाहिने मुड़कर वह 10 किमी. चलने के पश्चात् B पर पहुंचती है तो A तथा B के बीच की दूरी है?

(a) 25 किमी. (b) 15 किमी.
(c) 10 किमी. (d) इनमें से कोई नही

9. राम अपने घर से निकलकर पूर्व दिशा में 60 मी. जाता है। वहां से दाहिनी से 40 मी. जाता है। जहां से बाएं मुड़कर वह 120मी. जाता है वहां से फिर बाएं मुड़कर वह 40 मी. जाता है और अंत में दाएं मुड़कर 60 मी. जाकर रुक जाता

है। शुरू के स्थान से वह कितनी दूरी पर है?

(a) 120 मी. (b) 80 मी.
(c) 320 मी. (d) 240 मी.

10. निवेदिता अपने ऑफिस से 10 किमी. पश्चिम की तरफ चलकर रूक जाती है। तब वह अपनी दाईं तरफ 8 किमी. मुड़ जाती है। इसके बाद वह अपनी दाईं तरफ 4 किमी. जाती है। ऑफिस से वह कितनी दूरी पर हैं।

(a) 18 किमी. (b) 8 किमी.
(c) 16 किमी. (d) 10 किमी.

11. रॉय 2 किलोमीटर पूर्व की ओर चलता है फिर उत्तर-पश्चिम की ओर घूमता है और 3 किमी. चलता है फिर वह पश्चिम की ओर घूमता है और 2 किमी. चलता है अन्ततः वह उत्तर की ओर घूमता है और 6 किमी. चलता है। वह प्रारंभिक स्थल से किस दिशा में है?

(a) दक्षिण-पश्चिम (b) दक्षिण-पूर्व
(c) उत्तर-पश्चिम (d) उत्तर-पूर्व

12. राणा 10 किमी. उत्तर की ओर जाता है बाएं घूमता है और 4 किमी. जाता है फिर दाएं घूमता है और 5 किमी. जाता है फिर दाईं ओर घूमकर 4 किमी. और जाता है। अपनी यात्रा शुरू करने के स्थान से वह कितनी दूरी पर है?

(a) 5 किमी. (b) 4 किमी.
(c) 15 किमी. (d) 10 किमी.

13. X दक्षिण की ओर चलता है फिर दाएं फिर बाएं और फिर दाएं मुड़ता है। वह अब किस दिशा में जा रहा है?

(a) दक्षिण (b) उत्तर
(c) पश्चिम (d) दक्षिण-पश्चिम

14. कल्पना ने बिंदु B से सीधे बिंदु C तक 8 फीट की दूरी तय की वह बाईं ओर मुड़ी और 5 फीट चली वह फिर बाई ओर मुड़ी ओर 7 फीट चली। अंत में वह बाईं ओर मुड़कर 5 फीट चली। वह प्रारंभिक स्थान से कितनी दूर है?

(a) 3 फीट (b) 4 फीट
(c) 1 फीट (d) 5 फीट

15. A उत्तर की ओर चलना प्रारंभ करता है वह बाएं मुड़ता है फिर बाएं मुड़ता है, फिर दाएं मुड़ता है, फिर दाएं मुड़ता है फिर बाएं मुड़ता हैं। A अब किस दिशा की ओर चल रहा है?

(a) पूर्व
(b) दक्षिण
(c) पश्चिम
(d) दक्षिण-पूर्व

उत्तर (हल/संकेत)

1. (d)

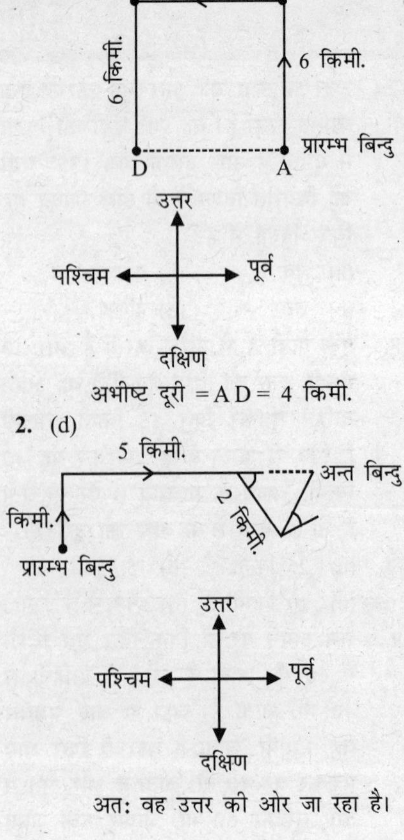

अतः वह उत्तर की ओर जा रहा है।

3. (b)

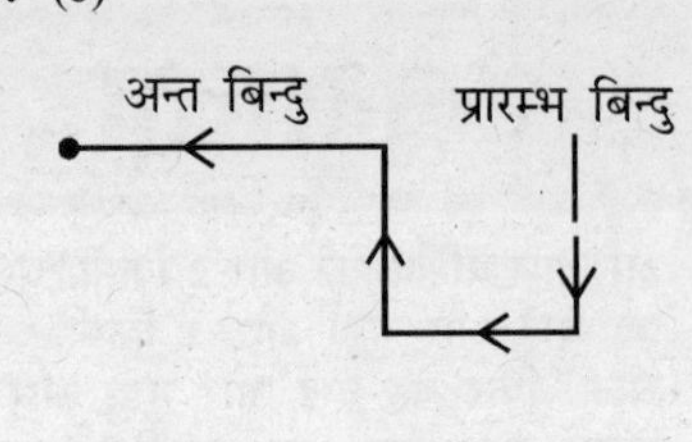

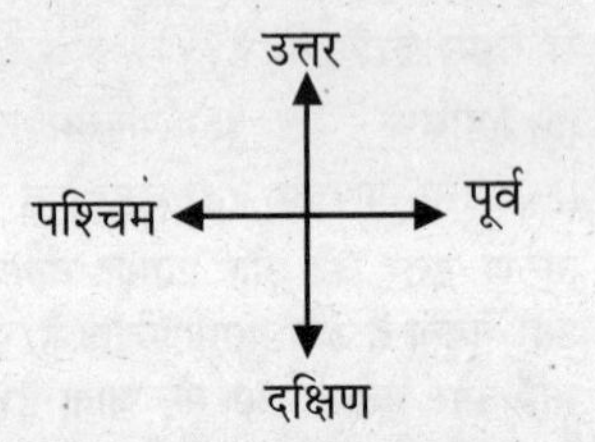

अतः वह पश्चिम दिशा में भाग रहा है।

4. (c)

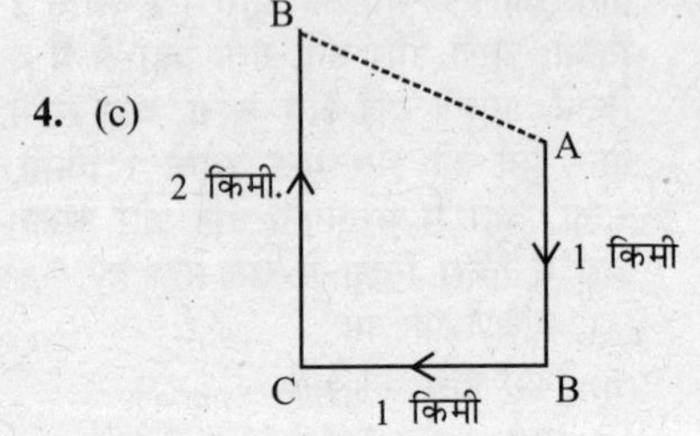

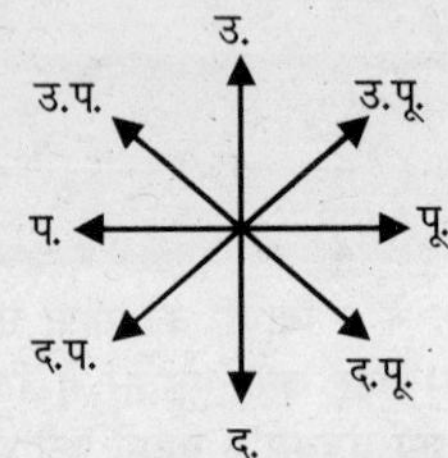

अतः वह अपने प्रारंभिक स्थान से उत्तर-पश्चिम दिशा में है।

5. (d)

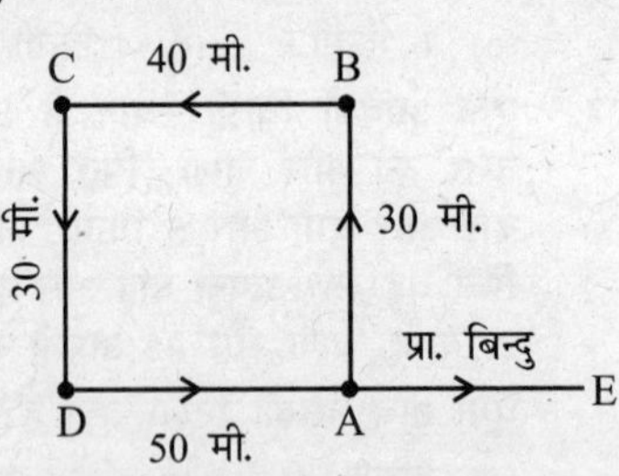

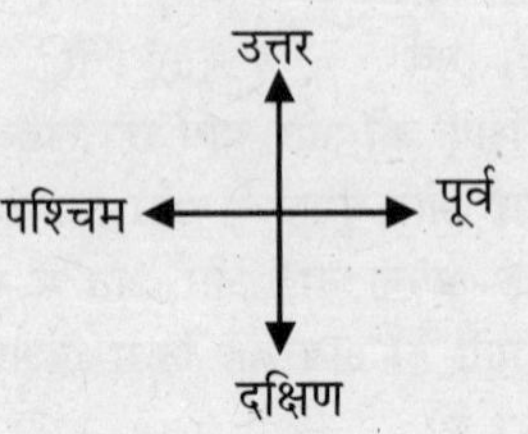

अभीष्ट दूरी = DE – CB = 50 – 40 = 10 मी.

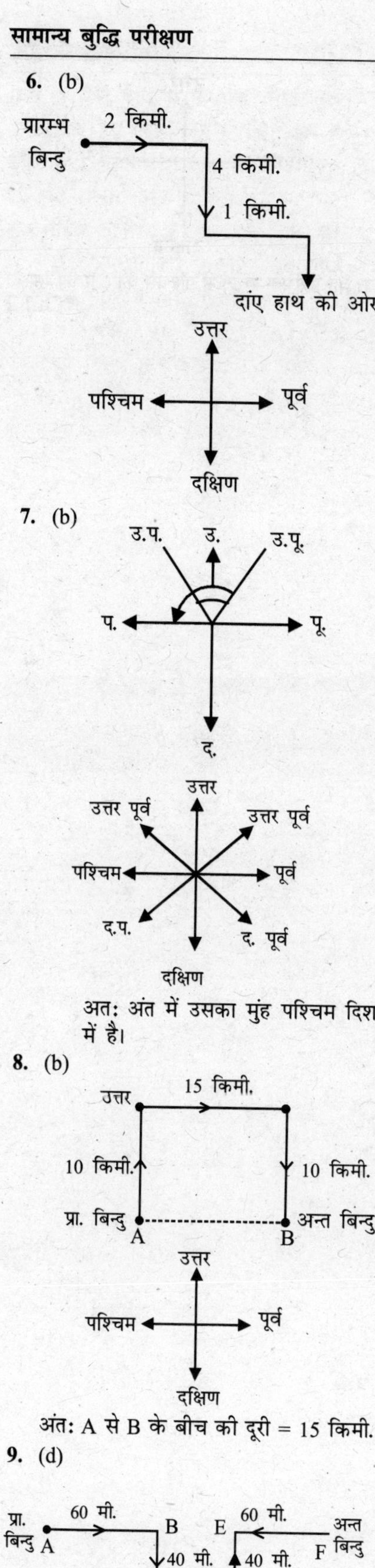

6. (b)

7. (b)

अतः अंत में उसका मुंह पश्चिम दिशा में है।

8. (b)

अंतः A से B के बीच की दूरी = 15 किमी.

9. (d)

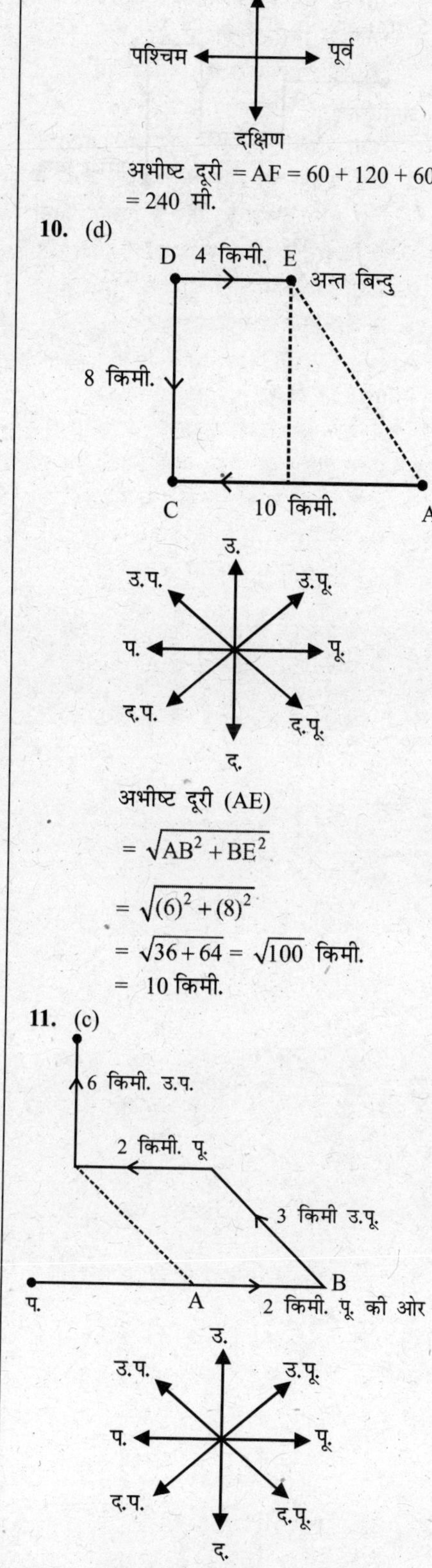

अभीष्ट दूरी $= AF = 60 + 120 + 60$
$= 240$ मी.

10. (d)

अभीष्ट दूरी (AE)

$= \sqrt{AB^2 + BE^2}$

$= \sqrt{(6)^2 + (8)^2}$

$= \sqrt{36+64} = \sqrt{100}$ किमी.

$=$ 10 किमी.

11. (c)

अतः रॉय प्रारंभिक स्थल से उत्तर-पश्चिम दिशा में है।

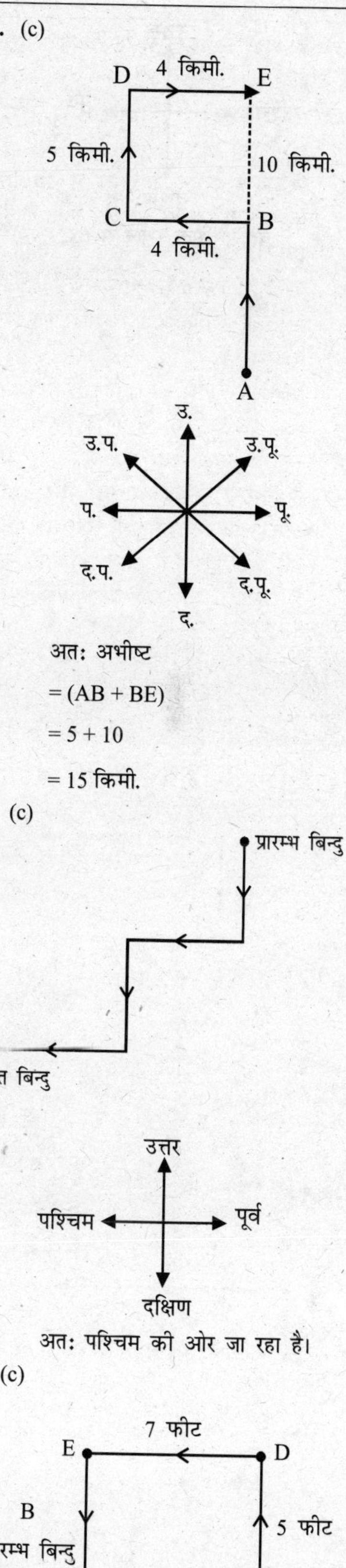

12. (c)

अतः अभीष्ट

$= (AB + BE)$

$= 5 + 10$

$= 15$ किमी.

13. (c)

अतः पश्चिम की ओर जा रहा है।

14. (c)

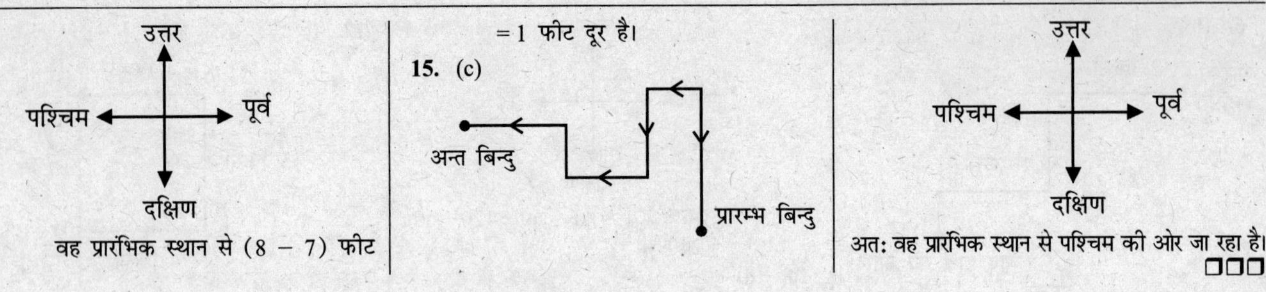

वह प्रारंभिक स्थान से (8 − 7) फीट = 1 फीट दूर है।

15. (c)

अत: वह प्रारंभिक स्थान से पश्चिम की ओर जा रहा है।

□□□

7 रक्त सम्बन्ध

इस प्रकार की परीक्षा में परीक्षार्थियों के रिश्ते सम्बन्धी ज्ञान की जांच की जाती है। रिश्ता संबंधी प्रश्न प्राय: दैनिक जीवन से जुड़े होते हैं इस प्रकार के प्रश्नों में दो व्यक्तियों के बीच सम्बन्ध दिया जाता है और अन्य व्यक्तियों के बीच संबंध दिया जाता है और अन्य व्यक्तियों के बीच संबंध ज्ञात करना होता है।

रिश्ता संबंधी प्रश्नों को हल करने के लिए परीक्षार्थियों को कुछ महत्त्वपूर्ण संबंधों की जानकारी रखना अनिवार्य है।

दैनिक जीवन में प्रयोग किए जाने वाले महत्त्वपूर्ण रिश्ते–		
1.	पिता का पिता	दादा
2.	पिता का माता	दादी
3.	माता का पिता	नाना
4.	माता की माता	नानी
5.	पिता का भाई	चाचा
6.	माता का भाई	मामा
7.	पिता की बहन	बुआ
8.	माता की बहन	मौसी
9.	पिता की बहन का पति	फूफा
10.	माता की बहन का पति	मौसा
11.	पिता के भाई की पत्नी	चाची
12.	माता के भाई की पत्नी	मामी
13.	दादा/दादी की इकलौता पुत्र	पिता
14.	नाना/नानी का पुत्र	मामा
15.	दादा/दादी की पुत्री	बुआ
16.	नाना/नानी की पुत्री	माता/मौसी
17.	दादा/दादी की इकलौती बहू	माता
18.	नाना/नानी की इकलौती बहू	मामी
19.	दादा/दादी का दामाद	फूफा
20.	नाना/नानी का इकलौता दामाद	पिता
21.	पिता के माता/पिता का इकलौता पुत्र	पिता
22.	माता के माता/पिता की इकलौती पुत्री	माता
23.	पिता का ससुर	नाना
24.	माता का ससुर	दादा
25.	पिता की सास	नानी
26.	माता की सास	दादी
27.	फूफा के ससुर का इकलौता पुत्र	पिता
28.	फूफा की सास की इकलौता पुत्र	पिता
29.	मामी के ससुर की इकलौती पुत्री	माता
30.	मामी की सास की इकलौती पुत्री	माता
31.	पिता/माता का इकलौता पुत्र	स्वयं पुत्र
32.	पिता/माता की इकलौती पुत्री	स्वयं पुत्री
33.	आपके पिता/माता का इकलौता/इकलौती पुत्र/पुत्री	स्वयं आप
34.	पुत्र के पिता/माता की पुत्री	बहन
35.	पुत्री के पिता/माताा का पुत्र	भाई
36.	पिता के भाई का पुत्र	चचेरा भाई
37.	पिता के भाई की पुत्री	चचेरी बहन
38.	पिता की बहन का पुत्र	फुफेरा भाई
39.	पिता की बहन की पुत्री	फुफेरी बहन
40.	माता के भाई का पुत्र	ममेरा भाई
41.	माता के भाई की पुत्री	ममेरी बहन
42.	माता के बहन का पुत्र	मौसेरा भाई
43.	माता की बहन की पुत्री	मौसेरी बहन
44.	भाई की पत्नी	भाभी
45.	बहन का पति	बहनोई/जीजा
46.	दादा/दादी के पुत्र का पुत्र	पोता
47.	दादा/दादी के पुत्र की पुत्री	पोती
48.	नाना/नानी के पुत्री का पुत्र	नाती
49.	नाना/नानी के पुत्री की पुत्री	नातिन
50.	भाई का पुत्र	भतीजा

हल सहित उदाहरण

उदाहरण 1: B, Q पिता है। B की केवल दो संतानें है। Q, R का भाई है। R, P की पुत्री है। A, P की ग्रैंड डॉटर है। S, A का पिता है। तो S का Q से क्या संबंध है?

(a) भाई (b) भांजा
(c) दामाद (d) ब्रदर-इन-लॉ

हल: (d) आरेख द्वारा दर्शाने पर–

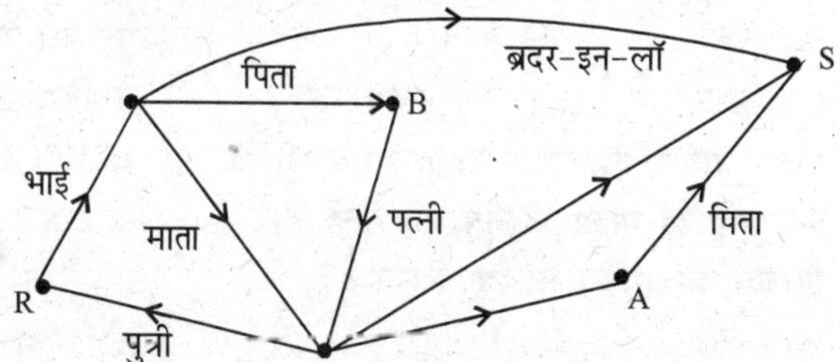

अत: आरेख से स्पष्ट है, S, Q का ब्रदर-इन-लॉ है।

उदाहरण 2: A, C का पुत्र है। C और Q बहन है। Z, Q की माँ है। P, Z का पुत्र है। निम्नलिखित में से कौन-सा कथन सत्य है?

(a) P और Q कजिन है।

(b) P, A का मामा है।

(b) Q, A का नाना है।

(d) C तथा P बहिनें हैं।

हल: (c) आरेख द्वारा दर्शाने पर–

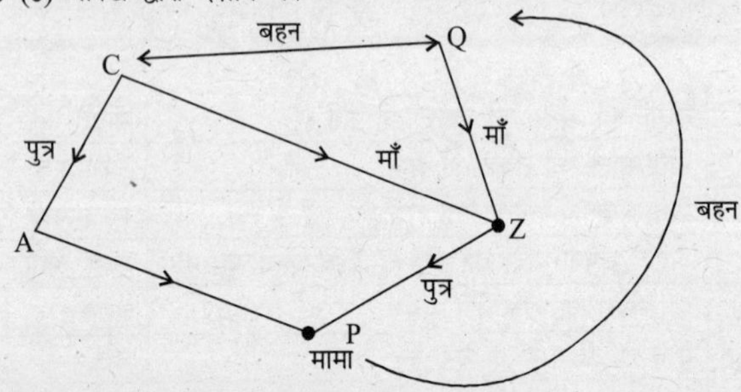

अत: स्पष्ट है कि P, A का मामा है।

उदाहरण 3: एक व्यक्ति की ओर संकेत करते हुए रीना ने कहा कि इसकी पत्नी मेरे ससुर राजेश की एक मात्र पुत्रवधू है। वह व्यक्ति राजेश से किस प्रकार संबंधित है?

(a) पुत्र

(b) चाचा

(c) पिता

(d) भाई

हल: (a) आरेख द्वारा दर्शाने पर–

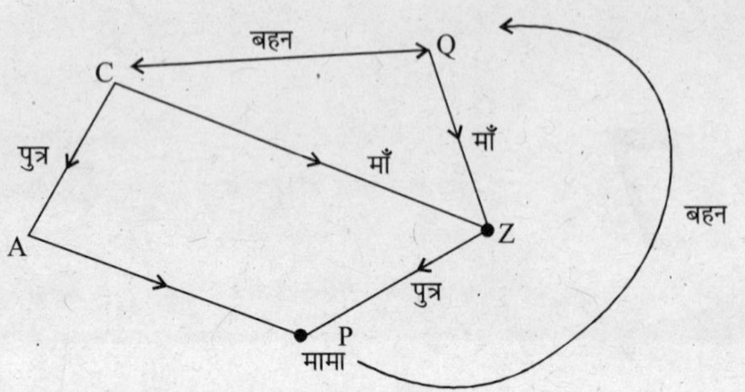

अत: आरेख से स्पष्ट है, वह व्यक्ति राजेश का पुत्र है।

उदाहरण 4: अरुण रोहित का पिता है। रोहित माला का भाई है। माला विनय की पत्नी हैं विनय का रोहित से क्या संबंध है?

(a) जीजा (b) पिता

(c) पुत्र (d) चाचा

हल: (a) आरेख द्वारा दर्शाने पर–

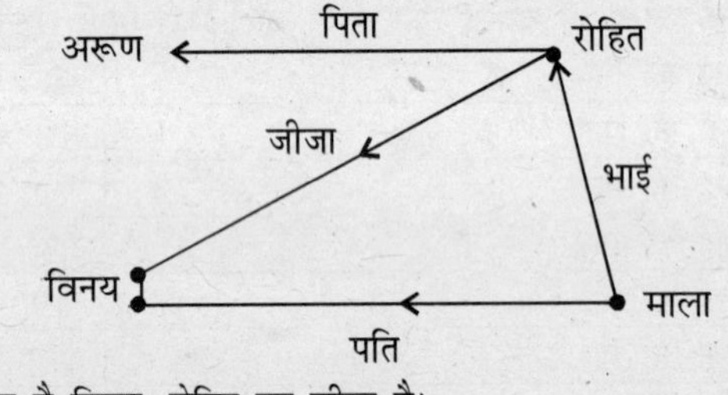

अत: स्पष्ट है विनय, रोहित का जीजा है।

प्रश्नमाला

1. एक आदमी की ओर संकेत करते हुए रोहिनी ने कहा कि इसकी पत्नी मेरे ससुर महेश की एक मात्र पुत्रवधू है। आदमी महेश से किस प्रकार संबंधित है?

(a) पुत्र (b) चाचा

(c) पिता (d) भाई

2. सुनीता का परिचय देते हुए अमर कहता है–"वह मेरी मां के इकलौते पुत्र की पत्नी है" सुनीता अमर से किस प्रकार संबंधित है?

(a) पत्नी (b) बहन

(c) साली (d) कोई सबंध नहीं

3. अरुण रोहित का पिता है। रोहित माला का भाई है। माला दिलीप की पत्नी है। दिलीप का रोहित से क्या रिश्ता है?

(a) जीजा (b) पिता

(c) चाचा (d) पुत्र

4. कन्नन, कुमार का भाई है। लक्ष्मी, कुमार की पुत्री है। कलई कन्नन की बहन है और गोविंद, लक्ष्मी का भाई है गोविंद का चाचा कौन है?

(a) लक्ष्मी

(b) कन्नन

(c) कुमार

(d) कलई

5. एक महिला ने एक फोटोग्राफ की ओर इशारा करते हुए कहा "इस व्यक्ति के पुत्र की बहिन मेरी सास है" फोटोग्राफ में दिखाए गए व्यक्ति का उस महिला के पति से क्या संबंध हैं?

(a) धेवता

(b) पुत्र

(c) दामाद

(d) भतीजा

6. एक व्यक्ति की ओर देखते हुये एक औरत ने कहा "उसके भाई का पिता मेरे दादाजी का इकलौता बेटा है" औरत उस व्यक्ति से किस प्रकार संबंधित है?

(a) बुआ

(b) बहन

(c) पुत्री

(d) माता

7. हरी की ओर संकेत करते हुये सीमा कहती है कि ''यह मेरे सबसे बड़े पुत्र महेश के दादा जी है'' हरी का सीमा से क्या संबंध है?

(a) मामा (b) भाई

(c) पिता (d) दादा

8. एक फोटो की ओर संकेत करते हुये विकास ने कहा, "वह मेरे दादा के इकलौते पुत्र की

पुत्री है" विकास का फोटो वाली लड़की के साथ क्या संबंध है?

(a) पिता (b) भाई

(c) बहन (d) माता

9. राजीव अतुल का भाई है, सोनिया सुनील की बहन है। अतुल सोनिया का पुत्र है तो राजीव का सोनिया से क्या संबंध है?

(a) पिता (b) भांजा

(c) मामा (d) पुत्र

10. मीना, गुड़िया और सोनू की मां हैं पुनीत मीना का ससुर है। पुनीत, बिंदु और दीप का पिता है। पुनीत की एक मात्र लड़की है। दीपा गुड़िया की बुआ है। सोनू का बिंदु से क्या संबंध है?

(a) पुत्र

(b) पिता

(c) भतीजा

(d) इनमें से कोई नहीं

11. विनोद ने विशाल का परिचय अपने पिता की पत्नी के इकलौते भाई के पुत्र के रूप में कराया। विनोद विशाल से किस प्रकार संबंधित है?

(a) ममेरा भाई

(b) भाई

(c) चचेरा भाई

(d) बहन

12. मेरे भाई के दादा के इकलौते बेटे का इकलौता लड़का मेरा कौन लगेगा?

(a) भाई

(b) माता

(c) चचेरा भाई

(d) बहन

13. रघु तथा बाबू जुडवां है। बाबू की बहन रीमा है रीमा का पति राजन है। रघु की मां लक्ष्मी है। लक्ष्मी का पति राजेश है। तदनुसार राजेश का राजन से क्या रिश्ता है?

(a) चाचा

(b) दामाद

(c) ससुर

(d) चचेरा भाई

14. एक लड़की का परिचय कराते हुये विपिन ने कहा "उसकी माता मेरी सास की इकलौती बेटी है" विपिन का उस लड़की से क्या संबंध हैं?

(a) भाई (b) पिता

(c) चाचा (d) पति

उत्तर (हल/संकेत)

1. (a)

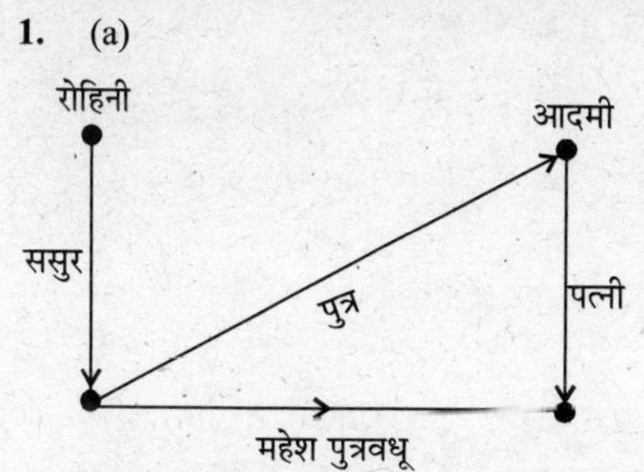

अतः स्पष्ट है वह आदमी महेश का पुत्र है।

2. (a)

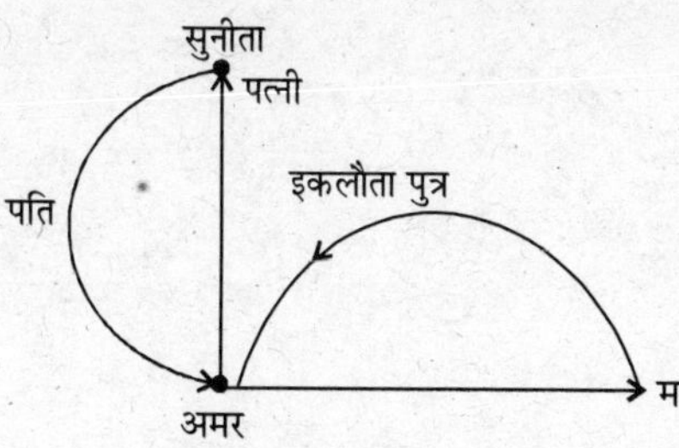

अतः स्पष्ट है सुनीता अमर की पत्नी है।

3. (a)

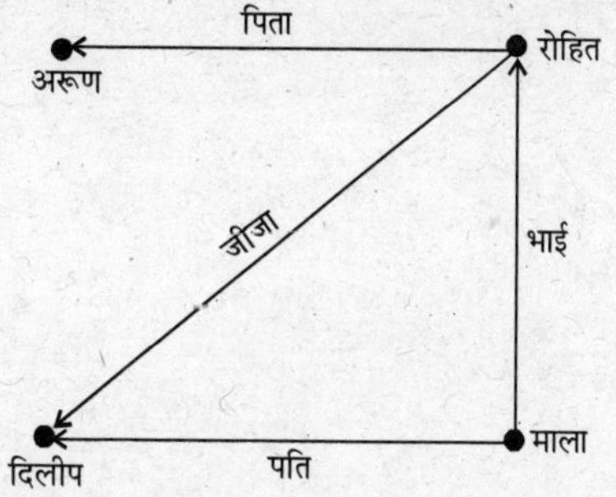

अतः स्पष्ट है दिलीप रोहित का जीजा है।

4. (b)

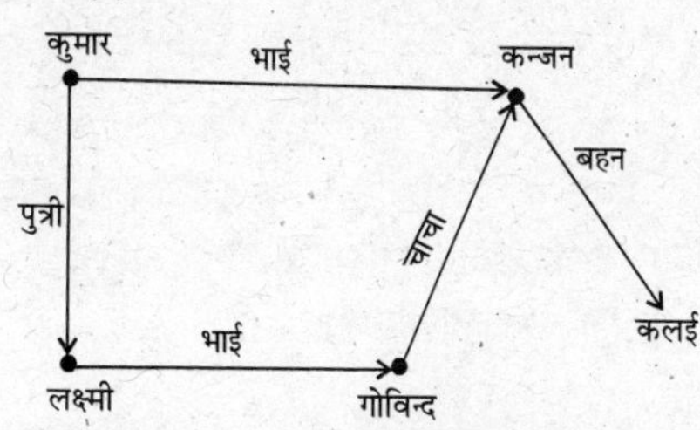

अतः कन्नन गोविंद का चाचा है।

5. (a)

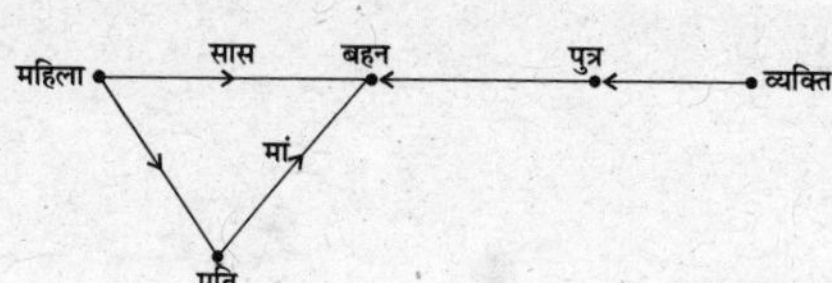

अतः महिला का पति उस व्यक्ति का धेवता है।

6. (b)

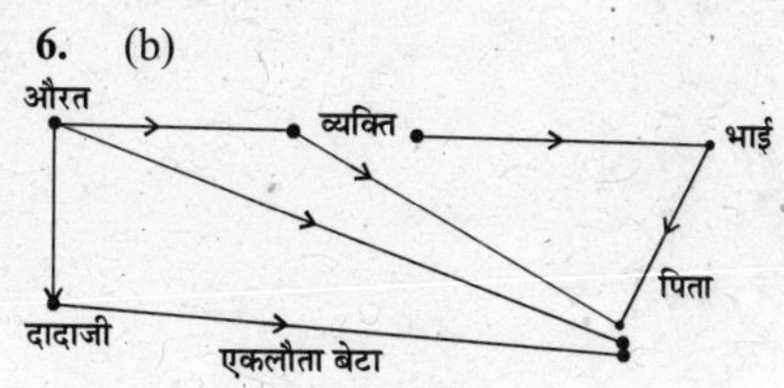

अतः औरत उस व्यक्ति की बहन है।

7. (c)

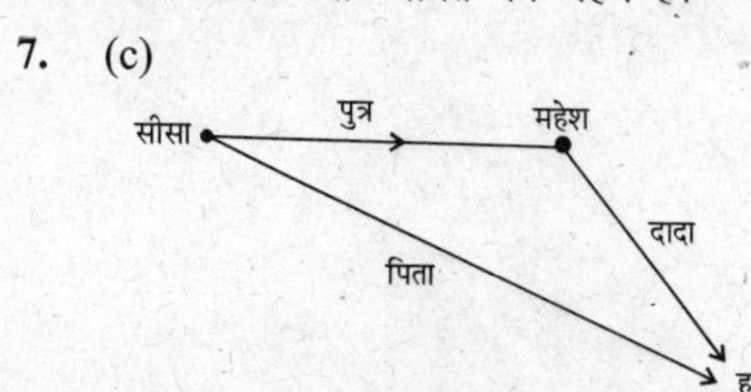

अतः हरि सीमा का पिता है।

8. (b)

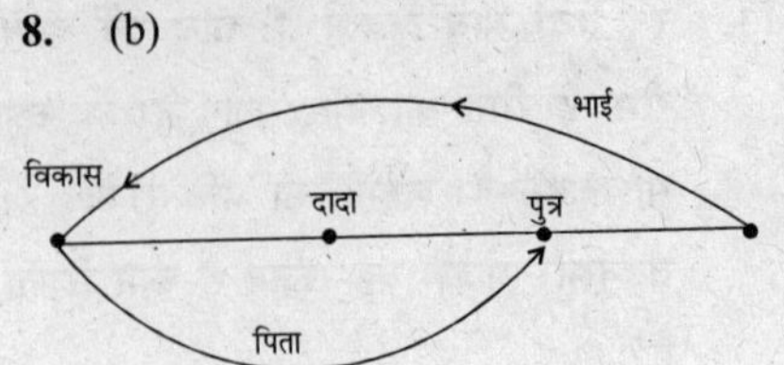

अत: विकास फोटो वाली लड़की का भाई है।

9. (d)

अत: राजीव सोनिया का पुत्र है।

10. (a)

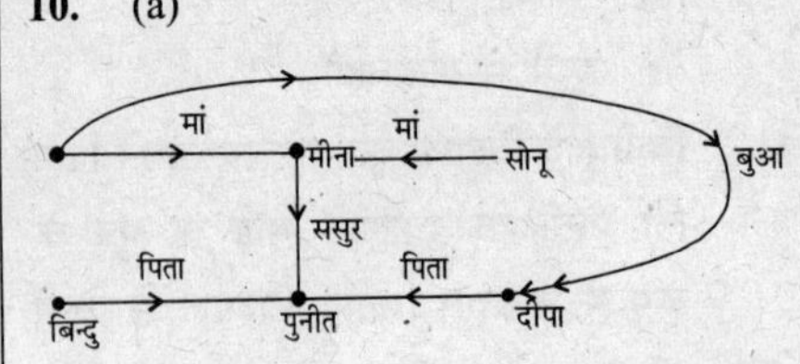

∴ सोनू, बिंदु का पुत्र है।

11. (a)

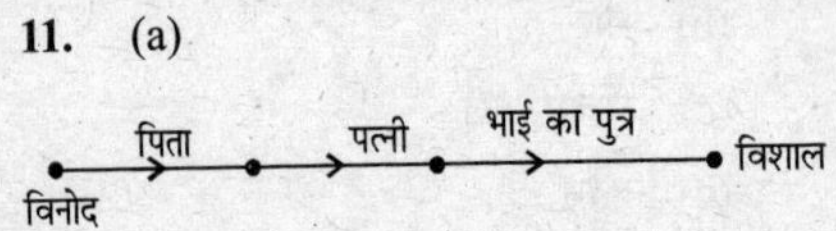

∴ विशाल, विनोद का ममेरा भाई है।

12. (c) भाई के दादा के इकलौते बेटे का इकलौता लड़का मेरा चचेरा भाई लगेगा।

13. (c)

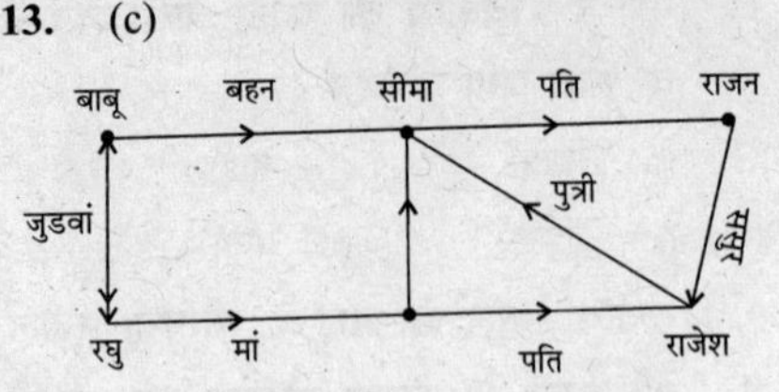

अत: राजेश राजन का ससुर है।

14. (b)

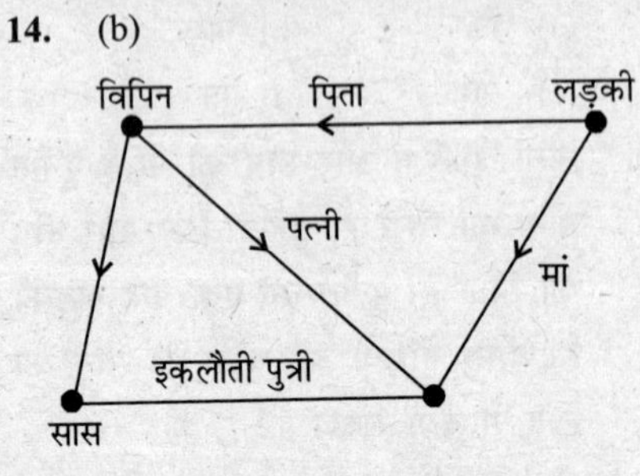

∴ विपिन उस लड़की का पिता है।

❑❑❑

8 क्रमानुसार व्यवस्थित करना

इस अध्याय के अन्तर्गत पूछे जाने वाले प्रश्नों में कुछ व्यक्तियों या स्थानों की सापेक्षिक स्थिति अथवा श्रेणी दी जाती है, जो ऐसे गुणों पर आधारित होते है, जिनकी तुलना की जा सकती है। इस प्रकार के प्रश्नों में प्राय: दो या दो से अधिक व्यक्तियों या वस्तुओं की चर्चा की जाती है और दी गई जानकारी अव्यवस्थित या अप्रत्यक्ष होती है। आपको इस जानकारी को सार्थक क्रम में व्यवस्थित करना होता है तथा दिए गए गुणों का आरोही अथवा अवरोही क्रम में सजाना होता है। कभी-कभी ऐसा प्रतीत होता है कि दी गई जानकारी अधूरी एवं अपर्याप्त है और दिए गए गुणों के आधार पर सार्थक क्रम निर्धारित नहीं किया जा सकता है, परन्तु सावधानीपूर्वक विश्लेषण करके हम वांछित निष्कर्ष निकाल सकते हैं। कभी-कभी प्रश्न में अनावश्यक जानकारी भी दी जा सकती है, वैसे कथनों एवं जानकारियों को शीघ्रतापूर्वक पहचानकर अलग कर लेना चाहिए, ताकि किसी प्रकार का संशय न हो।

क्रम व्यवस्था पर आधारित प्रश्नों को हल करने के लिए कुछ महत्त्वपूर्ण सूत्र प्रयोग में लाए जाते हैं जो निम्न है—

- किसी कक्षा अथवा पंक्ति में कुल व्यक्तियों की संख्या

= (किसी एक व्यक्ति का बाएं या ऊपर से क्रम) + (उसी व्यक्ति का नीचे या दाएं से क्रम)-1

- किसी व्यक्ति का पंक्ति में दाएं अथवा नीचे से स्थान

= (पंक्ति में कुल व्यक्तियों की संख्गा) (उस व्यक्ति का पंक्ति में बाएं या ऊपर से स्थान) + 1

- किसी व्यक्ति का पंक्ति में बाएं अथवा ऊपर से स्थान

= (पंक्ति में कुल व्यक्तियों की संख्या) - (उस व्यक्ति का पंक्ति में दाएं या नीचे से स्थान) + 1

अब आइए, उपरोक्त तथ्यों के स्पष्टीकरण हेतु इस अध्याय से पूछे जाने वाले प्रश्नों के प्रारूप व उसके व्याख्यात्मक हल का उदाहरण के माध्यम से ध्यानपूर्वक अवलोकन करें।

हल सहित उदाहरण

उदाहरण 1: 75 छात्रों के समूह में आकाश का स्थान नीचे से 42वां है, तो ऊपर से उसका स्थान होगा—

(a) 40 वां (b) 44 वां
(c) 42 वां (d) 45 वां

हल: (b) आकाश का स्थान नीचे से 42 वां है अर्थात् ऊपर कुल (75 – 42) = 43 छात्र हैं। इसलिए आकाश का ऊपर से स्थान 43 + 1 = 44वां होगा। ध्यान दें कि हमने यहां +1 किया है। यहां +1 इसलिए किया है, क्योंकि 43 व्यक्ति उसके स्थान के अलावा हैं, जिनके नीचे आकाश का स्थान है इसलिए उत्तर (b) होगा।

उदाहरण 2: एक पंक्ति में राजू का प्रारम्भ से वही स्थान है, जोकि अन्त से है। यदि पंक्ति में 37 व्यक्ति हों, तो राजू का प्रारम्भ से स्थान क्या होगा?

(a) 19वां (b) 20वां
(c) 22वां (d) 21वां

हल: (a) राजू का प्रारम्भ से स्थान = $\frac{37+1}{2} = \frac{38}{2} = 19$

अत: राजू का प्रारम्भ से 19 वें स्थान पर है।

उदाहरण 3: A, P, R, X, S तथा Z एक पंक्ति में बैठे हैं। उनमें S तथा Z बीच में है और A तथा P सिरों पर हैं। R, A के बाईं ओर बैठा है तब X के बांयें ओर कौन बैठा हैं?

(a) S (b) P
(c) Z (d) A

हल: (b) बैठने का क्रम निम्नवत् है

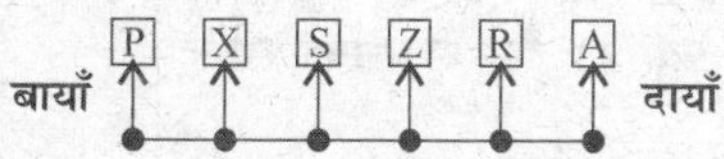

अत: X के बाईं ओर P बैठा है।

उदाहरण 4: रमा, रेशमा, सीमा तथा रीना में रेशमा, सीमा तथा रीना से सुन्दर है। रमा, रेशमा जितनी सुन्दर नहीं है। सबसे सुन्दर कौन है?

(a) रेशमा (b) रमा
(c) सीमा (d) रीना

हल: (a) प्रश्नानुसार रेशमा > सीमा तथा रेशमा > रीना रेशमा > रमा

अत: रेशमा > रमा > सीमा > रीना या रेशमा > सीमा > रमा > रीना

या रेशमा > रीना > रमा > सीमा

प्रश्नमाला

1. **लड़कों की एक पंक्ति में मोहन बाएं ओर से 20वां और दाएं ओर से 12वां है। उस पंक्ति में प्रताप दाएं छोर से 15वां है मोहन और प्रताप के बीच कितने लड़के हैं?**
(a) 4 (b) 2
(c) 3 (d) 5

2. **एक मंच, जिसका मुंह उत्तर दिशा की ओर है, के समाने दर्शकों में एक पंक्ति में लड़के और लड़कियां बैठे हैं। रानी, सुनीता के बाएं को 5वीं है। सुनीता, निशान्त के दाएं को 8वीं है। रानी और निशान्त के बीच कितने बच्चे हैं?**
(a) 1
(b) 2
(c) 4
(d) निर्धारित नहीं किया जा सकता है।

3. **M, N, O, P और Q में (i) N केवल P से लम्बा है और (ii) पंक्ति में O का क्रम सबसे लम्बे के बाद दूसरा है। इनमें सबसे लम्बे का पता लगाने के लिए निम्नलिखित में से किस/किन कथनों का डाटा पर्याप्त है?**
(a) M, N से लम्बा है।
(b) M, यद्यपि N से लम्बा है, Q जितना लम्बा नहीं है।
(c) Q , N से लम्बा है।
(d) Q, M और N दोनों से लम्बा है।

4. **विद्यार्थियों की एक कतार में राजेश एक सिरे से 10वां तथा दूसरे सिरे से 9वां है, उस कतार में कितने विद्यार्थी हैं?**
(a) 18 (b) 19
(c) 20 (d) 21

5. **56 विद्यार्थियों के एक वर्ग में अमृता का स्थान 9वाँ है। नीचे से उसका स्थान क्या है?**
(a) 65वां (b) 67वां
(c) 66वां (d) इनमें से कोई नहीं।

6. **A, B, C, D व E कक्षा में पांच छात्र हैं। D ने A या E के साथ प्रवेश नहीं किया, बल्कि C से पहले किया। B ने C से पहले प्रवेश नहीं किया, बल्कि A के साथ किया, तो E ने सबसे अन्त में प्रवेश नहीं किया। निम्न में से कौन-सा निश्चित रूप सत्य है?**
(a) C ने कक्षा में केवल D के बाद प्रवेश किया।
(b) D ने कक्षा में केवल E के बाद प्रवेश किया।
(c) B ने कक्षा में A के बाद प्रवेश किया।
(d) A ने कक्षा में D के बाद प्रवेश किया।

7. **M, N, P, R और T में से प्रत्येक को एक परीक्षा में अलग-अलग अंक मिले हैं। R को M और T से अधिक अंक मिले हैं। N को P से कम अंक मिले हैं। इनमें से किसे तीसरे क्रमांक पर सबसे अधिक अंक मिले हैं?**
(a) N
(b) R
(c) M
(d) जानकारी अधूरी है।

8. **M, N, P, Q और T में से प्रत्येक ने अलग-अलग अंक प्राप्त किए। N ने सिर्फ P से अधिक अंक प्राप्त किए तथा T और ने सिर्फ M से कम अंक पाए। इनमें से किसने सबसे कम अंक प्राप्त किए?**
(a) P (b) T
(c) P या T (d) जानकारी अधूरी है।

9. **P, Q, R, S और T में से प्रत्येक के प्राप्तांक अलग-अलग हैं। Q के प्राप्तांक केवल T से अधिक है तथा P के प्राप्तांक S से अधिक, परन्तु R से कम है। सबसे अधिक प्राप्तांक किसके हैं?**
(a) P (b) S
(c) R (d) T

10. **40 विद्यार्थियों की एक कक्षा में आयुष्मान का क्रमांक 19वां है। बताएं कि अंतिम से उसका क्रमांक क्या होगा?**
(a) 22वां (b) 20वां
(c) 21वां (d) 19वां

11. **किसी कक्षा में मनोज का क्रमांक ऊपर से 8वां और नीचे से 28वां है। बताएं कि उस कक्षा में कुल कितने विद्यार्थी हैं?**
(a) 37
(b) 34
(c) 36
(d) इनमें से कोई नहीं

12. **किसी कक्षा में आशुतोष का क्रमांक ऊपर से 15वां और नीचे से 21वां है। बताएं कि उस कक्षा में कुल कितने विद्यार्थी हैं?**
(a) 37 (b) 35
(c) 34 (d) 36

13. **40 बच्चों की कक्षा में सुजीत का क्रम ऊपर से 8वां है। सुजीत, सुजीत से 5 क्रम नीचे है। सुजीत का नीचे से क्या क्रम है?**
(a) 27वां (b) 29वां
(c) 28वां (d) 26वां

14. **20 छात्रों की एक पंक्ति में R दाईं ओर से 5वें स्थान पर है तथा T बाईं ओर से चौथे स्थान पर है। R व T के मध्य कितने छात्र हैं?**
(a) 11
(b) 12
(c) 10
(d) ज्ञात नहीं किया जा सकता

15. **48 छात्रों की एक कक्षा में अनुज का ऊपर से 19वां स्थान है तथा जीवन का नीचे से 12वां स्थान है। अनुज और जीवन के बीच में कितने छात्र हैं?**
(a) 17
(b) 16
(c) 18
(d) इनमें से कोई नहीं

16. **10 लड़कियों और 20 लड़कों की एक कक्षा में जया का स्थान लड़कियों में चौथा और कक्षा में 18वां है। जया का कक्षा में लड़कों के बीच कौन-सा स्थान है?**
(a) निर्धारित नहीं किया जा सकता है।
(b) 16
(c) 14
(d) 15

17. **40 विद्यार्थियों के एक वर्ग में समीर का ऊपर से 12वां स्थान है। आलोक, समीर से आठ स्थान नीचे है। नीचे से आलोक का स्थान कौन-सा है?**
(a) 20वां (b) 21वां
(c) 22वां (d) 19वां

18. **सुरेश 40 छात्रों की एक संख्या में शीर्ष छात्र समीर से 5 स्थान नीचे है। सुरेश का कक्षा में नीचे से कौन-सा स्थान है?**
(a) 34वां (b) 36वां
(c) 35वां (d) 33वां

19. **अजय का स्थान उसकी कक्षा में ऊपर से 12वां है। प्रसाद का स्थान उसी कक्षा में नीचे से 18वां है, जो अजय से आठ स्थान पीछे है। कक्षा में कुल कितने छात्र हैं?**
(a) 35 (b) 34
(c) 36 (d) इनमें से कोई नहीं

20. **40 विद्यार्थियों की कक्षा में मोहन का स्थान ऊपर से 10वां है। यदि मोहन और रोहन के बीच 5 विद्यार्थी हैं, तो रोहन और अंतिम विद्यार्थी के बीच कितने विद्यार्थी हैं?**
(a) 22 (b) 23
(c) 24 (d) आंकड़े अधूरे हैं।

उत्तर (हल/संकेत)

1. (b) प्रश्नानुसार,
मोहन और प्रताप के बीच लड़कों की संख्या = (15 – 12) – 1
= (3 – 1) = 2

2. (b) प्रश्नानुसार,

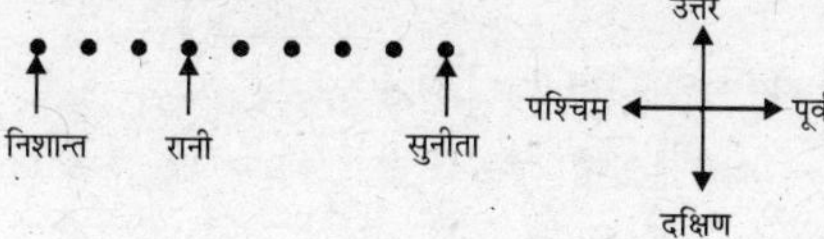

रानी और निशान्त के बीच बच्चों की संख्या = (8 – 5) – 1 = 3 – 1 = 2

3. (d)

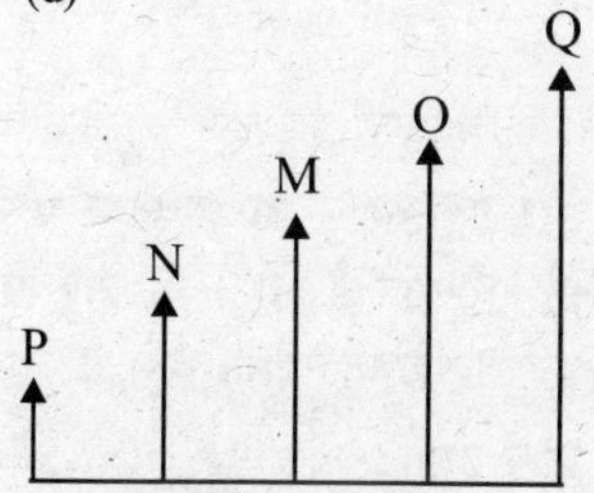

लम्बाई का बढ़ता क्रम
अत: स्पष्ट है कि Q, M और N से दोनों से लम्बा है। अत: जानकारी अधूरी है।

4. (a) विद्यार्थियों की संख्या
= 10 + 9 – 1 = 18

5. (d) अमृता का स्थान नीचे से
(56 – 9 + 1) = 48

6. (d) प्रश्नानुसार, D > C
C > B + A
परन्तु E सबसे अन्त में नहीं।
∴ E > D > C > B + A
या D > E > C > B + A
अत: निश्चित रूप से यह सत्य है, कि A ने कक्षा में D के बाद प्रवेश किया।

7. (d) प्रश्नानुसार, R > M,T
P > N
अत: किसे तीसरे क्रमांक पर सबसे अधिक अंक मिले, यह ज्ञात नहीं किया जा सकता है।

8. (a) प्रश्नानुसार,
N > P
M > T/Q
∴ M > T/Q > N > P
अत: सबसे कम अंक P ने प्राप्त किए।

9. (c) प्रश्नानुसार,
Q > T
R > P > S
∴ R > P > S > Q > T
अत: सबसे अधिक प्राप्तांक R के हैं।

10. (a) आयुष्मान का अंतिम से क्रमांक
= कुल विद्यार्थियों की संख्या
– आयुष्मान का क्रमांक + 1
⇒ (40 – 19 + 1) = 22
अत: आयुष्मान का क्रमांक अंतिम से 22वां है।

11. (d) कक्षा में कुल विद्यार्थियों की संख्या
= ऊपर से मनोज का स्थान + नीचे से मनोज का स्थान – 1
⇒ 8 + 28 – 1 = 35

12. (b) कुल विद्यार्थियों की संख्या
= आशुतोष का ऊपर से क्रमांक
+ आशुतोष का नीचे से क्रमांक – 1
⇒ 15 + 21 – 1 = 35

13. (c) प्रश्नानुसार,
सुजीत का ऊपर से क्रम
= (8 + 5) = 13वां
सुजीत का नीचे से क्रम
= (40 – 13) + 1= (27 + 1)
= 28वां

14. (a) प्रश्नानुसार,
R और T के मध्य छात्रों की संख्या
= 20 – (5 + 4) = (20 – 9) = 11

15. (a) प्रश्नानुसार,
अनुज और जीवन के मध्य छात्रों की संख्या = 48 – (19 + 12)
= (48 – 31) = 17

16. (d) कक्षा में कुल विद्यार्थी
= (20 + 10) = 30
कक्षा में 18वां स्थान जया का है तथा लड़की में 4 था।
अत: 3 लड़की उससे आगे हैं।
जया का लड़कों के बीच का स्थान
= (18 – 3) = 15वां

17. (b) आलोक का नीचे से स्थान
= (40 + 1) – (12 + 8)
= (41 – 20) = 21वां

18. (c) प्रश्नानुसार समीर का स्थान पहला है।
समीर →| | | |← सुरेश
तो सुरेश का स्थान
= (40 + 1) – (1 + 5) = 35वां

19. (d)

कुल छात्रों की संख्या
= 12 + 7 + 18 = 37

20. (d) आंकड़े अधूरे हैं। प्रश्न में यह नहीं दिया हुआ है कि रोहन की स्थिति मोहन से ऊपर है या नीचे।

❑❑❑

9 बैठक व्यवस्था

अव्यवस्थित व्यक्तियों या वस्तुओं को नियमित ढंग से एक निश्चित क्रम में स्थापित करने की विधि को 'बैठक व्यवस्था' या 'बैठने की व्यवस्था' कहा जाता है। इस प्रकार के प्रश्नों में कुछ व्यक्तियों या वस्तुओं के समूह दिये गए होते हैं तथा उनका स्थान भी दिया गया रहता है। इसके अन्तर्गत आने वाले प्रश्नों में किसी व्यक्ति या वस्तु का स्थान किसी दूसरे व्यक्ति या वस्तु के सापेक्ष ज्ञात करना होता है।

हल सहित उदाहरण

उदाहरण 1: चार लड़कियों (G_1, G_2, G_3, G_4) और तीन लड़कों (B_1, B_2, B_3) को एक रात्रिभोज में इस प्रकार बैठना है, जिससे कोई भी दो लड़के या दो लड़कियाँ एक-साथ न बैठें। यदि वे सब लगातार एक के बाद एक बैठते हैं, तो B_2 और G_3 की बैठने की स्थिति क्रमशः क्या होगी?

(a) तृतीय और चतुर्थ

(b) चतुर्थ और पंचम

(c) पंचम और षष्ठ

(d) द्वितीय और तृतीय

हल : (b) बैठने का क्रम निम्नवत् है—

G_1 B_1 G_2 B_2 G_3 B_3 G_4

उदाहरण 2: कॉलेज पार्टी में पाँच लड़कियाँ एक पंक्ति में बैठी हैं। P है M के बाईं ओर और O के दाईं ओर बैठी है। R, N के दाईं ओर, परन्तु O के बाईं ओर बैठी हैं। बीच में कौन-सी लड़की बैठी है?

(a) O (b) R

(c) P (d) M

हल : (a) पाँचों लड़कियों के बैठने का क्रम निम्नवत् है।

N R O P M

↑ ↑ ↑ ↑ ↑

अत: O बीच में बैठी है।

उदाहरण 3: पाँच लड़के वृत्ताकार घेरा बनाकर खड़े हैं। अभिनव, आलोक और अंकुर के बीच में है। अपूर्व, अभिषेक के बाईं ओर है। आलोक, अपूर्व के बाईं ओर है। बताइए कि अभिनव के ठीक दाईं ओर कौन है?

(a) अपूर्व (b) अंकुरे

(c) अभिषेक (d) आलोक

हल : (d) पाँचों लड़कों के बैठने का क्रम निम्नवत् है–

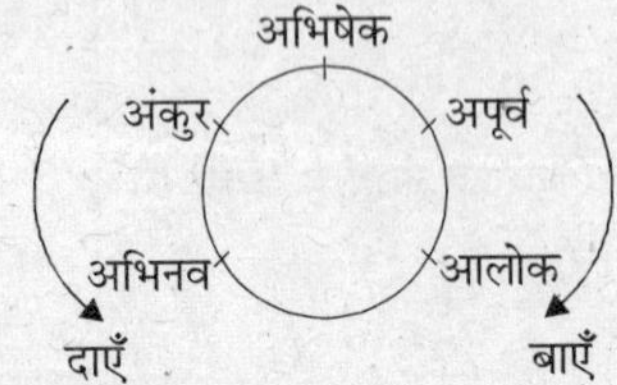

आरेख से स्पष्ट है कि अभिनव के ठीक दाईं ओर आलोक है।

उदाहरण 4: छः व्यक्ति A, B, C, D, E तथा F दो पंक्तियों में बैठे हैं, प्रत्येक में तीन। यदि E किसी सिरे पर नहीं है, D, F के बाएँ से दूसरा है, C, E का पड़ोसी है और D के विकर्णवत् सामने बैठा है और B, F का पड़ोसी है, तो B के सामने कौन होगा?

(a) A (b) E

(c) C (d) D

हल : (b) बैठने का क्रम निम्नवत् है–

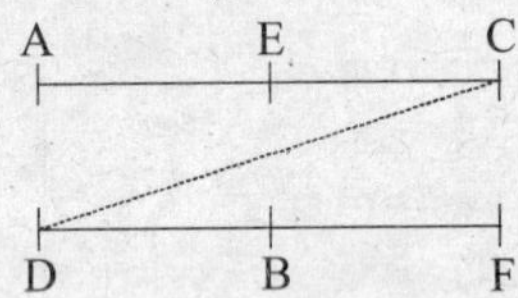

अत: B के ठीक सामने E बैठा है।

उदाहरण 5: A, B, C, D, E और F खाने की मेज पर आमने-सामने बैठे हैं प्रत्येक ओर तीन हैं। B है A और C के बीच में राजनीतिज्ञ और व्यापारी एक ओर छोरों पर हैं। E एक सैनिक अधिकारी है। C, एक प्रोफेसर है और डॉक्टर के बगल में हैं। व्यापारी, इंजीनियर के सामने है। डॉक्टर मध्य में बैठा है और सैनिक अधिकारी के सामने है। बताइए कि डॉक्टर कौन है?

(a) A (b) B

(c) C (d) D

हल : (b) बैठने का क्रम निम्नवत् है–

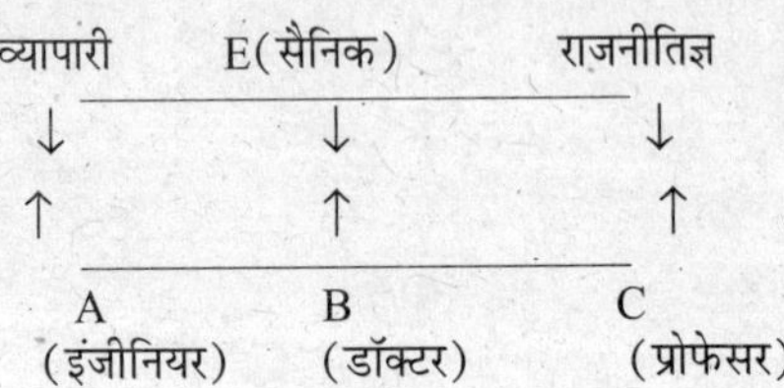

प्रश्नमाला

1. कुछ मित्र अष्टभुज स्थान पर एक-एक कोने में बैठे हैं। सभी का मुँह बीच की ओर है। महिमा तिरछे रूप में राम के सामने बैठी है। राम, सुषमा के दाईं ओर बैठा है। रवि सुषमा के बगल में और गिरधर के सामने बैठा है। गिरधर चन्द्रा के बाईं ओर बैठा है। सविता, महिमा के दाईं ओर नहीं है लेकिन शालिनी के सामने है। शलिनी के दाईं ओर कौन बैठा है?

(a) रवि (b) महिमा
(c) गिरधर (d) राम

2. चार मित्र वृत्ताकार बैठकर ताश खेल रहे थे। राम के दाईं ओर शंकर बैठा था और अरविन्द के बाईं ओर गोपाल बैठा था। निम्नलिखित में से कौन-से युगल खेल में भागीदार थे?

(a) राम और गोपाल
(b) गोपाल और शंकर
(c) राम और शंकर
(d) गोपाल और अरविन्द

निर्देश (प्र. सं. 3-7) : निम्नलिखित जानकारी को ध्यानपूर्वक पढ़िए तथा नीचे दिए गए प्रश्नों के उत्तर दीजिए।

A, B, C, D, E, F और G केन्द्र की ओर मुँह किए हुए एक वृत्त में बैठे हैं। A और G के बीच D बैठा है। G के दाईं ओर F दूसरा है और F के दाईं ओर E दूसरा है, G के एकदम पड़ोस में C नहीं है।

3. E के एकदम बाएँ कौन है?

(a) A (b) C
(c) F (d) D

4. निम्नलिखित में से कौन-सा सही नहीं है?

(a) A के दाईं ओर दूसरा C है
(b) D के दाईं ओर दूसरा B है
(c) E के दाईं ओर दूसरा F है
(d) उपरोक्त सभी सही हैं

5. निम्नलिखित समूहों में से किसमें तीसरा सदस्य पहले और दूसरे सदस्य के बीच बैठा है?

(a) EAD (b) DGB
(c) GFB (d) DAG

6. C और A के बीच में कौन बैठा है?

(a) E (b) D
(c) F (d) G

7. G के एकदम दाएँ कौन है?

(a) F (b) D
(c) B (d) A

8. छः लड़के एक पंक्ति में बैठे हैं। जोंस और मनु की स्थिति राजू के सन्निकट है। उदय के सन्निकट गोपी और राम हैं। गोपी, जोंस अथवा मनु किसी से भी अगला नहीं है। राजू भी मनु से अगले स्थान पर नहीं बैठा है, तो जोंस के सन्निकट कौन बैठा है?

(a) राजू और उदय
(b) राजू और मनु
(c) राजू और राम
(d) केवल राजू

9. छः व्यक्ति P, Q, R, S, T तथा U एक आयताकार मेज के चारों ओर बैठे हैं। Q मेज की चौड़ाई की ओर बैठा है तथा उसका मुँह पूर्व की ओर है। P का मुँह दक्षिण की ओर है तथा उसके दाएँ R है। T जो Q के सामने है, के बाएँ वाले कोने से लगा हुआ S बैठा है। चौड़ाई की ओर एक-एक व्यक्ति ही बैठा है। R के ठीक सामने कौन बैठा है और S का मुँह किस दिशा में है?

(a) U, उत्तर (b) U, दक्षिण
(c) S, उत्तर (d) S, दक्षिण

10. राधा, शीला, महिमा और सीता एक चौकोर मेज के इर्द-गिर्द बैठी हैं। राधा, शीला के दाईं ओर बैठी है। महिमा, सीता के बाईं ओर बैठी है। दिए गए विकल्पों में से बताइए कि कौन-सी जोड़ी एक-दूसरे के सामने बैठी है?

(a) शीला-सीता (b) राधा-सीता
(c) राधा-शीला (d) महिमा-राधा

निर्देश (प्र. सं. 11-12) : निम्नलिखित जानकारी का अध्ययन करके उस पर आधारित प्रश्नों के उत्तर दें।

(i) P, Q, R, S और T एक घेरे में बैठे हैं और उनका मुँह केन्द्र की ओर है।
(ii) R, T के तुरन्त बाईं ओर है।
(iii) P, S और T के बीच बैठा है।

11. R के तत्काल बाईं ओर कौन बैठा है?

(a) T (b) P
(c) Q (d) S

12. उपरोक्त प्रश्न का उत्तर पाने के लिए निम्नलिखित में से किस कथन के बिना काम चल सकता है?

(a) कोई नहीं
(b) केवल (ii)
(c) (ii) या (iii)
(d) केवल (iii)

निर्देश (प्र. सं. 13-14) : निम्नलिखित सूचना को पढ़िए और उस पर आधारित प्रश्नों के उत्तर दीजिए।

(i) सात लड़के अभिषेक, साकेत, रवि, गौतम, कौशिक, राहुल और रंजन पंक्ति में खड़े हैं।
(ii) रंजन, अभिषेक और कौशिक के बीच में है।
(iii) राहुल और अभिषेक के बीच एक लड़का है।
(iv) कौशिक और रवि के बीच दो लड़के हैं।
(v) गौतम, रंजन के दाईं ओर तीसरा है।
(vi) रवि और साकेत के बीच तीन लड़के हैं।

13. इनमें से बाएँ से दूसरा कौन है?

(a) रवि
(b) रंजन
(c) कौशिक
(d) रवि या कौशिक

14. रवि किनके बीच में है?

(a) अभिषेक और राहुल
(b) गौतम और रंजन
(c) अभिषेक और गौतम
(d) कथन अपर्याप्त है

निर्देश (प्र. सं. 15-17) : नीचे दी गई जानकारी को पढ़कर उस पर आधारित प्रश्नों के उत्तर दें।

पाँच लड़कियाँ एक घेरा बनाकर खड़ी हैं और उनके मुँह केन्द्र की ओर हैं सुमन लता और आशा के बीच में है तथा ममता, लता के दाईं ओर है।

15. यदि रजनी पाँचवीं लड़की हो, तो आशा के दाईं ओर कौन है?

(a) ममता (b) आशा
(c) रजनी (d) सुमन

16. यदि सुमन और ममता अपना-अपना स्थान अदल-बदल लेती हैं, तो कौन रजनी के बाईं ओर चौथी होगी?

(a) लता (b) सुमन
(c) आशा (d) ममता

17. यदि रजनी और आशा अपना-अपना स्थान अदल-बदल लेती हैं, तो निम्न में से कौन-सा कथन सत्य है?

(a) सुमन, ममता के बाईं ओर तीसरी होगी
(b) आशा, लता और रजनी के बीच होगी
(c) लता, आशा के बाईं ओर दूसरी होगी
(d) उपरोक्त में से कोई नहीं

18. ताश के एक वृत्ताकार खेल में A, B एवं C के बीच में बैठता है। X, Y एवं Z के बीच में बैठता है। यदि Z, B के ठीक दाईं ओर है, तो Y के ठीक दाईं ओर कौन बैठता है?

(a) X (b) C
(c) A (d) B

19. उपरोक्त प्रश्न में, Y के ठीक बाएँ में कौन बैठता है?

(a) A (b) B
(c) C (d) X

20. आठ लोगों A, B, C, D, E, F, G और H को आकृति में दिए गए ढंग से बैठाया जाता है।

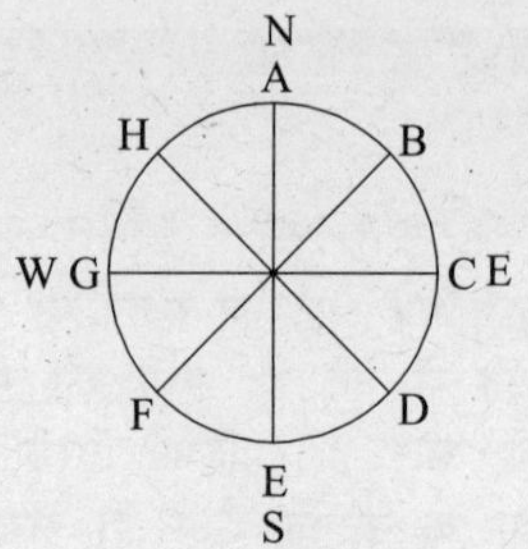

उन सभी का मुँह बाहर की ओर है। यदि सभी लोग दो स्थान दक्षिणावर्त हटें, तो H का मुँह किस दिशा में होगा?

(a) उत्तर-पूर्व (b) उत्तर
(c) उत्तर पश्चिम (d) पूर्व

उत्तर (हल/संकेत)

1. (a) आठों के बैठने का क्रम निम्नवत् है–

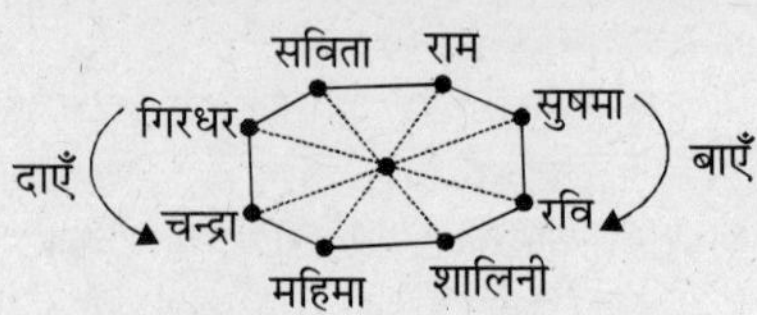

आरेख से स्पष्ट है कि शालिनी के दाईं ओर रवि बैठा है।

2. (a) बैठने की व्यवस्था निम्नवत् है–

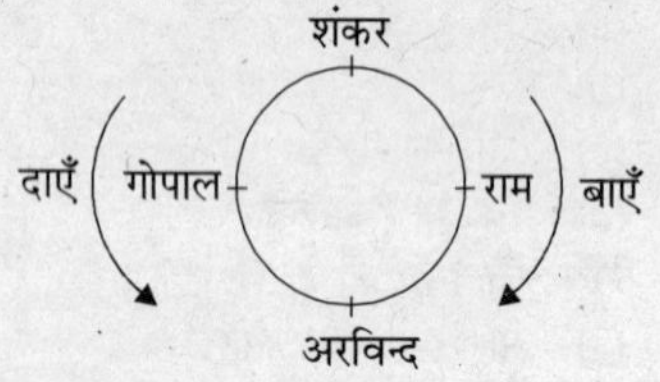

हल (प्र. सं. 3-7) :

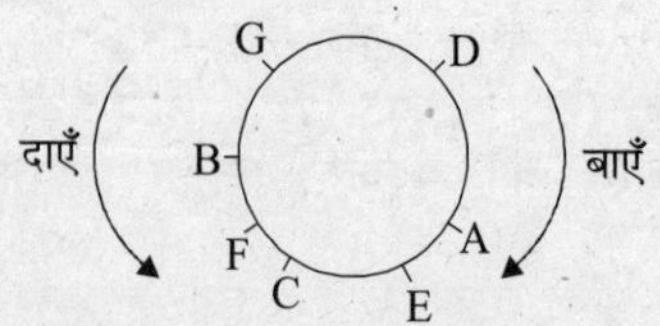

3. (b) E के एकदम बाएँ C है।

4. (a) A के दाईं ओर दूसरा C नहीं अपितु G है।

5. (c) GFB, समूह में F तीसरा व्यक्ति है जो केन्द्र में है।

6. (a) C और A के बीच में E बैठा है।

7. (c) G के एकदम दाएँ B है।

8. (c) बैठने का क्रम निम्नवत् है–

(i) गोपी, उदय, राम, जोंस, राजू, मनु
(ii) राम, उदय, गोपी, जोंस, राजू, मनु

इस प्रकार, दिए गए विकल्पों से व्यवस्था (i) ही सम्भव है जिससे विकल्प (c) सही है।

9. (a) व्यक्तियों के बैठने का क्रम निम्नवत् है–

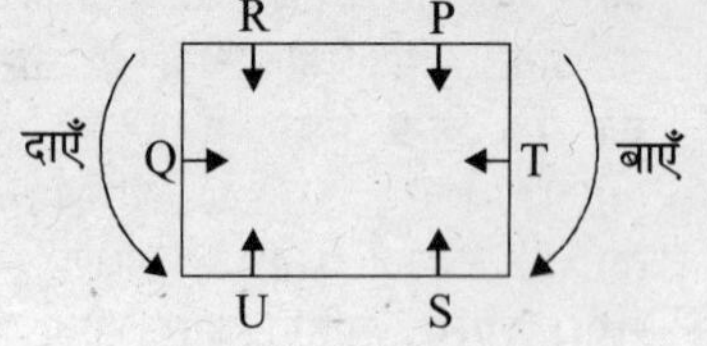

अत: R के सामने U है तथा S का मुँह उत्तर की ओर है।

10. (b) बैठने का क्रम निम्नवत् है–

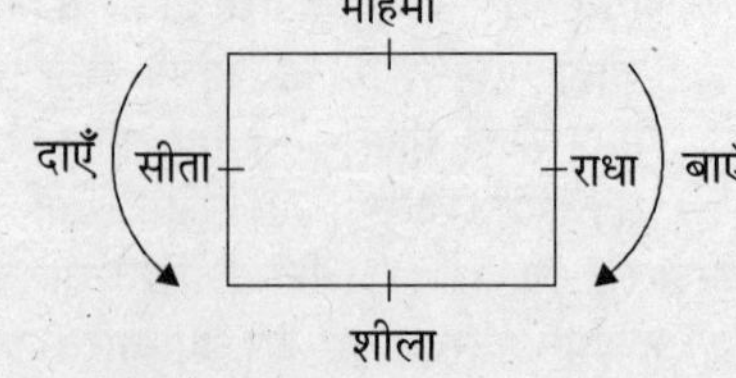

हल (प्र. सं. 11-12) :

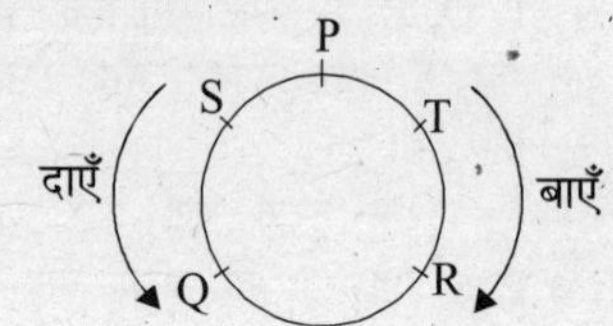

11. (c) आरेख से स्पष्ट है कि Q, R के बाईं ओर है।

12. (a) सभी कथनों का प्रयोग आवश्यक है।

हल (प्र. सं. 13-14) :

राहुल रवि अभिषेक रंजन कौशिक साकेत गौतम
बाएँ 1 2 3 4 5 6 7 दाएँ

13. (a) आरेख से स्पष्ट है कि बाएँ से दूसरा रवि है।

14. (a) आरेख से स्पष्ट है कि रवि, राहुल और अभिषेक के बीच में है।

हल (प्र. सं. 15-17) :

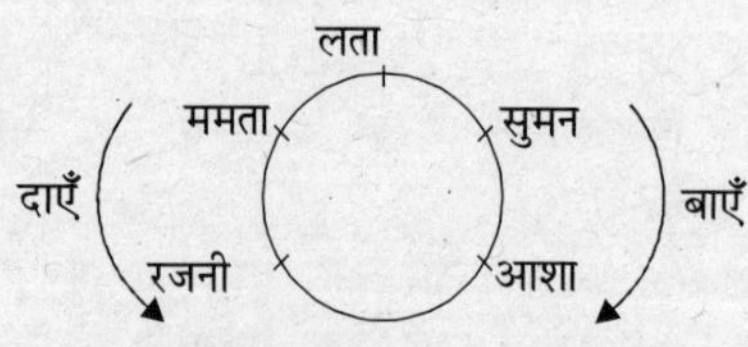

15. (d) आशा के दाईं ओर सुमन है।

16. (c) रजनी के बाईं ओर चौथी आशा होगी।

17. (c) रजनी तथा आशा के स्थान परिवर्तन करने पर लता, आशा के बाईं ओर दूसरी होगी।

18. (b) बैठने का क्रम निम्नवत् है–

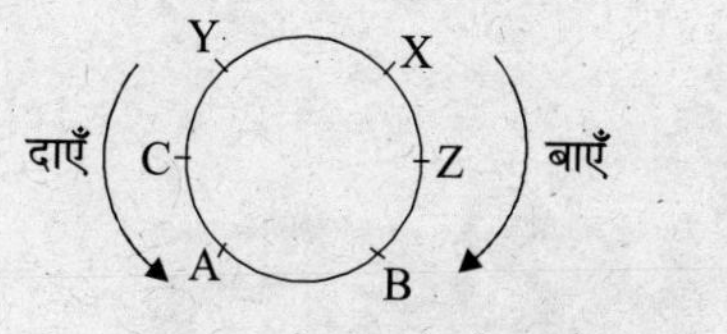

अत: Y के ठीक दाएँ C बैठता है।

19. (d) Y के ठीक बाएँ X बैठता है।

20. (a)

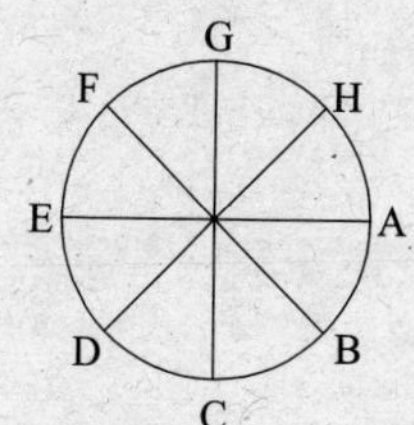

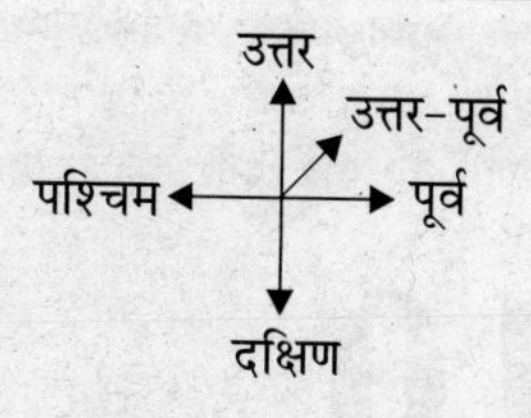

H का मुँह उत्तर-पूर्व दिशा में होगा।

❑❑❑

10 तिथि एवं समय परीक्षण

समय क्रम परीक्षण से सम्बन्धित प्रश्नों में कुछ अस्पष्ट सूचनाएं दी गई होती हैं। दिन या तिथि के सन्दर्भ में दो व्यक्तियों द्वारा अलग-अलग किसी निश्चित घटना की अनुमानित जानकारी दी जाती है जो बिल्कुल सत्य होती है। एक व्यक्ति द्वारा दी गई जानकारी के आधार पर निश्चित तिथि या दिन या निर्धारण सम्भव नहीं है परन्तु दो व्यक्तियों द्वारा दी गई सूचनाओं के आधार पर उचित दिन या तिथि ज्ञात की जा सकती है।

इस प्रकार के प्रश्नों का उत्तर देने के लिए हमें दिन, सप्ताह, वर्ष आदि के बारे में उचित जानकारी होनी चाहिए। इस प्रकार के प्रश्न सामान्यत: किसी निश्चित तिथि, दिन या समय से सम्बन्धित होते हैं। प्रश्न के कथन में कुछ जानकारी दी गई होती है जिनका विश्लेषण करके हम सही उत्तर प्राप्त कर सकते हैं। प्रश्न में दी गई जानकारी अप्रत्यक्ष व अस्पष्ट होती है। उस जानकारी को हमें क्रमबद्ध करना होता है तथा कुछ अन्य अवधारणाओं के आधार पर निश्चित निष्कर्ष निकालना होता है। किसी भी सप्ताह के सातवें भाग को दिन कहते हैं। उसी प्रकार किसी भी 5वें, 6वें, 7वें .... दिन को तिथि कहते हैं। सामान्यत: 1 वर्ष में 365 दिन होते हैं परन्तु लीप वर्ष में 366 दिन होते हैं। एक दिन में 24 घण्टे, 1 घण्टे में 60 मिनट तथा 1 मिनट में 60 सेकण्ड होते हैं।

तिथि एवं समय परीक्षण से सम्बन्धित कुछ महत्वपूर्ण परिणाम

- वह वर्ष जिसमें 4 का भाग पूरा-पूरा चला जाए, लीप वर्ष (Leap Year) कहलाता है।
- लीप वर्ष में 366 दिन तथा फरवरी 29 दिन की होती है।
- ऐसी शताब्दी जिसमें 400 का भाग पूरा-पूरा चला जाए। वह शताब्दी लीप वर्ष की होती है।
  जैसे—400, 800, 1200, 1600, 2000 .... आदि।
- जिस दिनांक को जो दिन होता है उससे सातवीं अगली दिनांक को भी वही दिन होगा।

सप्ताह के दिन निकालने की विधि—

- किसी महीने के दिए हुए दिनांक के n दिन बाद पड़ने वाले सप्ताह का दिन निम्न प्रकार ज्ञात किया जाता है :
  (i) n में 7 का भाग देकर प्राप्त शेषफल से पड़ने वाला दिन निकाला जाता है।
- यदि शेषफल शून्य होता है तो दिन वही रहता है।
- यदि शेषफल 1 होता है तो दिन उससे आगे वाला होता है।
- यदि शेषफल 2 होता है तो दिन उस दिन के बाद दूसरा होगा और इसी प्रकार आगे भी यह क्रम जारी रहता है।

सन् के दिनांक से दिन निकालना

(i) सर्वप्रथम सन् को 400 के गुणज में बांटें।
(ii) शेष को 100 के गुणज में बांटें।
(iii) अन्तिम दो अंकों की संख्या को 4 के गुणज में बांटें।
(iv) प्रत्येक खण्ड के विषम दिनों का योगफल निकालें।
(v) 400 के गुणज में विषम दिन शून्य (0) होता है।
(vi) 300 वर्ष में विषम दिन 1 होता है।
(vii) 200 वर्ष में विषम दिन 3 होता है।
(viii) 100 वर्ष में विषम दिन 5 होता है।
(ix) अब वर्तमान महीनों के विषम दिन और दिनांक उपर्युक्त योगफल में जोड़ें।

महीने	विषम दिन	महीने	विषम दिन
जनवरी	3	जुलाई	3
फरवरी	0/1 (लीप वर्ष में)	अगस्त	3
मार्च	3	सितम्बर	2
अप्रैल	2	अक्टूबर	3
मई	3	नवम्बर	2
जून	2	दिसम्बर	3

किसी दिनांक का साप्ताहिक दिन निकालने का सूत्र

सूत्र = [A + B + C + शेष दिनों की संख्या + दिनांक] ÷ 7

(i) यहां A = शताब्दी के पूर्ण वर्षों की संख्या
जैसे—15 अगस्त, 1947 में पूर्ण वर्षों की संख्या
= (47 – 1) = 46

(ii) B = शताब्दी के बाद पड़ने वाले लीप वर्षों की संख्या
अत: 46 वर्ष में 11 लीप वर्ष होंगे।

(iii) (a) C = 5, यदि 400 के गुणज के बाद 100 शेष बचे।
C = 3, यदि 400 के गुणज के बाद 200 शेष बचे।
C = 1, यदि 400 के गुणज के बाद 300 शेष बचे।
C = 0, यदि शताब्दी 400 का गुणज हो।

समय से सम्बन्धित महत्वपूर्ण परिणाम—

- 1 दिन में 24 घण्टे, 1 घण्टे में 60 मिनट तथा 1 मिनट में 60 सेकण्ड होते हैं।
- घड़ी की छोटी सुई घण्टे को तथा बड़ी सुई मिनट को प्रदर्शित करती है।
- प्रत्येक घण्टे में बड़ी सुई, छोटी सुई से 55 मिनट आगे बढ़ जाती है।
- प्रत्येक घण्टे में दोनों सुईयां दो बार परस्पर समकोण बनाती हैं।
- प्रत्येक घण्टे में दोनों सुईयां एक सीध में एक-दूसरे के विपरीत होती हैं।
- प्रत्येक घण्टे में दोनों सुईयां एक बार एक ही दिशा में एक-दूसरे के ऊपर होती हैं।

- 12 घण्टे में दोनों सुइयां 11 बार एक ही दिशा में रहती हैं।
- 12 घण्टे में 22 बार दोनों सुईयां परस्पर समकोण बनाती हैं।
- एक मिनट में छोटी सुई 1/2 तथा बड़ी सुई 6° घूमती है।
- एक मिनट के अन्तराल पर दोनों सुईयों के मध्य $5\frac{1}{2}°$ का अन्तर होता है।
- जब दोनों सुईयां एक-दूसरे के विपरीत होती हैं, तो उनके बीच की दूरी 30 मिनट की होती है।
- n व $(n+1)$ बजे के बीच n बजकर $\frac{60}{11}n$ मिनट पर दोनों सुईयां एक ही दिशा में होती हैं।

हल सहित उदाहरण

उदाहरण 1: बजकर 35 मिनट पर घण्टे तथा मिनट की सुई के बीच का कोण कितना होगा?

(a) 102° (b) $102°\frac{1}{2}$ (c) 105° (d) $102°\frac{2}{3}$

हलः (b) घण्टे की सुई द्वारा 12 घण्टे में बनाया गया कोण = 360°

$\therefore$ घण्टे की सुई द्वारा $\frac{43}{12}$ घण्टे में बनाया गया कोण

$$= \left(\frac{360}{12} \times \frac{43}{12}\right)^\circ = 107\frac{1}{2}°$$

मिनट की सुई द्वारा 60 मिनट में बनाया गया कोण = 360°

$\therefore$ मिनट की सुई द्वारा 35 मिनट में बनाया गया कोण

$$= \left(\frac{360}{60} \times 35\right)^\circ = 210°$$

$\therefore$ अभीष्ट कोण $= \left(210 - 107\frac{1}{2}°\right) = 102\frac{1}{2}°$

उदाहरण 2: 16 जनवरी, 1997 को बृहस्पतिवार था। 4 जनवरी, 2000 को कौन-सा दिन था?

(a) मंगलवार (b) रविवार
(c) बुधवार (d) शुक्रवार

हलः (a) 1997, 1998, 1999 में कोई भी लीप वर्ष नहीं है।

अतः 1998 एवं 1999 को मिलाकर विषम दिनों की संख्या = 2

1997 में शेष दिन = (365 – 16) दिन
= 349 दिन
= 49 सप्ताह + 6 दिन

4 जनवरी, 2000 में विषम दिन = 4

$\therefore$ कुल विषम दिन = (2 + 6 + 4) दिन
= 12 दिन = 1 सप्ताह 5 दिन

अतः 4 जनवरी, 2000 को (बृहस्पतिवार + 5 दिन) = मंगलवार

उदाहरण 3: सीता की घड़ी में 9 : 35 a.m. बजे थे, जो सही समय था। गीता ने उसे बताया कि बस स्टॉप से अन्तिम बस 9 : 25 बजे छूटी है। गीता की घड़ी 5 मिनट आगे है। बस हर 20 मिनट में चलती है। अगली बस पकड़ने के लिए सीता को कितनी देर इंतजार करना पड़ेगा?

(a) 2 मिनट (b) 4 मिनट
(c) 6 मिनट (d) 5 मिनट

हलः (d) अन्तिम बस के छूटने का समय
= (9 : 25 – 0.05) = 9 : 20 बजे

$\therefore$ अगली बस छूटने का समय
= (9 : 20 + 20 मिनट) = 9 : 40 बजे

अतः सीता को 5 मिनट इंतजार करना पड़ेगा।

प्रश्नमाला

1. एक घड़ी प्रतिदिन कितनी लब्धि प्राप्त करती है। यदि इसकी सुईयां प्रत्येक 64 मिनट बाद मिलती हैं?
(a) 37 मिनट
(b) $32\frac{8}{11}$ मिनट
(c) 31 मिनट
(d) इनमें से कोई नहीं

2. यदि बीते कल से पहला दिन बृहस्पतिवार था, तो रविवार कब होगा?
(a) आज
(b) आज से दो दिन बाद
(c) आने वाला कल
(d) आने वाले कल से अगले दिन

3. साढ़े आठ बजे घड़ी की सुईयां आपस में कितने अंश का कोण बनाती हैं?
(a) 60° (b) 70°
(c) 75° (d) 80°

4. यदि बीते कल से पहले वाला दिन रविवार था, तो आने वाले कल से अगले दिन से तीसरे दिन कौन-सा दिन होगा?
(a) रविवार (b) सोमवार
(c) बुधवार (d) शनिवार

5. यदि माह का पांचवां दिन (5 तारीख) सोमवार के दो दिन बाद पड़ता है, तो माह का अठारहवां दिन (18 तारीख) सप्ताह के किस दिन पड़ेगा?
(a) सोमवार
(b) मंगलवार
(c) बुधवार
(d) बृहस्पतिवार

6. यदि बीते कल से पहले वाला दिन रविवार था, तो आने वाले कल से अगले दिन से तीसरे दिन कौन-सा दिन होगा?
(a) रविवार
(b) सोमवार
(c) बुधवार
(d) शनिवार

7. श्रीमती सुशीला ने अपनी शादी की वर्षगांठ मंगलवार, 30 सितम्बर, 1997 को मनाई। उसकी अगली शादी की वर्षगांठ वह उसी दिन कब आएगी?
(a) 30 सितम्बर, 2003
(b) 30 सितम्बर, 2004
(c) 30 सितम्बर, 2002
(b) 30 सितम्बर, 2005

8. एक घड़ी प्रति 24 घण्टे में 60 मिनट तेज हो जाती है। उसे 10 बजे मिलाया गया। दूसरे दिन सही समय क्या होगा, जब घड़ी शाम के 4 बजे प्रदर्शित करेगीं?

(a) 2 बजकर 48 मिनट
(b) 2 बजकर 30 मिनट
(c) 3 बजकर 10 मिनट
(d) 4 बजकर 5 मिनट

9. एक घड़ी का प्रतिबिम्ब दर्पण में दिखाई दे रहा था। घड़ी में उस समय 5 बजकर 25 मिनट हुए थे। अगर दर्पण में बने घड़ी के प्रतिबिम्ब का किसी दूसरे दर्पण में पुन: प्रतिबिम्ब दिखाई दे, तो इस दर्पण में बने घड़ी के प्रतिबिम्ब में क्या समय प्रदर्शित हो रहा होगा?

(a) 5 बजकर 25 मिनट
(b) 5 बजकर 20 मिनट
(c) 6 बजकर 35 मिनट
(d) 6 बजकर 30 मिनट

10. यदि घड़ी में समय 6 : 20 हो तथा मिनट की सूई उत्तर पूर्व दिशा की ओर इशारा करती हो, तो घण्टे की सुई किस दिशा की ओर इशारा करेगी?

(a) पश्चिम (b) दक्षिण-पूर्व
(c) पूर्व (d) उत्तर-पश्चिम

11. एक घड़ी में 1 : 30 बज रहा है। यदि मिनट की सूई दक्षिण की ओर है, तो घण्टे की सूई किस दिशा में होगी?

(a) उत्तर (b) दक्षिण-पूर्व
(c) उत्तर-पश्चिम (d) उत्तर-पूर्व

12. यदि किसी वर्ष 5 फरवरी को शुक्रवार है, तो उसी वर्ष 10 अगस्त को कौन-सा दिन होगा?

(a) बुधवार या मंगलवार
(b) शुक्रवार
(c) शनिवार या रविवार
(d) सोमवार या मंगलवार

13. यदि 5 जुलाई, 1996 को बुधवार है, तो इसी तिथि को वर्ष 1980 में कौन-सा दिन था?

(a) बुधवार (b) मंगलवार
(c) बृहस्पतिवार (d) शुक्रवार

14. यदि 15 जनवरी, 1993 को सोमवार था, तो बताएं कि 17 अगस्त, 2004 को कौन-सा दिन होगा?

(a) शनिवार (b) रविवार
(c) मंगलवार (d) शुक्रवार

15. यदि किसी माह की दसवीं तिथि रविवार के तीन दिन पहले पड़ती हो, तो दूसरी तिथि किस दिन पड़ेगी?

(a) मंगलवार (b) शुक्रवार
(c) बुधवार (d) बृहस्पतिवार

16. किसी माह में 3 दिन बाद 4 तिथि को शनिवार आता है। उसी की 27 तिथि को कौन-सा दिन होगा?

(a) सोमवार (b) बृहस्पतिवार
(c) शुक्रवार (d) शनिवार

17. यदि 15 मार्च, 1999 को सोमवार था, तो 10 जुलाई, 1999 को कौन-सा दिन रहा होगा?

(a) शुक्रवार (b) मंगलवार
(c) शनिवार (d) बुधवार

18. यदि माह की 9 तिथि सोमवार के ठीक पहले वाले दिन पड़ती है, तो माह की पहली तिथि किस दिन पड़ेगी?

(a) शनिवार (b) सोमवार
(c) रविवार (d) बुधवार

उत्तर (हल/संकेत)

1. (b) घड़ी की मिनट वाली सुई 56 मिनट दूरी चलती है

= 60 मिनट में

∴ घड़ी की मिनट वाली सुई 60 मिनट दूरी चलेगी

$= \frac{60 \times 60}{55}$ मिनट में

$= 65\frac{5}{11}$ मिनट में

प्रश्नानुसार, घड़ी की दोनों सुईयां 64 मिनट बाद मिलती हैं।

∴ प्रत्येक 64 मिनट में लब्धि

$= \left(65\frac{5}{11} - 64\right)$ मिनट

∴ 1 दिन में लब्धि

$= \left(\frac{16}{11} \times \frac{24 \times 60}{64}\right)$ मिनट

$= \frac{360}{11}$ मिनट

$= 32\frac{8}{11}$ मिनट

2. (c) बीते कल से पहला दिन बृहस्पतिवार है।

∴ आज का दिन = शनिवार

∴ आने वाला कल = (शनिवार + 1 दिन)
= रविवार

3. (c) घण्टे की सुई द्वारा 12 घण्टे में बनाया गया कोण

$= 360°$

मिनट की सुई द्वारा $8\frac{1}{2}$ घण्टे में बनाया गया कोण

$= \left(\frac{360}{12} \times \frac{17}{2}\right)^{\circ} = 175°$

मिनट की सुई द्वारा 60 मिनट में बनाया गया कोण

$= 360°$

∴ मिनट की सुई द्वारा 30 मिनट में बनाया गया कोण

$= \left(\frac{360}{60} \times 30°\right) = 180°$

∴ अभीष्ट कोण $= 75°$

4. (a) बीते कल से पहले दिन रविवार था।

∴ आज का दिन = मंगलवार

∴ आने वाले कल से अगले दिन से तीसरा दिन।

अत: बुधवार से अगले दिन अर्थात् बृहस्पतिवार से तीसरा दिन = रविवार

5. (b) ∵ 5 तारीख बुधवार की है।

∴ (5 तारीख + 14) दिन बाद
= 19 तारीख को बुधवार होगा

∴ 18 तारीख को (बुधवार – 1 दिन)
= मंगलवार होगा

6. (a) बीते कल से पहले वाला दिन रविवार था,

अत: आज मंगलवार है।

∴ आने वाले कल से अगला दिन
= बृहस्पतिवार

∴ अभीष्ट दिन =(बृहस्पतिवार + 3 दिन)
= रविवार

7. (a) 30 सितम्बर, 1998 ⇒ बुधवार

(∵ सामान्य वर्ष में 1 विषम दिन होता है)

30 सितम्बर, 1999 ⇒ बृहस्पतिवार

30 सितम्बर, 2000 ⇒ शनिवार

(∵ लीप वर्ष में 2 विषम दिन होते हैं)

30 सितम्बर, 2001 ⇒ रविवार

30 सितम्बर, 2002 ⇒ सोमवार

30 सितम्बर, 2003 ⇒ मंगलवार

अत: उसकी शादी की वर्षगांठ उसी दिन 30 सितम्बर, 2003 को आयेगी।

8. (a) पहले दिन सुबह 10 बजे से दूसरे दिन शाम 4 बजे तक 30 घण्टे होंगे अर्थात् तेज घड़ी जब दूसरे दिन शाम को 4 प्रदर्शित करती है, तब वह अपने हिसाब से 30 घण्टे चल लेती है किन्तु जब तेज घड़ी 25 घण्टा प्रदर्शित करेगी तब वास्तविक समय 24 घटा व्यतीत होगा। अत: जब तेज घड़ी 30 घण्टे चलेगी, तब वास्तविक समय $\frac{24}{25} \times 30$ घण्टा होगा।

$\frac{24}{25} \times 30$ घण्टा $= 28\frac{4}{5}$ घण्टा $= 28$ घण्टा 48 मिनट

∴ वास्तविक समय = पहले दिन 10 पूर्वान्ह से 28 घण्टा 48 मिनट = 2 बजकर 48 मिनट

9. (a)

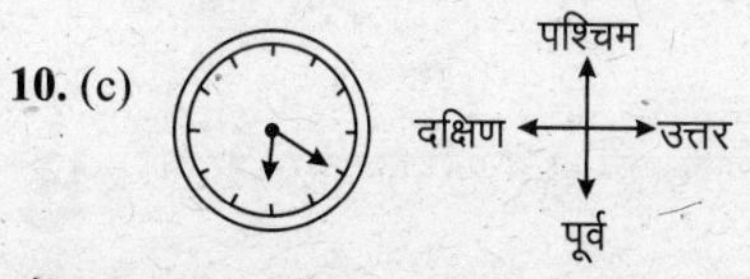

10. (c)

पश्चिम

दक्षिण ⟵ ⟶ उत्तर

पूर्व

चूंकि मिनट की सूई उत्तर-पूर्व की ओर इशारा करती है इसलिए घण्टे की सूई पूर्व की ओर इशारा करेगी।

11. (d)

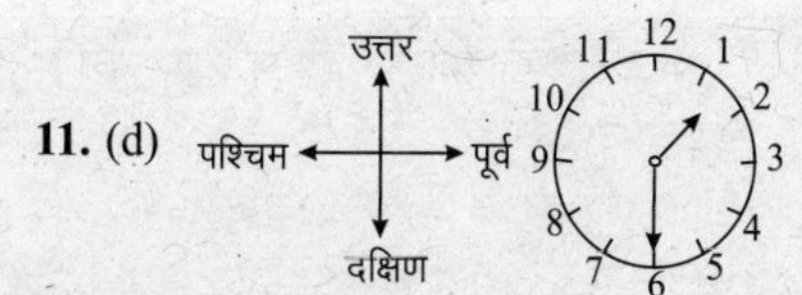

अर्थात् उपरोक्त स्थिति से स्पष्ट है कि 1 : 30 बजने पर मिनट की सूई दक्षिण की दिशा की ओर है, तो अवश्य ही घण्टे की सूई उत्तर-पूर्व दिशा में होगी।

12. (a) 6 फरवरी से 10 अगस्त के कुल विषम दिनों की संख्या = 2 (फरवरी) + 3 (मार्च) + 2 (अप्रैल) + 3 (मई) + 2 (जून) + 3 (जुलाई) + 3 (अगस्त) = 18

∴ $\frac{18}{7} \Rightarrow$ शेषफल = 4

अत: अभीष्ट दिन = शुक्रवार + 4 = मंगलवार

यदि फरवरी माह 29 दिनों का हो, तो कुल विषम दिनों की संख्या पहले से 1 अधिक होगी अर्थात् 19 दिन

∴ शेषफल = 5 दिन

∴ अभीष्ट दिन = शुक्रवार + 5 = बुधवार

अत: अभीष्ट उत्तर होगा = मंगलवार या बुधवार

13. (c) कुल संख्या = दोनों वर्षों का अन्तर + दोनों तिथियों के बीच पड़ने वाले लीप वर्षों की संख्या

= (1996 – 1980) + 4 = 20

∴ $\frac{20}{7} \Rightarrow$ शेषफल = 6

अत: अभीष्ट दिन = बुधवार – 6 = बृहस्पतिवार

14. (d) 1993-1-15

2004-8-17

जनवरी फरवरी

↓ ↓

सोमवार + (11 + 2) + (3 + 1 + 3 + 2 + 3 + 2 + 3) + 2 = सोमवार + 32

= सोमवार + 4 = शुक्रवार

15. (c) रविवार के तीन दिन पहले बृहस्पतिवार होगा। अत: तिथि 10 को बृहस्पतिवार होगा।

इसलिए (10 – 7) = 3 तिथि को बृहस्पतिवार होगा। अत: तिथि 2 को बुधवार पड़ेगा।

16. (a) क्योंकि माह की तिथि 4 को शनिवार है।

अत: 3 सप्ताह बाद (4 + 3 × 7)

= 25 तिथि को भी शनिवार पड़ेगा।

25 के 2 दिन बाद अर्थात् 27 तिथि को सोमवार पड़ेगा।

17. (c) 15 मार्च, 1999 से 10 जुलाई, 1999 तक कुल दिनों की संख्या

= 16 + 30 + 31 + 30 + 10 = 117

117 = (16 × 7 + 5)

अत: कुल विषम दिन = 5

अत: सोमवार से 5 विषम दिन आगे शनिवार होगा।

अत: 10 जुलाई, 1999 को शनिवार होगा।

18. (a) माह की 9 तिथि

= सोमवार – 1 दिन = रविवार

चूंकि माह की 2 तिथि भी रविवार ही होगा।

अत: माह की 1 तिथि को शनिवार होगा।

❑❑❑

11 गणितीय संक्रियाएँ

- दिए गए गणितीय व्यंजक के वास्तविक गणितीय/अक्षर युक्त चिन्हों को प्रश्नानुसार परिवर्तित करते हुए व्यंजक को हल करने की प्रक्रिया को गणितीय संक्रियाएँ कहते हैं।
- गणितीय संक्रियाओं के अन्तर्गत '+', '–', '÷' , '×' तथा 'P', 'Q' एवं कभी-कभी 'बड़ा है', 'छोटा है' , 'बराबर है' आदि चिन्हों का भी प्रयोग होता है। परीक्षार्थियों को दिए गए व्यंजक में प्रयुक्त चिन्हों को प्रश्नानुसार परिवर्तित करते हुए व्यंजक को हल करना होता है।
- गणितीय संक्रियाओं को हल करने से पहले BODMAS सूत्र के प्रयोग की जानकारी आवश्यक है।

B – Bracket (कोष्ठक)
O – Of (का)
D – Division (भाग)
M – Multiplication (गुणा)
A – Addition (जोड़)
S – Subtraction (घटाव)

अत: गणितीय व्यंजक का हल उपर्युक्त BODMAS सूत्र के क्रम में करना चाहिए अर्थात् सबसे पहले 'कोष्ठक', फिर 'का', फिर 'भाग' इसके बाद 'गुणा', फिर 'जोड़' तथा सबसे अन्त में 'घटाव' को हल करना चाहिए।

हल सहित उदाहरण

उदाहरण 1: यदि '÷' का अर्थ '+', '–' का अर्थ '÷' '×' का अर्थ '–' और '+' का अर्थ '×' हो, तो—

$$\frac{(36\times4)-8\times4}{4+8\times2+16\div1}=?$$

(a) 2 (b) 0
(c) 5 (d) 4

हल: (b) दिया गया व्यंजक $=\frac{(36\times4)-8\times4}{4+8\times2+16\div1}$ प्रश्नानुसार,गणितीय चिन्हों को परिवर्तित करने पर, $\frac{(36-4)\div8-4}{4\times8-2\times16+1}=\frac{32\div8-4}{32-32+1}=\frac{4-4}{1}=\frac{0}{1}=0$

उदाहरण 2: यदि 'P' का अर्थ '÷', 'Q' का अर्थ '×', 'R' का अर्थ '+' और 'S' का अर्थ '–' हो, तो—

18 Q 12 P 4 R 5 S 6 = ?

(a) 65 (b) 36
(c) 53 (d) 59

हल: (c) दिया गया व्यंजक 18 Q 12 P 4 R 5 S 6 = ?

प्रश्नानुसार, अक्षरों को गणितीय चिन्हों में परिवर्तित करने पर,

$18 \times 12 \div 4 + 5 - 6 = ?$

या $? = 18 \times 3 + 5 - 6 = 59 - 6 = 53$

अत: $? = 53$

उदाहरण 3: किसी निश्चित सांकेतिक भाषा में A ÷ B का तात्पर्य है A को B में जोड़ें, A – B का तात्पर्य है A को B से गुणा करें, A × B का तात्पर्य है A को B से भाग दें और A + B का तात्पर्य है B को A से घटाएँ, तो 96 × 12 ÷ 2 – 8 + 16 का कुल मान क्या होगा?

(a) 8 (b) 24
(c) 28 (d) 4

हल: (a) दिया गया व्यंजक

$96 \times 12 \div 2 - 8 + 16 = ?$

प्रश्नानुसार, अक्षरों को गणितीय चिन्हों में परिवर्तित करने पर, $96 \div 12 + 2 \times 8 - 16 = ?$

या $? = 8 + 16 - 16 = 8$

उदाहरण 4: गणित की एक काल्पनिक संक्रिया में — से भाग का अभिप्राय है, + का अर्थ गुणा करना है, ÷ का अर्थ घटाना है, × का अर्थ जोड़ना हो, तो नीचे दिए गए समीकरणों में कौन-सा सही है?

(a) $6 \div 20 \times 12 + 7 - 1 = 70$
(b) $6 + 20 - 12 \div 7 \times 1= 62$
(c) $6 - 20 \div 12 \times 7 + 1 = 57$
(d) $6 + 20 - 12 \div 7 - 1= 38$

हल: (a) विकल्प (a) लेने पर,

प्रश्नानुसार, गणितीय चिन्हों को परिवर्तित करने पर,

$6 - 20 + 12 \times 7 \div 1 = 6 - 20 + 12 \times 7$
$= 6 - 20 + 84 = 70$

अत: प्रश्नानुसार, विकल्प (a) में प्रयुक्त उत्तर सही है।

उदाहरण 5: नीचे दिए गए व्यंजक में किन दो चिन्हों को आपस में परिवर्तित करने पर व्यंजक सन्तुलित हो जाएगा?

$20 \div 4 - 8 + 5 \times 2 = 3$

(a) +, × (b) ×, ÷
(c) ÷, + (d) +, –

हल: (d) दिया गया व्यंजक, $20 \div 4 - 8 + 5 \times 2 = 3$

विकल्प (d) से, $20 \div 4 + 8 - 5 \times 2 = 3$
$\Rightarrow 5 + 8 - 10 = 3$
$\Rightarrow 13 - 10 = 3$
$\Rightarrow 3 = 3$

प्रश्नमाला

1. यदि जोड़ को A, भाग को B, घटाना को C तथा गुणा को D कहा जाए, तो निम्न समीकरण का मान क्या होगा?
18 D 2 C 20 A 2 A 18 B 9 = ?
(a) 16 (b) 20
(c) 13 (d) 15

2. एक सांकेतिक भाषा में A ÷ B का तात्पर्य है A को B से जोड़ें, A – B का तात्पर्य है A को B से गुणा करें, A × B का तात्पर्य है A को B से भाग दें और A + B का तात्पर्य है B को A से घटाएँ, तो—
72 × 9 ÷ 8 – 6 + 2 = ?
(a) 60 (b) 42
(c) 12 (d) 48

3. यदि '–' से भाग का अभिप्राय हो, '+' का अर्थ गुणा करना हो, '÷' का अर्थ घटाना हो और '×' का अर्थ जोड़ना हो, तो निम्न में से कौन-सा व्यंजक सही है?
(a) 16 ÷ 36 × 28 + 120 – 12 = 236
(b) 16 ÷ 36 × 28 + 120 – 12 = 240
(c) 16 ÷ 36 × 28 + 120 – 12 = 260
(d) 16 ÷ 36 × 28 + 120 – 12 = 236

4. यदि – का अर्थ ÷, + का अर्थ ×, ÷, का अर्थ – तथा × का अर्थ + हो, तो निम्न में से कौन-सा व्यंजक सही है?
(a) 52 ÷ 4 + 5 × 8 – 2 = 36
(b) 43 × 7 ÷ 5 + 4 – 8 = 25
(c) 34 × 4 – 12 + 5 ÷ 3 = 420
(d) 36 – 12 × 6 ÷ 3 + 4 = 60

5. यदि ÷ बड़े को, × जोड़ को, + भाग को, – बराबरी को, > गुणा को, = छोटे को, < घटाने को दर्शाता है, तो निम्नलिखित में से कौन-सा व्यंजक सही है?
(a) 3 > 2 < 4 – 6 × 3 × 2
(b) 3 × 2 × 4 = 6 + 3 < 2
(c) 3 + 2 < 4 ÷ 6 > 3 × 2
(d) 3 × 2 < 4 ÷ 6 + 3 < 2

6. यदि → जोड़ को, ← घटाने को, ↑ भाग को, ↓ गुणा को तथा ↗ बराबरी को दर्शाता हो, तो निम्नलिखित में से कौन-सा व्यंजक सही है—
(a) 3 ↓ 6 ↑ 2 → 3 ← 6 ↗ 5
(b) 2 ↓ 5 ← 6 → 2 ↗ 6
(c) 7 ← 43 ↑ 6 ↓ 1 ↗ 4
(d) 5 → 7 ← 3 ↑ 2 ↗ 4

7. यदि '+' का अर्थ '–', '–' का अर्थ '×', '÷' का अर्थ '+' और '×' का अर्थ '÷' हो, तो निम्नलिखित व्यंजक का मान क्या होगा?
10 × 5 ÷ 3 – 2 + 3 = ?
(a) 10 (b) 15
(c) 5 (d) 12

8. यदि ★ का तात्पर्य +, $ का तात्पर्य ×, # का तात्पर्य ÷, और @ का तात्पर्य – हो, तो—
552#12$2★ 15@27 = ?
(a) 60 (b) 100
(c) 70 (d) 80

9. गणित की एक काल्पनिक संक्रिया में + से गुणा का अभिप्राय है, × का अर्थ घटाना है, ÷ का अर्थ जोड़ना है और – का अर्थ भाग देना है। इस गणित की संक्रिया में अन्य सभी नियम वहीं है, जो कि चालू प्रणाली में हैं। इनमें से कौन-सा निम्नलिखित भिन्न का उत्तर है?
175 – 25 ÷ 5 + 20 × 3 + 10
(a) 160 (b) 2370
(c) 77 (d) 240

10. यदि '<' का अर्थ है '–', '>' का अर्थ है '+', '=' का अर्थ है '×' तथा '$' का अर्थ है '÷' तो **27 > 81 $ 9 < 8 = 2** का मान क्या होगा?
(a) 35 (b) 20
(c) 18 (d) 25

11. यदि ÷ का अर्थ जोड़ना, × का अर्थ घटाना, तब (15 × 9) ÷ (12 × 4) ÷ (12 × 4) × (4 ÷ 4) बराबर है —
(a) 36 (b) 3/128
(c) 143/8 (d) 6

12. यदि A का अर्थ है +, B का अर्थ –, C का अर्थ × हो, तो (10C4) A (4C4) B6 का मान होगा?
(a) 46 (b) 50
(c) 56 (d) 60

13. यदि + को P से, – को M से, × को N से तथा ÷ को O से निरूपित किया जाए, तो नीचे दिए गए समीकरण का मान क्या होगा?
6 N 9 P 11 M 5 O 2 = ?
(a) 61. 5 (b) 62.5
(c) 59 (d) 43

14. यदि जोड़ को Δ, घटाव को ○, गुणा को ◇ तथा भाग ⌂ मान लिया जाए, तो निम्नलिखित व्यंजक का मान क्या होगा?
4 Δ 3 ◇ 16 ⌂ 8 ○ 5 = ?
(a) 5 (b) 8
(c) 10 (d) 12

15. यदि 2 को ▱, 3 को Δ, 4 को * तथा 5 को ⌂ मान लिया जाए, तो निम्नलिखित व्यंजक का मान क्या होगा?
3 + 4 – 5 × 2 ÷ 5 = ?
(a) ▱ (b) ⌂
(c) * (d) Δ

निर्देश (प्र. सं. 16 – 19)—नीचे प्रत्येक प्रश्न में एक व्यंजक दिया गया है, जो किन्हीं दो चिन्हों को आपस में परिवर्तित कर देने से सन्तुलित हो जाता है। बताइए कि किन दो चिन्हों को आपस में परिवर्तित कर देने से व्यंजक सन्तुलित हो जाएगा?

16. **20 ÷ 11 – 10 × 2 + 2 = 21**
(a) × तथा + (b) + तथा ÷
(c) – तथा ÷ (d) – तथा +

17. **16 + 8 ÷ 5 – 2 × 4 = 14**
(a) ÷ तथा – (b) × तथा +
(c) – तथा + (d) × तथा –

18. नीचे दिए गए व्यंजक में यदि सही उत्तर तक पहुँचना है, तो दिए गए व्यंजक के लिए उपयुक्त चिन्ह क्या होने चाहिए?
17 – 3 × 6 = 45
(a) –, ×, = (b) ×, =, –
(c) ×, –, = (d) =, ×, –

19. नीचे दिए गए व्यंजक में यदि सही उत्तर तक पहुँचना है, तो विकल्प में दिए गए चिन्हों में से कौन-सा विकल्प उपयुक्त होगा?
1 2 3 4 8 = 0
(a) ÷, +, ÷ (b) –, –, –
(c) –, +, + (d) ÷, +, –

निर्देश (प्र. सं. 20 – 21)—नीचे प्रत्येक प्रश्न में एक व्यंजक दिया गया है जिसके दो चिन्हों तथा दो संख्याओं में आपसी परिवर्तन कर देने से व्यंजक सन्तुलित हो जाता है। बताइए यह परिवर्तन किस प्रकार किया जाना चाहिए?

20. **1 + 18 – 2 ÷ 5 × 3 = 11**
(a) × तथा ÷, 2 तथा 3
(b) + तथा –, 1 तथा 5
(c) ÷ तथा –, 5 तथा 1
(d) – तथा ÷, 3 तथा 5

21. **11 – 3 + 5 × 7 + 2 = 22**
(a) × तथा +, 2 तथा 3
(b) – तथा ×, 3 तथा 5
(c) × तथा +, 3 तथा 5
(d) + तथा –, 2 तथा 3

उत्तर (हल/संकेत)

1. (b) दिया गया व्यंजक
= 18 D 2 C 20 A 2 A 18 B 9
प्रश्नानुसार, गणितीय चिन्हों को परिवर्तित करने पर
$18 \times 2 - 20 + 2 + 18 \div 9$
$= 18 \times 2 - 20 + 2 + 2$
$= 36 - 20 + 4 = 20$

2. (a) दिया गया व्यंजक
$72 \times 9 \div 9 - 6 + 2$
प्रश्नानुसार, गणितीय चिन्हों को परिवर्तित करने पर,
$72 \div 9 + 9 \times 6 - 2$
$= 8 + 9 \times 6 - 2$
$= 8 + 54 - 2 = 60$

3. (c) विकल्प (c) लेने पर,
प्रश्नानुसार, गणितीय चिन्ह परिवर्तित करने पर नया व्यंजक
$= 16 - 36 + 28 \times 120 \div 12$
$16 - 36 + 28 \times 10$
$= 280 - 20 = 260$
अत: प्रश्नानुसार हल करने पर विकल्प (c) में प्रयुक्त उत्तर सही है।

4. (a) व्यंजक
$= 52 \div 4 + 5 \times 8 - 2 = 36$
प्रश्नानुसार, गणितीय चिन्हों को परिवर्तित करने पर,
$52 - 4 \times 5 + 8 \div 2$
$= 52 - 4 \times 5 + 4$
$= 52 - 20 + 4 = 36$

5. (d) विकल्प (d) में चिन्हों को परिवर्तित करने पर,
$3 + 2 - 4 > 6 \div 3 - 2$
$\Rightarrow 5 - 4 > 2 - 2$
$\Rightarrow 1 > 0$
$\Rightarrow 1 > 0$

6. (b) विकल्प (b) में चिन्हों को परिवर्तित करने पर,
$2 \times 5 - 6 + 2 = 6$
$\Rightarrow 10 - 6 + 2 = 6$
$\Rightarrow 12 - 6 = 6$
$\Rightarrow 6 = 6$

7. (c) दिया गया व्यंजक
$= 10 \times 5 \div 3 - 2 + 3$
प्रश्नानुसार, गणितीय चिन्हों को परिवर्तित करने पर,
$10 \div 5 + 3 \times 2 - 3$
$= 2 + 3 \times 2 - 3$
$= 2 + 6 - 3$
$= 8 - 3$
$= 5$

8. (d) दिया गया व्यंजक
= 552 ÷ 12$2 * 15 – 15 – 27
= ?
प्रश्नानुसार, संकेत के स्थान पर गणितीय मान रखने पर, नया व्यंजक
$= 552 \div 12 \times 2 + 15 - 27$
= ?
या $? = 46 \times 2 + 15 - 27$
$= 92 + 15 - 27$
$= 107 - 27$
$= 80$

9. (c) दिया गया व्यंजक
$= 175 - 25 \div 5 + 20 \times 3 + 10$
प्रश्नानुसार, गणितीय चिन्होंको परिवर्तित करने पर,
$175 \div 25 + 5 \times 20 - 3 \times 10$
$= 7 + 100 - 30$
$= 77$

10. (b) दिया गया व्यंजक
= 27 > 81$9 < 8 = 2
प्रश्नानुसार, चिन्हों को परिवर्तित करने पर,
$27 + 81 \div 9 - 8 \times 2$
$= 27 + 9 - 16$
$= 36 - 16$
$= 20$

11. (d) दिया गया व्यंजक
$= (15 \times 9) \div (12 + 4) \times (4 \div 4)$
प्रश्नानुसार, गणितीय चिन्होंको परिवर्तित करने पर,
$(15 - 9) + (12 - 4) - (4 + 4)$
$= 6 + 8 - 8$
$= 6$

12. (b) दिया गया व्यंजक = (10 C 4) A (4 C 4) B 6
प्रश्नानुसार चिन्हों को बदलने पर,
$(10 \times 4) + (4 \times 4) - 6$
$= 40 + 16 - 6$
$= 50$

13. (b) दिया गया व्यंजक = 6 N 9 P 11 M 5 0 2
प्रश्नानुसार, गणितीय चिन्हों को परिवर्तित करने पर,
$6 \times 9 + 11 - 5 \div 2$
$= 6 \times 9 + 11 - 2.5$
$= 54 + 11 - 2.5$
$= 65 - 2.5 = 62.5$

14. (a) दिया गया व्यंजक
= 4 Δ 3 ◇ 16 ⌂ 8 ○ 5
प्रश्नानुसार, प्रतीकों को चिन्हों में परिवर्तित करने पर,
$4 + 3 \times 16 \div 8 - 5$
$= 4 + 3 \times 2 - 5 = 4 + 6 - 5$
$= 10 - 5 = 5$

15. (b) दिया गया व्यंजक
$= 3 + 4 - 5 \times 2 \div 5$
$= 7 - 5 \times \frac{2}{5} = 7 - 2 = 5 =$ ⌂

16. (b) दिया गया व्यंजक $= 20 \div 11 - 10 \times 2 + 2 = 21$
विकल्प (b) के अनुसार चिन्हों को आपस में परिवर्तित करने पर,
$20 + 11 - 10 \times 2 \div 2 = 21$
$\Rightarrow 20 + 11 - 10 \times 1 = 21$
$\Rightarrow 31 - 10 = 21$
$\Rightarrow 21 = 21$

17. (a) दिया गया व्यंजक $= 16 + 8 \div 5 - 2 \times 4 = 14$
विकल्प (a) के अनुसार चिन्हों को आपस में परिवर्तित करने पर,
$16 + 8 - 5 \div 2 \times 4 = 14$
$\Rightarrow 16 + 8 - \frac{5}{2} \times 4 = 14$
$\Rightarrow 16 + 8 - 10 = 14$
$\Rightarrow 24 - 10 = 14$
$\Rightarrow 14 = 14$

18. (c) दिया गया व्यंजक
$= 17 - 3 \times 6 = 45$
विकल्प (c) के अनुसार चिन्हों को रखने पर,
$17 \times 3 - 6 = 45$
$\Rightarrow 51 - 6 = 45$
$\Rightarrow 45 = 45$

19. (d) दिया गया व्यंजक
= 1 2 3 4 8
= 0

विकल्प (d) के अनुसार चिन्हों को रखने पर,

$12 \div 3 + 4 - 8 = 0$

$\Rightarrow 4 + 4 - 8 = 0$

$\Rightarrow 8 - 8 = 0$

$\Rightarrow 0 = 0$

20. (c) दिया गया व्यंजक

$= 1 + 18 - 2 \div 5 \times 3$

$= 11$

विकल्प (c) के अनुसार चिन्हों तथा संख्याओं को आपस में परिवर्तित करने पर,

$5 + 18 \div 2 - 1 \times 3 = 11$

$5 + 9 - 3 = 11$

$14 - 3 = 11$

$\Rightarrow 11 = 11$

21. (a) दिया गया व्यंजक

$= 11 - 3 + 5 \times 7 + 2$

$= 22$

विकल्प (b) के अनुसार चिन्हों तथा संख्याओं को आपस में परिवर्तित करने पर,

$11 - 2 \times 5 + 7 \times 3 = 22$

$\Rightarrow 11 - 10 + 21 = 22$

$\Rightarrow 32 - 10 = 22$

$\Rightarrow 22 = 22$

❑❑❑

12 गणितीय तर्कशक्ति

गणितीय तर्कशक्ति के अन्तर्गत जो प्रश्न पूछे जाते हैं, वे गणितीय नियमों पर ही आधारित होते हैं, जिनका मुख्य उद्देश्य परीक्षार्थियों की सामान्य बौद्धिक क्षमता का आकलन करना होता है। इस प्रकार के प्रश्नों को हल करने के लिए गणितीय योग्यता के साथ-साथ तार्किक क्षमता तथा बौद्धिक और व्यावहारिक ज्ञान की भी आवश्यकता होती है।

इस प्रकार के प्रश्नों को निम्नलिखित उदाहरणों द्वारा समझाया गया है। अत: छात्र इन उदाहरणों का ध्यानपूर्वक अध्ययन करें।

हल सहित उदाहरण

उदाहरण 1: कितने समय में एक बन्दर 60 फीट लम्बे पेड़ के शीर्ष पर पहुँच जाएगा, यदि वह एक सेकण्ड में 3 फीट उछलता है और तुरन्त 2 फीट गिर जाता है?

(a) 60 सेकण्ड

(b) 50 सेकण्ड

(c) 58 सेकण्ड

(d) 57 सेकण्ड

हल: (c) पेड़ की लम्बाई = 60 फीट

बन्दर पहले सेकण्ड में 3 फीट ऊपर जाता है एवं 2 फीट नीचे गिर जाता है अर्थात् 1 सेकण्ड में वह केवल $3 - 2 = 1$ फीट ऊपर चढ़ पाता है।

$\therefore$ बन्दर 1 फीट ऊपर चढ़ता है = 1 सेकण्ड में

$\therefore$ 57 फीट चढ़ेगा = 57 सेकण्ड में

तथा शेष 3 फीट वह अगले सेकण्ड में चढ़ेगा।

अत: बन्दर द्वारा पेड़ पर चढ़ने में लिया गया कुल समय

$= 57 + 1 = 58$ सेकण्ड

उदाहरण 2: एक बस शहर *A* से रवाना होती है। इस बस में औरतों की संख्या पुरुषों की संख्या की आधी है। शहर *B* में बस से 10 पुरुष उतर जाते हैं और 5 औरतें बस में चढ़ जाती हैं और इस प्रकार इस बस में पुरुषों और औरतों की संख्या बराबर हो जाती है। बताइए कि प्रारम्भ में इस बस में कुल कितनी सवारी थी?

(a) 15 (b) 30

(c) 36 (d) 45

हल: (d) माना प्रारम्भ में औरतों की संख्या x है।

तो पुरुषों की संख्या $= 2 \times x = 2x$

प्रश्नानुसार, $(2x - 10) = (x + 5)$

या $2x - 10 = x + 5$

या $2x - x = 10 + 5$

$\therefore x = 15$

$\therefore$ प्रारम्भ में बस में सवार यात्रियों की अभीष्ट संख्या

$= x + 2x = 3x = 3 \times 15 = 45$

उदाहरण 3: एक पुत्र और उसके पिता की आयु का योग 40 वर्ष है। सोलह साल के बाद "ता की आयु पुत्र की आयु से दोगुनी होगी। इस समय पुत्र की आयु कितनी है?

(a) 4 वर्ष

(b) 6 वर्ष

(c) 8 वर्ष

(d) 10 वर्ष

हल: (c) माना पुत्र की वर्तमान आयु = x वर्ष तथा पिता की वर्तमान आयु = y वर्ष है,

तो प्रश्नानुसार, $= x + y = 40$ ...(i)

तथा $y + 16 = 2(x + 16)$

$\Rightarrow y + 16 = 2x + 32$

$\Rightarrow 2x - y = -16$ ...(ii)

समी (i) और (ii) से,

$x = 8$ वर्ष

उदाहरण 4: *A* और *B* दो शाखाओं पर कुछ पक्षी बैठे हैं। यदि शाखा *A* से एक पक्षी उड़कर शाखा *B* पर बैठ जाता है, तो दोनों शाखाओं पर पक्षियों की संख्या समान हो जाती है। किन्तु यदि शाखा *B* से पक्षी उड़कर शाखा *A* पर बैठ जाती है। तो शाखा *A* पर बैठे पक्षियों की संख्या *B* पर बैठे पक्षियों की मूल (प्रारम्भिक) संख्या की दोगुनी हो जाती है। बताएँ कि प्रारंभ में शाखा *A* पर बैठे पक्षियों की संख्या कितनी थी?

(a) 6 (b) 5

(c) 4 (d) 7

हल: (b) माना A शाखा पर बैठे पक्षियों की संख्या x तथा B शाखा पर बैठे पक्षियों की संख्या y है।

तो प्रश्नानुसार, $x - 1 = y + 1$

तथा $x = y + 2$ ...(i)

$x + 1 = 2y$

$x = 2y - 1$ ...(ii)

समी (ii) से x का मान समी. (i) में रखने पर,

$2y - 1 = y + 2$

$y = 3$

अत: $x = y + 2 \Rightarrow 3 + 2 = 5$

प्रश्नमाला

1. एक कार्यालय में $\frac{1}{3}$ कर्मचारी महिलाएँ हैं, महिलाओं में $\frac{1}{2}$ विवाहित हैं और विवाहित महिलाओं में से $\frac{1}{3}$ के बच्चे हैं। यदि पुरुषों में से $\frac{3}{4}$ विवाहित हैं और विवाहित पुरुषों में से $\frac{2}{3}$ के बच्चे भी हैं, तो कर्मचारियों का कितना भाग बिना बच्चों का है?

(a) $\frac{5}{18}$ (b) $\frac{4}{7}$

(c) $\frac{11}{18}$ (d) $\frac{17}{36}$

2. तरूण की आयु एक पूर्णांक संख्या का घन है। दो वर्ष पूर्व यह एक अन्य पूर्णांक का वर्ग था। तरूण को कितने वर्ष प्रतीक्षा करनी होगी, जब उसकी आयु फिर किसी पूर्णांक का घन हो जाए?

(a) 2 वर्ष (b) 10 वर्ष

(c) 37 वर्ष (d) 39 वर्ष

3. एक बन्दर 12 मी ऊँचे चिकने खम्भे पर चढ़ता है। वह पहले मिनट में 2 मी चढ़ता है और अगले मिनट में 1 मी नीचे फिसल जाता है आगे भी इसी प्रकार का क्रम जारी रहे, तो वह कितने मिनट में खम्भे के शीर्ष पर पहुँच जाएगा?

(a) 21 (b) 15

(c) 10 (d) 20

4. कुछ घोड़े और उतनी ही संख्या में आदमी कहीं जा रहे हैं। आधे आदमी अपने घोड़े पर बैठे हैं, जबकि शेष आदमी अपने घोड़े का नेतृत्व करते हुए पैदल चल रहे हैं। यदि जमीन पर चल रहे पैरों की संख्या 70 हो, तो बताइए कि घोड़ों की संख्या कितनी है?

(a) 10 (b) 12

(c) 14 (d) 16

5. एक खुदरा दुकान में, 54 अलमारियाँ थी। प्रत्येक अमलमारी में 28 रैक बने थे। प्रत्येक रैक में 10 बॉक्स रखे थे। प्रत्येक बॉक्स में 4 कमीजें रखी थीं। एक दिन 500 बॉक्स बेचे गए और 250 खरीदे गए। उस दिन कितनी कमीजें थी?

(a) 60380 (b) 59360

(c) 59580 (d) 59480

6. रमेश को कुछ आम मिले, जिनमें पके हुए आमों की संख्या, कच्चे आमों से तीन गुनी थी। यदि उसे कुल 68 आम मिले, तो उनमें से कितने कच्चे थे?

(a) 17 (b) 16

(c) 34 (d) 18

7. एक मशीन जो एक फीते को 10 मी के टुकड़ों में काटती है, उसे एक बार काटने में 6 सेकेण्ड लगते हैं। उसे 3 किमी लम्बा फीता पूरी तरह से टुकड़ों में काटने में कितना समय लगेगा?

(a) 174 सेकेण्ड (b) 180 सेकेण्ड

(c) 1794 सेकेण्ड (d) 1800 सेकेण्ड

8. कितनी बत्तखें कम-से-कम संख्या में फॉर्मेशन बना कर तैर सकती हैं, यदि एक बत्तख के आगे दो बत्तखें हैं और एक बत्तख के पीछे दो बत्तखें हैं और दो बत्तखों के बीच में एक बत्तख हो?

(a) तीन (b) चार

(c) पाँच (d) छ:

9. 60 परिवारों में से 30% परिवारों के पास अपनी-अपनी कार हैं। शेष परिवारों के 50% परिवारों के पास अपनी-अपनी मोटरसाइकिल है। शेष परिवारों में प्रत्येक के पास अपनी साइकिल है। कितने परिवारों के पास अपनी साइकिल है?

(a) 12 (b) 21

(c) 18 (d) 42

10. एक क्लब में 19 हॉकी खिलाड़ी हैं। एक विशेष दिन 14 खिलाड़ी निर्धारित हॉकी शर्ट पहने हुए थे। उनमें कोई भी बिना हॉकी, पैण्ट अथवा शर्ट के नहीं था। 11 खिलाड़ी निर्धारित हॉकी पैण्ट पहने हुए थे। कितने खिलाड़ी पूरी वर्दी में थे?

(a) 7 (b) 8

(c) 6 (d) 9

11. एक सन्तरे की कीमत ₹ 7 है और एक तरबूज की कीमत ₹ 5 है। श्याम ने दोनों फल ₹ 38 में खरीदे। उसके द्वारा खरीदे गए सन्तरों की संख्या क्या हैं?

(a) 2

(b) 3

(c) 4

(d) उपरोक्त में से कोई नहीं

12. एक पुस्तक में 300 पृष्ठ हैं और प्रत्येक पृष्ठ पर 10-10 शब्दों की 20 पंक्तियाँ हैं तो पुस्तक में कुल कितने शब्द हैं?

(a) 6000 (b) 60000

(c) 66000 (d) 600000

13. एक ईंट के भट्टे में 100 ईंटें थी। तापन प्रक्रिया में उनमें से $\frac{1}{4}$ दो टुकड़ों में टूट गई थी और $\frac{1}{5}$ के तीन टुकड़े हो गए थे। कितनी पूरी (अखण्डित) ईंटें शेष बचीं?

(a) 40 (b) 45

(c) 55 (d) 56

14. एक मैदान में कुछ बत्तख और बकरे हैं। कुल मिलाकर 77 सिर और 224 पैर हैं, तो बत्तखों की संख्या कितनी है?

(a) 42 (b) 30

(c) 32 (d) 47

15. एक बस जब चली, तो उसमें निश्चित संख्या में कुछ यात्री बैठे हुए थे। पहले स्टॉप पर बस से आधे यात्री उतर गए और 35 यात्री बस में चढ़े। दूसरे स्टॉप पर 1/5 यात्री उतर गए और 40 यात्री चढ़े। उसके बाद बस में 80 यात्री थे और वह बिना रुके गन्तव्य स्थल की ओर गये तो आरम्भ में बस में कितने यात्री थे?

(a) 25 (b) 30

(c) 40 (d) 50

16. एक बस पुरुषों तथा उनकी आधी संख्या के बराबर महिलाओं को लेकर दिल्ली से चलती है। मेरठ पहुँचने पर दस पुरुष उतर जाते हैं तथा पाँच महिलाएँ सवार हो जाती हैं। अब बस में पुरुषों तथा महिलाओं की संख्या बराबर है। प्रारम्भ में दिल्ली में कुल कितने यात्री बस में सवार हुए थे?

(a) 36 (b) 45

(c) 15 (d) 30

17. कुछ मित्रों ने मिलकर एक पिकनिक पर जाने की सोची तथा खाने पर ₹96 खर्च करने का प्लान बनाया, परन्तु इनमें से चार पिकनिक पर नहीं जा सके, परिणामस्वरूप प्रत्येक को ₹4 अधिक देने पड़े तो कितने लोग पिकनिक पर गए?

(a) 8 (b) 16
(c) 12 (d) 24

18. यदि 5 से भाग होने वाली सभी संख्याओं और जिनमें से एक अंक 5 आता है उनमें से 1 से 50 के बीच से 5 का अंक हटा दिया जाए, तो कितनी संख्याएँ शेष रहेंगी?

(a) 38 (b) 41
(c) 40 (d) 42

19. किसी बाड़े में कुछ खरगोश एवं कबूतर रखे गए हैं, जिनके पैरों की कुल संख्या 224 है, जबकि सिरों की संख्या 90 है। बताइए कि इस बाड़े में रखे गए कबूतरों की संख्या कितनी है?

(a) 22 (b) 58
(c) 68 (d) 75

20. यदि एक पार्टी में प्रत्येक ने प्रत्येक को एक गिफ्ट दिया। यदि वितरित किए गए कुल गिफ्टों की संख्या 90 थी, तो पार्टी में कुल कितने व्यक्ति शामिल थे?

(a) 9 (b) 10
(c) 11 (d) 12

21. एक परीक्षा में प्रत्येक सही उत्तर के 4 अंक मिलते हैं तथा प्रत्येक गलत उत्तर का 1 अंक काट लिया जाता है। यदि एक परीक्षार्थी ने 75 प्रश्न हल किए हों, तो उसे कुल 125 अंक मिले हों, तो उसके कितने उत्तर सही थे?

(a) 50 (b) 40
(c) 35 (d) 42

22. कुछ मित्रों ने पिकनिक पर जाने का निर्णय लिया तथा इस पर ₹ 768 खर्च करना निश्चित किया। इनमें से चार मित्रों के न आ पाने के कारण प्रत्येक मित्र को ₹ 16 अतिरिक्त देना पड़ा। कुल कितने मित्र पिकनिक पर गए?

(a) 10 (b) 12
(c) 14 (d) 11

23. एक छात्रावास में 600 लड़के हैं। इनमें से प्रत्येक हॉकी अथवा फुटबॉल अथवा दोनों खेल खेलता है। यदि 75% लड़के हॉकी तथा 45% लड़के फुटबॉल खेलते हों, तो कितने विद्यार्थी दोनों खेल खेलते हैं?

(a) 100 (b) 140
(c) 125 (d) 120

24. निम्नलिखित में वह अंक कौन-सा है, जो $1\frac{1}{2}$ में जोड़े जाने और $1\frac{1}{2}$ से गुणा करने पर जिसका परिणाम एक समान मिलता है।

(a) 1 (b) 3
(c) 5 (d) 7

उत्तर (हल/संकेत)

1. (c) प्रश्नानुसार, $\frac{1}{3}\times\frac{1}{2}\times\frac{1}{3}=\frac{1}{18}$

$\frac{2}{3}\times\frac{3}{4}\times\frac{2}{3}=\frac{1}{3}$

∴ अभीष्ट भाग

$=1-\left(\frac{1}{18}+\frac{1}{3}\right)=\frac{11}{18}$

2. (c) माना तरूण की वर्तमान आयु 27 वर्ष है।

∴ दो वर्ष पूर्व तरूण की आयु = 25 वर्ष

∴ 3 से अगली संख्या 4 का घन = 64

∴ अभीष्ट उत्तर 64 – 27 = 37 वर्ष

3. (a) खम्भे की ऊँचाई = 12 मी बन्दर पहले मिनट में 2 मी ऊपर जाता है एवं दूसरे मिनट में 1 मी नीचे फिसल जाता है अर्थात् 2 मिनट में वह केवल 2 – 1 = 1 मी ही ऊपर चढ़ता है।

अत: बन्दर, 12 – 2 = 10 मी ऊपर 10 × 2 = 20 मिनट में चढ़ेगा तथा शेष 2 मी वह अगले मिनट में चढ़ जाएगा।

अत: अभीष्ट समय = (20 + 1) मिनट = 21 मिनट

4. (c) माना घोड़ों की संख्या = x

तथा आदमियों की संख्या = x

चूँकि घोड़े के 4 पैर तथा आदमी के 2 पैर होते हैं

प्रश्नानुसार, $\frac{x}{2}\times 2+x\times 4=70$

$\Rightarrow$ $x+4x=70 \Rightarrow 5x=70$

∴ $x=14$

5. (d) कुल कमीजों की संख्या

= 54 × 28 × 10 × 4 = 60480

बेचे गए बॉक्स = 500

खरीदे गए बॉक्स = 250

अत: 250 बॉक्स कम हुए।

∴ 250 बॉक्स में कमीजों की संख्या

= 250 × 4 = 1000

अत: उस दिन कुल कमीजों की संख्या

= 60480 – 1000 = 59480

6. (a) माना कच्चे आमों की संख्या = x

तथा पके हुए आमों की संख्या = $3x$

प्रश्नानुसार, $x + 3x = 68$

$\Rightarrow$ $4x = 68$

$\Rightarrow$ $x = 17$

7. (d) हम जानते हैं कि 1 किमी = 1000 मी

∴ मशीन को 10 मी फीता काटने में लगा समय = 6 सेकण्ड

∴ 1000 मी फीता काटने में लगा समय = 600 सेकेण्ड

∴ 3000 मी या 3 किमी फीता काटने में लगा समय = 600 × 3 = 1800 सेकेण्ड

8. (a)

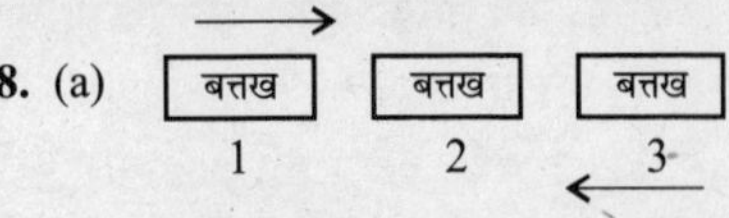

यहाँ बत्तख एक के पीछे दो बत्तखे हैं तथा बत्तख तीन के आगे दो बत्तख हैं और बत्तख एक व तीन के बीच में एक बत्तख (बत्तख दो) है।

9. (b) कार वाले परिवारों की संख्या = 60 का 30% = 18

शेष परिवारों की संख्या = 60 – 18 = 42

∴ मोटर साइकिल वाले परिवारों की संख्या = 42 का 50% = 21

साइकिल वाले परिवारों की संख्या = 42 – 21 = 21

10. (c)

हॉकी शर्ट पहने हुए ← (8 (6) 5) → हॉकी पैण्ट पहने हुए

आरेख से ज्ञात होता है कि 6 खिलाड़ी पूरी वर्दी पहने हुए थे।

11. (c) 1 सन्तरे की कीमत = ₹ 7

तथा एक तरबूज की कीमत = ₹ 5

$7 \times 4 + 5 \times 2 = ₹ 38$

$₹ 7 \times 4 + ₹ 5 \times 2 = ₹ 38$

अतः खरीदे गए सन्तरों की संख्या 4 है।

12. (b) पुस्तक में कुल शब्द $= 10 \times 20 \times 300 = 60000$

13. (c) प्रश्नानुसार,

$100 - \left(100 \text{ का } \frac{1}{4} + 100 \times \frac{1}{5}\right)$

$= 100 - 45 = 55$

14. (a) माना बत्तखों की संख्या $= x$

तथा बकरों की संख्या $= y$

चूँकि बत्तखों के 2 पैर तथा बकरे के चार पैर होते हैं।

प्रश्नानुसार, $x + y = 77$ ...(i)

तथा $2x + 4y = 224$ ...(ii)

समी (i) को 2 से गुणा करने पर,

$2x + 2y = 154$ ...(ii)

समी (ii) तथा (iii) को हल करने पर,

$x = 42$ तथा $y = 35$

15. (b) माना आरम्भ में बस में x यात्री थे।

पहले बस स्टॉप पर बस में यात्रियों की संख्या

$= x - \frac{x}{2} + 35 = \frac{x}{2} + 35$

दूसरे स्टॉप पर बस में यात्रियों की संख्या

$= \left(\frac{x}{2} + 35\right) \times \frac{4}{5} + 40$

प्रश्नानुसार,

$\left(\frac{x+70}{2}\right) \times \frac{4}{5} + 40 = 80$

$\Rightarrow \frac{4x + 280 + 400}{10} = 80$

$\Rightarrow 4x + 680 = 800$

$\Rightarrow 4x = 800 - 680 = 120$

$\Rightarrow 4x = 120$

$\Rightarrow x = \frac{120}{4} = 30$

16. (b) माना बस में पुरुषों की संख्या $= 2x$

तब, महिलाओं की संख्या $= x$

प्रश्नानुसार, $x + 5 = 2x - 10$

$\Rightarrow x = 15$

अतः प्रारम्भ में दिल्ली से सवार कुल यात्रियों की संख्या

$2x + x = 3x = 3 \times 15 = 45$

17. (a) माना पिकनिक पर x व्यक्ति गए।

$\therefore \frac{96}{x} - \frac{96}{x+4} = 4$

$\Rightarrow \frac{96(x+4) - 96x}{x(x+4)} = 4$

$\Rightarrow \frac{384}{x^2 + 4x} = 4$

$\Rightarrow x^2 + 4x = 96$

$\Rightarrow x^2 + 4x - 96 = 0$

$\Rightarrow x^2 + 12x - 8x - 96 = 0$

$\Rightarrow x(x + 12) - 8(x - 12) = 0$

$\Rightarrow (x + 12)(x - 8) = 0$

$\therefore x = 8$ [$(\therefore x = -12)$ (मान्य नहीं)]

अतः पिकनिक पर गए व्यक्तियों की संख्या = 8

18. (c) 1 से 50 तक की 5 से भाज्य तथा 5 के अंक वाली कुल संख्याएं = 5, 10, 15, 20, 25, 30, 35.

40, 45, 50 = 10 संख्याएं

अतः शेष संस्थाये = 50 – 10 = 40

19. (c) माना बाड़े में रखे कबूतरों की संख्या $= x$

तथा बाड़े में रखे खरगोशों की संख्या $= y$

प्रश्नानुसार, $2x + 4y = 224$ ...(i)

(कबूतर के दो पैर तथा खरगोश के चार पैर होते हैं।)

तथा $x + y = 90$ ...(ii)

समी (ii) को 2 से गुणा करने के बाद

$2x + 2y = 1800$ ...(iii)

समी (i) में से समी (iii) को घटाने पर,

$2y = 44$

$y = 22$

अतः $x = 90 - 22$

$= 68$

20. (b) माना व्यक्तियों की संख्या n है

तो प्रश्नानुसार, $n(n - 1) = 90$

या $n^2 = n - 90 = 0$

$\Rightarrow n^2 - 10n + 9n + 90 = 0$

$\Rightarrow n(n - 10) + 9(n - 10) = 0$

$\Rightarrow (n + 9)(n - 10) = 0$

$\Rightarrow n + 9 = 0$

$\therefore n = -9$ (n का मान ऋणात्मक नहीं होगा)

पुनः $\Rightarrow n - 10 = 0$

$\therefore n = 10$ (n का मान धनात्मक होगा)

अतः व्यक्तियों की संख्या = 10

21. (b) माना सही उत्तरों की संख्या $= x$

तब गलत उत्तरों की संख्या

$= 75 - x$

प्रश्नानुसार, $x \times 4 - (75 - x) \times 1 = 125$

$\Rightarrow 4x - 75 + x = 125$

$\Rightarrow 5x = 200$

$\Rightarrow x = \frac{200}{5} = 40$

22. (b) माना कुल मित्रों की संख्या $= x$

प्रश्नानुसार, $\frac{768}{x-4} - \frac{768}{x} = 16$

$\Rightarrow \frac{1}{(x-4)} - \frac{1}{x} = \frac{16}{768}$

$\Rightarrow \frac{1}{(x-4)} - \frac{1}{x} = \frac{1}{48}$

$\Rightarrow \frac{x - (x-4)}{x(x-4)} = \frac{1}{48}$

$\Rightarrow x^2 - 4x - 192 = 0$

$\Rightarrow x^2 - 16x + 12x - 192 = 0$

$\Rightarrow x(x - 16) + 12(x - 16) = 0$

$\Rightarrow (x + 12)(x - 16) = 0$

$\Rightarrow x = -12$

$\Rightarrow x = 16$

अतः पिकनिक पर जाने वाले मित्रों की संख्या

$= 16 - 4 = 12$

23. (d) $n(H) = 600 \times \frac{75}{100} = 450$

$n(F) = 600 \times \frac{45}{100} = 270$

$n(H \cup F) = n(H) + n(F) - n(H \cap F)$

$600 = 450 + 270 - n(H \cap F)$

$\Rightarrow n(H \cap F) = (450 + 270) - 600$

$\Rightarrow n(H \cap F) = 720 - 600$

$\Rightarrow n(H \cap F) = 120$

अतः 120 विद्यार्थी दोनों खेल खेलते हैं।

24. **(b)** माना संख्या x है

तो प्रश्नानुसार, $1\frac{1}{2} + x = 1\frac{1}{2} \times x$

$\Rightarrow \frac{3}{2} + x = \frac{3}{2} \times x$

$\Rightarrow 3 + 2x = 3x$

$\Rightarrow 3x - 2x = 3$

$\Rightarrow x = 3$

❑❑❑

13 लुप्त संख्या ज्ञात करना

- सामान्य मानसिक योग्यता के अन्तर्गत कुछ ऐसे प्रश्न भी दिए जाते हैं, जिनमें त्वरित मानसिक गणना (fast mental calculation) की आवश्यकता होती है, क्योंकि इस प्रकार के प्रश्नों में कुछ अंकों या संख्याओं को किसी विशेष तार्किक व गणितीय गणना के आधार पर किसी आरेख (Diagram), चित्र (Figure) या ज्यामितीय आकृति (Geometrical Design) अथवा तालिका या सारणी (Table) में संस्थापित किया जाता है। अलग-अलग समूहों (Groups) में बँटी संख्याओं में कोई एक संख्या लुप्त या गायब (Missing) रहती है, जिसें शीघ्रता से खोज (ज्ञात) कर सही उत्तर देना होता है। इस अध्याय के अन्तर्गत सामान्यतया बौद्धिक गणित पर आधारित प्रश्न पूछे जाते हैं। इस प्रकार के प्रश्नों में एक या एक से अधिक आरेखों में कुछ संख्याएँ दी जाती हैं। दी गई आकृतियों या आरेखों में किसी एक स्थान पर प्रश्नवाचक चिन्ह के रूप में खाली स्थान छोड़ दिया जाता है। आपको प्रश्नवाचक चिन्ह के स्थान पर आने वाली संख्या दिये गए विकल्पों में से ज्ञात करनी होती है। इस अध्याय के अन्तर्गत आने वाले प्रश्नों को उनकी विशेषताओं के आधार पर निम्नलिखित प्रकारों में बाँटा जा सकता है–

हल सहित उदाहरण

उदाहरण 1: दी गई आकृति में रिक्त स्थान पर आने वाली संख्या ज्ञात करें।

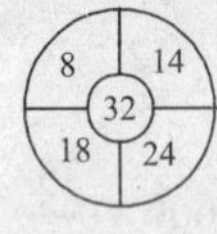

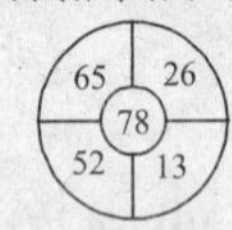

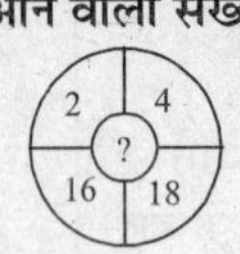

(a) 20 (b) 31
(c) 21 (d) 30

हल: (a) प्रश्न में तीन आकृतियाँ दी गई हैं। इन आकृतियों में बायें से अंतिम आकृति के मध्य में प्रश्नवाचक चिन्ह देकर स्थान खाली छोड़ा गया है। आपको इसी स्थान पर आने वाली उपयुक्त संख्या दिये गए विकल्पों में से ज्ञात करनी है। प्रथम और द्वितीय आकृतियों को देखने से पता चलता है कि आकृति के मध्य एक छोटा-सा वृत्त है, इस वृत्त से चार पट्टियाँ निकली हुई हैं। आमने-सामने की पट्टियों के बीच में लिखी हुई संख्याओं का योग बीच में स्थित वृत्त में छिपा हुआ है।

प्रथम आकृति में –

$14 + 18 = 32$

$8 + 24 = 32$

द्वितीय आकृति में–

$26 + 52 = 78$

$65 + 13 = 78$

उसी प्रकार तृतीय वृत्त में–

$4 + 16 = 20$

$2 + 18 = 20$

अत: सही उत्तर विकल्प (a) होगा।

उदाहरण 2: प्रदत्तर आकृतियों में लुप्त संख्या ज्ञात करें।

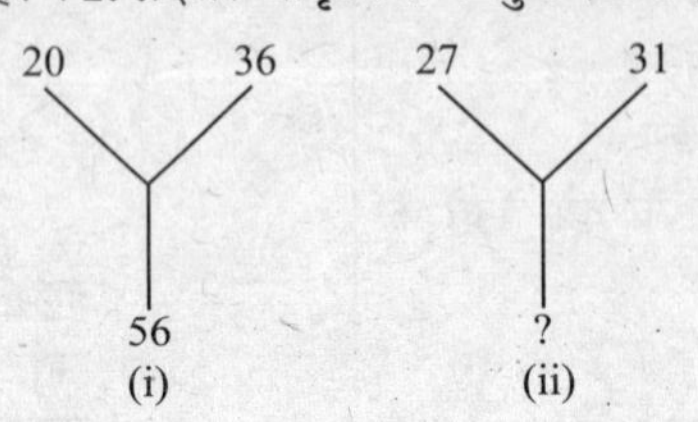

(a) 55 (b) 56
(c) 57 (d) 58

हल: (d) जिस प्रकार चित्र (i) में–

$20 + 36 = 56$

उसी प्रकार चित्र (ii) में–

$27 + 31 = 58$

उदारहण 3: प्रदत्त आकृति में लुप्त संख्या ज्ञात करें।

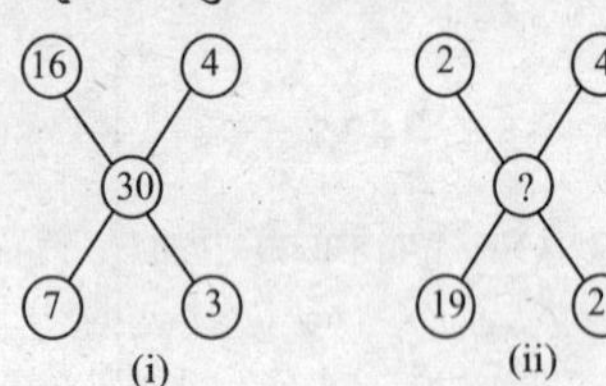

(a) 46 (b) 47
(c) 48 (d) 45

हल: (a) जिस प्रकार चित्र I में–

$16 + 4 + 7 + 3 = 39$

उसी प्रकार चित्र II में–

$2 + 4 + 19 + 21 = \boxed{46}$

उदाहरण 4: प्रदत्त आकृति में लुप्त संख्या ज्ञात करें।

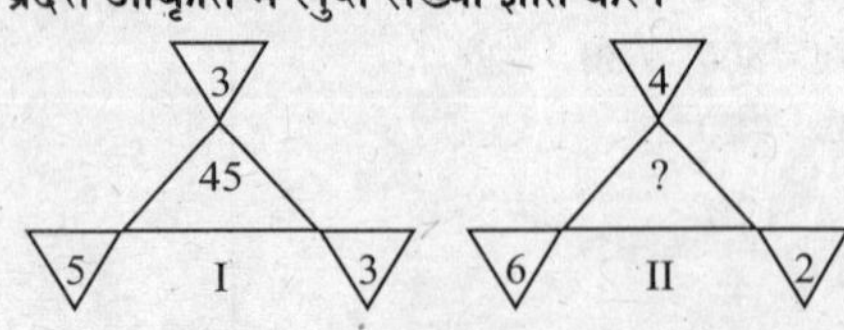

(a) 45 (b) 48
(c) 46 (d) 47

हल (b): जिस प्रकार चित्र I में–

$3 \times 3 \times 5 = 45$

उसी प्रकार चित्र II में–

$6 \times 4 \times 2 = \boxed{48}$

प्रश्नमाला

निर्देश (1 – 20)—निम्नलिखित प्रत्येक प्रश्न में एक संख्या लुप्त है। सर्वनिष्ठ गुणों के आधार पर उसका चुनाव दिये गये विकल्पों में से कीजिए—

1. 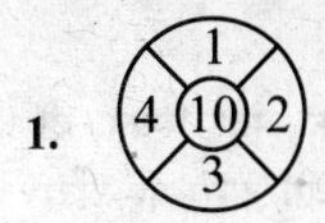

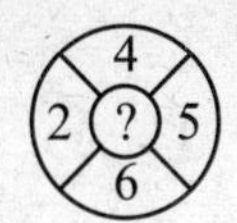

(a) 12 (b) 14
(c) 16 (d) 17

2. 

2 4
?
1 6

(a) 8 (b) 9
(c) 11 (d) 10

3. 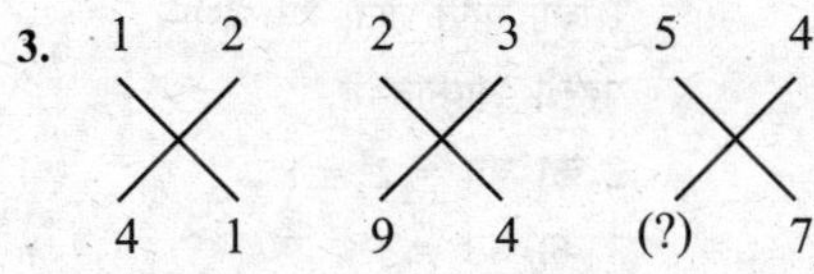

(a) 16 (b) 19
(c) 36 (d) 18

4.
1 2 | 2 3 | 4 5
6 3 | 10 5 | (?) 9

(a) 15 (b) 16
(c) 17 (d) 18

5.
2 1 | 4 5 | 5 6
10 | 18 | (?)
4 3 | 5 4 | 4 7

(a) 20 (b) 21
(c) 22 (d) 23

6.
4 | 4 | 16
1 | 2, 1, 3, 4 | 9 (?) | 2, 8, 4, 6 | 16 49 | 4, 7, 5, 6 | 25
16 | 36 | 36

(a) 60 (b) 100
(c) 64 (d) 81

7. 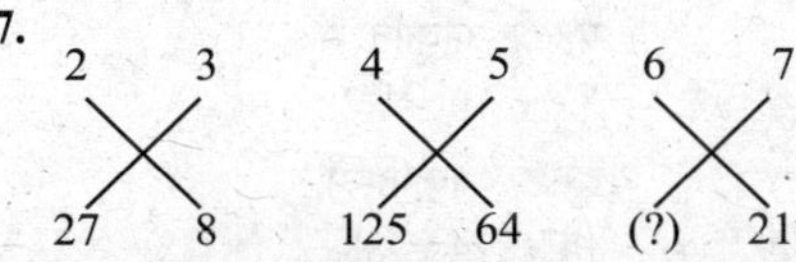

(a) 343 (b) 443
(c) 543 (d) 643

8.
7 | 5 | 1
20 | 19 | ?
5 8 | 6 8 | 2 10

(a) 13 (b) 14
(c) 15 (d) 16

9.
9 | 23 | 28
12 0 3 | 16 2 7 | 11 ? 8
6 | 2 | 5

(a) 15 (b) 14
(c) 20 (d) 12

10.

4	3	2	5
5	6	9	2
6	5	3	?

(a) 7 (b) 8
(c) 9 (d) 10

11. 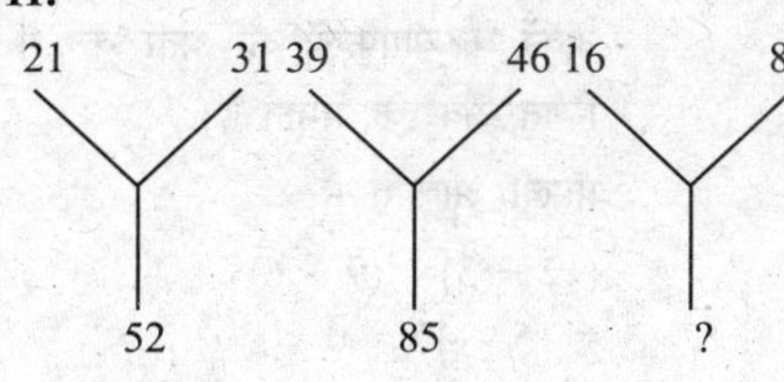

(a) 92 (b) 72
(c) 62 (d) 99

12.
4
49 | 2, 7, 5, 4 | 16
?

(a) 25 (b) 36
(c) 20 (d) 28

13. 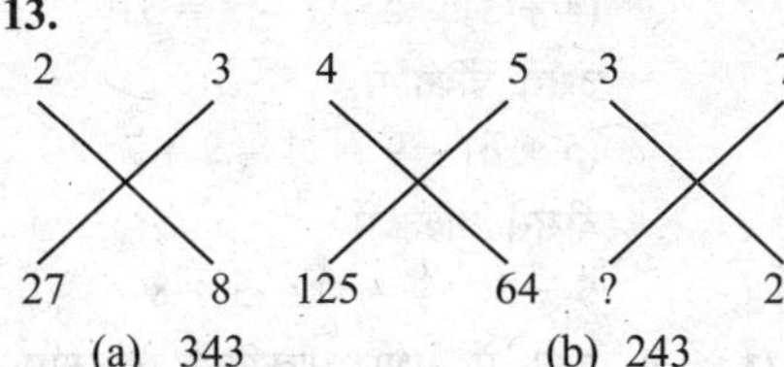

(a) 343 (b) 243
(c) 143 (d) 443

14. 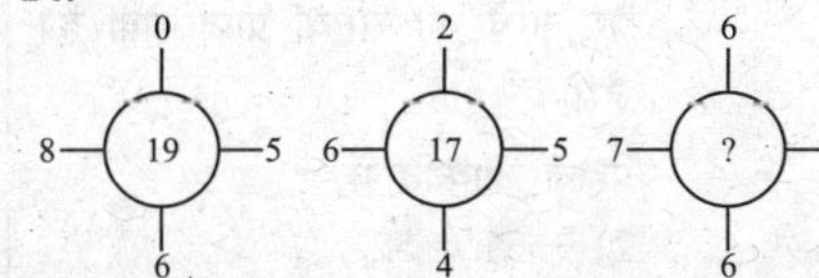

(a) 20 (b) 21
(c) 22 (d) 23

15. 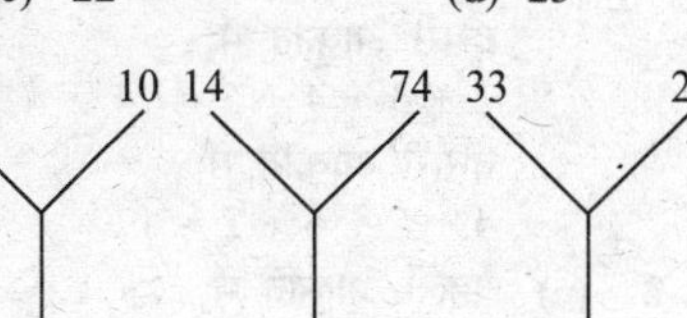

(a) 48 (b) 58
(c) 59 (d) 95

16. 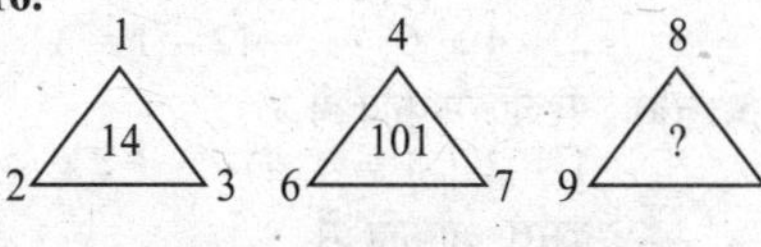

(a) 85 (b) 95
(c) 145 (d) 245

17. 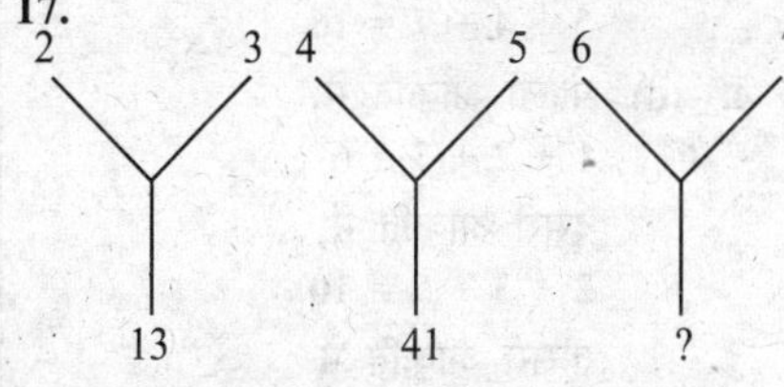

(a) 65 (b) 75
(c) 85 (d) 95

18.
4 5 | 7 8 | 3 6
41 | 113 | ?

(a) 60 (b) 45
(c) 40 (d) 50

19. 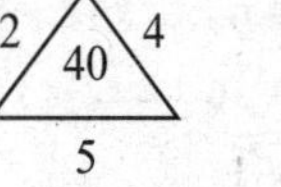

5 6
210
7
6 8
?
9

(a) 432 (b) 532
(c) 232 (d) 161

20. 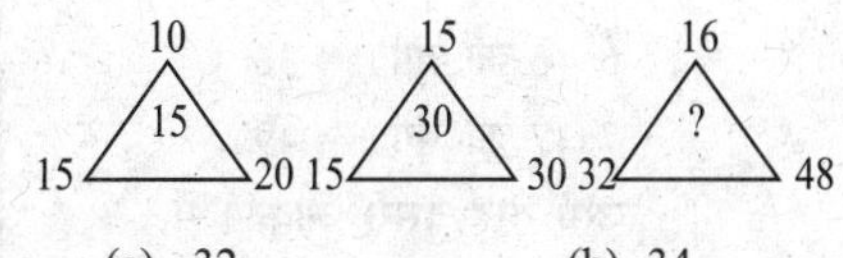

(a) 32 (b) 34
(c) 36 (d) 38

उत्तर (हल/संकेत)

1. (d) पहली आकृति में,
$1 + 2 + 3 + 4 = 10$
दूसरी आकृति में,
$2 + 3 + 4 + 5 = 14$
∴ तीसरी आकृति में,
$4 + 5 + 6 + 2 = 17$

2. (c) पहली आकृति में,
$5 + 2 + 4 - 1 = 11 - 1 = 10$
दूसरी आकृति में,
$4 + 3 + 5 - 3 = 12 - 3 = 9$
∴ तीसरी आकृति में,
$2 + 4 + 6 - 1 = 12 - 1 = 11$

3. (a) पहली आकृति में,
$1 + 2 + 1 = 4$
दूसरी आकृति में,
$2 + 3 + 4 = 9$
∴ तीसरी आकृति में,
$5 + 4 + 7 = 16$

4. (d) पहली आकृति में,
$1 + 2 + 3 = 6$
दूसरी आकृति में,
$2 + 3 + 5 = 10$
∴ तीसरी आकृति में,
$4 + 5 + 9 = 18$

5. (c) पहली आकृति में,
$2 + 1 + 3 + 4 = 10$
दूसरी आकृति में,
$4 + 5 + 4 + 5 = 18$
∴ तीसरी आकृति में,
$5 + 6 + 7 + 4 = 22$

6. (c) पहली आकृति में– तालिका में अंदर स्थित प्रत्येक अंक का वर्ग तालिका के बाहर स्थित अंक है।
जिस प्रकार पहली आकृति में,
2^2 (2 का वर्ग) = 4
3^2 (3 का वर्ग) = 9
4^2 (4 का वर्ग) = 16
1^2 (1 का वर्ग) = 1
और तीसरी आकृति में,
4^2 (4 का वर्ग) = 16
5^2 (5 का वर्ग) = 25
6^2 (6 का वर्ग) = 36
7^2 (7 का वर्ग) = 49
उसी तरह दूसरी आकृति में,
2^2 (2 का वर्ग) = 4
4^2 (4 का वर्ग) = 16
6^2 (6 का वर्ग) = 36
8^2 (8 का वर्ग) = 64

7. (a) पहली आकृति में,
2 का घन (2^3) = 8
3 का घन (3^3) = 27
दूसरी आकृति में,
4 का घन (4^3) = 64
5 का घन (5^3) = 125
∴ तीसरी आकृति में,
6 का घन (6^3) = 216
7 का घन (7^3) = 343

8. (a) पहली आकृति में,
$7 + 5 + 8 = 20$
दूसरी आकृति में,
$5 + 8 + 6 = 19$
∴ तीसरी आकृति में,
$1 + 10 + 2 = 13$

9. (b) प्रश्न में वृत्त में आमने-सामने स्थित अंकों के योगफलों का अंतर वृत्त में स्थित अंक के समान है।
पहली आकृति में,
$(12 + 3) - (9 + 6)$
$= 15 - 15 = 0$
दूसरी आकृति में,
$(23 + 2) - (16 + 7)$
$= 25 - 23 = 2$
∴ तीसरी आकृति में,
$(28 + 5) - (11 + 8)$
$= 33 - 19 = 14$

10. (b) तालिका की पहली पंक्ति में,
$(4 + 3) - 2 = 7 - 2 = 5$
दूसरी पंक्ति में,
$(5 + 6) - 9 = 11 - 9 = 2$
∴ तीसरी पंक्ति में,
$6 + 5 - 3 = 11 - 3 = 8$

11. (d) प्रश्न में सभी आकृतियों के ऊपर स्थित दोनों संख्याओं का योग करने पर, नीचे की संख्या प्राप्त होती है। जैसे–
पहली आकृति में,
$21 + 31 = 52$
दूसरी आकृति में,
$39 + 46 = 85$
∴ तीसरी आकृति में,
$16 + 83 = 99$

12. (a) प्रश्न में तालिका के अंदर स्थित, दी गयी संख्याओं का वर्ग करने पर अंदर स्थित प्रत्येक के सम्मुख उस संख्या का वर्ग प्राप्त होता है। जैसे–
7 का वर्ग = 49
2 का वर्ग = 4
4 का वर्ग = 16
5 का वर्ग = 25

13. (a) प्रश्न में प्रत्येक आकृति के ऊपर स्थित संख्याओं का घन करने पर विकर्णवत् संख्या प्राप्त होती है। जैसे–
पहली आकृति में,
2 का घन = $2^3 = 8$
3 का घन = $3^3 = 27$
दूसरी आकृति में,
4 का घन = $4^3 = 64$
5 का घन = $5^3 = 125$
∴ तीसरी आकृति में,
3 का घन = $3^3 = 27$
7 का घन = $7^3 = 343$

14. (b) प्रश्न में प्रत्येक वृत्त के बाहर स्थित अंकों का योग करने पर वृत्त के अंदर स्थित संख्या प्राप्त होती है।
जैसे–
पहले वृत्त में,
$0 + 5 + 6 + 8 = 19$
दूसरे वृत्त में,
$2 + 5 + 4 + 6 = 17$
∴ तीसरे वृत्त में,
$6 + 2 + 6 + 7 = 21$

15. (c) प्रश्न में, प्रत्येक आकृति में ऊपर स्थित दोनों संख्याओं का योग करने पर नीचे की संख्या प्राप्त होती है।
जैसे–
पहली आकृति में,
$22 + 10 = 32$
दूसरी आकृति में,
$14 + 74 = 88$

∴ तीसरी आकृति में,
$33 + 26 = 59$

16. (d) प्रश्न में प्रत्येक त्रिभुज के शीर्ष पर स्थित संख्याओं के वर्गों को जोड़ने पर त्रिभुज के अंदर की संख्या प्राप्त होती है। जैसे–

$1^2 + 2^2 + 3^2$
$= 1 + 4 + 9$
$= 14$
$4^2 + 4^2 + 7^2$
$= 16 + 36 + 49$
$= 101$
∴ $8^2 + 9^2 + 10^2$
$= 64 + 81 + 100$
$= 245$

17. (c) प्रश्न में प्रत्येक आकृति के ऊपर स्थित संख्याओं के वर्गों को जोड़ने पर नीचे की संख्या प्राप्त होती है। जैसे–

$2^2 + 3^2 = 4 + 9 = 13$
$4^2 + 5^2 = 16 + 25 = 41$
∴ $6^2 + 7^2 = 36 + 49 = 85$

18. (b) प्रश्न में प्रत्येक आकृति के ऊपर स्थित संख्याओं के वर्गों को जोड़ने पर नीचे की संख्या प्राप्त होती है। जैसे–

$4^2 + 5^2 = 16 + 25 = 41$
$7^2 + 8^2 = 49 + 64 = 113$
∴ $3^2 + 6^2 = 9 + 36 = 45$

19. (a) प्रश्न में प्रत्येक त्रिभुज के बाहर स्थित संख्याओं को गुणा करने पर त्रिभुज के अंदर की संख्या प्राप्त होती है। जैसे–

$2 \times 4 \times 5 = 40$
$5 \times 6 \times 7 = 210$
∴ $6 \times 8 \times 9 = 432$

20. (a) प्रश्न में प्रत्येक त्रिभुज के दाईं ओर स्थित दोनों संख्याओं को जोड़ने पर प्राप्त योगफल में तीसरी संख्या को घटाने पर त्रिभुज के अंदर की संख्या प्राप्त होती है। जैसे–

$(10 + 20) - 15 = 30 - 15 = 15$
$(15 + 30) - 15 = 45 - 15 = 30$
∴ $(16 + 48) - 32 = 64 - 32 = 32$

❑❑❑

14 वेन आरेख

प्रश्न में दिए गए वस्तुओं के समूह में से वस्तुओं के वर्ग या संख्या को आरेख के माध्यम से निरूपित करने की प्रक्रिया को आरेखीय निरूपण कहते हैं।

आरेखीय निरूपण परीक्षण में दो प्रकार के प्रश्न पूछे जाते हैं।

1. **संख्याओं/अक्षरों के माध्यम से किसी विशेष वर्ग के अंतर्गत आने वाली वस्तुओं अथवा उसकी संख्या ज्ञात करना**—इसके अंतर्गत पूछे जाने वाले प्रश्नों में एक-दूसरे से संयुक्त कुछ आरेख दिए गए होते हैं, जिसके अंदर विभिन्न स्थानों पर भिन्न-भिन्न संख्याओं अथवा अक्षरों को निरुपित किया गया होता है। प्रत्येक आरेख अलग-अलग वर्ग के द्योतक होते हैं। अभ्यर्थियों को इन्हीं आरेख या इनके अंदर दी गई संख्याओं के माध्यम से किसी विशेष वर्ग में आने वाली वस्तुओं की संख्या अथवा वस्तुओं को प्रश्नानुसार ज्ञात करना होता है। इस पद्धति का प्रयोग अंतरों तथा तत्त्वों के आधार पर होता है। यह भिन्न कार्यकारी नियमों द्वारा संचालित होते हैं। तत्त्वों का यह पृथक सेट तभी दिया जाता है, जब यह खास कार्यकारी नियमों से संबंधित हो या दो से ज्यादा ऐसे पृथक सेट के आधार पर कोई नया सेट स्थापित करना हो, इनका संघ तथा प्रतिच्छेदन दो प्रकार से होता है। यहाँ दो सेट A तथा B हो, तो संघ A का अर्थ है कि A तथा B के सारे तत्त्व सम्मिलित होंगे, जबकि A प्रतिच्छेद B के सेट में केवल वही तत्व शामिल रहेंगे जो A तथा B में एक समान होंगे। जब कोई सूचना सेट के रूप में प्रस्तुत की जाती है, तभी समंक प्रस्तुति की प्रक्रिया लागू होती है। एक सेट तत्त्वों का संग्रह है, जो समान कार्यकारी नियमों द्वारा संचालित होते हैं। उदाहरण के तौर पर जैसे वॉलीबॉल खेलने वाली लड़कियों का सेट क्रिकेट खेल ने वाली लड़कियों के सेट से भिन्न है।

   अब इसके अंतर्गत पूछे जाने वाले प्रश्नों के प्रारूप एवं उपरोक्त तथ्यों के स्पष्टीकरण हेतु नीचे दिए गए प्रमुख उदाहरणों का ध्यानपूर्वक अवलोकन करें—

2. **आरेखों के माध्यम से दिए गए वस्तुओं के समूहों को व्यवस्थित करना**—इसके अंतर्गत पूछे जाने वाले प्रश्नों में सर्वप्रथम कुछ वस्तुओं के समूह दिए जाते हैं तथा इनके नीचे कुछ आरेख दिए गए होते हैं। प्रतियोगियों को प्रश्नानुसार इन आरेखों के माध्यम से उस एक आरेख को ज्ञात करना होता है, जो कि प्रश्न में दिए गए वस्तुओं के समूहों को पूर्ण एवं सही तौर पर वर्गीकृत करते हैं या उनके बीच के संबंध को निरुपित करते हैं।

हल सहित उदाहरण

उदाहरण 1: हाथी, शेर तथा जानवर के बीच सर्वाधिक उचित वेन आरेख का चयन करें।

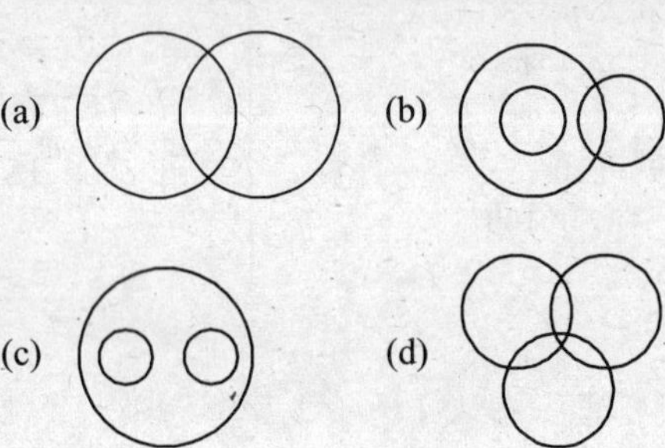

हल: (c) हाथी शेर दोनों जानवरों की श्रेणी में आते हैं। अत: सर्वाधिक उचित वेन आरेख निम्नवत है—

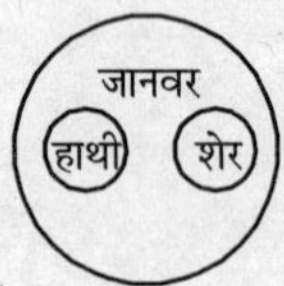

उदाहरण 2: निम्नांकित आरेख में तीन वर्गों में आने वाले व्यक्तियों की संख्या को तीन संयुक्त आरेखों के माध्यम से निरूपित किया गया है। इन आरेखों में से त्रिभुज के द्वारा लेखकों को, वर्ग के द्वारा संपादकों को तथा वृत्त के द्वारा मुद्रकों को निरूपित किया गया है। इन आरेखों का ध्यान से अध्ययन करके यह ज्ञात कीजिए कि ऐसे व्यक्ति जो कि लेखक, संपादक एवं मुद्रक तीनों वर्गों के अंतर्गत आते हैं, उनकी संख्या कितनी हैं?

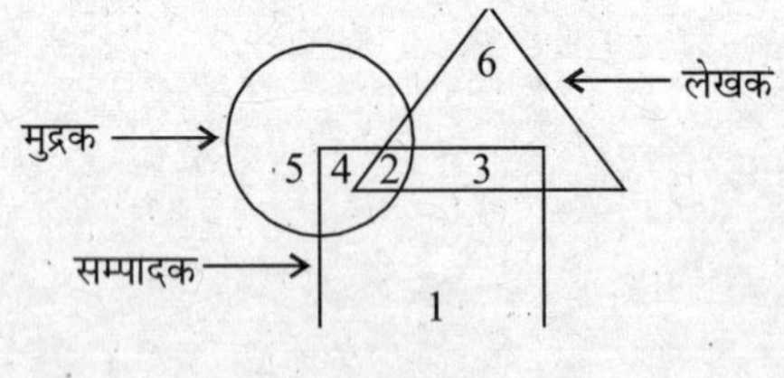

(a) 5 (b) 4
(c) 3 (d) 2

हल: (d) आरेख से यह स्पष्ट है कि ऐसे व्यक्ति जो कि लेखक, संपादक तथा मुद्रक तीनों हैं, उनकी संख्या 2 है।

उदाहरण 3: नीचे दिए गए वेन आरेखों में से कौन-सा आरेख दिए गए तीन वर्ग पशु, कुत्ता तथा बिल्ली के बीच क सम्बन्ध को सही तौर पर निरूपित करता हैं। सही निरूपण करता है? सही निरूपण करने वाले वेन आरेख का अक्षरांक ही आपका उत्तर होगा।

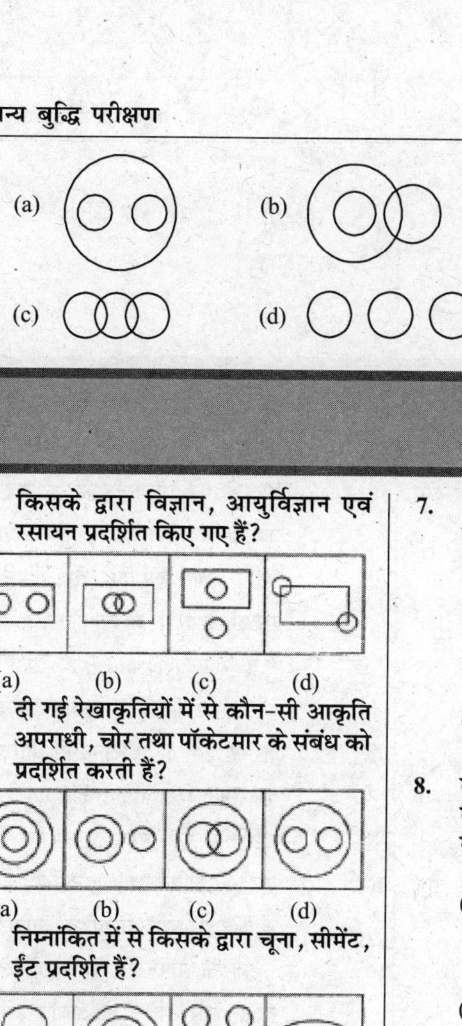

(a) (b) (c) (d)

हलः (a) कुत्ता और बिल्ली दोनों पशु के अंतर्गत आते हैं, लेकिन दोनों भिन्न प्रकार क पशु हैं।

पशु
कुत्ता
बिल्ली

प्रश्नमाला

1. किसके द्वारा विज्ञान, आयुर्विज्ञान एवं रसायन प्रदर्शित किए गए हैं?

(a) (b) (c) (d)

2. दी गई रेखाकृतियों में से कौन-सी आकृति अपराधी, चोर तथा पॉकेटमार के संबंध को प्रदर्शित करती हैं?

(a) (b) (c) (d)

3. निम्नांकित में से किसके द्वारा चूना, सीमेंट, ईंट प्रदर्शित हैं?

(a) (b) (c) (d)

4. दी गई उस कृतियों में से किसमें तरल पदार्थ, धातुएं व गैसें प्रदर्शित हैं?

(a) (b) (c) (d)

5. दी गई आकृतियों में से कौन-सी आकृति अभिनेताओं, पशुओं और पक्षियों को प्रदर्शित करती है?

(a) (b) (c) (d)

6. इनमें से कौन-सी आकृति समचतुर्भुजों, चतुर्भुजों और बहुभुजों को दर्शाती है?

(a) (b) (c) (d)

7. आयत, वर्ग और त्रिभुज के बीच के संबंध को कौन-सी आकृति प्रदर्शित करता है?

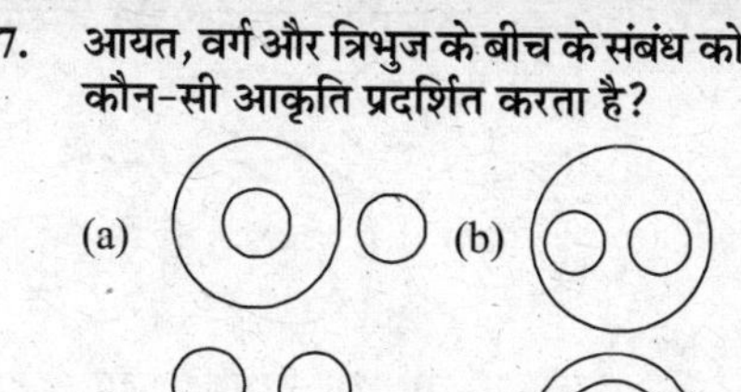

(a) (b) (c) (d)

8. दुकानदार, अपराधी और ऑफीसर के बीच के संबंध को कौन-सी आकृति प्रदर्शित करता है?

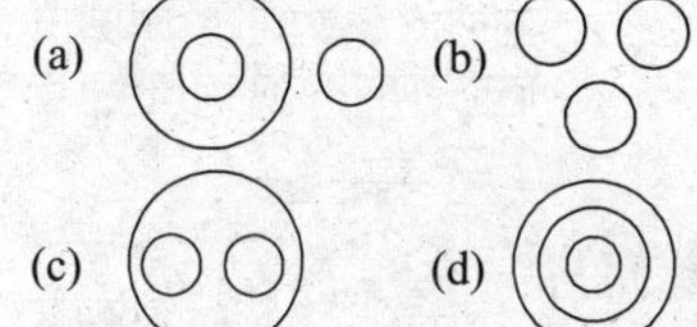

(a) (b) (c) (d)

9. इंजन, डीजल इंजन और रेफ्रिजरेटर के बीच के संबंध को कौन-सी आकृति प्रदर्शित करता है?

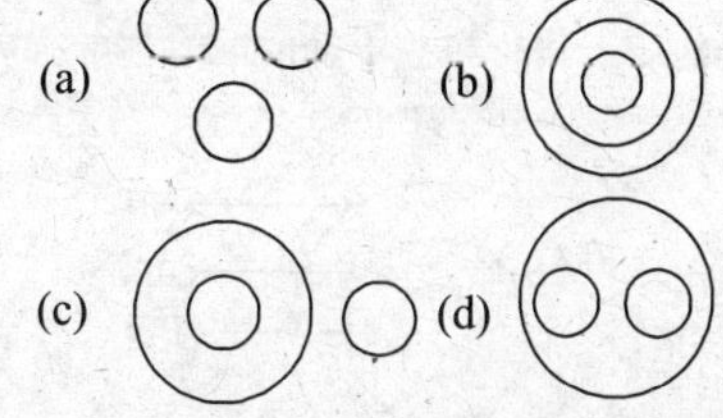

(a) (b) (c) (d)

10. दी गई आकृतियों में से कौन-सी आकृति दिन, माह तथा वर्ष के संबंध को प्रदर्शित करती है?

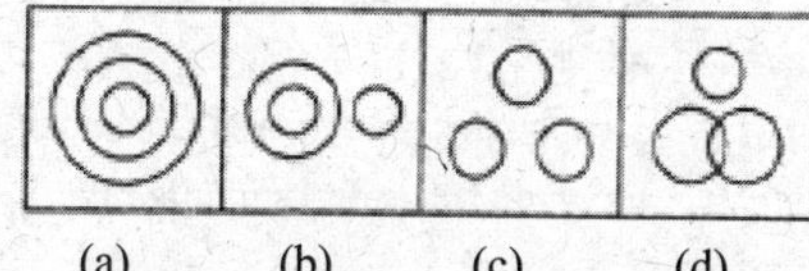

(a) (b) (c) (d)

11. दिए गए रेखाचित्र में आयत महिलाओं को प्रकट करता है, त्रिभुज पुलिस के सब-इंस्पेक्टरों को प्रकट करता है और वृत्त स्नातकों को प्रकट करता है, किस अंक का क्षेत्र उन महिला सब-इंस्पेक्टरों को प्रकट करता है, जो स्नातक नहीं हैं?

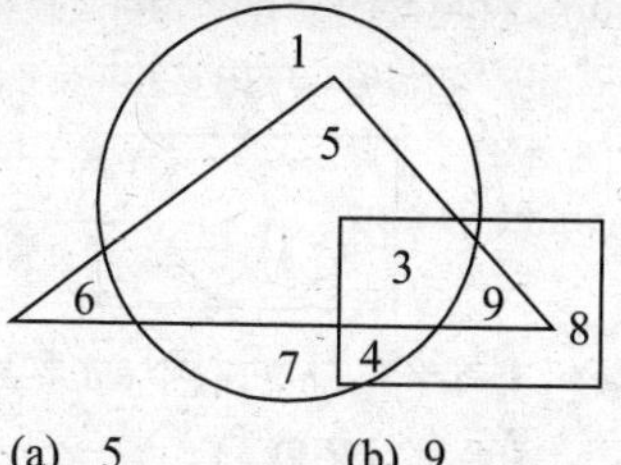

(a) 5 (b) 9
(c) 8 (d) 3

12. दिए गए चित्र में त्रिभुज महिलाओं को प्रदर्शित करता है, वर्ग खिलाड़ियों को प्रदर्शित करता है तथा वृत्त प्रशिक्षिकाओं को प्रदर्शित करता है। चित्र में कौन-सा भाग ऐसी महिलाओं को प्रदर्शित करता है, जो खिलाड़ी तथा प्रशिक्षिका दोनों हैं?

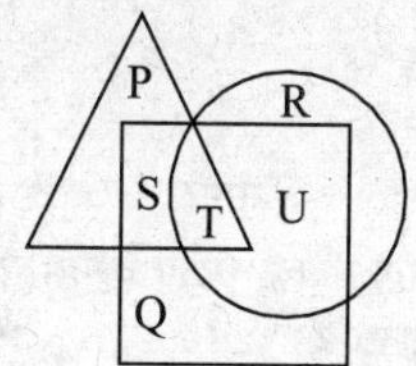

(a) P (b) Q
(c) T (d) U

13. नीचे दिए गए आरेख का ध्यानपूर्वक अध्ययन करके यह ज्ञात करें कि वह युवक जो नौकरी करता है, लेकिन शिक्षित नहीं है, निम्नलिखित में से कौन हैं?

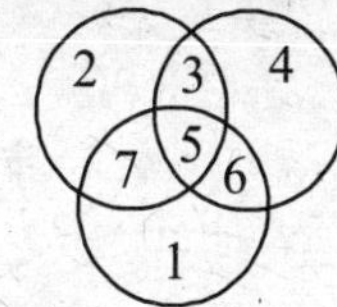

(a) 3 या 7 या 6 (b) 3 या 4
(c) 6 या 4 (d) 2 या 5 या 7

14. नीचे दिए गए आरेख में एक-दूसरे को विच्छेदित करते हुए आपस में संयुक्त त्रिभुज, वर्ग और वृत्त को दर्शाया गया है जोकि क्रमशः 'शहरी' 'कठोर परिश्रमी' तथा 'शिक्षित' लोगों का प्रतिनिधित्व कर रहे हैं। निम्नांकित आरेख के अंकित A से G क्षेत्र में

से कौन-सा अंकित क्षेत्र ऐसे व्यक्तियों को निरूपित करता है, जोकि शहरी और शिक्षित हैं, लेकिन कठोर परिश्रमी नहीं हैं? दिए गए विकल्प से उस क्षेत्र को ज्ञात करें।

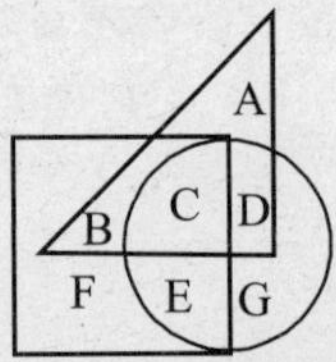

(a) G
(b) E
(c) D
(d) B

उत्तर (हल/संकेत)

1. (b) आयुर्विज्ञान एवं रसायन विज्ञान दोनों विज्ञान के भाग हैं और आपस में संबंधित है।

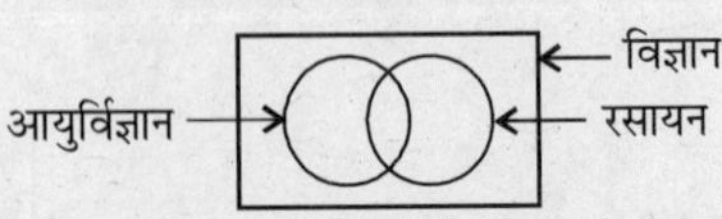

2. (c) कुछ चोर पॉकेटमार भी होते हैं और ये दोनों ही अपराधी हैं।

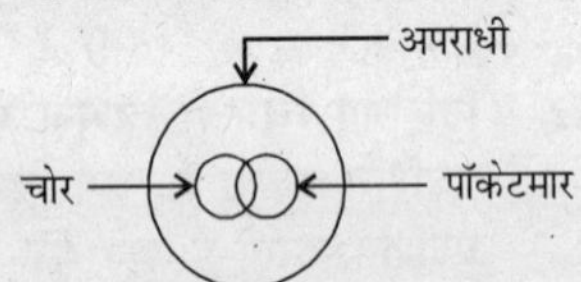

3. (c) चूना, सीमेंट और ईंट तीनों अलग-अलग हैं।

4. (a) तरल पदार्थ, धातुएं व गैसें तीनों अलग-अलग हैं।

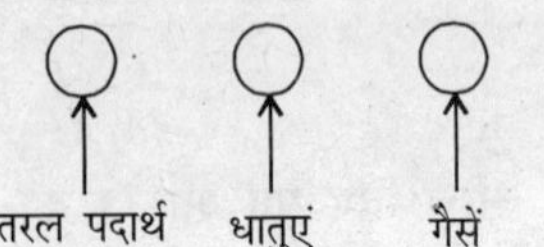

5. (b) अभिनेता, पशु और पक्षी तीनों अलग-अलग हैं।

पशु पक्षी अभिनेता

6. (a)

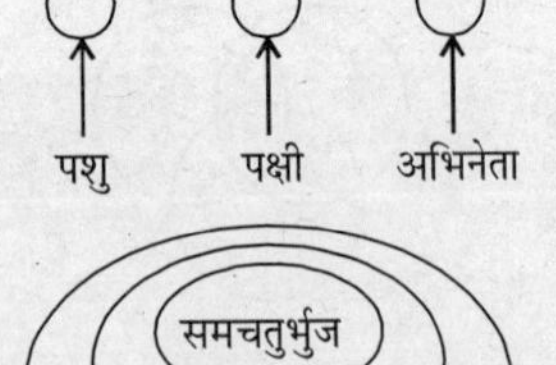

सभी समचतुर्भुज, चतुर्भुज होते हैं और सभी चतुर्भुज, बहुभुज होते हैं।

7. (c)

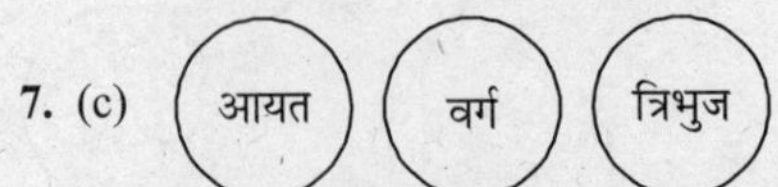

आयत, वर्ग और त्रिभुज अलग-अलग ज्यामितीय आकृतियां हैं।

8. (b)

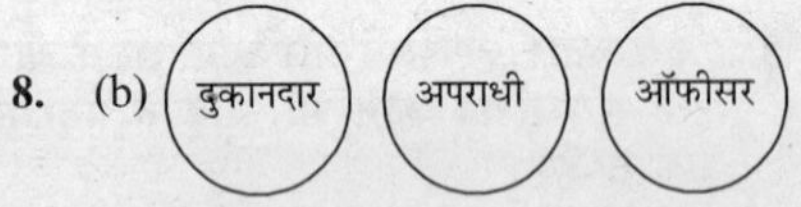

दुकानदार, अपराधी व ऑफीसर तीनों अलग-अलग समूहों को सूचित करते हैं।

9. (c)

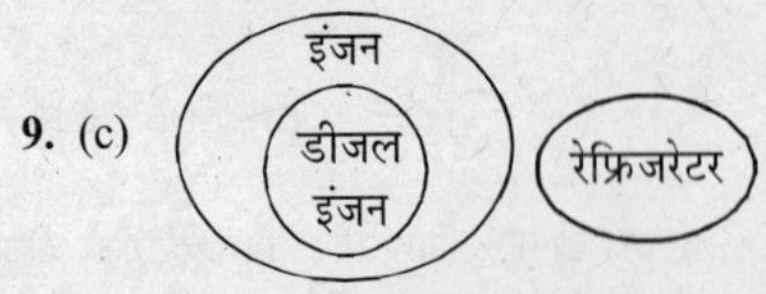

डीजल इंजन, इंजन के अंतर्गत आता है तथा रेफ्रिजरेटर इनसे अलग है।

10. (a) दिन, माह के अंतर्गत तथा माह, वर्ष के अंतर्गत आता है।

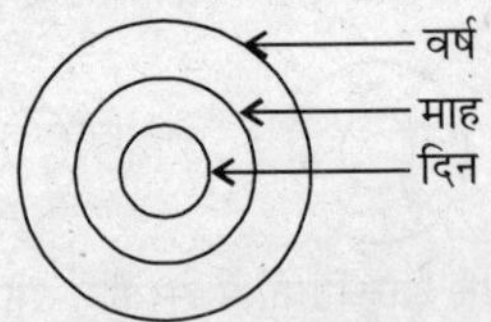

11. (b) अंक 9 से उन महिलाओं को दर्शाया गया है, जो सब-इंस्पेक्टर तो हैं, परंतु स्नातक नहीं हैं।

12. (c) अक्षर T द्वारा उन महिलाओं को दर्शाया गया है, जो खिलाड़ी तथा प्रशिक्षिका दोनों हैं।

13. (a) प्रश्न से, हमें ऐसे युवक को ज्ञात करना है, जो कि नौकरी करता है, लेकिन शिक्षित नहीं है। अत: दिए गए आरेख में हम ऐसी संख्या को देखेंगे जो कि केवल दो आरेखों में एकसमान (common) हो। यहां ध्यान देने पर हम पाते हैं कि ऐसी संख्या केवल '3', '7' एवं '6' है, जोकि दो आरेखों में एकसमान (common) है। अत: '3' या '7' या '6' ऐसे युवक हैं, जो कि नौकरी करते हैं, लेकिन शिक्षित नहीं हैं।

14. (c) चूंकि यहां ऐसे व्यक्तियों को ज्ञात करना है, जो कि शहरी और शिक्षित हो, लेकिन कठिन परिश्रमी न हो अर्थात् हमें ऐसे व्यक्ति को ज्ञात करना है जो कि शहरी और शिक्षित है। चूँकि आरेख में 'त्रिभुज' में शहरी व्यक्ति को तथा 'वृत्त' से शिक्षित व्यक्ति को निरूपित किया गया है। इसलिए शहरी एवं शिक्षित व्यक्ति को ज्ञात करने के लिए हम दिए गए आरेख में त्रिभुज तथा वृत्त के अंदर ध्यान देंगे कि इन दोनों आरेखों के अंदर वह कौन-सा अक्षर है, जो इन दोनो में एकसमान (common) है। यहां हम देख रहे हैं कि ऐसा अक्षर केवल D है, जो कि त्रिभुज एवं वृत्त में एकसमान (common) है। अत: क्षेत्र 'D' शहरी एवं शिक्षित व्यक्ति को निरुपित करता है।

❑❑❑

15 न्याय निगमन

विश्लेषण निर्णय मध्याश्रित अनुमान (Deductive Mediate Inference) का वह रूप है जिसमें दिए गए दो या दो से अधिक कथनों के आधार पर निष्कर्ष निकाला जाता है। Syllogism एक ग्रीक (यूनानी) शब्द है जिसका शाब्दिक अर्थ अनुमान के आधार पर तर्क करना होता है, चाहे दिया गया कथन सत्य हो या न हो, फिर भी हम उन्हें सत्य मानेंगे और निष्कर्ष निकालेंगे।

1. **पद (Term):** किसी वाक्य में उद्देश्य (Subject) तथा विधेय (Predicate) के रूप में प्रयुक्त होने वाले शब्द को पद कहते हैं। जैसे- रूही एक अच्छी लड़की है।
   यहां वाक्य में रूही, अच्छी तथा लड़की तीनों शब्द अलग-अलग पद हैं।
2. **उद्देश्य पद (Subject):** वाक्य का ऐसा पद जिसके बारे में कहा गया हो, वह उद्देश्य पद होता है। जैसे- रूही अच्छी लड़की है।
   यहां पर रूही के बारे में कहा गया है कि वह अच्छी लड़की है, अत: रूही वाक्य का उद्देश्य पद हुआ।
3. **विधेय पद (Predicate):** वाक्य का ऐसा पद जो किसी की विशेषता बताता हो, उसे विधेय पद कहते हैं। जैसे- रूही अच्छी लड़की है।
   यहां पर हम देख रहे हैं कि रूही के बारे में कहा गया है कि वह अच्छी लड़की है, अत: यहां 'अच्छी लड़की' वाक्य विधेय पद है।
4. **मध्य पद (Middle term):** जो पद दिये गये दो कथनों के बीच सम्बन्ध उभयनिष्ठ (Common) हो तथा दोनों के बीच सम्बन्ध स्थापित करते हों तथा इसकी अनुपस्थिति में कोई भी वैध निष्कर्ष (Conclusion) नहीं निकाला जा सकता है। ऐसे पद को मध्य पद कहते हैं। इसे सांकेतिक भाषा में M कहते हैं।

विशेषताओं को ध्यान में रखते हुए तार्किक वाक्यों का वर्गीकरण दो प्रकार से किया गया है।

A. सर्वव्यापी कथन (Universal Statement)
B. अंशव्यापी कथन (Particular Statement)

A. सर्वव्यापी कथन (Universal Statement): ऐसे कथन जिसमें सम्पूर्ण बात उद्देश्य (Subject) के बारे में कही गई हो उसे सर्वव्यापी कथन या वाक्य कहते हैं। ऐसे वाक्य हमेशा सभी या कोई से शुरू होते हैं तथा ये कर्त्ता से पूर्ण रूप से जुड़े हुए होते हैं।

जैसे - सभी बाघ बिल्लियां हैं। कोई बाघ बिल्ली नहीं है।

I. **सर्वव्यापी धनात्मक कथन (Universal Affirmative Statement):** ऐसे कथन जिसमें सकारात्मक (Positive) अर्थ निकलता है उसे सर्वव्यापी धनात्मक कथन कहते हैं। इन कथनों का प्रारम्भ सभी, सब, हर एक से शुरू होता है इसे A से सूचित किया जाता है।
   जैसे- सभी बाघ बिल्लियां हैं।

II. **सर्वव्यापी ऋणात्मक कथन (Universal Negative Statement):** ऐसे कथन जिससे नकारात्मक (Negative) अर्थ निकलता है उसे सर्वव्यापी ऋणात्मक कथन कहते हैं। इनका प्रारम्भ कोई नहीं या नहीं इत्यादि से शुरू होता है इसे E से प्रदर्शित करते हैं।
   जैसे - कोई बाघ बिल्ली नहीं है।

B. अंशव्यापी कथन (Particular Statement): ऐसे वाक्य जिसमें उद्देश्य (Subject) के कुछ अंश के विषय में कहा जाता हो तो ऐसे वाक्य को अंशव्यापी वाक्य कहते हैं। ऐसे वाक्य हमेशा कुछ, कभी-कभी, अनेक, कुछ नहीं इत्यादि से शुरू होते हैं।

जैसे - कुछ बाघ बिल्लियां हैं, कुछ बाघ बिल्लियाँ नहीं हैं।

I. **अंशव्यापी धनात्मक कथन (Particular Affirmative Statement):** ऐसे अंशव्यापी वाक्य जिनसे सकारात्मक अर्थ निकलता है उसे अंशव्यापी धनात्मक कथन कहते हैं। ऐसे वाक्य कुछ, थोड़े से, अनेक इत्यादि से प्रारम्भ होते हैं। इसे I से प्रदर्शित किया जाता है।
   जैसे- कुछ बाघ बिल्लियां हैं।

II. **अंशव्यापी ऋणात्मक कथन (Particular Negative Statement):** ऐसे अंशव्यापी वाक्य जिनसे नकारात्मक (Negative) अर्थ निकलता है, उसे अंशव्यापी नकारात्मक वाक्य कहते हैं। ऐसे वाक्यों की शुरुआत कुछ नहीं, कोई नहीं इत्यादि से शुरू होती है। इसे O से प्रदर्शित किया जाता है।
   जैसे - कुछ बाघ बिल्लियां नहीं हैं।

पदों की व्यापकता (Distribution of Terms): किसी भी कथन में उपस्थित पद या तो व्याप्त होता है या अव्याप्त या दोनों व्याप्त या अव्याप्त हो सकते हैं।

I. **व्याप्त पद (Distributed Term):** किसी कथन में उपस्थित ऐसा पद जो अपने सम्पूर्ण व्यक्ति बोध में व्यवहार में आता है उसे व्याप्त पद कहते हैं।

II. **अव्याप्त पद (Undistributed Term):** किसी कथन में उपस्थित ऐसा पद जो अपने आंशिक व्यक्ति बोध में व्यवहार में आता है उसे अव्याप्त पद कहते हैं।

परिवर्तन (Conversion): ऐसे अनुमान जिसमें कथन के उद्देश्य और विधेय के निष्कर्ष में आपस में परस्पर स्थान परिवर्तन हो जाता है। ऐसे अनुमान को परिवर्तन कहते हैं। अर्थात् यह ऐसा परिवर्तन है जिसमें कथन में उपस्थित उद्देश्य निष्कर्ष में विधेय हो जाता है तथा कथन में उपस्थित विधेय उद्देश्य हो जाता है।

परिवर्तन के तरीके

(A) परिवर्तन में कथन का उद्देश्य निष्कर्ष वाक्य में विधेय और कथन का विधेय निष्कर्ष वाक्य में उद्देश्य हो जाता है।

(B) जो गुण कथन या मूल वाक्य का होता है, वही गुण निष्कर्ष वाक्य का होता है। अर्थात् वाक्य सकारात्मक होने पर निष्कर्ष सकारात्मक तथा नकारात्मक होने पर निष्कर्ष नकारात्मक होता है। जो पद मूल वाक्य में अव्याप्त होता है वह पद निष्कर्ष में भी व्यक्त होता है। उसे निष्कर्ष में व्याप्त नहीं किया जा सकता है।

परिवर्तन (Conversion) मूलत: दो प्रकार का होता है-

A. सर्वव्यापी परिवर्तन (Universal Conversion)
B. अंशव्यापी परिवर्तन (Partial Conversion)

A. (I) सर्वव्यापी धनात्मक कथन का परिवर्तन

(Conversion of Universal Affirmative Statement)

कोई नहीं (E) —परिवर्तन→ कोई नहीं (E)
(सर्वव्यापी नकारात्मक) (सर्वव्यापी नकारात्मक)

जैसे -

कथन- सभी बाघ बिल्लियां हैं।

निष्कर्ष- कुछ बिल्लियां बाघ हैं।

यहां पर सर्वव्यापी सकारात्मक के परिवर्तन के बाद निष्कर्ष में अंशव्यापी सकारात्मक निकलता है।

A. (II) सर्वव्यापी ऋणात्मक कथन का परिवर्तन (Conversion of Universal Negative Statement)

कोई नहीं (E) —परिवर्तन→ कोई नहीं (E)
(सर्वव्यापी नकारात्मक) (सर्वव्यापी नकारात्मक)

जैसे -

कथन- कोई बाघ बिल्ली नहीं है।

निष्कर्ष- कोई बिल्ली बाघ नहीं है।

यहां पर सर्वव्यापी नकारात्मक कथन का परिवर्तन के बाद निष्कर्ष सर्वव्यापी नकारात्मक में निकलता है।

B. (I) अंशव्यापी धनात्मक कथन का परिवर्तन

(Conversion of Particular Affirmative Statement)

कुछ (I) —परिवर्तन→ कुछ (I)
(अंशव्यापी सकारात्मक) (अंशव्यापी सकारात्मक)

जैसे -

कथन- कुछ बाघ बिल्लियां हैं।

निष्कर्ष- कुछ बिल्लियां बाघ हैं।

यहां पर अंशव्यापी सकारात्मक कथन का परिवर्तन के बाद निष्कर्ष अंशव्यापी सकारात्मक में निकलेगा।

B. (II) अंशव्यापी ऋणात्मक कथन का परिवर्तन (Conversion of Particular Negative Statement)

कुछ नहीं (O) —परिवर्तन→ कोई परिवर्तन नहीं होगा

जैसे-

कथन- कुछ बाघ बिल्लियां नहीं हैं।

निष्कर्ष- कुछ भी नहीं निकलेगा।

यहां पर अंशव्यापी नकारात्मक के परिवर्तन के बाद निष्कर्ष कुछ भी नहीं निकलेगा।

हल करने के तरीके : Syllogism से सम्बन्धित प्रश्नों को सामान्यत: दो विधियों द्वारा हल किया जाता है-

1. विश्लेषणात्मक विधि (Analytical Method)
2. वेन आरेख विधि (Venn-Diagram Method)

1. विश्लेषणात्मक विधि (Analytical Method) : इस विधि में दिए गए कथनों को सबसे पहले पंक्तिबद्ध कर लेंगे। आप देखेंगे कि दो तर्क वाक्यों में हमेशा एक उभयनिष्ठ (Common) पद होता है जो मध्य पद (Middle) कहा जाता है और उसी की सहायता से निष्कर्ष निकाला जाता है।

सभी बाघ बिल्लियां हैं।

कुछ बिल्ली कुत्ते हैं।

यहां बिल्ली उपर्युक्त वाक्यों का मध्य पद है। स्पष्ट है कि दो कथन इस तरह के होने चाहिए कि मध्य पद पहले कथन का विधेय और दूसरे कथन का कर्त्ता हो।

Syllogism बनाने के तरीके :

दिए गए कथनों में मध्य पद का होना परम आवश्यक होता है। उसके बिना निष्कर्ष नहीं निकाला जा सकता है।

I. सभी कापी पेन हैं।

II. सभी मोबाइल कम्प्यूटर हैं।

निष्कर्ष - कुछ भी नहीं।

1. यहां हम देख रहे हैं कि उपर्युक्त कथनों में कोई भी पद उभयनिष्ठ (Common) नहीं है यानी कोई भी मध्य पद नहीं है अत: Syllogism के नियम से कोई निष्कर्ष नहीं निकाला जा सकता है।
2. दिए गए कथनों में मध्य पद के पूर्ण समग्रवाची (Completely distributed) होने पर ही वैध निष्कर्ष निकाला जा सकता है।

I. सभी लड़कियां महिलाएँ हैं।

II. सभी महिलाएं शिक्षित हैं।

निष्कर्ष - I. सभी लड़कियां शिक्षित हैं।

II. कुछ शिक्षित लड़कियां हैं।

यहां मध्य पद महिलाएं पूर्ण व्यापक हैं। अत: निष्कर्ष सभी लड़कियां शिक्षित हैं , एक वैध निष्कर्ष है। जबकि निष्कर्ष II कुछ शिक्षित लड़कियां हैं निष्कर्ष I का एक वैध परिवर्तन (Conversion) है। अत: निष्कर्ष I तथा II दोनों तर्क संगत रूप से कथन को अनुसरण कर रहे हैं।

3. अगर निष्कर्ष में मध्य पद आता है तो निष्कर्ष अवैध होता है।

I. सभी लड़के चालाक हैं।

II. सभी चालाक शिक्षित हैं।

निष्कर्ष - I. सभी चालाक लड़के हैं।

II. सभी शिक्षित चालाक हैं।

यहां पर निष्कर्ष में मध्य पद नहीं आना चाहिए, क्योंकि इससे निष्कर्ष अधिक व्यापक हो जाता है जो कि निगमनात्मक अनुमान के विरूद्ध है। यहां दोनों निष्कर्ष में मध्य पद चालाक का प्रयोग हुआ है।

अत: नियमानुसार दोनों निष्कर्ष अवैध हैं।

4. यदि दिये गये कथनों में से पहला कथन अंशव्यापी धनात्मक तथा दूसरा कथन सर्वव्यापी धनात्मक हो तथा मध्य पद व्याप्त हो, तो निष्कर्ष हमेशा अंशव्यापी धनात्मक में निकाले जाते हैं।

कथन- I. कुछ पक्षी हाथी हैं।

II. सभी हाथी पहलवान हैं।

निष्कर्ष- I. कुछ पक्षी पहलवान हैं।

II. कुछ पक्षी पहलवान नहीं हैं।

यहां पर निष्कर्ष I में पक्षी पहलवान हैं। यह उपर्युक्त कथनों का एक वैध निष्कर्ष है। जबकि निष्कर्ष II 'कुछ पक्षी पहलवान नहीं हैं' यह एक अवैध निष्कर्ष है क्योंकि धनात्मक कथनों से नकारात्मक निष्कर्ष नहीं निकाले जा सकते हैं।

5. यदि दिये गये कथनों में से दोनों कथन पूर्णव्यापी नकारात्मक हो, तो न्याय के नियम के अनुसार कोई वैध निष्कर्ष नहीं निकाले जा सकते हैं।

कथन - I. कोई लड़की मां नहीं है।
II. कोई मां विद्यार्थी नहीं है।

निष्कर्ष - कोई निष्कर्ष नहीं निकलता है।

2. वेन आरेख विधि (Venn-Diagram Method) : इस विधि से हम Syllogism के वैध निष्कर्ष तक शुद्धता के साथ तथा न्यूनतम अवधि में पहुंच सकते हैं। इस विधि में प्रश्नों को हल करने के लिए अत्यंत महत्त्वपूर्ण है कि कथनों को पूरी तरह समझकर ही पूरी शुद्धता के साथ आरेख खींचे।

हल सहित उदाहरण

उदाहरण 1: (A) सभी चीतें अण्डे देते हैं।
(B) सभी बिल्लियां अण्डे देती हैं।
(C) कुछ बिल्लियां उड़ सकती हैं।
(D) सभी चीतें उड़ नहीं सकते हैं।
(E) सभी चीतें बिल्लियां हैं।
(F) सभी चीतें तैर नहीं सकते हैं।

(a) BEA (b) ABE
(c) DEC (d) ECD

हलः (a) प्रस्तुत प्रश्न में यह स्पष्ट है कि अनुक्रमांक BEA सर्वाधिक उपयुक्त है। क्योंकि यदि सभी बिल्लियां अण्डे देती हैं यह सत्य है तो यह भी सत्य है कि सभी चीतें बिल्लियां हैं। तो यह भी सत्य होगा कि सभी चीते अण्डे देते हैं।

उदाहरण 2: कथन : कुछ बैग, पर्स है
सभी पर्स, कंटेनर है।

निष्कर्षः I. कुछ बैग कंटेनर है।
II. कुछ पर्स, बैग नहीं है।
III. कोई पर्स, कंटेनर नहीं है।
IV. सभी बैग कंटेनर है।

दिए गए निष्कर्षों में से तर्क के आधार पर कौन-सा तर्क कथन के तर्क संगत है?

कूटः
(a) केवल I (b) केवल II
(c) दोनों I और II (d) I, II और IV

हलः (a) यहां, B = बैग
P = पर्स
C = कंटेनर

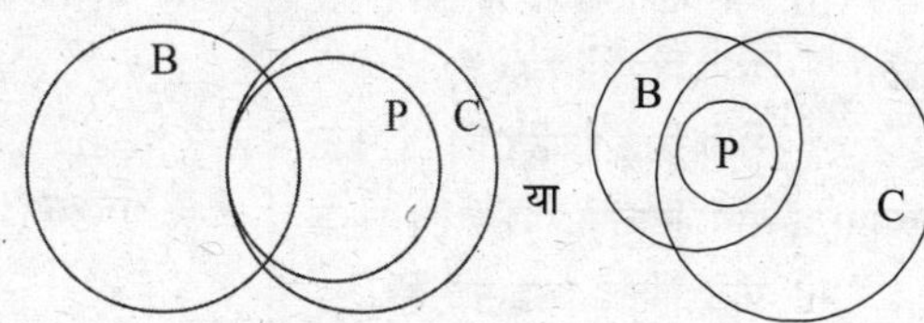

अतः दोनों वेन आरेख से स्पष्ट है कि कुछ बैग कंटेनर हैं।

उदाहरण 3: कथन : सभी इमारतें वर्षा हैं।
सभी कागज इमारतें हैं।
सभी कुत्ते कागज हैं।

निष्कर्षः I. सभी कुत्ते वर्षा हैं।
II. कोई कागज वर्षा नहीं है।
III. कुछ वर्षा इमारतें हैं।
IV. कुछ वर्षा कागज हैं।

कूटः
(a) I और II
(b) I, III और IV
(c) II और III
(d) उपरोक्त में से कोई नहीं

हलः (b) यहां, R = वर्षा
B = इमारतें
P = कागज
D = कुत्ते

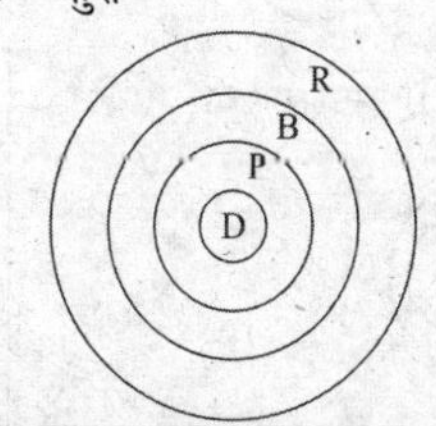

प्रश्नमाला

निर्देश (प्र. 1—13): नीचे प्रत्येक प्रश्न में दो या दो से अधिक कथन दिए गए हैं तथा उसके बाद दो या दो से अधिक निष्कर्ष दिए गए हैं। जो उस दिए गए कथन पर आधारित तथ्यों के अनुसार निकाले गए हैं। आपको कथन में दिए गए वक्तव्यों को बिल्कुल सही मानना है चाहे वह कितना भी काल्पनिक या अतर्कपूर्ण दिखता हो। कथनों को ध्यानपूर्वक पढ़ें तथा पता करें कि कौन-सा निष्कर्ष दिए गए कथन के अनुसार तर्कसंगत है?

(a) केवल निष्कर्ष-I
(b) केवल निष्कर्ष-II
(c) निष्कर्ष-I और निष्कर्ष-II दोनों
(d) न निष्कर्ष-I न निष्कर्ष-II

1. कथनः सभी बसें मोटर हैं।
कोई मोटर ट्रेन नहीं है।
कुछ ट्रेनें साइकिल हैं।

निष्कर्षः I. कोई बस ट्रेन नहीं है।
II. कुछ साइकिलें मोटर हैं।

2. कथनः कुछ खाट गोपियां हैं।
कुछ गोपियां खटाई हैं।

निष्कर्षः I. कुछ गोपियां खाट हैं।
II. कुछ गोपियां खटाई हैं।

3. कथनः सभी पिल्ले गधे हैं।
सभी कुत्ते गधे हैं।

निष्कर्ष: I. सभी पिल्ले कुत्ते हैं।
II. सभी गधे पिल्ले हैं।

4. कथन: सभी रोटियां दाल हैं।
कुछ सब्जी रोटी हैं।
निष्कर्ष: I. कुछ सब्जी दाल हैं।
II. कोई दाल सब्जी नहीं है।

5. कथन: सभी खिलौने रबड़ हैं।
सभी रबड़ इंपोर्टेड हैं।
निष्कर्ष: I. सभी खिलौने इंपोर्टेड हैं।
II. कुछ इंपोर्टेड रबड़ नहीं हैं।

6. कथन: कुछ किताबें कॉपी हैं।
कुछ कॉपी स्याही हैं।
सभी स्याही नींब हैं।
निष्कर्ष: I. कुछ किताबें स्याही हैं।
II. कुछ किताबें नींब हैं।

7. कथन: कुछ तोते कुत्ते हैं।
सभी कुत्ते रेत हैं।
सभी रेत राख हैं।
निष्कर्ष: I. सभी तोते राख हैं।
II. सभी कुत्ते राख हैं।

8. कथन: कुछ अंगुलियां चिड़ियां हैं।
कुछ चिड़ियां हाथी हैं।
कुछ हाथी अंगारे हैं।
निष्कर्ष: I. कुछ अंगारे चिड़ियां हैं।
II. कुछ हाथी अंगुलियां हैं।

9. कथन: सभी पेन हाथ हैं।
कुछ हाथ छड़ी हैं।
कुछ छड़ी ड्रग्स हैं।
निष्कर्ष: I. कुछ ड्रग्स पैन हैं।
II. कुछ छड़ी हाथ हैं।

10. कथन: सभी शहर देश हैं।
सभी महादेश शहर हैं।
सभी जिला देश हैं।
निष्कर्ष: I. कुछ महादेश देश नहीं हैं।
II. कोई जिला महादेश नहीं है।

11. कथन: कुछ कमीजें पैंट हैं।
कोई पैंट मोजे नहीं हैं।
निष्कर्ष: I. कुछ कमीजें मोजे हैं।
II. कुछ मोजे पैंट हैं।

12. कथन: सभी चम्मच लड़के हैं।
सभी लड़के शैतान हैं।
निष्कर्ष: I. कुछ शैतान चम्मच हैं।
II. सभी चम्मच शैतान हैं।

13. कथन: कुछ वोट नोट हैं।
कुछ नोट मटन हैं।
निष्कर्ष: I. कोई बंसी वोट नहीं है।
II. कुछ वोट मटन हैं।

उत्तर (हल/संकेत)

1. (a)

मोटर, बसें, ट्रेन, साइकिल

केवल निष्कर्ष I अनुसरण कर रहा है।

2. (b)

खाट, गोपियां, खटाई

निष्कर्ष I तथा II अनुसरण कर रहे हैं।

3. (d)

गधे, पिल्ले, कुत्ते

दोनों में से कोई भी निष्कर्ष अनुसरण नहीं कर रहा है।

4. (a)

सब्जी, रोटियां, दाल

केवल निष्कर्ष I अनुसरण कर रहा है।

5. (a)

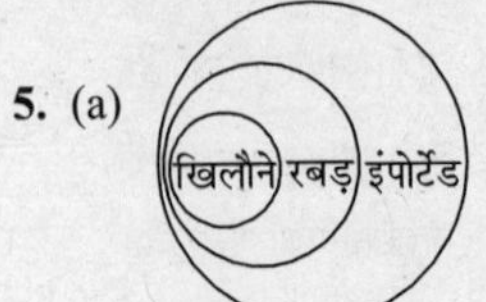

निष्कर्ष I अनुसरण कर रहा है।

6. (d)

किताबें, कॉपी, स्याही, नींब

दोनों में से कोई भी निष्कर्ष अनुसरण नहीं कर रहा है।

7. (b)

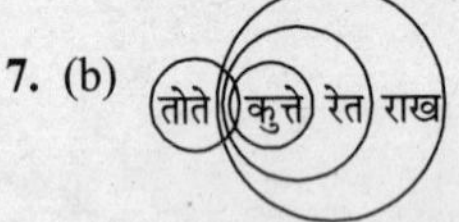

निष्कर्ष II अनुसरण कर रहा है।

8. (d)

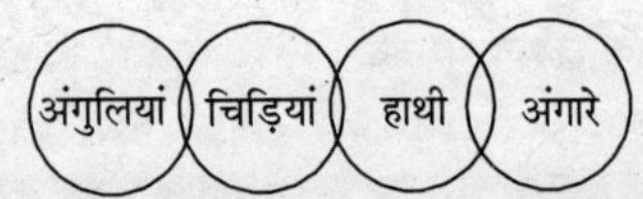

दोनों में से कोई भी निष्कर्ष अनुसरण नहीं कर रहा है।

9. (b)

पेन, हाथ, छड़ी, ड्रग्स

केवल निष्कर्ष II अनुसरण कर रहा है।

10. (d)

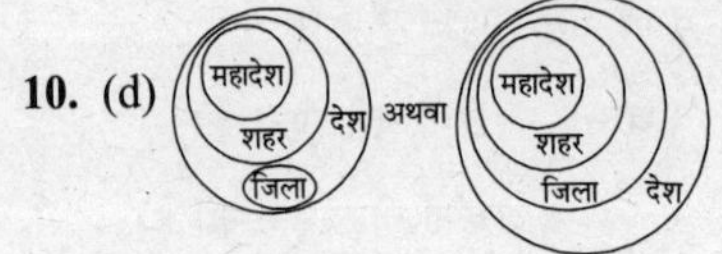

दोनों में से कोई भी निष्कर्ष अनुसरण नहीं कर रहा है।

11. (d)

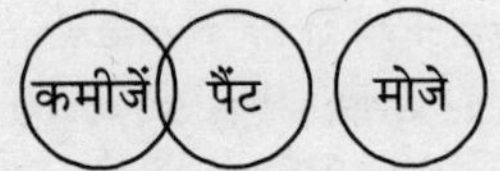

दोनों में से कोई भी निष्कर्ष अनुसरण नहीं कर रहा है।

12. (c)

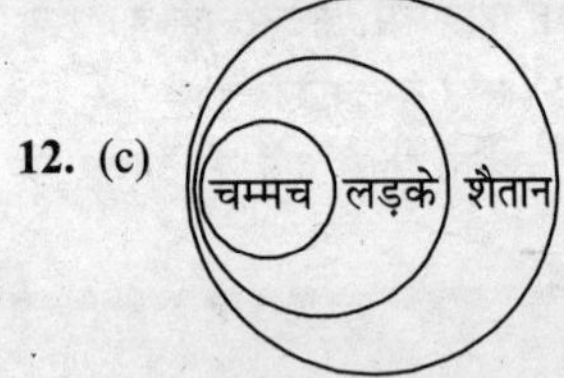

दोनों निष्कर्ष I, II अनुसरण कर रहे हैं।

13. (a)

वोट, नोट, मटन

केवल निष्कर्ष I अनुसरण कर रहा है। लेकिन यह अनुमानित है क्योंकि बंसी मूल वाक्य में निहित नहीं है।

❑❑❑

16 आकृति सादृश्यता

समरूपता का शाब्दिक अर्थ समानता होता है। अर्थात्, हम कह सकते हैं कि कोई भी दो आकृतियाँ जो देखने में किसी-न-किसी प्रकार समान हों अथवा एक जैसी दिखती हों, या एक जैसी प्रतीत होती हों, सादृश्य कहलाती है तथा उनका यह गुण समरूपता कहलाता है।

समरूपता का मुख्य लक्षण या इसकी मुख्य विशेषता किन्हीं दो आकृतियों के आपसी सम्बन्ध की समानता में निहित होता है।

इस अध्याय से पूछे जाने वाले प्रश्न दो भागों में दिए गए होते हैं, जिन्हें प्रश्न आकृतियाँ तथा उत्तर आकृतियाँ कहा जाता है। प्रश्न आकृतियाँ भी दो भागों में बंटी होती है। दोनों भागों में दो-दो आकृतियाँ अर्थात् कुल चार आकृतियाँ होती है लेकिन केवल तीन ही आकृतियाँ प्रश्न में दी गई होती है तथा चौथी को अभ्यर्थियों को ज्ञात करना होता है। चौथी आकृति चारों उत्तर आकृतियों में दिए गए विकल्पों में से ही एक होती है। प्रश्न आकृति में प्रथम दो आकृतियाँ एक-दूसरे से किसी-न-किसी प्रकार से सम्बन्धित होती हैं और इसी सम्बन्ध को ज्ञात कर या समझकर अभ्यर्थियों को तीसरी और चौथी आकृति में सम्बन्ध स्थापित करते हुए विकल्पों में से एक उत्तर चुनना होता है अर्थात् चौथी आकृति तीसरी आकृति से उसी प्रकार सम्बन्धित होनी चाहिए जिस प्रकार दूसरी, पहली से सम्बन्धित हो।

हल सहित उदाहरण

निर्देश (उदाहरण 1 से 4) नीचे दिए गए प्रश्नों में पहला समूह प्रश्न आकृतियों का तथा दूसरा समूह उत्तर आकृतियों का है। प्रश्न आकृति में दो जोड़े आकृतियाँ दी गई हैं। पहले जोड़े की आकृतियाँ जिस प्रकार एक-दूसरे से सम्बन्धित हैं, उसी सम्बन्ध के आधार पर दूसरे जोड़े की दूसरी आकृति ज्ञात कीजिए।

उदाहरण 1:

प्रश्न आकृतियाँ

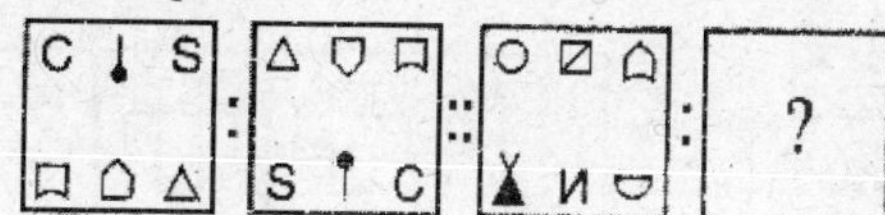

उत्तर आकृतियाँ

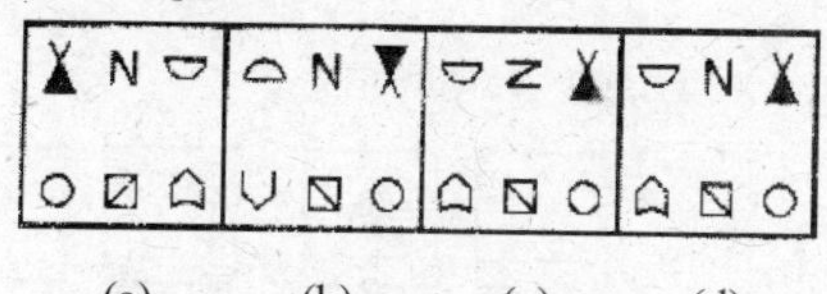

(a) (b) (c) (d)

हल: (d) सबसे पहले हमें प्रश्न आकृति में बने बॉक्स की आकृतियों के बदलने के क्रम को जानना होगा। प्रश्न में पहले जोड़े वाले बॉक्सों की आकृतियों के बदलने का क्रम इस प्रकार है

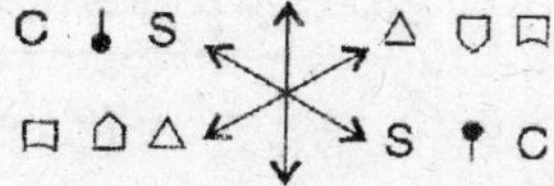

अर्थात् चारों कोनों के सामने वाली आकृति से उसका स्थान परिवर्तन होता है, जबकि बीच वाले का उसके सामने वाले से। साथ-ही-साथ बीच वाली आकृतियों को बदलने के बाद उन्हें उल्टा कर दिया गया है जैसा कि नीचे चित्र में प्रदर्शित है

उदाहरण 2:

प्रश्न आकृतियाँ

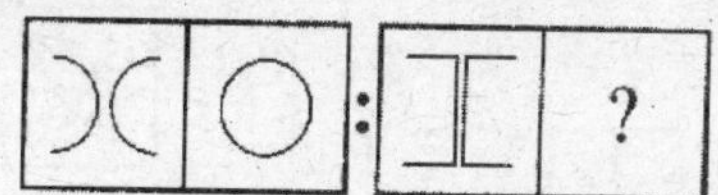

उत्तर आकृतियाँ

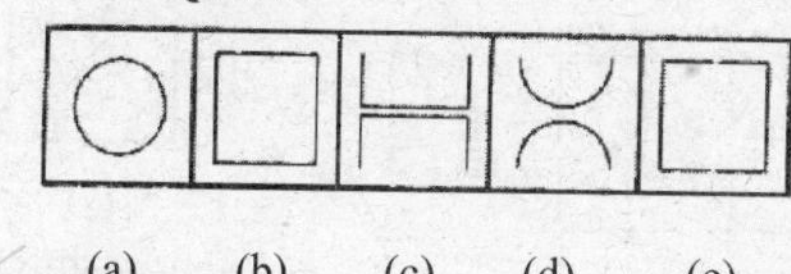

(a) (b) (c) (d) (e)

हल: (b) प्रश्न आकृतियों का ध्यानपूर्वक अवलोकन करने के बाद हम पाते हैं कि प्रश्न आकृति के पहले भाग की पहली आकृति रो दूसरी आकृति में डिजाइन के दो अर्द्ध भाग अलग होकर तथा दाएं से बाएं पलटकर जुड़ जाते हैं। उसी प्रकार प्रश्न आकृति के दूसरे भाग की तीसरी आकृति से चौथी आकृति में डिजाइन के दो अर्द्ध भाग अलग होकर तथा दाएं से बाएं पलटकर जुड़ जाएंगे और यह उत्तर आकृति (b) के समान दिखेगी।

उदाहरण 3:

प्रश्न आकृतियाँ

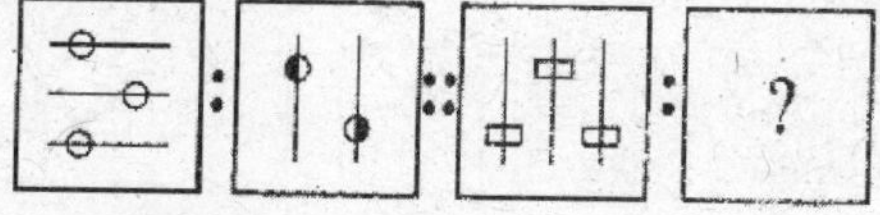

उत्तर आकृतियाँ

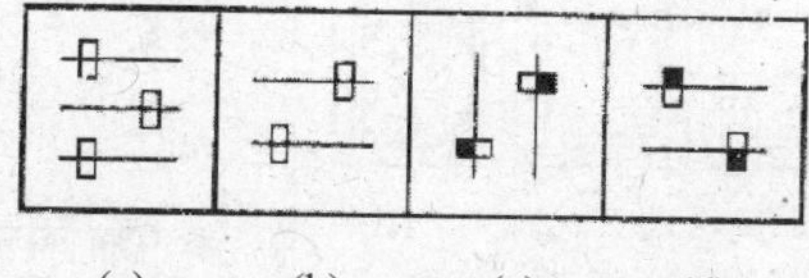

(a) (b) (c) (d)

हल (d) प्रश्न आकृति के प्रथम जोड़े में पिन की संख्या घटी है इसी प्रकार दूसरे जोड़े में भी पिन की संख्या घटेगी और पिन की संख्या तीन से घटकर दो हो जाएगी।

प्रथम जोड़े में प्रथम दो पिनों को दक्षिणावर्त दिशा में घुमाकर दिखाया गया है तथा बाएं पिन के सिरे को बाईं ओर, जबकि दाएं पिन के सिरे को दाईं ओर रंगा गया है। ठीक इसी प्रकार दूसरे जोड़े में भी प्रथम दो पिनों को दक्षिणावर्त दिशा में घुमाएंगे तथा बाईं पिन के सिरे को बाईं ओर तथा दाईं पिन के सिरे को दाईं ओर रंगेंगे।

उदाहरण 4:

प्रश्न आकृतियाँ

उत्तर आकृतियाँ

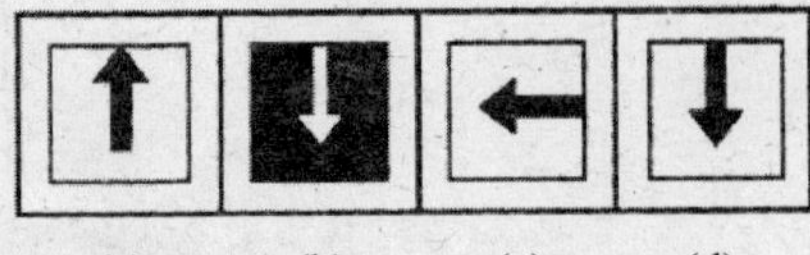

(a) (b) (c) (d)

हल: (d) पहले जोड़े की आकृति से यह स्पष्ट है कि पहली आकृति के बड़े चित्र का आकार छोटा तथा छोटे चित्र का आकार बड़ा हो जाता है। साथ-ही-साथ दूसरी आकृति में बड़ा चित्र (आकृति) उल्टा हो जाता है और दूसरे चित्र में पहला चित्र समा जाता है। अत: सही विकल्प (d) होगा क्योंकि इसी विकल्प की आकृति में छोटा वर्ग बड़ा बन गया है तथा तीर का निशान छोटा तथा उल्टा होकर वर्ग में समा गया है।

प्रश्नमाला

निर्देश (प्र.सं. 1-15) नीचे दिए गए प्रश्नों में पहला समूह प्रश्न आकृतियों का तथा दूसरा समूह उत्तर आकृतियों का है। प्रश्न आकृति में दो जोड़े आकृतियाँ दी गई हैं। पहले जोड़े की आकृतियाँ जिस प्रकार एक-दूसरे से सम्बन्धित हैं, उसी सम्बन्ध के आधार पर दूसरे जोड़े की दूसरी आकृति ज्ञात कीजिए।

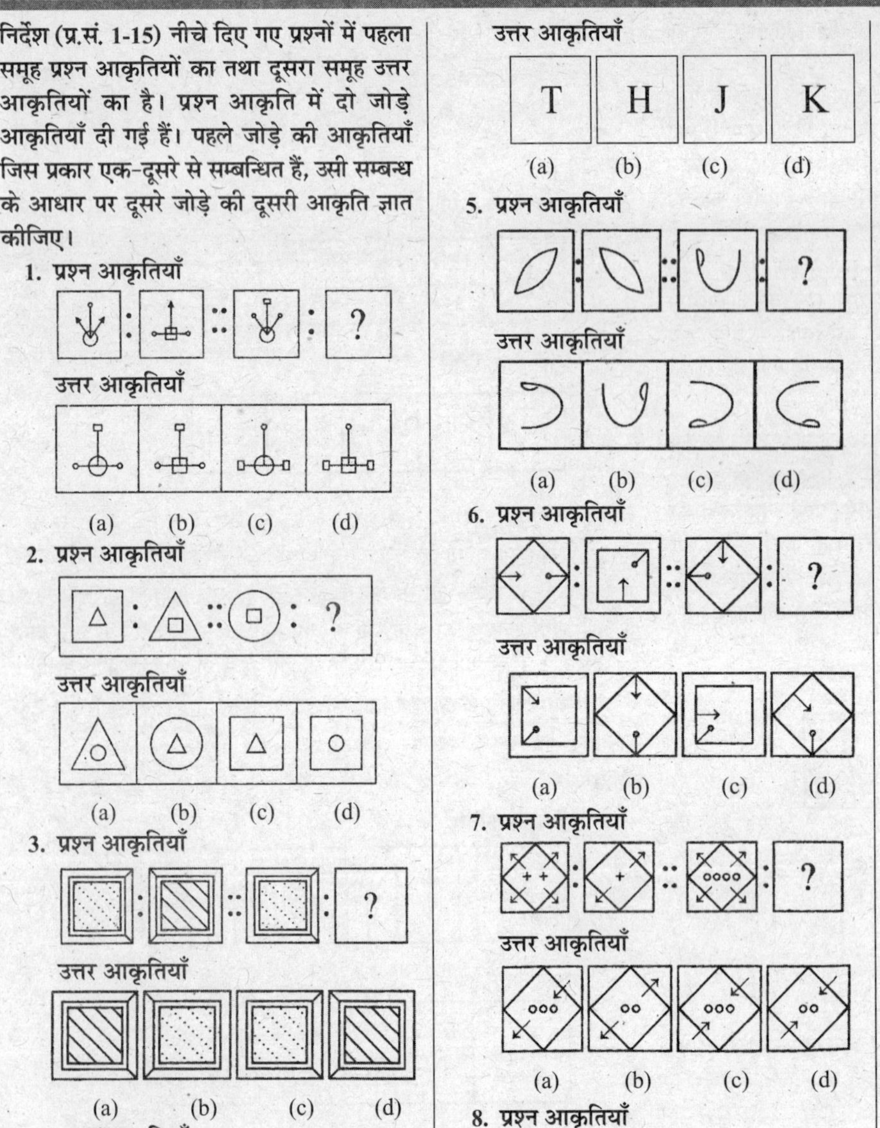

1. प्रश्न आकृतियाँ

उत्तर आकृतियाँ

(a) (b) (c) (d)

2. प्रश्न आकृतियाँ

उत्तर आकृतियाँ

(a) (b) (c) (d)

3. प्रश्न आकृतियाँ

उत्तर आकृतियाँ

(a) (b) (c) (d)

4. प्रश्न आकृतियाँ

F : E :: I : ?

उत्तर आकृतियाँ

T H J K

(a) (b) (c) (d)

5. प्रश्न आकृतियाँ

उत्तर आकृतियाँ

(a) (b) (c) (d)

6. प्रश्न आकृतियाँ

उत्तर आकृतियाँ

(a) (b) (c) (d)

7. प्रश्न आकृतियाँ

उत्तर आकृतियाँ

(a) (b) (c) (d)

8. प्रश्न आकृतियाँ

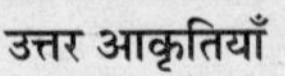

उत्तर आकृतियाँ

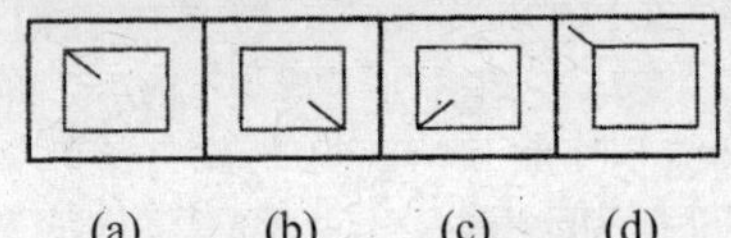

(a) (b) (c) (d)

9. प्रश्न आकृतियाँ

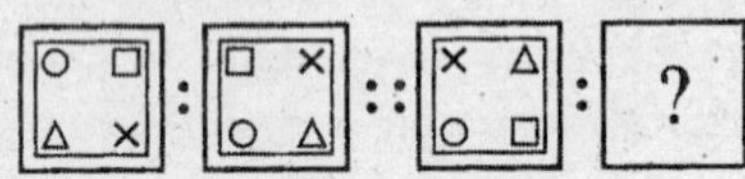

उत्तर आकृतियाँ

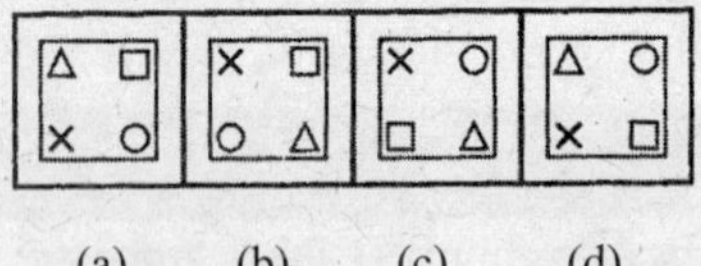

(a) (b) (c) (d)

10. प्रश्न आकृतियाँ

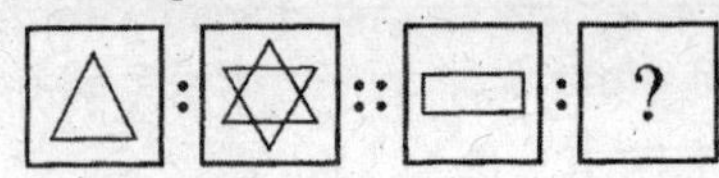

उत्तर आकृतियाँ

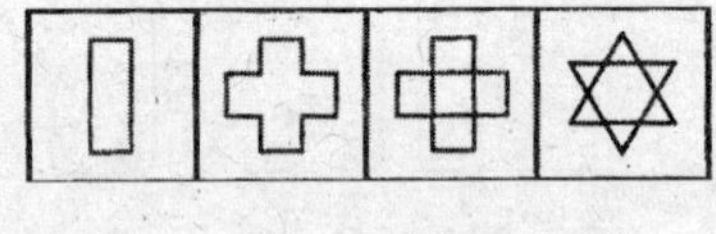

(a) (b) (c) (d)

11. प्रश्न आकृतियाँ

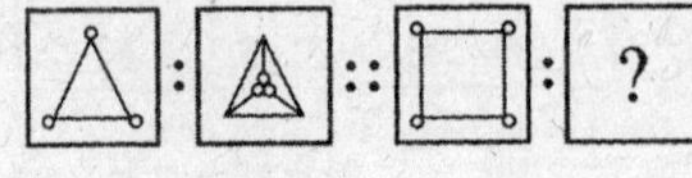

उत्तर आकृतियाँ

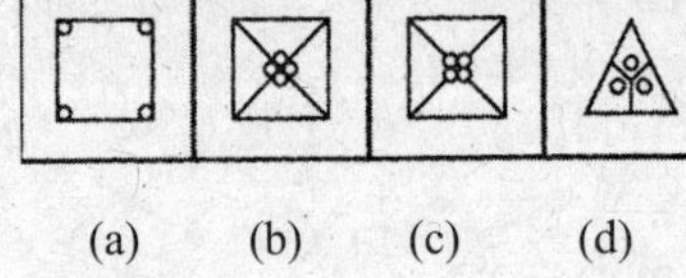

(a) (b) (c) (d)

12. प्रश्न आकृतियाँ

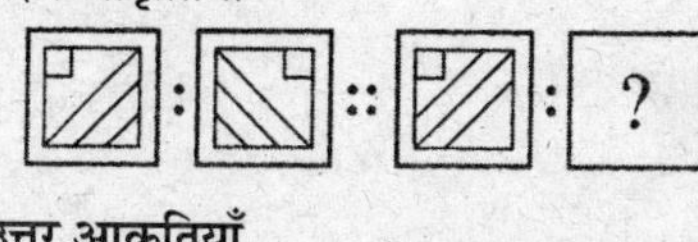

उत्तर आकृतियाँ

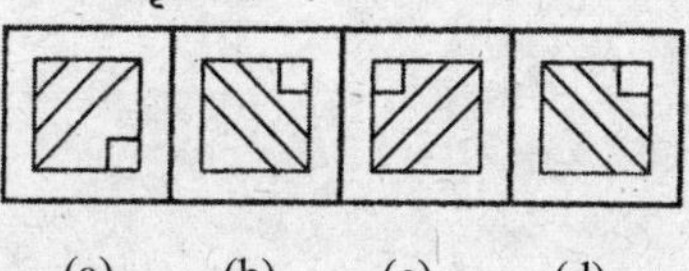

(a) (b) (c) (d)

13. प्रश्न आकृतियाँ

उत्तर आकृतियाँ

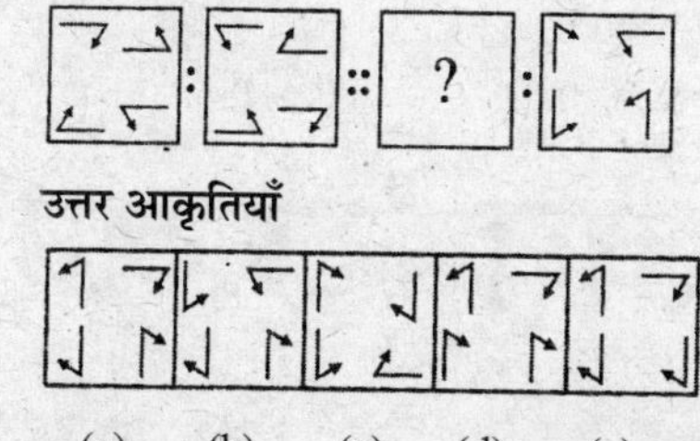

(a) (b) (c) (d) (e)

14. प्रश्न आकृतियाँ

उत्तर आकृतियाँ

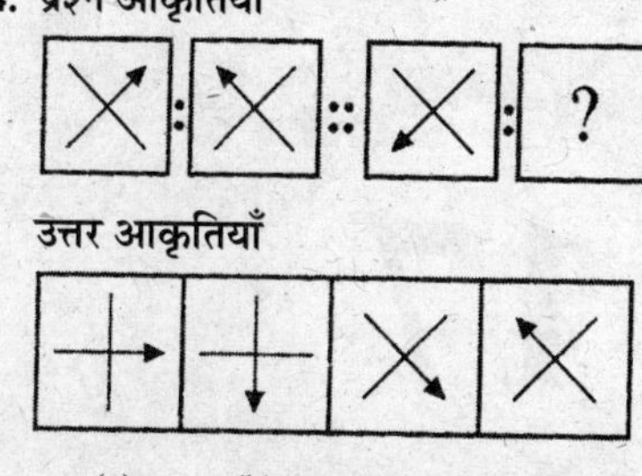

(a) (b) (c) (d)

उत्तर (हल/संकेत)

1. (d) जिस प्रकार, पहली से दूसरी आकृति में वृत्त के स्थान पर वर्ग आ गया है तथा तीर के निशान सीधे हो गए हैं तथा उनके प्रारम्भिक बिन्दु पर तीर की जगह छोटा वृत्त के स्थान पर तीर का चिह्न आ गया है, उसी प्रकार का सम्बन्ध तीसरी आकृति से चौथी आकृति को बनाने पर उत्तर विकल्प (d) वाली आकृति प्राप्त होती है।

2. (d) जिस प्रकार, पहली से दूसरी आकृति में त्रिभुज का आकार बड़ा हो जाता है तथा वर्ग का आकार छोटा होकर त्रिभुज के अन्दर आ जाता है। उसी प्रकार, वृत्त का आकार छोटा हो जाएगा तथा वृत्त, वर्ग के अन्दर आ जाएगा। इस प्रकार उत्तर विकल्प (d) की आकृति प्राप्त होती है।

3. (d) पहली आकृति से दूसरी आकृति में अन्दर की बिन्दुमय रेखाएं लगातार बन जाती है तथा अन्य बातों में दूसरी आकृति पहली आकृति का दर्पण प्रतिबिम्ब है। वैसा ही सम्बन्ध तीसरी प्रश्न आकृति और चौथी उत्तर आकृति में है।

4. (b)

5. (b) पहली आकृति का दर्पण प्रतिबिम्ब का दूसरा भाग है उसी प्रकार तीसरी आकृति का दर्पण प्रतिबिम्ब उत्तर आकृति (b) होगी।

6. (c) प्रथम से द्वितीय आकृति में मुख्य डिजाइन वर्ग 45° वामावर्त घूमता है तथा डिजाइन (i) उसी स्थान पर रहती है व डिजाइन '↑' वामावर्त आधी भुजा सरकता है। यही परिवर्तन क्रम तृतीय से चतुर्थ आकृति में भी होगा।

7. (b) पहली आकृति से दूसरी आकृति के बीच में डिजाइन आधे कम हो जाते हैं तथा दो तीर कम हो जाते हैं।

8. (b) आकृति के प्रथम जोड़े की पहली आकृति 180° घूमकर दूसरी आकृति बनाते हैं। ठीक इसी प्रकार दूसरे जोड़े की पहली आकृति को 180° घुमाने पर,

9. (a) प्रश्न आकृति के प्रथम जोड़े की आकृतियों के तत्वों में परिवर्तन का क्रम

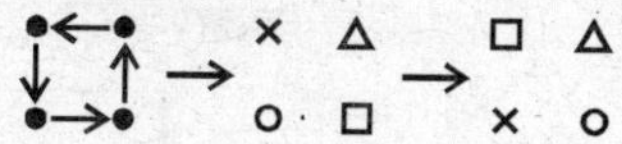

10. (c) त्रिभुज दोगुना होकर दूसरी आकृति बनाता है। इसी प्रकार, आयत दोगुना होकर चौथी आकृति बनाता है।

11. (c) प्रश्न आकृति में प्रथम आकृति में त्रिभुज की सभी शिराओं वाले वृत्त अन्दर आ जाते हैं तथा तीनों वृत्तों तथा कोणों को तीन रेखाएं मिलती हैं। ठीक इसी प्रकार, वर्ग के चारों शिराओं वाले वृत्त अन्दर आएंगे और चारों वृत्त तथा कोणों का चार रेखाएं मिलाएंगी।

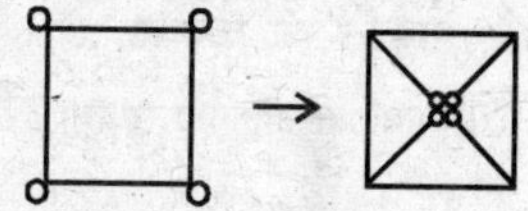

12. (d) प्रश्न आकृति के प्रथम जोड़े की प्रथम आकृति के दाईं ओर शीशा रखने पर दूसरी आकृति प्रतिबिम्ब स्वरूप प्राप्त होती है। ठीक इसी प्रकार दूसरे जोड़े की प्रथम आकृति के दाईं ओर शीशा रखने पर,

13. (c) दूसरी आकृति की जल प्रतिबिम्ब प्रथम आकृति है। इसी प्रकार चौथी आकृति तीसरी का जल प्रतिबिम्ब होगी।

14. (c) प्रश्न आकृति के प्रथम जोड़े की पहली आकृति को वामावर्त दिशा में 90° घुमाने पर दूसरी आकृति प्राप्त होती है। ठीक इसी प्रकार दूसरे जोड़े की पहली आकृति को वामावर्त दिशा में 90° घुमाने पर,

❑❑❑

17 आकृति वर्गीकरण

वर्गीकरण का शाब्दिक अर्थ सामान्य लक्षण के आधर पर आकृतियों को वर्गीकृत करना है। वर्गीकरण के अंतर्गत चार आकृतियां दी हुई रहती हैं, जिसमें से तीन आकृतियों में समान लक्षणों विद्यमान रहते हैं। परीक्षार्थियों को इन तीन आकृतियों के समान लक्षण को ध्यान में रखते हुए उस आकृति को चुनना होता है जो इन तीन आकृतियों से भिन्न हो।

आकृतियों के बीच समानता व विषमता के प्रमुख कारण निम्नलिखित हैं

1. **आकृति की बनावट** (Construction of a Figure): आकृति की बनावट में अंतर हो सकता है।
2. **आकृति में रेखाओं की संख्या** (Number of Lines of a Figure): आकृति में रेखाओं की संख्या में अंतर हो सकता है।
3. **आकृति में रेखाओं का आकार** (Size of Lines in a Figure): आकृति में रेखाओं का आकार समान, छोटा या बड़ा हो सकता है।
4. **आकृतियों की उन्नत या अधोमुख स्थिति** (Upright or inverted Position of a Figure) आकृति की उन्नत या अधोमुख स्थिति में अंतर हो सकता है।
5. **आकृति का विभाजन** (Distribution of a Figure): आकृति का विभाजन बराबर-बराबर हिस्सों में किया जा सकता है।
6. **नई आकृति का निर्माण** (Formation of a New Figure): दो आकृतियों को मिलाने से एक नई आकृति का निर्माण हो सकता है।

हल सहित उदाहरण

निर्देश– (उदाहरण 1-5) निम्नलिखित प्रत्येक प्रश्न में दी गई चार आकृतियों में से तीन किसी एक गुण के आधार पर समान हैं तथा एक भिन्न है। इस भिन्न आकृति का चयन कीजिए।

उदाहरण 1:

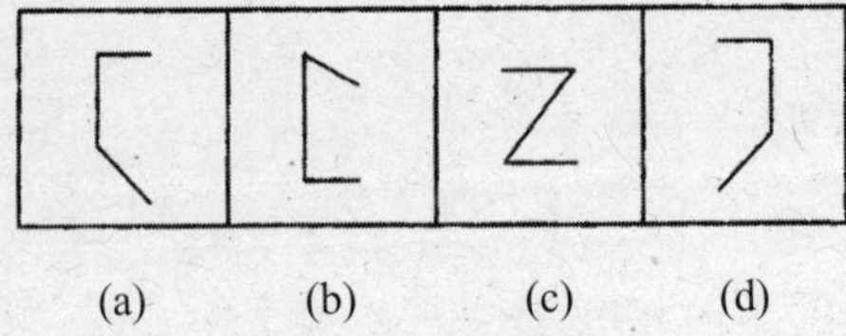

(a) (b) (c) (d)

हल: (c) आकृति (c) को छोड़कर अन्य सभी आकृतियों में खड़ी रेखा के लंबवत् एक अन्य रेखा जरूर है। जबकि (c) में कोई भी रेखा लम्बवत् नहीं है।

उदाहरण 2:

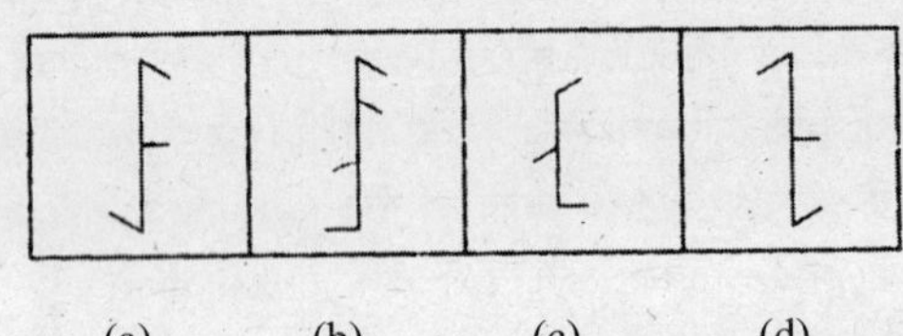

(a) (b) (c) (d)

हल: (b) केवल आकृति (b) में दोनों समांतर रेखाएं खड़ी रेखा के एक ओर उपस्थित हैं।

उदाहरण 3:

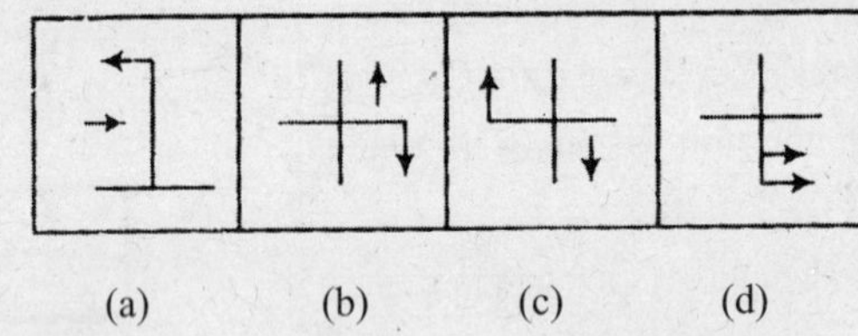

(a) (b) (c) (d)

हल: (d) आकृति (d) को छोड़कर अन्य सभी आकृतियों में दोनों तीर अलग दिशाओं को इंगित करते हैं।

उदाहरण 4:

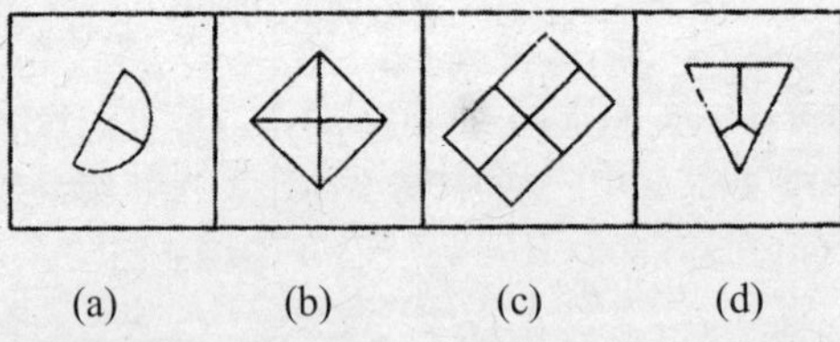

(a) (b) (c) (d)

हल: (d) आकृति (d) को छोड़कर अन्य सभी आकृति के अंदर बनी रेखाएं उसे बराबर भागों में विभजित करती है।

उदाहरण 5:

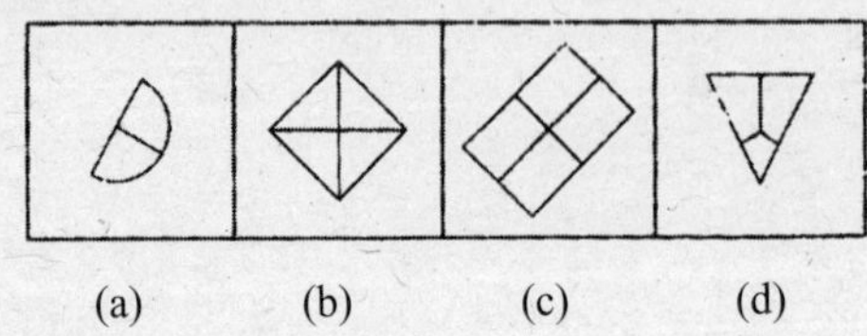

(a) (b) (c) (d)

हल: (d) आकृत्ति (d) को छोड़कर अन्य सभी में छोटा वृत्त तथा रेखा एक-दूसरे की सीध में हैं।

प्रश्नमाला

निर्देश— (प्रश्न 1-20) निम्नलिखित प्रत्येक प्रश्न में दी गई चार आकृतियों में से तीन किसी एक गुण के आधार पर समान हैं तथा एक भिन्न है। इस भिन्न आकृति का चयन कीजिए।

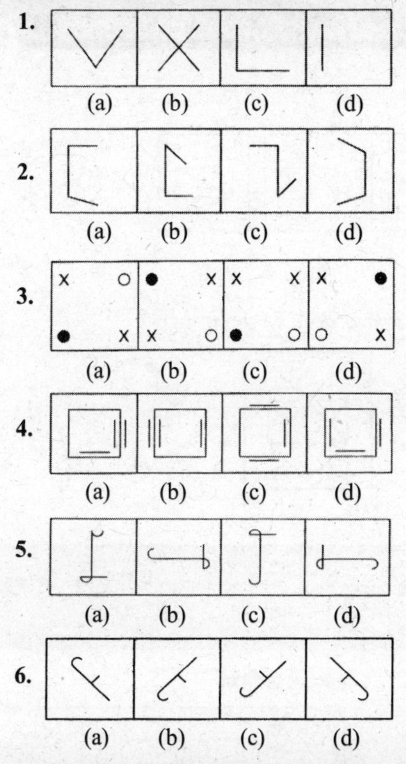

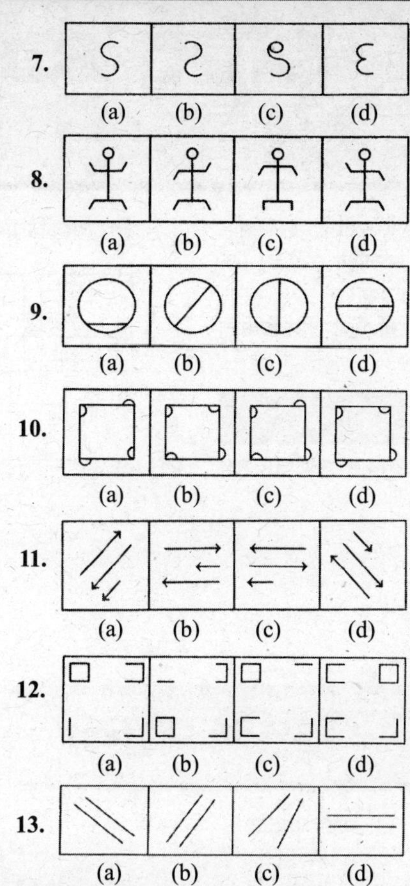

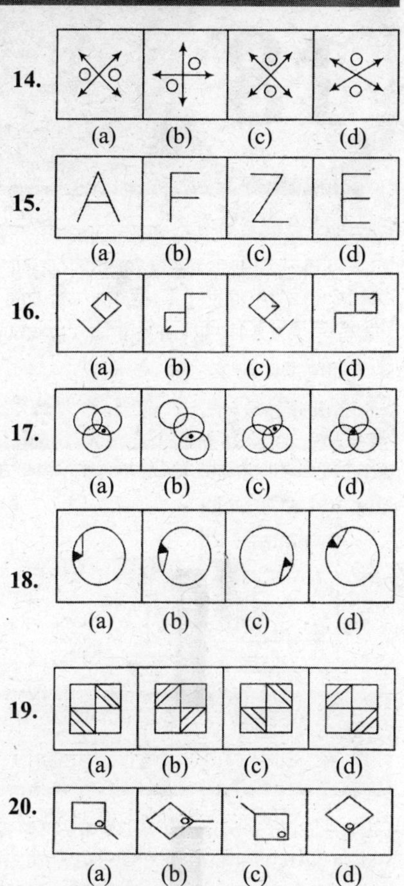

उत्तर (हल/संकेत)

1. (d) आकृति (d) को छोड़कर अन्य सभी आकृतियां दो सरल रेखाओं से निर्मित हैं।

2. (d) आकृति (d) को छोड़कर अन्य सभी आकृतियों में खड़ी रेखा के लम्बवत एक अन्य रेखा अवश्य है।

3. (c) केवल प्रश्नाकृति (c) को छोड़कर अन्य सभी आकृतियों में विकर्ण के दोनों सिरों पर समान चिन्ह (वृत्त) है।

4. (c) केवल प्रश्नाकृति (c) में वर्ग के अंदर एक तथा बाहर दो रेखाएं हैं। अन्य सभी आकृतियों में वर्ग के अंदर दो तथा बाहर एक रेखा है।

5. (a) केवल आकृति (a) में रेखा के ऊपर का भाग बाहर की ओर मुड़ा है जबकि अन्य सभी में यह अंदर की ओर है।

6. (b) केवल आकृति (b) को छोड़कर शेष सभी आकृतियां एक-दूसरे को घुमाकर प्राप्त की जा सकती हैं।

7. (c) आकृति (c) को छोड़कर अन्य सभी आकृतियां दोनों तरफ से खुली हैं।

8. (c) आकृति (c) को छोड़कर अन्य सभी आकृतियों में भुजाएं तथा पैर समान दिशा में नहीं हैं।

9. (a) आकृति (a) को छोड़कर अन्य सभी आकृतियां दो बराबर भागों में बंटी हुई हैं।

10. (b) आकृति (b) को छोड़कर अन्य सभी आकृतियों में वर्ग के भीतर दो तथा बाहर दो वृत्तखंड हैं।

11. (c) आकृति (c) को छोड़कर अन्य सभी आकृतियों में छोटे तीर के समान दिशा वाला तीर उसके बराबर में है।

12. (d) आकृति (d) को छोड़कर अन्य सभी आकृतियां 10 रेखाओं द्वारा निर्मित हैं।

13. (c) आकृति (c) को छोड़कर अन्य सभी आकृतियों में दोनों रेखाएं समांतर हैं।

14. (d) आकृति (d) को छोड़कर अन्य सभी आकृतियों में दोनों रेखाएं एक-दूसरे को समकोण पर काटती हैं।

15. (d) आकृति (d) को छोड़कर अन्य सभी आकृतियां तीन रेखाओं से बनी हैं।

16. (c) आकृति (c) को छोड़कर शेष सभी आकृतियों में बाहरी रेखा वर्ग के अंदर की रेखा के विपरीत शीर्ष बिंदु से आरंभ होती है।

17. (d) केवल आकृति (d) में काला बिंदु तीनों वृत्तों के समान रूप से मिले भाग में स्थित है।

18. (b) आकृति (b) को छोड़कर अन्य सभी आकृतियां एक-दूसरे को घुमाकर प्राप्त की जा सकती हैं।

19. (d) आकृति (d) को छोड़कर अन्य सभी आकृतियां एक-दूसरे को घुमाकर प्राप्त की जा सकती हैं।

20. (c) आकृति (c) को छोड़कर अन्य सभी आकृतियों में बिन्दु वर्ग के उसी कोने में विद्यमान है, जिससे बाहर की रेखा जुड़ी है।

❑❑❑

18 सन्निहित आकृतियाँ

इस प्रकार के प्रश्नों में एक आकृति में दूसरी आकृति छिपी रहती है। इस प्रकार की आकृति में सामान्य आकृति किसी जटिल आकृति में सन्निहित रहती है। एक आकृति को दूसरी आकृति में सन्निहित कहा जाता है। इस प्रकार के प्रश्नों में यह ज्ञात करना होता है कि मूल आकृति दिए गए जटिल विकल्पों में से किस विकल्प में सन्निहित है।

हल सहित उदाहरण

उदाहरण: निम्न आकृति में दी गई प्रश्न आकृति उत्तर विकल्प के किस मूल आकृति में सन्निहित है।

प्रश्न आकृति

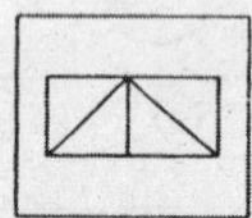

उत्तर आकृतियाँ

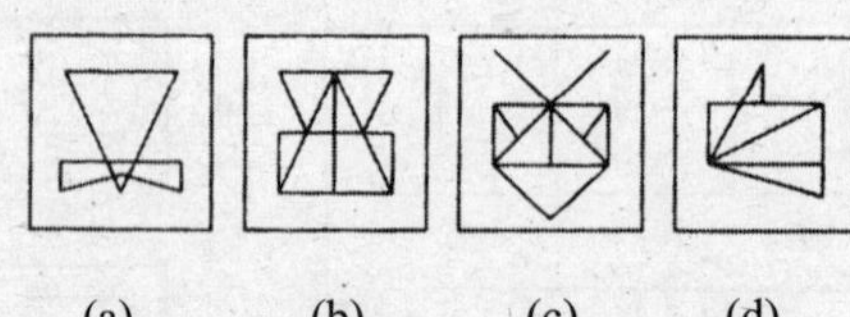

(a) (b) (c) (d)

हल : (c) प्रश्नाकृति (c) विकल्प में मौजूद है, जो इस प्रकार है

प्रश्नमाला

निर्देश— (प्रश्न 1-14): नीचे के प्रत्येक प्रश्न में एक मूल आकृति (प्रश्नाकृति) दी गई है तथा उसके साथ चार उत्तर विकल्प आकृतियाँ दी गई हैं। आपको वह विकल्प ज्ञात करना है, जिसमें मूल आकृति सन्निहित है।

1. प्रश्न आकृति

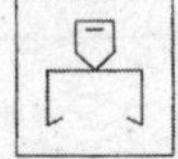

उत्तर आकृतियाँ

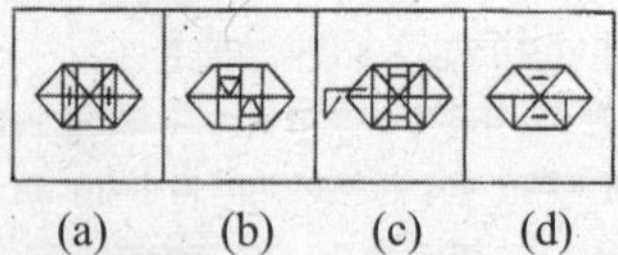

(a) (b) (c) (d)

2. प्रश्न आकृति

उत्तर आकृतियाँ

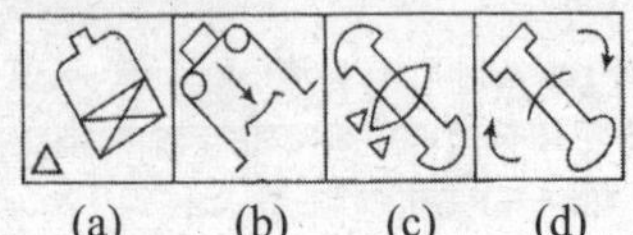

(a) (b) (c) (d)

3. प्रश्न आकृति

उत्तर आकृतियाँ

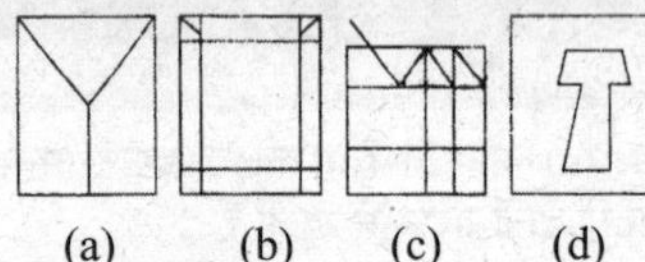

(a) (b) (c) (d)

4. प्रश्न आकृति

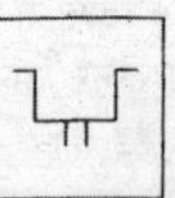

उत्तर आकृतियाँ

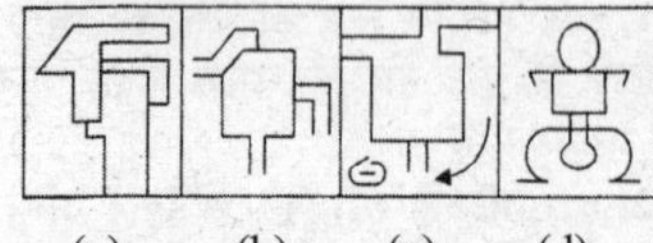

(a) (b) (c) (d)

5. प्रश्न आकृति

उत्तर आकृतियाँ

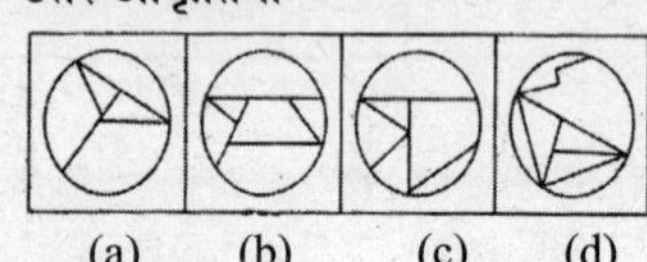

(a) (b) (c) (d)

6. प्रश्न आकृति

उत्तर आकृतियाँ

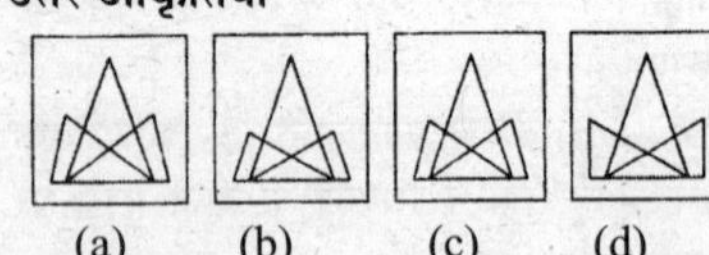

(a) (b) (c) (d)

7. प्रश्न आकृति

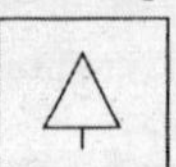

उत्तर आकृतियाँ

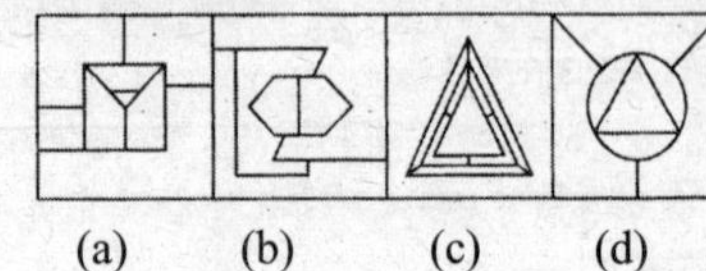

(a) (b) (c) (d)

8. प्रश्न आकृति

उत्तर आकृतियाँ

(a) (b) (c) (d)

9. प्रश्न आकृति

उत्तर आकृतियाँ

(a) (b) (c) (d)

10. प्रश्न आकृति

उत्तर आकृतियाँ

(a) (b) (c) (d)

11. प्रश्न आकृति

उत्तर आकृतियाँ

(a) (b) (c) (d)

12. प्रश्न आकृति

उत्तर आकृतियाँ

(a) (b) (c) (d)

13. प्रश्न आकृति

उत्तर आकृतियाँ

(a) (b) (c) (d)

14. प्रश्न आकृति

उत्तर आकृतियाँ

(a) (b) (c) (d)

उत्तरमाला

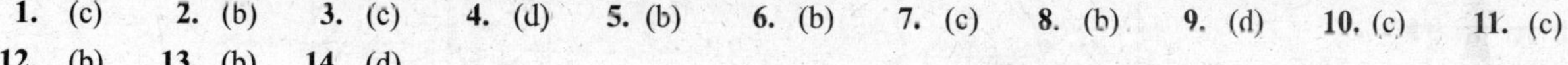

1. (c) **2.** (b) **3.** (c) **4.** (d) **5.** (b) **6.** (b) **7.** (c) **8.** (b) **9.** (d) **10.** (c) **11.** (c) **12.** (b) **13.** (b) **14.** (d)

❑❑❑

19 आकृति पूर्ति परीक्षण

आकृति-पूर्ति परीक्षण से सम्बन्धित प्रश्न आज की लगभग सभी प्रतियोगिता परीक्षाओं में अनिवार्य रूप से पूछे जाते हैं। आकृति पूर्ति परीक्षण का प्रश्न दो भागों में बँटा रहता है। बाईं ओर प्रश्न आकृति के रूप में एक अपूर्ण आकृति दी गई होती है तथा दाईं ओर चार उत्तर आकृतियाँ दी गई होती हैं। इस प्रकार के प्रश्नों में आकृति का एक-चौथाई भाग अपूर्ण होता है। इस अपूर्ण भाग को उत्तर आकृतियों में से खोजकर भरना होता है।

हल सहित उदाहरण

उदाहरण 1: नीचे दी गई प्रश्न आकृति के लुप्त भाग को उत्तर आकृतियों में से पूरा कीजिए।

प्रश्न आकृति **उत्तर आकृतियाँ**

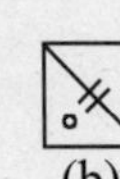
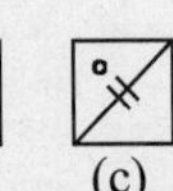
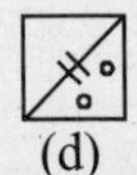

(a) (b) (c) (d)

हल: (c) उत्तर आकृतियों का ध्यानपूर्वक अध्ययन करने पर हम पाते हैं कि उत्तर आकृति (c) को प्रश्न आकृति के लुप्त भाग में रखने पर आकृति पूर्ण हो जाती है।

उदाहरण 2: नीचे दी गई प्रश्न आकृति के लुप्त भाग को उत्तर आकृतियों में से पूरा कीजिए।

प्रश्न आकृति **उत्तर आकृतियाँ**

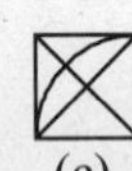
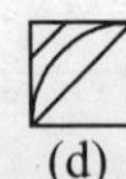

(a) (b) (c) (d)

हल : (a) उत्तर आकृतियों का ध्यानपूर्वक अध्ययन करने पर हम पाते हैं कि उत्तर आकृति (a) को प्रश्न आकृति में रखने पर आकृति पूर्ण हो जाती है।

प्रश्नमाला

निर्देश–(प्रश्न 1-20) नीचे दिए गए प्रत्येक प्रश्न में कौनसी उत्तर आकृति प्रश्न आकृति के डिजाइन को पूरा करती है?

1. प्रश्न आकृति

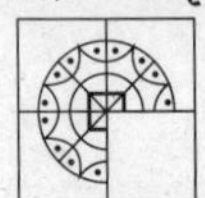

उत्तर आकृतियाँ

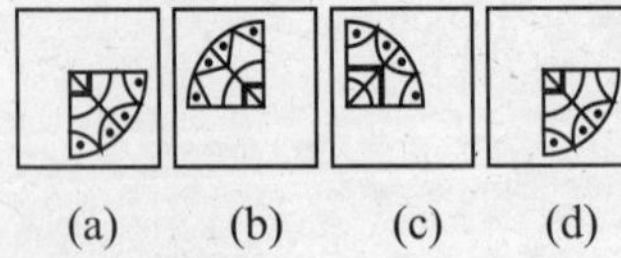

(a) (b) (c) (d)

2. प्रश्न आकृति

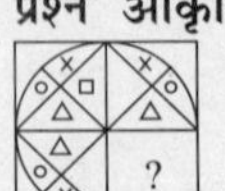

उत्तर आकृतियाँ

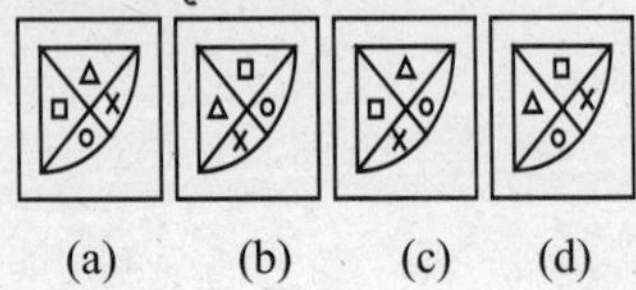

(a) (b) (c) (d)

3. प्रश्न आकृति

उत्तर आकृतियाँ

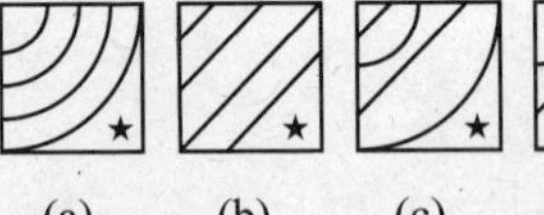

(a) (b) (c) (d)

4. प्रश्न आकृति

उत्तर आकृतियाँ

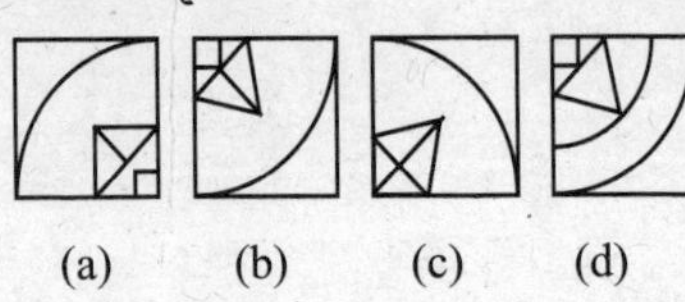

(a) (b) (c) (d)

5. प्रश्न आकृति

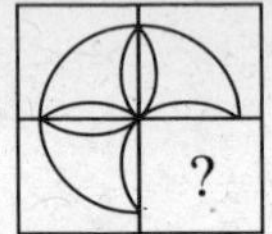

उत्तर आकृतियाँ

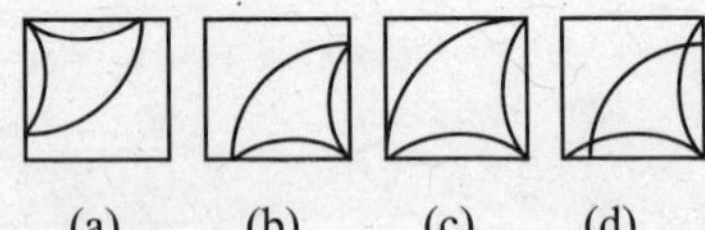

(a) (b) (c) (d)

6. प्रश्न आकृति

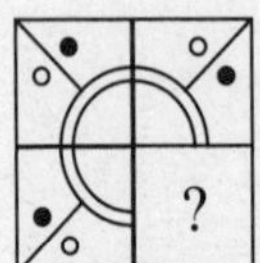

उत्तर आकृतियाँ

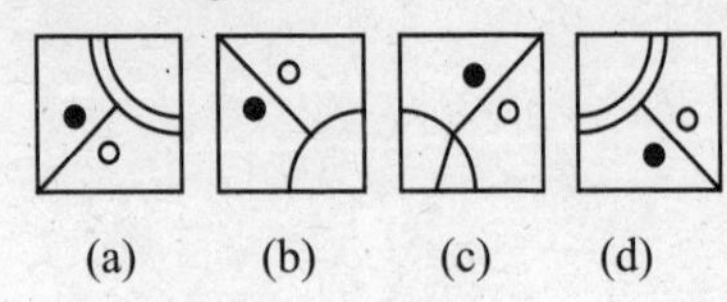

(a) (b) (c) (d)

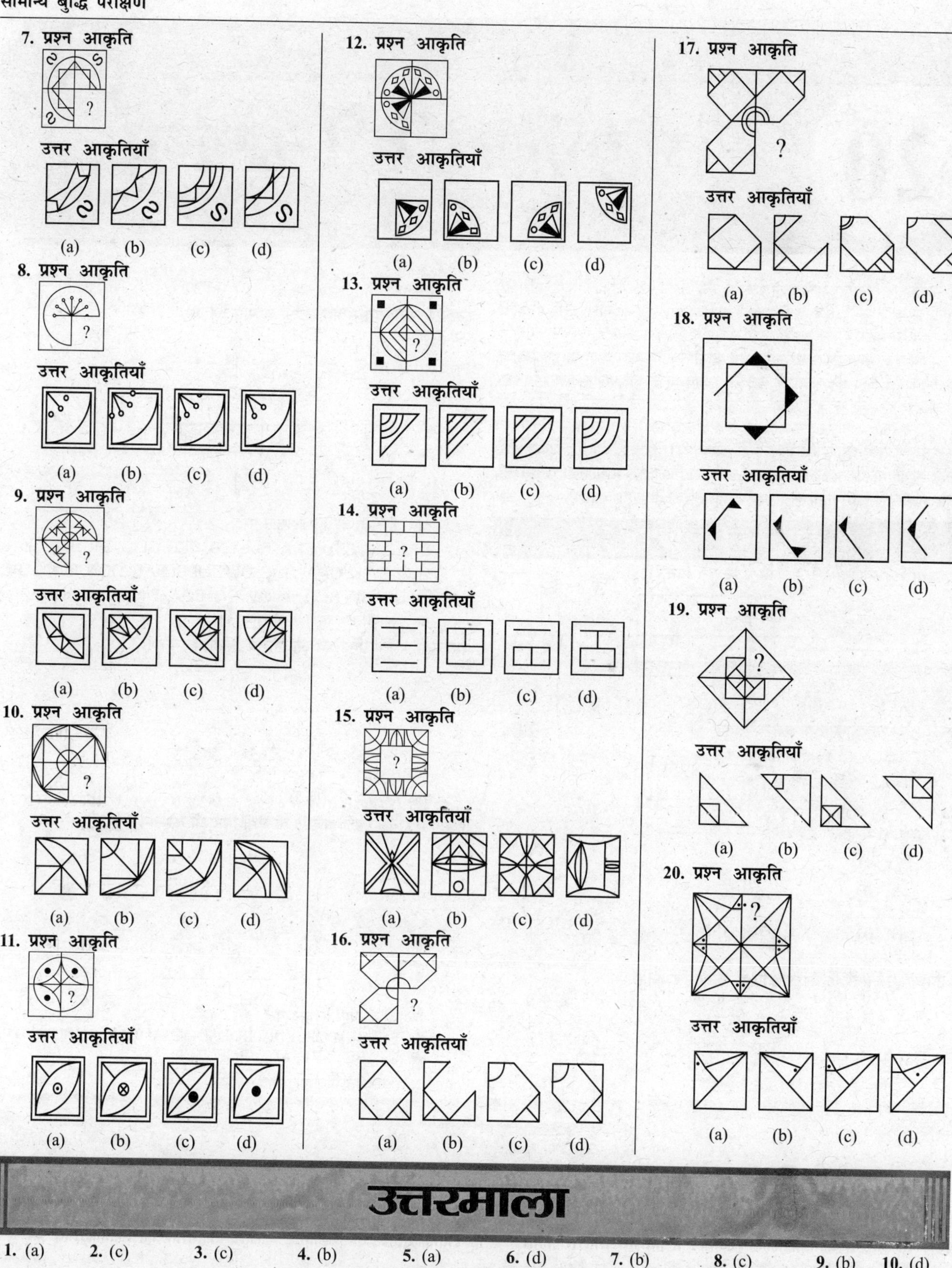

उत्तरमाला

1. (a) **2.** (c) **3.** (c) **4.** (b) **5.** (a) **6.** (d) **7.** (b) **8.** (c) **9.** (b) **10.** (d)
11. (d) **12.** (a) **13.** (c) **14.** (d) **15.** (c) **16.** (c) **17.** (c) **18.** (d) **19.** (d) **20.** (a)

❑❑❑

20 आकृतियों की गणना

इस अध्याय के अन्तर्गत आने वाले प्रश्नों में एक आकृति दी गई होती है। ज्यामितीय आकृतियों को जैसे—त्रिभुज, वर्ग, सरल रेखाएं, आयत, समान्तर चतुर्भुज वृत्त इत्यादि) आकृति में से पहचान कर उनकी कुल संख्या को बताना होता है।

यदि प्रश्न आकृति में सरल रेखाओं को गिनने हेतु कहा जाए, तो इन रेखाओं को गिनने एवं इन्हें तीन भागों में बांटकर अर्थात् तीनों को अलग-अलग गिनकर उनका योग ही कुल सरल रेखाओं की संख्या होगी। सरल रेखाओं को तीन भागों में—क्षैतिज रेखा, लम्ब रेखा तथा तिरछी रेखा में बांटकर गिना जाना चाहिए। त्रिभुजों को गिनने के लिए पहले छोटे त्रिभुजों की संख्या की दो, तीन, चार, ... इकाइयों से बनी त्रिभुजों की संख्या ज्ञात कर इनका योगफल निकाल लेना चाहिए। यथासम्भव अन्य आकृतियों की गिनती के लिए भी यही तरीका अपनाना चाहिए।

हल सहित उदाहरण

उदाहरण 1: निम्नलिखित आकृति में कितने आयत है?

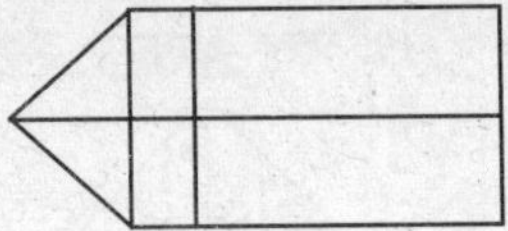

(a) 7 (b) 12 (c) 8 (d) 9

हल: (d) दी गई आकृति में कुल '9' आयत हैं।

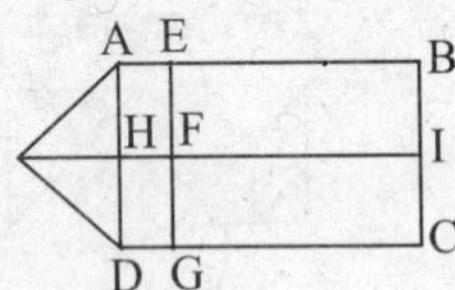

1. ABCD
2. EBCG
3. AEGD
4. ABIH
5. EBIF
6. AEFH
7. HFGD
8. HICD
9. FICG

उदाहरण 2: निम्नलिखित आकृति में कितने त्रिभुज हैं?

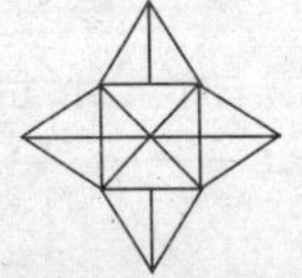

(a) 18 (b) 28 (c) 20 (d) 24

हल: (b) सर्वप्रथम सभी बिन्दुओं के नाम देने पर,

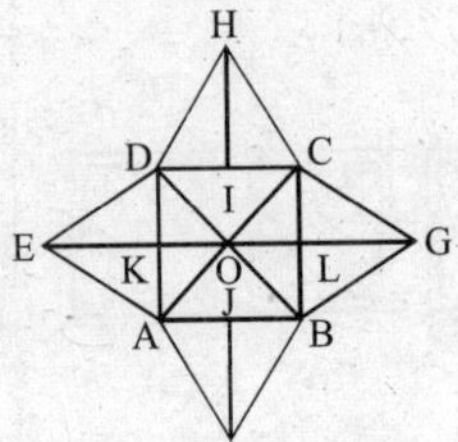

अब, त्रिभुजों के नाम लिखने पर,

DIH, HIC, EKD, EKA, FJA, FJB, GLB, GLC, DHC, EAD, FAB, GBC, DOK, OKA, DOC, OLC, OLB, OAB, DOA, BOC, ABC, ACD, ABD, BCD, BOG, COG, EOA, EOD.

अत: आकृति में कुल 28 त्रिभुज हैं।

उदाहरण 3: निम्नलिखित आकृति में कितने त्रिभुज हैं?

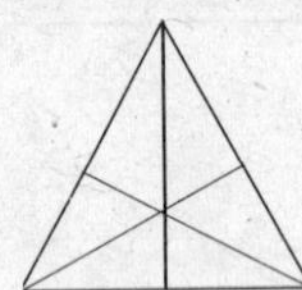

(a) 16 (b) 15 (c) 9 (d) 7

हल: (a) सबसे पहले आकृति के सभी बिन्दुओं को नाम देंगे।

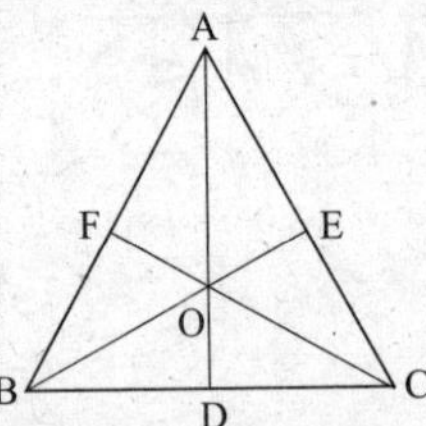

त्रिभुजों के नाम लिखने पर,

AOF, AOE, FOB, EOC, BOD, DOC, AOB, AOC, BOC, ADB, ADC, ABC, ABE, ACF, BCF, BCE

अत: आकृति में कुल 16 त्रिभुज हैं।

प्रश्नमाला

निर्देश— (प्रश्न 1-15) निम्नलिखित प्रत्येक प्रश्न में एक आकृति दी गई है। इस पर आधारित पूछे गए प्रश्नों का उत्तर दीजिए।

1. नीचे दी गई आकृति में कितने त्रिभुज हैं?

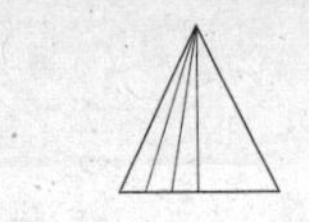

(a) 5 (b) 12 (c) 9 (d) 10

2. नीचे दी गई आकृति में कितने त्रिभुज हैं?

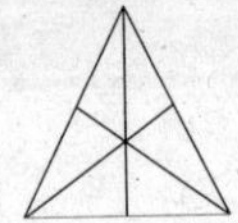

(a) 16 (b) 13
(c) 9 (d) 7

3. नीचे दी गई आकृति में कितने त्रिभुज हैं?

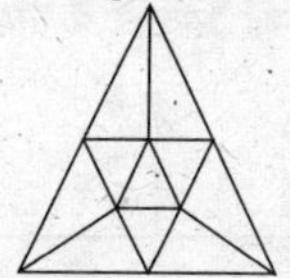

(a) 16 (b) 15 (c) 14 (d) 13

4. नीचे दी गई आकृति में कितनी सरल रेखाएं हैं?

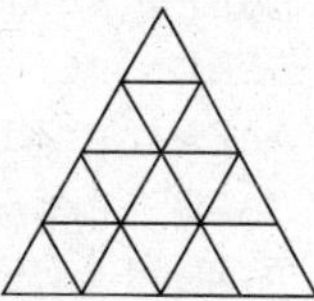

(a) 9 (b) 11 (c) 15 (d) 48

5. नीचे दी गई आकृति में कितनी सरल रेखाएं हैं?

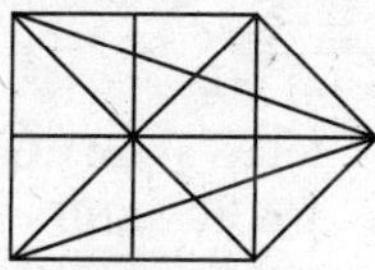

(a) 10 (b) 12 (c) 13 (d) 17

6. नीचे दी गई आकृति में कितनी सरल रेखाएं हैं?

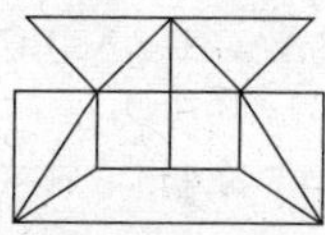

(a) 16 (b) 17 (c) 18 (d) 19

7. नीचे दी गई आकृति में कितने त्रिभुज हैं?

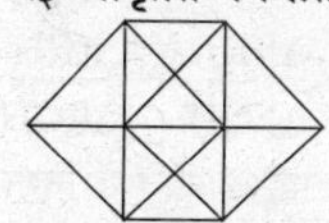

(a) 20 (b) 24 (c) 28 (d) 32

8. नीचे दी गई आकृति में कितने त्रिभुज हैं?

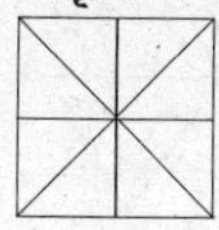

(a) 16 (b) 12 (c) 10 (d) 8

9. नीचे दी गई आकृति में कितने त्रिभुज हैं?

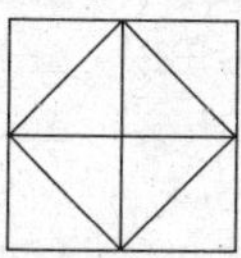

(a) 4 (b) 12 (c) 16 (d) 10

10. नीचे दी गई आकृति में कितने त्रिभुज हैं?

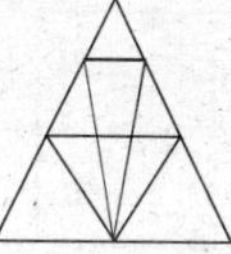

(a) 12 (b) 18 (c) 22 (d) 26

11. नीचे दी गई आकृति में कितनी सरल रेखाएं हैं?

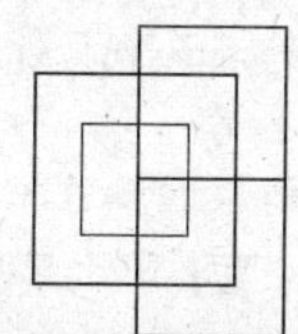

(a) 12 (b) 13
(c) 14 (d) 15

12. नीचे दी गई आकृति में कितने त्रिभुज हैं?

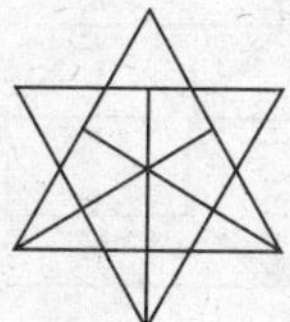

(a) 21 (b) 23 (c) 25 (d) 27

13. नीचे दी गई आकृति मे कितने त्रिभुज हैं?

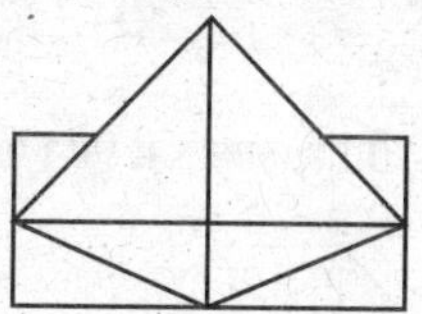

(a) 11 (b) 13 (c) 15 (d) 17

14. नीचे दी गई आकृति में कितने त्रिभुज हैं?

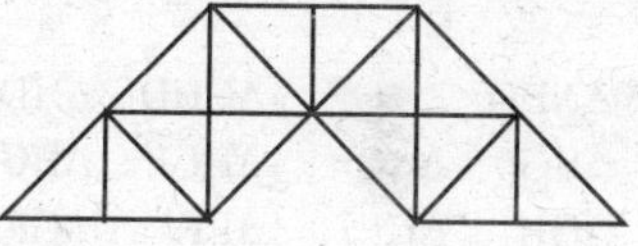

(a) 23 (b) 27 (c) 29 (d) 31

15. नीचे दी गई आकृति में कितने त्रिभुज हैं?

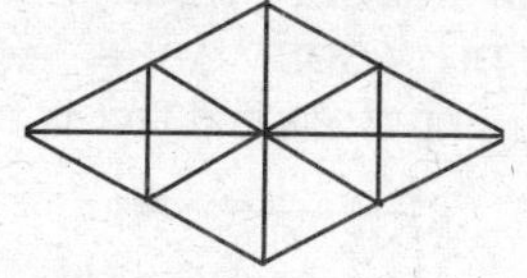

(a) 16 (b) 22 (c) 28 (d) 32

उत्तर (हल/संकेत)

1. (d) दी गई आकृति में निम्न 10 त्रिभुज हैं

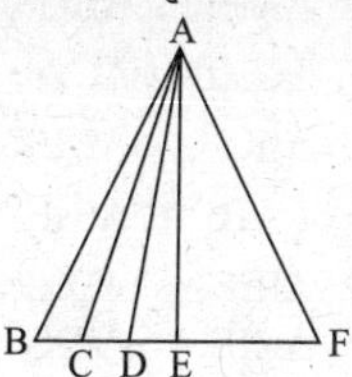

ΔABC ΔABD ΔABE ΔABF
ΔACD ΔACE ΔACF ΔADE
ΔADF ΔAEF

2. (a) दी गई आकृति में निम्न 16 त्रिभुज हैं

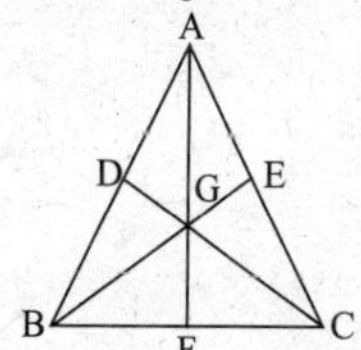

ΔADG ΔBDG ΔBGF ΔFGC
ΔGCE ΔAGE ΔABF ΔAFC
ΔADC ΔBCD ΔAEB ΔBCE
ΔABC ΔAGC ΔBGC ΔAGB

3. (b) दी गई आकृति में निम्न 15 त्रिभुज हैं

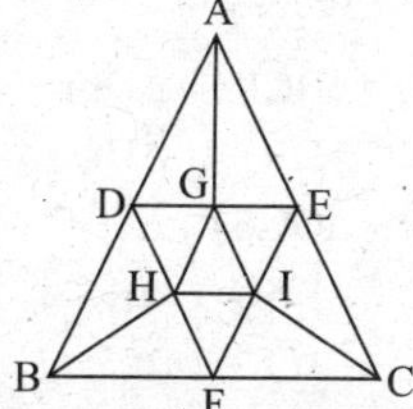

ΔABC ΔDEF ΔADE ΔBDF
ΔCEF ΔDGH ΔFHI ΔEGI
ΔGHI ΔAGE ΔADG ΔBDH
ΔBHF ΔCFI ΔCEI

4. (b) दी गई आकृति में निम्न 11 सरल रेखाएं हैं।

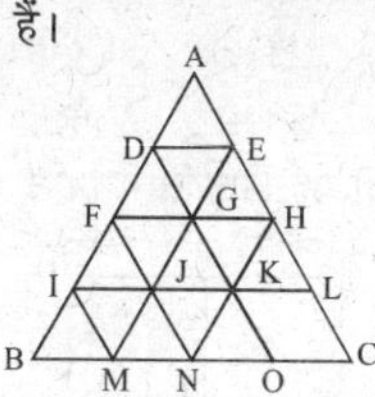

DE, FH, IL, BC, IM, FN, DO, AC, AB, EM, HN

5. (b) दी गई आकृति में निम्न 12 सरल रेखाएं हैं।

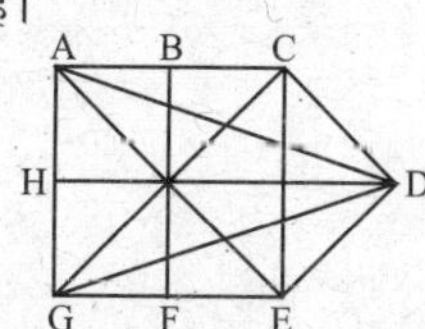

AC, HD, GE, AG, BF, CE, AE, CD, AD, CG, DE, GD

6. (b) दी गई आकृति में निम्न 17 सरल रेखा हैं

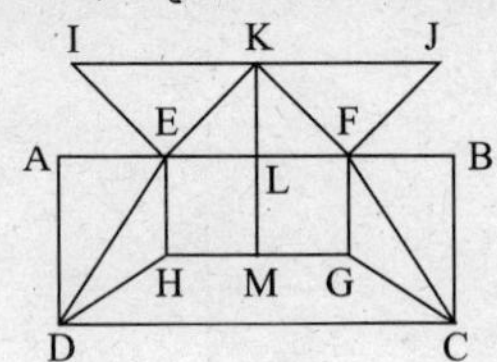

IG	AB	HG	DC
AD	EH	KM	FG
BC	DE	CF	IE
EK	JF	KF	DH
CG			

7. (c) दी गई आकृति में निम्न 28 त्रिभुज हैं

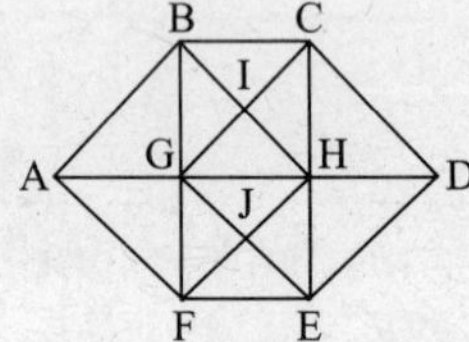

ΔABG	ΔAGF	ΔCHD	ΔHDE
ΔBGI	ΔBCJ	ΔHCI	ΔHGI
ΔGHJ	ΔHEJ	ΔEFJ	ΔGFJ
ΔABF	ΔCDE	ΔBCG	ΔBCH
ΔHCG	ΔBHG	ΔGHE	ΔHEF
ΔGFE	ΔGHF	ΔABH	ΔAFH
ΔCDG	ΔGDE	ΔBHF	ΔCGE

8. (a) दी गई आकृति में निम्न 16 त्रिभुज हैं

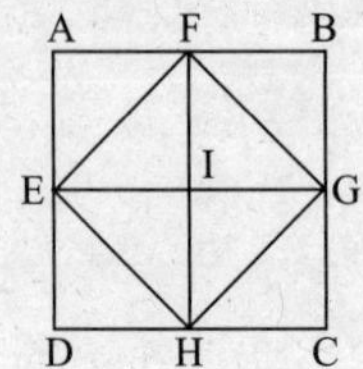

ΔWOS	ΔSOT	ΔTOP	ΔPOU
ΔUOQ	ΔQOV	ΔVOR	ΔROW
ΔSOP	ΔPOQ	ΔQOR	ΔROS
ΔPSQ	ΔPQR	ΔQRS	ΔRSP

9. (b) दी गई आकृति में निम्न 12 त्रिभुज हैं

ΔAEF	ΔBFG	ΔCGH	ΔDEH
ΔEFI	ΔFIG	ΔGIH	ΔEIH
ΔFEG	ΔFGH	ΔEGH	ΔEFH

10. (b) दी गई आकृति में निम्न 18 त्रिभुज हैं

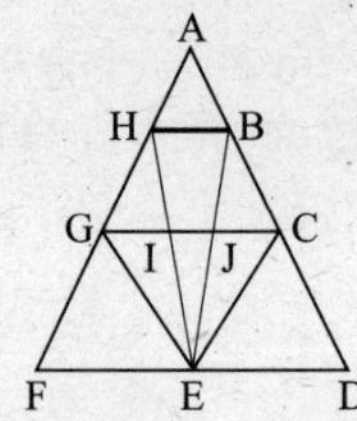

ΔABH	ΔBJC	ΔGHI	ΔIJE
ΔGIE	ΔCDE	ΔGEF	ΔICE
ΔGJE	ΔHBE	ΔHEG	ΔBCE
ΔBED	ΔHEF	ΔGCE	ΔAGC
ΔAFD	ΔJCE		

11. (b) दी गई आकृति में निम्न 13 सरल रेखाएं हैं

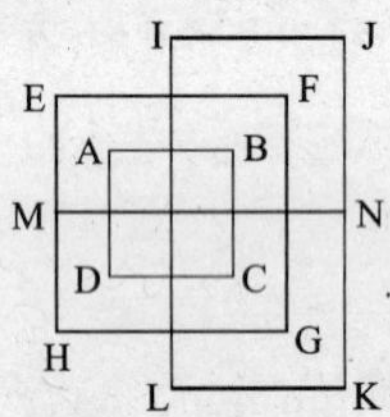

क्षैतिज रेखाएं = IJ, EF, AB, MN, DC, HG, LK ⇒ 7

लम्ब रेखाएं = EH, AD, IL, BC, FG, JK ⇒ 6

तिरछी रेखाएं = 0

अत: कुल सरल रेखाओं की संख्या = 7 + 6 + 0 = 13

12. (d) दी गई आकृति में निम्न 27 त्रिभुज हैं

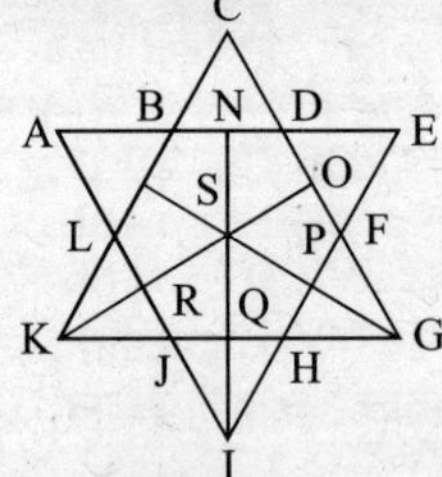

ΔABL	ΔBCD	ΔDEF	ΔFGP
ΔPGH	ΔHIQ	ΔIJQ	ΔJKR
ΔKLR	ΔOGS	ΔSGQ	ΔSPI
ΔSRI	ΔKSQ	ΔKSM	ΔFHG
ΔHIJ	ΔJKL	ΔKSG	ΔCGM
ΔINE	ΔINA	ΔKOC	ΔGMK
ΔKOG	ΔAIE	ΔCKG	

13. (c) दी गई आकृति में निम्न 15 त्रिभुज हैं

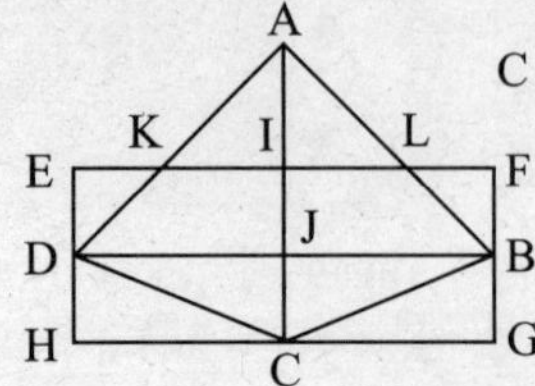

ΔAIK	ΔAIL	ΔEKD	ΔFLB
ΔCDJ	ΔCBJ	ΔCDH	ΔCBG
ΔADJ	ΔABJ	ΔAKL	ΔBCD
ΔADC	ΔACB	ΔADB	

14. (c) दी गई आकृति में निम्न 29 त्रिभुज हैं

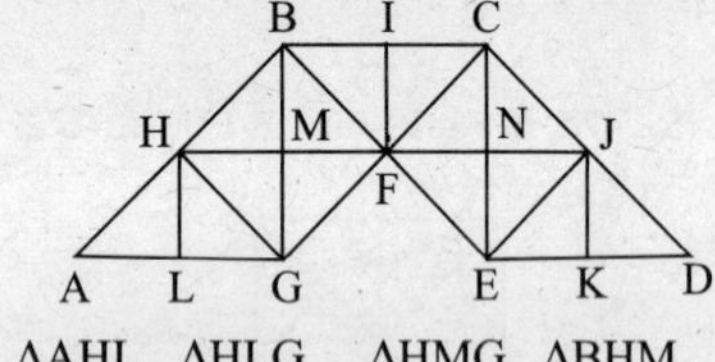

ΔAHL	ΔHLG	ΔHMG	ΔBHM
ΔBFM	ΔMGF	ΔBIJ	ΔFIC
ΔCNF	ΔNFE	ΔCNJ	ΔNJE
ΔJKE	ΔJDK	ΔAHG	ΔGHB
ΔHBF	ΔBFG	ΔFGH	ΔBFC
ΔCEF	ΔEFJ	ΔCEJ	ΔCFJ
ΔJED	ΔAGB	ΔGBC	ΔECB
ΔCED			

15. (c) दी गई आकृति में निम्न 28 त्रिभुज हैं

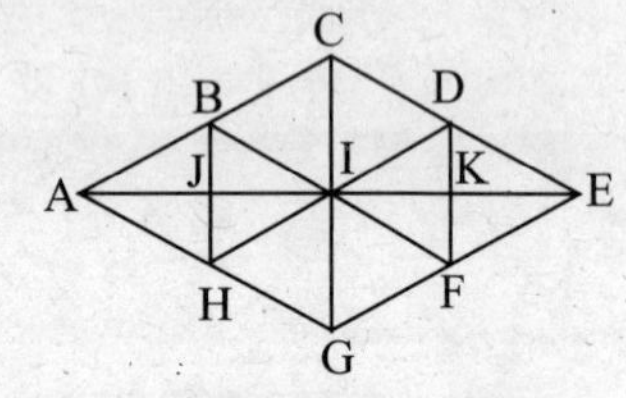

ΔABI	ΔAHI	ΔBIJ	ΔHIJ
ΔBCI	ΔGHI	ΔCDI	ΔFGI
ΔDKI	ΔIKF	ΔDEK	ΔKEF
ΔABH	ΔABJ	ΔBIH	ΔAJH
ΔDIF	ΔIEF	ΔDEF	ΔIDE
ΔACI	ΔCIE	ΔIEG	ΔAIG
ΔACG	ΔAEG	ΔCEG	ΔACE

❑❑❑

21 कागज काटना एवं मोड़ना

इस अध्याय से सम्बन्धित प्रश्नों में, प्रश्न आकृति में एक कागज को दर्शाया जाता है, जिस पर बिन्दुमय रेखाओं द्वारा यह दिखाया जाता है, कि कागज को कैसे या किस प्रकार मोड़ा जाना है। इस अध्याय के अन्तर्गत पूछे जाने वाले प्रश्नों में एक प्रश्न आकृति दी गई होती है और उत्तर आकृतियों में चार चित्र विकल्प के रूप में दिए गए होते हैं।

प्रश्न में कागज पर दर्शाई गई बिन्दुमय रेखा कागज को दो भागों में बांटती है, इसका अर्थ यह है, कि बिन्दुमय रेखा से कागज के दोनों भागों में एक भाग को मोड़ना है। इस प्रकार मोड़ने से वह आधा भाग दूसरे भाग पर चला जाएगा तथा आकृति भी शेष आधे भाग पर चली जाएगी। अभ्यर्थियों को यह ज्ञात करना होता है, कि कागज को मोड़ने के बाद चारों विकल्पों में से कौन-सी आकृति प्राप्त होगी। स्पष्ट है, कि चारों विकल्पों में से कागज मोड़ने पर प्राप्त आकृति को उत्तर बनाना होता है।

कागज मोड़ने से सम्बन्धित कुछ प्रमुख नियम निम्नलिखित हैं–

नियम 1. कागज पर अंकित बिन्दुमय रेखा पर एक दर्पण की कल्पना करनी चाहिए तथा जिस भाग को मोड़ना हो उसे आधे भाग के दर्पण प्रतिबिम्ब की कल्पना करनी चाहिए।

नियम 2. कागज को मोड़ने के बाद वह आधा भाग दूसरे भाग पर चढ़ जाता है तथा अंकित डिजाइन दर्पण प्रतिबिम्ब के रूप में शेष आधे भाग पर चली जाती है।

नियम 3. यदि कागज के आधे भाग को बिन्दुमय रेखा से मोड़ा जाता है, तो मोड़े गए भाग में अंकित डिजाइन दूसरे भाग पर चली जाती है।

नियम 4. कागज का मुड़ा हुआ भाग जल एवं दर्पण प्रतिबिम्ब की तरह बदलता है, जब पृष्ठ को ऊर्ध्वाधर मोड़ा जाता है, तो मुड़ा भाग दर्पण प्रतिबिम्ब की तरह और यदि क्षैतिज मोड़ा जाता है, तो जल प्रतिबिम्ब की तरह व्यवहार करता है।

हल सहित उदाहरण

निर्देश : (उदाहरण 1-2) निम्न उदाहरण में एक वर्गाकार पारदर्शक कागज एक नमूने की आकृति के साथ दिया गया है। चार विकल्पों में से उस आकृति का चयन कीजिए जो पारदर्शी कागज को बीच की बन्दुमय रेखा पर मोड़ने पर प्राप्त होगी?

उदाहरण 1: प्रश्न आकृति

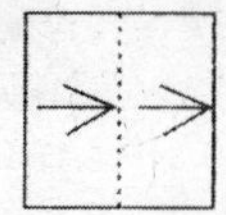

उत्तर आकृतियाँ

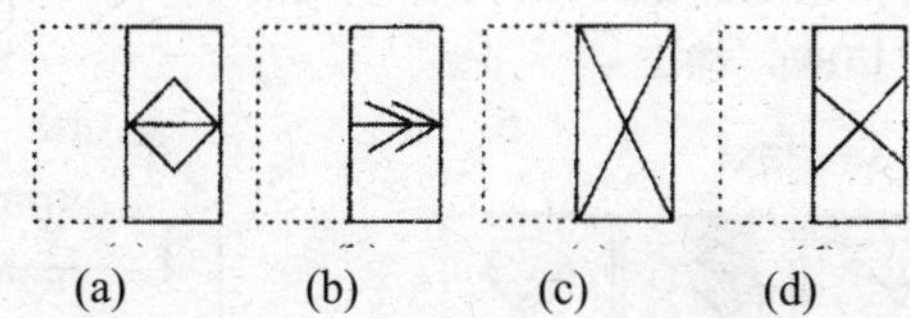

(a) (b) (c) (d)

हल: (a) प्रश्नानुसार कागज को मोड़ने पर उत्तर आकृति (a) के समान दिखाई देगा।

उदाहरण 2: प्रश्न आकृति

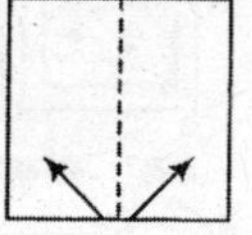

उत्तर आकृतियाँ

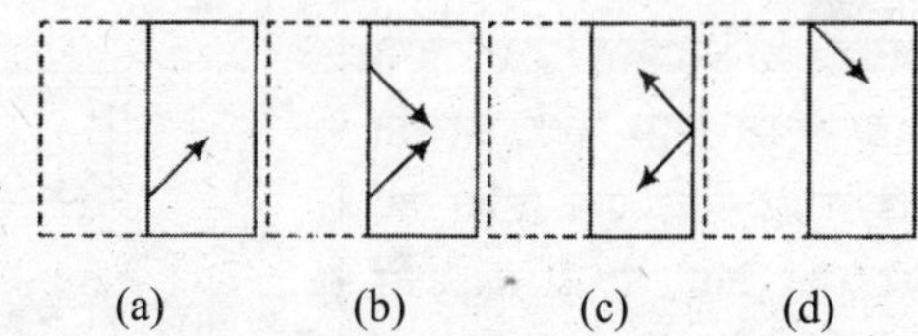

(a) (b) (c) (d)

हल: (a) पारदर्शक कागज को बिन्दुमय रेखा पर मोड़ने पर बाएं भाग की आकृति दाएं भाग की आकृति के ऊपर रखी जाती है, जो कि विकल्प (a) में मौजूद है।

कागज काटने पर आधारित प्रश्न

कागज काटने पर आधारित प्रश्नों में पहली आकृति में कागज का एक टुकड़ा किसी आकार एवं रूप में दिखता है। दूसरी आकृति में उसको दो भागों में मोड़कर दिखाया जाता है, जो भाग मोड़कर दूसरे भाग के ऊपर रख देते हैं जिसको बिन्दुमय दिखाया जाता है। तीसरी आकृति को पुन: दो भागों में मोड़ा जाता है तथा कुछ भाग कटा हुआ दिखाई पड़ता है, इसमें यह ज्ञात करना होता है कि तीसरी आकृति के कागज को पूरी तरह खोलने पर वह किस प्रकार दिखाई पड़ता है।

निर्देश (उदाहरण 3): निम्न प्रश्न में कागज के टुकड़े को प्रश्न आकृति में दिए गए ढंग से मोड़ा और काटा जाता है। खोलने पर वह कैसा दिखाई देगा?

उदाहरण 3: प्रश्न आकृतियाँ

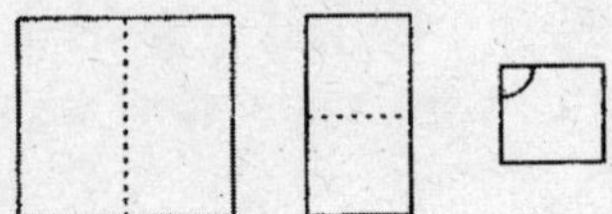

उत्तर आकृतियाँ

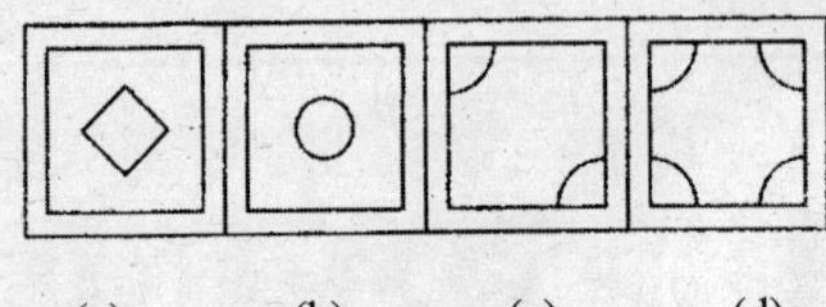

(a) (b) (c) (d)

हल: (b) प्रश्नानुसार कागज के टुकड़े को मोड़ने तथा काटने के बाद खोलने पर उत्तर आकृति (b) के समान दिखाई देगी।

प्रश्नमाला

1. नीचे दी गई प्रश्न आकृतियों में दिखाए अनुसार कागज को मोड़कर छेदने तथा खोलने के बाद वह किस उत्तर आकृति जैसा दिखाई देगा?

प्रश्न आकृतियाँ

उत्तर आकृतियाँ

(a) 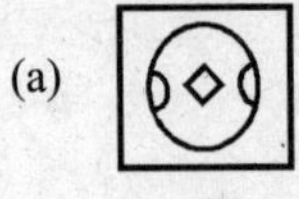 (b) 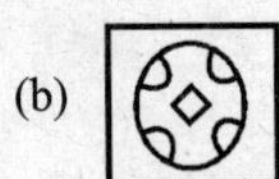

(c) 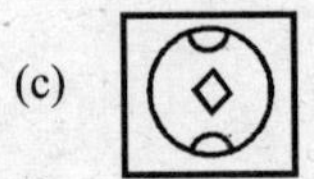 (d) 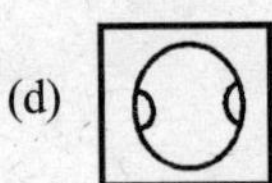

2. नीचे दी गई प्रश्न आकृतियों में दर्शाए अनुसार कागज को मोड़कर छेदने तथा खोलने के बाद वह किस उत्तर आकृति जैसा दिखाई देगा? यदि एक दर्पण को XY रेखा पर रखा जाए, तो दी गई उत्तर आकृतियों में से कौन-सी आकृति प्रश्न आकृति की सही प्रतिबिम्ब होगी?

प्रश्न आकृतियाँ

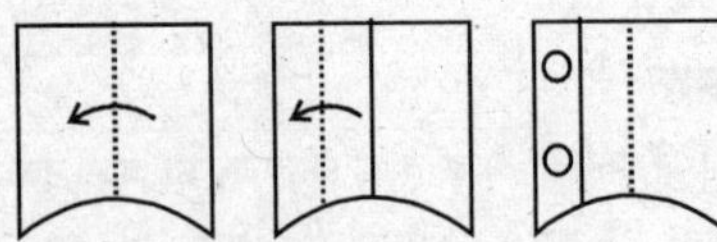

उत्तर आकृतियाँ

(a) 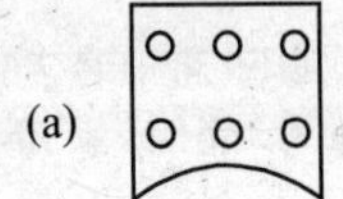 (b) 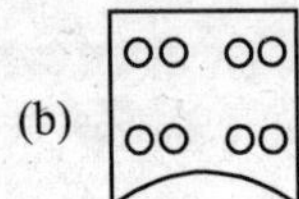

(c) 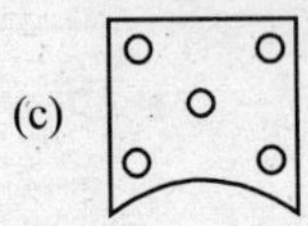 (d) 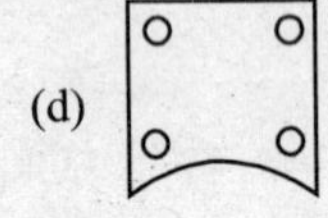

3. नीचे दी गई प्रश्न आकृतियों में दर्शाए अनुसार कागज को मोड़कर छेदने तथा खोलने के बाद वह किस उत्तर आकृति जैसा दिखाई देगा?

प्रश्न आकृतियाँ

उत्तर आकृतियाँ

(a) 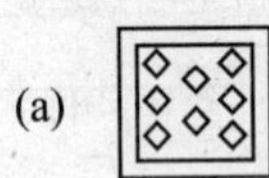 (b) 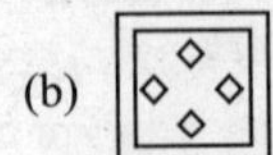

(c) 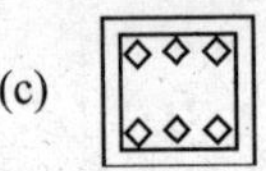 (d) 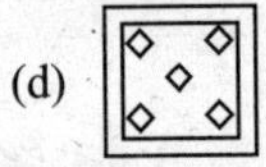

4. नीचे दी गई प्रश्न आकृतियों में दर्शाए अनुसार कागज को मोड़कर छेदने तथा खोलने के बाद वह किस उत्तर आकृति जैसा दिखाई देगा?

प्रश्न आकृतियाँ

उत्तर आकृतियाँ

(a) 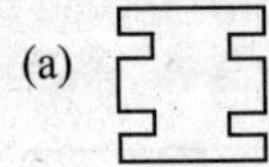 (b)

(c) 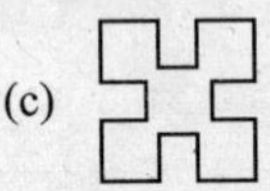 (d) 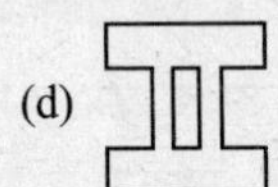

5. नीचे दी गई प्रश्न आकृतियों में दिखाए अनुसार कागज को मोड़कर छेदने तथा खोलने के बाद वह किस उत्तर आकृति जैसा दिखाई देगा

प्रश्न आकृतियाँ

उत्तर आकृतियाँ

(a) 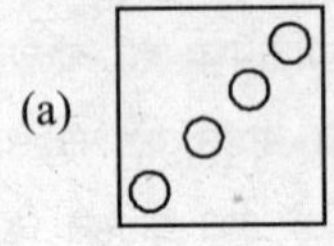 (b) 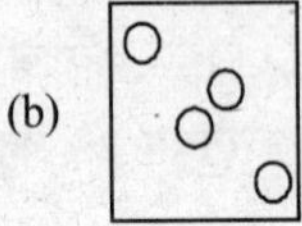

(c) 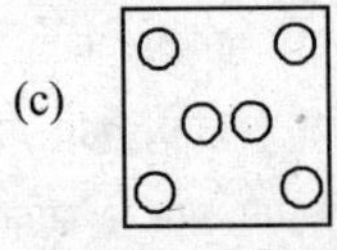 (d) 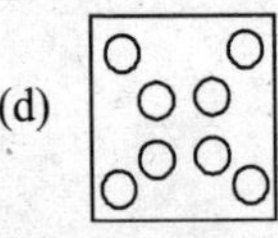

6. नीचे दी गई प्रश्न आकृतियों में दर्शाए अनुसार कागज को मोड़कर छेदने तथा खोलने के बाद वह किस उत्तर आकृति जैसा दिखाई देगा?

प्रश्न आकृतियाँ

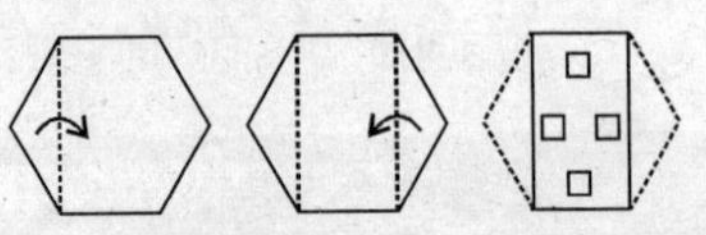

उत्तर आकृतियाँ

(a) 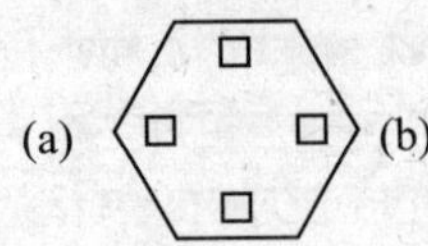 (b) 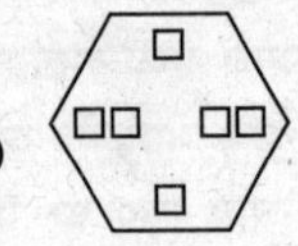

(c) 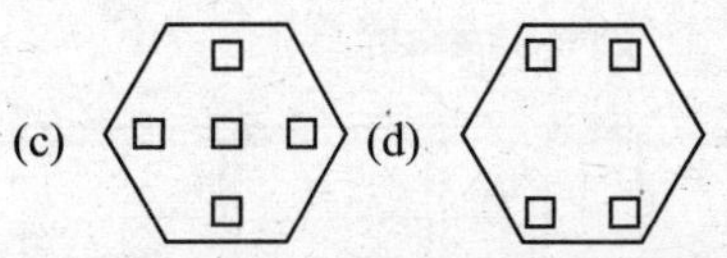 (d)

7. नीचे दी गई प्रश्न आकृतियों में दर्शाए अनुसार कागज को मोड़कर छेदने तथा खोलने के बाद वह किस उत्तर आकृति जैसा दिखाई देगा?

प्रश्न आकृतियाँ

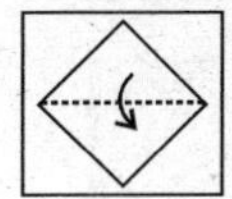 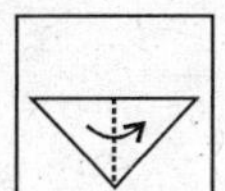 

उत्तर आकृतियाँ

(a) 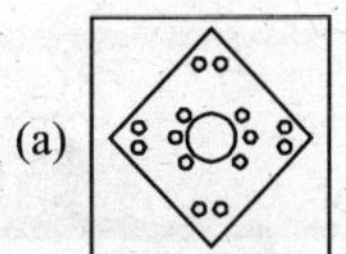 (b) 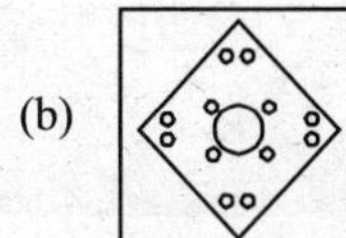

(c) 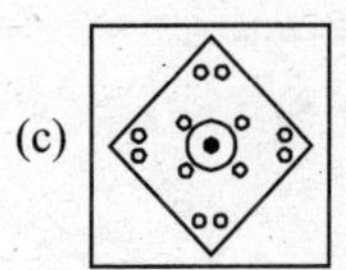 (d) 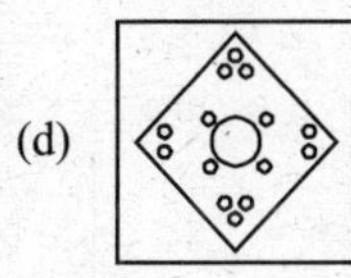

8. नीचे दी गई प्रश्न आकृतियों में दर्शाए अनुसार कागज को मोड़कर छेदने तथा खोलने के बाद वह किस उत्तर आकृति जैसा दिखाई देगा?

प्रश्न आकृतियाँ

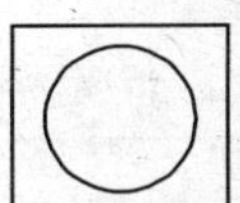 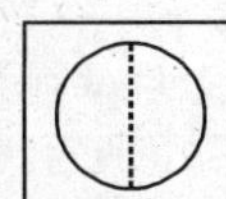 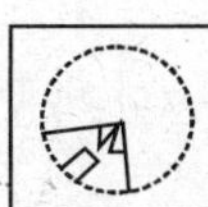

उत्तर आकृतियाँ

(a)  (b) 

(c)  (d) 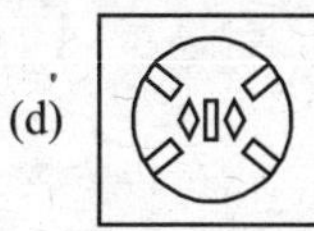

9. नीचे दी गई प्रश्न आकृतियों में दर्शाए अनुसार कागज को मोड़कर छेदने तथा खोलने के बाद वह किस उत्तर आकृति जैसा दिखाई देगा?

प्रश्न आकृतियाँ

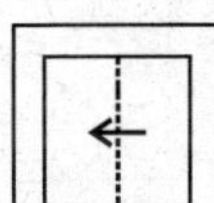 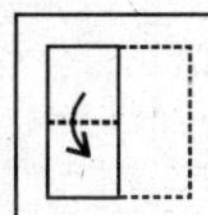 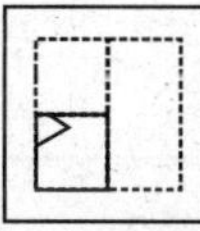

उत्तर आकृतियाँ

(a) 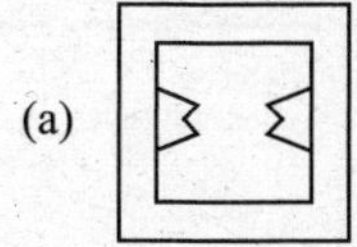 (b) 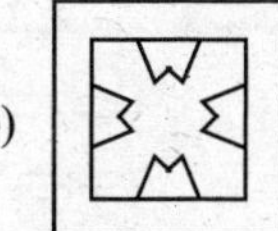

(c) 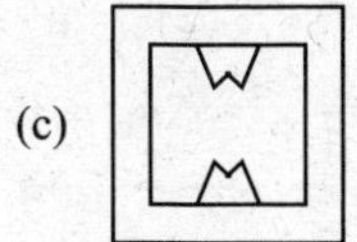 (d) 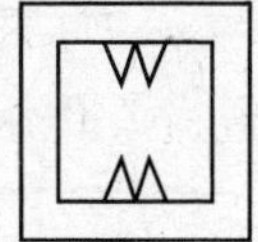

10. नीचे दी गई प्रश्न आकृतियों में दिखाए अनुसार कागज को मोड़कर छेदने तथा खोलने के बाद वह किस उत्तर आकृति जैसा दिखाई देगा?

प्रश्न आकृतियाँ

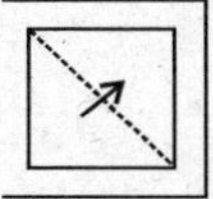 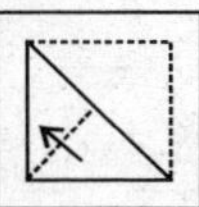 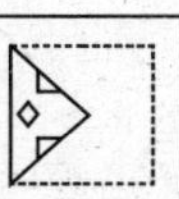

उत्तर आकृतियाँ

(a) 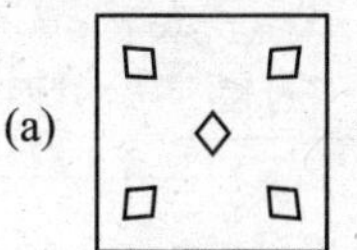 (b) 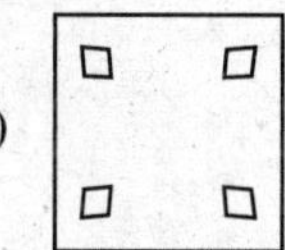

(c) 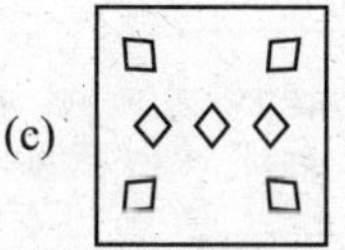 (d) 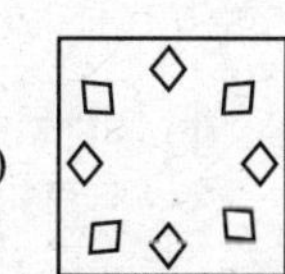

11. नीचे दी गई प्रश्न आकृतियों में दर्शाए अनुसार कागज को मोड़कर छेदने तथा खोलने के बाद वह किस उत्तर आकृति जैसा दिखाई देगा?

प्रश्न आकृतियाँ

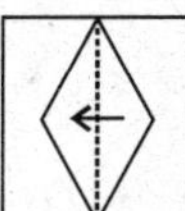 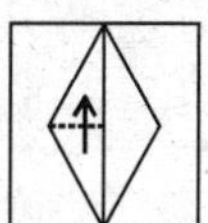 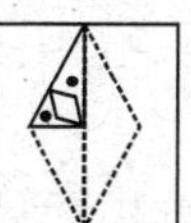

उत्तर आकृतियाँ

(a) 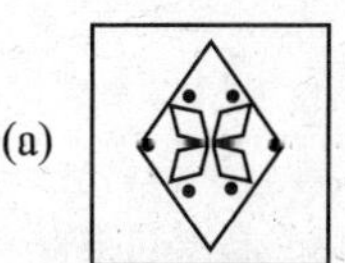 (b) 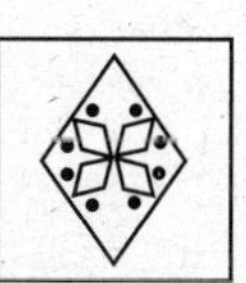

(c) 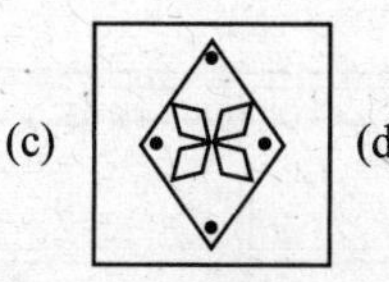 (d) 

12 नीचे दी गई प्रश्न आकृतियों में दिखाए अनुसार कागज को मोड़कर छेदने तथा खोलने के बाद वह किस उत्तर आकृति जैसा दिखाई देगा?

प्रश्न आकृतियाँ

  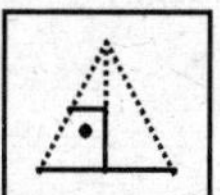

उत्तर आकृतियाँ

(a)  (b) 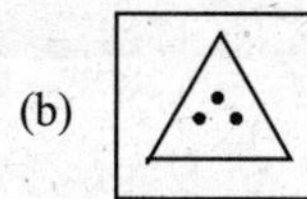

(c) 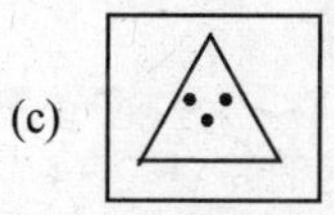 (d) 

13. नीचे दी गई प्रश्न आकृतियों में दिखाए अनुसार कागज को मोड़कर छेदने तथा खोलने के बाद वह किस उत्तर आकृति जैसा दिखाई देगा?

प्रश्न आकृतियाँ

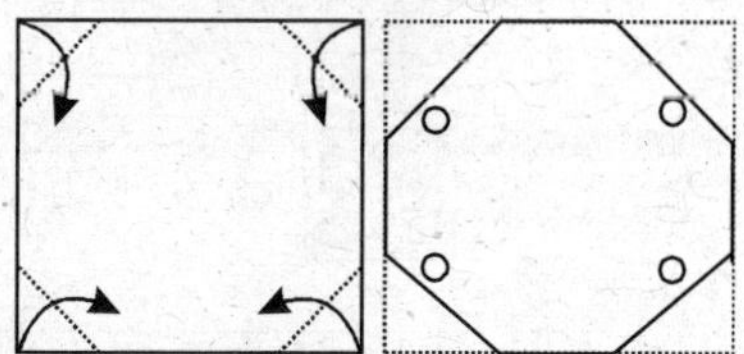

उत्तर आकृतियाँ

(a) 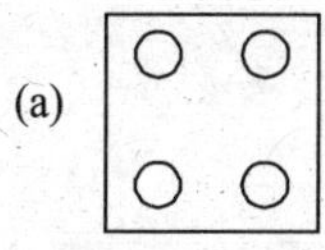 (b) 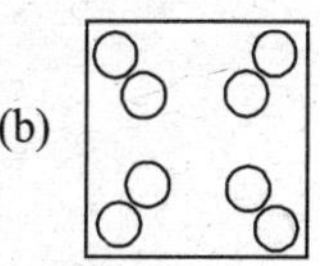

(c) 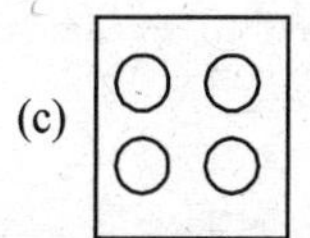 (d) 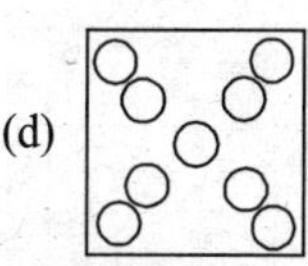

14. नीचे दी गई प्रश्न आकृतियों में दर्शाए अनुसार कागज को मोड़कर छेदने तथा खोलने के बाद वह किस उत्तर आकृति जैसा दिखाई देगा?

प्रश्न आकृतियाँ

उत्तर आकृतियाँ

(a) 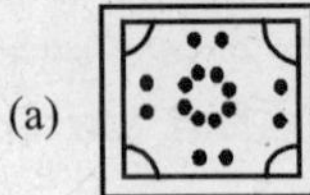

(b) 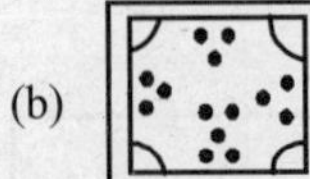

(c) 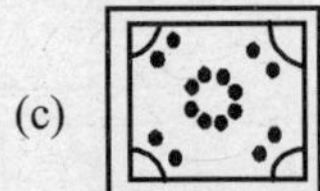

(d) 

15. नीचे दी गई प्रश्न आकृतियों में दिखाए अनुसार कागज को मोड़कर छेदने तथा खोलने के बाद वह किस उत्तर आकृति जैसा दिखाई देगा?

प्रश्न आकृतियाँ

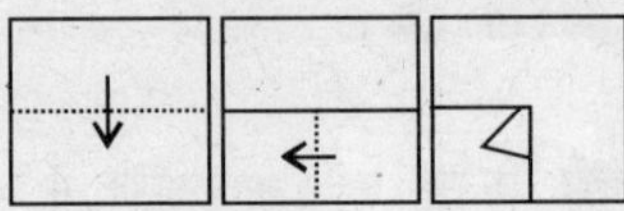

उत्तर आकृतियाँ

(a) 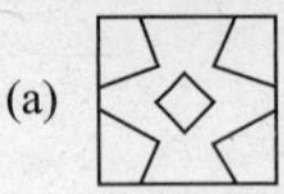

(b) 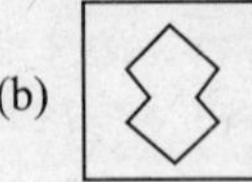

(c) 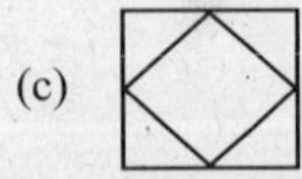

(d) 

उत्तर (हल/संकेत)

1. (b) कागज को मोड़कर छेदने तथा खोलने के बाद वह (b) आकृति जैसा दिखाई देगा।

2. (b) कागज को मोड़कर छेदने और खोलने के बाद वह आकृति जैसा दिखाई देगा।

3. (b) कागज को मोड़कर छेदने और खोलने के बाद वह निम्न आकृति जैसा दिखाई देगा

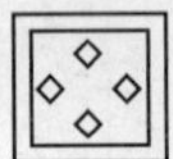

4. (a) कागज को मोड़कर छेदने और खोलने के बाद वह निम्न आकृति जैसा दिखाई देगा।

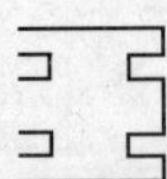

5. (a) कागज को मोड़कर छेदने और खोलने के बाद वह आकृति जैसा दिखाई देगा।

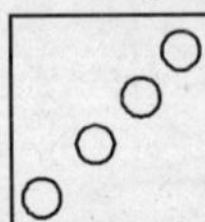

6. (b) कागज को मोड़कर छेदने और खोलने के बाद वह आकृति जैसा दिखाई देगा।

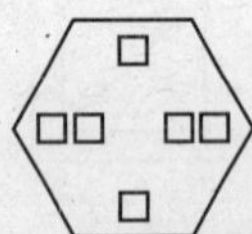

7. (b) कागज को मोड़कर छेदने और खोलने के बाद वह आकृति जैसा दिखाई देगा।

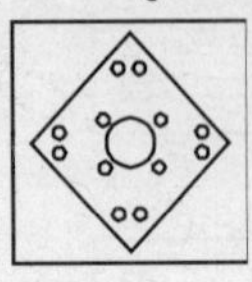

8. (b) कागज को मोड़कर छेदने और खोलने के बाद वह आकृति जैसा दिखाई देगा।

9. (a) कागज को मोड़कर छेदने और खोलने के बाद वह आकृति जैसा दिखाई देगा।

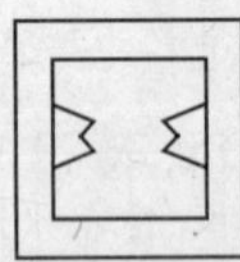

10. (d) कागज को मोड़कर छेदने और खोलने के बाद वह आकृति जैसा दिखाई देगा।

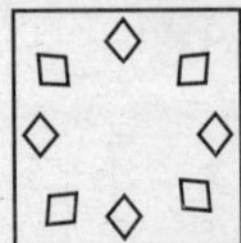

11. (b) कागज को मोड़कर छेदने और खोलने के बाद वह आकृति जैसा दिखाई देगा।

12 (a) कागज को मोड़कर छेदने और खोलने के बाद वह आकृति जैसा दिखाई देगा।

13. (b) कागज को मोड़कर छेदने और खोलने के बाद वह आकृति जैसा दिखाई देगा।

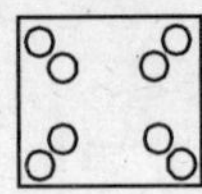

14. (a) कागज को मोड़कर छेदने तथा खोलने के बाद वह आकृति जैसा दिखाई देगा।

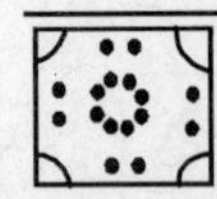

15. (b) कागज को मोड़कर छेदने और खोलने के बाद वह आकृति जैसा दिखाई देगा।

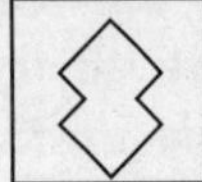

जिसका क्रम,

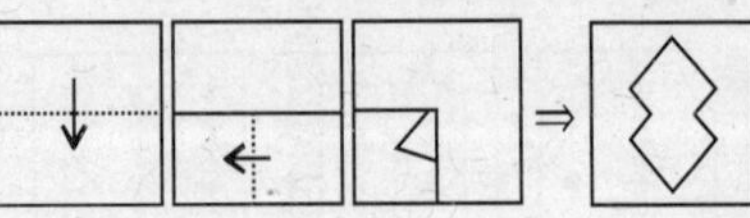

❑❑❑

दर्पण प्रतिबिम्ब

'दर्पण प्रतिबिम्ब' के अन्तर्गत पूछे गए प्रश्नों में कागज के ऊपर एक आकृति दी गई होती है जिसे प्रश्न आकृति कहते हैं। प्रश्न आकृति के दाईं ओर चार उत्तर आकृतियाँ दी गई होती हैं। आपको यह ज्ञात करना होता है कि प्रश्न आकृति दर्पण में किस प्रकार दिखेगी? नीचे उदाहरण के माध्यम से दृश्य स्मृति से सम्बन्धित प्रश्नों का स्पष्टीकरण दिया जा रहा है।

हल सहित उदाहरण

उदाहरण 1: नीचे एक प्रश्न आकृति दी गई है। यह प्रश्न दर्पण AB पर किस प्रकार दिखेगी ?

प्रश्न आकृति **उत्तर आकृतियाँ**

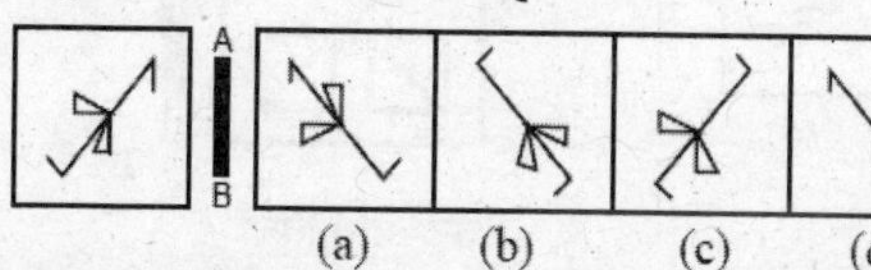

(a) (b) (c) (d)

हल : (d) प्रश्न आकृति को दर्पण AB पर देखने से हमें उत्तर आकृति (d) प्राप्त होगी।

उदाहरण 2: नीचे एक प्रश्न आकृति दी गई है। यह प्रश्न आकृति दर्पण AB पर देखने पर कौनसी उत्तर आकृति प्राप्त होगी ?

प्रश्न आकृति **उत्तर आकृतियाँ**

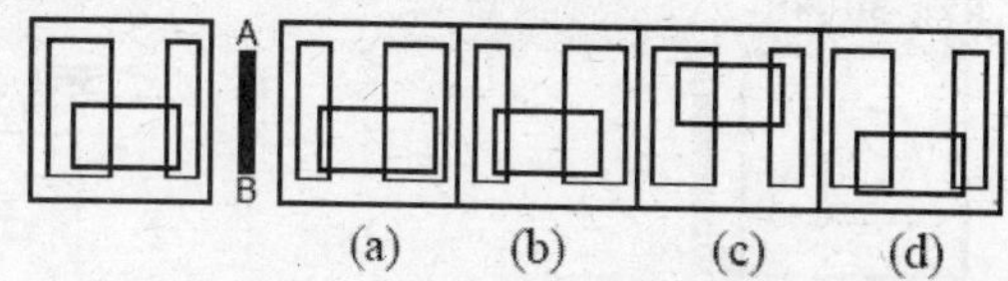

(a) (b) (c) (d)

हल : (b) प्रश्न आकृति को दर्पण AB पर देखने से हमें उत्तर आकृति (b) प्राप्त होती है।

प्रश्नमाला

जिससे प्रश्न आकृति का दर्पण प्रतिबिम्ब प्राप्त होता है।

1. प्रश्न आकृति

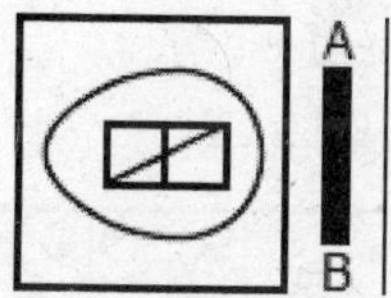

उत्तर आकृतियाँ

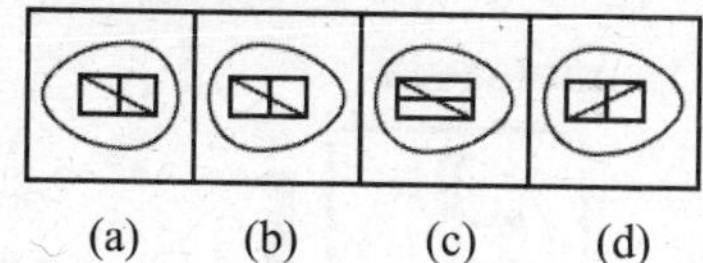

(a) (b) (c) (d)

2. प्रश्न आकृति

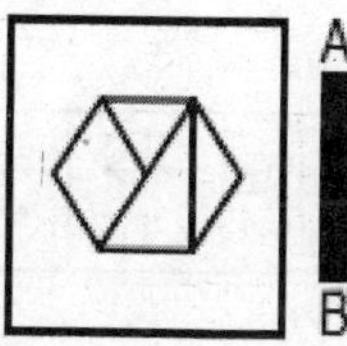

उत्तर आकृतियाँ

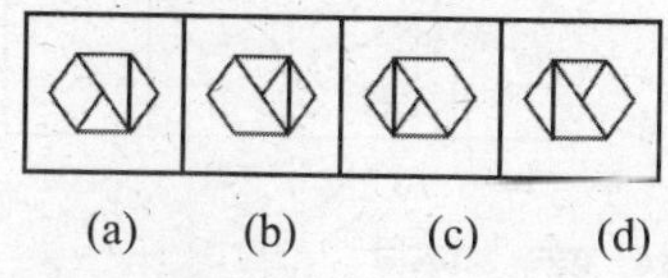

(a) (b) (c) (d)

3. प्रश्न आकृति

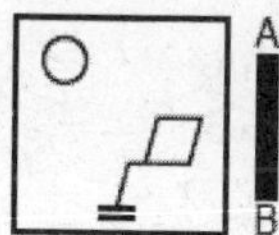

उत्तर आकृतियाँ

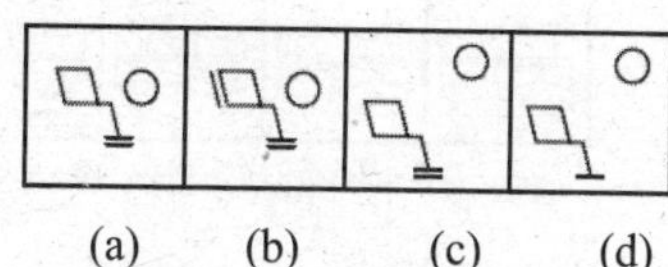

(a) (b) (c) (d)

4. प्रश्न आकृति

उत्तर आकृतियाँ

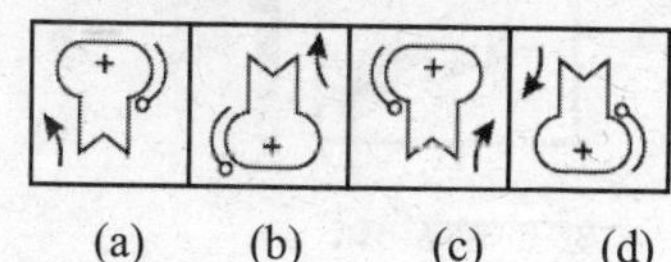

(a) (b) (c) (d)

5. प्रश्न आकृति

उत्तर आकृतियाँ

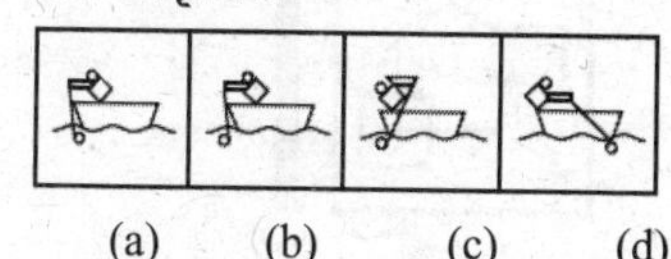

(a) (b) (c) (d)

6. प्रश्न आकृति

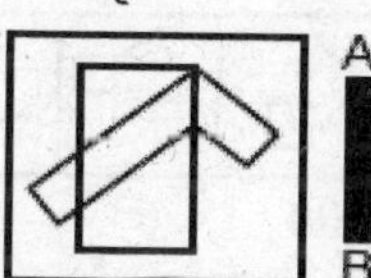

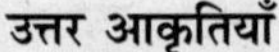
उत्तर आकृतियाँ

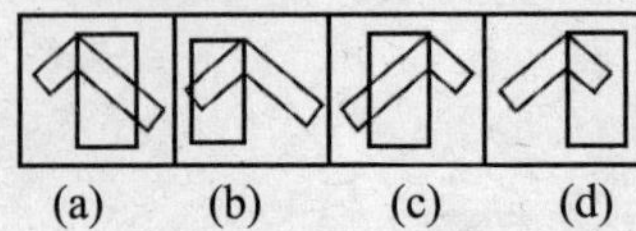
(a) (b) (c) (d)

7. प्रश्न आकृति

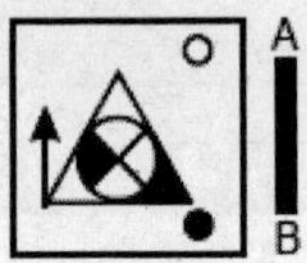

उत्तर आकृतियाँ

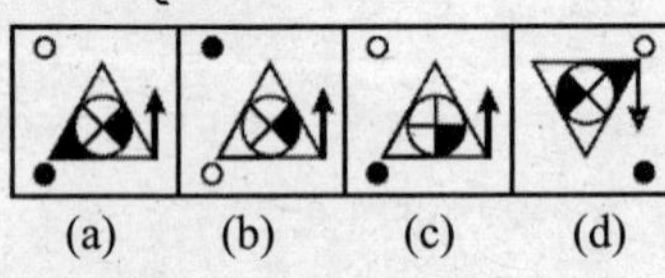
(a) (b) (c) (d)

8. प्रश्न आकृति

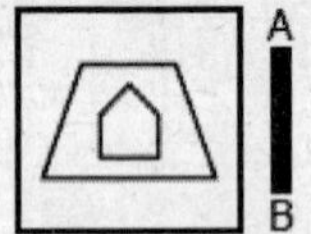

उत्तर आकृतियाँ

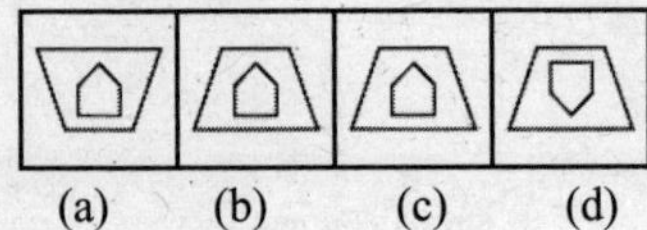
(a) (b) (c) (d)

9. प्रश्न आकृति

उत्तर आकृतियाँ

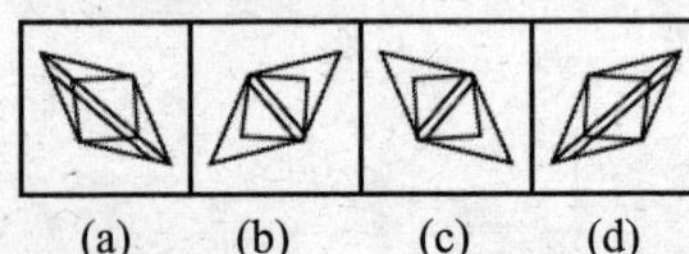
(a) (b) (c) (d)

10. प्रश्न आकृति

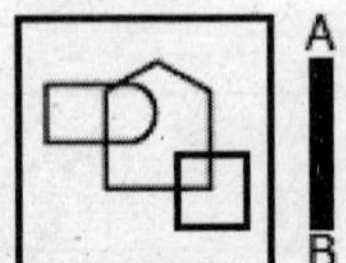

उत्तर आकृतियाँ

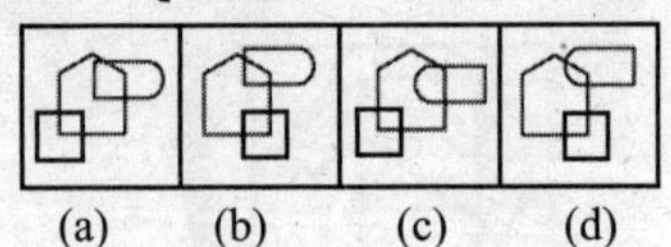
(a) (b) (c) (d)

11. प्रश्न आकृति

उत्तर आकृतियाँ

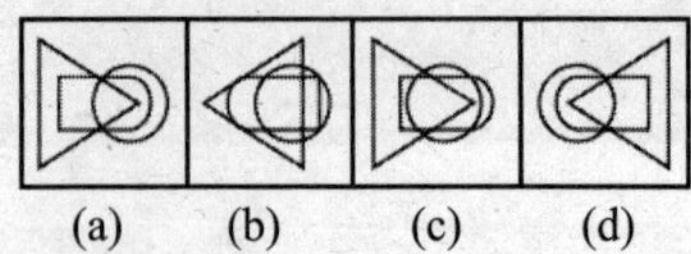
(a) (b) (c) (d)

12. प्रश्न आकृति

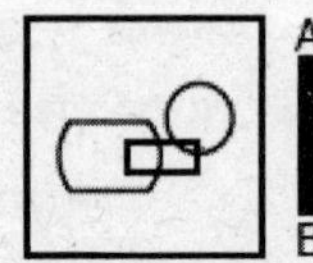

उत्तर आकृतियाँ

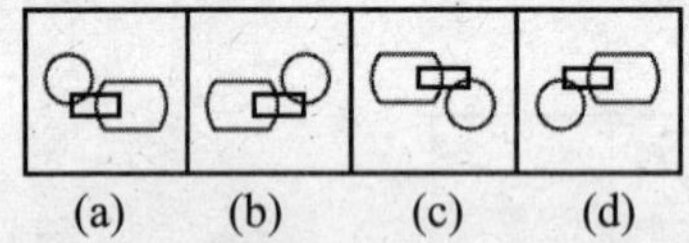
(a) (b) (c) (d)

13. प्रश्न आकृति

उत्तर आकृतियाँ

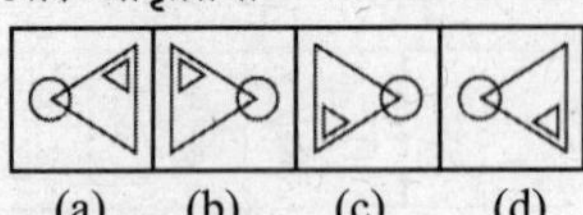
(a) (b) (c) (d)

14. प्रश्न आकृति

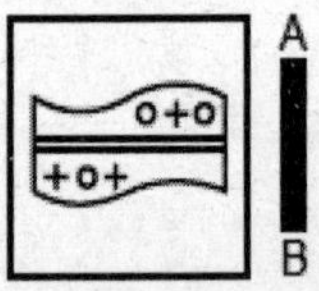

उत्तर आकृतियाँ

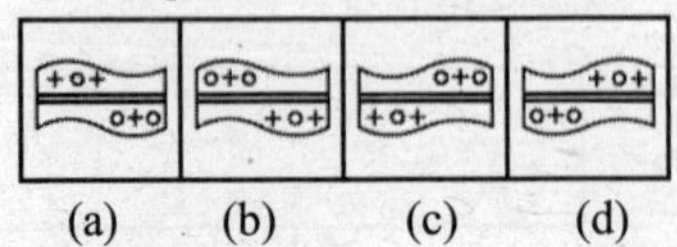
(a) (b) (c) (d)

15. प्रश्न आकृति

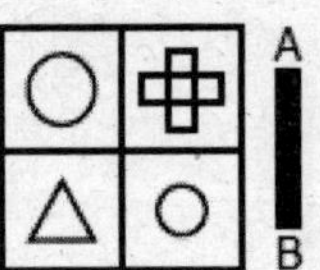

उत्तर आकृतियाँ

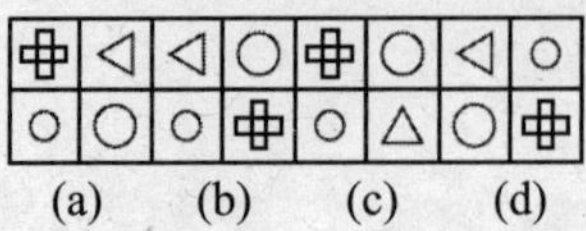
(a) (b) (c) (d)

16. प्रश्न आकृति

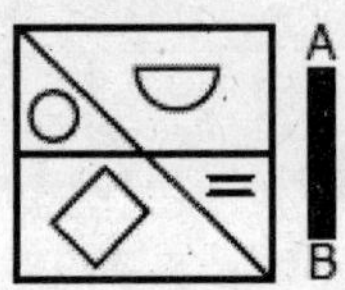

उत्तर आकृतियाँ

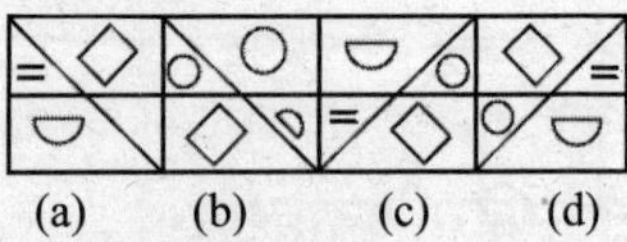
(a) (b) (c) (d)

17. प्रश्न आकृति

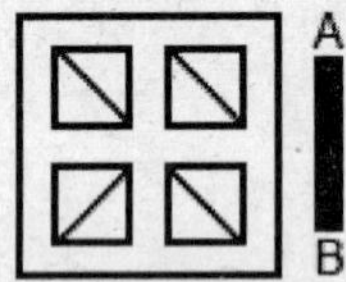

उत्तर आकृतियाँ

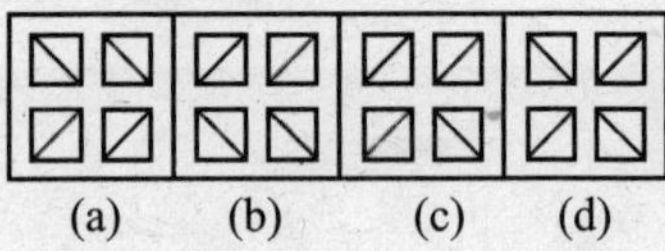
(a) (b) (c) (d)

18. प्रश्न आकृति

उत्तर आकृतियाँ

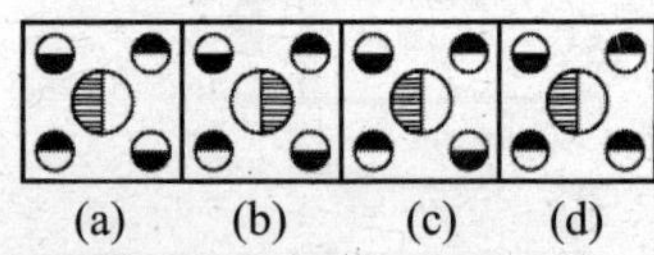
(a) (b) (c) (d)

19. प्रश्न आकृति

उत्तर आकृतियाँ

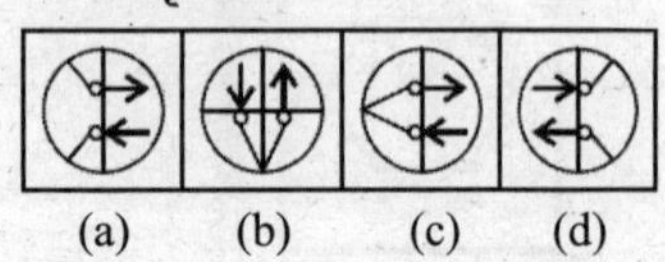
(a) (b) (c) (d)

20. प्रश्न आकृति

उत्तर आकृतियाँ

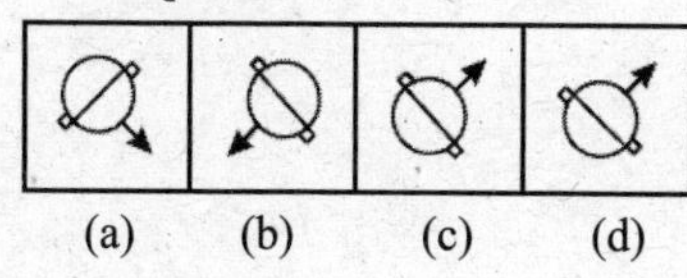

(a) (b) (c) (d)

21. प्रश्न आकृति

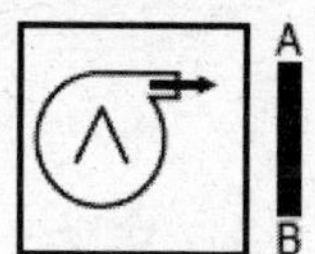

उत्तर आकृतियाँ

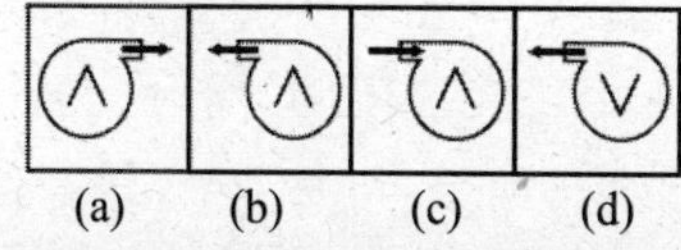

(a) (b) (c) (d)

22. प्रश्न आकृति

उत्तर आकृतियाँ

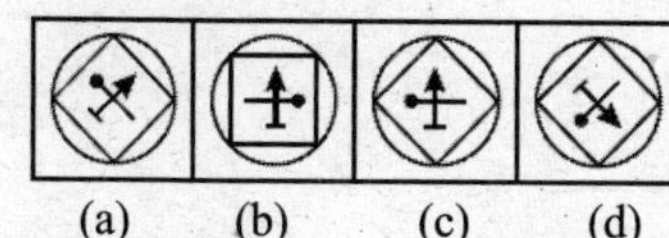

(a) (b) (c) (d)

23. प्रश्न आकृति

उत्तर आकृतियाँ

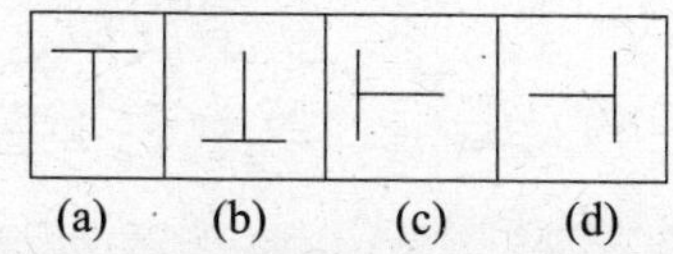

(a) (b) (c) (d)

24. प्रश्न आकृति

उत्तर आकृतियाँ

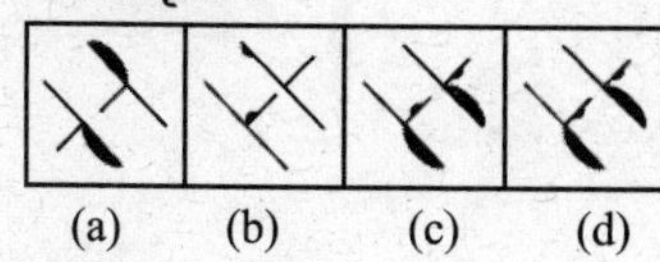

(a) (b) (c) (d)

25. प्रश्न आकृति

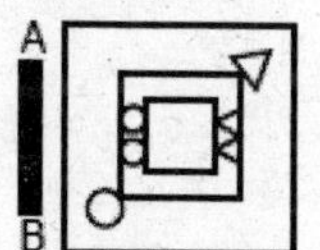

उत्तर आकृतियाँ

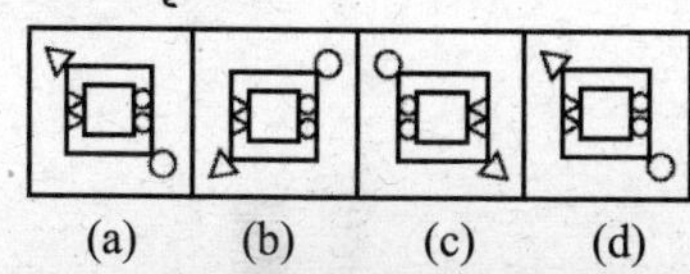

(a) (b) (c) (d)

उत्तरमाला

1. (b) **2.** (d) **3.** (c) **4.** (d) **5.** (d) **6.** (a) **7.** (a) **8.** (b) **9.** (d) **10.** (c) **11.** (d) **12.** (a) **13.** (a)
14. (b) **15.** (c) **16.** (c) **17.** (c) **18.** (a) **19.** (a) **20.** (c) **21.** (b) **22.** (a) **23.** (a) **24.** (d) **25.** (a)

❑❑❑